# ATLAS FRANCE des VOIES VERTES & véloroutes

Chamina EDITION

# INFOS PRATIQUES

## NUMÉROS UTILES

### SECOURS

**Appel d'urgence européen : 112**
**Appel d'urgence personnes sourdes et malentendantes : 114**
**Pompiers : 18**
**SAMU : 15**
**Police Secours : 17**

### MÉTÉO

**08 99 71 02 + numéro du département**
**www.meteofrance.fr**

## SÉCURITÉ ROUTIÈRE

- Circulant à vos propres risques, vous devez être obligatoirement assuré en responsabilité civile.
- Les cyclistes sont soumis au Code de la Route au même titre que les automobilistes et devront redoubler de vigilance en ville et sur les axes à fort trafic.
- Il faudra être prudent si vous roulez en groupe, et n'oubliez pas qu'en France on roule à droite.
- Enfin, évitez de rouler de nuit et, si possible, partagez la route en toute convivialité.

**ATTENTION :** depuis mars 2017 (décret n°2016-1800) le port du casque est obligatoire pour les enfants de moins de 12 ans qu'ils soient conducteurs ou passagers. Pour les 12 ans et plus, le port du casque est vivement recommandé ainsi que celui du gilet fluo.

## ACCÈS EN TRAIN

- L'accès aux grandes villes des itinéraires est assuré sur tout le territoire par de nombreuses liaisons TGV avec réservation obligatoire et coût supplémentaire pour les vélos.
- Il est également possible de rejoindre les grandes villes des itinéraires par les trains Intercités (avec surcoût).
- Les TER sont dotés d'une ou plusieurs voitures acceptant les vélos, dans la limite des places disponibles, sans surcoût.
- Pour plus d'informations: www.oui.sncf/services-train/velo-a-bord

## LABEL ACCUEIL VÉLO

Certaines structures (sites de visites, offices de tourisme, loueurs-réparateurs, hébergements) sont labellisées Accueil Vélo et offrent une large gamme de services spécialement adaptés aux cyclistes (abri vélo sécurisé, kit réparation, informations).

## QUEL RYTHME ?

La moyenne utilisée dans l'Atlas, pour la cotation horaire, est d'environ 10 km/h, sans pause, sur terrain plat, avec bon revêtement. Mais elle n'est qu'indicative puisque tout dépendra de vos capacités physiques, de la durée que vous accorderez aux visites ainsi que de votre approche du cyclotourisme.

# SOMMAIRE

DUNKERQUE
EURO VELO 4 DE CHERBOURG À DUNKERQUE
ARRAS
NAMUR
SAINT-VALÉRY-SUR-SOMME
SAINT-QUENTIN
CHERBOURG
DIEPPE
LA SOMME À VÉLO
LUXEMBOURG
OUISTREHAM
ROUEN
SCANDIBÉRIQUE NAMUR-TOURS
LA SEINE
ROSCOFF
LE MONT-SAINT-MICHEL
LE HAVRE
LA SEINE À VÉLO
PARIS
STRASBOURG
EUROVELO 4 DE CHERBOURG À ROSCOFF
LA VOIE BLEUE
BREST
VÉLOSCÉNIE
ALSACE À VÉLO
VÉLO FRANCETTE
ORLÉANS
BRETAGNE À VÉLO VÉLODYSSÉE
LOIRE À VÉLO
TOUR DE BOURGOGNE
DIJON
LA SAÔNE
EUROVELO 6 BÂLE - NEVERS
BÂLE
TOURS
LA LOIRE
NEVERS
NANTES
LA LOIRE
LA ROCHELLE
GENÈVE
ÎLE D'AIX
SCANDIBÉRIQUE TOURS - CÔTE BASQUE
ANNECY
LYON
ROYAN
LA FLOW VÉLO
THIVIERS
TOUR DE GIRONDE
BORDEAUX
VIA RHÔNA
LE RHÔNE
LA GARONNE
HENDAYE
CANAL DES 2 MERS
TOULOUSE
IRUN
SÈTE
PORT-SAINT-LOUIS
PORT-LA-NOUVELLE

# EUROVELO 4 DE CHERBOURG À DUNKERQUE

800 km

## DE LA MANCHE À LA MER DU NORD

**L'occasion de rouler avec pour décor les plus beaux paysages maritimes du nord de la France : les plages du Débarquement, la côte d'Albâtre et ses falaises de craie, puis la côte d'Opale et la baie de Somme. En passant par des villes pittoresques telles que Deauville, Honfleur, Étretat, Le Touquet, Boulogne-sur-Mer…**

*800 kilomètres d'itinéraire le long des côtes de la Manche, depuis la ville de Cherbourg jusqu'à celle de Dunkerque. C'est la seconde partie de la section française de l'EuroVelo 4® (La Vélomaritime®).*

***Jonctions :*** *La Somme à vélo à Saint-Valery-sur-Somme.*

Dunkerque.

# L'ITINÉRAIRE

ROYAUME-UNI
Belgique
LA MANCHE
0
70
140 km
N
Ville départ et arrivée
Ville étape
CHERBOURG
DUNKERQUE
Le Vast
Quinéville
Sainte-Marie-du-Mont Utah Beach
Grandcamp-Maisy
Port-en-Bessin-Huppain
Arromanches-les-Bains
Langrune-sur-Mer
Cabourg
Deauville
Saint-André-d'Hébertot
Honfleur
Le Havre
Octeville-sur-Mer
Étretat
Fécamp
Veulettes-sur-Mer
St-Aubin-sur-Mer
Dieppe
Criel-sur-Mer
Ault
Le Hourdel
Le Crotoy
Berck-sur-Mer
Camiers
Boulogne-sur-Mer
Wissant
Calais
Gravelines
Bray-Dunes
1
2
3
4
5
6
7
8
9
10
11
12
13
14
15
16
17
18
19
20
21
22
23
24
25
26
27
28
29
30
Manche
Calvados
Orne
Eure
Seine-Maritime
Somme
Pas-de-Calais
Nord
Oise
Aisne
Marne
Val-d'Oise
Yvelines
Seine-et-Marne
La Somme
La Seine
L'Orne
L'Oise
L'Aisne
La Marne

# LES ÉTAPES

| N° de la carte | Du Cotentin à la côte d'Albâtre | 521 km |
|---|---|---|
| 1 | Cherbourg-en-Cotentin → Le Vast | 24,4 km – 2 h 00 |
| 2 | Le Vast → Quinéville | 42 km – 3 h 30 |
| 3 | Quinéville → Sainte-Marie-du-Mont – Utah Beach | 29,9 km – 2 h 50 |
| 4 | Sainte-Marie-du-Mont → Carentan-les-Marais → Grandcamp-Maisy | 40 km –3 h 20 |
| 5 | Grandcamp-Maisy → Port-en-Bessin-Huppain | 31,7 km – 3 h 10 |
| 6 | Port-en-Bessin-Huppain → Arromanches-les-Bains | 19,5 km – 2 h 00 |
| 7 | Arromanches-les-Bains → Langrune-sur-Mer | 27,8 km – 2 h 40 |
| 8 | Langrune-sur-Mer → Ouistreham → Cabourg | 34,8 km – 3 h 20 |
| 9 | Cabourg → Deauville | 32,5 km – 3 h 15 |
| 10 | Deauville – Pont-L'Évêque → Saint-André-d'Hébertot | 27,7 km – 2 h 20 |
| 11 | Saint-André-d'Hébertot → Honfleur | 20 km – 2 h 00 |
| 12 | Honfleur → Le Havre | 21 km – 2 h 00 |
| | | 37,8 km – 3 h 40 |
| | | 80,6 km – 8 h 00 |
| 13 | Le Havre → Octeville-sur-Mer | 14,2 km – 1 h 25 |
| 14 | Octeville-sur-Mer → Étretat | 27,5 km – 2 h 45 |
| 15 | Étretat → Fécamp | 20,5 km – 2 h 00 |
| 16 | Fécamp → Veulettes-sur-Mer | 28,8 km – 2 h 50 |
| 17 | Veulettes-sur-Mer → Saint-Aubin-sur-Mer | 28 km – 2 h 40 |
| 18 | Saint-Aubin-sur-Mer → Dieppe | 23,6 km – 2 h 20 |
| 19 | Dieppe → Criel | 22,4 km – 2 h 00 |

| | De la Normandie à la côte d'Opale (La Vélomaritime® du nord) | 279,4 km |
|---|---|---|
| 20 | Criel → Ault | 22,5 km – 2 h 00 |
| 21 | Ault → Le Hourdel | 25,6 km – 2 h 10 |
| 22 | Le Hourdel → Saint-Valery-sur-Somme → Le Crotoy | 22,7 km – 2 h 00 |
| 23 | Le Crotoy → Berck-sur-Mer | 43,3 km – 3 h 00 |
| 24 | Berck-sur-Mer → Le Touquet-Paris-Plage → Étaples → Camiers | 28,2 km – 2 h 25 |
| 25 | Camiers → Boulogne-sur-Mer | 24,5 km – 2 h 00 |
| 26 | Boulogne-sur-Mer → Wissant | 24,7 km – 2 h 30 |
| 27 | Wissant → Calais | 21,3 km – 2 h 05 |
| 28 | Calais → Gravelines | 26,3 km – 2 h 10 |
| 29 | Gravelines → Dunkerque | 26,3 km – 2 h 10 |
| 30 | Dunkerque → Bray-Dunes | 14,1 km – 1 h 10 |

**Total de l'itinéraire** **800,6 km**

## N°1 Cherbourg-en-Cotentin → Le Vast

**24,4 km - 2 h 00**

CHERBOURG-EN-COTENTIN
LE VAST
Vers Le Mont Saint-Michel, Roscoff, itinéraire La Vélomaritime EV4
St-Pierre-Église
Fermanville
Maupertus-sur-Mer
Gonneville-le Theil
Digosville
Brillevast
Le Mesnil-au-Val
Tollevast
Aéroport de Cherbourg-Maupertus
Parc du Château de la Germonière
3,5
6,6
7,3

LE VAST
QUINÉVILLE
Barfleur
Plateau des Antiquaires
St-Pierre
Crabec
Quénanville
Jardin les Cordelines
Nehou
Rauville
Imbranville
Denneville
Tocqueville
Varouville
Hameau Joyeux
le Tourps
Ozeville
la Monmoterie
Gofontaine
Ingleville
la Tombette
Clitourps
Hameau du Haut
Tronville
Ste-Geneviève
la Rue Gaillard
le Rubé
la Moignerie
Barville
Montfarville
Landemer
la Grande Ville
les Mares
le Marais
Coutière
Canteloup
Hameau Plotin
le Prieuré
Valcanville
la Planque
la Rue Doncanville
la Poterie
Val de Saire
Le Vicel
Anneville-en-Saire
Manoir de la Crasseville
Ferme du Bois de Boutron
Parc du Château de la Germonière
Hameau Corbin
les Moulins
Maltot
Crasville
la Croûte
la Froide Rue
Anse du Homme
Pointe de la Loge
Mare de la A
Pointe de Foul
Anse de F
Rochers de Oranguet
Réville
St-Michel
Jonville
la Roque Jaune
Pointe de Sai
La Pernelle
Église Saint-Pétronille
la Cour
le Petit Vicel
Hameau Scipion
le Bordage
la Saire
Hameau Néel
Hameau Viquesney
les Etoquets
la Buhotterie
le Thot
Rideauville
Fanoville
la Hougueite
Coimbot
le Tronquet
Teurthéville-Bocage
St-Vigor
Quettehou
Hameau de Sey
le Venoix
Île Tatihou
Chap. des Marins
Fort de l'Îlet
St-Vaast-la-Hougue
Fort de la Hougue
Hameau du Pont
Morsalines
les Arquets
Grande Rade
la Poule
la Grande Huberderie
la Petite Huberderie
Hameau Avenel
Piedchou
Foyel
Videcosville
les Auvrays
Galiserie
le Perron
Batterie de Grenneville
Pavillon de Grenneville
le Bas de Crasville
Crasville
la Cour
Octeville-l'Avenel
Bidros
Hameau es Ruault
St-Germain-de-Tournebut
Bienville
la Belle Croix
le Polygone
Aumeville-Lestre
l'Ingouf
Hameau du Jardin
Lestre
le Verbisson
St-Martin-d'Audouville
les Quenault
le Bourg de Lestre
Chap. St-Michel
fort
le Havre
le Bourg Neuf
Mont Pierrot
Vaudreville
Rue Caubrière
les Carrières
les Cabanes
la Rue d'Ozeville
Ozeville
Couhière
Golf de Fontenay-sur-Mer
Hameau du Nord
les Gougins
le Bas de Fontenay
Hameau de Fontenay
Parc et Chât. de Courcy
Village de l'Église
St-Floxel
Anc. Abb. Ste-Marie
la Guinguette
la Huberderie
Vaudval
Fontenay-sur-Mer
Danguerille
Batterie
Pierreville
Hameau du Sud
Anc. redoute
Jacqueminerie
Vaudville
les Becquets
Crisbecq
Ferme de la Grille
St-Marcouf
Ravenoville Plage
Grand Hameau des Dunes
Joret
Auberville
Joganville
la Bergerie Gaillard
la Basse Émondeville
le Gros Chêne
Dodainville
N
0
1
2 km
4,9
6,5
9,3
4,8
4,5
8,5
3,5

# N°3 Quinéville → Sainte-Marie-du-Mont | 29,9 km - 2 h 50

QUINÉVILLE
SAINTE-MARIE-DU-MONT
7,5
6,5
4,5
4,8
2,6
4
0,3
Le Bourg de Lestre
Chap. St-Michel
le Bourg Neuf
Golf de Fontenay-sur-Mer
Hameau du Nord
le Bas de Fontenay
Hameau de Fontenay
les Gougins
Parc et Chât. de Courcy
Fontenay-sur-Mer
Batterie
Pierreville
Crisbecq
Anc. redoute
St-Marcouf
Ravenoville Plage
Grand Hameau des Dunes
Dodainville
Azeville
Petit Hameau des Dunes
Ravenoville
les Crutes
la Selleraie
Monument
Hameau Mottet
Foucarville
Planche aux Loups
Gerville
la Rivière
St-Germain-de-Varreville
St-Brice
Beuzeville-au-Plain
Neuville-au-Plain
Carantilly
les Dunes
la Vallée
Anc. Redoute d'Audouville
Utah Beach
St-Martin-de-Varreville
Ste-Mère-Église
Turqueville
Audouville-la-Hubert
la Madeleine
Hippodrome de la Madeleine
RÉSERVE
Boutteville
la Chaussée
le Grand Chemin
Sébeville
St-Pierre et St-Paul
Ste-Marie-du-Mont
Pouppeville
Hiesville
Blosville
Carquebut
Caloville
Dougazé
Brucheville
Tumulus de la Butte
Vierville
Liesville-sur-Douve
DES MARAIS
Houesville
Beaumont
Angoville-au-Plain
la Haute Addeville
la Basse Addeville
St-Côme-du-Mont
St-Côme et St-Damien
N
0 1 2 km

## Ste-Marie-du-M. → Carentan → Grandcamp-Maisy

## 40 km - 3 h 20

N°4

# N°5 Grandcamp-Maisy → Port-en-Bessin-Huppain

**31,7 km - 3 h 10**

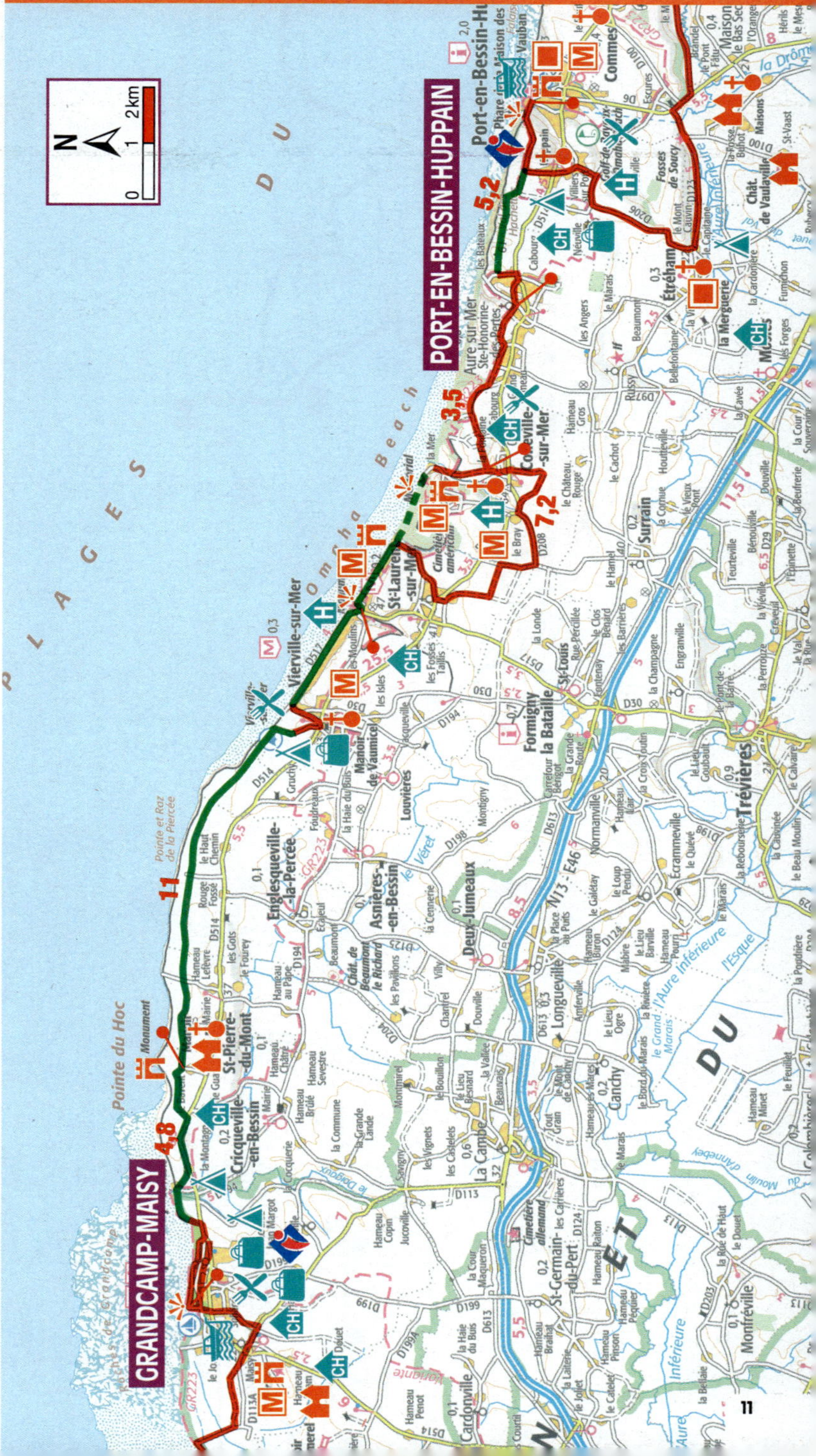

## 19,5 km - 2 h 00

## N°6

DÉBARQUEMENT
PORT-EN-BESSIN-HUPPAIN
ARROMANCHES-LES-BAINS
BAYEUX
Ver-sur-Mer
Crépon
Creully sur Seulles
St-Vigor-le-Grand
Longues-sur-Mer
Manvieux
Tracy-sur-Mer
Asnelles
Meuvaines
Ryes
Commes
Étréham
Sommervieu
Vaux-sur-Aure
Sully
Vaucelles
Port Winston
Cap Manvieux
Falaises de Marigny
2km

# N°7 Arromanches-les-Bains → Langrune-sur-Mer

**27,8 km - 2 h 40**

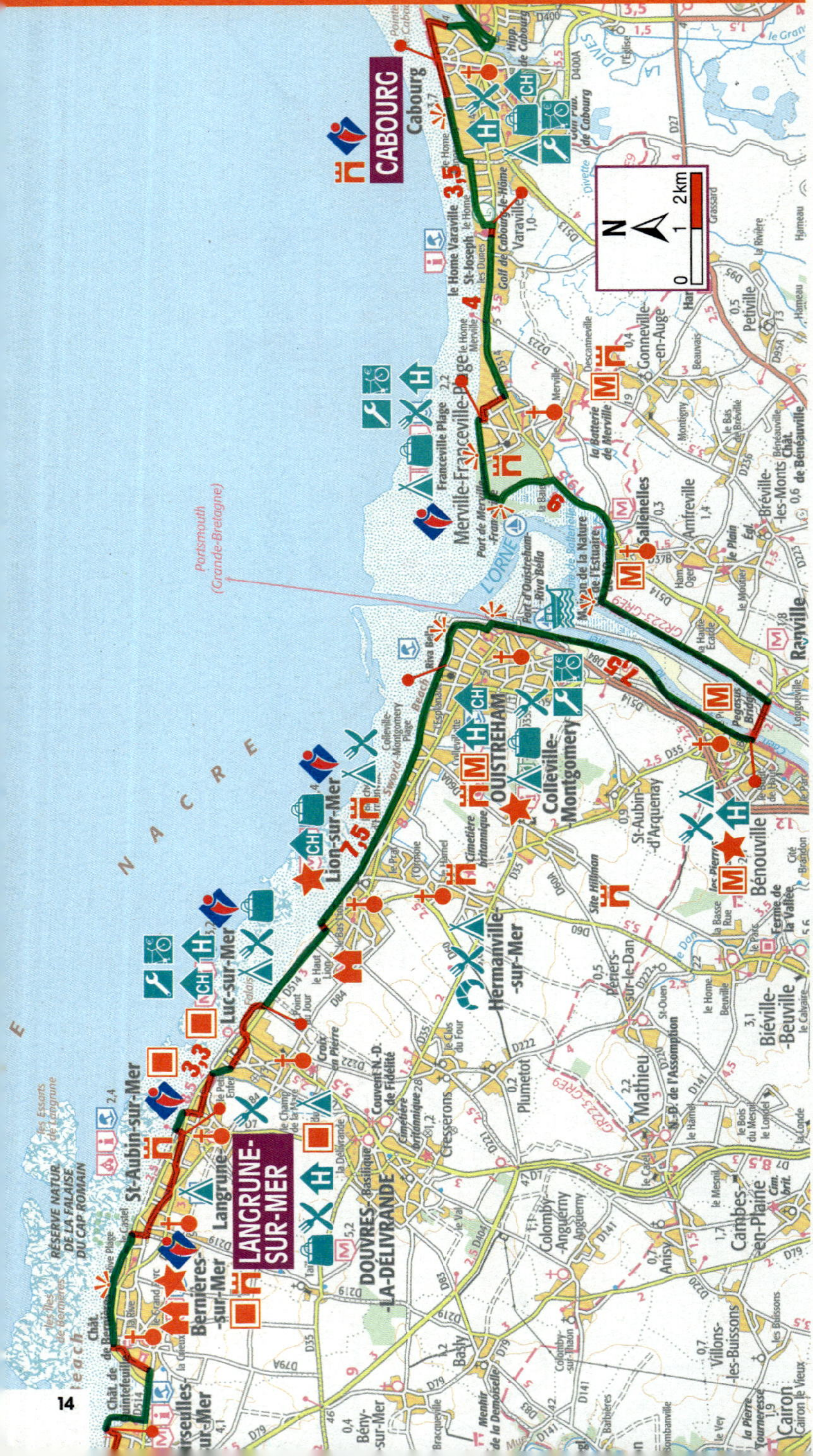
CABOURG
Cabourg
Varaville
Merville-Franceville-Plage
Franceville Plage
Sallenelles
Amfreville
Ranville
L'ORNE
Portsmouth
(Grande-Bretagne)
OUISTREHAM
Colleville-Montgomery
Bénouville
Hermanville-sur-Mer
Lion-sur-Mer
Luc-sur-Mer
LANGRUNE-SUR-MER
Langrune-sur-Mer
St-Aubin-sur-Mer
Bernières-sur-Mer
Douvres-la-Délivrande
N A C R E
3,5
4
6
7,5
3,3
2km

## N°9 Cabourg → Deauville | 32,5 km - 3 h 15

DEAUVILLE
CABOURG
Trouville-sur-Mer
Benerville-sur-Mer
Blonville-sur-Mer
Villers-sur-Mer
Houlgate
Dives-sur-Mer
Cabourg
Varaville
Le Home Varaville
Auberville
St-Arnoult
Tourgéville
St-Pierre-Azif
Vauville
Bourgeauville
Glanville
Gonneville-sur-Mer
Grangues
Branville
Heuland
St-Vaast-en-Auge
Beaumont-en-Auge
St-Étienne-la-Thillaye
St-Martin-aux-Chartrains
Canapville
Bonneville-sur-Touques
Englesqueville-en-Auge
Reux
Port de Deauville-Trouville
Golf Blue Green d'Houlgate
Falaises des Vaches Noires
Variante GR26
La Touques
Côte Fleurie
Pays d'Auge
Forêt de
0 1 2km
N
5,2
4,4
5,3
6
11,2
4,1

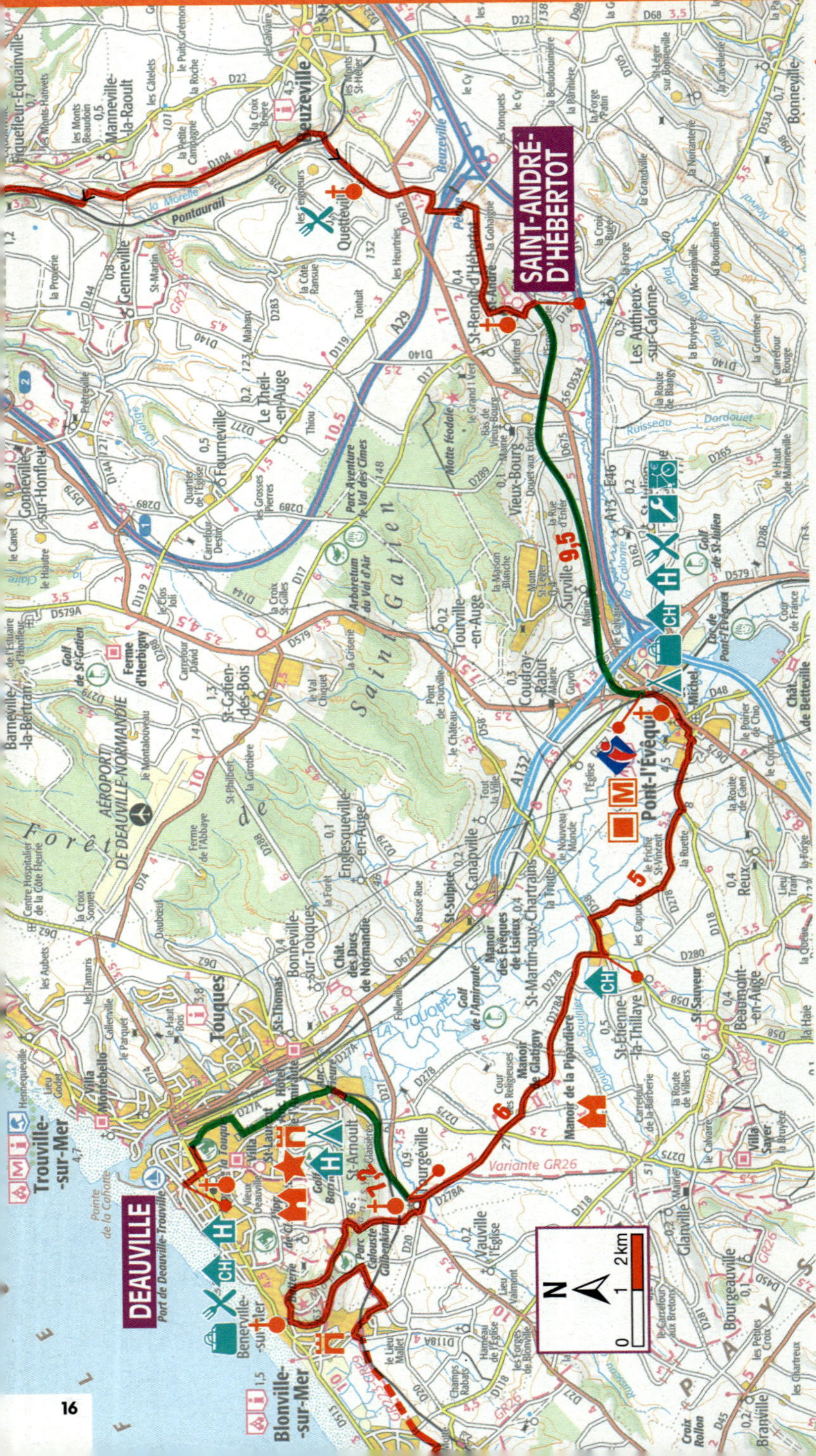
SAINT-ANDRÉ-D'HÉBERTOT
DEAUVILLE
Port de Deauville-Trouville
Pont-l'Évêque
Trouville-sur-Mer
Blonville-sur-Mer
Bénerville-sur-Mer
Tourgéville
Variante GR26
9,5
N
0 1 2km

## Saint-André-d'Hébertot → Honfleur

**20 km - 2 h 00**

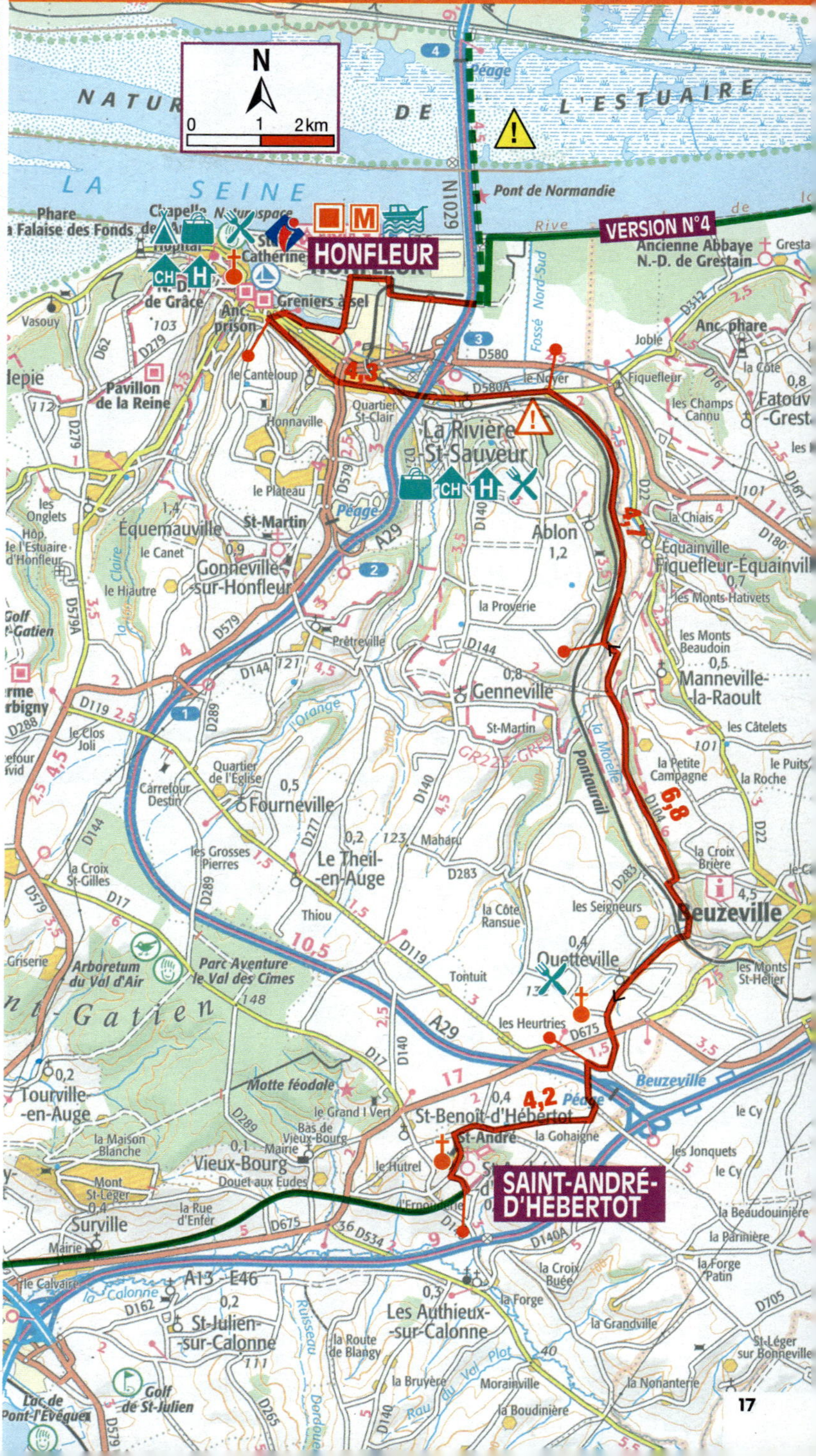
N
0 1 2km
LA SEINE
NATURE DE L'ESTUAIRE
Pont de Normandie
N1029
Péage
VERSION N°4
Ancienne Abbaye N.-D. de Grestain
HONFLEUR
Phare
Falaise des Fonds
Greniers à sel
Anc. prison
de Grâce
Vasouy
Pavillon de la Reine
le Canteloup
Honnaville
Quartier St-Clair
La Rivière-St-Sauveur
le Noyer
D580
D580A
Fiquefleur
Joble
Anc. phare
la Côte
les Champs Cannu
le Plateau
Ablon
la Chiais
Équainville
Fiquefleur-Équainville
les Monts Hativets
les Onglets
Hôp. de l'Estuaire d'Honfleur
Équemauville
le Canet
St-Martin
Gonneville-sur-Honfleur
le Hiautre
la Proverie
Prétreville
les Monts Beaudoin
Manneville-la-Raoult
Genneville
St-Martin
les Câtelets
la Petite Campagne
la Roche
le Puits
Pontaurail
la Croix Brière
Beuzeville
le Clos Joli
Carrefour Destin
Quartier de l'Église
Fourneville
Maharu
les Grosses Pierres
Le Theil-en-Auge
Thiou
la Côte Ransue
les Seigneurs
la Croix St-Gilles
Quetteville
les Monts St-Hélier
Tontuit
les Heurtries
Arboretum du Val d'Air
Parc Aventure le Val des Cimes
Griserie
A29
Motte féodale
Tourville-en-Auge
le Grand Vert
St-Benoît-d'Hébertot
St-André
la Gohaigne
Bas de Vieux-Bourg
la Maison Blanche
Vieux-Bourg
Douet aux Eudes
le Hutrel
SAINT-ANDRÉ-D'HÉBERTOT
le Cy
les Jonquets
la Beaudouinière
la Parinière
Mont St-Léger
Surville
la Rue d'Enfer
l'Ernoudière
A13 - E46
la Croix Buée
la Forge Patin
le Calvaire
Calonne
St-Julien-sur-Calonne
Les Authieux-sur-Calonne
la Forge
la Grandville
St-Léger sur Bonneville
la Route de Blangy
la Bruyère
Morainville
la Nonanterie
la Boudinière
Lac de Pont-l'Évêque
Golf de St-Julien
4,3
4,7
6,8
4,2

Honfleur.

# N°12 Honfleur → Le Havre

**V1 : 21 km - 2h00**
**V2 : 37,8 km - 3h40**

LE HAVRE
HONFLEUR
HARFLEUR
GONFREVILLE-L'ORCHER
STE-ADRESSE
VARIANTE N°1
VARIANTE N°2
VARIANTE N°3
RÉSERVE NATURELLE DE L'ESTUAIRE
EMBOUCHURE DE LA SEINE
RÉSERVE NATURELLE DE L'ESTUAIRE DE LA SEINE
Pont de Normandie
Autoroute des Estuaires
Grand Canal du Havre
Gainneville
Rogerville
Oudalle
St-Vigor-d'Ymonville
St-Aubin-Routot
St-Vincent-Cramesnil
Berville-sur-Mer
Pennedepie
Phare de la Hève
Terminal de France
Terminal de Normandie
Terminal de l'Europe
Terminal de l'Océan
Terminal de la Porte Océane
Complexe Pétro-Chimique de Gonfreville
Raffinerie
Usine de construction automobile
Ancienne Abbaye N.-D. de Grestain
Chapelle N.-D. de Grâce
Phare de la Falaise des Fonds
13,3
13
9
6,3
4,5
4
3,5
8,8
0 1 2km

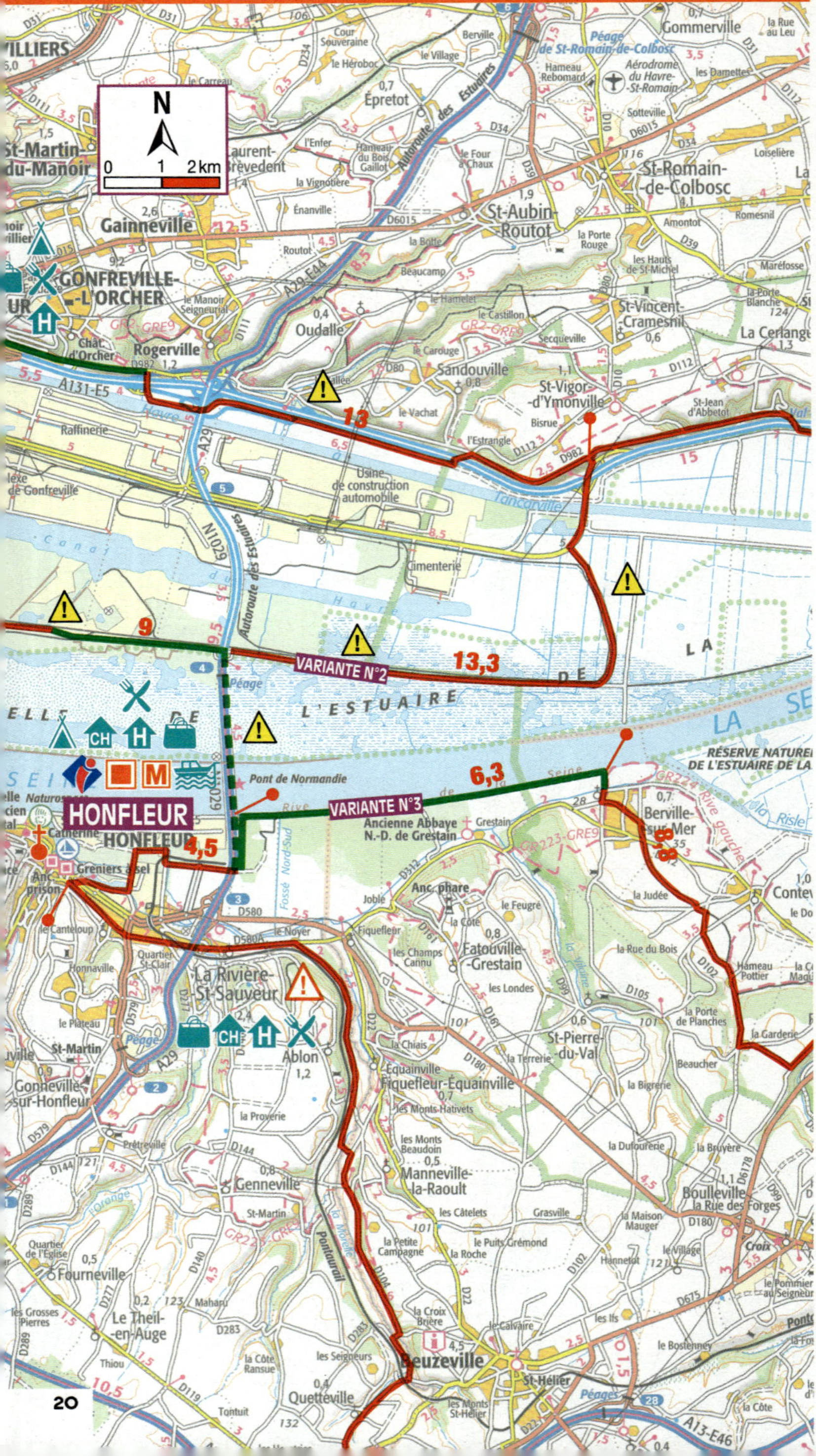
N
0 1 2 km
Gainneville
GONFREVILLE-L'ORCHER
Rogerville
Oudalle
Épretot
St-Aubin-Routot
St-Romain-de-Colbosc
St-Vincent-Cramesnil
Sandouville
St-Vigor-d'Ymonville
La Cerlange
Gommerville
Péage de St-Romain-de-Colbosc
Aérodrome du Havre-St-Romain
Autoroute des Estuaires
Raffinerie
Usine de construction automobile
Cimenterie
Grand Canal du Havre
VARIANTE N°2
VARIANTE N°3
L'ESTUAIRE DE LA SEINE
RÉSERVE NATURELLE DE L'ESTUAIRE DE LA
Pont de Normandie
HONFLEUR
Ancienne Abbaye N.-D. de Grestain
Berville-sur-Mer
Anc. phare
Fatouville-Grestain
La Rivière-St-Sauveur
Ablon
St-Pierre-du-Val
Fiquefleur-Équainville
Manneville-la-Raoult
Genneville
Gonneville-sur-Honfleur
Fourneville
Le Theil-en-Auge
Quetteville
Beuzeville
St-Hélier
Boulleville
13
9
13,3
6,3
4,5
8,8
15

# N°12 Honfleur → Le Havre

**V2 : 37,8 km - 3 h40**
**V3 : 80,6 km - 8h00**

LILLEBONNE
Théâtre romain
Abbaye du Valasse
Parc Eana Terre des Possibles
La Trinité-du-Mont
St-Antoine-la-Forêt
St-Eustache-la-Forêt
Les Trois-Pierres
Mélamare
La Remuée
St-Jean-de-Folleville
Ferme des Rames
St-Nicolas-de-la-Taille
St-Léonard
La Cerlangue
Tancarville
Pont de Tancarville
Val des Fontaines
8,5
8
7,5
Z.I. de Port Jérôme
Raffinerie
N.-D. de Bonport
Quillebeuf-sur-Seine
St-Aubin-sur-Quillebeuf
Péage
Variante
SEINE
Pointe de la Roque
RÉSERVE NATURELLE ESTUAIRE DE LA SEINE
PARC NATUREL
17
LE MARAIS VERNIER
RÉSERVE NATURELLE NATIONALE DU MARAIS VERNIER
la Grand'Mare
Ste-Opportune-la-Mare
Vers Rouen, itinéraire La Seine à vélo
La Roque
St-Samson-de-la-Roque
Marais-Vernier
St-Laurent
Conteville
Foulbec
Bouquelon
St-Thurien
St-Ouen-des-Champs
Fourmetot
St-Mards-de-Blacarville
St-Sulpice-de-Grimbouville
Toutainville
St-Maclou
Autoroute de Normandie
PONT-AUDEMER
Manneville-sur-Risle
St-Germain
St-Germain-Village
Triqueville
Fort-Moville
Pontaurail

Cauville-
-sur-Mer
Briquemare
Mannevillette
le Tronquay
Rimbertot
Marfauville
Golf du Havre
St-Supplix
Ecqueville
la Brière
la Bruyère
St-Barthélemy
Fontenay
Réauté
la Renardière
le Croquet
l'Otan
Falaises d'Octeville
OCTEVILLE-
SUR-MER
Fréville
Abbatiale St-Sauveur
St-Andrieux
Dondeneville
la Claire Fontaine
Édreville
AÉROPORT
DU HAVRE-OCTEVILLE
Fontaine-
-la-Mallet
le Grand Hameau
Éprémesnil
le Quesne
le Mont Gaillard
Fevretot
la Corniche
Dollemard
Bléville
Phare
de la Hève
Ignauval
la Renaissance
Ste-Thérèse
Sacré-Cœur
Bel-Air
Rouelles
Parc
Caucriauville
Viking Vol Libre
les Jardins Suspendus
la Mare Rouge
les Acacias
le Vornier
Fort de Tourneville
Sanvic
Ste-Cécile
Prieuré
Stade J. Deschaseaux
Statue
St-Joseph
Trigauville
Graville Sq
STE-ADRESSE
Synag.
Ste-Marie
St-Léon
Stade Océane
Temple
LE HAVRE
St-Joseph
Cath.
Maison de l'Armateur
Pépinière d'Entreprises
le Vaisseau
Parc d'Activités de la Chaussée de la Moselle
Avant-Port
Bassin Théophile Ducrocq
Gare maritime marchande
Centrale Thermique
Les Neiges
Cité Jardins
Terminal de l'Europe
Bassin René Coty
Terminal de Normandie
Darse de l'Océan
PORT 2000
Terminal de la Porte Océane
Cim. le Havre
Terminal de France
RÉSERVE
EMBOUCHURE DE
DE LA HÈVE
N
0 1 2 km

N
0 1 2 km
ÉTRETAT
Aquarium
la Manneporte
Valaine
Pointe du Fourquet
CAP D'ANTIFER
Phare d'Antifer
la Place
Le Tilleul
le Vauchel
Jumel
le Presbytère
Pimont
Ste-Marie-au-Bosc
La Poterie-Cap-d'Antifer
Monument commémoratif
Port Pétrolier du Havre-Antifer
Bruneval
Beaurepaire
Ferme Oursel
les Quatre Fermes
le Haut de la Paroisse
Beaumesnil
Vitreville
Gonneville-la-Mallet
St-Jouin-Bruneval
le Tot
la Forge
le Hameau
l'Ancienne Église
Tanville
Écultot
le Divisé
Épaville
Écrépintot
Heuqueville
Golf de Mannevillette
la Marguerite
Buglise
St-Martin-du-Bec
Cauville-sur-Mer
Mannevillette
Chât. du Bec-Crespin
le Tronquay
le Carreau du Moulin
l'Épine Brière
Notre-Dame-du-Bec
Rimbertot
Marfauville
le Merisier
Rolleville
Golf du Havre
le Tot
Ferme Debray
St-Supplix
Ecqueville
Bertrand
les Hameaux
la Brière
la Bruyère
St-Barthélemy
Fontenay
le Croquet
Réauté
la Renardière
Épouville
l'Otan
Falaises d'Octeville
Cimetière de Brisegaret
OCTEVILLE-SUR-MER
Fréville
les Lombards
MONTIVILLIERS
St-Andrieux
Abbatiale St-Sauveur
Temple
PORT OCTEVILLE
Édreville
la Claire Fontaine
Fontaine-la-Mallet
le Grand Hameau
Escures
Épremesnil
10,5
7
6
4

ÉTRETAT
Porte d'Aval
Porte d'Amont
N.-D. de la Garde
Aquarium
Chât. des Aygues
la Manneporte
Pointe de la Courtine
Pointe du Fourquet
CAP D'ANTIFER
Phare d'Antifer
Le Tilleul
la Place
Jumel
La Poterie
Valaine
Le Vauchel
Pimont
Ste-Marie-
Pierrefiques
Épivent
Bordeaux-St-Clair
St-Clair
le Bout de la Ville
Bénouville
la Haye d'Etigue
Étretat Aventure
le Jardinet
Les Loges
le Bout de Vattetot
Vattetot-sur-Mer
la Forge
Chalet des Amis de la Nature
Hameau aux Chiens
la Petite Rue
la Grande Rue
le Parlement
le Mont Rôty
Fongueusemare
Vaucottes
Pointe
Yport
les Hogues
Froberville
Criquebeuf-en-Caux
Grainval
St-Léonard
le Trou d'Enfer
le Mont Pertuis
le Nocte
la Mare Blonde
le Bihorel
Gerville
Maniquerville
Sausseuzemare
Épreville
la Hêtrée
les Marquets
Parc d'Activités des Hautes Falaises
la Croix Bigot
FÉCAMP
Palais Bénédictine
Cap Fagnet
N.-D. du Salut
Abbatiale de la Ste-Trinité
Anc. Chât. des Ducs Richard
Woody Park
les Jardins de Louanne
Oppidum
le Chesnay
la Roquette
Ganzeville
Contremoulins
Tourville-les-Ifs
Senneville-sur-Fécamp
la Queue de Renard
les Plantis
Hâbleville
l'Épinay
Toussaint
Bec-de-Mortagne
Auberville-la-Renault
la Couarde
la Forge
Beau Soleil
la Briqueterie
la Broche à Rôtir
Côte Côte
Rau de Ganzeville
GR21-GR9
GR21B
D940
D11
D104
D211
D279
D925
D486
D68
D73
D28
D150
D926
D39
D72
D74
D79
D239
N
0 1 2km
8
7,8
4,1
19,5
15
24

## N°16 Fécamp → Veulettes-sur-Mer | 28,8 km - 2 h 50

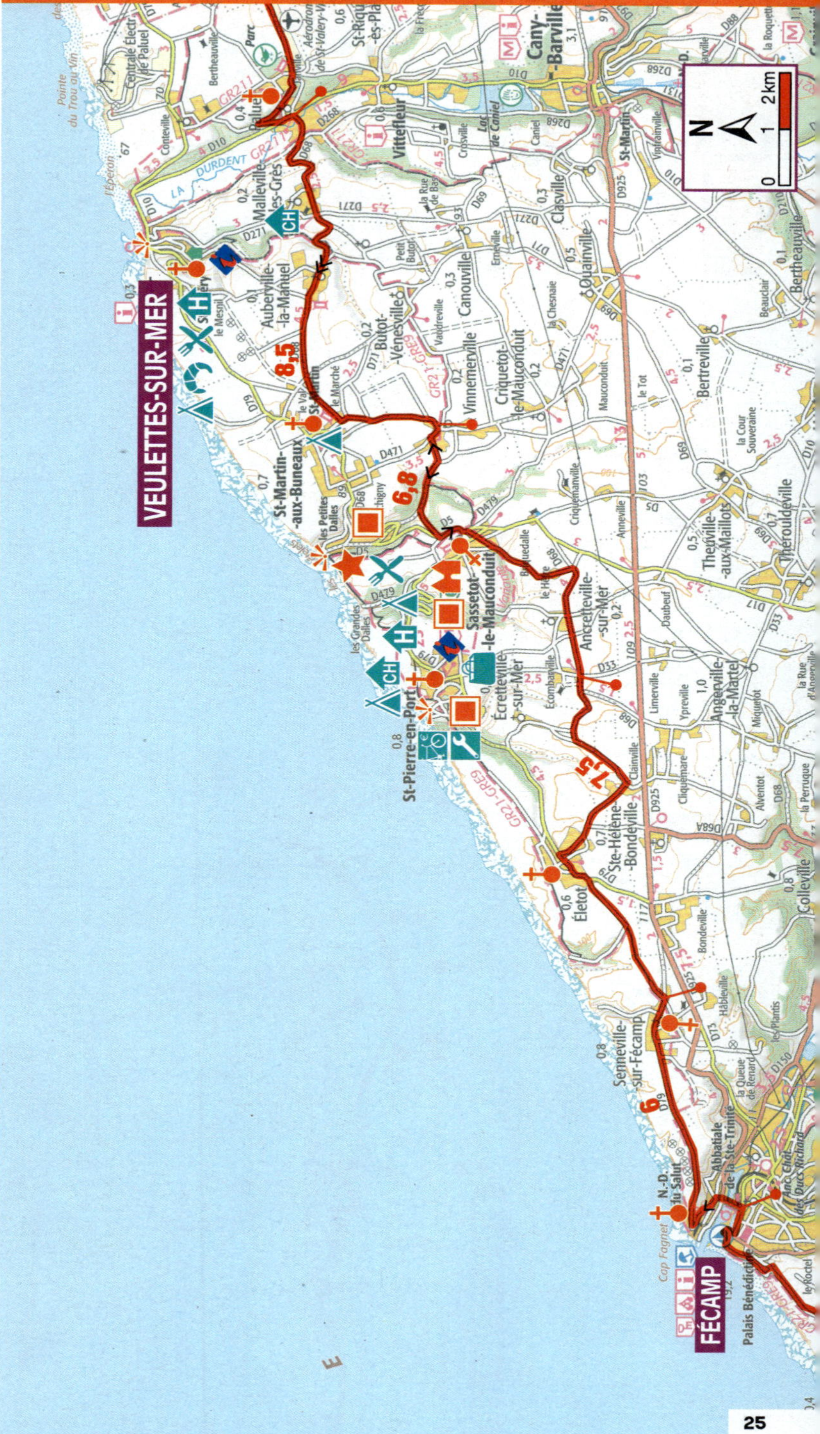
FÉCAMP
VEULETTES-SUR-MER
St-Pierre-en-Port
Sassetot-le-Mauconduit
St-Martin-aux-Buneaux
Senneville-sur-Fécamp
Életot
Ste-Hélène-Bondeville
Ancretteville-sur-Mer
Écretteville-sur-Mer
Vinnemerville
Cany-Barville
Vittefleur
Paluel
Malleville-les-Grès
Auberville-la-Manuel
Butot-Vénesville
Canouville
Criquetot-le-Mauconduit
Clasville
Ouainville
Bertreville
Theuville-aux-Maillots
Thérouldeville
Angerville-la-Martel
Colleville
Bertheauville
Cap Fagnet
N.-D. du Salut
Abbatiale de la Ste-Trinité
Palais Bénédictine
Anc. Chât. des Ducs Richard
Les Petites Dalles
Les Grandes Dalles
Lac de Caniel
6
7,5
6,8
8,5
19,2

# Veulettes-sur-Mer → Saint-Aubin-sur-Mer

**28 km - 2 h 40**

**N°17**

# N°18 Saint-Aubin-sur-Mer → Dieppe

**23,6 km - 2 h 20**

DIEPPE
ST-AUBIN-SUR-MER
Vélorouté du Lin
Aire de Cerf-Volant
Quiberville
Ste-Marguerite-sur-Mer
Phare d'Ailly
Varengeville-sur-Mer
Hautot-sur-Mer
Offranville
Rouxmesnil-Bouteilles
Arques-la-Bataille
Tourville-sur-Arques
Longueil
Ouville-la-Rivière
Ambrumesnil
St-Denis-d'Aclon
Le Bourg-Dun
La Chapelle-sur-Dun
Sotteville-sur-Mer
St-Aubin-sur-Scie
Aérodrome de Dieppe-St-Aubin
Camp de César ou Cité des Limes
Manoir d'Ango
St-Valery
8,4
8,5
6,7
1,5
0
1
2km
N

# Dieppe → Criel-sur-Mer

22,4 km - 2 h 00

N°19

CRIEL-SUR-MER
Criel-sur-Mer
Tocqueville-sur-Eu
Biville-sur-Mer
Penly
PETIT-CAUX
Berneval-le-Grand
Belleville-sur-Mer
Bracquemont
Puys
DIEPPE
0 1 2km
N

# N°20 Criel-sur-Mer → Ault

## 22,5 km - 2 h 00

N
0 1 2 km
CÔTE
Cayeux-sur-
AULT
Onival
N.-D. d'Onival
St-Pierre
Belle Vue
Friaucourt
St-Quentin-la-Motte-Croix-au-Bailly
Mers-les-Bains
St-Martin
le Tréport
Funiculaire
St-Jacques
le Tréport Terrasse
le Tréport Moderne
Cimetière britannique
Mont Huon
EU
St-Laurent
Château Louis-Philippe
Ponts-Marais
Oust-Marest
Flocques
Étalondes
Mesnil Sorel
Mesnil Val Plage
Criel Plage
CRIEL-SUR-MER
Chanteraine
Parc et Verger les Prés Manoir de Briançon
les Quesnets
la Pipe
St-Rémy-Boscrocourt
Forêt Indivise
Jardin Jungle Karlostachys
Site Archéologique du Bois l'Abbé
St-Pierre-en-Val
Touffreville-sur-Eu
Canehan
St-Sulpice-sur-Yères
St-Martin-le-Gaillard
Baromesnil
Monchy-sur-Eu
Le Mesnil-Réaume
Heudelimont
Jardin des Sources
7,8
7,2
2,5
5
9
SNCF

## Ault → Le Hourdel

25,6 km - 2 h 10

N°21

RÉSERVE NATURELLE
DE LA BAIE DE SOMME
BAIE DE
CÔTE PICARDE
Banc de l'Ilette
LE HOURDEL
le Hourdel
7,8
Phare de Cayeux
Brighton les Pins
la Mollière d'Aval
la Mollière de Terre
Anc. Ferme du petit Ter
(Maison de l'Oiseau)
Chap. des Marins
Cayeux-sur-Mer
2,5
SNCF
Sallenelle
Wathiéhurt
Chemin de
le Marais
Herlicourt
St-Martin
Pendé
Lanchères
Laleu
0,9
6,5
Brutelles
0,2
Poutrincourt
Fond du Val
le Hable d'Ault
Tilloy
Brutelette
Hautebut
V 0,4
Vaudricourt
Elincourt
St-Blimont
0,9
5,5
Woignarue
0,9
Offeux
la Râperie
Onival
N.-D. d'Onival
Bourseville
0,7
Rimbehem
AULT
St-Pierre
3,3
2,5
Martaigneville
Bel-Air
0,8
Friaucourt
Belloy sur Mer
Escarbotin
le Bout de la Ville
le Bois de Cise
Allenay
0,3
Tully
0,6
Friville-Escarbotin
4,7
Béthencourt-sur-Mer
1,0
le Moulin de Friville
la Croix
1,3
St-Quentin-la-Motte-Croix-au-Bailly
la Motte
Woincourt
1,3
Fressenneville
Méneslies
0,3
Yzengremer
0,5
Gros Jacques
EU
7,1
N
0 1 2 km

# N°22 Le Hourdel → Saint-Valery-sur-Somme → Le Crotoy

**22,7 km - 2 h 00**

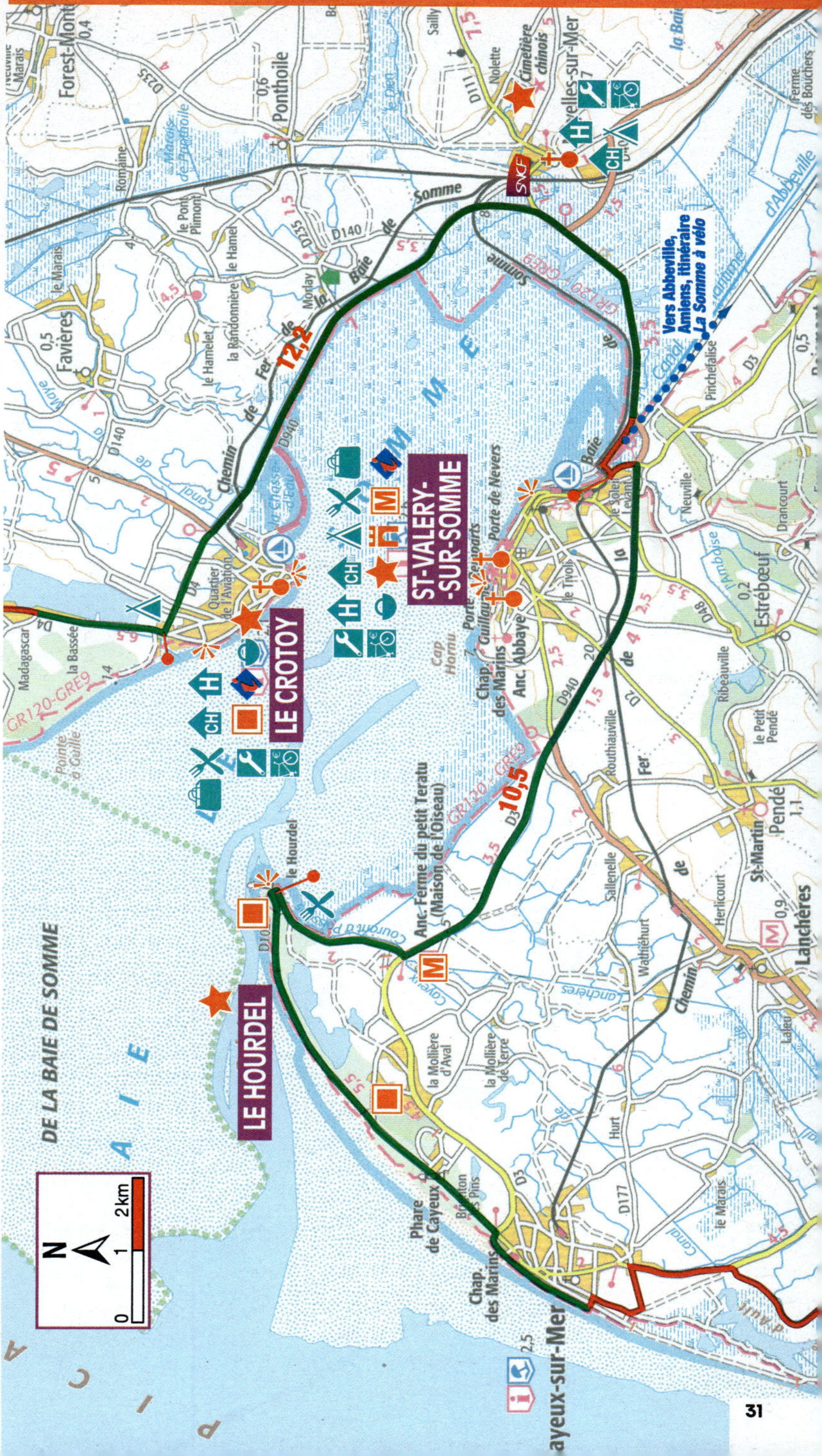

BERCK-SUR-MER
Berck Plage
Pointe du Haut-Banc
Groffliers
St-Martin
Waben
Port de la Madelon
Malgré le Monde
Pointe de la Rochelle
Baie de l'Authie
Pointe de Routhiauville
Rang-du-Fliers
Airon-St-Vaast
Conchil-le-Temple
Colline-Beaumont
Tigny-Noyelle
Fort-Mahon-Plage
Le Vieux Fort Mahon
Golf de Belle Dune
Aquaclub de Belle Dune
Quend Plage
Quend
Villers-sur-Authie
Vercourt
MARQUENTERRE
St-Quentin-en-Tourmont
Parc Ornithologique du Marquenterre
St-Firmin
St-Wulphy
Rue
Favières
RÉSERVE NATURELLE
BAIE DE SOMME
LE CROTOY
Le Crotoy
Pointe du Hourdel
Le Hourdel
4,5
6
11,5
13,5
7,8
N
0
1
2 km

## N°24 Berck-sur-Mer → Le Touquet-Paris-Plage → Étaples-sur-Mer → Camiers

**28,2 km - 2 h 25**

## Camiers → Boulogne-sur-Mer

**24,5 km - 2 h 00**

**N°25**

Pointe de la Crèche
Fort de la Crèche
Phare de la Digue Carnot
BOULOGNE-SUR-MER
Nausicaa
Colonne de la Grde Armée
Cim. du Nord
Port de Marée
Port de Commerce
Beffroi
LE PORTEL
9,3
Parc de Loisirs de la Falaise
Fort de l'Heurt
Parc Montplaisir
ST-MARTIN-BOULOGNE
Ferme de Bedouâtre
Ferme du Mln l'Abbé
La Capelle-lès-Boulogne
Baincthun
Echinghen
CAP D'ALPRECH
Site du Cap d'Alprech
Aérodrome d'Alprech
Parc du Mt Soleil
OUTREAU
13,9
St-Léonard
Péage d'Herquelingue
Moulin de Gravois
ST-ÉTIENNE-AU-MONT
5,1
Équihen-Plage
5,3
Isques
Condette
2,5
Hesdin-l'Abbé
Manoir
Domaine du Manoir
Hesdigneul-lès-Boulogne
Châl. d'Hardelot
Hardelot Plage
Golf des Pins
6,2
Nesles
Verlincthun
Golf des Dunes
Dunes au Chevalier Sansot
Neufchâtel-Hardelot
Mont St-Frieux
6
St-Martin
Dannes
Ste-Cécile
les Garennes
Opaline
Institut Albert Calmette
CAMIERS
Frencq
N
0 1 2 km

## Boulogne-sur-Mer → Wissant

**24,7 km - 2 h 30**

N
0 1 2 km
WISSANT
Baie de Wissant
CAP GRIS NEZ
le Châtelet
Tardinghen
St-Pierre
Audinghen
Onglevert
Site du Cran aux Œufs
Pointe du Nid de Corbet
Audresselles
Raventhun
Bazinghen
Dunes de la Manche
Ambleteuse
Route passante
Prairies de Warenne
Golf de Wimereux
Pointe aux Oies
WIMEREUX
Wimille
Rochers du Fort Croi
Chât. de Lozembrune
Pointe de la Crèche
Phare de la Digue Carnot
BOULOGNE-SUR-MER
Nausicaa
Port de Commerce
Port de Marée
Beffroi
Colonne de la Grde Armée
Cath.-Basil. N.-D.
Remparts
Maninghen-Henne
Beuvrequen
Rupembert
Olincthun
5,6
4,5
5,5
4,3
4,8
P A R C
D ' O P A L E

CALAIS
WISSANT
Sangatte
Coquelles
COULOGNE
Fréthun
Peuplingues
Escalles
CAP BLANC NEZ
Statue d'Hubert Latham
Obélisque de la Patrouille de Douvres
Camp de César
Nielles-lès-Calais
Hames-Boucres
Bonningues-lès-Calais
St-Tricat
Hervelinghen
St-Barnabé
Blériot Plage
Dunes du Fort Mahon
Terminal Eurotunnel
Cité de l'Europe
Fort Risban
Citadelle
Beffroi
le Typhonium
5,6
4,7
6
5
0 1 2km
N

# N°28 Calais → Gravelines 26,3 km - 2 h 10

CALAIS
GRAVELINES
GRAND-FORT-PHILIPPE
OYE-PLAGE
COULOGNE
St-Folquin
Offekerque
Guemps
Vieille-Église
Nouvelle-Église
St-Omer-Capelle
Phare de Walde
Aérodrome de Calais-Dunkerque
RÉSERVE NATUR. DU PLATIER D'OYE
Moulin à vent
Usine d'aluminium
Cimetière Sud
Stade de l'Épopée
A16-E40
A26-E15
N216
D940
D119
D230
D219
D248
GR120-GR€9
0 1 2km
N
3,5
6
9
4
3,8

# Gravelines → Dunkerque

**26,3 km - 2 h 10**

DUNKERQUE
Phare du Risban
Jardin des Sculptures
Aquarium
Tour du Leughenaer
Beffroi St-Éloi
Malo Terminus
Parc du Chât. Coquelle
COUDEKERQUE-BRANCHE
CAPPELLE-LA-GRANDE
Palais de l'Univers
Armbouts-Cappel
Spycker
Bierne
Golf de Dunkerque
Canal de Bergues
Port Autonome de Dunkerque
St-Pol-sur-Mer
Fort-Mardyck
GRANDE-SYNTHE
Usine métallurgique
Canal de Bourbourg
Dérivation Canal de Bourbourg
Raffinerie de pétrole
Enclave de Dunkerque
Usine pétrochimique
Mardyck
LOON-PLAGE
Craywick
Zone portuaire
Usine d'aluminium
Z.I. Portuaire
GRAVELINES
St-Georges-sur-l'Aa
Passe de l'Ouest
Plage du Braek
Dérivation
Bassin Vauban
Beffroi
Fort-Philippe
Le Clair Marais
Le Parc des Rives de l'Aa
4,2
4,6
5,2
5,5
6,8
0 1 2km
N

# N°30 Dunkerque → Bray-Dunes

**14,1 km - 1 h 10**

DUNKERQUE
SP 88,9
BRAY-DUNES
Zuydcoote
Leffrinckoucke
Ghyvelde
Uxem
Téteghem
Coudekerque-Branche
Coudekerque-Village
Malo les Bains
Phare du Risban
Port Autonome de Dunkerque
Raffinerie Port Est de Dunkerque
Zone Portuaire
St-Pol-sur-Mer
Canal de Bourbourg
Fort-Mardyck
Zoo
Petite Synthe
Banc Vert
Réserve de Westhoek
Maison de la Dune
Ferme de la Petite Mare
Hôpital maritime
Réserve natur. de la Dune Marchand
Cim. Français
Nécr. national
Fort des Dunes
Malo Terminus
Parc du Chât. Coquelle
Jardin des Sculptures
Aquarium
Tour du Leughenaer
Beffroi St-Éloi
Porte J. Bart
Rosendael
Aérodrome de Dunkerque -les Moëres
Ferme du Bommelaers Wall
Autoroute des Estuaires
Moulin du Rhin
Banc Hills
Passe de Zuydcoote
Flandre Maritime
GR5A
A16-E40
D947
D60
D601
D302
D79
D2
D204
D625
0 1 2km
N
7,5
6,6

# EUROVELO 4 LE TOUR DE MANCHE DE CHERBOURG À ROSCOFF | 701 km

## ENVIE DE CYCLOTER EN NORMANDIE OU EN BRETAGNE ?

**Cette portion de l'EuroVelo 4 est pour vous ! Sur ce parcours de 780 km, de Cherbourg à Roscoff, vous traversez pas moins de 5 départements : la Manche, le Calvados, l'Ille-et-Vilaine, les Côtes d'Armor et le Finistère. Roulez au grand air et échappez-vous le long de la Manche, une terre authentique et vivifiante.**

*L'itinéraire se décompose en 2 grands tronçons, normand et breton, le long de 25 étapes. La Manche normande, un parcours plus terrestre, défile au milieu du bocage et le long de la Vire. Vous traversez l'intérieur du Cotentin.*
*La Manche bretonne suit un fil plus maritime au milieu de nombreux ports de pêche, sur un littoral rocheux et déchiqueté.*
*La première partie suit principalement une belle voie verte, bien jalonnée et entretenue et la seconde partie est tracée sur une véloroute partagée, au trafic réduit et avec quelques dénivelés. L'itinéraire peut être emprunté dans les deux sens.*

***Jonctions :*** La Côte Normande à vélo, Paris - Le Mont-St-Michel (La Véloscénie), La Bretagne à vélo.

Trégastel. -PM-

# L'ITINÉRAIRE

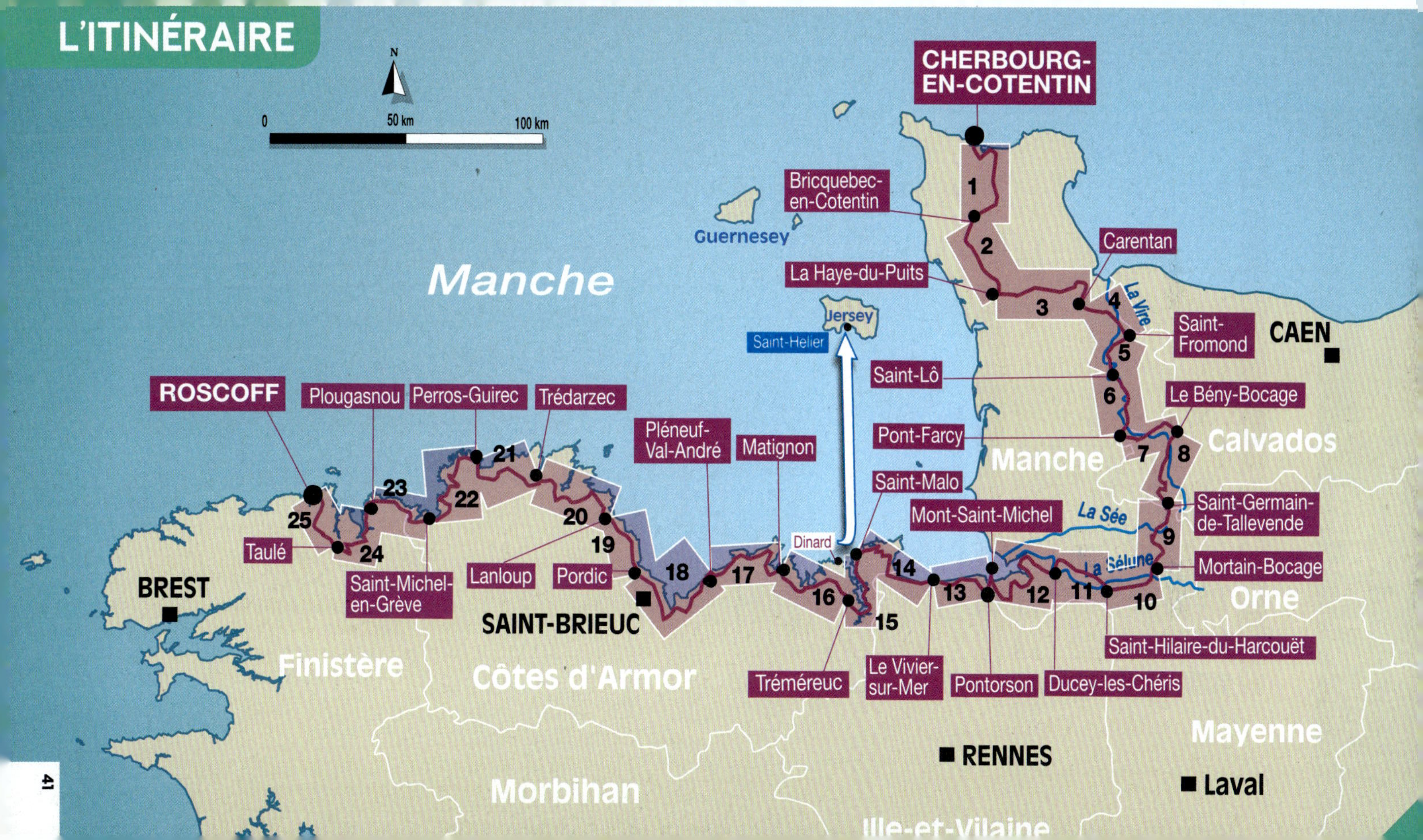

N
0
50 km
100 km
CHERBOURG-EN-COTENTIN
Bricquebec-en-Cotentin
La Haye-du-Puits
Carentan
Saint-Fromond
Saint-Lô
Le Bény-Bocage
Pont-Farcy
Saint-Germain-de-Tallevende
Mortain-Bocage
Saint-Hilaire-du-Harcouët
Ducey-les-Chéris
Pontorson
Mont-Saint-Michel
Le Vivier-sur-Mer
Saint-Malo
Dinard
Trémércuc
Matignon
Pléneuf-Val-André
Pordic
Lanloup
Trédarzec
Perros-Guirec
Saint-Michel-en-Grève
Plougasnou
Taulé
ROSCOFF
Guernesey
Jersey
Saint-Helier
Manche
CAEN
Calvados
Orne
Mayenne
Laval
RENNES
Ille-et-Vilaine
La Vire
La Sée
La Sélune
SAINT-BRIEUC
Côtes d'Armor
Finistère
Morbihan
BREST
1 2 3 4 5 6 7 8 9 10 11 12 13 14 15 16 17 18 19 20 21 22 23 24 25

# LES ÉTAPES

N° de la carte

| La Manche normande | 285,5 km |
| --- | --- |
| 1 Cherbourg-en-Cotentin → Bricquebec | 28,6 km – 2 h 50 |
| 2 Bricquebec → La Haye-du-Puits | 27,3 km – 2 h 45 |
| 3 La Haye-du-Puits → Carentan | 22,7 km – 2 h 15 |
| 4 Carentan → Saint-Fromond | 22,6 km – 2 h 00 |
| 5 Saint-Fromond → Saint-Lô | 18 km – 1 h 45 |
| 6 Saint-Lô → Pont-Farcy | 31,2 km – 3 h 20 |
| 7 Pont-Farcy → Le Bény-Bocage | 21,9 km – 2 h 10 |
| 8 Le Bény-Bocage → Vire → Saint-Germain-de-Tallevende | 23,7 km – 2 h 15 |
| 9 Saint-Germain-de-Tallevende → Mortain | 26,4 km – 2 h 15 |
| 10 Mortain → Saint-Hilaire-du-Harcouët | 15,2 km – 1 h 15 |
| 11 Saint-Hilaire-du-Harcouët → Ducey | 18,9 km – 1 h 30 |
| 12 Ducey → Le Mont-Saint-Michel → Pontorson | 29 km – 2 h 20 |

| La Manche bretonne | 416,6 km |
| --- | --- |
| 13 Le Mont-Saint-Michel → Le Vivier-sur-Mer | 24,2 km – 2 h 00 |
| 14 Le Vivier-sur-Mer → Saint-Malo | 30,2 km – 2 h 30 |
| 15 Saint-Malo → Tréméreuc | 30,9 km – 3 h 00 |
| 16 Tréméreuc → Matignon | 20,5 km – 2 h 00 |
| 17 Matignon → Pléneuf-Val-André | 38,6 km – 3 h 10 |
| 18 Pléneuf-Val-André → Pordic | 40,9 km – 4 h 00 |
| 19 Pordic → Lanloup | 31,3 km – 3 h 00 |
| 20 Lanloup → Trédarzec | 31,5 km – 3 h 00 |
| 21 Trédarzec → Perros-Guirec | 29 km – 3 h 00 |
| 22 Perros-Guirec → Saint-Michel-en-Grève | 52,4 km – 5 h 15 |
| 23 Saint-Michel-en-Grève → Plougasnou | 27,5 km – 2 h 45 |
| 24 Plougasnou → Taulé | 34,7 km – 3 h 25 |
| 25 Taulé → Roscoff | 24,9 km – 2 h 25 |

**Total général de l'itinéraire** **701,9 km**

# N°1 Cherbourg-en-Cotentin → Bricquebec-en-Cotentin

## 28,6 km - 2 h 50

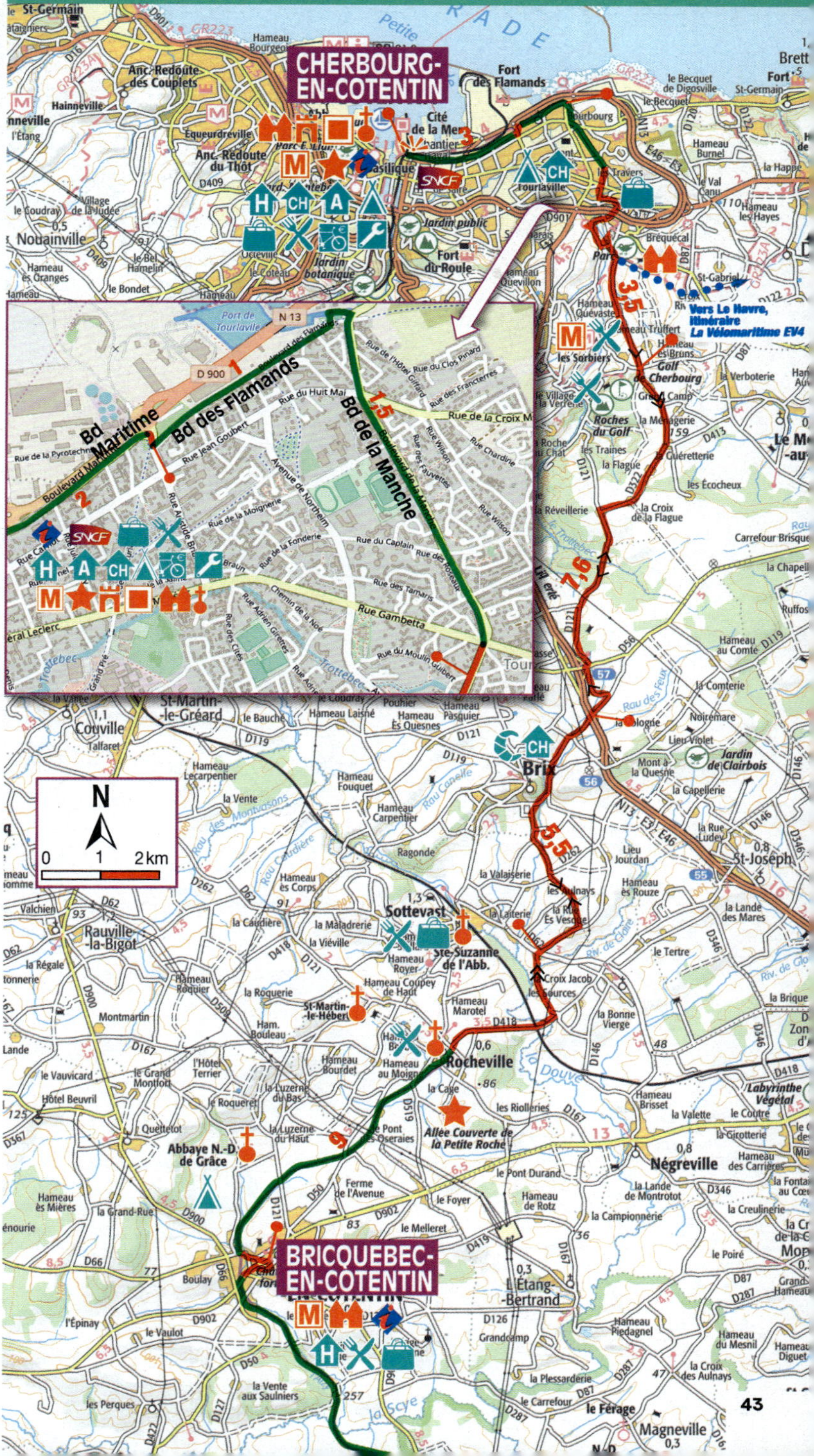

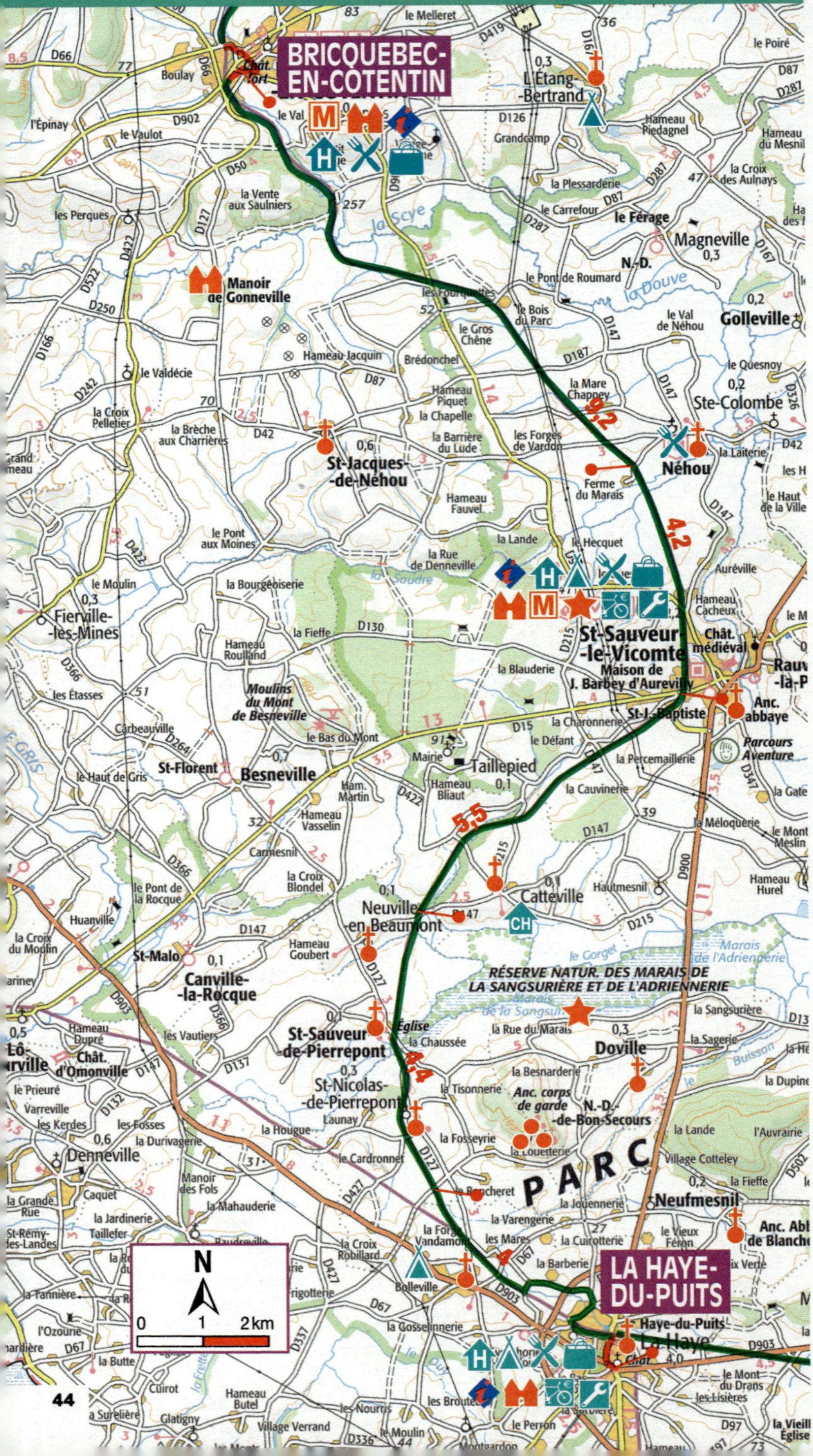
BRICQUEBEC-EN-COTENTIN
Chât. fort
le Val
Boulay
l'Épinay
le Vaulot
la Vente aux Sauniers
les Perques
Manoir de Gonneville
l'Étang-Bertrand
Hameau Piedagnel
Grandcamp
la Plessarderie
le Carrefour
le Férage
Magneville
le Pont de Roumard
la Douve
le Bois du Parc
les Fourquettes
le Gros Chêne
Golleville
le Val de Néhou
Hameau Jacquin
Brédonchel
le Valdécie
la Croix Pelletier
la Brèche aux Charrières
St-Jacques-de-Néhou
Hameau Piquet
la Chapelle
la Barrière du Lude
les Forges de Vardon
la Mare Chappey
Ste-Colombe
le Quesnoy
Néhou
la Laiterie
Ferme du Marais
Hameau Fauvel
la Lande
le Hecquet
la Rue de Denneville
le Pont aux Moines
le Moulin
Fierville-les-Mines
la Bourgeoiserie
la Fieffe
Hameau Roulland
Auréville
Hameau Cacheux
St-Sauveur-le-Vicomte
Maison de J. Barbey d'Aurevilly
Chât. médiéval
St-J.-Baptiste
Anc. abbaye
la Blauderie
Parcours Aventure
les Étasses
Moulins du Mont de Besneville
le Bas du Mont
la Charonnerie
le Défant
la Percemaillerie
Carbeauville
St-Florent
Besneville
le Haut de Gris
Mairie
Taillepied
Hameau Bliaut
la Cauvinerie
Ham. Martin
Hameau Vasselin
la Méloquerie
Carmesnil
la Croix Blondel
Catteville
Hautmesnil
le Pont de la Rocque
Huanville
Neuville-en-Beaumont
Hameau Goubert
St-Malo
Canville-la-Rocque
RÉSERVE NATUR. DES MARAIS DE LA SANGSURIÈRE ET DE L'ADRIENNERIE
Marais de l'Adriennerie
Marais de la Sangsurière
la Sangsurière
St-Sauveur-de-Pierrepont
Église
la Chaussée
la Rue du Marais
Doville
la Sagerie
les Vautiers
Hameau Dupré
Chât. d'Omonville
St-Nicolas-de-Pierrepont
Launay
la Tisonnerie
la Besnarderie
Anc. corps de garde
N.-D.-de-Bon-Secours
la Fosseyrie
la Louetterie
la Lande
Village Cotteley
Denneville
les Fosses
la Durivagerie
la Hougue
le Cardronnet
PARC
Manoir des Fols
la Mahauderie
la Fieffe
Neufmesnil
la Jouennerie
la Varengerie
les Mares
la Cuirotterie
la Barberie
le Vieux Féron
Anc. Abb. de Blanche
la Croix Robillard
Bolleville
LA HAYE-DU-PUITS
Haye-du-Puits
La Haye
Chât.
la Gosselinnerie
le Mont du Drans
les Lisières
les Brouets
les Nourris
Village Verrand
le Moulin
le Perron
Montgardon
Hameau Butel
Glatigny
Cuirot
la Butte
la Surelière
l'Ozouerie
la Tannière
Caquet
la Jardinerie
Taillefer
la Grande Rue
St-Rémy-des-Landes
Varreville
les Kerdes
le Prieuré
N
0 1 2 km

N°3

## La Haye-du-Puits → Carentan

22,7 km - 2 h 15

LA HAYE-DU-PUITS
CARENTAN-LES-MARAIS
PARC NATUREL RÉGIONAL DES
14,1
8,6
N
0
1
2km
Appeville
Baupte
Auvers
St-Côme-du-Mont
Montsenelle
Le Plessis-Lastelle
Varenguebec
Doville
Neufmesnil
Beuzeville-la-Bastille
Liesville-sur-Douve
Carquebut
Blosville
Hiesville
Méautis
Vesly
Lithaire
Mont Castre
Chât. de Ste-Suzanne
Anc. Abbaye de Blanchelande
Sanctuaire N.-D.-de-la-Salette
Maison du parc

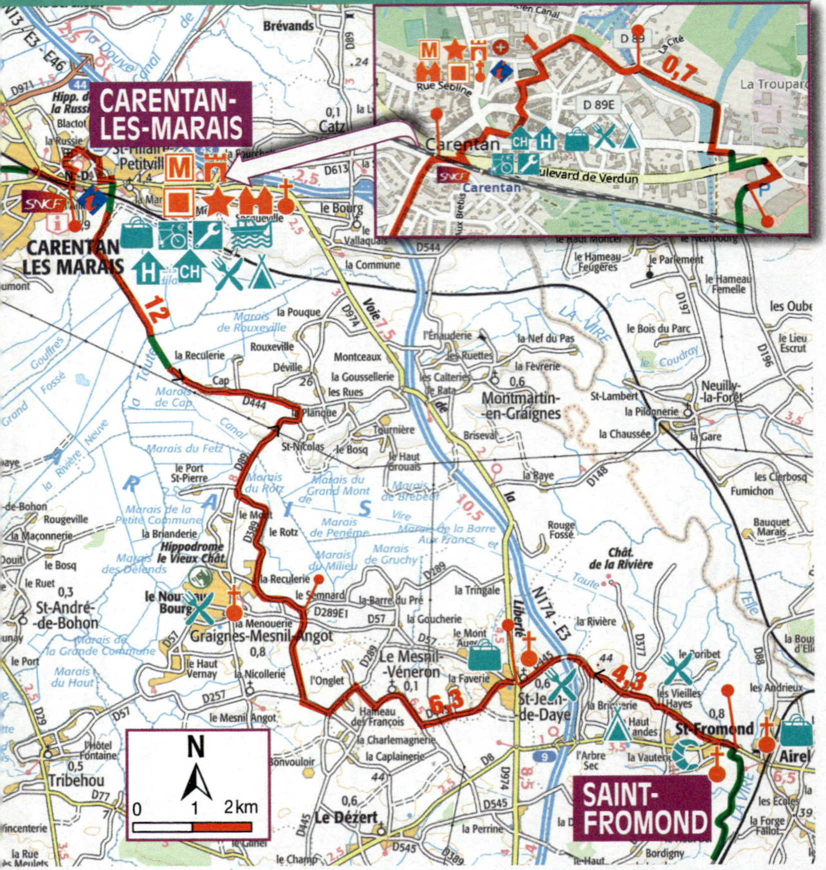
CARENTAN-LES-MARAIS
SAINT-FROMOND
Carentan
CARENTAN LES MARAIS
Brévands
Catz
le Bourg
la Commune
Montmartin-en-Graignes
Graignes-Mesnil-Angot
Le Mesnil-Véneron
St-Jean-de-Daye
St-Fromond
St-André-de-Bohon
Tribehou
Le Dézert
Airel
Neuilly-la-Forêt
12
6,3
4,3
0,7
N
0 1 2 km

Carentan, canal de la Taute à la Vire. -PM-

## Saint-Fromond → Saint-Lô

**18 km - 1 h 45**

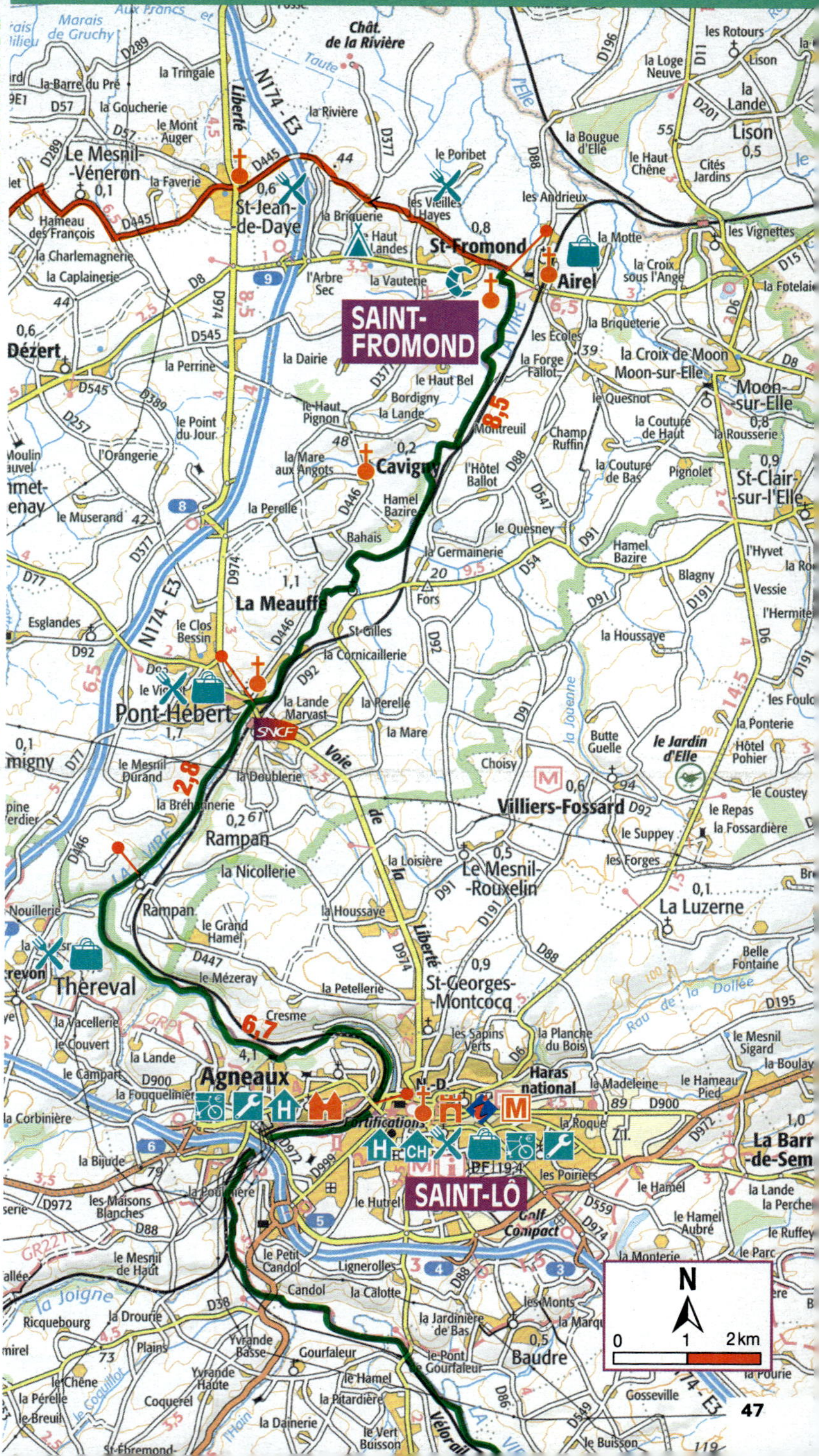

SAINT-FROMOND
SAINT-LÔ
St-Fromond
Airel
St-Jean-de-Daye
Le Mesnil-Véneron
Cavigny
La Meauffe
Pont-Hébert
Rampan
Agneaux
Thèreval
Villiers-Fossard
Le Mesnil-Rouxelin
St-Georges-Montcocq
La Luzerne
Moon-sur-Elle
St-Clair-sur-l'Elle
Lison
Baudre
Haras national
Fortifications
Voie de la Liberté
N174 - E3
la Vire
Vélorail
le Jardin d'Elle
Golf Compact
Marais de Gruchy
Chât. de la Rivière
Dézert
SNCF
8,5
2,8
6,7
N
0
1
2 km

SAINT-LÔ
La Barre-de-Semilly
St-Pierre-de-Semill
Baudre
Vélorail de la Vallée de la Vire
Ste-Suzanne-sur-Vire
Condé-sur-Vire
Brectouville
Moyon Villages
Chemin de Croix de Domjean
Basilique
Domjean
Tessy Bocage
Beuvrigny
Fourneaux
St-Louet-sur-Vire
Chap. d'Heuzebocq
Beaucoudray
PONT-FARCY
Ste-Marie-Outre-l'Eau
Pont-Bellanger
Gouvets
12,8
6,6
0
1
2 km
N

## N°7 Pont-Farcy → Le Bény-Bocage

**21,9 km - 2 h 10**

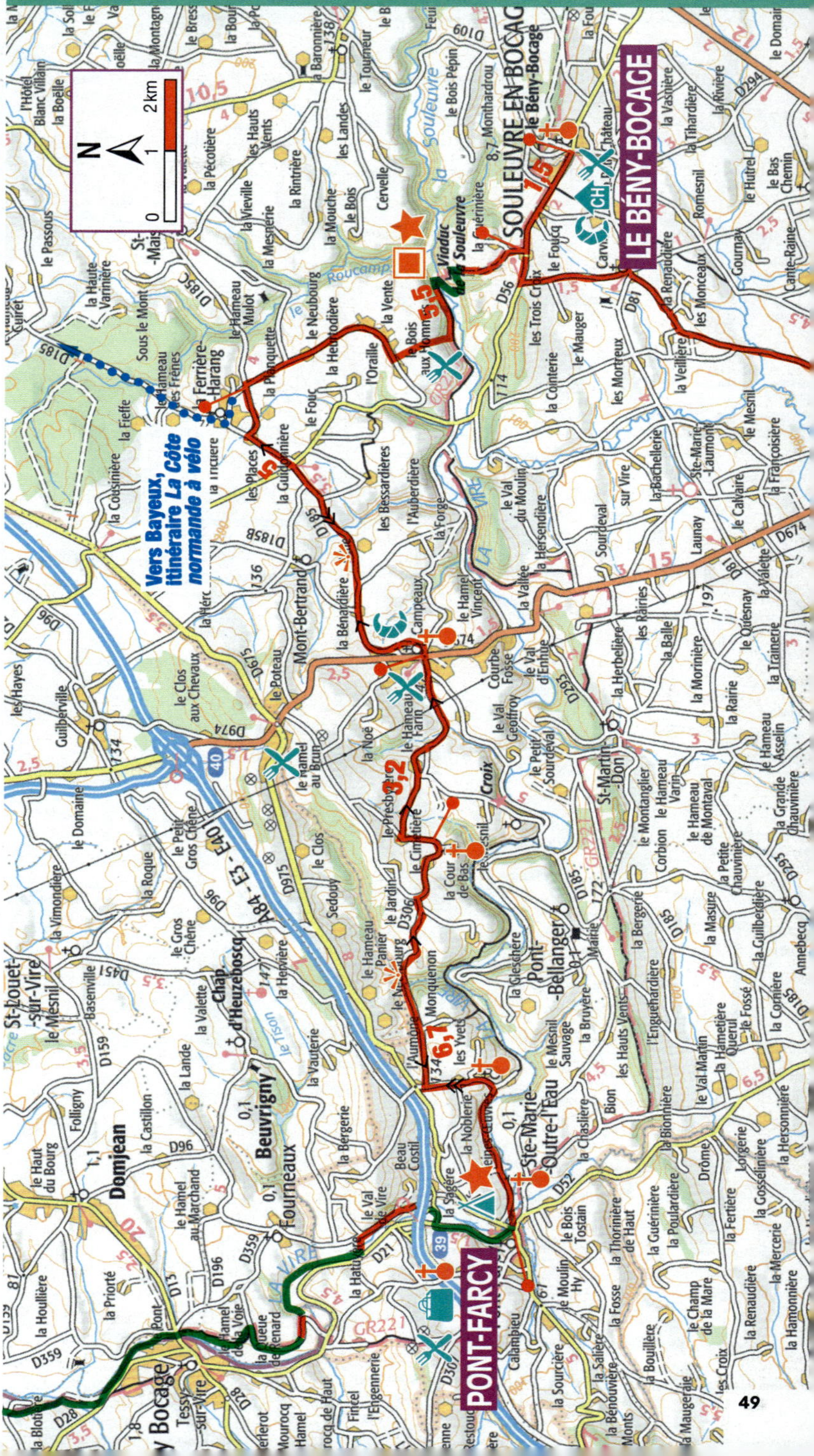
PONT-FARCY
LE BÉNY-BOCAGE
SOULEUVRE EN BOCAGE
Vers Bayeux, itinéraire La Côte normande à vélo
Viaduc de la Souleuvre
Ste-Marie-Outre-l'Eau
Pont-Bellanger
Campeaux
Mont-Bertrand
Beuvrigny
Domjean
Tessy-sur-Vire
6,7
3,2
5
5,5
1,5
0 1 2km
N

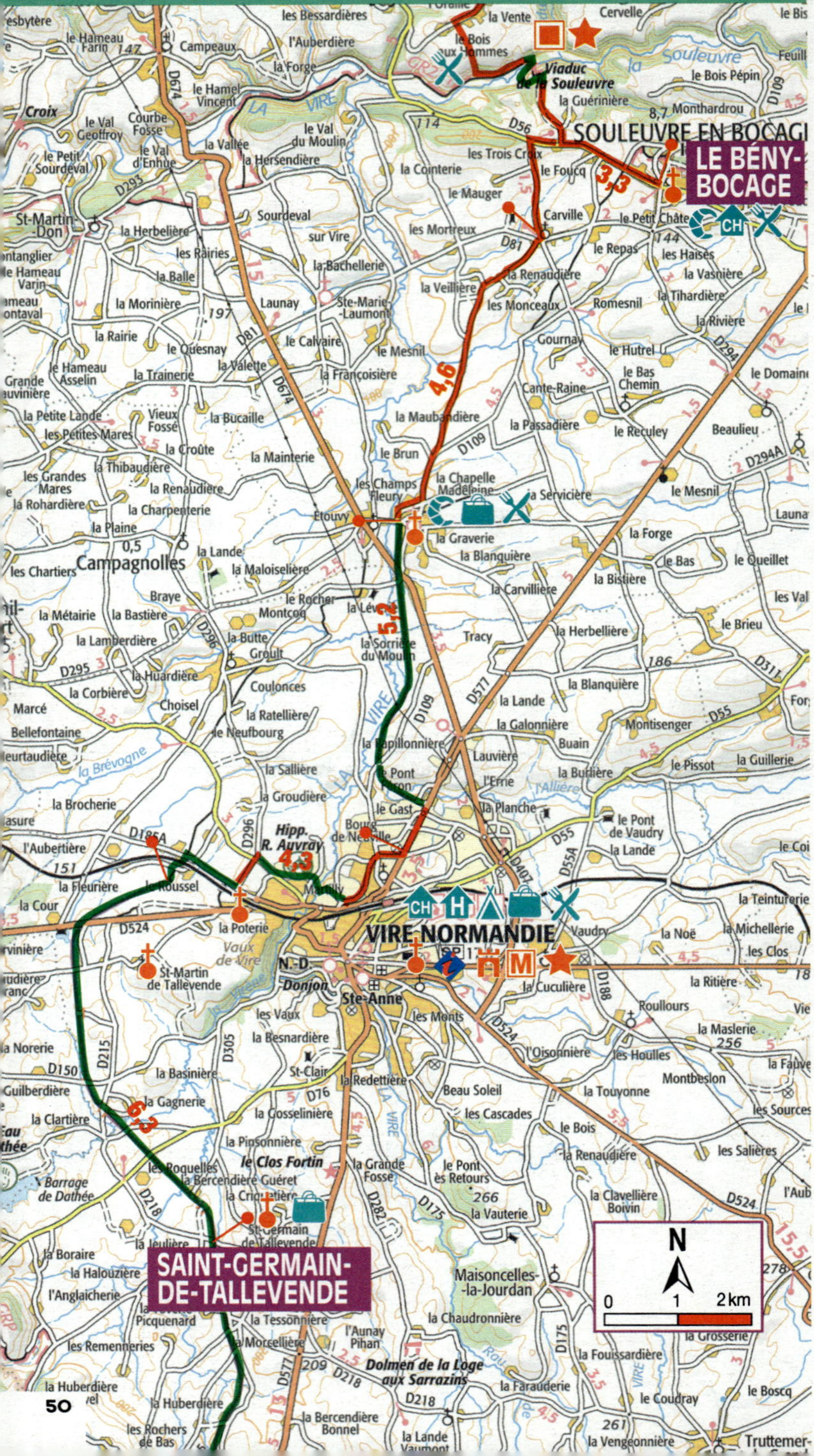
LE BÉNY-BOCAGE
SOULEUVRE EN BOCAGE
Viaduc de la Souleuvre
la Souleuvre
la Vire
Étouvy
VIRE NORMANDIE
Ste-Anne
N.-D.
Donjon
Hipp. R. Auvray
Campagnolles
Coulonces
St-Martin de Tallevende
SAINT-GERMAIN-DE-TALLEVENDE
Maisoncelles-la-Jourdan
le Clos Fortin
Dolmen de la Loge aux Sarrazins
Barrage de Dathée
Roullours
Vaudry
Montbeslon
3,3
4,6
5,2
4,3
6,3
N
0
1
2 km

## N°9 St-Germain-de-Tallevende → Mortain-Bocage

**26,4 km - 2 h 15**

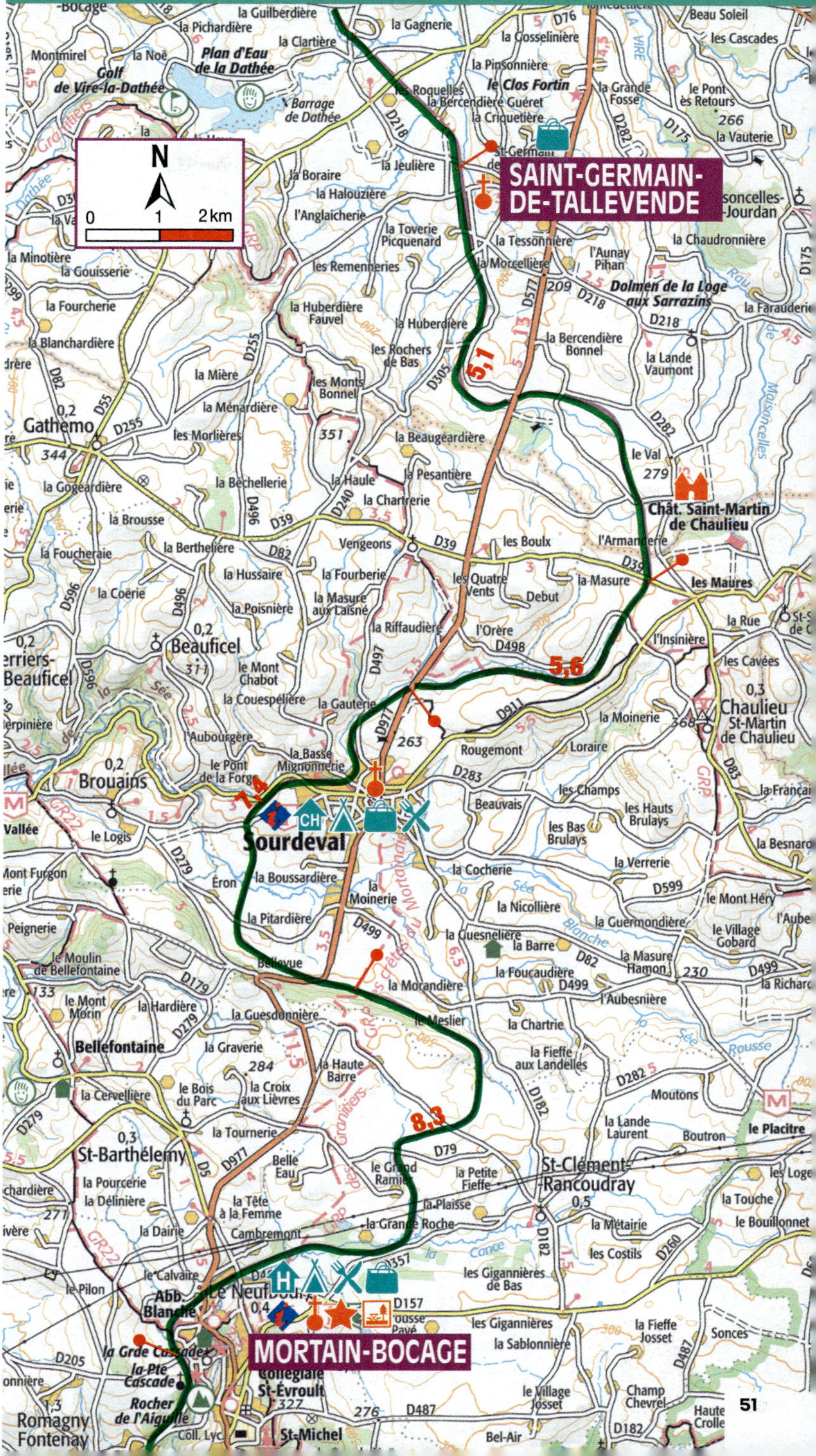

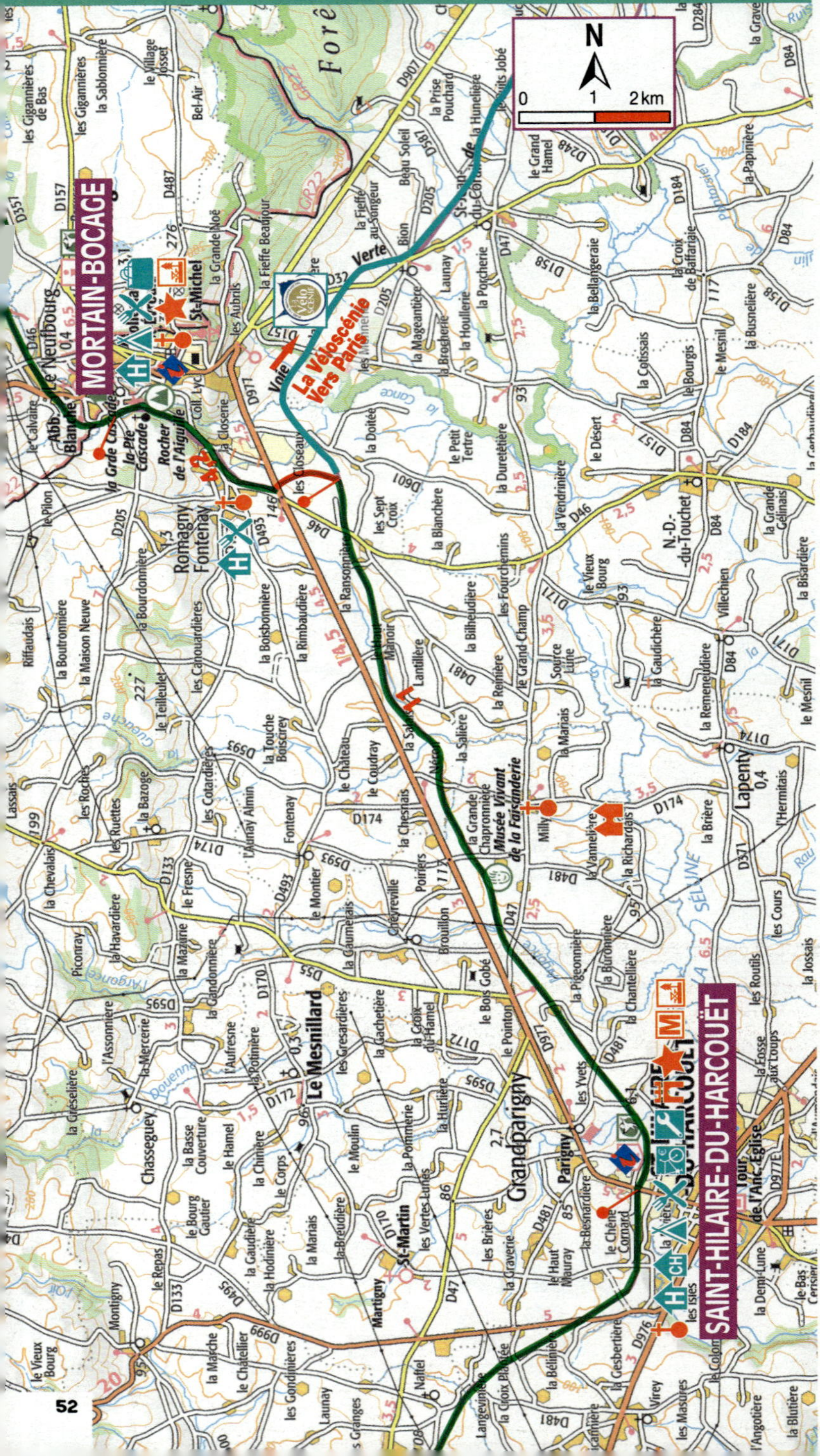
MORTAIN-BOCAGE
SAINT-HILAIRE-DU-HARCOUËT
La Véloscénie Vers Paris
Voie Verte
Le Mesnillard
Grandparigny
Romagny Fontenay
Parigny
St-Martin
Chasseguey
Lapenty
N.-D.-du-Touchet
Musée Vivant de la Faisanderie
0 1 2 km
N

# N°11 St-Hilaire-du-Harcouët → Ducey

**18,9 km - 1 h 30**

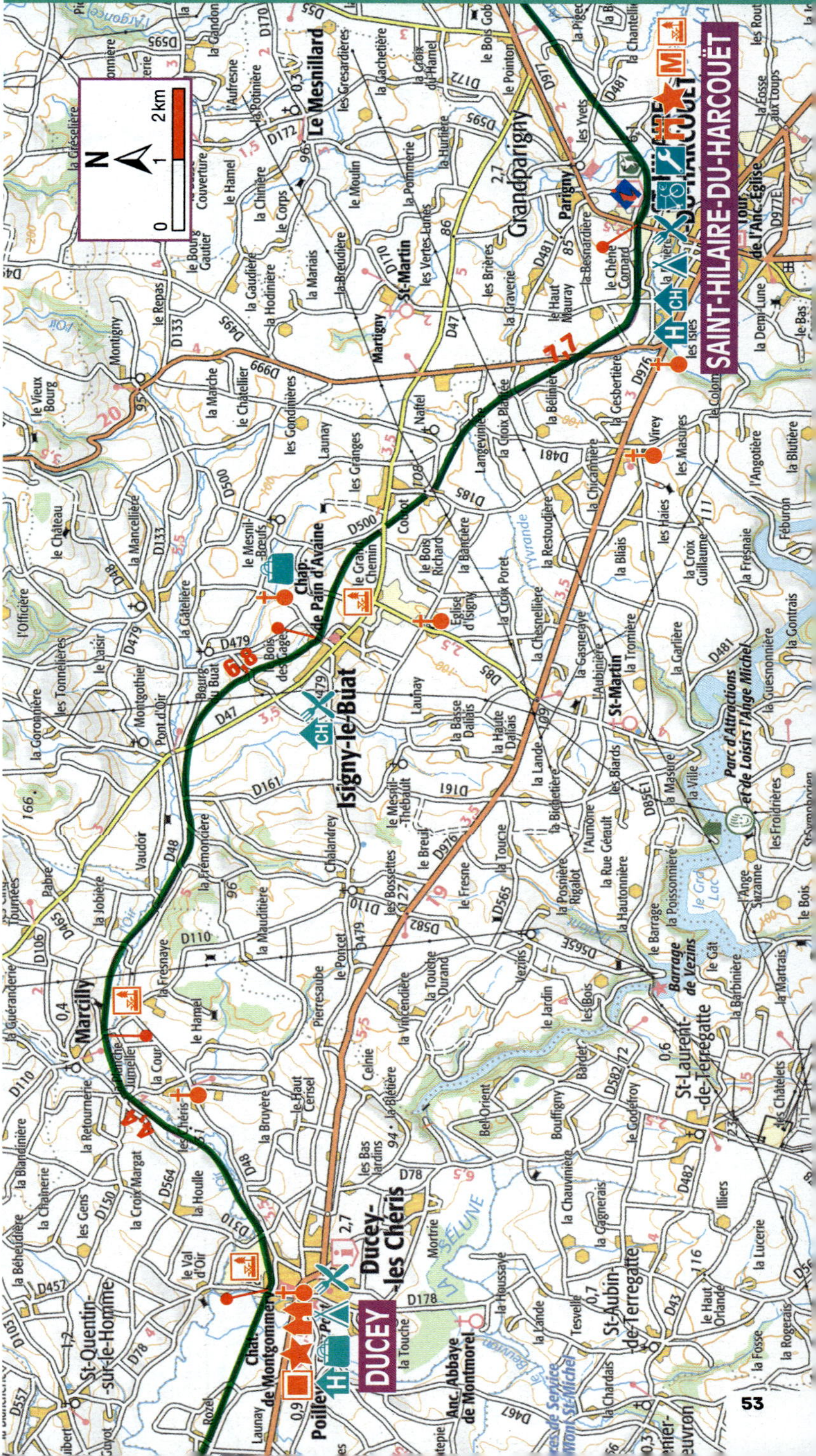
SAINT-HILAIRE-DU-HARCOUËT
DUCEY
Ducey-les Chéris
Isigny-le-Buat
Marcilly
Grandparigny
Parigny
St-Martin
Le Mesnillard
Martigny
Virey
St-Laurent-de-Terregatte
St-Aubin-de-Terregatte
St-Quentin-sur-le-Homme
Poilley
Chât. de Montgommery
Anc. Abbaye de Montmorel
Chap. de Pain d'Avaine
Barrage de Vezins
Parc d'Attractions et de Loisirs l'Ange Michel
Tour de l'Anc. Église
LA SÉLUNE
0
1
2km
N
7,7
6,8
4,4

# Ducey → Le Mont-St-Michel → Pontorson

## 29 km - 2 h 20

**N°12**

DUCEY
Ducey-les Chéris
4,6
6,2
15,5
9,4
3,8
3
Pontaubault
Céaux
Courtils
Précey
St-Martin-et-St-Brice
Servon
Huisnes-sur-Mer
Tanis
Ardevon
Beauvoir
LE MONT-SAINT-MICHEL
Le Mont-St-Michel
Remparts
Enclave du Mont-St-Michel
Vers PONTORSON
Voir étape 13
Ossuaire Allemand du Mont d'Huisnes
Reptilarium Alligator Bay
Anc. Moulin
Anc. Abbaye de Montmorel
Aires de Service du Mont-St-Michel
A84-E3
St-Quentin-sur-le-Homme
Poilley
Juilley
Crollon
Boucéel
St-Senier-de-Beuvron
St-Aubin-de-Terregatte
St-Georges-de-Gréhaigne
Hippodrome d'Anse de Moidrey
Le Val-St-Père
Aérodrome d'Avranches-Le Val-St-Père
Pointe de Roche Torin
le Grouin du Sud
LA SÉLUNE
LE COUESNON
GR34-GR39
GR22-GR223
0 1 2km
N

LE MONT-SAINT-MICHEL
Le Mont-St-Michel
Abbaye
Remparts
Enclave du Mont-St-Michel
Beauvoir
Moidrey
Anc. Moulin de Moidrey
Reptilarium Alligator Bay
Hippodrome d'Anse de Moidrey
Couesnon
PONTORSON
St-Georges-de-Gréhaigne
Roz-sur-Couesnon
St-Marcan
St-Broladre
Sains
Baguer-Pican
Cherrueix
Moulins à vent
LE VIVIER-SUR-MER
Le Vivier-sur-Mer
Mont-Dol
Chap. et Tour N.-D. de l'Espérance
Baie de l'Éteu
la Grande Bosse
Variante
GR34
N176-E401
2,6
4,8
9,2
7,6
N
0
1
2km

LE VIVIER-SUR-MER
SAINT-MALO
CANCALE
St-Coulomb
St-Méloir-des-Ondes
St-Benoît-des-Ondes
Hirel
La Fresnais
La Gouesnière
St-Jouan-des-Guérets
La Richardais
Rothéneuf
Paramé
Grande Rade de Cancale
Pointe du Grouin
Phare de la Fenêtre
Chât. de Vauléraut
Chât. de Lupin
Parc de la Ville Bague
Chât. de la Chipaudière
Phare de Rochebonne
Rochers Sculptés
Voie de la Liberté
Bassin de
10,5
8,3
5,8
3,5
2,1
0
1
2km
N

Phare du Grand-Jardin
les Herbiers
Phare de Rochebonne
Plage du Mihinic
les Savattes
(en saison)
les Ouvras
ST-MALO
Tombeau de Châteaubriand
Fort du petit Bé
Fort
Île de Harbour
SAINT-MALO
DINARD
Remparts
St-Servan sur Mer
Cimetière
Domaine de la Briantais
Usine Marémotrice de la Rance
Aquarium
La Madeleine
La Ballue
Paramé
la Croix Desilles
Quai Duguay-Trouin
Quai Saint-Louis
Bassin Vauban
La Richardais
Labyrinthe du Corsaire
le Mont Marin
Jardins
Chât. du Bos
la Passagère
la Ville aux Oiseaux
St-Jouan-des-Guérets
Bassin de la Rance
Moulin de Beauchet
PLEURTUIT
Le Minihic-sur-Rance
St-Suliac
Menhir de la Dent de Gargantua
Enceinte Médiévale l'Huitière
Langrolay-sur-Rance
La Ville-ès-Nonais
TRÉMÉREUC
Tréméreuc
Golf
Aire de Repos
Pleslin-Trigavou
Alignement le Champ des Rochers
Allée Couverte de Bel Even
Plouër-sur-Rance
Pleudihen-sur-Rance
Mordreuc
N
0 1 2 km

TRÉMÉREUC
Beaussais-sur-Mer
MATIGNON
Lancieux
St-Briac-sur-Mer
St-Jacut-de-la-Mer
Créhen
Le Guildo
Aéroport de Dinard-Pleurtuit-St-Malo
Baie de Lancieux
Baie de l'Arguenon
Baie de Beaussais
Dolmen de la Ville Gourdier
Dolmen de la Ville Tinguy
Allée Couverte de la Hautière Dit le Tombeau
Moulin à vent
Golf de Gaea Lancieux
Golf de St-Cast Pen Guen
Dinard Golf
Colonne des Anglais
Pointe du Chevet
Pointe du Bec
Pointe de Lancieux
Pointe du Bay
Pointe de la Garde
Pointe de Tiqueras
Chât. de Largentaye
St-Pôtan
St-Lormel
GR34
6,2
3,8
3,5
7

MATIGNON
PLÉNEUF-VAL-ANDRÉ
Fréhel
Plurien
Erquy
Plévenon
Cap d'Erquy
Baie de la Fresnaye
Chenal d'Erquy
Pointe de la Guette
Pointe aux Chèvres
Pointe de l'Assiette
Sables-d'Or-les-Pins
Îlot St-Michel
Pléboulle
La Bouillie
Chât. Bienassis
St-Pabu
Plage de St-Pabu
Fort de la Latte
Pointe du Jas
Les Hôpitaux
0 1 2 km
N

PLÉNEUF-VAL-ANDRÉ
St-Alban
Planguenoual
Morieux
Coëtmieux
Hillion
Yffiniac
LANGUEUX
TRÉGUEUX
PLÉRIN
ST-BRIEUC
PORDIC
LOUFRAGAN
RÉSERVE NATURELLE DE LA BAIE DE SAINT-BRIEUC
Anse d'Yffiniac
Pointe du Roselier
Pointe de Pordic
Tour de Cesson
St-Laurent de la Mer
Maison de la Baie
Golf de la Crinière
Golf Blue Green
Dahouët
Plage des Rosaires
Les Rosaires
N
0
1
2km

LANLOUP
Lanloup
Bréhec
Anse de Bréhec
Pointe de la Tour
Keruzeau
le Pradou
Cambllac'h
Trévros
Port Moguer
Plouha
Kersalic
Kerjean
Kerrault
Kerlatoux
Kervodo
les Rejetées
Pointe du Bec de Vir
Tréveneuc
Kercadoret
N.-D. de la Garde
Pointe du Sémaphore
Île Harbour
St-Quay-Portrieux
Rade de Portrieux
Port ès Leu
Étables sur Mer
BINIC-ÉTABLES-SUR-MER
Pointe du Vau Burel
les Godelins
le Vau Chaperon
Binic
Plourhan
Pléguien
Lantic
Golf des Ajoncs d'Or
Zoo de Trégomeur
Trégomeur
PORDIC
la Ville Morel
Tournemine
St-Halory
(en saison)
N
0
1
2km

LANLOUP
TRÉDARZEC
PAIMPOL
Plouézec
Ploubazlanec
Lézardrieux
Pleudaniel
Plourivo
Kerfot
Yvias
Quemper-Guézennec
Pontrieux
Pleumeur-Gautier
Pouldouran
Hengoat
Ploëzal
Minihy-Tréguier
Troguéry
Anse de Paimpol
Pointe de Minard
Pointe de Plouézec
Anse de Beauport
Abbaye de Beauport
Pointe de Guilben
Chenal de la Trinité
Le Trieux
Labyrinthe végétal
Bois de Penhoat-Lancerf
Chât. de la Roche Jagu
Moulin à Marée
Allée couverte
Anse de Bréhec
Pointe de la Tour
Croix des Veuves
GR34
6,8
3,5
3,7
4,8
3,2
5,5
0
1
2km
N

# N°21 Trédarzec → Perros-Guirec

**29 km - 3 h 00**

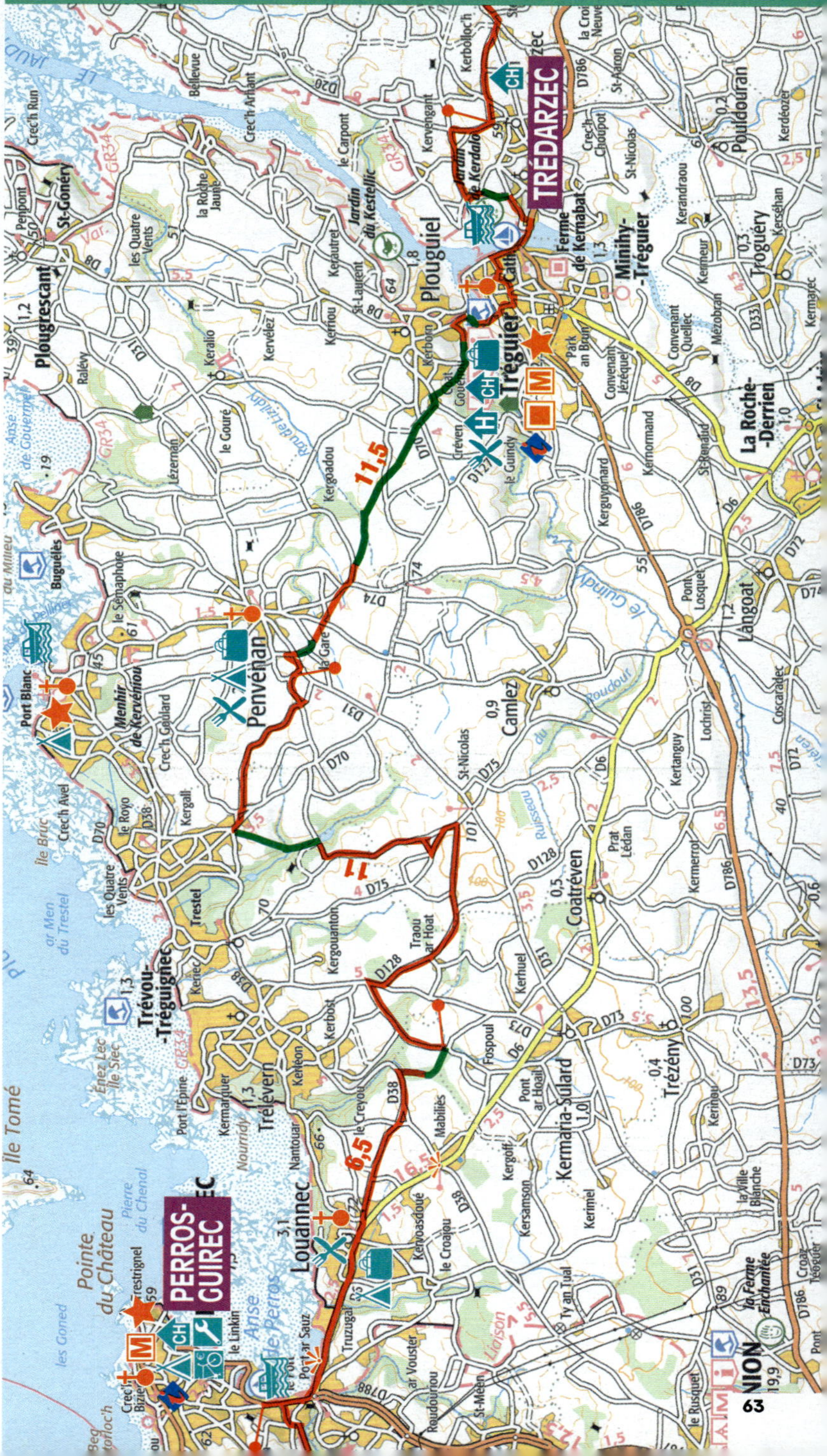
TRÉDARZEC
Tréguier
Plouguiel
Penvénan
Port Blanc
Camlez
Coatréven
Trévou-Tréguignec
Trélévern
Louannec
PERROS-GUIREC
Kermaria-Sulard
Trézény
La Roche-Derrien
Langoat
Minihy-Tréguier
Plougrescant
11,5
11
6,5

N
0 1 2 km
GRANIT ROSE
PERROS-GUIREC
SAINT-MICHEL-EN-GRÈVE
Trégastel
Pleumeur-Bodou
LANNION
Ploulec'h
Ploubezre
Ploumilliau
St-Michel-en-Grève
Île de Seigle
Île Dhu
Île Renote
Île de Costaérès
Rochers de Ploumanac'h
les Rochers Roses
Parc municipal de St-Guirec
Oratoire de St-Guirec
Ploumanac'h
la Corniche Bretonne
Coz Porz Aquarium
Dolmen
Ste-Anne
la Grève Blanche
Île Morvil
Île Grande
Station ornithologique
Allée Couverte de Kerguntuil
Golf de St-Samson
Menhir de Trémarche
Cité des Télécoms
Planétarium
le Village Gaulois
Dolmen de Lan Kerellec
Chât. de Kerduel
AÉROPORT DE LANNION-CÔTE DE GRANIT
Fontaine des Cinq Plaies
Cimetière
Escaliers
St-Jean du Baly
Stade d'Eau Vive
St-Quay-Perros
Pointe du Dourven
Pointe de Beg Léguer
Cité gallo-romaine
LE LÉGUER
Locquémeau
Trédrez-Locquémeau
Calvaire les Cinq Croix
Jardin Chât. de Kergrist
Manoir de Kerauzern
5,5
4,5
6
10
4,4
10,5
2,5
7
64

## Saint-Michel-en-Grève → Plougasnou

27,5 km - 2 h 45

BAIE DE LANNION
SAINT-MICHEL-EN-GREVE
St-Michel-en-Grève
PLOUGASNOU
Plougasnou
Locquirec
Plestin-les-Grèves
Guimaëc
St-Jean-du-Doigt
Trédrez-Locquémeau
Pointe de Séhar
Pointe de Primel
Pointe de Locquirec
Pointe de l'Armorique
Beg an Fry
Primel-Trégastel
N.-D. des Joies
Thermes Romains du Hogolo
Grève de Saint-Michel
Fontaine St-Efflam
Le Grand Rocher
Dolmen de Roscoual'ch
Menhir de Traon Bihan
Enclos paroissial
Lech de Kermenhir
Falaises de Trédrez
Rocher Rouge
3,5
6,2
6,5
3,8
7,5
2 km

Pointe de Primel
Pointe de Primel
Primel-Trégastel
Pointe du Diben
le Diben
BAIE DE MORLAIX
Roches Jaunes
le Guerzit
N.-D. de Callot
Île Callot
St-Samson
Ste Barbe
Lech de Kermenh
PLOUGASNOU
Ugoa
Kerénot
Kernizan
Kerastren
Pontplencoat
Kerneuguen
Châtt. du Taureau
Île Stérec
Térénez
Kerinou
Keramouzet
la Chaise du Curé
Penn al Lann
Pointe de Penn al Lann
Barnénez
Grd Cairn
Trévoelet
Lantrennou
Kerbabu
Kersaint
Parc Claude Goude
Golf de Carantec
Kerdiny
Kernéléhen
Kergaradec
Kerlavarec
Mescouez
Kervélégan
Guergonan
RADE DE MORLAIX
Kerdanet
Bren
le Voallas
Kermadeza
Kermoüster
Kerlouquet
Phare de la Lande
Kerfénéfas
Plouezoc'h
Lech
Lantréouar
Goastano
le Frout
St-Antoine
Kergadiou
St-Yves
Roz ar Scour
Kerrivoalen
Kerozal
Brignonic
Dourduff en Mer
le Foën
Kerangomar
Cobalan
Locquénolé
Moulin à Marée de Melin Vor
le Rest
Pen ar Guer
Colombier de Castelmen
Parc botanique
le Ménez
Kerambellec
Bel-Air
Kerbaul
Gare de Taulé
Tréveugan
Cuscinio
la Villeneuve
Croaz Hent
Kervellec
Kersuté
Coat Morvan
Lescréac'h
Lavallot
Pen an Traon
AÉROPORT DE MORLAIX-PLOUJEAN
Poullec'h
TAULÉ
Ploujean
Chât. de Keranroux
St-Françoi
Coat Grall
Trougouar
Chât. de Kervézec
Penquer
Roc'h Glaz
Ste-Geneviève
Kerscoff
N12-E50
St-Martin-des-Champs
Coat Congar
Hipp. de Langolvas
SNCF
Parc du Chât. de Bagatelle
Vers Carhaix, itinéraire La Bretagne à vélo
MORLAIX
Ste-Sève
Kerneguez
Val Fleuri
le Pilion

## Taulé → Roscoff

**24,9 km - 2 h 25**

ROSCOFF
Île-de-Batz
Porz Kernok
Porz Melloc
Kenekaou
Gwalez
Lannou Bihan
Chap. Ste-Anne
Jardin G. Delaselle
Ti Saozon
Pointe de Bloscon
Ste-Barbe
Port Roscoff-Bloscon
Jardin exotique et Botanique
Perharidi
Lagadennou
Ruguel
Pontigou
Kerguénnec
Palud
l'Aber
Pouldu
Kerestat
Kerjestin
Bonne-Nouvelle
Santec
Kerradénec
Keravel
Kerfissiec
Troleunteun
Kersaliou
Kerméal
Trologot
Kermenguy
Kerrom
Anc. cath.
ST-POL-DE-LÉON
N.-D. de Kreisker
Pempoul
Chât. de Kernévez
la Madeleine
Trégondern
Pointe St-Jean
BAIE
N.-D. de Callot
Île Callot
Traon ar Vilar
Carantec
la Chaise du Curé
Penn al Lann
Golf de Carantec
le Reun
Kerrivoal
Kerangouez
Kerprigent
St-Nep
Pont de la Corde
Kernévez Guitré
Kerantreiz
Pont ar Bélec
le Goaz
Kermen
Kerdanet
Arboretum de Keracoual
Henvic
Parc du Manoir de Trogriffon
Traon Hir
Kervor
Plouénan
Marché de Kerisnel
Lesplouénan
Mouster
Lanvéguen
Kerespern
Kerbiniou
Milinou
Tach Glaz
Pont Eon
Kergestin
la Halte
Lesnoa
Goachénével
Kervoaziou
Kerlidec
Cosquer
Kerasse
Gare de Taulé
TAULÉ
Clocher
Kersiroux
Kerloscant
Penzé
Kerjean
Mespaul
Lanvaden
Kertanguy
Keroignant
Kergonan
Penfrat
Keranton
Lopréden
Kerzabiec
Kerzoliou
Quilliguien
Kerudot
Guern Emery
Croix Neuve
Castellenec
Kerlouquet
Kervéguen
le Frout
Lézireur
Kergadiou
Kerérec
Kerangoma
Mez ar Run
Reunic
Kergréac'h
Ru Kerdrein
Ru Plouénan
Kerlosquet
Kerantraon
Tréboden
Radénec
Kergoz
Kerivoas
Placénant
le Vieux Bourg
Cosquérou
Kerever
Kerhuel
SNCF
6,5
7,6
3,8
3,4
6,6
3,2
1,3
2,5
0,9
0,5
D58
D769
D75
D173
D31
D788
D10
GR34
LA PENZÉ

# LA SCANDIBÉRIQUE NAMUR-TOURS À VÉLO



## UN CHEMIN DE SAGESSE

**Cette partie du tronçon hexagonal de la Scandibérique (ou véloroute des Pèlerins) vous propose une croisière inoubliable sur les bords de la Sambre, de l'Oise, de la Seine, du Loing et enfin de la Loire. Les amateurs de forêts profondes, de verdoyantes vallées ou encore de villes lumières seront gâtés sur cet itinéraire quatre étoiles qui, filant inexorablement vers Saint-Jacques-de-Compostelle, fait route avec d'infatigables porteurs de coquilles dont les histoires extraordinaires se confondent avec celles de leurs coreligionnaires « cyclopèlerins ».**

*L'itinéraire part de Namur (en Belgique) pour rejoindre Tours mais le balisage étant bidirectionnel, il est faisable dans le sens inverse. Au niveau difficulté, on conseillera la partie belge ainsi que la portion de la Seine à Tours aux familles alors que les sections dans l'Avesnois, la Thiérache, l'Oise et le Valois sont un peu plus exigeantes.*

***Jonctions :** Tours - Côte basque (La Scandibérique), Paris - Le Mont-St-Michel (La Véloscénie), La Loire à vélo (EV 6), Canal de Berry à vélo.*

**Forteresse de Namur.**

# L'ITINÉRAIRE

NAMUR
TOURS
PARIS
BELGIQUE
Marchienne-au-Pont
Merbes-le-Château
Maubeuge
Auvelais
Liessies
Anor
Guise
Autreppes
Marest-Dampcourt
Ribemont
La Fère
Pimprez
Compiègne
Néry
Senlis
Ver-sur-Launette
Gressy
Bondy
Choisy-le-Roi
Corbeil-Essonnes
Melun
Veneux-les-Sablons
Nemours
Dordives
Montargis
Chailly-en-Gâtinais
Combreux
Donnery
Orléans
Meung-sur-Loire
Montlouis-sur-Loire
Blois
Muides-sur-Loire
Chaumont-sur-Loire
Amboise
La Sambre
L'Oise
La Seine
Le Loing
La Loire
Ville départ et arrivée
Ville étape
Préfecture
Sous-préfecture
0
25
50 km
N
IGN 2012 - Licence ouverte

# LES ÉTAPES

N° de la carte

## Vallée de la Sambre — 96 km

| | | |
|---|---|---|
| 1 | Namur → Auvelais | 24 km – 2h25 |
| 2 | Auvelais → Marchienne | 27 km – 2h40 |
| 3 | Marchienne → Merbes-le-Château | 28 km – 2h50 |
| 4 | Merbes-le-Château → Maubeuge | 17 km – 1h50 |

## Avesnois - Thiérache — 100,5 km

| | | |
|---|---|---|
| 5 | Maubeuge → Liessies | 28 km – 2h50 |
| 6 | Liessies → Anor | 28 km – 2h35 |
| 7 | Anor → Hirson → Autreppes | 26 km – 2h30 |
| 8 | Autreppes → Guise | 18,5 km – 1h55 |

## Vallée de l'Oise — 78,5 km

| | | |
|---|---|---|
| 9 | Guise → Ribemont | 20 km – 2h00 |
| 10 | Ribemont → La Fère | 20,5 km – 2h00 |
| 11 | La Fère → Marest-Dampcourt | 18 km – 1h45 |
| 12 | Marest-Dampcourt → Pimprez | 20 km – 2h00 |

## Les forêts de l'Oise — 81 km

| | | |
|---|---|---|
| 13 | Pimprez → Compiègne | 18,5 km – 1h55 |
| 14 | Compiègne → Néry | 20,5 km – 2h05 |
| 15 | Néry → Senlis | 25 km – 2h30 |
| 16 | Senlis → Ver-sur-Launette | 17 km – 1h40 |

## Plaine de France - Ourcq — 41 km

| | | |
|---|---|---|
| 17 | Ver-sur-Launette → Gressy | 23 km – 2h25 |
| 18 | Gressy → Bondy | 18 km – 1h45 |

## Paris — 29 km

| | | |
|---|---|---|
| 19 | Bondy → Paris - Notre-Dame | 14 km – 1h40 |
| 20 | Paris - Notre-Dame → Choisy-le-Roi | 15 km – 1h45 |

## Vallée de la Seine — 85 km

| | | |
|---|---|---|
| 21 | Choisy-le-Roi → Corbeil-Essonnes | 28 km – 2h45 |
| 22 | Corbeil-Essonnes → Melun | 27 km – 2h40 |
| 23 | Melun → Veneux-les-Sablons | 30 km – 3h00 |

## Vallée du Loing — 55 km

| | | |
|---|---|---|
| 24 | Veneux-les-Sablons → Nemours | 21 km – 2h05 |
| 25 | Nemours → Dordives | 16 km – 1h40 |
| 26 | Dordives → Montargis | 18 km – 1h50 |

## Canal d'Orléans — 84 km

| | | |
|---|---|---|
| 27 | Montargis → Chailly-en-Gâtinais | 21 km – 2h05 |
| 28 | Chailly-en-Gâtinais → Combreux | 27 km – 2h45 |
| 29 | Combreux → Donnery | 19 km – 1h55 |
| 30 | Donnery → Orléans | 17 km – 1h50 |

## Orléans - Blois — 65,5/71,5 km

| | | |
|---|---|---|
| 31 | Orléans → Meung-sur-Loire | 21 km – 2 h 00 |
| 32 | Meung-sur-Loire → Muides-sur-Loire | 24,5 km – 2 h 30 |
| 33 | Muides-sur-Loire → Blois (par rives de Loire) | 20 km – 2 h 10 |
| | ou Muides-sur-Loire → Blois (par Chambord) | 26 km – 2 h 45 |

## De Blois à Tours — 68,5 km

| | | |
|---|---|---|
| 34 | Blois → Chaumont-sur-Loire | 19 km – 2 h 05 |
| 35 | Chaumont-sur-Loire → Amboise | 22,5 km – 2 h 30 |
| 36 | Amboise → Montlouis-sur-Loire | 15 km – 1 h 30 |
| 37 | Montlouis-sur-Loire → Tours | 12 km – 1 h 10 |

**Total Namur → Tours — 784/790 km**

# Namur → Floreffe → Auvelais

24 km - 2 h 25

NAMUR
Namur
Jambes
Saint-Marc
Saint-Servais
Flawinne
Malonne
Floreffe
Franière
Floriffoux
Suarlée
Temploux
Spy
Onoz
Moustier-sur-Sambre
Mornimont
Jemeppe-sur-Sambre
Ham-sur-Sambre
AUVELAIS
Sambreville
Tamines
Arsimont
Falisolle
Aisemont
Buzet
Sart-Saint-Laurent
Vevy Wéron
Wépion
Route de Floreffe
Route Royale
Route de Saussin
Rue d'Onoz
Rue de Fosses
Route de Tamines
Rue de Falisolle
Rue de Velaine
Chaussée de Nivelles
Chaussée de Charleroi
Chaussée de Dinant
Avenue de la Vecquée
Route de Saint-Gérard
Rue de Dave
Rue de Lustin
Plat Ry
La Meuse
La Sambre
Vieille Sambre
L'Orneau
N90
N93
N4
N904
N912
N930
N958
N923
N922
N928
N951
N92
N80
N988
N902
N98
E42
12
10
14
3
N
0
1
2 km

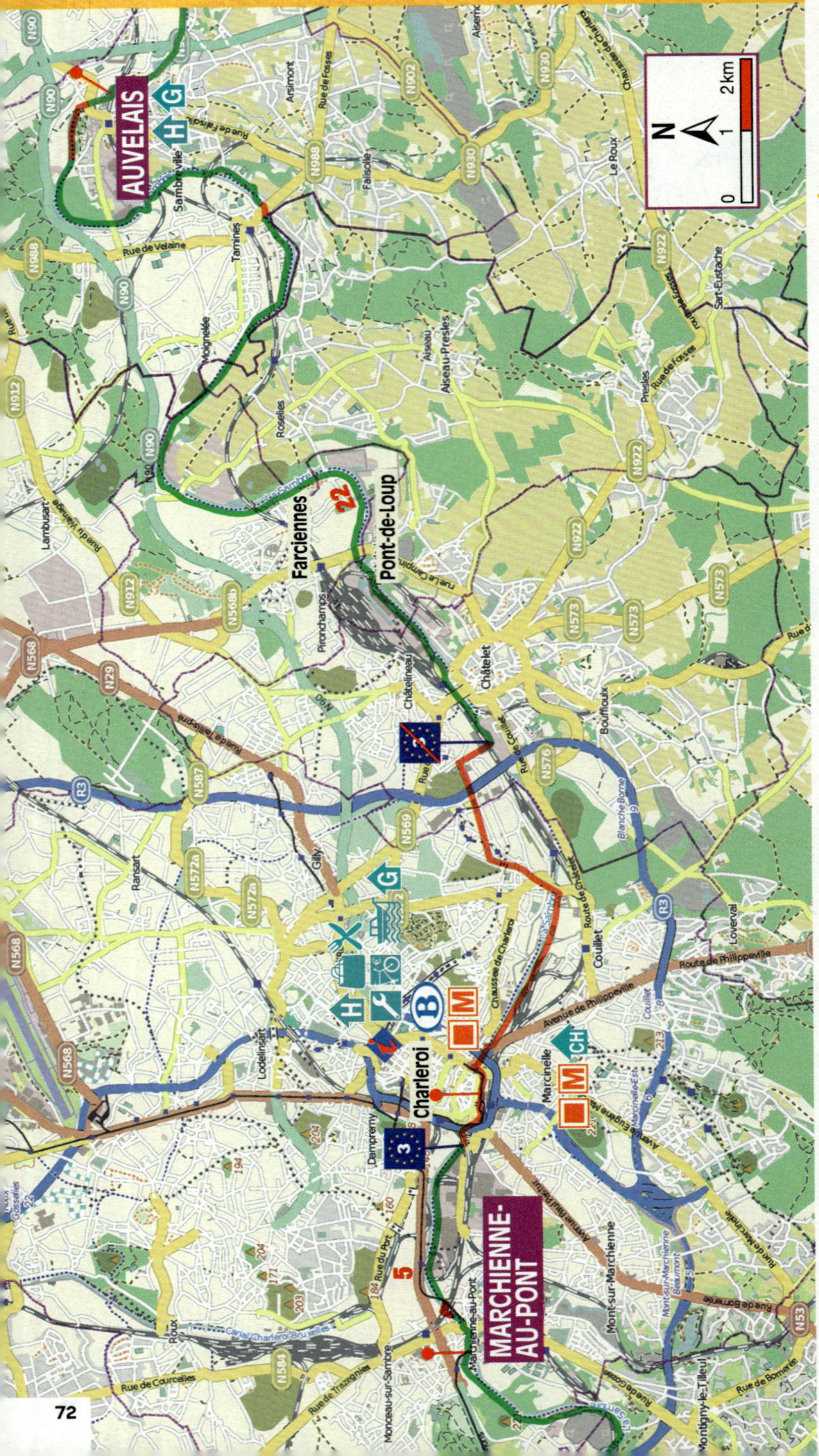
AUVELAIS
Sambreville
Tamines
Moignelée
Farciennes
Pont-de-Loup
Aiseau-Presles
Pironchamps
Châtelineau
Châtelet
Bouffioulx
Gilly
Ransart
Lodelinsart
Charleroi
Dampremy
Marcinelle
Couillet
Loverval
MARCHIENNE-AU-PONT
Mont-sur-Marchienne
Monceau-sur-Sambre
Roux
Montigny-le-Tilleul
Lambusart
Le Roux
Sart-Eustache
Presles
Arsimont
Falisolle
Roselies
N
0
1
2km

# N°3 Marchienne → Thuin → Merbes-le-Château

**28 km - 2 h 50**

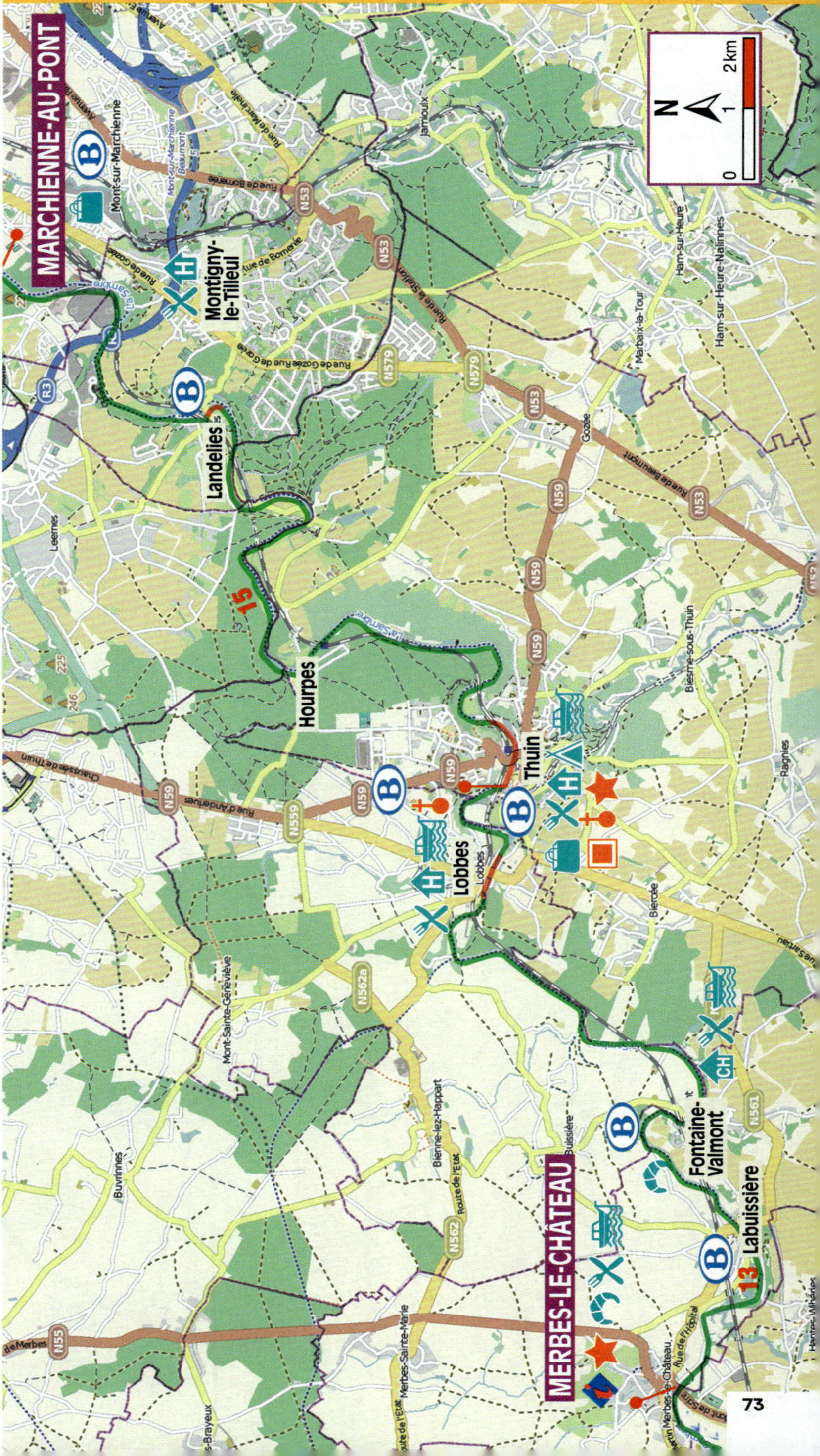
MARCHIENNE-AU-PONT
Mont-sur-Marchienne
Montigny-le-Tilleul
Landelies
Leernes
Hourpes
Thuin
Lobbes
Gozée
Marbaix-la-Tour
Ham-sur-Heure
Ham-sur-Heure-Nalinnes
Jamioulx
Biesme-sous-Thuin
Ragnies
Biercée
Mont-Sainte-Geneviève
Bienne-lez-Happart
Buvrinnes
Fontaine-Valmont
Labuissière
MERBES-LE-CHÂTEAU
Merbes-Sainte-Marie
Buissière
15
13
N53
N59
N559
N579
N562a
N562
N561
N55
R3
0
1
2km
N

## Merbes-le-Château → Jeumont → Maubeuge

**17 km - 1 h 50**

BELGIQUE
FRANCE
MERBES-LE-CHÂTEAU
MAUBEUGE
Erquelinnes
Solre-sur-Sambre
Hantes-Wihéries
Jeumont
Marpent
Boussois
Recquignies
Rousies
Colleret
Assevent
Louvroil
Cerfontaine
Ostergnies
Lameries
Grand-Reng
Fontaine-Valmont
Labuissière
Bersillies-l'Abbaye
Montignies-Saint-Christophe
Château Mariage
la Maison Rouge
Rue de Bersillies
Site de Watissart
Buchelotte
Nécropole nationale
le Maroc
la Parapette
Faubourg St-Lazare
Théâtre
l'Arsenal
Centre de formation professionnelle
Anc. Collège des Jésuites
N40
N562
N561
D159
D959
D963
D936
D649
D136
D105
0
1
2km
N

# Maubeuge → Liessies

**28 km - 2 h 50**

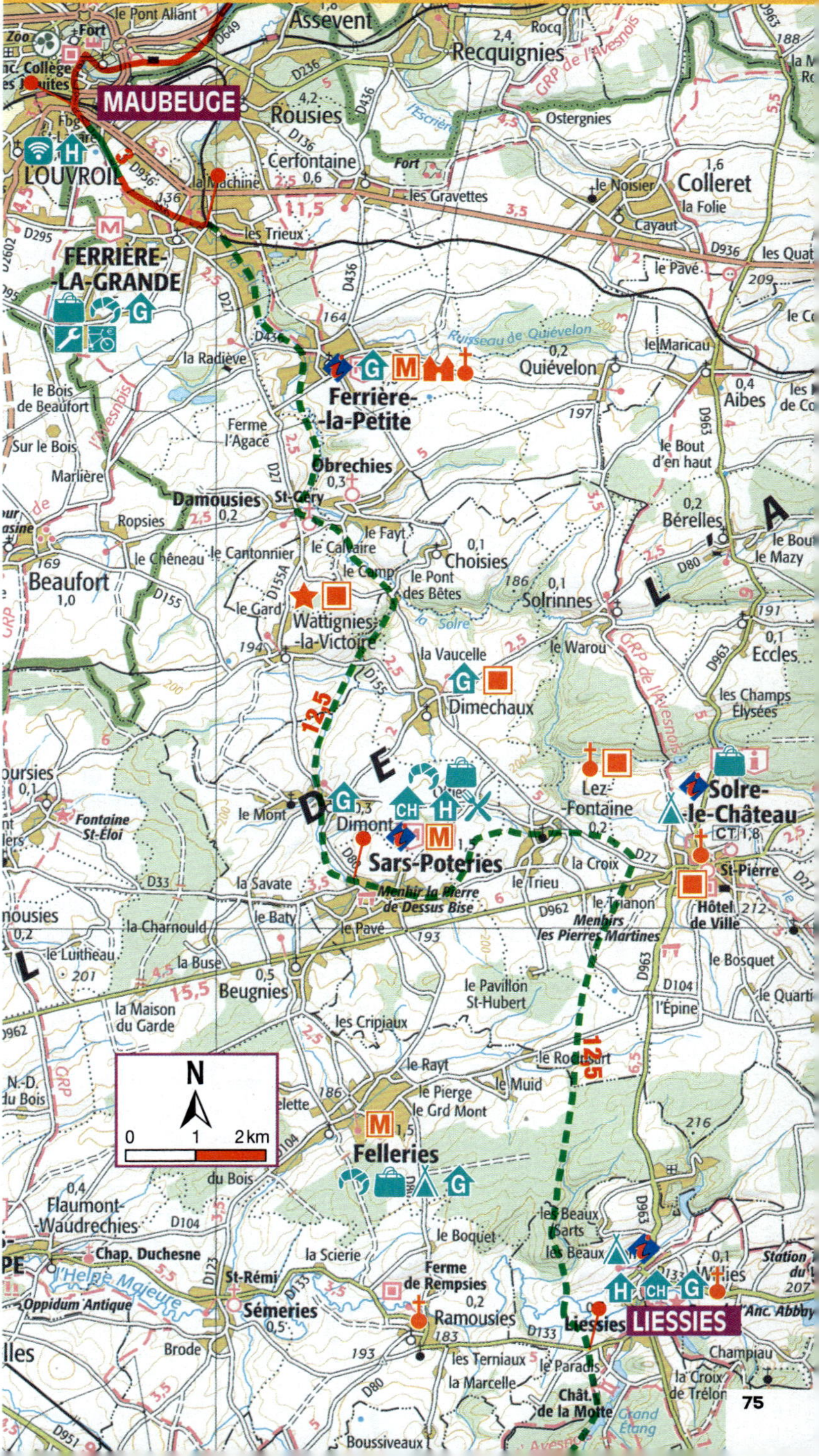
Assevent
Recquignies
GRP de l'Avesnois
MAUBEUGE
Rousies
Cerfontaine
Ostergnies
LOUVROIL
Colleret
la Folie
le Noisier
Cayaut
les Gravettes
les Trieux
le Pavé
FERRIÈRE-LA-GRANDE
Ruisseau de Quiévelon
Quiévelon
le Maricau
Aibes
la Radiève
Ferrière-la-Petite
le Bois de Beaufort
Ferme l'Agacé
Sur le Bois
Marlière
Obrechies
le Bout d'en haut
Bérelles
Damousies
St-Géry
Ropsies
le Fayt
le Chêneau
le Cantonnier
le Calvaire
Choisies
le Camp
le Pont des Bêtes
Beaufort
Solrinnes
le Gard
Wattignies-la-Victoire
la Solre
le Warou
la Vaucelle
Eccles
Dimechaux
les Champs Élysées
Fontaine St-Éloi
Lez-Fontaine
Solre-le-Château
le Mont
Dimont
Sars-Poteries
la Croix
St-Pierre
la Savate
Menhir la Pierre de Dessus Bise
le Trieu
le Baty
le Trianon
Hôtel de Ville
Menhirs les Pierres Martines
la Charnould
le Pavé
le Luitheau
la Buse
le Bosquet
Beugnies
le Pavillon St-Hubert
l'Épine
la Maison du Garde
les Cripiaux
N.-D. du Bois
le Rayt
le Rodoart
le Pierge
le Muid
le Grd Mont
Felleries
du Bois
Flaumont-Waudrechies
les Beaux Sarts
le Boquet
les Beaux
Chap. Duchesne
la Scierie
l'Helpe Majeure
St-Rémi
Ferme de Rempsies
Oppidum Antique
Sémeries
Ramousies
Liessies
LIESSIES
Anc. Abbaye
les Terniaux
le Paradis
Champiau
la Marcelle
la Croix de Trélon
Brode
Chât. de la Motte
Grand Étang
Boussiveaux
N
0
1
2 km

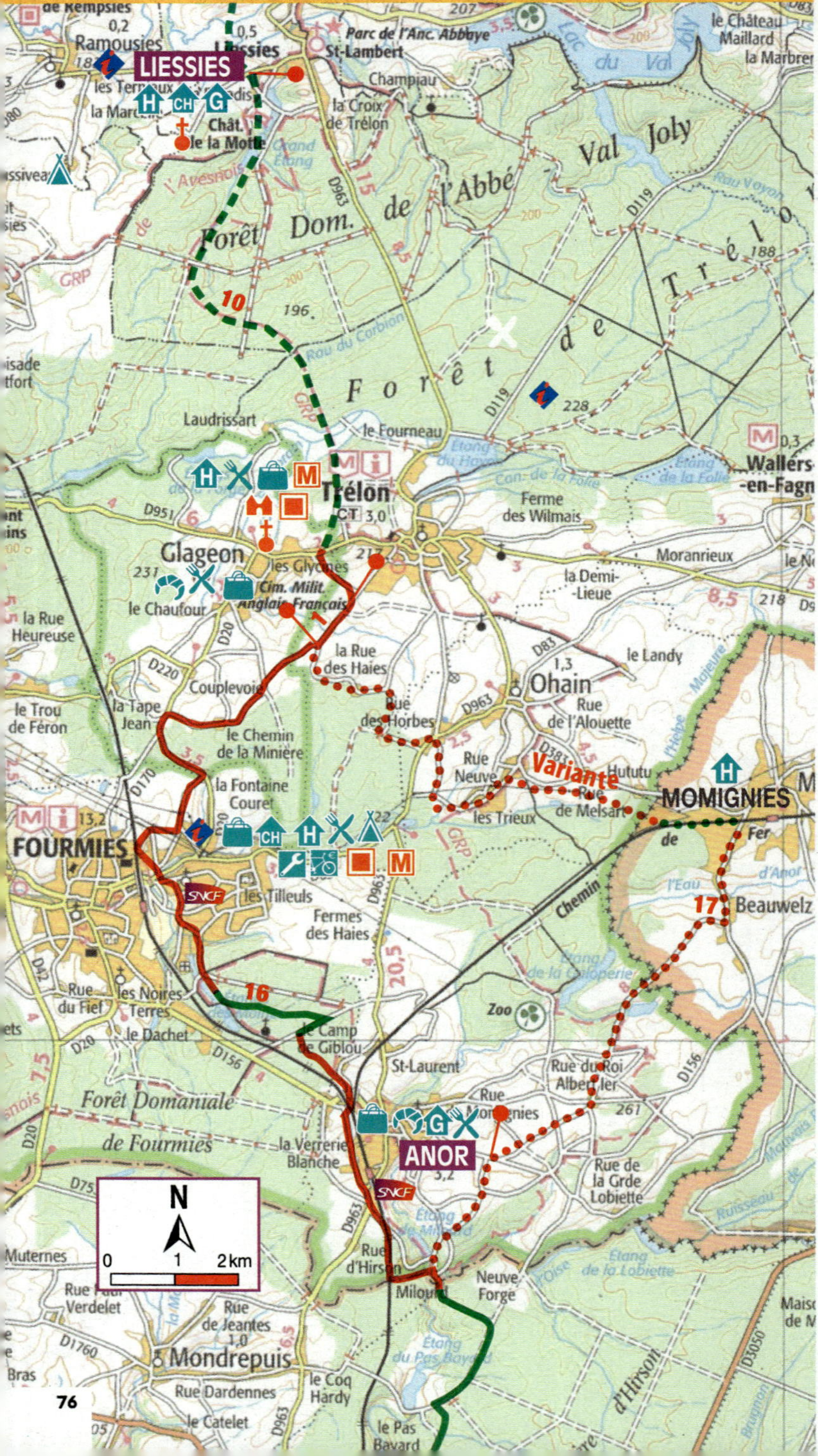
LIESSIES
Liessies
Ramousies
Parc de l'Anc. Abbaye
St-Lambert
Champiau
la Croix de Trélon
Chât. de la Motte
Grand Étang
le Château Maillard
la Marbrerie
Lac du Val Joly
Val Joly
Forêt Dom. de l'Abbé
Forêt de Trélon
Rau du Corbion
196
228
188
10
Laudrissart
le Fourneau
Étang du Hayon
Étang de la Folie
Wallers-en-Fagne
Trélon
3,0
Ferme des Wilmais
Moranrieux
Glageon
les Glycines
Cim. Milit. Anglais Français
le Chaufour
la Rue Heureuse
la Demi-Lieue
le Landy
la Rue des Haies
Couplevoie
la Tape Jean
le Trou de Féron
Ohain
1,3
Rue de l'Alouette
Rue des Horbes
le Chemin de la Minière
Rue Neuve
Variante
Hututu
Rue de Melsart
MOMIGNIES
la Fontaine Couret
les Trieux
FOURMIES
13,2
les Tilleuls
Fermes des Haies
Chemin de Fer
l'Eau d'Anor
17
Beauwelz
16
Étang de la Galoperie
Zoo
Rue du Fief
les Noires Terres
le Dachet
le Camp de Giblou
St-Laurent
Rue du Roi Albert Ier
261
Forêt Domaniale de Fourmies
Rue Momignies
la Verrerie Blanche
ANOR
3,2
Rue de la Grde Lobiette
Étang de Milourd
Étang de la Lobiette
Rue d'Hirson
Milourd
Neuve Forge
Muternes
Rue Paul Verdelet
Rue de Jeantes
1,0
Mondrepuis
le Coq Hardy
Rue Dardennes
le Catelet
Étang du Pas Bayard
le Pas Bayard
Forêt d'Hirson
N
0
1
2 km

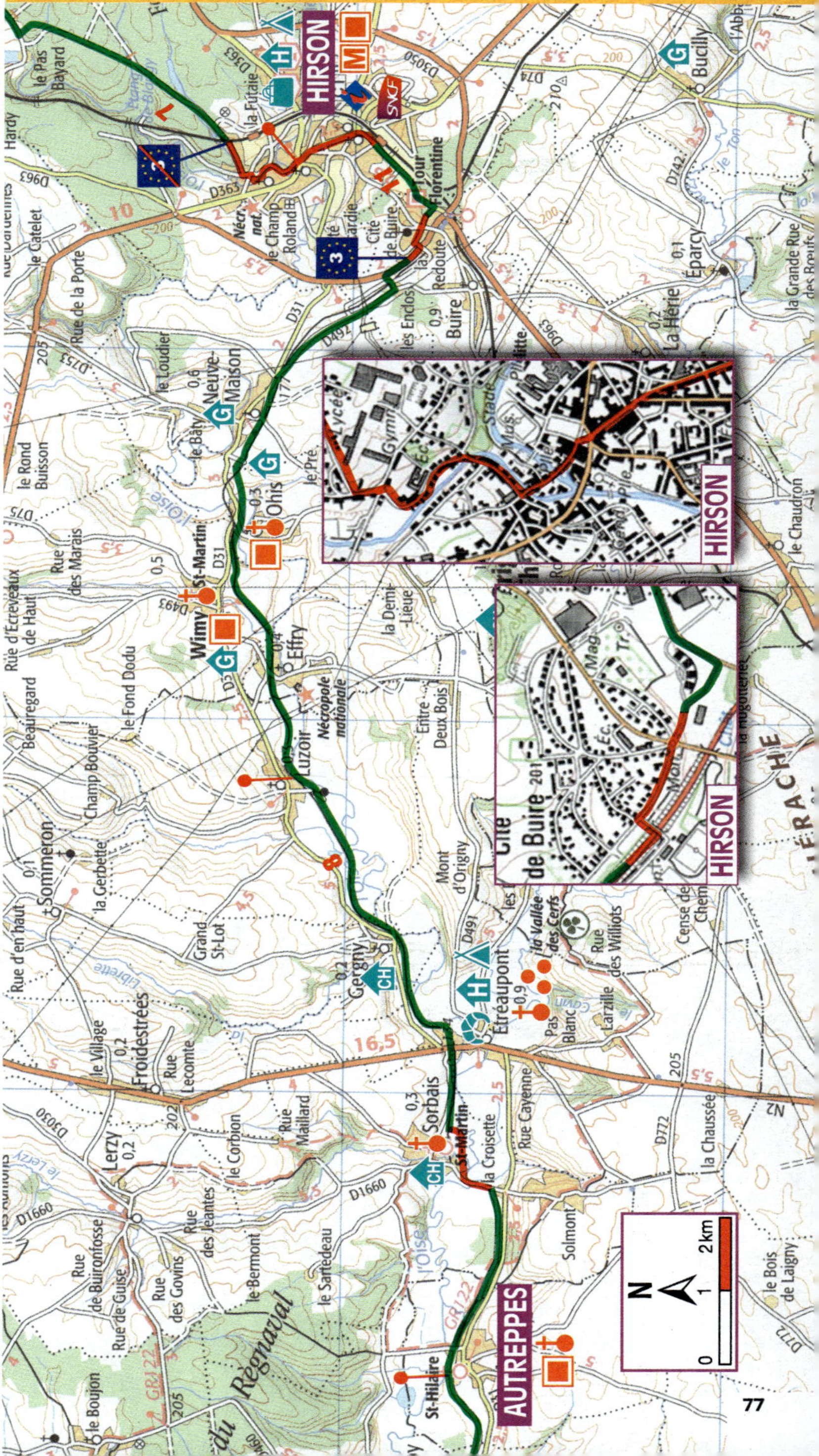
HIRSON
AUTREPPES
Wimy
St-Martin
Ohis
Neuve-Maison
Effry
Luzoir
Nécropole nationale
Gergny
Étréaupont
Sorbais
Froidestrées
Lerzy
Sommeron
Buire
Éparcy
Bucilly
la Vallée des Cerfs
Mont d'Origny
Cité de Buire
St-Hilaire
Bois du Régnaval
2km

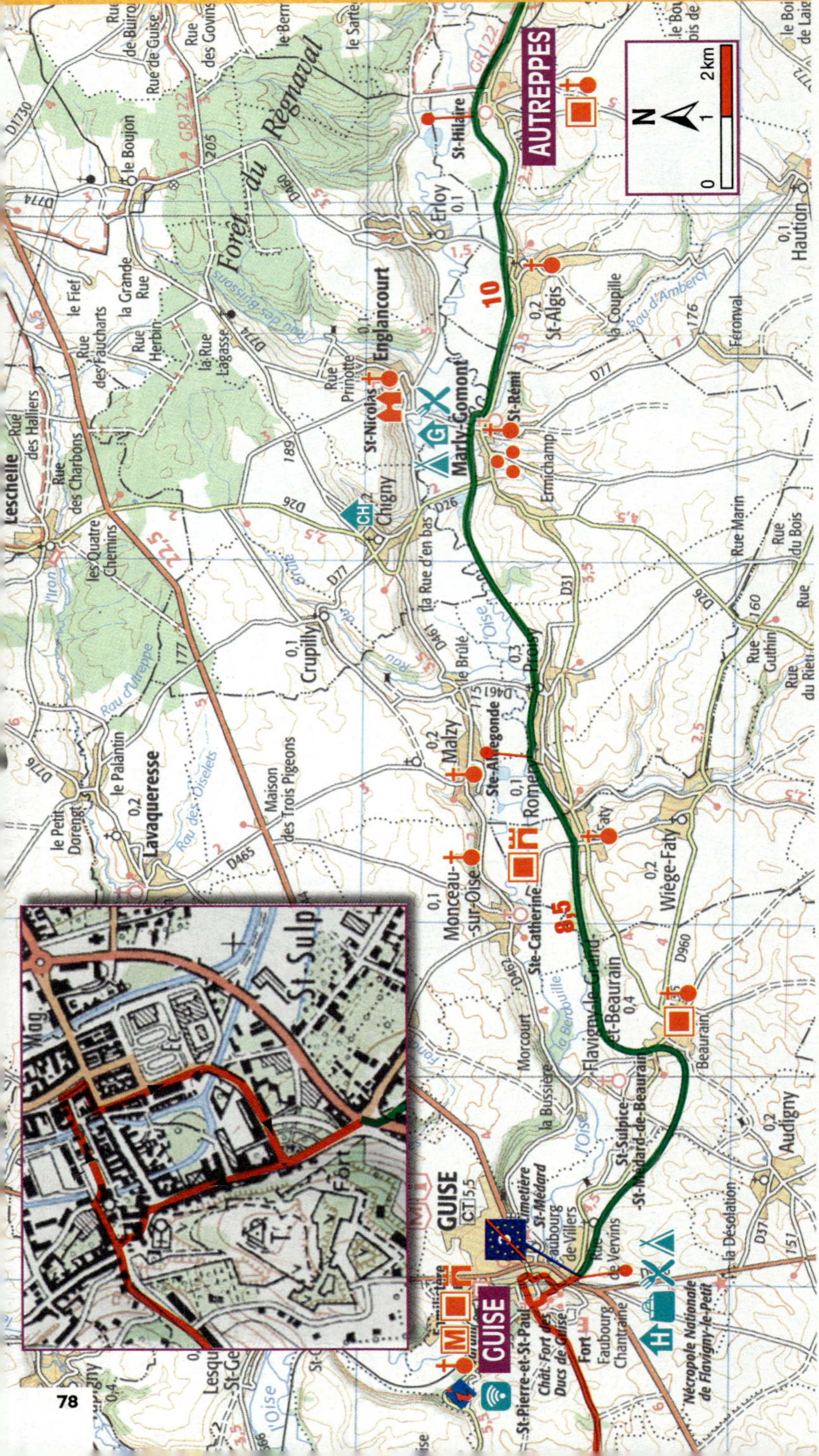
AUTREPPES
GUISE
St-Hilaire
Erloy
Englancourt
St-Algis
Marly-Gomont
St-Rémi
Chigny
Crupilly
Malzy
Ste-Alegonde
Romery
Monceau-sur-Oise
Ste-Catherine
Faty
Wiège-Faty
Beaurain
Flavigny-le-Grand-et-Beaurain
St-Sulpice
St-Médard-de-Beaurain
Lavaqueresse
Leschelle
Forêt du Régnaval
Audigny
Haution
Féronval
La Bussière
Morcourt
Faubourg Chantraine
Faubourg de Villers
Nécropole Nationale de Flavigny-le-Petit
Château Fort des Ducs de Guise
St-Pierre-et-St-Paul
Cimetière St-Médard
Ermichamp
la Coupille
2km

## N°9 Guise → Ribemont 20 km - 2 h 00

GUISE
RIBEMONT
Macquigny
Noyales
Proix
Hauteville
Bernot
Mont-d'Origny
Origny-Ste-Benoite
Neuvillette
Thenelles
Regny
Marcy
Fontaine-Notre-Dame
Sissy
Châtillon-
Audigny
Puisieux-et-Clanlieu
Le Hérie-la-Viéville
Landifay-et-Bertaignemont
Bertaignemont
Jonqueuse
Monchagrin
Courjumelles
Pleine-Selve
Villancet
Torcy
Lucy
St-Germain
Cité Ravel
Anc. Abbaye de St-Nicolas-des-Prés
St-Sulpice-St-Médard-de-Beaurain
Flavigny-le-Grand-et-Beaurain
Beaurain
Morcourt
la Bussière
Faubourg de Villers
Faubourg Chantraine
Fort
Nécropole Nationale de Flavigny-le-Petit
la Désolation
Jardins du Chât. de Puisieux
Clanlieu
Cimenteries
Moulin
l'Oise
Canal de la Sambre à l'Oise
N
0 1 2km
79

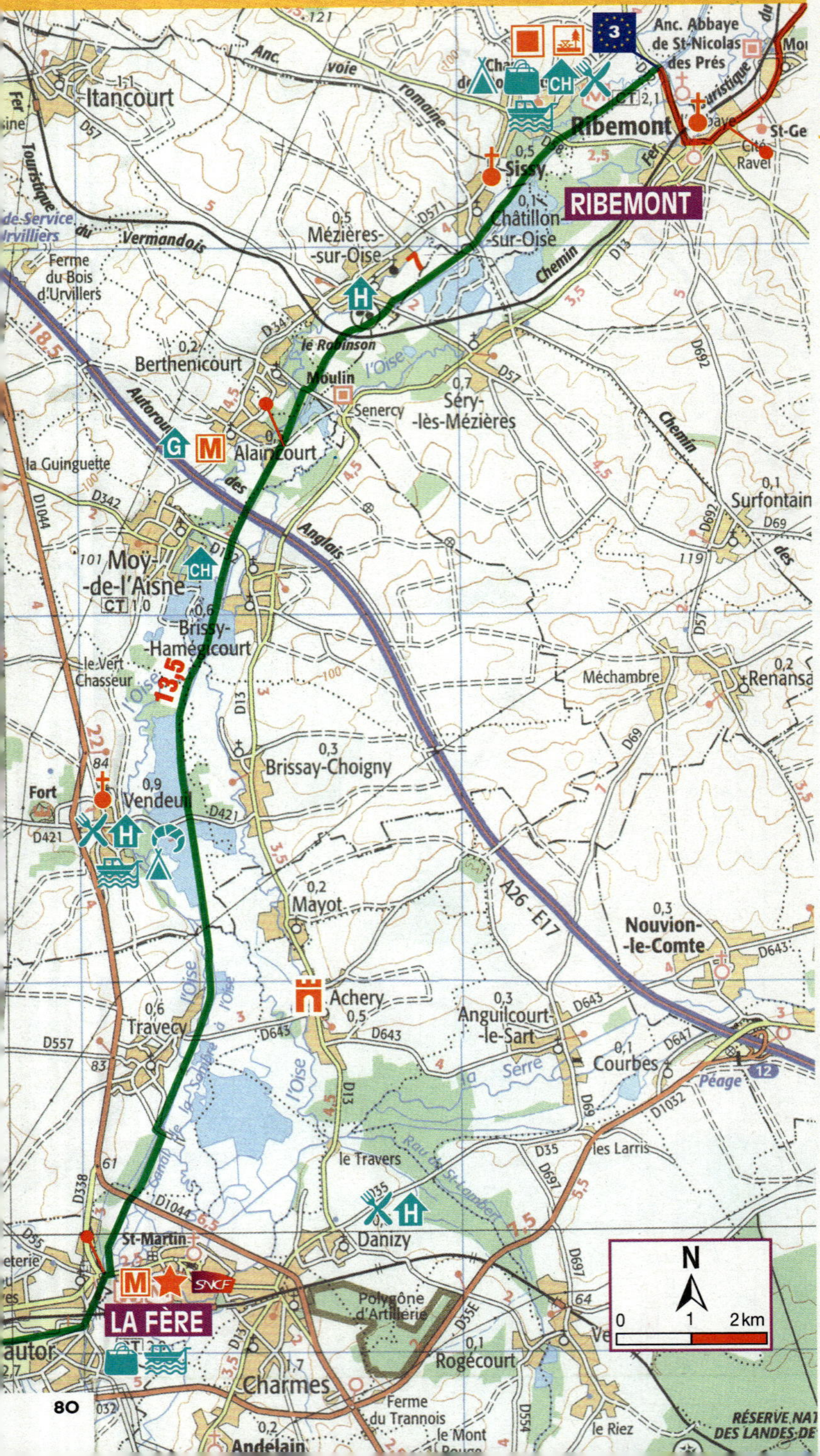
Anc. Abbaye de St-Nicolas des Prés
Ribemont
RIBEMONT
Sissy
Châtillon-sur-Oise
Mézières-sur-Oise
Itancourt
Ferme du Bois d'Urvillers
Vermandois
le Robinson
Moulin
Senercy
Séry-lès-Mézières
Berthenicourt
Alaincourt
la Guinguette
Moy-de-l'Aisne
Brissy-Hamégicourt
le Vert Chasseur
Surfontaine
Méchambre
Renansart
Brissay-Choigny
Vendeuil
Fort
Mayot
Nouvion-le-Comte
Achery
Anguilcourt-le-Sart
Travecy
Courbes
Péage
les Larris
le Travers
Danizy
St-Martin
LA FÈRE
Polygône d'Artillerie
Rogécourt
Charmes
Ferme du Trannois
le Mont
le Riez
Andelain
RÉSERVE NAT
DES LANDES DE
Autoroute des Anglais
A26 - E17
Anc. voie romaine
l'Oise
Serre
13,5
7
0
1
2 km
N

## N°11 La Fère → Marest-Dampcourt 18 km - 1 h 45

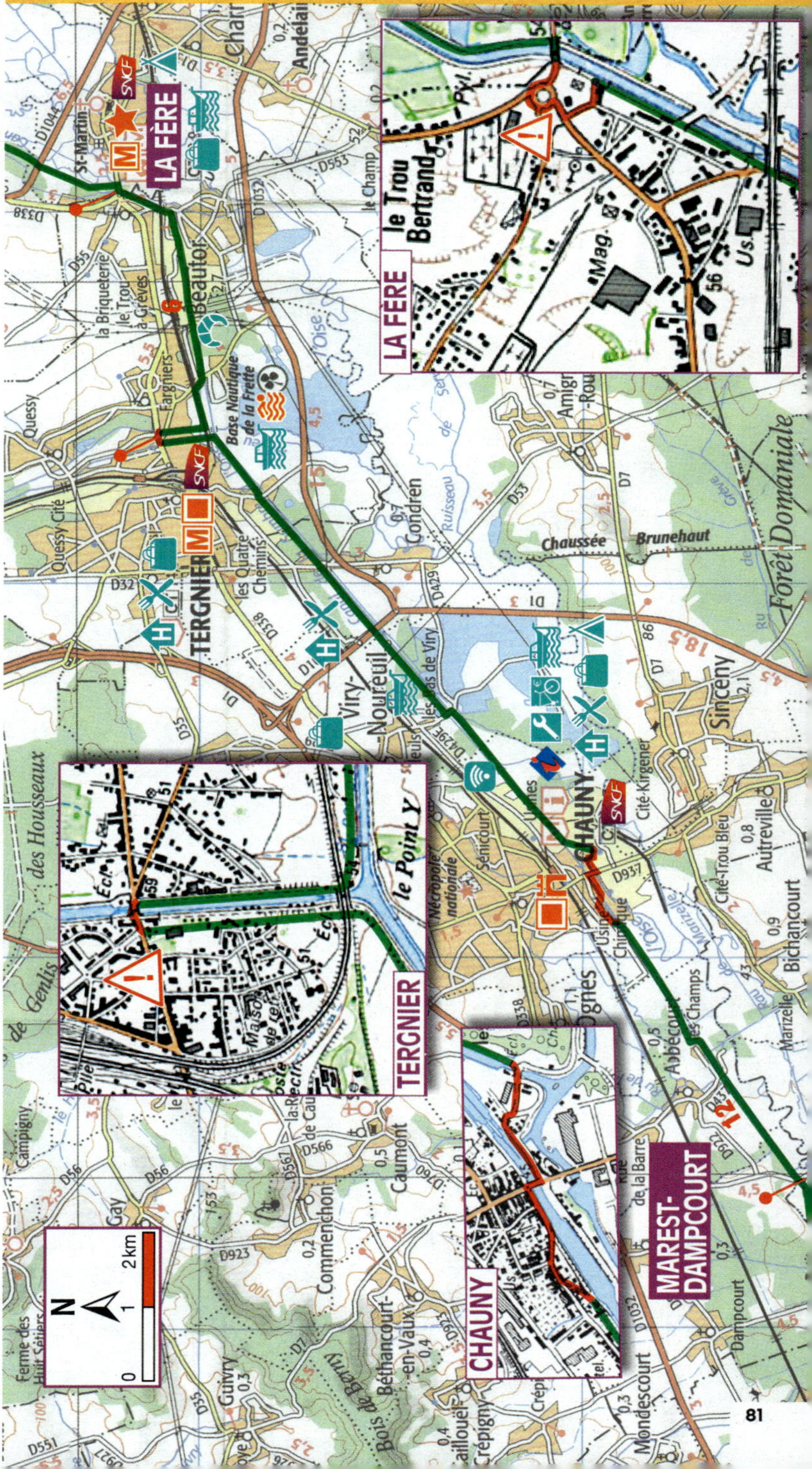

LA FÈRE
TERGNIER
CHAUNY
MAREST-DAMPCOURT
Beautor
Fargniers
Quessy
Quessy Cité
Viry-Noureuil
Condren
Sinceny
Autreville
Bichancourt
Abbécourt
Ognes
Sénicourt
Commenchon
Caumont
Béthancourt-en-Vaux
Guivry
Dampcourt
Mondescourt
Base Nautique de la Frette
Chaussée Brunehaut
Forêt Domaniale
Nécropole nationale
le Trou Bertrand
le Point Y
0 1 2km

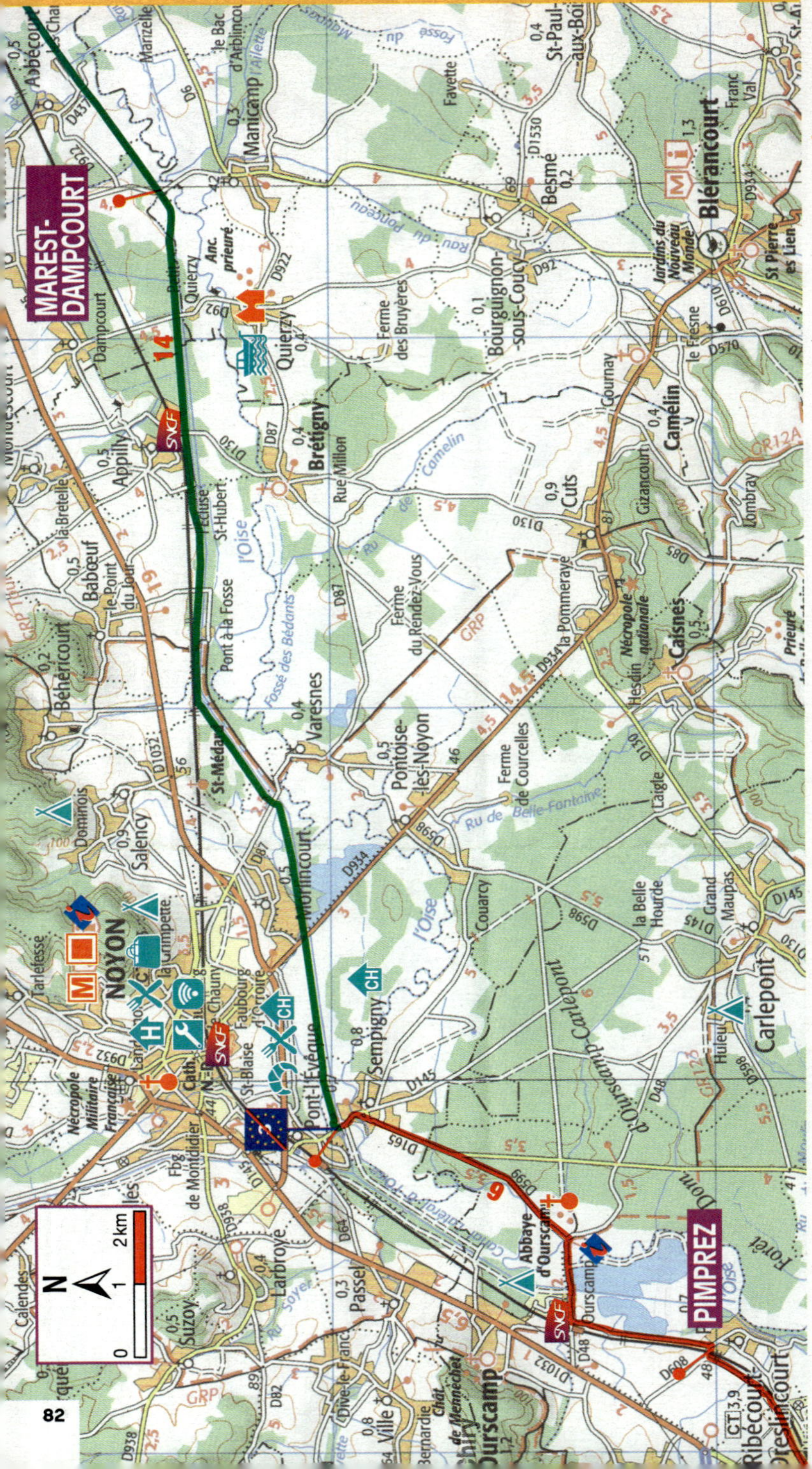
MAREST-DAMPCOURT
PIMPREZ
NOYON
Dampcourt
Quierzy
Manicamp
Bourguignon-sous-Coucy
Besmé
Blérancourt
Camelin
Cuts
Brétigny
Appilly
Babœuf
Béhéricourt
Varesnes
Pontoise-lès-Noyon
Caisnes
Salency
Morlincourt
Sempigny
Pont-l'Évêque
Carlepont
Abbaye d'Ourscamp
Ourscamp
Larbroye
Suzoy
Passel
Ribécourt-Dreslincourt
Forêt d'Ourscamp-Carlepont
l'Oise
0 1 2km

## N°13 Pimprez → Compiègne 18,5 km - 1 h 55

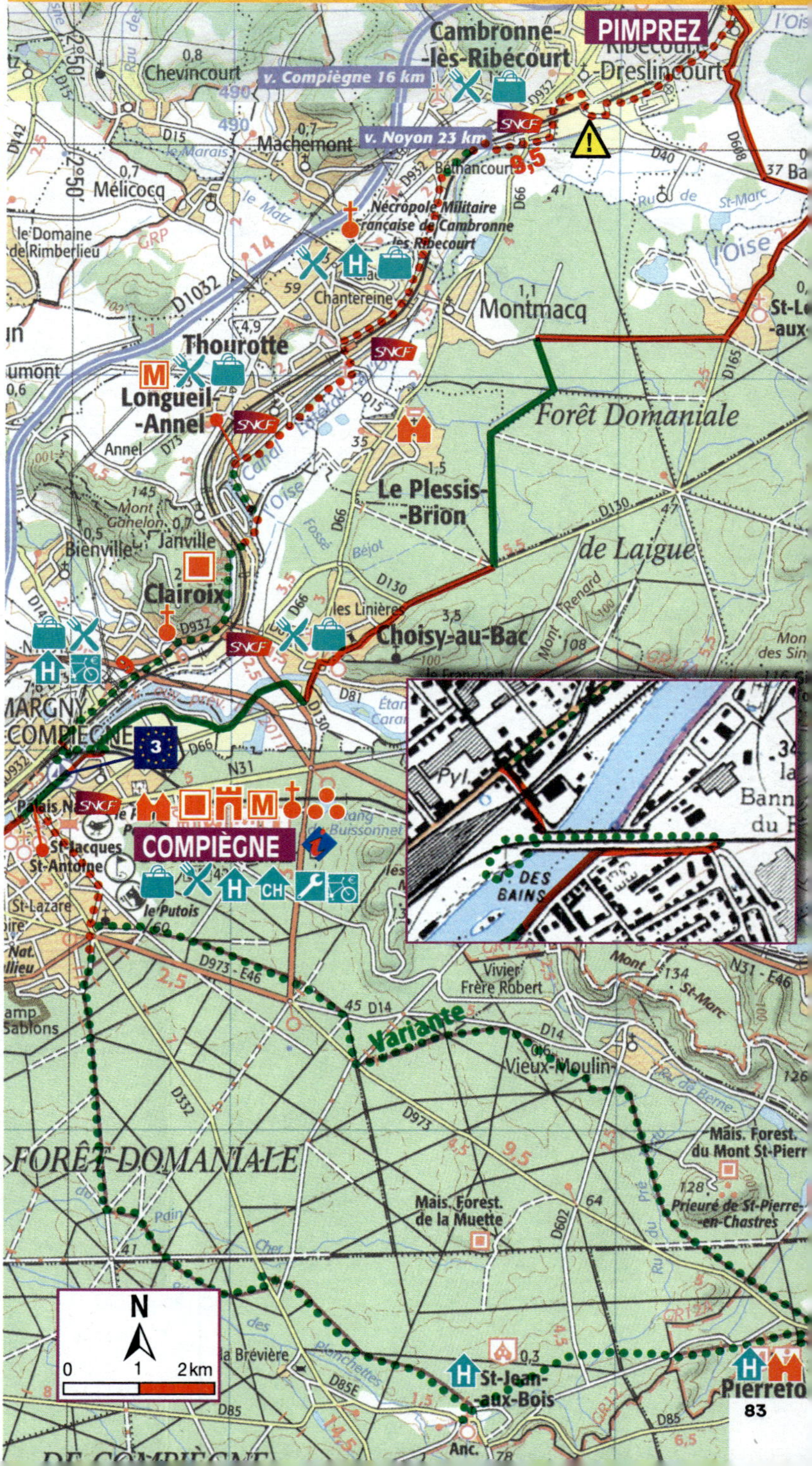
PIMPREZ
Cambronne-lès-Ribécourt
Dreslincourt
v. Compiègne 16 km
v. Noyon 23 km
Chevincourt
Machemont
Mélicocq
le Domaine de Rimberlieu
Béthancourt
Nécropole Militaire Française de Cambronne-lès-Ribécourt
Chantereine
Montmacq
Thourotte
Longueil-Annel
Annel
Forêt Domaniale de Laigue
Le Plessis-Brion
Mont Ganelon
Janville
Bienville
Clairoix
les Linières
Choisy-au-Bac
MARGNY
COMPIÈGNE
Palais
St-Jacques
St-Antoine
St-Lazare
le Putois
DES BAINS
Vivier Frère Robert
Variante
Vieux-Moulin
Mont St-Marc
Mais. Forest. du Mont St-Pierre
Prieuré de St-Pierre-en-Chastres
FORÊT DOMANIALE
Mais. Forest. de la Muette
la Brévière
St-Jean-aux-Bois
Pierrefo
0
1
2 km
N

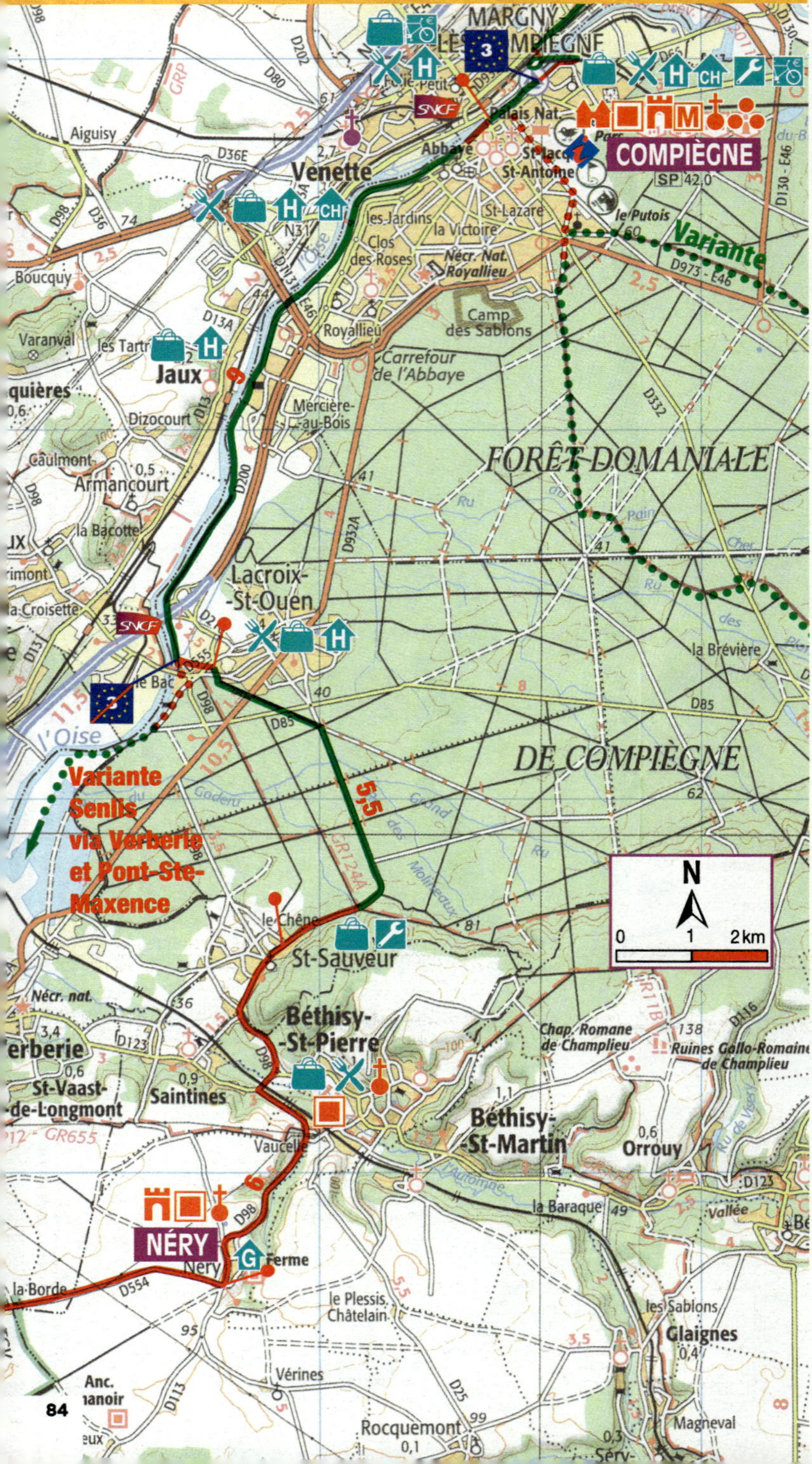
MARGNY-LÈS-COMPIÈGNE
COMPIÈGNE
Palais Nat.
Abbaye
St-Jacques
St-Antoine
SP 42,0
le Putois
Variante
Venette
Aiguisy
Boucquy
Varanval
Jaux
Dizocourt
Caulmont
Armancourt
la Bacotte
la Croisette
les Jardins
la Victoire
St-Lazare
Clos des Roses
Nécr. Nat. Royallieu
Royallieu
Camp des Sablons
Carrefour de l'Abbaye
Mercière-au-Bois
FORÊT DOMANIALE
DE COMPIÈGNE
Lacroix-St-Ouen
le Bac
l'Oise
la Brévière
Variante Senlis via Verberie et Pont-Ste-Maxence
le Chêne
St-Sauveur
Béthisy-St-Pierre
Béthisy-St-Martin
Chap. Romane de Champlieu
Ruines Gallo-Romaine de Champlieu
Orrouy
Saintines
St-Vaast-de-Longmont
Vaucelle
la Baraque
NÉRY
Néry
Ferme
la Borde
le Plessis Châtelain
les Sablons
Glaignes
Vérines
Rocquemont
Magneval
N
0 1 2 km

NÉRY
Néry
Ferme
Vérines
la Borde
Anc. manoir
Huleux
TGV
Nord-Europe
le Plessis Cornefroy
le Luat
Fresnoy-le-Luat
Raray
Chamicy
la Grange des Champs
Villeneuve-sur-Verberie
Yvillers
Brasseuse
Villers-St-Frambourg
Variante
Arrivée variante Senlis via Verberie et Pont-Ste-Maxence
Ognon
Balagny-sur-Aunette
Chamant
Anc. prieuré St-Christophe
le Plessis Chamant
Fleurines
SENLIS
Aumont-en-Halatte
Butte d'Aumont
Verneuil-en-Halatte
Mont-l'Évêque
Villemétrie
Courteuil
PAYS
A1 - E15
SENLIS
Fbg Villevert
Cité Judiciaire
Musées
2km

SENLIS
VER-SUR-LAUNETTE
Forêt Domaniale d'Ermenonville
Ermenonville
Montagny-Ste-Félicité
Versigny
Rosières
Baron
Fontaine-Chaalis
Montlognon
Borest
Mont-l'Évêque
Thiers-sur-Thève
La Chapelle-en-Serval
Survilliers
Pontarmé
Parc Astérix
la Mer de Sable
Zoo Jean Richard
Parc J.-J. Rousseau
Variante
Champ de Tir de Senlis
Forêt de Chantilly
Montaby
Loisy
les Cantines
la Râperie
Nord-Europe
TGV
N330
N2
D100
0
1
2km
N

## Ver-sur-Launette → Gressy

**23 km - 2 h 25**

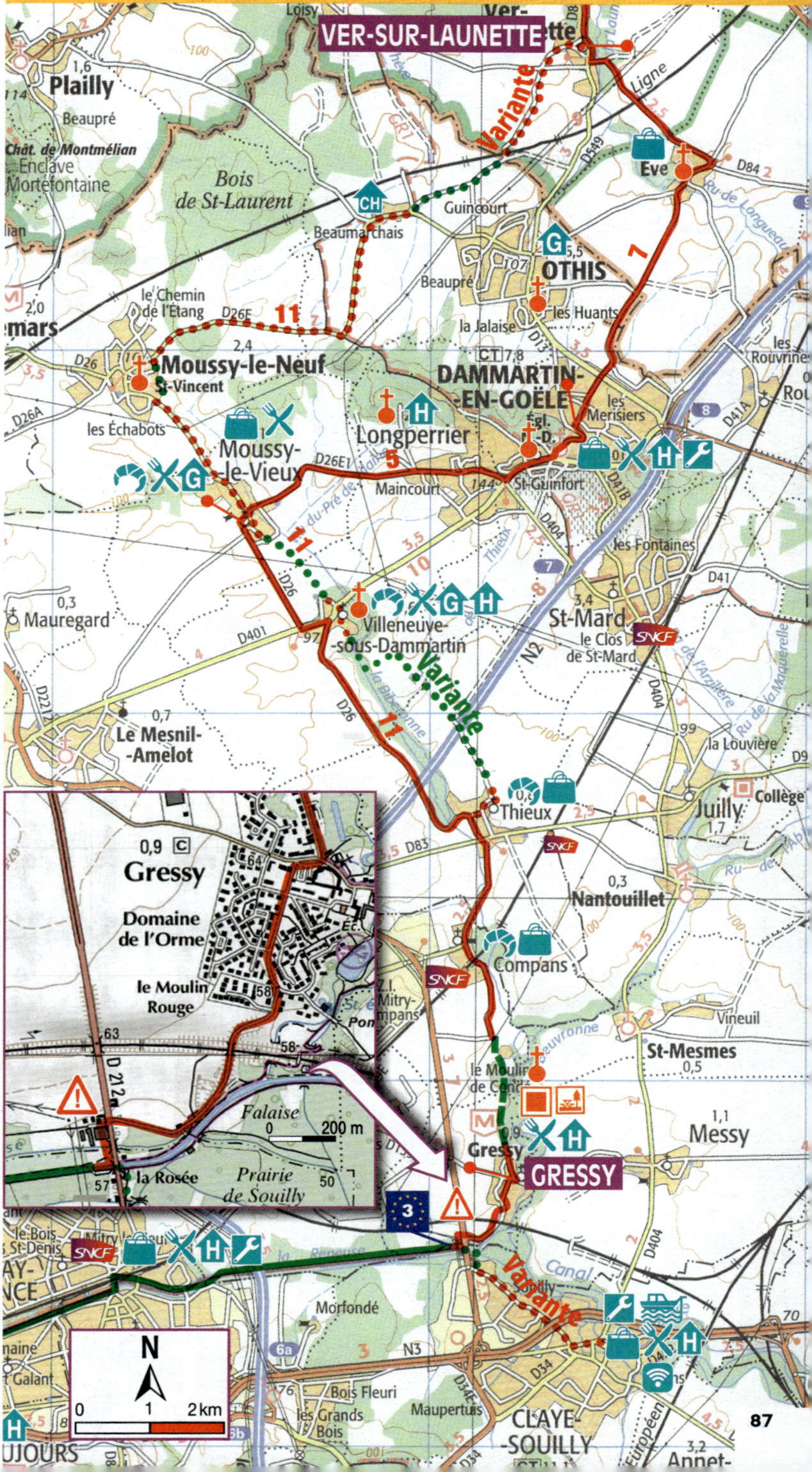
VER-SUR-LAUNETTE
Variante
Loisy
Plailly
Beaupré
Chât. de Montmélian
Enclave Mortefontaine
Bois de St-Laurent
Beaumarchais
Guincourt
Eve
Ligne
D84
OTHIS
Beaupré
les Huants
la Jalaise
le Chemin de l'Etang
D26E
Moussy-le-Neuf
St-Vincent
DAMMARTIN-EN-GOËLE
Égl. N.-D.
les Merisiers
Longperrier
les Échabots
Moussy-le-Vieux
D26E1
Maincourt
St-Guinfort
les Fontaines
0,3
Mauregard
D401
D26
Villeneuve-sous-Dammartin
St-Mard
le Clos de St-Mard
SNCF
N2
D404
D41
la Louvière
Collège
Juilly
0,7
Le Mesnil-Amelot
Thieux
D83
0,3
Nantouillet
Compans
Z.I. Mitry-Compans
Vineuil
St-Mesmes
le Moulin de Condé
Gressy
GRESSY
1,1
Messy
0,9
Domaine de l'Orme
le Moulin Rouge
D 212
Falaise
0
200 m
la Rosée
Prairie de Souilly
Canal
Variante
le Bois St-Denis
Mitry
Morfondé
N3
D34
Bois Fleuri
les Grands Bois
Maupertuis
CLAYE-SOUILLY
Annet-
N
0
1
2 km
3

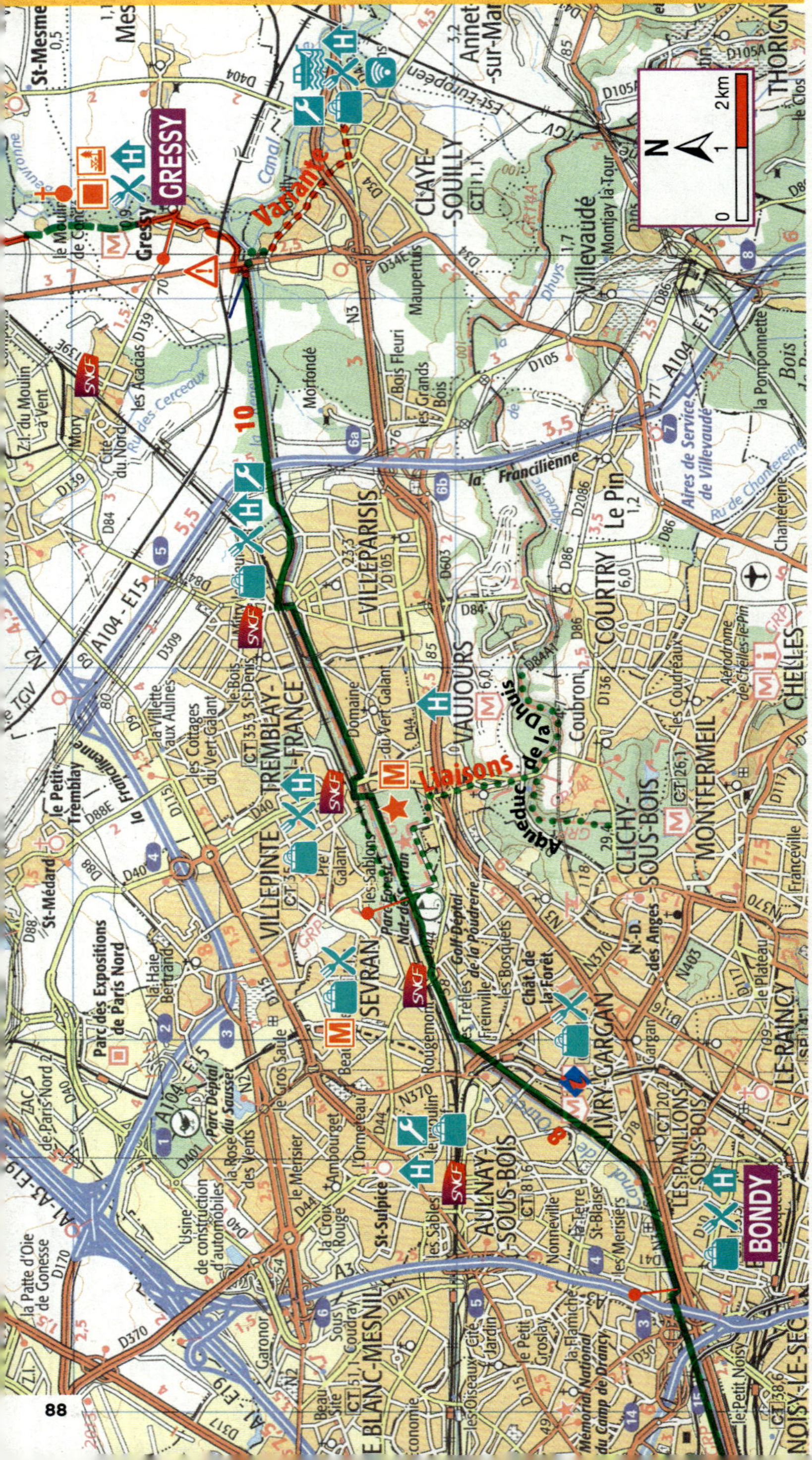
GRESSY
BONDY
Variante
Liaisons
VILLEPINTE
TREMBLAY-EN-FRANCE
SEVRAN
VILLEPARISIS
VAUJOURS
CLAYE-SOUILLY
COURTRY
CLICHY-SOUS-BOIS
MONTFERMEIL
CHELLES
LIVRY-GARGAN
AULNAY-SOUS-BOIS
LES PAVILLONS-SOUS-BOIS
LE RAINCY
BLANC-MESNIL
NOISY-LE-SEC
Villevaudé
Le Pin
Aqueduc de la Dhuis
la Francilienne
Parc des Expositions de Paris Nord
Parc Dép^tal du Sausset
Mémorial National du Camp de Drancy
A104 - E15
A1-A3-E19
Canal de l'Ourcq
0 1 2km

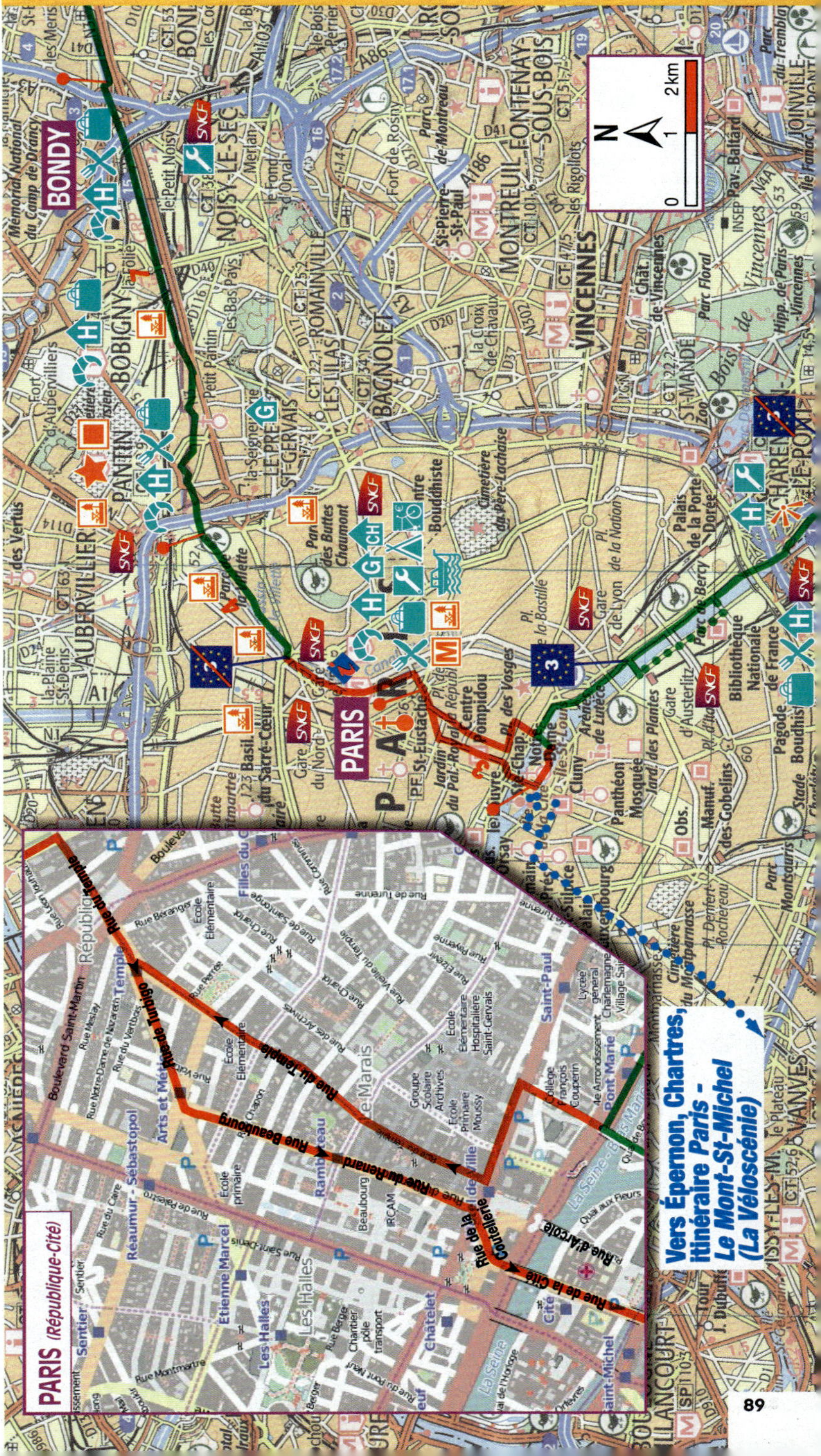
BONDY
PARIS
PARIS (République-Cité)
Rue du Temple
Rue de Turbigo
Rue Beaubourg
Rue du Renard
Rue de la Coutellerie
Rue d'Arcole
Rue de la Cité
Vers Épernon, Chartres, itinéraire Paris - Le Mont-St-Michel (La Véloscénie)
14 km - 1 h 40

PARIS
PARIS (Cité-Notre-Dame)
Notre-Dame
Rue du Cloître Notre-Dame
Pont Saint-Louis
Quai d'Orléans
Square Jean XXIII
Butte Montmartre
Basil. du Sacré-Cœur
Gare du Nord
Parc de la Villette
Parc des Buttes Chaumont
Opéra
St-Eustache
Centre Pompidou
Jardin du Pal.-Royal
Pl. de la République
Louvre
Ste-Chap.
Notre-Dame
Île de la Cité
Île St-Louis
Cluny
Arènes de Lutèce
Panthéon
Mosquée
Jard. des Plantes
Gare d'Austerlitz
Pl. d'Italie
Manuf. des Gobelins
Obs.
Pl. de la Bastille
Gare de Lyon
Pl. de la Nation
Parc de Bercy
Palais de la Porte Dorée
Bibliothèque Nationale de France
Pagode Bouddhiste
Stade Charléty
VINCENNES
Bois de Vincennes
ST-MANDÉ
Hipp. de Paris-Vincennes
CHARENTON-LE-PONT
ST-MAURICE
IVRY-S-SEINE
Ivry-Port
GENTILLY
LE KREMLIN-BICÊTRE
VILLEJUIF
MAISONS-ALFORT
ALFORTVILLE
Chât. de Réghat
VITRY-SUR-SEINE
CRÉTEIL
CHOISY-LE-ROI
THIAIS
ORLY
CHEVILLY-LARUE
VALENTON
VILLENEUVE-LE-ROI
VILLENEUVE-ST-GEORGES
NOISY-LE-SEC
Petit Pantin
les Bas Pays
les Rigollots
Parc Interdéptal des Sports
Centre Européen d'Escalade
Parc Municipal des Saules
Parc Intercommunal
Parcs Départementaux
N
0 1 2 km
SNCF

Paris.

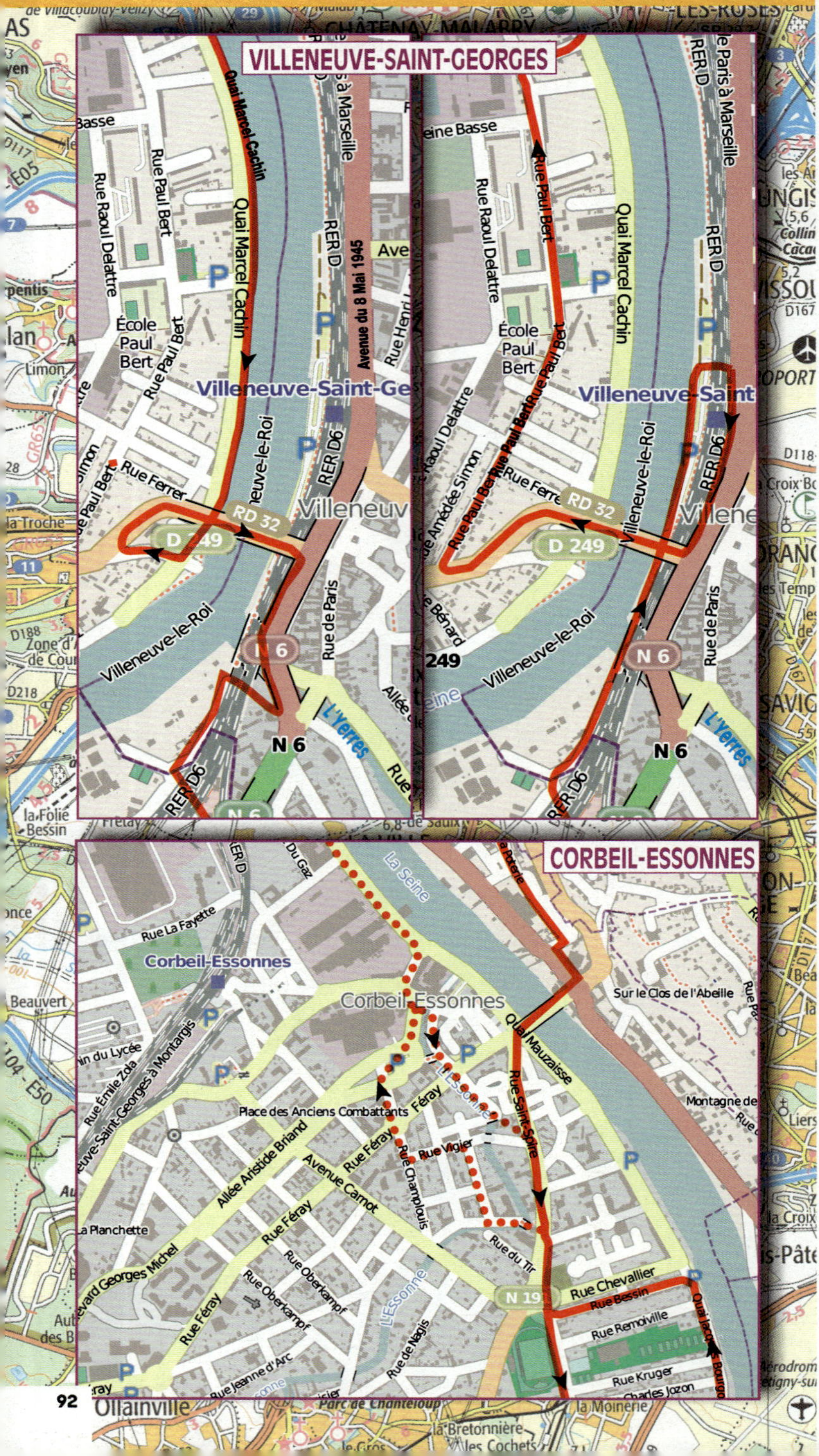
VILLENEUVE-SAINT-GEORGES
Quai Marcel Cachin
Rue Paul Bert
Rue Raoul Delattre
École Paul Bert
Villeneuve-Saint-Georges
Rue Ferrer
RD 32
D 249
Villeneuve-le-Roi
RER D
RER D6
Avenue du 8 Mai 1945
Paris à Marseille
Rue de Paris
N 6
L'Yerres
CORBEIL-ESSONNES
La Seine
Rue La Fayette
Corbeil-Essonnes
Quai Mauzaisse
Rue Saint-Spire
Sur le Clos de l'Abeille
Place des Anciens Combattants
Rue Féray
Rue Vigier
Rue Champlouis
Allée Aristide Briand
Avenue Carnot
Rue du Tir
Rue Oberkampf
L'Essonne
Rue de Nagis
N 191
Rue Chevallier
Rue Bessin
Rue Remoiville
Rue Kruger
Rue Émile Zola
La Planchette
Boulevard Georges Michel
Rue Jeanne d'Arc
Montagne de

CHOISY-LE-ROI
THIAIS
BONNEUIL-S.-M.
Parc Interdeptal des Sports
ORLY
VALENTON
Parc Dépt^al de la Plage Bleue
Parc Municipal des Saules
VILLENEUVE-LE-ROI
VILLENEUVE-ST-GEORGES
Ablon-s.-S.
CROSNE
YERRES
ATHIS-MONS
PARAY-VIEILLE-POSTE
MONTGERON
VIGNEUX-SUR-SEINE
JUVISY-S.-ORGE
DRAVEIL
Forêt Domaniale
Variante
VIRY-CHÂTILLON
GRIGNY
SOISY-SUR-SEINE
RIS-ORANGIS
ÉVRY
Étiolles
FLEURY-MÉROGIS
BONDOUFLE
COURCOURONNES
LISSES
CORBEIL-ESSONNES
LA SEINE
0 1 2 km

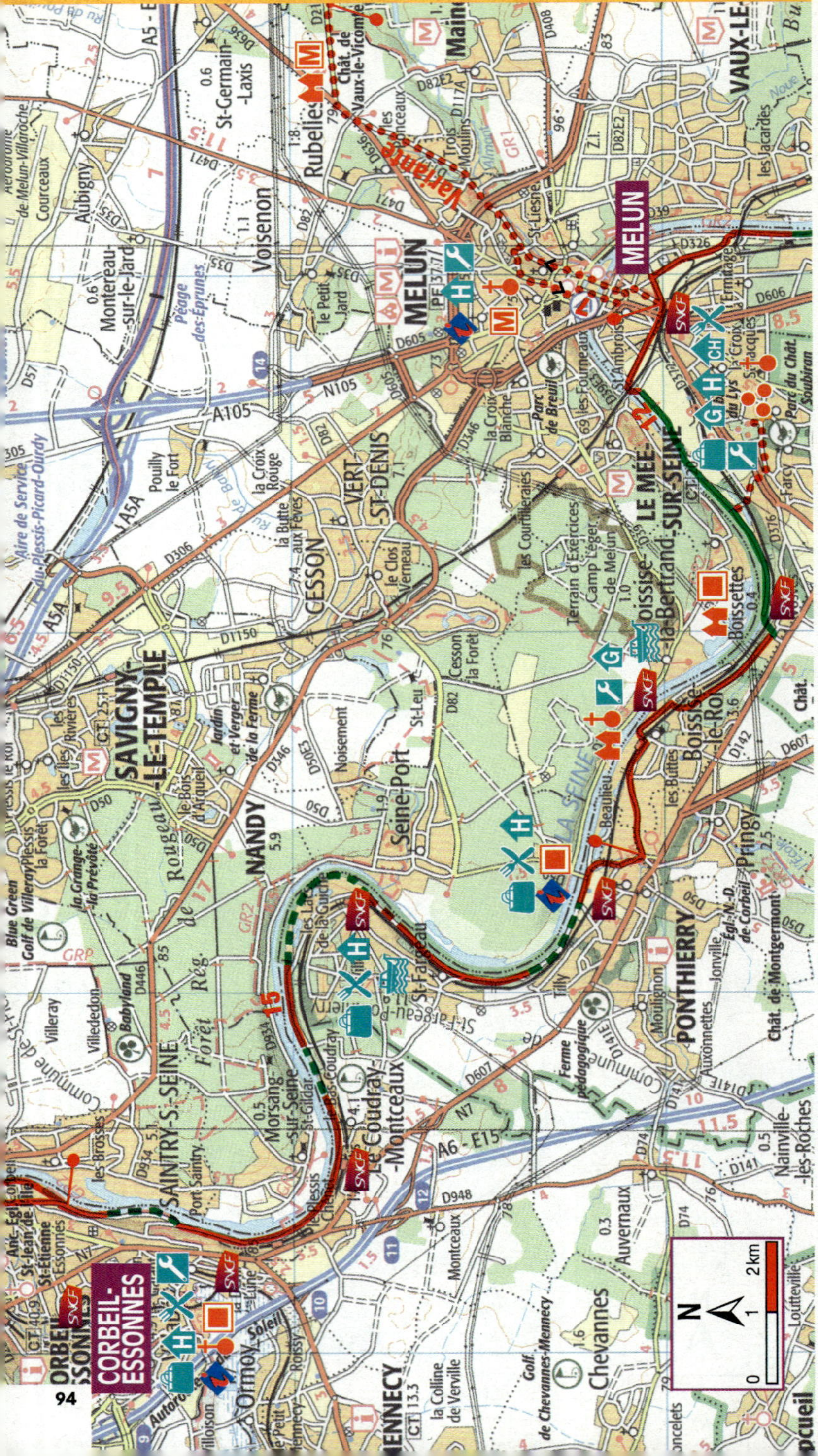

CORBEIL-ESSONNES
MELUN
SAVIGNY-LE-TEMPLE
NANDY
CESSON
VERT-ST-DENIS
Seine-Port
LE MÉE-SUR-SEINE
Boissise-la-Bertrand
Boissise-le-Roi
Boissettes
PONTHIERRY
Pringy
Saintry-s-Seine
Morsang-sur-Seine
Le Coudray-Montceaux
St-Fargeau
Voisenon
Rubelles
St-Germain-Laxis
Montereau-sur-le-Jard
Aubigny
Chevannes
Auvernaux
Nainville-les-Roches
LA SEINE
Variante
A105
A5A
A6 - E15
N105
N7
0
1
2km
N

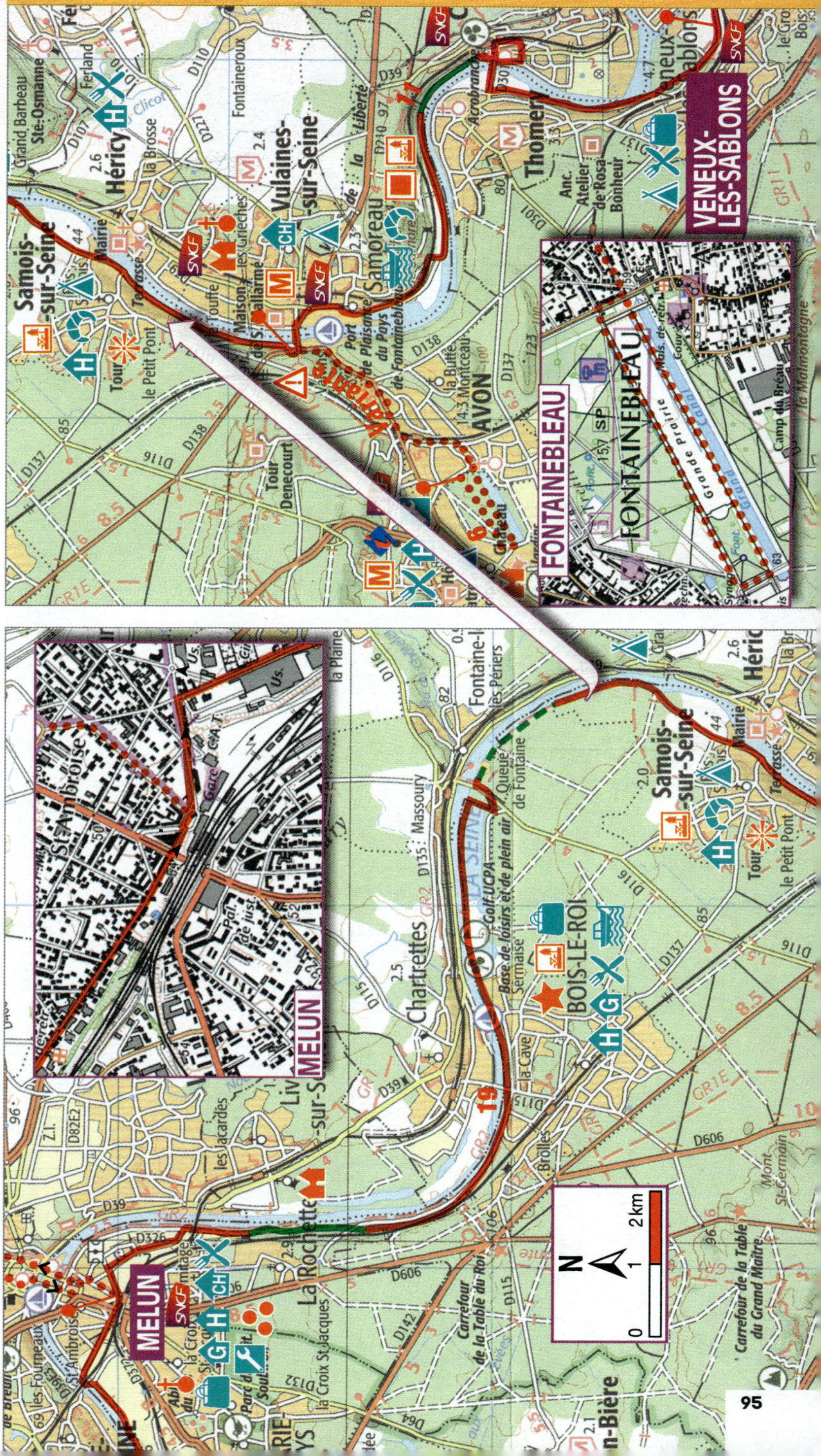
MELUN
FONTAINEBLEAU
VENEUX-LES-SABLONS
Samois-sur-Seine
Héricy
Vulaines-sur-Seine
Samoreau
Thomery
AVON
Bois-le-Roi
Chartrettes
La Rochette
Livry-sur-Seine
Variante
Tour Denecourt
Base de loisirs et de plein air
Carrefour de la Table du Roi
Carrefour de la Table du Grand Maître
Grande Prairie
Grand Canal
0 1 2km

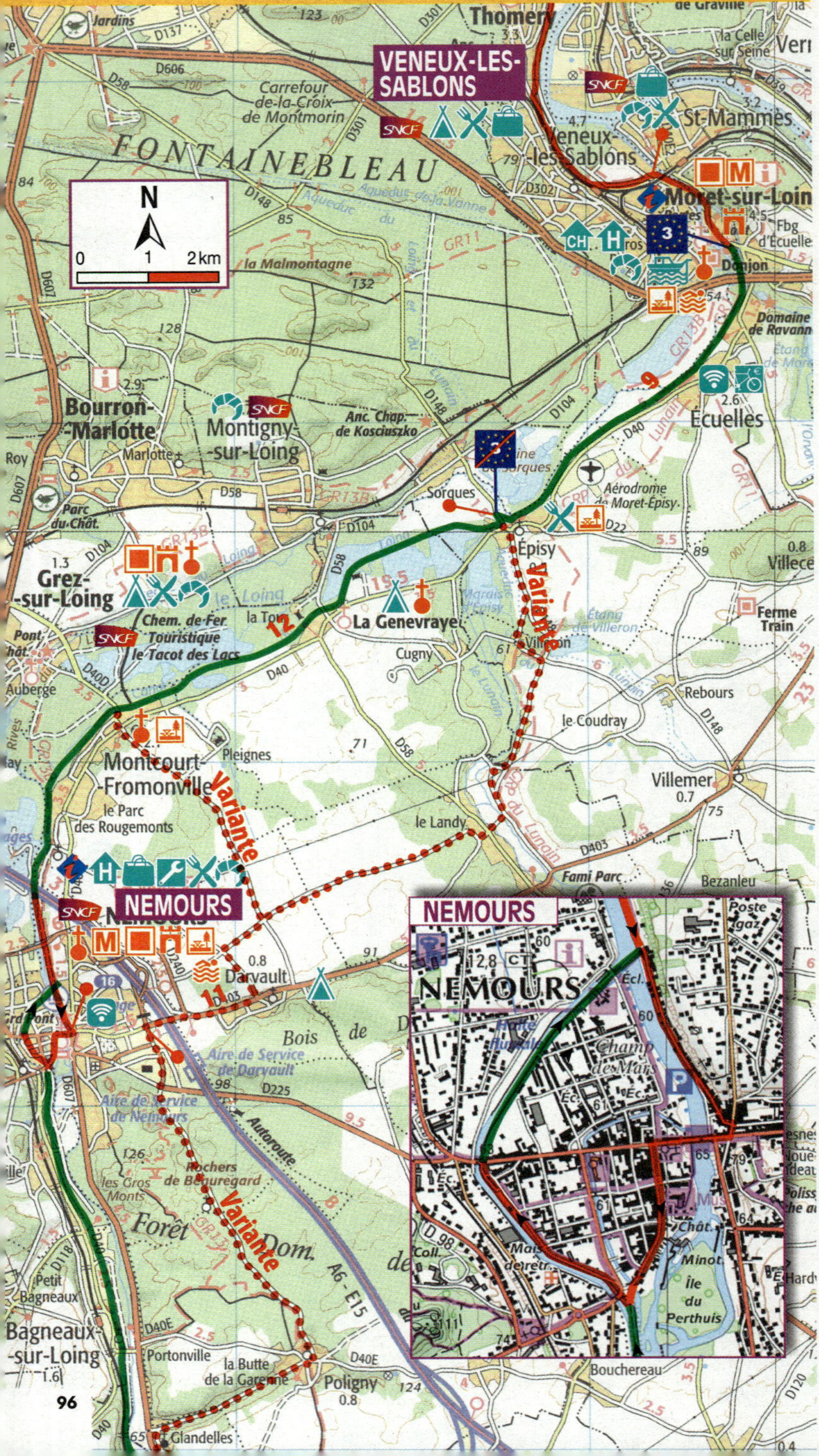
VENEUX-LES-SABLONS
FONTAINEBLEAU
Thomery
Veneux-les-Sablons
St-Mammès
Moret-sur-Loing
Donjon
Fbg d'Écuelles
Domaine de Ravanne
Écuelles
Carrefour de-la-Croix de Montmorin
la Malmontagne
Aqueduc de la Vanne
Bourron-Marlotte
Marlotte
Montigny-sur-Loing
Anc. Chap. de Kosciuszko
Sorques
Aérodrome de Moret-Épisy
Épisy
Villecerf
Ferme Train
Grez-sur-Loing
Chem. de Fer Touristique le Tacot des Lacs
La Genevraye
Villiers
Cugny
Étang de Villeron
Rebours
le Coudray
Variante
Montcourt-Fromonville
Pleignes
le Parc des Rougemonts
le Landy
Villemer
Fami Parc
Bezanleu
NEMOURS
Darvault
Bois de
Aire de Service de Darvault
Aire de Service de Nemours
Autoroute
Rochers de Beauregard
les Gros Monts
Forêt Dom.
Petit Bagneaux
Bagneaux-sur-Loing
Portonville
la Butte de la Garenne
Poligny
Glandelles
Bouchereau
Champ des Mars
Île du Perthuis
Minot
Chât.
N
0
1
2 km

NEMOURS
Nonville
Foljuif
la Chênaie
le Clos
Darvault
Bois de Darvault
Mont Brun
Gd Pont
ST-PIERRE-LÈS-NEMOURS
Rochers Gréau
Aire de Service de Darvault
Aire de Service de Nemours
Autoroute
N
0
1
2 km
Chaintreauville
Ormesson
Variante
les Gros Monts
Rochers de Beauregard
Forêt Dom. de Nanteau
A6-E15
Fay-lès-Nemours
Petit
le Carrouge
Bagneaux-sur-Loing
Laveaux
Portonville
la Butte de la Garenne
Poligny
Rosiers
Glandelles
Foljuif
la Groue
la Cuillère
Corbeval
le Boulay
Lepuy
le Coudray
Quenonville
La Madeleine-sur-Loing
le Tillet
Polissoirs
Colombier
SOUPPES-SUR-LOING
Fonteneilles
Grand Ceriseaux
Petit Ceriseaux
Parc Animalier de l'Emprunt
Thiersanville
Bésigny
St-Clair-St-Léger
les Grès de St-Martin
Péage du Val de Loing
Chenouteau
Chancepois
les Varennes
Base de loisirs
le Mesnil
la Mi-Voie
Abbaye
Cercanceaux
la Rue Mangine
Mocpoix
Bruzelles
Tour de St-Thugal
Anc. Abb. St-Séverin
les Buttes de Lorroy
Néronville
Château-Landon
Remparts
les Gauthiers
Hôtel-Dieu
Tour St-André
Aire de Repos du Hêtre Pourpre
Palleau
Base nautique de Dordives
la Crx Blanche
DORDIVES
Grd Gasson
César
Chemin de César
Toury
Aire de Repos du Sophora
le Pressoir
la Vallée

LA SCANDIBÉRIQUE NAMUR-TOURS À VÉLO

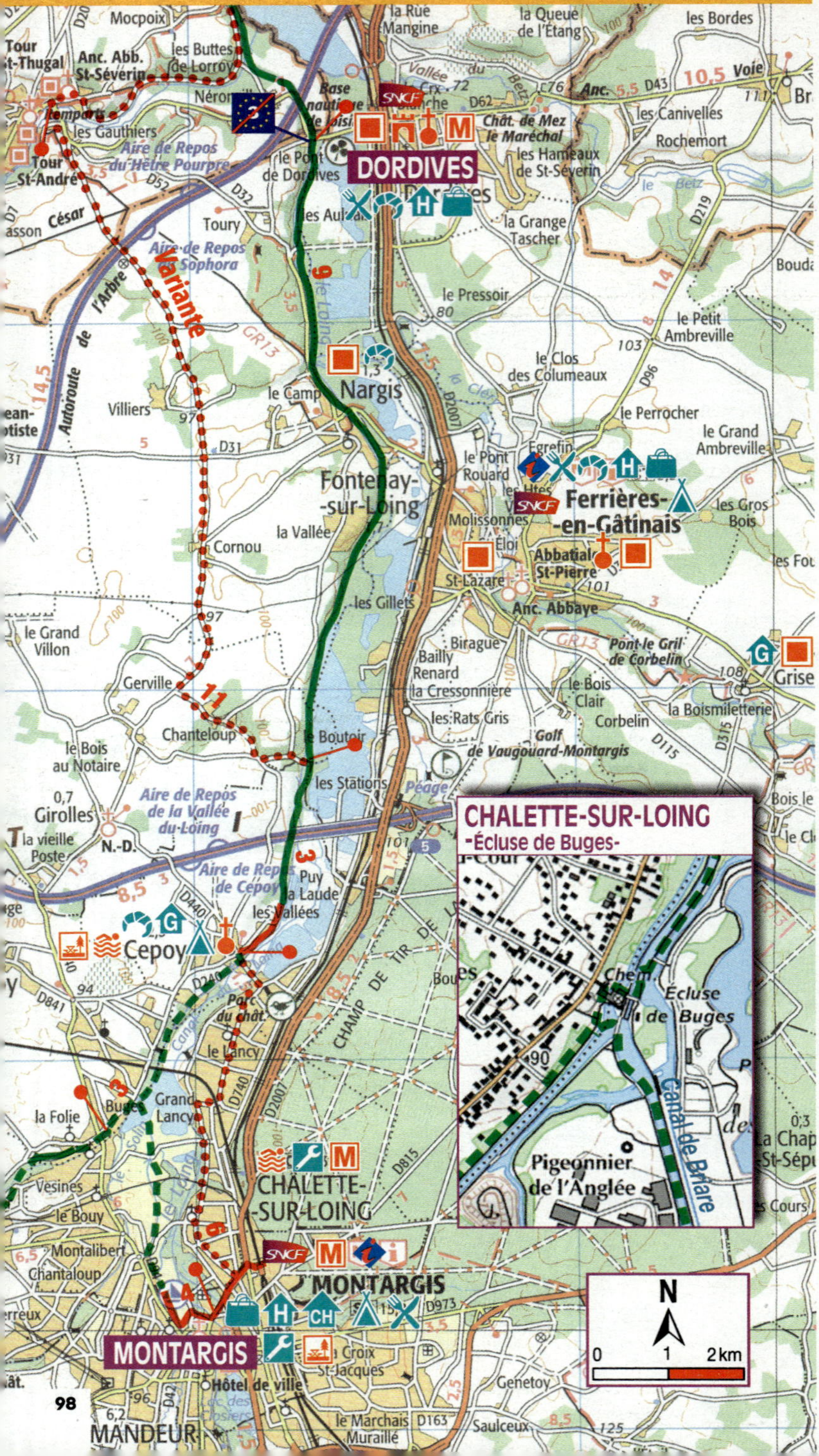
Mocpoix
Tour St-Thugal
Anc. Abb. St-Séverin
les Buttes de Lorroy
Néron
Remparts
les Gauthiers
Tour St-André
Aire de Repos du Hêtre Pourpre
César
Toury
Aire de Repos Sophora
Variante
Autoroute de l'Arbre
Base nautique de loisirs
la Rue Mangine
Vallée du
la Queue de l'Étang
les Bordes
Voie
Anc.
Chât. de Mez le Maréchal
les Canivelles
Rochemort
les Hameaux de St-Séverin
le Pont de Dordives
DORDIVES
les Aulnes
la Grange Tascher
le Betz
Bouda
le Pressoir
le Petit Ambreville
le Clos des Columeaux
Nargis
le Camp
Villiers
le Perrocher
le Grand Ambreville
Fontenay-sur-Loing
le Pont Rouard
Egrefin
Ferrières-en-Gâtinais
les Gros Bois
Molissonnes
Cornou
la Vallée
Abbatial St-Pierre
St-Lazare
Anc. Abbaye
les Gillets
le Grand Villon
Biragne
Bailly Renard
la Cressonnière
Pont le Gril de Corbelin
Grise
Gerville
le Bois Clair
Corbelin
la Boismiletterie
Chanteloup
le Boutoir
les Rats Gris
Golf de Vaugouard-Montargis
le Bois au Notaire
les Stations
Péage
Girolles
Aire de Repos de la Vallée du Loing
la vieille Poste
N.-D.
Aire de Repos de Cepoy
Puy la Laude
les Vallées
Cepoy
CHAMP DE TIR DE
Parc du chât.
le Lancy
Grand Lancy
Buges
la Folie
Vesines
le Bouy
Montalibert
Chantaloup
CHÂLETTE-SUR-LOING
MONTARGIS
MONTARGIS
la Croix St-Jacques
Hôtel de ville
le Marchais
Muraille
MANDEUR
Genetoy
Saulceux
la Chapelle St-Sépulcre
les Cours
CHALETTE-SUR-LOING
-Écluse de Buges-
Chem.
Écluse de Buges
Canal de Briare
Pigeonnier de l'Anglée
N
0 1 2 km

# N°27 Montargis → Chailly-en-Gâtinais

**21 km - 2 h 05**

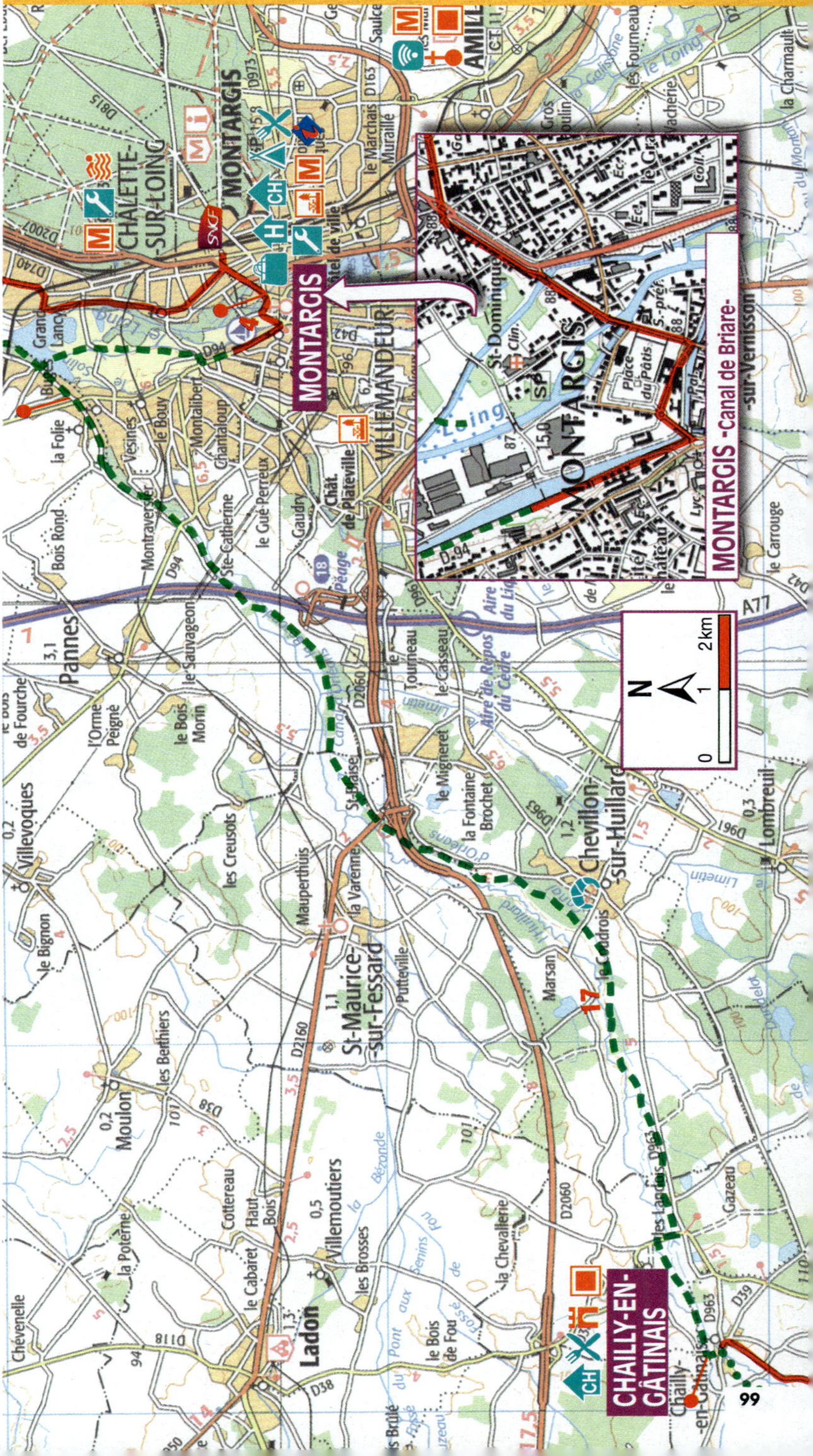
MONTARGIS
CHALETTE-SUR-LOING
VILLEMANDEUR
MONTARGIS -Canal de Briare-sur-Vernisson
Pannes
Villevoques
Chevillon-sur-Huillard
St-Maurice-sur-Fessard
Ladon
Moulon
Villemoutiers
CHAILLY-EN-GÂTINAIS
Lombreuil
A77
0 1 2km

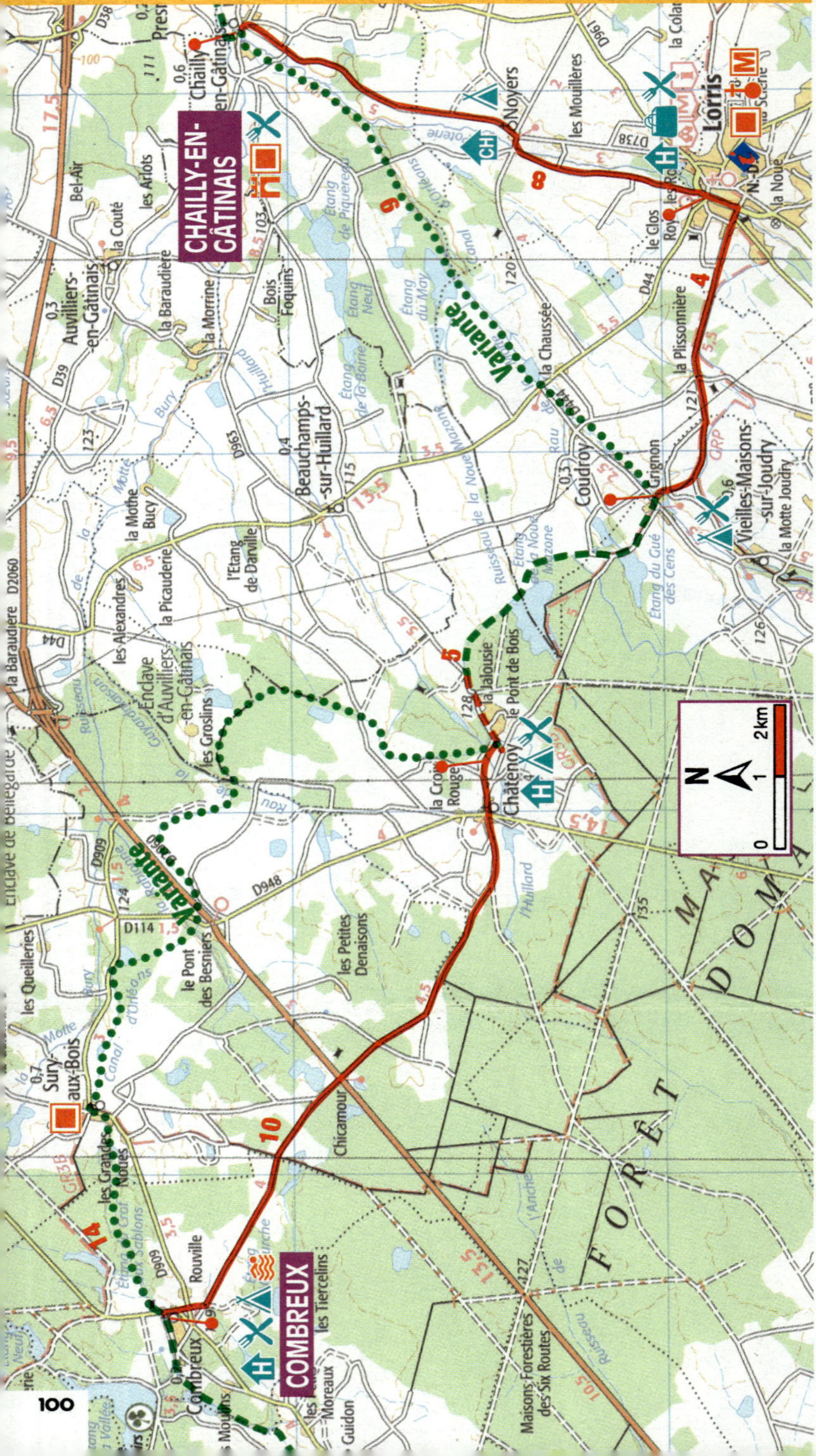
CHAILLY-EN-GÂTINAIS
COMBREUX
Lorris
Variante
Auvilliers-en-Gâtinais
Beauchamps-sur-Huillard
Coudroy
Vieilles-Maisons-sur-Joudry
Châtenoy
Sury-aux-Bois
Combreux
FORÊT DOMA
Noyers
Grignon
Rouville
Chicamour
Maisons Forestières des Six Routes
Enclave d'Auvilliers-en-Gâtinais
0
1
2km
N

# N°29 Combreux → Fay-aux-Loges → Donnery

**19 km - 1 h 55**

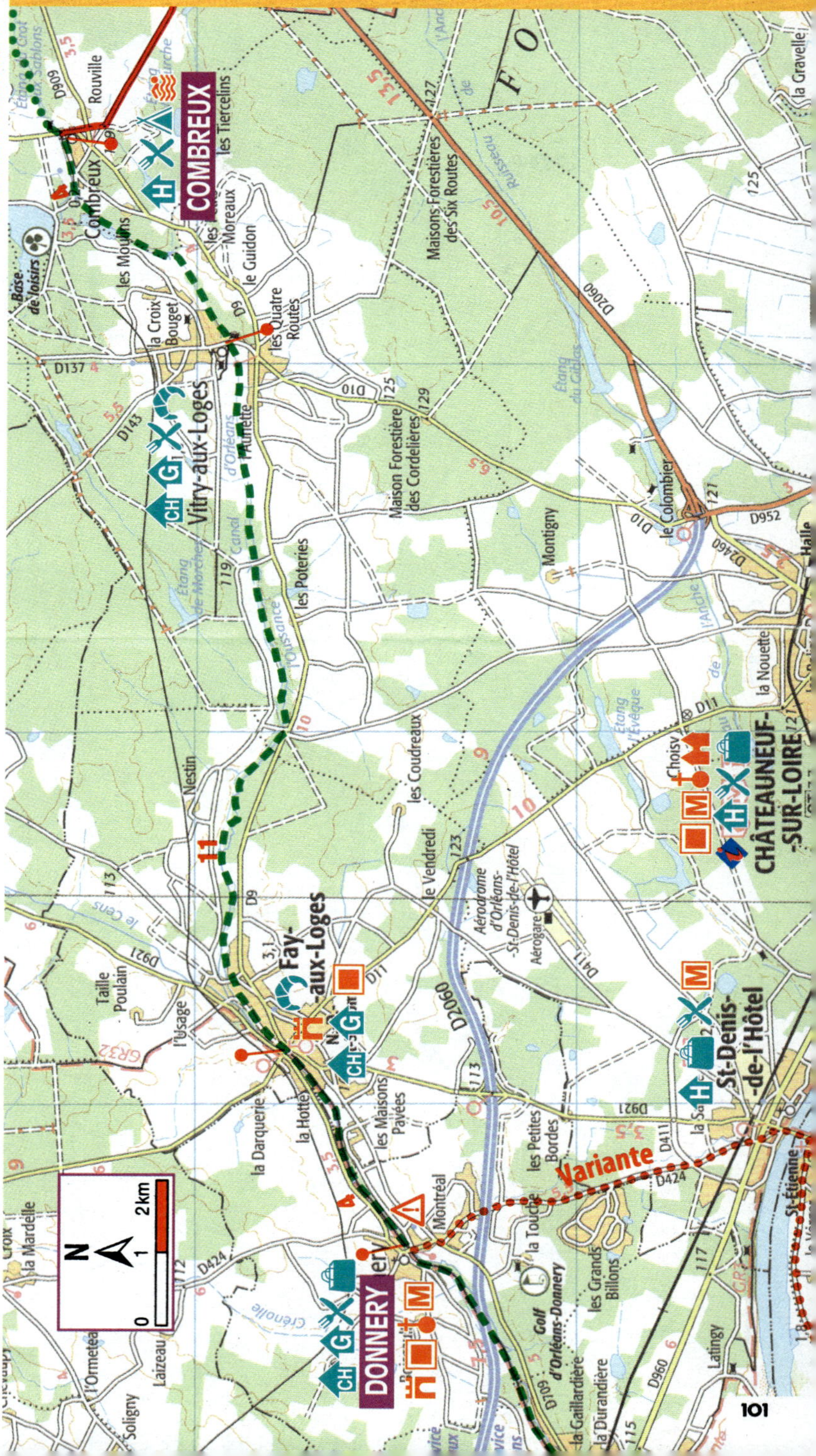
CANAL D'ORLÉANS
COMBREUX
Combreux
Rouville
Base de loisirs
les Moulins
les Tiercelins
les Moreaux
le Guidon
la Croix Bouget
les Quatre Routes
Vitry-aux-Loges
Maisons Forestières des Six Routes
Maison Forestière des Cordelières
les Poteries
Montigny
le Colombier
Étang de Morches
Étang du Gibas
Nestin
les Coudreaux
le Vendredi
Fay-aux-Loges
Taille Poulain
l'Usage
la Darquerie
la Hotte
les Maisons Pavées
Montréal
DONNERY
les Petites Bordes
Variante
la Touche
Golf d'Orléans-Donnery
les Grands Billons
Aérodrome d'Orléans-St-Denis-de-l'Hôtel
Aérogare
St-Denis-de-l'Hôtel
CHÂTEAUNEUF-SUR-LOIRE
Choisy
la Nouette
la Gravelle
Latingy
la Gaillardière
la Durandière
la Mardelle
l'Ormeteau
Soligny
Laizeau
D9
D10
D11
D137
D143
D909
D921
D424
D411
D952
D2060
D960
GR32
0 1 2km
N

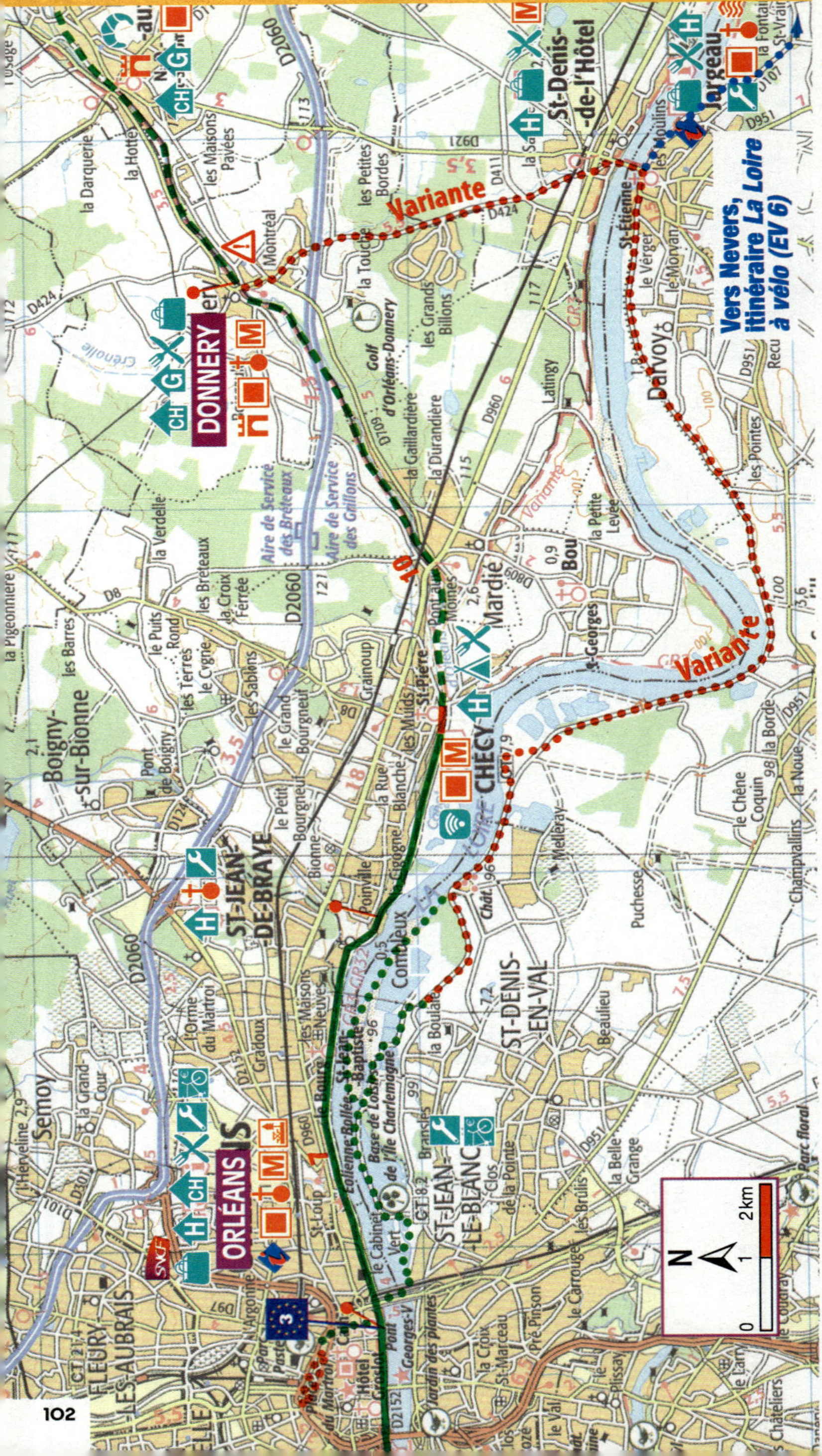
DONNERY
CHÉCY
ORLÉANS
ST-JEAN-DE-BRAYE
ST-JEAN-LE-BLANC
ST-DENIS-EN-VAL
St-Denis-de-l'Hôtel
Jargeau
Boigny-sur-Bionne
Semoy
FLEURY-LES-AUBRAIS
Mardié
Combleux
Darvoy
Variante
Vers Nevers, itinéraire La Loire à vélo (EV 6)
Aire de Service des Bréteaux
Aire de Service des Gaillons
Golf d'Orléans-Donnery
Base de Loisirs de l'Île Charlemagne
Jardin des plantes
Pont George-V
Parc floral
Loire
0 1 2km
N

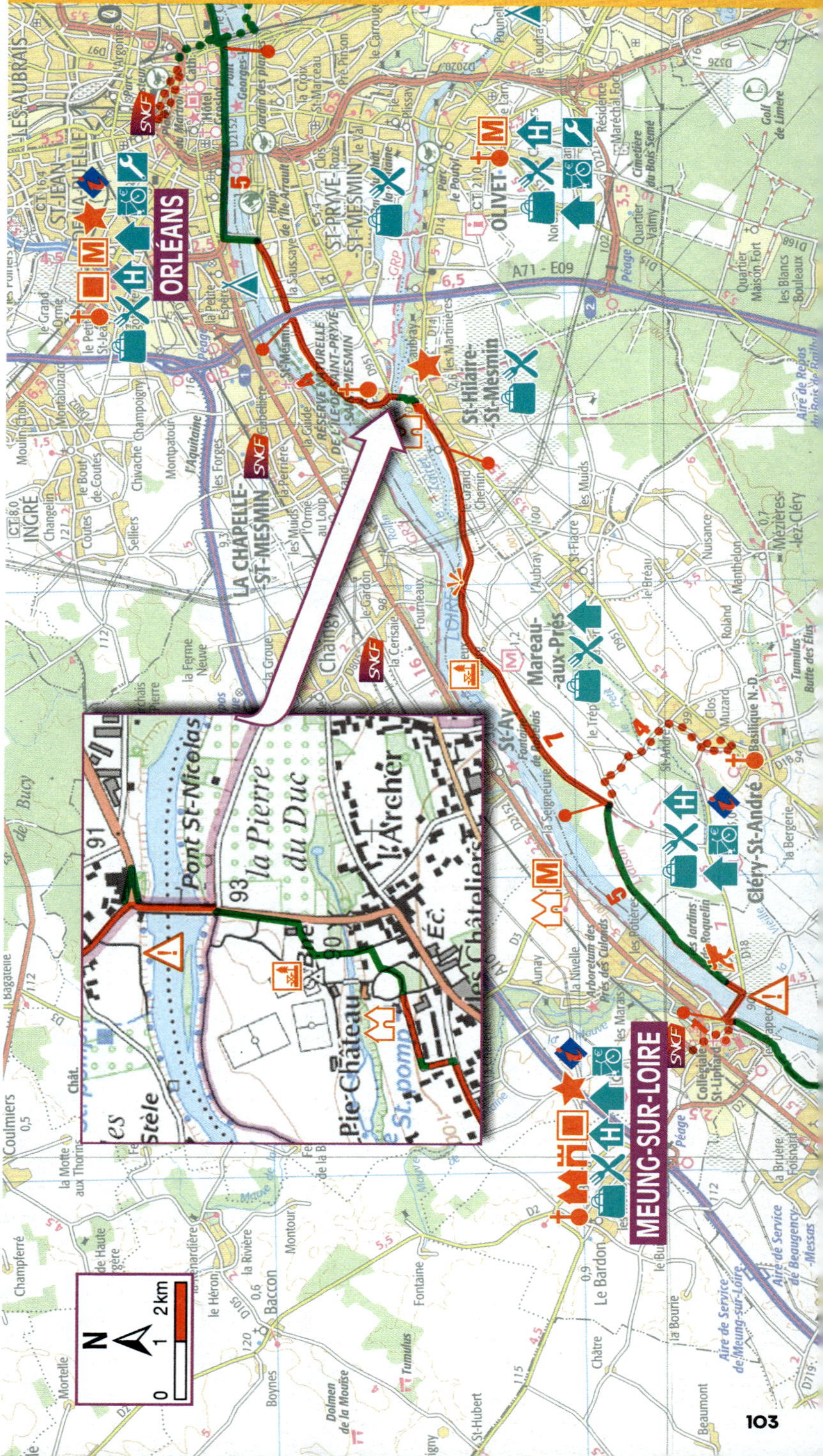
ORLÉANS
LA CHAPELLE-ST-MESMIN
St-Hilaire-St-Mesmin
OLIVET
Mareau-aux-Prés
Cléry-St-André
MEUNG-SUR-LOIRE
St-Ay
INGRÉ
la Pierre du Duc
Pont St-Nicolas
l'Archer
Pie-Château
Stèle
Basilique N.-D.
Collégiale St-Liphard
RÉSERVE NATURELLE DE L'ÎLE-DE-SAINT-PRYVÉ-ST-MESMIN
Golf de Limère
A71 - E09
0 1 2km

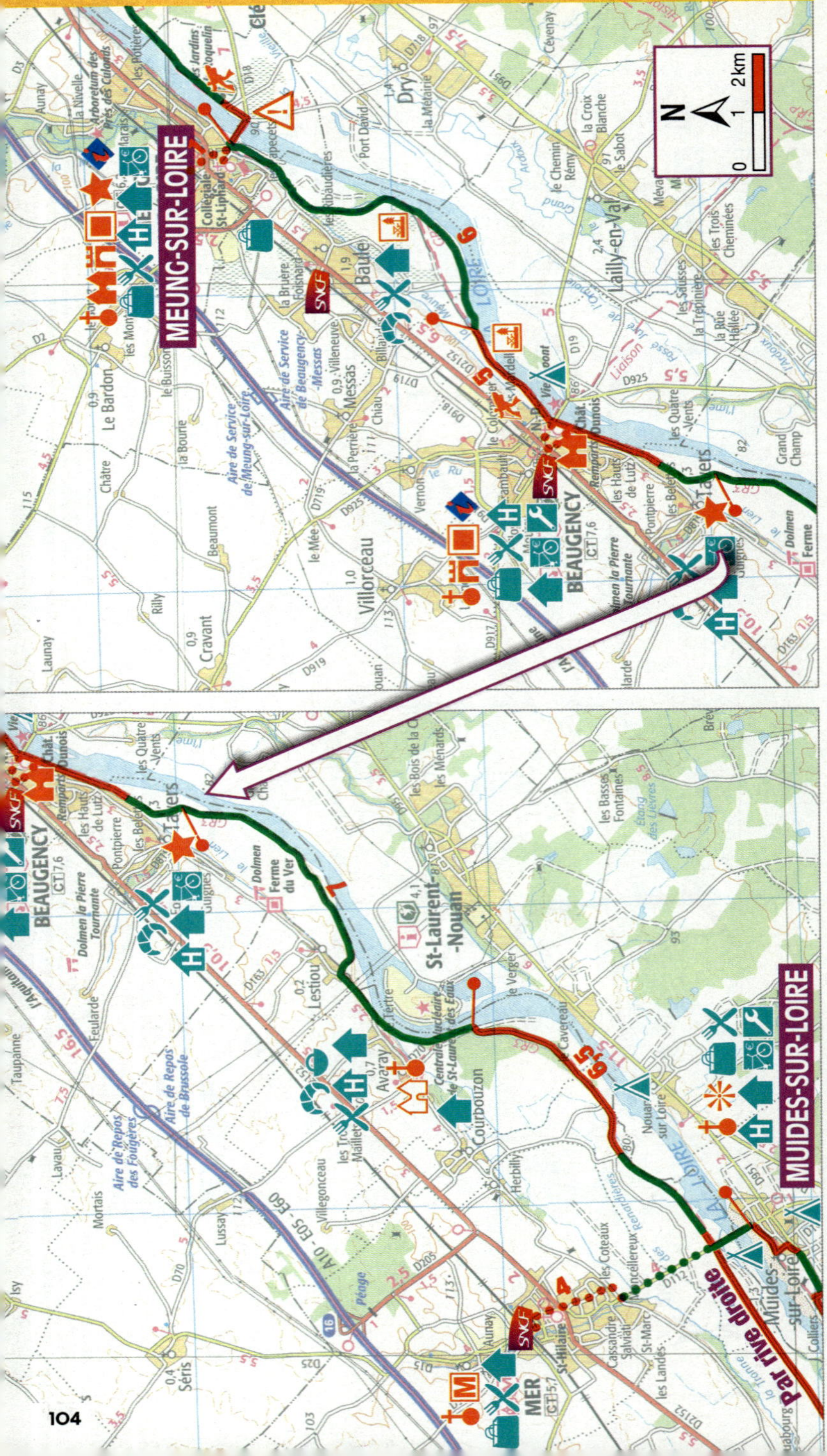
MEUNG-SUR-LOIRE
BEAUGENCY
MUIDES-SUR-LOIRE
MER
St-Laurent-Nouan
Tavers
Lailly-en-Val
Baule
Messas
Villorceau
Cravant
Le Bardon
Avaray
Courbouzon
Séris
Lestiou
LA LOIRE
Par rive droite
Aire de Service de Meung-sur-Loire
Aire de Service de Beaugency-Messas
Aire de Repos de Brussole
Aire de Repos des Fougères
Dolmen Ferme du Ver
Dolmen la Pierre Tournante
Collégiale St-Liphard
Centrale nucléaire de St-Laurent-des-Eaux
A10 - E05 - E60
N
0 1 2km

## Muides-sur-Loire → Blois

20 km - 2 h 10
ou
26 km - 2 h 45

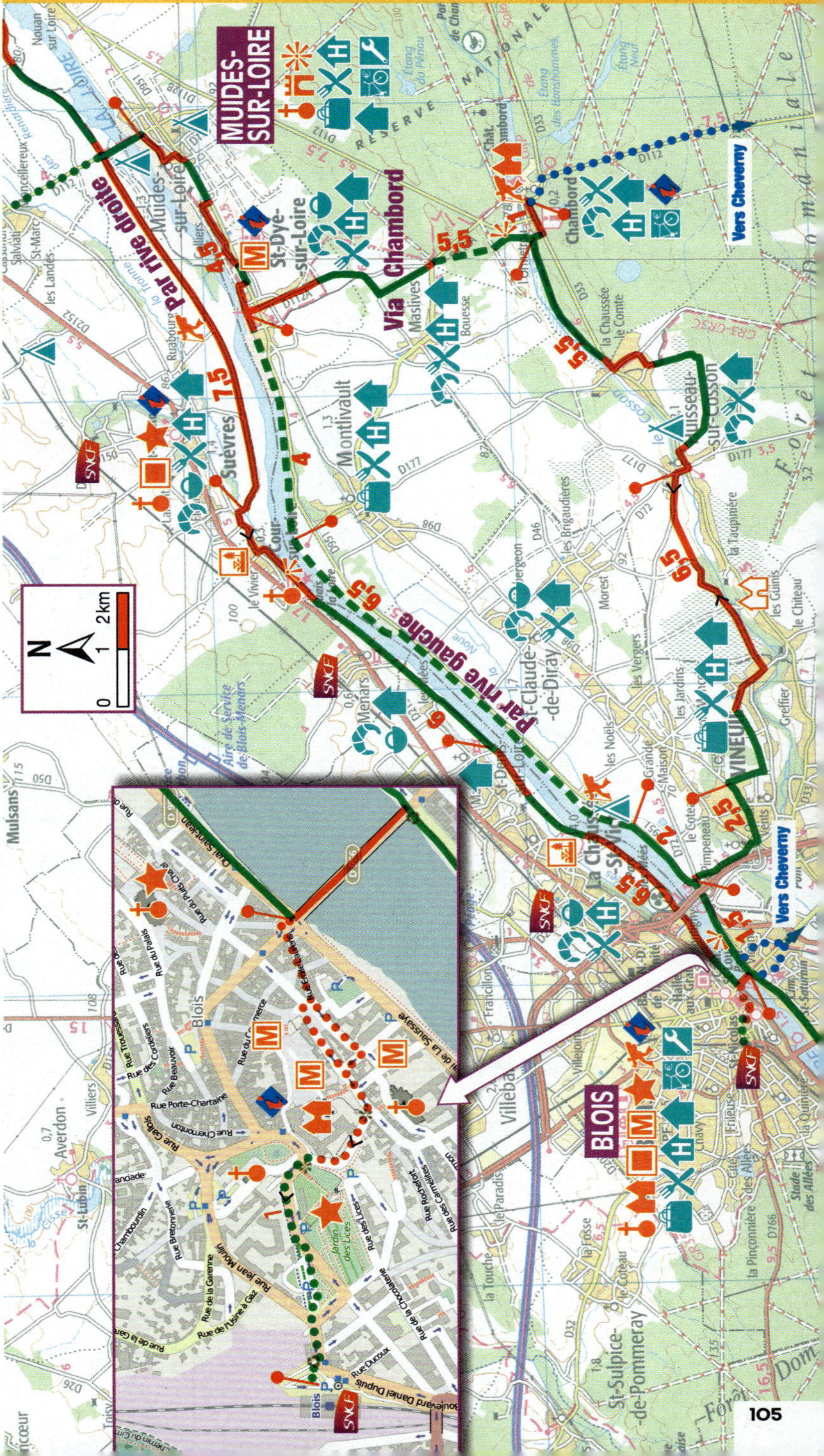
MUIDES-SUR-LOIRE
Muides-sur-Loire
Par rive droite
Par rive gauche
Via Chambord
St-Dyé-sur-Loire
Chambord
Vers Cheverny
Vers Cheverny
Montlivault
Maslives
Suèvres
Cour-sur-Loire
Ménars
St-Claude-de-Diray
Huisseau-sur-Cosson
Vineuil
La Chaussée-St-Victor
St-Sulpice-de-Pommeray
BLOIS
Blois
Jardin des Lices
Aire de Service de Blois-Ménars
Averdon
Villiers
Mulsans
Forêt Domaniale
Réserve Nationale
0 1 2km
N

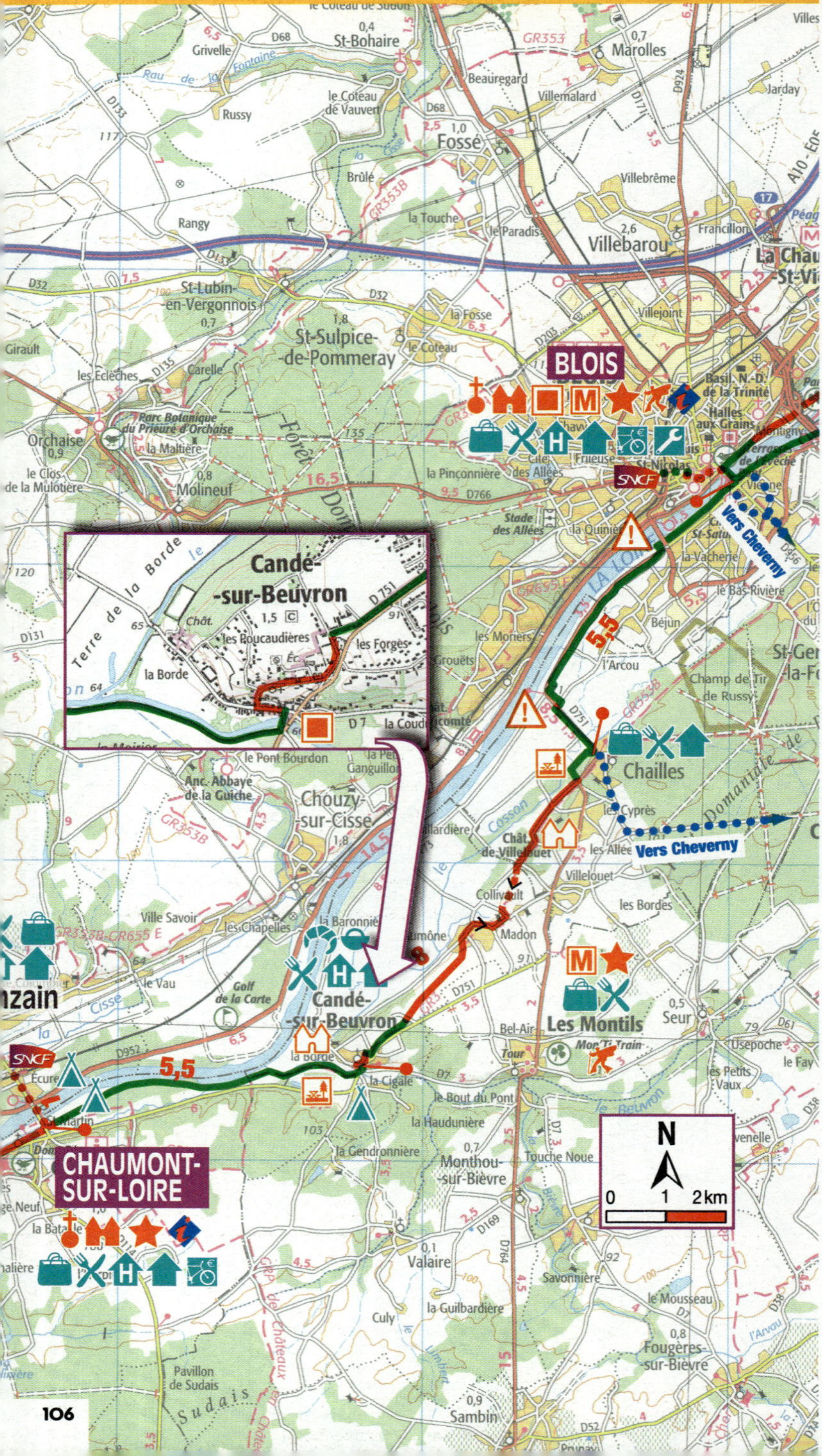
BLOIS
CHAUMONT-SUR-LOIRE
Candé-
-sur-Beuvron
Vers Cheverny
Vers Cheverny
Chailles
Les Montils
Chouzy-
-sur-Cisse
St-Bohaire
Marolles
Fossé
Villebarou
St-Lubin-
en-Vergonnois
St-Sulpice-
-de-Pommeray
Orchaise
Molineuf
Parc Botanique
du Prieuré d'Orchaise
Basil. N.-D.
de la Trinité
Halles
aux Grains
Stade
des Allées
Champ de Tir
de Russy
Anc. Abbaye
de la Guiche
Golf
de la Carte
Chât.
de Villelouet
Monthou-
-sur-Bièvre
Valaire
Fougères-
-sur-Bièvre
Seur
Sambin
Culy
Pavillon
de Sudais
Mon Ti Train
les Poucaudières
les Forges
la Borde
Terre de la Borde
la Cigale
Madon
Colliyault
le Pont Bourdon
la Baronnie
Bel-Air
LA LOIRE
5,5
5,5
2 km

## Chaumont-sur-Loire → Amboise

22,5 km - 2 h 30

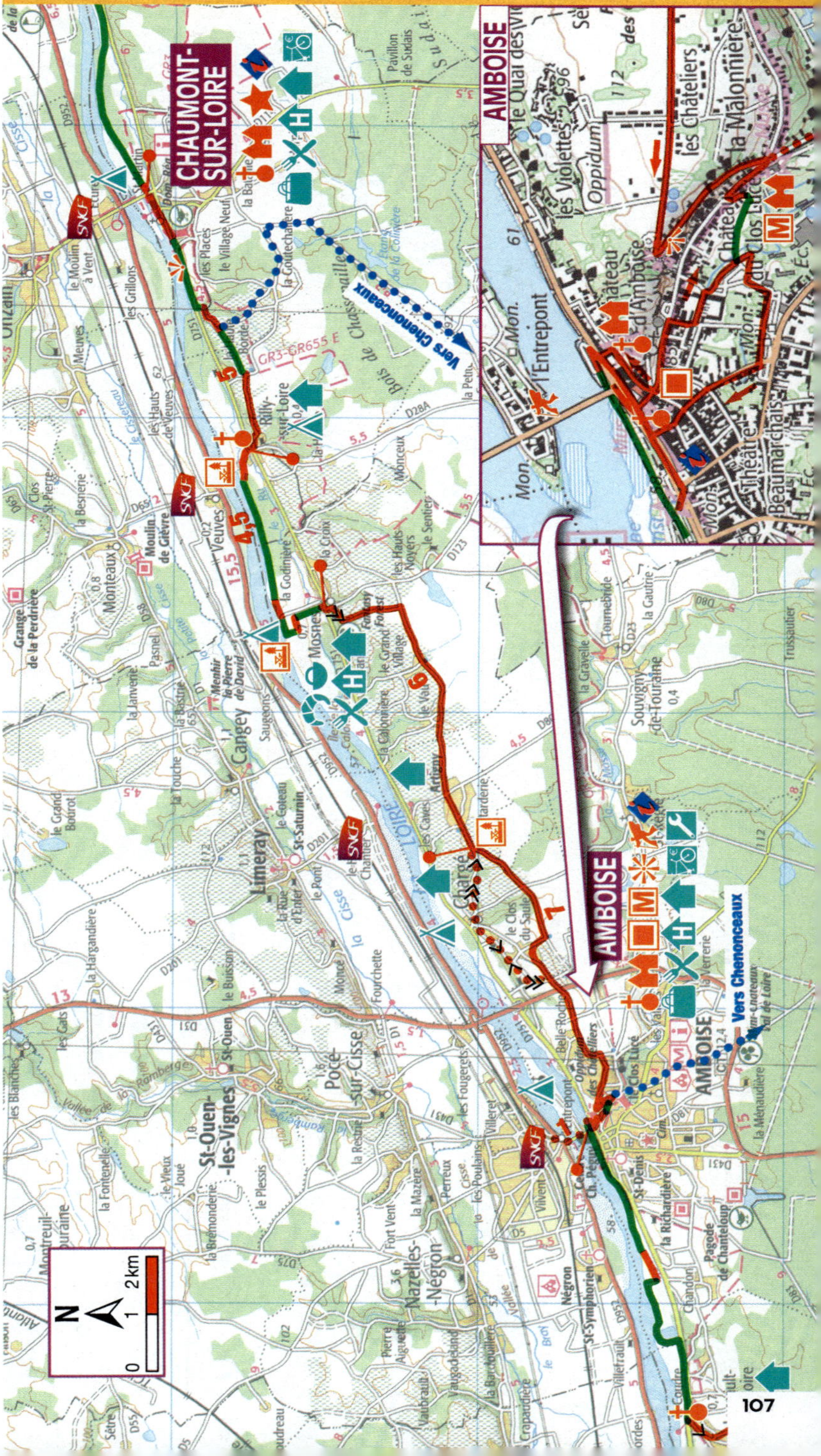
CHAUMONT-SUR-LOIRE
AMBOISE
Vers Chenonceaux
Rilly-sur-Loire
Veuves
Mosnes
Cangey
Limeray
Chargé
Pocé-sur-Cisse
St-Ouen-les-Vignes
Nazelles-Négron
Souvigny-de-Touraine
Monteaux
Onzain
LOIRE
Cisse
Oppidum
Château d'Amboise
les Châteliers
la Malonnière
l'Entrepont
les Violettes
Pagode de Chanteloup
0 1 2km
N

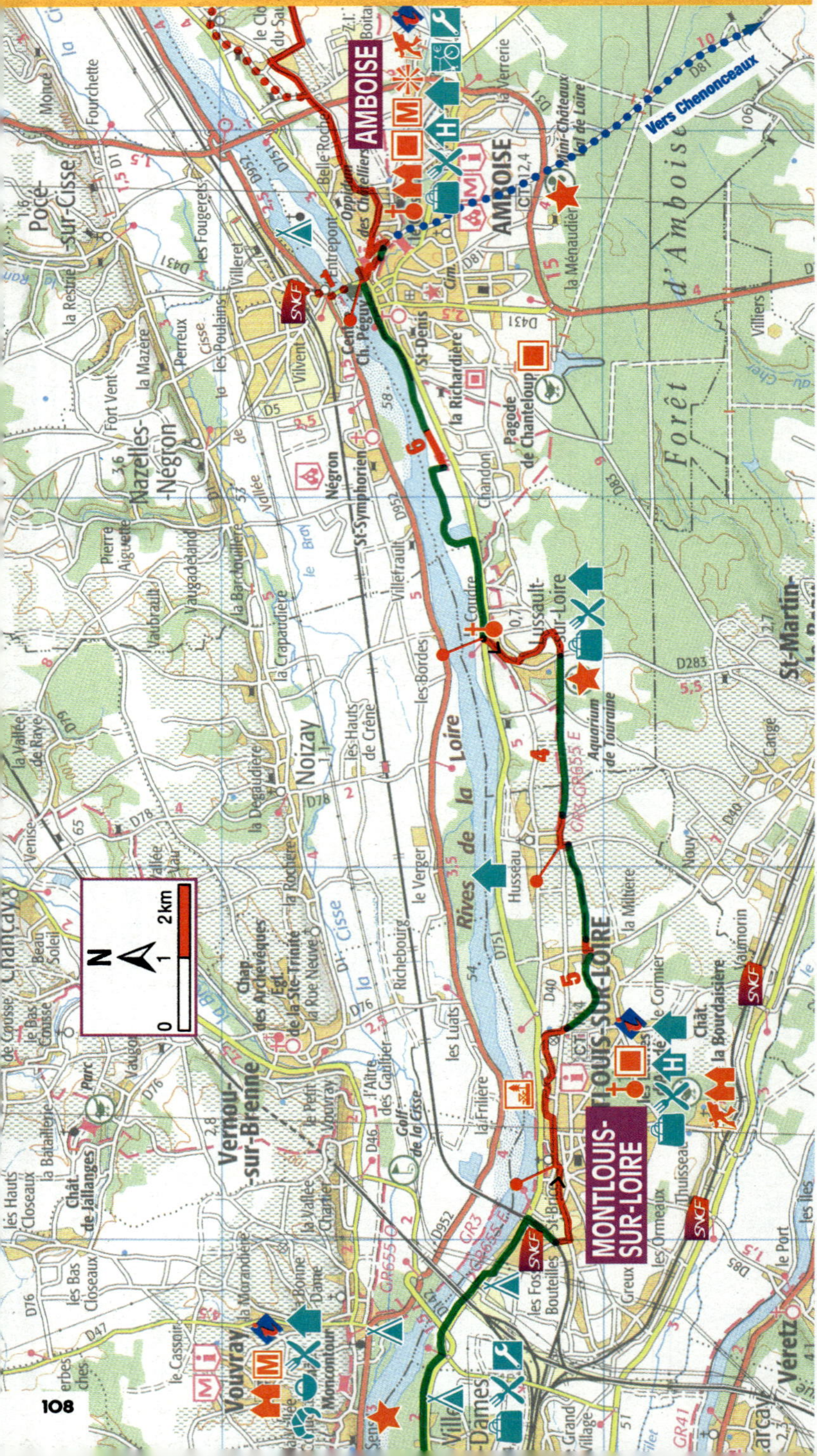
AMBOISE
MONTLOUIS-SUR-LOIRE
Vers Chenonceaux
Forêt d'Amboise
Rives de la Loire
Loire
Pocé-sur-Cisse
Nazelles-Négron
Noizay
Vernou-sur-Brenne
Vouvray
Lussault-sur-Loire
Aquarium de Touraine
Pagode de Chanteloup
Husseau
Véretz
Cisse
0 1 2km

# Montlouis-sur-Loire → Tours

12 km - 1 h 10

MONTLOUIS-SUR-LOIRE
TOURS
Vouvray
Rochecorbon
La Ville-aux-Dames
ST-PIERRE-DES-CORPS
ST-CYR-SUR-LOIRE
FONDETTES
CHAMBRAY-LES-TOURS
Véretz
Larçay
Montluçon par Canal de Berry à vélo
Poitiers par EV 3
0
1
2km

# LA VOIE BLEUE LUXEMBOURG - LYON

781 km

Luxembourg.

© Sergey Dzyuba/Shutterstock.com

**VOUS N'Y VERREZ PAS QUE DU BLEU !**

**En reliant les bassins de la Moselle et de la Saône, la véloroute V50 (l'autre nom de La Voie Bleue) n'est pas seulement l'itinéraire qui associe la Lorraine à la Bourgogne-Franche-Comté à travers le seuil des Vosges. Elle constitue l'armature d'un grand parcours à vocation « fluvestre » qui relie la mer du Nord à la Méditerranée, en se connectant au Rhin et au Rhône. Échappez à la foule, par une échappée belle, et tombez sous le charme d'un parcours unique, intégralement décrit de Luxembourg à Lyon... puis, pourquoi pas, poursuivez jusqu'aux plages de la Grande bleue.**

*Pour rejoindre son point de départ à officiel à Apach, un parcours d'approche vous est proposé depuis Luxembourg-Ville.*

*Accessible aux cyclistes de tous âges et conditions physiques. Itinéraire sans grande dénivelée, même dans les Vosges que l'on traverse en douceur le long d'un charmant canal.*

***Jonctions :** Le Tour de Bourgogne à vélo, EuroVelo 6 (Bâle-Nevers), La ViaRhôna*

# L'ITINÉRAIRE

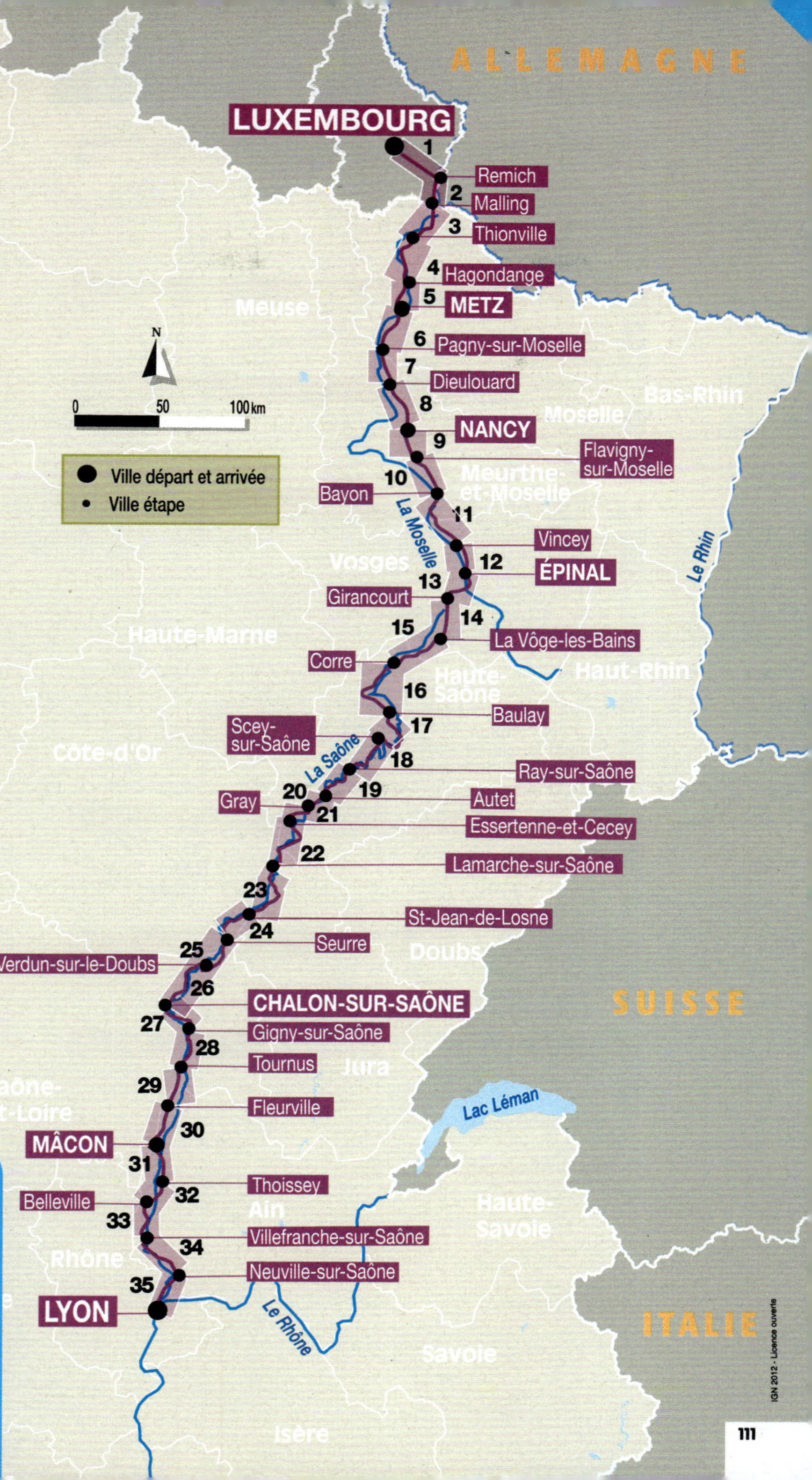
ALLEMAGNE
LUXEMBOURG
1
Remich
2
Malling
3
Thionville
4
Hagondange
5
METZ
6
Pagny-sur-Moselle
7
Dieulouard
8
NANCY
9
Flavigny-sur-Moselle
10
Bayon
11
Vincey
12
ÉPINAL
13
Girancourt
14
15
La Vôge-les-Bains
Corre
16
Baulay
17
Scey-sur-Saône
18
Ray-sur-Saône
19
Autet
20
Gray
21
Essertenne-et-Cecey
22
Lamarche-sur-Saône
23
St-Jean-de-Losne
24
Seurre
25
Verdun-sur-le-Doubs
26
CHALON-SUR-SAÔNE
27
Gigny-sur-Saône
28
Tournus
29
Fleurville
30
MÂCON
31
Thoissey
32
Belleville
33
Villefranche-sur-Saône
34
Neuville-sur-Saône
35
LYON
N
0
50
100 km
Ville départ et arrivée
Ville étape
Meuse
Moselle
Bas-Rhin
Meurthe-et-Moselle
La Moselle
Le Rhin
Vosges
Haute-Marne
Haut-Rhin
Haute-Saône
Côte-d'Or
La Saône
Doubs
SUISSE
Jura
Saône-et-Loire
Lac Léman
Ain
Haute-Savoie
Rhône
Le Rhône
Savoie
ITALIE
Isère
IGN 2012 - Licence ouverte

# LES ÉTAPES

| N° de la carte | De Luxembourg à Metz | 108 km |
|---|---|---|
| 1 | Luxembourg → Remich | 32,5 km – 4 h 30 |
| 2 | Remich → Schengen → Malling | 23 km – 2 h 20 |
| 3 | Malling → Thionville | 17 km – 1 h 40 |
| 4 | Thionville → Hagondange | 15,5 km – 1 h 35 |
| 5 | Hagondange → Metz | 20 km – 2 h 20 |
| | **De Metz à Nancy** | **74 km** |
| 6 | Metz → Pagny-sur-Moselle | 27 km – 2 h 50 |
| 7 | Pagny-sur-Moselle → Pont-à-Mousson → Dieulouard | 18,5 km – 2 h 00 |
| 8 | Dieulouard → Frouard → Nancy | 28,5 km – 3 h 20 |
| | **De Nancy à Épinal** | **83 km** |
| 9 | Nancy → Flavigny-sur-Moselle | 23,5 km – 2 h 25 |
| 10 | Flavigny-sur-Moselle → Bayon | 16,5 km – 1 h 35 |
| 11 | Bayon → Charmes → Vincey | 21,5 km – 2 h 45 |
| 12 | Vincey → Épinal | 21,5 km – 2 h 15 |
| | **D'Épinal à Chalon-sur-Saône** | **332 km** |
| 13 | Épinal → Girancourt | 19,5 km – 2 h 00 |
| 14 | Girancourt → La Vôge-les-Bains | 24 km – 2 h 30 |
| 15 | La Vôge-les-Bains → Corre | 27 km – 2 h 40 |
| 16 | Corre → Jussey → Baulay | 27,5 km – 2 h 45 |
| 17 | Baulay → Port-sur-Saône → Scey-sur-Saône | 24 km – 2 h 30 |
| 18 | Scey-sur-Saône → Ray-sur-Saône | 21 km – 2 h 10 |
| 19 | Ray-sur-Saône → Autet | 17 km – 1 h 45 |
| 20 | Autet → Gray | 19,5 km – 2 h 00 |
| 21 | Gray → Essertenne-et-Cecey | 14 km – 1 h 20 |
| 22 | Essertenne-et-Cecey → Lamarche-sur-Saône | 22,5 km – 2 h 15 |
| 23 | Lamarche-sur-Saône → Saint-Jean-de-Losne | 46,5 km – 4 h 40 |
| 24 | Saint-Jean-de-Losne → Seurre | 25,5 km – 2 h 35 |
| 25 | Seurre → Verdun-sur-le-doubs | 19,5 km – 2 h 00 |
| 26 | Verdun-sur-le-Doubs → Chalon-sur-Saône | 24,5 km – 2 h 30 |
| | **De Chalon-sur-Saône à Mâcon** | **74 km** |
| 27 | Chalon-sur-Saône → Gigny-sur-Saône | 23,5 km – 2 h 35 |
| 28 | Gigny-sur-Saône → Tournus | 12,5 km – 1 h 20 |
| 29 | Tournus → Fleurville | 18 km – 1 h 45 |
| 30 | Fleurville → Mâcon | 20 km – 2 h 00 |
| | **De Mâcon à Villefranche-sur-Saône** | **61 km** |
| 31 | Mâcon → Thoissey | 20,5 km – 2 h 10 |
| 32 | Thoissey → Belleville | 17 km – 1 h 45 |
| 33 | Belleville → Villefranche-sur-Saône | 23,5 km – 2 h 30 |
| | **De Villefranche-sur-Saône à Lyon** | **49 km** |
| 34 | Villefranche-sur-Saône → Neuville-sur-Saône | 25 km – 2 h 40 |
| 35 | Neuville-sur-Saône → Lyon | 24 km – 2 h 25 |
| | Circuit urbain : presqu'île de Lyon | 9,5 km |
| | **Total général de l'itinéraire** | **781 km** |

## Luxembourg → Remich

## 32,5 km - 4 h 30

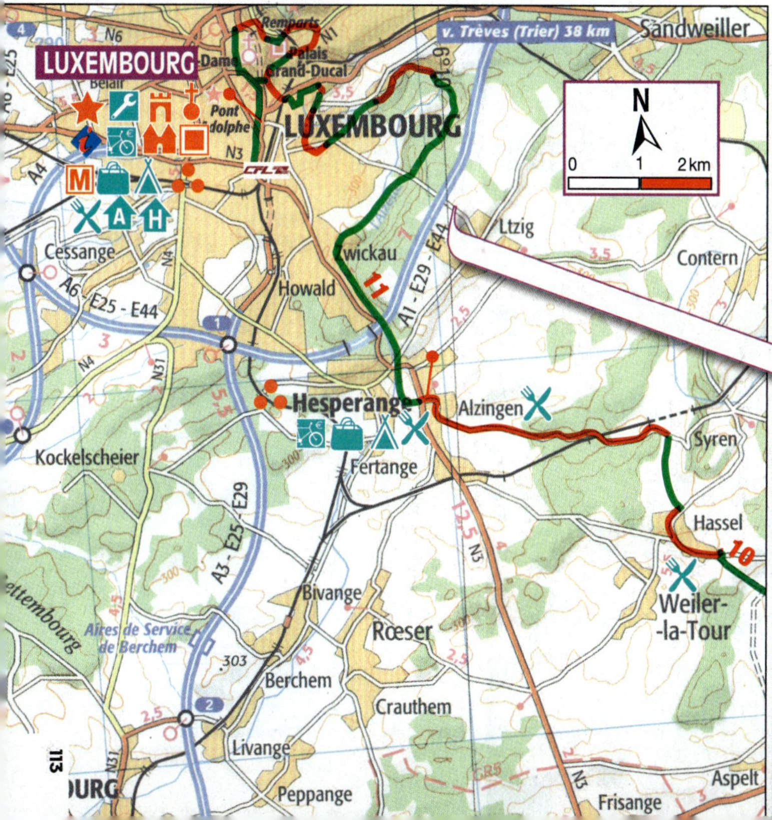
LUXEMBOURG
Remparts
Palais Grand-Ducal
Pont Adolphe
v. Trèves (Trier) 38 km
Sandweiller
N
0
1
2 km
Ltzig
Contern
Cessange
Howald
wickau
A1 - E29 - E44
A6 - E25 - E44
11
Hesperange
Alzingen
Fertange
Syren
Kockelscheier
Hassel
10
Weiler-la-Tour
Bivange
Rœser
A3 - E25 - E29
Aires de Service de Berchem
Berchem
Crauthem
Livange
Peppange
Frisange
Aspelt

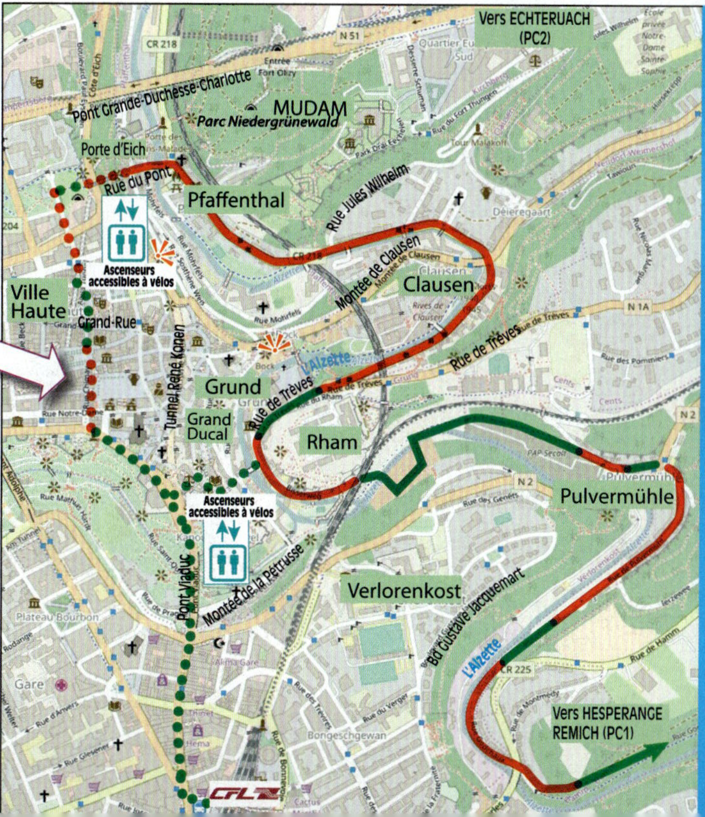
Vers ECHTERUACH (PC2)
Pont Grande-Duchesse-Charlotte
MUDAM
Parc Niedergrünewald
Porte d'Eich
Rue du Pont
Pfaffenthal
Rue Jules Wilhelm
Ascenseurs accessibles à vélos
Ville Haute
Grand-Rue
Montée de Clausen
Clausen
Rue de Trèves
Tunnel René Konen
Grund
L'Alzette
Grand Ducal
Rham
Ascenseurs accessibles à vélos
Pont Viaduc
Montée de la Pétrusse
Pulvermühle
Verlorenkost
Bd Gustave Jacquemart
Vers HESPERANGE REMICH (PC1)
Gare

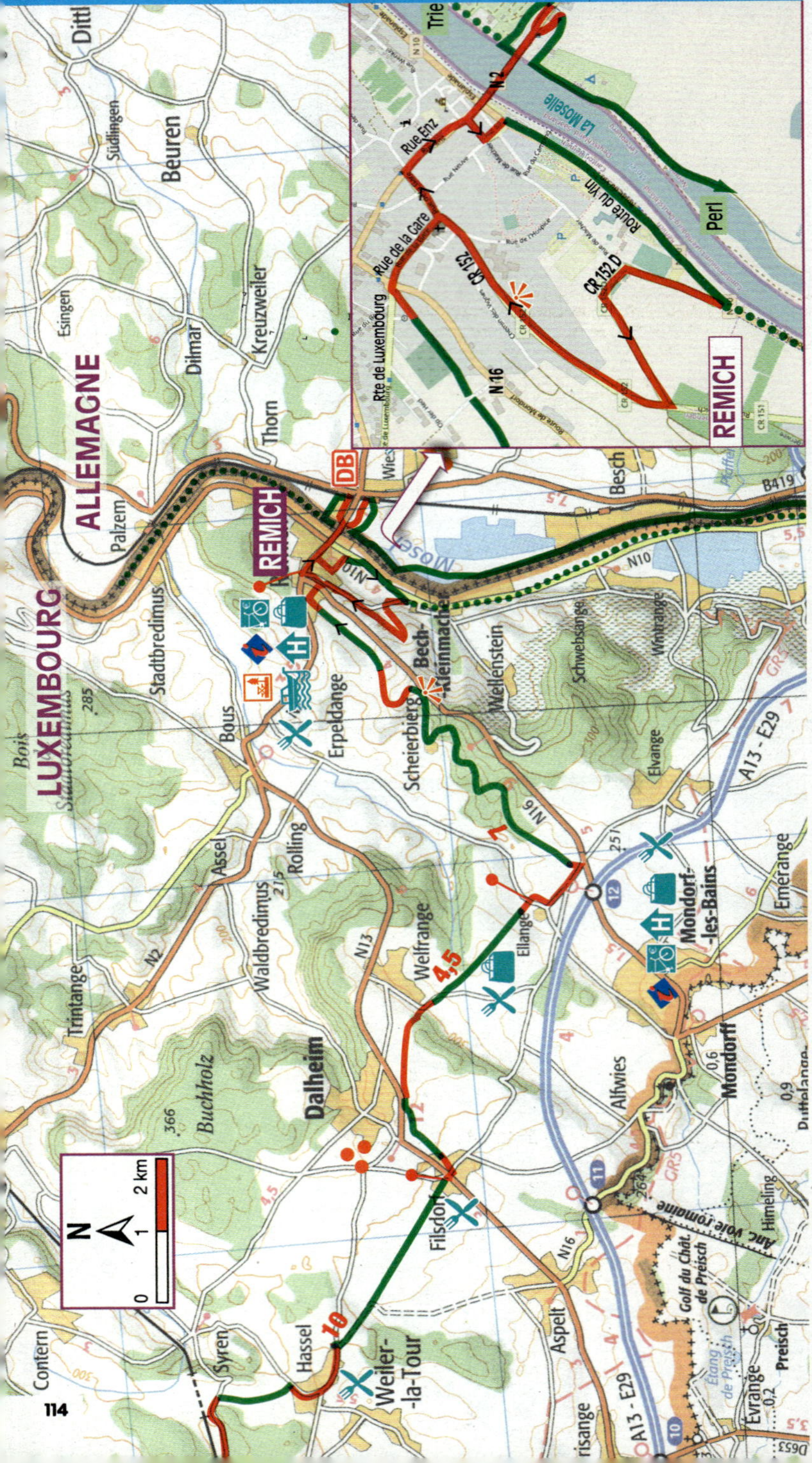
LUXEMBOURG
ALLEMAGNE
REMICH
Bech-Kleinmacher
Schwebsange
Wellenstein
Wintrange
Elvange
Mondorf-les-Bains
Mondorff
Emerange
Ellange
Welfrange
Dalheim
Filsdorf
Weiler-la-Tour
Hassel
Syren
Contern
Aspelt
Alzwies
Himeling
Evrange
Preisch
Golf du Chât. de Preisch
Étang de Preisch
Anc. voie romaine
Trintange
Waldbredimus
Assel
Rolling
Bous
Erpeldange
Scheierbierg
Stadtbredimus
Palzem
Thorn
Kreuzweiler
Dilmar
Esingen
Beuren
Südlingen
Dittl
Besch
Wies
Buchholz
DB
Rue de Luxembourg
Rue de la Gare
Rue Enz
Route du Vin
La Moselle
Rte de Luxembourg
Perl
Trie
CR 152
CR 152 D
N 16
N2
N10
N13
B419
A13 - E29
4,5
10
12
0 1 2 km

## Remich → Schengen → Malling

**23 km - 2 h 20**

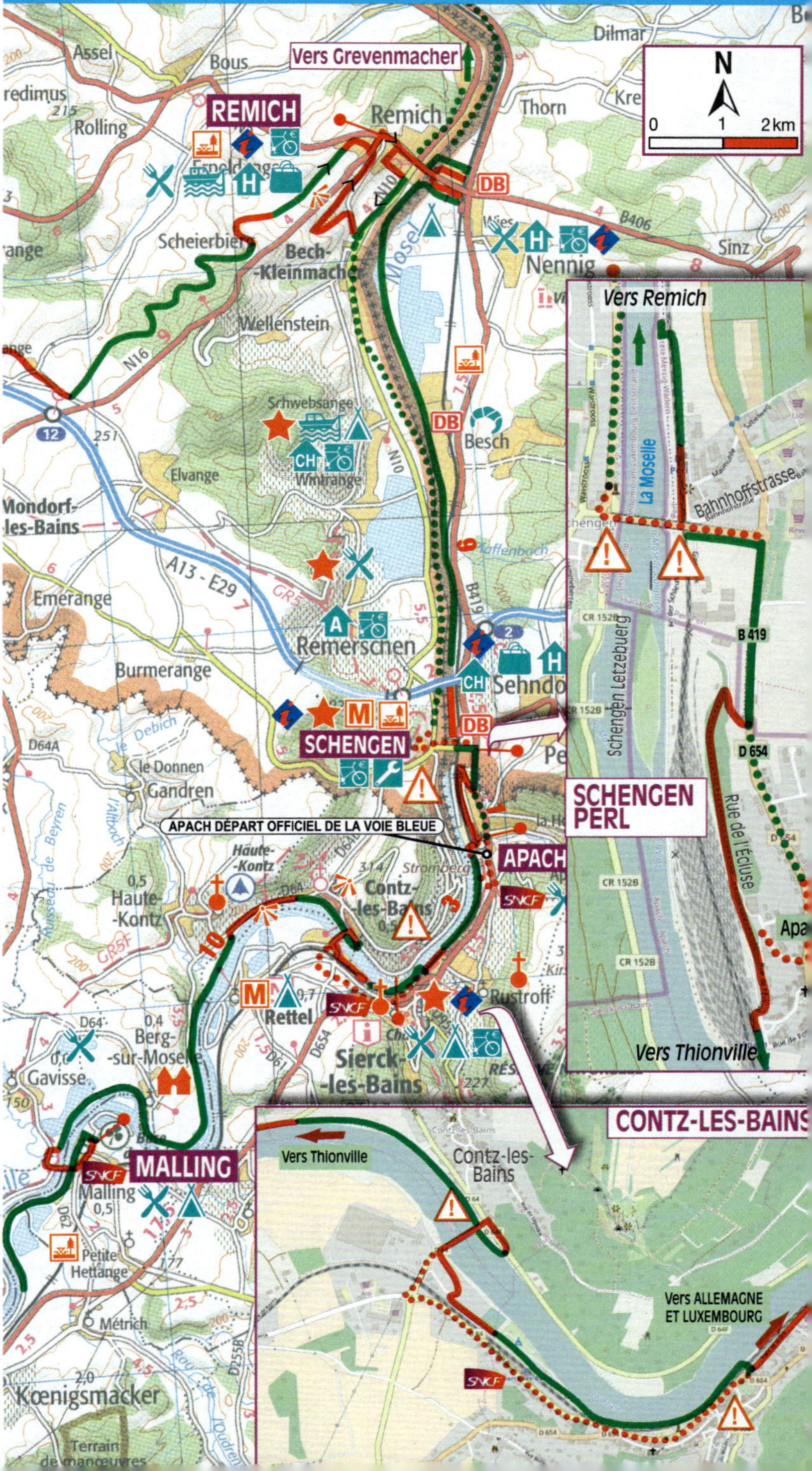
Vers Grevenmacher
REMICH
Remich
Assel
Bous
Rolling
Dilmar
Thorn
Scheierbierg
Bech-Kleinmacher
Mosel
Nennig
Sinz
B406
Wellenstein
N16
N10
Schwebsange
Wintrange
Besch
Elvange
Mondorf-les-Bains
A13 - E29
Emerange
Burmerange
Remerschen
Sehndorf
SCHENGEN
Le Donnen
Gandren
D64A
APACH DÉPART OFFICIEL DE LA VOIE BLEUE
Haute-Kontz
Contz-les-Bains
Stromberg
APACH
Rettel
Rustroff
Berg-sur-Moselle
Gavisse
Sierck-les-Bains
MALLING
Malling
Petite Hettange
Métrich
Kœnigsmacker
Terrain de manœuvres
DB
SNCF
Vers Remich
La Moselle
Bahnhoffstrasse
Schengen Letzebuerg
B 419
D 654
Rue de l'Écluse
SCHENGEN PERL
CR 152B
Vers Thionville
CONTZ-LES-BAINS
Contz-les-Bains
Vers ALLEMAGNE ET LUXEMBOURG
0 1 2 km
N

Malling
→ Thionville

17 km - 1 h 40

N°3

DE LUXEMBOURG À METZ

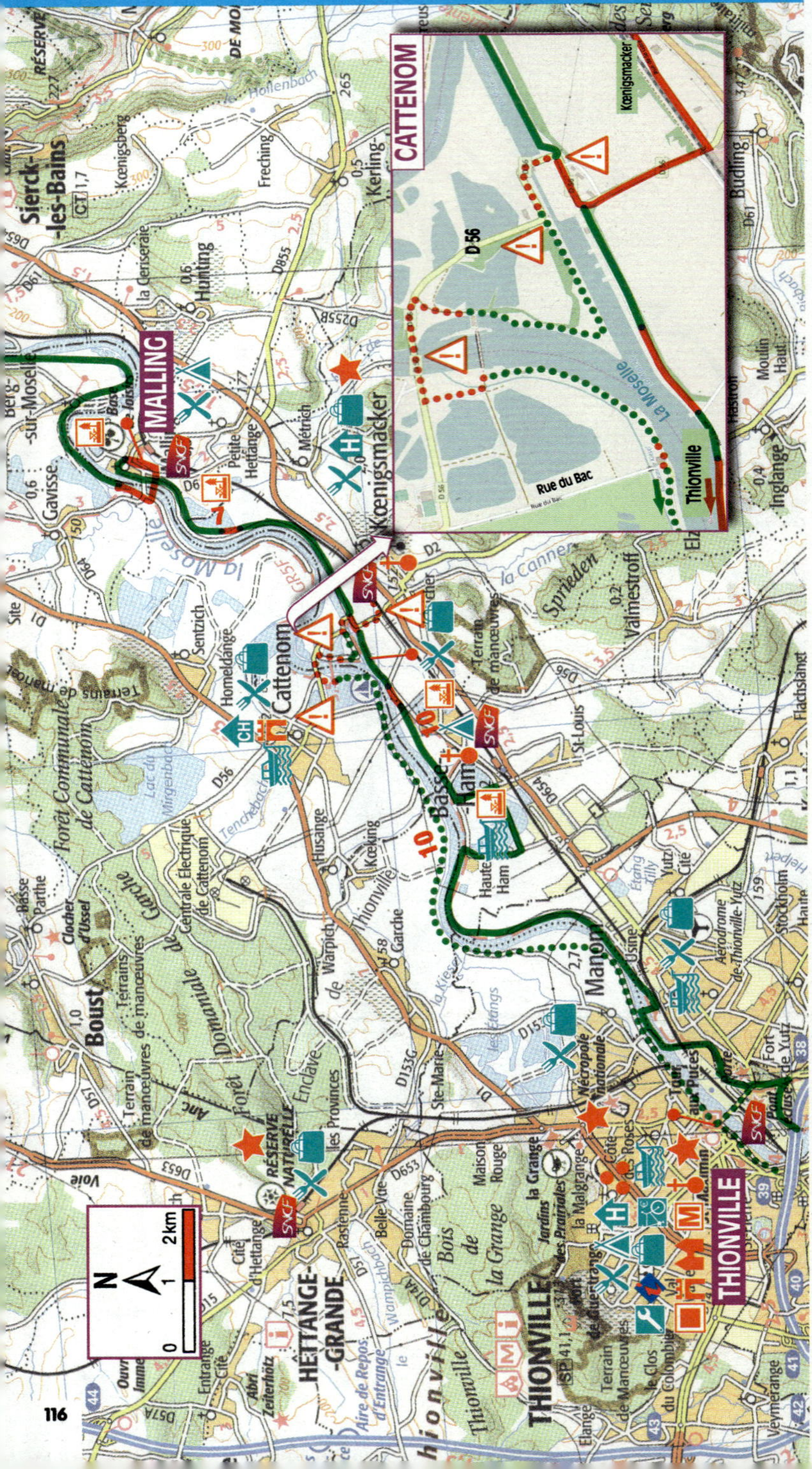

## Thionville → Hagondange

**15,5 km - 1 h 35**

THIONVILLE
Manom
Haute Ham
Terville
Yutz
Kuntzig
Florange
Illange
Stuckange
Bertrange
Uckange
Guénange
Bousse
Rurange-lès-Thionville
Gandrange
Richemont
Mondelange
Amnéville
HAGONDANGE
Ay-sur-Moselle
Talange
Ennery
Hauconcourt
0 1 2 km

AMNÉVILLE
Archéosite
HAGONDANGE
Golf d'Amnéville
Bois de Coulange
Ctre thermale et aquatique
Zoo
TALANGE
Ay-sur-Moselle
Base de Loisirs d'Ennery
Bonacker
Mancourt
Pôle Industriel
Ferme du Pont d'Hauconcourt
Hauconcourt
Walygator
Brompeine
la Robinette
MARANGE-SILVANGE
St-Martin
Silvange
Bois l'Abbé
MAIZIÈRES-LÈS-METZ
Pôle Ind. du Malambas
Chailly-lès-Ennery
Rugy
Argancy
le Stade
Olgy
Aire de Repos de la Crouée
Aire de Service de St-Rémy
Voie de la Liberté
Malroy
La Maxe
Centrale électrique
Ladonchamps
Fort Gambetta
Aire de Service de La Maxe
St-Julien-lès-Metz
Grimont
St-Eloy
Pré Génie
Bonne Fontaine
le Martet
Camp militaire
Devant les Ponts
Temple
Fort Belle-Croix
Porte des Allemands
Vallières
Jardin botanique
METZ
Fort de Queuleu
Haute Bévoye
MONTIGNY-LÈS-METZ
Moulins-lès-Metz
Sablon
METZ
Canal de la Moselle
La Moselle
Charles-le-Téméraire
Pont Tiffroy
Rue Belle Isle
Pont des Morts
Moyen Pont
Rue des Clercs
Av. Ney
Av. Foch
SNCF

# N°6 Metz → Pagny-sur-Moselle

**27 km - 2 h 50**

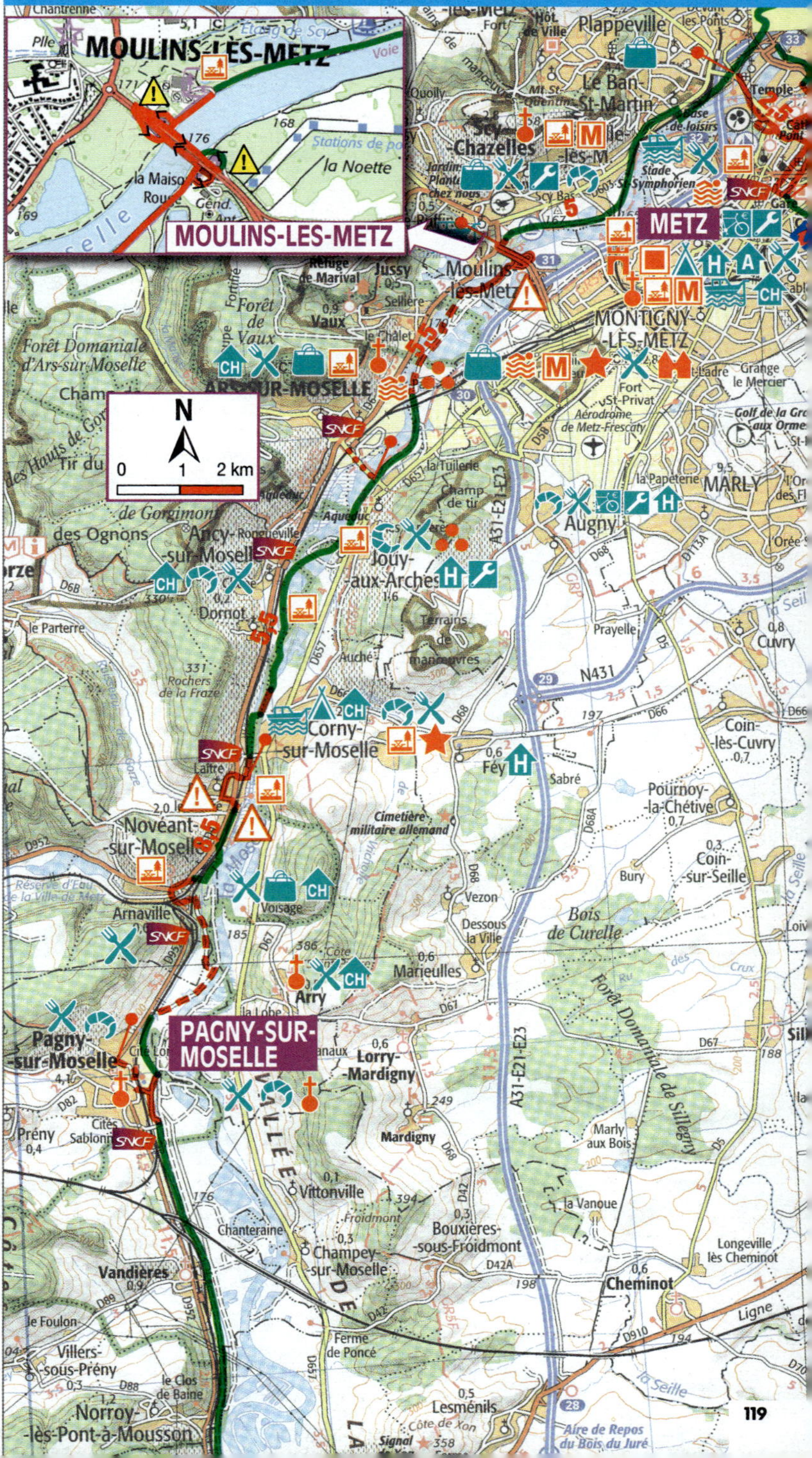

MOULINS-LÈS-METZ
MOULINS-LES-METZ
METZ
PAGNY-SUR-MOSELLE
N
0 1 2 km
Plappeville
Le Ban-St-Martin
Scy-Chazelles
Longeville-lès-Metz
Montigny-lès-Metz
Ars-sur-Moselle
Jussy
Vaux
Forêt de Vaux
Forêt Domaniale d'Ars-sur-Moselle
Ancy-sur-Moselle
Dornot
Jouy-aux-Arches
Augny
Marly
Corny-sur-Moselle
Fey
Novéant-sur-Moselle
Arnaville
Arry
Marieulles
Lorry-Mardigny
Mardigny
Pagny-sur-Moselle
Prény
Vittonville
Champey-sur-Moselle
Bouxières-sous-Froidmont
Cheminot
Vandières
Villers-sous-Prény
Norroy-lès-Pont-à-Mousson
Lesménils
Coin-lès-Cuvry
Pournoy-la-Chétive
Coin-sur-Seille
Cuvry
Prayelle
Bois de Curelle
Forêt Domaniale de Sillegny
Cimetière militaire allemand
Aérodrome de Metz-Frescaty
Aire de Repos du Bois du Juré
A31-E21-E23
N431

## Pagny-sur-Moselle → Pont-à-Mousson → Dieulouard

## 18,5 km - 2 h 00

# Dieulouard → Frouard → Nancy

**28,5 km - 3 h 20**

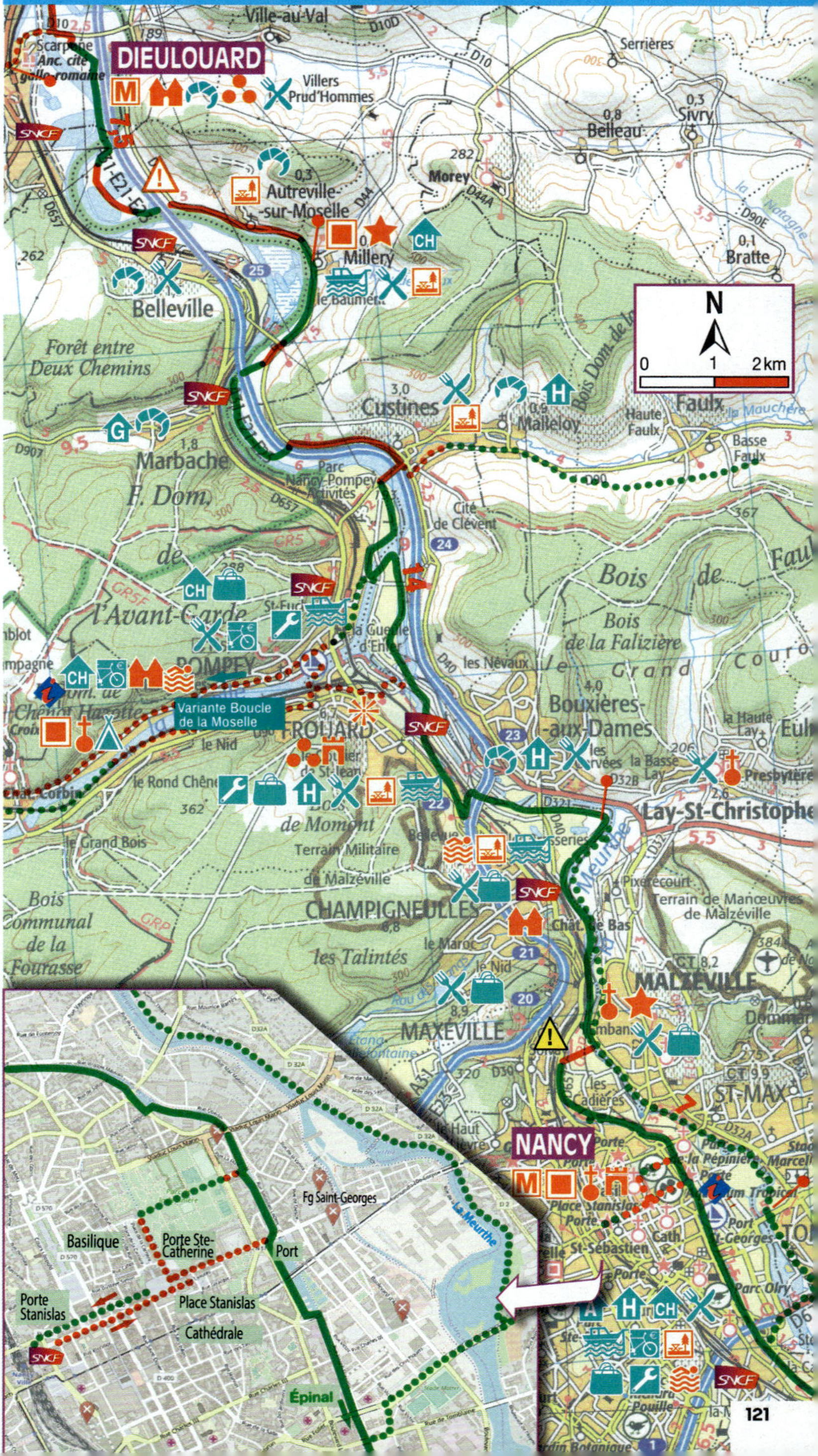
DIEULOUARD
Scarpone
Anc. cité gallo-romaine
Ville-au-Val
Villers
Prud'Hommes
Serrières
Belleau
Sivry
Morey
Autreville-sur-Moselle
Millery
le Baumet
Bratte
Belleville
Forêt entre Deux Chemins
Custines
Malleloy
Bois Dom. de la
Faulx
Haute Faulx
Basse Faulx
Marbache
F. Dom. de l'Avant-Garde
Parc Nancy-Pompey Activités
Cité de Clévent
Bois de Faulx
Bois de la Falizière
le Grand Couronné
les Névaux
Bouxières-aux-Dames
POMPEY
Variante Boucle de la Moselle
FROUARD
le Nid
le Rond Chêne
Lay-St-Christophe
Presbytère
de Momont
Terrain Militaire de Malzéville
CHAMPIGNEULLES
Pixérécourt
Terrain de Manœuvres de Malzéville
Chât. de Bas
les Talintés
le Maroc
Bois Communal de la Fourasse
MALZÉVILLE
MAXÉVILLE
ST-MAX
NANCY
Place Stanislas
Cath.
Parc Olry
Fg Saint-Georges
Basilique
Porte Ste-Catherine
Port
Porte Stanislas
Place Stanislas
Cathédrale
Épinal
La Meurthe
0 1 2 km
N

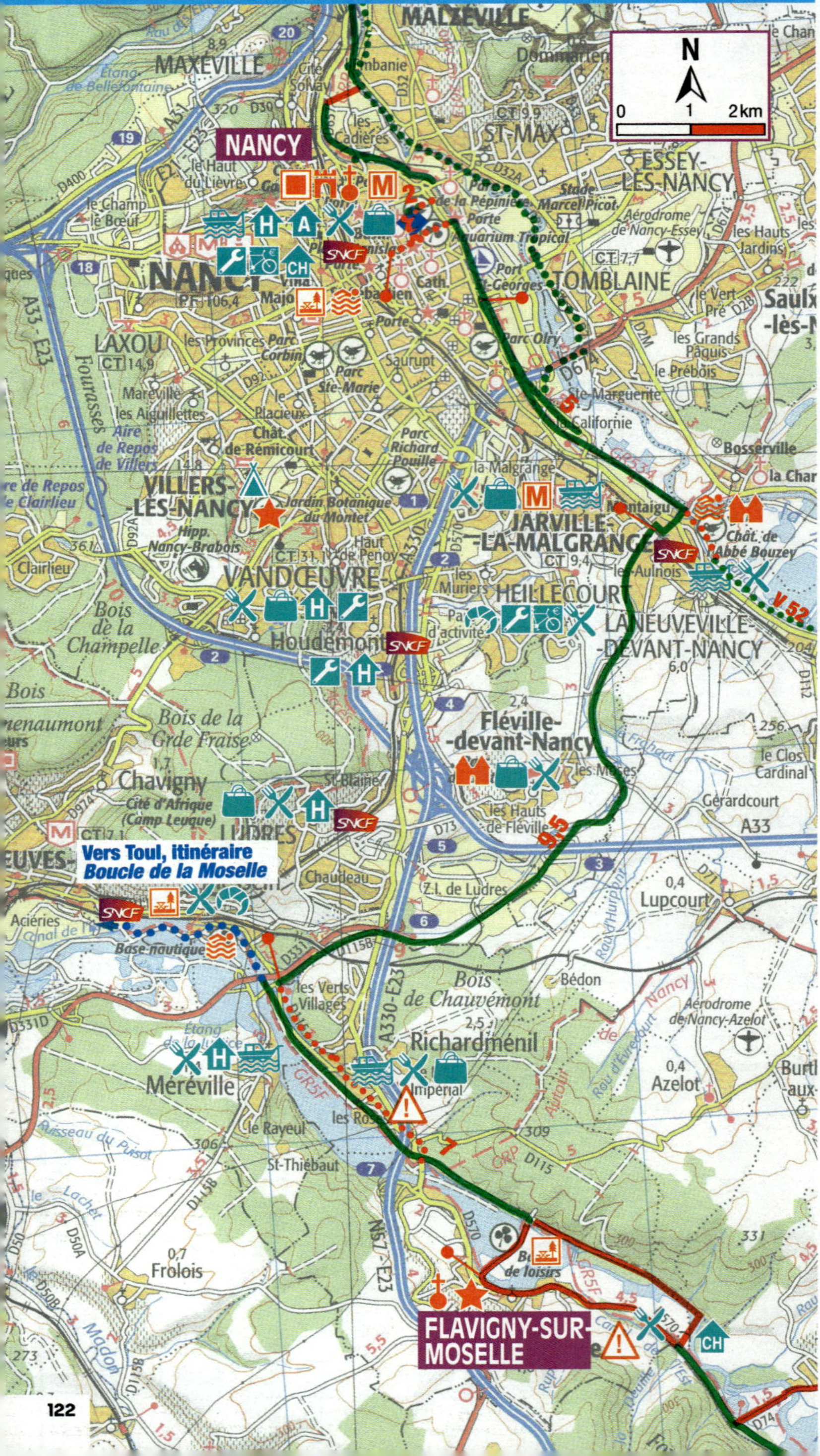
NANCY
FLAVIGNY-SUR-MOSELLE
Vers Toul, itinéraire
Boucle de la Moselle
MALZÉVILLE
MAXÉVILLE
ST-MAX
ESSEY-LÈS-NANCY
TOMBLAINE
LAXOU
VILLERS-LÈS-NANCY
VANDŒUVRE
JARVILLE-LA-MALGRANGE
HEILLECOURT
LANEUVEVILLE-DEVANT-NANCY
Houdemont
Fléville-devant-Nancy
Chavigny
LUDRES
Richardménil
Méréville
Lupcourt
Azelot
Frolois
Aquarium Tropical
Jardin Botanique du Montet
Base nautique
Base de loisirs
Aérodrome de Nancy-Essey
Aérodrome de Nancy-Azelot
Bois de Chauvémont
Bois de la Champelle
Bois de la Grde Fraise
SNCF

# Flavigny-sur-Moselle → Bayon

**16,5 km - 1 h 35**

FLAVIGNY-SUR-MOSELLE
BAYON
Flavigny-
Tonnoy
Crévéchamps
Neuviller-sur-Moselle
Blainville-sur-l'Eau
Damelevières
Haussonville
Barbonville
Vigneulles
Ferrières
Saffais
Velle-sur-Moselle
St-Mard
Lorey
Méhoncourt
Romain
Charmois
Landécourt
Einvaux
Froville
Brémoncourt
Haigneville
St-Remimont
Laneuveville-devant-Bayon
Benney
Lemainville
Ormes-et-Ville
Crantenoy
Haroué
Tantonville
Voinémont
Ceintrey
Pulligny
Forêt de Benney
Moselle
Base Nautique du Grand Rozot
Monument aux Morts Groupe Lorraine 42
Aire de Repos de Crantenoy
Nécropole nat.
5,5
6
3
2
2 km

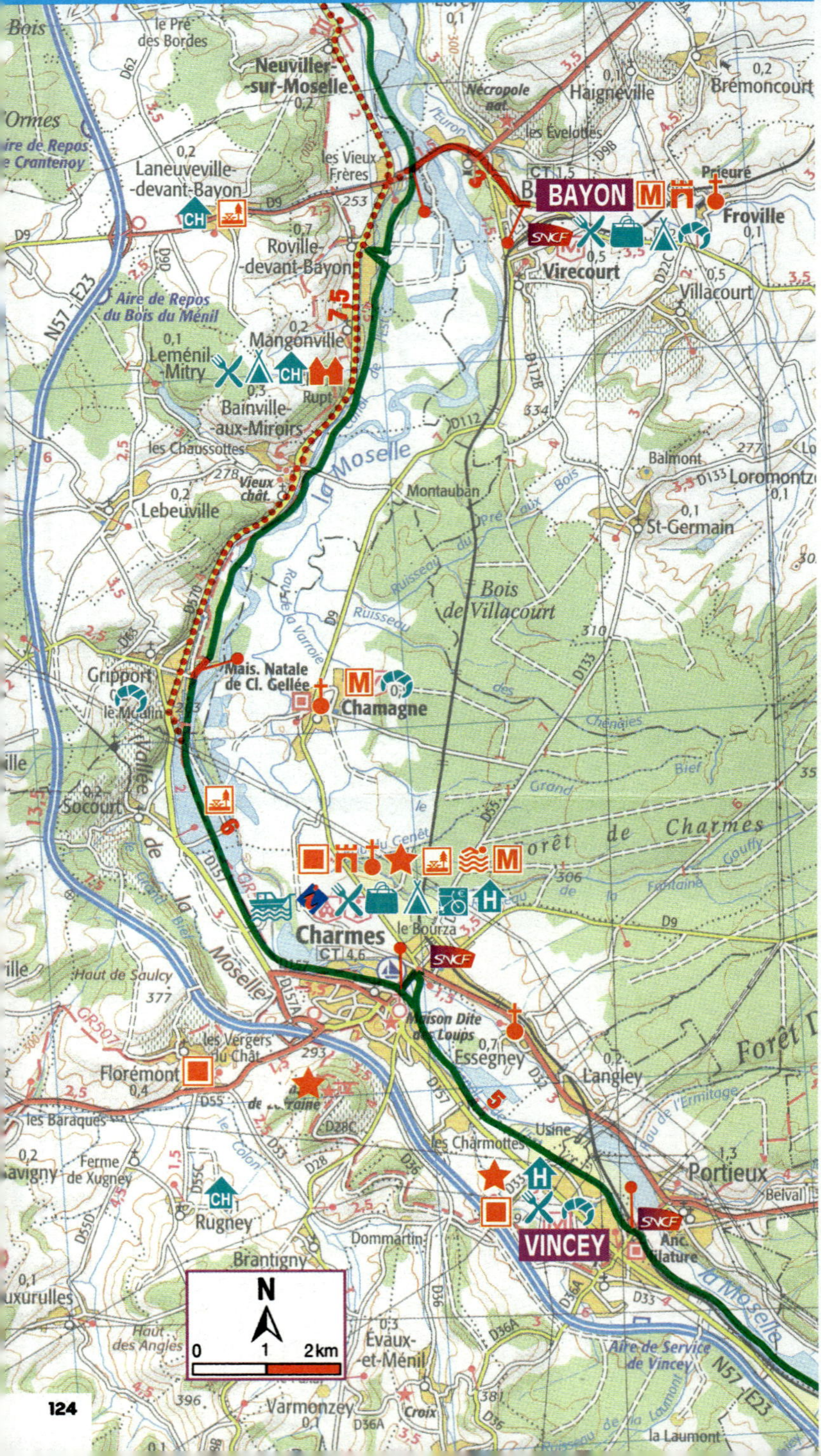
Neuviller-sur-Moselle
Laneuveville-devant-Bayon
Roville-devant-Bayon
Mangonville
Leménil-Mitry
Bainville-aux-Miroirs
Lebeuville
Gripport
Socourt
BAYON
Froville
Virecourt
Villacourt
Haigneville
Bremoncourt
Nécropole nat.
Prieuré
Montauban
Bois de Villacourt
St-Germain
Loromontzey
Balmont
Mais. Natale de Cl. Gellée
Chamagne
Forêt de Charmes
Charmes
le Bourza
Essegney
Langley
Florémont
Rugney
Brantigny
Dommartin
Évaux-et-Ménil
Varmonzey
VINCEY
Portieux
Anc. filature
Aire de Service de Vincey
la Moselle
Aire de Repos du Bois du Ménil
Vieux chât.
Maison Dite des Loups
les Charmottes
les Vergers du Chât
Haut de Saulcy
Ferme de Xugney
les Baraques
la Laumont
0 1 2 km

# Vincey → Épinal

**21,5 km - 2 h 15**

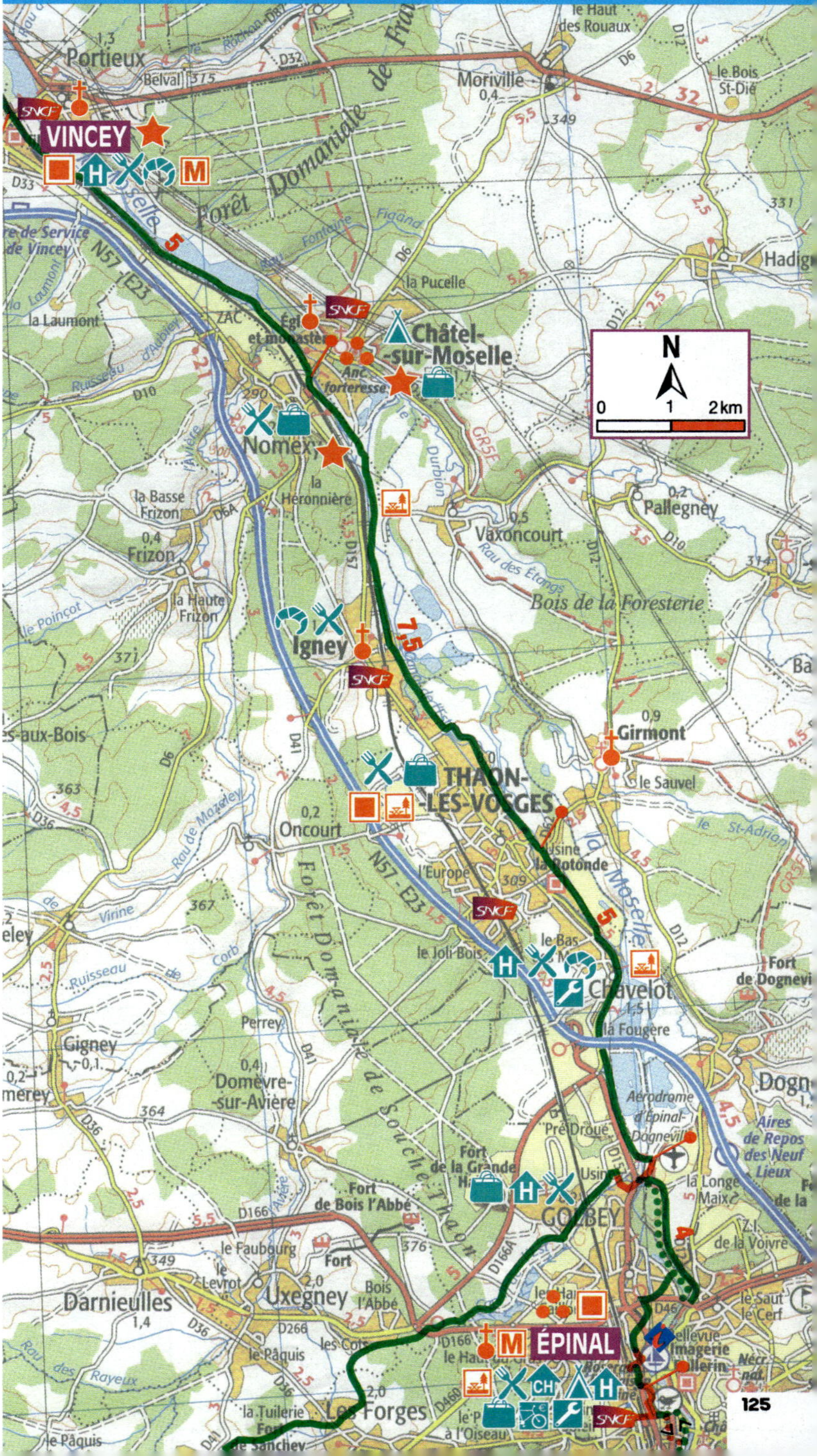

VINCEY
Portieux
Moriville
Forêt Domaniale de Fraize
Châtel--sur-Moselle
Égl. et monastère
Anc. forteresse
la Pucelle
la Laumont
Nomexy
la Héronnière
la Basse Frizon
Frizon
la Haute Frizon
Vaxoncourt
Pallegney
Bois de la Foresterie
Igney
Girmont
le Sauvel
THAON--LES-VOSGES
Usine la Rotonde
Oncourt
l'Europe
le Joli Bois
Chavelot
la Fougère
Forêt Domaniale de Souche Thaon
Domèvre--sur-Avière
Gigney
Perrey
Aérodrome d'Épinal-Dogneville
Aires de Repos des Neuf Lieux
Fort de la Grande Haye
Fort de Bois l'Abbé
GOLBEY
Fort de Dogneville
Uxegney
Darnieulles
le Faubourg
le Pâquis
les Forges
ÉPINAL
Imagerie Pellerin
Bellevue
le Saut le Cerf
Z.I. de la Voivre
la Longe Maix
N
0 1 2 km

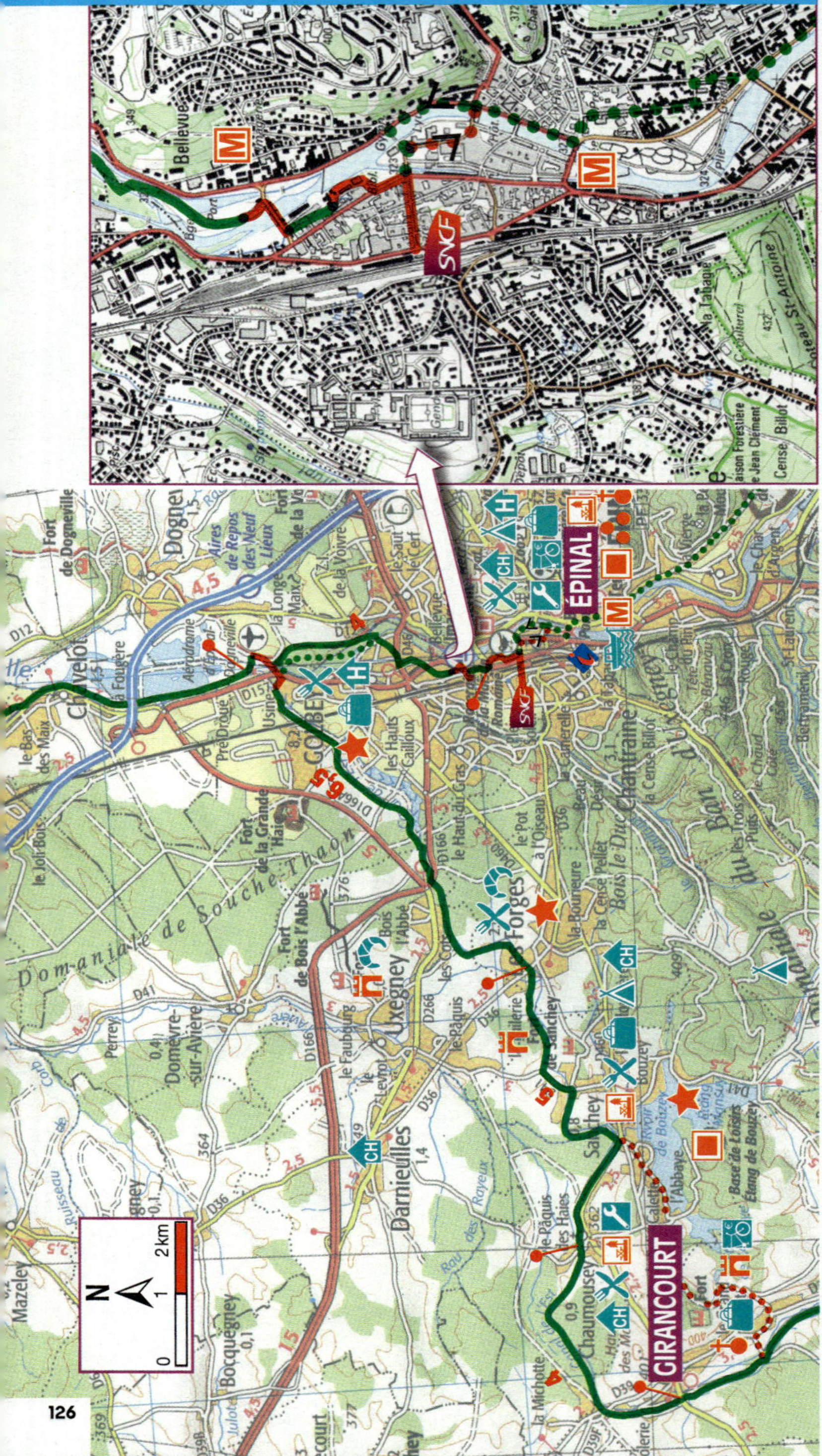
ÉPINAL
GIRANCOURT
SNCF
Golbey
Chavelot
Dogneville
Uxegney
Darnieulles
Sanchey
Chaumousey
Chantraine
Les Forges
Domèvre-sur-Avière
Bellevue
Base de Loisirs Étang de Bouzey
Forêt Domaniale de Souche Thaon
0 1 2km

## Girancourt → La Vôge-les-Bains

**24 km - 2 h 30**

N
0 1 2 km
GIRANCOURT
Fort
Base de Loisirs
Étang de Bouzey
Dommartin-aux-Bois
la Rue
Longeroye
le Ménil
Puttegney
Agémont
Barbonfaing
Martin Fontaine
Fort du Thiéha
Fort du Roulon
Saucenot
Haut de la Croix
Cuisimont
Frison
Morampierre
Charmois-l'Orgueilleux
Nobaimont
Thiélouze
Méhafin
Naymont
Reblangotte
Mésménil
la Petite Cuminée
Uzemain
Étang le Prêtre
la Neuve Verrerie
Ruisseau de Francogney
Forges d'Uzemain
Uzemain les Forges
Ruisseau des Aulnes
Raxey
les Gretrys
le Void de la Bure
Fieuzé
Domaniale du Ban d'Harol
les Chavanes
Carmagnole
Thunimont
la Forge de Thunimont
Censes des Coupes
Gremifontaine
la Queue du Renard
Harsault
Beauséjour
La Chapelle-aux-Bois
le Beaulieu
la Tranchée
Les Voivres
Hautmougey
Blanche Borne
Canal de l'Est
Hardémont
la Terre du Rayeux
la Rappe
la Forêt
Halte du Pont-de-Bain
Bois de Montroche
LA VÔGE-LES-BAINS
Haudompré
Manufacture Royale
Établissement Thermal
les Grands Prés
Étang de Corbeaine
le Noirmont
10,5
11
2,5
3

## La Vôge-les-Bains → Corre

27 km - 2 h 40

N°15

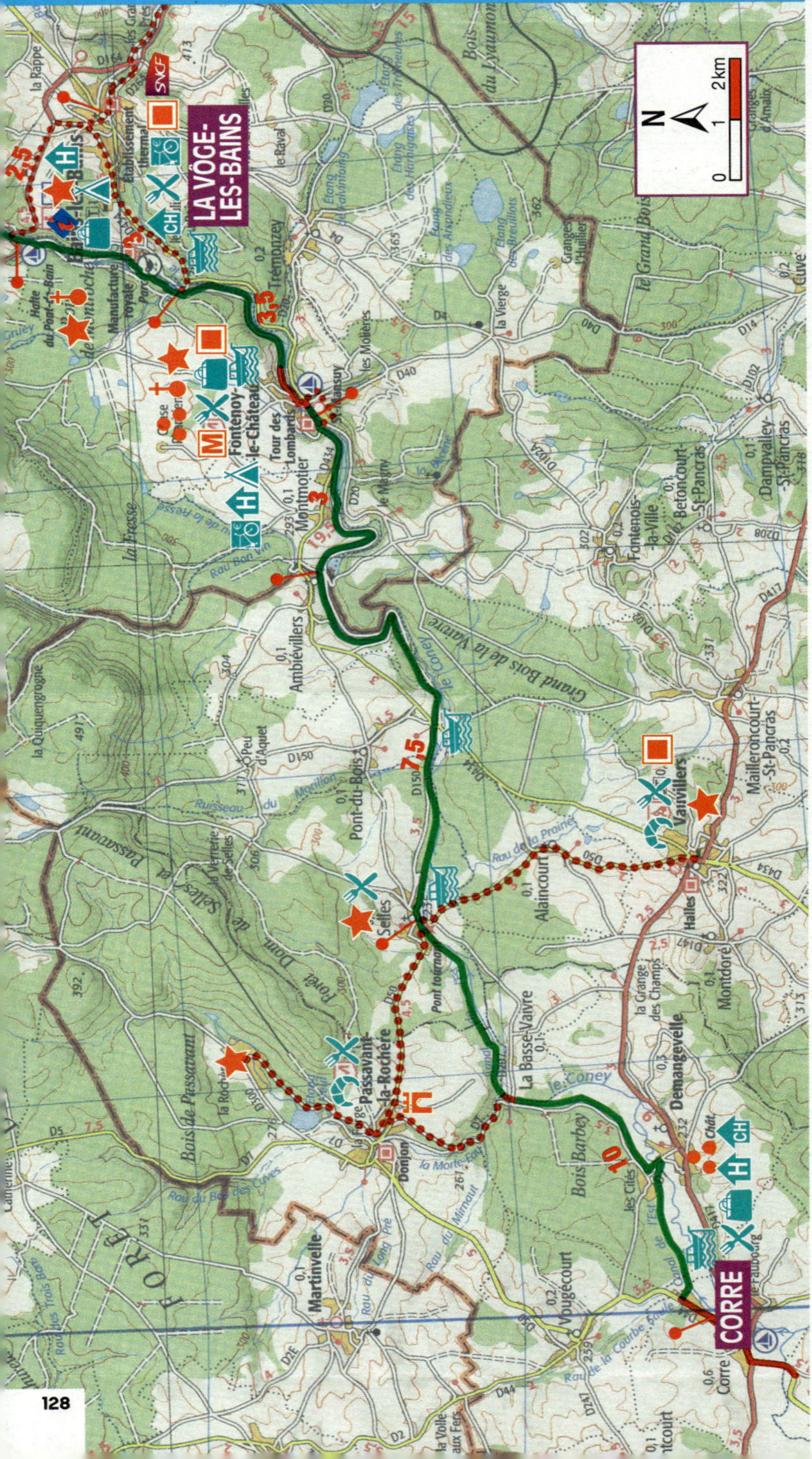

LA VÔGE-LES-BAINS
CORRE
Fontenoy-le-Château
Tour des Lombards
Montmotier
Ambiévillers
Pont-du-Bois
Selles
Passavant-la-Rochère
Donjon
La Basse-Vaivre
Demangevelle
Vauvillers
Alaincourt
Halles
Montdoré
Martinvelle
Vougécourt
Grand Bois de la Vaivre
Bois de Passavant
Forêt Dom. de Selles et Passavant
le Coney
Manufacture royale
Établissement thermal
SNCF
Trémonzey
Fontenois-la-Ville
Betoncourt-St-Pancras
Dampvalley-St-Pancras
Mailleroncourt-St-Pancras
Grange d'Huillier
la Vierge
les Molières
le Magny
Bois Barbey
les Cités
le Faubourg
La Rochère
La Verrerie de Selles
Peu d'Aquet
la Quiquengrogne
la Bresse
Rau Bon Vin
Halte du Pont-du-Bain
Étang des Trembleurs
Étang des Hardigaudes
Étang des Arsondieux
Étang des Breuillots
0 1 2km
N
2,5
3,5
3
19,5
7,5
10

# N°16

## Corre → Jussey → Baulay

**27,5 km - 2 h 45**

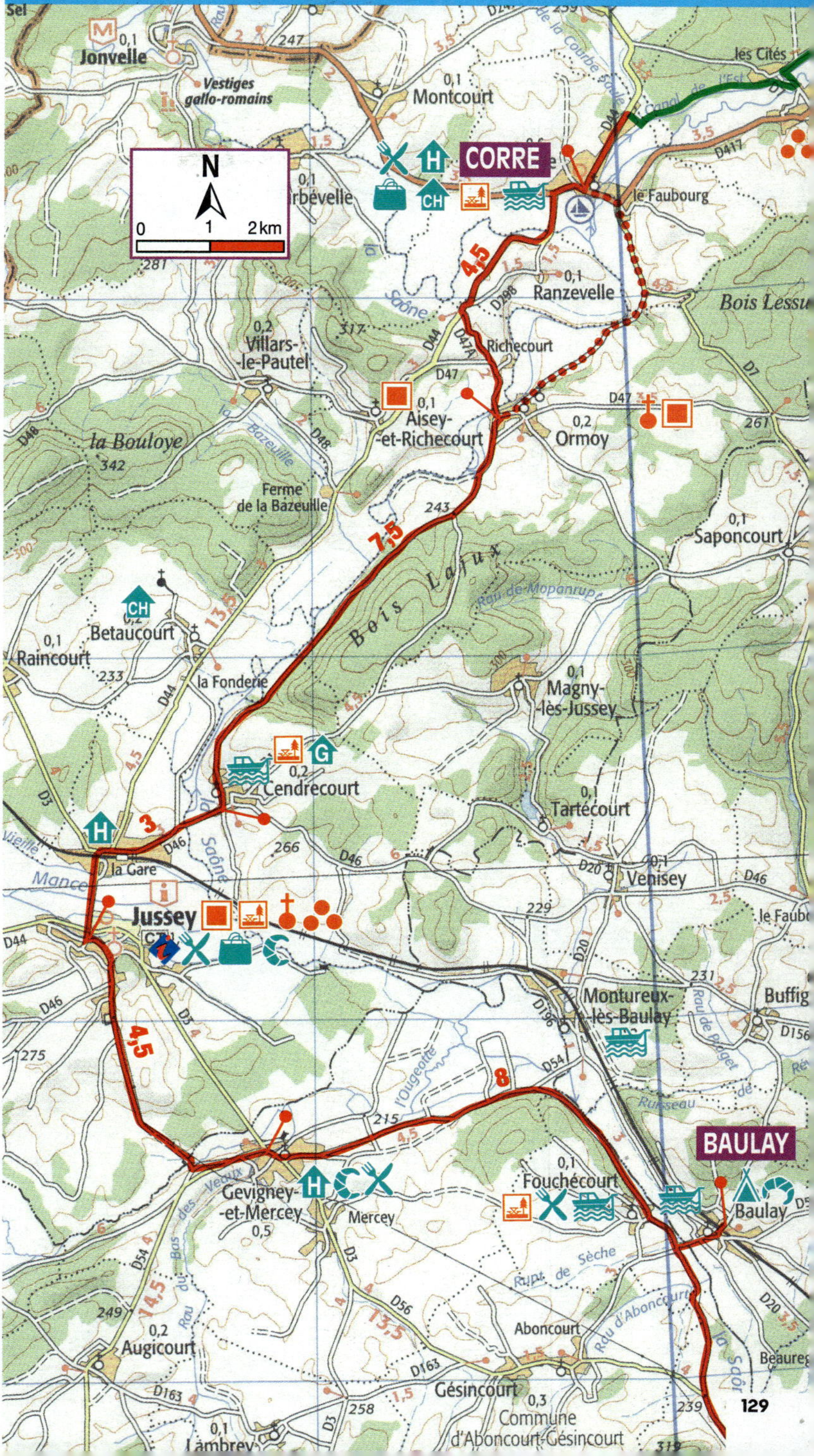

Jonvelle
Vestiges gallo-romains
Montcourt
CORRE
le Faubourg
Canal de l'Est
les Cités
Ranzevelle
Bois Lessu
Villars-le-Pautel
Richecourt
Aisey-et-Richecourt
Ormoy
la Bouloye
Ferme de la Bazeuille
la Bazeuille
Saponcourt
Bois Lajux
Betaucourt
Raincourt
la Fonderie
Magny-lès-Jussey
Cendrecourt
Tartécourt
la Gare
Vievre
Mance
Saône
Venisey
Jussey
le Faubourg
Montureux-lès-Baulay
Buffig
l'Ougeotte
BAULAY
Gevigney-et-Mercey
Mercey
Fouchécourt
Baulay
Rupt de Sèche
Aboncourt
Augicourt
Gésincourt
Commune d'Aboncourt-Gésincourt
Lambrey
4,5
7,5
3
8
0
1
2 km
N

BAULAY
N
0 1 2 km
Faverney
Beauregard
Port d'Atelier Amance
Port d'Atelier Village
Bois des Balières
Purgerot
le Moulin Guyot
Étang de l'Emprunt
Variante à petit trafic
Fleurey-lès-Faverney
Chargey-lès-Port
Conflandey
Amoncourt
la Chavassonne
l'Abondance
Provenchère
Franois
RÉSERVE NATURELLE DE LA GROTTE DU CARROUSSEL
Chaux-lès-Port
Villers-sur-Port
les Gètes
Bois de Chargey
Chauvistery
St-Valère
Port-sur-Saône
Bougnon
le Magny Plein Soleil
les Combes
le Clos
Parc Animalier de la Maladière
SCEY-SUR-SAÔNE
Grattery
Fontaine Aloy
Vauchoux
Ferrières-lès-Scey
Scye
Chassey-lès-Scey
Chemilly
Anc. Abbaye des Clarisses
Montigny-lès-Vesoul
Montoille
Pontcey
Vaivre-et-Montoille
Bucey-lès-Traves
Mont Vallery
Chariez
Menhir Pierre Percée
Dolmen
Vélo-Rail
la Saône

# N°18 Scey-sur-Saône → Ray-sur-Saône

## 21 km - 2 h 10

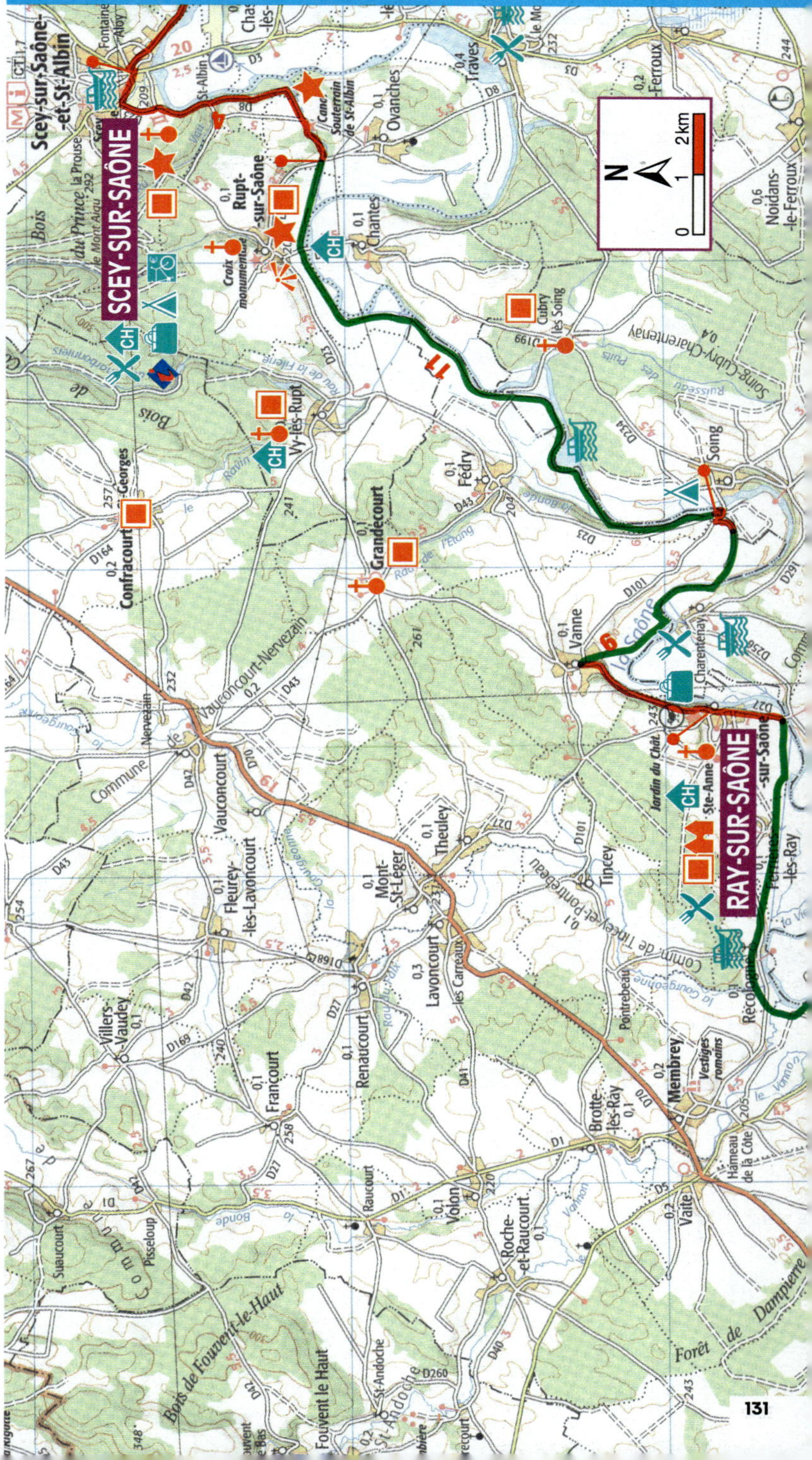
SCEY-SUR-SAÔNE
RAY-SUR-SAÔNE
Scey-sur-Saône-et-St-Albin
Rupt-sur-Saône
Chantes
Ovanches
Traves
Cubry-lès-Soing
Soing-Cubry-Charentenay
Soing
Vanne
Charentenay
Fédry
Grandecourt
Vy-lès-Rupt
Confracourt
Vauconcourt-Nervezain
Fleurey-lès-Lavoncourt
Mont-St-Léger
Theuley
Lavoncourt
Tincey
Membrey
Vestiges romains
Brotte-lès-Ray
Vaite
Ferrières-lès-Ray
Recologne
Villers-Vaudey
Francourt
Renaucourt
Volon
Roche-et-Raucourt
Suaucourt
Pisseloup
Noidans-le-Ferroux
Canal Souterrain de St-Albin
Croix monumentale
Jardin du Chât.
Ste-Anne
Bois de Fouvent-le-Haut
Forêt de Dampierre
la Saône
0 1 2km
N

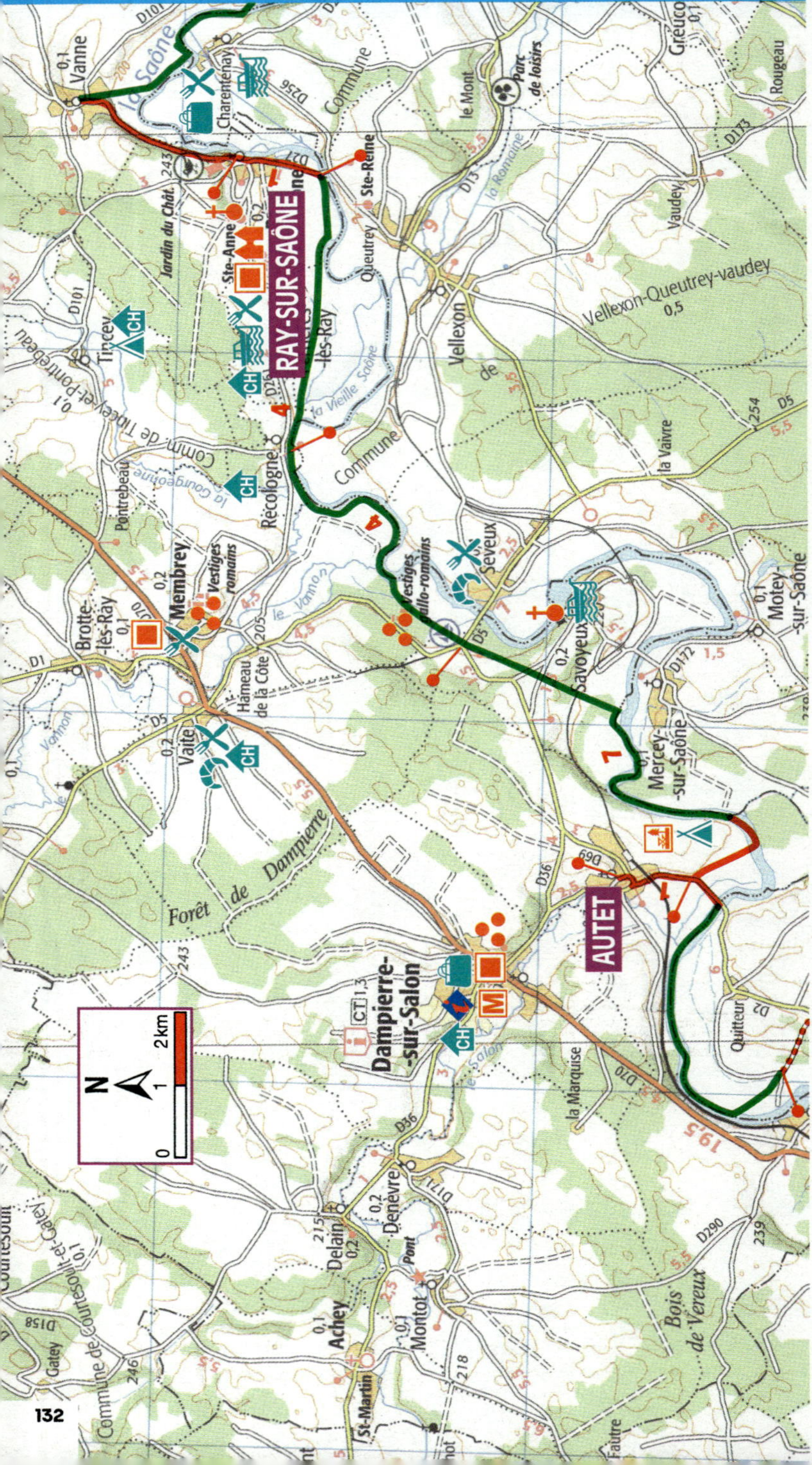
RAY-SUR-SAÔNE
AUTET
Vanne
Charentenay
la Saône
Ste-Reine
Ste-Anne
Jardin du Chât.
Tincey
Recologne
Membrey
Vestiges romains
Brotte-lès-Ray
Vaite
Hameau de la Côte
Vellexon
Queutrey
Vellexon-Queutrey-vaudey
Vaudey
Greucourt
Rougeau
le Mont
Parc de loisirs
la Romaine
la Vaivre
Seveux
Vestiges gallo-romains
Savoyeux
Mercey-sur-Saône
Motey-sur-Saône
le Vannon
la Vieille Saône
Pontrebeau
la Gourgeonne
Forêt de Dampierre
Dampierre-sur-Salon
le Salon
la Marquise
Quitteur
Denèvre
Delain
Achey
Montot
St-Martin
Gatey
Commune de Courtesoult-et-Gatey
Bois de Vereux
Faûtre
N
0 1 2km

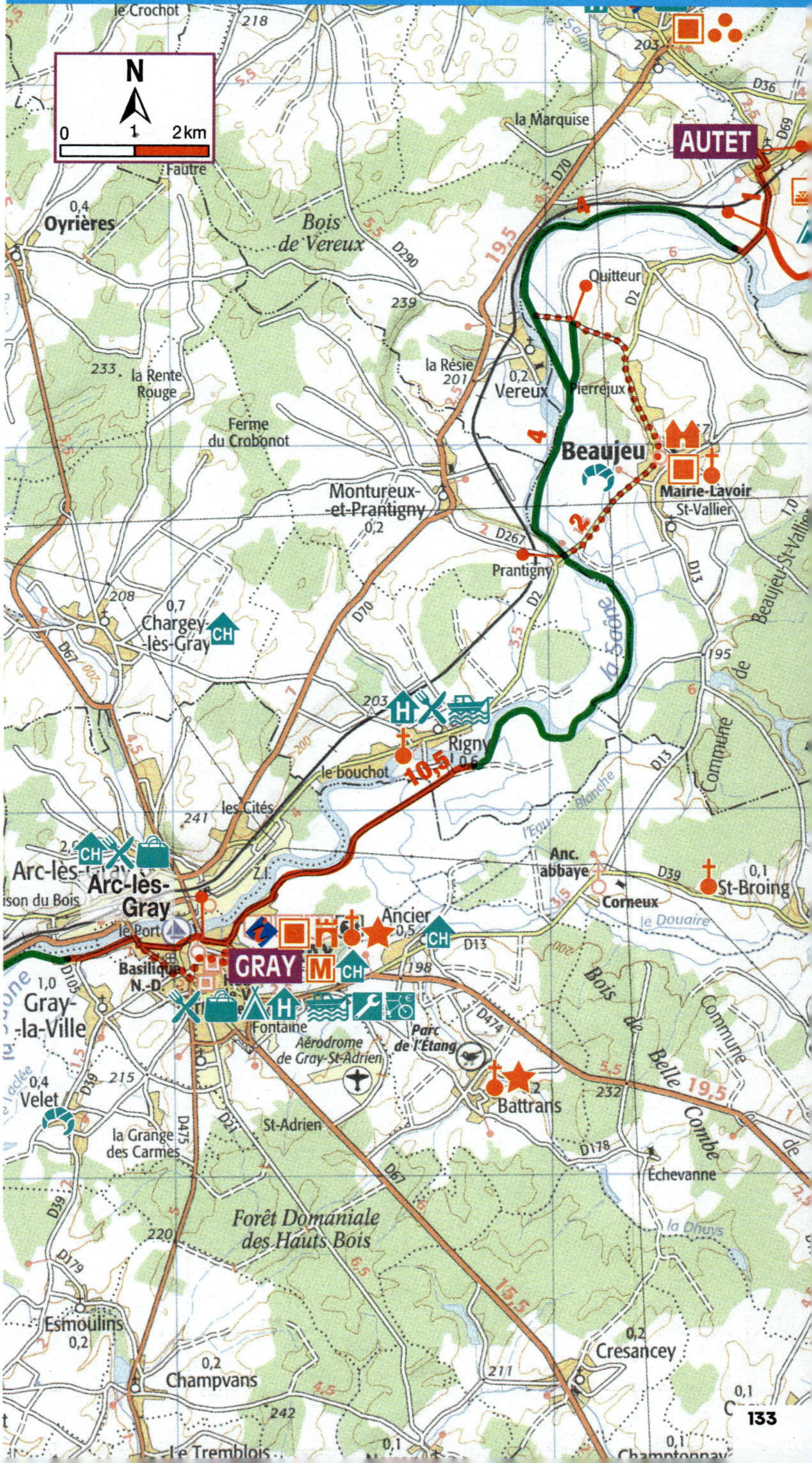
N
0
1
2 km
AUTET
le Crochot
la Marquise
Fautre
Oyrières
Bois de Vereux
Quitteur
la Résie
Vereux
Pierrejux
Beaujeu
Mairie-Lavoir
St-Vallier
la Rente Rouge
Ferme du Crobonot
Montureux-et-Prantigny
Prantigny
Chargey-lès-Gray
la Saône
Rigny
le bouchot
les Cités
Arc-lès-Gray
Z.I.
le Port
Basilique N.-D.
GRAY
Ancier
Anc. abbaye
Corneux
St-Broing
le Douaire
Gray-la-Ville
Fontaine
Aérodrome de Gray-St-Adrien
Parc de l'Étang
Battrans
Velet
la Grange des Carmes
St-Adrien
Bois de Belle Combe
Échevanne
la Dhuys
Forêt Domaniale des Hauts Bois
Esmoulins
Champvans
Cresancey
le Tremblois
Commune de Beaujeu-St-Vallier
10,5
19,5

# Gray → Essertenne-et-Cecey

14 km - 1 h 20

N°21



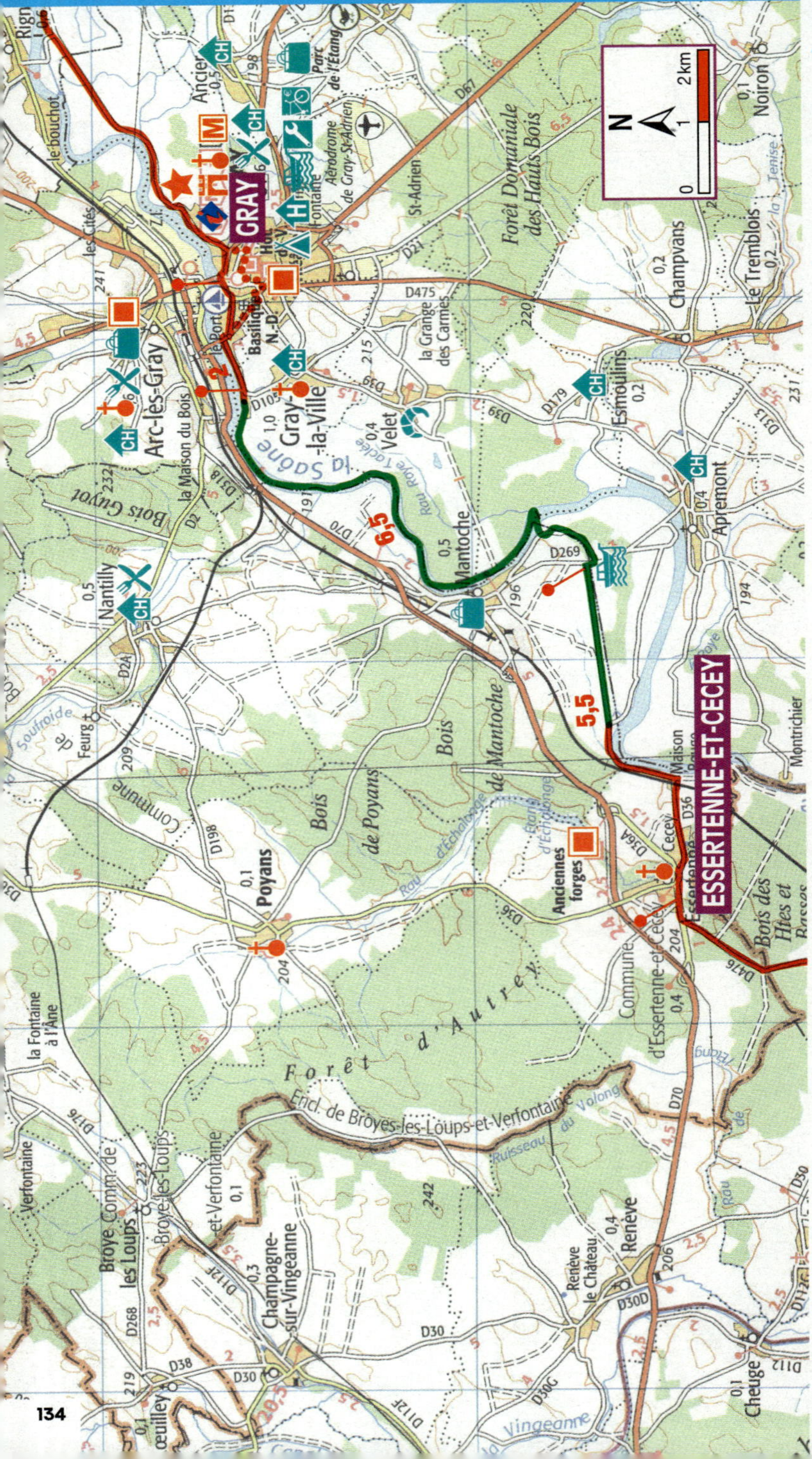

## Essertenne-et-Cecey → Lamarche-sur-Saône

**22,5 km - 2 h 15**



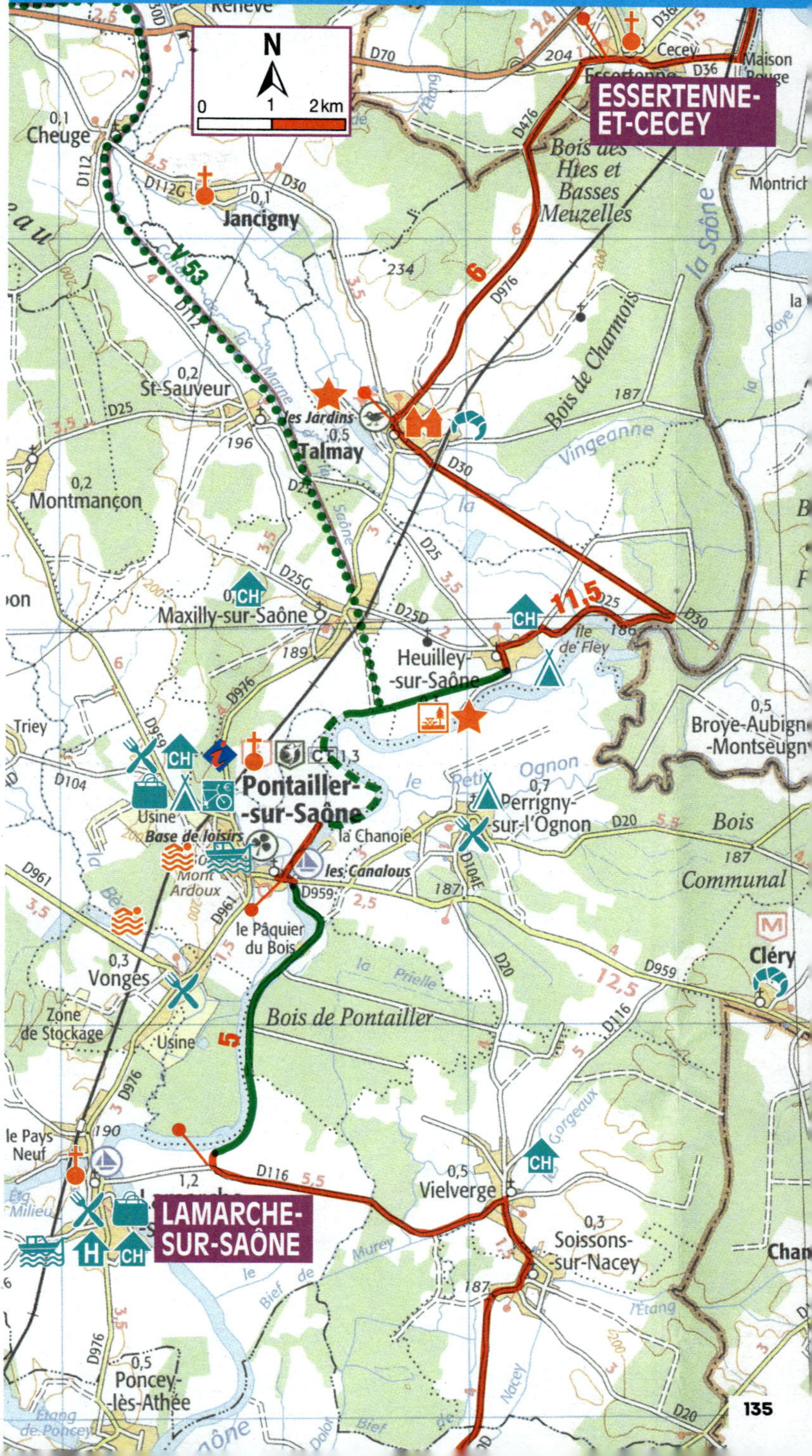

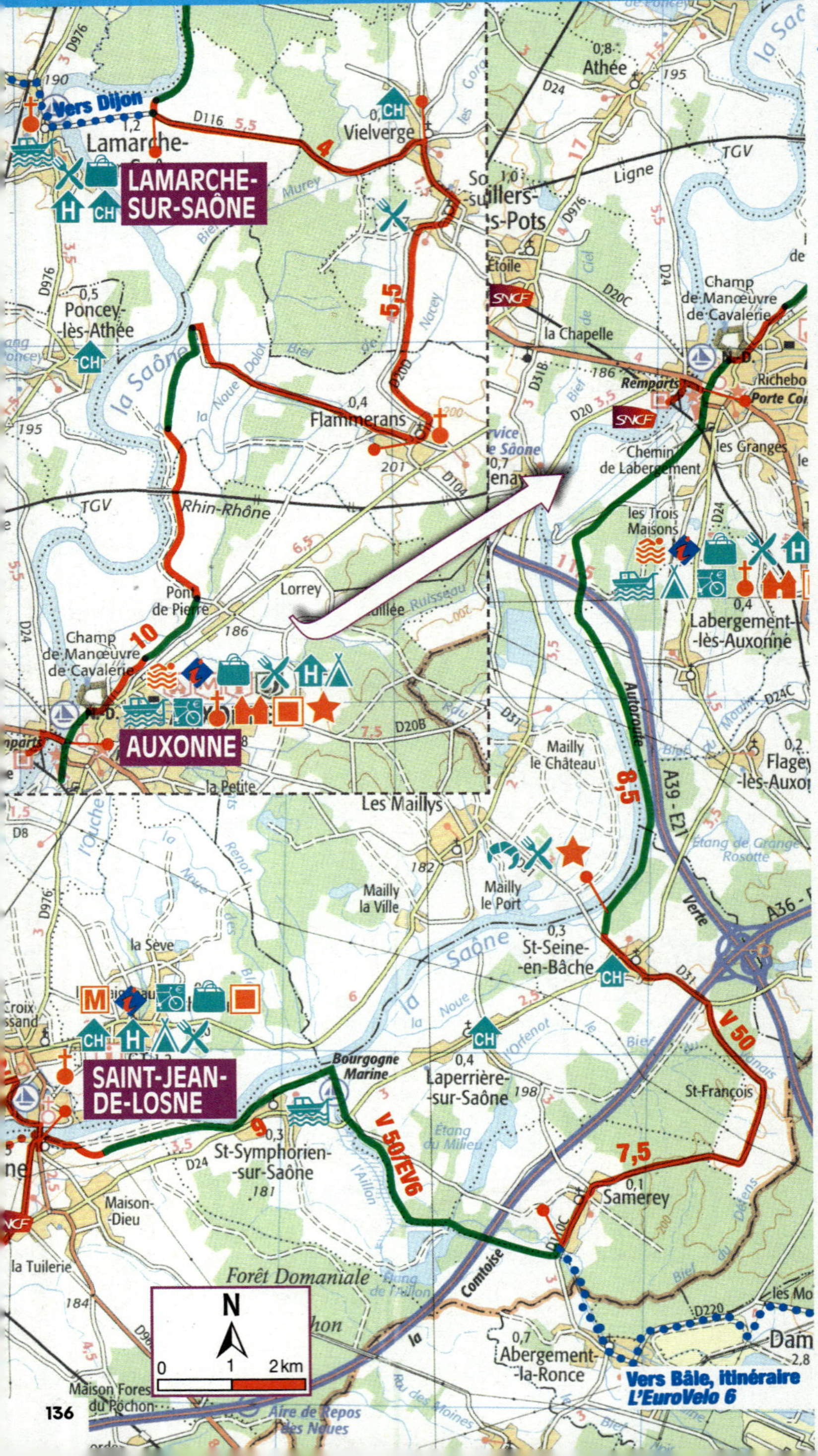
Vers Dijon
LAMARCHE-SUR-SAÔNE
Vielverge
Soissons-sur-Bugeon
Athée
Ligne
TGV
Étoile
Poncey-lès-Athée
la Chapelle
Champ de Manœuvre de Cavalerie
Flammerans
Remparts
Porte Comtoise
les Granges
Chemin de Labergement
la Saône
Rhin-Rhône
les Trois Maisons
Labergement-lès-Auxonne
Pont de Pierre
Lorrey
AUXONNE
Mailly le Château
Flagey-lès-Auxonne
Les Maillys
Autoroute
A39 - E21
Étang de Grange Rosotte
Mailly la Ville
Mailly le Port
St-Seine-en-Bâche
A36
la Sève
SAINT-JEAN-DE-LOSNE
Bourgogne Marine
Laperrière-sur-Saône
St-François
V 50
V 50/EV6
St-Symphorien-sur-Saône
Samerey
Maison-Dieu
la Tuilerie
Forêt Domaniale
Comtoise
Abergement-la-Ronce
Vers Bâle, itinéraire L'EuroVelo 6
Maison Forestière du Pochon
Aire de Repos des Noues
N
0
1
2 km

# Saint-Jean-de-Losne → Seurre

25,5 km - 2 h 35

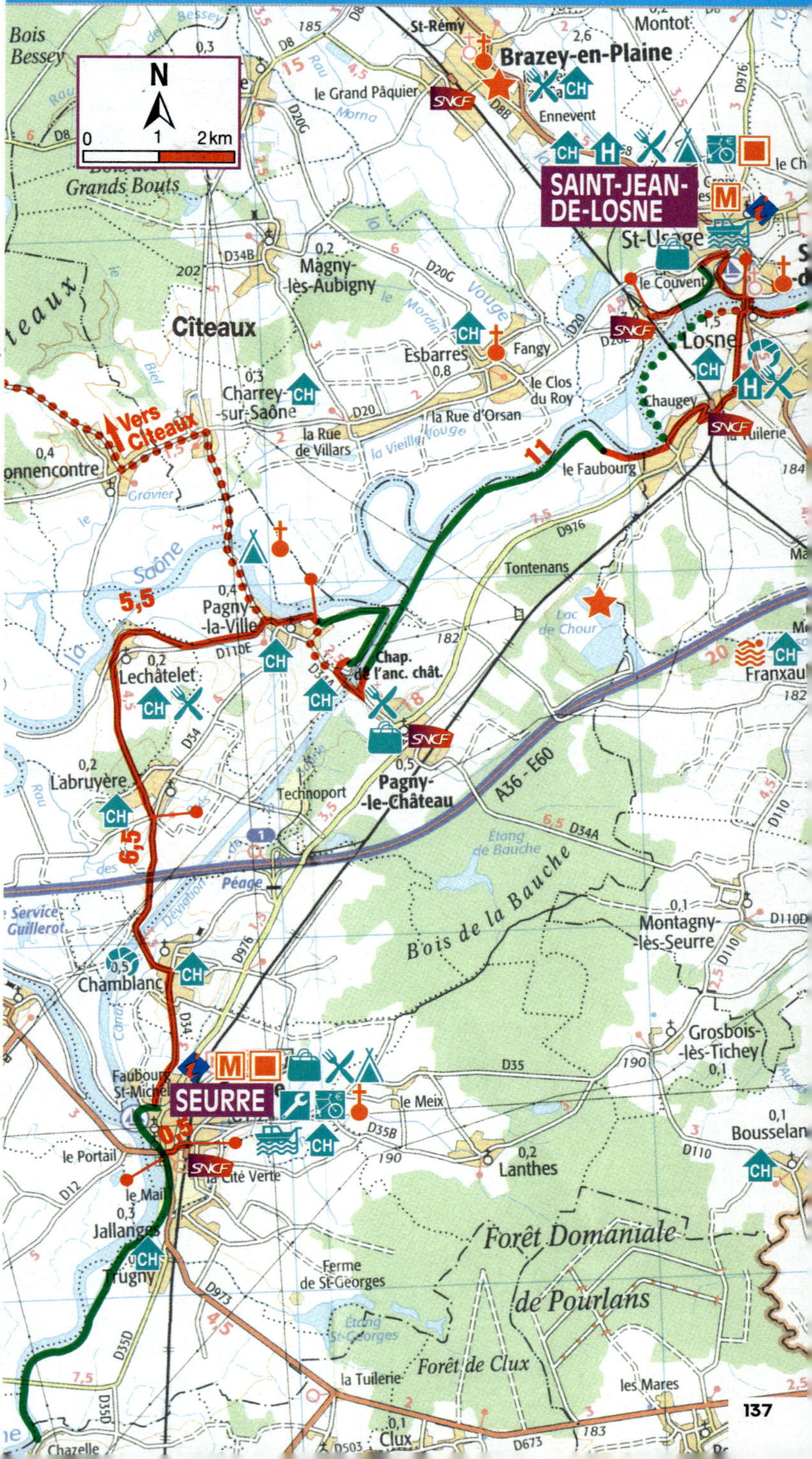
N
0 1 2 km
Brazey-en-Plaine
St-Rémy
Montot
le Grand Pâquier
Ennevent
SAINT-JEAN-DE-LOSNE
St-Usage
le Couvent
Losne
Chaugey
la Tuilerie
le Faubourg
Bois Bessey
Grands Bouts
Magny-lès-Aubigny
Cîteaux
Esbarres
Fangy
le Clos du Roy
Charrey-sur-Saône
la Rue d'Orsan
la Rue de Villars
Vers Cîteaux
Saône
Pagny-la-Ville
Lechâtelet
Chap. de l'anc. chât.
Tontenans
Lac de Chour
Franxault
Labruyère
Technoport
Pagny-le-Château
A36 - E60
Étang de Bauche
Bois de la Bauche
Péage
Service Guillerot
Chamblanc
Montagny-lès-Seurre
Grosbois-lès-Tichey
Faubourg St-Michel
SEURRE
le Meix
le Portail
la Cité Verte
Lanthes
Bousselange
le Mail
Jallanges
Trugny
Forêt Domaniale de Pourlans
Ferme de St-Georges
Étang St-Georges
la Tuilerie
Forêt de Clux
les Mares
Clux
Chazelle
SNCF

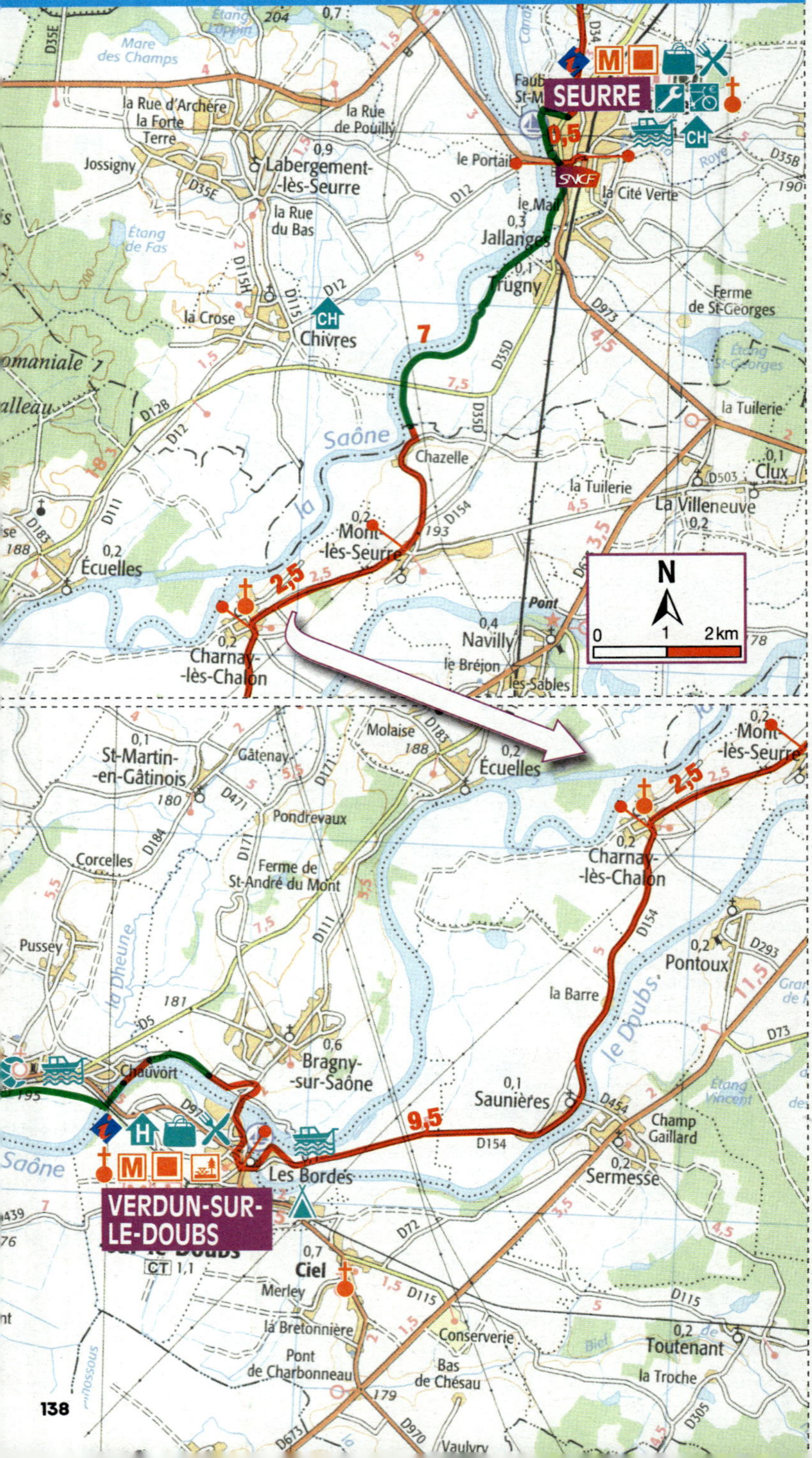
SEURRE
Mare des Champs
la Rue d'Archère
la Forte Terre
la Rue de Pouilly
Jossigny
Labergement-lès-Seurre
le Portail
la Cité Verte
la Rue du Bas
Étang de Fas
le Mail
Jallanges
Trugny
la Crose
Chivres
Ferme de St-Georges
la Tuilerie
Saône
Chazelle
Clux
La Villeneuve
Mont-lès-Seurre
Écuelles
Charnay-lès-Chalon
Navilly
le Bréjon
les Sables
Pont
N
0
1
2 km
St-Martin-en-Gâtinois
Gâtenay
Molaise
Pondrevaux
Corcelles
Ferme de St-André du Mont
Pussey
la Dheune
Pontoux
la Barre
le Doubs
Chauvort
Bragny-sur-Saône
Saunières
Champ Gaillard
Les Bordes
Sermesse
VERDUN-SUR-LE-DOUBS
Ciel
Merley
la Bretonnière
Pont de Charbonneau
Conserverie
Bas de Chésau
Toutenant
la Troche
Vaulvry
7
9,5
2,5
0,5

## Verdun-sur-le-Doubs → Chalon-sur-Saône

**24,5 km - 2 h 30**

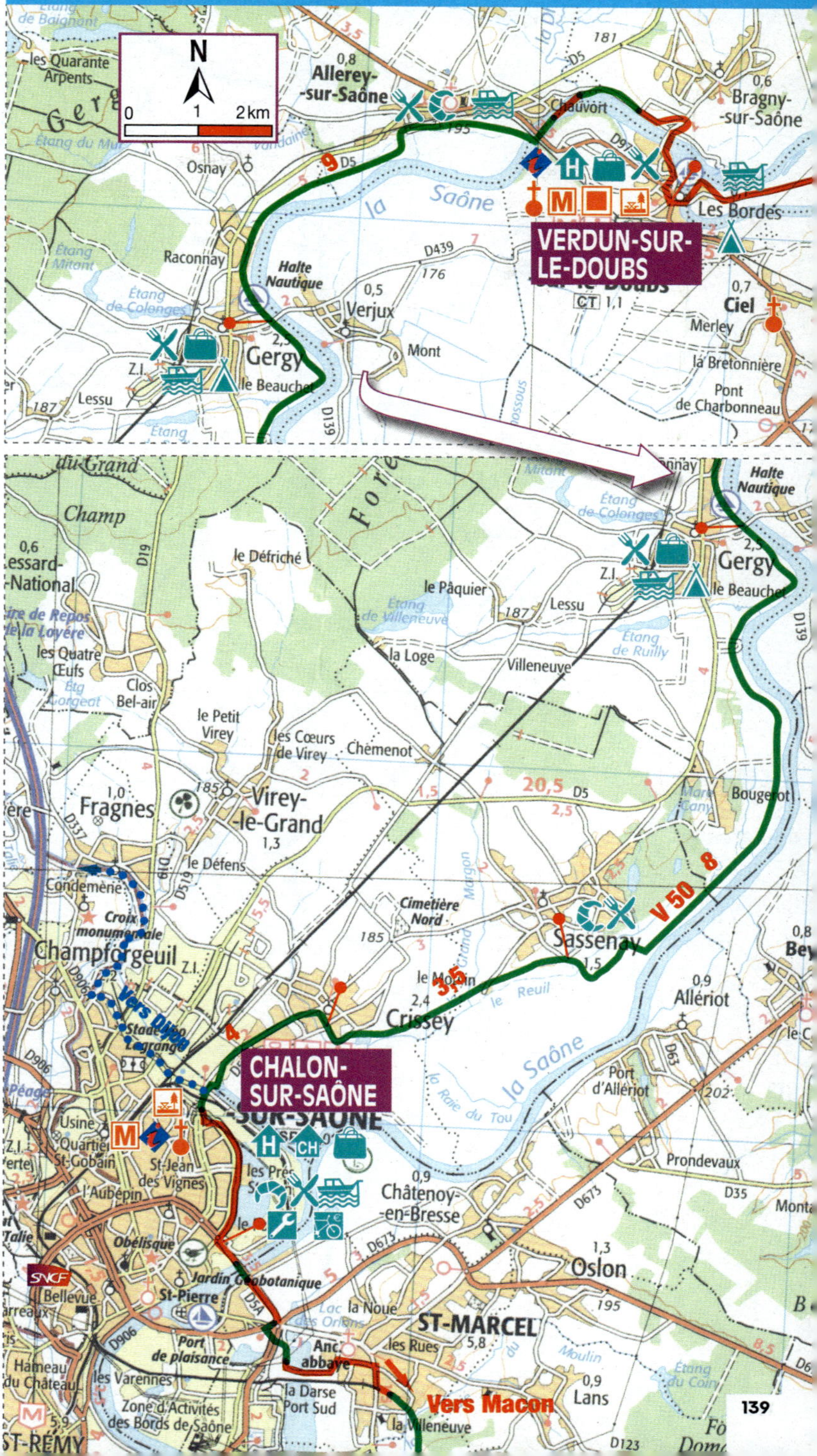

N
0 1 2 km
VERDUN-SUR-LE-DOUBS
CHALON-SUR-SAÔNE
Allerey-sur-Saône
Chauvort
Bragny-sur-Saône
Les Bordes
Ciel
Merley
la Bretonnière
Pont de Charbonneau
Osnay
Raconnay
Halte Nautique
Verjux
Mont
Gergy
le Beauchet
Lessu
Z.I.
la Saône
les Quarante Arpents
Étang de Colonges
Champ
le Défriché
le Pâquier
la Loge
Villeneuve
Étang de Ruilly
le Petit Virey
les Cœurs de Virey
Chemenot
Bougerot
Fragnes
Virey-le-Grand
le Défens
Condemène
Croix monumentale
Champforgeuil
Vers Dijon
Stade Léo Lagrange
Cimetière Nord
Sassenay
V 50
le Moulin
Crissey
Alleriot
Port d'Allériot
le Reuil
Prondevaux
Châtenoy-en-Bresse
Usine Quartier St-Gobain
St-Jean des Vignes
l'Aubépin
Obélisque
Jardin Botanique
St-Pierre
Bellevue
Port de plaisance
Hameau du Château
les Varennes
Zone d'Activités des Bords de Saône
la Darse Port Sud
Anc. abbaye
ST-MARCEL
les Rues
la Noue
Lac des Orions
Oslon
Lans
la Villeneuve
Vers Macon
ST-RÉMY

## Chalon-sur-Saône → Gigny-sur-Saône

## 23,5 km - 2 h 35

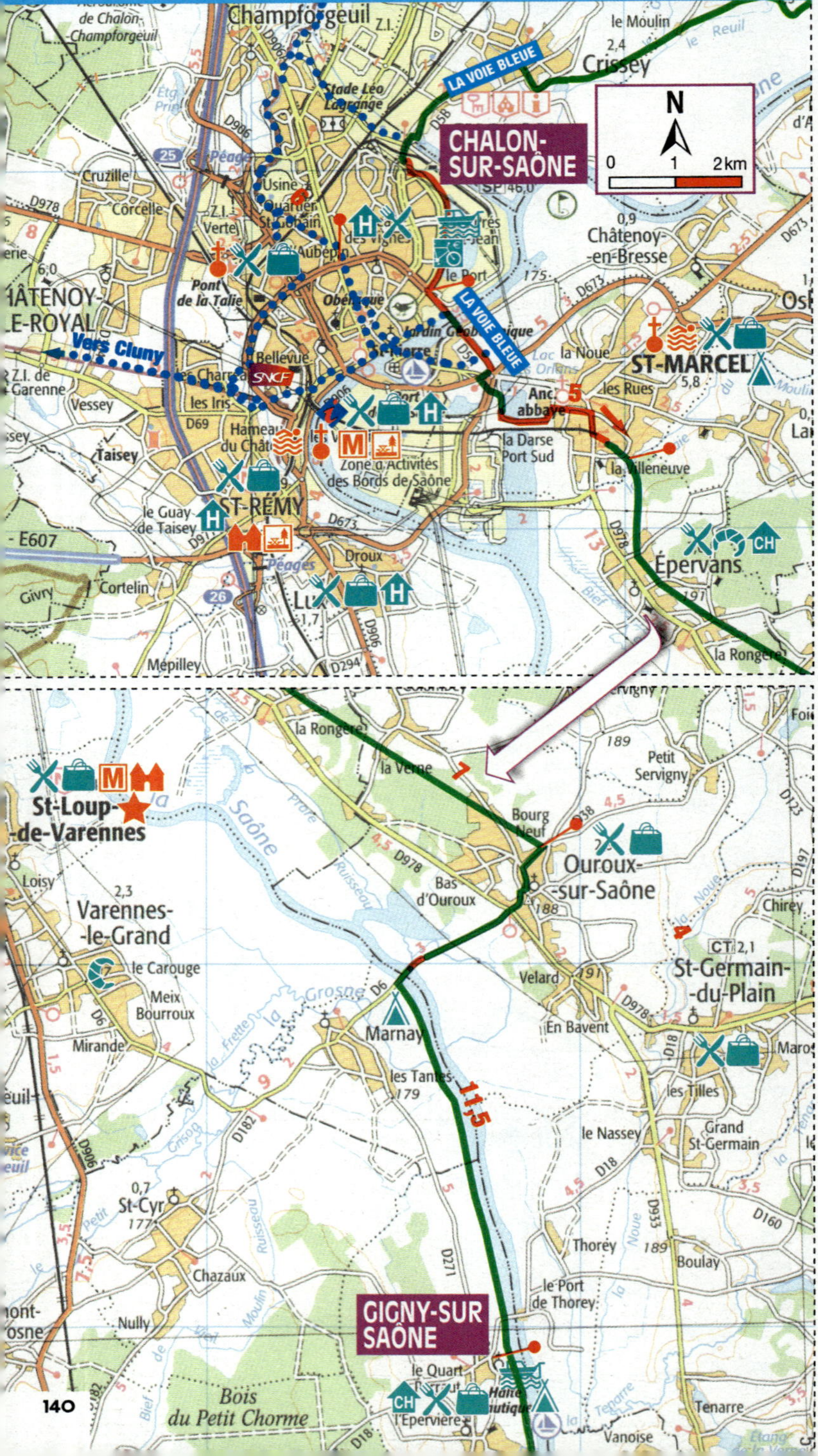
CHALON-SUR-SAÔNE
LA VOIE BLEUE
Champforgeuil
Crissey
Châtenoy-en-Bresse
ST-MARCEL
ST-RÉMY
Vers Cluny
SNCF
Zone d'Activités des Bords de Saône
la Darse Port Sud
Anc. abbaye
la Villeneuve
Épervans
la Rongère
Lux
Droux
Givry
Cortelin
Mépilley
Taisey
Vessey
Crusille
Corcelle
St-Loup-de-Varennes
Varennes-le-Grand
le Carouge
Meix Bourroux
Mirandé
la Verne
Bourg Neuf
Petit Servigny
Ouroux-sur-Saône
Bas d'Ouroux
Velard
St-Germain-du-Plain
Marnay
les Tantes
En Bavent
les Tilles
le Nassey
Grand St-Germain
St-Cyr
Chazaux
Nully
Thorey
le Port de Thorey
Boulay
GIGNY-SUR SAÔNE
le Quart
l'Éperviere
Tenarre
Vanoise
Bois du Petit Chorme
Saône
N
0
1
2 km

# Gigny-sur-Saône → Tournus

12,5 km - 1 h 20

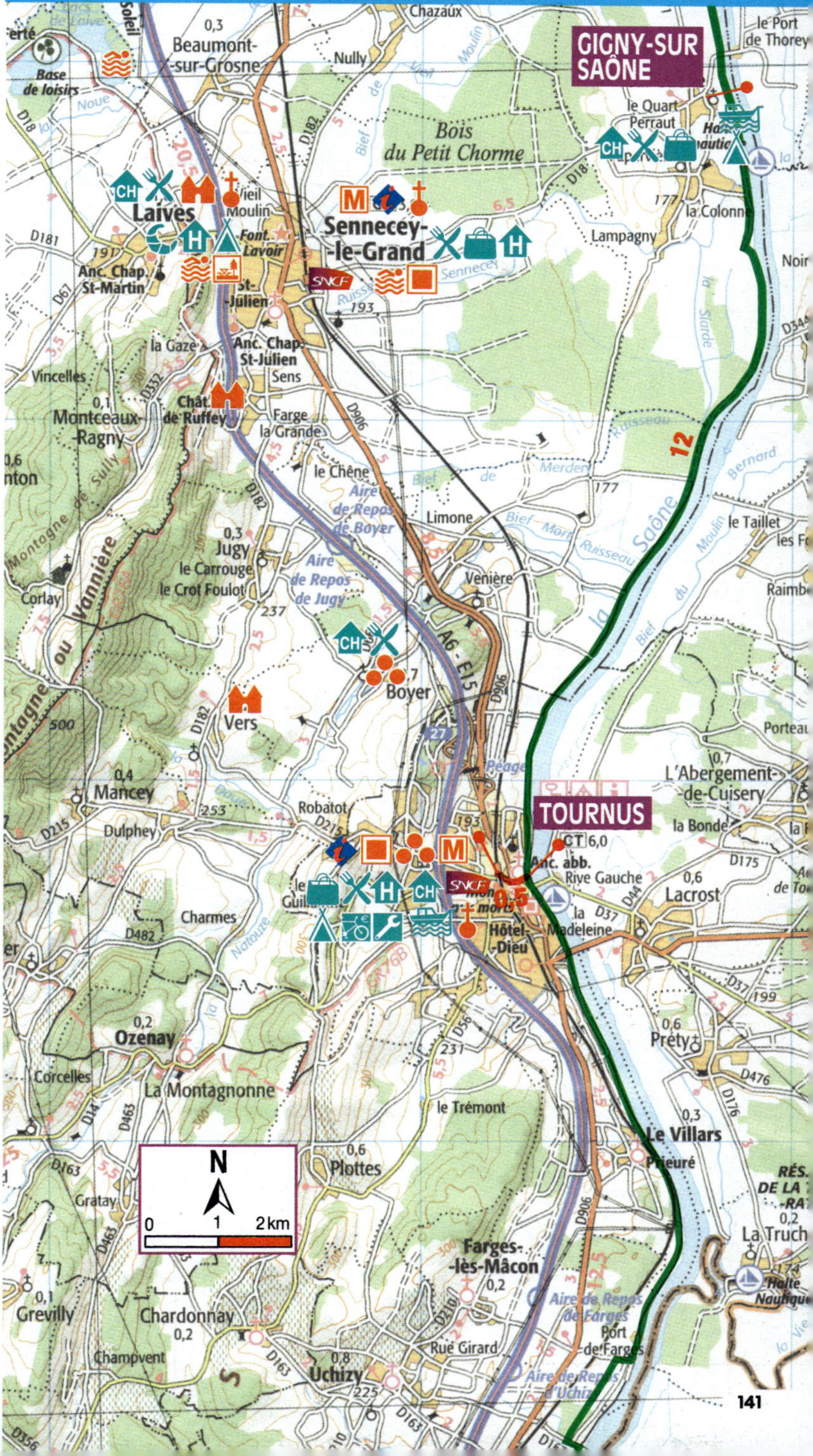

GIGNY-SUR SAÔNE
TOURNUS
Beaumont-sur-Grosne
Nully
Chazaux
Bois du Petit Chorme
le Quart Perraut
le Port de Thorey
Laives
Sennecey-le-Grand
Lampagny
la Colonne
Base de loisirs
Anc. Chap. St-Martin
St-Julien
Anc. Chap. St-Julien
la Gaze
Sens
Vincelles
Montceaux-Ragny
Chât. de Ruffey
Farge la Grande
le Chêne
Aire de Repos de Boyer
Limone
Jugy
le Carrouge
le Crot Foulot
Aire de Repos de Jugy
Venière
Corlay
Montagne de Sully
Boyer
Vers
Mancey
Dulphey
Robatot
L'Abergement-de-Cuisery
la Bonde
Anc. abb.
Rive Gauche
Lacrost
Hôtel-Dieu
la Madeleine
Charmes
Ozenay
Corcelles
La Montagnonne
Préty
le Trémont
Le Villars
Prieuré
Plottes
Gratay
La Truchère
Halte Nautique
Farges-lès-Mâcon
Aire de Repos de Farges
Port de Farges
Grevilly
Chardonnay
Champvent
Rue Girard
Uchizy
Aire de Repos d'Uchizy
le Taillet
la Saône
A6 - E15
0 1 2 km
N

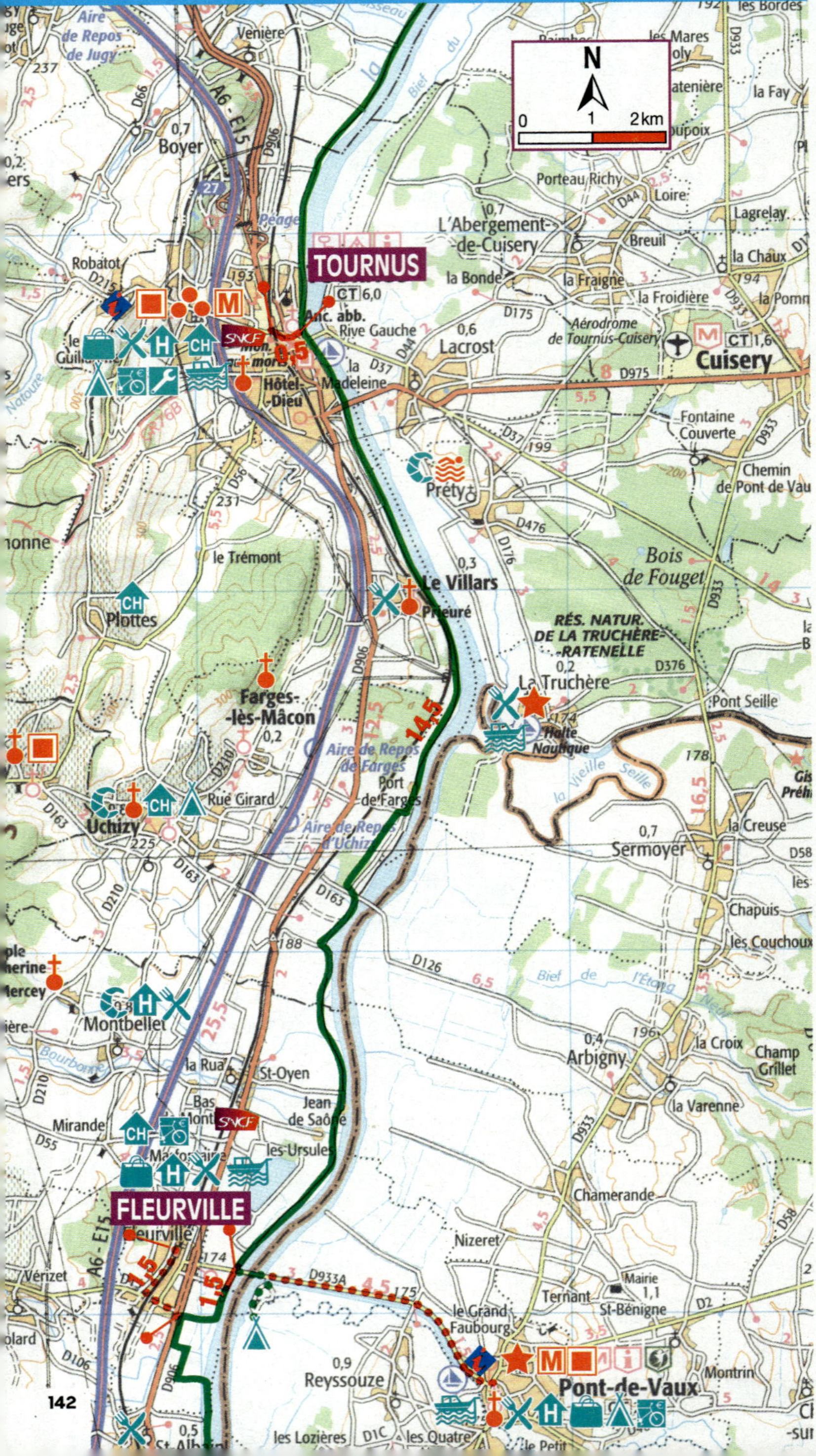
N
0 1 2 km
Aire de Repos de Jugy
Venière
Boyer
A6-E15
Péage
Robatot
TOURNUS
CT 6,0
Anc. abb.
Rive Gauche
SNCF
Hôtel-Dieu
la Madeleine
Porteau Richy
Loire
L'Abergement-de-Cuisery
Breuil
Lagrelay
la Chaux
la Bonde
la Fraigne
la Froidière
Lacrost
Aérodrome de Tournus-Cuisery
CT 1,6
Cuisery
Fontaine Couverte
Chemin de Pont de Vau
Préty
le Trémont
Bois de Fouget
Le Villars
Prieuré
Plottes
RÉS. NATUR. DE LA TRUCHÈRE-RATENELLE
La Truchère
Halte Nautique
Pont Seille
Farges-lès-Mâcon
Aire de Repos de Farges
Port de Farges
Aire de Repos d'Uchizy
la Vieille Seille
Rue Girard
Uchizy
Sermoyer
la Creuse
Chapuis
les Couchoux
Bief de l'Étang
Montbellet
la Croix
Champ Grillet
Arbigny
la Rua
St-Oyen
Jean de Saône
la Varenne
Mirande
Bas Mont
les Ursules
Chamerande
FLEURVILLE
Fleurville
Nizeret
Vérizet
Mairie
Ternant
St-Bénigne
le Grand Faubourg
Reyssouze
Pont-de-Vaux
Montrin
les Lozières
les Quatre
St-Albain

## Fleurville → Mâcon

20 km - 2 h 00

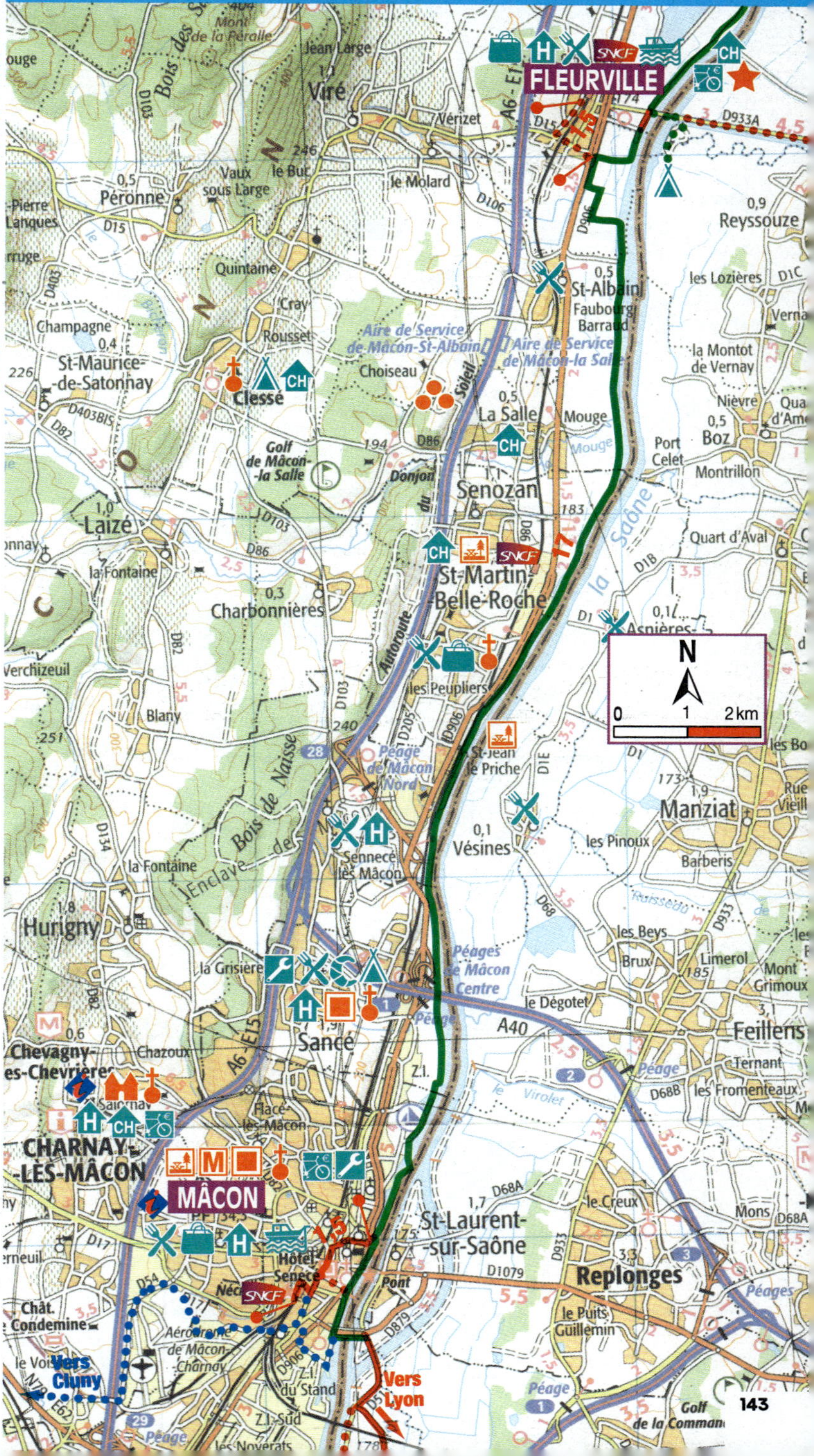
FLEURVILLE
SNCF
CH
Viré
Vérizet
le Molard
Péronne
Vaux sous Large
le Bur
Quintaine
Cray
Rousset
Champagne
St-Maurice-de-Satonnay
Clessé
Choiseau
Aire de Service de Mâcon-St-Albain
Aire de Service de Mâcon-la Salle
St-Albain
Faubourg Barraud
La Salle
Mouge
Golf de Mâcon-la Salle
Donjon
Senozan
Laizé
la Fontaine
Charbonnières
St-Martin-Belle-Roche
Autoroute du Soleil
la Saône
Reyssouze
les Lozières
la Montot de Vernay
Boz
Port Celet
Montrillon
Quart d'Aval
Asnières
N
0
1
2 km
Verchizeuil
Blany
les Peupliers
St-Jean le Priche
Péage de Mâcon Nord
Bois de Naisse
Enclave des
Sennecé lès Mâcon
Vésines
les Pinoux
Manziat
Barberis
Hurigny
la Fontaine
la Grisière
Péages de Mâcon Centre
les Beys
Brux
Limerol
Mont Grimoux
le Dégotet
A40
Feillens
Ternant
les Fromenteaux
Sancé
Chevagny-les-Chevrières
Chazoux
Z.I.
le Virolet
Flacé-lès-Mâcon
CHARNAY-LÈS-MÂCON
MÂCON
St-Laurent-sur-Saône
le Creux
Mons
Replonges
Hôtel Senecé
Pont
le Puits Guillemin
Châtenay Condemine
Aérodrome de Mâcon-Charnay
Vers Cluny
Z.I. du Stand
Z.I. Sud
Vers Lyon
Péage
les Noyerats
Golf de la Commanderie

MÂCON
MÂCON SUD
THOISSEY
Sancé
St-Laurent-sur-Saône
Varennes-lès-M.
Base de Loisirs du Lac de Cormoranche
Cormoranche-sur-Saône
Crêches-sur-Saône
Halte Nautique
Base de Loisirs des Sablons
Aire de Repos de Crêches
Aire de Repos des Sablons
Grièges
St-Amour-Bellevue
Juliénas
La Chapelle-de-Guinchay
St-Symphorien-d'Ancelles
Romanèche-Thorins
Touroparc
St-Romain-des-Iles
St-Didier-sur-Chalaronne
Les Jardins Aquatiques
Garnerans
Autoroute du Soleil
A6 - E15
N
0
1
2 km

## Thoissey → Belleville-en-Beaujolais

17 km - 1 h 45

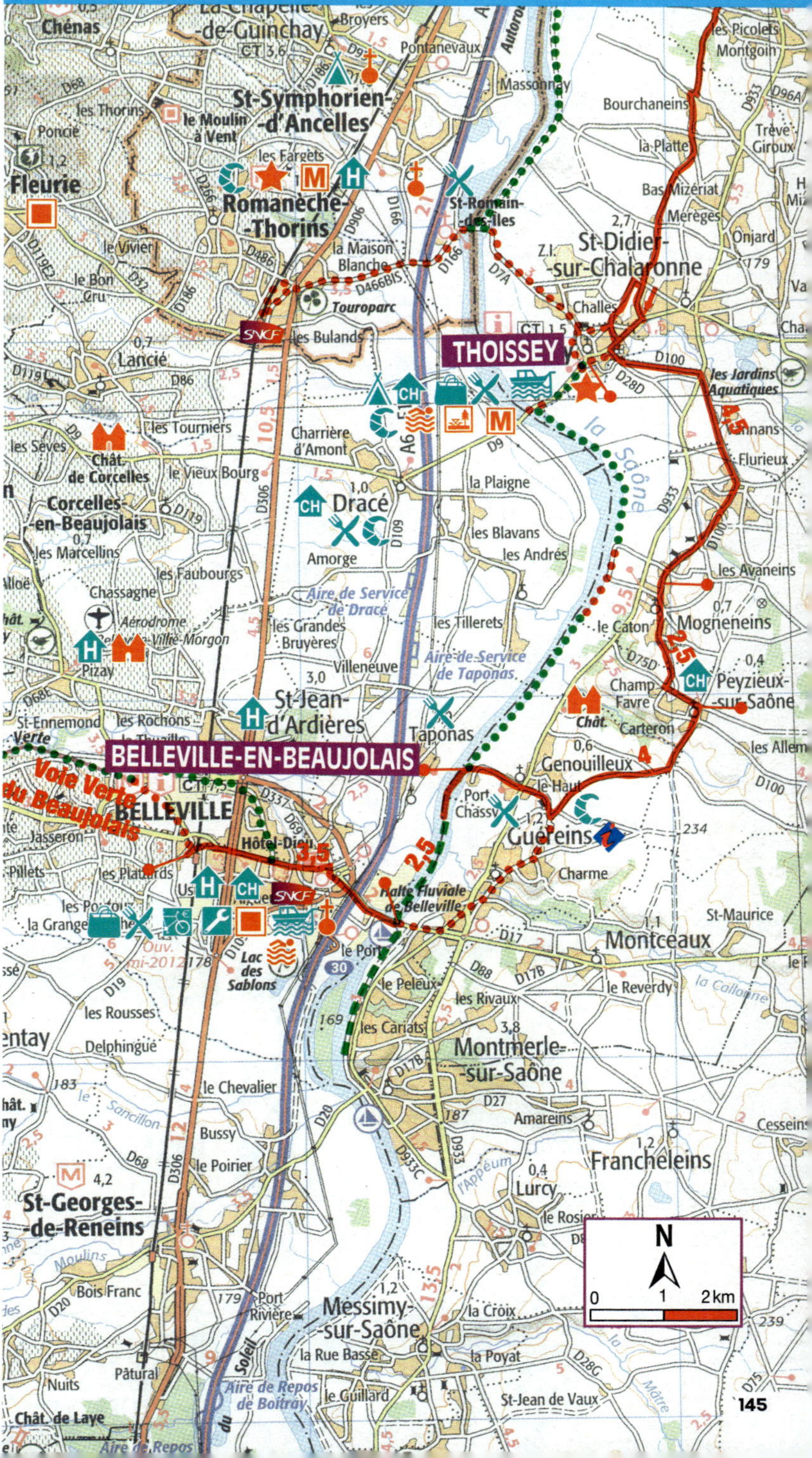

Chénas
La-Chapelle-de-Guinchay
Broyers
Pontanevaux
St-Symphorien-d'Ancelles
les Thorins
le Moulin à Vent
Poncié
Fleurie
les Fargets
Romanèche-Thorins
St-Romain-des-Iles
Massonnay
Bourchaneins
les Picolets
Montgoin
Trève-Giroux
la Platte
Bas Mizériat
Merèges
Onjard
St-Didier-sur-Chalaronne
Z.I.
Challes
le Vivier
le Bon Cru
la Maison Blanche
Touroparc
les Bulands
THOISSEY
Lancié
les Tourniers
Charrière d'Amont
les Jardins Aquatiques
Flurieux
la Saône
les Sèves
Chât. de Corcelles
le Vieux Bourg
la Plaigne
Dracé
Corcelles-en-Beaujolais
les Marcellins
Amorge
les Blavans
les Andrés
les Faubourgs
Chassagne
Aire de Service de Dracé
les Avaneins
Aérodrome Villié-Morgon
les Grandes Bruyères
les Tillerets
le Caton
Mogneneins
Pizay
Villeneuve
Aire de Service de Taponas
Champ Favre
Peyzieux-sur-Saône
St-Ennemond
les Rochons
St-Jean-d'Ardières
Taponas
Chât.
Carteron
BELLEVILLE-EN-BEAUJOLAIS
Genouilleux
le Haut
Voie Verte du Beaujolais
BELLEVILLE
Port Chassy
Guéreins
Jasseron
Hôtel-Dieu
Charme
les Pillets
les Platards
Halte fluviale de Belleville
St-Maurice
la Grange
Ouv. mi-2012
Lac des Sablons
le Port
Montceaux
le Peleux
le Reverdy
la Callonne
les Rousses
les Rivaux
les Cariats
Montmerle-sur-Saône
Delphingue
le Chevalier
Amareins
Cesseins
Bussy
Francheleins
le Poirier
Lurcy
St-Georges-de-Reneins
le Rosier
Bois Franc
Port Rivière
Messimy-sur-Saône
la Croix
la Rue Basse
la Poyat
Pâtural
Nuits
Aire de Repos de Boitray
le Guillard
St-Jean de Vaux
Chât. de Laye
N
0
1
2 km

## Belleville-en-Beaujolais → Villefranche-sur-Saône

**23,5 km - 2 h 30**

**N°33**

## Villefranche-sur-Saône → Neuville-sur-Saône

**25 km - 2 h 40**



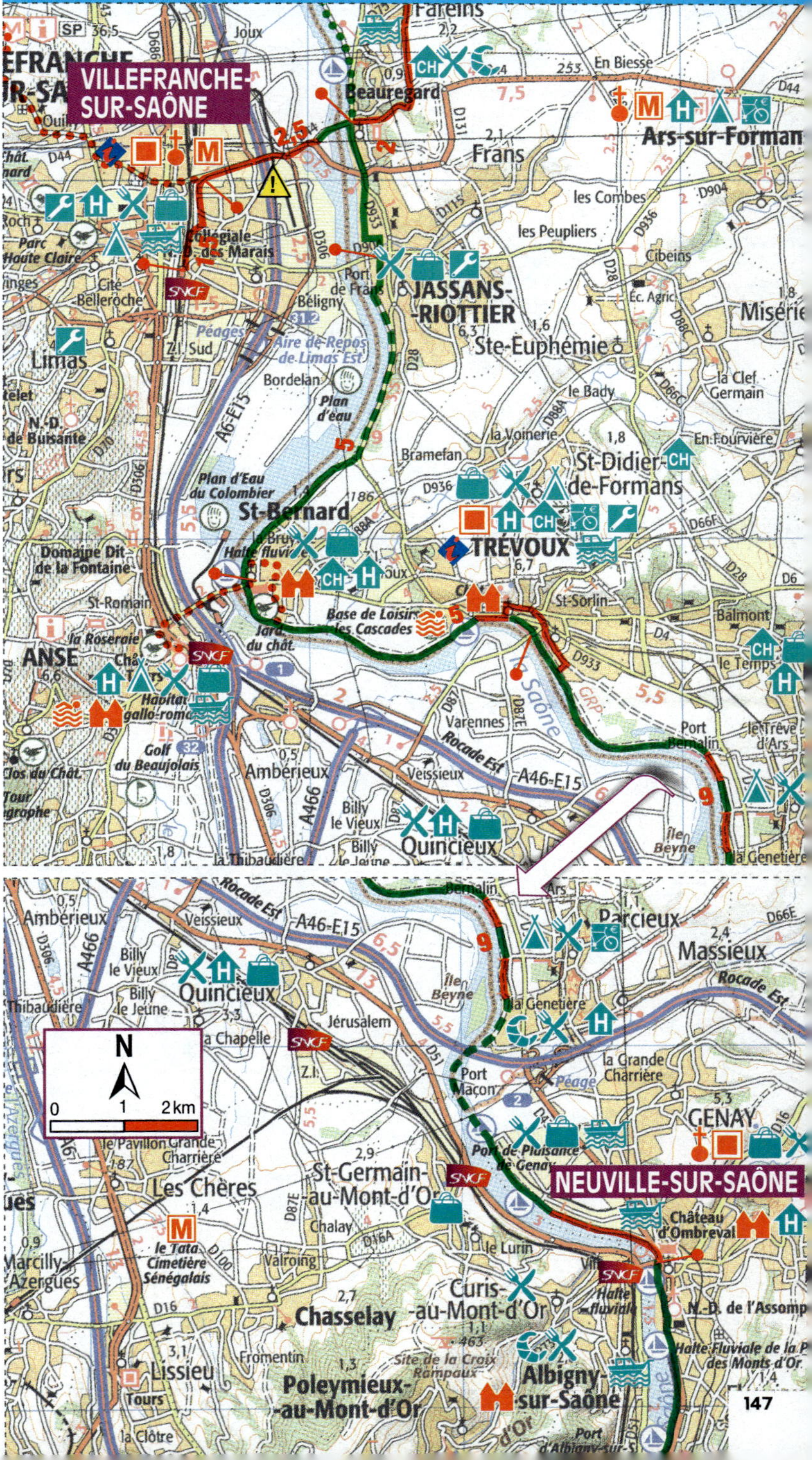

## Neuville-sur-Saône → Lyon

**24 km - 2 h 25**

**N°35**

NEUVILLE-SUR-SAÔNE
Port de Plaisance de Genay
Genay
St-Germain-au-Mont-d'Or
Chalay
Château d'Ombreval
Montanay
Aire de Service de Mionnay-en-Chatanay
Aire de Service de Mionnay-Saint-Galmier
Péage
Curis-au-Mont-d'Or
Chasselay
Halte fluviale
N.-D. de l'Assomption
Site de la Croix Rampaux
Albigny-sur-Saône
Halte Fluviale de la Port des Monts d'Or
Fleurieu-sur-Saône
Port d'Albigny-sur-S.
Couzon-au-Mont-d'Or
Fontaines-St-Martin
Cailloux-sur-Fontaines
Bonnamant
Mont Thoux
Rochetaillée-sur-Saône
Sathonay-Village
Limonest
St-Romain-au-Mont-d'Or
FONTAINES-SUR-SAÔNE
Sathonay-Camp
RILLIEUX-LA-PAPE
Rousselière
St-Fortunat
Collonges-au-Mont-d'Or
Halte fluviale
ST-DIDIER-AU-MONT-D'OR
ST-CYR-AU-MONT-D'OR
CALUIRE-ET-CUIRE
CHAMPAGNE-AU-MONT-D'OR
les Ormes
Caluire
Vassieux
Fort de Montessuy
Cuire
Via Rhôna
Parc de la Feyssine
Parc St-Clair
la Doua
Univ.
Parc de la Tête d'Or
Parc du Vallon
Parc de la Cerisaie
Zoo
Jardin bota.
VILLEURBANNE
Vaise
Parc des Hautefeuilles
St-Jean
les Brotteaux
Fontaine Bartholdi
St-Nizier
N.-D. de Fourvière
Parc archéol.
St-Bonaventure
la Part-Dieu
la Glacière
Cusset
LYON
Parc de la Garde Tombeaux
Funiculaire
Cath. St-Jean
Basil.
Place Bellecour
la Guillotière
TASSIN-LA-DEMI-LUNE
Fort St-Irénée
Fort Montluc
Parc de Saône
Parc de la Confluence
Centre de Recherche sur le Cancer
la Bonne Maison
STE-FOY-LES-LYON
Fort Ste-Foy
la Mouche
Cimetière de la Guillotière
Mosquée
le Bachut
Parc des Berges du Rhône
les Hérideaux
Gerland
Halle
Petit Parilly
MULATIÈRE
Aquarium
Parc Naturel
Stade de Gerland
0 1 2 km
N

## Circuit urbain : Presqu'île de Lyon — 9,5 km

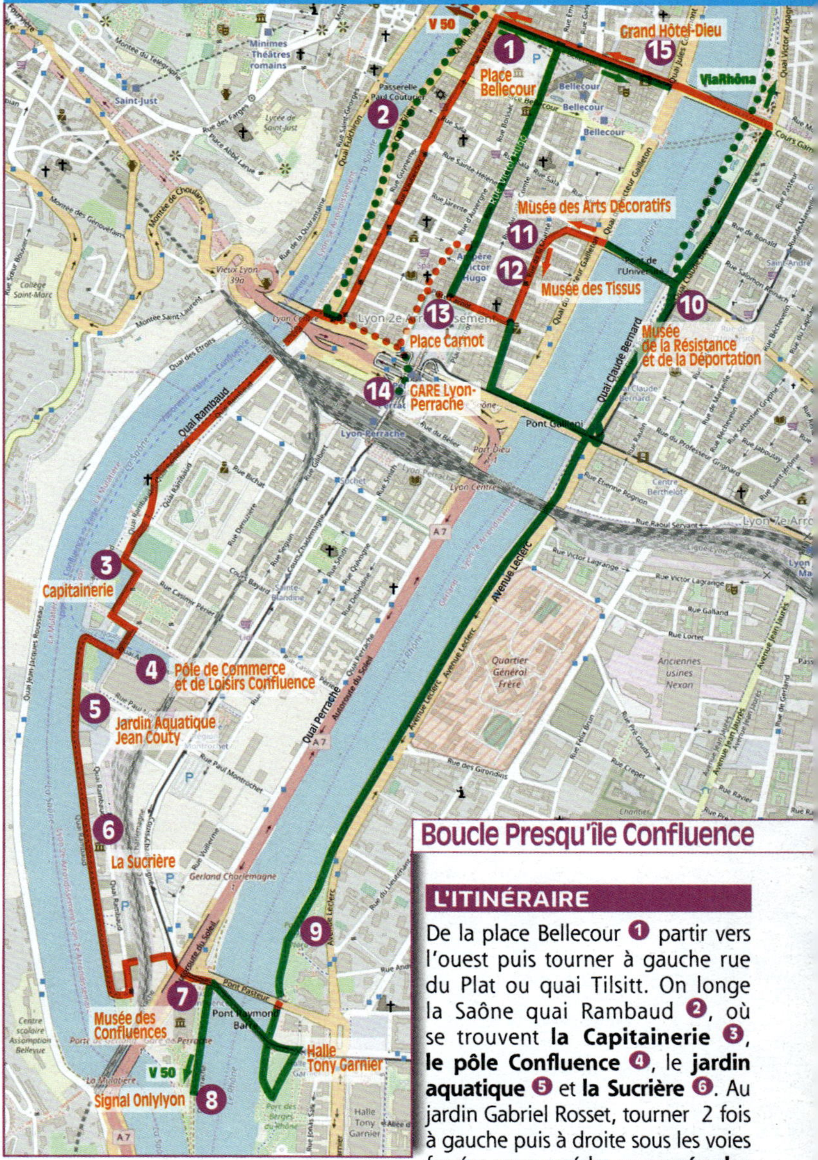


### Boucle Presqu'île Confluence

**L'ITINÉRAIRE**

De la place Bellecour ❶ partir vers l'ouest puis tourner à gauche rue du Plat ou quai Tilsitt. On longe la Saône quai Rambaud ❷, où se trouvent **la Capitainerie** ❸, **le pôle Confluence** ❹, le **jardin aquatique** ❺ et **la Sucrière** ❻. Au jardin Gabriel Rosset, tourner 2 fois à gauche puis à droite sous les voies ferrées pour accéder au **musée des Confluences** ❼ et au **signal OnlyLyon**, extrémité de la Voie Bleue ❽ Traverser le Rhône par le pont Raymond Barre : **Halle Tony Garnier** ❾, puis remonter vers le nord le long du Rhône en rive gauche Via Rhôna **(Musée de la Résistance et de la Déportation)** ❿, jusqu'au pont de l'Université par lequel on retraverse le Rhône. Prendre la 2e à gauche pour accéder aux **musées des Art décoratifs** ⓫ **et des Tissus** (réouv. en 2026) ⓬. Poursuivre jusqu'à la place Carnot ⓭, (accès à la gare Perrache ⓮) et retour pl. Bellecour par la rue piétonne Victor Hugo (⓯ Grand Hôtel-Dieu).

# LA SOMME À VÉLO

192 km

## LA SOMME

**Suivez la Somme depuis Saint-Quentin jusqu'à Saint-Valery-sur-Somme, où la rivière se jette dans la fameuse baie, splendide. Cette véloroute met sur votre chemin Péronne et son Historial de la Grande Guerre, le canal de la Somme, la cathédrale d'Amiens…**

*L'itinéraire part de Saint-Quentin mais le départ officiel de la Véloroute de la Somme (V30) se situe à Ham ou à Saint-Valery-sur-Somme si vous souhaitez partir de l'ouest.*

***Jonctions :*** *EV 3 (La Scandibérique), V32 : Véloroute du Nord / Véloroute de la Mémoire, EV 4 (La Vélomaritime).*



Phare de Saint-Valery-sur-Somme.

# L'ITINÉRAIRE

Pas-de-Calais
Nord
Seine-Maritime
Somme
Oise
Aisne
SAINT-VALERY-SUR-SOMME
Abbeville
Long
La Chaussée-Tirancourt
Amiens
Corbie
Froissy
Péronne
Béthencourt-sur-Somme
Ham
SAINT-QUENTIN
La Somme
1
2
3
4
5
6
7
8
9
10
N
0
20
40 km
Ville départ et arrivée
Ville étape

# LES ÉTAPES

N° de la carte →

| De l'Aisne à la Somme | 106,3 km |
|---|---|
| 1 Saint-Quentin → Ham | 22 km – 1 h 50 |
| 2 Ham → Béthencourt-sur-Somme | 20 km – 1 h 45 |
| 3 Béthencourt-sur-Somme → Péronne | 17,6 km – 1 h 25 |
| 4 Péronne → Froissy | 22,2 km – 1 h 55 |
| 5 Froissy → Corbie | 24,5 km – 2 h 05 |
| **En route vers la baie de Somme** | **85,3 km** |
| 6 Corbie → Amiens | 20,8 km – 1 h 45 |
| 7 Amiens → La Chaussée-Tirancourt | 15 km – 1 h 10 |
| 8 La Chaussée-Tirancourt → Long | 17 km – 1 h 25 |
| 9 Long → Abbeville | 16,5 km – 1 h 20 |
| 10 Abbeville → Saint-Valery-sur-Somme | 16 km – 1 h 20 |

**Total de l'itinéraire** **191,6 km**

## N°1 Saint-Quentin → Ham

**22 km - 1 h 50**

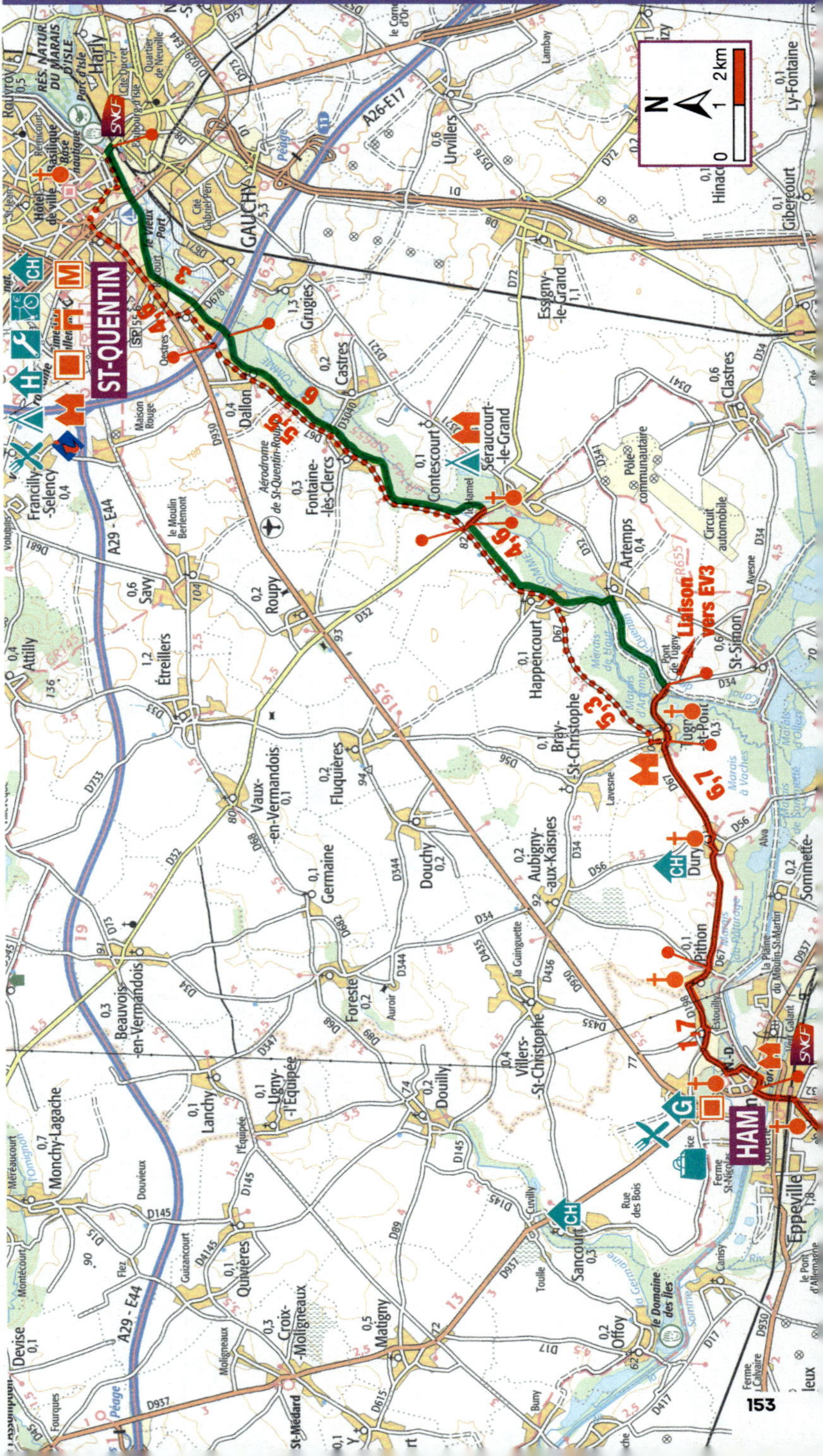
ST-QUENTIN
HAM
SNCF
Liaison vers EV3
4,6
3
5,5
6
4,6
5,3
6,1
1,7
GAUCHY
A26-E17
A29 - E44
Harly
Gauchy
Grugies
Castres
Dallon
Fontaine-lès-Clercs
Contescourt
Seraucourt-le-Grand
Happencourt
Artemps
Tugny-et-Pont
St-Simon
Bray-St-Christophe
Dury
Pithon
Estouilly
Eppeville
Roupy
Savy
Étreillers
Attilly
Francilly-Selency
Vaux-en-Vermandois
Fluquières
Germaine
Douchy
Aubigny-aux-Kaisnes
Essigny-le-Grand
Urvillers
Clastres
Beauvois-en-Vermandois
Foreste
Villers-St-Christophe
Sancourt
Offoy
Matigny
Monchy-Lagache
Lanchy
Ugny-l'Équipée
Douilly
Quivières
Croix-Moligneaux
Devise

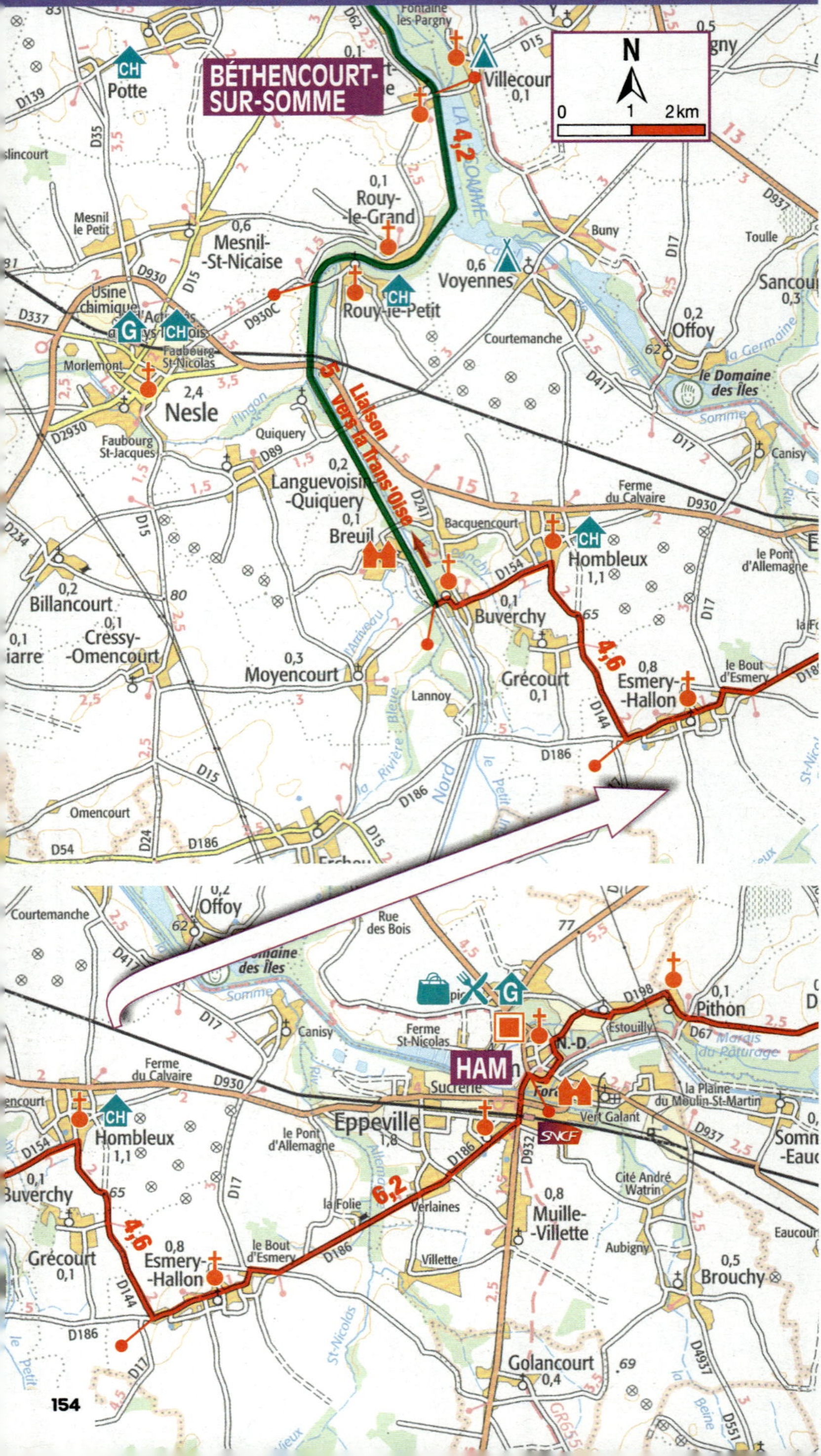
BÉTHENCOURT-SUR-SOMME
N
0
1
2 km
Potte
Villecourt
Rouy-le-Grand
Mesnil-St-Nicaise
Mesnil le Petit
Voyennes
Rouy-le-Petit
Usine chimique
Nesle
Morlemont
Faubourg St-Nicolas
Faubourg St-Jacques
Quiquery
Languevoisin-Quiquery
Breuil
Courtemanche
Buny
Toulle
Offoy
le Domaine des Îles
Canisy
Ferme du Calvaire
Bacquencourt
Hombleux
le Pont d'Allemagne
Buverchy
Billancourt
Cressy-Omencourt
Moyencourt
Grécourt
Esmery-Hallon
le Bout d'Esmery
Lannoy
Omencourt
Liaison vers la Trans-Oise
4,2
5
4,6
6,2
Rue des Bois
Ferme St-Nicolas
HAM
Sucrerie
Eppeville
Estouilly
Pithon
N.-D.
Vert Galant
SNCF
la Plaine du Moulin St-Martin
Cité André Watrin
Muille-Villette
Verlaines
la Folie
Villette
Aubigny
Brouchy
Golancourt
Marais du Pâturage
D930
D15
D186
D17
D154
D144
D937
D932
D67
D198
D417
D241

## N°3 Béthencourt-sur-Somme → Péronne

**17,6 km - 1 h 25**

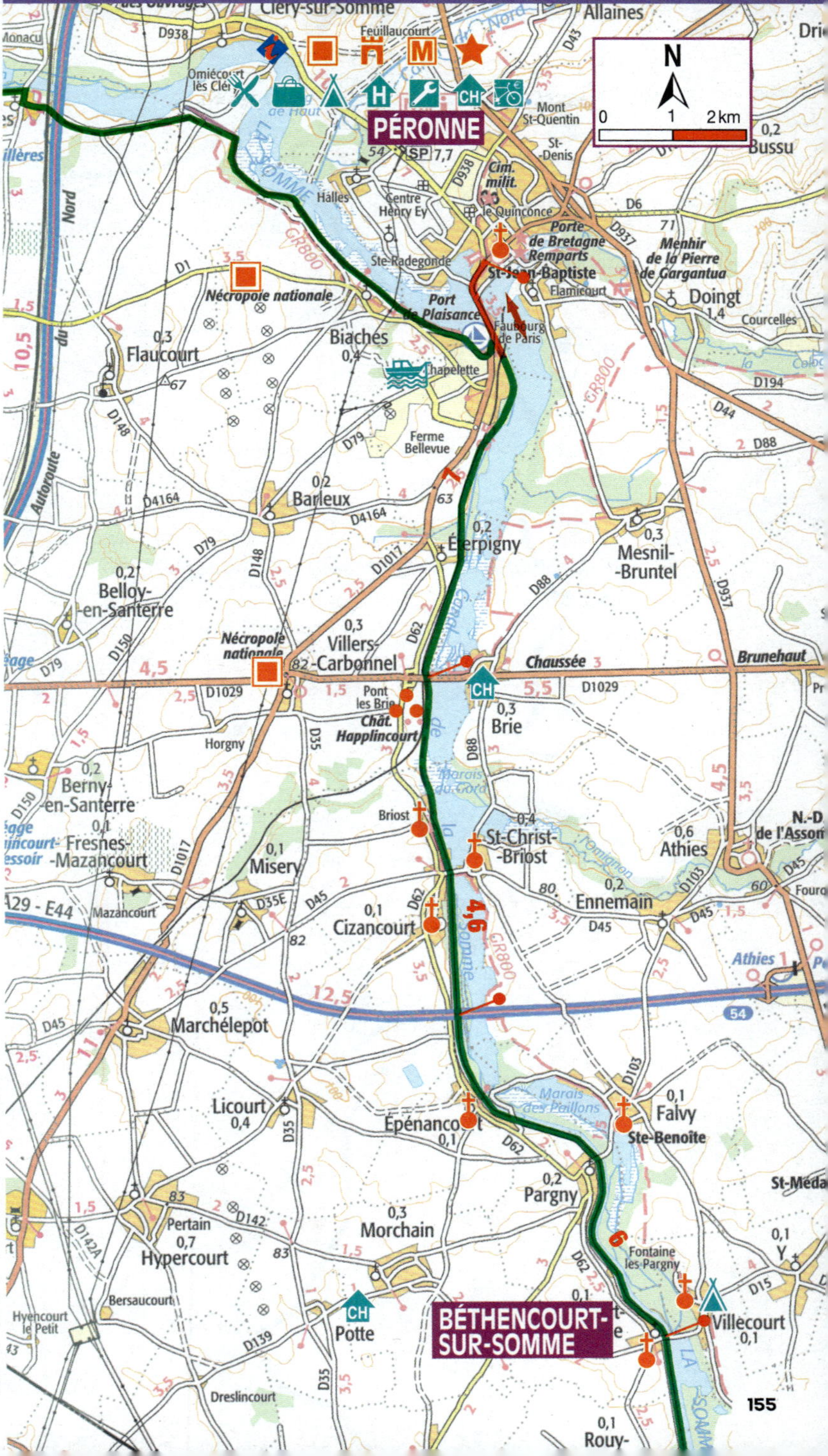
PÉRONNE
BÉTHENCOURT-SUR-SOMME
N
0
1
2 km
Cléry-sur-Somme
Feuillaucourt
Allaines
Omiécourt lès Cléry
Mont St-Quentin
Bussu
St-Denis
Halles
Centre Henry Ey
Cim. milit.
le Quinconce
Porte de Bretagne
Remparts
St-Jean-Baptiste
Flamicourt
Menhir de la Pierre de Gargantua
Doingt
Courcelles
Ste-Radegonde
Port de Plaisance
Faubourg de Paris
Nécropole nationale
Biaches
Chapelette
Flaucourt
Ferme Bellevue
Barleux
Éterpigny
Mesnil-Bruntel
Belloy-en-Santerre
Villers-Carbonnel
Chaussée Brunehaut
Pont les Brie
Chât. Happlincourt
Brie
Horgny
Berny-en-Santerre
Briost
Marais du Cora
St-Christ-Briost
Athies
Fresnes-Mazancourt
Misery
Ennemain
Mazancourt
Cizancourt
A29 - E44
Marchélepot
Licourt
Épénancourt
Marais des Paillons
Falvy
Ste-Benoîte
Pargny
St-Médard
Pertain
Hypercourt
Morchain
Fontaine les Pargny
Bersaucourt
Potte
Villecourt
Hyencourt le Petit
Dreslincourt
Rouy-
GR800
4,6
6

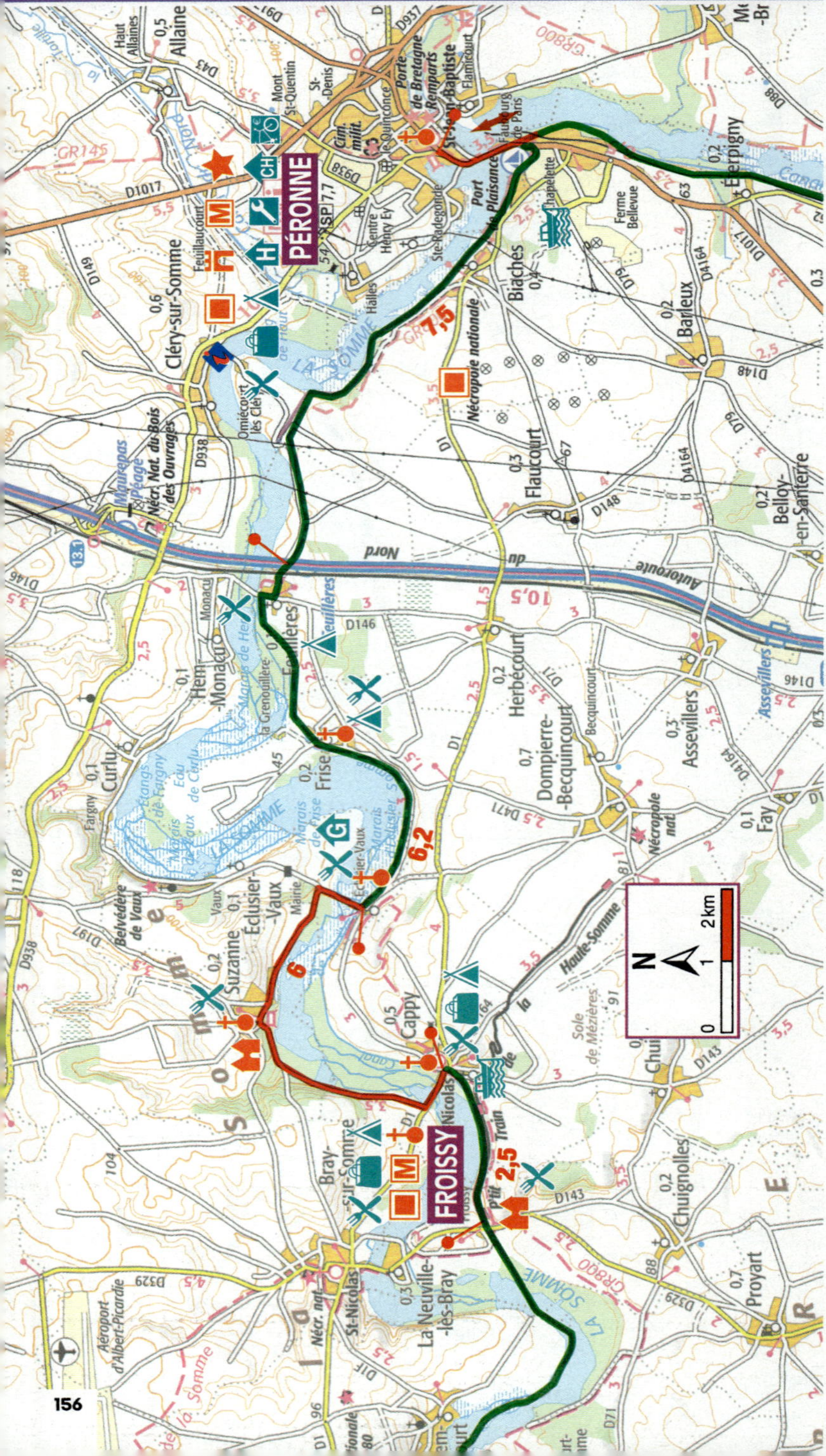
PÉRONNE
FROISSY
Cléry-sur-Somme
Biaches
Flaucourt
Barleux
Feuillères
Herbécourt
Frise
Curlu
Suzanne
Éclusier-Vaux
Cappy
Bray-sur-Somme
La Neuville-lès-Bray
Chuignolles
Proyart
Assevillers
Dompierre-Becquincourt
Belloy-en-Santerre
Éterpigny
Allaine
Hem-Monacu
Nécropole nationale
Port de Plaisance
Autoroute du Nord
La Somme
7,5
10,5
6,2
6
2,5
2km

## Froissy → Corbie

## 24,5 km - 2 h 05

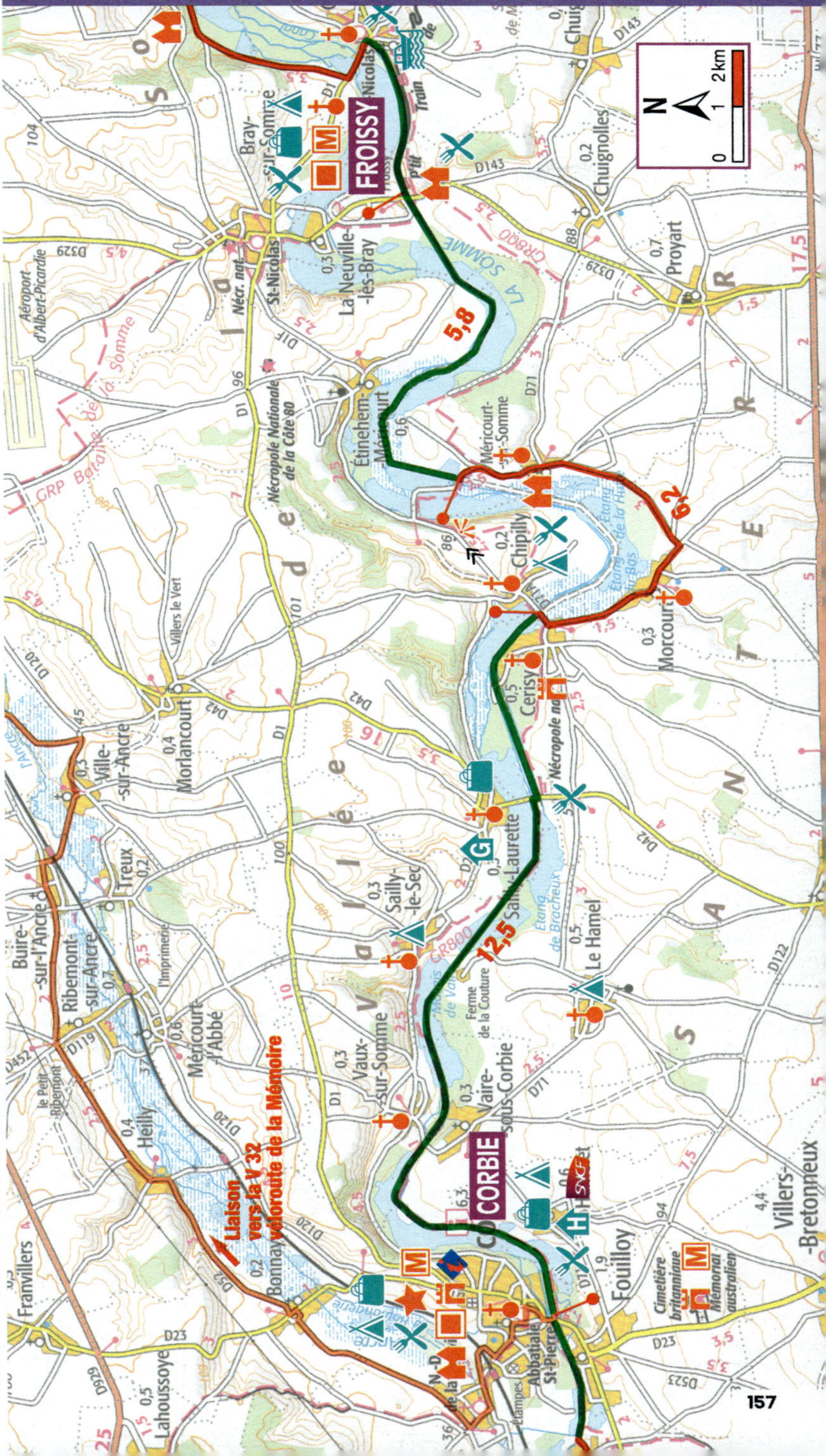
FROISSY
CORBIE
Bray-sur-Somme
La Neuville-lès-Bray
Étinehem-Méricourt
Méricourt-sur-Somme
Chipilly
Morcourt
Cerisy
Sailly-Laurette
Sailly-le-Sec
Le Hamel
Vaire-sous-Corbie
Vaux-sur-Somme
Fouilloy
Villers-Bretonneux
Chuignolles
Proyart
Morlancourt
Ville-sur-Ancre
Treux
Buire-sur-l'Ancre
Ribemont-sur-Ancre
Méricourt-l'Abbé
Heilly
Bonnay
Franvillers
Lahoussoye
Aéroport d'Albert-Picardie
Nécropole Nationale de la Côte 80
Ferme de la Couture
Abbatiale St-Pierre
Cimetière britannique
Mémorial australien
Liaison vers la V 32 véloroute de la Mémoire
5,8
6,2
12,5
Étang de Bracheux
GRP Bataille de la Somme
GR800
LA SOMME
N
0
1
2km

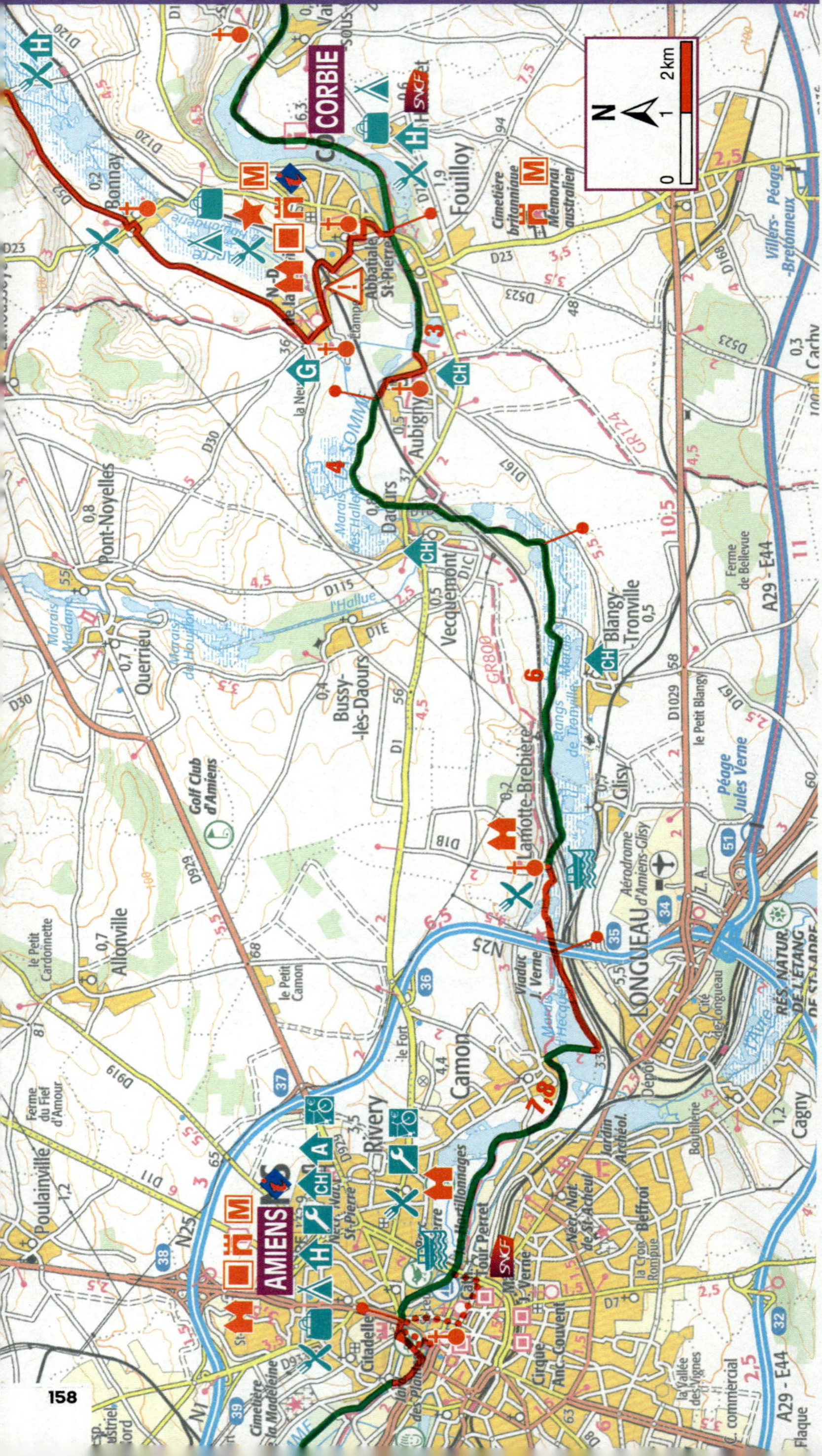
CORBIE
Fouilloy
Bonnay
Abbatiale St-Pierre
Aubigny
Daours
Vecquemont
Pont-Noyelles
Querrieu
Bussy-lès-Daours
Blangy-Tronville
Glisy
Lamotte-Brebière
Camon
Rivery
AMIENS
LONGUEAU
Cagny
Allonville
Poulainville
Golf Club d'Amiens
Aérodrome d'Amiens-Glisy
Cimetière britannique
Mémorial australien
Viaduc J. Verne
Citadelle
Belfroi
Cirque
Anc. Couvent
Villers-Bretonneux
Péage Jules Verne
RÉS. NATUR. DE L'ÉTANG DE ST-LADRE
A29 - E44
N25
GR800
GR124
2km

## Zoom Amiens

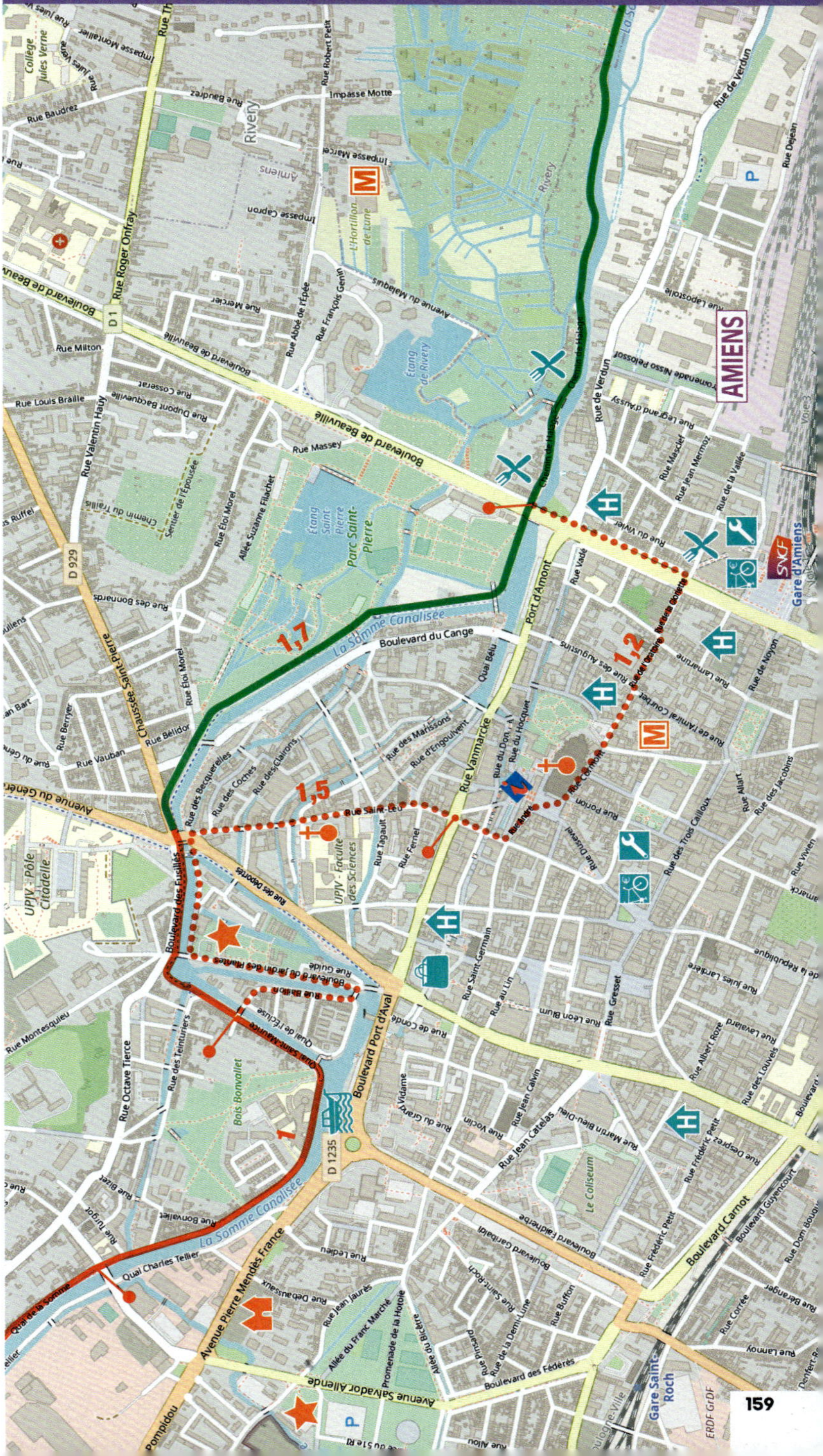
AMIENS
Gare d'Amiens
SNCF
Gare Saint-Roch
Boulevard de Beauville
Rue Roger Onfray
D 1
D 929
D 1235
Chaussée Saint-Pierre
Étang de Rivery
Étang Saint-Pierre
Parc Saint-Pierre
L'Hortillon de Lune
Rivery
La Somme Canalisée
Boulevard du Cange
Port d'Amont
Quai Bélu
Rue Vanmarcke
Boulevard Port d'Aval
Boulevard des Fusillés
Avenue du Général
UPJV - Pôle Citadelle
UPJV - Faculté des Sciences
Bois Bonvallet
Quai Charles Tellier
Avenue Pierre Mendès France
Avenue Salvador Allende
Boulevard Carnot
Boulevard des Fédérés
Le Coliseum
Rue de Noyon
Rue des Jacobins
Rue des Trois Cailloux
Rue de Verdun
Promenade Nisso Pelossof
Rue Montesquieu
Rue Octave Tierce
Rue Valentin Haüy
Rue Louis Braille
Rue Milton
Rue Massey
Rue Éloi Morel
Allée Suzanne Flachet
Sentier de l'Épousée
Collège Jules Verne
Rue Baudrez
Impasse Motte
Rue Robert Petit
Rue des Teinturiers
Rue Saint-Germain
Rue Gresset
Rue Léon Blum
Rue Jean Catelas
Rue Jean Calvin
Rue Vidame
Rue Jean Jaurès
Allée du Franc Marché
Promenade de la Hotoie
Allée du Bicêtre
Rue Dejean
Rue de la Vallée
Rue Lamartine
Rue Allart
Rue Vivien
1,7
1,5
1,2
1
P

15 km - 1 h 10

N°7

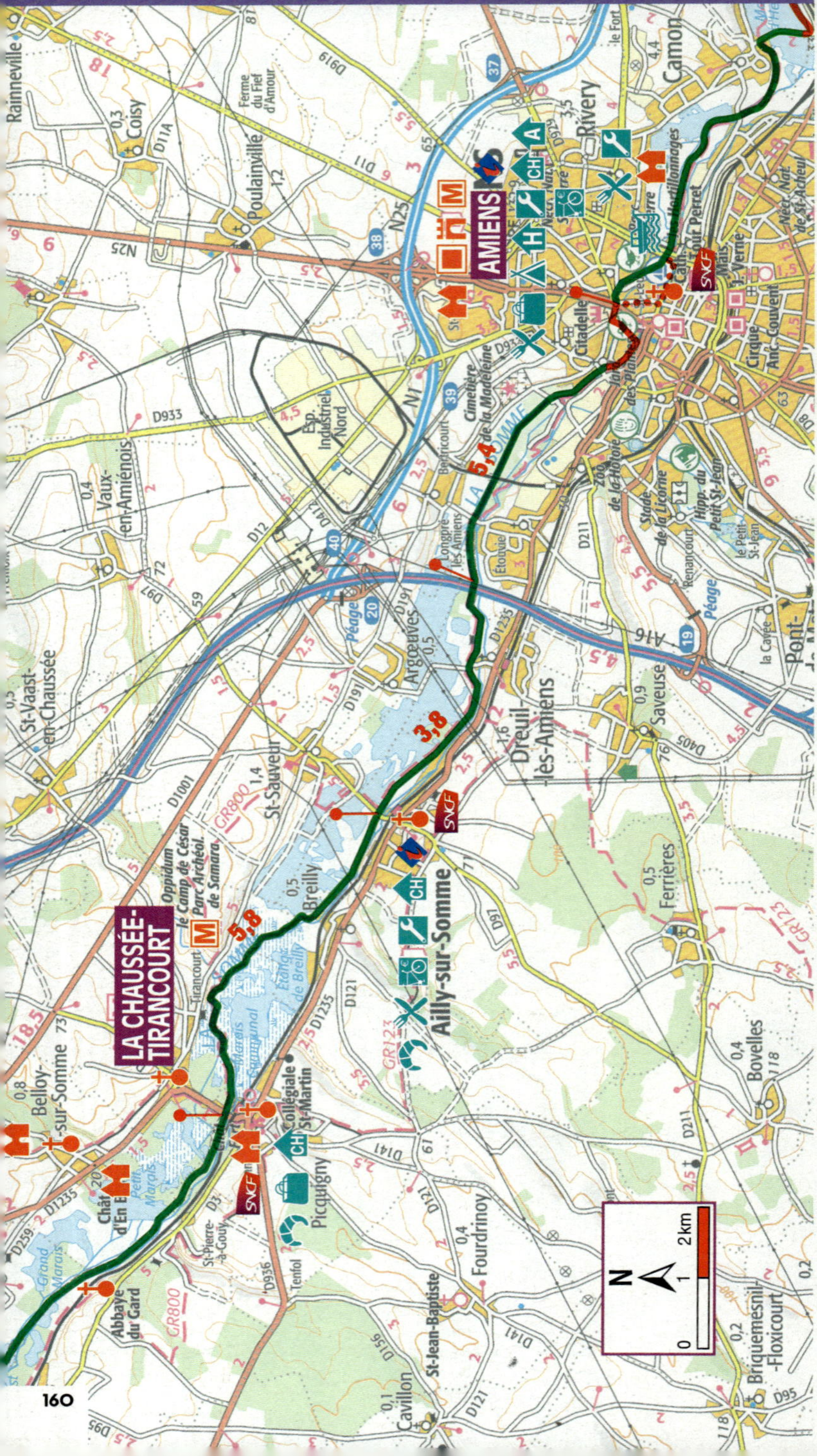
AMIENS
LA CHAUSSÉE-TIRANCOURT
Rainneville
Coisy
Poulainville
Ferme du Fief d'Amour
Rivery
Camon
Citadelle
Cimetière de la Madeleine
Esp. Industriel Nord
Vaux-en-Amiénois
St-Vaast-en-Chaussée
Longpré-lès-Amiens
Étouvie
Argœuves
Dreuil-lès-Amiens
Saveuse
Zoo de la Hotoie
Stade de la Licorne
Hipp. du Petit St-Jean
Cirque
St-Sauveur
Breilly
Ailly-sur-Somme
Oppidum le Camp de César
Parc Archéol. de Samara
Tirancourt
Belloy-sur-Somme
Collégiale St-Martin
Picquigny
Abbaye du Gard
St-Pierre-à-Gouy
Fourdrinoy
St-Jean-Baptiste
Cavillon
Ferrières
Bovelles
Briquemesnil-Floxicourt
5,4
3,8
5,8
2km

# N°8 La Chaussée-Tirancourt → Long

**17 km - 1 h 25**

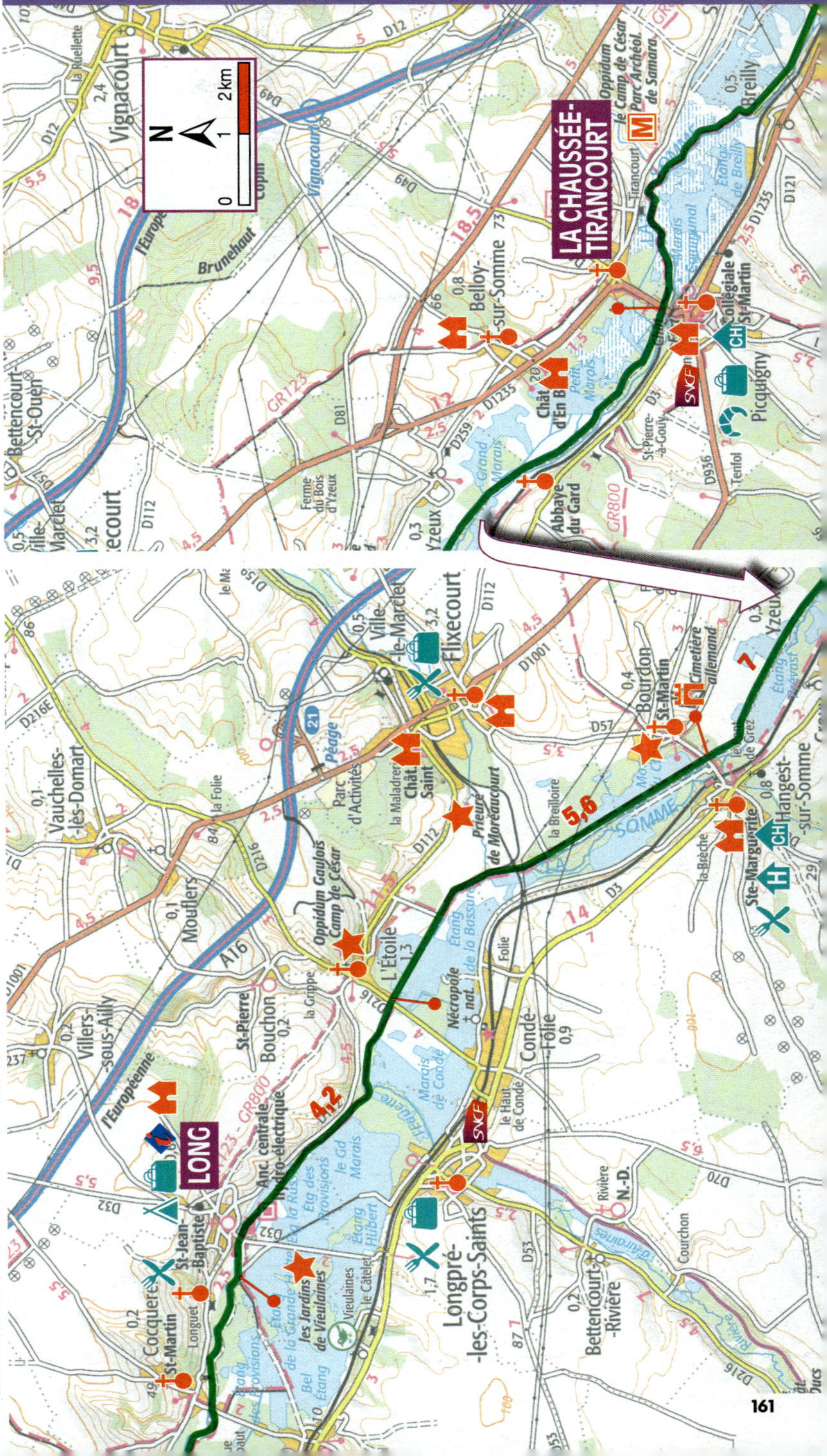
LA CHAUSSÉE-TIRANCOURT
LONG
Longpré-les-Corps-Saints
Hangest-sur-Somme
Flixecourt
Picquigny
Belloy-sur-Somme
Bourdon
L'Étoile
Condé-Folie
Cocquerel
Vignacourt
Mouflers
Villers-sous-Ailly
Vauchelles-lès-Domart
Yzeux
Breilly
Abbaye du Gard
Prieuré de Moréaucourt
Oppidum Gaulois Camp de César
les Jardins de Vieulaines
Cimetière allemand
Collégiale St-Martin
Nécropole nat.
SOMME
0 1 2km

ABBEVILLE
LONG
Pont-Remy
Long
St-Jean-Baptiste
Cocquerel
St-Martin
Longuet
Villers-sous-Ailly
Ailly-le-Haut-Clocher
Égl. de l'Assomption
Bussus-Bussuel
Yaucourt-Bussus
Buigny-l'Abbé
Vauchelles-les-Quesnoy
N.-D. de Monflières
Bellancourt
Francières
Eaucourt-sur-Somme
Moulin Guidon
Épagne-Épagnette
Mareuil-Caubert
St-Christophe
Bray-lès-Mareuil
Érondelle
Liercourt
Fontaine-sur-Somme
Camp de César
Huchenneville
Cambron
St-Martin
Yonval
Moyenneville
Béhen
Chât. de Bagatelle
Jardin
Beffroi
Hipp. de la Prairie Malicorne
Mont Caubert
Autoroute des Estuaires
A28 - E402
A16
D1001
GR123
GR800
GR123 - GR800
l'Européenne
le Canal
LA SOMME
3,5
6,6
6,4
0
1
2km
N

N°10

## Abbeville → Saint-Valery-sur-Somme

16 km - 1 h 20

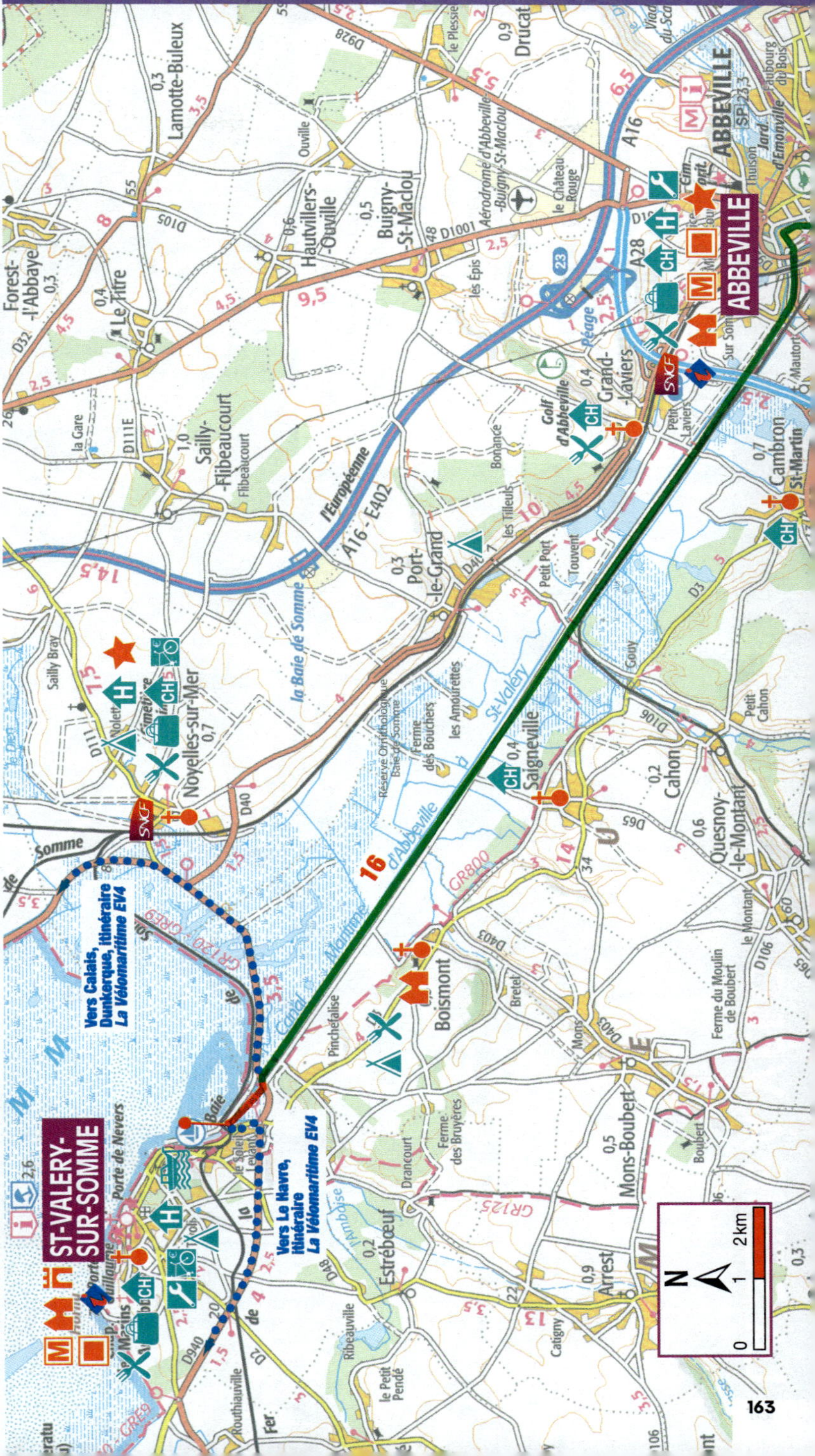
ABBEVILLE
ST-VALERY-SUR-SOMME
Vers Calais, Dunkerque, itinéraire La Vélomaritime EV4
Vers Le Havre, itinéraire La Vélomaritime EV4
Noyelles-sur-Mer
Port-le-Grand
Grand-Laviers
Saigneville
Boismont
Cahon
Quesnoy-le-Montant
Mons-Boubert
Arrest
Estréboeuf
Cambron
Sailly-Flibeaucourt
Buigny-St-Maclou
Hautvillers-Ouville
Lamotte-Buleux
Forest-l'Abbaye
Le Titre
Drucat
Pinchefalise
Canal Maritime d'Abbeville
la Baie de Somme
A16 - E402
Golf d'Abbeville
Aérodrome d'Abbeville-Buigny-St-Maclou
Réserve Ornithologique Baie de Somme
GR800
GR125
16
2km

# LA SEINE À VÉLO DE PARIS À LA MER

424 km

## UN NOUVEL ITINÉRAIRE CYCLABLE

**La Seine à Vélo permet de rallier la côte Normande depuis la capitale en 22 étapes, en roulant le long du fleuve, pour arriver jusqu'au Havre ou Deauville.**

*Le tracé traverse des sites majeurs, tels les canaux et les boucles de la Seine, les villes de Mantes-la-Jolie, la Roche-Guyon, Giverny, le Parc naturel régional des boucles de la Seine normande, Honfleur, le quartier Perret au Havre, Deauville…*

***Jonctions :** Namurs-Tours (La Scandibérique), Paris-Londres à vélo (l'Avenue verte), La Vélomaritime (EV 4).*

Vue aérienne de Château-Gaillard.

# L'ITINÉRAIRE

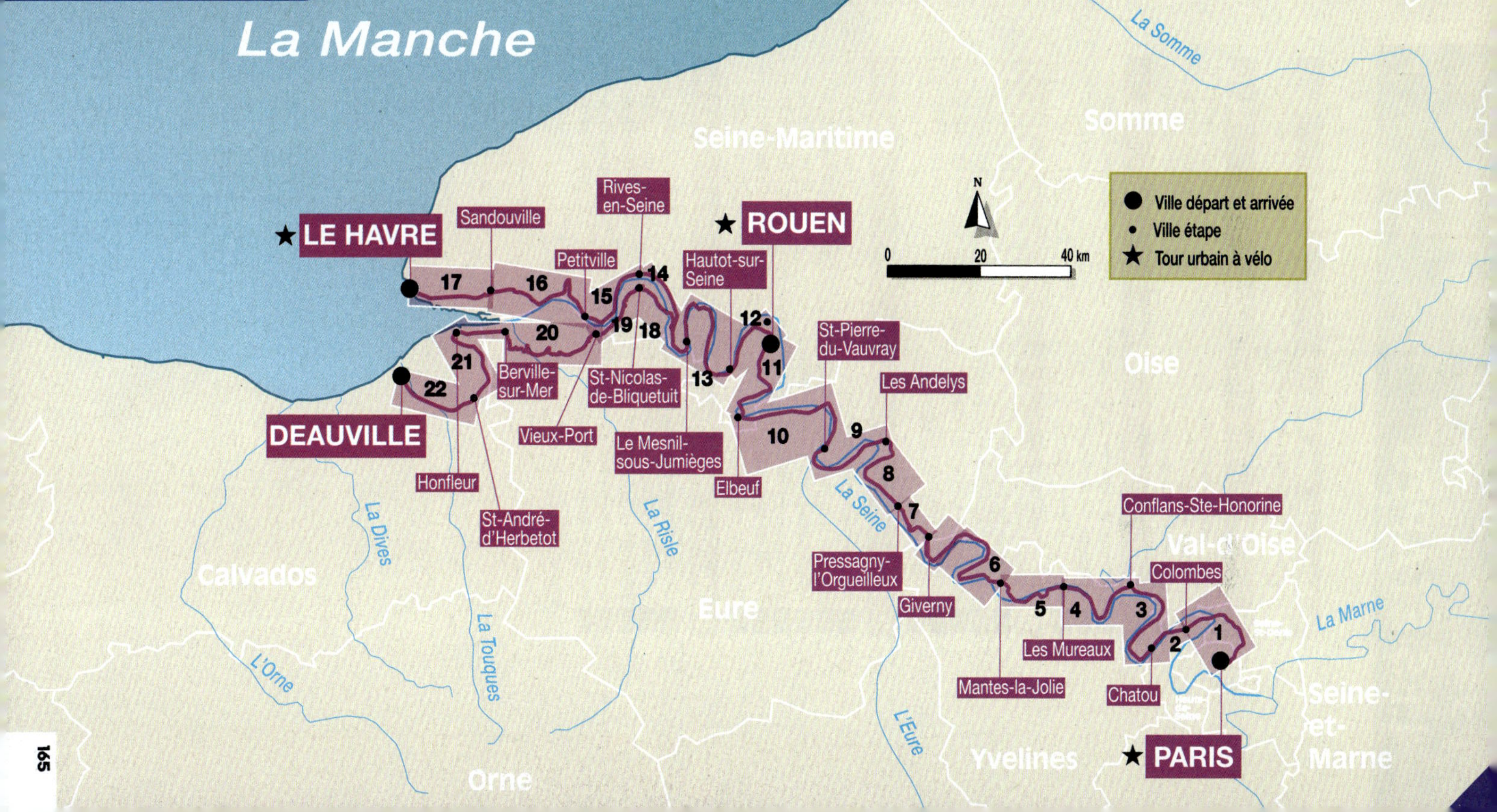

La Manche
La Somme
Somme
Seine-Maritime
Oise
Val-d'Oise
Seine-et-Marne
Yvelines
Eure
Calvados
Orne
La Marne
La Seine
L'Eure
La Risle
La Touques
La Dives
L'Orne
N
0
20
40 km
Ville départ et arrivée
Ville étape
Tour urbain à vélo
LE HAVRE
ROUEN
DEAUVILLE
PARIS
Sandouville
Rives-en-Seine
Petitville
Hautot-sur-Seine
St-Pierre-du-Vauvray
Les Andelys
Berville-sur-Mer
St-Nicolas-de-Bliquetuit
Vieux-Port
Le Mesnil-sous-Jumièges
Elbeuf
Honfleur
St-André-d'Herbetot
Pressagny-l'Orgueilleux
Giverny
Mantes-la-Jolie
Les Mureaux
Conflans-Ste-Honorine
Colombes
Chatou
1
2
3
4
5
6
7
8
9
10
11
12
13
14
15
16
17
18
19
20
21
22

# LES ÉTAPES

## Un tour à vélo dans Paris

| | |
|---|---|
| Boucles est et ouest rives de Seine Unesco | 11 km |

## De Paris (île de la Cité) à Conflans-Ste-Honorine — 59 km

N° de la carte

| | | |
|---|---|---|
| 1 | Paris Notre-Dame → Colombes | 21 km – 2 h 10 |
| 2 | Colombes → Chatou | 12,5 km – 1 h 15 |
| 3 | Chatou → Conflans-Ste-Honorine | 25,5 km – 2 h 40 |

## De Conflans-Ste-Honorine à Giverny — 88,5 km

| | | |
|---|---|---|
| 4 | Conflans-Ste-Honorine → Les Mureaux | 28,5 km – 2 h 50 |
| 5 | Les Mureaux → Mantes-la-Jolie | 20 km – 2 h 10 |
| 6 | Mantes-la-Jolie → Giverny | 40 km – 4 h 00 |

## De Giverny à Rouen — 107 km

| | | |
|---|---|---|
| 7 | Giverny → Pressagny-l'Orgueilleux | 11 km – 1 h 10 |
| 8 | Pressagny-l'Orgueilleux → Les Andelys | 20 km – 2 h 00 |
| 9 | Les Andelys → St-Pierre-du-Vauvray | 19 km – 1 h 55 |
| 10 | St-Pierre-du-Vauvray → Elbeuf | 31 km – 3 h 00 |
| 11 | Elbeuf → Rouen | 26 km – 2 h 40 |

## De Rouen au Havre — 136,5 km

| | | |
|---|---|---|
| 12 | Rouen → Hautot-sur-Seine | 15 km – 1 h 30 |
| 13 | Hautot-sur-Seine → Le Mesnil-sous-Jumièges | 31 km – 3 h 10 (*) |
| 14 | Le Mesnil-sous-Jumièges → Rives-en-Seine | 25 km – 2 h 30 |
| 15 | Rives-en-Seine → Petitville | 19,5 km – 1 h 55 |
| 16 | Petitville → Sandouville | 26 km – 2 h 35 |
| 17 | Sandouville → Le Havre | 20 km – 2 h 00 |

## Du Mesnil-sous-Jumièges à Deauville — 123 km

| | | |
|---|---|---|
| 18 | Le Mesnil-sous-Jumièges → St-Nicolas-de-Bliquetuit | 21 km – 2 h 05 (*) |
| 19 | St-Nicolas-de-Bliquetuit → Vieux-Port | 15 km – 1 h 30 |
| 20 | Vieux-Port → Berville-sur-Mer | 31 km – 3 h 25 |
| 21 | Berville-sur-Mer → Honfleur → St-André-d'Hébertot | 30 km – 3 h 10 |
| 22 | St-André-d'Hébertot → Deauville | 26 km – 2 h 35 |

(*) Temps de passage des bacs non compris

**Total Paris → Le Havre — 391 km**
**Total Paris → Deauville — 423,5 km**

## Tour à vélo dans Paris | 24,4 km - 2 h 00

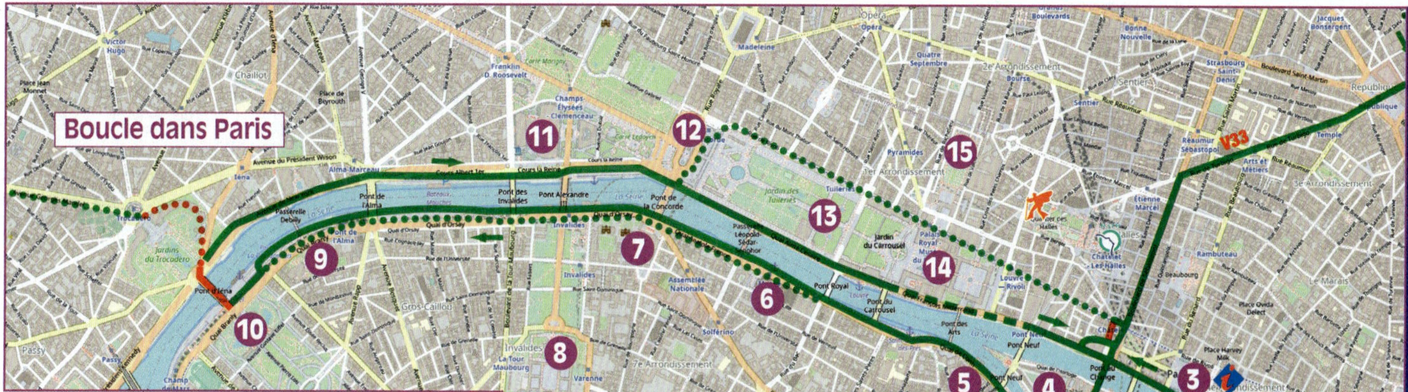


**Boucle est :** ① pl. St-Michel ② cathédrale N.-Dame ③ hôtel de ville ④ Ste-Chapelle et Conciergerie ■ **À proximité :** musée de Cluny • cloître des Bernardins • arènes de Lutèce • Institut du Monde arabe • hôtel de Sens • village St-Paul • pav. de l'Arsenal (archi.) • pl. de la Bastille et bassin de l'Arsenal, quartier historique du Marais et pl. des Vosges.

**Boucle ouest :** ⑤ Monnaie de Paris (hôtel XVIIIe) ⑥ musée d'Orsay ⑦ Palais Bourbon (Assemblée nale) ⑧ Hôtel nal et esplanade des Invalides ⑨ musée du quai Branly-J.-Chirac (2006, J. Nouvel archi.) ⑩ tour Eiffel ⑪ Grand et Petit Palais ⑫ pl. de la Concorde ⑬ galerie du Jeu de Paume, musée de l'Orangerie, jardin des Tuileries et ⑭ palais/musée du Louvre (pyramide en verre, Pei archi.) ■ **À proximité :** Trocadéro : musée de l'Homme et Cité du patrimoine et de l'architecture • musée Guimet (arts asiatiques) • palais de Tokyo et musée d'Art de la Ville de Paris • musée Galliéra (mode) • Champs-Élysées • pl. Vendôme • musée des Arts décoratifs (design) ⑮ jardin du Palais-Royal.

## Paris Notre-Dame → Colombes

**21 km - 2 h 10**

**N°1**

SANNOIS
ST-GRATIEN
Enghien-les-Bains
DEUIL-LA-BARRE
Montmagny
Villetaneuse
ARGENTEUIL
EPINAY-SUR-SEINE
PIERREFITTE-SUR-SEINE
ST-DENIS
VILLENEUVE-LA-GARENNE
BEZONS
COLOMBES
GENNEVILLIERS
LA GARENNE-COLOMBES
ASNIÈRES
ST-OUEN
AUBERVILLIERS
CLICHY
COURBEVOIE
LEVALLOIS-PERRET
NEUILLY-S-S.
PUTEAUX
SURESNES
PARIS
Vers Nanterre
EuroVelo3
EuroVelo3 (Belgique)
Tour Eiffel
Arc de Triomphe
Basilique du Sacré-Cœur
Notre-Dame
BOULOGNE-BILLANCOURT
ISSY-LES-M.
VANVES
MALAKOFF
MONTROUGE
Gentilly
LE KREMLIN-BICÊTRE
IVRY-S-SEINE
MEUDON
CLAMART
CHÂTILLON
Arcueil
VILLEJUIF
BAGNEUX
CACHAN
Fontenay-aux-Roses
LE PLESSIS-ROBINSON
Sceaux
Bourg-la-Reine
L'HAY-LES-ROSES
CHÂTENAY-MALABRY
Chevilly-Larue

# N°2

## Colombes → Chatou

**12,5 km - 1 h 15**

DE PARIS (ÎLE DE LA CITÉ) À CONFLANS-STE-HONORINE

LA SEINE À VÉLO DE PARIS À LA MER

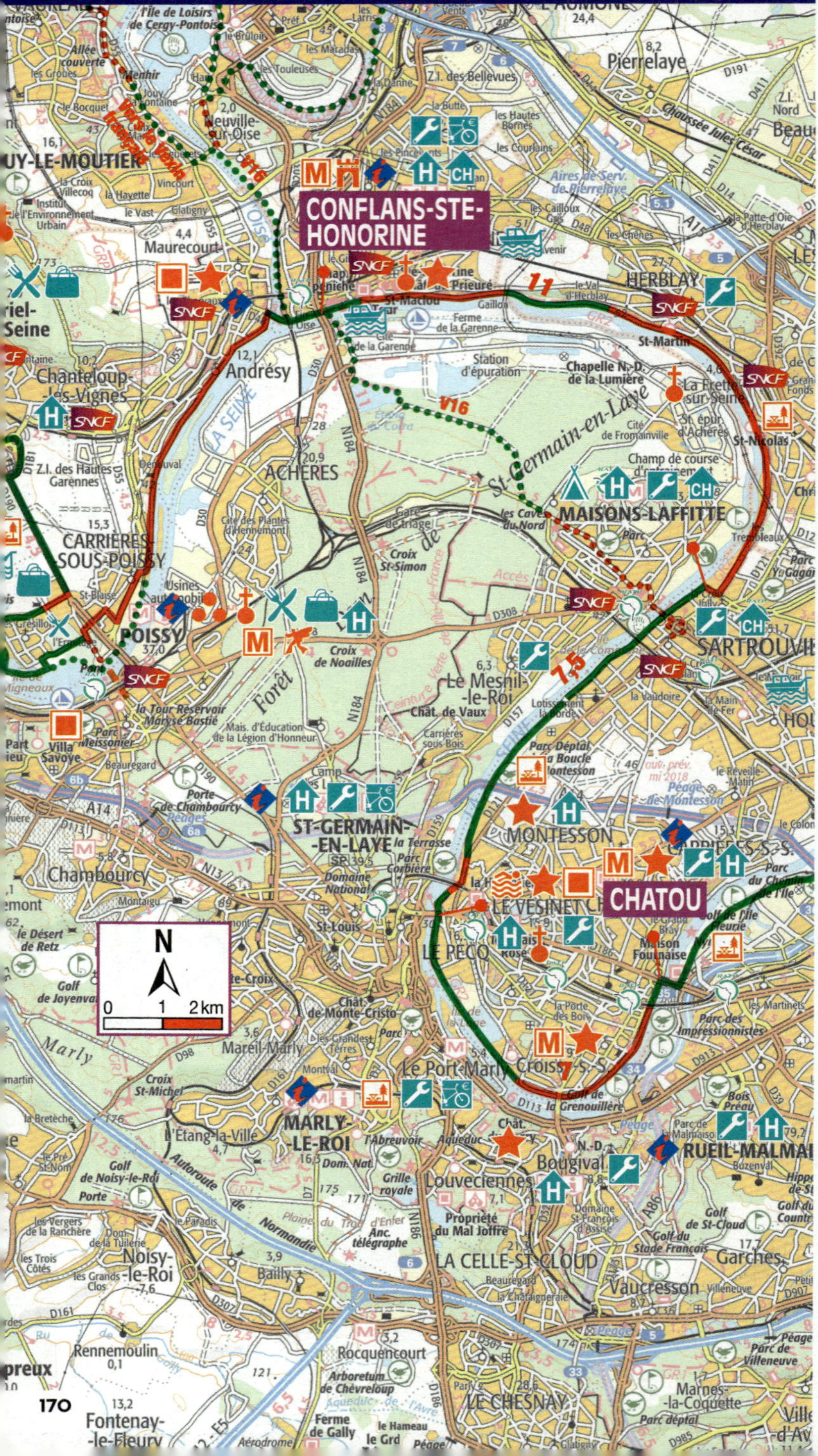
CONFLANS-STE-HONORINE
CHATOU
MAISONS-LAFFITTE
SARTROUVILLE
ST-GERMAIN-EN-LAYE
POISSY
ACHÈRES
Andrésy
Maurecourt
Chanteloup-les-Vignes
CARRIÈRES-SOUS-POISSY
Herblay
Pierrelaye
MONTESSON
LE VÉSINET
LE PECQ
Le Mesnil-le-Roi
Croissy-s-S
Le Port-Marly
Mareil-Marly
MARLY-LE-ROI
L'Étang-la-Ville
Louveciennes
Bougival
RUEIL-MALMAISON
LA CELLE-ST-CLOUD
Vaucresson
Garches
Noisy-le-Roi
Bailly
Rocquencourt
LE CHESNAY
Marnes-la-Coquette
Chambourcy
Rennemoulin
Fontenay-le-Fleury
Forêt de St-Germain-en-Laye
LA SEINE
N
0 1 2 km

# N°4 Conflans-Ste-Honorine → Les Mureaux

**28,5 km - 2 h 50**

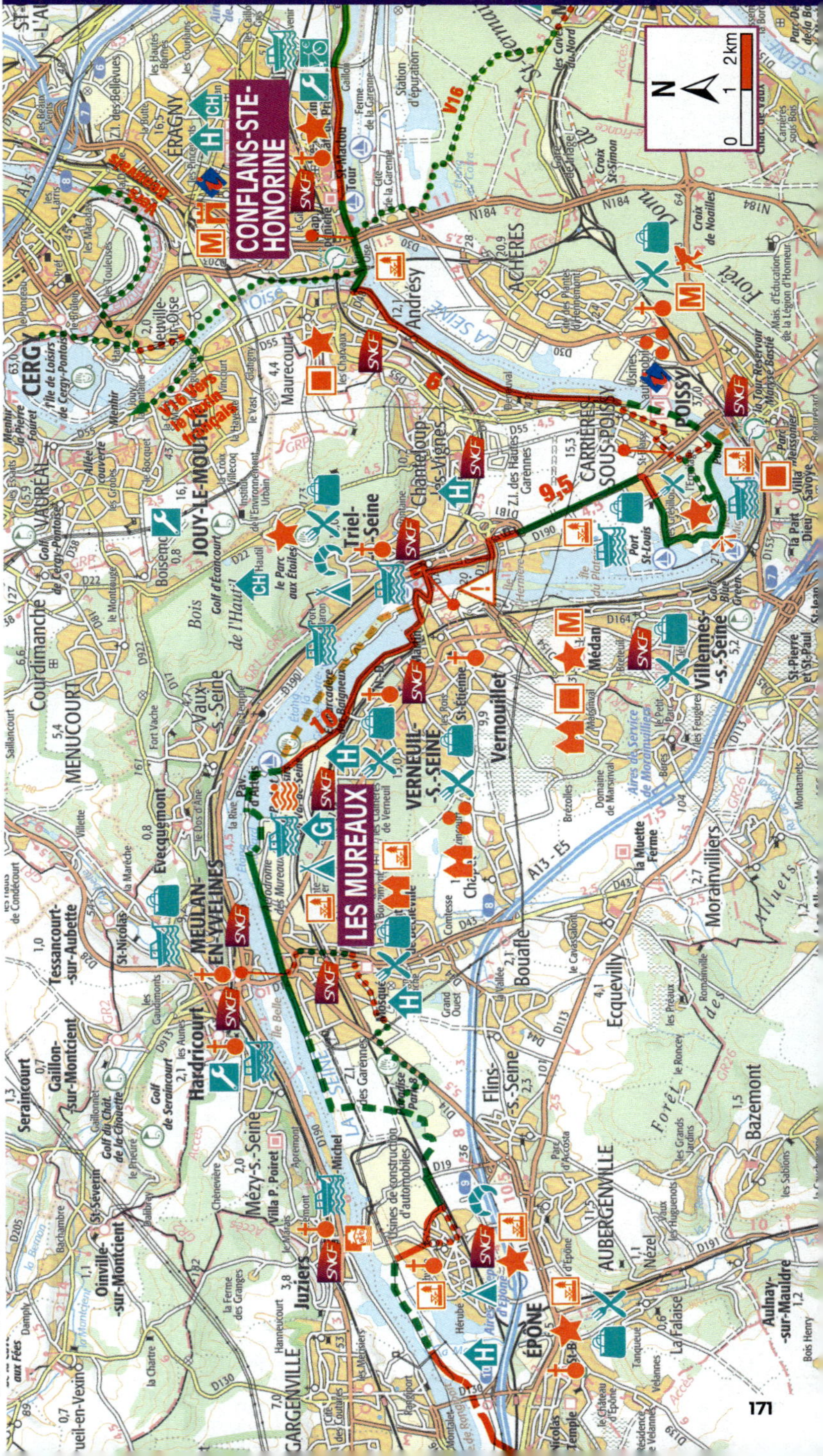
CONFLANS-STE-HONORINE
LES MUREAUX
CERGY
ÉRAGNY
Andrésy
ACHÈRES
Maurecourt
POISSY
CARRIÈRES-SOUS-POISSY
Chanteloup-les-Vignes
Triel-sur-Seine
JOUY-LE-MOUTIER
VAURÉAL
Courdimanche
MENUCOURT
Vaux-sur-Seine
Évecquemont
MEULAN-EN-YVELINES
Hardricourt
Tessancourt-sur-Aubette
VERNEUIL-S.-SEINE
Vernouillet
Médan
Villennes-s.-Seine
Morainvilliers
Ecquevilly
Bouafle
Flins-s.-Seine
AUBERGENVILLE
ÉPÔNE
Juziers
GARGENVILLE
Mézy-s.-Seine
Gaillon-sur-Montcient
Oinville-sur-Montcient
Seraincourt
Bazemont
Aulnay-sur-Mauldre
La Falaise
Nézel
V16
V16 Vers le Vexin français
A13-E5
0 1 2km
N

TRIEL-SUR-SEINE
SNCF
La Seine
Rue Paul Doumer
Quai Auguste Roy
Quai de Seine
Chemin des Noyeaux
Île Hernière
Étang de Gallardon
Vernouillet
Vernouillet-Verneuil-sur-Seine
Boulevard de l'Europe
Chanteloup-les-Vignes
D 1
D 2
D 154
D 190

# N°5 Les Mureaux → Mantes-la-jolie

**20 km - 2 h 10**

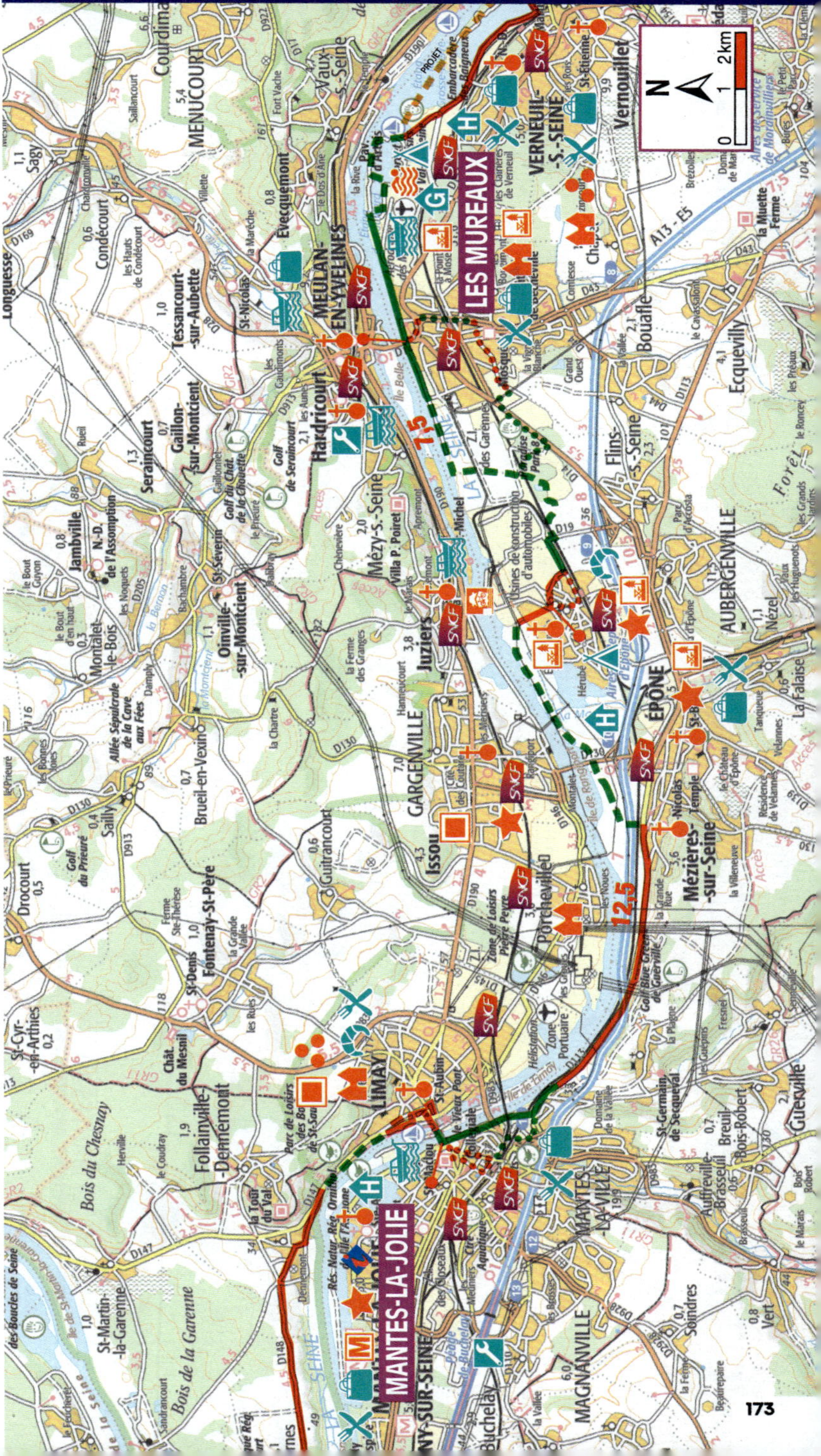
LES MUREAUX
MANTES-LA-JOLIE
MEULAN-EN-YVELINES
Hardricourt
Mézy-s.-Seine
Juziers
GARGENVILLE
Issou
Porcheville
LIMAY
MANTES-LA-VILLE
MAGNANVILLE
Buchelay
ÉPÔNE
Mézières-sur-Seine
AUBERGENVILLE
Flins-s.-Seine
Bouafle
Ecquevilly
VERNEUIL-S.-SEINE
Vernouillet
Évecquemont
Vaux-s.-Seine
MENUCOURT
Courdimanche
Sagy
Condécourt
Longuesse
Tessancourt-sur-Aubette
Gaillon-sur-Montcient
Seraincourt
Jambville
Montalet-le-Bois
Oinville-sur-Montcient
Brueil-en-Vexin
Guitrancourt
Fontenay-St-Père
Drocourt
Sailly
St-Cyr-en-Arthies
Follainville-Dennemont
St-Martin-la-Garenne
Bois de la Garenne
Bois du Chesnay
Guerville
St-Germain-de-Secqueval
Soindres
Vert
Nézel
La Falaise
LA SEINE
7,5
10,5
12,5
2km

MANTES-LA-JOLIE
GIVERNY
LIMAY
ROSNY-SUR-SEINE
GARGENVILLE
Vétheuil
Moisson
Bennecourt
Limetz-Villez
Gasny
Freneuse
Mousseaux-sur-Seine
Guernes
Buchelay
Forêt de Moisson
Bois de la Garenne
Bois du Chesnay
Bois de la Bucaille
Follainville-Dennemont
Fontenay-St-Père
Drocourt
Issou
Juziers
Méricourt
Port-Villez
Jeufosse
Vers V16 et Vexin français
MANTES-LA-JOLIE

# Giverny → Pressagny-l'Orgueilleux

**11 km - 1 h 10**

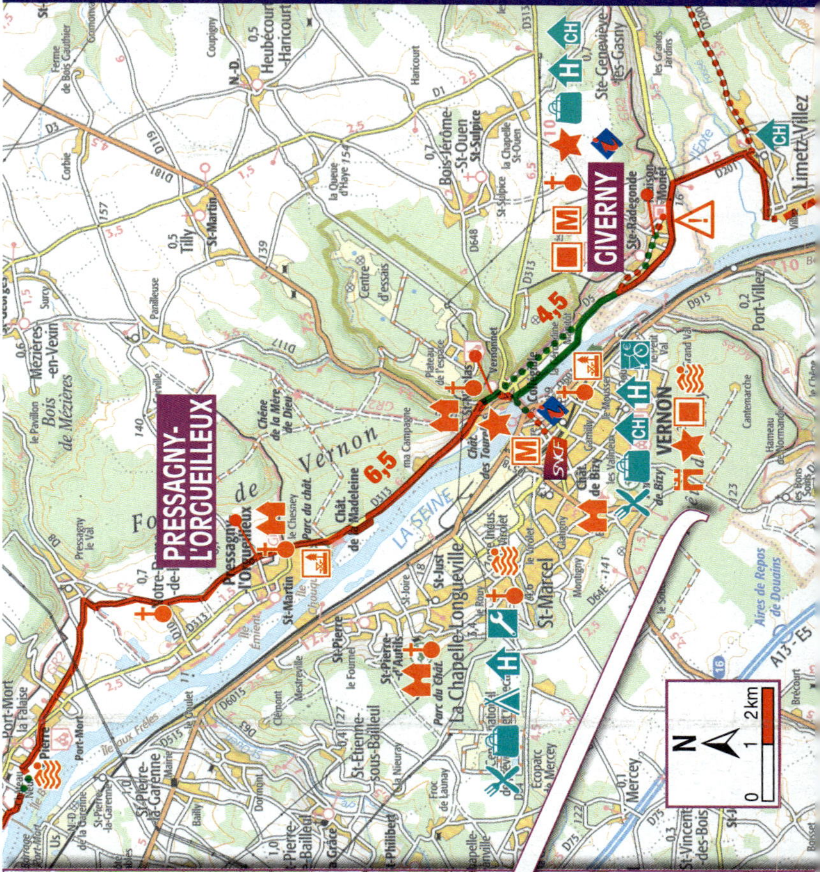
GIVERNY
PRESSAGNY-L'ORGUEILLEUX
VERNON
LA SEINE
4,5
6,5
Limetz-Villez
St-Marcel
La Chapelle-Longueville
Port-Mort
Forêt de Vernon
Mézières-en-Vexin
St-Pierre-d'Autils
Mercey
0 1 2km

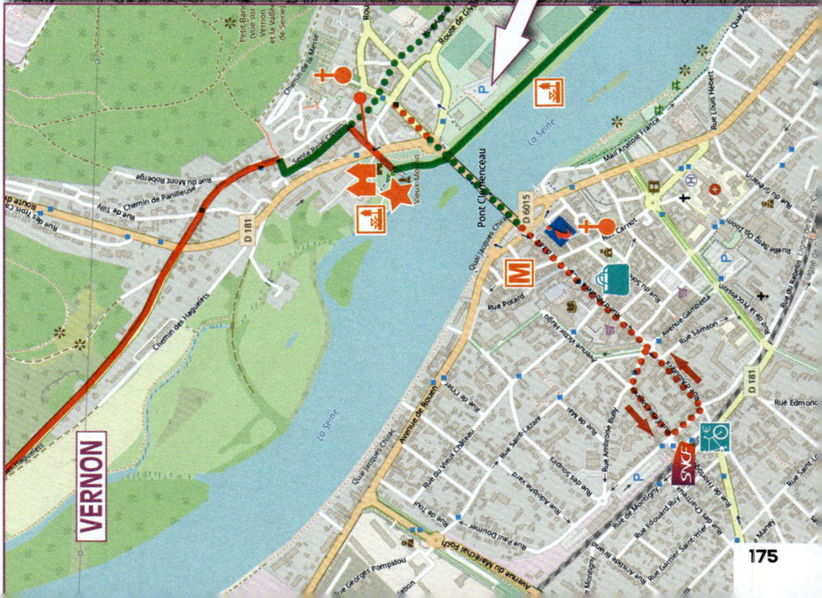
VERNON
La Seine
Pont Clemenceau
D 181
D 6015
Rue Carnot
Avenue de Rouen
Quai Jacques Chirac

## Pressagny-l'Orgueilleux → Les Andelys

**20 km - 2 h 00**

**N°8**

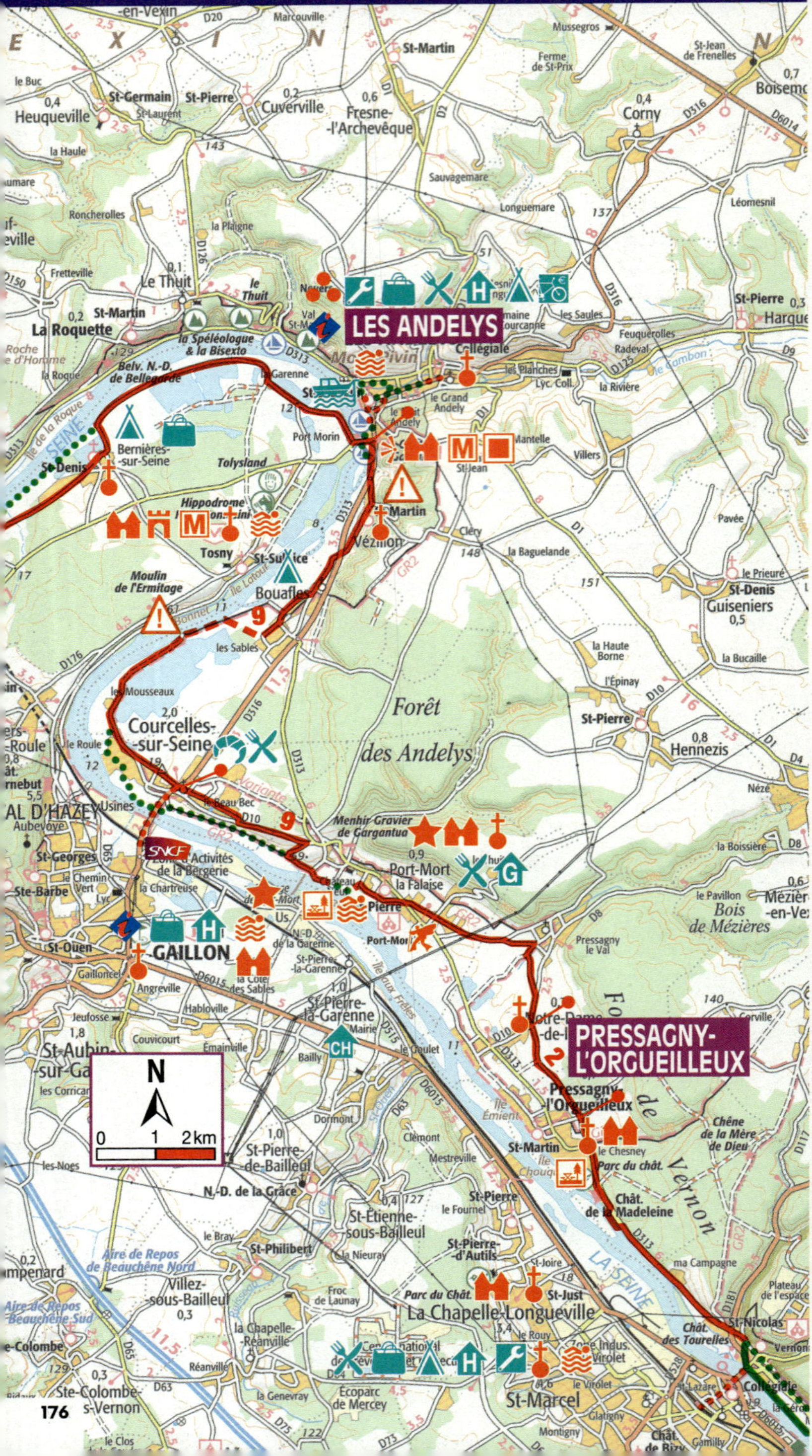

# N°9 Les Andelys → St-Pierre-du-Vauvray

**19 km - 1 h 55**

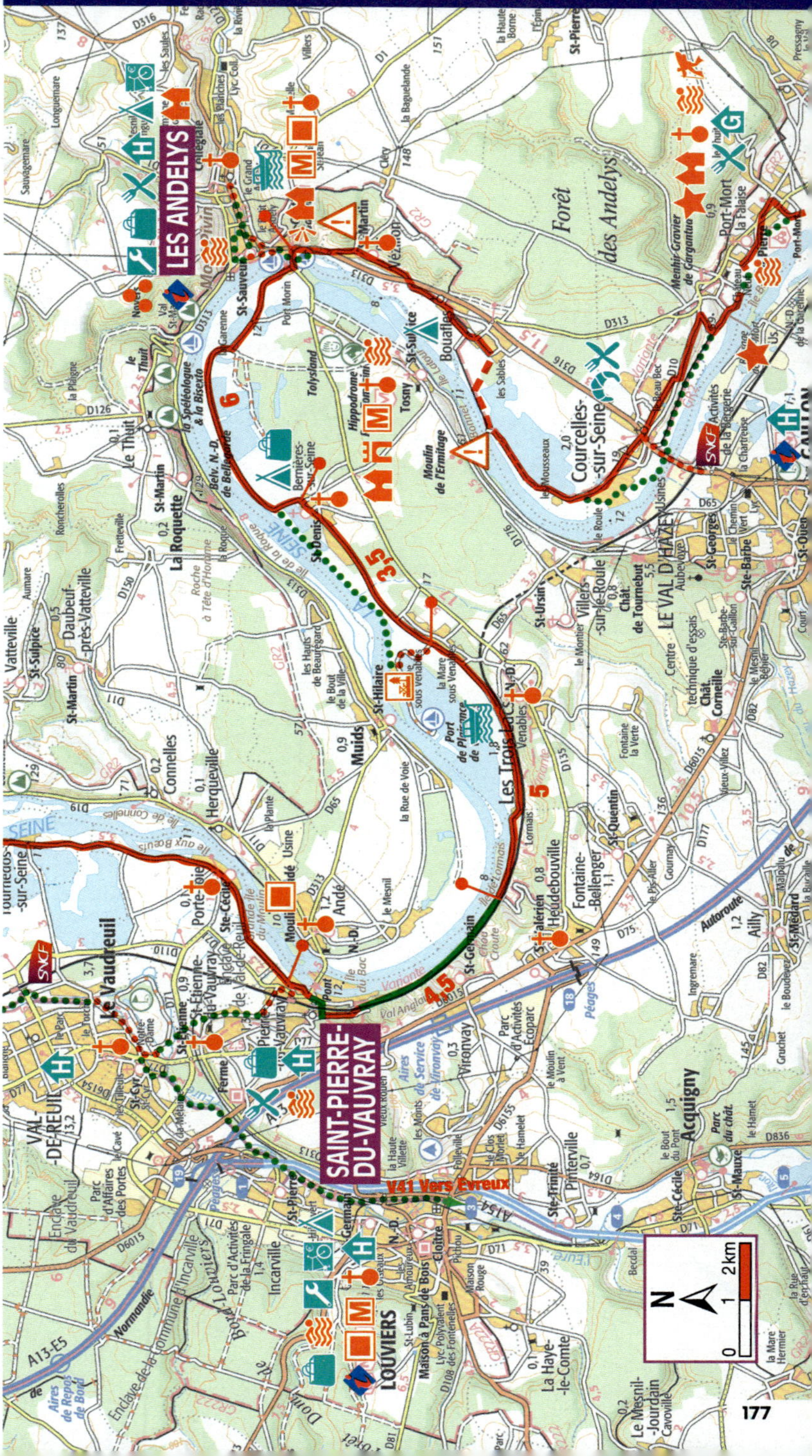
LES ANDELYS
SAINT-PIERRE-DU-VAUVRAY
V41 Vers Evreux
Forêt des Andelys
LOUVIERS
VAL-DE-REUIL
Le Vaudreuil
Courcelles-sur-Seine
Les Trois Lacs
Muids
Bernières-sur-Seine
Tosny
Bouafles
Port-Mort
SEINE
Acquigny
Heudebouville
Vironvay
LE VAL D'HAZEY

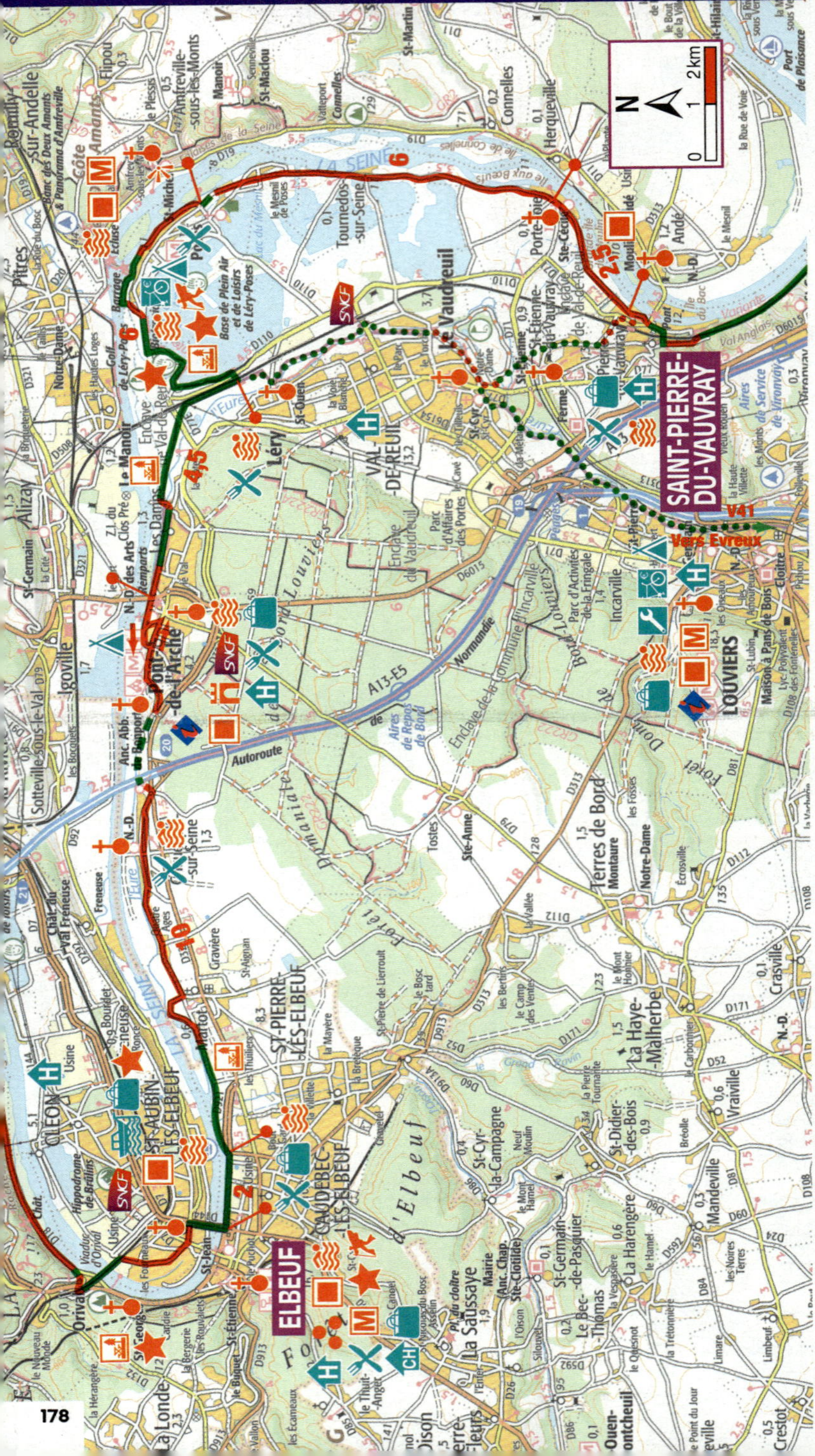
SAINT-PIERRE-DU-VAUVRAY
ELBEUF
LOUVIERS
VAL-DE-REUIL
Pont-de-l'Arche
Léry
Poses
Le Vaudreuil
Caudebec-lès-Elbeuf
St-Pierre-lès-Elbeuf
St-Aubin-lès-Elbeuf
Cléon
Incarville
Terres de Bord
La Haye-Malherbe
La Saussaye
Porte-Joie
Connelles
Herqueville
Andé
LA SEINE
Base de Plein Air et de Loisirs de Léry-Poses
Autoroute
A13-E5
Vers Evreux
V41
N
0 1 2 km

# Elbeuf → Rouen

**26 km - 2 h 40**

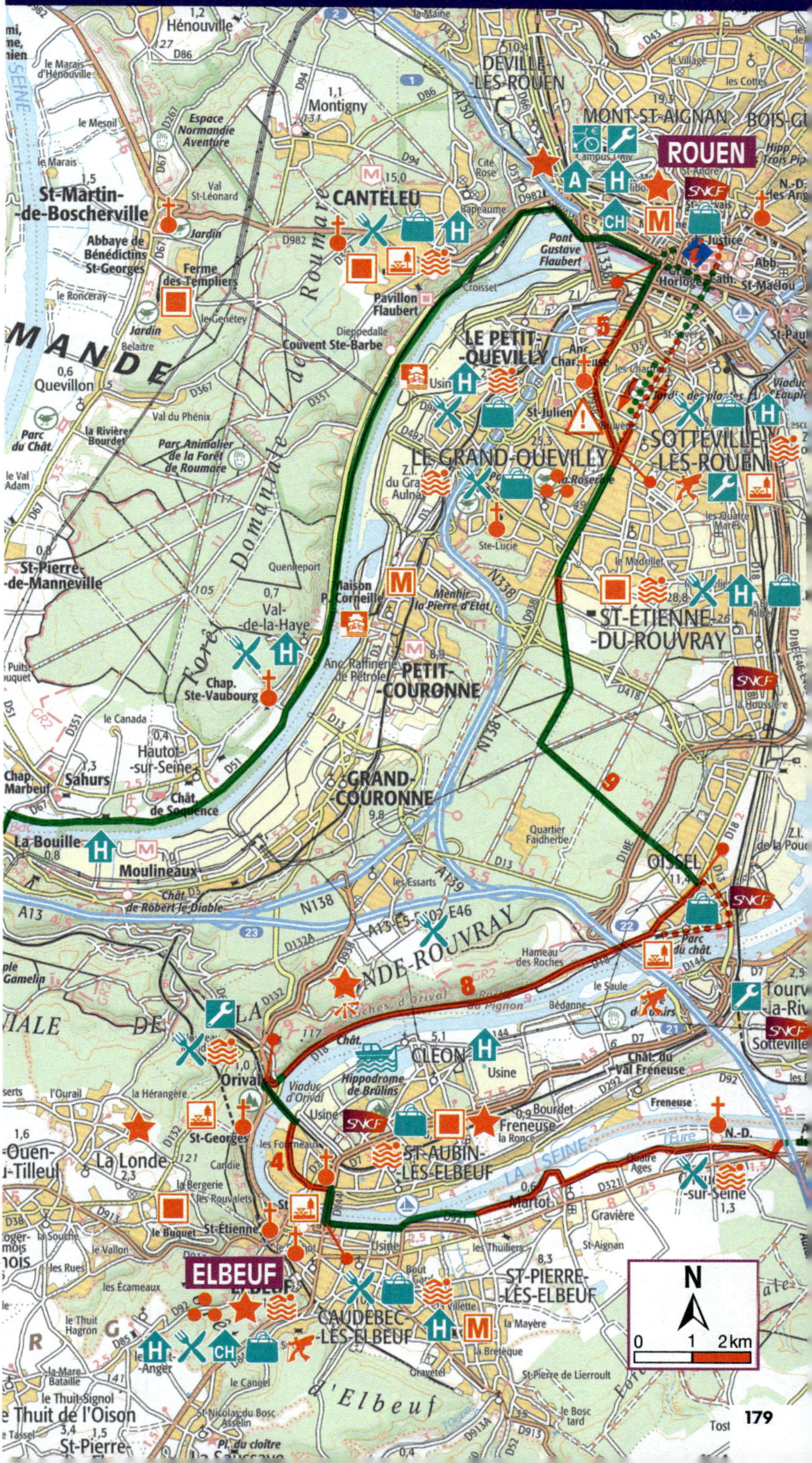

ROUEN
Mont-St-Aignan
Déville-lès-Rouen
Canteleu
Montigny
Hénouville
St-Martin-de-Boscherville
Abbaye de Bénédictins St-Georges
Ferme des Templiers
Quevillon
Pavillon Flaubert
Couvent Ste-Barbe
Le Petit-Quevilly
Le Grand-Quevilly
Sotteville-lès-Rouen
St-Étienne-du-Rouvray
Petit-Couronne
Grand-Couronne
Val-de-la-Haye
Chap. Ste-Vaubourg
Hautot-sur-Seine
Sahurs
La Bouille
Moulineaux
Chât. de Robert le Diable
Oissel
Orival
Cléon
Hippodrome des Bruyères
St-Aubin-lès-Elbeuf
Freneuse
Martot
St-Pierre-lès-Elbeuf
Caudebec-lès-Elbeuf
ELBEUF
La Londe
Forêt Domaniale de Roumare
Tourville-la-Rivière
Pont Gustave Flaubert
N
0
1
2 km

ROUEN
HAUTOT-SUR-SEINE
MALAUNAY
Le Houlme
Houppeville
St-Jean-du-Cardonnay
La Vaupalière
MAROMME
NOTRE-DAME-DE-BONDEVILLE
DÉVILLE-LÈS-ROUEN
MONT-ST-AIGNAN
BOIS-GUILLAUME
CANTELEU
Hénouville
Montigny
LE PETIT-QUEVILLY
LE GRAND-QUEVILLY
SOTTEVILLE-LÈS-ROUEN
ST-ÉTIENNE-DU-ROUVRAY
PETIT-COURONNE
GRAND-COURONNE
OISSEL
Moulineaux
Tourville-la-Rivière
CLÉON
Val-de-la-Haye
Forêt Domaniale de Roumare
Forêt Domaniale Verte
Pont Gustave Flaubert
Couvent Ste-Barbe
Abbaye de Bénédictins St-Georges
Ferme des Templiers
Espace Normandie Aventure
Parc Animalier de la Forêt de Roumare
Aire de Service de St-Jean-du-Cardonnay
Golf de Rouen-Mont-St-Aignan
Maison P. Corneille
Menhir la Pierre d'État
Anc. Raffinerie de Pétrole
Chât. Robert-le-Diable
Base de loisirs
Parc du chât.
LA SEINE
N 0 1 2 km

# N°13 Hautot-sur-Seine → Le Mesnil-sous-Jumièges

**31 km - 3 h 10**

Temps de passage des bacs non compris

# Le Mesnil-sous-Jumièges → Rives-en-Seine

**25 km - 2 h 30**

**N°14**

# Rives-en-Seine → Petitville

**19,5 km - 1 h 55**

RIVES-EN-SEINE
PETIVILLE
9,5
4
6
Louvetot
St-Aubin-de-Crétot
St-Nicolas-de-la-Haie
St-Gilles-de-Crétot
Grand-Camp
Lintot
Maulévrier-Ste-Gertrude
Auberville-la-Campagne
Anquetierville
St-Arnoult
Caudebec-en-Caux
Touffreville-la-Cable
St-Pierre
Villequier
St-Martin
Barre-y-Va
N.-D.
Pont de Brotonne
Triquerville
St-Jean-Baptiste
Notre-Dame
PORT-JÉRÔME-SUR-SEINE
N.-D.-de-Gravenchon
St-Nicolas-de-Bliquetuit
Vatteville-la-Rue
Maison du Roi
Norville
Châ. d'Etelan
St-Maurice-d'Etelan
St-Maur
GIONAL DES BOU
FORÊT DOMANIALE DE BRO
Aizier
St-Pierre
Vieux-Port
Trouville-la-Haule
Tocqueville
Ste-Croix-sur-Aizier
La Haye-de-Routot
Chât. de Bonneval
Bourneville-Ste-Croix
La Haye-Aubrée
Routot
St-Ouen
Étreville
Éturqueraye
Valletot
Rougemontiers
Hauville
A13-E5-E46
N
0
1
2 km

PETIVILLE
SANDOUVILLE
LILLEBONNE
PORT-JÉRÔME-SUR-SEINE
Tancarville
Pont de Tancarville
Quillebeuf-sur-Seine
St-Aubin-sur-Quillebeuf
La Cerlangue
St-Vigor-d'Ymonville
St-Romain-de-Colbosc
St-Aubin-Routot
St-Nicolas-de-la-Taille
St-Jean-de-Folleville
St-Antoine-la-Forêt
La Frénaye
Notre-Dame-de-Gravenchon
St-Maurice-d'Ételan
Triquerville
Berville-sur-Mer
Mélamare
La Remuée
St-Vincent-Cramesnil
PARC NATUREL RÉGIONAL
LA SEINE
ESTUAIRE DE LA SEINE
RÉSERVE NATURELLE DE L'ESTUAIRE DE LA SEINE
RÉSERVE NATURELLE NATIONALE
Aire de Repos du Val des Fontaines
Ancienne Abbaye N.-D. de Grestain
Abbaye du Valasse
7,5
8
10,5
0 1 2km
N

# N°17 Sandouville → Le Havre

**20 km - 2 h 00**

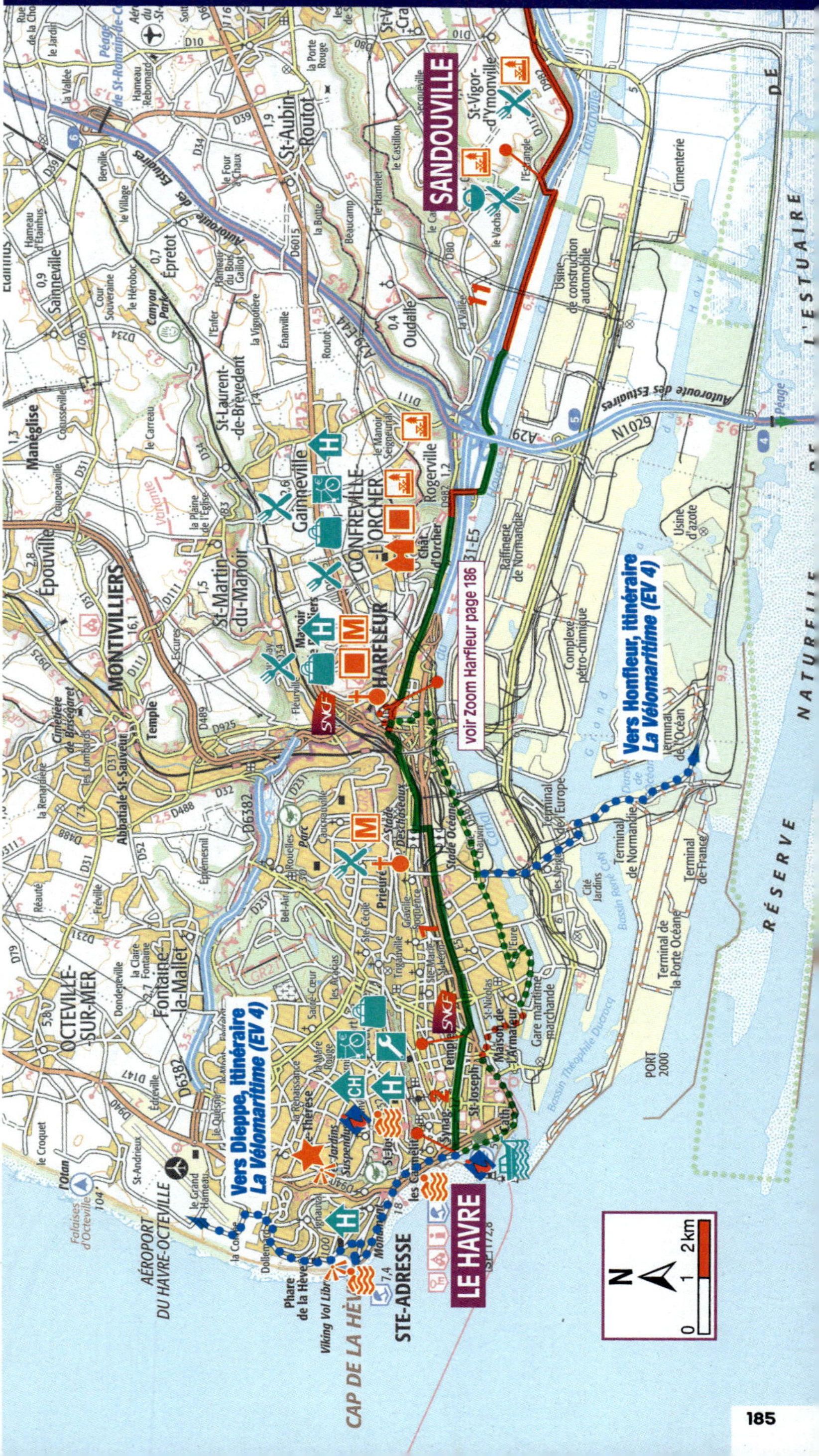
SANDOUVILLE
LE HAVRE
HARFLEUR
MONTIVILLIERS
GONFREVILLE-L'ORCHER
STE-ADRESSE
CAP DE LA HÈVE
OCTEVILLE-SUR-MER
AÉROPORT DU HAVRE-OCTEVILLE
voir Zoom Harfleur page 186
Vers Honfleur, itinéraire La Vélomaritime (EV 4)
Vers Dieppe, itinéraire La Vélomaritime (EV 4)
RÉSERVE NATURELLE DE L'ESTUAIRE
Autoroute des Estuaires
Grand Canal du Havre
PORT 2000
Usine de construction automobile
Raffinerie de Normandie
Complexe pétro-chimique
Terminal de l'Océan
Terminal de Normandie
Terminal de l'Europe
Terminal de France
Terminal de la Porte Océane
Gare maritime marchande
Phare de la Hève
St-Vigor-d'Ymonville
Rogerville
Gainneville
St-Laurent-de-Brèvedent
St-Martin-du-Manoir
Épouville
Manéglise
Fontaine-la-Mallet
Oudalle
Épretot
Sainneville
St-Aubin-Routot
0 1 2 km
N

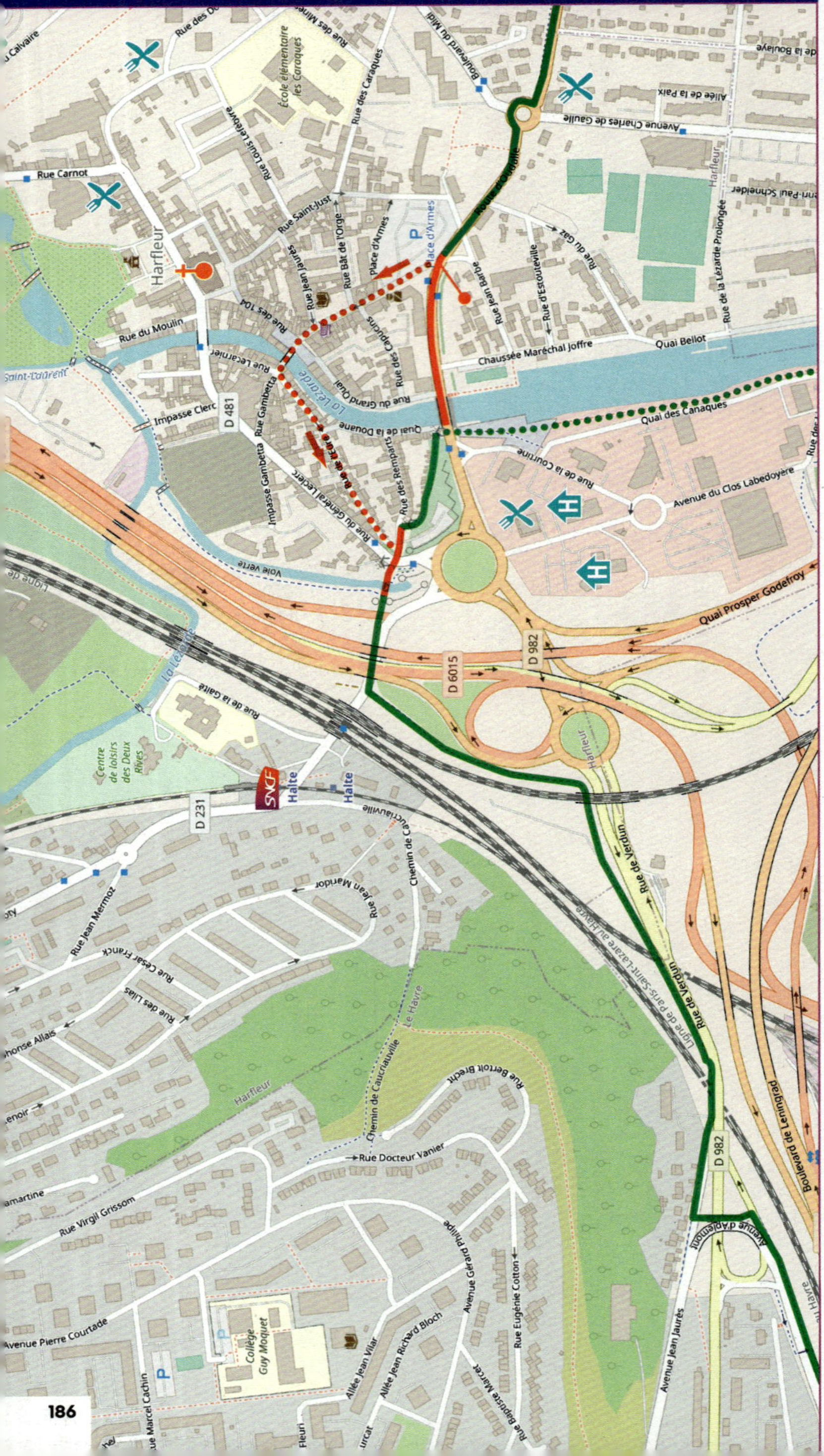
Rue Carnot
Harfleur
Rue du Moulin
École élémentaire les Caraques
Rue des Caraques
Rue Louis Lefebvre
Rue Saint-Just
Rue Jean Jaurès
Rue Bât de l'Orge
Place d'Armes
Rue des 104
Rue des Capucins
Rue Lecarrier
Rue Gambetta
Impasse Clerc
D 481
La Lézarde
Rue du Grand Quai
Quai de la Douane
Rue des Remparts
Impasse Gambetta
Rue du Général Leclerc
Voie verte
Boulevard du Midi
Route d'Oudalle
Avenue Charles de Gaulle
Allée de la Paix
Rue Jean Barbe
Rue d'Estouteville
Rue du Gaz
Rue de la Lézarde Prolongée
Chaussée Maréchal Joffre
Quai Bellot
Quai des Canaques
Rue de la Courtine
Avenue du Clos Labedoyère
Quai Prosper Godefroy
D 982
D 6015
Rue de la Gaîté
Centre de loisirs des Deux Rives
Halte
D 231
Rue de Verdun
Chemin de Cau
Rue Jean Maridor
Rue Jean Mermoz
Rue César Franck
Rue des Lilas
Ligne de Paris-Saint-Lazare au Havre
Chemin de Cauchauville
Rue Bertolt Brecht
Rue Docteur Vanier
Rue Virgil Grissom
Avenue Gérard Philipe
Rue Eugénie Cotton
Avenue d'Aplemont
Boulevard de Leningrad
Avenue Jean Jaurès
Avenue Pierre Courtade
Collège Guy Moquet
Allée Jean Vilar
Allée Jean Richard Bloch
Rue Baptiste Marcet
Rue Marcel Cachin

# Le Mesnil-sous-Jumièges → St-Nicolas-de-Bliquetuit

## 21 km - 2 h 05

Temps de passage des bacs non compris



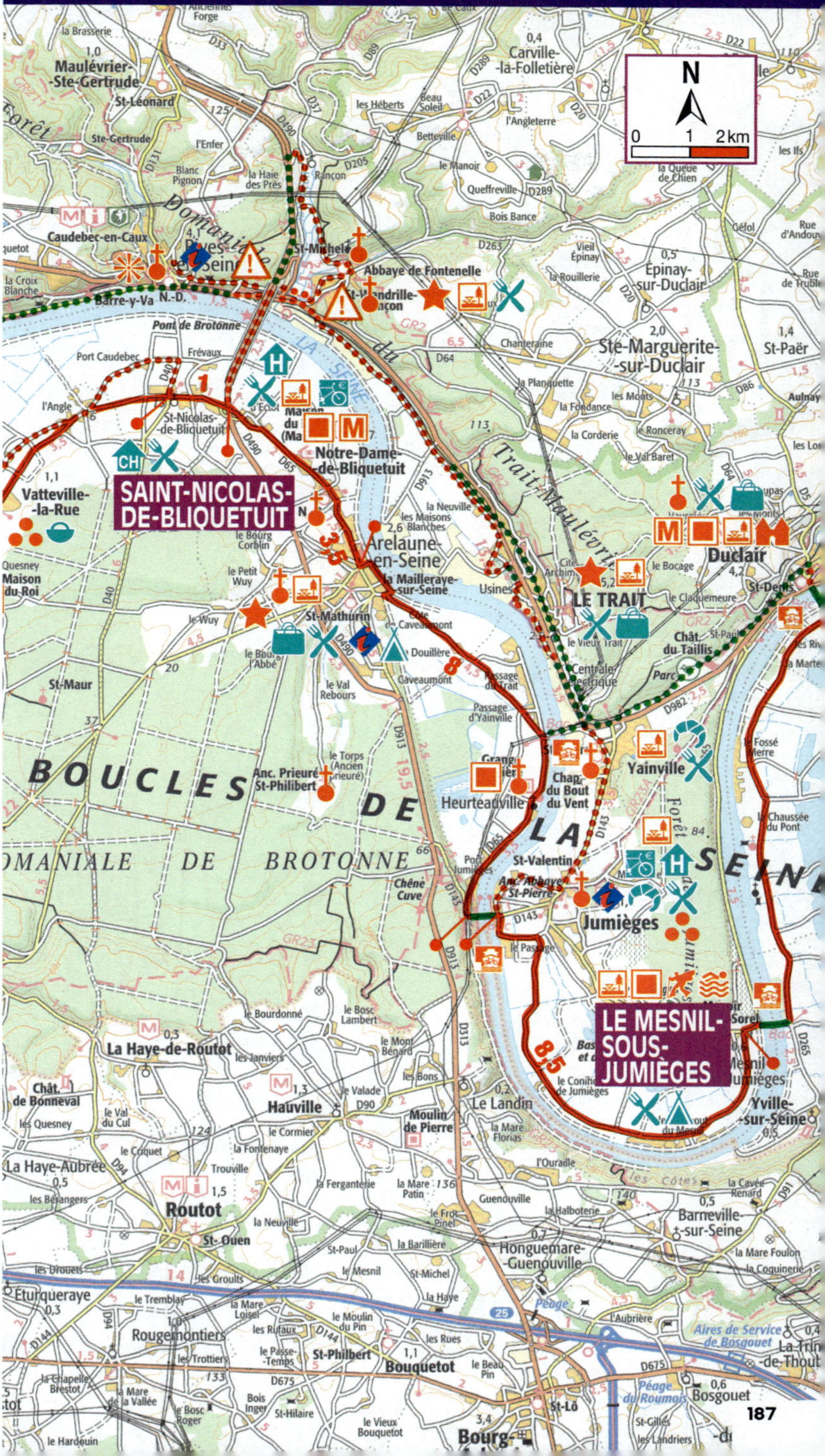

SAINT-NICOLAS-DE-BLIQUETUIT
VIEUX-PORT
PARC NATUREL RÉGIONAL DES BOUCLES DE LA SEINE
FORÊT DOMANIALE DE BROTONNE
LILLEBONNE
PORT-JÉRÔME-SUR-SEINE
Quillebeuf-sur-Seine
Norville
Petiville
Vatteville-la-Rue
Aizier
Ste-Opportune-la-Mare
RÉSERVE NATURELLE NATIONALE DU MARAIS VERNIER
Pont de Brotonne
Notre-Dame-de-Bliquetuit
Arelaune-en-Seine
La Mailleraye-sur-Seine
St-Wandrille-Rançon
Heurteauville
La Haye-de-Routot
Tocqueville
Trouville-la-Haule
St-Thurien
St-Aubin-sur-Quillebeuf
0 1 2km

# N°20 Vieux-Port → Berville-sur-Mer

**31 km - 3 h 25**

VIEUX-PORT
BERVILLE-SUR-MER
PARC NATUREL RÉGIONAL
RÉSERVE NATURELLE NATIONALE DU MARAIS VERNIER
RÉSERVE NATURELLE DE L'ESTUAIRE DE LA SEINE
LA SEINE
PORT-JÉRÔME-SUR-SEINE
Quillebeuf-sur-Seine
Ste-Opportune-la-Mare
St-Aubin-sur-Quillebeuf
Marais-Vernier
St-Samson-de-la-Roque
Pointe de la Roque
Conteville
Foulbec
Bouquelon
Tocqueville
Tancarville
Pont de Tancarville
St-Vigor-d'Ymonville
Sandouville
Fatouville-Grestain
Bourneville-Ste-Croix
Aizier
Petiville
St-Maurice-d'Ételan
0 1 2km
N

## Berville-sur-Mer → Honfleur → St-André-d'Hébertot

30 km - 3 h 10

N°21

## N°22 St-André-d'Hébertot → Deauville

**26 km - 2 h 35**

SAINT-ANDRÉ-D'HÉBERTOT
DEAUVILLE
Trouville-sur-Mer
Pont-l'Évêque
Touques
Beuzeville
Tourgéville
St-Arnoult
Benerville-sur-Mer
Blonville-sur-Mer
Vers Roscoff, itinéraire La Vélomaritime (EV 4)
Canapville
Vieux-Bourg
Surville
Coudray-Rabut
Tourville-en-Auge
St-Benoît-d'Hébertot
Quetteville
Genneville
Pontaurail
Manoir de la Pipardière
Cour des Religieuses
Golf de l'Amirauté
St-Étienne-la-Thillaye
St-Pierre-Azif
Vauville
Les Authieux-sur-Calonne
St-Julien-sur-Calonne
Reux
Bourgeauville
St-Martin-aux-Chartrains
Bonneville-sur-Touques
Villa Montebello
Hippodrome de la Touques
Parc Calouste Gulbenkian
Variante GR26
0 1 2km
N

# LA VÉLO FRANCETTE DE LA NORMANDIE À L'ATLANTIQUE

665 km

## À L'OUEST DU NOUVEAU

**Sur ce parcours, le patrimoine foisonne littéralement avec, côté nature, des espaces remarquables à l'instar de la Suisse normande, du Val-de-Loire ou encore du Marais poitevin sans oublier les vallées verdoyantes de la Mayenne et du Thouet. Côté culture, châteaux, édifices religieux, cités millénaires et divers témoins du passé enrichissent le chemin depuis les plages du Débarquement jusqu'au vieux port de La Rochelle, en passant par l'Anjou. Mais *La Vélo Francette* c'est aussi une plongée dans un terroir riche d'une gastronomie à faire pâlir Gargantua lui-même, tout comme la rencontre avec des identités locales fortes, nourries par d'innombrables traditions et légendes. Au regard de tels atouts, ce n'est sûrement pas par hasard que *La Vélo Francette* a été élue meilleure véloroute européenne de l'année 2017…**

*L'itinéraire officiel part des côtes du Calvados pour filer plein sud jusqu'à La Rochelle mais le balisage permet également de le faire à l'envers. La Vélo Francette est un parcours faisable par tous, à l'exception de certains passages en Suisse normande, dans les coteaux du Saumurois et dans les Deux-Sèvres qui s'adressent à des cyclistes confirmés. Attention également lors des épisodes pluvieux car les chemins de halage peuvent devenir impraticables en raison des crues.*

***Jonctions :*** *Paris - Le Mont-St-Michel (La Véloscénie), La Loire à vélo (EV 6), La Côte Atlantique à vélo (La Vélodyssée), La Côte Normande à vélo, La Vélomaritime (EV 4)*

Plage de Riva-Bella. -OS-

La Manche
OUISTREHAM
N
0
40
80 km
Ville départ et arrivée
Ville étape
Calvados
Manche
Caen
Le Hom (Thury-Harcourt)
Pont-d'Ouilly
Flers
4 bis
L'Orne
Orne
Domfront-en-Poiraie
La Mayenne
Ambrières-les-Vallées
Mayenne
Côtes d'Armor
Ille-et-Vilaine
Mayenne
La Sarthe
Laval
Morbihan
La Vilaine
Château-Gontier sur-Mayenne
Sarthe
Le Loir
Le Lion d'Angers
Loire-Atlantique
Angers
12 bis
La Loire
Gennes - Val de Loire
Loire-Authion
Saumur
Maine-et-Loire
Montreuil-Bellay
Indre-et-Lo
Thouars
Deux-Sèvres
Airvault
Vendée
Parthenay
Champdeniers
Marans
Damvix
Niort
Coulon
Vienne
La Vienne
Océan Atlantique
LA ROCHELLE
Charente-Maritime
La Charente
1
2
3
4
5
6
7
8
9
10
11
12
13
14
15
16
17
18
19
20
21
22
23
24

# LES ÉTAPES

N° de la carte →

| | | |
|---|---|---|
| **De Ouistreham Riva-Bella à Domfront-en-Poiraie** | | **152 km** |
| 1 | Ouistreham Riva-Bella → Caen | 15,5 km - 1 h 30 |
| 2 | Caen → Le Hom (Thury-Harcourt) | 27 km - 2 h 45 |
| 3 | Le Hom (Thury-Harcourt) → Pont-d'Ouilly | 24 km - 3 h 00 |
| 4 | Pont-d'Ouilly → Flers (via Roche d'Oëtre) | 30 km - 4 h 30 |
| 4bis | Pont-d'Ouilly → Flers (via Condé-en-Normandie) | 33,5 km - 4 h 30 |
| 5 | Flers → Domfront-en-Poiraie | 23 km - 2 h 15 |
| **De Domfront-en-Poiraie à Angers** | | **172 km / 180,5 km** |
| 6 | Domfront-en-Poiraie → Ambrières-les-Vallées | 26,5 km/35 km - 3 h 00/3 h 45 |
| 7 | Ambrières-les-Vallées → Mayenne | 14 km - 1 h 30 |
| 8 | Mayenne → Laval | 35,5 km - 3 h 40 |
| 9 | Laval → Château-Gontier | 34,5 km - 3 h 30 |
| 10 | Château-Gontier → Le Lion-d'Angers | 34,5 km - 3 h 30 |
| 11 | Le Lion-d'Angers → Angers | 28 km - 2 h 45 |
| **D'Angers à Saumur** | | **84,5 km** |
| 12 | Angers → Loire-Authion-La Daguenière (via Ponts-de-Cé) | 23 km - 2 h 20 |
| 12bis | Angers → Loire-Authion-La Daguenière (via Trélazé) | 18,5 km - 1 h 40 |
| 13 | Loire-Authion-La Daguenière → Gennes-Val-de-Loire | 22 km - 2 h 10 |
| 14 | Gennes-Val-de-Loire → Saumur | 21 km - 2 h 10 |
| **De Saumur à Niort** | | **157 km / 159 km** |
| 15 | Saumur → Montreuil-Bellay | 14,5 km - 1 h 50 |
| 16 | Montreuil-Bellay → Thouars | 26 km - 2 h 40 |
| 17 | Thouars → Airvault | 29,5 km - 3 h 15 |
| 18 | Airvault → Parthenay | 36 km - 4 h 10 |
| 19 | Parthenay → Champdeniers | 26 km / 28 km - 3 h 30/3 h 45 |
| 20 | Champdeniers-Saint-Denis → Niort | 25 km - 3 h 00 |
| **De Niort à La Rochelle** | | **89 km** |
| 21 | Niort → Coulon | 16,5 km - 1 h 40 |
| 22 | Coulon → Damvix | 19,5 km - 2 h 00 |
| 23 | Damvix → Marans | 26,5 km - 2 h 40 |
| 24 | Marans → La Rochelle | 26,5 km - 2 h 45 |

**Total général de l'itinéraire** **654,5 km / 665 km**

# N°1 Ouistreham Riva-Bella → Caen

## 15,5 km - 1 h 30

Vers Bayeux, itinéraire La Côte Normande à vélo, La Vélomaritime (EV4)
Riva-Bella
OUISTREHAM
Colleville Montgomery Plage
Hermanville-sur-Mer
Douvres-la-Délivrande
Cresserons
Plumetot
Anguerny
Périers-sur-le-Dan
St-Aubin-d'Arquenay
Bénouville
Ranville
Biéville
BLAINVILLE-SUR-ORNE
HÉROUVILLE-ST-CLAIR
Hérouvillette
COLOMBELLES
CAEN
Épron
St-Contest
Cuverville
Démouville
Giberville
MONDEVILLE
Fleury-sur-Orne
IFS
St-Martin-de-Fontenay
St-André-sur-Orne
May-sur-Orne
Fontenay-le-Marmion
Louvigny
Aires de Service de Giberville
Autoroute de Normandie
N
0 1 2 km
1,5
2,5
4,5
5
2

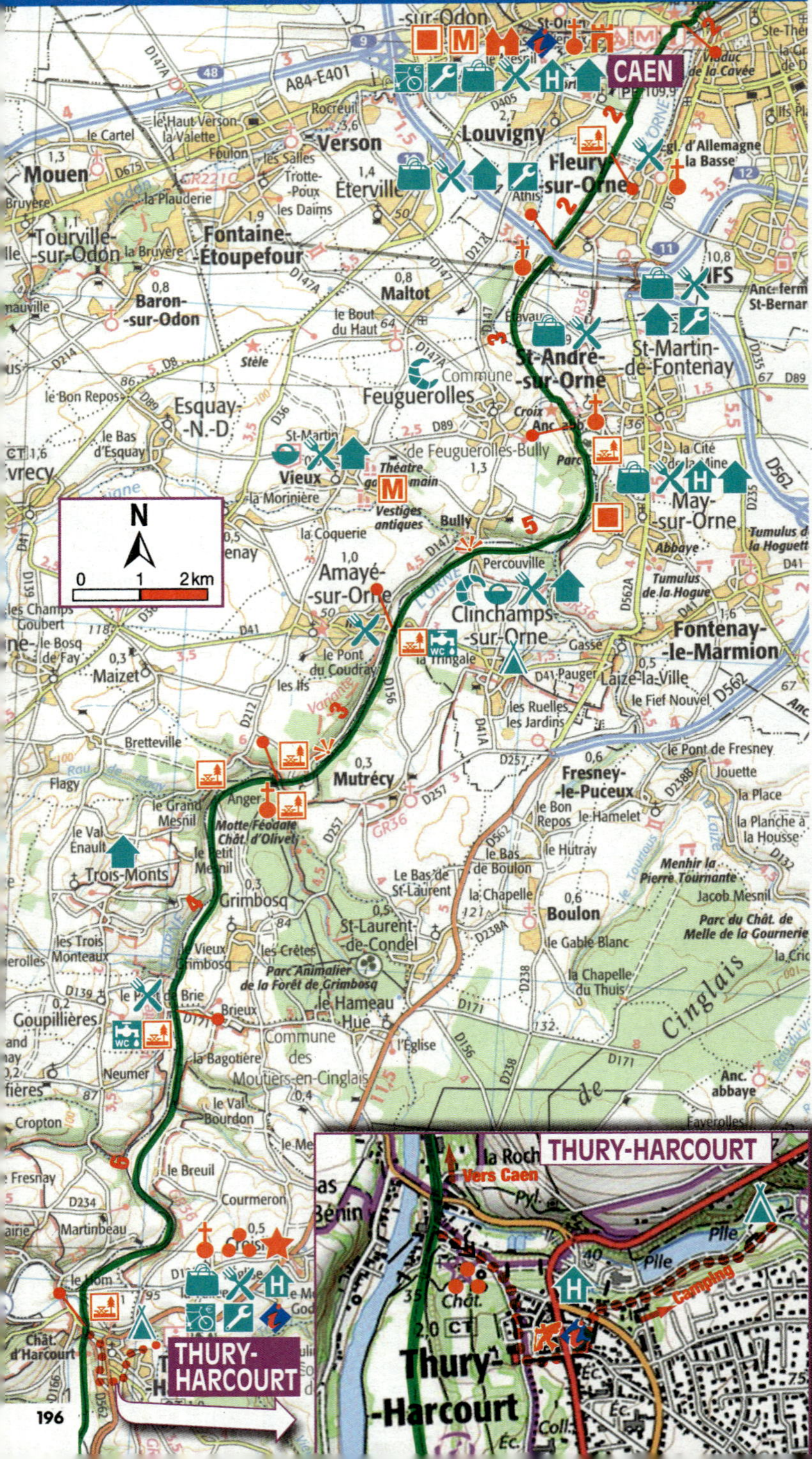
CAEN
Viaduc de la Cavée
Louvigny
Verson
Mouen
Fleury-sur-Orne
Éterville
Tourville-sur-Odon
Fontaine-Étoupefour
Baron-sur-Odon
Maltot
IFS
St-André-sur-Orne
St-Martin-de-Fontenay
Feuguerolles
Esquay-N.-D.
Vieux
Théâtre
Vestiges antiques
Bully
May-sur-Orne
Amayé-sur-Orne
Clinchamps-sur-Orne
Fontenay-le-Marmion
Maizet
Mutrécy
Fresney-le-Puceux
Motte Féodale
Chât. d'Olivet
Trois-Monts
Grimbosq
St-Laurent-de-Condel
Boulon
Parc Animalier de la Forêt de Grimbosq
Goupillières
Commune des Moutiers-en-Cinglais
Cinglais
Menhir la Pierre Tournante
Parc du Chât. de Melle de la Gournerie
Le Hom
Chât. d'Harcourt
THURY-HARCOURT
Vers Caen
Camping
Thury-Harcourt
N
0 1 2 km

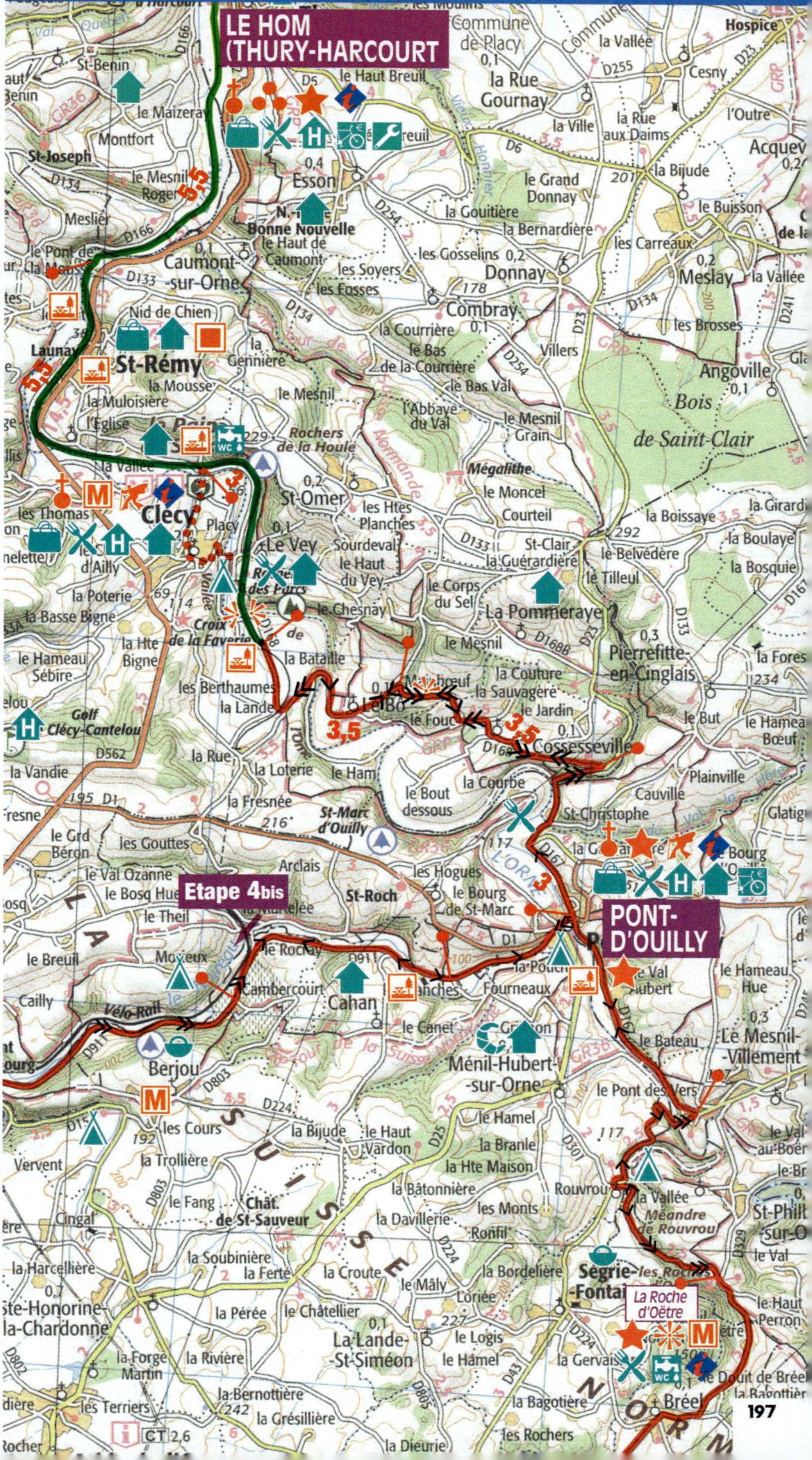
LE HOM (THURY-HARCOURT)
PONT-D'OUILLY
Etape 4bis
La Roche d'Oëtre
Vélo-Rail
St-Benin
St-Joseph
Montfort
le Maizeray
le Mesnil Roger
Meslier
Esson
Bonne Nouvelle
le Haut de Caumont
Caumont-sur-Orne
Nid de Chien
St-Rémy
la Mousse
la Muloisière
Launay
Genniere
Rochers de la Houle
Clécy
les Thomas
Placy
St-Omer
Le Vey
Sourdeval
le Haut du Vey
le Chesnay
Croix de la Faverie
la Bataille
les Berthaumes
la Lande
le Bô
le Fouc
Cossesseville
la Sauvagère
le Jardin
la Couture
le Mesnil
La Pommeraye
Pierrefitte-en-Cinglais
le Corps du Sel
la Guérardière
St-Clair
le Belvédère
le Tilleul
Golf Clécy-Cantelou
la Vandie
la Rue
la Loterie
le Ham
la Fresnée
St-Marc d'Ouilly
le Bout dessous
la Courbe
St-Christophe
Cauville
Plainville
les Gouttes
Arclais
St-Roch
les Hogues
le Bourg de St-Marc
le Val Ozanne
le Bosq Hue
le Theil
la Martelée
Moyeux
le Rocray
Cambercourt
Cahan
les Planches
Fourneaux
la Pouch
le Val Aubert
le Hameau Hue
Le Mesnil-Villement
le Bateau
le Canet
Ménil-Hubert-sur-Orne
Berjou
le Breuil
Cailly
les Cours
la Trollière
Vervent
le Fang
Chât. de St-Sauveur
la Bijude
le Haut Vardon
le Hamel
la Branle
la Hte Maison
la Bâtonnière
la Davillerie
les Monts
Ronfil
Rouvrou
le Pont des Vers
la Vallée
Méandre de Rouvrou
Ségrie-Fontaine
la Soubinière
la Ferté
la Croute
le Mâly
la Bordelière
la Harcellière
Ste-Honorine-la-Chardonne
la Pérée
le Châtellier
La Lande-St-Siméon
le Logis
le Hamel
la Forge Martin
la Rivière
la Bernottière
la Grésillière
les Terriers
la Bagotière
la Gervais
Bréel
les Rochers
la Dieurie
Commune de Placy
la Rue Gournay
le Haut Breuil
la Vallée
Cesny
Hospice
l'Outre
la Rue aux Daims
la Ville
la Bijude
le Grand Donnay
la Gouitière
la Bernardière
les Gosselins
Donnay
les Soyers
les Fosses
Combray
la Courrière
le Bas de la Courrière
le Bas Val
l'Abbaye du Val
le Mesnil Grain
Mégalithe
le Moncel
Courteil
les Htes Planches
Villers
les Carreaux
Meslay
le Buisson
les Brosses
Angoville
Bois de Saint-Clair
la Boissaye
la Boulaye
la Bosquie
le But
Suisse Normande
SUISSE
NORMANDIE

## Pont-d'Ouilly → Flers (par la Roche d'Oëtre)

**30 km - 4 h 30**

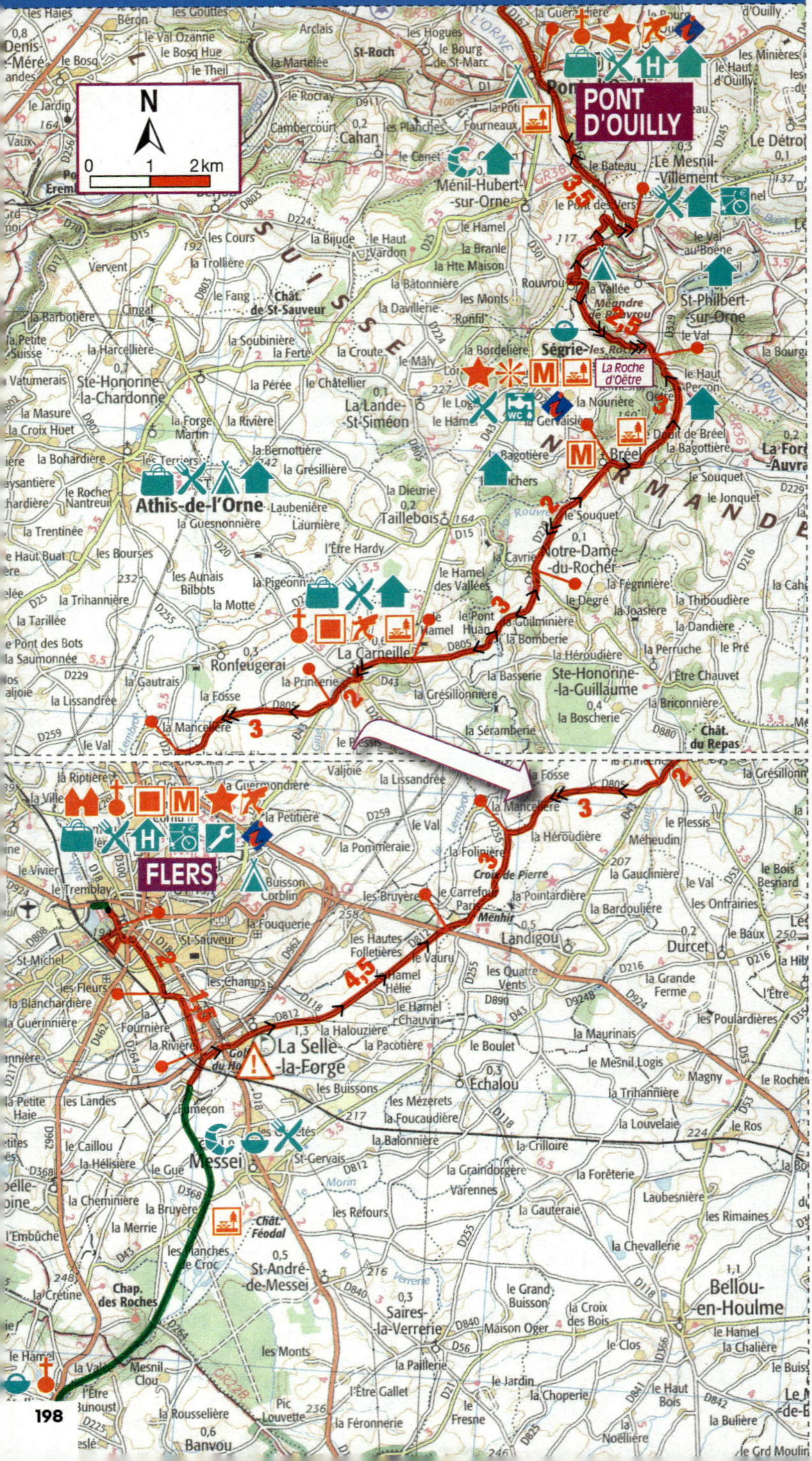
N
0
1
2 km
PONT D'OUILLY
Le Mesnil-Villement
Ménil-Hubert-sur-Orne
St-Philbert-sur-Orne
Ségrie-les Rochers
La Roche d'Oëtre
La Lande-St-Siméon
Bréel
Notre-Dame-du-Rocher
Ste-Honorine-la-Chardonne
Athis-de-l'Orne
Taillebois
La Carneille
Ronfeugerai
Ste-Honorine-la-Guillaume
FLERS
La Selle-la-Forge
Landigou
Durcet
Échalou
Messei
St-André-de-Messei
Saires-la-Verrerie
Bellou-en-Houlme
Cahan
Chât. de St-Sauveur
Chât. du Repas
Chât. Féodal
Chap. des Roches
SUISSE NORMANDE
3,5
2,5
3
2
3
2
3
3
4,5
1,5
2

## Pont-d'Ouilly → Flers (par Condé-en-Normandie)

## 33,5 km - 4 h 30

## Flers → Domfront-en-Poiraie

## 23 km - 2 h 15

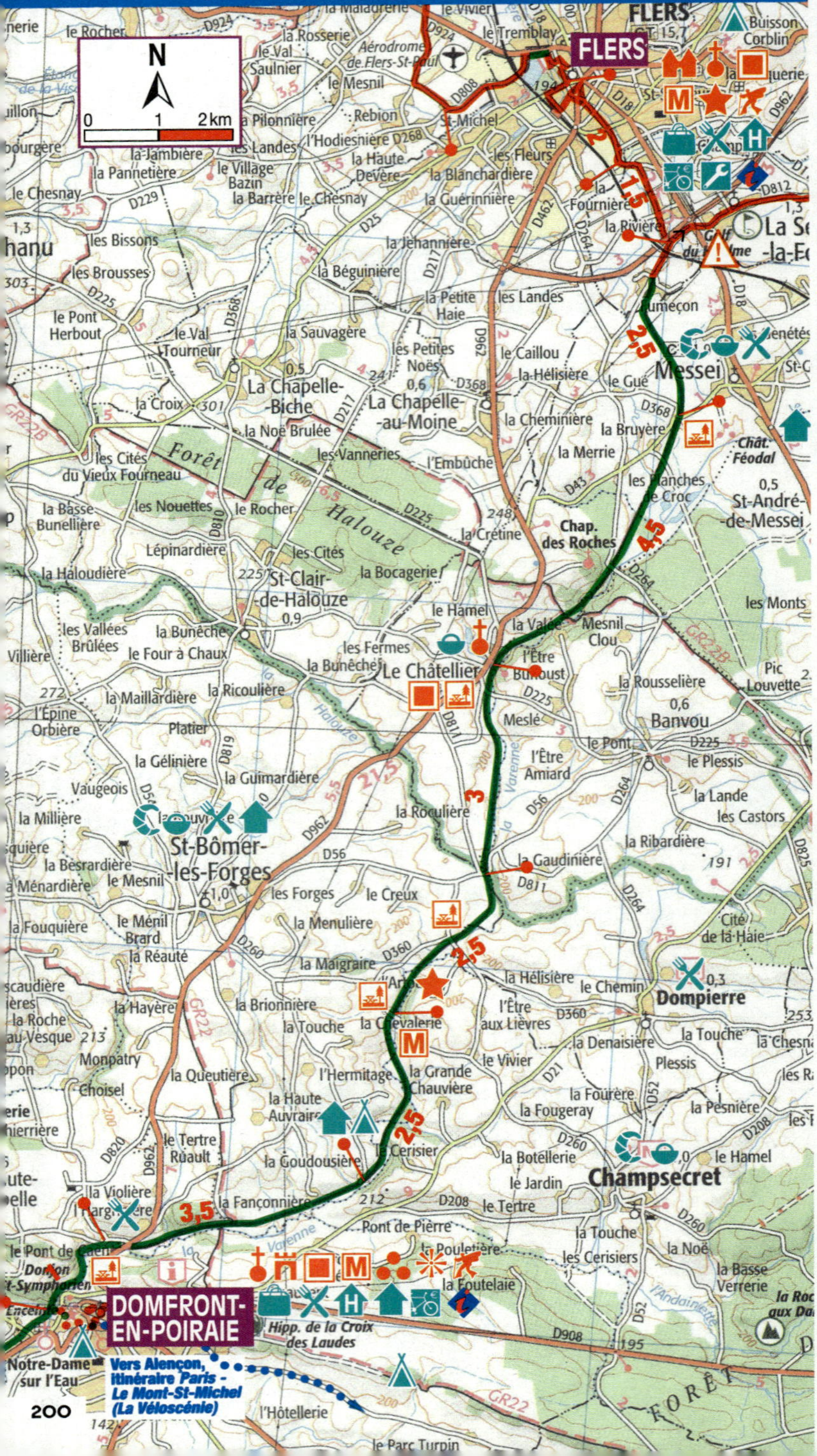
N
0 1 2 km
FLERS
Messei
St-André-de-Messei
Le Châtellier
Banvou
Dompierre
Champsecret
St-Bômer-les-Forges
St-Clair-de-Halouze
La Chapelle-Biche
La Chapelle-au-Moine
Forêt de Halouze
Chap. des Roches
Châtt. Féodal
DOMFRONT-EN-POIRAIE
Hipp. de la Croix des Laudes
Vers Alençon, itinéraire Paris - Le Mont-St-Michel (La Véloscénie)
Notre-Dame sur l'Eau

# N°6 Domfront-en-Poiraie → Ambrières-les-Vallées

**26,5 km - 3 h 00**
**35 km - 3 h 40**

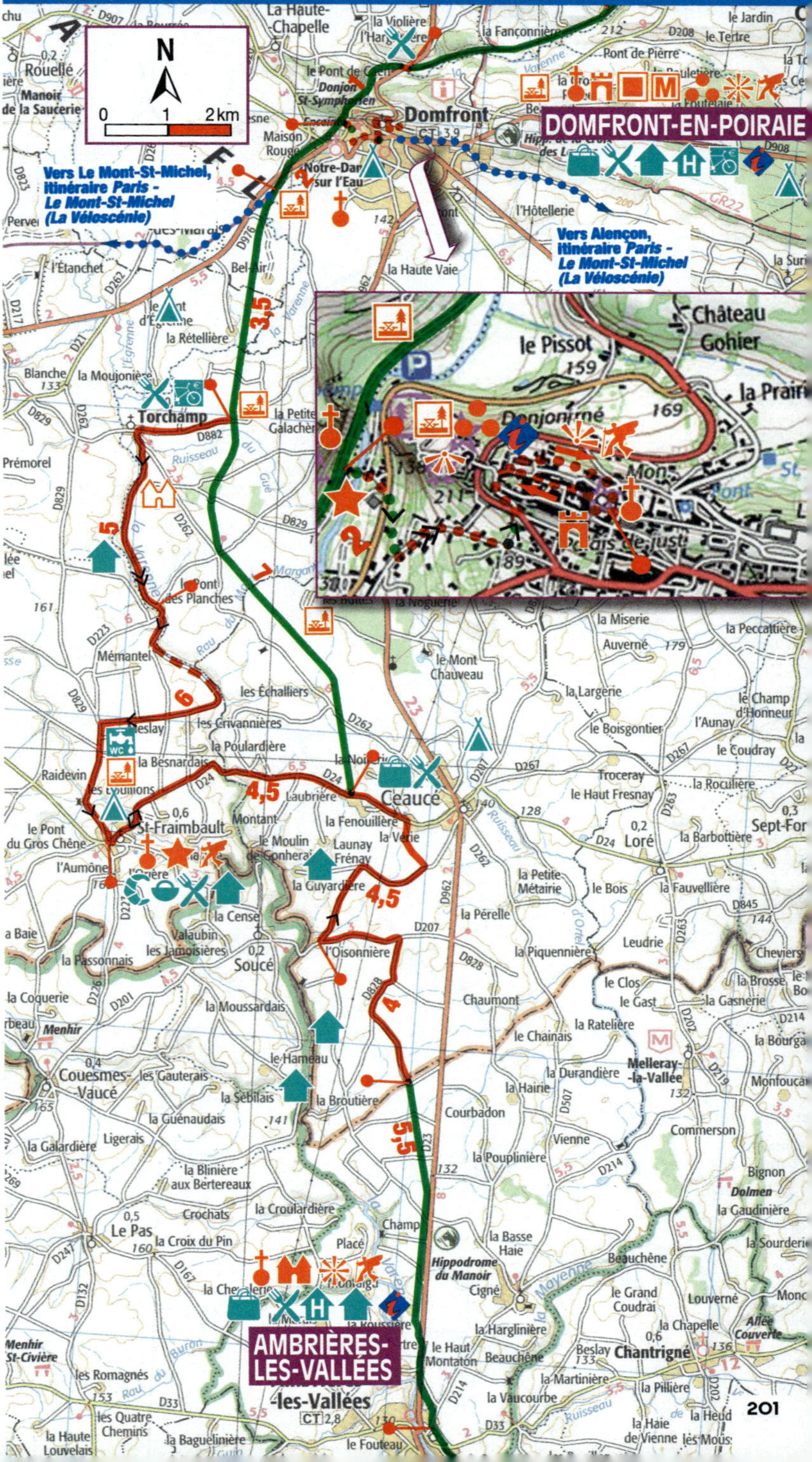

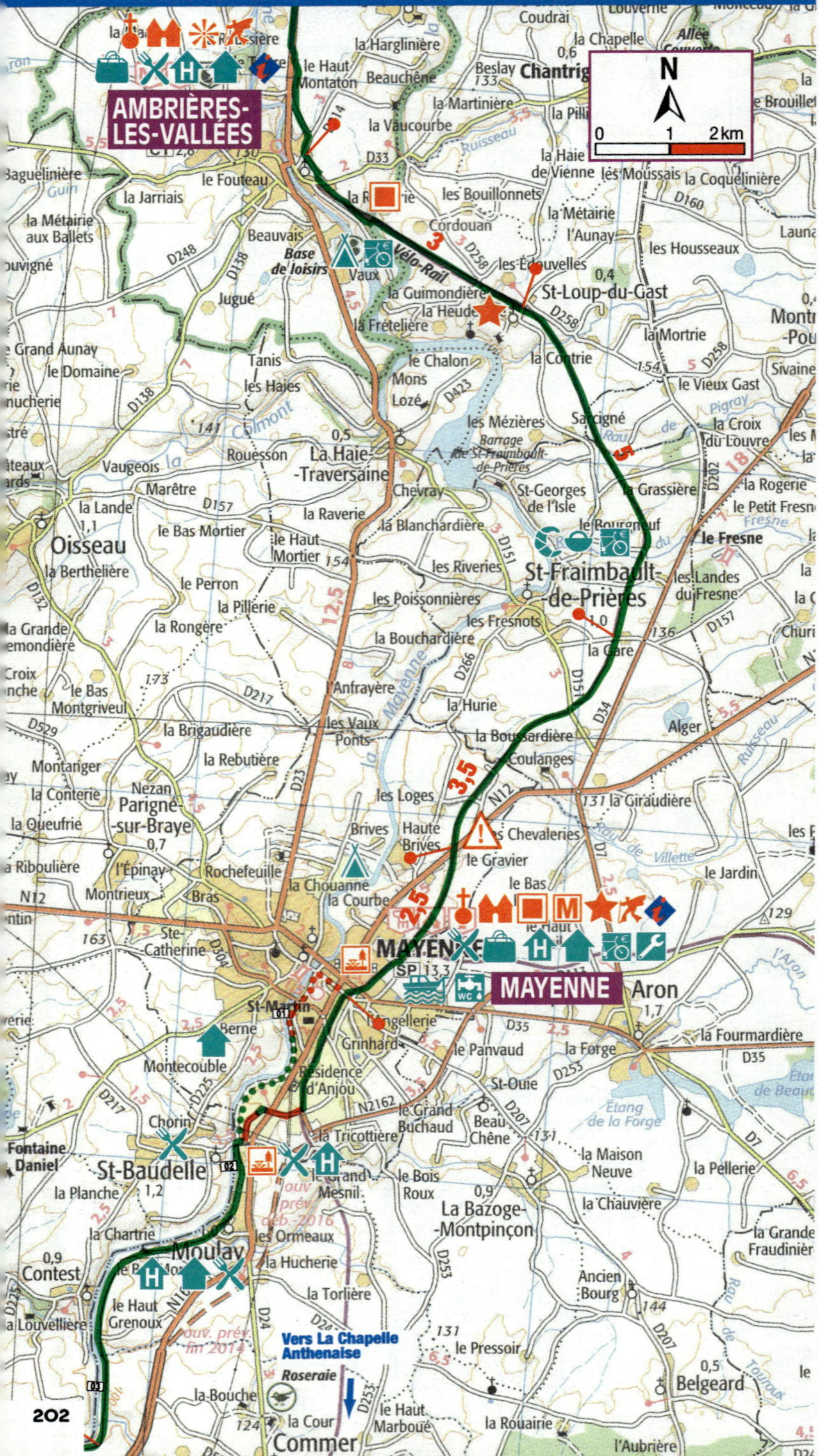
AMBRIÈRES-LES-VALLÉES
MAYENNE
N
0 1 2 km
la Harglinière
le Haut Montaton
Beauchêne
Beslay
Chantrig
la Martinière
la Vaucourbe
le Fouteau
la Jarriais
Baguelinière
la Métairie aux Ballets
Beauvais
Base de loisirs
Vaux
Vélo-Rail
Cordouan
les Bouillonnets
la Haie de Vienne
les Moussais
la Coquelinière
la Métairie
l'Aunay
les Housseaux
les Écouvelles
St-Loup-du-Gast
la Guimondière
la Heude
la Fretelière
Jugué
Tanis
les Haies
le Chalon
Mons
Lozé
la Contrie
la Mortrie
le Vieux Gast
Grand Aunay
le Domaine
les Mézières
Barrage de St-Fraimbault-de-Prières
Sarcigné
la Croix du Louvre
Colmont
Rouesson
La Haie-Traversaine
Vaugeois
Marêtre
la Lande
Oisseau
la Berthelière
Chevray
St-Georges de l'Isle
la Grassière
la Rogerie
le Petit Fresne
la Raverie
la Blanchardière
le Bourgneuf
le Fresne
le Bas Mortier
le Haut Mortier
les Riveries
St-Fraimbault-de-Prières
les Landes du Fresne
le Perron
la Pillerie
les Poissonnières
les Fresnots
la Rongère
la Bouchardière
la Gare
le Bas Montgriveul
l'Anfrayère
la Hurie
la Brigaudière
les Vaux Ponts
la Boussardière
Alger
la Rebutière
Coulanges
Montanger
la Conterie
Nezan
Parigné-sur-Braye
les Loges
la Giraudière
la Queufrie
Brives
Haute Brives
les Chevaleries
le Gravier
le Jardin
la Riboulière
l'Épinay
Rochefeuille
la Chouanne
la Courbe
le Bas
Montrieux
Bras
Ste-Catherine
MAYENNE
Aron
St-Martin
Berne
l'Angellerie
Grinhard
le Panvaud
la Forge
la Fourmardière
Montecouble
Résidence d'Anjou
St-Ouie
Étang de la Forge
Chorin
le Grand Buchaud
Beau Chêne
la Tricottière
Fontaine Daniel
St-Baudelle
le Grand Mesnil
le Bois Roux
la Maison Neuve
la Pellerie
la Planche
ouv. prév. déb. 2016
La Bazoge-Montpinçon
la Chauvière
la Chartrie
les Ormeaux
la Grande Fraudinière
Contest
Moulay
la Hucherie
Ancien Bourg
le Haut Grenoux
la Torlière
la Louvellière
ouv. prév. fin 2014
Vers La Chapelle Anthenaise
le Pressoir
Belgeard
Roseraie
la Bouche
la Cour
le Haut Marboué
la Rouairie
Commer
l'Aubrière

# Mayenne → Montgiroux

**14,5 km - 1 h 30**

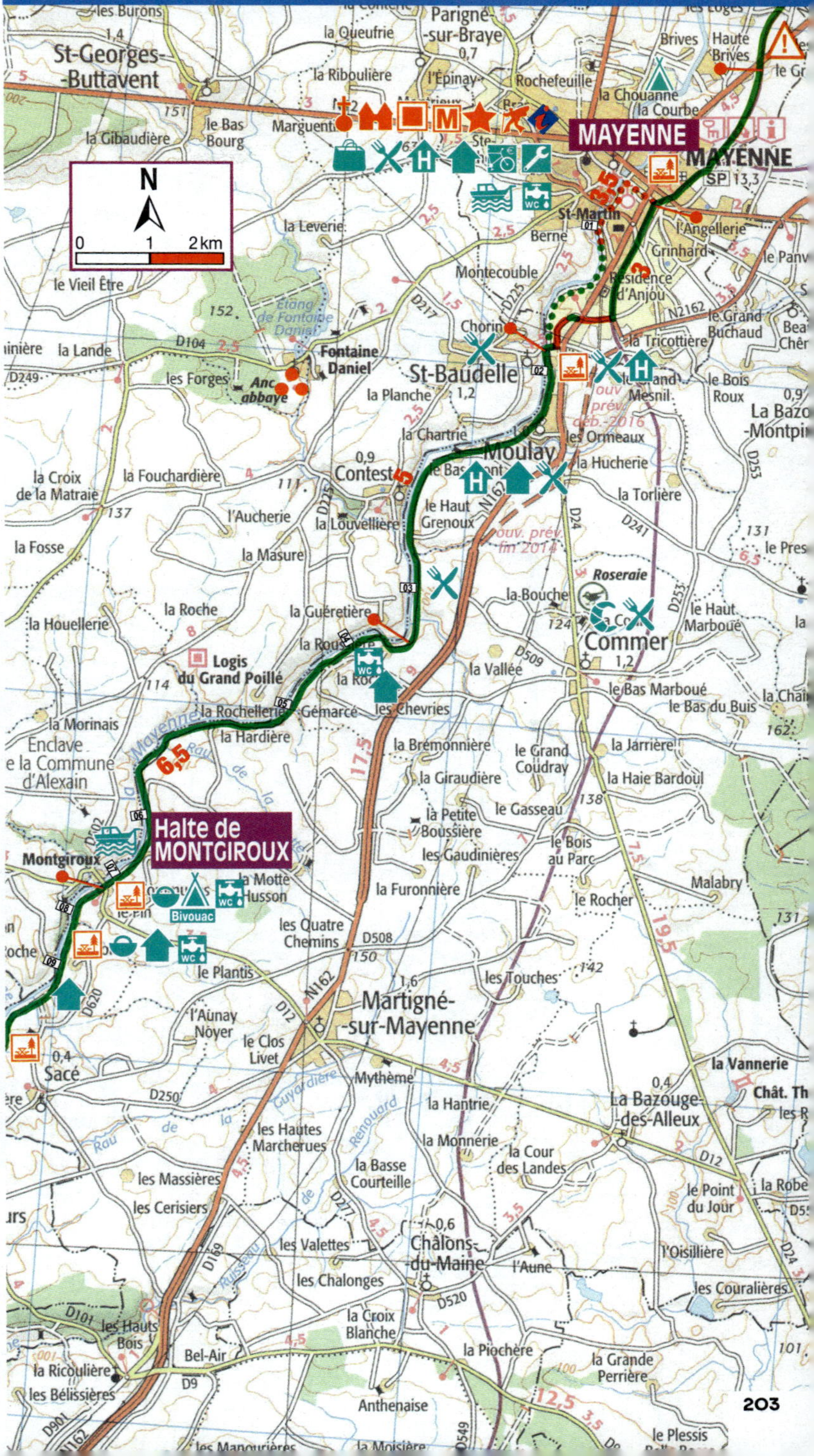
MAYENNE
Halte de MONTGIROUX
N
0
1
2 km
St-Georges-Buttavent
la Queufrie
Parigné-sur-Braye
Rochefeuille
la Chouanne
la Courbe
Brives
Haute Brives
St-Martin
Berne
l'Angellerie
Grinhard
Résidence d'Anjou
Montecouble
Chorin
St-Baudelle
la Tricottière
Fontaine Daniel
Anc. abbaye
les Forges
la Lande
le Vieil Être
la Leverie
Moulay
les Ormeaux
la Hucherie
la Torlière
Contest
la Louvellière
le Haut Grenoux
la Chartrie
la Planche
la Croix de la Matraie
la Fouchardière
l'Aucherie
la Masure
la Fosse
la Houellerie
la Roche
la Guéretière
Logis du Grand Poillé
la Rochellerie
Gémarcé
les Chevries
la Hardière
la Morinais
Enclave de la Commune d'Alexain
Montgiroux
Bivouac
la Motte Husson
le Plantis
les Quatre Chemins
Roseraie
la Bouche
Commer
la Vallée
le Bas Marboué
le Bas du Buis
la Jarrière
la Haie Bardoul
le Grand Coudray
la Brémonnière
la Giraudière
le Gasseau
la Petite Boussière
les Gaudinières
le Bois au Parc
la Furonnière
le Rocher
Malabry
les Touches
Martigné-sur-Mayenne
l'Aunay Noyer
le Clos Livet
Sacé
Mythème
la Hantrie
la Monnerie
la Cour des Landes
La Bazouge-des-Alleux
la Vannerie
les Hautes Marcherues
la Basse Courteille
les Massières
les Cerisiers
les Valettes
les Chalonges
Châlons-du-Maine
l'Aune
le Point du Jour
l'Oisillière
les Couralières
la Croix Blanche
la Piochère
la Grande Perrière
les Hauts Bois
Bel-Air
la Ricoulière
les Bélissières
Anthenaise
le Plessis
ouv. prév. déb. 2016
ouv. prév. fin 2014
14,5
6,5
3,5

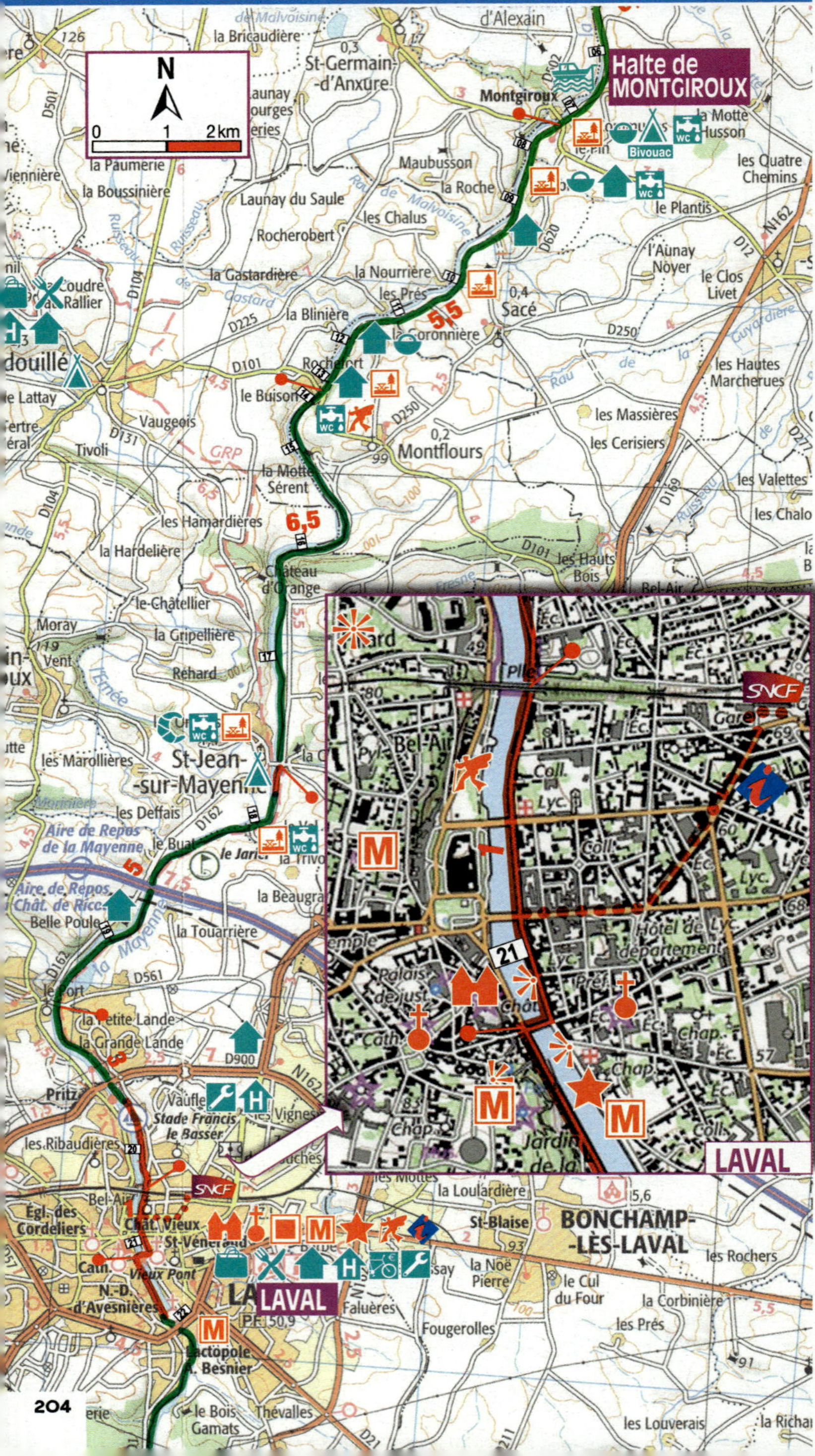
N
0 1 2 km
Halte de MONTGIROUX
Montgiroux
Bivouac
St-Germain-d'Anxure
la Bricaudière
d'Alexain
Maubusson
la Roche
les Chalus
la Motte Husson
les Quatre Chemins
le Plantis
l'Aunay Noyer
le Clos Livet
la Nourrière
les Prés
Sacé
la Coronnière
la Paumerie
la Boussinière
Launay du Saule
Rocherobert
la Gastardière
la Blinière
Rochefort
le Buison
Vaugeois
Tivoli
Montflours
les Massières
les Cerisiers
les Hautes Marcherues
la Motte Sérent
les Hamardières
la Hardelière
Château d'Orange
les Hauts Bois
les Valettes
le Châtellier
Moray
la Gripellière
Rehard
les Marollières
St-Jean-sur-Mayenne
les Deffais
Aire de Repos de la Mayenne
Aire de Repos Chât. de Ricc.
Belle Poule
la Beaugra
la Touarrière
le Port
la Petite Lande
la Grande Lande
Vaufle
Stade Francis le Basser
les Ribaudières
Bel-Air
Égl. des Cordeliers
Chât. Vieux
St-Vénérand
Cath.
Vieux Pont
N.-D. d'Avesnières
LAVAL
Lactopole A. Besnier
la Loulardière
St-Blaise
BONCHAMP-LÈS-LAVAL
les Rochers
la Noë Pierre
le Cul du Four
la Corbinière
les Prés
Falùères
Fougerolles
le Bois Gamats
Thévalles
les Louverais
Halte
SNCF
Gare
Bel-Air
Coll.
Lyc.
Hôtel de département
Palais de Justice
Chât.
Cath.
Chap.
Jardin de la
LAVAL
5,5
6,5
21

# Laval → Château-Gontier

34,5 km - 3 h 30

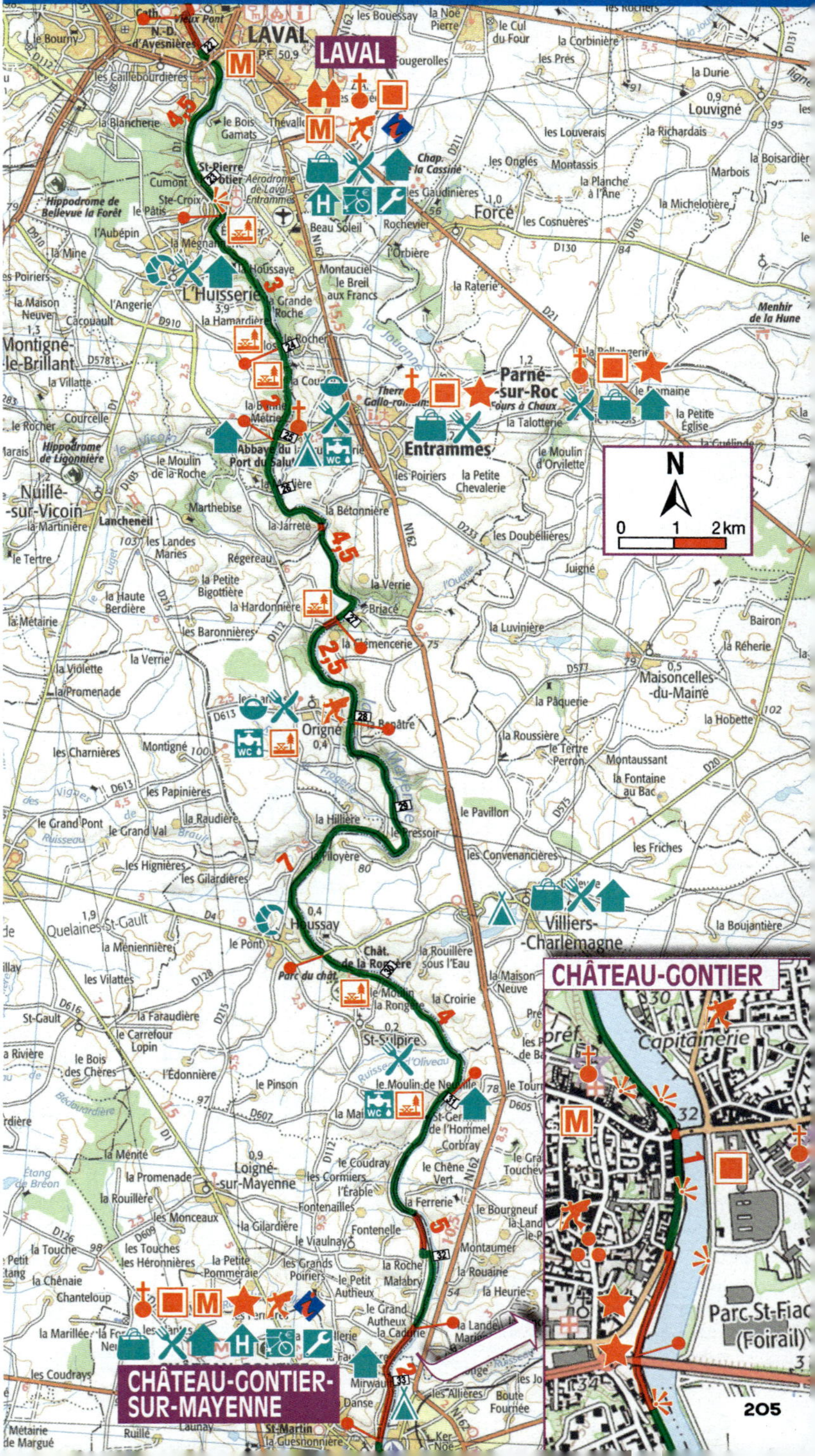
LAVAL
L'Huisserie
Entrammes
Parné-sur-Roc
Forcé
Louvigné
Origné
Nuillé-sur-Vicoin
Montigné-le-Brillant
Maisoncelles-du-Maine
Houssay
Villiers-Charlemagne
St-Sulpice
Loigné-sur-Mayenne
Quelaines-St-Gault
CHÂTEAU-GONTIER-SUR-MAYENNE
CHÂTEAU-GONTIER
Capitainerie
Parc St-Fiacre (Foirail)
N
0 1 2 km

## Château-Gontier → Le Lion-d'Angers

## 34,5 km - 3 h 30

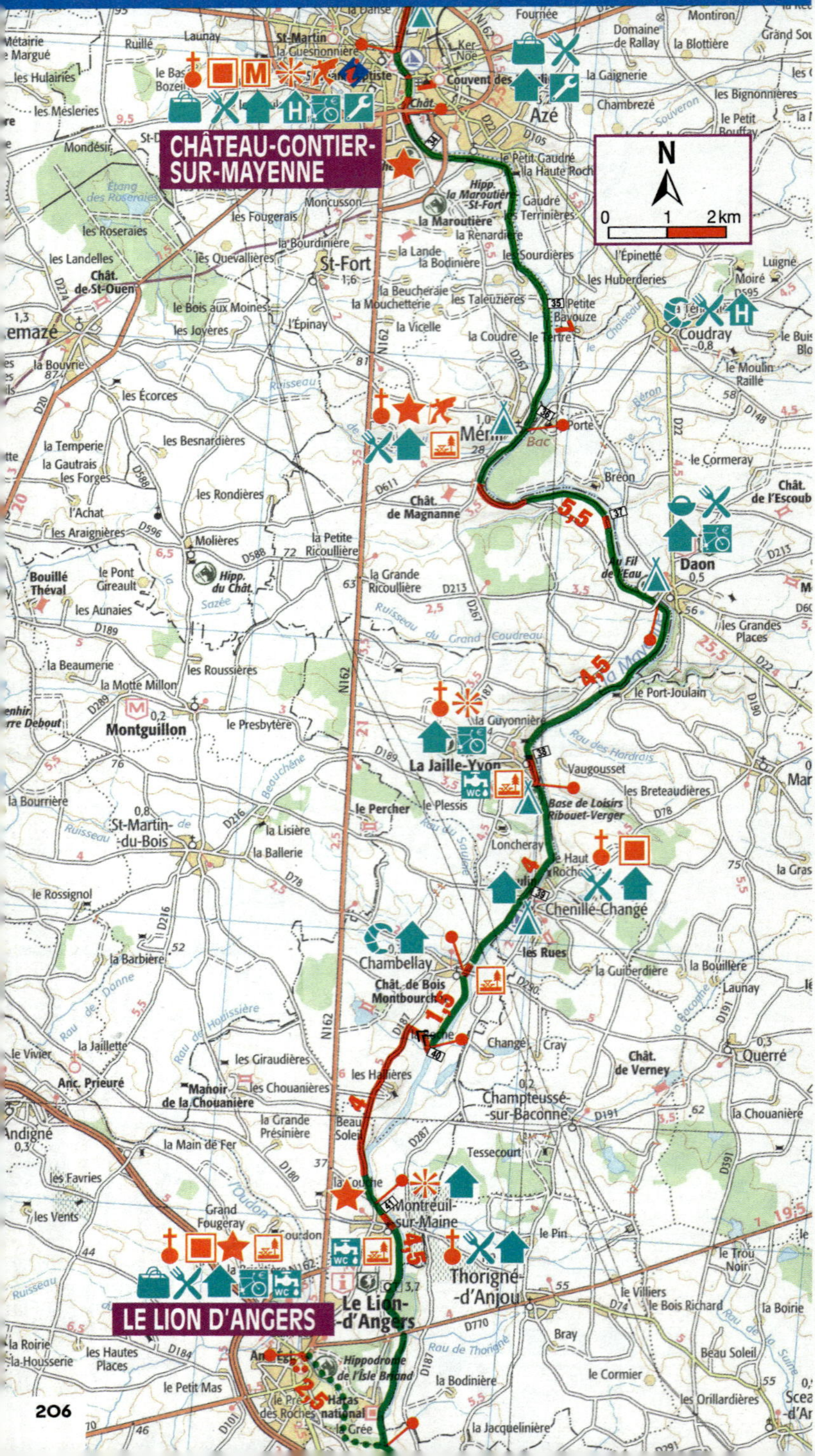
CHÂTEAU-GONTIER-SUR-MAYENNE
LE LION D'ANGERS
N
0
1
2 km
St-Martin
la Guesnonnière
Azé
Couvent des
Fournée
Domaine de Rallay
Montiron
la Blottière
Grand Sou
la Gaignerie
Chambrezé
les Bignonnières
le Petit Gaudré
la Haute Roche
Hipp. la Maroutière - St-Fort
la Maroutière
Moncusson
Gaudré
les Terrinières
la Renardière
les Sourdières
l'Épinette
Luigné
Moiré
les Huberderies
St-Fort
la Bourdinière
les Quevallières
les Fougerais
les Roseraies
Étang des Roseraies
Mondésir
les Mesleries
les Hulairies
Ruillé
Launay
le Bas Bozeil
Métairie
Margué
les Landelles
Chât. de St-Ouen
la Beucheraie
la Mouchetterie
la Vicelle
les Taleuzières
la Coudre
le Tertre
Petite Bayouze
Coudray
le Moulin Raillé
les Bois aux Moines
les Joyères
l'Épinay
la Bouvrie
les Écorces
la Temperie
la Gautrais
les Forges
les Besnardières
Ménil
Porte
Bac
le Cormerey
Bréon
Chât. de l'Escoub
Chât. de Magnanne
les Rondières
l'Achat
les Araignières
Molières
la Petite Ricoullière
la Grande Ricoullière
Hipp. du Chât.
Bouillé Théval
le Pont Gireault
les Aunaies
Sazée
Daon
au Fil de l'Eau
Ruisseau du Grand Coudreau
les Grandes Places
la Beaumerie
la Motte Millon
les Roussières
le Port-Joulain
La Mayenne
Montguillon
le Presbytère
la Guyonnière
La Jaille-Yvon
Vaugousset
les Breteaudières
Base de Loisirs Ribouet-Verger
le Percher
le Plessis
la Bourrière
St-Martin-du-Bois
la Lisière
la Ballerie
Loncheray
le Haut Roche
Chenillé-Changé
le Rossignol
Chambellay
les Rues
la Barbière
Chât. de Bois Montbourcher
la Guiberdière
la Bouillère
Launay
la Jaillette
le Vivier
Anc. Prieuré
Manoir de la Chouanière
les Giraudières
les Chouanières
les Hallières
Change
Cray
Chât. de Verney
Querré
Champteussé-sur-Baconne
la Chouanière
Andigné
la Grande Présinière
la Main de Fer
Beau Soleil
Tessecourt
les Favries
les Vents
Grand Fougeray
Montreuil-sur-Maine
le Pin
Thorigné-d'Anjou
le Trou Noir
les Villiers
le Bois Richard
la Boirie
Le Lion-d'Angers
Hippodrome de l'Isle Briand
Haras national
la Roirie
la Housserie
les Hautes Places
le Petit Mas
la Bodinière
Bray
Beau Soleil
le Cormier
les Orillardières
la Jacquelinière
la Grée

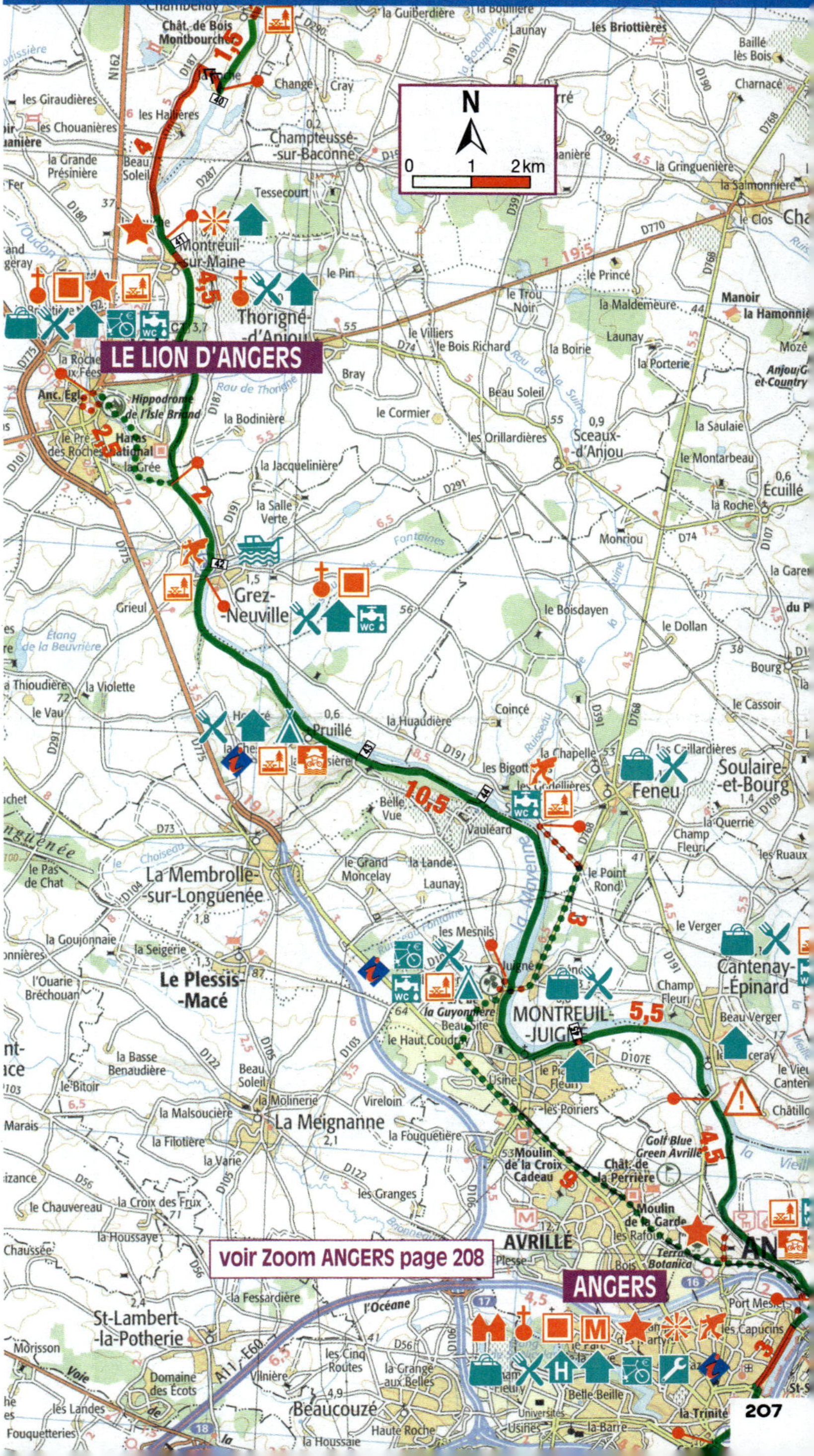
N
0 1 2 km
LE LION D'ANGERS
ANGERS
Montreuil-sur-Maine
Thorigné-d'Anjou
Champteussé-sur-Baconne
Grez-Neuville
Pruillé
Feneu
Soulaire-et-Bourg
Sceaux-d'Anjou
Écuillé
Cantenay-Épinard
MONTREUIL-JUIGNÉ
La Membrolle-sur-Longuenée
Le Plessis-Macé
La Meignanne
AVRILLÉ
St-Lambert-la-Potherie
Beaucouzé
Hippodrome de l'Isle Briand
Haras National
Châtel. de Bois Montbourcher
Golf Blue Green Avrillé
Moulin de la Croix Cadeau
Château de la Perrière
Moulin de la Garde
Terra Botanica
la Mayenne
l'Océane

voir Zoom ANGERS page 208

ANGERS
LES PONTS-DE-CÉ
LOIRE-AUTHION (LA DAGUENIÈRE)
Vers Trélazé (étape 12 bis)
Vers Nantes, itinéraire La Loire à vélo (EV 6)
Connexion itinéraire Layon-Aubance
LES PONTS DE CÉ
TRÉLAZÉ
BOUCHEMAINE
Ste-Gemmes-sur-Loire
Juigné-sur-Loire
St-Jean-des-Mauvrets
Brain-sur-l'Authion
Andard
AVRILLÉ
La Daguenière
N
0 1 2km

# N°12 BIS Angers → Loire-Authion (La Daguenière) par Trélazé

**18,5 km - 1 h 40**

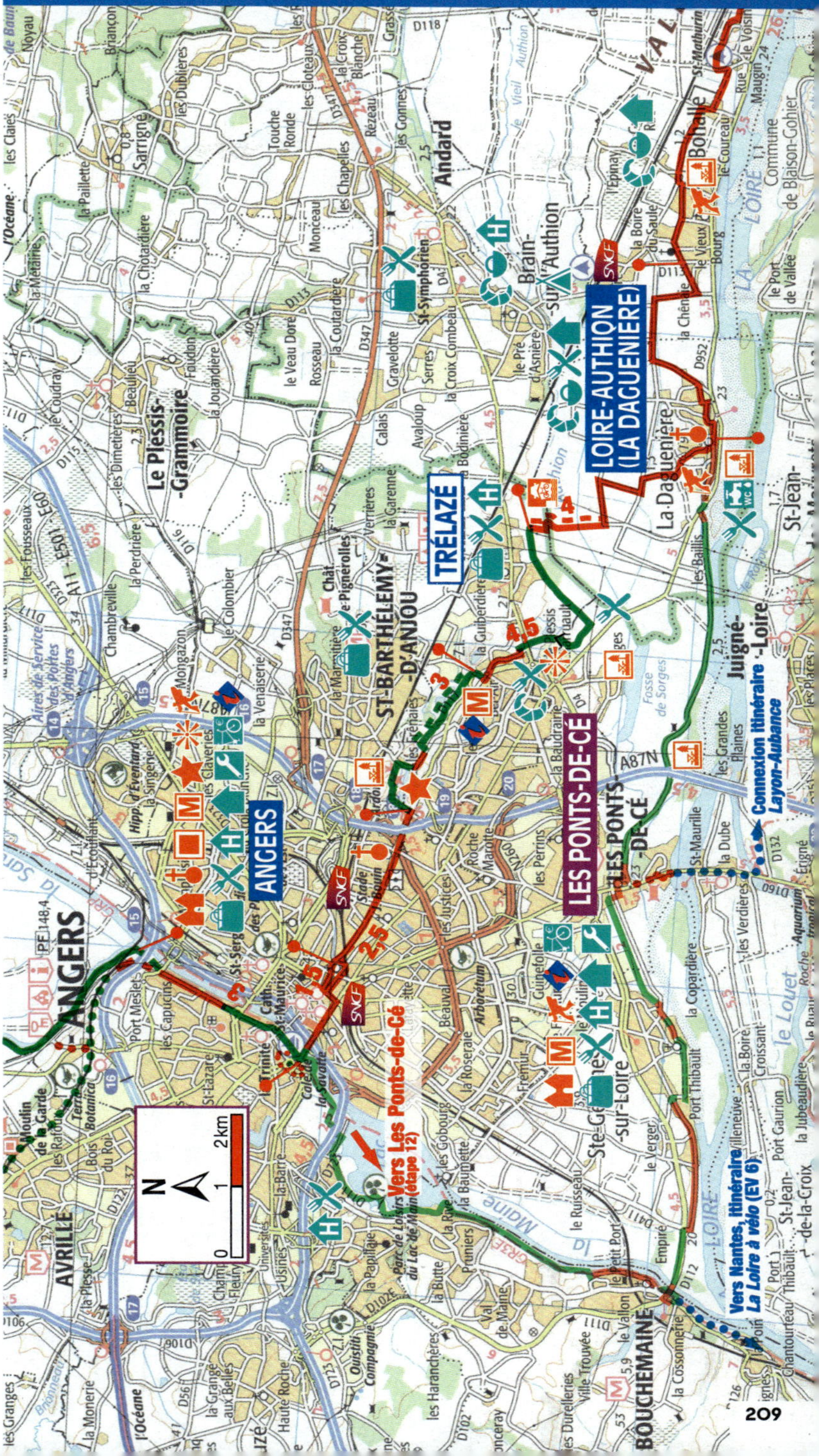

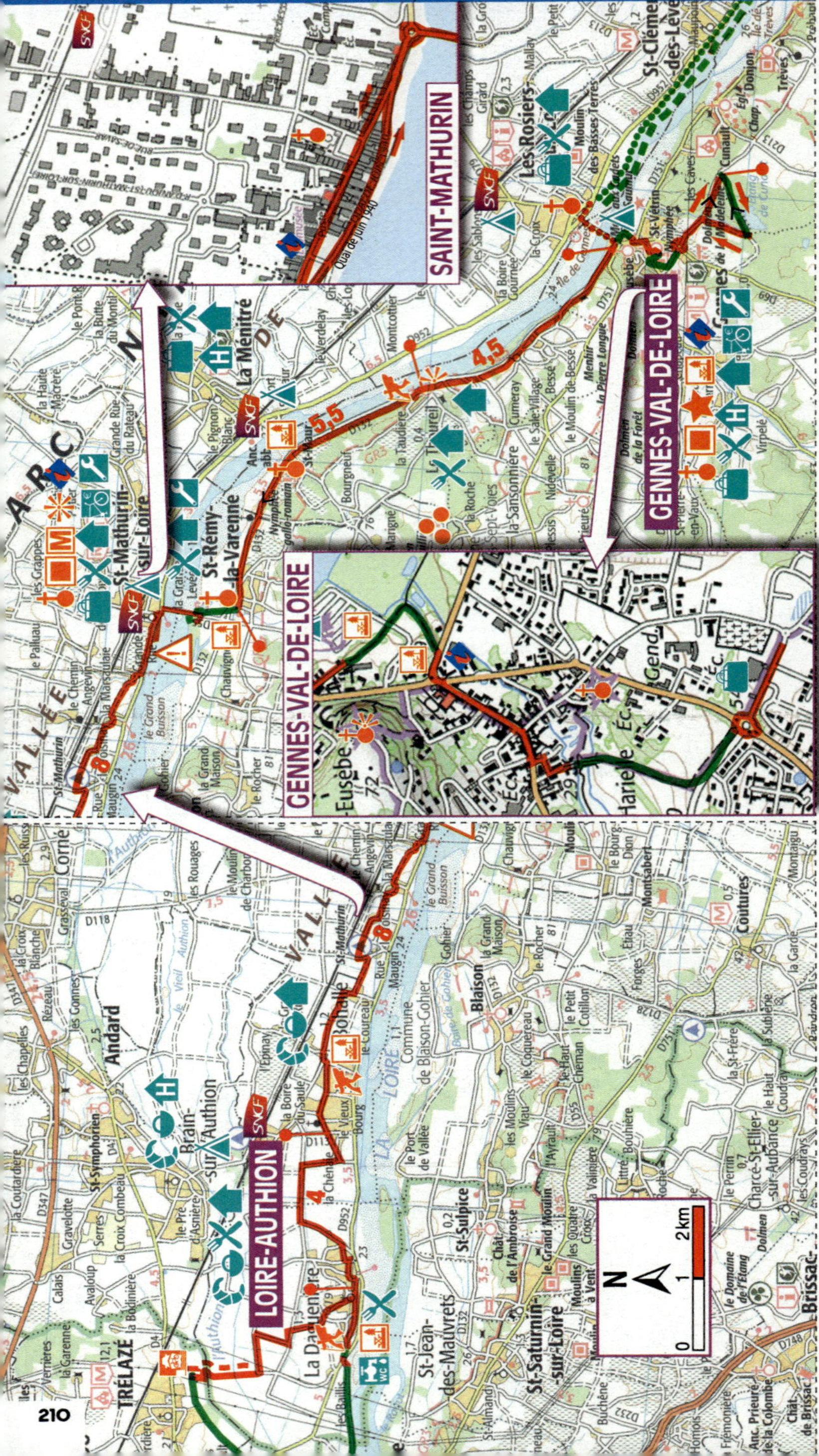
SAINT-MATHURIN
GENNES-VAL-DE-LOIRE
GENNES-VAL-DE-LOIRE
LOIRE-AUTHION
Les Rosiers-sur-Loire
St-Mathurin-sur-Loire
St-Rémy-la-Varenne
La Ménitré
Brain-sur-l'Authion
Andard
Corné
Trélazé
La Daguenière
St-Jean-des-Mauvrets
St-Saturnin-sur-Loire
St-Sulpice
Blaison
Coutures
Brissac-
St-Clément-des-Levées
Montsabert
Quai de Juin 1940
2km

# N°14 Gennes-Val-de-Loire → Saumur

**21 km - 2 h 10**

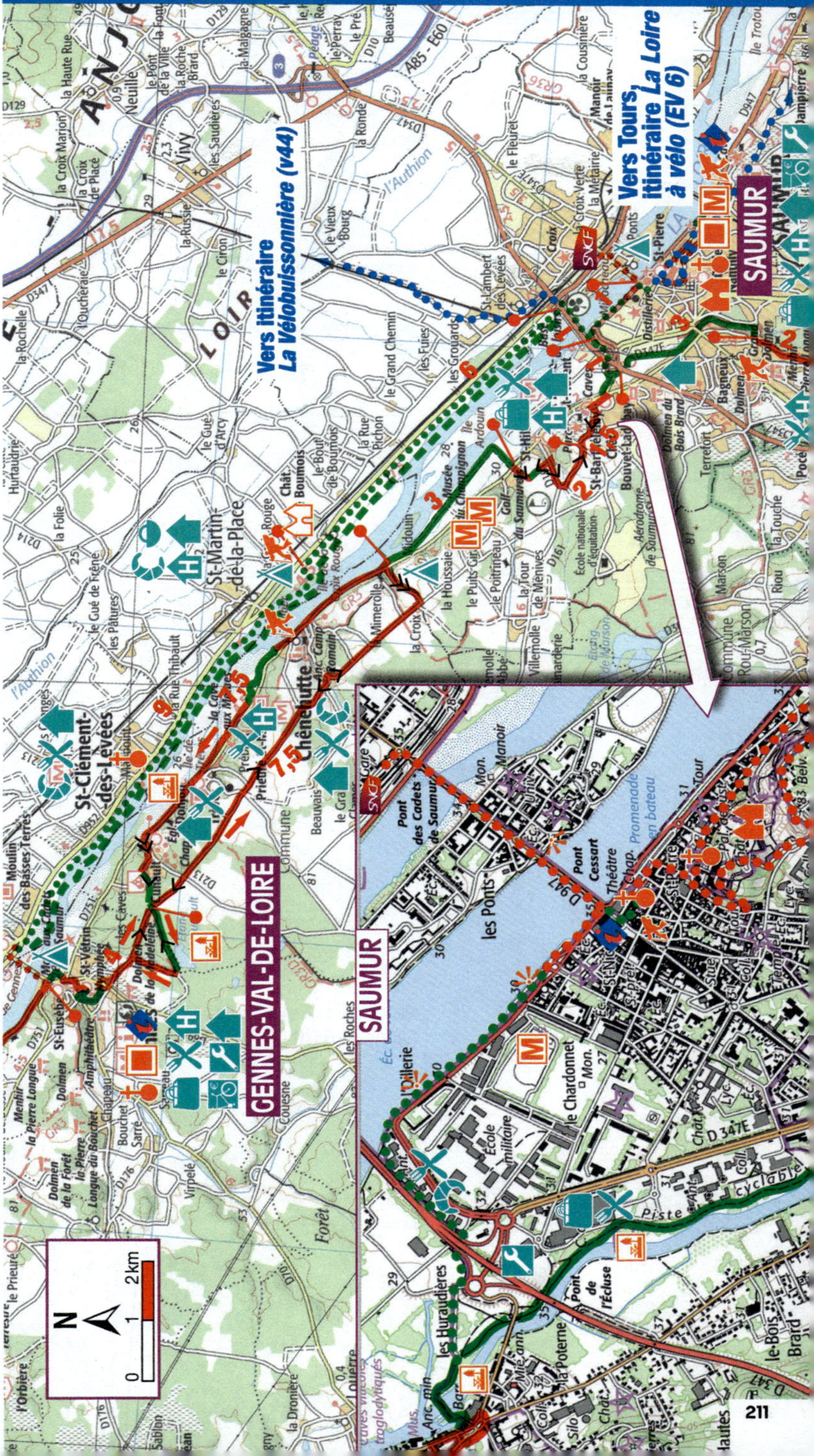
Vers itinéraire La Vélobuissonnière (V44)
Vers Tours, itinéraire La Loire à vélo (EV 6)
SAUMUR
GENNES-VAL-DE-LOIRE
St-Clément-des-Levées
St-Martin-de-la-Place
Chênehutte
Pont Cessart
Pont des Cadets de Saumur
Promenade en bateau
Piste cyclable
les Ponts
Vivy
Neuillé
École militaire
Pont de l'Écluse
les Huraudières
Musée du Champignon
École nationale d'équitation
Aérodrome de Saumur
Dolmen du Bois Brard
Dolmen de la Forêt
Menhir de la Pierre Longue
Caves viticoles troglodytiques
Forêt

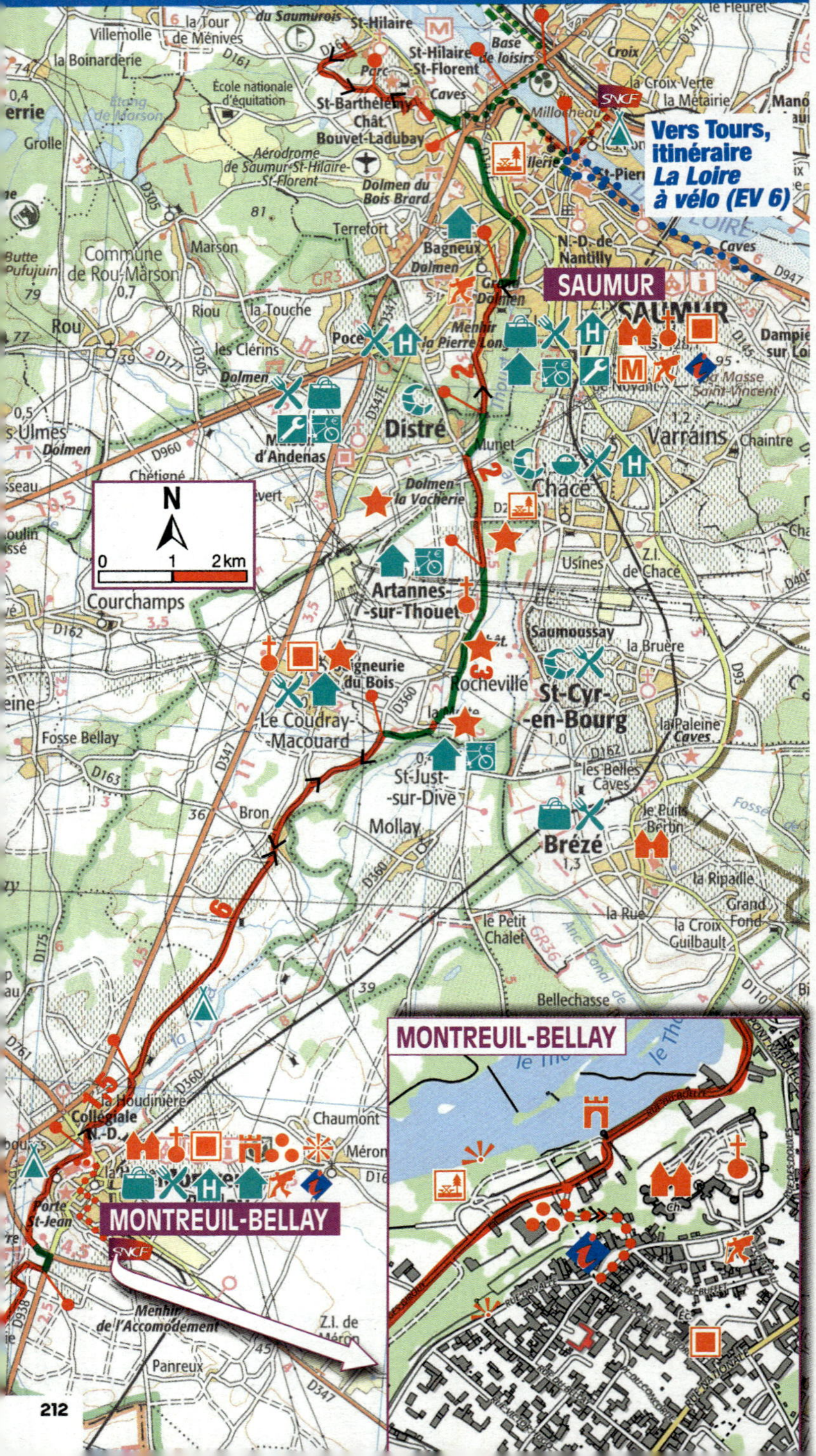
Vers Tours, itinéraire La Loire à vélo (EV 6)
SAUMUR
MONTREUIL-BELLAY
St-Hilaire-St-Florent
Base de loisirs
Bagneux
Distré
Chacé
Varrains
Artannes-sur-Thouet
Rocheville
St-Cyr-en-Bourg
Le Coudray-Macouard
St-Just-sur-Dive
Brézé
Mollay
Courchamps
Collégiale N.-D.
Porte St-Jean
SNCF
N
0
1
2 km
Loire
le Thouet

# Montreuil-Bellay → Thouars

26 km - 2 h 40

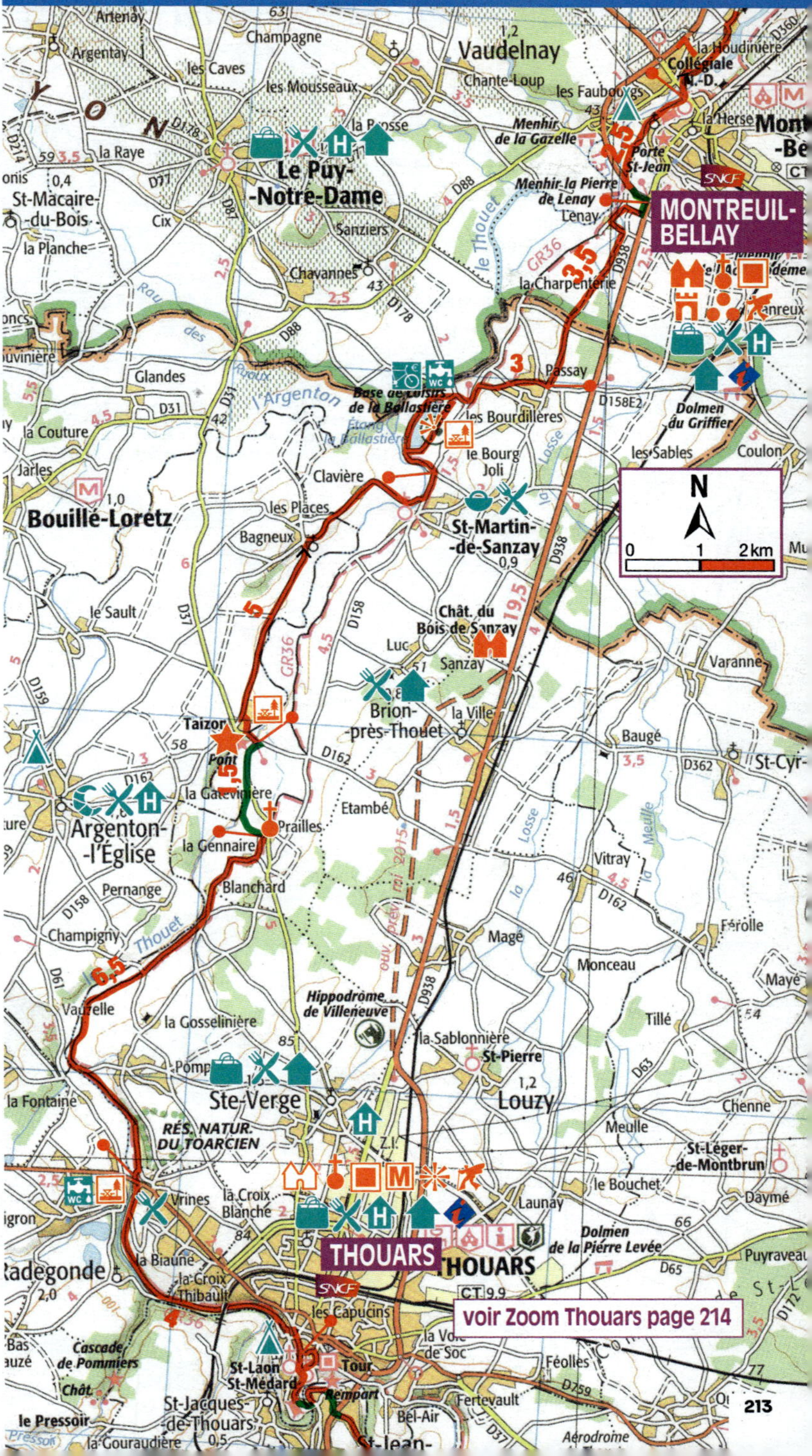

Artenay
Argentay
Champagne
les Caves
les Mousseaux
Vaudelnay
Chante-Loup
les Faubourgs
Collégiale N.-D.
la Houdinière
la Herse
Menhir de la Gazelle
Porte St-Jean
la Raye
la Rosse
Le Puy-Notre-Dame
St-Macaire-du-Bois
la Planche
Cix
Sanziers
Chavannes
Menhir la Pierre de Lenay
Lenay
MONTREUIL-BELLAY
la Charpenterie
GR36
le Thouet
Glandes
l'Argenton
Base de Loisirs de la Ballastière
Étang de la Ballastière
Passay
les Bourdillères
le Bourg Joli
Dolmen du Griffier
les Sables
Coulon
la Couture
Jarles
Bouillé-Loretz
Clavière
les Places
Bagneux
St-Martin-de-Sanzay
le Sault
Chât. du Bois de Sanzay
Luc
Sanzay
Varanne
Brion-près-Thouet
la Ville
Taizon
Pont
la Gatevinière
Prailles
Etambé
Baugé
St-Cyr
Argenton-l'Église
la Gennaire
Vitray
Pernange
Blanchard
Champigny
Thouet
Magé
Férolle
Monceau
Mayé
Vaurelle
Hippodrome de Villeneuve
la Gosselinière
Tillé
la Sablonnière
St-Pierre
Pompois
Ste-Verge
Louzy
la Fontaine
Chenne
Meulle
RÉS. NATUR. DU TOARCIEN
Z.I.
St-Léger-de-Montbrun
le Bouchet
Vrines
la Croix Blanche
Launay
Daymé
THOUARS
Dolmen de la Pierre Levée
Puyraveau
la Biaune
la Croix Thibault
Ste-Radegonde
les Capucins
voir Zoom Thouars page 214
la Voie de Soc
Féolles
Cascade de Pommiers
St-Laon
St-Médard
Tour
Rempart
St-Jacques-de-Thouars
Fertevault
Bel-Air
le Pressoir
la Gouraudière
Aérodrome
St-Jean

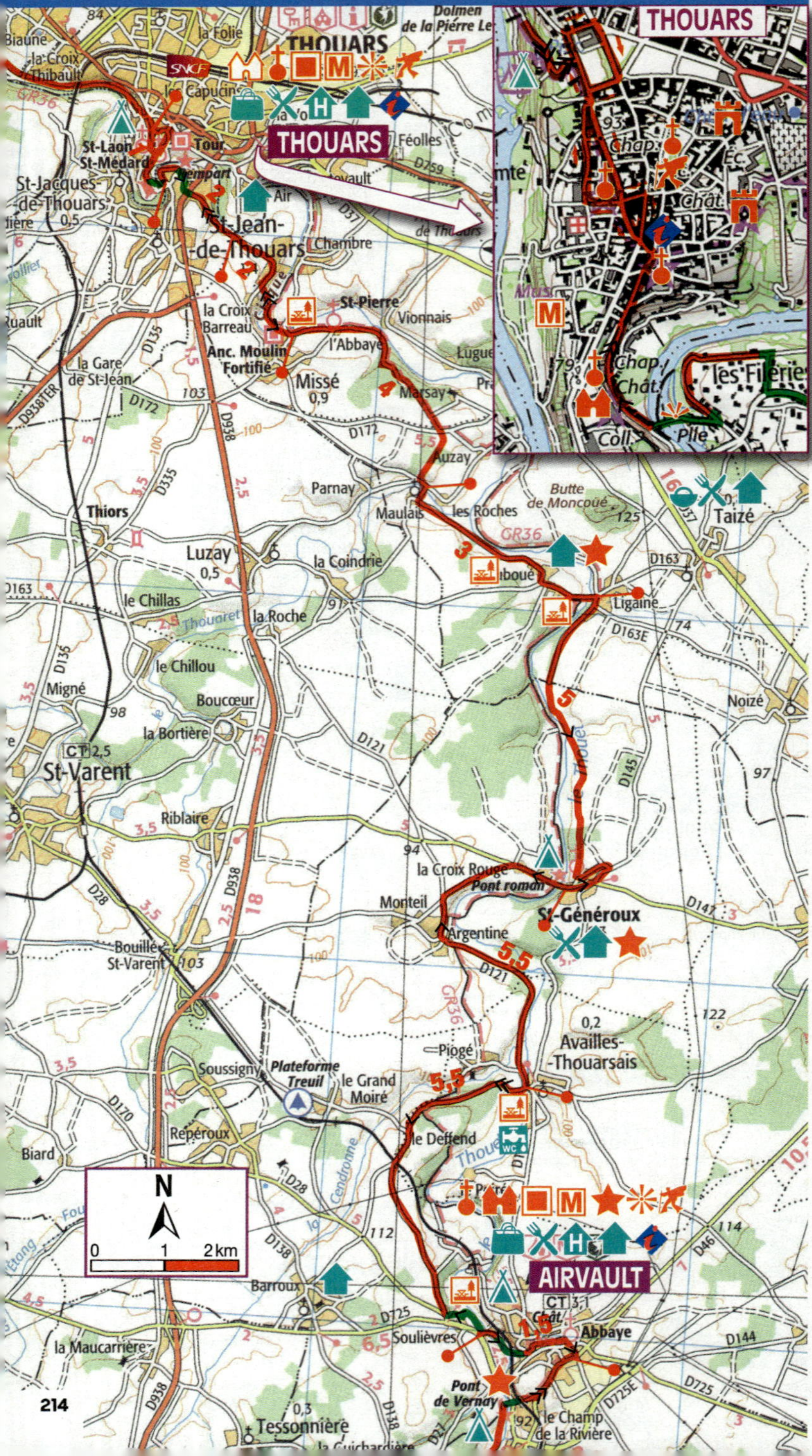
THOUARS
St-Jean-de-Thouars
St-Laon
St-Médard
St-Jacques-de-Thouars
Anc. Moulin Fortifié
Missé
St-Pierre
l'Abbaye
Marsay
Auzay
Parnay
Maulais
les Roches
Thiors
Luzay
la Coindrie
Ligaine
Taizé
Butte de Moncoué
le Chillas
la Roche
le Chillou
Boucœur
Migné
la Bortière
St-Varent
Riblaire
Noizé
la Croix Rouge
Pont roman
St-Généroux
Monteil
Argentine
Availles-Thouarsais
Piogé
Soussigny
Plateforme Treuil
le Grand Moiré
Repéroux
le Deffend
Biard
Barroux
AIRVAULT
Abbaye
Soulièvres
Pont de Vernay
la Maucarrière
Tessonnière
le Champ de la Rivière
les Filéries
N
0
1
2 km

# Airvault → Parthenay

## 36 km - 4 h 10

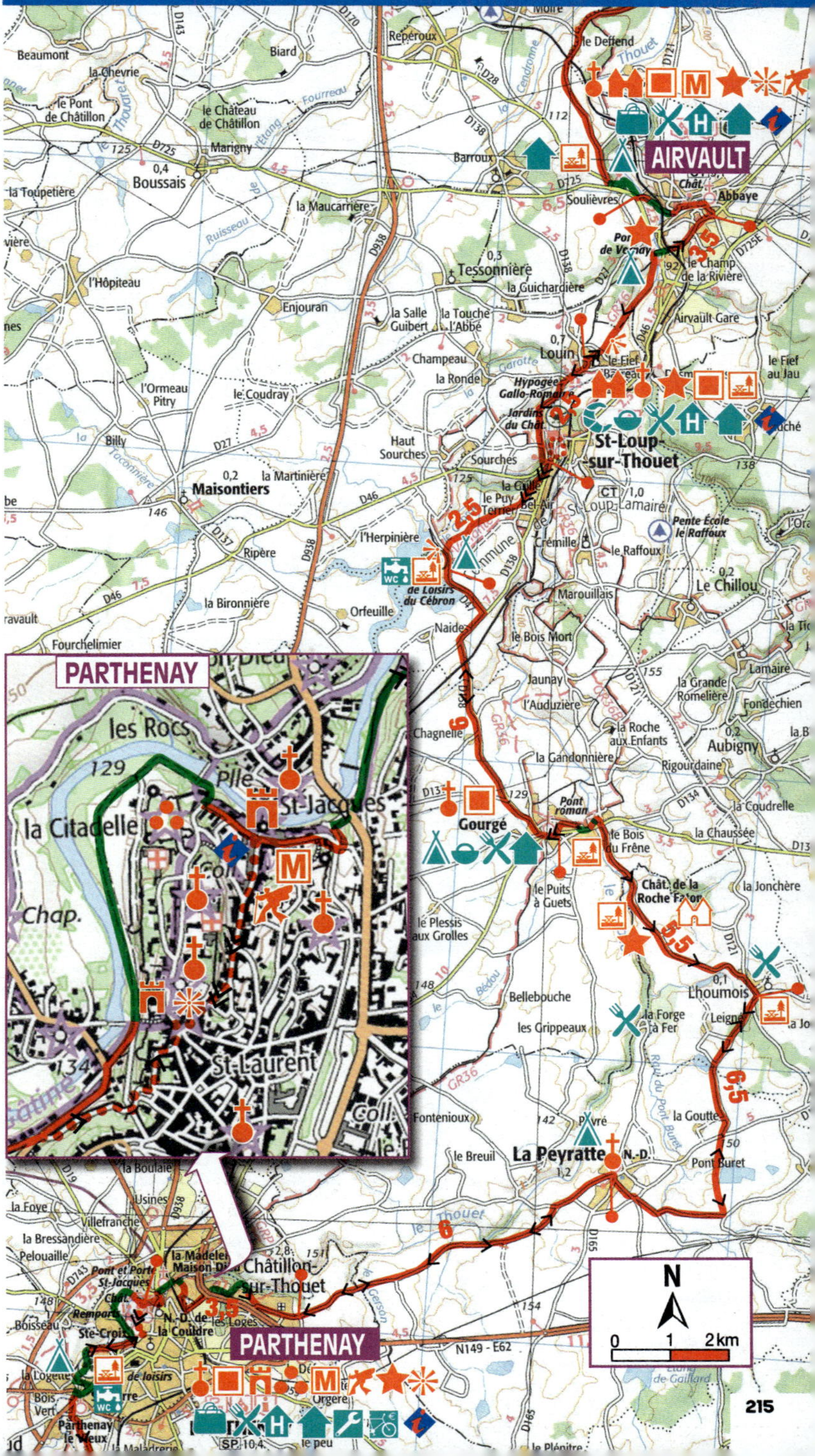
AIRVAULT
Abbaye
Châ.
le Deffend
Thouet
Soulièvres
Pont de Vernay
le Champ de la Rivière
Airvault Gare
Barroux
Repéroux
Biard
Beaumont
la Chevrie
le Pont de Châtillon
le Château de Châtillon
Marigny
Boussais
la Toupetière
la Maucarrière
Tessonnière
la Guichardière
l'Hôpiteau
Enjouran
la Salle Guibert
la Touche l'Abbé
Champeau
la Ronde
Louin
le Fief
Hypogée Gallo-Romain
Jardins du Chât.
St-Loup-sur-Thouet
le Fief au Jau
l'Ormeau
Pitry
le Coudray
Billy
Haut Sourches
Sourches
Maisontiers
la Martinière
le Puy Terrier
Bel-Air
St-Loup-Lamairé
Pente École le Raffoux
le Raffoux
Crémille
l'Herpinière
Ripère
la Bironnière
Orfeuille
de Loisirs du Cébron
Le Chillou
Marouillais
Fourchelimier
Naide
le Bois Mort
Jaunay
l'Auduzière
Lamairé
la Grande Romelière
Fondechien
la Roche aux Enfants
Aubigny
Chagnelle
la Gandonnière
Rigourdaine
la Coudrelle
Gourgé
Pont roman
le Bois du Frêne
la Chaussée
le Puits à Guets
Chât. de la Roche Faton
la Jonchère
le Plessis aux Grolles
L'houmois
Leigné
Bellebouche
les Grippeaux
la Forge à Fer
Fontenioux
la Goutte
Pont Buret
Pâvré
le Breuil
La Peyratte
N.-D.
PARTHENAY
les Rocs
la Citadelle
St-Jacques
Chap.
St-Laurent
la Boulaie
Usines
la Foye
Villefranche
la Bressandière
Pelouaille
la Madeleine
Maison-Dieu
Châtillon-sur-Thouet
Pont et Porte St-Jacques
Remparts
Ste-Croix
N.-D. de la Couldre
les Loges
Boisseau
la Logerie
de loisirs
Bois Vert
Parthenay le Vieux
Orgère
N149 - E62
N
0
1
2 km

# Parthenay → Champdeniers

**26 km - 3 h 30**
**28 km - 3 h 45**

**N°19**

PARTHENAY
CHAMPDENIERS
Châtillon-sur-Thouet
St-Aubin-le-Cloud
Azay-sur-Thouet
Le Tallud
Pompaire
St-Pardoux
Soutiers
Beaulieu-sous-Parthenay
Mazières-en-Gâtine
St-Marc-la-Lande
Les Groseillers
Pamplie
Cours
Grand Chevreau
Commune de Vouhé
Jardin de la Guyonnière
Jardin Val de Flore
Bois de la Meilleraye
Parthenay le Vieux
la Maladrerie
le Sauzé
la Pinolière
la Naulière
la Bertrandière
les Sinelinières
les Vignes
la Chenulière
la Morinière
la Pijolière
la Pinière
la Lardière
la Berlière
la Lapinière
Pied d'Almort
la Ressegère
la Touche
la Ménardière
la Gaulière
la Chintrie
la Pressinchère
la Gobinière
Chambord
la Grugère
la Sauzière
les Rousselières
la Grange Montant
Monbail
le Petit Chêne
l'Hirondelle
les Angevinières
la Cantinière
la Cacussière
Neuf
Crapaudine
St-Denis
Champeaux
N
0 1 2 km

## Champdeniers → Niort

25 km - 3 h 00



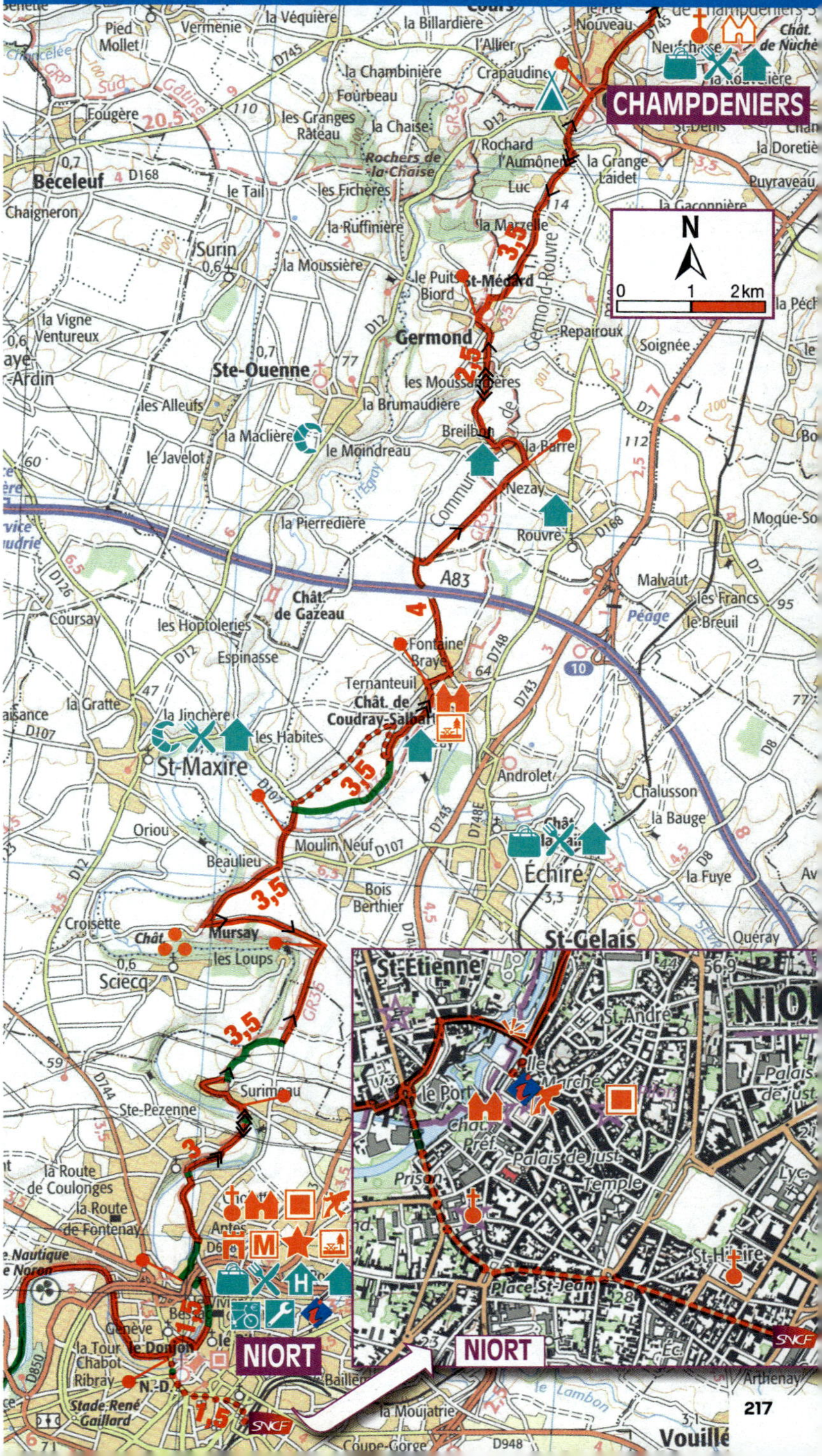


LA VÉLO FRANCETTE DE LA NORMANDIE À L'ATLANTIQUE

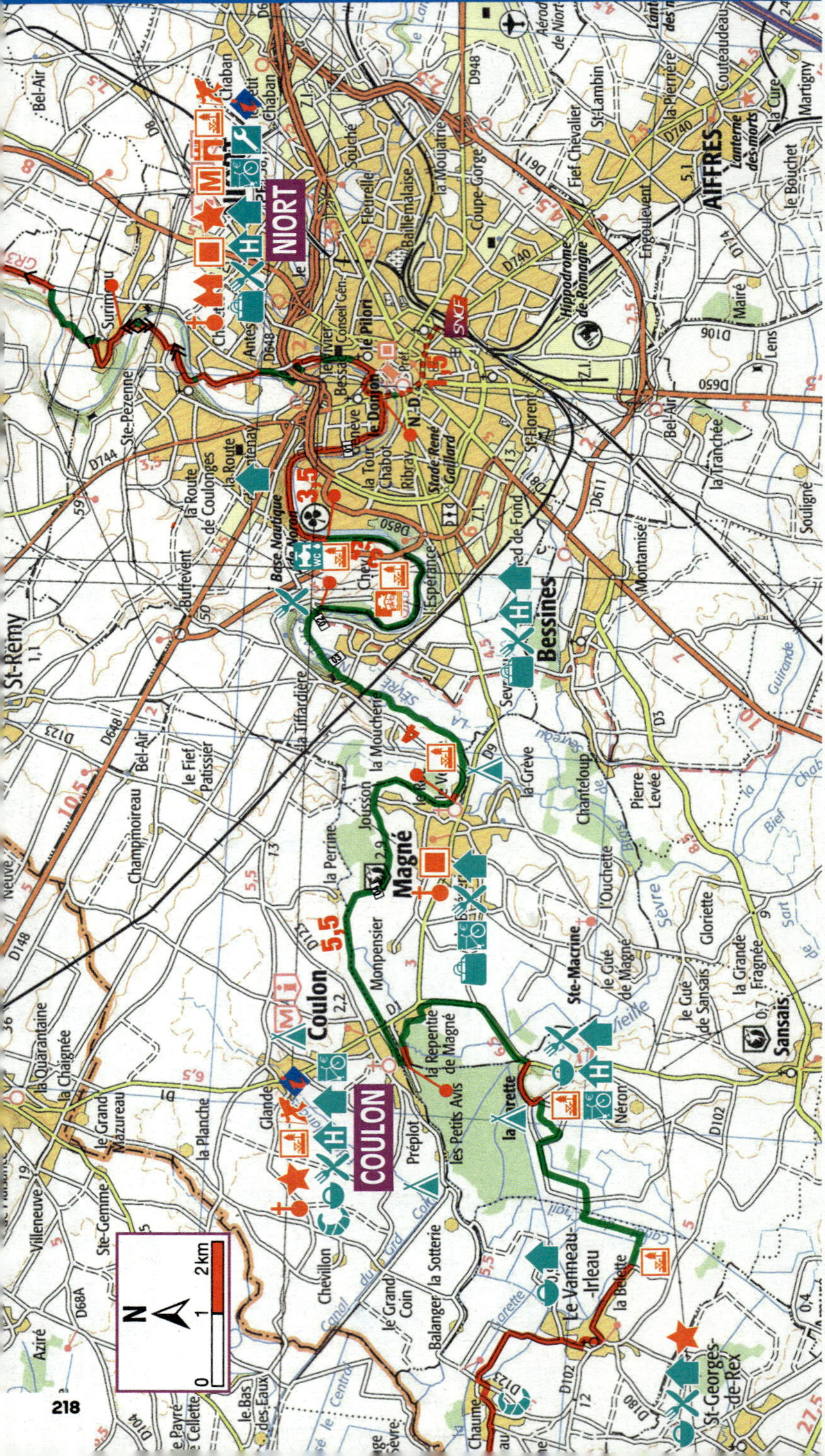
NIORT
COULON
Coulon
Magné
Bessines
AIFFRES
Sansais
Ste-Macrine
Le Vanneau-Irleau
St-Georges-de-Rex
Ste-Pezenne
Surimeau
St-Rémy
Chevillon
Montamisé
Bel-Air
Hippodrome de Romagne
Stade René Gaillard
Base Nautique
la Repentie de Magné
les Petits Avis
Préplot
la Sotterie
Balanger
le Grand Coin
Monpensier
Jousson
la Tiffardière
la Perrine
Champmoireau
le Fief Patissier
Buffevent
la Route de Coulonges
Villeneuve
Ste-Gemme
Azire
le Bas des Eaux
Chaume
la Grève
Chanteloup
Pierre Levée
l'Ouchette
le Gué de Magné
le Gué de Sansais
Glorieţte
la Grande Fragnée
Néron
la Tranchée
Souligné
Engoulevent
Fief Chevalier
St-Lambin
Mairé
Lens
le Bouchet
Martigny
Couteaudeau
la Pierrière
Souché
Fleurelle
la Mouliatrie
Coupe-Gorge
Champommier
le Grand Mazureau
la Planche
Glandes
N
0
1
2km

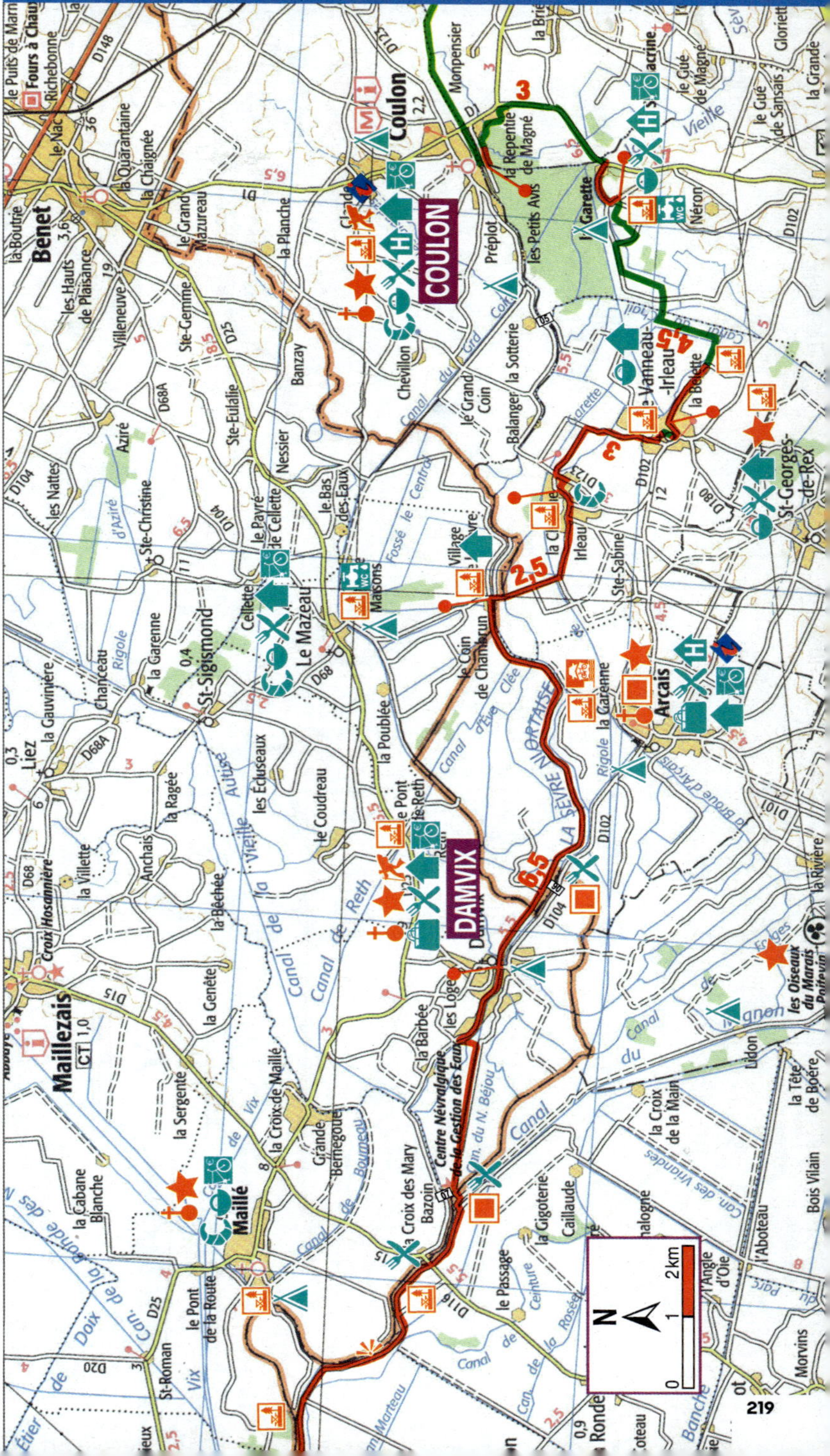
COULON
DAMVIX
Coulon
Damvix
Benet
Maillezais
Maillé
Arçais
St-Georges-de-Rex
Le Mazeau
St-Sigismond
Liez
Vanneau-Irleau
la Garette
Irleau
Préplot
les Petits Avis
la Repentie de Magné
Montpensier
Chevillon
Banzay
Nessier
Ste-Christine
Azire
Villeneuve
Ste-Gemme
Ste-Eulalie
le Grand Mazureau
la Quarantaine
la Chaignée
les Hauts de Plaisance
Richebonne
Fours à Chaux
le Nac
la Boutrie
les Nattes
la Garenne
la Gauvinière
Chanceau
la Ragée
la Villette
Anchais
la Béchée
la Genète
la Sergente
la Cabane Blanche
la Croix-de-Maillé
Grande Bernegoue
la Croix des Mary
Bazoin
la Barbée
les Loges
le Pont de Reth
le Coudreau
les Écluseaux
la Poublée
Maisons
le Coin de Chambeun
Village
le Bas des Eaux
le Payré de Cellette
Cellette
le Grand Coin
Balanger
la Sotterie
Ste-Sabine
Néron
le Gué de Magné
le Gué de Sansais
la Grande
la Rivière
les Oiseaux du Marais Poitevin
Lidon
la Tête de Boëre
la Croix de la Main
Bois Vilain
l'Aboteau
l'Angle d'Oie
Morvins
la Gigoterie
Caillaude
le Passage
St-Roman
le Pont de la Route
Centre Névralgique de la Gestion des Eaux
LA SÈVRE NIORTAISE
Canal de Reth
Canal du Grd Coin
Canal de Vix
Canal de Bourneau
Canal des Vivandes
Canal du Mignon
Vieille Autise
Rigole
Fossé le Centre
Ceinture
D148
D25
D68
D68A
D104
D15
D20
D102
D123
D116
D1
D101
D180
D12
N

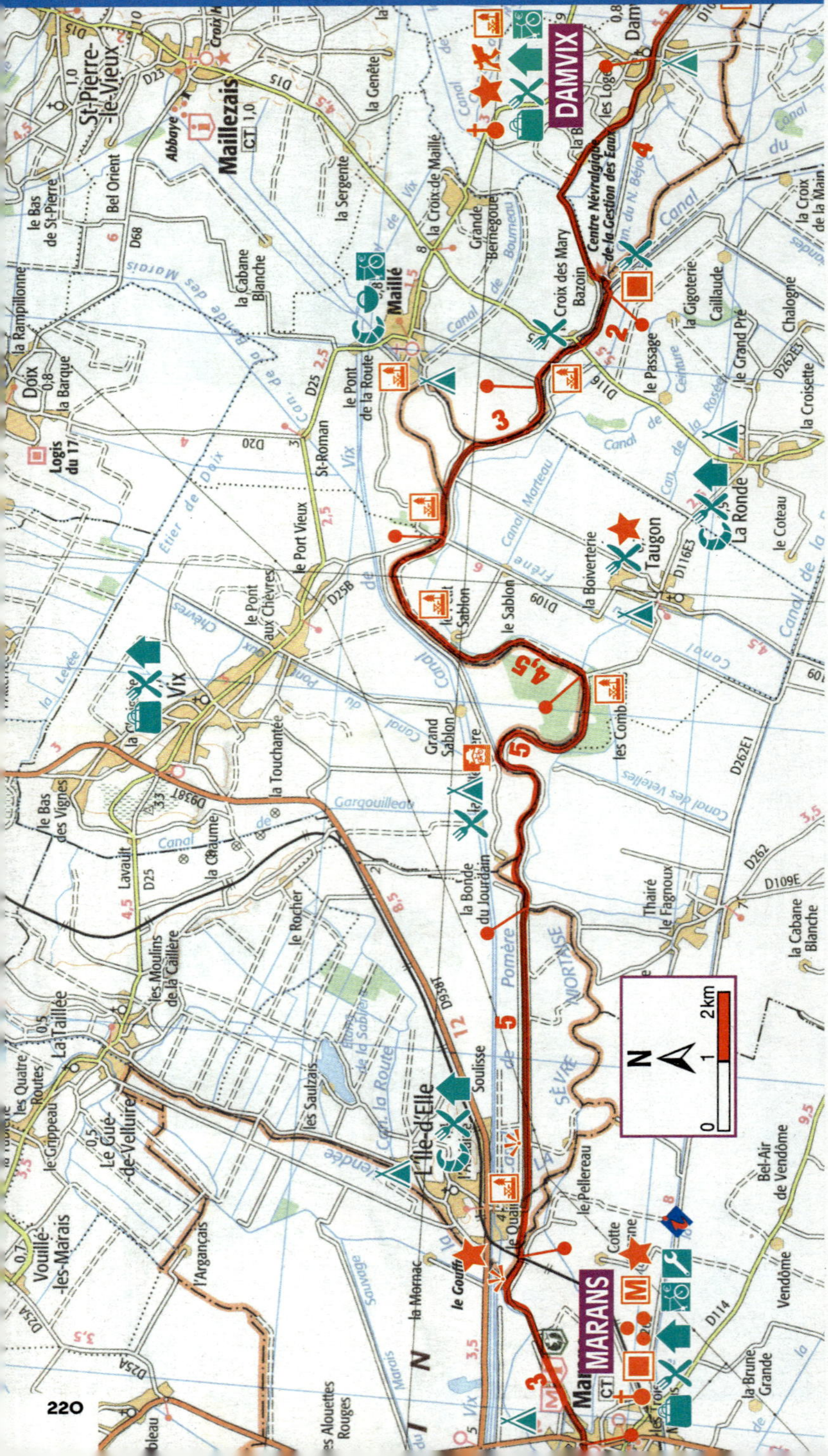
DAMVIX
MARANS
Maillezais
St-Pierre-le-Vieux
Maillé
Vix
L'Île-d'Elle
Taugon
La Ronde
Centre Névralgique de la Gestion des Eaux
Croix des Mary
Bazoin
la Croix de Maillé
Grande Bernegoue
le Pont de la Route
St-Roman
le Port Vieux
le Pont aux Chèvres
le Sablon
Grand Sablon
les Combs
la Boiverterie
la Bonde du Jourdain
Soulisse
le Quai
le Gouffre
La Taillée
Le Gué-de-Velluire
Vouillé-les-Marais
les Moulins de la Caillère
SÈVRE NIORTAISE
Pomère
Canal des Vergnes
Gargouilleau
Logis du 17
Doix
Abbaye
la Gigoterie
Caillaude
le Grand Pré
Chalogne
la Croisette
le Coteau
Thairé le Fagnoux
la Cabane Blanche
Bel-Air de Vendôme
Vendôme
la Brune Grande
N
0
1
2km

La Rochelle.

©Shutterstock.com/Viktor Golohorodko

Vers Les Sables-d'Olonne, Nantes, itinéraire La Côte Atlantique à vélo (La Vélodyssée)
MARANS
Marans
Canal de Vix
Canal des Boches
Canal Maritime de Marans à la Mer
les Écluses
Fossillon
Clocher
Trois Moulins
la Brune Grande
la Pénissière
la Cabane des Bois
Charron
Bourg Chapon
les Savins
Chaudière
Canal de Marans à la Rochelle
Canal du Chaudière
la Chaume
Bel-Air
Sérigny
Andilly
Pied Lizet
la Métairie
Villedoux
le Vignaud
la Clouze
le Moulin des Roseaux
Longèves
Motte Centrale du Breuil Bertin
le Breuil
St-Ouen-d'Aunis
la Sauzaie
St-Xandre
le Péré Durand
Mouillepied
Usseau
les Petites Rivières
Loiré
N11 - E601
la Fromagère
Les Brandes
Grolleau
Chavagne
Ste-Soulle
Vérines
les Grandes Rivières
le Gué
St-Coux
DOMPIERRE-SUR-MER
Fief de Contoreau
Belle Croix
Chagnolet
la Gabardelière
la Guignerie
le Pontreau
Terre Nouvelle
l'Abbaye
Bourgneuf
la Chartrie
le Treuil Arnaudeau
PÉRIGNY
Moque-Panier
Chevillon
Cité Jeune-Fief
Montroy
l'Aubertière
St-Médard-d'Aunis
Villeneuve
la Coie
0 1 2 km
N

# N°24

Dompierre-sur-Mer
→ La Rochelle

10,5 km - 1 h 10

DOMPIERRE-SUR-MER
St-Xandre
PUILBOREAU
PÉRIGNY
LAGORD
NIEUL-SUR-MER
St-Rogatien
LA ROCHELLE
Vers Royan, itinéraire La Côte Atlantique à vélo (La Vélodyssée)
Aire de Puilboreau
Domaine de Coureilles
Abbaye de Sermaize
Anc. Domaine du Portail
Golf de la Prée
Pointe de Digolet
Pointe de Montefoin
Pointe du Plomb
Anse de
(en saison) - 3 h
(en saison)
Cathédrale
Parc Charruyer
Vieux Port
Bassin de retenue
le Bastion
le Gabut
St-Nicolas
Aquarium
la Ville en Bois
le Bout Blanc
Plage de la Concurrence
Tour de la Lanterne
Cité adm.
Notre-Dame
Palais de Justice
Tour de l'Horloge
Tour de la Chaîne
Capitainerie
Gare
0 1 2km

# PARIS – LE MONT-ST-MICHEL À VÉLO LA VÉLOSCÉNIE | 457 km

## L'ITINÉRAIRE GRAND SPECTACLE

**Silence sur le plateau, moteur et… action ! Dans une « atmosphère, atmosphère » toute empreinte de 7ᵉ art, débute un fabuleux *road-movie* à la française que même Hollywood nous jalouse. En effet, cet itinéraire n'a nul besoin d'effets spéciaux tant ses décors naturels et historiques sont aussi somptueux qu'ils sont variés. Vallées et forêts ou encore châteaux et cathédrales ne souffrent d'aucune erreur de casting depuis la Ville Lumière jusqu'au Mont-Saint-Michel, en passant par Chartres et Alençon.**

**Au milieu des champs et parfois à contre-champ, la *petite reine* tient le tout premier rôle d'un voyage au long métrage. Entre gros plans et travellings panoramiques, la focale fait le point tandis que la bobine des kilomètres se déroule inlassablement à l'instar de la pellicule dans le projecteur. Mais, profitons de l'entracte pour rappeler qu'au générique, c'est vous qui serez en haut de l'affiche de *La Véloscénie*. En qualité d'acteur-réalisateur le privilège vous reviendra alors de déclencher, une fois la boîte à image bien remplie, le clap de fin de ce que les critiques s'accorderont à qualifier de chef-d'œuvre absolu !**

*Le tracé décrit ici commence à Paris pour prendre fin au Mont-Saint-Michel mais le balisage étant bidirectionnel, il est faisable en sens inverse. Dans son ensemble, La Véloscénie demande une bonne condition physique ou un vélo à assistance électrique, à l'exception de portions familiales en particulier entre Nogent-le-Rotrou et Alençon ainsi que dans le bocage normand. Enfin,* ***il convient de préciser qu'il est possible, et même conseillé, de prendre le train de Paris à Épernon pour éviter la traversée de la région parisienne,*** *réservée aux cyclistes aguerris.*

***Jonctions :*** *Namur - Tours à vélo (La Scandibérique), La Côte normande à vélo, La Vélo Francette, la Vélomaritime (EV 4).*

Moutons de prés-salés devant le Mont-Saint-Michel.

Shutterstock.com/Stéphane Legrand

# L'ITINÉRAIRE

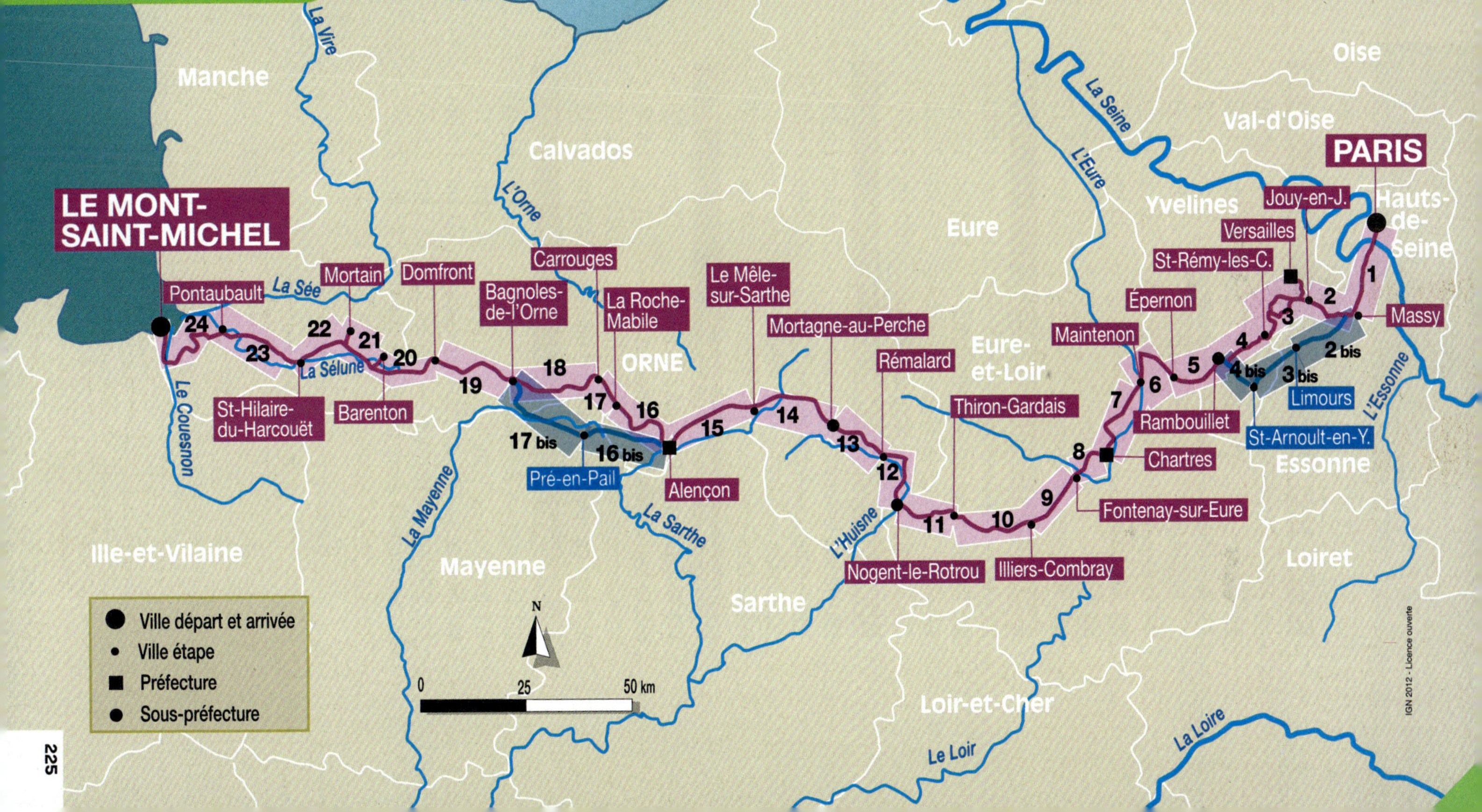

La Manche
LE MONT-SAINT-MICHEL
PARIS
Manche
Calvados
Eure
Oise
Val-d'Oise
Yvelines
Hauts-de-Seine
Essonne
Loiret
Eure-et-Loir
ORNE
Sarthe
Mayenne
Ille-et-Vilaine
Loir-et-Cher
La Vire
La Sée
La Sélune
Le Couesnon
L'Orne
La Mayenne
La Sarthe
L'Huisne
La Seine
L'Eure
L'Essonne
Le Loir
La Loire
Pontaubault
Mortain
Domfront
St-Hilaire-du-Harcouët
Barenton
Bagnoles-de-l'Orne
Carrouges
La Roche-Mabile
Pré-en-Pail
Alençon
Le Mêle-sur-Sarthe
Mortagne-au-Perche
Rémalard
Nogent-le-Rotrou
Thiron-Gardais
Illiers-Combray
Fontenay-sur-Eure
Chartres
Maintenon
Épernon
Rambouillet
St-Rémy-les-C.
Versailles
Jouy-en-J.
Massy
Limours
St-Arnoult-en-Y.
1
2
2 bis
3
3 bis
4
4 bis
5
6
7
8
9
10
11
12
13
14
15
16
16 bis
17
17 bis
18
19
20
21
22
23
24
N
0
25
50 km
Ville départ et arrivée
Ville étape
Préfecture
Sous-préfecture
IGN 2012 - Licence ouverte

# LES ÉTAPES

N° de la carte →

| | | |
|---|---|---|
| **De Paris à Chartres** | | **124,5/139,5 km** |
| 1 | Paris → Massy | 15,5 km – 1 h 40 |
| 2 | Massy → Jouy-en-Josas | 9,5 km – 1 h 00 |
| 3 | Jouy-en-Josas → St-Rémy-Lès-Chevreuse | 18,5 km – 2 h 00 |
| | Jouy-en-Josas → Versailles → Jouy | 15 km – 1 h 30 |
| 4 | St-Rémy-lès-Chevreuse → Rambouillet | 28 km - 3 h 00 |
| 5 | Rambouillet → Épernon | 16 km - 1 h 40 |
| 6 | Épernon → Maintenon | 16,5 km - 1 h 45 |
| 7 | Maintenon → Chartres | 20,5 km - 2 h 15 |
| **De Chartres à Nogent-le-Rotrou** | | **76,5 km** |
| 8 | Chartres → Fontenay-sur-Eure | 14,5 km - 1 h 30 |
| 9 | Fontenay-sur-Eure → Illiers-Combray | 18,5 km - 1 h 50 |
| 10 | Illiers-Combray → Thiron-Gardais | 25 km - 2 h 40 |
| 11 | Thiron-Gardais → Nogent-le-Rotrou | 18,5 km - 2 h 00 |
| **De Nogent-le-Rotrou à Alençon** | | **78,5 km** |
| 12 | Nogent-le-Rotrou → Rémalard | 18,5 km - 2 h 15 |
| 13 | Rémalard → Mortagne-au-Perche | 21,5 km - 2 h 05 |
| 14 | Mortagne-au-Perche → Le Mêle-sur-Sarthe | 14,5 km - 1 h 30 |
| 15 | Le Mêle-sur-Sarthe → Alençon | 24 km - 2 h 20 |
| **De Alençon à Domfront** | | **75 km** |
| 16 | Alençon → La Roche-Mabile | 17 km - 2 h 00 |
| 17 | La Roche-Mabile → Carrouges | 12 km - 1 h 45 |
| 18 | Carrouges → Bagnoles-de-l'Orne | 23,5 km - 2 h 45 |
| 19 | Bagnoles-de-l'Orne → Domfront | 22,5 km - 2 h 15 |
| **De Domfront au Mont-Saint-Michel** | | **87,5 km** |
| 20 | Domfront → Barenton | 17 km - 1 h 45 |
| 21 | Barenton → Mortain | 11,5 km - 1 h 10 |
| 22 | Mortain → St-Hilaire-du-Harcouët | 11 km - 1 h 05 |
| 23 | St-Hilaire-du-Harcouët → Pontaubault | 23,5 km - 2 h 20 |
| 24 | Pontaubault → Le Mont-Saint-Michel | 24,5 km - 2 h 45 |
| **Total de l'itinéraire** | | **442 km ou 457 km** |

# Paris → Massy

15,5 km - 1 h 40

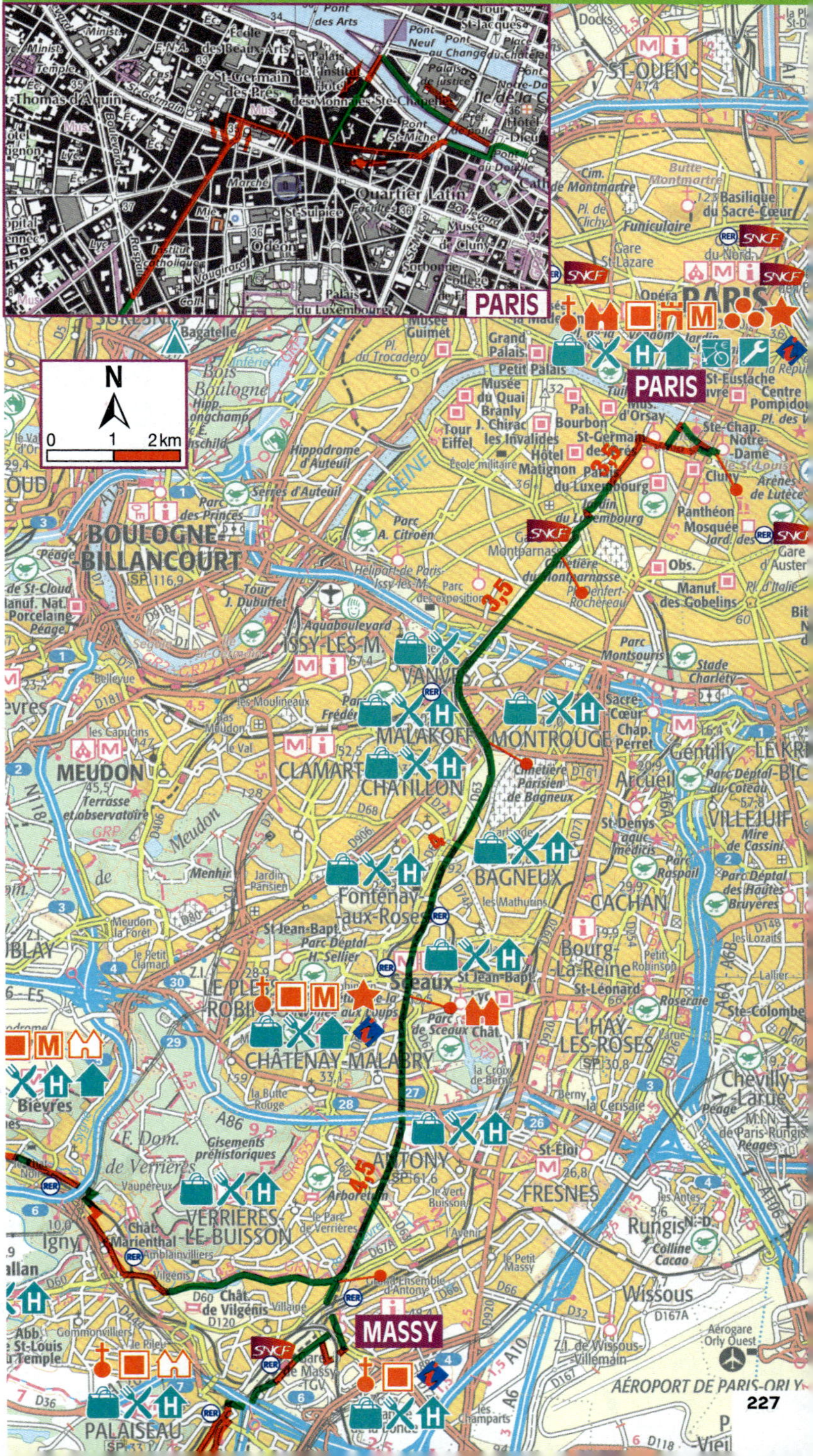
PARIS
Quartier Latin
St-Germain des Prés
Jardin du Luxembourg
St-Sulpice
Odéon
Sorbonne
Musée de Cluny
Ile de la Cité
Notre-Dame
Pont Neuf
Pont des Arts
ST-OUEN
Butte Montmartre
Basilique du Sacré-Cœur
Gare St-Lazare
Opéra
Grand Palais
Petit Palais
Musée du Quai Branly J. Chirac
Tour Eiffel
Les Invalides
Hôtel Matignon
Ste-Chap.
Panthéon
Mosquée
Gare Montparnasse
Cimetière du Montparnasse
Denfert-Rochereau
Obs.
Manuf. des Gobelins
Parc Montsouris
Stade Charléty
LA SEINE
Parc A. Citroën
Héliport de Paris-Issy-les-M.
Bois de Boulogne
Hippodrome d'Auteuil
Serres d'Auteuil
Parc des Princes
BOULOGNE-BILLANCOURT
ISSY-LES-M.
VANVES
MALAKOFF
MONTROUGE
CLAMART
CHÂTILLON
MEUDON
Terrasse et observatoire
Cimetière Parisien de Bagneux
Gentilly
Arcueil
VILLEJUIF
BAGNEUX
Fontenay-aux-Roses
CACHAN
Bourg-la-Reine
Sceaux
Parc de Sceaux
L'HAŸ-LES-ROSES
LE PLESSIS-ROBINSON
CHÂTENAY-MALABRY
ANTONY
FRESNES
Rungis
Chevilly-Larue
VERRIÈRES-LE-BUISSON
Bièvres
Igny
MASSY
Gare de Massy-TGV
PALAISEAU
Wissous
AÉROPORT DE PARIS-ORLY
3,5
4
4,5
0 1 2 km

BAGNEUX
CACHAN
L'HAŸ-LES-ROSES
FRESNES
Rungis
WISSOUS
AÉROPORT DE PARIS
CHILLY-MAZARIN
Fontenay-aux-Roses
Sceaux
CHÂTENAY-MALABRY
ANTONY
MASSY
LE PLESSIS-ROBINSON
VERRIÈRES-LE-BUISSON
Champlan
PALAISEAU
VÉLIZY-VILLACOUBLAY
Bièvres
Igny
Vauhallan
JOUY-EN-JOSAS
VIROFLAY
Saclay
ORSAY
Les Loges-en-Josas
Toussus-le-Noble
Buc
St-Aubin
Villiers-le-Bâcle
Magny-les-Hameaux
0
1
2km
N

# N°3

## Jouy-en-Josas → Versailles → Saint-Rémy-lès-Ch.

**18,5 km - 2 h 00**

D 182
D 985
D 186
D 173
Rue du Parc de Clagny
Bois de Fausses Reposes
Duplex A86
D 185
Versailles-Rive-Droite
A 86
Montreuil
Viroflay-Rive-Droite
VERSAILLES
Viroflay
Versailles-Château-Rive-Gauche
Porchefontaine
Versailles-Chantiers
D 91
Forêt domaniale de Versailles
N 12
Quartier Général Jayat
Versailles
D 446
Forêt domaniale de Versailles
Rue Julien Adanson
Buc
Route de Jouy
Petit Jouy - Les Loges
1,5
Etape 3
Les Loges-en-Josas
D 120
Jouy-en-Josas
JOUY-EN-JOSAS
Paris
D 938
Yvelines
Ferme de Viltain

# N°4 Saint-Rémy-lès-Chevreuse → Rambouillet

**28 km - 3 h 00**

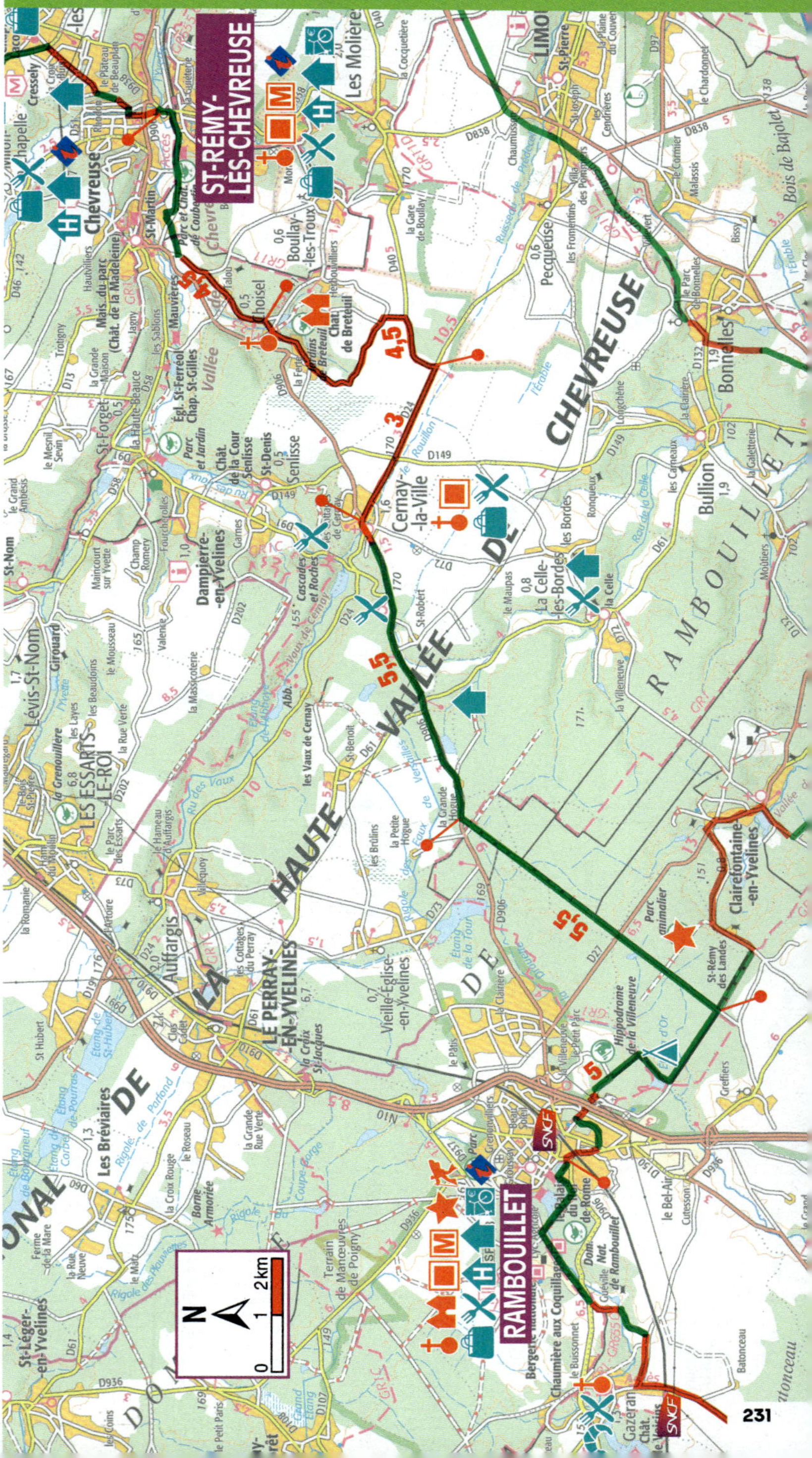

RAMBOUILLET
ÉPERNON
Gazeran
Émancé
Droue-sur-Drouette
Hanches
St-Martin-de-Nigelles
Maintenon
St-Hilarion
Orcemont
St-Eutrope
Ste-Mesme
Mittainville
St-Lucien
Senantes
Hermeray
St-Germain d'Auxerre
Bergerie nationale
Chaumière aux Coquillages
Bois de Batonceau
Vallée de la Guesle
Étang de Guiperreux
GR655 Ouest
SNCF
0 1 2km

# N°6

## Épernon → Maintenon

**16,5 km - 1 h 45**

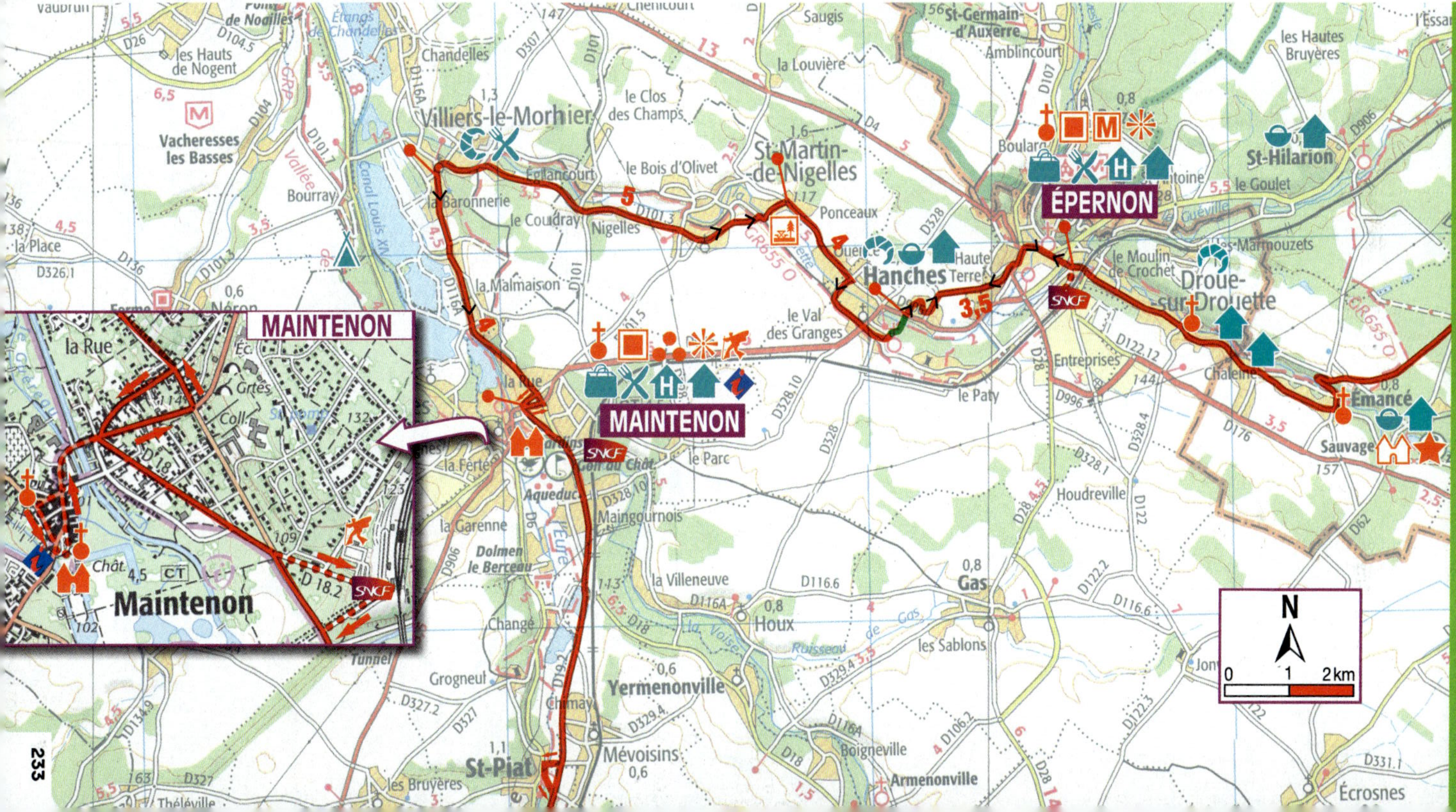
Villiers-le-Morhier
St-Martin-de-Nigelles
Hanches
ÉPERNON
St-Hilarion
Droue-sur-Drouette
Émancé
Sauvage
MAINTENON
Maintenon
Gas
Houx
Yermenonville
St-Piat
Mévoisins
Armenonville
Écrosnes
Houdreville
le Val des Granges
Canal Louis XIV
Vacheresses les Basses
N
0 1 2 km

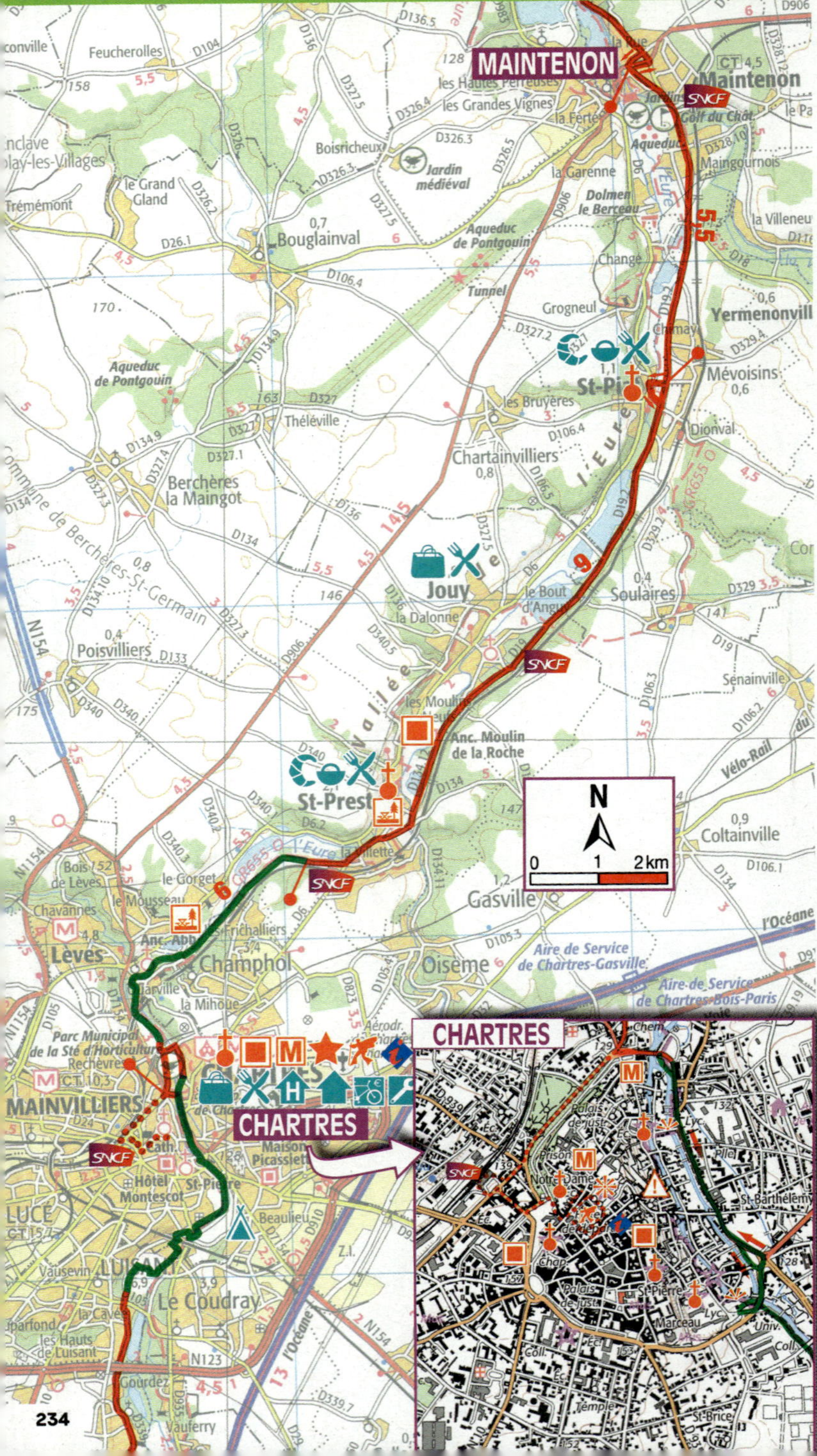
MAINTENON
Maintenon
Feucherolles
les Hautes Perreuses
les Grandes Vignes
la Ferté
Golf du Château
Aqueduc
Boisricheux
Jardin médiéval
la Garenne
Dolmen le Berceau
Maingournois
le Grand Gland
Trémémont
Bouglainval
Aqueduc de Pontgouin
Tunnel
Changé
la Villeneuve
Grogneul
Yermenonville
Chimay
Mévoisins
St-Piat
les Bruyères
Théléville
Aqueduc de Pontgouin
Dionval
Chartainvilliers
Berchères la Maingot
Commune de Berchères-St-Germain
Jouy
la Dalonne
le Bout d'Anguy
Soulaires
Poisvilliers
Senainville
les Moulins
Anc. Moulin de la Roche
Vallée
Vélo-Rail
St-Prest
Coltainville
la Villette
Gasville
le Gorget
le Mousseau
Chavannes
Lèves
Frichalliers
Champhol
Aire de Service de Chartres-Gasville
Aire de Service de Chartres-Bois-Paris
Oisème
la Mihoue
Parc Municipal de la Sté d'Horticulture
Rechèvre
MAINVILLIERS
CHARTRES
Maison Picassiette
Hôtel Montescot
St-Pierre
Beaulieu
LUCÉ
Z.I.
Vausevin
LUISANT
Le Coudray
la Cavée
les Hauts de Luisant
Gourdez
Vauferry
l'Océane
l'Eure
Prison
Notre-Dame
Palais de Justice
St-Pierre
St-Barthélemy
Marceau
St-Brice
N
0
1
2 km

# N° 8

## Chartres → Fontenay-sur-Eure

**14,5 km - 1 h 30**

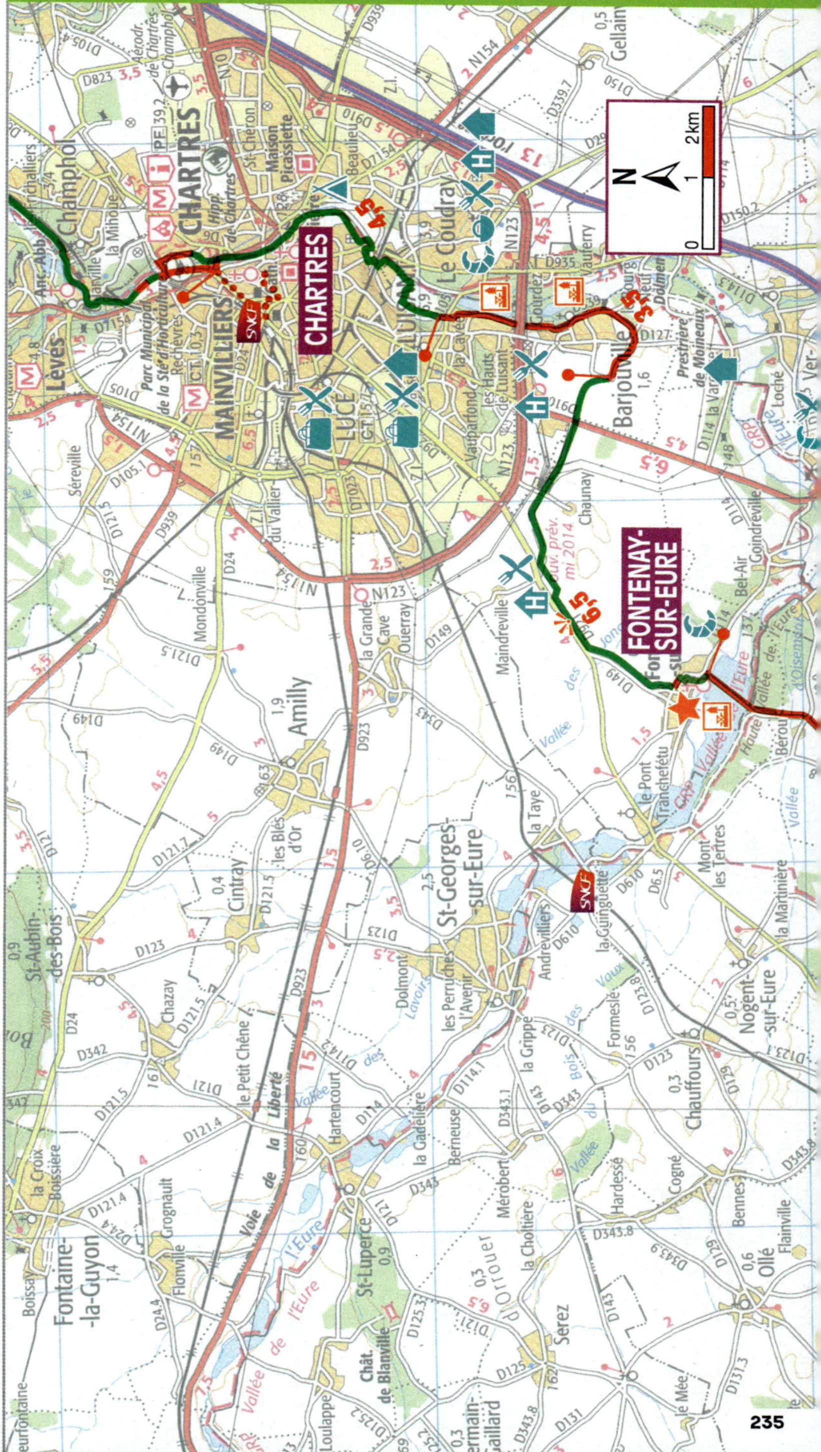
CHARTRES
FONTENAY-SUR-EURE
Lèves
Champhol
Mainvilliers
Lucé
Luisant
Le Coudray
Barjouville
Amilly
Cintray
St-Georges-sur-Eure
Chauffours
Nogent-sur-Eure
Fontaine-la-Guyon
St-Aubin-des-Bois
St-Luperce
Serez
Ollé
Voie de la Liberté
Vallée de l'Eure
0 1 2km

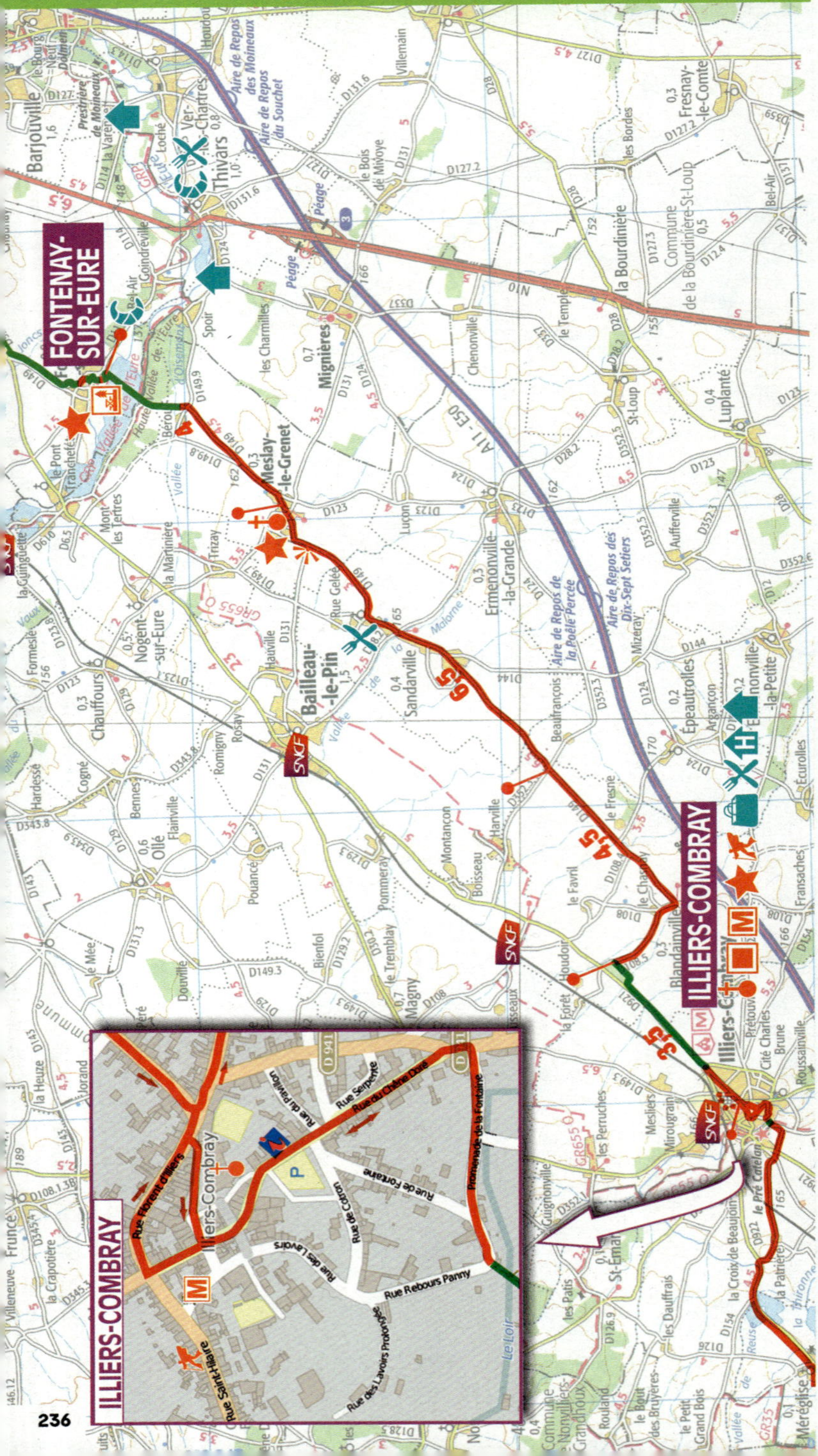
FONTENAY-SUR-EURE
ILLIERS-COMBRAY
Meslay-le-Grenet
Bailleau-le-Pin
Mignières
Ermenonville-la-Grande
Sandarville
Nogent-sur-Eure
Chauffours
Thivars
Ver-Chartres
Barjouville
la Bourdinière
Fresnay-le-Comte
Luplanté
Épeautrolles
Ermenonville-la-Petite
Blandainville
Aire de Repos des Moineaux
Aire de Repos du Souchet
Aire de Repos de la Poêle Percée
Aire de Repos des Dix-Sept Setiers
A11 - E50
N10
Rue Florent d'Illiers
Rue Saint-Hilaire
Rue du Chêne Doré
Rue Serpente
Rue de Fontaine
Rue des Lavoirs
Rue Rebours Panny
Promenade de la Fontaine
Le Loir

# N°10

## Illiers-Combray → Thiron-Gardais

**25 km - 2 h 40**

ILLIERS-COMBRAY
THIRON-GARDAIS
La Croix-du-Perche
Frazé
Montigny-le-Chartif
Méréglise
Forêt de Montigny-le-Chartif
Aire de Repos de la Charonnerie
Aire de Repos de la Leu
N
0
1
2km
5,5
7,5
4,5
7,5

18,5 km - 2 h 00



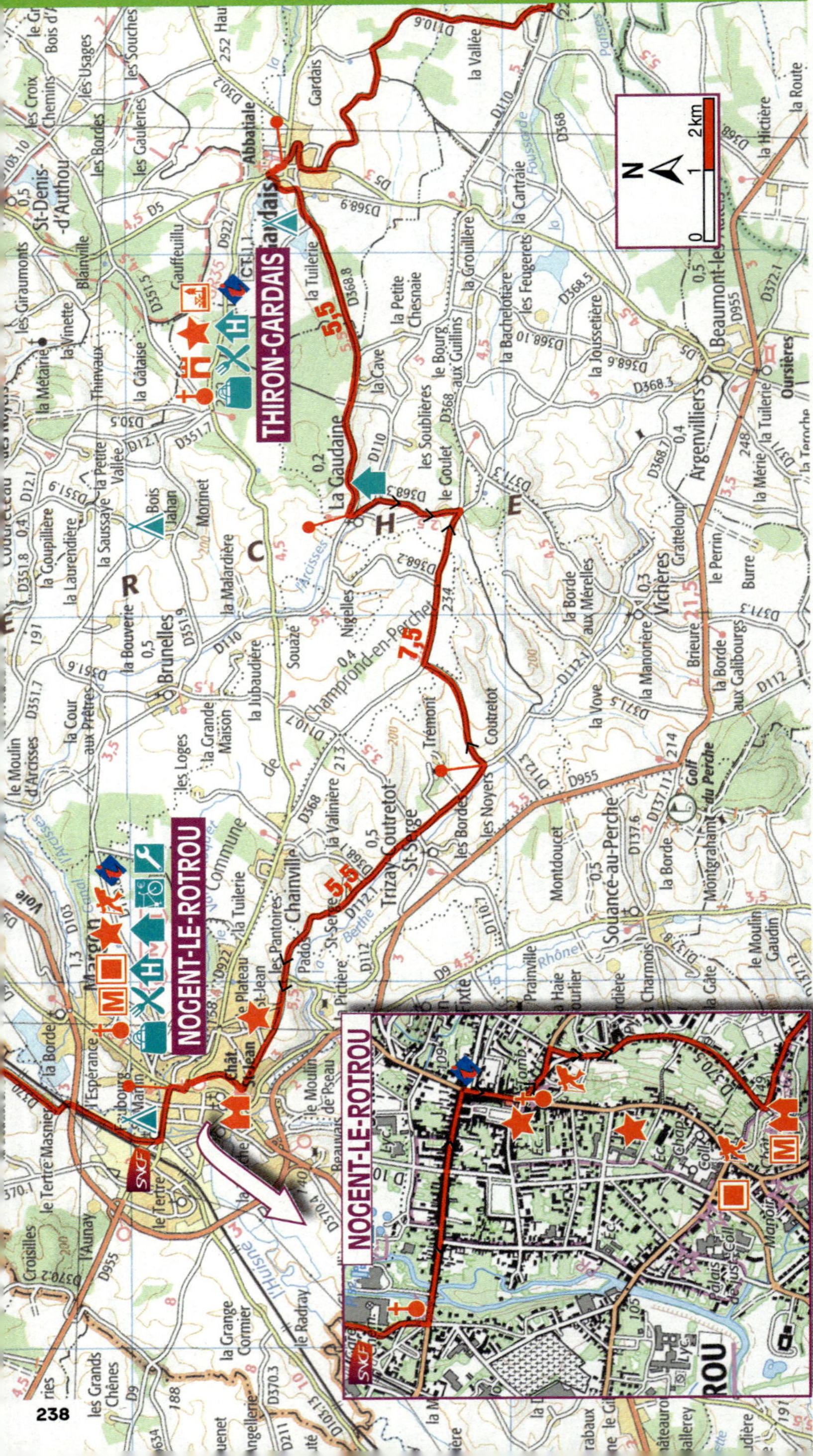
THIRON-GARDAIS
NOGENT-LE-ROTROU
NOGENT-LE-ROTROU
5,5
7,5
5,5
0
1
2km
N

# N°12 Nogent-Le-Rotrou → Rémalard

**18,5 km - 2 h 15**

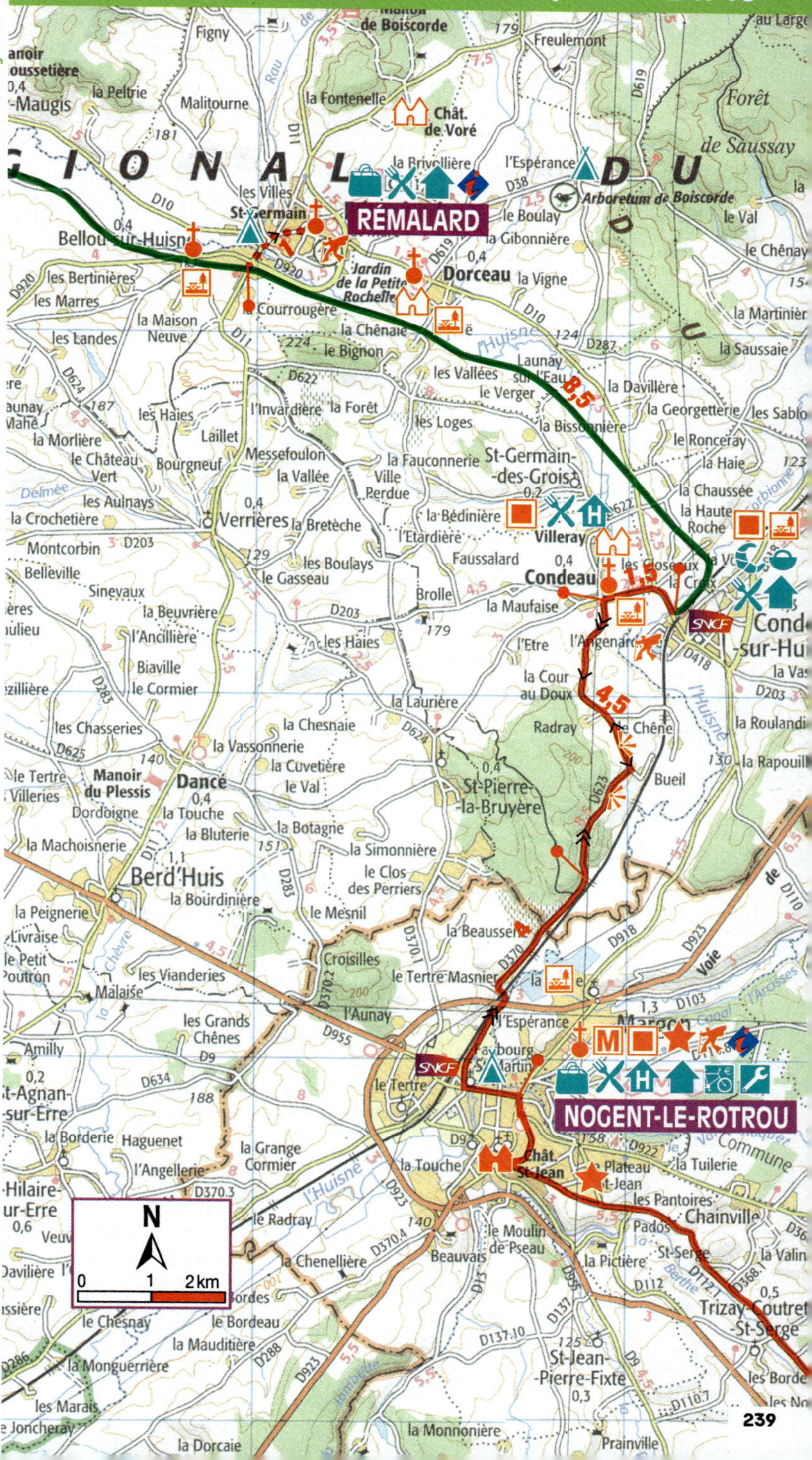
RÉMALARD
NOGENT-LE-ROTROU
Dorceau
Condeau
Villeray
St-Germain-des-Grois
St-Pierre-la-Bruyère
Verrières
Berd'Huis
Dancé
Bellou-sur-Huisne
St-Germain
Courrougère
Margon
Chât. St-Jean
Chât. de Voré
Manoir du Plessis
Arboretum de Boiscorde
Forêt de Saussay
Jardin de la Petite Rochelle
Chainville
Trizay-Coutretot-St-Serge
St-Jean-Pierre-Fixte
Condé-sur-Huisne
8,5
1,5
4,5
4
N
0
1
2 km

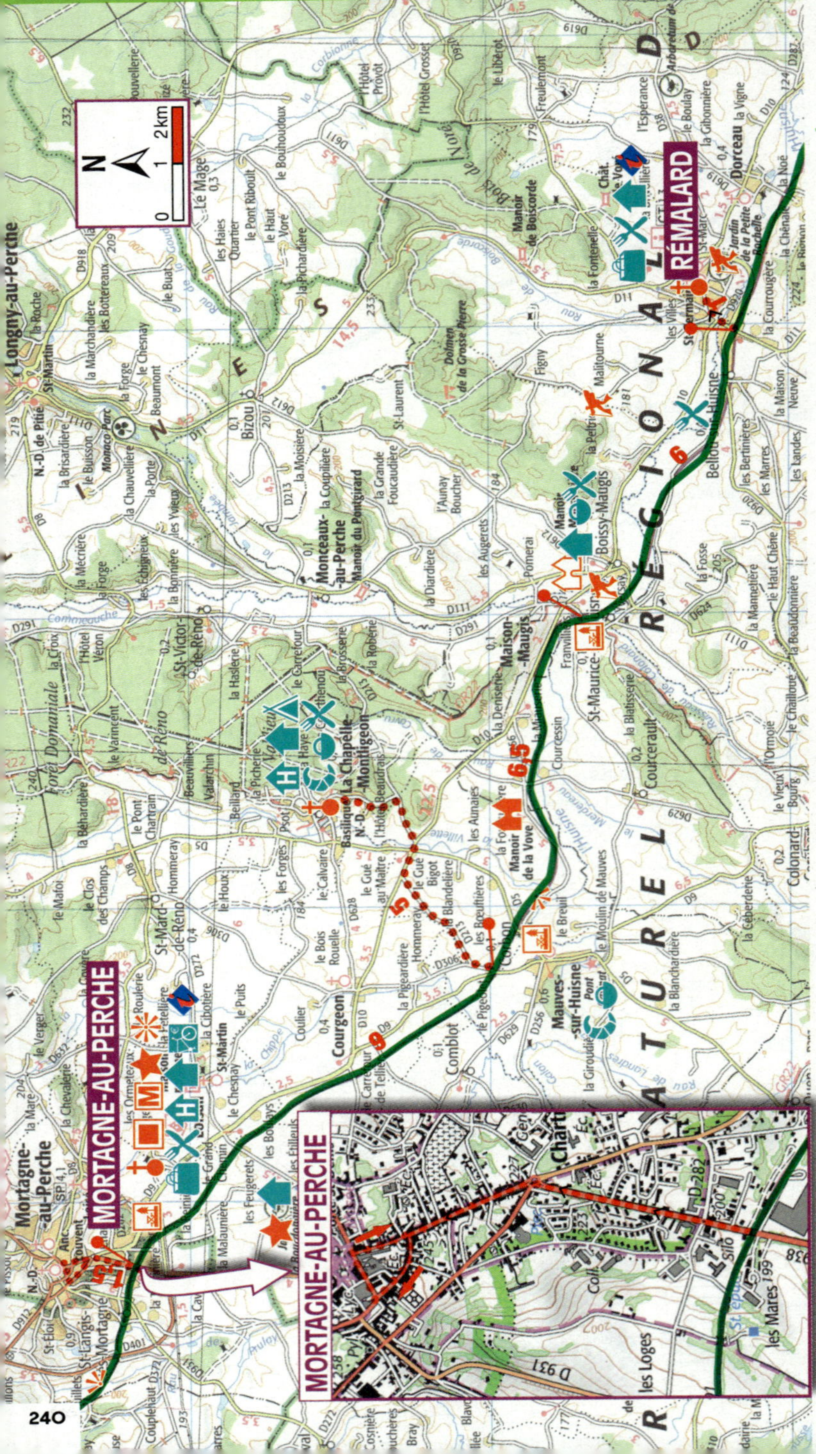
RÉMALARD
MORTAGNE-AU-PERCHE
MORTAGNE-AU-PERCHE
N
0 1 2km
Longny-au-Perche
Bizou
Monceaux-au-Perche
Maison-Maugis
La Chapelle-Montligeon
Courgeon
Mauves-sur-Huisne
Boissy-Maugis
Bellou-sur-Huisne
Dorceau
Courcerault
Colonard
Comblot
St-Victor-de-Réno
St-Mard-de-Réno
Forêt Domaniale de Réno
PARC NATUREL RÉGIONAL DU PERCHE

# N°14 Mortagne-au-Perche → Le Mêle-sur-Sarthe

**14,5 km - 1 h 30**

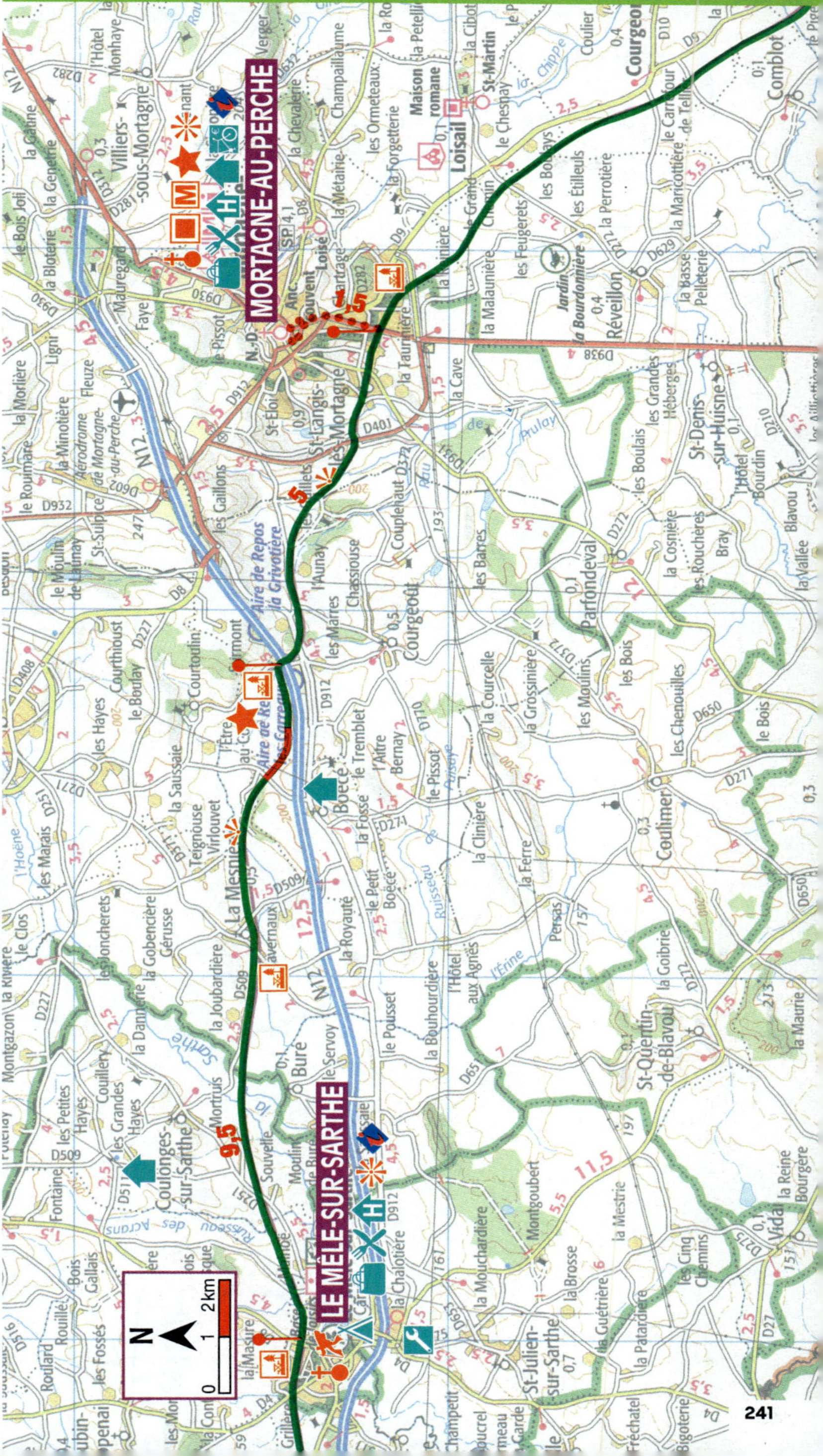

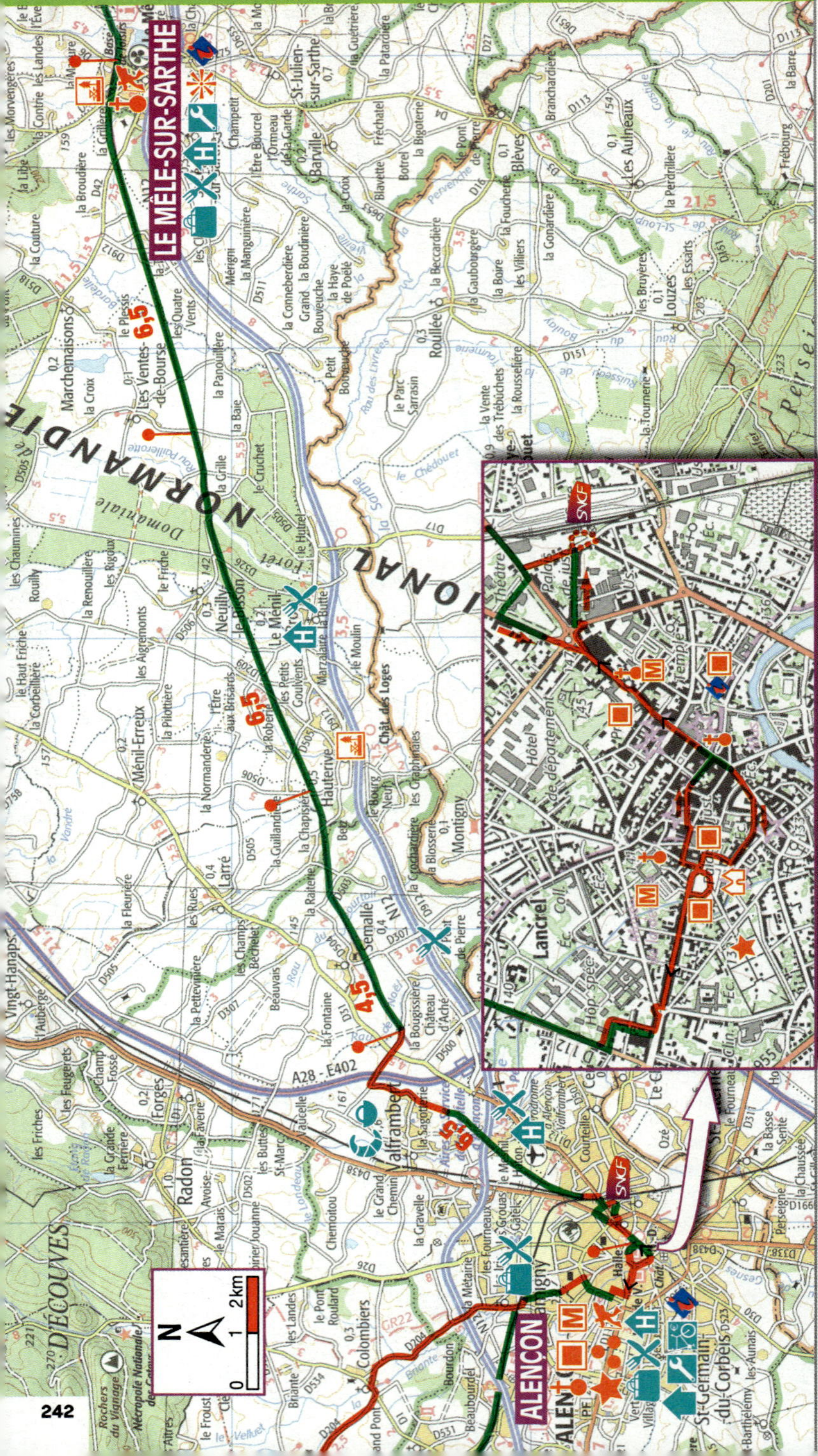
LE MÊLE-SUR-SARTHE
ALENÇON
NORMANDIE
SNCF
A28 - E402
N12
St-Julien-sur-Sarthe
Hauterive
Semallé
Valframbert
Ménil-Erreux
Larré
Radon
Forges
Colombiers
St-Germain-du-Corbéis
Le Ménil
Neuilly
Marchemaisons
Les Ventes-de-Bourse
Rouillé
Louzes
Les Aulneaux
Blèves
Barville
Montigny
Lancrel
Hôtel de département
6,5
4,5
N
0
1
2km

# N°16 Alençon → La Roche-Mabile

**17 km - 2 h 00**

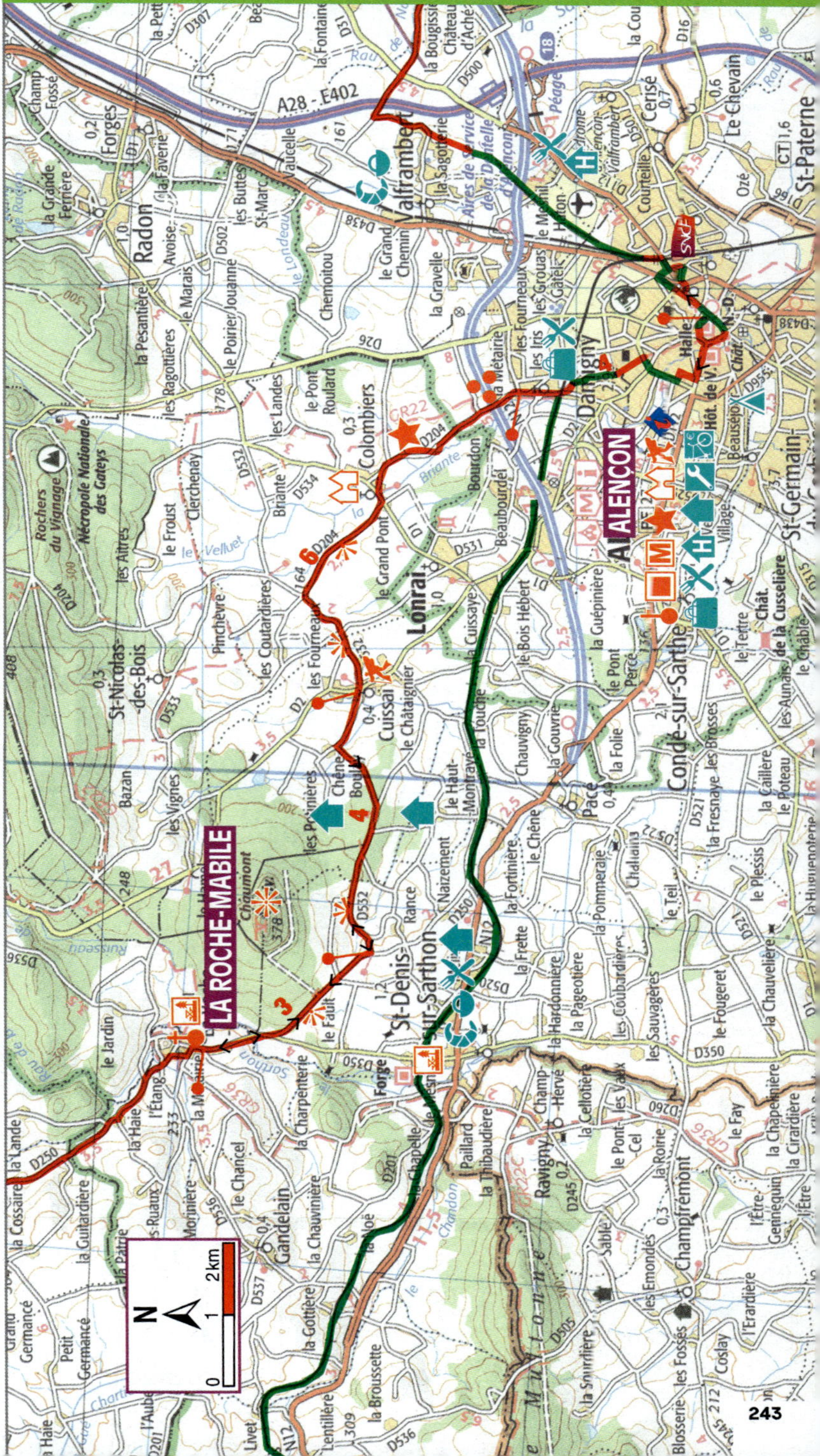
ALENÇON
LA ROCHE-MABILE
St-Denis-sur-Sarthon
Cuissai
Colombiers
Lonrai
Damigny
Valframbert
Condé-sur-Sarthe
St-Germain-du-Corbéis
St-Paterne
Radon
Forges
St-Nicolas-des-Bois
Gandelain
Champfrémont
Ravigny
Pacé
Cerisé
Le Chevain
Chaumont
Rochers du Vignage
Nécropole Nationale des Gateys
A28 - E402
0
1
2km
N

CARROUGES
LA ROCHE-MABILE
Carrouges
Ste-Marguerite-de-Carrouges
St-Sauveur-de-Carrouges
St-Martin-des-Landes
Rouperroux
St-Ellier-les-Bois
Longuenoë
St-Didier-sous-Écouves
Ciral
Lalacelle
Gandelain
St-Denis-sur-Sarthon
Livaie
N O R M A
le Chapitre
Maison du Parc
Château
Plles
St. épur.
Coll.
Pyl.
la Gondonnière
les Arcis
le Plessis
Ville Neuve
la Pitoisière
le Bois Veneur
les Basses Rimbaudières
les Hautes Rimbaudières
la Manourière
la Bouvardière
la Haute Haie
la Crousière
Grand Germancé
Petit Germancé
la Cossaire
la Guéferie
la Lande
la Guitardière
la Patrie
les Ruaux
la Morinière
la Métairie
l'Étang
la Haie
le Jardin
la Charpenterie
le Fault
Forge
Houssemaine
le Biot
Bouze
la Bouillière
la Haie
le Gué David
Livet
le Plessis
l'Auberdière
Beauchevron
la Gottière
la Chauvinière
la Noë
la Chapelle
le Mesnil
Paillard
la Thibaudière
l'Entillère
la Broussette
les Orjus
Mont des Avaloirs
Forêt de Multonne
la Sourdière
la Garenne
Sablé
le Pont-Cel
les Vaux
les Emondés
la Roirie
les Sauvagères
les Coubardières
la Frette
Mélivier
le Sarthon
le Haut Boulay
le Bas Boulay
Gatenoë
Brûlon
la Geslinière
la Biochère
la Baudrière
la Potence
Pontpierre
les Defais
la Tuilerie
Danny
la Bissonnière
la Druitière
la Bommerie
l'Être Gautier
les Noës
la Noë
le Jardin
GR22
N12
D16
D2
D908
D909
D201
D226
D540
D544
D336
6,5
5,5
11,5
N
0
1
2 km

# N°18

## Carrouges → Bagnoles-de l'Orne

## 23,5 km - 2 h 45

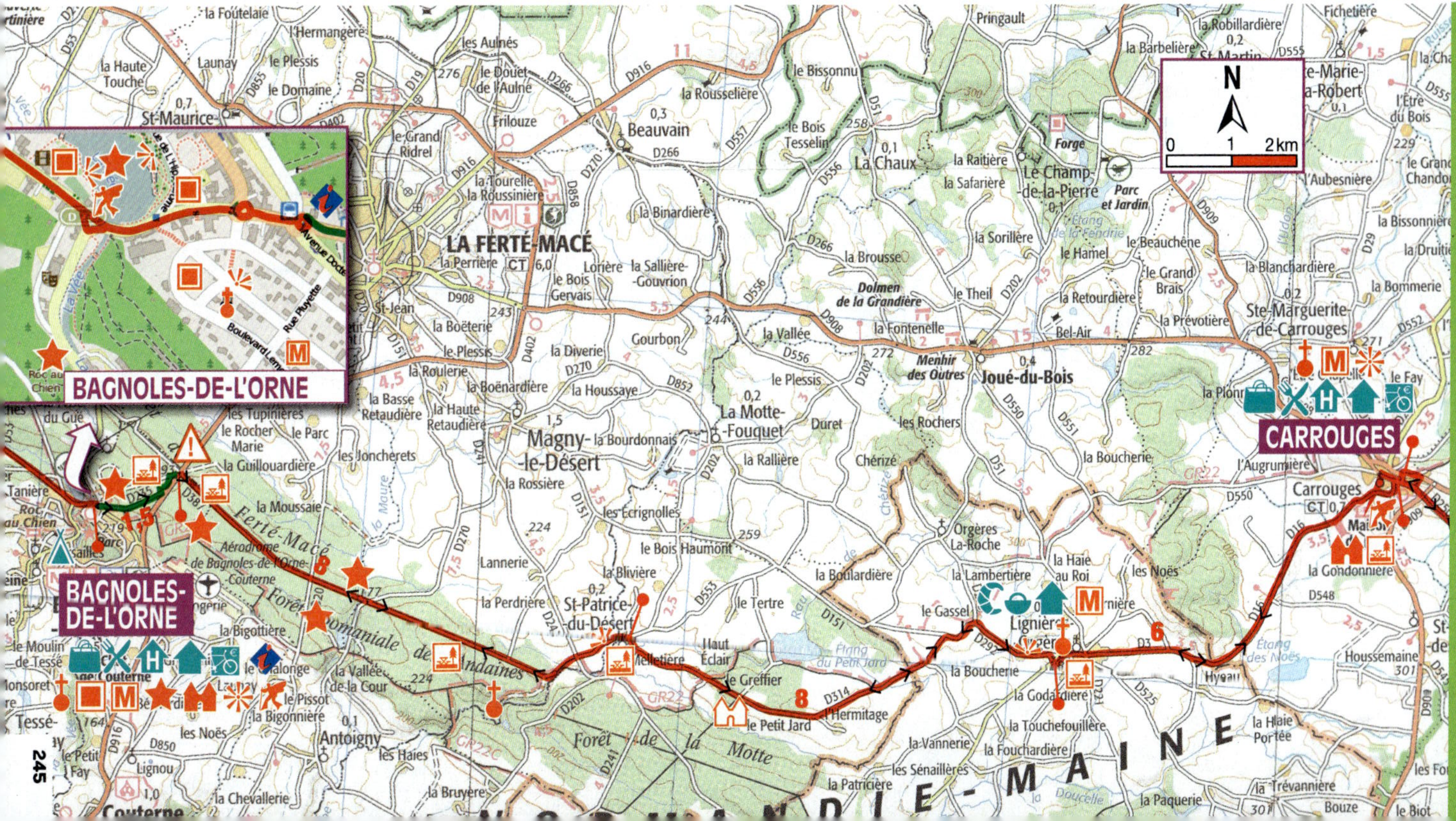
CARROUGES
BAGNOLES-DE-L'ORNE
LA FERTÉ-MACÉ
Joué-du-Bois
La Motte-Fouquet
Magny-le-Désert
St-Patrice-du-Désert
Ste-Marguerite-de-Carrouges
Beauvain
La Chaux
Le Champ-de-la-Pierre
Forêt de la Motte
Forêt Domaniale de Andaines
Menhir des Outres
Dolmen de la Grandière
Parc et Jardin
Forge
N
0 1 2 km

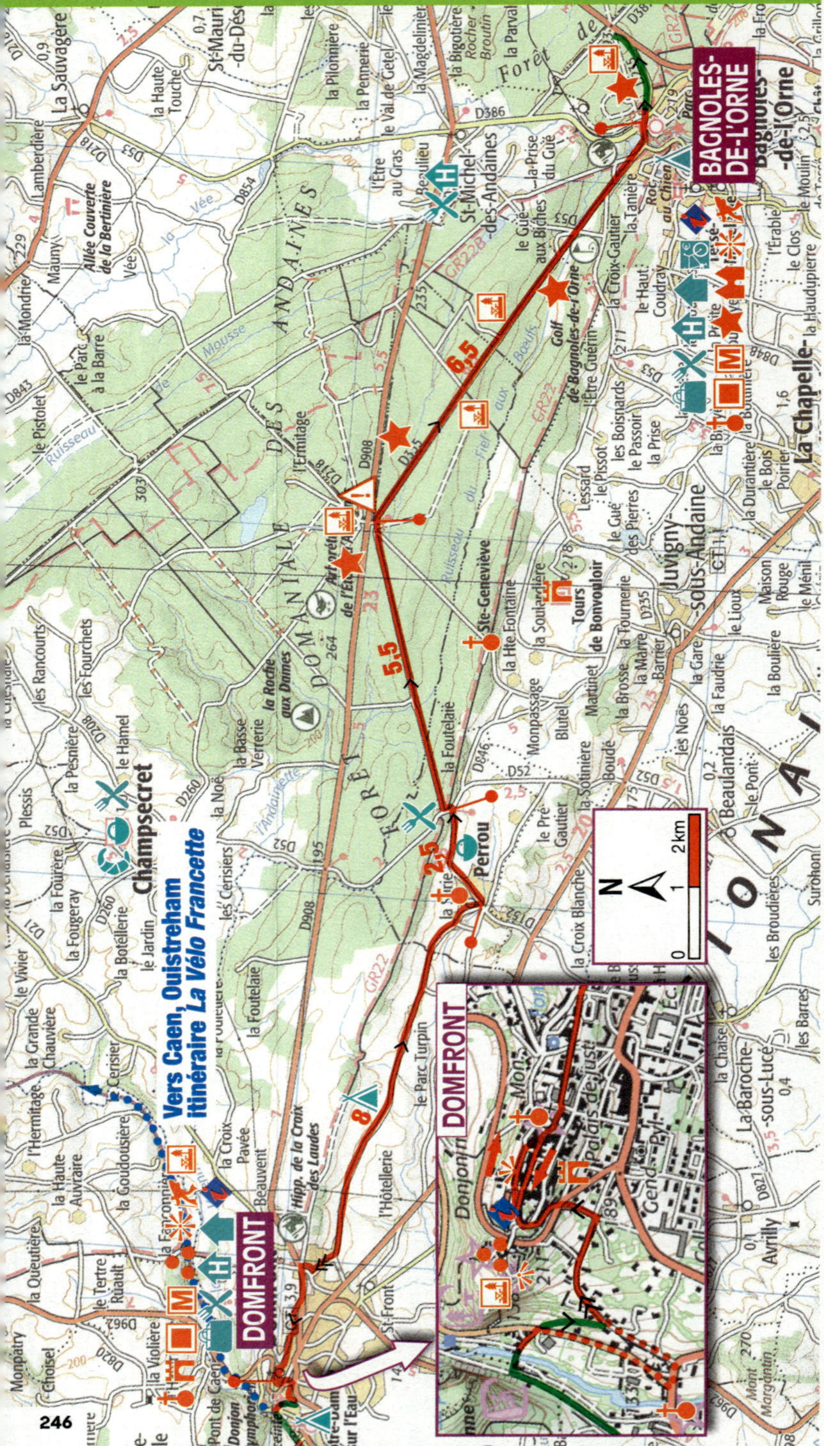
BAGNOLES-DE-L'ORNE
DOMFRONT
Vers Caen, Ouistreham
itinéraire La Vélo Francette
Champsecret
Perrou
Ste-Geneviève
Juvigny-sous-Andaine
La Chapelle
St-Michel-des-Andaines
Tours de Bonvouloir
Golf de Bagnoles-de-l'Orne
Forêt Domaniale des Andaines
6,5
5,5
2,5
8
2 km

# N°20 Domfront → Barenton

**17 km - 1 h 45**

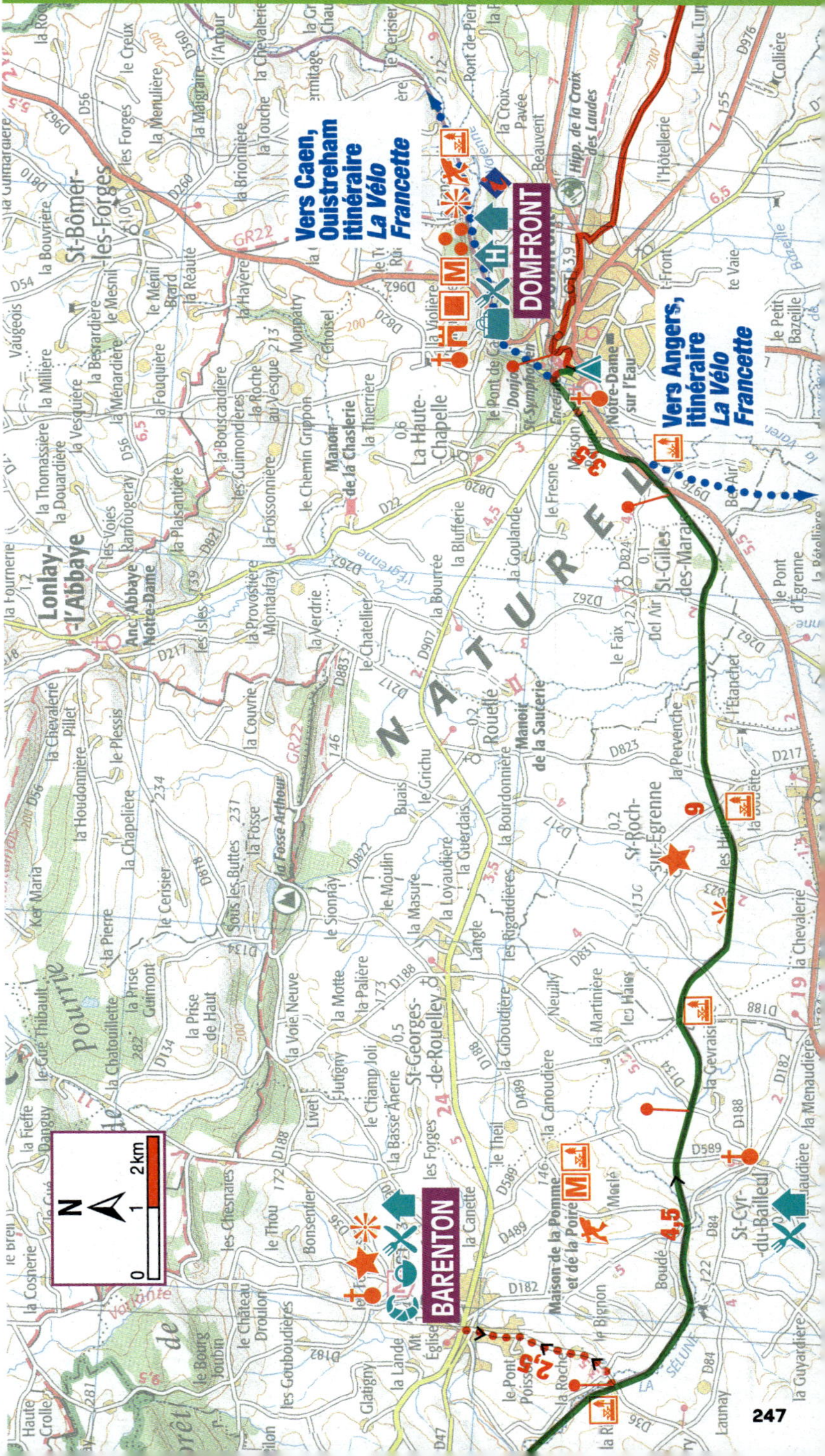
DOMFRONT
BARENTON
Vers Caen, Ouistreham itinéraire La Vélo Francette
Vers Angers, itinéraire La Vélo Francette
NATUREL
Lonlay-l'Abbaye
St-Bômer-les-Forges
La Haute-Chapelle
St-Gilles-des-Marais
St-Roch-sur-Egrenne
St-Georges-de-Rouelley
St-Cyr-du-Bailleul
Manoir de la Chaslerie
Manoir de la Saucerie
Maison de la Pomme et de la Poire
Notre-Dame sur l'Eau
Rouellé
0 1 2km

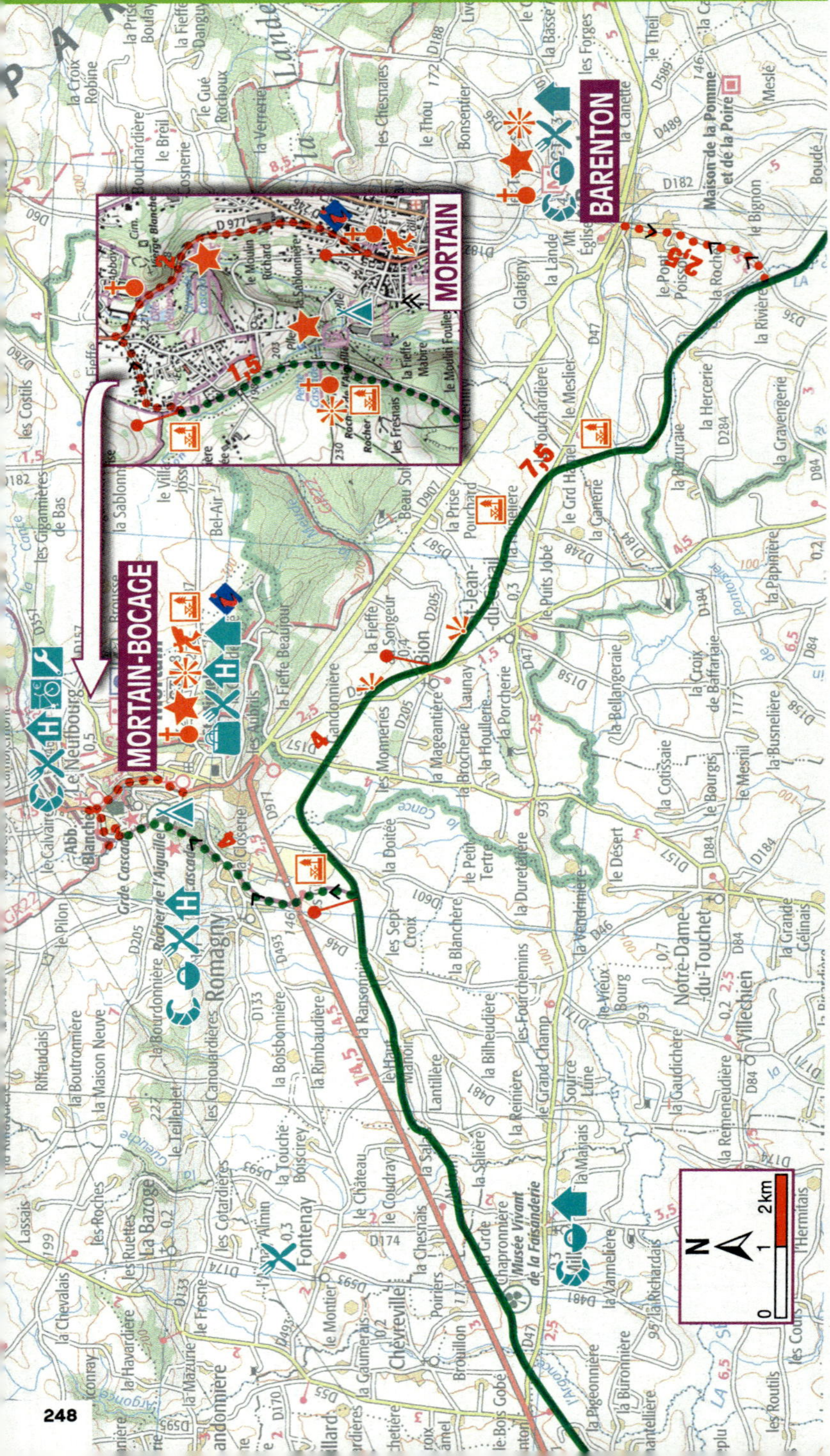
MORTAIN
BARENTON
MORTAIN-BOCAGE
Romagny
Notre-Dame-du-Touchet
Villechien
Fontenay
Chèvreville
Maison de la Pomme et de la Poire
Musée Vivant de la Faisanderie
N
0
1
2km

## N°22 Mortain → Saint-Hilaire-du-Harcouët

**11 km - 1 h 05**

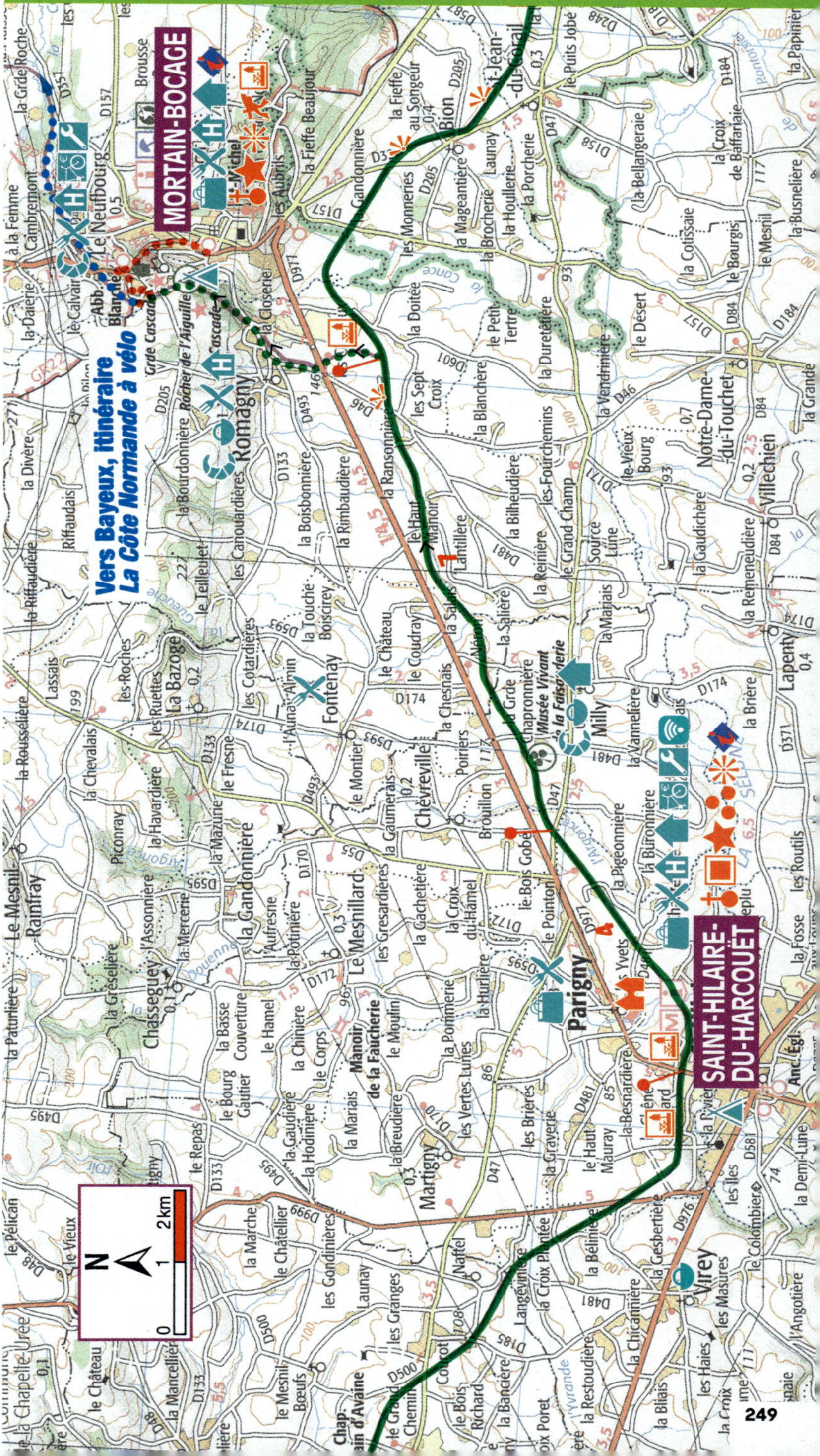
MORTAIN-BOCAGE
SAINT-HILAIRE-DU-HARCOUËT
Vers Bayeux, itinéraire
La Côte Normande à vélo
Romagny
Fontenay
Chèvreville
Milly
Parigny
Le Mesnillard
Notre-Dame-du-Touchet
Villechien
Lapenty
Virey
Martigny
Chasseguey
La Bazoge
Le Neufbourg
Bion
Saint-Jean-du-Corail
Musée Vivant de la Faisanderie
Manoir de la Faucherie
0 1 2km

# Saint-Hilaire-du-Harcouët → Pontaubault

## 23,5 km - 2 h 20

N°23

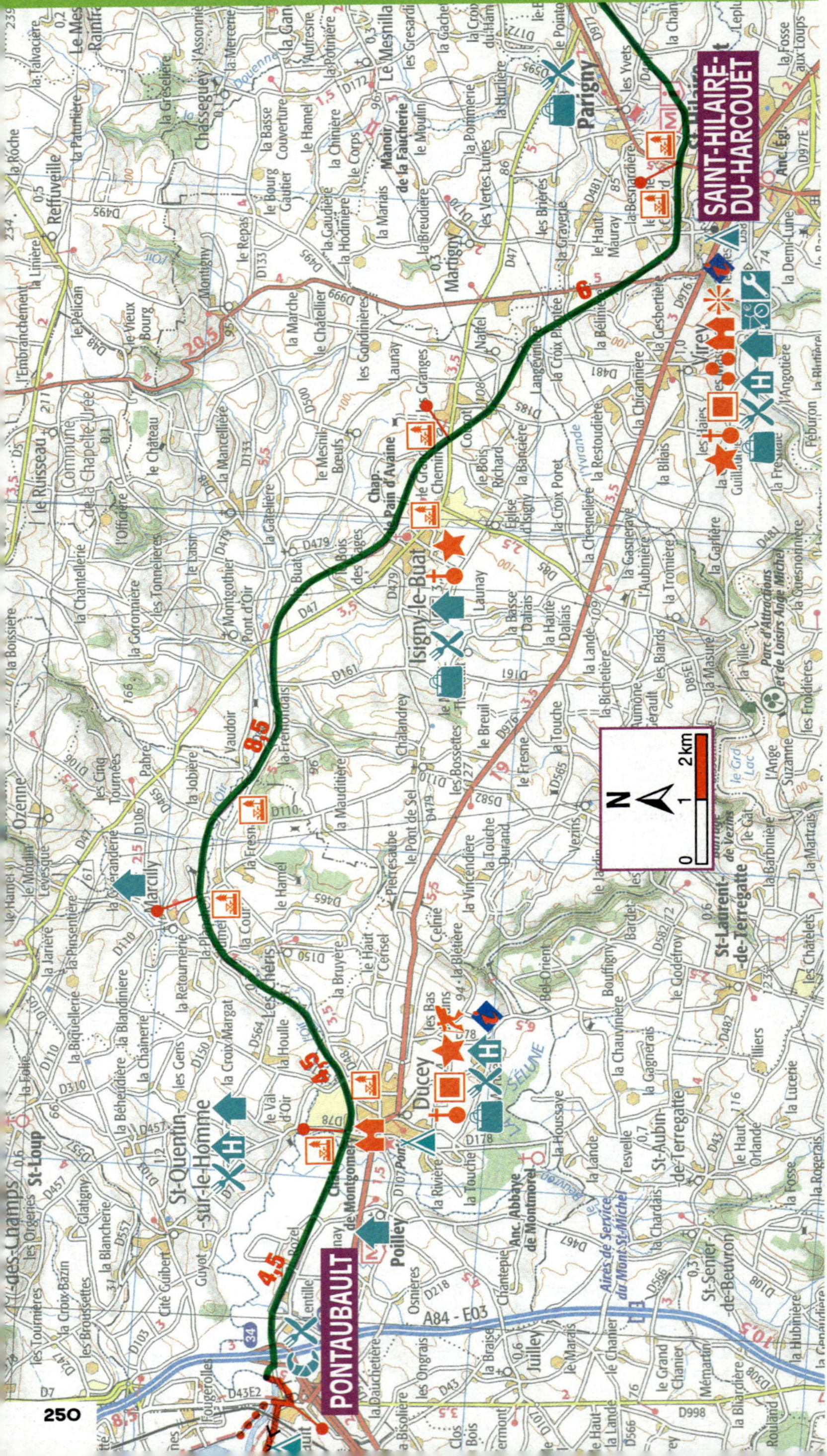

# N°24 Pontaubault → Le Mont-Saint-Michel

**24,5 km - 2 h 45**

PONTAUBAULT
LE MONT-SAINT-MICHEL
Vers Avranches
Vers Pontorson
Vers Saint-Malo, itinéraire La Vélomaritime (EV 4)
Courtils
Céaux
Huisnes
Ardevon
Beauvoir
Servon
Tanis
Le Val-St-Père
Précey
Crollon
Pointe de Roche Torin
Le Grouin du Sud
Rocher de Tombelaine
Abbaye
la Caserne
Ossuaire Allem. du Mont d'Huisnes
Anc. Moulin de Moidrey
Reptilarium Alligator Bay
Enclave du Mont-St-Michel
les Herbus
SÉLUNE
LE COUESNON
0 1 2km

# LA BRETAGNE À VÉLO DE ROSCOFF OU BREST À NANTES | 517 km

*Départ des côtes finistériennes (de Brest ou de Roscoff) pour une arrivée à Nantes. Toutefois le balisage étant bidirectionnel il est possible de partir dans l'autre sens. Au niveau difficulté, on notera une forte dénivellation entre Plougastel-Daoulas et Port-Launay. Pour sa part, le canal de Nantes à Brest est adapté à toute la famille sauf peut-être dans le secteur entre Glomel et le lac du Guerlédan où les reliefs sont plus prononcés.*

***Jonctions :** La Côte Atlantique à vélo, Le tour de Manche (EV 4), (La Vélodyssée), La Loire à vélo (EV 6)*

## UN REGARD DE BREIZH

**À l'écart de la folie automobile, dans un cadre bucolique et apaisé mais surtout servi par un ravitaillement de qualité, les kilomètres se cumulent sans effort et tout doucement l'itinéraire pénètre dans les Pays de la Loire par la sublime porte nantaise. La Venise de l'Ouest où d'ailleurs flotte fièrement le *Gwen ha Du*, emblème blanc et noir d'une Bretagne qui pourtant resplendit de mille couleurs.**

Le port de Brest. -OS-

# L'ITINÉRAIRE

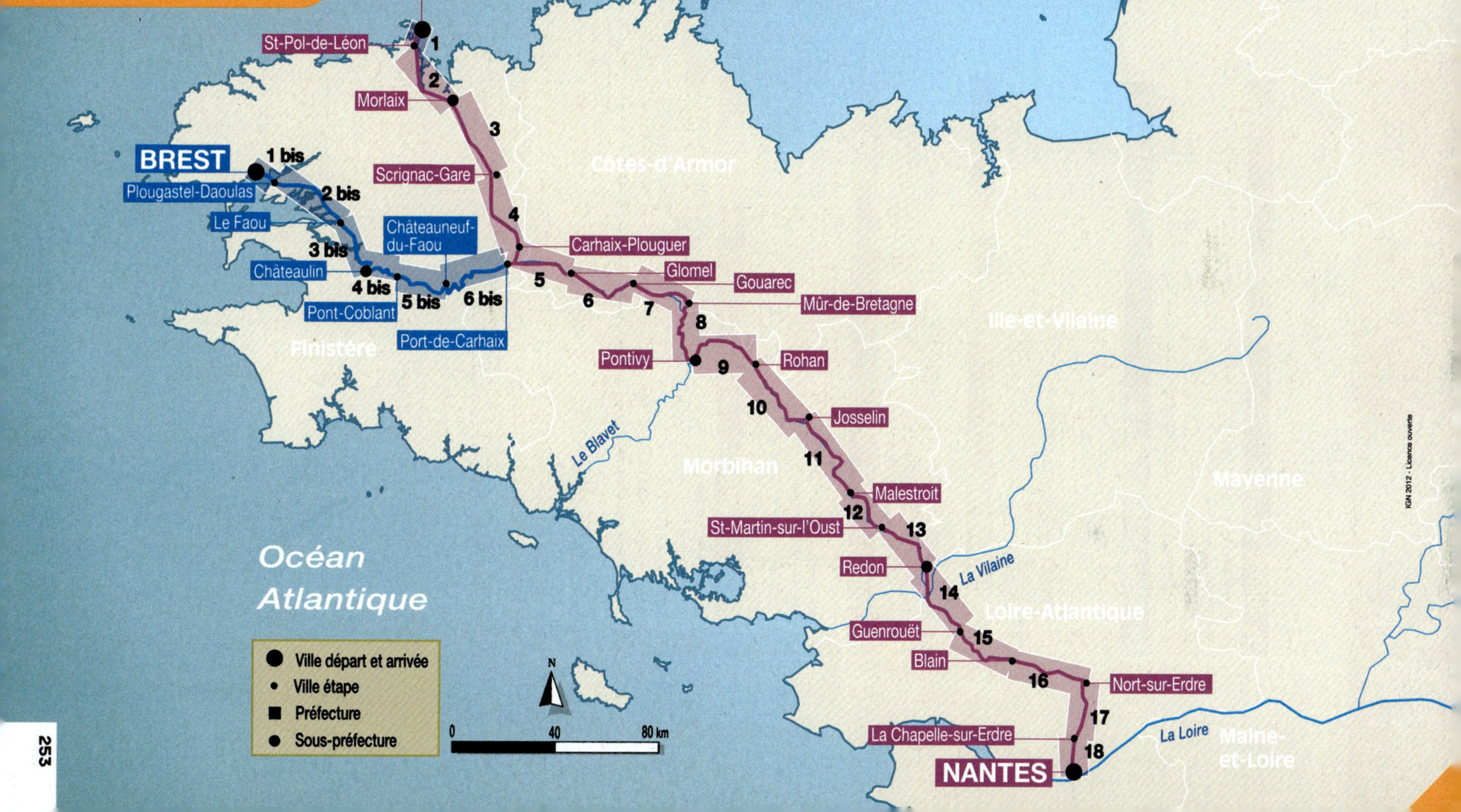
ROSCOFF
St-Pol-de-Léon
Morlaix
Scrignac-Gare
Carhaix-Plouguer
Glomel
Gouarec
Mûr-de-Bretagne
Pontivy
Rohan
Josselin
Malestroit
St-Martin-sur-l'Oust
Redon
Guenrouët
Blain
Nort-sur-Erdre
La Chapelle-sur-Erdre
NANTES
BREST
Plougastel-Daoulas
Le Faou
Châteaulin
Châteauneuf-du-Faou
Pont-Coblant
Port-de-Carhaix
1 bis
2 bis
3 bis
4 bis
5 bis
6 bis
1
2
3
4
5
6
7
8
9
10
11
12
13
14
15
16
17
18
Côtes-d'Armor
Finistère
Morbihan
Ille-et-Vilaine
Loire-Atlantique
Mayenne
Maine-et-Loire
Le Blavet
La Vilaine
La Loire
Océan Atlantique
Ville départ et arrivée
Ville étape
Préfecture
Sous-préfecture
N
0
40
80 km
IGN 2012 - Licence ouverte

# LES ÉTAPES

N° de la carte

| N° | Étape | Distance – durée |
| --- | --- | --- |
| | **De Roscoff à Carhaix** | **77,5 km** |
| 1 | Roscoff → Saint-Pol-de-Léon | 5,5 km – 1 h 00 |
| 2 | Saint-Pol-de-Léon → Morlaix | 24 km – 3 h 00 |
| 3 | Morlaix → Scrignac (gare) | 24,5 km – 3 h 00 |
| 4 | Scrignac (gare) → Carhaix-Plouguer | 23,5 km – 2 h 45 |
| | **De Brest à Port-de-Carhaix** | **131,5 km** |
| 1 bis | Brest → Plougastel-Daoulas | 12,5 km – 1 h 15 |
| 2 bis | Plougastel-Daoulas → Le Faou | 22 km – 2 h 45 |
| 3 bis | Le Faou → Châteaulin | 24 km – 3 h 20 |
| 4 bis | Châteaulin → Pleyben (Pont-Coblant) | 22 km – 2 h 15 |
| 5 bis | Pleyben (Pont-Coblant) → Châteauneuf-du-Faou | 20,5 km – 2 h 00 |
| 6 bis | Châteauneuf-du-Faou → Port-de-Carhaix | 30,5 km – 3 h 10 |
| | **De Carhaix à Pontivy** | **87 km** |
| 5 | Carhaix → Glomel | 21,5 km – 2 h 30 |
| 6 | Glomel → Gouarec | 24 km – 2 h 45 |
| 7 | Gouarec → Mûr-de-Bretagne | 18,5 km – 2 h 00 |
| 8 | Mûr-de-Bretagne → Pontivy | 23 km – 2 h 10 |
| | **De Pontivy à Redon** | **110,5 km** |
| 9 | Pontivy → Rohan | 24,5 km – 2 h 30 |
| 10 | Rohan → Josselin | 24,5 km – 2 h 30 |
| 11 | Josselin → Malestroit | 25 km – 2 h 30 |
| 12 | Malestroit → Saint-Martin-sur-Oust | 14,5 km – 2 h 30 |
| 13 | Saint-Martin-sur-Oust → Redon | 22 km – 2 h 15 |
| | **De Redon à Nantes** | **110 km** |
| 14 | Redon → Guenrouët | 22,5 km – 2 h 15 |
| 15 | Guenrouët → Blain | 22,5 km – 2 h 15 |
| 16 | Blain → Nort-sur-Erdre | 27 km – 2 h 45 |
| 17 | Nort-sur-Erdre → La Chapelle-sur-Erdre | 25 km – 2 h 45 |
| 18 | La Chapelle-sur-Erdre → Nantes | 13 km – 1 h 30 |

**Total au départ de Roscoff** — **385 km**

**Total au départ de Brest**
**(hors jonction Carhaix-Port-de-Carhaix)** — **432 km**

**Total général** — **516,5 km**

# Roscoff → Saint-Pol-de-Léon

**5,5 km - 1 h 00**

Roscoff
Ranic
Île Bal.
Pointe de Bloscon
Port
Phare
Kerhoulouen
Keradraon
Roc'h Trévigner
les Capucins
Kernaoguer
Kerhoret
ar Run
Pen ar Chréac'h
Kerezoun
Jardin Exotique
ÎLE DE BATZ
Gwalez
Commune d'Île-de-Batz
Kenekaou
Porz Melloc
Porz Kernok
Lannou Bihan
Chap. Ste-Anne
Jardin Delaselle
ROSCOFF
Ste-Barbe
Perharidi
Lagadennou
Rugue
Palud
Pondigou
Kerguennec
l'Aber
Jardin exotique
Pouldu
Kerabret
Kerestat
Traon Meur
Kerjestin
Santec
Kerradénec
Keravel
Méan Diantel
Kersaliou
Lagallarc'h
Kerellec
Keragon
Kermenguy
Kerrom
Trogüérot
Roc'h Glaz
Créac'h al Léo
Lanbervez
Kergompez
N.-D. de Kreisker
ST-POL-DE-LÉON
Pempoul
Chât. de Kernévez
Kerven
Lanvalou
la Magdeleine
Trégondern
Pointe St-Jean
le Reun
Marché de Kérisnel
Kerrivoal
N.-D. de Callot
Île Callot
BAIE DE
Carantec
la Chaise du Curé
Penn al Lann
Golf de Carantec
Parc Claude Goude
48°40'
v. Lesneven 28 km
v. Landivisiau 22 km
Kergréac'h
Ru Kerdrein
Ru Plouénan
Kerlosquet
Kerantraon
Kerangouez
Kerprigent
Créac'h Hérou
Pont de la Corde
St-Nep
Hipp. de Lanvérec
Lesplouénan
Tréboden
Kerhuel
Radénec
Mouster
Lanvéguen
Kerantreiz
Kergoz
Kerespern
Arboretum de Keracoual
Henvic
Parc du Manoir de Trogriffon
Traon Hir
Kervor
Kerbiniou
Kerivoas
Placénant
le Vieux Bourg
Cosquérou
Plouénan
Tach Glaz
Milinou
Kerbléas
Kerever
Mespaul
Kerzabiec
Kergestin
la Halte
Lesnoa
Goachénével
Kervoaziou
Mez ar Run
Le Goaz
Kermen
Kerlouquet
Castellenec
Lezireur
Kerérec
Kergadiou
Kerozal
Kerangomar
le Frout
Kerdanet
le Ménéyer
ar Bélec
0
1
2 km
N

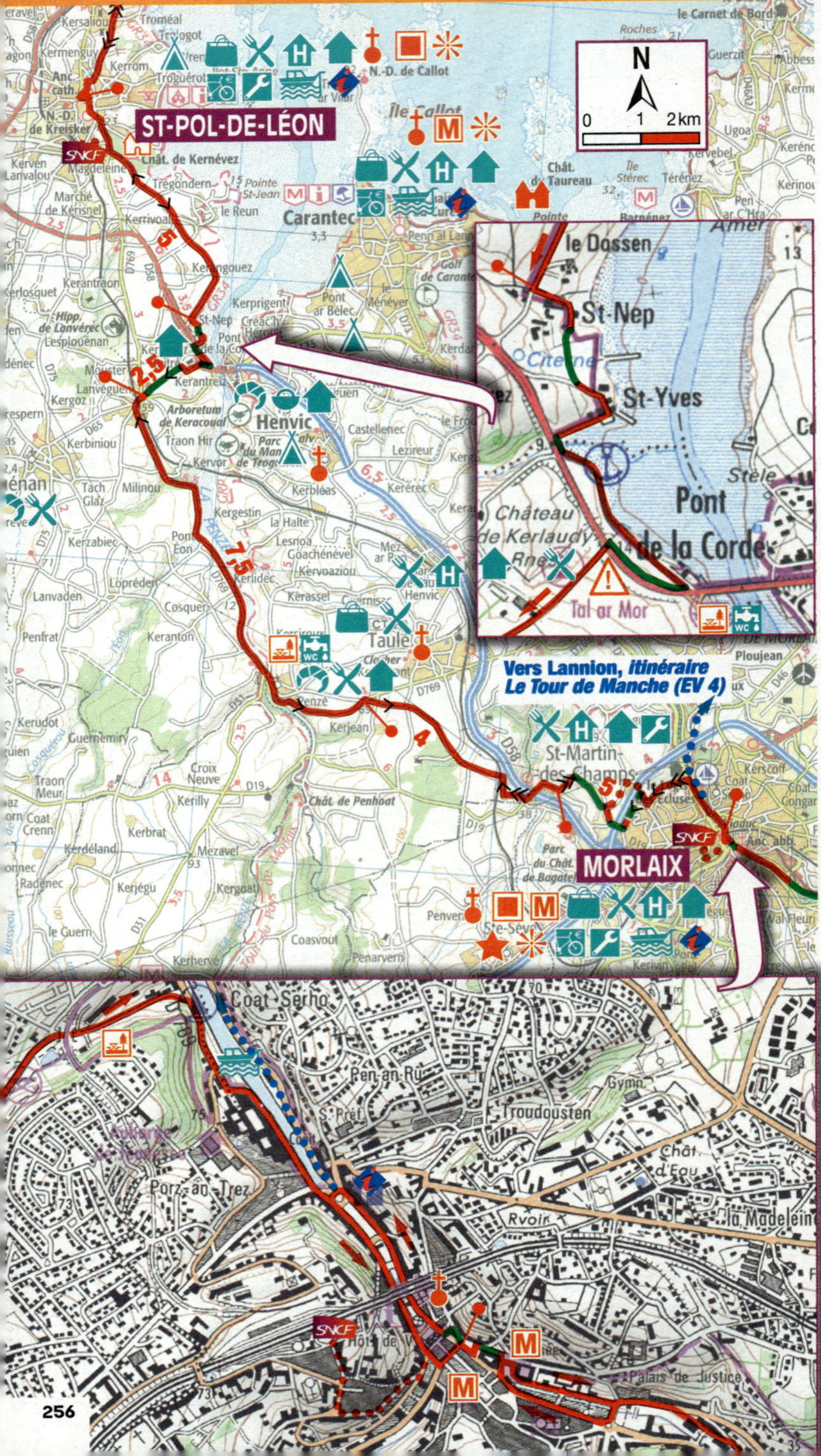

ST-POL-DE-LÉON
Carantec
Henvic
Taulé
MORLAIX
Vers Lannion, itinéraire
Le Tour de Manche (EV 4)
St-Martin-des-Champs
le Dossen
St-Nep
St-Yves
Pont de la Corde
Château de Kerlaudy
Tal ar Mor
N
0
1
2 km
Coat-Serho
Pen-an-Ru
Troudousten
Porz-an-Trez
Rvoir
la Madeleine
Palais de Justice

# Morlaix → Scrignac (gare)

**24,5 km - 3 h 00**

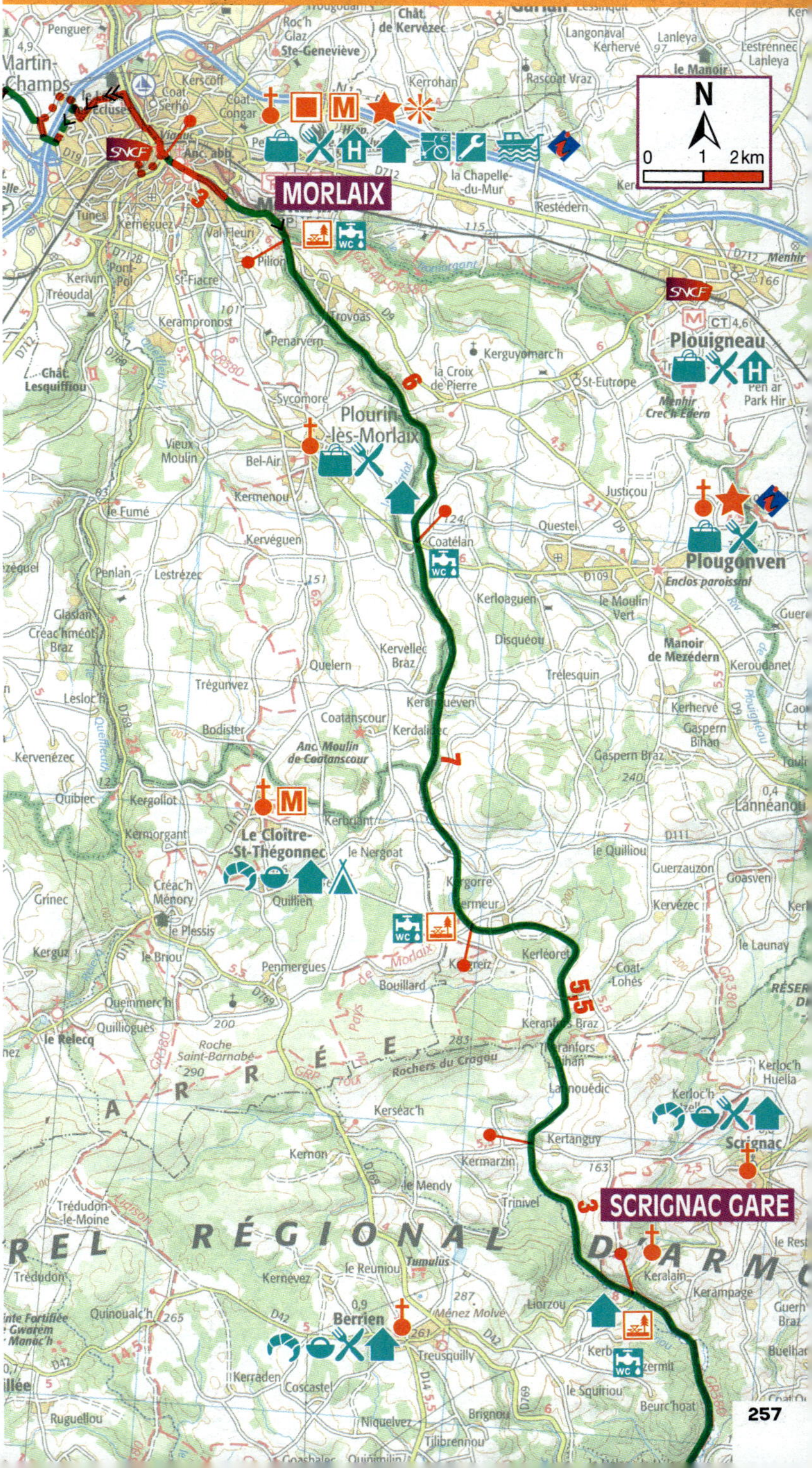
MORLAIX
SCRIGNAC GARE
N
0
1
2 km
SNCF
Plouigneau
Plougonven
Enclos paroissial
Plourin-lès-Morlaix
Le Cloître-St-Thégonnec
Berrien
Scrignac
Ste-Geneviève
la Chapelle-du-Mur
Restédern
St-Eutrope
Kerguyomarc'h
la Croix de Pierre
Sycomore
Penanvern
Trovoas
Pilion
Val Fleuri
Kernéguez
Pont-Pol
St-Fiacre
Keramprovost
Chât. Lesquiffiou
Vieux Moulin
Bel-Air
Kermenou
Le Fumé
Kervéguen
Coatélan
Penlan
Lestrézec
Kerloaguen
Disquéou
Justiçou
Questel
Manoir de Mezédern
Kervellec Braz
Quelern
Trégunvez
Coatanscour
Anc. Moulin de Coatanscour
Bodister
Kerdalidec
Trélesquin
Gaspern Braz
Lannéanou
le Quillion
Guerzauzon
Kervézec
Goasven
le Launay
Kergollot
Kermorgant
le Nergoat
Quillien
Créac'h Mérory
le Plessis
le Briou
Quenmerc'h
Quilliogues
le Relecq
Penmergues
Bouillard
Kerléoret
Coat-Lohès
Roche Saint-Barnabé
Rochers du Cragou
Kerséac'h
Kernon
Kertanguy
Kermarzin
Trinivel
le Mendy
Trédudon-le-Moine
RÉGIONAL
Kernévez
le Reuniou
Tumulus
Ménez Molvé
Keralain
Kerampage
le Squiriou
Beurc'hoat
Coscastel
Kerraden
Treusquilly
Niquelvez
Brignou
Tilibrennou
Ruguellou
Quinoualc'h
Trédudon
GR380

SCRIGNAC GARE
D'ARMORIQUE
Poullaouen
CARHAIX-PLOUGUER
Plounévézel
Locmaria-Berrien
Forêt Domaniale de Fréau
Hippodrome de Penalan
Base U.L.M.
Golf de Pontpierre
Chap. St-Nicolas
Karaez Adrénalin
N
0 1 2 km
4
4
4,5
6
3
2
CARHAIX-PLOUGUER
Avenue Victor Hugo
Place du Champ de Foire
Place de la Tour d'Auvergne
Rue des Rosiers
Chemin de Saint-Quijeau
D 264

## N°1 BIS Brest → Plougastel-Daoulas 12,5 km - 1 h 15

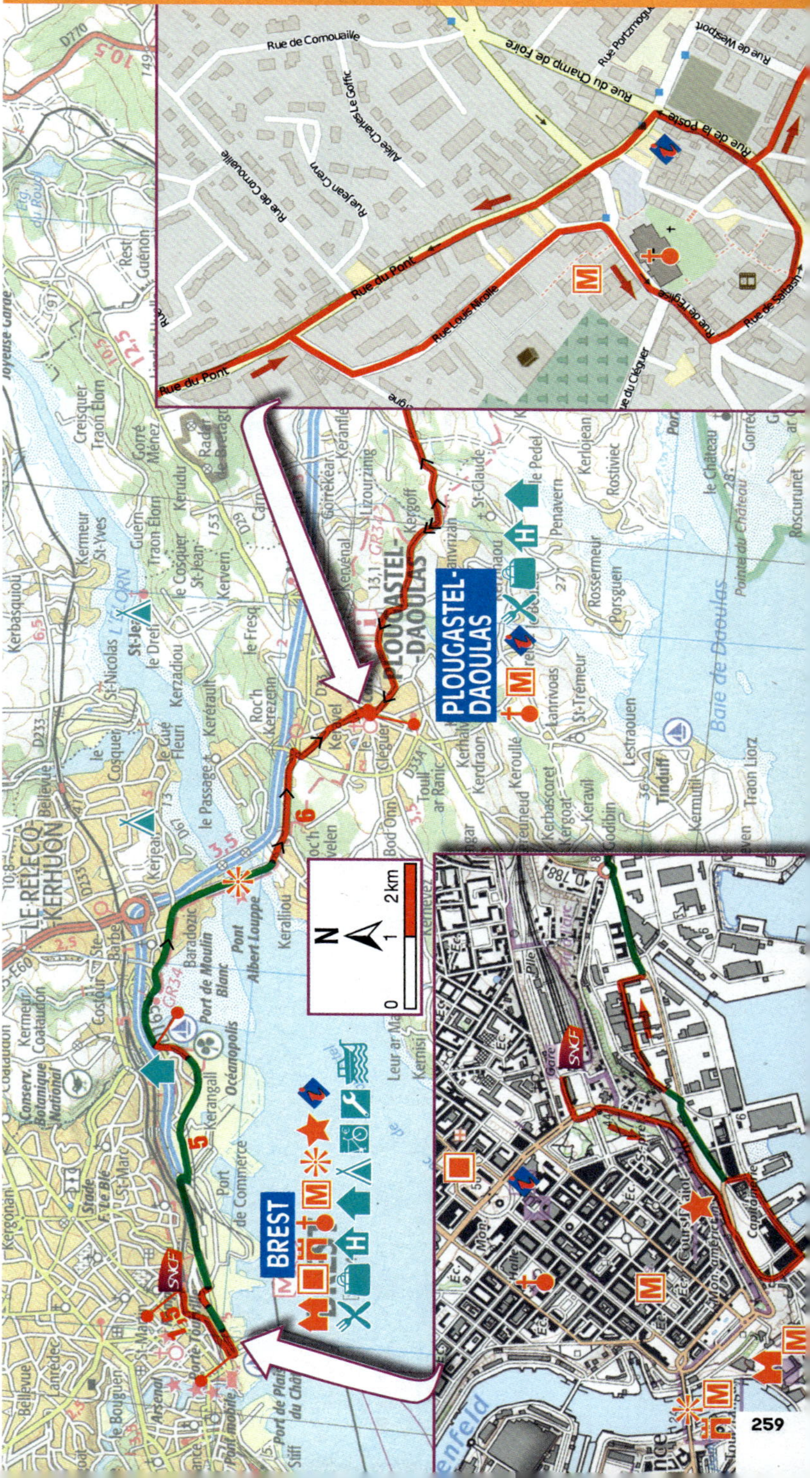
BREST
PLOUGASTEL-DAOULAS
LE RELECQ-KERHUON
Océanopolis
Pont Albert Louppe
Port de Moulin Blanc
Port de Commerce
Baie de Daoulas
L'Elorn
Rue du Pont
Rue Louis Nicolle
Rue de l'Église
Rue de la Poste
Rue du Champ de Foire
Rue de Cornouaille
Rue Jean Crenn
Rue de Westport
Rue de Saltash
0 1 2km

## Plougastel-Daoulas → Le Faou

**22 km - 2 h 45**

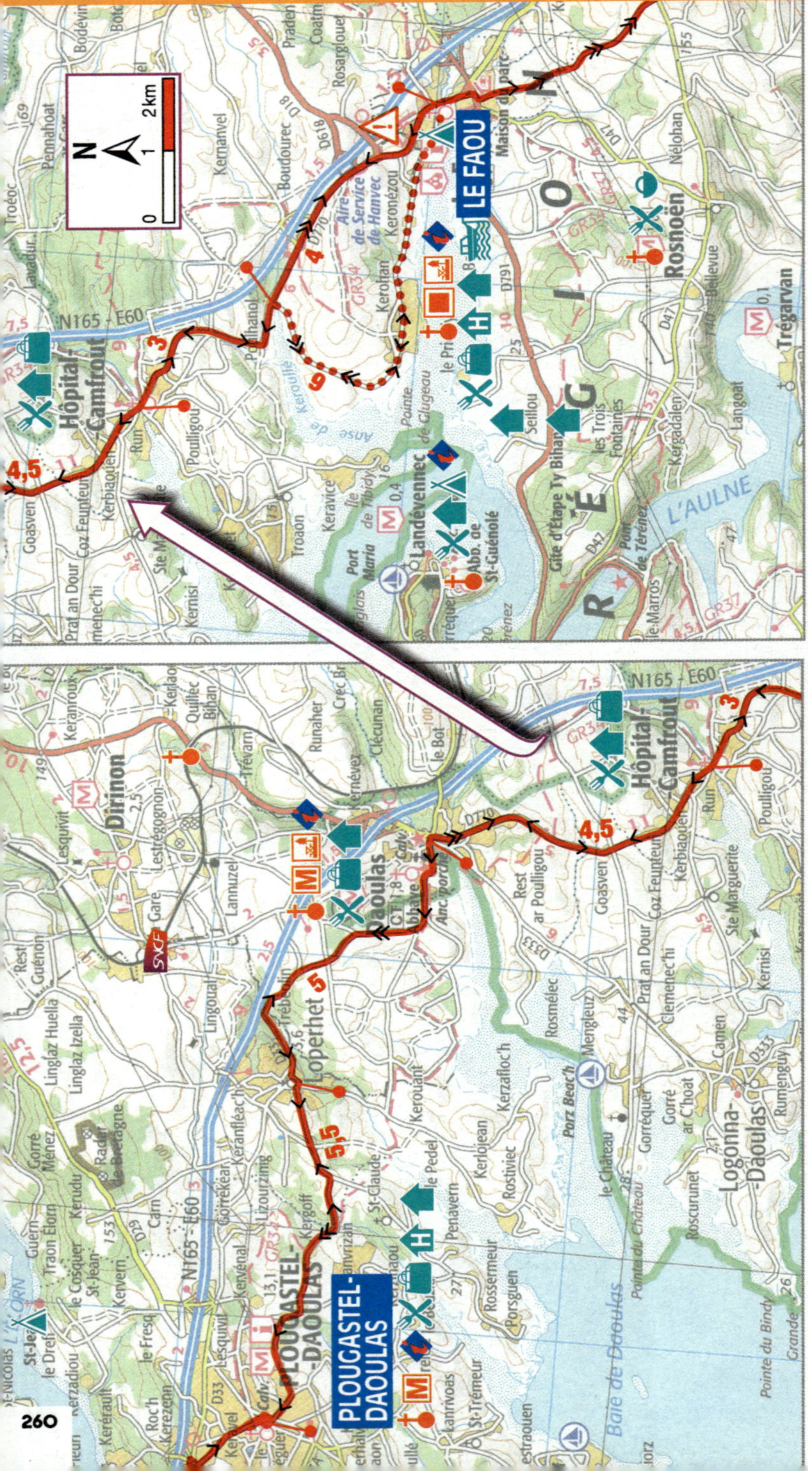
PLOUGASTEL-DAOULAS
Loperhet
Daoulas
Dirinon
Hôpital-Camfrout
LE FAOU
Landévennec
Rosnoën
L'AULNE
Baie de Daoulas
Logonna-Daoulas
N165 - E60
Aire de Service de Hanvec
RÉGION
0
1
2 km
N

# N°3 BIS Le Faou → Châteaulin

**24 km - 3 h 20**

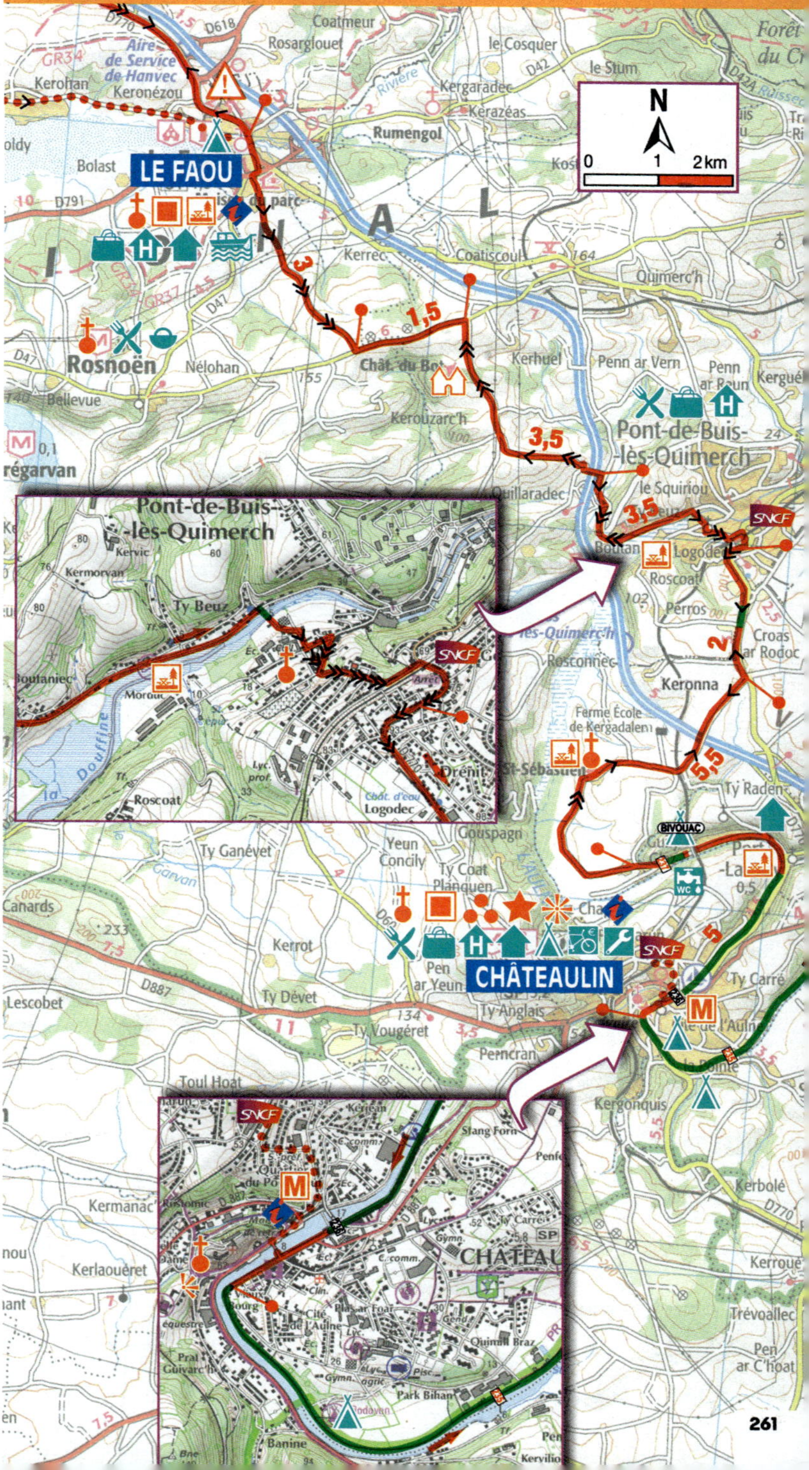
LE FAOU
Aire de Service de Hanvec
Rumengol
Rosnoën
Pont-de-Buis-lès-Quimerch
CHÂTEAULIN
N
0
1
2 km
Pont-de-Buis-lès-Quimerch
1,5
3,5
3,5
2
5,5
5
3
Logodec
Roscoat
Kerouzarc'h
Quimerc'h
Ty Radenn
Pen ar Yeun
Ty Anglais
Penn ar Vern
Kergonquis
Kerbolé
Trévoallec
Toul Hoat
Lescobet
Kermanac'h
Kerlaouëret
CHATEAU

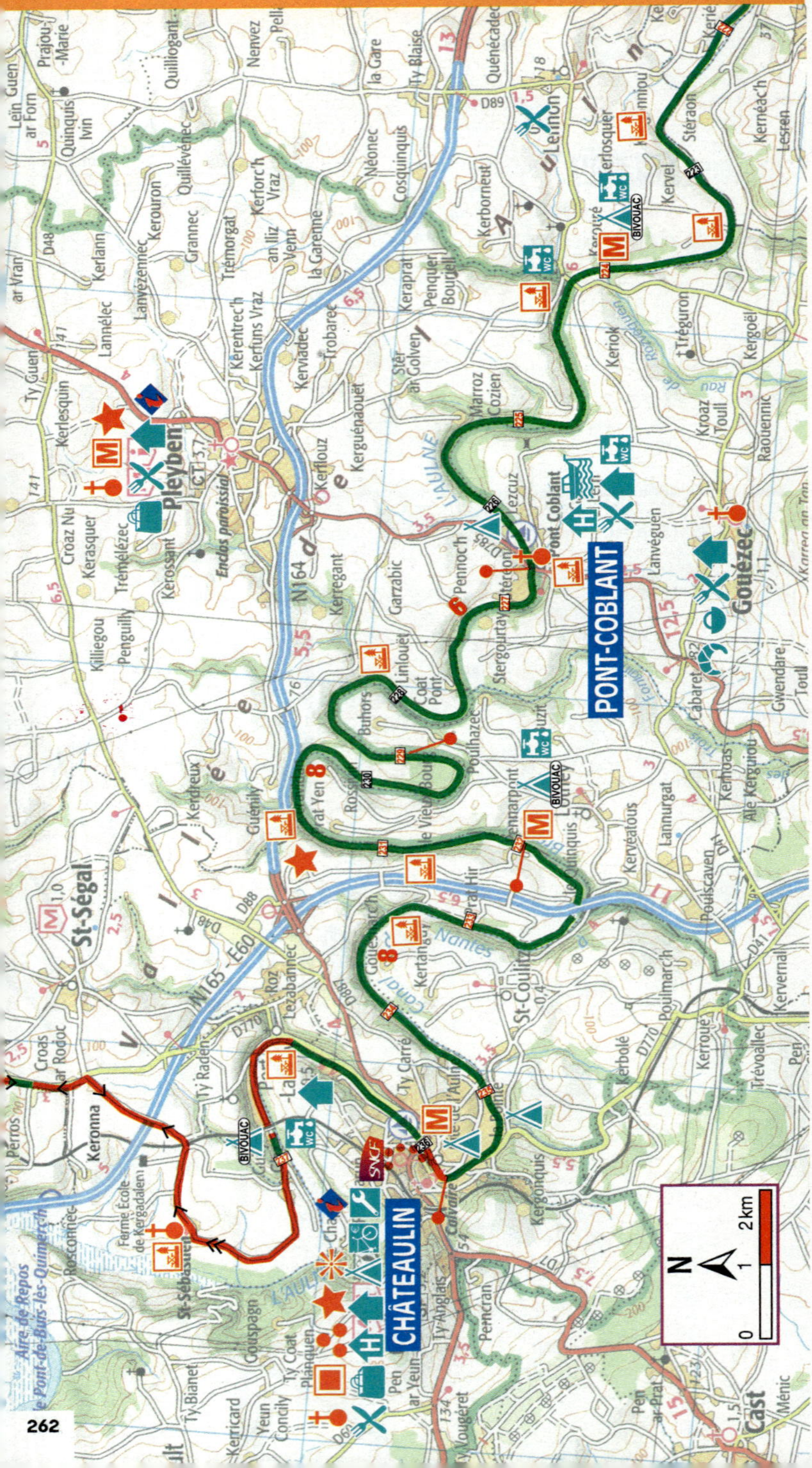
CHÂTEAULIN
PONT-COBLANT
Pleyben
St-Ségal
Gouézec
Cast
Enclos paroissial
N164
N165 - E60
L'AULNE
Canal de Nantes à Brest
BIVOUAC
SNCF
0
1
2km
N

## N°5 BIS Pont-Coblant → Châteauneuf-du-Faou

**20,5 km - 2 h 00**

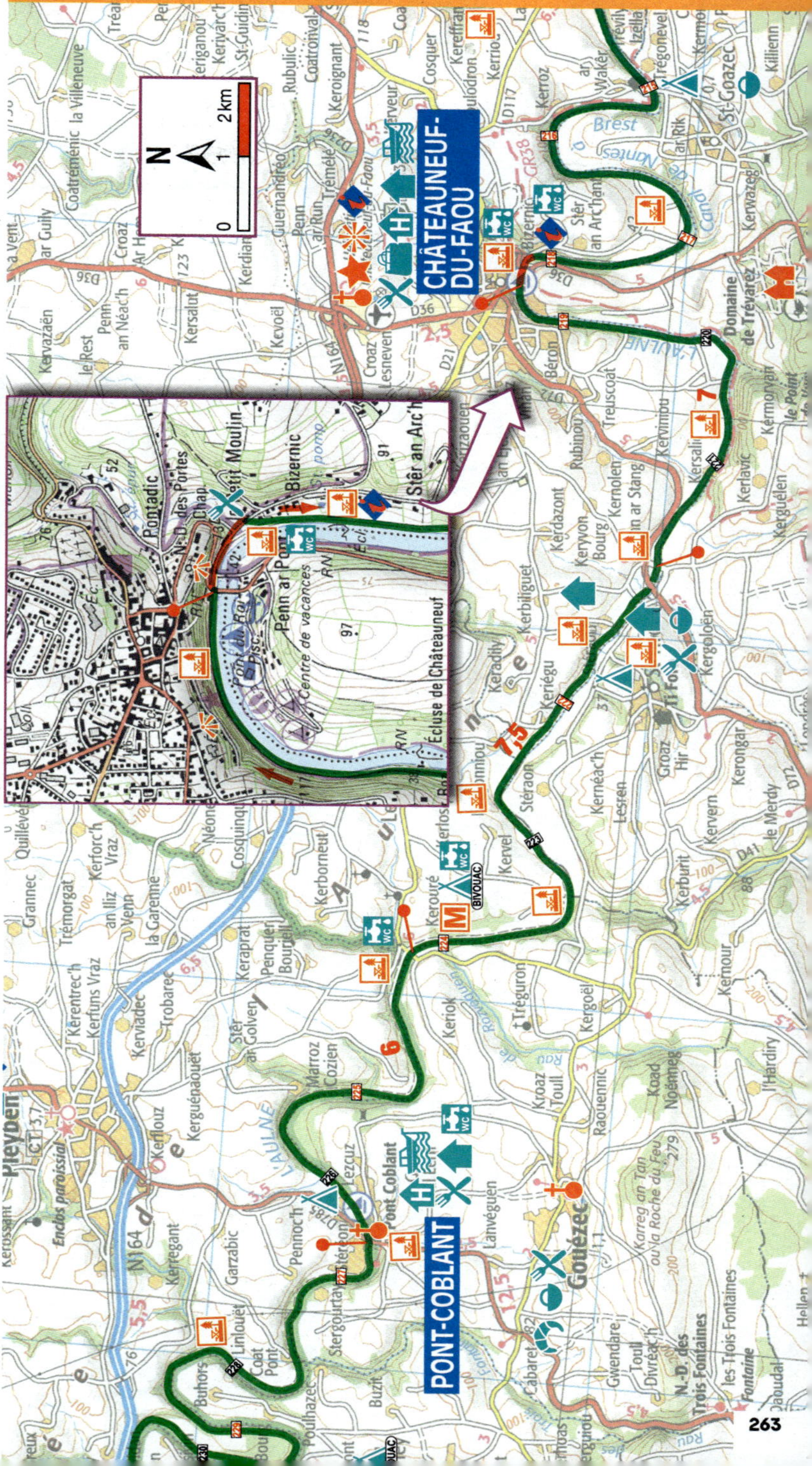

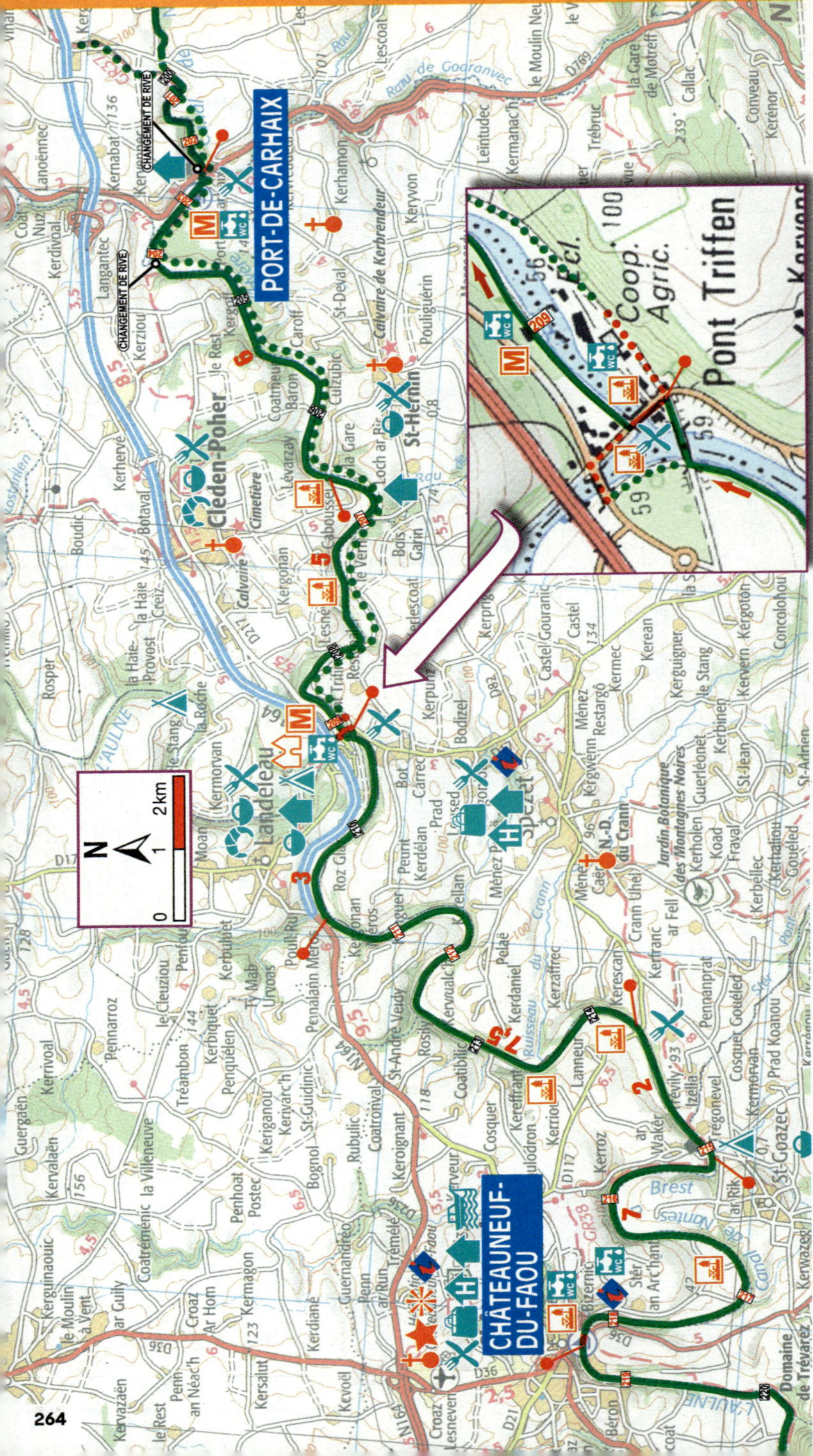
PORT-DE-CARHAIX
CHÂTEAUNEUF-DU-FAOU
Cleden-Poher
Landeleau
St-Hernin
Spézet
Pont Triffen
Coop. Agric.
CHANGEMENT DE RIVE
Calvaire de Kerbreudeur
Jardin Botanique des Montagnes Noires
Domaine de Trévarez
L'AULNE
0 1 2km
N

# N°5 Carhaix-Plouguer → Glomel (Saint-Péran)

**21,5 km - 2 h 30**

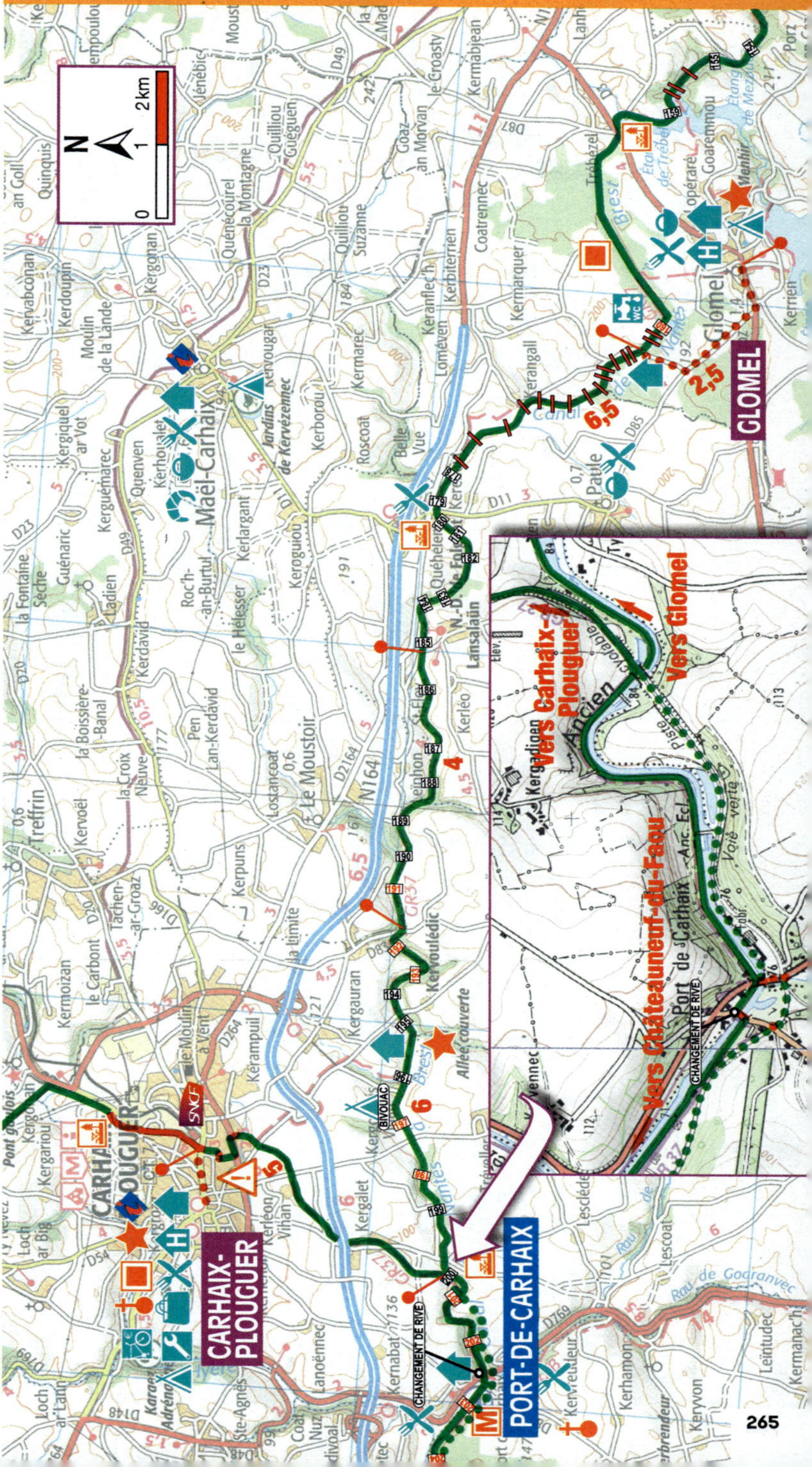

## Glomel (Saint-Péran) → Gouarec

## 24 km - 2 h 45

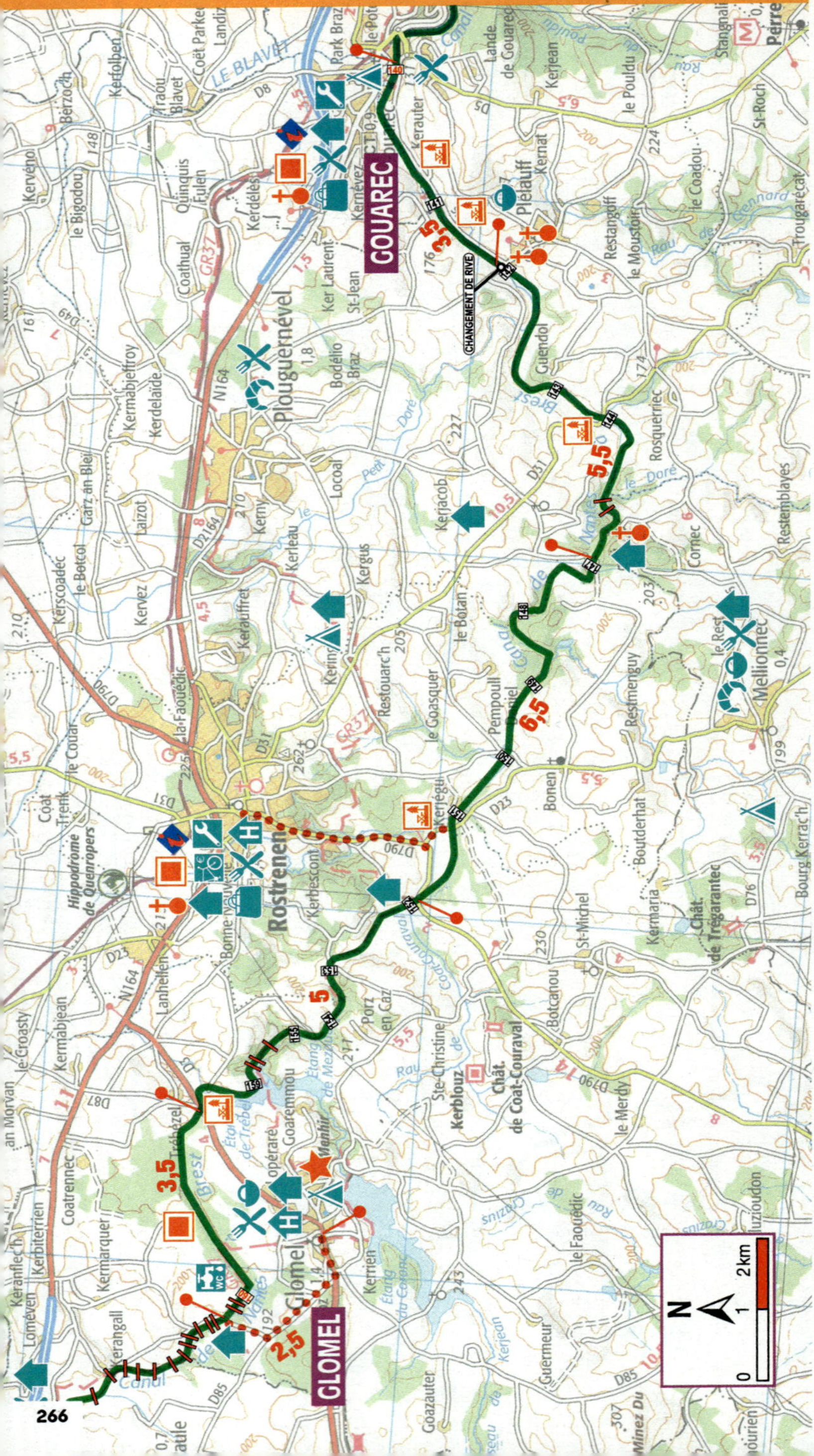

GLOMEL
Glomel
GOUAREC
Rostrenen
Plouguernével
Mellionnec
Plélauff
Canal de Nantes à Brest
LE BLAVET
CHANGEMENT DE RIVE
Étang de Trébel
Étang de Mezle
Château de Coat-Couraval
Château de Trégarantec
Hippodrome de Quenropers
Kerbiouz
Ste-Christine
Botcanou
St-Michel
Kermaria
Boutderhat
Bonen
Restmenguy
Pempoull
Restouarc'h
Kerjacob
Guendol
Rosquerriec
Restembiayes
Cornec
Restangoff
le Moustoir
le Coadou
le Pouldu
Kerjean
Kernat
Kerauter
Lande de Gouarec
Kerdélès
Ker Laurent
St-Jean
Bodélio Braz
Locoal
Kerleau
Kergus
Kerauffret
Kerins
Kerbescont
Porz en Caz
Goaremmou
Trébézel
Coatrennec
Kermarquer
Kerangall
Kermabjean
Lanhellen
Bonne Nouvelle
Kerjeffroy
Kerdelaide
Laizot
Kervez
Kerscoadec
le Bigodou
Kerfolben
Quinquis Fulen
Coathual
Park Braz
Stangnalio
Pierre
St-Roch
le Faouëdic
le Merdy
Guermeur
Goazauter
Kerrien
Étang du Corong
le Goasquer
le Bolan
le Rest
Bourg Kerrac'h
St-Roch
Trougarécat
3,5
2,5
5
6,5
5,5
3,5
0
1
2km
N

# N°7 Gouarec → Mûr-de-Bretagne

**18,5 km - 2 h 00**

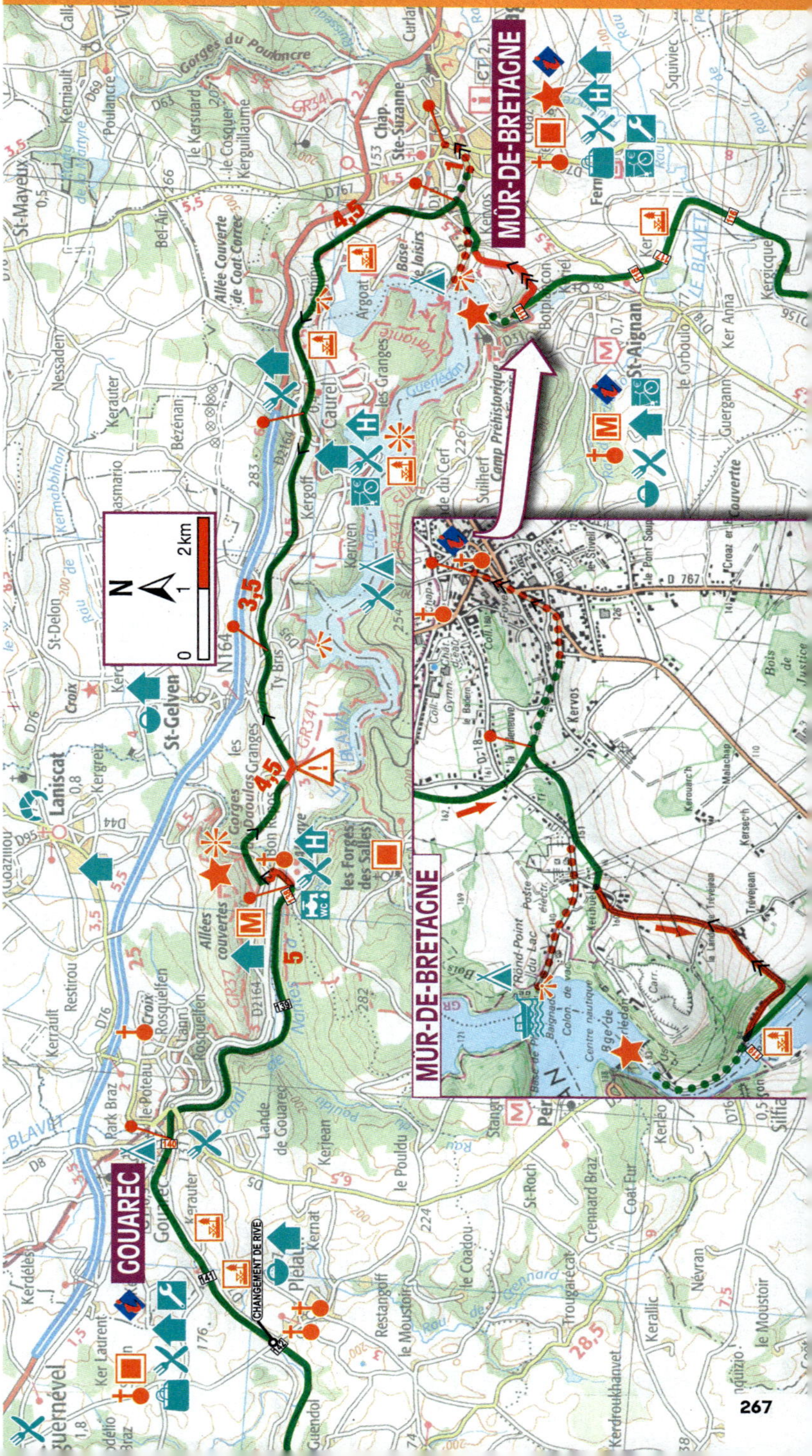
GOUAREC
MÛR-DE-BRETAGNE
CHANGEMENT DE RIVE
Gorges du Poulancre
Gorges du Daoulas
Allées couvertes
Allée Couverte de Coat-Correc
Camp Préhistorique
Les Forges des Salles
St-Gelven
Laniscat
Caurel
St-Aignan
Chap. Ste-Suzanne
Base de loisirs
Lac de Guerlédan
Canal de Nantes à Brest
BLAVET
Variante
Rond-Point du Lac
Centre nautique
Colon. de vac.
Baignade
Kervos
Bois de Justice
0 1 2km
N

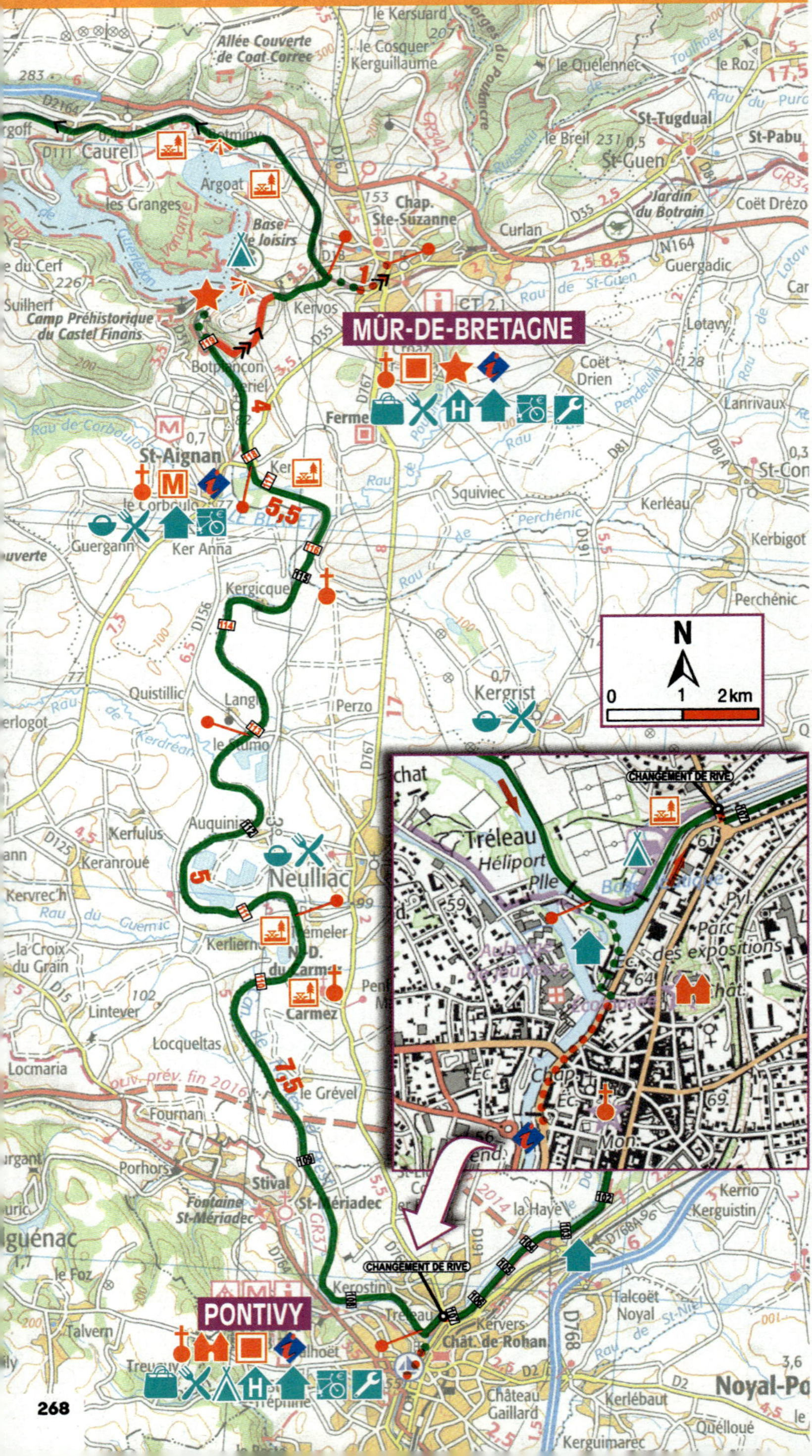
Allée Couverte
de Coat Correc
le Kersuard
le Cosquer
Kerguillaume
Gorges du Poulancre
le Quélennec
le Roz
St-Tugdual
St-Pabu
le Breil
St-Guen
Caurel
Argoat
les Granges
Base de loisirs
Chap. Ste-Suzanne
Curlan
Jardin du Botrain
Coët Drézo
Guergadic
du Cerf
Suilherf
Camp Préhistorique
du Castel Finans
Kervos
MÛR-DE-BRETAGNE
Lotavy
Coët Drien
Botpléncon
Ferme
Lanrivaux
St-Aignan
le Corboulo
Guergann
Ker Anna
Squiviec
Kerléau
Kerbigot
Kergicquel
Perchénic
Quistillic
Perzo
Kergrist
le Stumo
Auquiniv
Kerfulus
Keranroué
Neulliac
Kervrec'h
Trémeler
Kerlierno
la Croix du Grain
N.-D. du Carmel
Carmez
Lintever
Locqueltas
Locmaria
le Grével
Fournan
Porhors
Stival
Fontaine St-Mériadec
St-Mériadec
la Haye
Kerio
Kerguistin
Kerostin
CHANGEMENT DE RIVE
PONTIVY
Talvern
Kervers
Chât. de Rohan
Talcoët
Noyal
Château Gaillard
Kerlébaut
Quélloué
Kerguimarec
Noyal-Po
N
0
1
2 km
Tréleau
Héliport
Base nautique
Parc des expositions
Auberge de jeunesse
Chât.
CHANGEMENT DE RIVE

# N°9 Pontivy → Rohan

## 24,5 km - 2 h 30

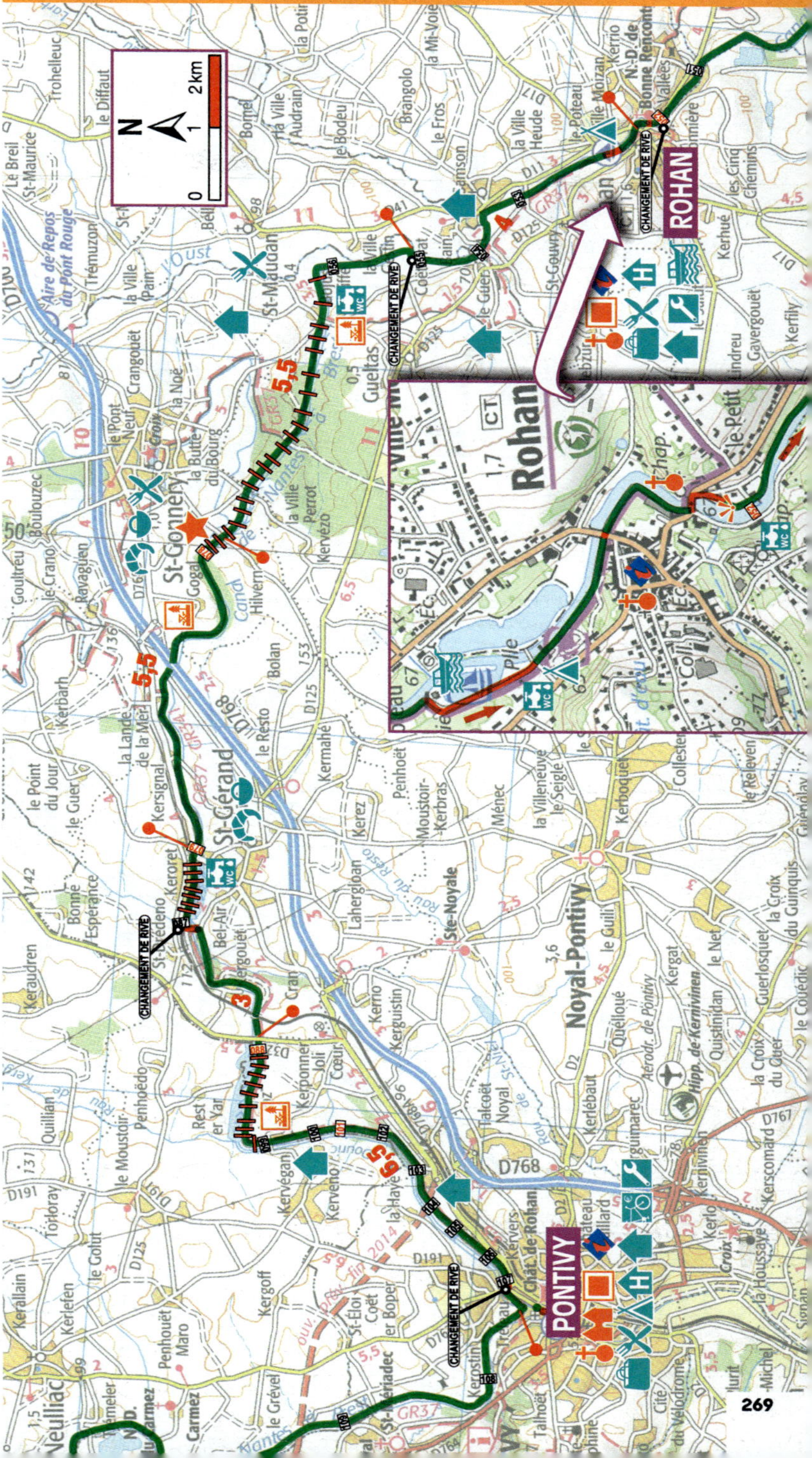
PONTIVY
ROHAN
Rohan
CHANGEMENT DE RIVE
CHANGEMENT DE RIVE
CHANGEMENT DE RIVE
CHANGEMENT DE RIVE
St-Gérand
St-Gonnery
Gueltas
Noyal-Pontivy
Ste-Noyale
N
0
1
2km

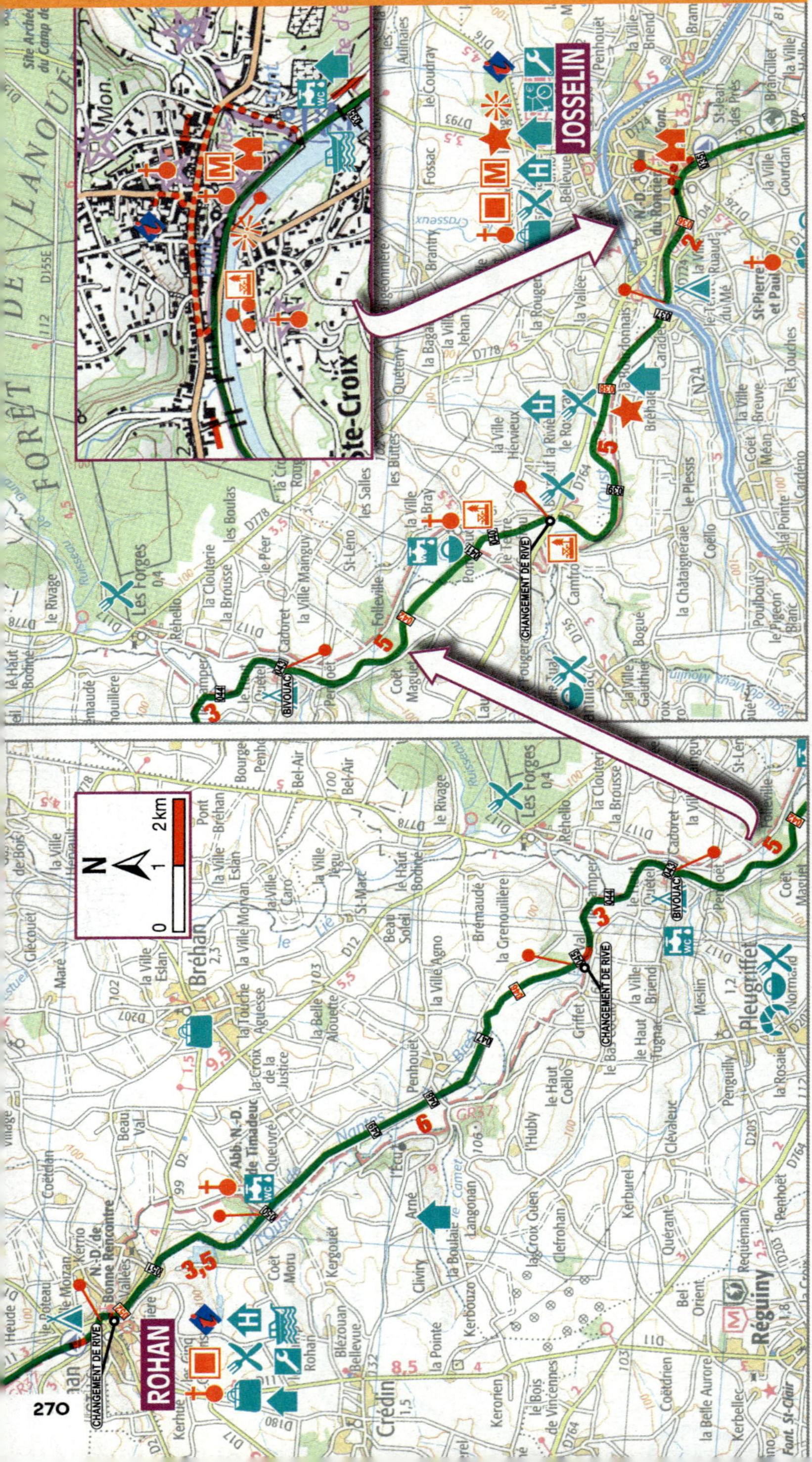
ROHAN
JOSSELIN
Bréhan
Pleugriffet
Réguiny
Crédin
Ste-Croix
CHANGEMENT DE RIVE
BIVOUAC
FORÊT DE LANOUÉE
2 km

Château de Josselin.

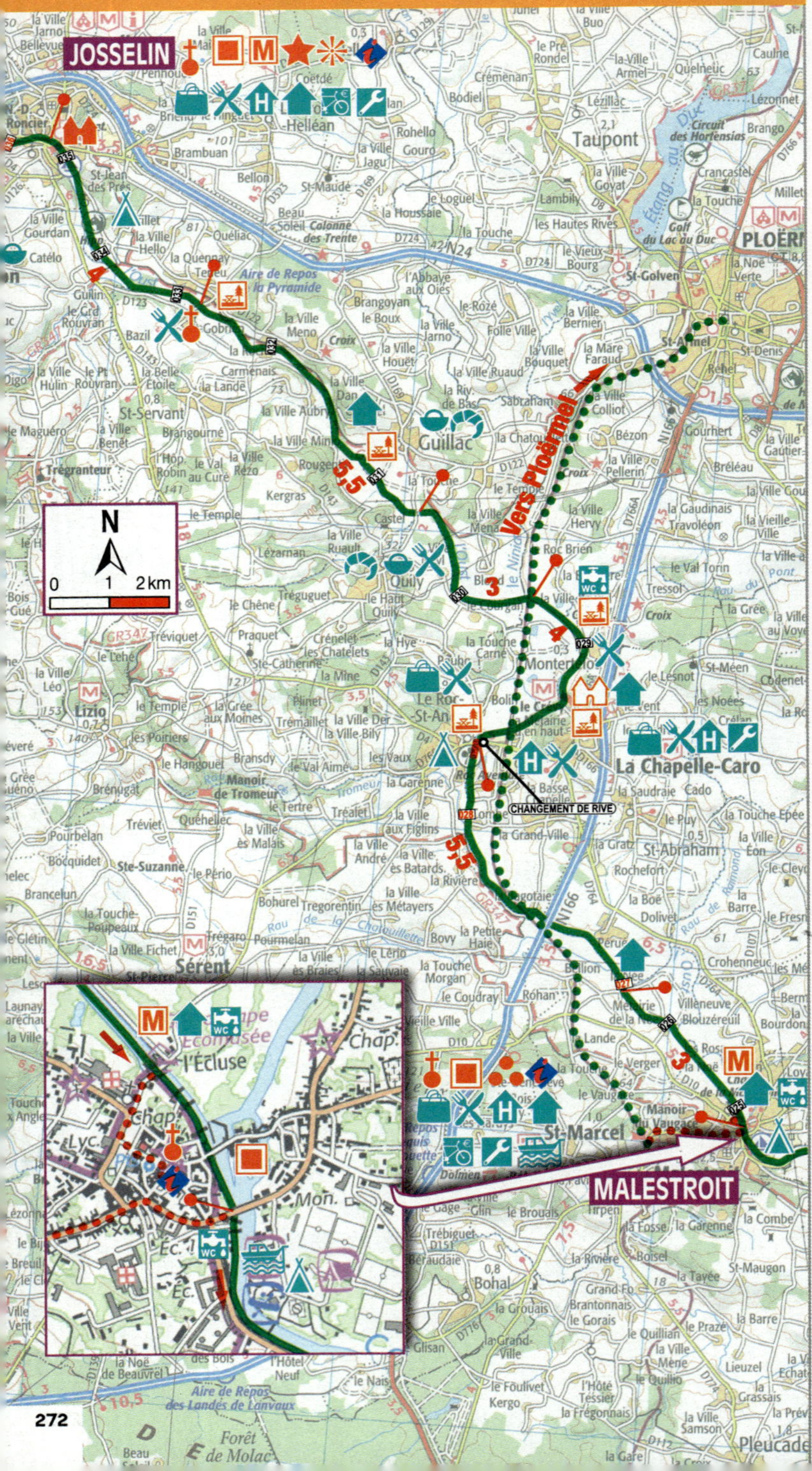
JOSSELIN
MALESTROIT
Vers Ploërmel
CHANGEMENT DE RIVE
Aire de Repos la Pyramide
Aire de Repos des Landes de Lanvaux
Guillac
Quily
Le Roc-St-André
Montertelot
La Chapelle-Caro
St-Abraham
St-Marcel
Taupont
PLOËRMEL
St-Servant
Lizio
Sérent
Ste-Suzanne
Bohal
Pleucadeuc
Circuit des Hortensias
Golf du Lac au Duc
Étang au Duc
Colonne des Trente
Manoir de Tromeur
Forêt de Molac
l'Écluse
N
0
1
2 km

# Malestroit → Saint-Martin-sur-Oust

**14,5 km - 2 h 30**

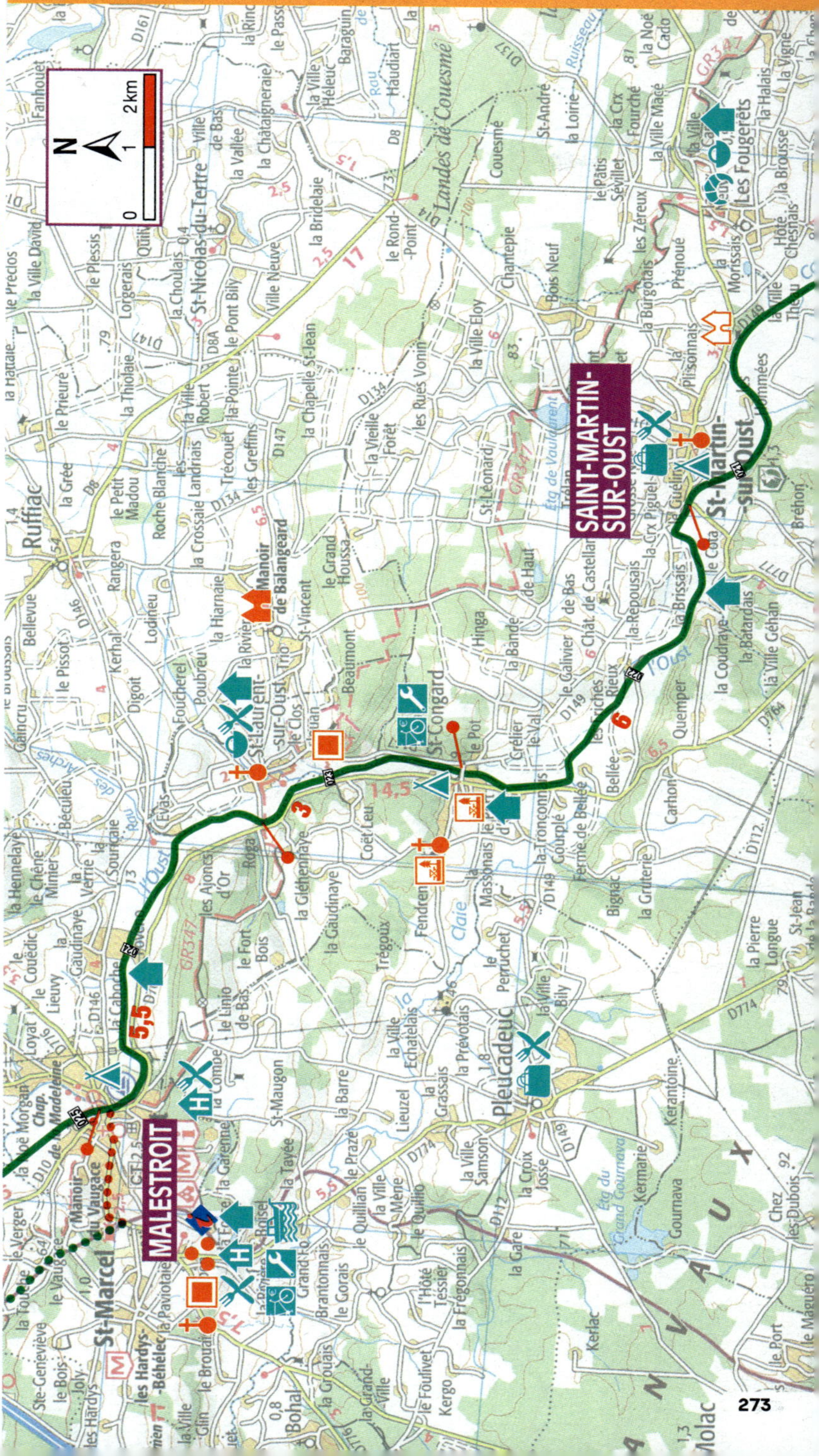

MALESTROIT
SAINT-MARTIN-SUR-OUST
St-Marcel
Ruffiac
St-Nicolas-du-Tertre
St-Laurent-sur-Oust
St-Congard
Pleucadeuc
St-Martin-sur-Oust
Les Fougerêts
Landes de Cousmé
Manoir de Balangeard
Manoir du Vaugace
5,5
14,5
0 1 2km
N

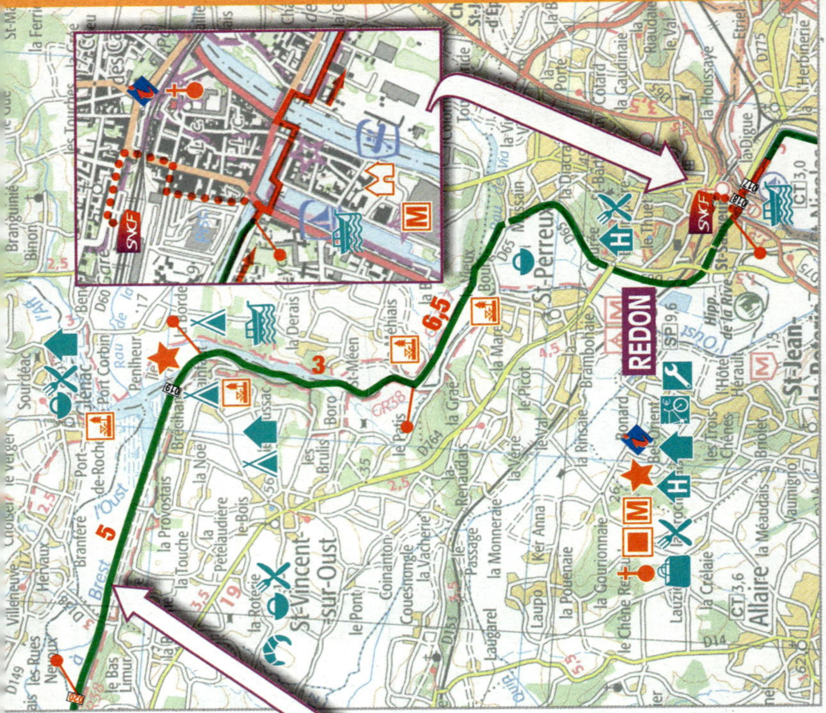
REDON

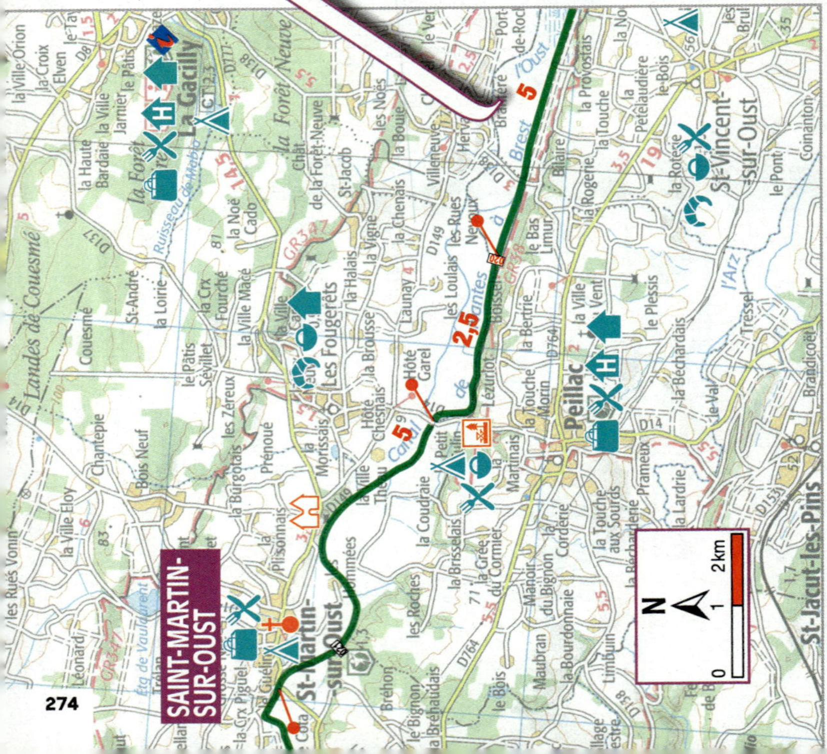
SAINT-MARTIN-SUR-OUST

# N°14 Redon → Guenrouët

**22,5 km - 2 h 15**

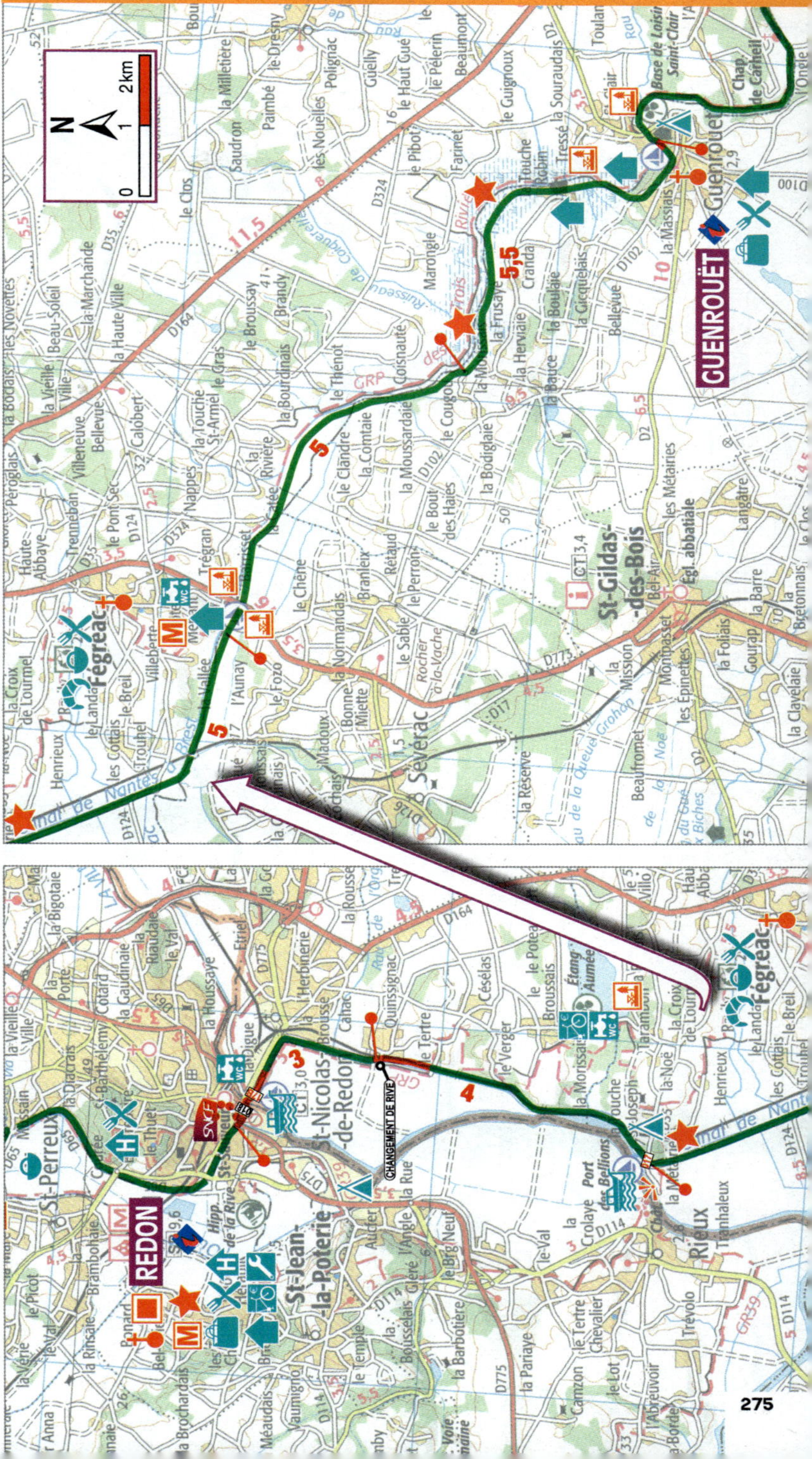
REDON
St-Perreux
St-Nicolas-de-Redon
St-Jean-la-Poterie
CHANGEMENT DE RIVE
Rieux
Fégréac
Sévérac
St-Gildas-des-Bois
GUENROUËT
2km

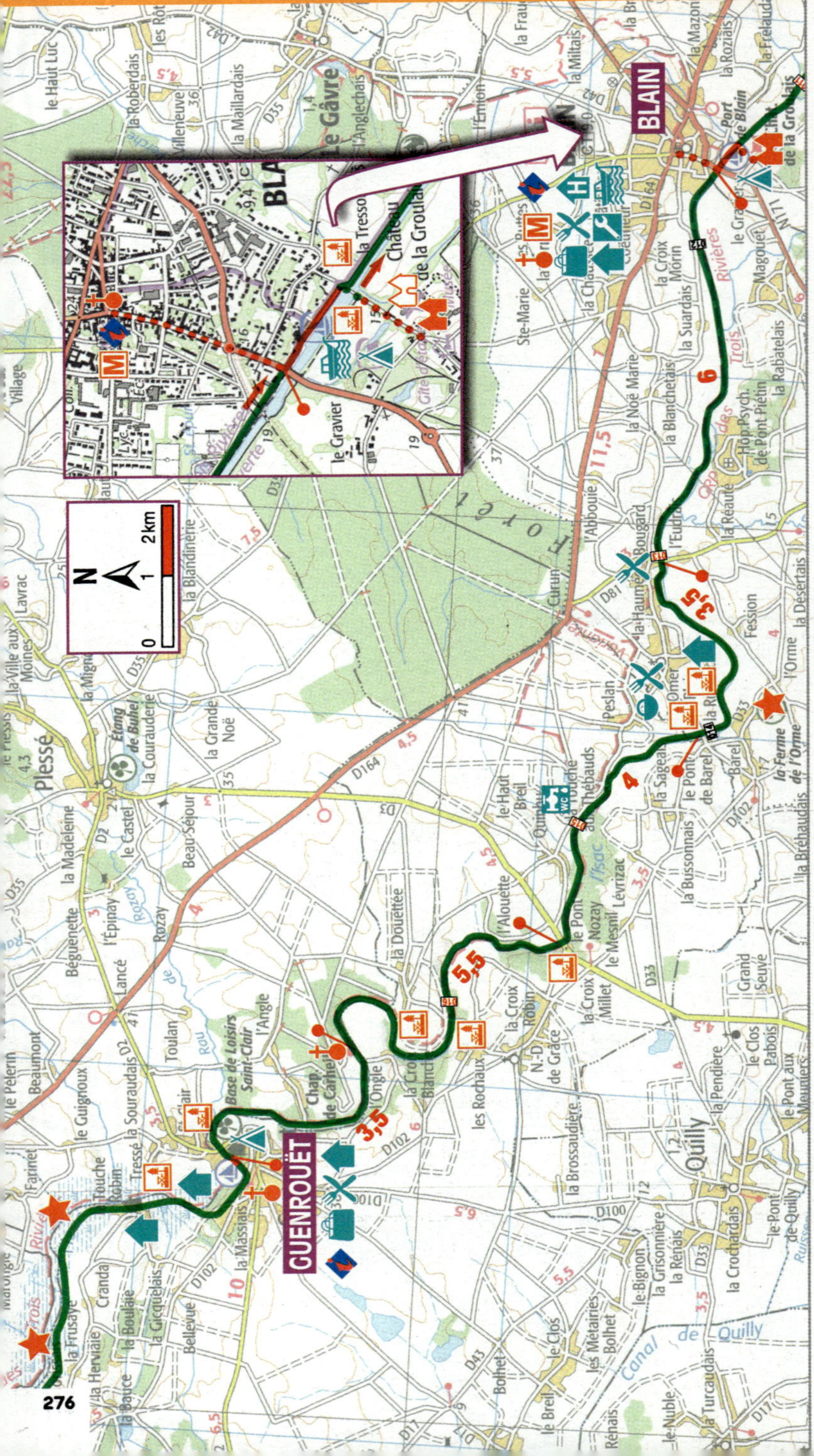
GUENROUËT
BLAIN
Plessé
Quilly
Château de la Groulais
Canal de Quilly
Base de Loisirs Saint-Clair
la Ferme de l'Orme
Étang de Buhel
Forêt du Gâvre
0
1
2km
N
3,5
5,5
4
3,5
6

# Blain → Nort-sur-Erdre

27 km - 2 h 45

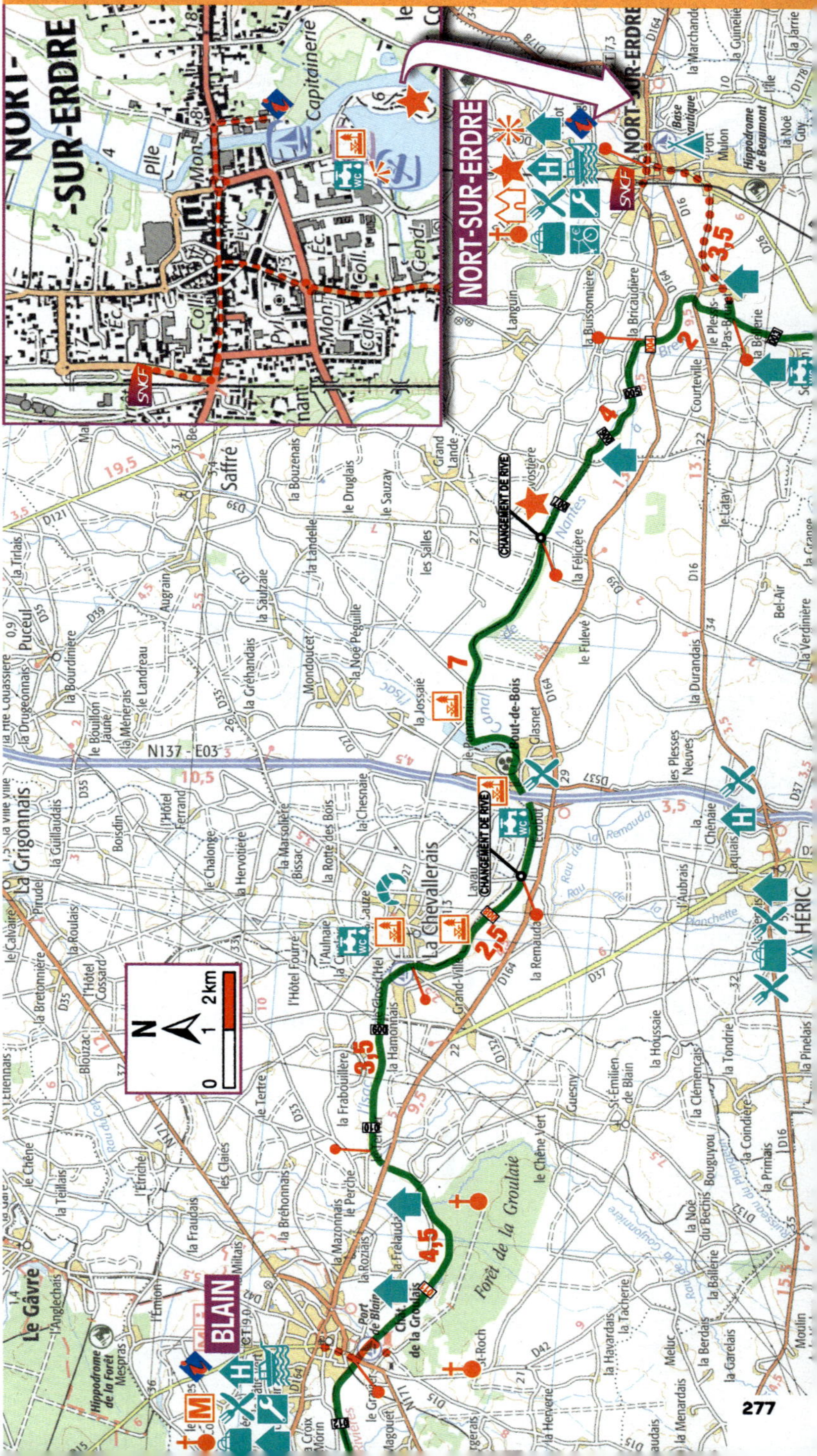
NORT-SUR-ERDRE
Capitainerie
SNCF
NORT-SUR-ERDRE
Saffré
CHANGEMENT DE RIVE
la Félicière
Bout-de-Bois
Clasnet
N137 - E03
Puceul
La Grigonnais
La Chevallerais
CHANGEMENT DE RIVE
HÉRIC
Le Gâvre
BLAIN
Hippodrome de la Forêt
Port de Blain
Chât. de la Groulais
Forêt de la Groulaie
Hippodrome de Beaumont
Base nautique
N
0 1 2km

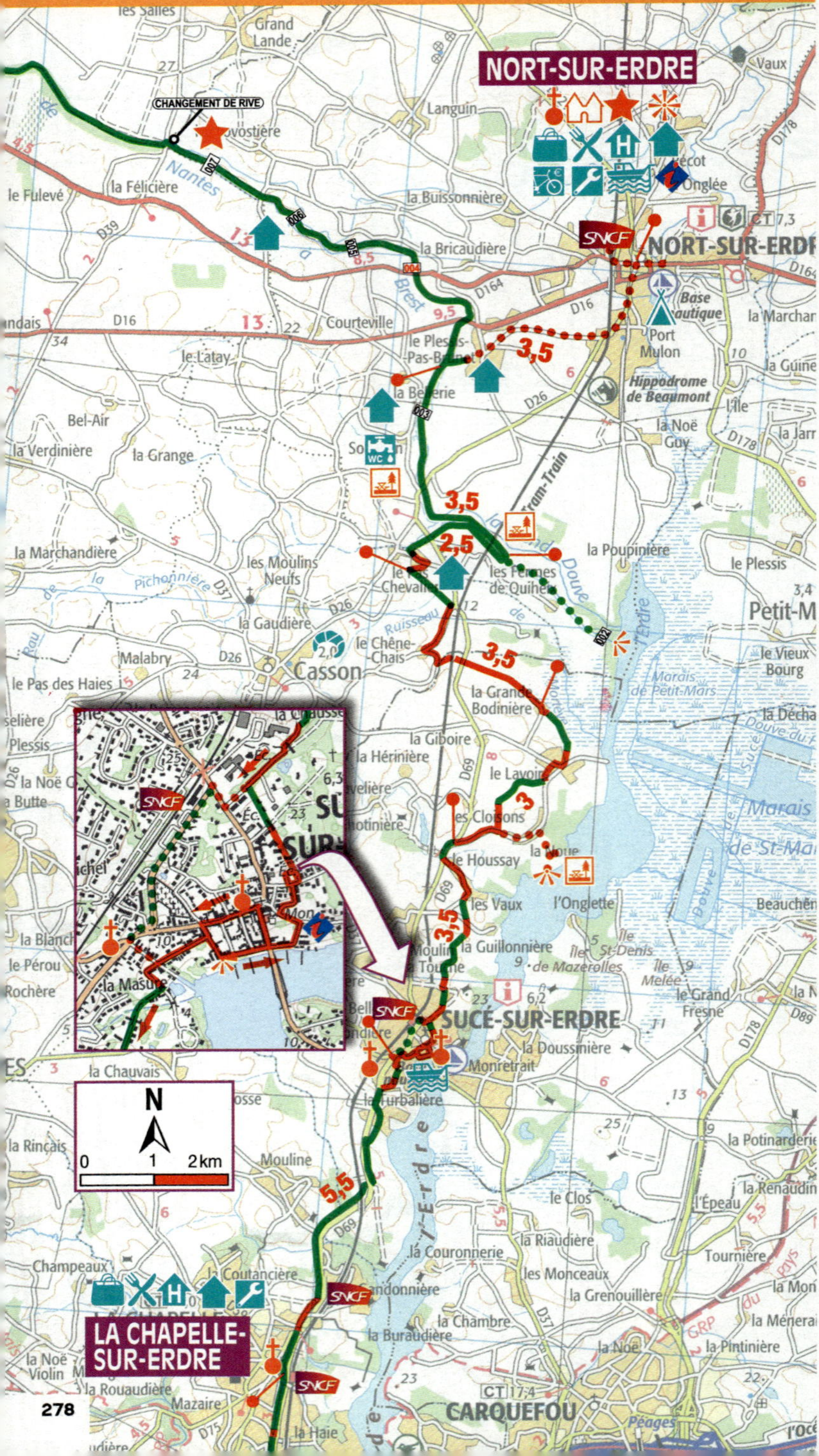
NORT-SUR-ERDRE
CHANGEMENT DE RIVE
NORT-SUR-ERDRE
Base nautique
Port Mulon
Hippodrome de Beaumont
Tram-Train
Languin
la Buissonnière
la Bricaudière
Courteville
le Plessis-Pas-Brunet
la Berrerie
le Latay
Bel-Air
la Verdinière
la Grange
la Marchandière
les Moulins Neufs
le Chevalier
les Fermes de Quiheix
la Poupinière
le Plessis
Petit-Mars
la Gaudière
Casson
le Chêne-Chais
la Grande Bodinière
le Vieux Bourg
Marais de Petit-Mars
Malabry
le Pas des Haies
la Giboire
la Hérinière
le Lavoir
les Cloisons
le Houssay
la Noue
l'Onglette
les Vaux
la Guillonnière
Île de Mazerolles
Île St-Denis
Île Melée
Marais de St-Mars
Beauchêne
SUCÉ-SUR-ERDRE
la Doussinière
Montretrait
la Turbalière
le Grand Fresne
la Chauvais
la Rinçais
Mouline
la Potinardière
la Renaudin
l'Épeau
le Clos
la Riaudière
la Couronnerie
les Monceaux
la Grenouillère
Tournière
Champeaux
la Coutancière
la Chambre
la Buraudière
la Noë
la Ménerai
la Pintinière
LA CHAPELLE-SUR-ERDRE
la Noë Violin
la Rouaudière
Mazaire
la Haie
CARQUEFOU
Péages
l'Erdre
Nantes à Brest
3,5
2,5
3
5,5
N
0
1
2 km

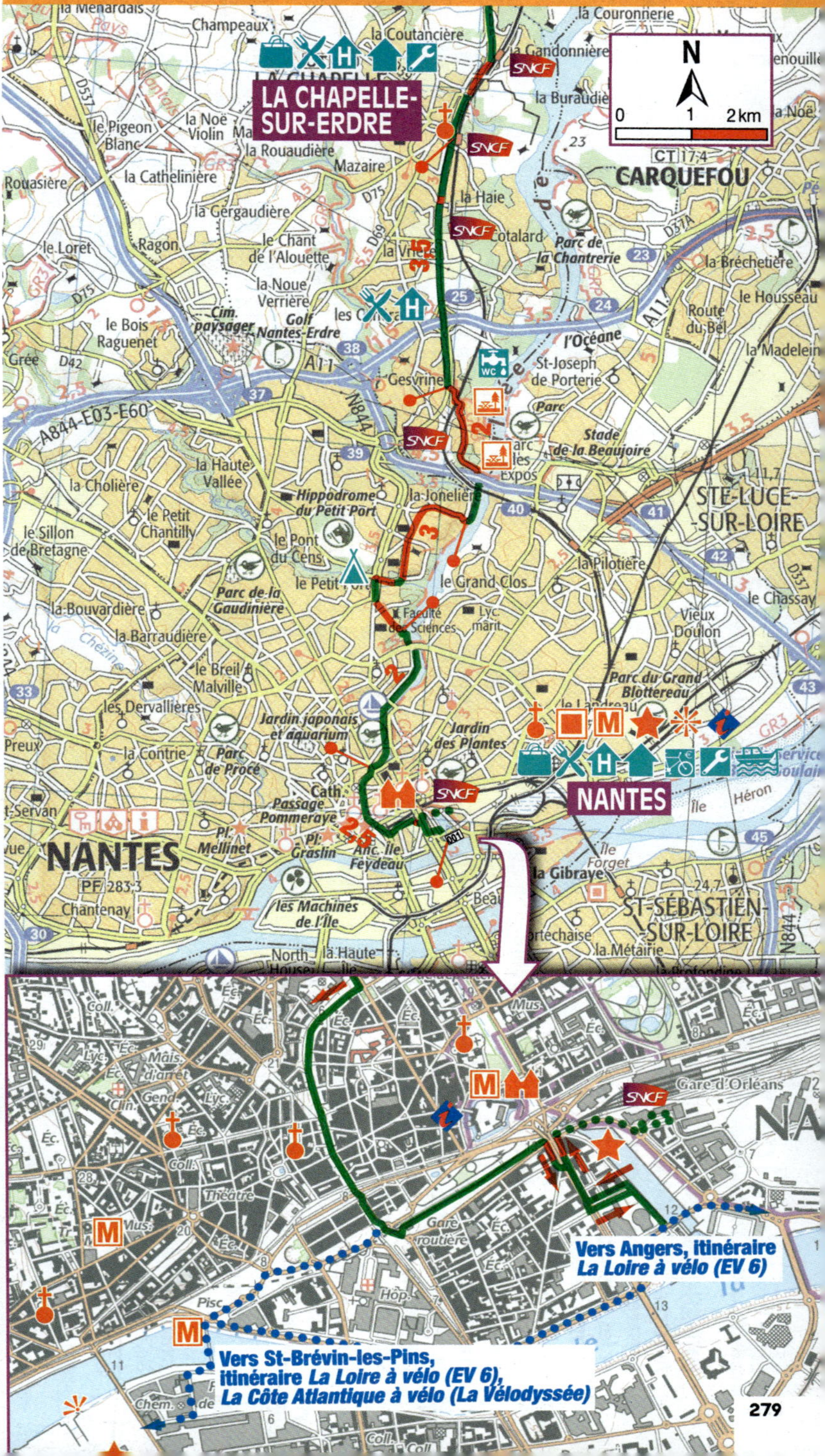

LA CHAPELLE-SUR-ERDRE
CARQUEFOU
0 1 2 km
N
Parc de la Chantrerie
Golf Nantes-Erdre
Cim. paysager
Hippodrome du Petit Port
Parc de la Gaudinière
Stade de la Beaujoire
STE-LUCE-SUR-LOIRE
Faculté des Sciences
Parc du Grand Blottereau
Jardin japonais et aquarium
Jardin des Plantes
Parc de Procé
Cath.
Passage Pommeraye
Pl. Mellinet
Pl. Graslin
Anc. Île Feydeau
NANTES
Les Machines de l'Île
ST-SÉBASTIEN-SUR-LOIRE
la Gibraye
Gare d'Orléans
Vers Angers, itinéraire La Loire à vélo (EV 6)
Vers St-Brévin-les-Pins, itinéraire La Loire à vélo (EV 6), La Côte Atlantique à vélo (La Vélodyssée)

# L'ALSACE À VÉLO LE TOUR + VARIANTES

433 km

## UNE AUBAINE POUR LA PETITE REINE

**Avec près de 3 000 km d'itinéraires cyclables, l'Alsace offre un réseau parmi les plus denses et les plus attractifs en France. Strasbourg est même auréolée du titre de 4e ville cyclable au monde après Copenhague, Amsterdam et Utrecht. Vous êtes bien au pays de la petite reine !**
**Pour découvrir le meilleur de l'Alsace, canaux et vignobles, villages de charme, villes de caractères, enfourchez donc votre vélo et en selle pour un grand tour.**

*L'Alsace est riche d'un maillage de voies vertes et véloroutes qui permet de nombreuses boucles et détours. Signalisations et jalonnements très présents. La principale difficulté sera d'aborder La Véloroute du vignoble, aux pieds des Vosges, entre Ribeauvillé et Cernay.*

***Jonctions :** Paris-Strasbourg (V 52), EuroVelo 6 (Bâle-Nevers), La Véloroute du Rhin (EV 15), La Via Romea Francigena (EV 5), La Véloroute du vignoble d'Alsace.*

Strasbourg.

Hochfelden
Bas-Rhin
Saverne
Brumath
Moselle
Wasselonne
1 bis
Escapade 1
Canal de la Bruche
STRASBOURG
Soultz-les-Bains
Meurthe-et-Moselle
Eschau
Obernai
Dambach
Boofzheim
Vosges
Le Rhin
Ribeauvillé
8 bis
Escapade 2
Canal de Colmar
Marckolsheim
Ingersheim
Artzenheim
ALLEMAGNE
Éguisheim
COLMAR
Biesheim
Ville départ et arrivée
Ville étape
Haut-Rhin
Ensisheim
Soultz-Haut-Rhin
Blodelsheim
Cernay
Haute-Saône
Mulhouse
Niffer
Territoire-de-Belfort
13 bis
Escapade 3
Canal d'Huningue
Huningue
SUISSE
Doubs
N
0
10
20 km
1
2
3
4
5
6
7
8
9
10
11
12
13
14
15
16
17
18
19
IGN 2012 - Licence ouverte

# LES ÉTAPES

N° de la carte →

| N° | Étape | Distance – durée |
|---|---|---|
| **Du Rhin à la Marne** | | **69,4 km** |
| 1 | Strasbourg → Brumath | 19 km – 1 h 55 |
| 1bis | Strasbourg → Soultz-les-Bains | 23,1 km – 2 h 15 |
| 2 | Brumath → Hochfelden | 13,9 km – 1 h 10 |
| 3 | Hochfelden → Saverne | 18,2 km – 1 h 30 |
| 4 | Saverne → Wasselonne | 18,3 km – 2 h 15 |
| **Véloroute du vignoble d'Alsace** | | **133,3 km** |
| 5 | Wasselonne → Obernai | 25,6 km – 2 h 35 |
| 6 | Obernai → Dambach-la-Ville | 23,8 km – 2 h 25 |
| 7 | Dambach-la-Ville → Ribeauvillé | 16,5 km – 2 h 05 |
| 8 | Ribeauvillé → Éguisheim | 21,3 km – 2 h 40 |
| 8bis | Ingersheim → Artzenheim | 19,8 km – 1 h 45 |
| 9 | Éguisheim → Soultz-Haut-Rhin | 28,8 km – 3 h 15 |
| 10 | Soultz-Haut-Rhin → Cernay | 17,3 km – 2 h 10 |
| **Des Vosges au Rhin** | | **52,9 km** |
| 11 | Cernay → Ensisheim | 17,8 km – 1 h 40 |
| 12 | Ensisheim → Mulhouse | 16,6 km – 1 h 25 |
| 13 | Mulhouse → Niffer | 18,5 km – 1 h 35 |
| 13bis | Niffer → Huningue | 16,5 km – 1 h 40 |
| **La Véloroute du Rhin EV 15** | | **117,6 km** |
| 14 | Niffer → Blodelsheim | 21,8 km – 1 h 55 |
| 15 | Blodelsheim → Biesheim | 21,2 km – 1 h 45 |
| 16 | Biesheim → Marckolsheim | 19,2 km – 1 h 35 |
| 17 | Marckolsheim → Boofzheim | 23,9 km – 2 h 15 |
| 18 | Boofzheim → Eschau | 19,5 km – 1 h 40 |
| 19 | Eschau → Strasbourg | 12 km – 1 h 00 |

**Total de l'itinéraire** **373,2 km**
**Total de l'itinéraire avec les escapades** **432,6 km**

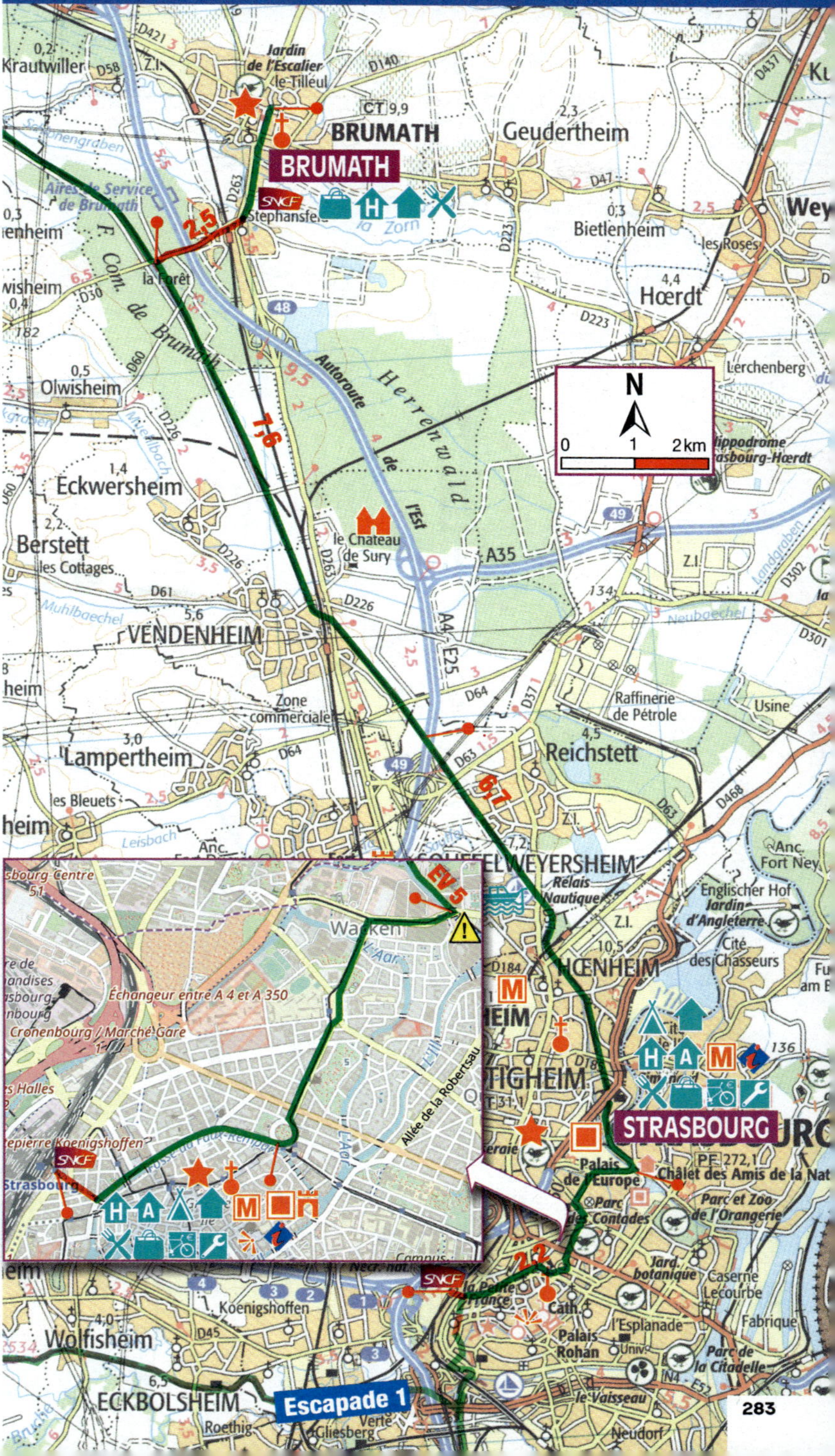
Jardin de l'Escalier
le Tilleul
BRUMATH
Geudertheim
Krautwiller
Stephansfeld
la Zorn
Bietlenheim
les Roses
Hœrdt
la Forêt
F. Com. de Brumath
Autoroute de l'Est
Herrenwald
Lerchenberg
Olwisheim
Eckwersheim
Berstett
les Cottages
le Château de Sury
A35
A4 - E25
VENDENHEIM
Zone commerciale
Raffinerie de Pétrole
Usine
Reichstett
Lampertheim
les Bleuets
SOUFFELWEYERSHEIM
Relais Nautique
Anc. Fort Ney
Englischer Hof
Jardin d'Angleterre
Cité des Chasseurs
HŒNHEIM
SCHILTIGHEIM
STRASBOURG
Palais de l'Europe
Parc des Contades
Châlet des Amis de la Nature
Parc et Zoo de l'Orangerie
Jard. botanique
Caserne Lecourbe
l'Esplanade
Fabrique
Cath.
Palais Rohan
Parc de la Citadelle
le Vaisseau
Neudorf
Koenigshoffen
Wolfisheim
ECKBOLSHEIM
Escapade 1
Roethig
Gliesberg
Wacken
EV 5
Échangeur entre A 4 et A 350
Cronenbourg / Marché Gare
Allée de la Robertsau
Strasbourg
N
0 1 2 km

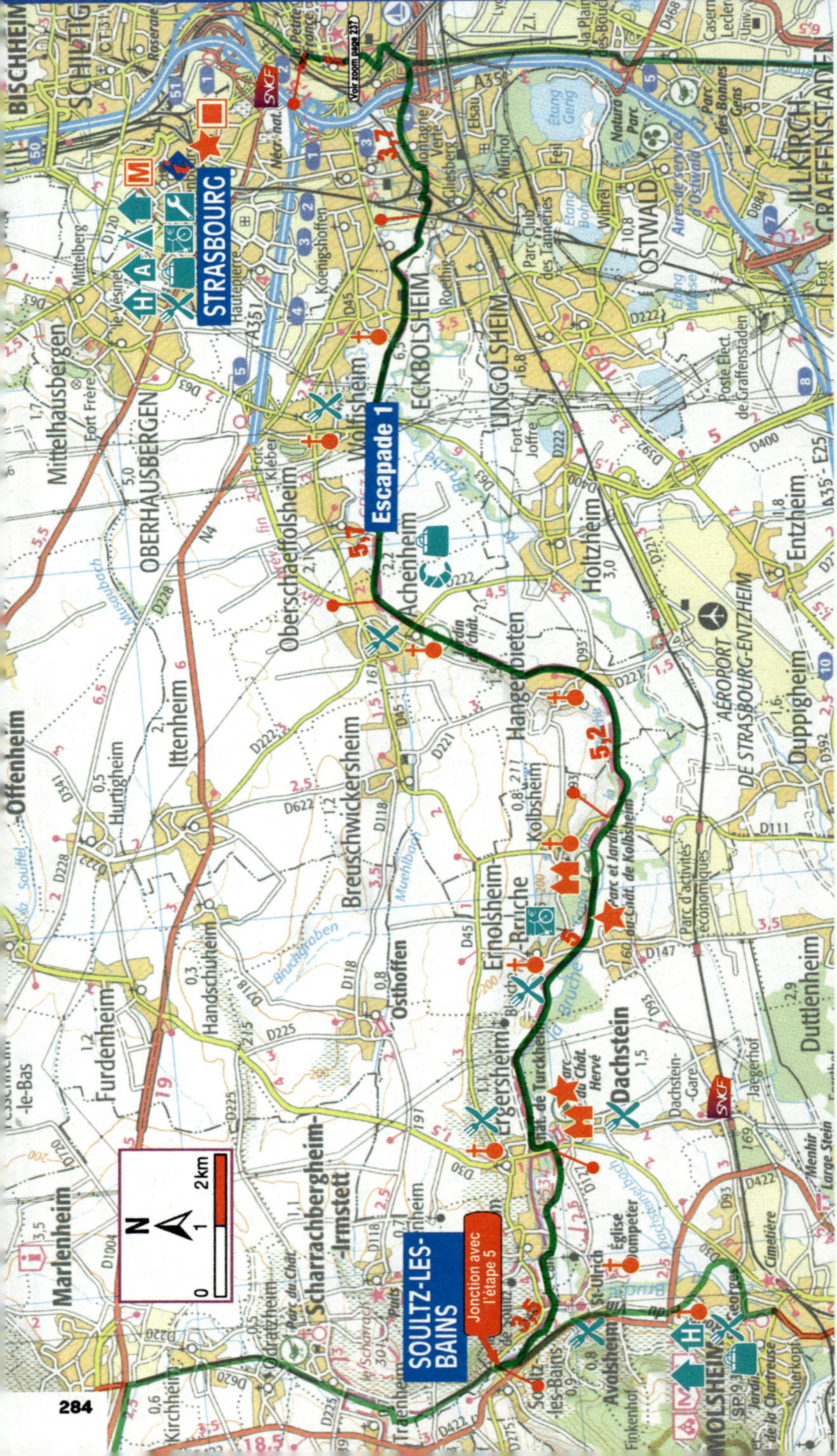
STRASBOURG
Escapade 1
SOULTZ-LES-BAINS
Jonction avec l'étape 5
Voir zoom page 237
ECKBOLSHEIM
LINGOLSHEIM
OSTWALD
ILLKIRCH-GRAFFENSTADEN
Wolfisheim
Oberschaeffolsheim
Achenheim
Hangenbieten
Holtzheim
Entzheim
AÉROPORT DE STRASBOURG-ENTZHEIM
Duppigheim
Kolbsheim
Parc et Jardin du Chât. de Kolbsheim
Breuschwickersheim
Ernolsheim-Bruche
Osthoffen
Ergersheim
Dachstein
Duttlenheim
Avolsheim
MOLSHEIM
Scharrachbergheim-Irmstett
Marlenheim
Furdenheim
Handschuheim
Ittenheim
Hurtigheim
Offenheim
OBERHAUSBERGEN
Mittelhausbergen
BISCHHEIM
SCHILTIGHEIM
Koenigshoffen
Canal de la Bruche
3,7
5,7
5,2
5
3,5
2km

## N°2 Brumath → Hochfelden

**13,9 km - 1 h 10**

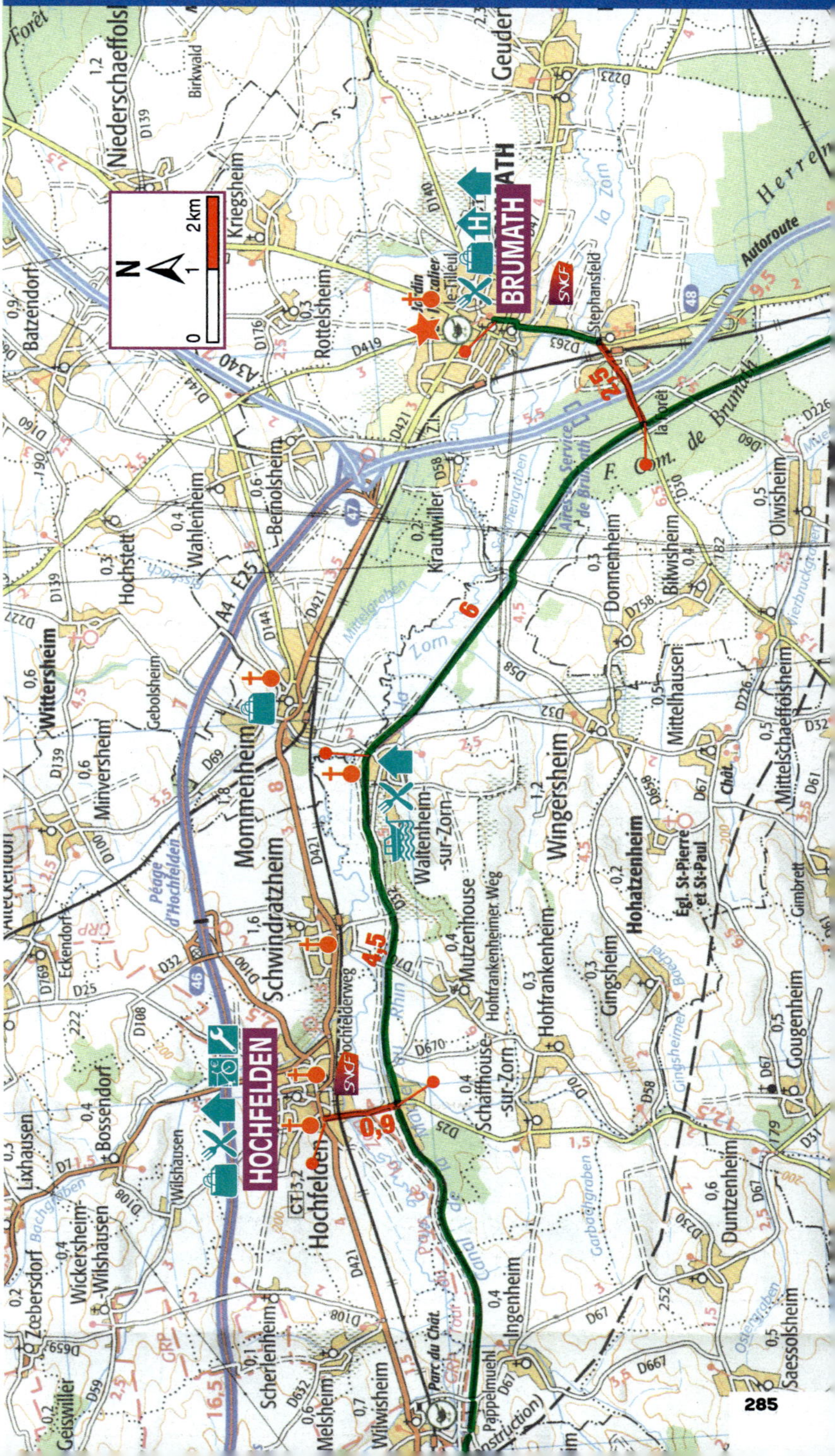
BRUMATH
HOCHFELDEN
Mommenheim
Waltenheim-sur-Zorn
Schwindratzheim
Wingersheim
Krautwiller
Donnenheim
Mittelhausen
Hohatzenheim
Stephansfeld
Autoroute
0 1 2km
N

# Hochfelden → Saverne

18,2 km - 1 h 30

N°3

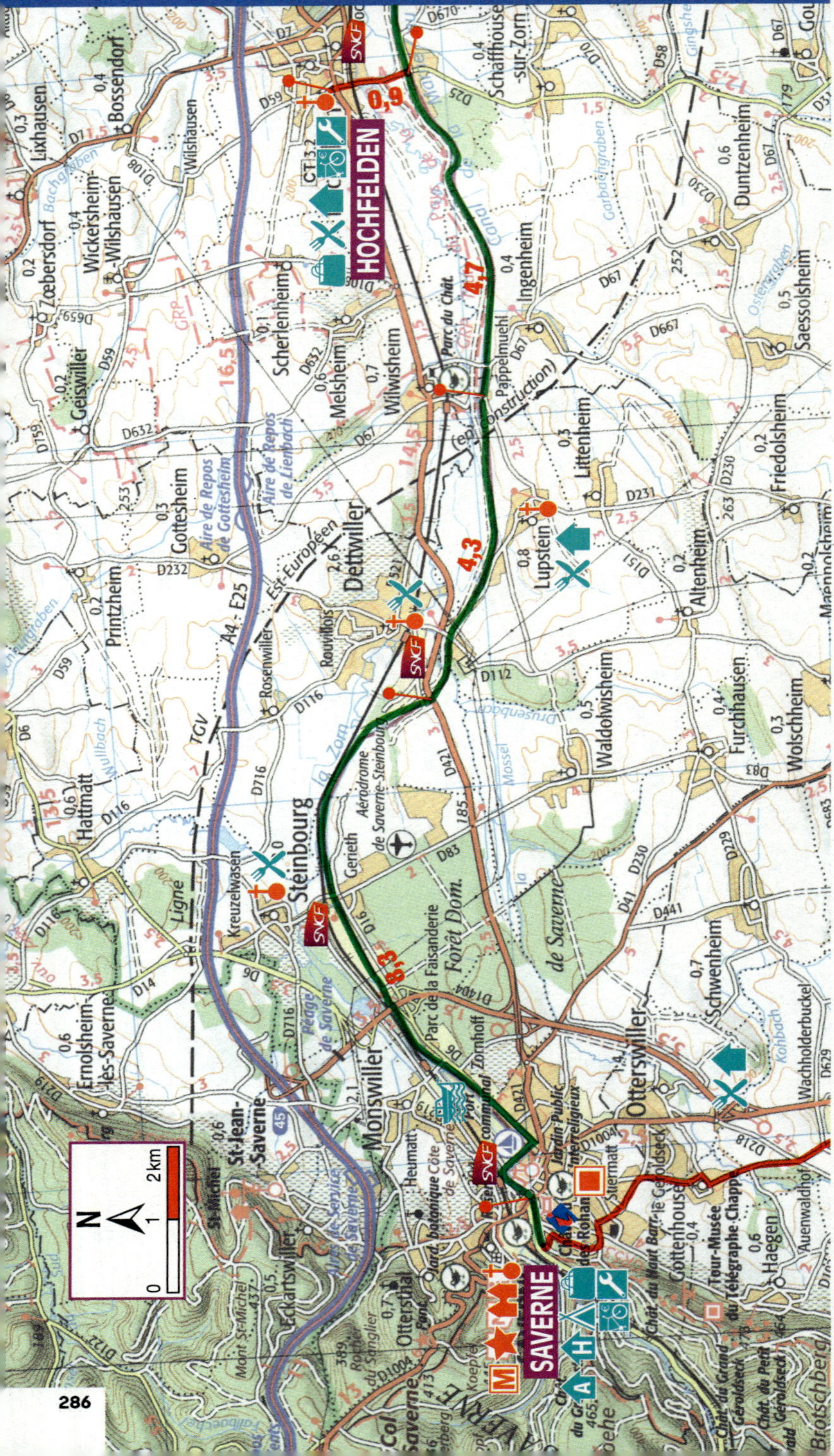

HOCHFELDEN
SAVERNE
0,9
4,7
4,3
8,3
Schaffhouse-sur-Zorn
Ingenheim
Wilwisheim
Dettwiller
Lupstein
Littenheim
Pappelmuehl
Parc du Chât.
(en construction)
Melsheim
Scherlenheim
Wickersheim-Wilshausen
Zoebersdorf
Lixhausen
Bossendorf
Geiswiller
Gottesheim
Aire de Repos de Gottesheim
Aire de Repos de Lienbach
A4 - E25
Est-Européen
TGV
Ligne
Rosenwiller
Rouvillois
Prinztheim
Hattmatt
Steinbourg
Kreuzelwasen
Gerteth
Aérodrome de Saverne-Steinbourg
Parc de la Faisanderie
Forêt Dom.
de Saverne
Waldolwisheim
Furchhausen
Wolschheim
Altenheim
Friedolsheim
Duntzenheim
Saessolsheim
Monswiller
Ernolsheim-lès-Saverne
St-Jean-Saverne
Eckartswiller
Ottersthal
Otterswiller
Schwenheim
Zornhoff
Haegen
Gottenhouse
Tour-Musée du Télégraphe Chappe
Château des Rohan
Jardin Public Interreligieux
Péage de Saverne
Aire de Service de Saverne
Mont St-Michel
Wachholderbuckel
Aurwaldhof
Brotschberg
Canal de la Marne au Rhin
N
1
2km

## Saverne → Wasselonne

**18,3 km - 2 h 15**

Ligne
TGV
A4 - E25
St-Michel
St-Jean-Saverne
Eckartswiller
Kreuzelwasen
Steinbourg
Rosenwiller
Rouvillois
Péage de Saverne
Aires de Service de Saverne
Monswiller
Gerieth
Aérodrome de Saverne-Steinbourg
la Zorn
Ottersthal
Parc de la Faisanderie
Forêt Dom.
de Saverne
Zornhoff
Port communal
SAVERNE
Château des Rohan
Jardin Public Interreligieux
Mossel
Lupstein
Waldolwisheim
Otterswiller
Stiermatt
Chât. du Haut Barr
le Geroldseck
Gottenhouse
Tour-Musée du Télégraphe Chappe
Schwenheim
Altenheim
Furchhausen
Haegen
Kohlbach
Wolschheim
Auenwaldhof
Wachholderbuckel
Maennolsheim
Thal-Marmoutier
Usines
Lochwiller
Sindelsberg
Schwebwiller
Anc. abbaye
Westhouse-Marmoutier
Kleingœft
Marmoutier
Reutenbourg
Knœrsheim
St-Gall
Mosselbach
Otterbach
Jetterswiller
Zehnacker
Dimbsthal
Buchberg
Singrist
Hohengœft
Salenthal
Crastatt
Birkenwald
Allenwiller
Romanswiller
WASSELONNE
Mittelmuehle
la Mossig
Anc. Papeterie Pasquay
Tour
Osterfeld
la Blanchisserie
Brechlingen
la Papeterie
Diebach
Rocher du Lion
Wangenberg
Jardin des Douves
Cosswiller
Wangen
Westhoffen
Breitstein
Engenthal
2,3
4,8
6,5
4,7
N
0 1 2 km

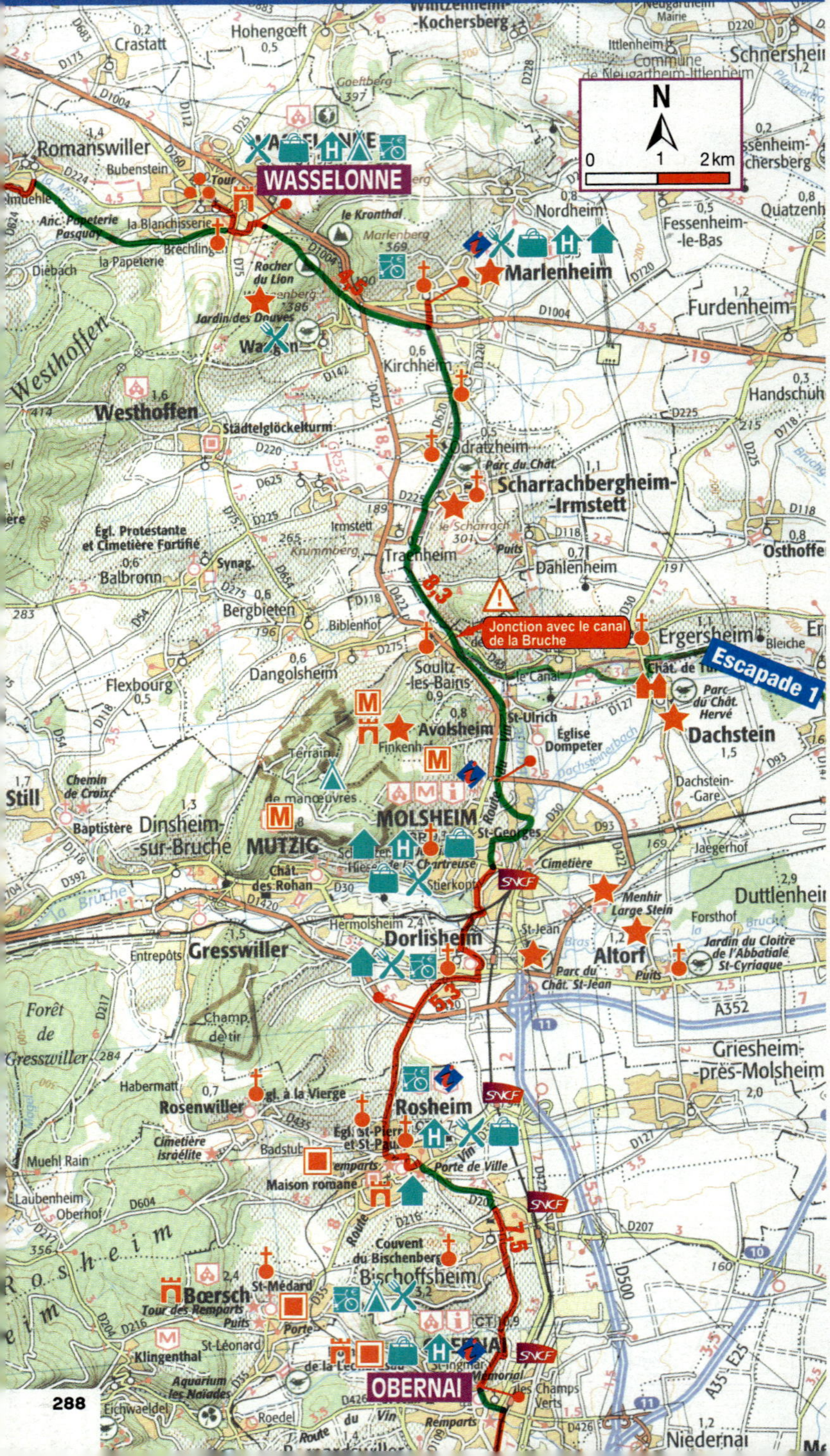
WASSELONNE
Romanswiller
Crastatt
Hohengœft
Kochersberg
Marlenheim
Nordheim
Fessenheim-le-Bas
Furdenheim
Handschuh
Schnersheim
Quatzenh
Westhoffen
Kirchheim
Odratzheim
Scharrachbergheim-Irmstett
Traenheim
Dahlenheim
Osthoffe
Balbronn
Bergbieten
Dangolsheim
Flexbourg
Soultz-les-Bains
Avolsheim
Ergersheim
Dachstein
Dachstein-Gare
Jonction avec le canal de la Bruche
Escapade 1
Église Dompeter
MOLSHEIM
MUTZIG
Dinsheim-sur-Bruche
Still
Gresswiller
Dorlisheim
Altorf
Duttlenheim
Griesheim-près-Molsheim
Rosenwiller
Rosheim
Bischoffsheim
Bœrsch
Klingenthal
OBERNAI
Niedernai
Forêt de Gresswiller
Westhoffen
Rosheim
4,5
8,3
5,3
7,5
0 1 2 km
N

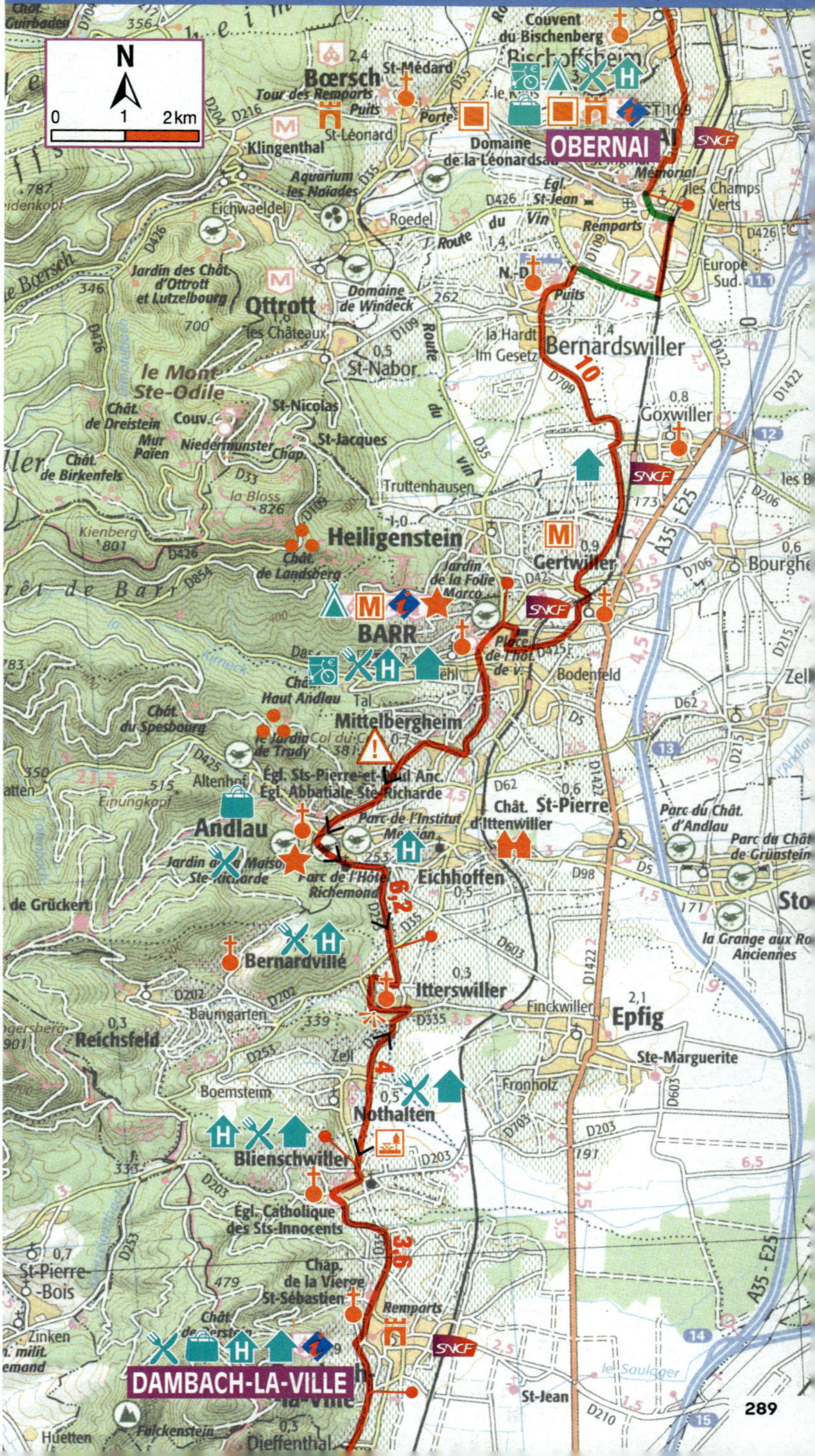
N
0
1
2 km
OBERNAI
Couvent du Bischenberg
Bischoffsheim
Bœrsch
St-Médard
Tour des Remparts
Puits
Porte
St-Léonard
Klingenthal
Domaine de la Léonardsau
Mémorial
les Champs Verts
Aquarium les Naïades
Eichwaeldel
Roedel
Route du Vin
Égl. St-Jean
Remparts
Europe Sud
Jardin des Chât. d'Ottrott et Lutzelbourg
Ottrott
les Châteaux
Domaine de Windeck
N.-D.
Puits
la Hardt
Im Gesetz
Bernardswiller
St-Nabor
le Mont Ste-Odile
Chât. de Dreistein
Couv.
Mur Païen
Niedermunster
St-Nicolas
St-Jacques
Chap.
Chât. de Birkenfels
Goxwiller
la Bloss
Truttenhausen
Kienberg
Heiligenstein
Chât. de Landsberg
Jardin de la Folie Marco
Gertwiller
Bourgheim
BARR
Place de l'Hôt. de V.
Bodenfeld
Chât. du Haut Andlau
Tal
Chât. du Spesbourg
Mittelbergheim
le Jardin de Trady
Col du Crax
Altenhof
Égl. Sts-Pierre-et-Paul Anc. Égl. Abbatiale Ste-Richarde
Einungkopf
Andlau
Parc de l'Institut Médian
Chât. d'Ittenwiller
St-Pierre
Parc du Chât. d'Andlau
Parc du Chât. de Grünstein
Jardin de la Maison Ste-Richarde
Parc de l'Hôtel Richemond
Eichhoffen
de Grückert
la Grange aux Roses Anciennes
Bernardvillé
Itterswiller
Finckwiller
Epfig
Reichsfeld
Baumgarten
Zell
Ste-Marguerite
Fronholz
Boemstein
Nothalten
Blienschwiller
Égl. Catholique des Sts-Innocents
St-Pierre-Bois
Chap. de la Vierge St-Sébastien
Remparts
Chât. de Bernstein
Zinken
DAMBACH-LA-VILLE
le Saulager
St-Jean
Falckenstein
Huetten
Dieffenthal
SNCF

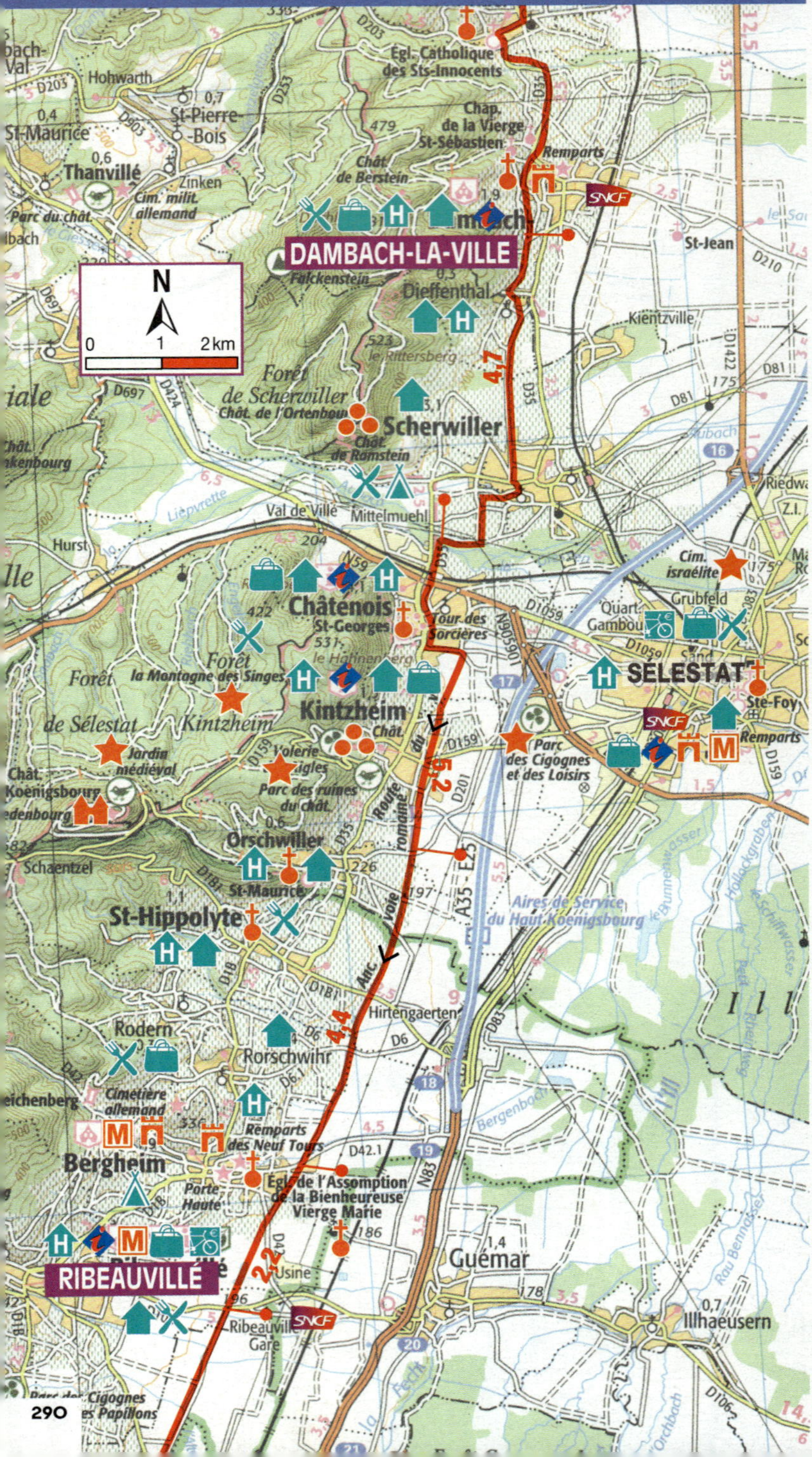
DAMBACH-LA-VILLE
RIBEAUVILLÉ
N
0 1 2 km
Egl. Catholique des Sts-Innocents
Chap. de la Vierge St-Sébastien
Remparts
Chât. de Berstein
Hohwarth
St-Pierre-Bois
St-Maurice
Thanvillé
Zinken
Cim. milit. allemand
Parc du chât.
Falckenstein
Dieffenthal
le Rittersberg
Forêt de Scherwiller
Chât. de l'Ortenbourg
Scherwiller
Chât. de Ramstein
St-Jean
Kientzville
Val de Ville
Mittelmuehl
Hurst
Châtenois
St-Georges
Tour des Sorcières
le Hahnenberg
Cim. israélite
Quart. Gambou
Grubfeld
SÉLESTAT
Ste-Foy
Remparts
Forêt de Sélestat
la Montagne des Singes
Kintzheim
Volerie des aigles
Parc des ruines du chât.
Jardin médiéval
Chât. Koenigsbourg
Parc des Cigognes et des Loisirs
Orschwiller
St-Maurice
St-Hippolyte
Voie romaine
Aires de Service du Haut-Koenigsbourg
Hirtengaerten
Rodern
Rorschwihr
Cimetière allemand
Bergheim
Remparts des Neuf Tours
Porte Haute
Egl. de l'Assomption de la Bienheureuse Vierge Marie
Guémar
Usine
Ribeauvillé Gare
Illhaeusern
Parc des Cigognes
es Papillons
4,7
5,2
4,4
2,2

Colmar.

RIBEAUVILLÉ
Ribeauvillé Gare
Chât. de St-Ulrich
St-Grégoire
Chât. de Bilstein
Ref. de Clausmatt
Hunawihr
Chât. de Reichenstein
Egl. fortifiée
Parc des Cigognes
Jardin des Papillons
Zellenberg
Riquewihr
Remp.
5,7
Beblenheim
Mittelwihr
Nécropole nationale
Bennwihr
Alspach
Mandelmuhl
Chap. St-Michel
Kaysersberg
Ste-Croix
Kientzheim
Sigolsheim
Parc de Schoppenwihr
Chât. de Lupfen-Schwendi
St-Martin
Quartier des Fleurs
Zone indus.
Rosenkranz
Ammerschwihr
Golf d'Ammerschwihr
Chât. de Meywihr
Forêt Communale d'Ammerschwihr
Katzenthal
Chât. de Wineck
Monument commémoratif
Aérodrome de Colmar-Houssen
4,8
Niedermorschwihr
Trois Épis
Ingersheim
COLMAR
Quartier Bruat
Liaison avec l'Escapade 2
Turckheim
Escapade 2
Maison des Têtes
St-Martin
Petite Venise
Cité Jardin
Cité des Vosges
WINTZENHEIM
7,8
Gîte d'étape romain
Chât. de Pflixburg
Chât. du Hohlandsburg
Wettolsheim
Forêt Comm. de Wettolsheim
Chât. du Hagueneck
Forêt Communale de Wintzenheim
Les Trois Chât.
ÉGUISHEIM
Bellevue Auberge
N
0
1
2 km

# N°8 BIS Ingersheim → Artzenheim

19,8 km - 1 h 45

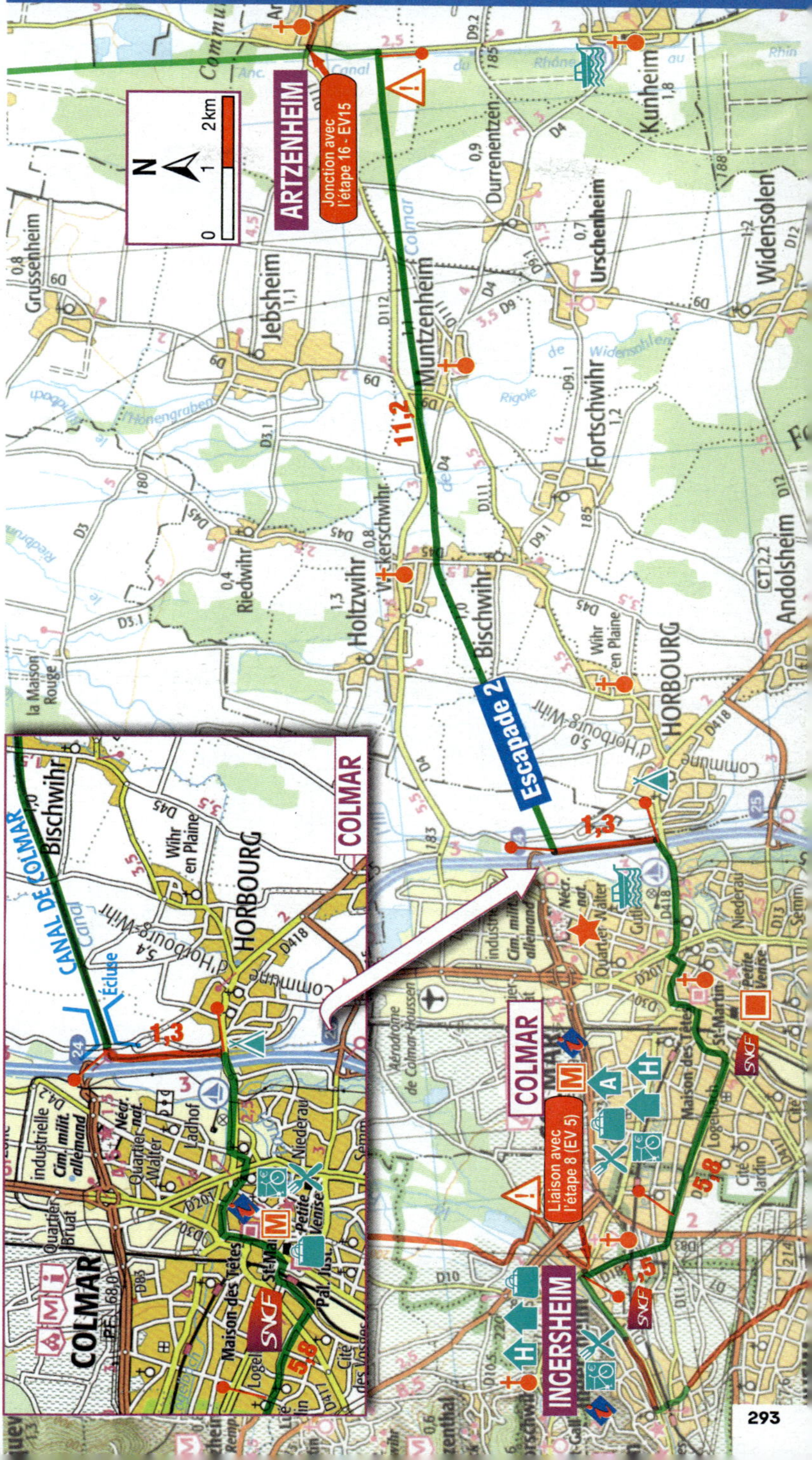

ARTZENHEIM
Jonction avec l'étape 16 - EV15
Kunheim
Durrenentzen
Urschenheim
Widensolen
Grussenheim
Jebsheim
Muntzenheim
Fortschwihr
Riedwihr
Holtzwihr
Wickerschwihr
Bischwihr
Andolsheim
Wihr en Plaine
HORBOURG
Escapade 2
11,2
1,3
5,8
1,5
COLMAR
Liaison avec l'étape 8 (EV 5)
INGERSHEIM
Aérodrome de Colmar-Houssen
Canal de Colmar
Écluse
0 1 2km
N

# Éguisheim → Soultz-Haut-Rhin

**28,8 km - 3 h 15**

**N°9**

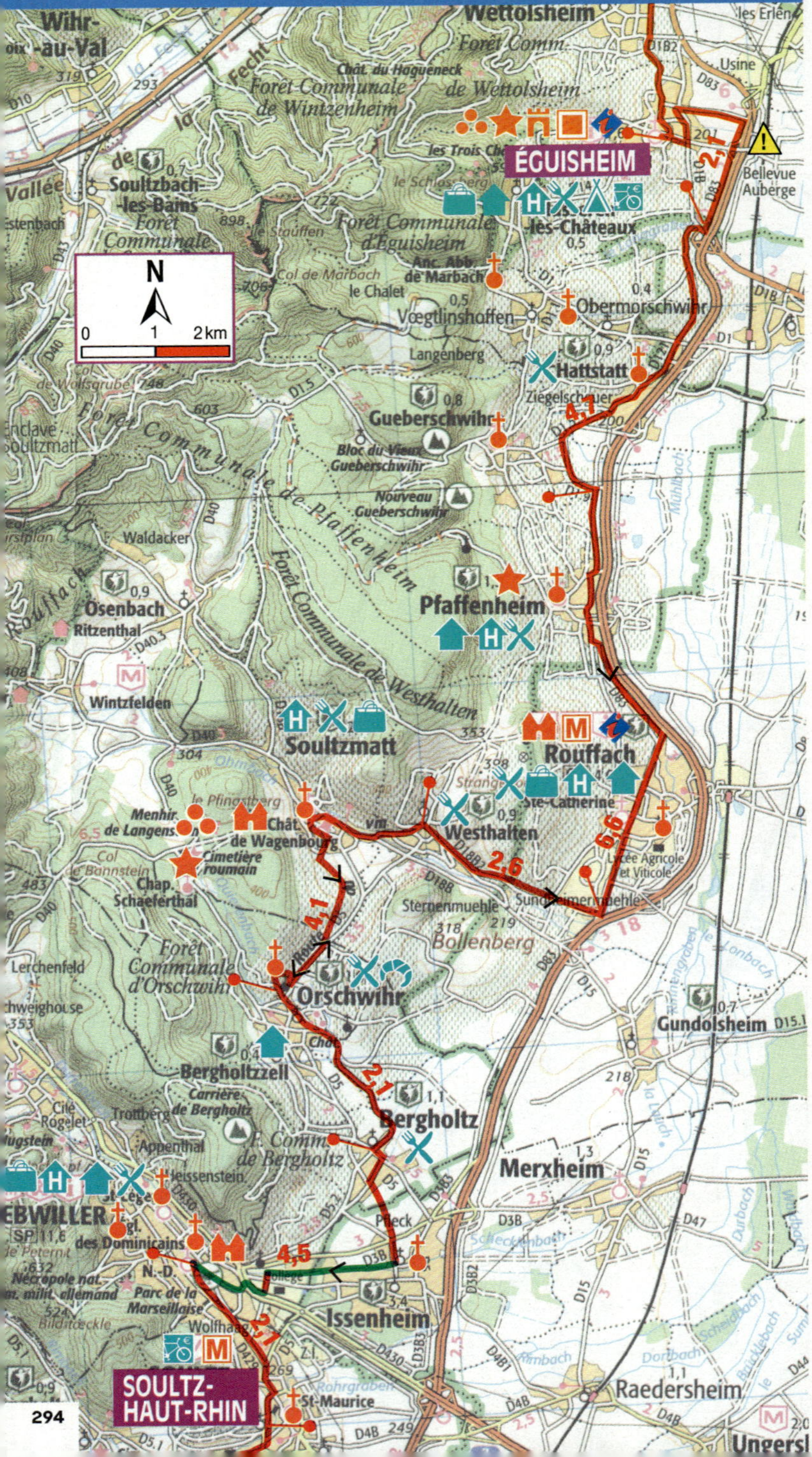
Wettolsheim
Forêt Comm. de Wettolsheim
Wihr-au-Val
Fecht
Chât. du Hageneck
Forêt Communale de Wintzenheim
les Trois Ch.
ÉGUISHEIM
2,7
Bellevue Auberge
Usine
les Erlen
Soultzbach-les-Bains
Forêt Communale
Forêt Communale d'Eguisheim
le Stauffen
-les-Châteaux
Anc. Abb. de Marbach
Col de Marbach
le Chalet
Vœgtlinshoffen
Obermorschwihr
N
0
1
2 km
Langenberg
Hattstatt
Ziegelscheuer
Gueberschwihr
4,1
Bloc du Vieux Gueberschwihr
Nouveau Gueberschwihr
Forêt Communale de Pfaffenheim
Waldacker
Osenbach
Ritzenthal
Pfaffenheim
Forêt Communale de Westhalten
Wintzfelden
Soultzmatt
Rouffach
Ste-Catherine
Westhalten
Menhir de Langenstein
Chât. de Wagenbourg
Cimetière roumain
Chap. Schaeferthal
2,6
6,6
Lycée Agricole et Viticole
Sternenmuehle
Sundheimermuehle
Bollenberg
4,1
Forêt Communale d'Orschwihr
Orschwihr
Lerchenfeld
Gundolsheim
Bergholtzzell
Carrière de Bergholtz
2,1
Bergholtz
F. Comm. de Bergholtz
Trottberg
Appenthal
Heissenstein
Merxheim
St-Léger
EBWILLER
gl. des Dominicains
4,5
N.-D.
Nécropole nat. m. milit. allemand
Parc de la Marseillaise
Issenheim
Wolfhaag
2,7
SOULTZ-HAUT-RHIN
St-Maurice
Raedersheim
Ungersh

## Soultz-Haut-Rhin → Cernay

**17,3 km - 2 h 10**

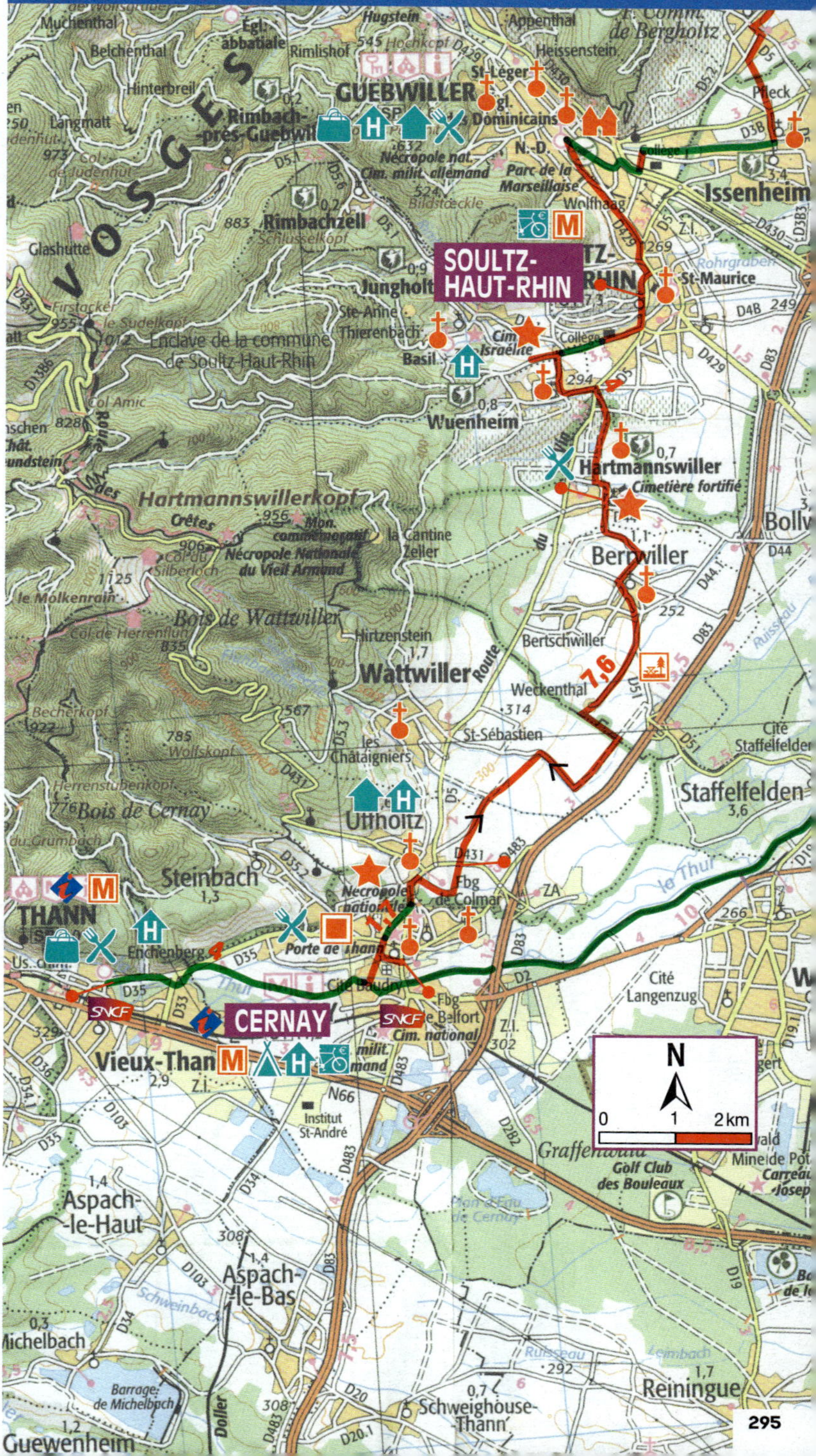
VOSGES
GUEBWILLER
Issenheim
SOULTZ-HAUT-RHIN
Rimbach-près-Guebwiller
Rimbachzell
Jungholtz
Wuenheim
Hartmannswiller
Cimetière fortifié
Berrwiller
Bertschwiller
Weckenthal
St-Sébastien
Staffelfelden
Wattwiller
Hartmannswillerkopf
Bois de Wattwiller
Bois de Cernay
Uffholtz
Steinbach
THANN
CERNAY
Vieux-Thann
Aspach-le-Haut
Aspach-le-Bas
Michelbach
Barrage de Michelbach
Guewenheim
Schweighouse-Thann
Reiningue
Cité Langenzug
Golf Club des Bouleaux
Institut St-André
SNCF
7,6
N
0
1
2 km

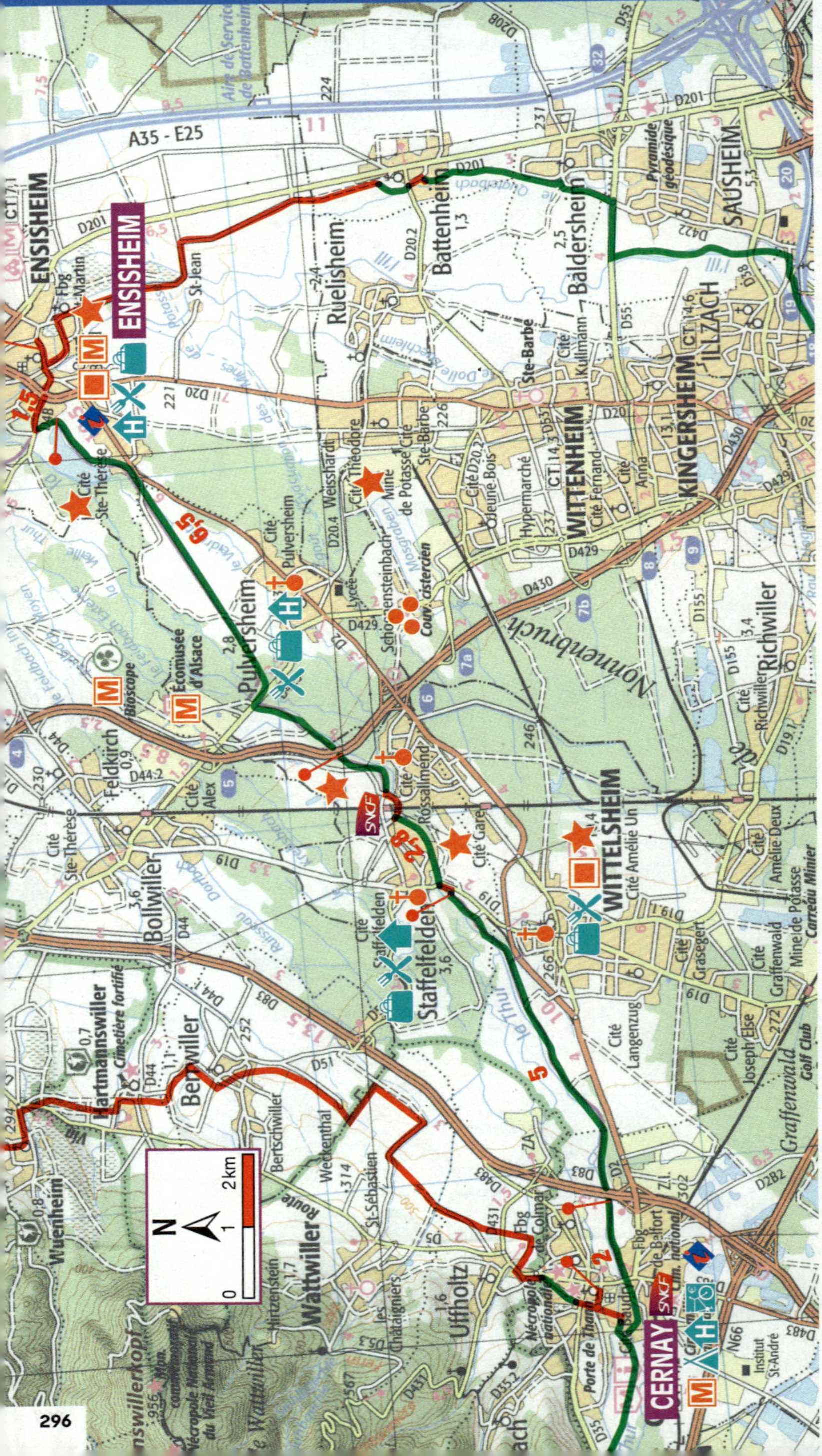
ENSISHEIM
Ensisheim
A35 - E25
Ruelisheim
Battenheim
Baldersheim
Sausheim
Illzach
Kingersheim
Wittenheim
Richwiller
Pulversheim
Écomusée d'Alsace
Bioscope
Feldkirch
Bollwiller
Staffelfelden
Wittelsheim
Nonnenbruch
Hartmannswiller
Cimetière fortifié
Berrwiller
Wuenheim
Wattwiller
Uffholtz
Cernay
CERNAY
Graffenwald
Golf Club
Pyramide géodésique
Hypermarché
Mine de Potasse
Carreau Minier
Cité Amélie Un
Cité Amélie Deux
Cité Ste-Thérèse
Cité Rossalmend
Cité Gare
Cité Langenzug
Cité Joseph Else
Cité Graffenwald
Cité Grasegert
Cité Kullmann
Cité Fernand
Cité Anna
Cité Théodore
Cité Ste-Barbe
Cité Jeune Bois
Cité Alex
Cité Richwiller
Couv. cistercien
Weckenthal
St-Sébastien
Bertschwiller
Hirtzenstein
Les Châtaigniers
Nécropole nationale
Porte de Thann
Fbg de Belfort
Fbg de Colmar
Institut St-André
la Thur
Nécropole Nationale du Vieil Armand
N
0 1 2km

## Ensisheim → Mulhouse

16,6 km - 1 h 25

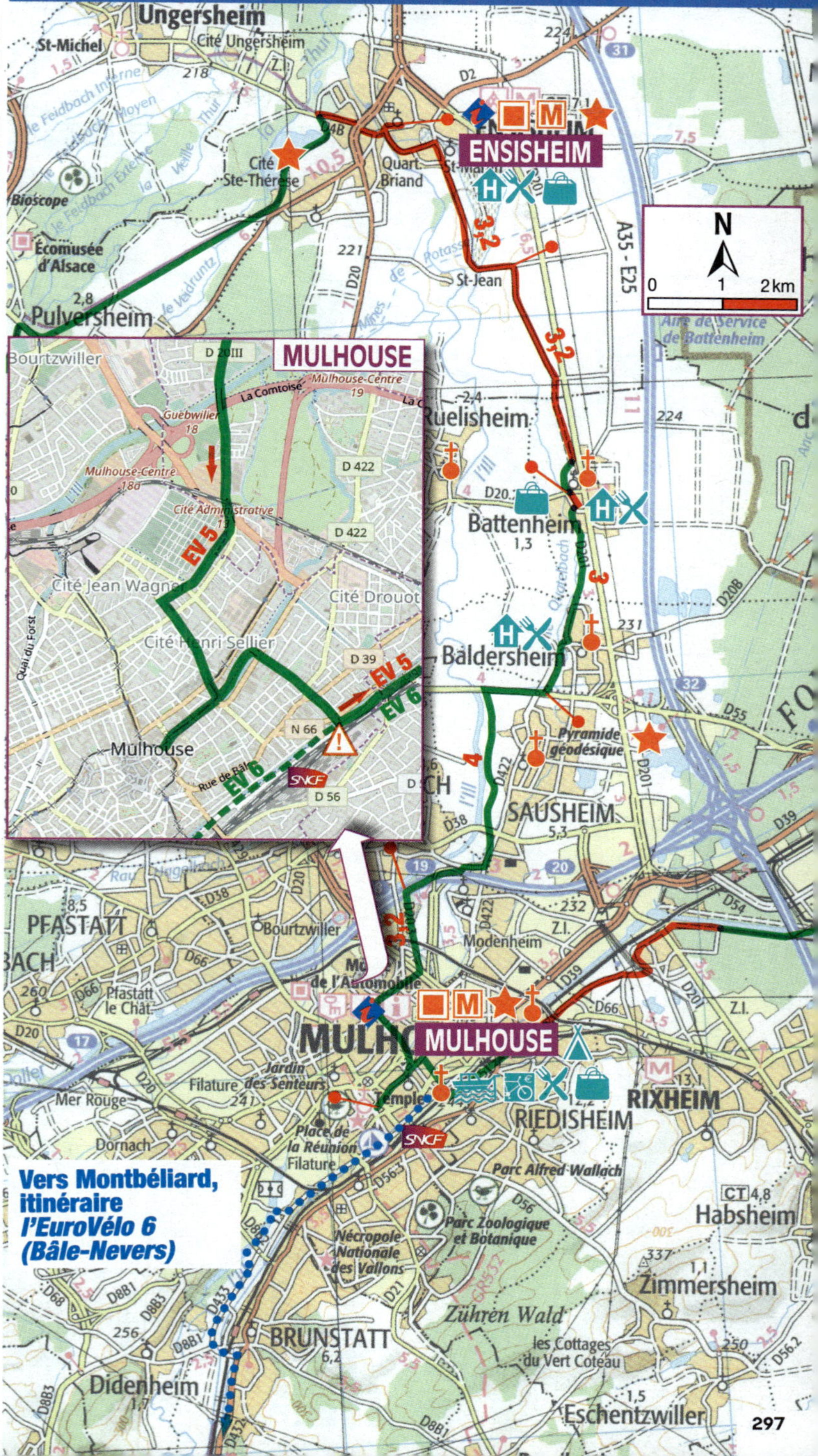

Ungersheim
St-Michel
Cité Ungersheim
ENSISHEIM
Cité Ste-Thérèse
Quart. Briand
Bioscope
Écomusée d'Alsace
St-Jean
Pulversheim
A35 - E25
N
0 1 2km
Aire de Service de Battenheim
MULHOUSE
Bourtzwiller
La Comtoise
Mulhouse-Centre 19
Guebwiller 18
Mulhouse-Centre 18a
Cité Administrative 17
EV 5
EV 6
Cité Jean Wagner
Cité Drouot
Cité Henri Sellier
Quai du Forst
Mulhouse
Rue de Bâle
SNCF
Ruelisheim
Battenheim
Baldersheim
Pyramide géodésique
SAUSHEIM
PFASTATT
Bourtzwiller
Modenheim
Pfastatt le Chât.
de l'Automobile
MULHOUSE
Jardin des Senteurs
Filature
Temple
Place de la Réunion
RIXHEIM
RIEDISHEIM
Mer Rouge
Dornach
Parc Alfred Wallach
Parc Zoologique et Botanique
Nécropole Nationale des Vallons
Habsheim
Zimmersheim
Zühren Wald
les Cottages du Vert Coteau
BRUNSTATT
Didenheim
Eschentzwiller
Vers Montbéliard, itinéraire l'EuroVélo 6 (Bâle-Nevers)

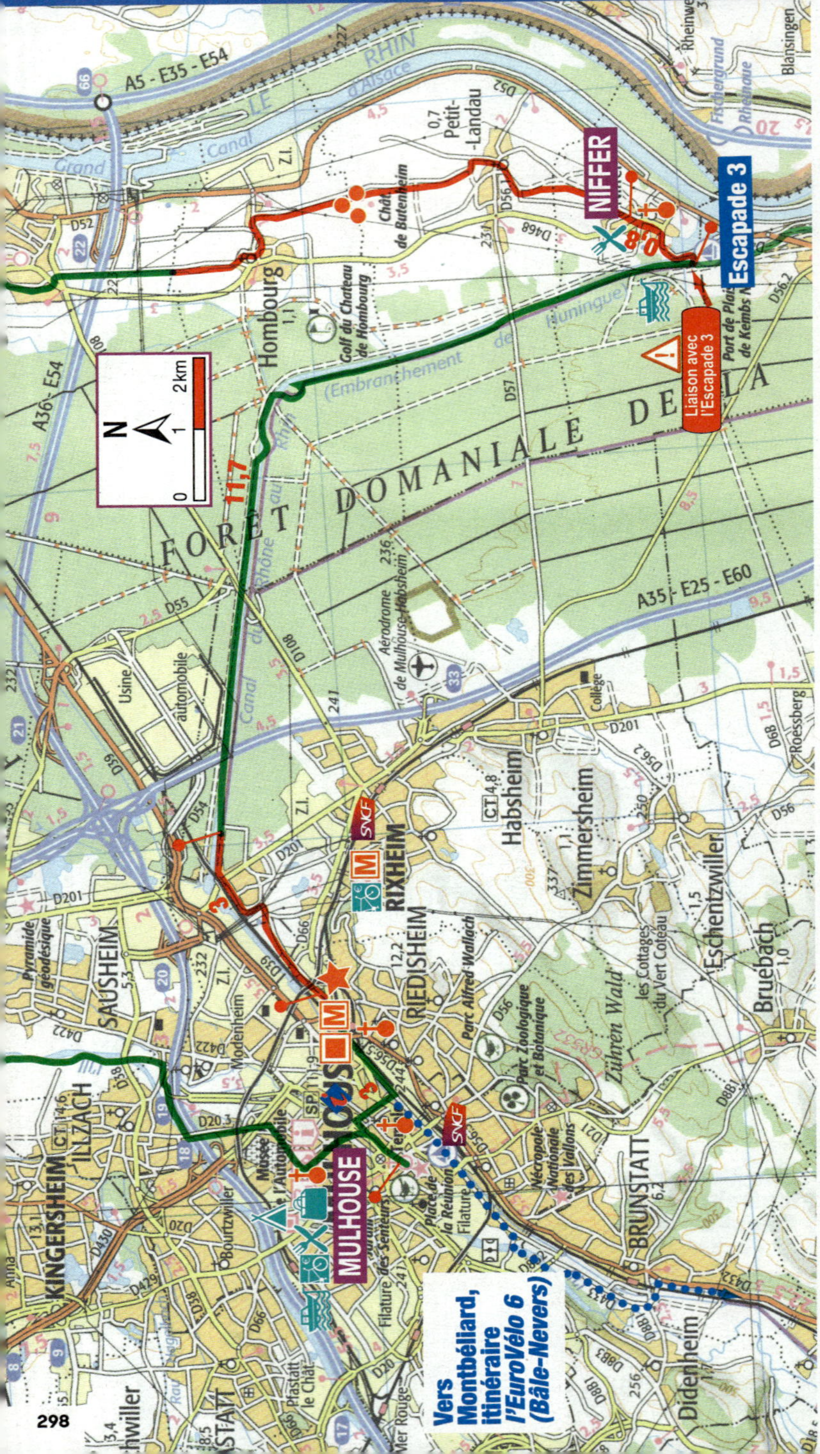
NIFFER
Escapade 3
Liaison avec l'Escapade 3
Port de Plaisance de Kembs Niffer
Petit-Landau
Château de Butenheim
Hombourg
Golf du Château de Hombourg
FORÊT DOMANIALE DE LA HARDT
(Embranchement de Huningue)
Canal du Rhône au Rhin
Grand Canal d'Alsace
LE RHIN
A5 - E35 - E54
A36 - E54
A35 - E25 - E60
Aérodrome de Mulhouse-Habsheim
Usine automobile
11,7
RIXHEIM
RIEDISHEIM
Habsheim
Zimmersheim
Eschentzwiller
Bruebach
Zühren Wald
BRUNSTATT
Didenheim
MULHOUSE
SAUSHEIM
ILLZACH
KINGERSHEIM
Modenheim
Bourtzwiller
Pfastatt
Musée de l'Automobile
Parc Zoologique et Botanique
Nécropole Nationale des Vallons
Parc Alfred-Wallach
Place de la Réunion
Filature des Senteurs
Pyramide géodésique
Vers Montbéliard, itinéraire l'EuroVélo 6 (Bâle-Nevers)
N
0 1 2km

# Niffer → Huningue

16,5 km - 1 h 40

CANAL D'HUNINGUE (ESCAPADE 3)

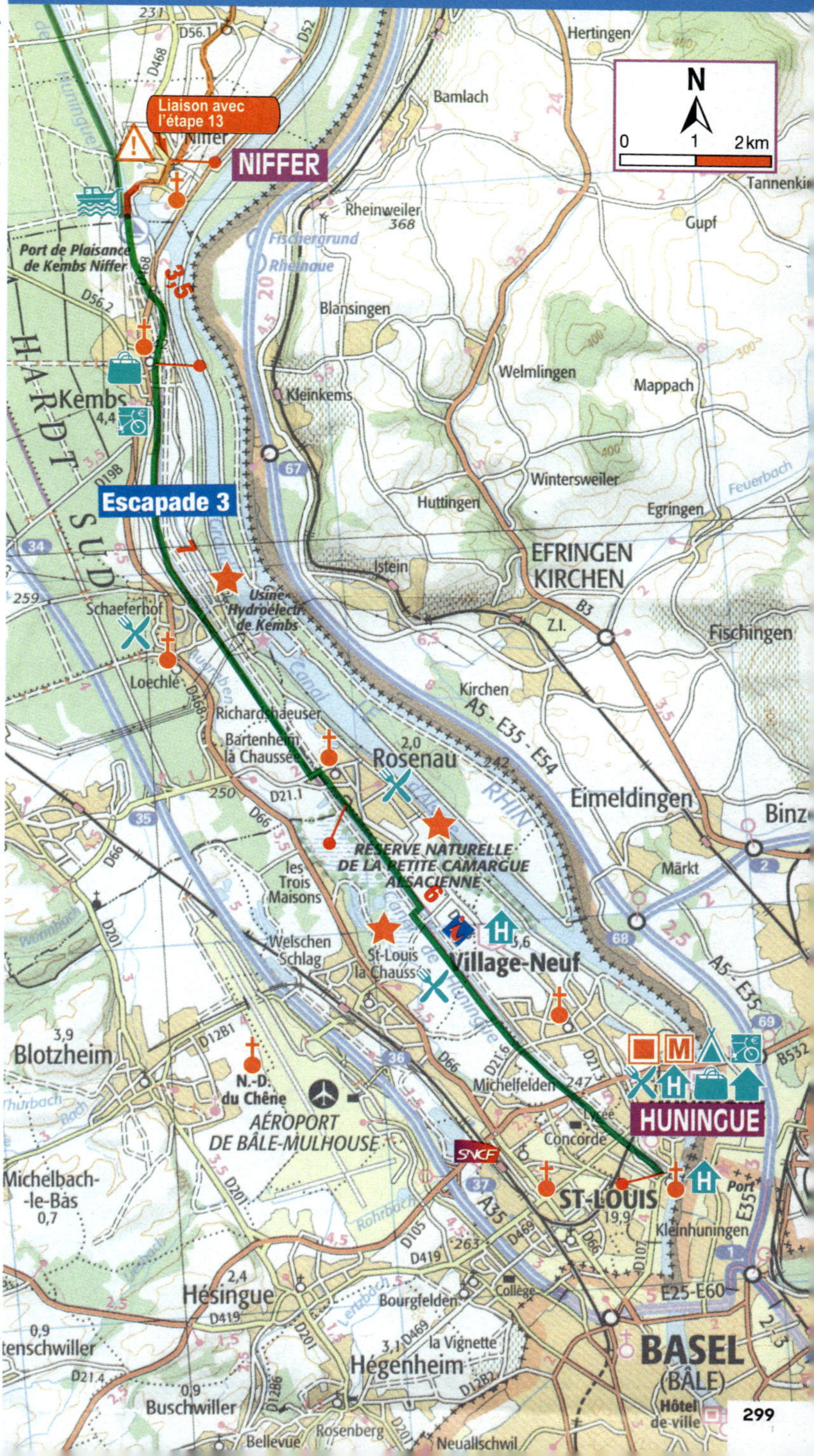


L'ALSACE À VÉLO LE TOUR + VARIANTES

BLODELSHEIM
Blodelsheim
Rumersheim-le-Haut
Chalampé le Bas
Bantzenheim
Chalampé
NEUENBURG AM RHEIN
Ottmarsheim
Usine chimique
Hombourg
Golf du Chateau de Hombourg
Chât. de Butenheim
Petit-Landau
NIFFER
Niffer
Steinenstad
Golf du Rhin
Poney Parc
FORÊT DOMANIALE DE LA HARDT NORD
Aérodrome de Mulhouse-Habsheim
Grand Canal d'Alsace
LE RHIN
A36 - E54
A5 - E35 - E54
N
0
1
2 km

## Blodelsheim → Biesheim

**21,2 km - 1 h 45**

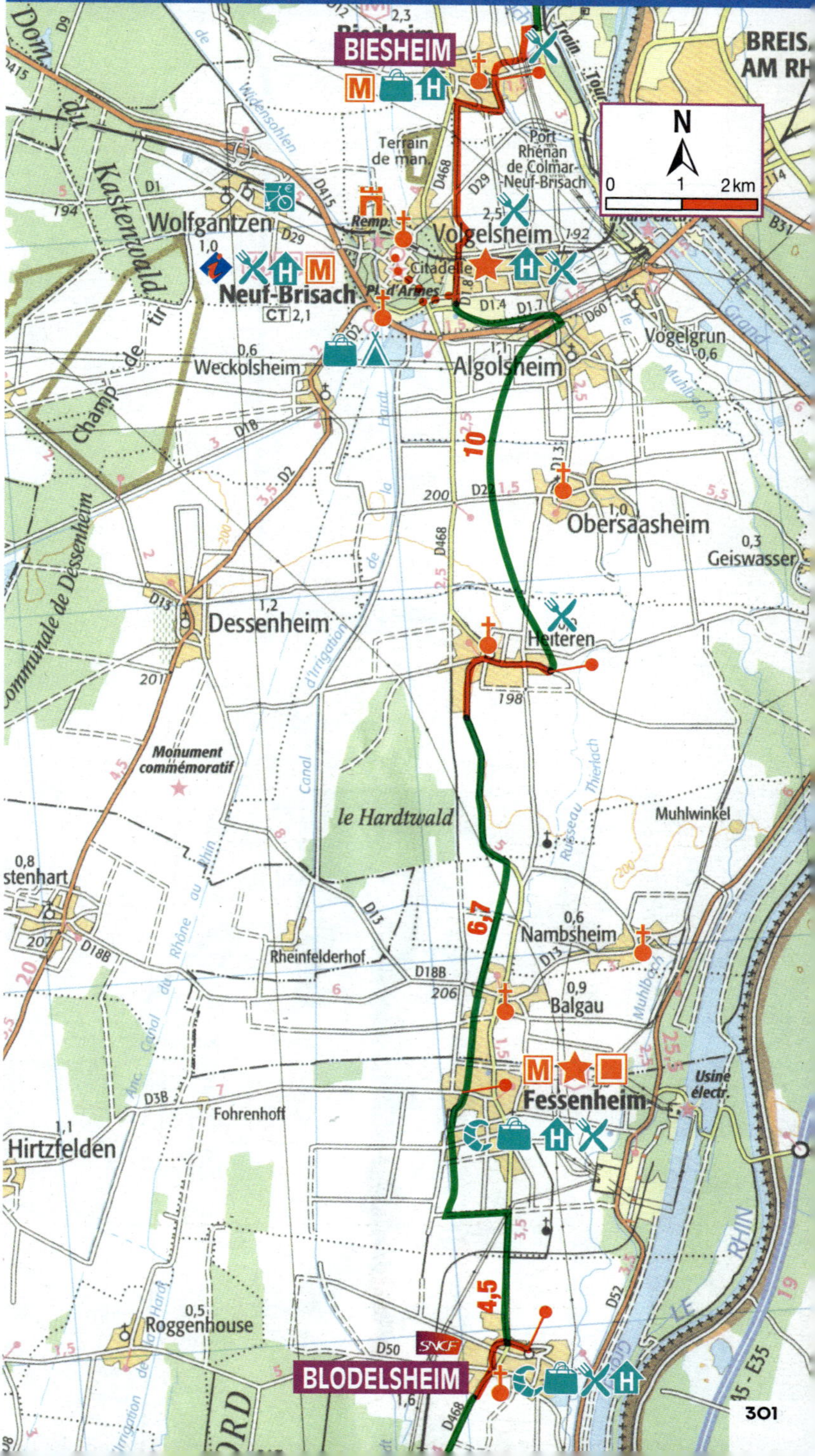
BIESHEIM
BREISACH AM RHEIN
N
0 1 2 km
Terrain de man.
Port Rhénan de Colmar-Neuf-Brisach
Wolfgantzen
Remp.
Volgelsheim
Citadelle
Neuf-Brisach
Pl. d'Armes
CT 2,1
Weckolsheim
Algolsheim
Vogelgrun
Kastenwald
Champ de tir
10
Obersaasheim
Geiswasser
Dessenheim
Heiteren
Communale de Dessenheim
Monument commémoratif
le Hardtwald
Canal d'Irrigation
Muhlwinkel
Ruisseau Thierlach
stenhart
6,7
Nambsheim
Rheinfelderhof
Balgau
Fessenheim
Usine électr.
Fohrenhoff
Hirtzfelden
Canal du Rhône au Rhin
4,5
Roggenhouse
SNCF
BLODELSHEIM
LE RHIN

MARCKOLSHEIM
Mémorial Ligne Maginot
le Bonheur est dans le Jardin
Ohnenheim
Elsenheim
Grussenheim
Hueb
Forêt Communale de Marckolsheim
Jebsheim
Artzenheim
Jonction avec l'escapade 2 Canal de Colmar
Escapade 2
l'Eldorado Parc
Muntzenheim
Baltzenheim
Durrenentzen
Fortschwihr
Urschenheim
Kunheim
Usine
Widensolen
Canal de Neuf-Brisach
BIESHEIM
Forêt Dom. du Kastenwald
Terrain de man.
Port Rhénan de Colmar-Neuf-Brisach
Appenwihr
Wolfgantzen
Vogelsheim
Citadelle
Pl. d'Armes
Neuf-Brisach
Algolsheim
Grand Canal d'Alsace

# Marckolsheim → Boofzheim

23,9 km - 2 h 15

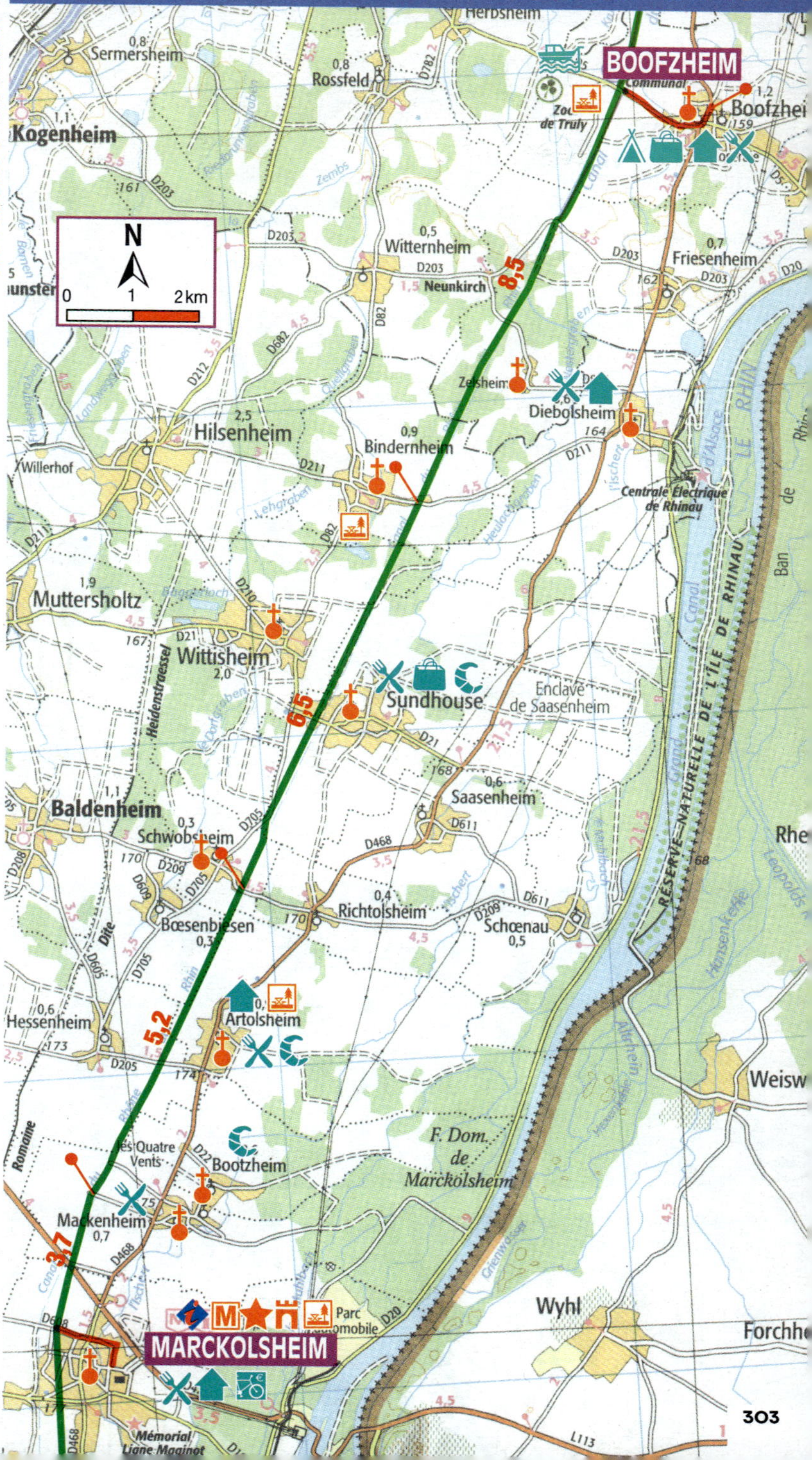
BOOFZHEIM
Boofzhei
Herbsheim
Sermersheim
Kogenheim
Rossfeld
Zoo de Truly
Witternheim
Neunkirch
Friesenheim
Zelsheim
Diebolsheim
Hilsenheim
Willerhof
Bindernheim
Centrale Électrique de Rhinau
Muttersholtz
Wittisheim
Sundhouse
Enclave de Saasenheim
Baldenheim
Schwobsheim
Saasenheim
Bœsenbiesen
Richtolsheim
Schœnau
RÉSERVE NATURELLE DE L'ÎLE DE RHINAU
Hessenheim
Artolsheim
Bootzheim
Les Quatre Vents
Mackenheim
F. Dom. de Marckolsheim
Wyhl
Weisw
Forchh
MARCKOLSHEIM
Parc Automobile
Mémorial Ligne Maginot
N
0
1
2 km
8,5
6,5
5,2
3,7

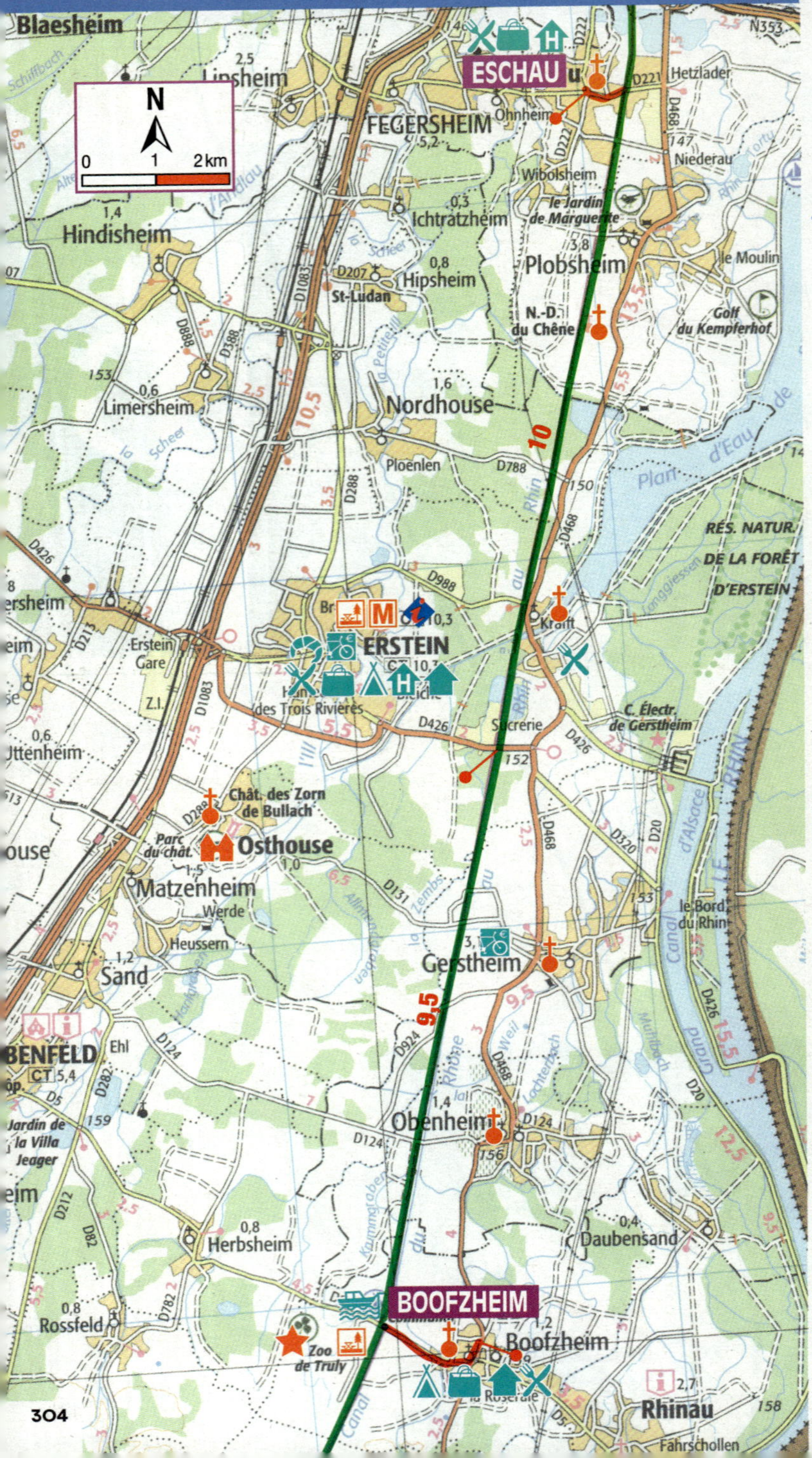
0 1 2 km
N
ESCHAU
BOOFZHEIM
Blaesheim
Lipsheim
Fegersheim
Ohnheim
Hetzlader
Niederau
Wibolsheim
le Jardin de Marguerite
Ichtratzheim
Hindisheim
Hipsheim
St-Ludan
Plobsheim
le Moulin
N.-D. du Chêne
Golf du Kempferhof
Limersheim
Nordhouse
Ploenlen
Plan d'Eau
RÉS. NATUR. DE LA FORÊT D'ERSTEIN
ERSTEIN
Krafft
Erstein Gare
Z.I.
des Trois Rivières
Sucrerie
C. Électr. de Gerstheim
Uttenheim
Chât. des Zorn de Bullach
Parc du chât.
Osthouse
Matzenheim
Werde
Heussern
Sand
le Bord du Rhin
Gerstheim
BENFELD
Ehl
Jardin de la Villa Jeager
Obenheim
Daubensand
Herbsheim
Rossfeld
Zoo de Truly
Boofzheim
Rhinau
Fahrschollen
LE RHIN
Grand Canal d'Alsace
Rhin
D426
D988
D468
D124
D20

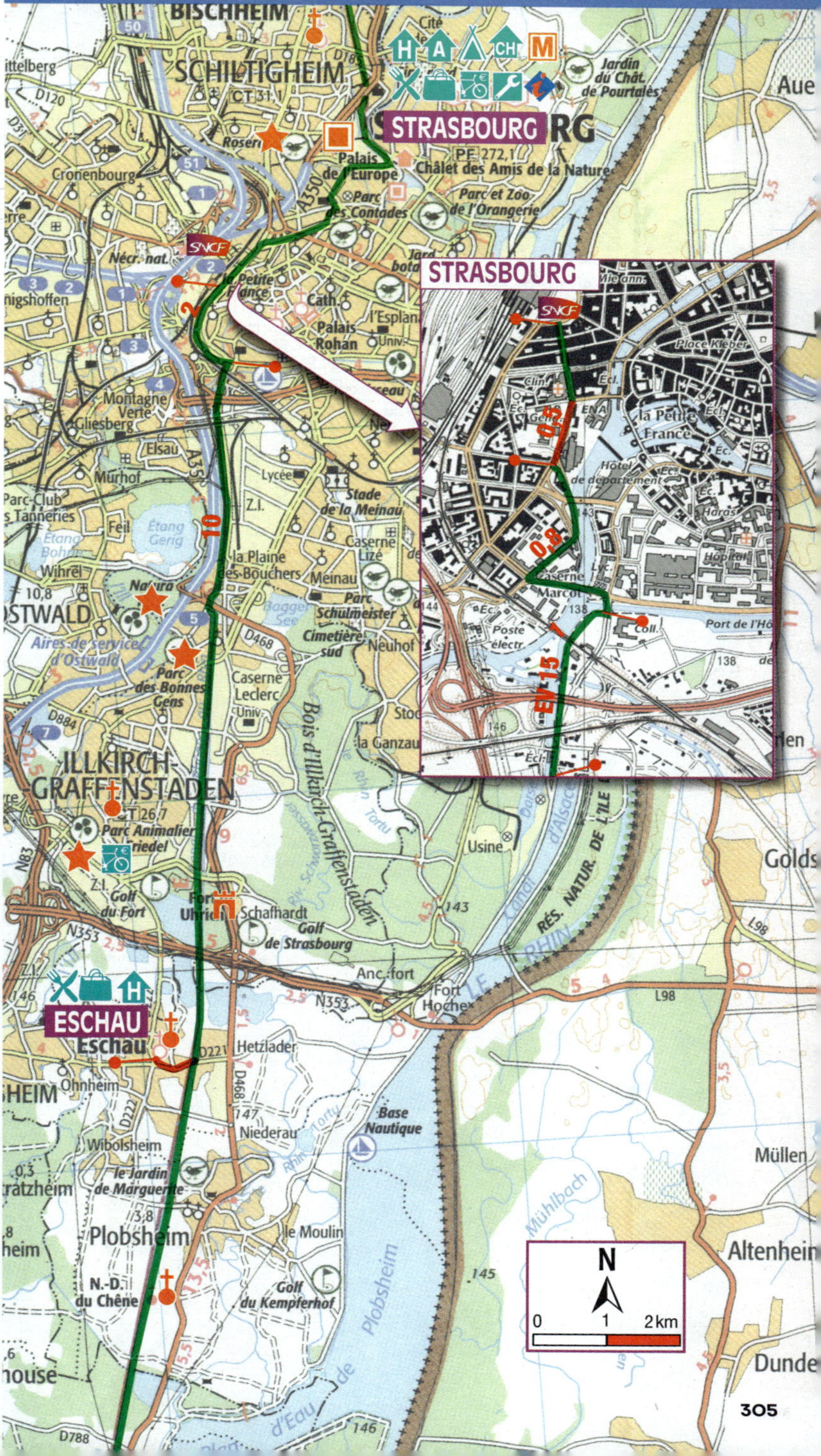
STRASBOURG
ESCHAU
STRASBOURG
Schiltigheim
Bischheim
Cronenbourg
Palais de l'Europe
Parc des Contades
Parc et Zoo de l'Orangerie
Châlet des Amis de la Nature
Jardin du Chât. de Pourtalès
Petite France
Cath.
Palais Rohan
Montagne Verte
Elsau
Murhof
Stade de la Meinau
Neuhof
Illkirch-Graffenstaden
Parc Animalier Friedel
Golf du Fort
Fort Uhrich
Schafhardt
Golf de Strasbourg
Bois d'Illkirch-Graffenstaden
Eschau
Ohnheim
Wibolsheim
le Jardin de Marguerite
Plobsheim
N.-D. du Chêne
Golf du Kempferhof
Base Nautique
Niederau
Hetzlader
le Moulin
RÉS. NATUR. DE L'ILE DU RHIN
LE RHIN
Altenheim
Müllen
Goldscheuer
Dundenheim
EV 15
N
0 1 2 km

# EUROVELO 6 ATLANTIQUE - MER NOIRE : DE BÂLE À NEVERS

613 km

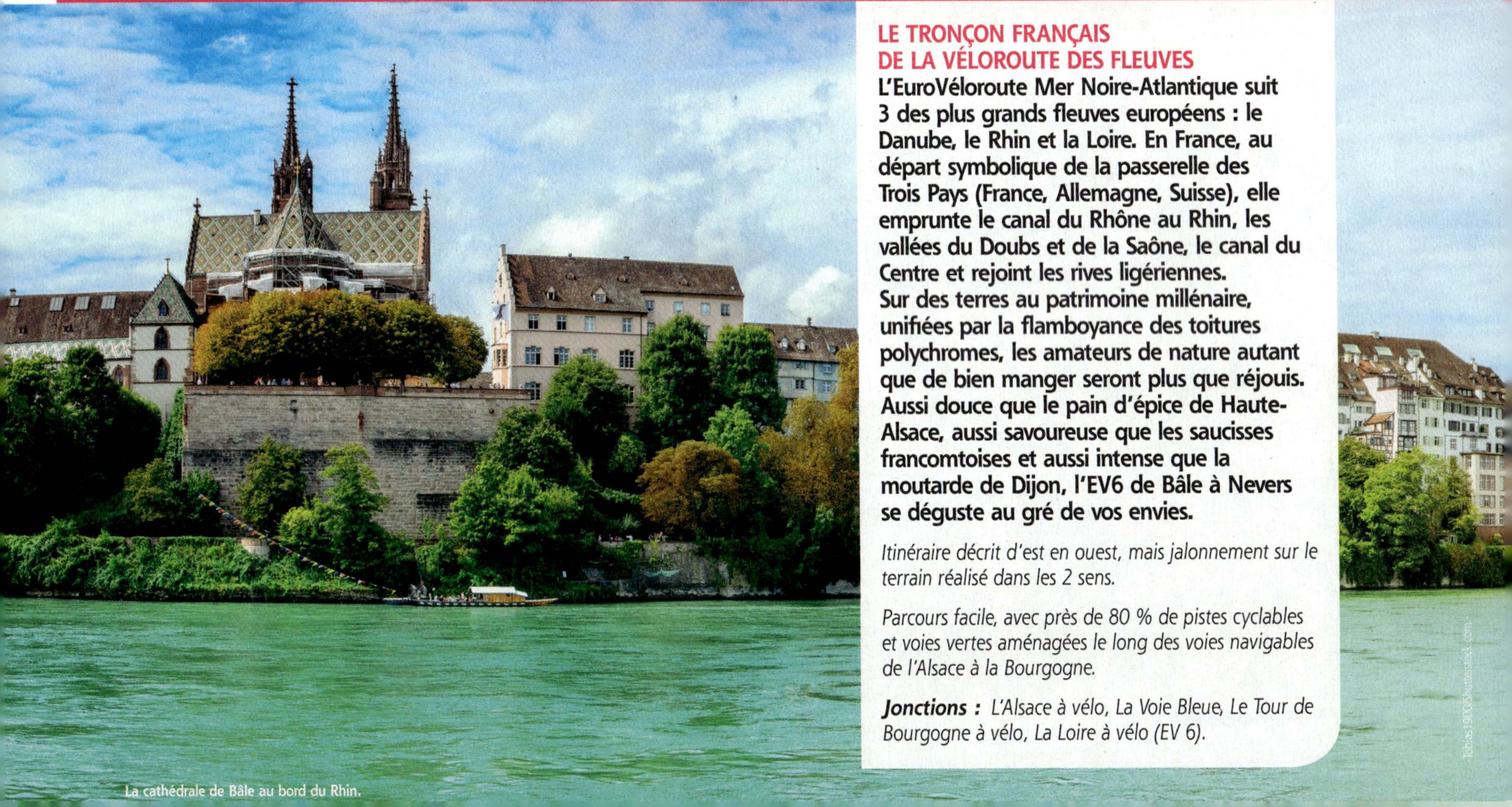

La cathédrale de Bâle au bord du Rhin.

Tobias1900/Shutterstock.com

## LE TRONÇON FRANÇAIS DE LA VÉLOROUTE DES FLEUVES

**L'EuroVéloroute Mer Noire-Atlantique suit 3 des plus grands fleuves européens : le Danube, le Rhin et la Loire. En France, au départ symbolique de la passerelle des Trois Pays (France, Allemagne, Suisse), elle emprunte le canal du Rhône au Rhin, les vallées du Doubs et de la Saône, le canal du Centre et rejoint les rives ligériennes.**
**Sur des terres au patrimoine millénaire, unifiées par la flamboyance des toitures polychromes, les amateurs de nature autant que de bien manger seront plus que réjouis. Aussi douce que le pain d'épice de Haute-Alsace, aussi savoureuse que les saucisses francomtoises et aussi intense que la moutarde de Dijon, l'EV6 de Bâle à Nevers se déguste au gré de vos envies.**

*Itinéraire décrit d'est en ouest, mais jalonnement sur le terrain réalisé dans les 2 sens.*

*Parcours facile, avec près de 80 % de pistes cyclables et voies vertes aménagées le long des voies navigables de l'Alsace à la Bourgogne.*

***Jonctions :*** *L'Alsace à vélo, La Voie Bleue, Le Tour de Bourgogne à vélo, La Loire à vélo (EV 6).*

# L'ITINÉRAIRE

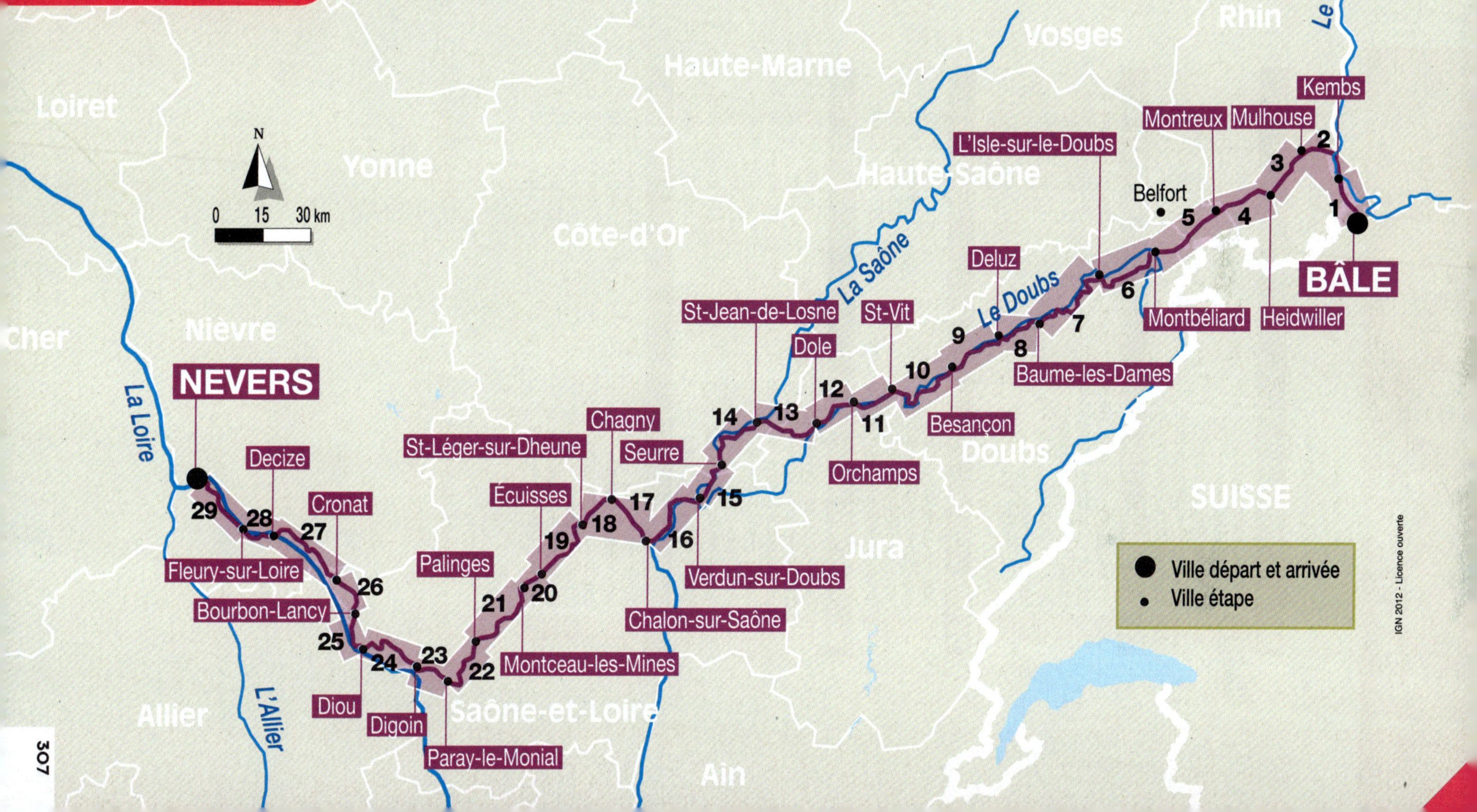

BÂLE
NEVERS
Kembs
Mulhouse
Montreux
Heidwiller
Montbéliard
Belfort
L'Isle-sur-le-Doubs
Baume-les-Dames
Deluz
Besançon
St-Vit
Orchamps
Dole
St-Jean-de-Losne
Seurre
Verdun-sur-Doubs
Chalon-sur-Saône
Chagny
St-Léger-sur-Dheune
Écuisses
Montceau-les-Mines
Palinges
Paray-le-Monial
Digoin
Diou
Bourbon-Lancy
Cronat
Decize
Fleury-sur-Loire
Le Rhin
Le Doubs
La Saône
La Loire
L'Allier
Haut-Rhin
Vosges
Haute-Saône
Haute-Marne
Doubs
Jura
SUISSE
Côte-d'Or
Saône-et-Loire
Ain
Aube
Yonne
Nièvre
Loiret
Cher
Allier
N
0 15 30 km
Ville départ et arrivée
Ville étape
IGN 2012 - Licence ouverte

# LES ÉTAPES

N° de la carte →

| De Bâle à Montbéliard | | 91 km |
|---|---|---|
| 1 | Bâle → Kembs | 20,5 km – 2 h 10 |
| 2 | Kembs → Mulhouse | 17,5 km – 2 h 00 |
| 3 | Mulhouse → Heidwiller | 13 km – 1 h 20 |
| 4 | Heidwiller → Montreux-Jeune | 17,5 km – 2 h 00 |
| 5 | Montreux-Jeune → Montbéliard | 22,5 km – 2 h 15 |
| **De Montbéliard à Dole** | | **149 km** |
| 6 | Montbéliard → L'Isle-sur-le-Doubs | 25,5 km – 2 h 45 |
| 7 | L'Isle-sur-le-Doubs → Baume-les-Dames | 33 km – 3 h 30 |
| 8 | Baume-les-Dames → Deluz | 16,5 km – 1 h 40 |
| 9 | Deluz → Besançon | 17,5 km – 1 h 45 |
| 10 | Besançon → Saint-Vit | 29 km – 3 h 00 |
| 11 | Saint-Vit → Orchamps | 12,5 km – 1 h 15 |
| 12 | Orchamps → Dole | 15 km – 1 h 30 |
| **De Dole à Chalon-sur-Saône** | | **93,5 km** |
| 13 | Dole → Saint-Jean-de-Losne | 22,5 km – 2 h 35 |
| 14 | Saint-Jean-de-Losne → Seurre | 23 km – 2 h 20 |
| 15 | Seurre → Verdun-sur-le-Doubs | 18,5 km – 1 h 50 |
| 16 | Verdun-sur-le-Doubs → Chalon-sur-Saône | 29,5 km – 3 h 00 |
| **De Chalon-sur-Saône à Digoin** | | **133 km** |
| 17 | Chalon-sur-Saône → Chagny | 22 km – 2 h 15 |
| 18 | Chagny → Saint-Léger-sur-Dheune | 14 km – 1 h 30 |
| 19 | Saint-Léger-sur-Dheune → Écuisses | 20,5 km – 2 h 30 |
| 20 | Écuisses → Montceau-les-Mines | 15,5 km – 1 h 40 |
| 21 | Montceau-les-Mines → Palinges | 27,5 km – 3 h 15 |
| 22 | Palinges → Paray-le-Monial | 20,5 km – 2 h 30 |
| 23 | Paray-le-Monial → Digoin | 13 km – 1 h 20 |
| **De Digoin à Nevers** | | **114 km** |
| 24 | Digoin → Diou | 19,5 km – 2 h 00 |
| 25 | Diou → Bourbon-Lancy | 11 km – 1 h 10 |
| 26 | Bourbon-Lancy → Cronat | 16 km – 2 h 00 |
| 27 | Cronat → Decize | 29,5 km – 3 h 20 |
| 28 | Decize → Fleury-sur-Loire | 13,5 km – 1 h 15 |
| 29 | Fleury-sur-Loire → Nevers | 24,5 km – 2 h 30 |

**Total général de l'itinéraire** **613,5 km**
**dont 583,5 km hors variantes**

# N°1 Bâle → Kembs

**20,5 km - 2 h 10**

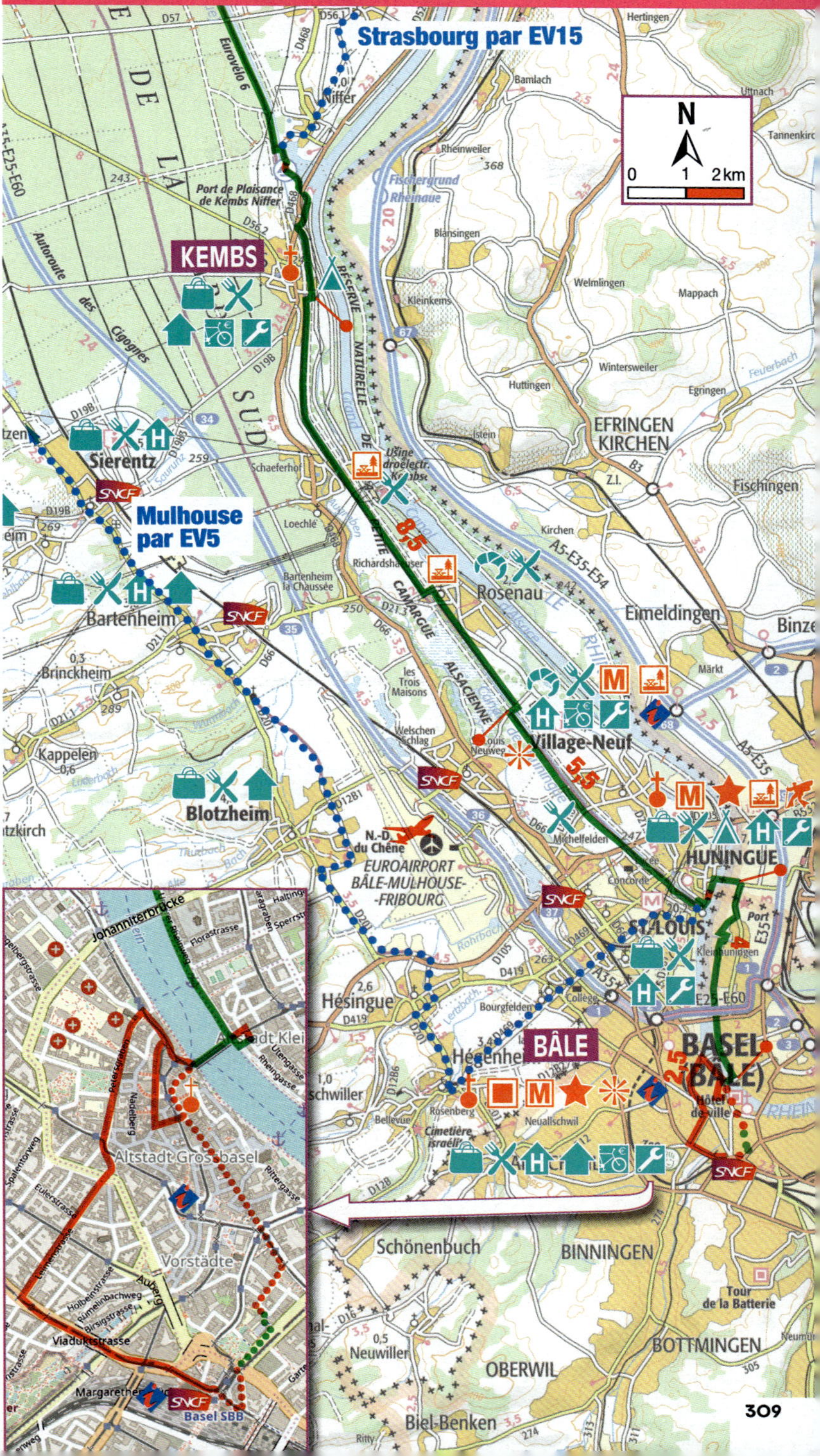

Strasbourg par EV15
Eurovélo 6
Niffer
Port de Plaisance de Kembs Niffer
KEMBS
Autoroute des Cigognes
RÉSERVE NATURELLE DE LA PETITE CAMARGUE ALSACIENNE
Grand Canal
Usine hydroélectr. Kembs
Sierentz
Mulhouse par EV5
Schaeferhof
Loechlé
Bartenheim la Chaussée
Bartenheim
Brinckheim
Kappelen
Blotzheim
Rosenau
Village-Neuf
HUNINGUE
ST-LOUIS
N.-D. du Chêne
EUROAIRPORT BÂLE-MULHOUSE-FRIBOURG
Hésingue
Hégenheim
BÂLE
BASEL (BÂLE)
Hôtel de ville
Bamlach
Rheinweiler
Fischergrund
Rheinaue
Blansingen
Kleinkems
Welmlingen
Mappach
Wintersweiler
Huttingen
Istein
Egringen
EFRINGEN KIRCHEN
Fischingen
Kirchen
Eimeldingen
Märkt
Michelfelden
Bourgfelden
Neuallschwil
Schönenbuch
BINNINGEN
Tour de la Batterie
BOTTMINGEN
OBERWIL
Neuwiller
Biel-Benken
Hertingen
Uttnach
Tannenkirch
Johanniterbrücke
Altstadt Grossbasel
Vorstädte
Basel SBB
8,5
5,5
2,5
0 1 2 km
N

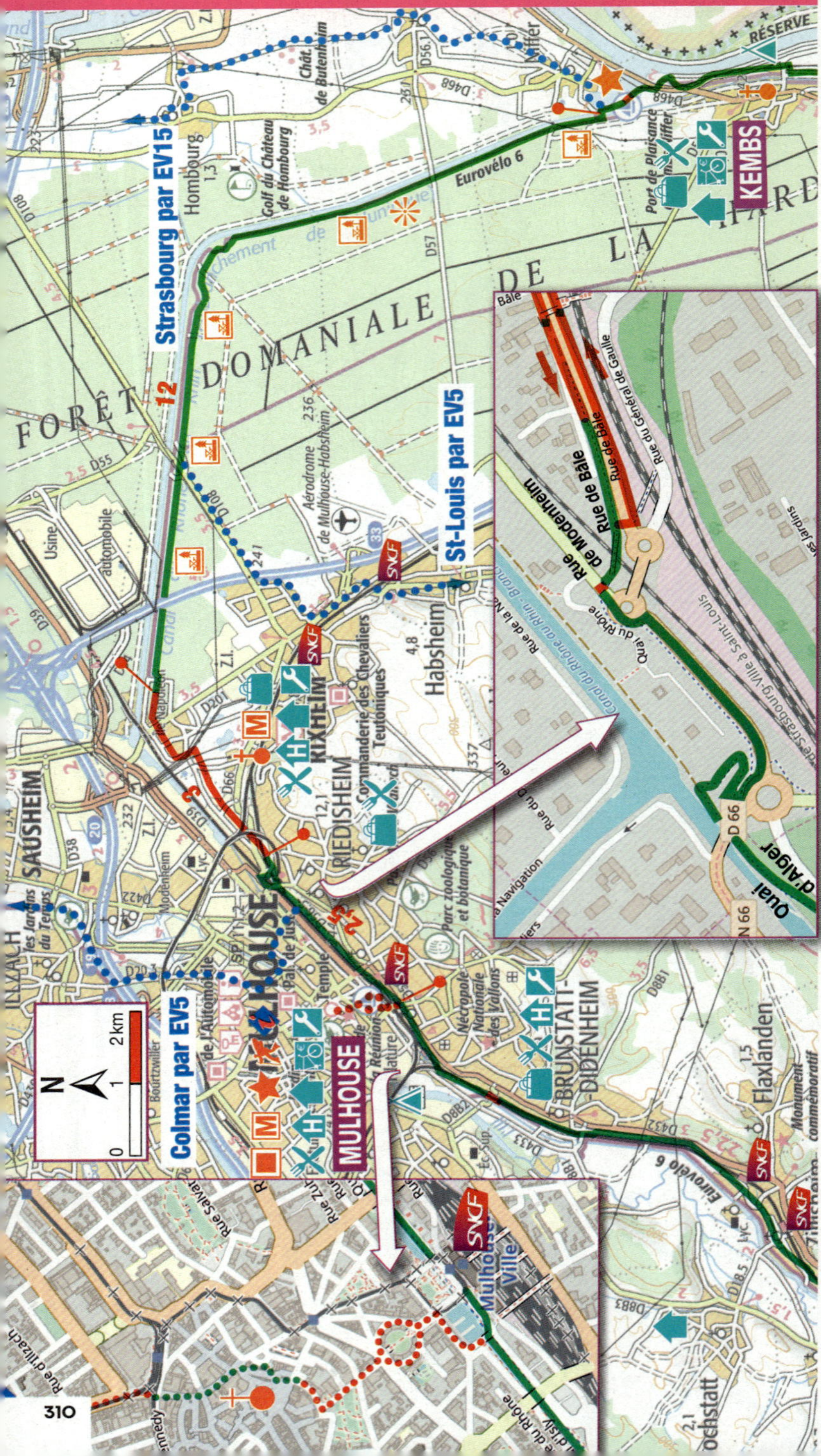
RÉSERVE
KEMBS
Port de plaisance
Eurovélo 6
Homburg
Golf du Château de Hombourg
Chât. de Butenheim
Strasbourg par EV15
FORÊT DOMANIALE DE LA HARDT
Aérodrome de Mulhouse-Habsheim
St-Louis par EV5
Habsheim
RIXHEIM
Commanderie des Chevaliers Teutoniques
RIEDISHEIM
Usine automobile
SAUSHEIM
ILLZACH
les Jardins du Temps
MULHOUSE
Colmar par EV5
Parc zoologique et botanique
Nécropole Nationale des Vallons
BRUNSTATT-DIDENHEIM
Flaxlanden
Monument commémoratif
Bâle
Rue de Bâle
Rue du Général de Gaulle
Rue de Modenheim
Quai du Rhône
Canal du Rhône au Rhin - Branche
Quai d'Alger
Rue de la Navigation
Mulhouse Ville
Rue d'Illzach
Rue Salvator
N
0
1
2km

## N°3 Mulhouse → Heidwiller

**13 km - 1 h 20**

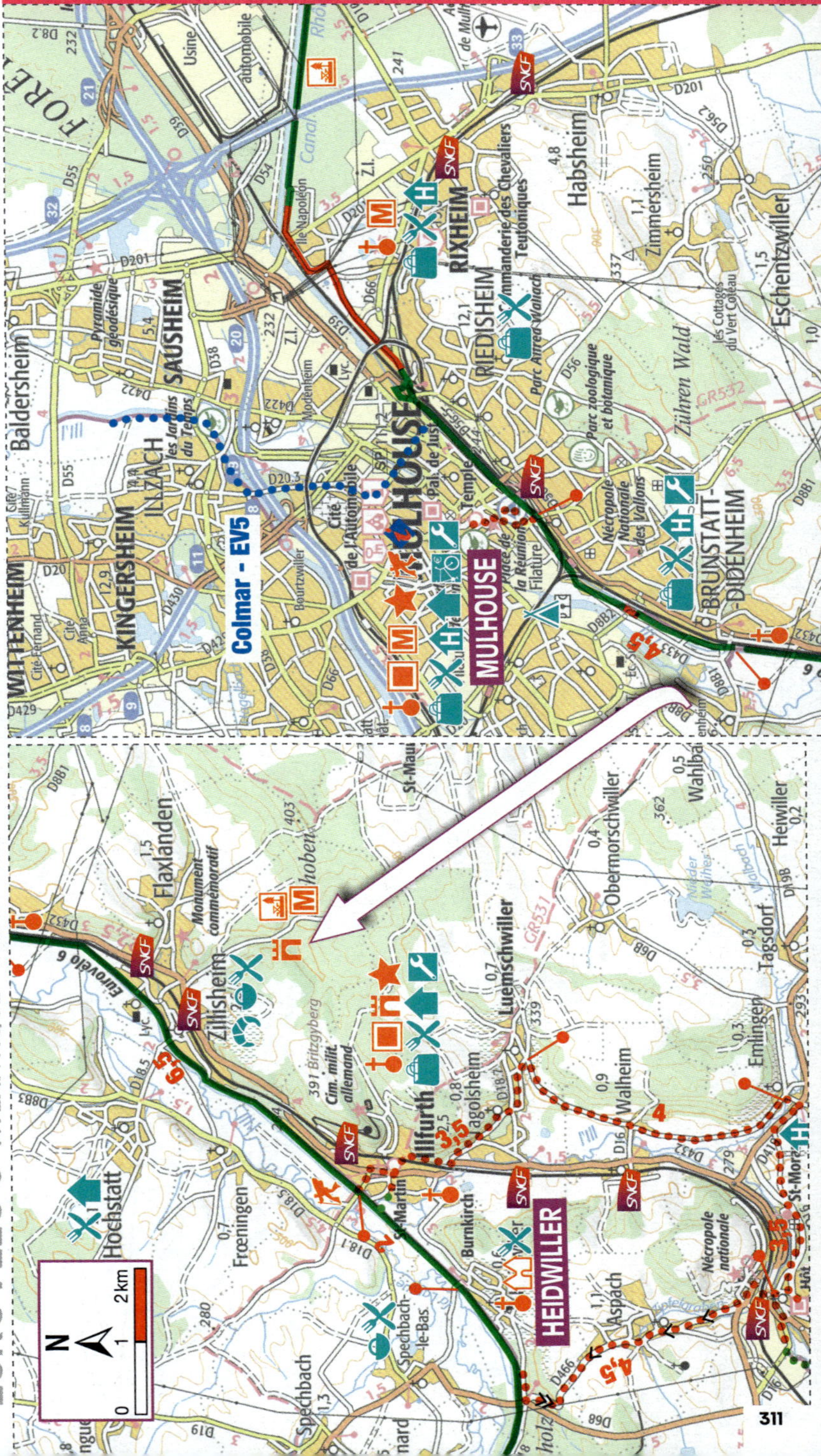
MULHOUSE
HEIDWILLER
Colmar - EV5
Eurovelo 6
KINGERSHEIM
WITTENHEIM
ILLZACH
SAUSHEIM
Baldersheim
RIXHEIM
RIEDISHEIM
BRUNSTATT-DIDENHEIM
Habsheim
Zimmersheim
Eschentzwiller
Zillisheim
Flaxlanden
Hochstatt
Frœningen
Spechbach
Spechbach-le-Bas
Burnkirch
Luemschwiller
Walheim
Tagsdorf
Emlingen
Obermorschwiller
Heiwiller
Aspach
Cité de l'Automobile
Parc zoologique et botanique
Nécropole Nationale des Vallons
Nécropole nationale
Commanderie des Chevaliers Teutoniques
Parc Alfred-Wallach
Les Jardins du Temps
Pyramide géodésique
Monument commémoratif
Cim. milit. allemand
Zühren Wald
Place de la Réunion
Filature
Temple
Usine automobile
Canal
Niederweiher
0 1 2km

# Heidwiller → Montreux-Jeune

17,5 km - 2 h 00

N°4

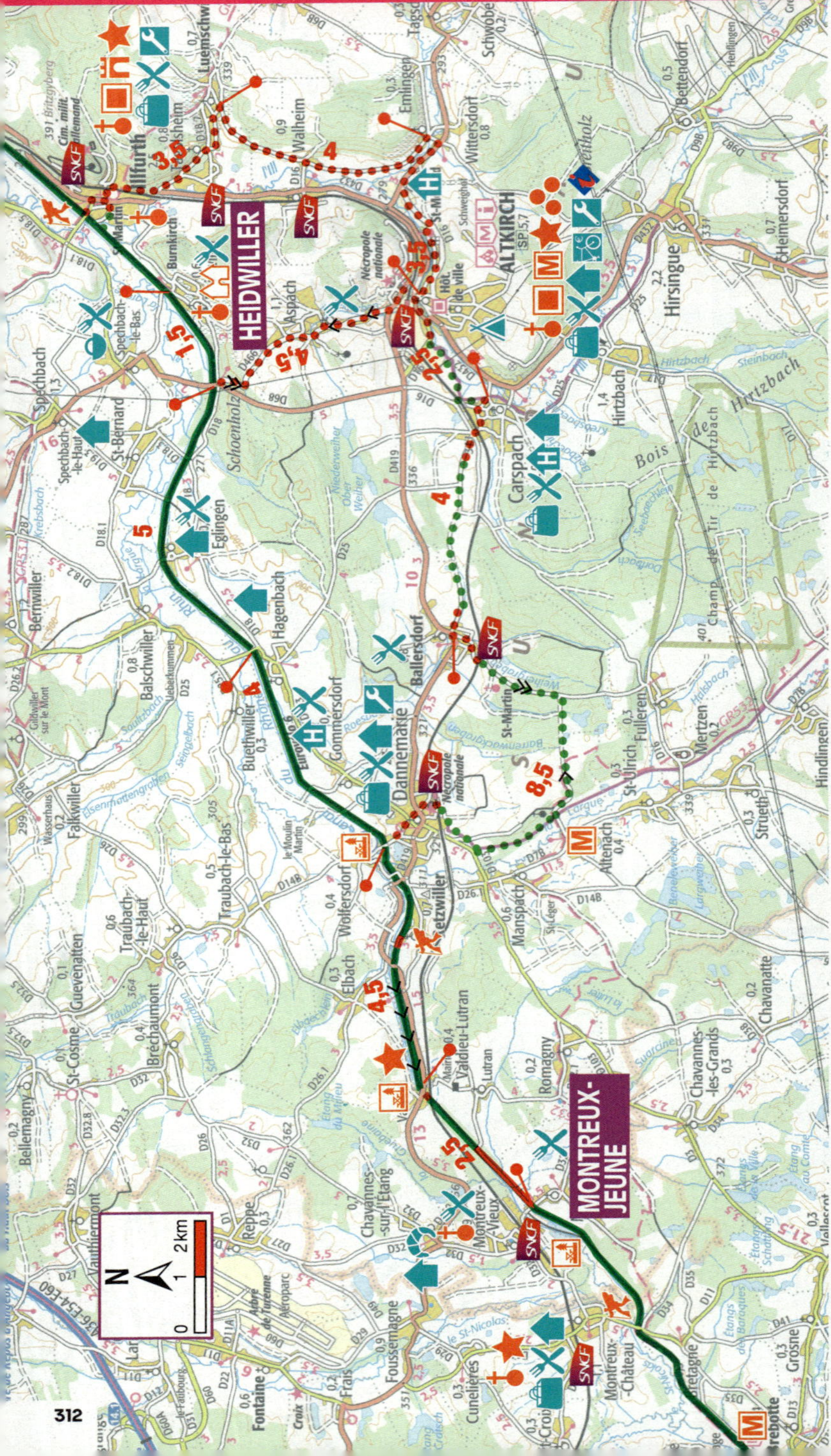

HEIDWILLER
MONTREUX-JEUNE
ALTKIRCH
Dannemarie
Carspach
Ballersdorf
Hirsingue
Bois de Hirtzbach
Champ de Tir de Hirtzbach
Nécropole nationale
SNCF
N
0 1 2km

## N°5 Montreux-Jeune → Montbéliard

## 22,5 km - 2 h 15

MONTREUX-JEUNE
Belfort par Francovélosuisse
Mulhouse
Belfort
Coulée Verte du Canal
Pont-Canal
Écluse n°9 d'Allenjoie
L'Allan
Montbéliard
Fesches-le-Châtel
Chèvremont
Pérouse
Fontenelle
Cunelières
Montreux-Vieux
Petit-Croix
Novillard
Vézelois
Fort de Vézelois
Meroux
Autrechêne
Rechotte
Autrage
Bretagne
Eschêne
Brebotte
Charmois
Recouvrance
Froidefontaine
Bourogne
Morvillars
Grandvillars
Nécropole nationale
Allenjoie
Méziré
Thiancourt
Joncherey
Faverois
Chavannes-les-Grands
Romagny
Valdieu-Lutran
Parc d'Activité du Moulin

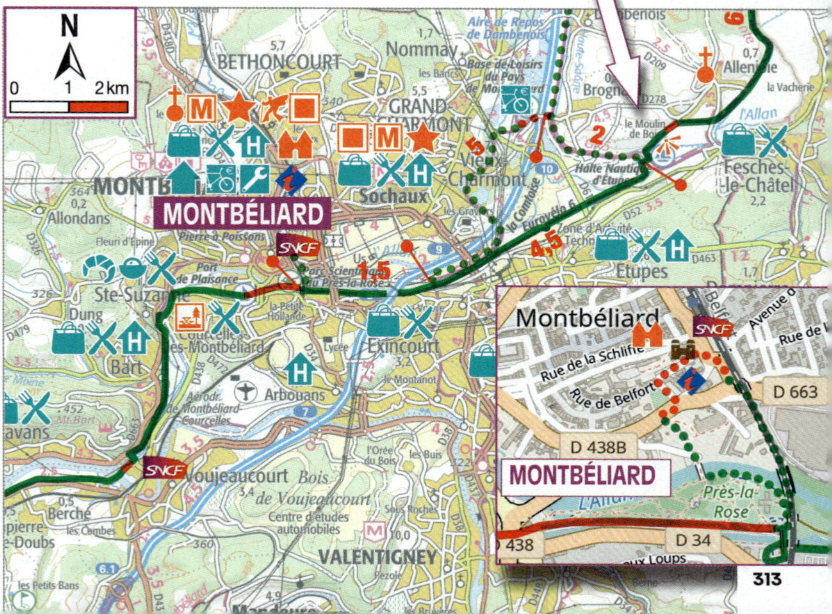
N
0 1 2 km
MONTBÉLIARD
BETHONCOURT
Nommay
GRAND-CHARMONT
Sochaux
Vieux-Charmont
Allondans
Ste-Suzanne
Bart
Courcelles-lès-Montbéliard
Exincourt
Arbouans
Voujeaucourt
VALENTIGNEY
Berche
Étupes
Brognard
Allenjoie
Fesches-le-Châtel
Halte Nautique d'Étupes
Aire de Repos de Dambenois
Base de Loisirs du Pays de Montbéliard
Port de Plaisance
Parc Scientifique du Près-la-Rose
Pierre à Poissons
Aérodr. de Montbéliard-Courcelles
Centre d'études automobiles
Montbéliard
Rue de la Schliffe
Rue de Belfort
D 438B
D 663
D 34
Près-la-Rose

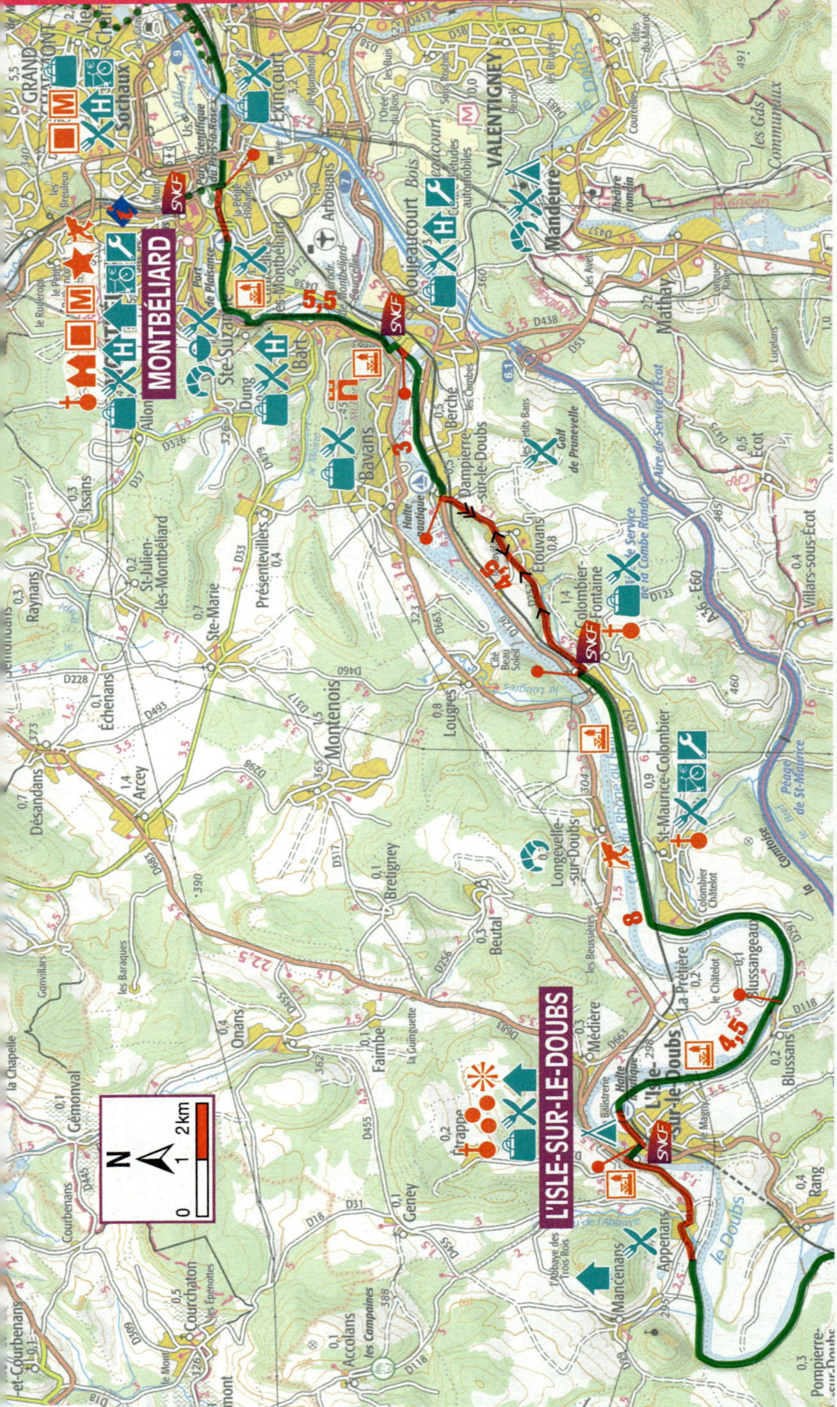
MONTBÉLIARD
L'ISLE-SUR-LE-DOUBS
Sochaux
Exincourt
VALENTIGNEY
Mandeure
Audincourt
Arbouans
Courcelles-lès-Montbéliard
Voujeaucourt
Ste-Suzanne
Bart
Dung
Allondans
Bavans
Berche
Dampierre-sur-le-Doubs
Étouvans
Colombier-Fontaine
Présentevillers
Ste-Marie
St-Julien-lès-Montbéliard
Issans
Raynans
Échenans
Désandans
Arcey
Montenois
Lougres
St-Maurice-Colombier
Longevelle-sur-Doubs
Bretigney
Beutal
Médière
Blussangeaux
Blussans
La Prétière
Onans
Faimbe
Gémonval
Étrappe
Geney
Appenans
Mancenans
Accolans
Courchaton
Grammont
Pompierre-sur-Doubs
Rang
Écot
Villars-sous-Écot
Mathay
le Doubs
5,5
3
4,5
8
4,5
N
0
1
2km

# N°7 L'Isle-sur-le-Doubs → Baume-les-Dames

33 km - 3 h 30

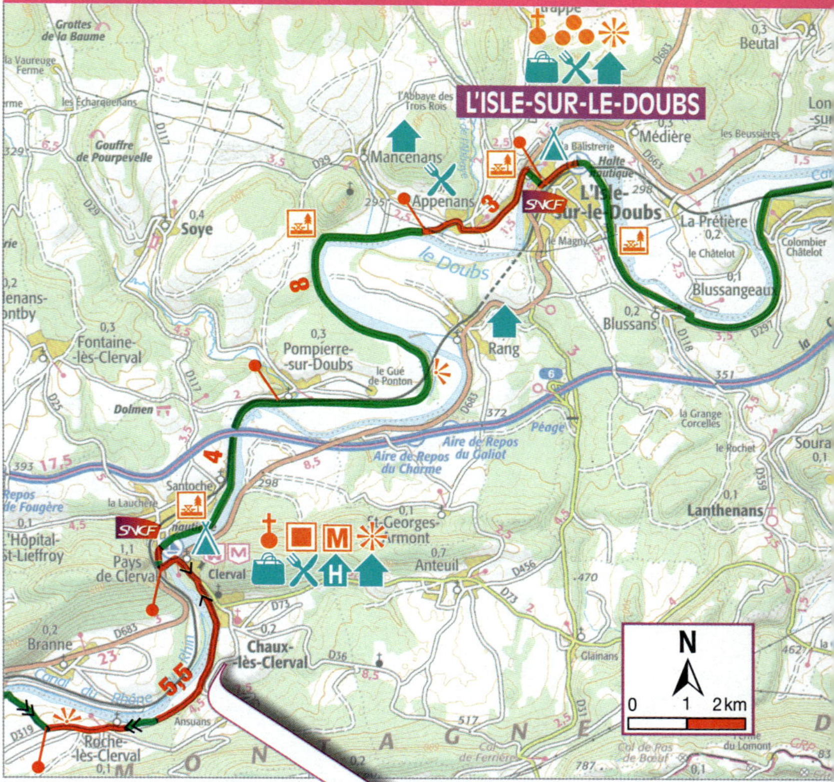
L'ISLE-SUR-LE-DOUBS
SNCF
Mancenans
Appenans
Soye
Pompierre-sur-Doubs
le Gué de Ponton
Rang
Médière
La Prétière
Blussangeaux
Blussans
Fontaine-lès-Clerval
Dolmen
Santoche
la Lauchère
L'Hôpital-St-Lieffroy
Pays de Clerval
Clerval
St-Georges-Armont
Anteuil
Lanthenans
Branne
Chaux-lès-Clerval
Roche-lès-Clerval
Ansuans
Aire de Repos du Charme
Aire de Repos du Galiot
Grottes de la Baume
Gouffre de Pourpevelle
le Doubs
Canal du Rhône au Rhin
8
4
5,5
3
0
1
2 km

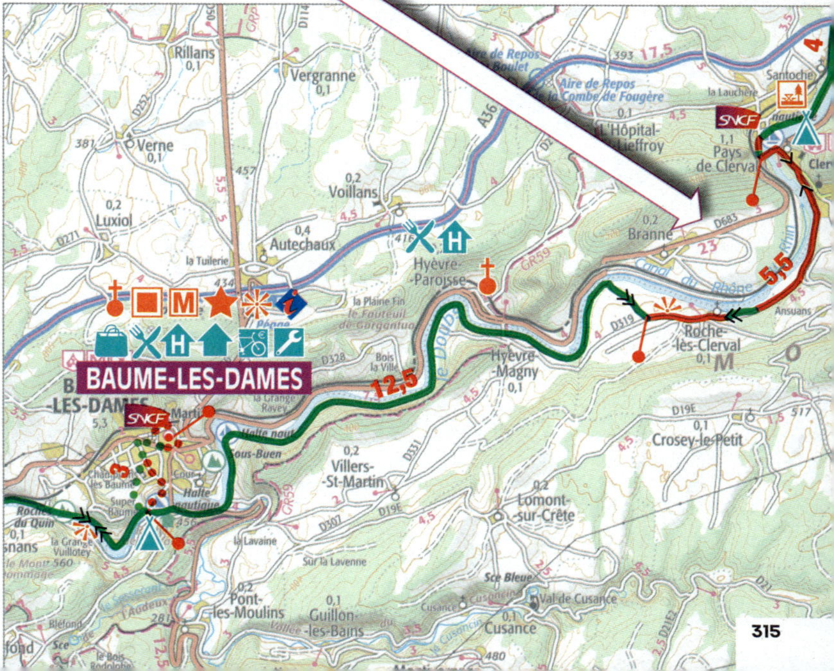
BAUME-LES-DAMES
SNCF
Rillans
Vergranne
Verne
Luxiol
Voillans
Autechaux
la Tuilerie
Hyèvre-Paroisse
Hyèvre-Magny
la Plaine Fin
Branne
Roche-lès-Clerval
Ansuans
L'Hôpital-St-Lieffroy
Pays de Clerval
Santoche
la Lauchère
Aire de Repos de la Combe de Fougère
Villers-St-Martin
Lomont-sur-Crête
Crosey-le-Petit
Pont-les-Moulins
Guillon-les-Bains
Cusance
Val de Cusance
Cour
Halte nautique
12,5
5,5
4

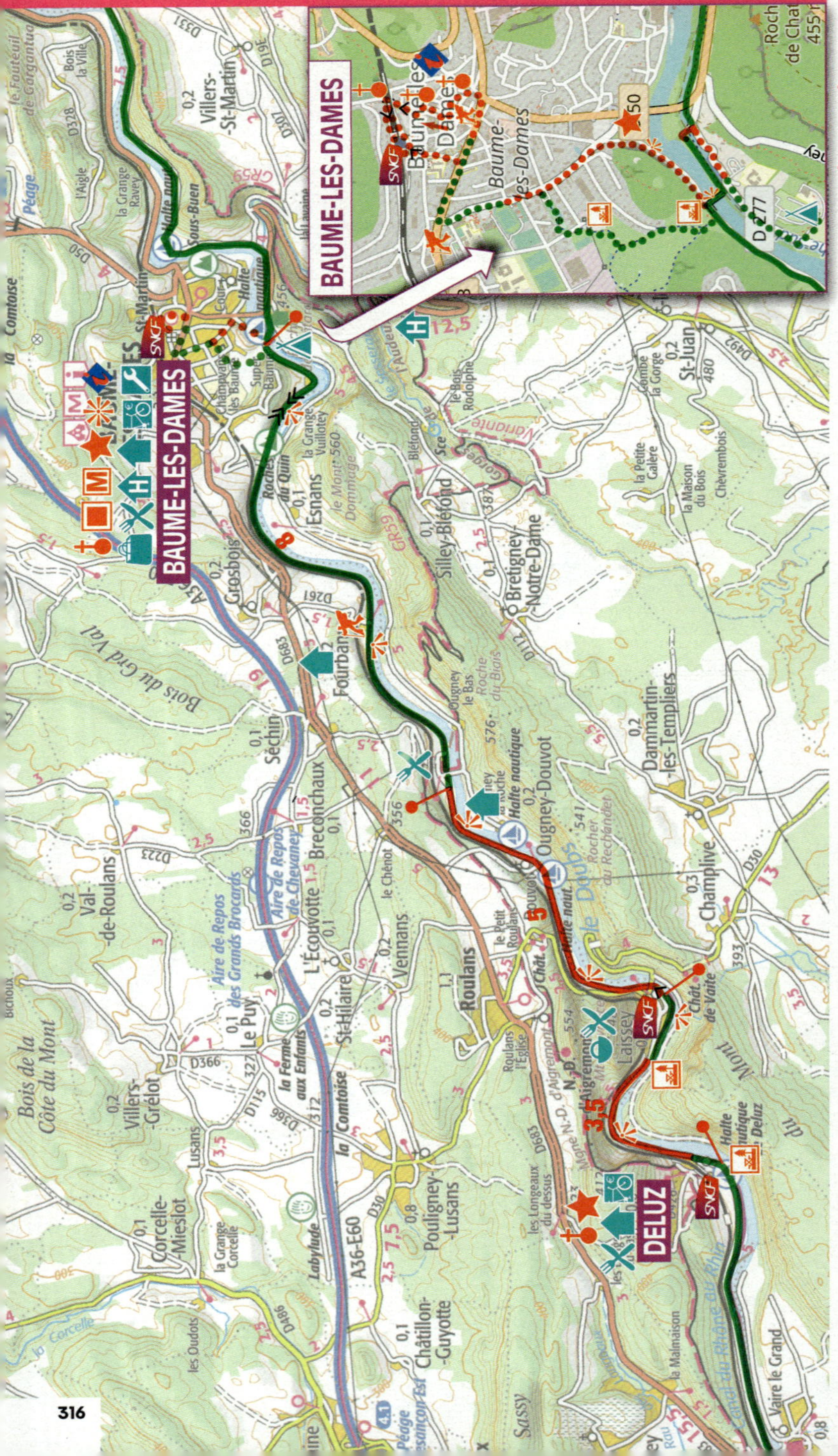
BAUME-LES-DAMES
Baume-les-Dames
Villers-St-Martin
Sous-Buen
Esnans
Grosbois
Fourbanne
Silley-Bléfond
Bretigney-Notre-Dame
Séchin
Ougney-Douvot
Breconchaux
L'Écouvotte
Aire de Repos de Chevaney
Aire de Repos des Grands Brocards
Val-de-Roulans
Vennans
Roulans
St-Hilaire
Le Puy
Villers-Grélot
Laissey
Dammartin-les-Templiers
Champlive
Châtillon-Guyotte
Pouligney-Lusans
Corcelle-Mieslot
DELUZ
Halte nautique Deluz
Sassy
Vaire le Grand
Bois du Grd Val
Bois de la Côte du Mont
A36-E60
le Doubs
Roche du Bigis
Roche du Rechender
Châte. de Vaite
St-Juan
la Maison du Bois
Chèvrembois
la Petite Galère
le Chênot
les Longeaux du dessus
la Malmaison

# N°9 Deluz → Besançon

**18 km - 1 h 45**

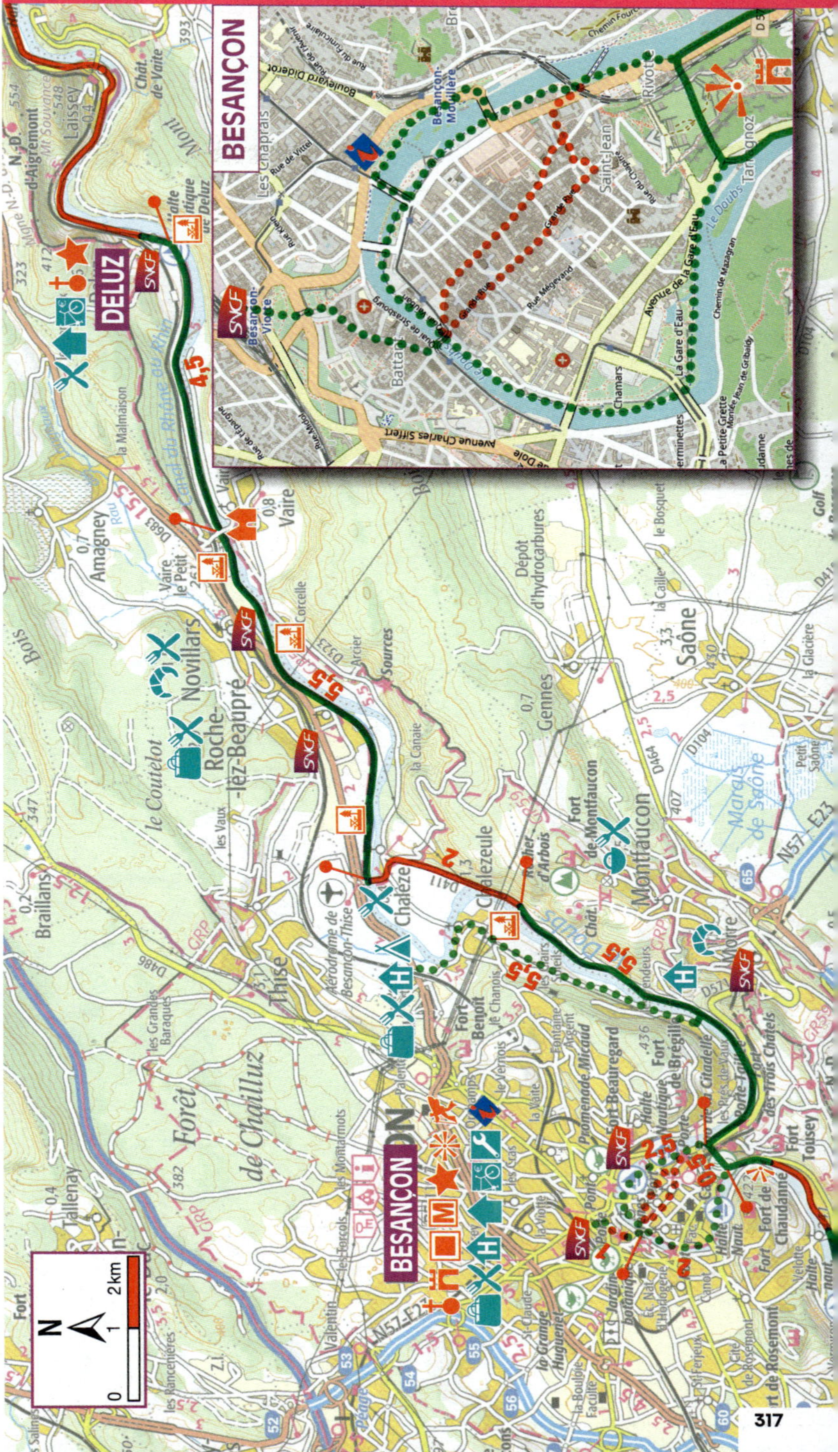
BESANÇON
DELUZ
BESANÇON
Novillars
Roche-lez-Beaupré
Chalèze
Chalezeule
Montfaucon
Vaire
Amagney
Thise
Braillans
Forêt de Chailluz
Gennes
Saône
Laissey
Le Doubs
Canal du Rhône au Rhin
4,5
5,5
2
5,5
2,5
0,5
Fort de Chaudanne
Citadelle
Fort Beauregard
Fort Benoît
Fort de Montfaucon
Aérodrome de Besançon-Thise
Dépôt d'hydrocarbures
Marais de Saône
Avenue de la Gare d'Eau
Chemin de Mazagran
Avenue Charles Siffert
Boulevard Diderot
Grande Rue
Rue Mégevand
Rivotte
Tarragnoz
Battant
Saint-Jean
Chamars
SNCF
0
1
2km
N

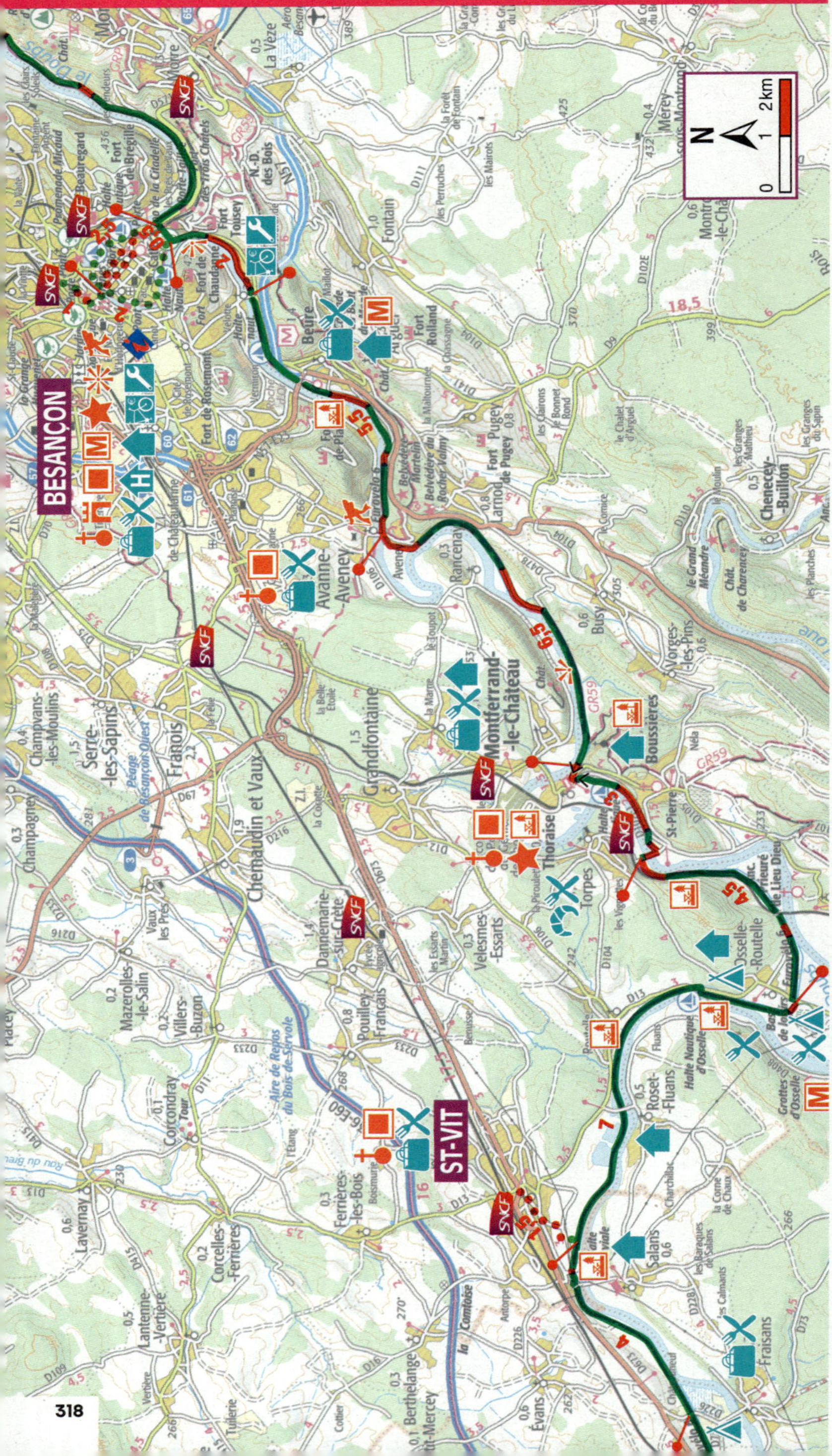
BESANÇON
ST-VIT

## St-Vit → Orchamps

12,5 km - 1 h 15

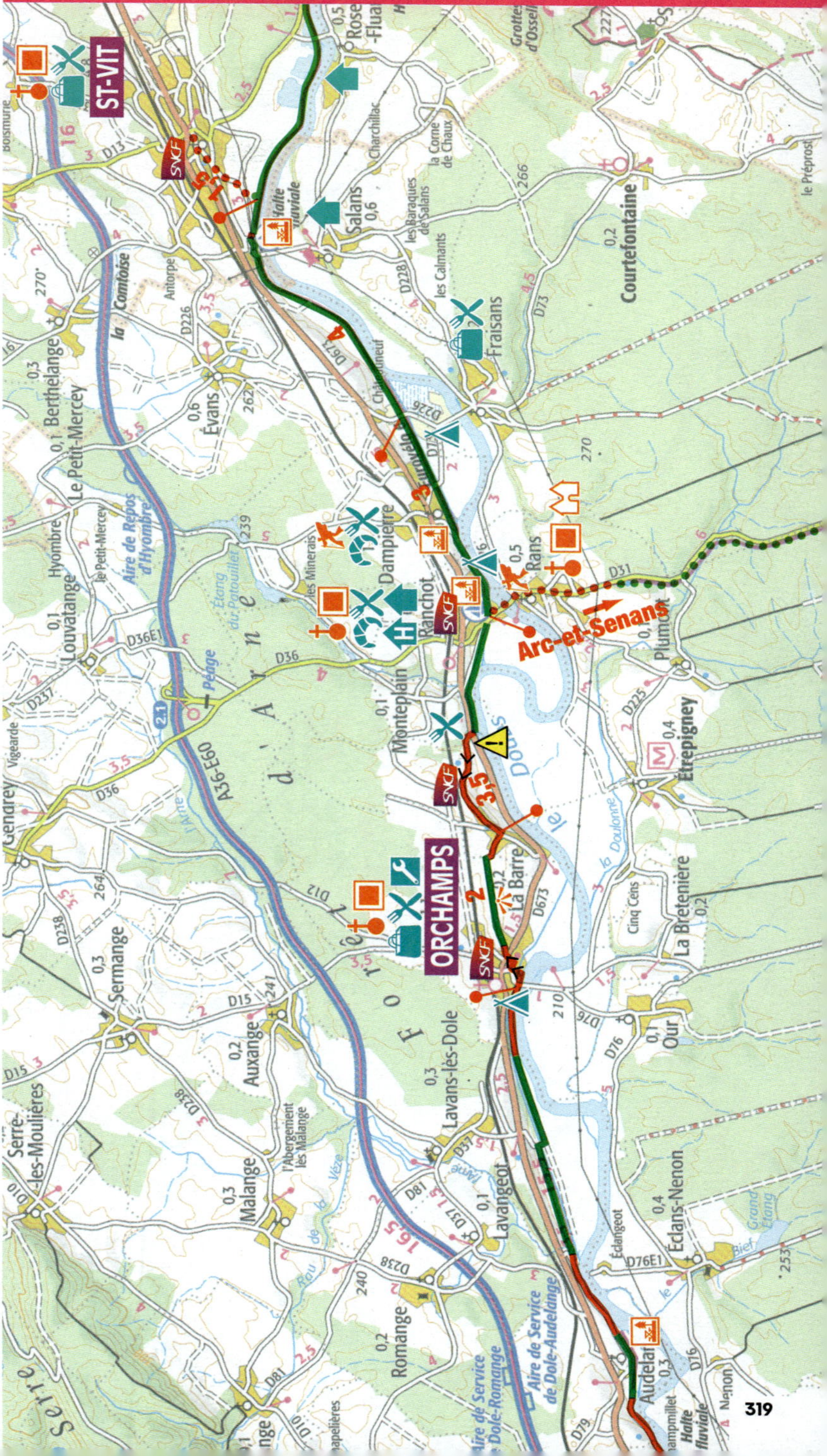

ST-VIT
ORCHAMPS
Arc-et-Senans
Salans
Fraisans
Dampierre
Ranchot
Rans
Monteplain
La Barre
Lavans-lès-Dole
Lavangeot
Audelange
Évans
Le Petit-Mercey
Berthelange
Hyombre
Louvatange
Serre-les-Moulières
Malange
Auxange
Sermange
Romange
Courtefontaine
Plumont
Étrepigney
La Bretenière
Our
Éclans-Nenon
Forêt de Chaux
Le Doubs
A36-E60
Aire de Repos d'Hyombre
Aire de Service de Dole-Audelange
Aire de Service Dole-Romange
Halte fluviale
Péage

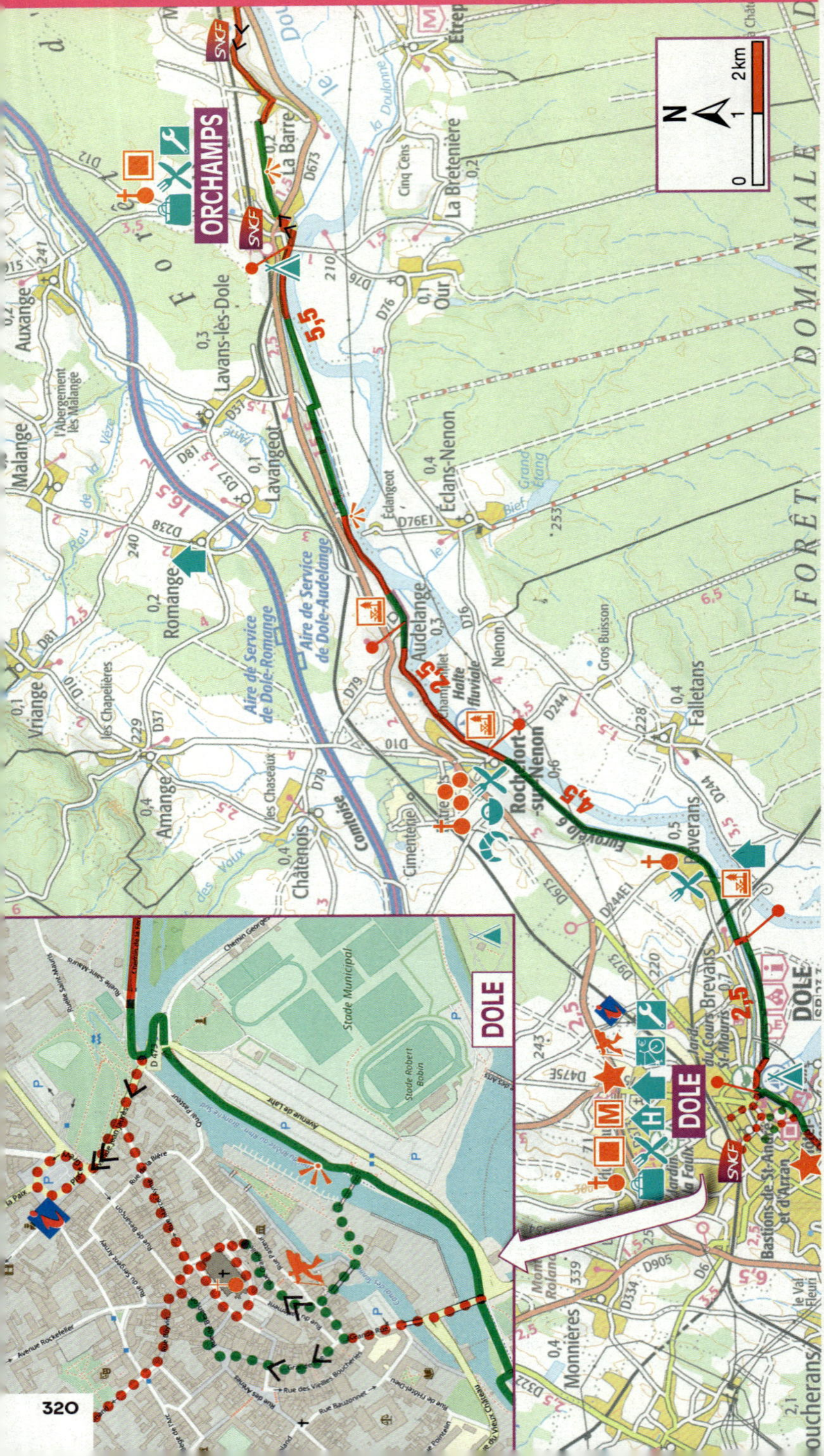
ORCHAMPS
DOLE
Lavans-lès-Dole
Lavangeot
Audelange
Rochefort-sur-Nenon
Eclans-Nenon
Falletans
Baverans
Romange
Amange
Vriange
Malange
Auxange
Châtenois
La Barre
La Bretenière
Our
Nenon
Monnières
Brevans
Eurovélo 6
FORÊT DOMANIALE
Aire de Service de Dole-Romange
Aire de Service de Dole-Audelange
Halte fluviale
Bastions de St-André et d'Arran
Stade Municipal
Stade Robert Bobin
Avenue de Lattre
5,5
16,5
2,5
4,5
0
1
2km

# N°13 Dole → St-Jean-de-Losne

## 25,5 km - 2 h 35

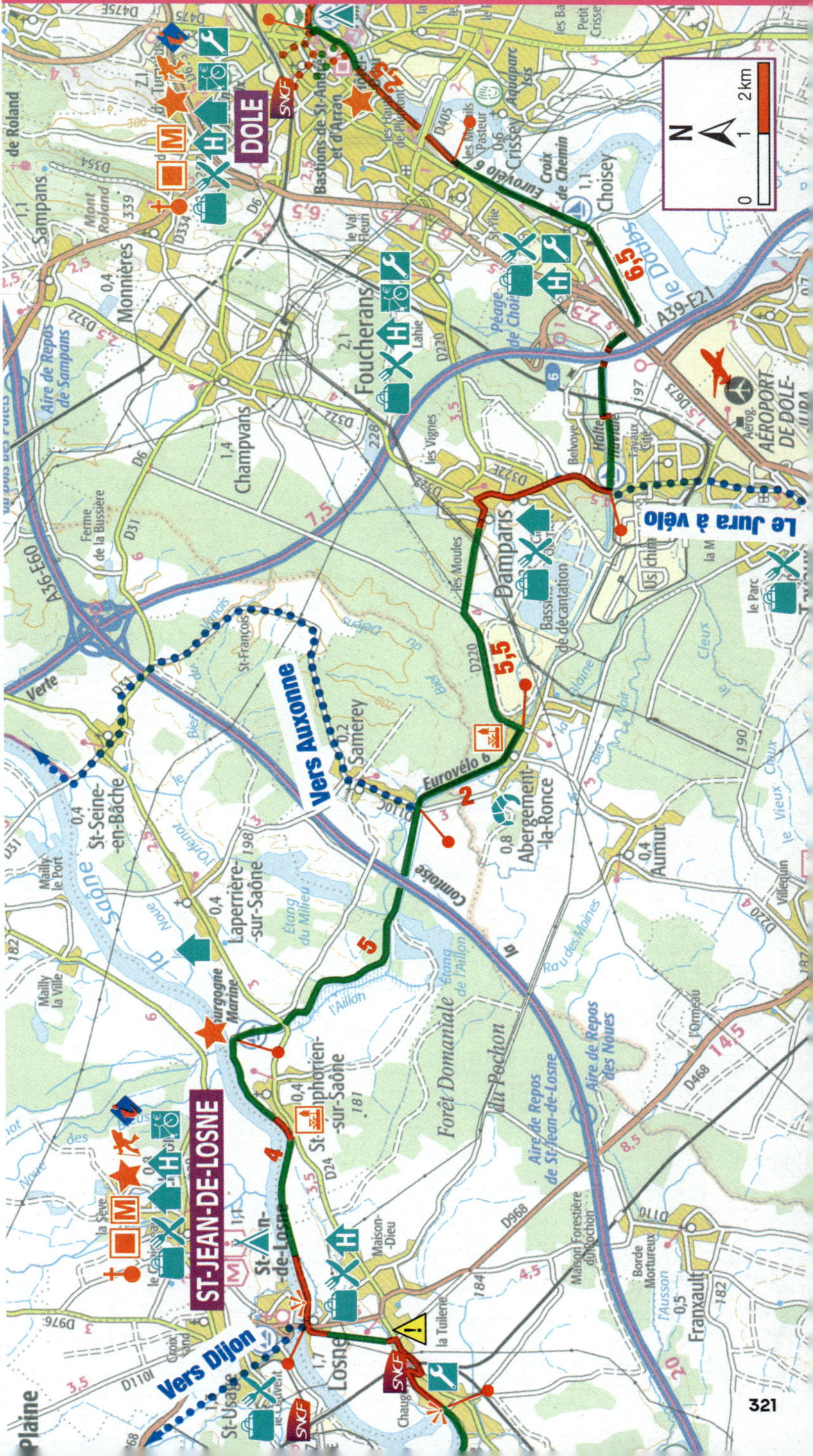
DOLE
ST-JEAN-DE-LOSNE
Vers Auxonne
Vers Dijon
Le Jura à vélo
Eurovélo 6
AÉROPORT DE DOLE-JURA
Foucherans
Champvans
Monnières
Sampans
Crissey
Choisey
Damparis
Abergement-la-Ronce
Samerey
St-Seine-en-Bâche
Laperrière-sur-Saône
St-Symphorien-sur-Saône
Losne
St-Usage
Aumur
Franxault
Forêt Domaniale du Pochon
Aire de Repos de Sampans
Aire de Repos de St-Jean-de-Losne
Aire de Repos des Noues
Bassins de décantation
Bourgogne Marine
le Doubs
la Saône
A39-E21
A36-E60
D405
D475
D322
D220
D968
6,5
7,5
5,5
5
4
2
0 1 2km

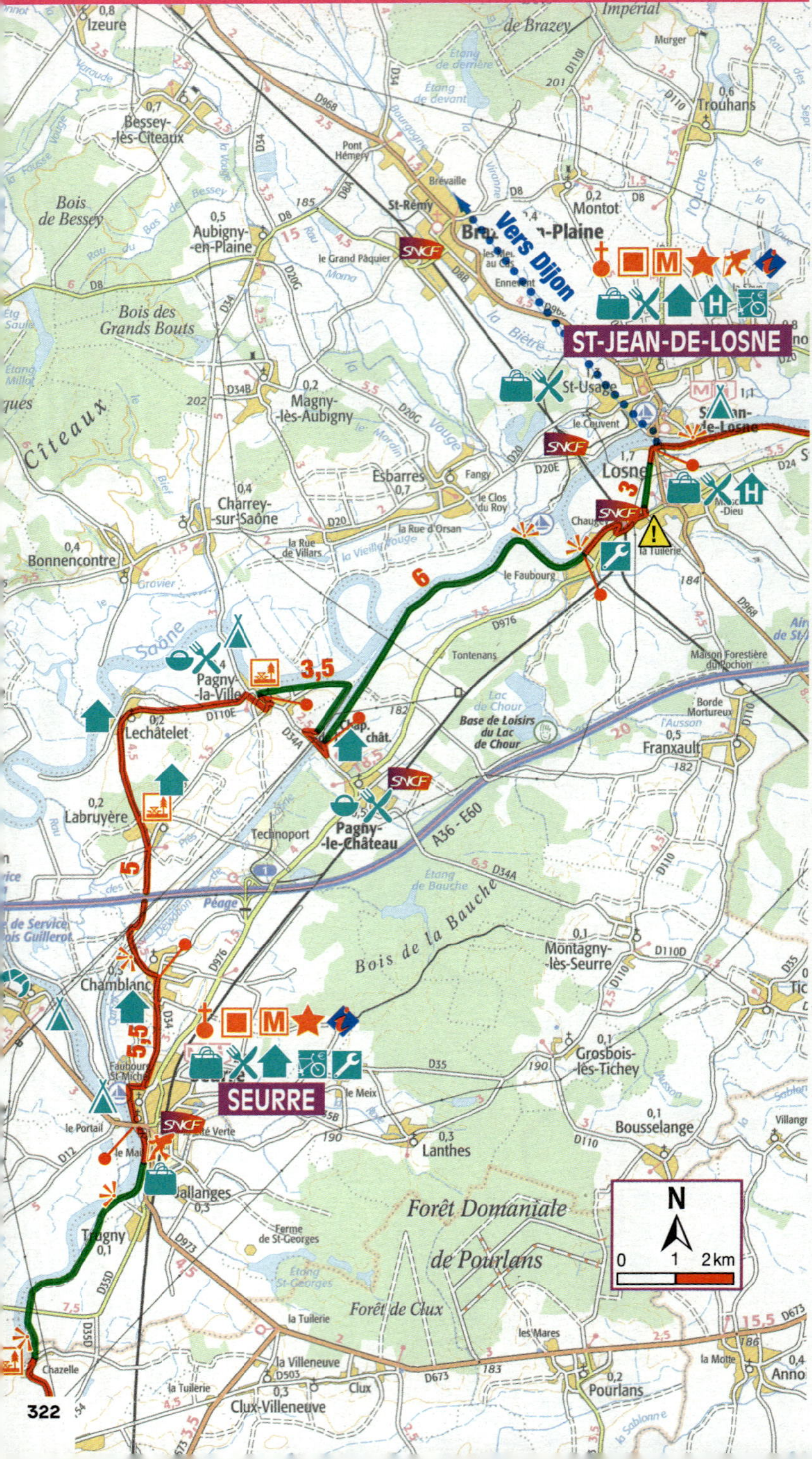
ST-JEAN-DE-LOSNE
Vers Dijon
SEURRE
Izeure
Bessey-lès-Cîteaux
Bois de Bessey
Aubigny-en-Plaine
Bois des Grands Bouts
Magny-lès-Aubigny
Cîteaux
Charrey-sur-Saône
Bonnencontre
Brazey-en-Plaine
St-Rémy
Montot
Trouhans
St-Usage
Losne
Esbarres
Fangy
le Faubourg
la Tuilerie
Tontenans
Lac de Chour
Base de Loisirs du Lac de Chour
Franxault
Pagny-la-Ville
Lechâtelet
Labruyère
Pagny-le-Château
Technoport
A36 - E60
Péage
Bois de la Bauche
Montagny-lès-Seurre
Chamblanc
Grosbois-lès-Tichey
Bousselange
Lanthes
Jallanges
Trugny
Forêt Domaniale de Pourlans
Forêt de Clux
Clux-Villeneuve
Pourlans
Chazelle
Saône
SNCF
N
0 1 2 km

# N°15 Seurre → Verdun-sur-le-Doubs | 18,5 km - 1 h 50

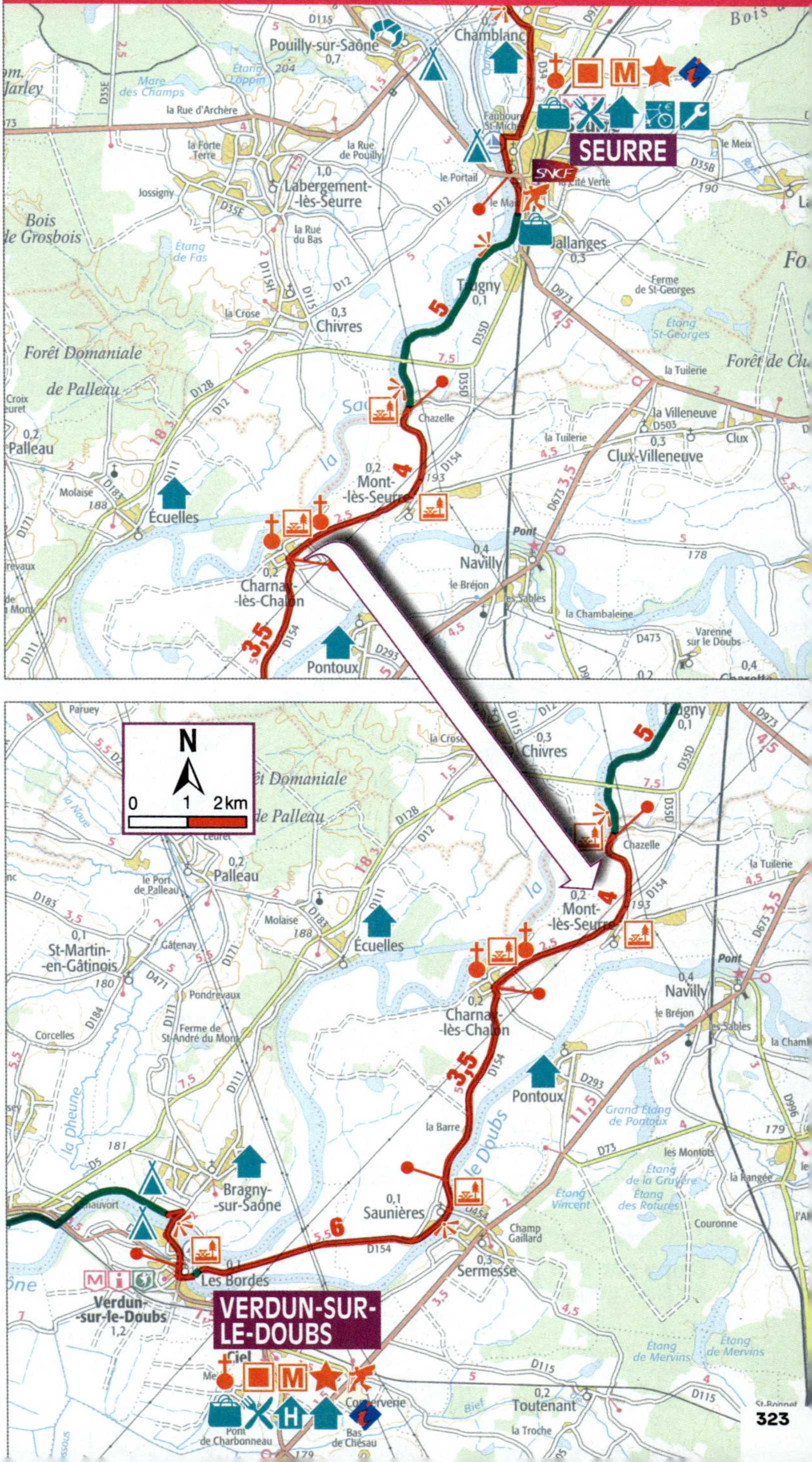
Chamblanc
Pouilly-sur-Saône
SEURRE
Jallanges
Labergement-lès-Seurre
Chivres
Trugny
Forêt Domaniale de Palleau
Bois de Grosbois
Chazelle
Mont-lès-Seurre
Palleau
Écuelles
Charnay-lès-Chalon
Navilly
Pontoux
Clux-Villeneuve
Varenne sur le Doubs
Étang St-Georges
Forêt de Cî
la Saône
le Doubs
N
0 1 2 km
St-Martin-en-Gâtinois
Bragny-sur-Saône
Saunières
Sermesse
Les Bordes
Verdun-sur-le-Doubs
VERDUN-SUR-LE-DOUBS
Toutenant
Champ Gaillard
Grand Étang de Pontoux
Étang de la Gruyère
Étang des Rotures
Étang de Mervins
SNCF

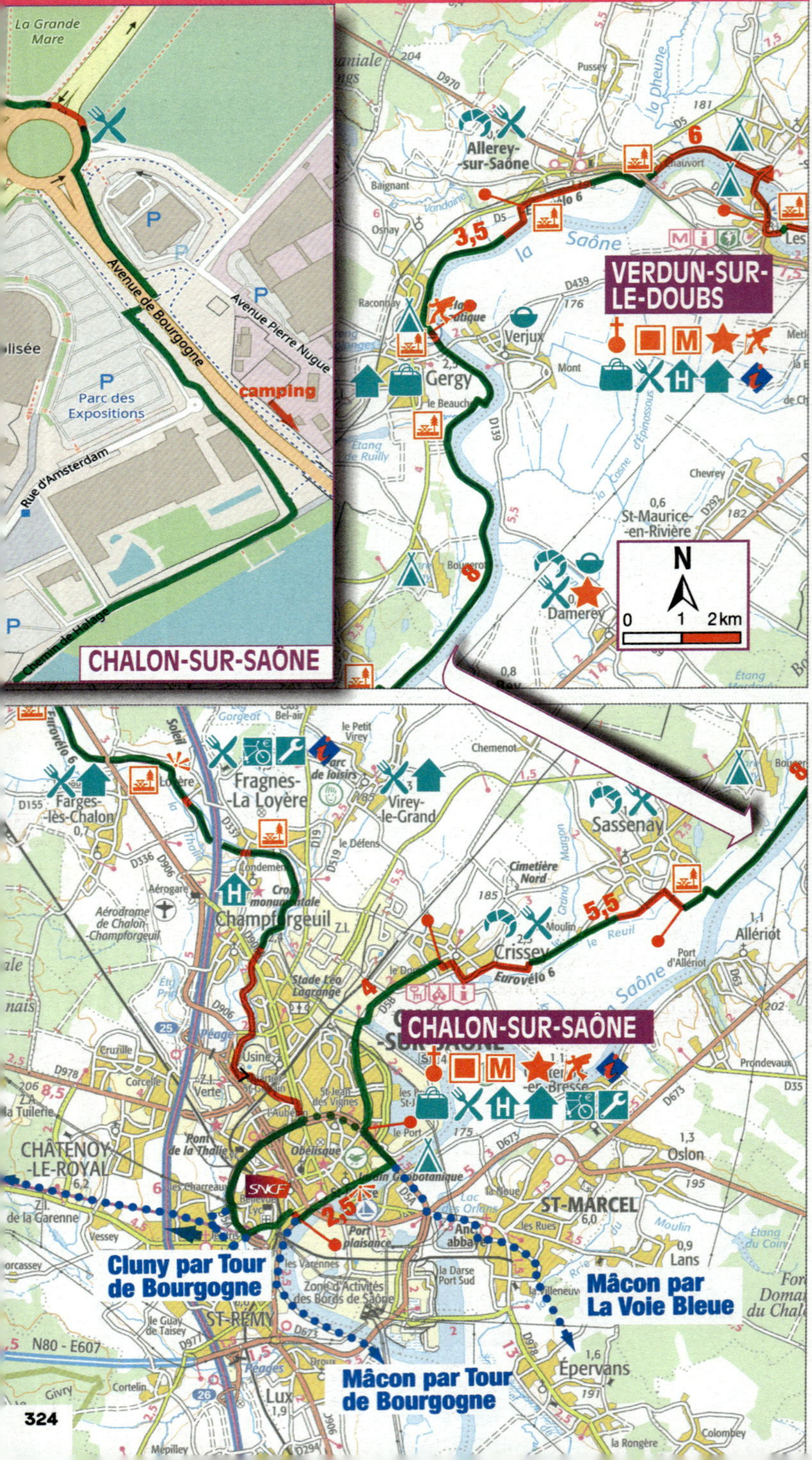
CHALON-SUR-SAÔNE
Avenue de Bourgogne
Avenue Pierre Nugue
camping
Parc des Expositions
Rue d'Amsterdam
Chemin de Halage
La Grande Mare
VERDUN-SUR-LE-DOUBS
Allerey-sur-Saône
Gergy
Verjux
St-Maurice-en-Rivière
Damerey
la Saône
Fragnes-La Loyère
Farges-lès-Chalon
Virey-le-Grand
Sassenay
Champforgeuil
Crissey
Eurovélo 6
CHALON-SUR-SAÔNE
CHÂTENOY-LE-ROYAL
ST-MARCEL
ST-RÉMY
Épervans
Lux
Oslon
Lans
Allériot
Cluny par Tour de Bourgogne
Mâcon par La Voie Bleue
Mâcon par Tour de Bourgogne
0 1 2 km
3,5
6
8
5,5
4
2,5

N
0
1
2 km
CHAGNY
Corpeau
Ébaty
Chaudenay
Demigny
Parc du chât.
Forêt
de Chagny
Bois
du Grand
Champ
Lessard-le-National
Aire de Repos du Curney
Aire de Repos de la Loyère
Fontaines
St-Nicolas
Farges-lès-Chalon
Fragnes-La Loyère
Virey-le-Grand
Champforgeuil
Aérodrome de Chalon-Champforgeuil
Forêt
Domaniale
du Chalonnais
Dracy-le-Fort
CHÂTENOY-LE-ROYAL
Crissey
Eurovélo 6
CHALON-SUR-SAÔNE
Saint-Marcel
Forêt de Givry
Vers Cluny par Tour de Bourgogne
Vers Mâcon par Tour de Bourgogne
Vers Mâcon par La Voie Bleue
ST-RÉMY
Zone d'Activités des Bords de Saône
Sevrey
St-Loup-de-Varennes
Varennes-le-Grand
Granges
La Charmée
Champ de Tir de Givry
Autoroute du Soleil
A6-E15
N80 - E607
la Saône

# Chagny → Saint-Léger-sur-Dheune

**14 km - 1 h 30**

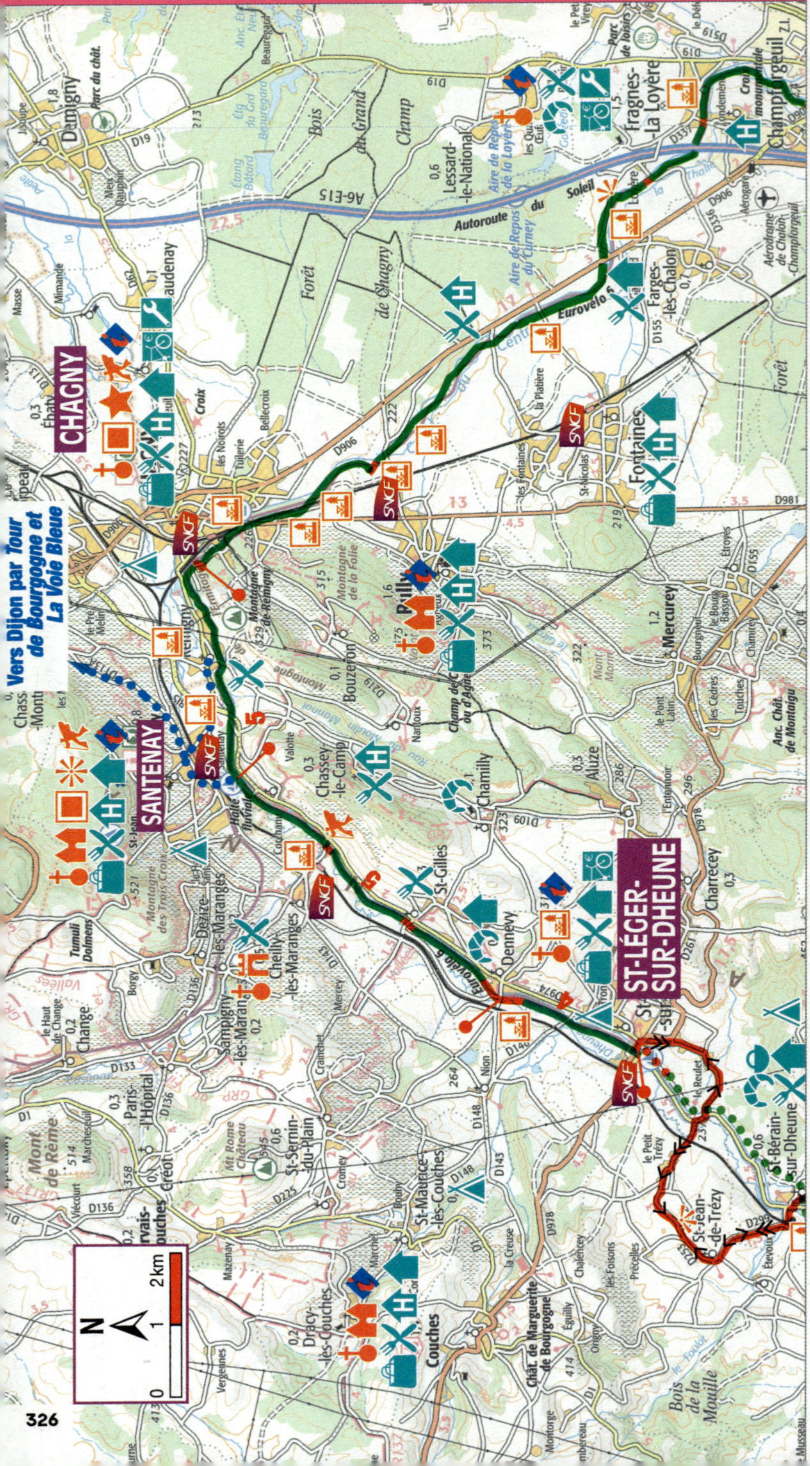
CHAGNY
SANTENAY
ST-LÉGER-SUR-DHEUNE
Vers Dijon par Tour de Bourgogne et La Voie Bleue
Fontaines
Mercurey
Aluze
Chamilly
Dennevy
St-Gilles
Chassey-le-Camp
Bouzeron
Remigny
Cheilly-lès-Maranges
Sampigny-lès-Maranges
Dezize-lès-Maranges
Paris-l'Hôpital
Change
St-Sernin-du-Plain
St-Maurice-lès-Couches
Couches
Dracy-lès-Couches
St-Bérain-sur-Dheune
St-Jean-de-Trézy
Charrecey
Farges-lès-Chalon
Fragnes-La Loyère
Champforgeuil
Lessard-le-National
Demigny
Autoroute du Soleil
Forêt de Chagny
Eurovelo 6
Aérodrome de Chalon-Champforgeuil
0 1 2km

# Saint-Léger-sur-Dheune → Écuisses

**20,5 km - 2 h 30**

ST-LÉGER-SUR-DHEUNE
ECUISSES
St-Gengoux par Tour de Bourgogne
SNCF
Couches
Dracy-lès-Couches
St-Maurice-lès-Couches
St-Sernin-du-Plain
Cheilly-lès-Maranges
Dennevy
Chât. de Marguerite de Bourgogne
St-Jean-de-Trézy
St-Bérain-sur-Dheune
Perreuil
Essertenne
Morey
St-Julien-sur-Dheune
Musée du Canal
St-Pierre-de-Varennes
Bois de la Mouille
Étang de Montaubry
Villeneuve-en-Montagne
Ste-Hélène
St-Laurent-d'Andenay
St-Martin-d'Auxy
Marcilly-lès-Buxy
Sassangy
Montagny-lès-Buxy
Cersot
Saviange
St-Privé
St-Micaud
Bois de Rougeon
Châtel-Moron
Barize
N
0
1
2 km

# Écuisses → Montceau-les-Mines

**15,5 km - 1 h 40**

**N°20**

ECUISSES
MONTCHANIN
BLANZY
MONTCEAU-LES-MINES
Vers Saint-Gengoux par Tour de Bourgogne
St-Laurent-d'Andenay
St-Martin-d'Auxy
St-Privé
Le Puley
Genouilly
Marigny
St-Eusèbe
St-Vallier
Savignes-les-Mines
St-Bérain-sous-Sanvignes
Charmoy
St-Martin
Les Bizots
Bois de Rougeon
Bois de Chaleutre
Étang de la Sorme
Étang du Plessis
0
1
2km
N

# N°21 Montceau-les-Mines → Palinges

**27,5 km - 3 h 15**

MONTCEAU-LES-MINES
Montceau-les-Mines
Stade Jean Bouveri
Étang du Plessis
Boulevard De Lattre de Tassigny
Quai Jules Chagot
Rue Jean Jaurès
Rue Carnot
Rue Jean Bouveri
Rue de Gourdon
Rue Saint-Vincent
Rue de Cluny
Rue du Bois
Rue Pierre Garnier
Rue Jean Longuet
Rue Saint-Gengoux
Rue de Mâcon
Rue Antoine Emorine
Rue de Chaubuisson
Rue de Dijon
Rue d'Autun
Rue de Moulins
Rue de Strasbourg
Rue Saint-Eloi
Rue des Prés
Rue de Marigny
Rue de la Loge
Boulevard du Plessis
D 57
D 90
D 91
C 195
C 216
C 233
SNCF

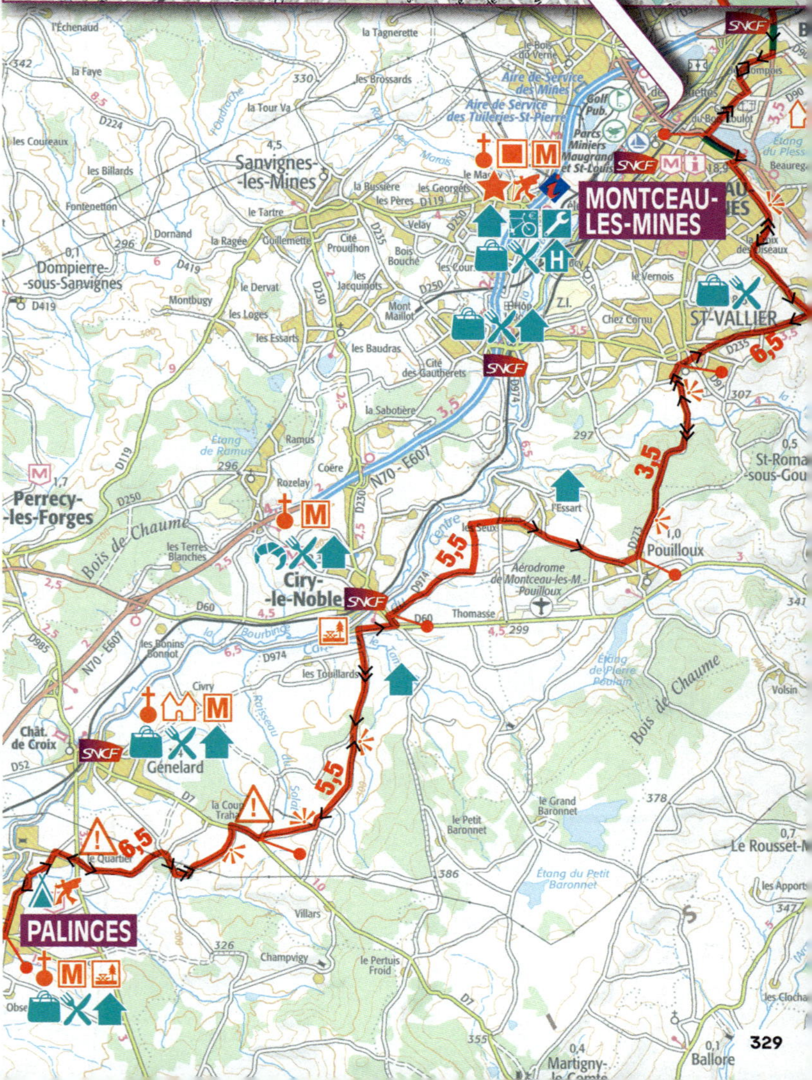
MONTCEAU-LES-MINES
ST-VALLIER
Sanvignes-les-Mines
Dompierre-sous-Sanvignes
Perrecy-les-Forges
Ciry-le-Noble
Génelard
Pouilloux
St-Romain-sous-Gourdon
PALINGES
Aire de Service des Mines
Aire de Service des Tuileries-St-Pierre
Parcs Miniers Maugrand et St-Louis
Aérodrome de Montceau-les-M.-Pouilloux
Bois de Chaume
Étang du Petit Baronnet
Étang de Pierre Poulain
N70 - E607
SNCF
3,5
5,5
6,5
Ballore
Martigny-le-Comte
Le Rousset-M.

N
0 1 2 km
Oudry
Chadzeau
Chât. de Croix
la Croix
Soumilly
le Montot
la Fin
St-Éloi
Fautrière
la Gare
le Montet
le Quartier
PALINGES
Éternes
les Couches
Boulay
Morigny
Obseigne
le Devant
Bragny
St-Vincent-Bragny
Bellevue
le Chevannet
Varennes
Parc et jardin du chât.
Digoine
la Chassagne
Fontenette
Usigny
la Forge
la Gravoine
Poujux
St-Aubin-en-Charollais
Tilly
Baisse
le Bas de Chevagny
Volesvres
Champlecy
PARAY-LE-MONIAL
la Forêt
Maison Jayet (Hôt. de V.)
Basil.
Vilaine
Cypierre
Ensemble industriel
Romay
Parc du Moulin Liron
Hautefond
Boyer
le Colombier
les Eaux Mortes
le Champ tout Seul
Rabutin
les Périchons
Fommerand
Saulnière
Sur Chaumes
le Vernay
le Breuil
Lugny-lès-Charolles
Vieux Bou
Forêt

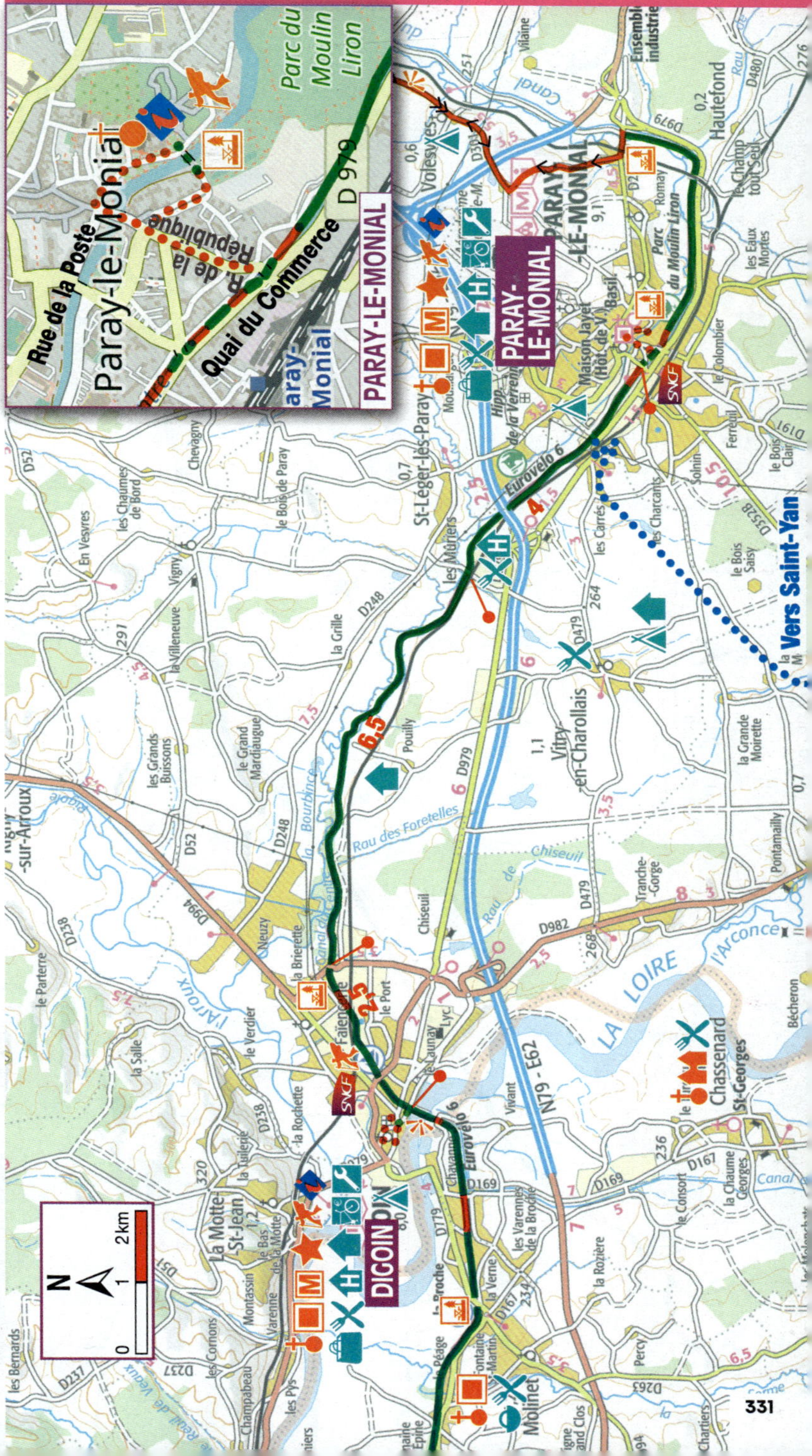
Paray-le-Monial
Rue de la Poste
R. de la République
Quai du Commerce
Parc du Moulin Liron
D 979
PARAY-LE-MONIAL
DIGOIN
Vitry-en-Charollais
St-Léger-lès-Paray
Chassenard
St-Georges
La Motte-St-Jean
Molinet
Volesvres
Hautefond
LA LOIRE
Eurovelo 6
N79 - E62
Vers Saint-Yan

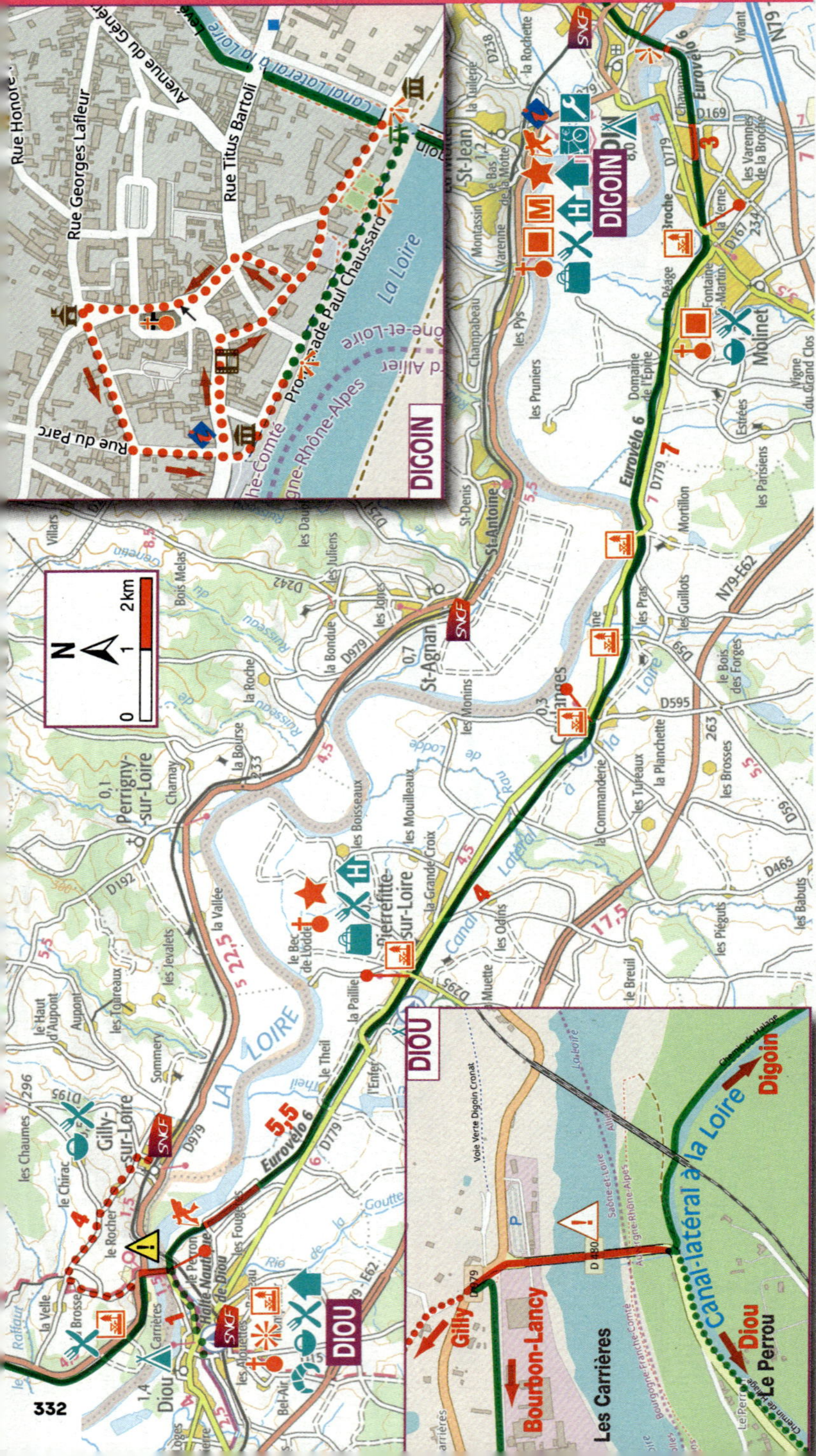
DIGOIN
DIOU
Eurovélo 6
Canal latéral à la Loire
La Loire
Digoin
Diou
Le Perrou
Bourbon-Lancy
Les Carrières
Gilly
Voie Verte Digoin Cronat
Rue Georges Lafleur
Rue Titus Bartoli
Avenue du Général
Rue du Parc
Promenade Paul Chaussard
St-Agnan
Perrigny-sur-Loire
Pierrefitte-sur-Loire
Gilly-sur-Loire
Molinet
Coulanges
St-Antoine
LA LOIRE
0 1 2km
N

# Diou → Bourbon-Lancy

**11 km - 1 h 10**

N
0
1
2 km
BOURBON-LANCY
DIOU
Vers Dompierre
Eurovélo 6
LA LOIRE
Lesme
les Jeandiaux
la Bruyère Finie
l'Aubrelle
les Breauges
la Picharne
l'Ile
Etg de Garnot
la Somme
Chez Forty
Bidelatte
l'Engarde
Fayes
Changy
Chez Pilots
Signal
Champblanc
St-Denis
Usines
le Fourneau
les Sables
Jommesson
les Forges
la Meurette
Parc Puzenat
Tour de l'Horloge
le Pré Toyard
Amanzé
les Buttes
le Bois du Four
Bel-Air
Golf de Givallois
Novillard
le Bost
Mont
les Grands Verziaux
le Vigneau
Forêt de Germigny
Valatte
Pétigny
le Raclat
les Bas Morins
les Ardillats
les Chevagnes
la Contente
Camus
Jarsaill
St-Aubin-sur-Loire
Charmes
Moulin Puzenat
le Vernay
les Chaumes
Fontête
le Haut d'Aupont
Aupont
la Velle
la Brosse
le Chirac
Gilly-sur-Loire
le Rocher
les Toureaux
Sommery
les Jevalets
Abbaye de Sept Fonts
les Vernisses
les Loges
Carrières
le Perron
Halte Nautique de Diou
Diou
l'Odépierre
la Planche
les Alouettes
Boileau
les Fougères
les Montets
Bel-Air
la Vallée
le Bec de Lodde
le Theil
la Paillie
l'Enfer
Pierrefitte-sur-Loire
la Grande Cro
Base de Loisirs du Plan d'Eau le Bassin
Aires de Repos de Pierrefitte-sur-Loire
les Couladiers
le Rouzet
la Muette
les Odi
SNCF

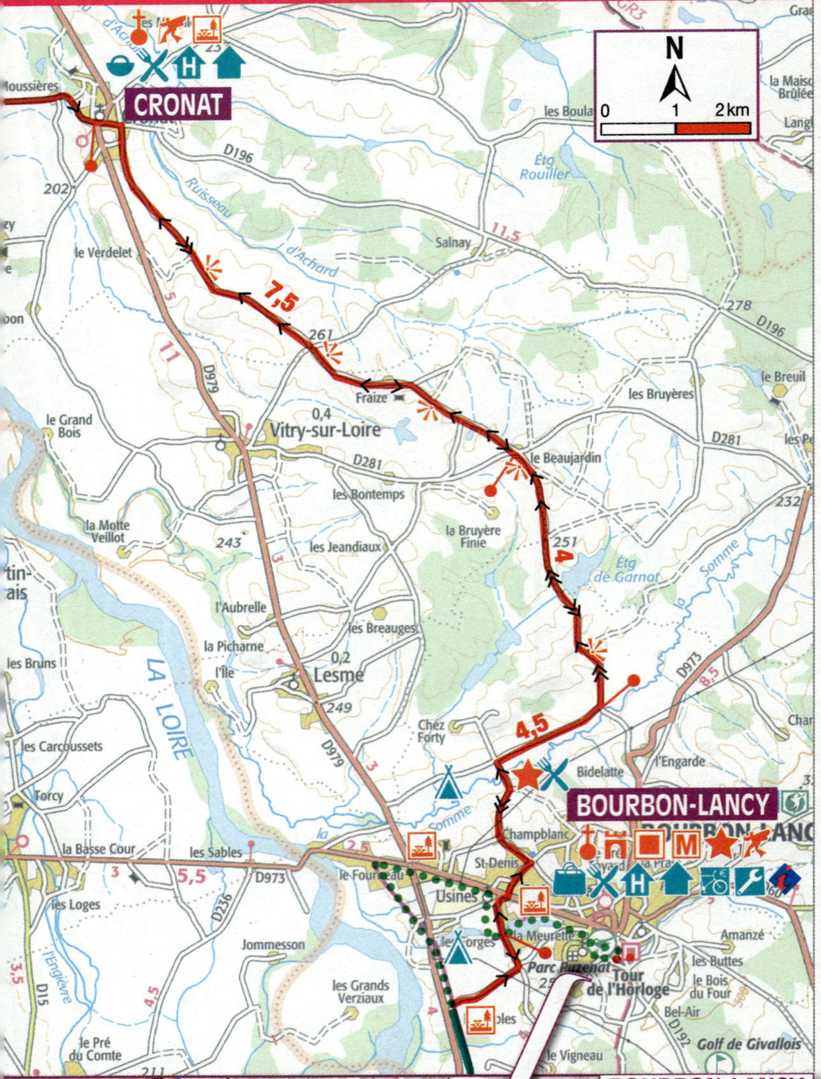
CRONAT
BOURBON-LANCY
Vitry-sur-Loire
Lesme
LA LOIRE
Fraize
le Beaujardin
les Bruyères
les Bontemps
les Jeandiaux
la Bruyère Finie
Étg de Garnot
les Breauges
l'Aubrelle
la Picharne
l'Île
Chez Forty
Bidelatte
l'Engarde
Champblanc
St-Denis
Usines
le Fourneau
la Meurette
Parc Puzenat
Tour de l'Horloge
Amanzé
les Buttes
le Bois du Four
Bel-Air
Golf de Givallois
le Vigneau
les Grands Verziaux
Jommesson
les Loges
la Basse Cour
les Sables
Torcy
les Carcoussets
les Bruns
la Motte Veillot
le Grand Bois
le Verdelet
Salnay
Étg Rouiller
les Boulai
le Breuil
le Pré du Comte
N
0 1 2km
7,5
4
4,5
D979
D973
D281
D196
D236
D15
l'Engièvre

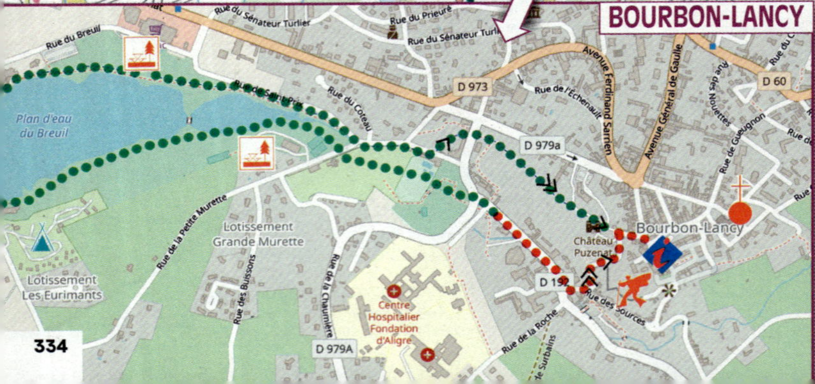
BOURBON-LANCY
Plan d'eau du Breuil
Rue du Breuil
Rue du Sénateur Turlier
Rue du Prieuré
Rue de Saint-Prix
Rue du Coteau
D 973
D 979a
D 60
Avenue Ferdinand Sarrien
Avenue Général de Gaulle
Rue des Nouettes
Rue de Gueugnon
Rue de l'Échenault
Lotissement Grande Murette
Lotissement Les Eurimants
Rue de la Petite Murette
Rue des Buissons
Rue de la Chaumière
Centre Hospitalier Fondation d'Aligre
Château Puzenat
Bourbon-Lancy
D 192
Rue des Sources
Rue de la Roche
D 979A

# N°27 Cronat → Decize

29,5 km - 3 h 20

CRONAT
DECIZE
Auxerre par Tour de Bourgogne
Bois de Briffault
Bois de Champlevois
les Grands Bessais
LA LOIRE
St-Hilaire-Fontaine
Lamenay-sur-Loire
Charrin
Devay
Gannay-sur-Loire
Cossaye
St-Germain-Chassenay
Montambert
Fours
Port de plaisance
Port de la Jonction
Sce Minérale St-Aré
0 1 2km
N

# Decize → Fleury-sur-Loire

13,5 km - 1 h 15

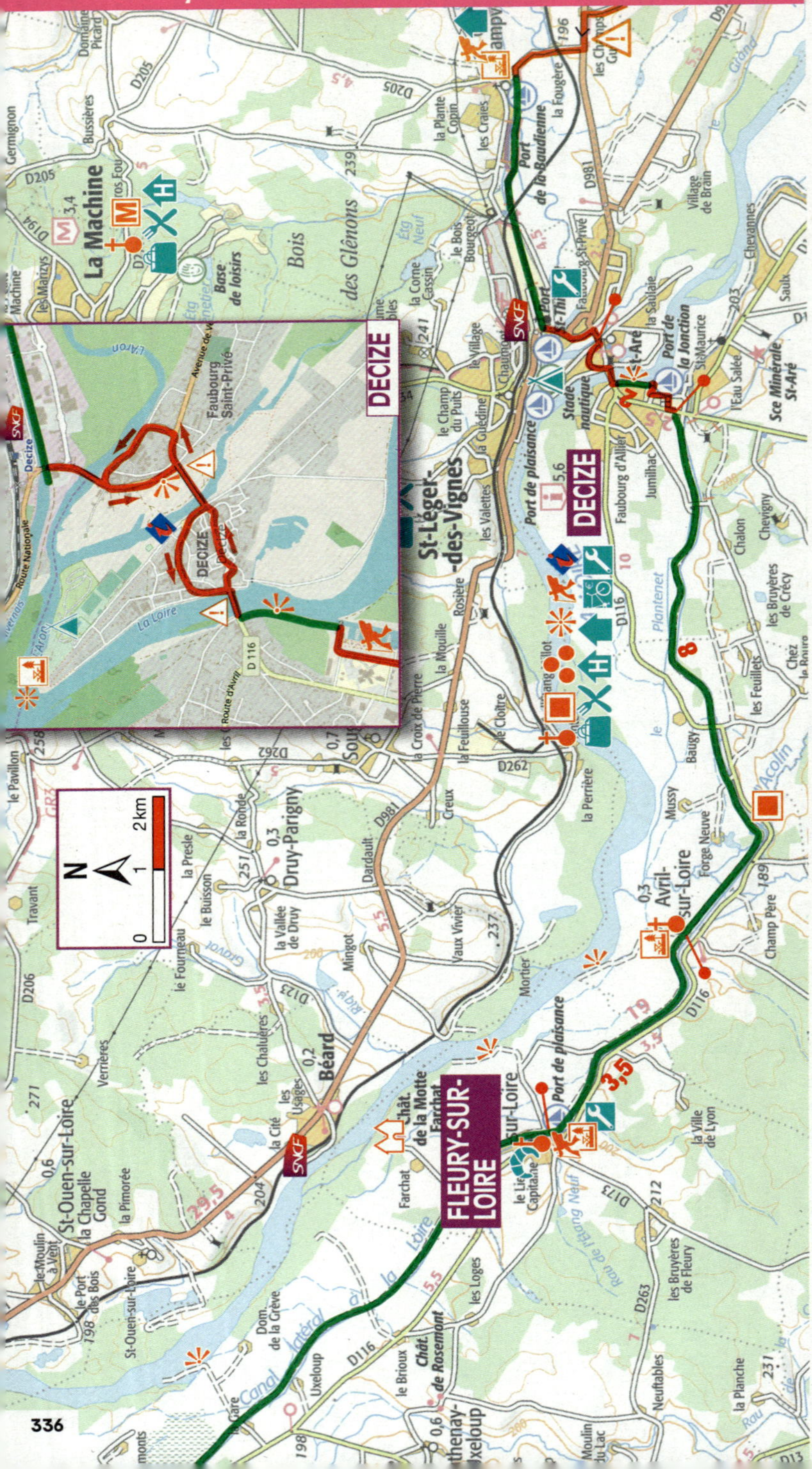
DECIZE
FLEURY-SUR-LOIRE
St-Léger-des-Vignes
La Machine
Bois des Glénons
Base de loisirs
Port de plaisance
Stade nautique
Port de la Jonction
Port de la Baudienne
Faubourg d'Allier
Faubourg Saint-Privé
Avril-sur-Loire
Druy-Parigny
Béard
St-Ouen-sur-Loire
Chât. de la Motte Farchat
Chât. de Rosemont
Canal latéral à la Loire
La Loire
Sce Minérale St-Aré
N
0
1
2km

# Fleury-sur-Loire → Nevers

**24,5 km - 2 h 30**

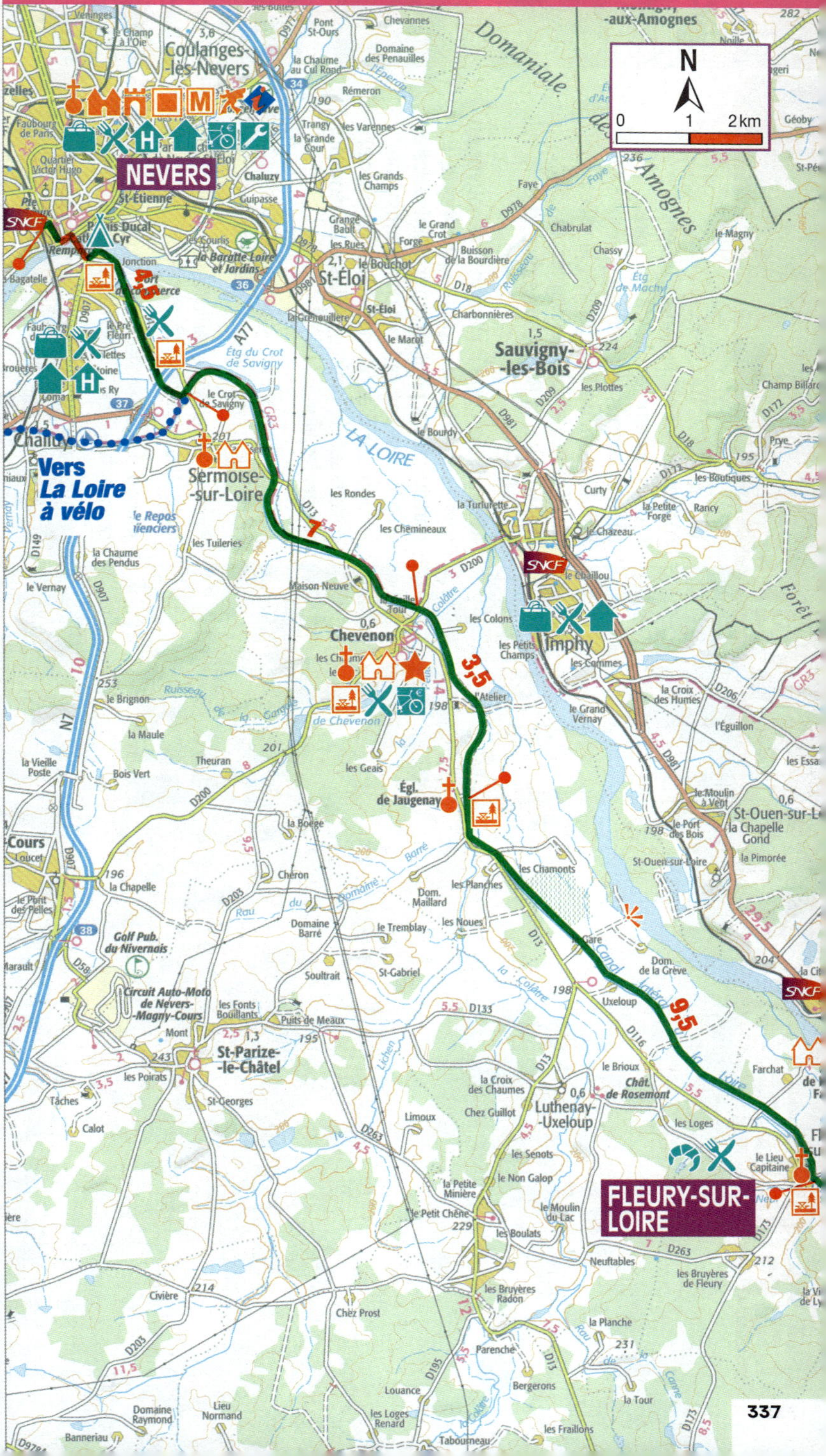

NEVERS
Coulanges-lès-Nevers
St-Éloi
Sauvigny-les-Bois
Sermoise-sur-Loire
Vers La Loire à vélo
LA LOIRE
Chevenon
Imphy
Égl. de Jaugenay
St-Parize-le-Châtel
Luthenay-Uxeloup
FLEURY-SUR-LOIRE
St-Ouen-sur-Loire
Circuit Auto-Moto de Nevers-Magny-Cours
Golf Pub. du Nivernais
Domaniale des Amognes
Canal latéral à la Loire
3,5
9,5
7
4,5
0
1
2 km
N

# LE TOUR DE BOURGOGNE À VÉLO

685 km

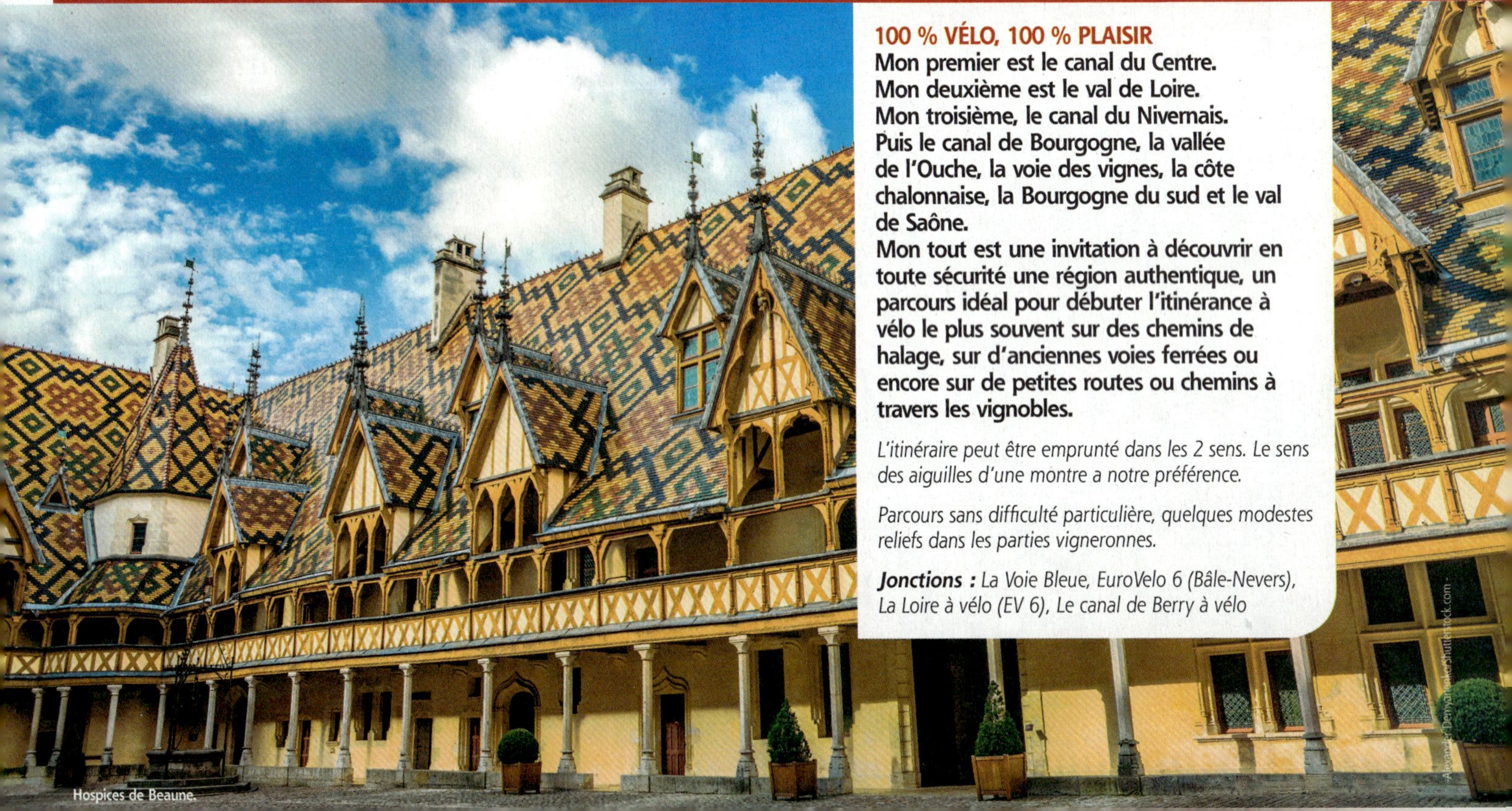

Hospices de Beaune.

Alexander Demyanenko/Shutterstock.com

**100 % VÉLO, 100 % PLAISIR**

**Mon premier est le canal du Centre.
Mon deuxième est le val de Loire.
Mon troisième, le canal du Nivernais.
Puis le canal de Bourgogne, la vallée de l'Ouche, la voie des vignes, la côte chalonnaise, la Bourgogne du sud et le val de Saône.
Mon tout est une invitation à découvrir en toute sécurité une région authentique, un parcours idéal pour débuter l'itinérance à vélo le plus souvent sur des chemins de halage, sur d'anciennes voies ferrées ou encore sur de petites routes ou chemins à travers les vignobles.**

*L'itinéraire peut être emprunté dans les 2 sens. Le sens des aiguilles d'une montre a notre préférence.*

*Parcours sans difficulté particulière, quelques modestes reliefs dans les parties vigneronnes.*

***Jonctions :** La Voie Bleue, EuroVelo 6 (Bâle-Nevers), La Loire à vélo (EV 6), Le canal de Berry à vélo*

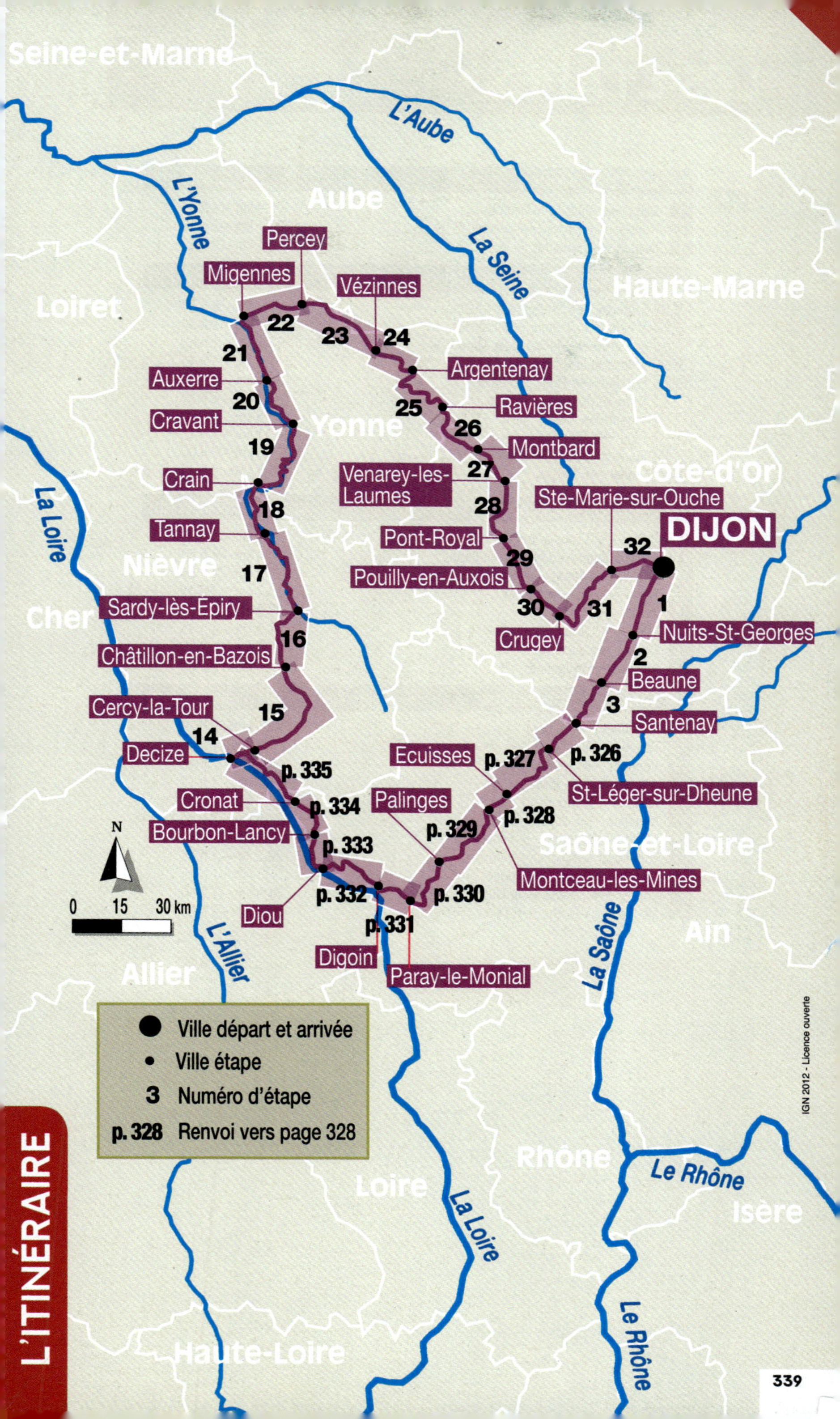
Seine-et-Marne
L'Aube
Aube
L'Yonne
La Seine
Haute-Marne
Loiret
Percey
Migennes
Vézinnes
22
23
24
21
Auxerre
Argentenay
20
Cravant
25
Ravières
Yonne
26
Montbard
19
Crain
Venarey-les-Laumes
27
Côte-d'Or
La Loire
18
28
Ste-Marie-sur-Ouche
Tannay
Pont-Royal
DIJON
32
Nièvre
17
29
Pouilly-en-Auxois
Cher
Sardy-lès-Epiry
30
31
1
16
Crugey
Nuits-St-Georges
Châtillon-en-Bazois
2
Beaune
15
3
Cercy-la-Tour
Santenay
14
Decize
Ecuisses
p. 327
p. 326
p. 335
St-Léger-sur-Dheune
Cronat
p. 334
Palinges
p. 328
N
Bourbon-Lancy
p. 329
p. 333
Saône-et-Loire
Montceau-les-Mines
0
15
30 km
p. 332
p. 330
Diou
p. 331
L'Allier
Ain
Digoin
La Saône
Paray-le-Monial
Allier
Ville départ et arrivée
Ville étape
3 Numéro d'étape
p. 328 Renvoi vers page 328
IGN 2012 - Licence ouverte
Rhône
Le Rhône
Loire
La Loire
Isère
Le Rhône
Haute-Loire

# LES ÉTAPES

N° de la carte

| La voie des Vignes | 69 km |
| --- | --- |
| 1 Dijon → Nuits-Saint-Georges | 25,9 km – 2 h 35 |
| 2 Nuits-Saint-Georges → Beaune | 22,1 km – 2 h 15 |
| 3 Beaune → Santenay | 21 km – 2 h 15 |

| Le canal du Centre & le Val de Loire | 182 km |
| --- | --- |
| p. 326 Santenay → St-Léger-sur-Dheune | 9 km – 0 h 50 |
| p. 327 St-Léger-sur-Dheune → Ecuisses | 20,5 km – 2 h 30 |
| p. 328 Ecuisses → Montceau-les-Mines | 15,5 km – 1 h 40 |
| p. 329 Montceau-les-Mines → Palinges | 27,5 km – 3 h 15 |
| p. 330 Palinges → Paray-le-Monial | 20,5 km – 2 h 30 |
| p. 331 Paray-le-Monial → Digoin | 13 km – 1 h 20 |
| p. 332 Digoin → Diou | 19,5 km – 2 h 00 |
| p. 333 Diou → Bourbon-Lancy | 11 km – 1 h 10 |
| p. 334 Bourbon-Lancy → Cronat | 16 km – 2 h 00 |
| p. 335 Cronat → Decize | 29,5 km – 3 h 20 |

| Le canal du Nivernais | 206 km |
| --- | --- |
| 14 Decize → Cercy-la-Tour | 16 km – 1 h 20 |
| 15 Cercy-la-Tour → Châtillon-en-Bazois | 34 km – 2 h 50 |
| 16 Châtillon-en-Bazois → Sardy-lès-Épiry | 23,2 km – 1 h 55 |
| 17 Sardy-lès-Épiry → Tannay | 24,7 km – 2 h 05 |
| 18 Tannay → Crain | 32,3 km – 2 h 40 |
| 19 Crain → Cravant | 33,3 km – 2 h 45 |
| 20 Cravant → Auxerre | 18,4 km – 1 h 30 |
| 21 Auxerre → Migennes | 24 km – 2 h 00 |

| Le canal de Bourgogne | 228 km |
| --- | --- |
| 22 Migennes → Percey | 27,6 km – 2 h 20 |
| 23 Percey → Vézinnes | 13 km – 1 h 05 |
| 24 Vézinnes → Argentenay | 19,9 km – 1 h 40 |
| 25 Argentenay → Ravières | 26,3 km – 2 h 15 |
| 26 Ravières → Montbard | 20,5 km – 1 h 45 |
| 27 Montbard → Venarey-les-Laumes | 16 km – 1 h 20 |
| 28 Venarey-les-Laumes → Pont-Royal | 23,5 km – 1 h 55 |
| 29 Pont-Royal → Pouilly-en-Auxois | 20,2 km – 1 h 45 |
| 30 Pouilly-en-Auxois → Crugey | 15 km – 1 h 15 |
| 31 Crugey → Ste-Marie-sur-Ouche | 21,5 km – 1 h 50 |
| 32 Ste-Marie-sur-Ouche → Dijon | 24,5 km – 2 h 05 |

**Total de l'itinéraire** **685 km**

# N°1 Dijon → Nuits-Saint-Georges

**25,9 km - 2 h 35**

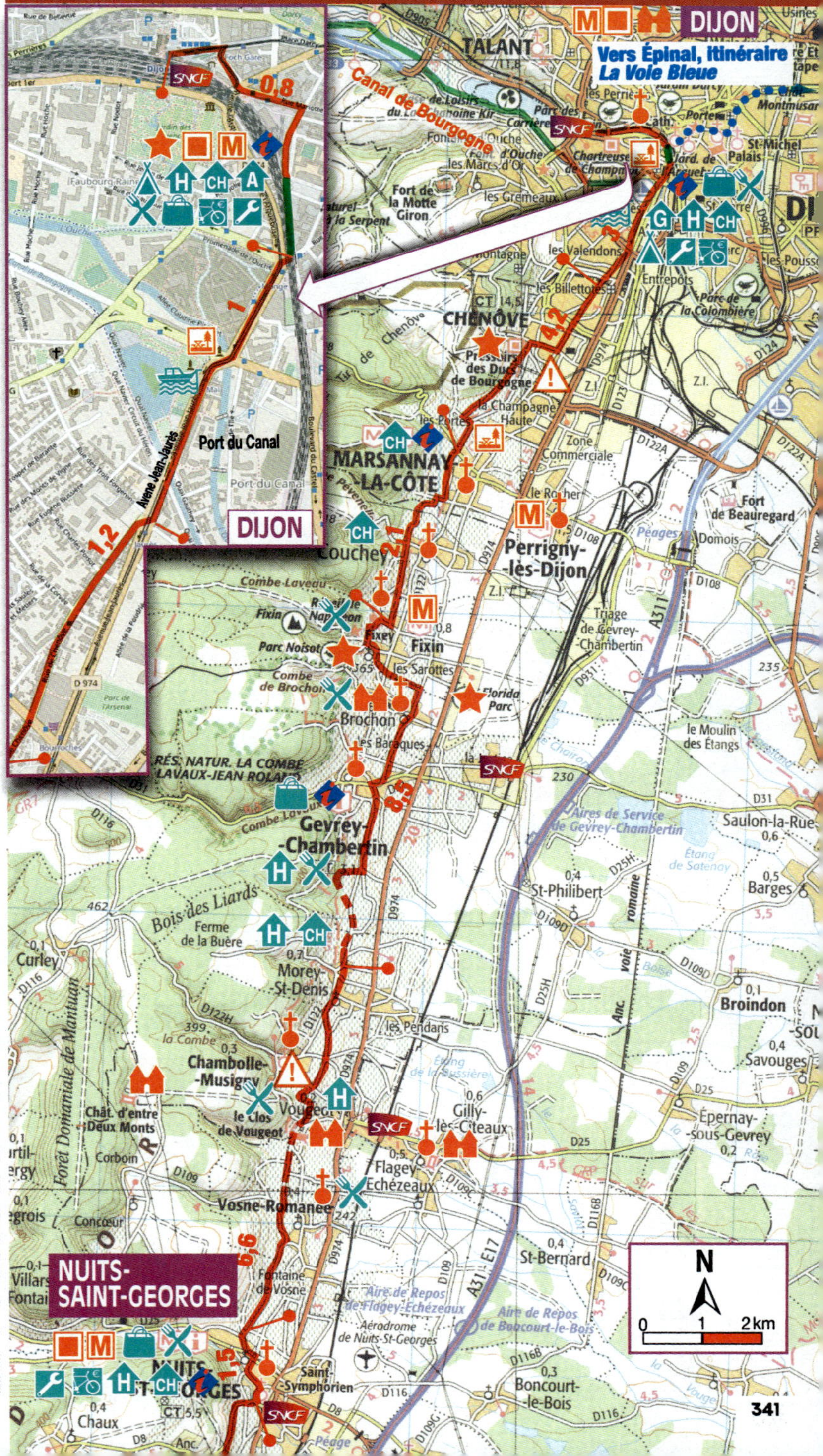
DIJON
Vers Épinal, itinéraire La Voie Bleue
TALANT
Canal de Bourgogne
Port du Canal
CHENÔVE
MARSANNAY-LA-CÔTE
Couchey
Perrigny-lès-Dijon
Fixin
Brochon
Gevrey-Chambertin
Morey-St-Denis
Chambolle-Musigny
Vougeot
Gilly-lès-Cîteaux
Flagey-Échézeaux
Vosne-Romanée
Saint-Symphorien
Boncourt-le-Bois
St-Bernard
St-Philibert
Broindon
Saulon-la-Rue
Barges
Épernay-sous-Gevrey
Savouges
NUITS-SAINT-GEORGES
0,8
1
1,2
4,2
2,1
8,5
6,6
1,5
0 1 2km

## Nuits-Saint-Georges → Beaune

22,1 km - 2 h 15

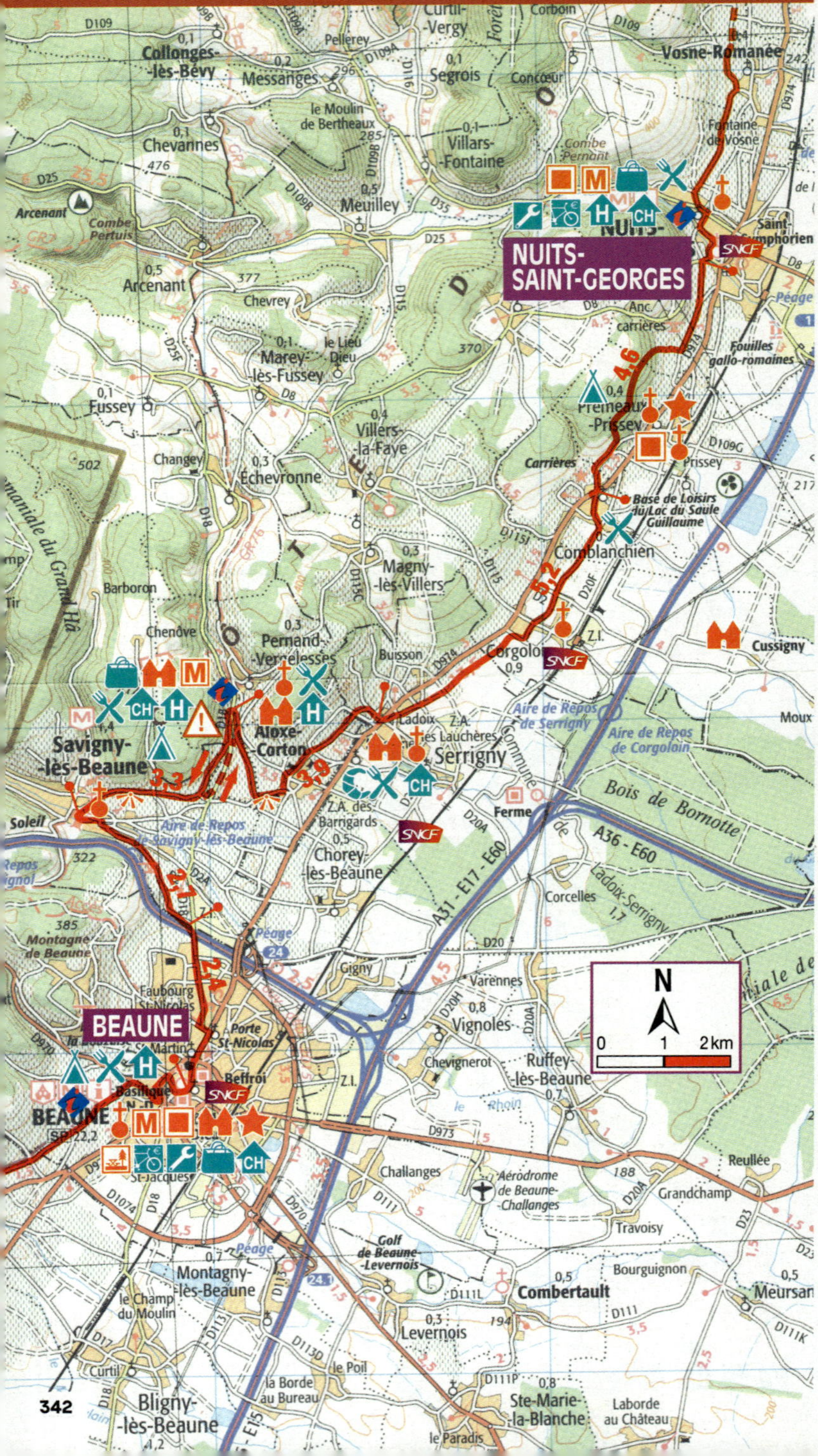
Vosne-Romanée
Fontaine de Vosne
Curtil-Vergy
Corboin
Collonges-lès-Bévy
Messanges
Pellerey
Segrois
Concœur
le Moulin de Bertheaux
Villars-Fontaine
Chevannes
Meuilley
Arcenant
Combe Pertuis
Combe Pernant
NUITS-SAINT-GEORGES
Saint-Symphorien
Chevrey
Anc. carrières
Marey-lès-Fussey
le Lieu Dieu
Fouilles gallo-romaines
Fussey
Villers-la-Faye
Premeaux-Prissey
Prissey
Changey
Échevronne
Carrières
Base de Loisirs du Lac du Saule Guillaume
Comblanchien
Magny-lès-Villers
Barboron
Chenôve
Pernand-Vergelesses
Busson
Corgoloin
Z.I.
Cussigny
Savigny-lès-Beaune
Aloxe-Corton
Ladoix
Z.A. les Lauchères
Serrigny
Aire de Repos de Serrigny
Aire de Repos de Corgoloin
Moux
Bois de Bornotte
Soleil
Aire de Repos de Savigny-lès-Beaune
Z.A. des Barrigards
Chorey-lès-Beaune
Ferme
A36 - E60
A31 - E17 - E60
Corcelles
Ladoix-Serrigny
Montagne de Beaune
Péage
Gigny
Varennes
Faubourg St-Nicolas
BEAUNE
Porte St-Nicolas
Beffroi
Basilique
Vignoles
Chevignerot
Ruffey-lès-Beaune
Z.I.
Challanges
Aérodrome de Beaune-Challanges
Reullée
Grandchamp
Travoisy
St-Jacques
Golf de Beaune-Levernois
Montagny-lès-Beaune
Bourguignon
Combertault
Meursan
le Champ du Moulin
Levernois
Curtil
le Poil
la Borde au Bureau
Bligny-lès-Beaune
Ste-Marie-la-Blanche
Laborde au Château
le Paradis
SNCF
0 1 2 km

# Beaune → Santenay

**21 km - 2 h 15**

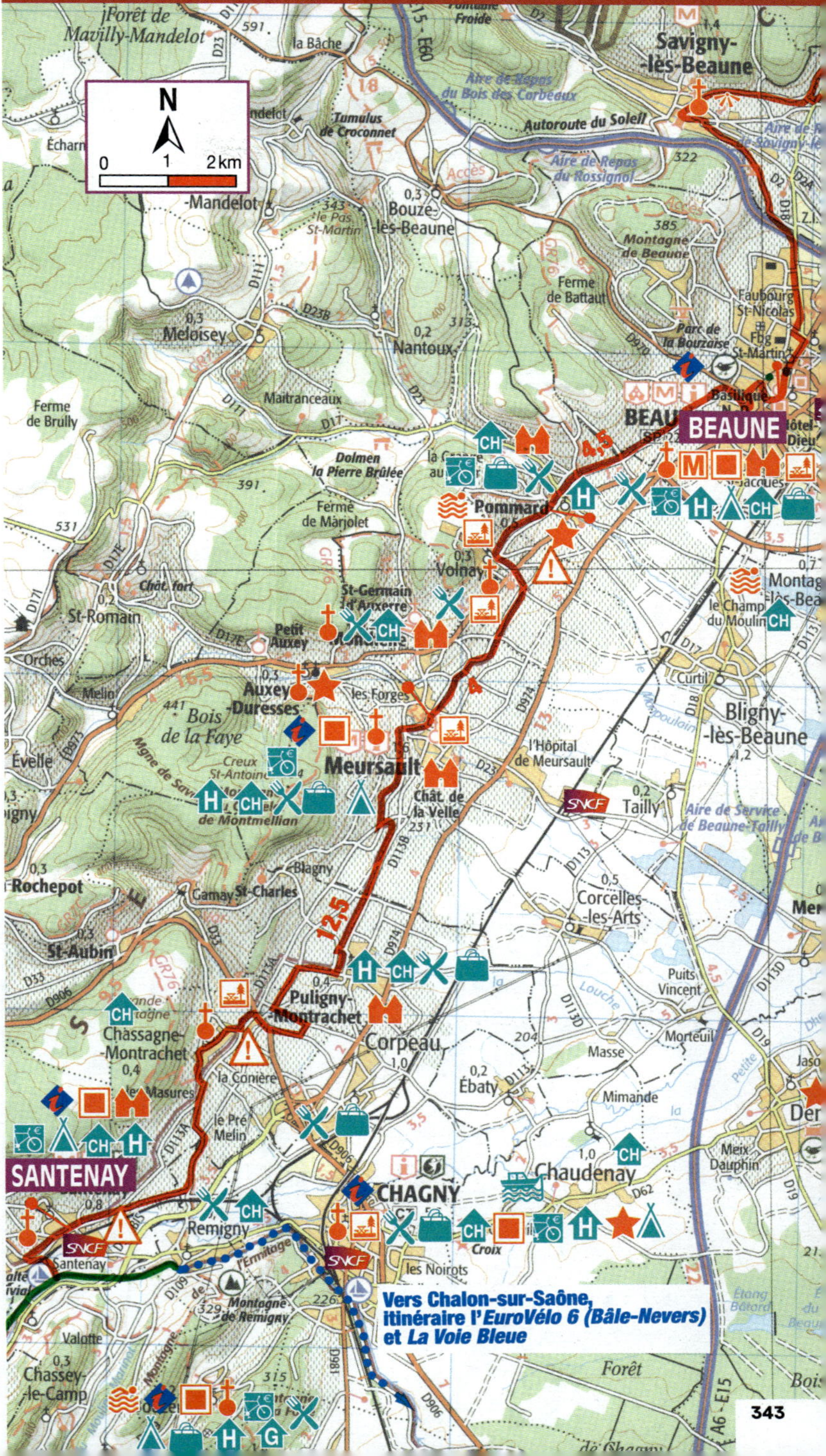
N
0
1
2 km
Forêt de Mavilly-Mandelot
Savigny-lès-Beaune
Autoroute du Soleil
Aire de Repos du Bois des Corbeaux
Aire de Repos du Rossignol
Tumulus de Croconnet
Bouze-lès-Beaune
Montagne de Beaune
Ferme de Battaut
Faubourg St-Nicolas
Parc de la Bouzaise
Fbg St-Martin
Basilique
BEAUNE
Hôtel-Dieu
St-Jacques
Meloisey
Nantoux
Maitranceaux
Ferme de Brully
Dolmen la Pierre Brûlée
Ferme de Marjolet
Pommard
Volnay
St-Germain d'Auxerre
Petit Auxey
Château fort
St-Romain
Orches
Melin
Auxey-Duresses
les Forges
Bois de la Faye
Creux St-Antoine
Meursault
Chât. de la Velle
l'Hôpital de Meursault
Tailly
Aire de Service de Beaune-Tailly
Bligny-lès-Beaune
le Champ du Moulin
Curtil
Évelle
Rochepot
Blagny
Gamay
St-Charles
St-Aubin
Corcelles-les-Arts
Puits Vincent
Puligny-Montrachet
Corpeau
Chassagne-Montrachet
la Conière
Masures
le Pré Melin
Ébaty
Masse
Morteuil
Mimande
Chaudenay
Meix Dauphin
SANTENAY
Santenay
Remigny
CHAGNY
les Noirots
Croix
Montagne de Remigny
Valotte
Chassey-le-Camp
Vers Chalon-sur-Saône, Itinéraire l'EuroVélo 6 (Bâle-Nevers) et La Voie Bleue
Forêt
4,5
4
12,5
SNCF
CH
H

# DE SANTENAY À DECIZE

10 étapes à découvrir en pages 326 à 335



| | | |
|---|---|---|
| p. 326 | Santenay → St-Léger-sur-D. | 9 km - 0 h 50 |
| p. 327 | St-Léger-sur-D. → Ecuisses | 20,5 km - 2 h 30 |
| p. 328 | Ecuisses → Montceau-les-M. | 15,5 km - 1 h 40 |
| p. 329 | Montceau-les-M. → Palinges | 27,5 km - 3 h 15 |
| p. 330 | Palinges → Paray-le-Monial | 20,5 km - 2 h 30 |
| p. 331 | Paray-le-Monial → Digoin | 13 km - 1 h 20 |
| p. 332 | Digoin → Diou | 19,5 km - 2 h 00 |
| p. 333 | Diou → Bourbon-Lancy | 11 km - 1 h 10 |
| p. 334 | Bourbon-Lancy → Cronat | 16 km - 2 h 00 |
| p. 335 | Cronat → Decize | 29,5 km - 3 h 20 |

Paray-le-Monial.

-Wikimedia Commons/Jackydarne-https://commons.wikimedia.org/wiki/File:Paray-le-Monial,_la_basilique,_vue_aérienne.jpg-

# N°14 Decize → Cercy-la-Tour

**16 km - 1 h 20**

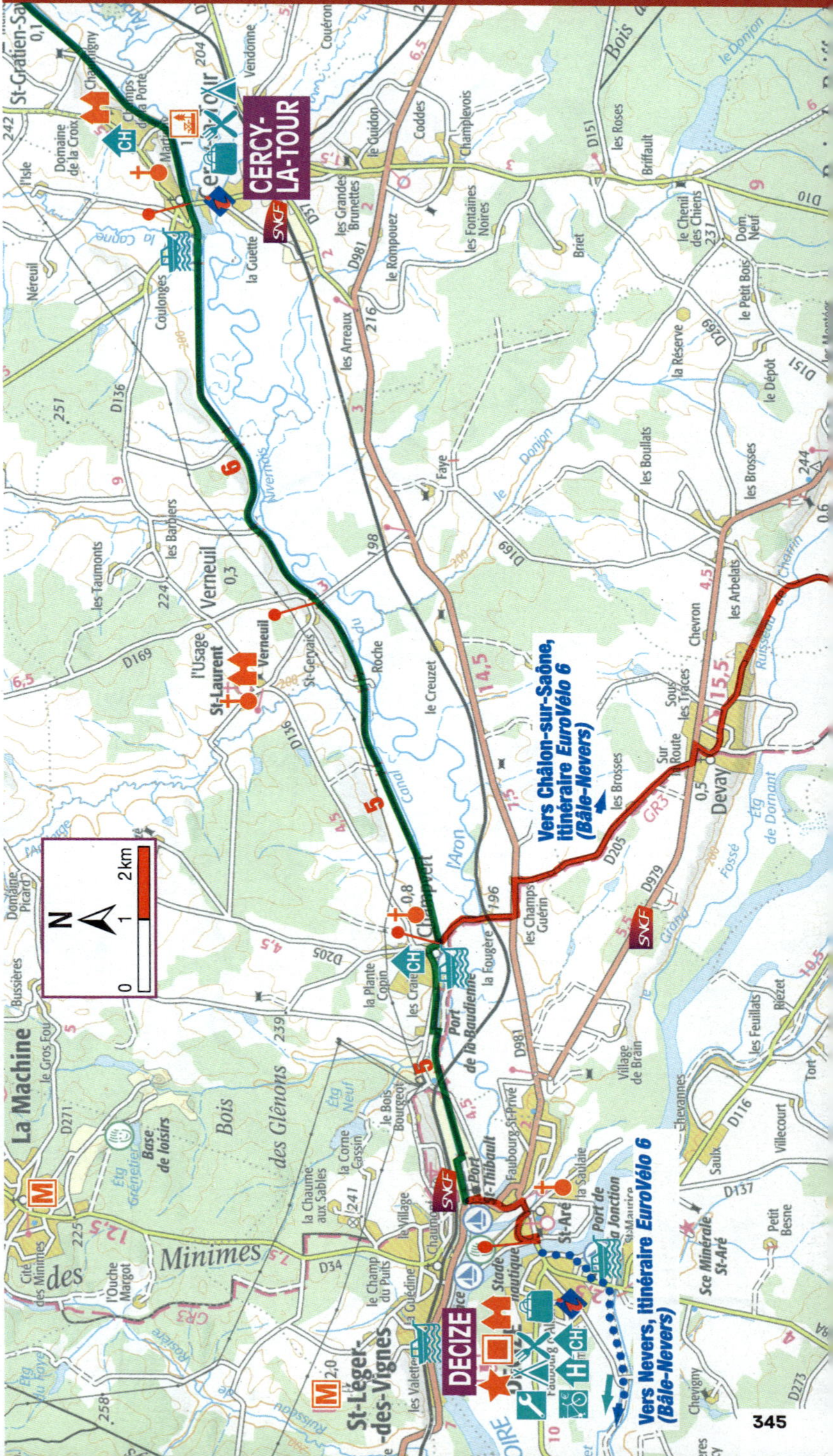
CERCY-LA-TOUR
DECIZE
Verneuil
St-Léger-des-Vignes
La Machine
Devay
Vers Châlon-sur-Saône, itinéraire EuroVélo 6 (Bâle-Nevers)
Vers Nevers, itinéraire EuroVélo 6 (Bâle-Nevers)
Port de la Baudienne
Port de la Jonction
Champvert
St-Laurent
Bois des Glénons
Base de loisirs
Sce Minérale St-Aré
0 1 2km
N

# Cercy-la-Tour → Châtillon-en-Bazois

**34 km - 2 h 50**

**N°15**

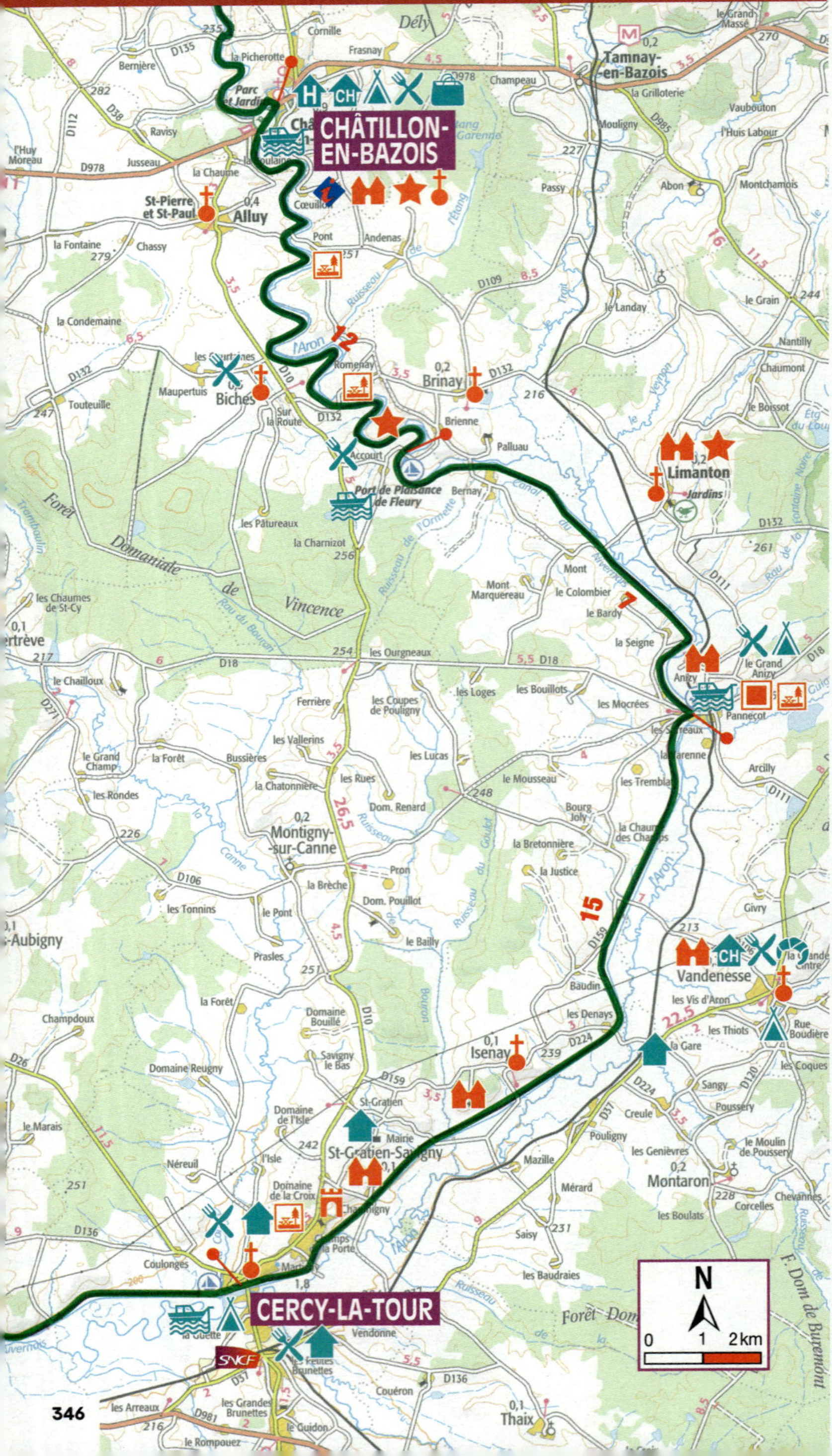
CHÂTILLON-EN-BAZOIS
CERCY-LA-TOUR
Tamnay-en-Bazois
Alluy
St-Pierre et St-Paul
Brinay
Biches
Limanton
Jardins
Anizy
le Grand Anizy
Pannecot
Vandenesse
Montigny-sur-Canne
Isenay
St-Gratien-Savigny
Montaron
Thaix
Port de Plaisance de Fleury
Forêt Domaniale de Vincence
Accourt
Brienne
Palluau
Bernay
Romenay
Cœuillon
Pont
Andenas
Chassy
la Fontaine
la Condemaine
Maupertuis
Touteuille
Sur la Route
les Pâtureaux
la Charnizot
Mont
Mont Marquereau
le Colombier
le Bardy
la Seigne
les Ourgneaux
Ferrière
les Coupes de Pouligny
les Loges
les Bouillots
les Mocrées
les Vallerins
les Lucas
les Rues
Dom. Renard
le Mousseau
les Tremblats
Bourg Joly
la Bretonnière
la Justice
la Brèche
Dom. Pouillot
Pron
le Bailly
le Pont
les Tonnins
Prasles
la Forêt
Domaine Bouillé
Savigny le Bas
Champdoux
Domaine Reugny
le Marais
Néreuil
Domaine de l'Isle
Domaine de la Croix
St-Gratien
Mairie
Baudin
les Denays
les Vis d'Aron
les Thiots
la Gare
Rue Boudière
les Coques
Sangy
Poussery
Creule
Pouligny
Mazille
les Genièvres
le Moulin de Poussery
Mérard
Saisy
les Baudraies
les Boulats
Corcelles
Chevannes
Coulonges
Vendonne
Couéron
les Grandes Brunettes
les Arreaux
le Guidon
le Rompouez
la Guette
le Chailloux
le Grand Champ
la Forêt
Bussières
la Chatonnière
les Rondes
les Chaumes de St-Cy
Givry
Arcilly
Cornille
Frasnay
Champeau
la Picherotte
Bernière
Ravisy
Jusseau
l'Huy Moreau
la Chaume
la Grilloterie
Mouligny
Passy
Abon
Vaubouton
l'Huis Labour
Montchamois
le Landay
le Grain
Nantilly
Chaumont
le Boissot
le Grand Massé
Dély
D978
D132
D18
D10
D159
D224
D106
D136
D112
D985
D109
D111
D120
D37
D981
SNCF
N
0 1 2 km

# N°16

## Châtillon-en-Bazois → Sardy-lès-Epiry

**23,2 km - 1 h 55**

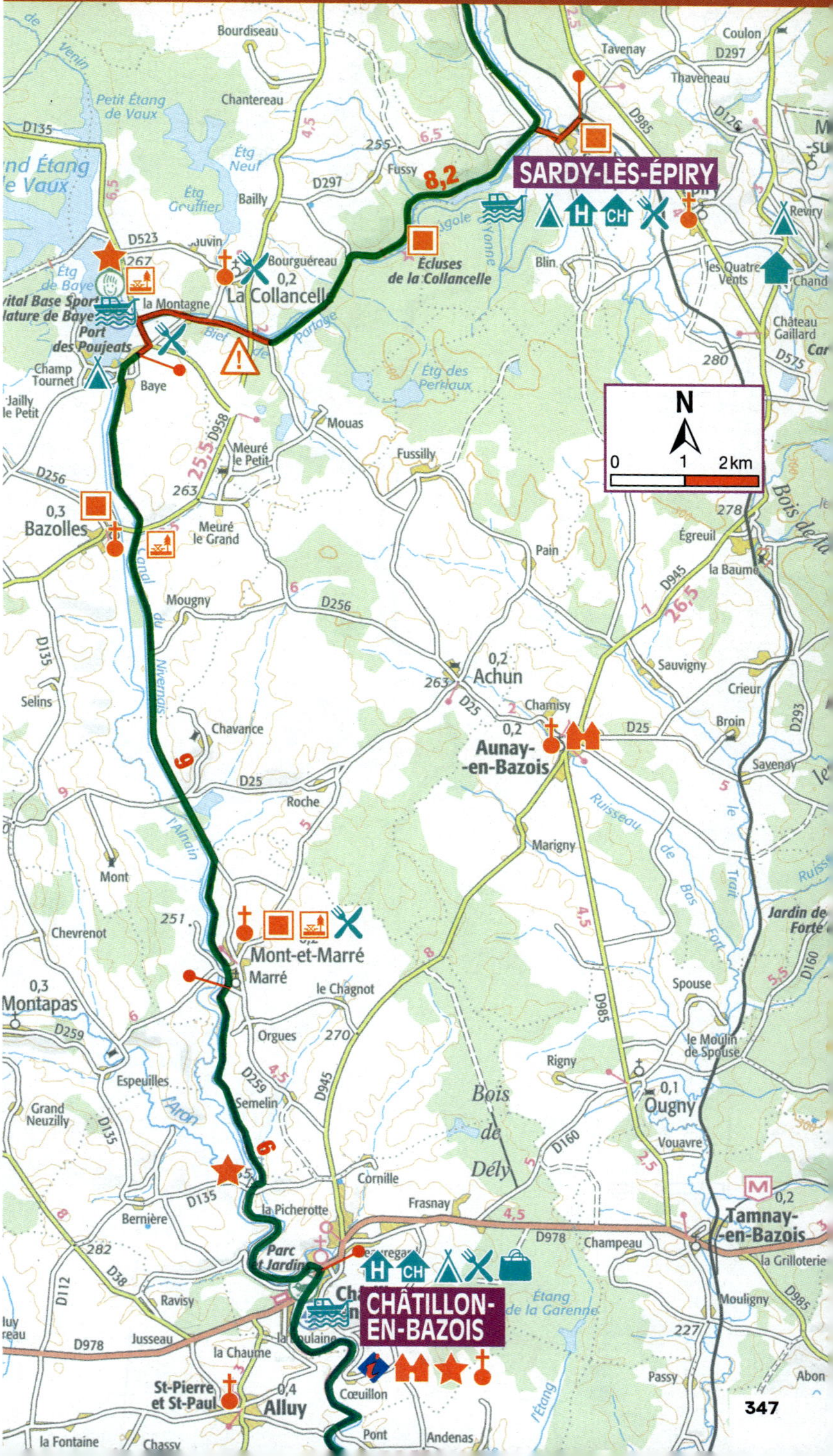

# Sardy-lès-Épiry → Tannay

24,7 km - 2 h 05

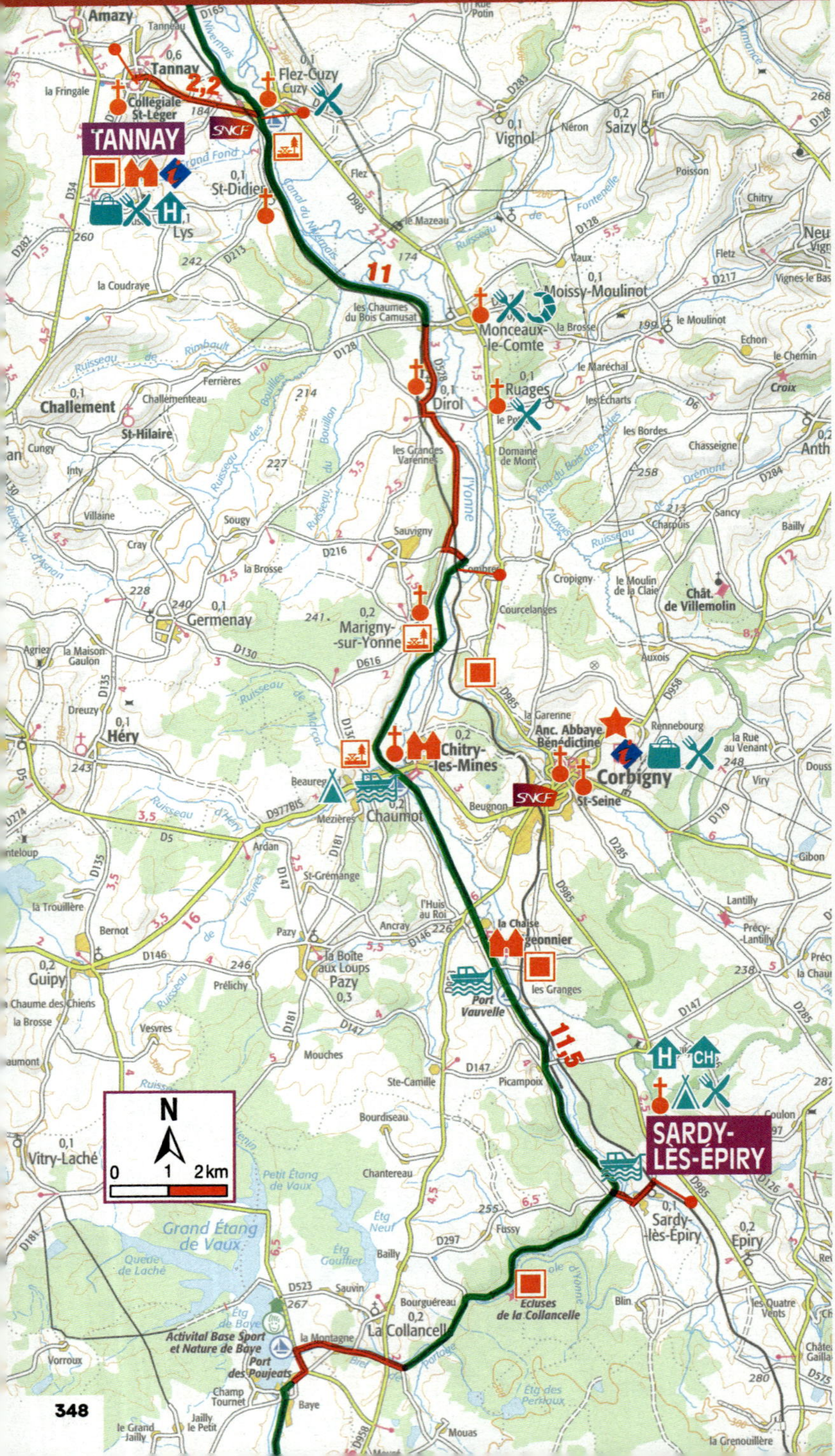
Amazy
Tannay
Collégiale St-Léger
TANNAY
la Fringale
Flez-Cuzy
Cuzy
Vignol
Néron
Saizy
St-Didier
Lys
Flez
le Mazeau
Canal du Nivernais
Moissy-Moulinot
Monceaux-le-Comte
la Brosse
le Moulinot
Echon
le Chemin
Croix
Fin
Poisson
Chitry
Fletz
Vignes le Bas
les Chaumes du Bois Camusat
Vaux
la Coudraye
Challement
Challementeau
Ferrières
St-Hilaire
Cungy
Inty
Villaine
Sougy
Cray
la Brosse
Germenay
Agriez
la Maison Gaulon
Dreuzy
Héry
Dirol
Ruages
le Maréchal
les Echarts
les Bordes
Chasseigne
Domaine de Mont
les Grandes Varennes
l'Yonne
Sauvigny
Marigny-sur-Yonne
Combres
Cropigny
le Moulin de la Claie
Chât. de Villemolin
Sancy
Charpuis
Bailly
Courcelanges
Auxois
la Garenne
Anc. Abbaye Bénédictine
Rennebourg
la Rue au Venant
Viry
Corbigny
St-Seine
Chitry-les-Mines
Chaumot
Mezières
Beaurepaire
Beugnon
Ardan
St-Grémange
l'Huis au Roi
Ancray
Pazy
la Boîte aux Loups
Prélichy
la Chaise
Pigeonnier
les Granges
Port Vauvelle
Picampoix
Ste-Camille
Bourdiseau
Mouches
Vesvres
Guipy
Chaume des Chiens
la Brosse
la Trouillère
Bernot
Gibon
Lantilly
Précy-Lantilly
Coulon
SARDY-LÈS-ÉPIRY
Sardy-lès-Épiry
Epiry
Chantereau
Fussy
Bailly
Vitry-Laché
Petit Étang de Vaux
Grand Étang de Vaux
Queue de Laché
Étg Neuf
Étg Gouffier
Sauvin
Bourguéreau
La Collancelle
Écluses de la Collancelle
Blin
les Quatre Vents
Activital Base Sport et Nature de Baye
Port des Poujeats
la Montagne
Baye
Champ Tournet
Vorroux
le Grand Jailly
Jailly le Petit
Mouas
Étg des Perreaux
la Grenouillère
SNCF
11
11,5
2,2
N
0 1 2 km

# Tannay → Crain

32,3 km - 2 h 40

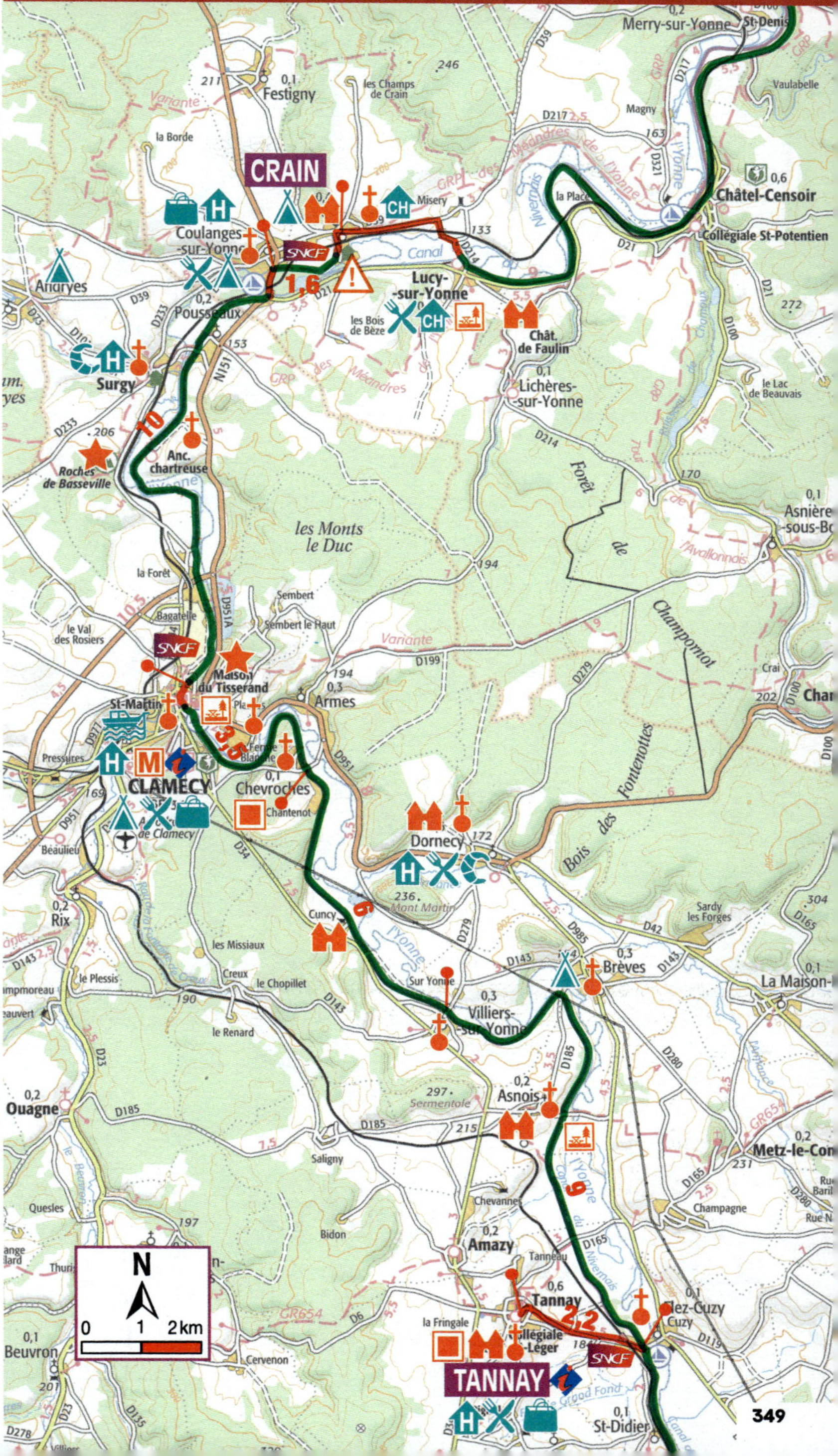
CRAIN
Festigny
les Champs de Crain
la Borde
Coulanges-sur-Yonne
Misery
Canal
Lucy-sur-Yonne
Merry-sur-Yonne
St-Denis
Vaulabelle
Magny
Châtel-Censoir
Collégiale St-Potentien
la Place
Andryes
Pousseaux
les Bois de Bèze
Chât. de Faulin
Lichères-sur-Yonne
Surgy
Roches de Basseville
Anc. chartreuse
les Monts le Duc
Forêt de Champornot
le Lac de Beauvais
Asnières-sous-Bois
la Forêt
Sembert
Sembert le Haut
Variante
le Val des Rosiers
Bagatelle
Maison du Tisserand
Armes
St-Martin
Pressures
CLAMECY
Chevroches
Chantenot
Ferme Blanche
Beaulieu
Rix
Dornecy
Bois des Fontenottes
Crai
Mont Martin
Cuncy
les Missiaux
Creux
le Chopillet
le Plessis
le Renard
Sur Yonne
Villiers-sur-Yonne
Brèves
Sardy les Forges
La Maison-
Ouagne
Asnois
Sermentole
Saligny
Metz-le-Comte
Champagne
Quesles
Chevanne
Amazy
Tanneau
Bidon
Tannay
Collégiale St-Léger
la Fringale
Cuzy
Beuvron
Cervenon
TANNAY
St-Didier
GR654
0
1
2 km
N

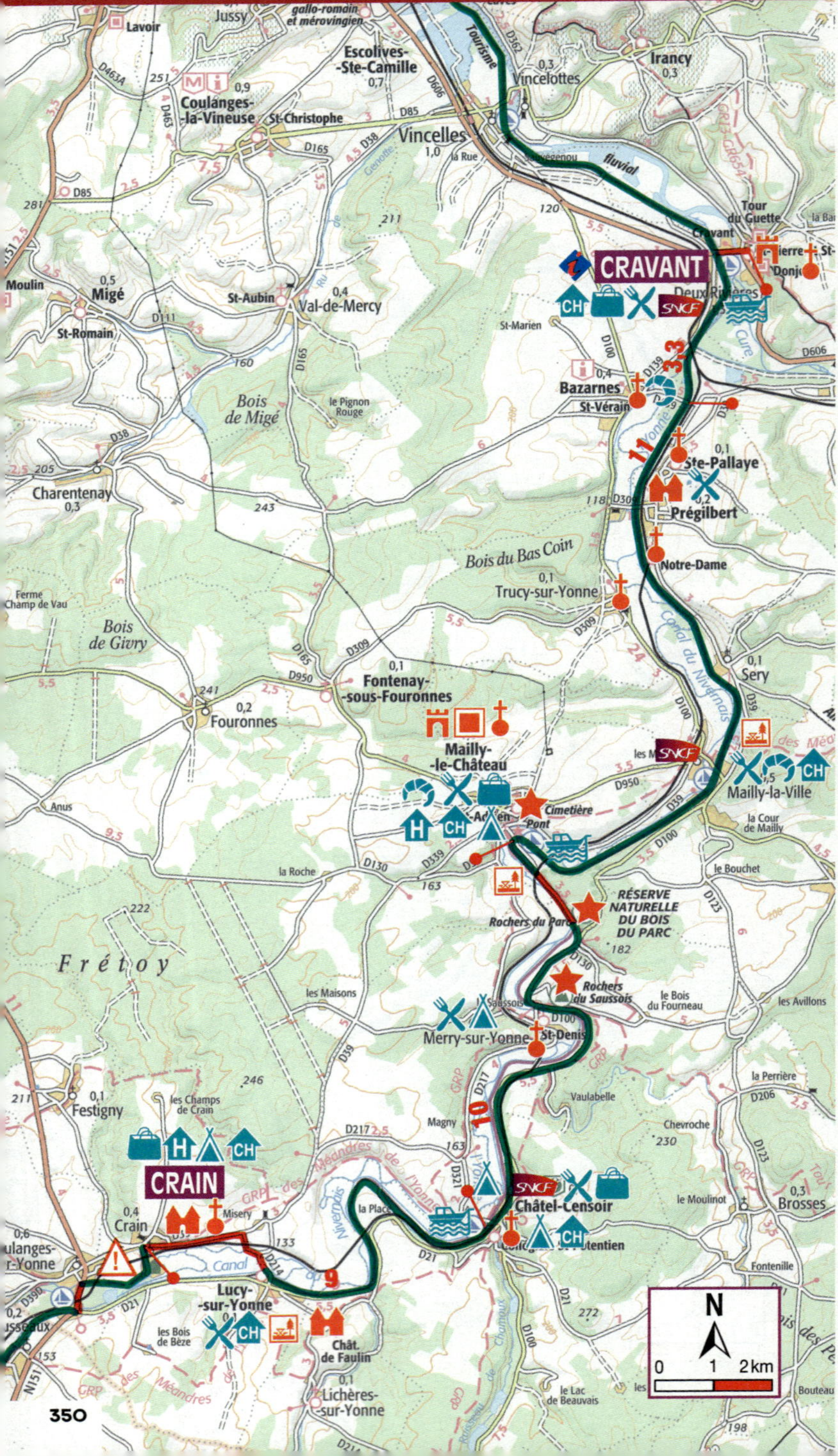
CRAVANT
CRAIN
Jussy
gallo-romain et mérovingien
Escolives-Ste-Camille
Vincelottes
Irancy
Coulanges-la-Vineuse
St-Christophe
Vincelles
Tourisme fluvial
Tour du Guette
Cravant
Donjon
Deux Rivières
Cure
Migé
St-Romain
Moulin
St-Aubin
Val-de-Mercy
St-Marien
Bois de Migé
le Pignon Rouge
Bazarnes
St-Vérain
Yonne
Ste-Pallaye
Prégilbert
Notre-Dame
Charentenay
Bois du Bas Coin
Trucy-sur-Yonne
Ferme Champ de Vau
Bois de Givry
Sery
Canal du Nivernais
Fontenay-sous-Fouronnes
Fouronnes
Mailly-le-Château
Mailly-la-Ville
la Cour de Mailly
Cimetière
Pont
Anus
la Roche
le Bouchet
RÉSERVE NATURELLE DU BOIS DU PARC
Rochers du Parc
Frétoy
Rochers du Saussois
le Bois du Fourneau
les Avillons
les Maisons
Saussois
Merry-sur-Yonne
St-Denis
Vaulabelle
la Perrière
Festigny
les Champs de Crain
Magny
Chevroche
le Moulinot
Brosses
Crain
Misery
la Place
Châtel-Censoir
Lucy-sur-Yonne
Canal
GRP des Méandres de l'Yonne
les Bois de Bèze
Chât. de Faulin
Lichères-sur-Yonne
Fontenille
le Lac de Beauvais
Bouteau
N
0 1 2 km

# n°20 Cravant → Auxerre

**18,4 km - 1 h 30**

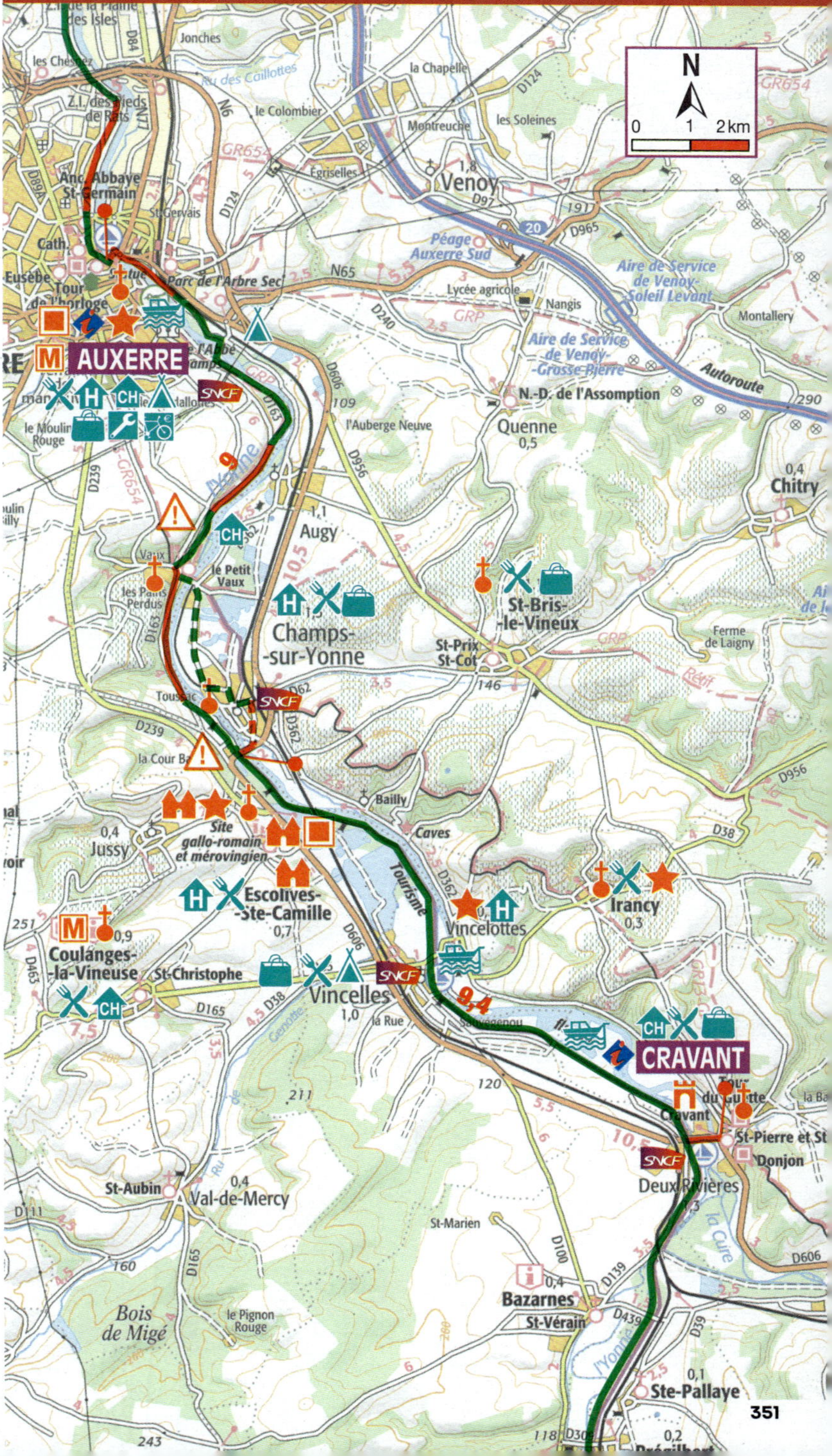
N
0 1 2 km
AUXERRE
Anc. Abbaye St-Germain
Cath.
St-Eusèbe
Tour de l'horloge
St-Gervais
Parc de l'Arbre Sec
Z.I. des Pieds de Rats
Jonches
la Chapelle
le Colombier
Égriselles
Montreuche
les Soleines
Venoy
Péage Auxerre Sud
Aire de Service de Venoy-Soleil Levant
Aire de Service de Venoy-Grosse-Pierre
Lycée agricole
Nangis
Montallery
Autoroute
N.-D. de l'Assomption
Quenne
l'Auberge Neuve
Chitry
Augy
le Petit Vaux
Vaux
les Patis Perdus
Champs-sur-Yonne
St-Bris-le-Vineux
St-Prix St-Cot
Ferme de Laigny
Toussac
la Cour Barrée
Bailly
Caves
Site gallo-romain et mérovingien
Jussy
Escolives-Ste-Camille
Irancy
Vincelottes
Coulanges-la-Vineuse
St-Christophe
Vincelles
la Rue
CRAVANT
Tour du Guette
St-Pierre et St-Paul
Donjon
Deux Rivières
St-Aubin
Val-de-Mercy
St-Marien
Bazarnes
St-Vérain
Ste-Pallaye
Bois de Migé
le Pignon Rouge
Tourisme
l'Yonne
la Cure
SNCF

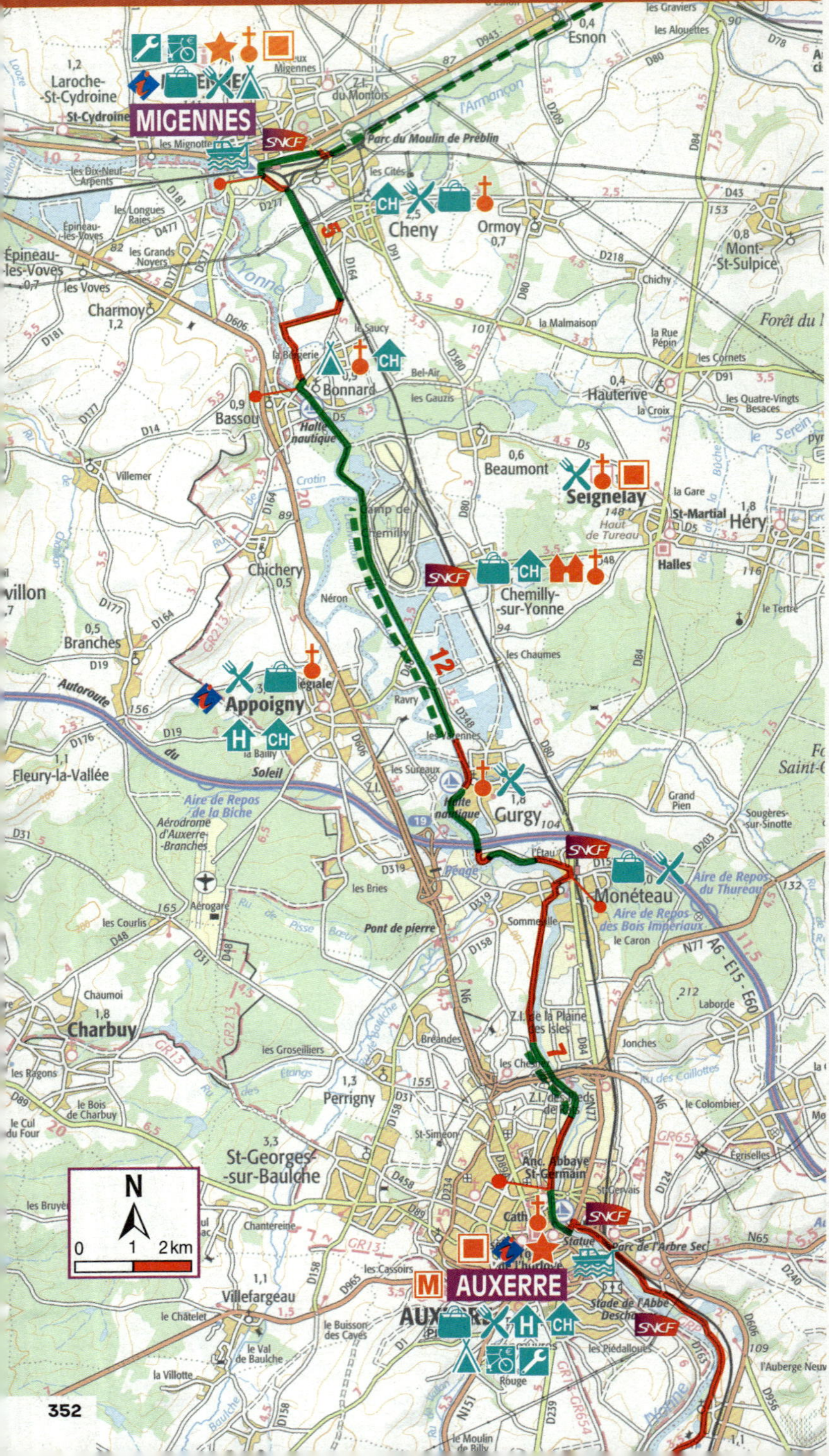
MIGENNES
Laroche-St-Cydroine
Esnon
Parc du Moulin de Préblin
Cheny
Ormoy
Mont-St-Sulpice
Épineau-les-Voves
Charmoy
Bonnard
Bassou
Halte nautique
Hauterive
Beaumont
Seignelay
Héry
St-Martial
Halles
Chichery
Chemilly-sur-Yonne
Néron
Branches
Appoigny
Ravry
Gurgy
Fleury-la-Vallée
Aire de Repos de la Biche
Aérodrome d'Auxerre-Branches
Monéteau
Aire de Repos du Thureau
Aire de Repos des Bois Impériaux
Sommeville
Pont de pierre
Charbuy
Perrigny
St-Georges-sur-Baulche
Villefargeau
Anc. Abbaye St-Germain
Cath.
Parc de l'Arbre Sec
Stade de l'Abbé Deschamps
AUXERRE
Autoroute du Soleil
A6 - E15 - E60
N
0 1 2 km

# N°22 Migennes → Percey

**27,6 km - 2 h 20**

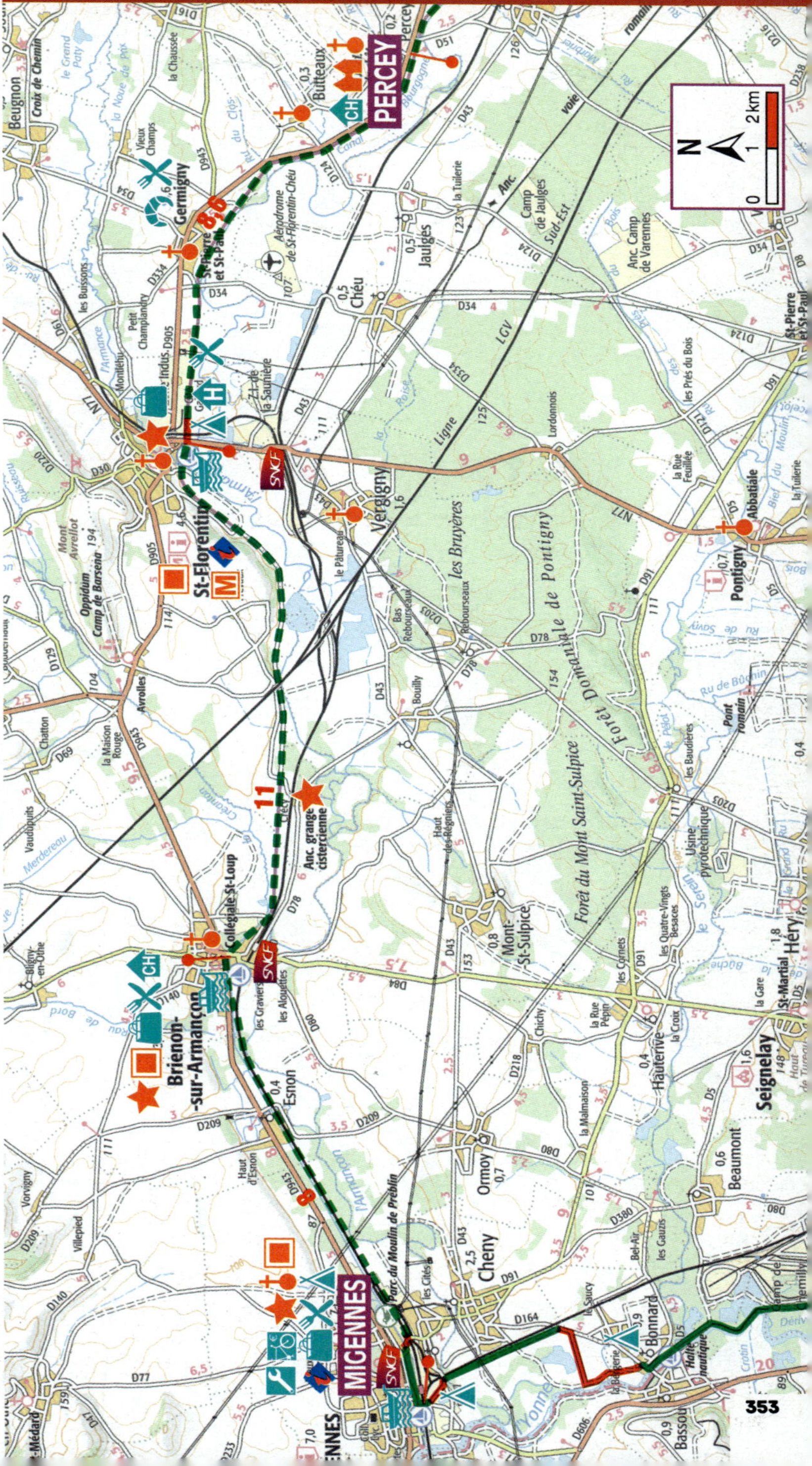
MIGENNES
Brienon-sur-Armançon
Collégiale St-Loup
Anc. grange cistercienne
St-Florentin
Germigny
Butteaux
PERCEY
Vergigny
Chéu
Jaulges
Pontigny
Esnon
Avrolles
Ormoy
Cheny
Bonnard
Seignelay
Héry
Mont-St-Sulpice
Forêt du Mont Saint-Sulpice
Forêt Domaniale de Pontigny
les Bruyères
Aérodrome de St-Florentin-Chéu
Oppidum Camp de Barsena
Mont Avrollot
Beugnon
Hauterive
Beaumont
N
0 1 2km

## Percey → Vézinnes

13 km - 1 h 05

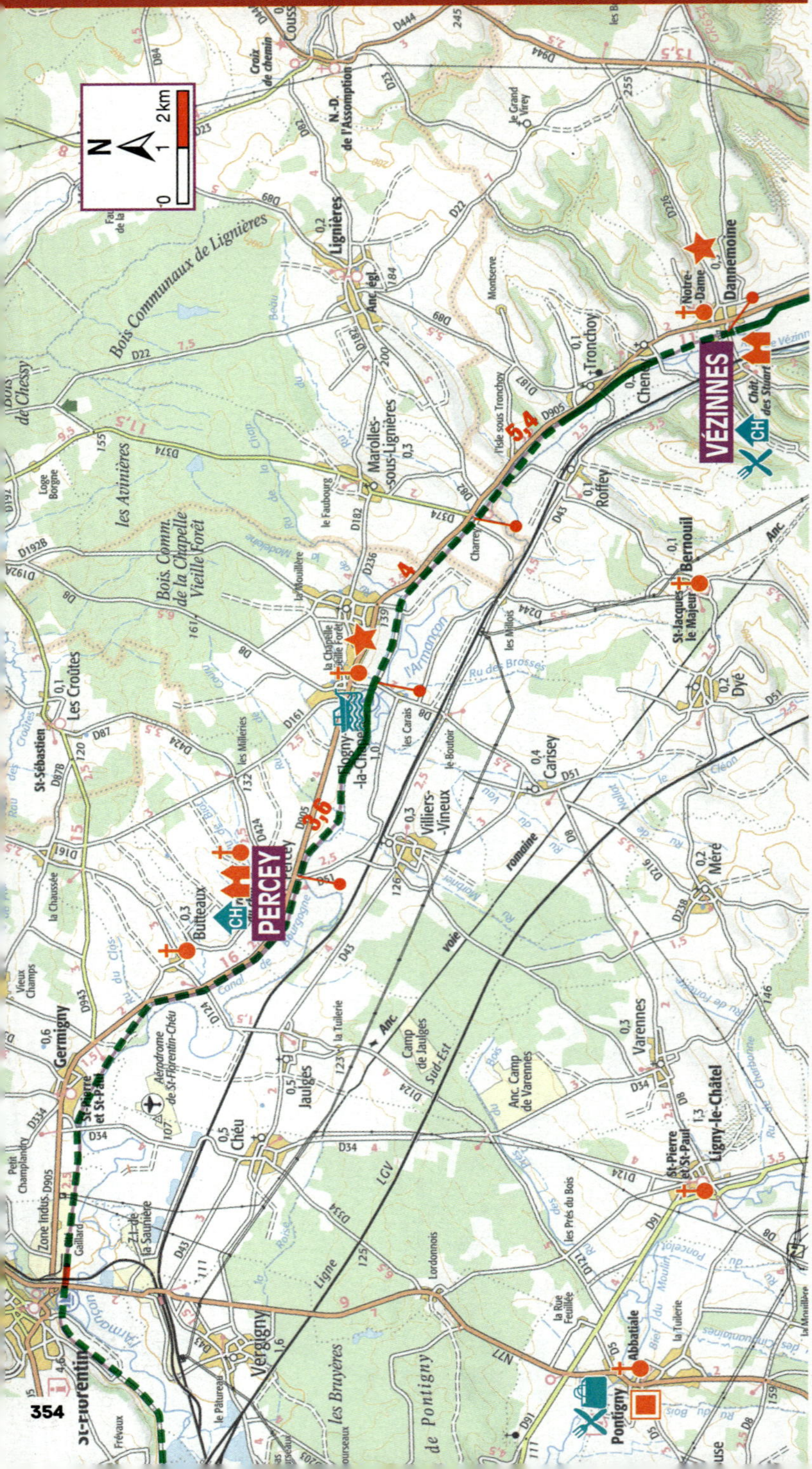
PERCEY
VÉZINNES
Lignières
N.-D. de l'Assomption
Bois Communaux de Lignières
Marolles-sous-Lignières
La Chapelle Vieille Forêt
Bois Comm. de la Chapelle Vieille Forêt
les Avinières
Flogny-la-Chapelle
Villiers-Vineux
Carisey
Roffey
Bernouil
St-Jacques le Majeur
Dyé
Mérÿ
Tronchoy
Dannemoine
Notre-Dame
Chât. des Stuart
Butteaux
Germigny
St-Pierre et St-Paul
Aérodrome de St-Florentin-Chéu
Chéu
Jaulges
Camp de Jaulges Sud-Est
Anc. Camp de Varennes
Varennes
Ligny-le-Châtel
Vergigny
Pontigny
Abbatiale
les Bruyères
de Pontigny
St-Florentin
Les Croûtes
St-Sébastien
Canal de Bourgogne
l'Armançon
LGV
voie romaine
5,4
4
3,6
16
1,5
0 1 2km
N

# N°24 Vézinnes → Argentenay

## 19,9 km - 1 h 40

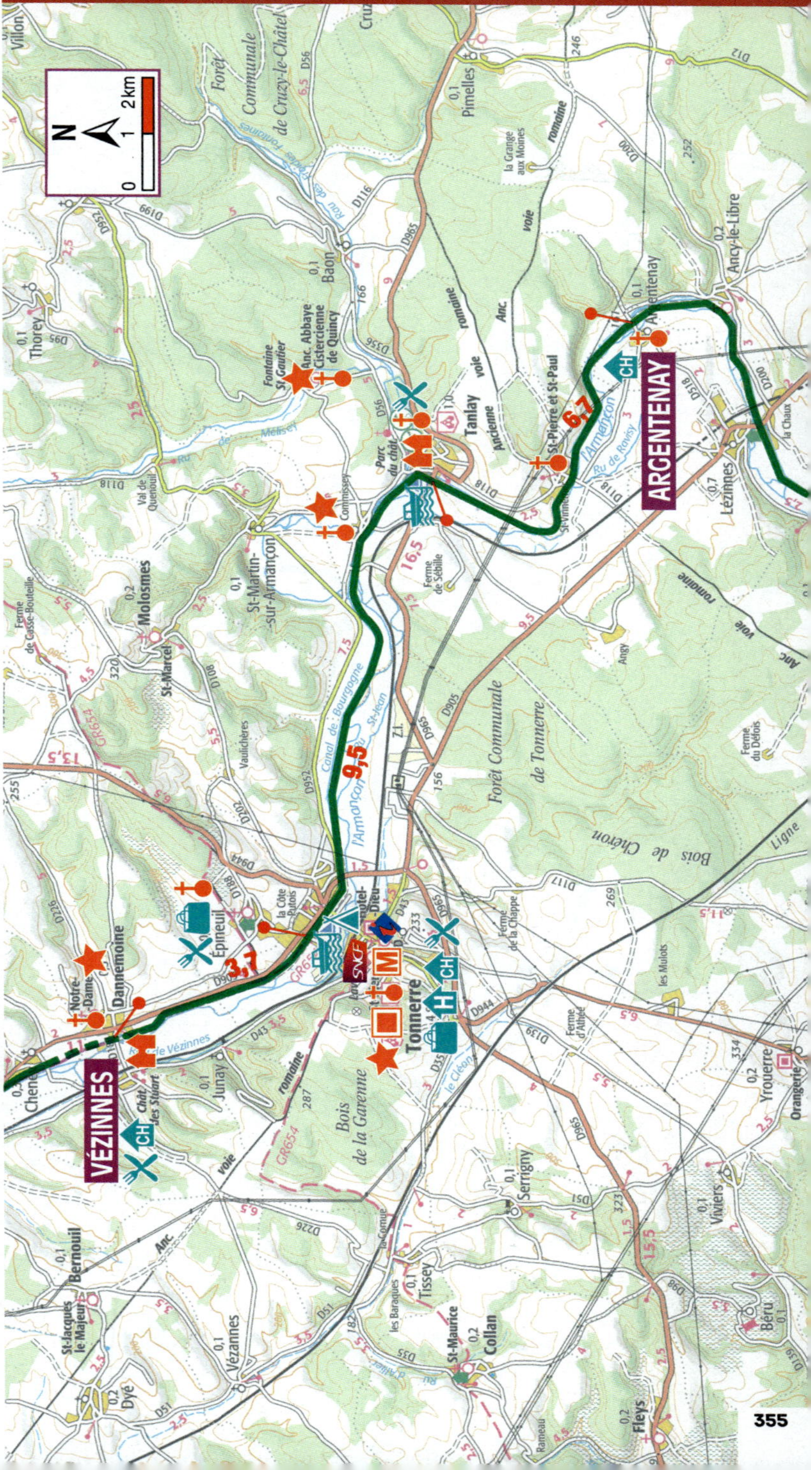
VÉZINNES
ARGENTENAY
Tonnerre
Tanlay
Épineuil
Dannemoine
Molosmes
St-Martin-sur-Armançon
Commissey
St-Pierre et St-Paul
Lézinnes
Ancy-le-Libre
Pimelles
Baon
Thorey
Junay
Vézannes
Bernouil
Tissey
Collan
Serrigny
Viviers
Yrouerre
Fleys
Béru
Dyé
Anc. Abbaye Cistercienne de Quincy
Fontaine St Gautier
Forêt Communale de Cruzy-le-Châtel
Forêt Communale de Tonnerre
Bois de Chéron
Bois de la Garenne
Canal de Bourgogne
l'Armançon
3,7
9,5
16,5
6,7
0 1 2km
N

## Argentenay → Ravières

**26,3 km - 2 h 15**

**N°25**

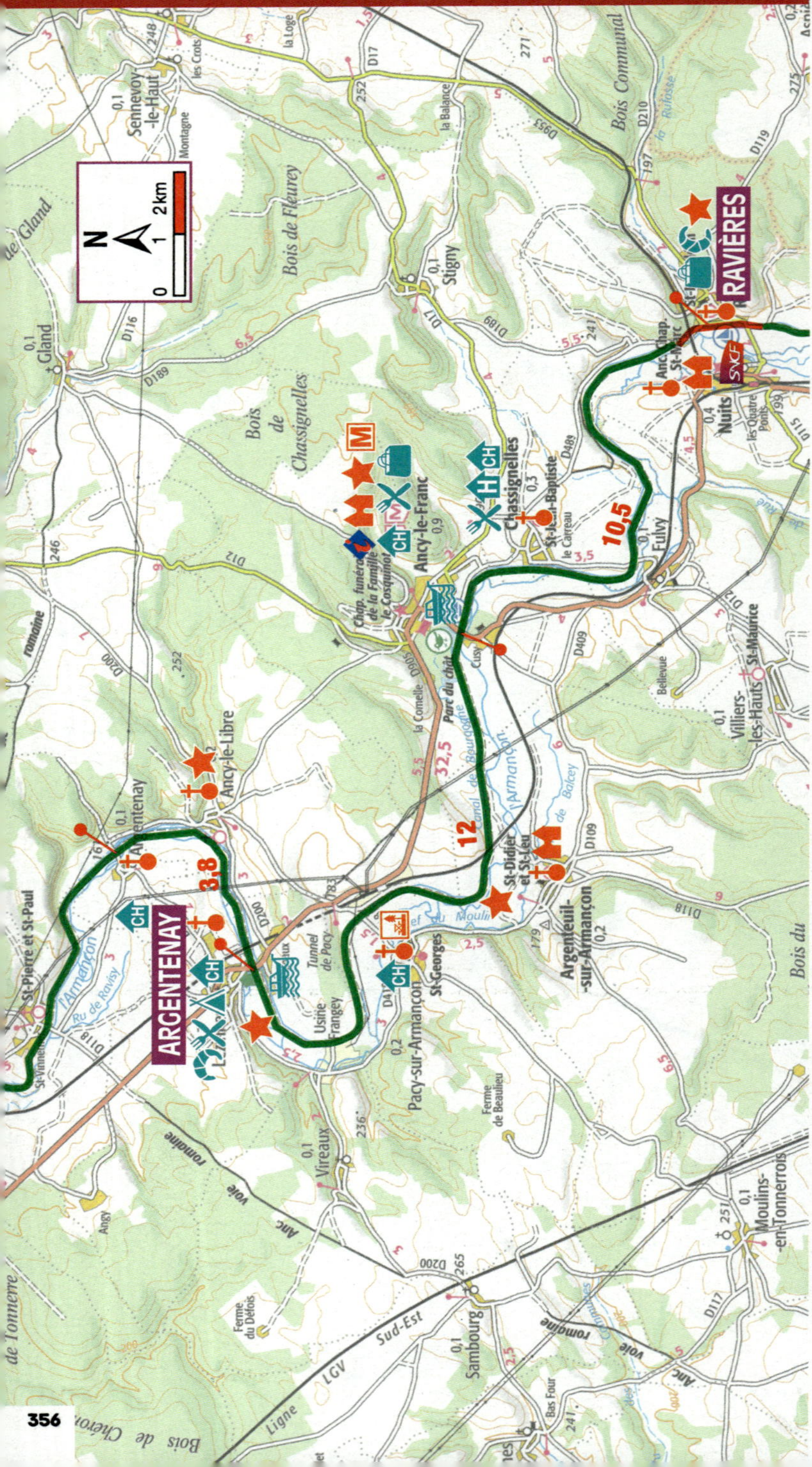
ARGENTENAY
RAVIÈRES
Ancy-le-Franc
Chassignelles
Ancy-le-Libre
Argenteuil-sur-Armançon
Pacy-sur-Armançon
St-Georges
Fulvy
Nuits
Stigny
Gland
Sennevoy-le-Haut
Villiers-les-Hauts
St-Maurice
Moulins-en-Tonnerrois
Sambourg
Vireaux
Tunnel de Pacy
Usine Frangey
Parc du château
Bois de Chassignelles
Bois de Fleurey
Bois Communal
Chap. funéraire de la Famille le Cosquino
St-Jean-Baptiste
St-Didier et St-Leu
Canal de Bourgogne
l'Armançon
Ru de Ravisy
Ligne LGV Sud-Est
Anc. voie romaine
3,8
12
32,5
10,5
0
1
2km
N

# N°26 Ravières → Montbard

**20,5 km - 1 h 45**

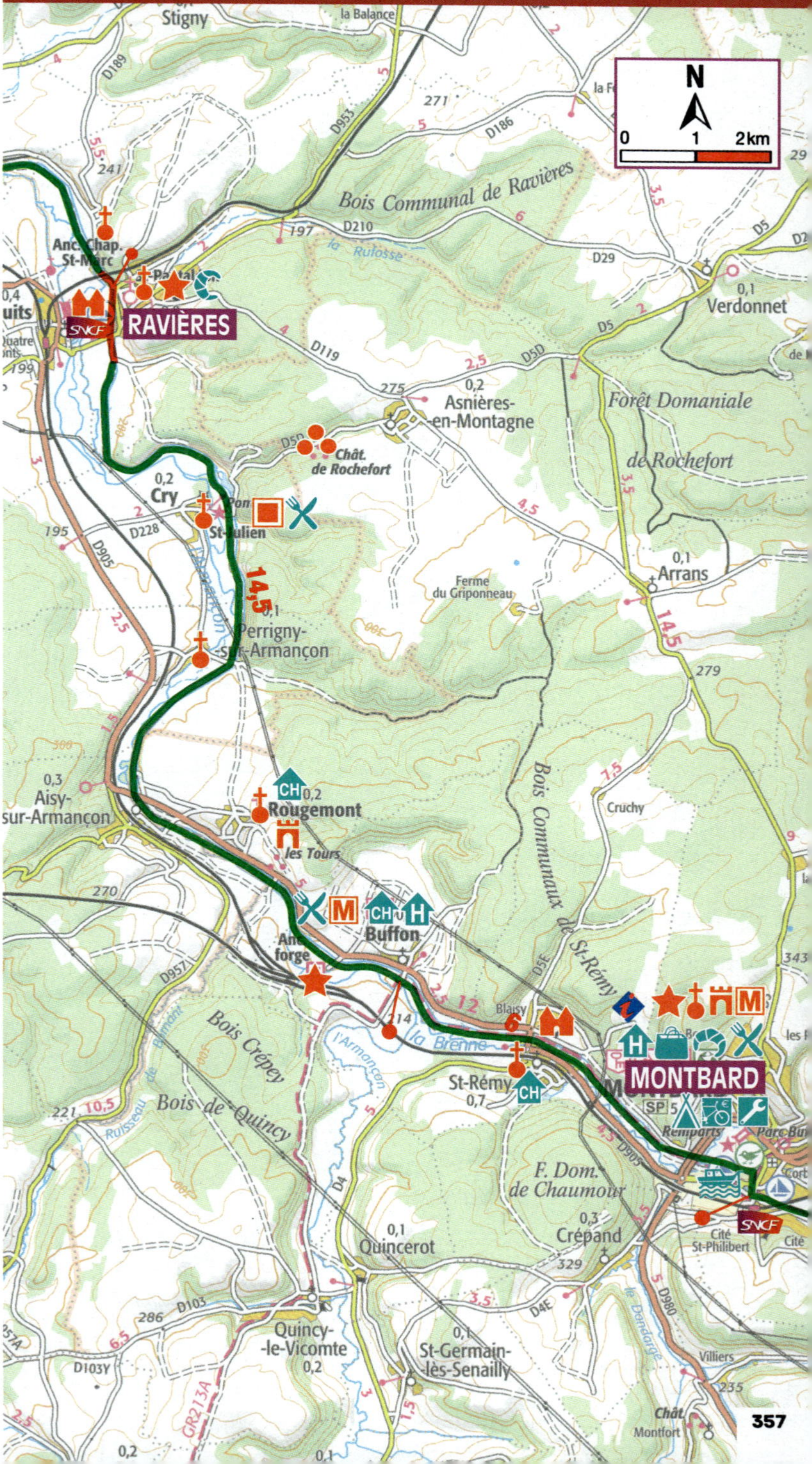

N
0
1
2 km
Stigny
la Balance
D189
D953
271
D186
241
Bois Communal de Ravières
197
D210
la Rufosse
D29
D5
Anc. Chap. St-Marc
Pascal
RAVIÈRES
SNCF
0,1
Verdonnet
D119
D5D
275
0,2
Asnières-en-Montagne
Forêt Domaniale de Rochefort
Châl. de Rochefort
0,2
Cry
St-Julien
195
D228
D905
14,5
0,1
Perrigny-sur-Armançon
Ferme du Griponneau
0,1
Arrans
279
Bois Communaux de St-Rémy
Cruchy
0,3
Aisy-sur-Armançon
CH
0,2
Rougemont
les Tours
270
CH
H
Buffon
Anc. forge
D957
Bois Crépey
Bois de Quincy
214
la Brenne
Blaisy
12
6
MONTBARD
St-Rémy
0,7
CH
SP
Remparts
Parc Buffon
D905
F. Dom. de Chaumour
l'Armançon
221
10,5
Ruisseau de Bornant
D4
0,1
Quincerot
0,3
Crépand
329
Cité St-Philibert
SNCF
D103
286
Quincy-le-Vicomte
0,2
0,1
St-Germain-lès-Senailly
D4E
D103Y
D980
le Dandarge
GR213A
Villiers
235
Chât. Montfort
0,2
0,1

# Montbard → Venarey-les-Laumes

16 km - 1 h 20

N°27

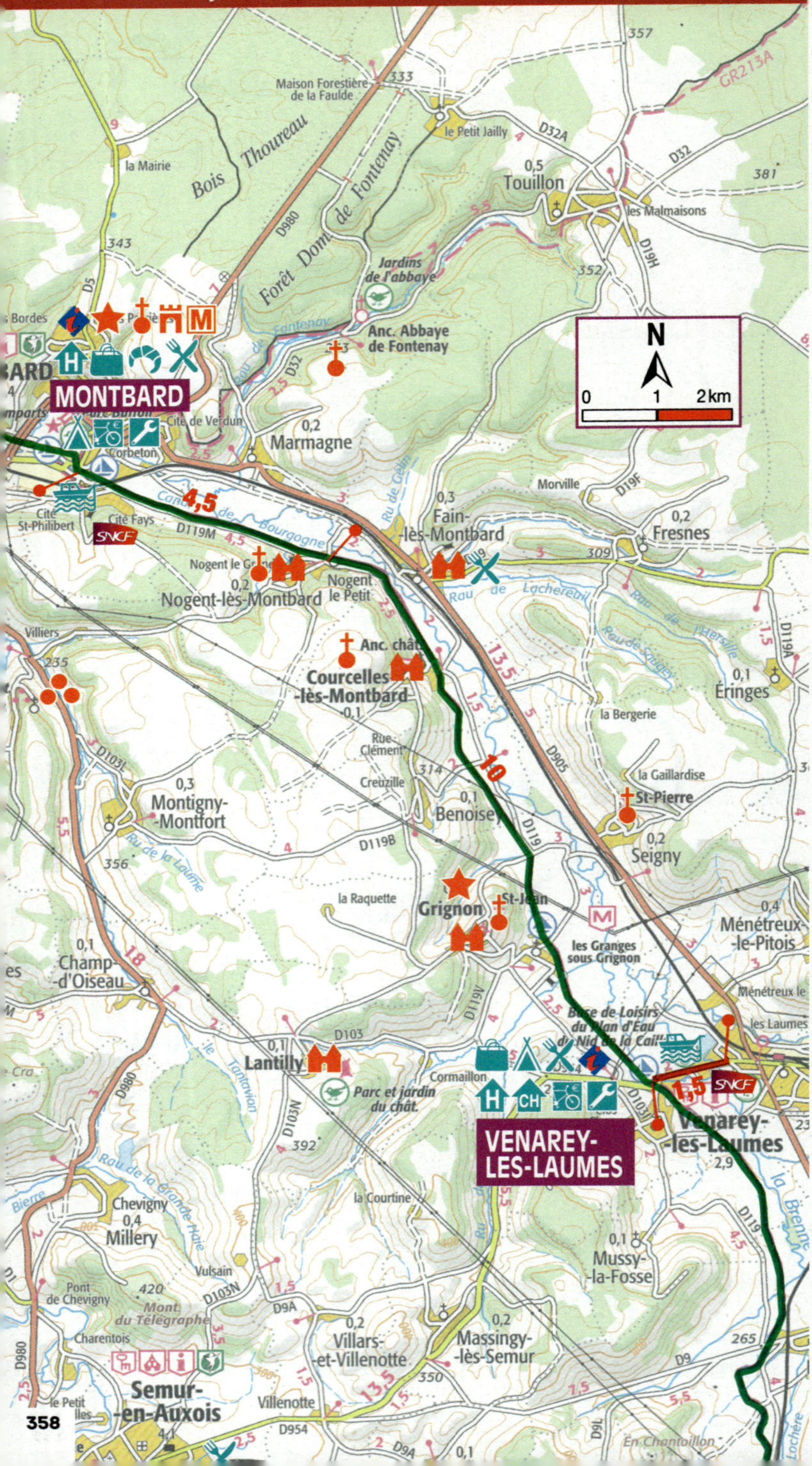

N
0
1
2 km
MONTBARD
VENAREY-LES-LAUMES
Maison Forestière de la Faulde
le Petit Jailly
Touillon
les Malmaisons
la Mairie
Bois Thoureau
Forêt Dom. de Fontenay
Jardins de l'abbaye
Anc. Abbaye de Fontenay
Bordes
Parc Buffon
Cité de Verdun
Corbeton
Marmagne
Morville
Fresnes
Fain-lès-Montbard
Cité St-Philibert
Cité Fays
SNCF
Canal de Bourgogne
Nogent le Grand
Nogent-lès-Montbard
Nogent le Petit
Rau de Lachereuil
Rau de l'Hersille
Éringes
Villiers
Anc. chât.
Courcelles-lès-Montbard
la Bergerie
Rue Clément
Creuzille
Benoisey
la Gaillardise
St-Pierre
Seigny
Montigny-Montfort
Ru de la Laume
la Raquette
Grignon
St-Jean
les Granges sous Grignon
Ménétreux-le-Pitois
Champ-d'Oiseau
Base de Loisirs du Plan d'Eau du Nid de la Caille
Lantilly
Cormaillon
Parc et jardin du chât.
Venarey-les-Laumes
la Courtine
Chevigny
Millery
Vulsain
Pont de Chevigny
Mont. du Télégraphe
Charentois
Semur-en-Auxois
Villars-et-Villenotte
Massingy-lès-Semur
Mussy-la-Fosse
Villenotte
le Petit Iles
En Chantoillon
la Brenne
GR213A
4,5
10
1,5

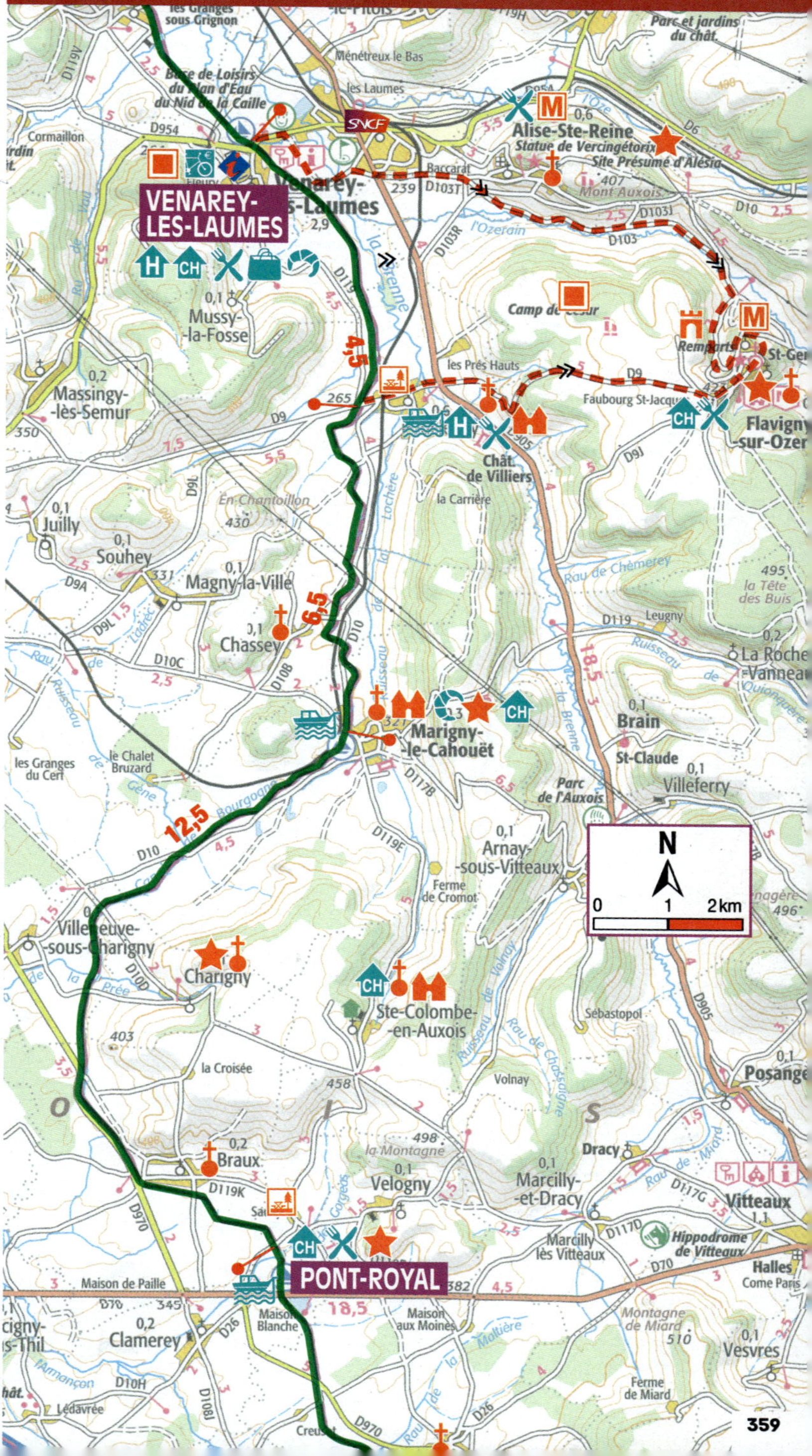
VENAREY-LES-LAUMES
PONT-ROYAL
Alise-Ste-Reine
Statue de Vercingétorix
Site Présumé d'Alésia
Mont Auxois
Flavigny-sur-Ozerain
Mussy-la-Fosse
Massingy-lès-Semur
Châł. de Villiers
Juilly
Souhey
Magny-la-Ville
Chassey
Marigny-le-Cahouët
Brain
Villeferry
Arnay-sous-Vitteaux
Villeneuve-sous-Charigny
Charigny
Ste-Colombe-en-Auxois
Braux
Velogny
Marcilly-et-Dracy
Vitteaux
Posanges
Clamerey
Vesvres
Hippodrome de Vitteaux
Base de Loisirs du Plan d'Eau du Nid de la Caille
Parc et jardins du chât.
Camp de César
Remparts
SNCF
N
0 1 2 km

# Pont-Royal → Pouilly-en-Auxois

20,2 km - 1 h 45

N°29

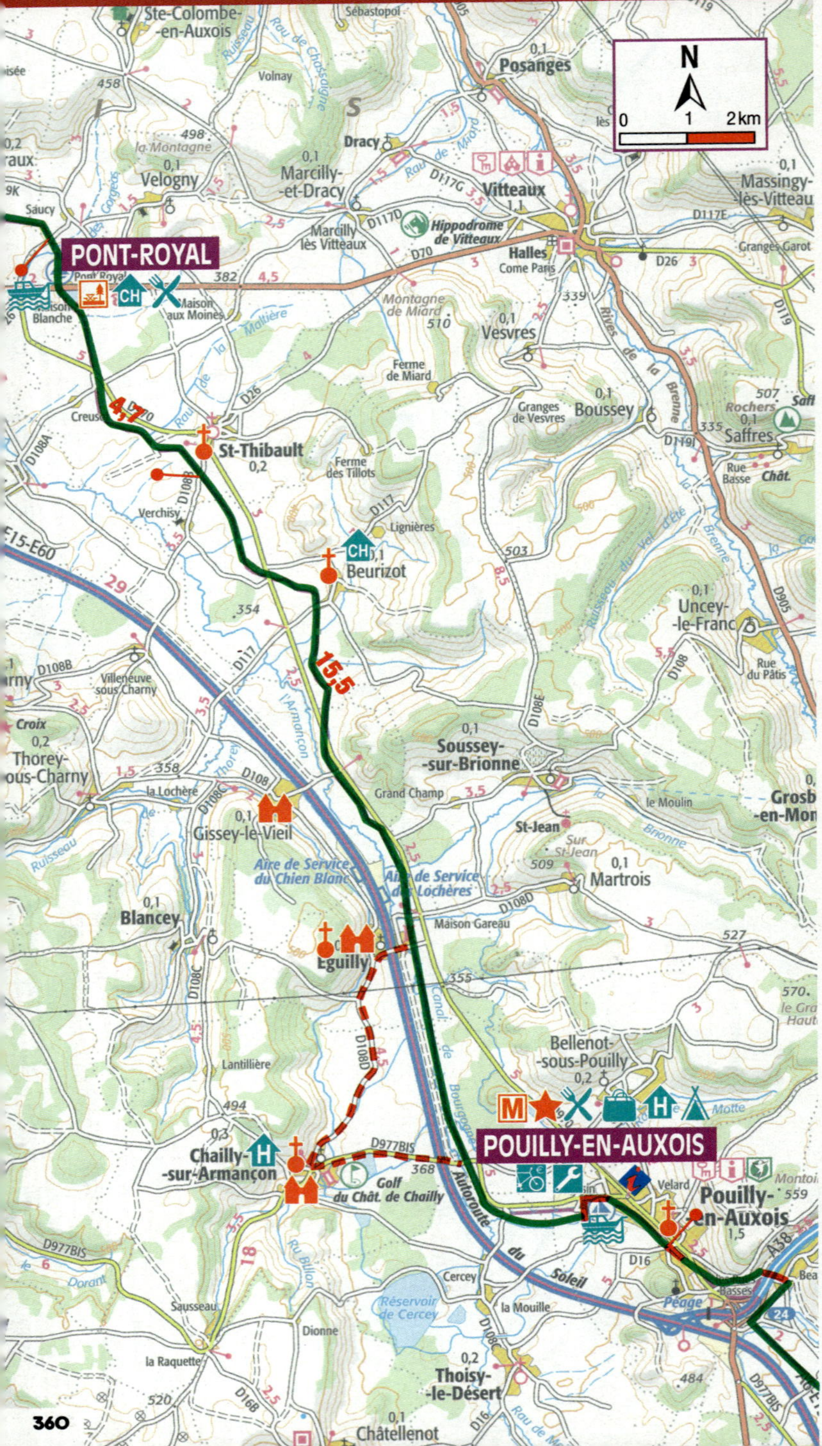
N
0 1 2 km
PONT-ROYAL
Pont Royal
Maison Blanche
Maison aux Moines
Ste-Colombe-en-Auxois
Sébastopol
Volnay
Posanges
Dracy
Marcilly-et-Dracy
Marcilly lès Vitteaux
Velogny
la Montagne
Saucy
Vitteaux
Hippodrome de Vitteaux
Halles
Come Paris
Massingy-lès-Vitteaux
Granges Garot
Montagne de Miard
Vesvres
Ferme de Miard
Granges de Vesvres
Boussey
Rochers
Saffres
Rue Basse
Châtel
St-Thibault
Ferme des Tillots
Verchisy
Lignières
Beurizot
Uncey-le-Franc
Rue du Pâtis
Villeneuve sous Charny
Croix
Thorey-sous-Charny
la Lochère
Gissey-le-Vieil
Soussey-sur-Brionne
Grand Champ
le Moulin
St-Jean
Sur St-Jean
Martrois
Aire de Service du Chien Blanc
Aire de Service des Lochères
Maison Gareau
Blancey
Eguilly
Lantillière
Bellenot-sous-Pouilly
Motte
POUILLY-EN-AUXOIS
Chailly-sur-Armançon
Golf du Chât. de Chailly
Autoroute du Soleil
Velard
Pouilly-en-Auxois
Montoi
Basses
Péage
Cercey
Réservoir de Cercey
la Mouille
Sausseau
Dionne
la Raquette
Thoisy-le-Désert
Châtellenot
4,7
15,5
E15-E60
A38
D977BIS
D108D
D108C
D108B
D117
D970
D905
D16

# N°30 Pouilly-en-Auxois → Crugey

**15 km - 1 h 15**

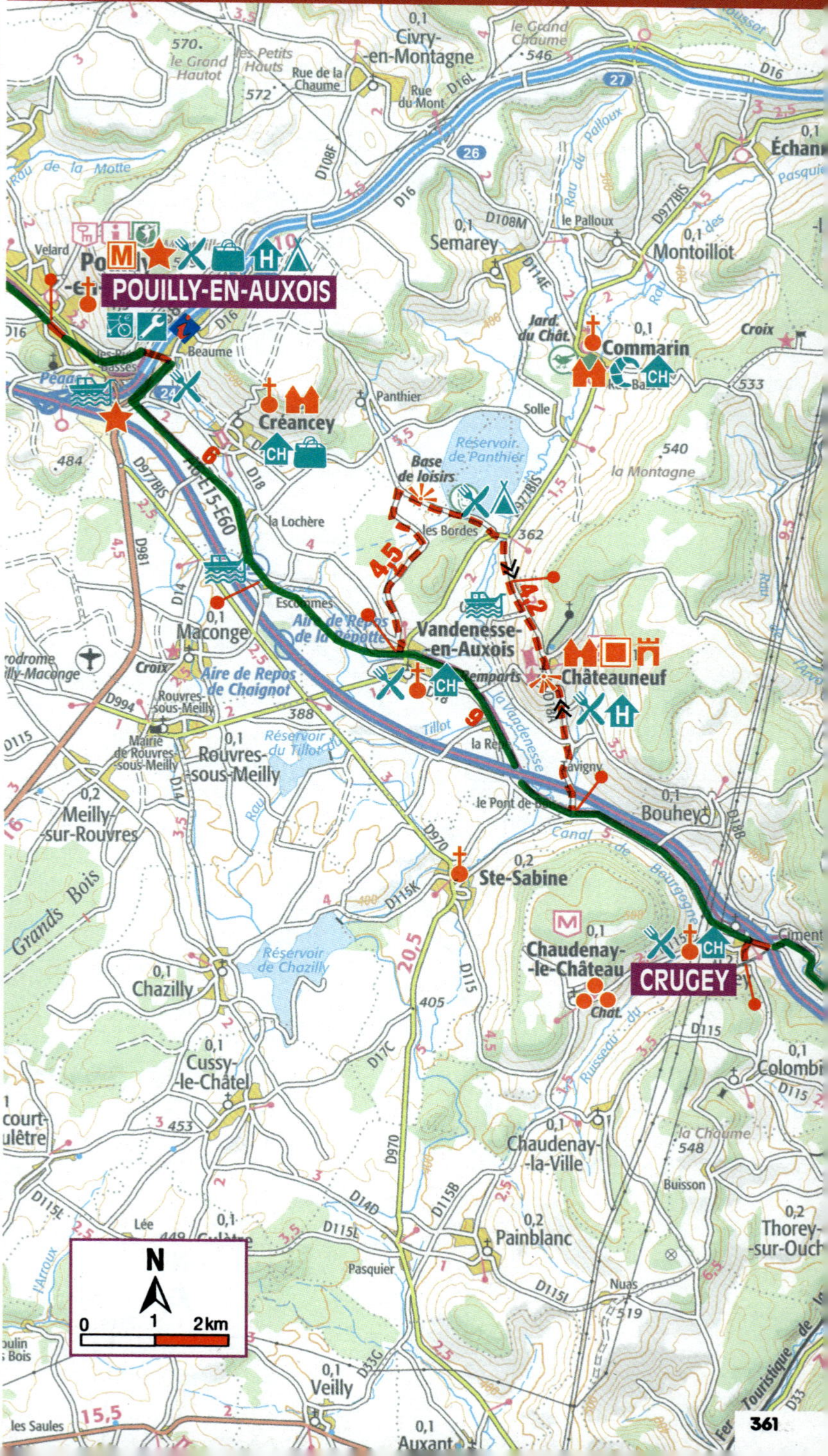
POUILLY-EN-AUXOIS
CRUGEY
Civry-en-Montagne
Semarey
Montoillot
Commarin
Créancey
Beaume
Velard
Panthier
Réservoir de Panthier
Base de loisirs
les Bordes
la Lochère
Escommes
Aire de Repos de la Répotte
Vandenesse-en-Auxois
Châteauneuf
Macongé
Aire de Repos de Chaignot
Rouvres-sous-Meilly
Réservoir du Tillot
Meilly-sur-Rouvres
Ste-Sabine
Bouhey
Chaudenay-le-Château
Réservoir de Chazilly
Chazilly
Cussy-le-Châtel
Chaudenay-la-Ville
Painblanc
Thorey-sur-Ouche
Veilly
Pasquier
Colombier
la Montagne
le Palloux
Solle
Tavigny
Canal de Bourgogne
Grands Bois
N
0 1 2 km

# Crugey → Sainte-Marie-sur-Ouche | 21,5 km - 1 h 50 | N°31

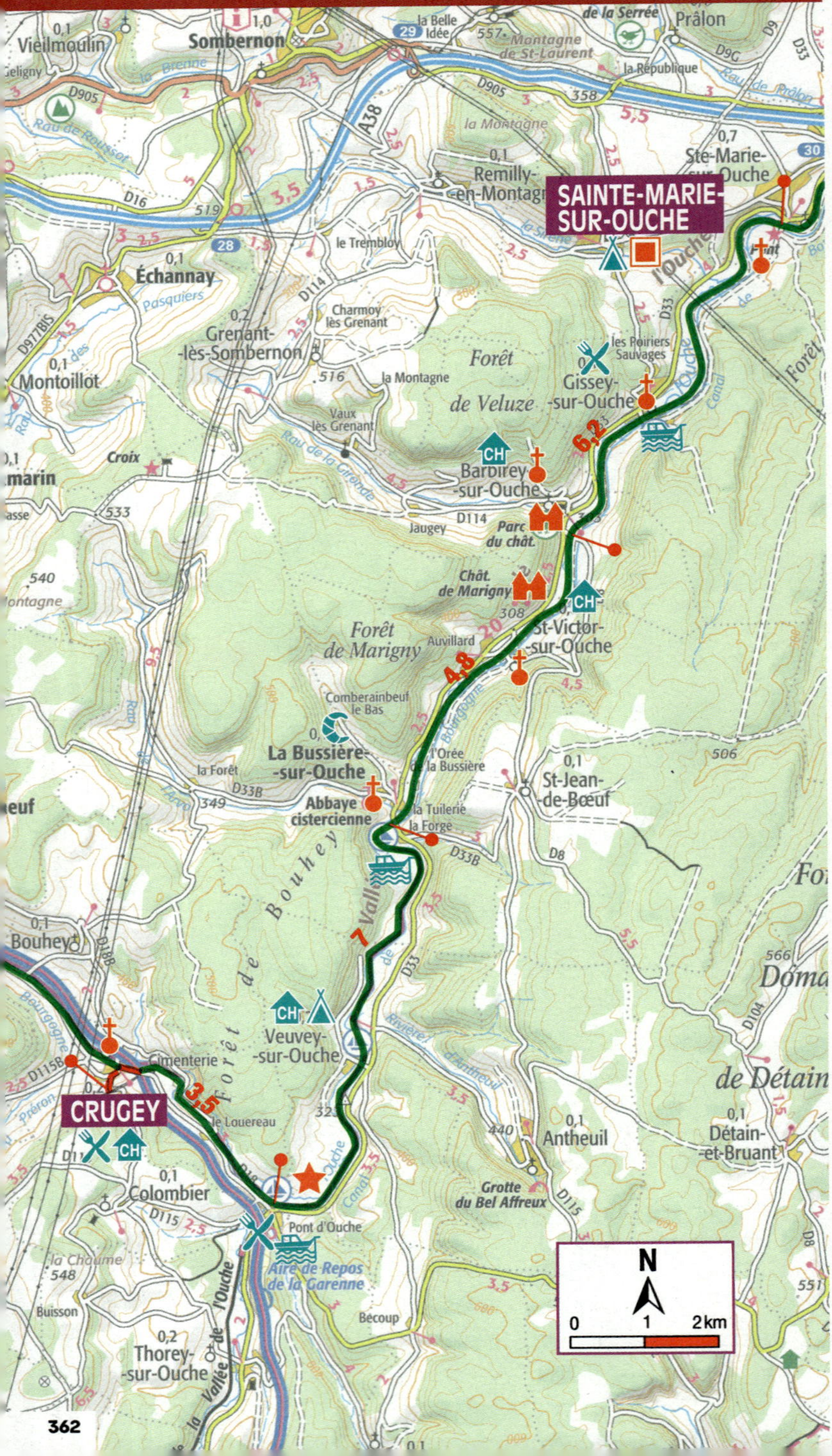
SAINTE-MARIE-SUR-OUCHE
CRUGEY
Sombernon
Vieilmoulin
Prâlon
Ste-Marie-sur-Ouche
Remilly-en-Montagne
Échannay
Grenant-lès-Sombernon
Charmoy lès Grenant
Montoillot
le Tremblo
la Montagne
Vaux les Grenant
Forêt de Veluze
Gissey-sur-Ouche
les Poiriers Sauvages
Barbirey-sur-Ouche
Jaugey
Parc du chât.
Chât. de Marigny
St-Victor-sur-Ouche
Forêt de Marigny
Auvillard
Comberainbeuf le Bas
La Bussière-sur-Ouche
Abbaye cistercienne
l'Orée de la Bussière
la Tuilerie
la Forge
St-Jean-de-Bœuf
la Forêt
Forêt de Bouhey
Bouhey
Veuvey-sur-Ouche
Cimenterie
le Louereau
Colombier
Pont d'Ouche
Aire de Repos de la Garenne
Antheuil
Grotte du Bel Affreux
Détain-et-Bruant
de Détain
la Chaume
Buisson
Thorey-sur-Ouche
Becoup
Vallée de l'Ouche
Croix
6,2
4,8
7
3,5
0
1
2 km
N

# N°32 Sainte-Marie-sur-Ouche → Dijon

**24,5 km - 2 h 05**

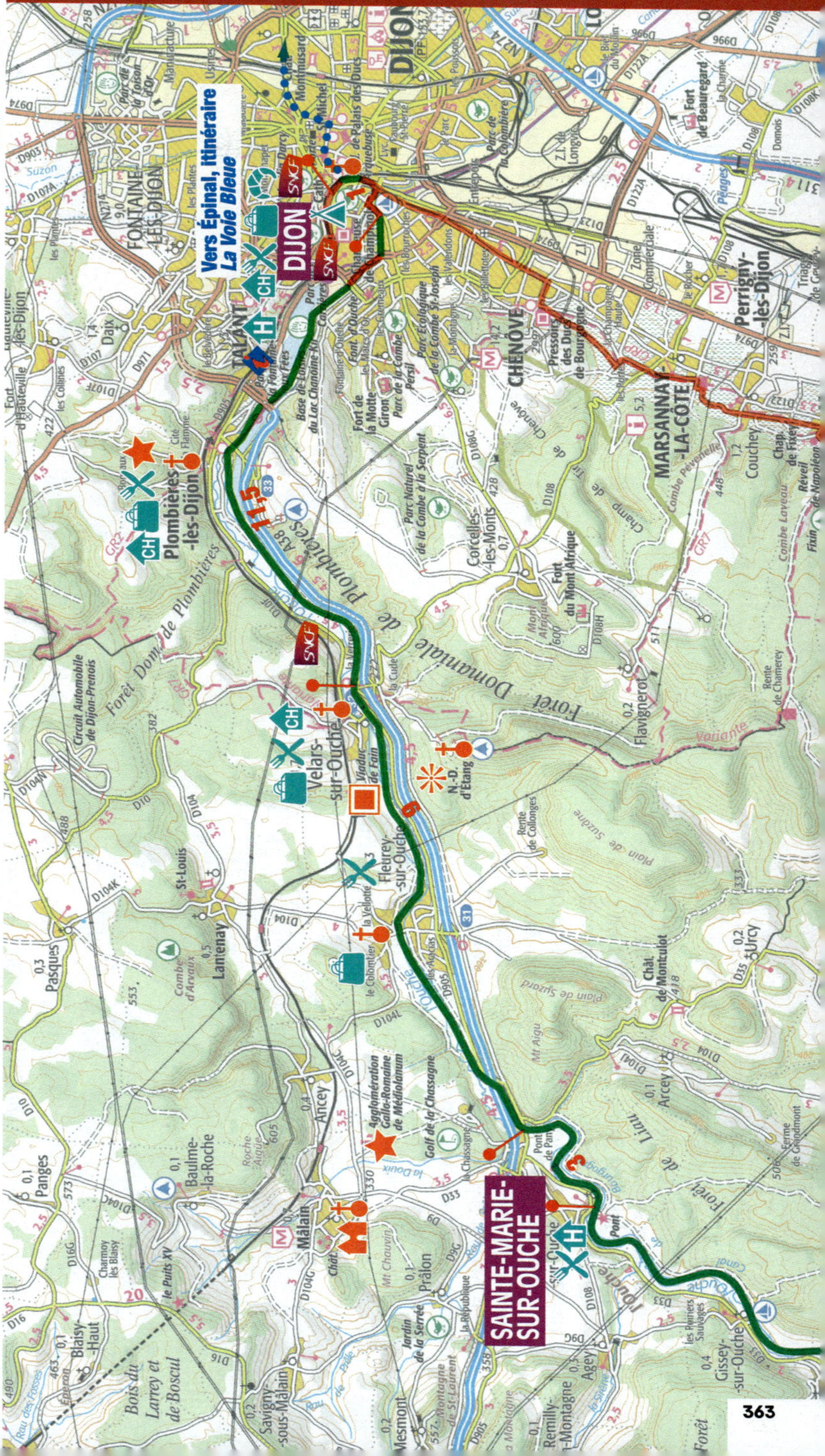
DIJON
SAINTE-MARIE-SUR-OUCHE
Vers Épinal, itinéraire La Voie Bleue
Plombières-les-Dijon
Velars-sur-Ouche
Fleurey-sur-Ouche
Talant
Chenôve
Marsannay-la-Côte
Perrigny-lès-Dijon
Fontaine-lès-Dijon

# LA LOIRE À VÉLO DE NEVERS À L'ATLANTIQUE

696 km

Saumur.

## UN PARCOURS UNIQUE

**La vie de château, ça vous tente ? Si oui, sachez que vous avez opté pour le meilleur itinéraire qui soit. En effet, depuis Nevers jusqu'à Saint-Brevin-les-Pins en passant par le Val de Loire - classé au patrimoine mondial de l'humanité - voici que se déroule une contrée qui fit même perdre la tête aux plus grands rois. Au fil des flots indomptés du dernier fleuve sauvage d'Europe, chaque coup de pédale amène son lot de splendeurs : châteaux et monuments historiques à profusion, paysages pittoresques où faune, flore et ligériens vivent en parfaite harmonie. Cette dernière partie de *L'EuroVelo 6* est une incroyable immersion patrimoniale et gastronomique durant laquelle les amateurs d'œnotourisme seront bien servis.**

*L'itinéraire débute à Nevers pour arriver à l'océan Atlantique en suivant le cours du fleuve mais le balisage étant assuré dans les deux sens, il est tout à fait possible de le faire à l'envers. Parcours familial, La Loire à Vélo emprunte des chemins et des routes au revêtement généralement confortable. Les rares difficultés à mentionner sont les vents parfois contraires qui entravent la progression ainsi que le passage par les coteaux du Saumurois qui présentent des reliefs localement prononcés.*

***Jonctions :*** *EuroVelo 6 (Bâle - Nevers), Le Tour de Bourgogne à vélo, Namur - Tours à vélo (Scandibérique), Canal de Berry à vélo, L'Indre à vélo, Tours - Côte basque à vélo (Scandibérique), La Vélo Francette, La Bretagne à vélo (La Vélodyssée), La Côte Atlantique à vélo (La Vélodyssée).*

# L'ITINÉRAIRE

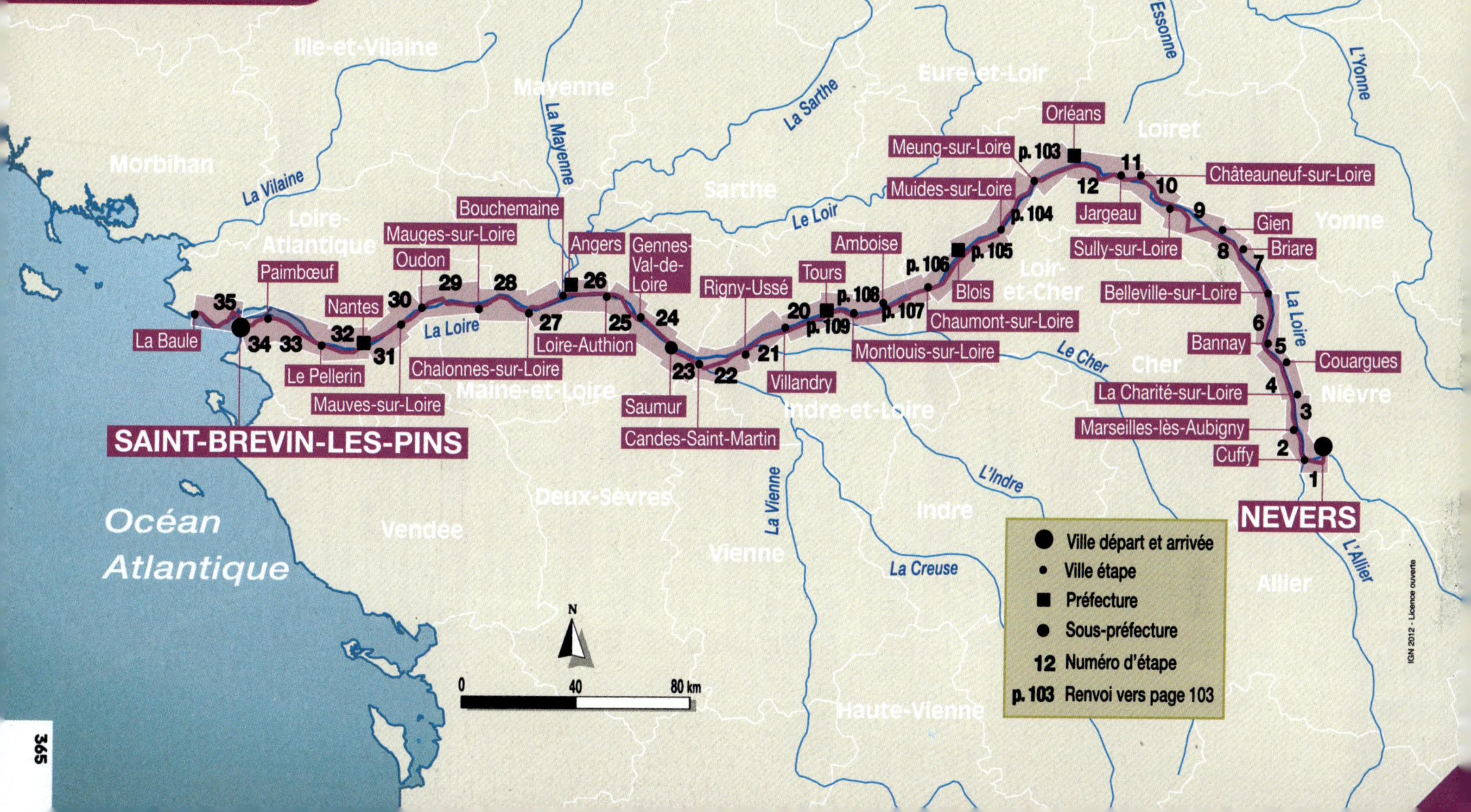

SAINT-BREVIN-LES-PINS
NEVERS
La Baule
Paimbœuf
Le Pellerin
Nantes
Mauves-sur-Loire
Oudon
Mauges-sur-Loire
Chalonnes-sur-Loire
Bouchemaine
Angers
Loire-Authion
Gennes-Val-de-Loire
Saumur
Candes-Saint-Martin
Rigny-Ussé
Villandry
Tours
Amboise
Montlouis-sur-Loire
Chaumont-sur-Loire
Blois
Muides-sur-Loire
Meung-sur-Loire
Orléans
Jargeau
Sully-sur-Loire
Châteauneuf-sur-Loire
Gien
Briare
Belleville-sur-Loire
Bannay
Couargues
La Charité-sur-Loire
Marseilles-lès-Aubigny
Cuffy
1 2 3 4 5 6 7 8 9 10 11 12 20 21 22 23 24 25 26 27 28 29 30 31 32 33 34 35
p. 103 p. 104 p. 105 p. 106 p. 107 p. 108 p. 109
Morbihan
Ille-et-Vilaine
Loire-Atlantique
Mayenne
Sarthe
Eure-et-Loir
Loiret
Yonne
Loir-et-Cher
Cher
Nièvre
Maine-et-Loire
Indre-et-Loire
Indre
Deux-Sèvres
Vendée
Vienne
Haute-Vienne
Allier
La Vilaine
La Mayenne
La Sarthe
Le Loir
L'Essonne
L'Yonne
La Loire
Le Cher
L'Indre
La Vienne
La Creuse
L'Allier
Océan Atlantique
N
0 40 80 km
Ville départ et arrivée
Ville étape
Préfecture
Sous-préfecture
12 Numéro d'étape
p. 103 Renvoi vers page 103
IGN 2012 - Licence ouverte

# LES ÉTAPES

N° de la carte →

| De Nevers à Gien | 123,5 km |
|---|---|
| 1 Nevers → Cuffy | 16 km – 1 h 40 |
| 2 Cuffy → Marseilles-lès-Aubigny | 16 km – 1 h 40 |
| 3 Marseilles-lès-Aubigny → La Charité-sur-Loire | 12 km – 1 h 20 |
| 4 La Charité-sur-Loire → Couargues | 13 km – 1 h 25 |
| 5 Couargues → Bannay | 17 km – 1 h 45 |
| 6 Bannay → Belleville-sur-Loire | 18 km – 1 h 50 |
| 7 Belleville-sur-Loire → Briare | 19,5 km – 2 h 00 |
| 8 Briare → Gien | 12 km – 1 h 30 |

| De Gien à Orléans | 78,5 km |
|---|---|
| 9 Gien → Sully-sur-Loire | 29,5 km – 3 h 00 |
| 10 Sully-sur-Loire → Châteauneuf-sur-Loire | 19 km – 2 h 00 |
| 11 Châteauneuf-sur-Loire → Jargeau | 10 km – 1 h 00 |
| 12 Jargeau → Orléans | 20 km – 2 h 00 |

| D'Orléans à Tours | 134 km/140 km |
|---|---|
| p. 103 Orléans → Meung-sur-Loire | 21 km – 2 h 00 |
| p. 104 Meung-sur-Loire → Muides-sur-Loire | 24,5 km – 2 h 30 |
| p. 105 Muides-sur-Loire → Blois (par rives de Loire) | 20 km – 2 h 10 |
| ou Muides-sur-Loire → Blois (par Chambord) | 26 km – 2 h 45 |
| p. 106 Blois → Chaumont-sur-Loire | 19 km – 2 h 05 |
| p. 107 Chaumont-sur-Loire → Amboise | 22,5 km – 2 h 30 |
| p. 108 Amboise → Montlouis-sur-Loire | 15 km – 1 h 30 |
| p. 109 Montlouis-sur-Loire → Tours | 12 km – 1 h 10 |

| De Tours à Saumur | 82,5 km/101,5 km |
|---|---|
| 20 Tours → Villandry | 21,5 km – 2 h 05 |
| 21 Villandry → Rigny-Ussé | 20,5 km – 2 h 00 |
| Villandry → Rigny-Ussé (par Azay) | 29,5 km – 3 h 10 |
| 22 Rigny-Ussé → Candes-Saint-Martin (par Avoine) | 23 km – 2 h 20 |
| ou Rigny-Ussé → Candes-Saint-Martin (par Chinon) | 33 km – 3 h 30 |
| 23 Candes-Saint-Martin → Saumur | 17,5 km – 2 h 00 |

| De Saumur à Angers | 56 km/65,5 km |
|---|---|
| 24 Saumur → Gennes-Val-de-Loire | 19 km – 2 h 00 |
| 25 Gennes-Val-de-Loire → Loire-Authion (La Daguenière) | 22 km – 2 h 10 |
| 26 Loire-Authion (La Daguenière) → Bouchemaine (par Les Ponts de Cé) | 15 km – 1 h 30 |
| ou Loire-Authion (La Daguenière) → Bouchemaine (par Angers) | 24,5 km – 2 h 30 |

| D'Angers à Nantes | 95 km/96,5 km |
|---|---|
| 27 Bouchemaine → Chalonnes-sur-Loire | 19,5 km – 2 h 00 |
| 28 Chalonnes-sur-Loire → Mauges-sur-Loire (Saint-Florent-le-Vieil) | 22,5 km – 2 h 15 |
| 29 Mauges-sur-Loire (Saint-Florent-le-Vieil) → Oudon | 26,5 km – 2 h 40 |
| 30 Oudon → Mauves-sur-Loire | 10,5 km – 1 h 00 |
| 31 Mauves-sur-Loire → Nantes (par la rive droite) | 16 km – 1 h 35 |
| ou Mauves-sur-Loire → Nantes (par la rive gauche) | 17,5 km – 1 h 45 |

| De Nantes à La Baule | 84,5 km/90,5 km |
|---|---|
| 32 Nantes → Le Pellerin (par la rive droite) | 18 km – 1 h 50 |
| Nantes → Le Pellerin (par la rive gauche) | 24 km - 2 h 30 |
| 33 Le Pellerin → Paimbœuf | 25 km – 2 h 30 |
| 34 Paimbœuf → Saint-Brevin-les-Pins | 11,5 km – 1 h 10 |
| 35 Saint-Brevin-les-Pins → La Baule | 30 km – 3 h 15 |

**Total de l'itinéraire** **654 km ou 696 km**

## Nevers → Cuffy

16 km - 1 h 40

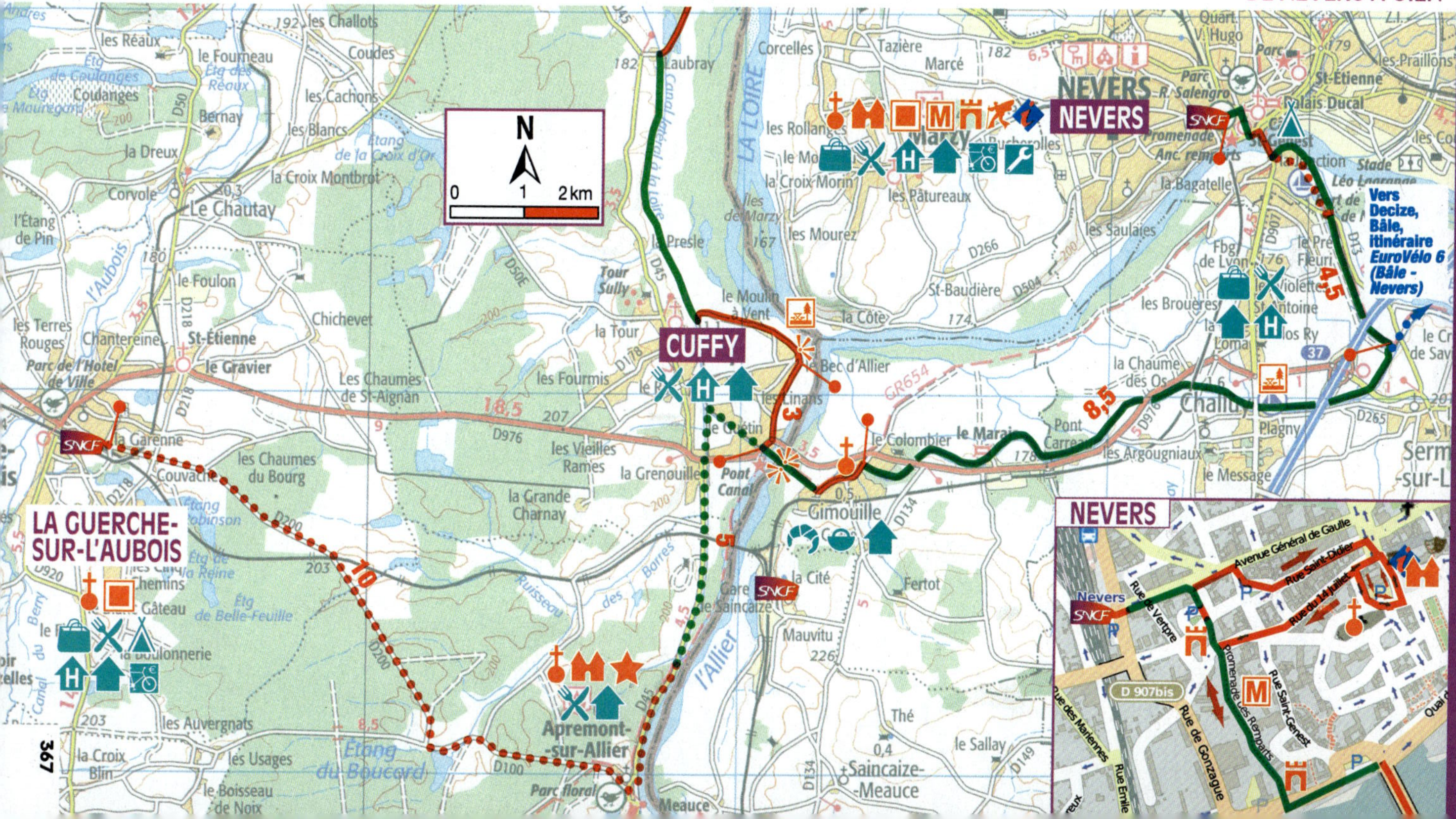
NEVERS
CUFFY
LA GUERCHE-SUR-L'AUBOIS
Apremont-sur-Allier
Vers Decize, Bâle, itinéraire EuroVélo 6 (Bâle - Nevers)
N
0
1
2 km
LA LOIRE
l'Allier
Canal latéral à la Loire
Marzy
Challuy
Gimouille
Le Chautay
St-Étienne
le Gravier
Saincaize-Meauce
Gare de Saincaize
Pont Canal
Bec d'Allier
Étang du Boucard
Parc floral
Parc de l'Hotel de Ville
4,5
8,5
3
5
10
18,5
Avenue Général de Gaulle
Rue Saint-Didier
Rue du 14 Juillet
Rue de Vertpre
Promenade des Remparts
Rue Saint-Genest
Rue de Gonzague
D 907bis
Rue des Mariennes
Rue Emile

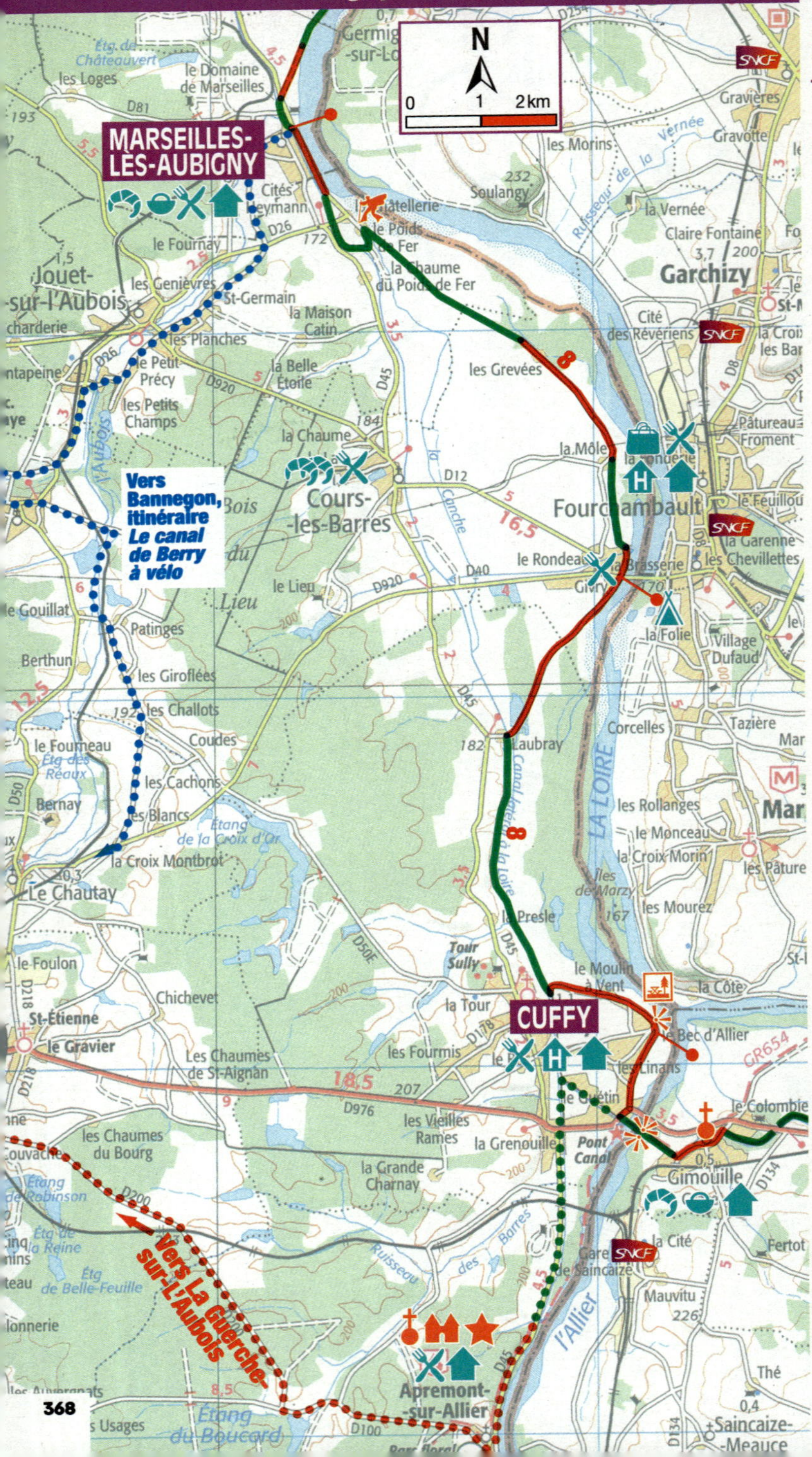
MARSEILLES-LÈS-AUBIGNY
Vers Bannegon, itinéraire Le canal de Berry à vélo
Vers La Guerche-sur-l'Aubois
CUFFY
Garchizy
Fourchambault
Cours-les-Barres
Jouet-sur-l'Aubois
Gimouille
Apremont-sur-Allier
Le Chautay
LA LOIRE
l'Allier
Canal latéral à la Loire
les Grevées
la Môle
le Rondeau
Givry
la Folie
Laubray
la Presle
le Moulin à Vent
Bec d'Allier
les Linats
Pont Canal
Gare de Saincaize
Saincaize-Meauce
St-Étienne
le Gravier
Chichevet
Les Chaumes de St-Aignan
les Vieilles Rames
la Grenouille
la Grande Charnay
Soulangy
les Morins
la Vernée
Claire Fontaine
Gravières
Gravotte
le Domaine de Marseilles
les Loges
le Fournay
les Genièvres
St-Germain
les Planches
le Petit Précy
les Petits Champs
la Maison Catin
la Belle Étoile
la Chaume
le Lieu
Bois du Lieu
Patinges
les Giroflées
les Challots
Coudes
les Cachons
les Blancs
la Croix Montbrot
le Fourneau
Berthun
le Gouillat
Bernay
le Foulon
les Chaumes du Bourg
Corcelles
les Rollanges
le Monceau
la Croix Morin
les Mourez
la Côte
le Colombier
la Cité
Mauvitu
les Fourmis
la Tour
Tour Sully
Village Dufaud
la Garenne
les Chevillettes
Cité des Révériens
Pâtureau Froment
le Feuillou
Tazière
les Pâtures
Étang de la Croix d'Or
Étang du Boucard
Étg de Belle-Feuille
Étg de la Reine
Étang de Robinson
Étg des Réaux
Étg de Châteauvert
les Usages
GR654

## Marseilles-lès-Aubigny → La Charité-sur-Loire

**12 km - 1 h 20**



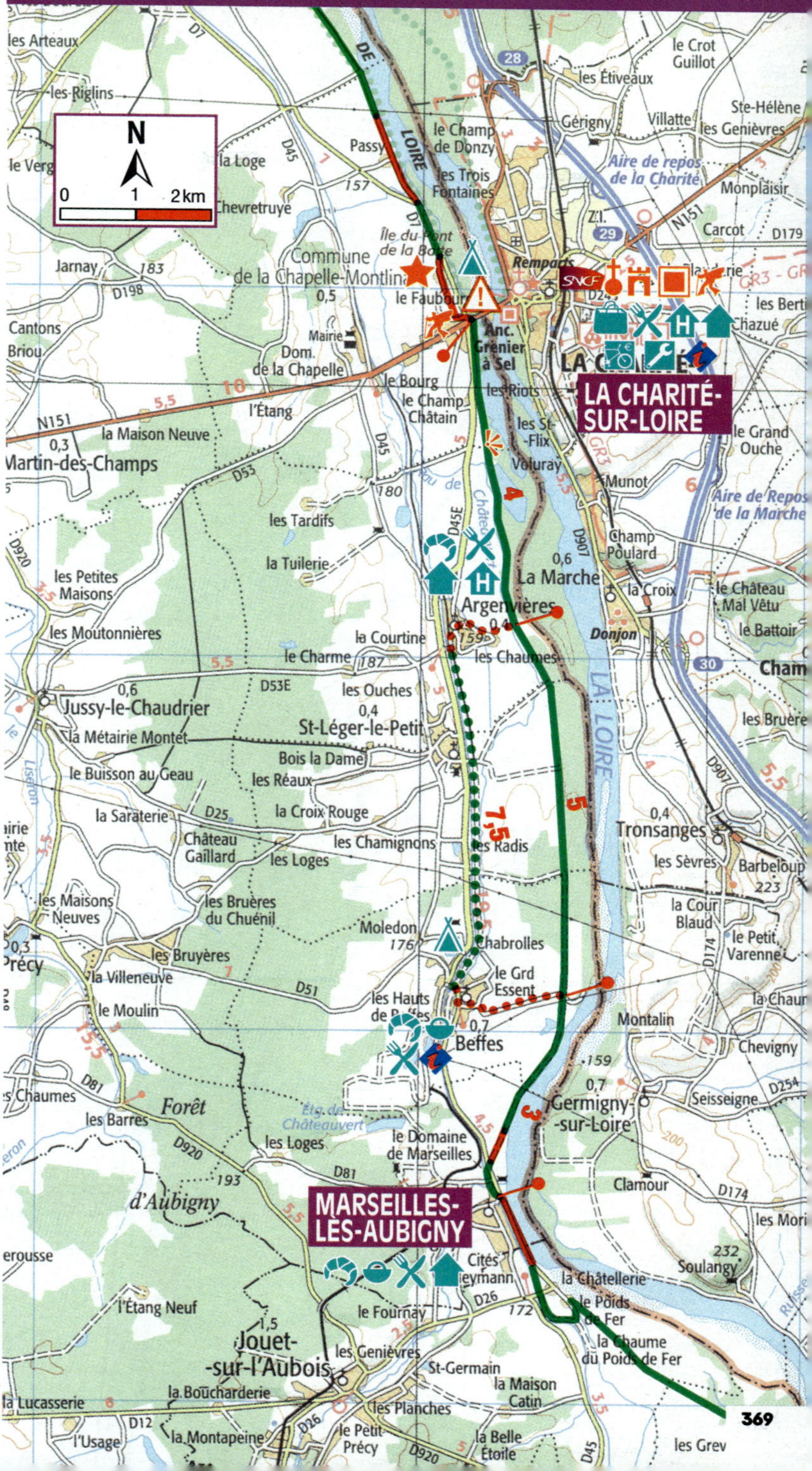

## La Charité-sur-Loire → Couargues

**13 km - 1 h 25**

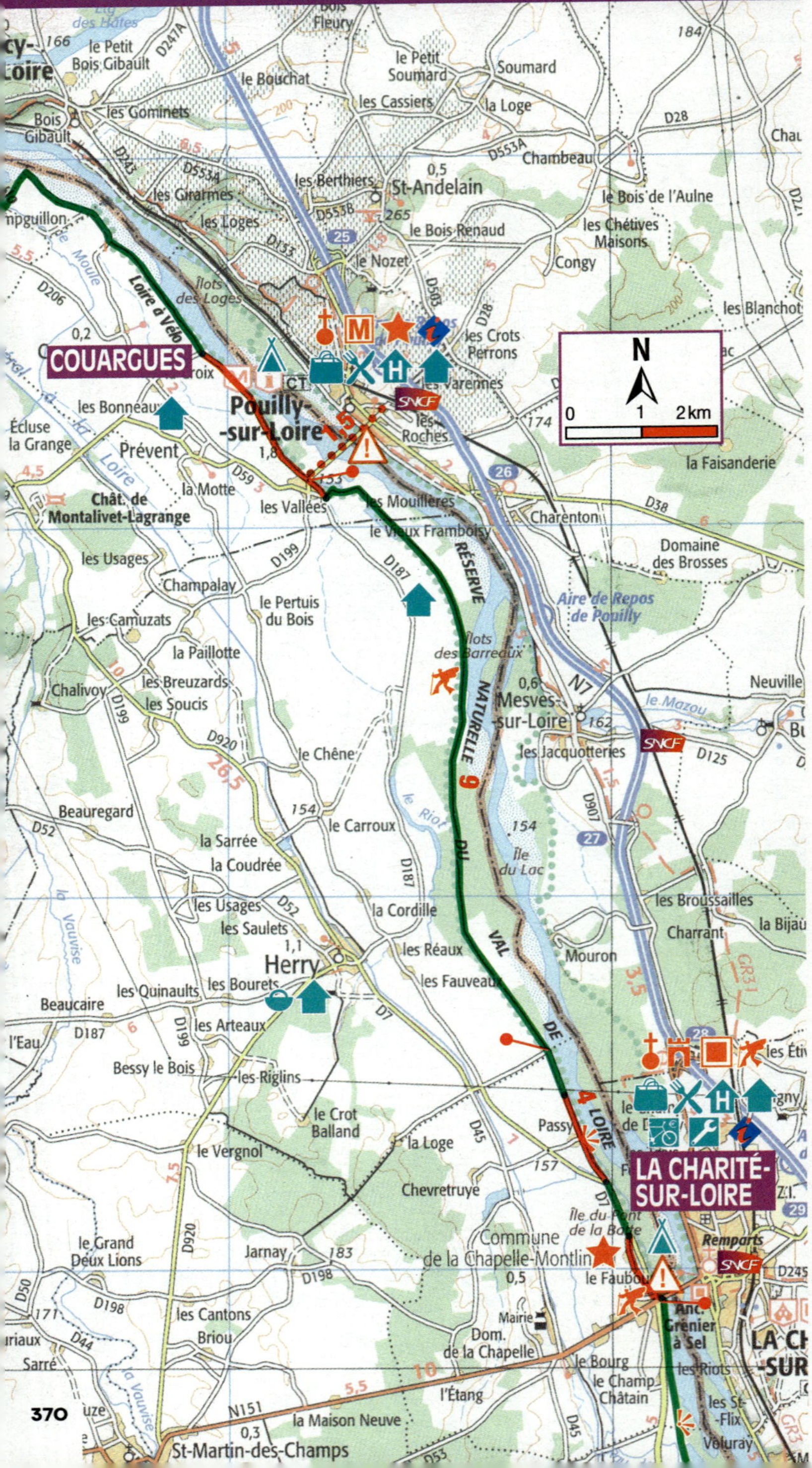
COUARGUES
LA CHARITÉ-SUR-LOIRE
Pouilly-sur-Loire
St-Andelain
Mesves-sur-Loire
Herry
Loire à Vélo
RÉSERVE NATURELLE DU VAL DE LOIRE
N
0
1
2 km
le Petit Bois Gibault
Bois Gibault
les Gominets
le Bouchat
Fleury
le Petit Soumard
Soumard
les Cassiers
la Loge
Chambeau
les Berthiers
les Garmes
les Loges
le Bois Renaud
le Nozet
Congy
le Bois de l'Aulne
les Chétives Maisons
Îlots des Loges
les Crots Perrons
les Blanchots
les Varennes
les Roches
les Bonneaux
Écluse la Grange
Prévent
la Motte
les Vallées
Chât. de Montalivet-Lagrange
les Mouillères
le Vieux Framboisy
Charenton
la Faisanderie
Domaine des Brosses
Aire de Repos de Pouilly
les Usages
Champalay
le Pertuis du Bois
les Camuzats
la Paillotte
les Breuzards
les Soucis
Chalivoy
Îlots des Barreaux
le Chêne
les Jacquotteries
Neuville
le Mazou
Beauregard
la Sarrée
la Coudrée
le Carroux
le Riot
Île du Lac
les Broussailles
Charrant
la Bijau
les Usages
les Saulets
la Cordille
les Réaux
les Fauveaux
Mouron
les Quinaults
les Bourets
Beaucaire
les Arteaux
Bessy le Bois
les Riglins
le Crot Balland
la Loge
Passy
le Vergnol
Chevretruye
Île du Pont de la Batte
Commune de la Chapelle-Montlin
le Faubourg
Remparts
Z.I.
le Grand Deux Lions
Jarnay
les Cantons
Briou
Mairie
Dom. de la Chapelle
Anc. Grenier à Sel
les Riots
le Bourg
le Champ Château
l'Étang
la Maison Neuve
les St-Flix
Voluray
St-Martin-des-Champs
la Vauvise
SNCF
CT
N7
N151
D7
D28
D38
D45
D52
D59
D125
D187
D199
D920
D198
D44
D50
D206
D243
D5534
D553A
D553B
D503
D907
D245
GR31
25
26
27
28
29

## Couargues → Bannay

**17 km - 1 h 45**

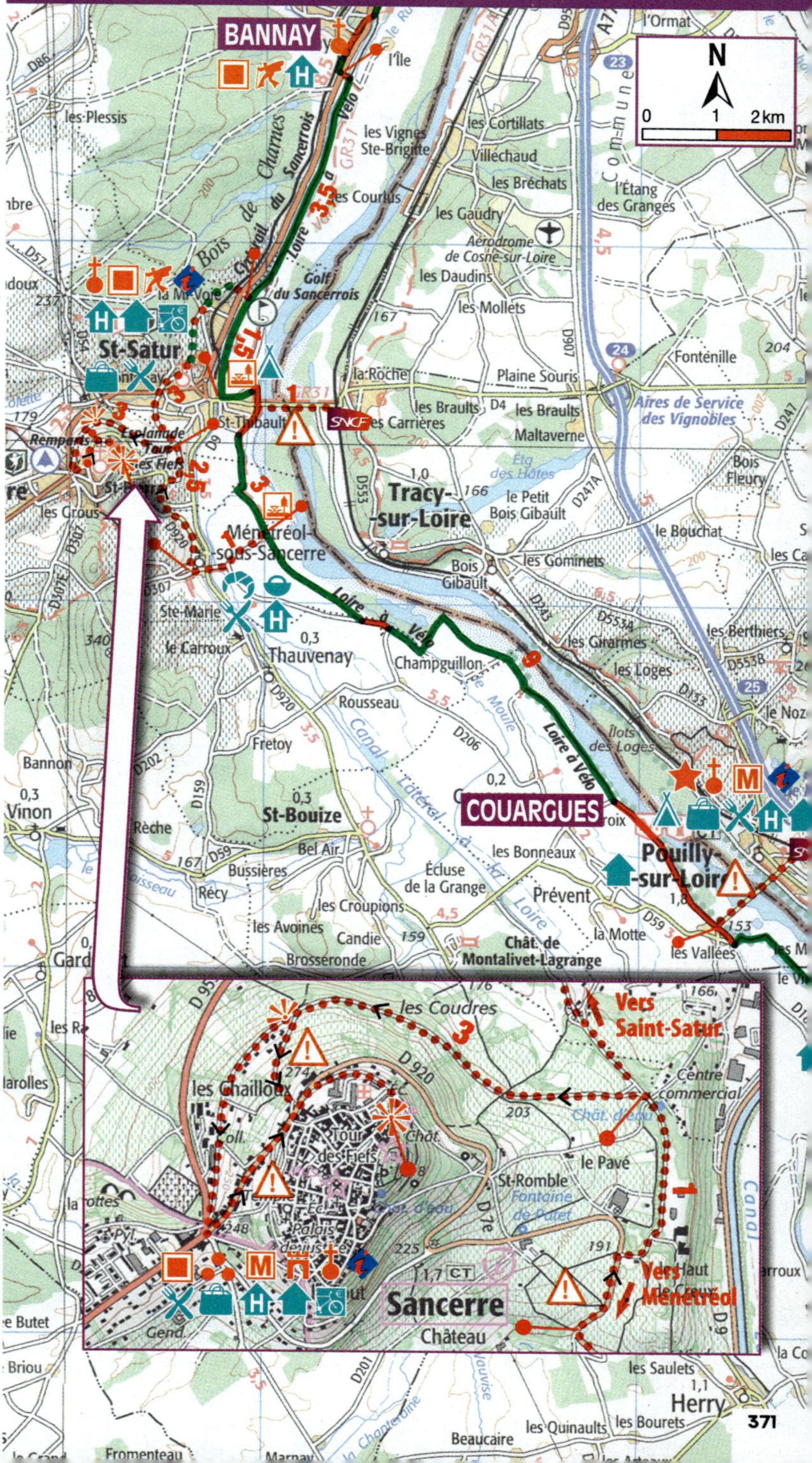
BANNAY
COUARGUES
St-Satur
St-Thibault
Ménétréol-sous-Sancerre
Sancerre
Tracy-sur-Loire
Pouilly-sur-Loire
Thauvenay
St-Bouize
Champguillon
Loire à Vélo
Golf du Sancerrois
Bois de Charnes
Aérodrome de Cosne-sur-Loire
Aires de Service des Vignobles
Canal latéral à la Loire
Chât. de Montalivet-Lagrange
Écluse de la Grange
Îlots des Loges
les Coudres
Vers Saint-Satur
Vers Ménétréol
les Chailloux
Tour des Fiefs
Centre commercial
le Pavé
St-Romble
Fontaine de Fuțet
Château
N
0
1
2 km

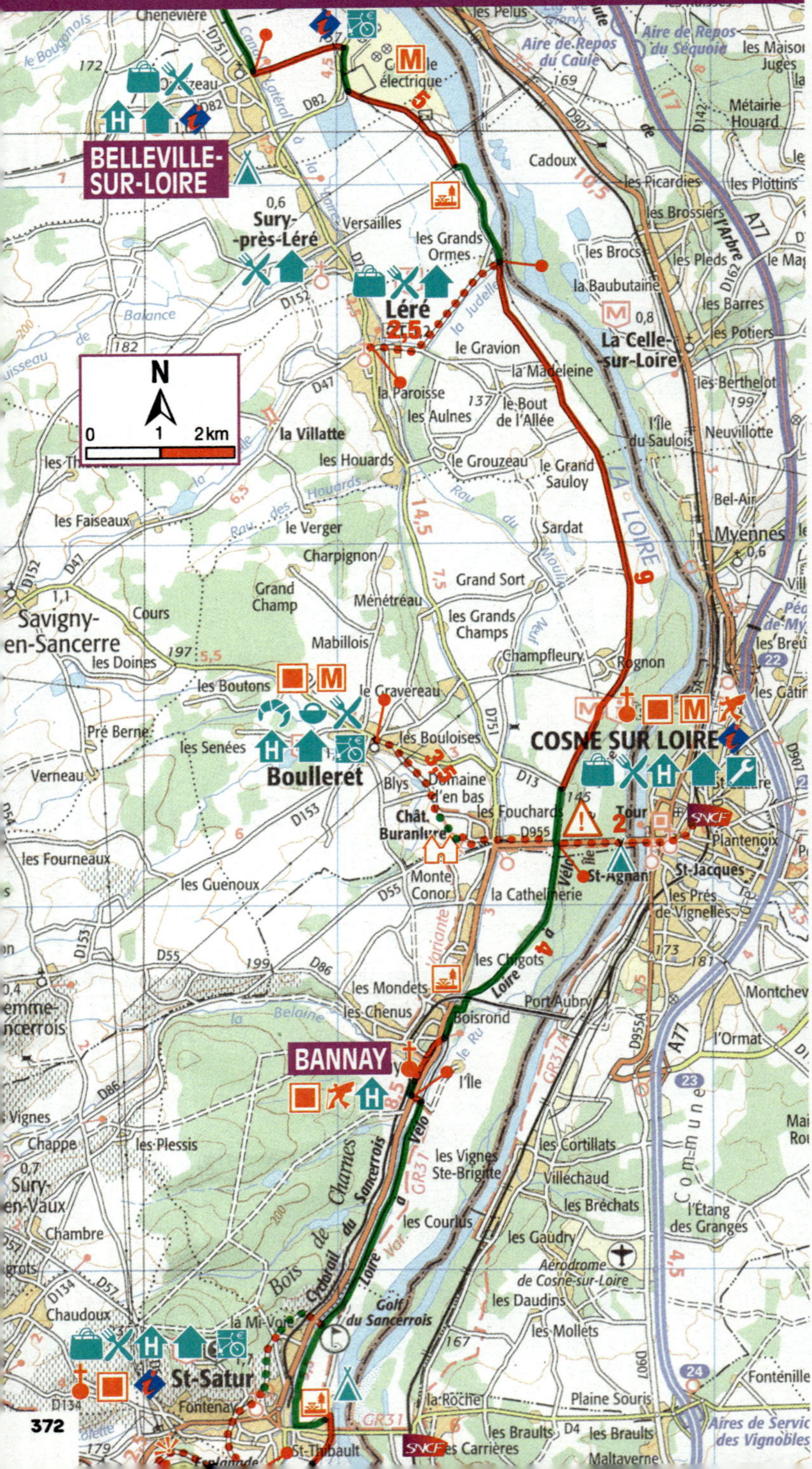
BELLEVILLE-SUR-LOIRE
Sury-
-près-Léré
Léré
Versailles
les Grands Ormes
Cadoux
la Baubutaine
La Celle-sur-Loire
le Gravion
la Madeleine
la Paroisse
les Aulnes
le Bout de l'Allée
la Villatte
les Houards
le Grouzeau
le Grand Sauloy
l'Île du Saulois
Neuvillotte
les Faiseaux
le Verger
Charpignon
Sardat
Bel-Air
Myennes
Grand Champ
Grand Sort
Ménétreau
les Grands Champs
Savigny-
en-Sancerre
Cours
les Doines
Mabillois
Champfleury
Rognon
les Boutons
le Gravereau
Pré Berne
les Senées
les Bouloises
COSNE SUR LOIRE
Boulleret
Verneau
Blys
Domaine d'en bas
les Fouchards
Chât. Buranlure
St-Agnan
St-Jacques
Plantenoix
les Fourneaux
les Guenoux
Monte Conor
la Cathelinerie
les Prés de Vignelles
les Chigots
les Mondets
les Chenus
Port Aubry
Boisrond
Montchev
l'Ormat
BANNAY
l'Île
Vignes
Chappe
les Plessis
Sury-
en-Vaux
les Vignes Ste-Brigitte
les Cortillats
Villechaud
les Bréchats
l'Étang des Granges
les Courlus
les Gaudry
Chambre
Aérodrome de Cosne-sur-Loire
Bois de Charnes
Chaudoux
les Daudins
Golf du Sancerrois
la Mi-Voie
les Mollets
St-Satur
Fontenay
la Roche
Plaine Souris
Fontenille
les Braults
Aires de Services des Vignobles
St-Thibault
les Carrières
Maltaverne
Aire de Repos du Caule
Aire de Repos du Séquoia
les Picardies
les Plottins
les Brossiers
les Brocs
les Pieds
les Barres
les Potiers
les Berthelot
Métairie Houard
LA LOIRE
SNCF
N
0 1 2 km

# N° 7 Belleville-sur-Loire → Briare

**19,5 km - 2 h 00**

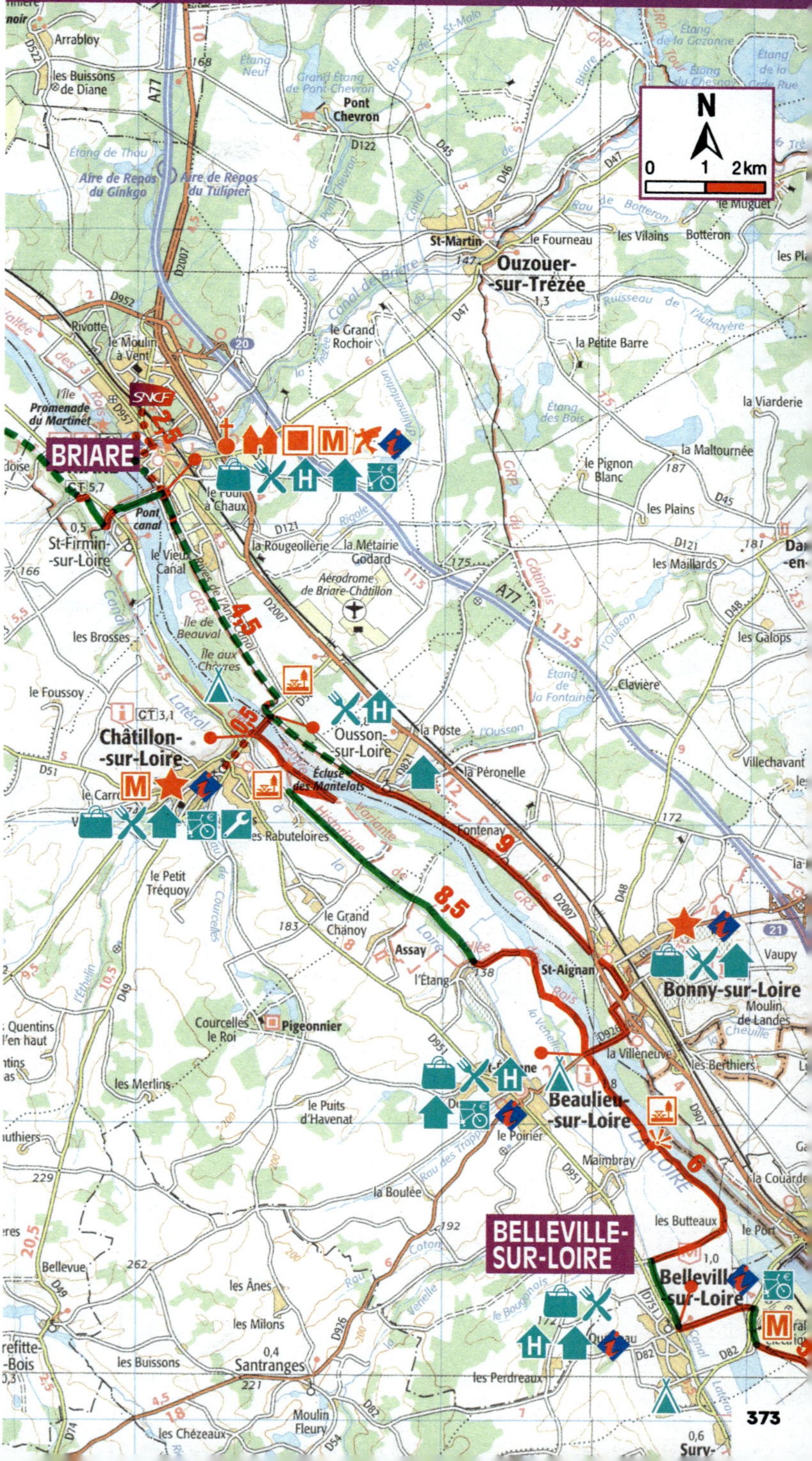

N
0 1 2 km
BRIARE
BELLEVILLE-SUR-LOIRE
Arrabloy
les Buissons de Diane
Pont Chevron
Grand Étang de Pont-Chevron
Étang Neuf
Étang de Thou
Aire de Repos du Ginkgo
Aire de Repos du Tulipier
St-Martin
le Fourneau
Ouzouer-sur-Trézée
les Vilains
Botteron
le Muguet
Étang de la Gazonne
Rau de Botteron
Canal de Briare
le Grand Rochoir
Rivotte
le Moulin à Vent
Promenade du Martinet
l'Île
SNCF
la Petite Barre
la Viarderie
Étang des Bois
le Pignon Blanc
la Maltournée
les Plains
les Maillards
Pont canal
St-Firmin-sur-Loire
le Vieux Canal
la Rougeollerie
la Métairie Godard
Aérodrome de Briare-Châtillon
Île de Beauval
Île aux Chèvres
les Brosses
le Foussoy
les Galops
Clavière
Étang de la Fontaine
Châtillon-sur-Loire
Ousson-sur-Loire
la Poste
la Péronelle
Écluse des Mantelots
Variante Historique
les Rabuteloires
Fontenay
Villechavant
le Petit Tréquoy
le Grand Chanoy
Assay
l'Étang
St-Aignan
Bonny-sur-Loire
Vaupy
Moulin de Landes
la Villeneuve
les Berthiers
Courcelles le Roi
Pigeonnier
les Merlins
le Puits d'Havenat
Beaulieu-sur-Loire
le Poirier
Maimbray
LA LOIRE
la Couarde
la Boulée
les Butteaux
le Port
Belleville-sur-Loire
Bellevue
les Ânes
les Milons
les Buissons
Santranges
les Perdreaux
Moulin Fleury
les Chézeaux

# Briare → Gien

12 km - 1 h 30

N°8

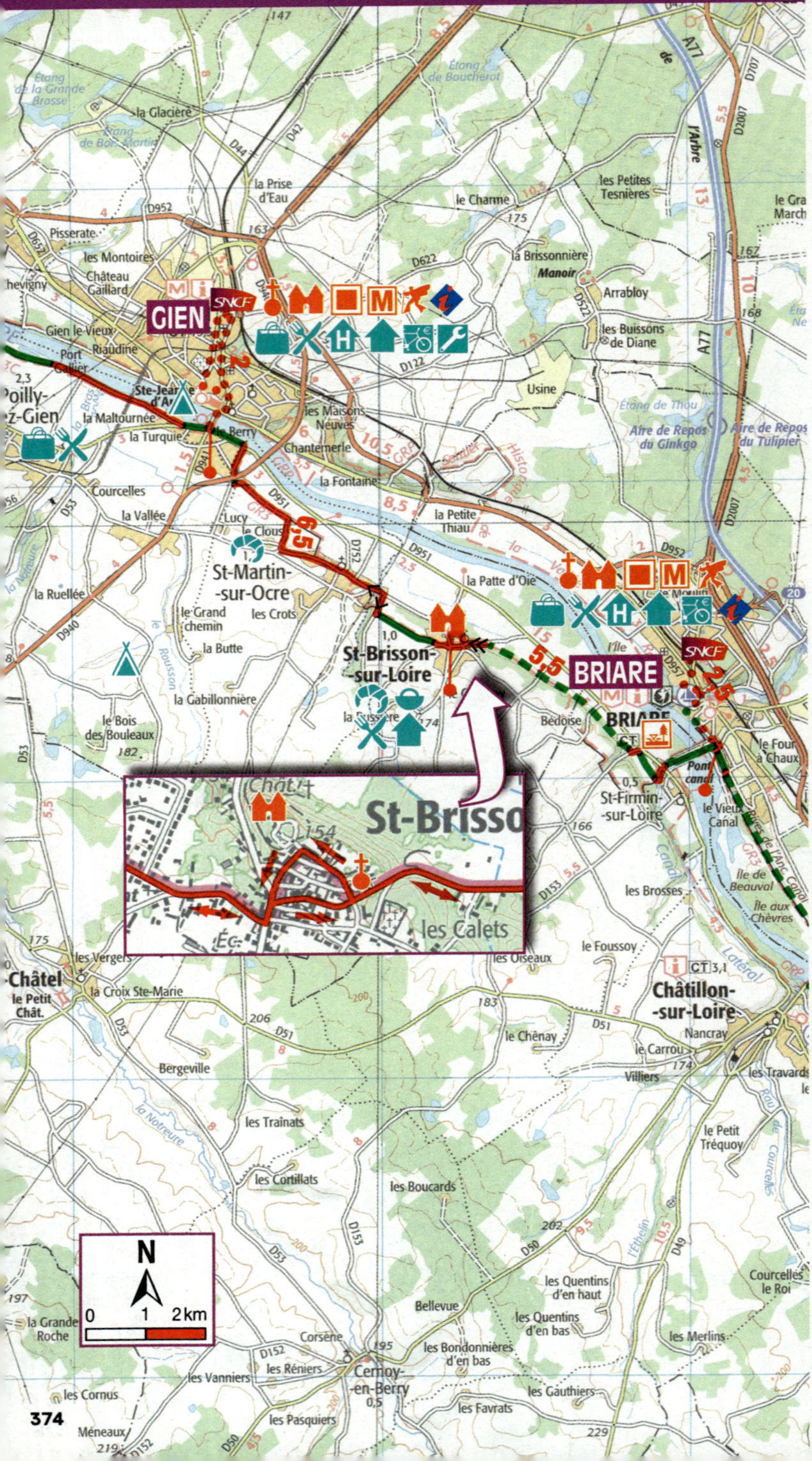
GIEN
SNCF
Gien le Vieux
Port Gallier
Riaudine
Poilly-lez-Gien
Ste-Jeanne d'Arc
la Maltournée
la Turquie
le Berry
la Glacière
la Prise d'Eau
Pisserate
les Montoires
Château Gaillard
Étang de la Grande Brosse
Étang de Bois Martin
Étang de Boucherot
le Charme
la Brissonnière
Manoir
Arrabloy
les Buissons de Diane
les Petites Tesnières
Usine
Étang de Thou
Aire de Repos du Ginkgo
Aire de Repos du Tulipier
les Maisons Neuves
Chantemerle
la Fontaine
Courcelles
la Vallée
Lucy
le Clous
St-Martin-sur-Ocre
le Grand chemin
les Crots
la Butte
la Ruellée
la Gabillonnière
le Bois des Bouleaux
la Petite Thiau
la Patte d'Oie
St-Brisson-sur-Loire
la Brissière
BRIARE
Bédoise
St-Firmin-sur-Loire
Pont canal
le Vieux Canal
le Four à Chaux
Île de Beauval
Île aux Chèvres
les Brosses
le Foussoy
les Oiseaux
St-Brisson
les Calets
Châtillon-sur-Loire
Nancray
le Carrou
Villiers
les Travards
le Petit Tréquoy
Châtel
le Petit Chât.
les Vergers
la Croix Ste-Marie
Bergeville
les Traînats
les Cortillats
les Boucards
le Chênay
les Quentins d'en haut
les Quentins d'en bas
Bellevue
Courcelles le Roi
les Merlins
la Grande Roche
Corsène
les Réniers
les Vanniers
Cernoy-en-Berry
les Bondonnières d'en bas
les Gauthiers
les Favrats
les Pasquiers
les Cornus
Méneaux
N
0 1 2 km

# N°9 Gien → Sully-sur-Loire

**29,5 km - 3 h 00**

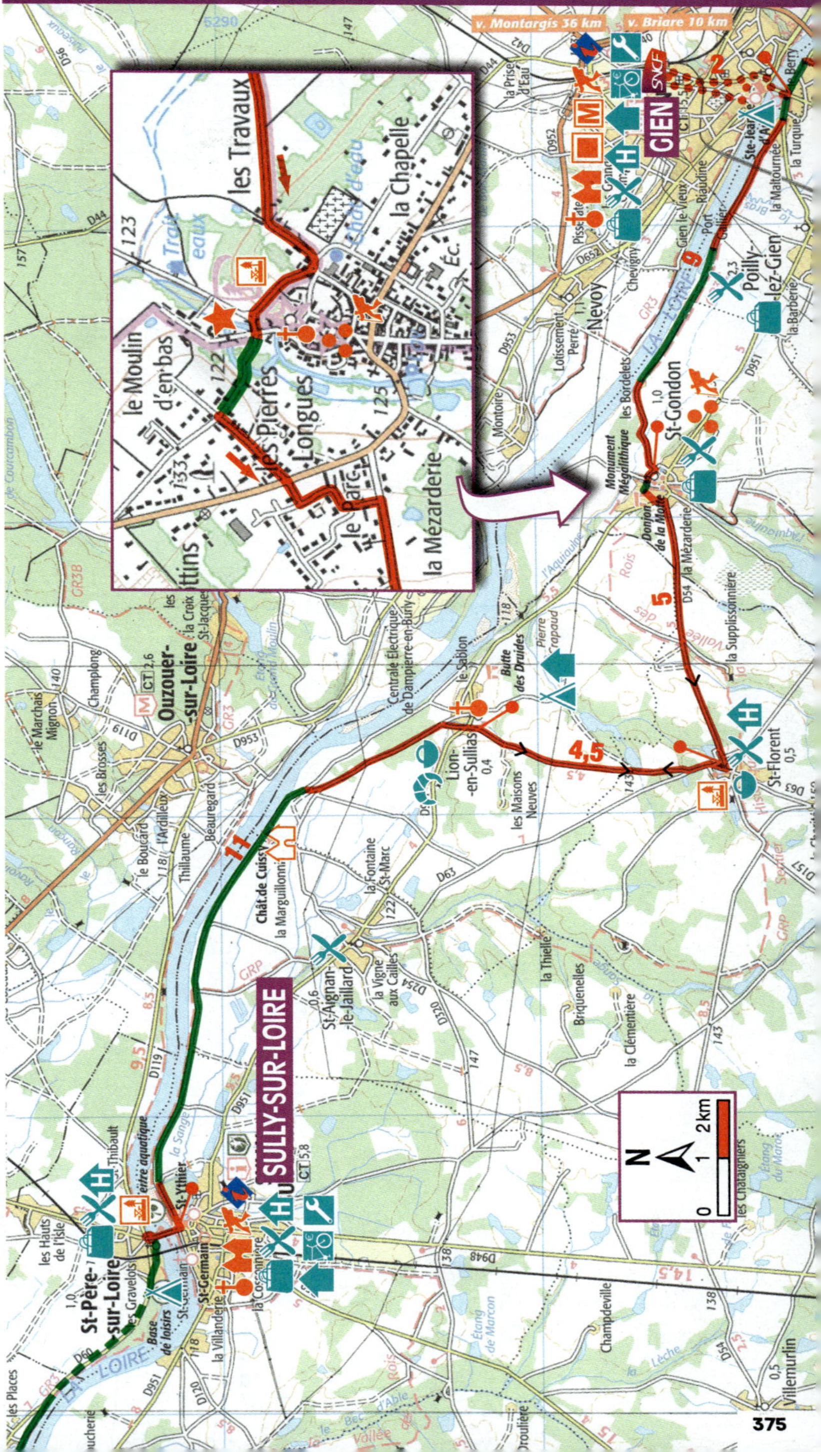
v. Montargis 36 km
v. Briare 10 km
GIEN
SNCF
Poilly-lez-Gien
Nevoy
St-Gondon
Monument Mégalithique
Donjon de la Motte
la Mézarderie
St-Florent
Lion-en-Sullias
Butte des Druides
Pierre Crapaud
Centrale Électrique de Dampierre-en-Burly
Ouzouer-sur-Loire
Châtd.de Cuissy
la Marguillonne
St-Aignan-le-Jaillard
SULLY-SUR-LOIRE
St-Père-sur-Loire
Base de loisirs
les Travaux
la Chapelle
le Moulin d'en bas
les Pierres Longues
le Parc
LA LOIRE
29,5 km
4,5
5
9
11
2
N
0
1
2km

# N°10

## Sully-sur-Loire → Châteauneuf-sur-Loire

**19 km - 2 h 00**

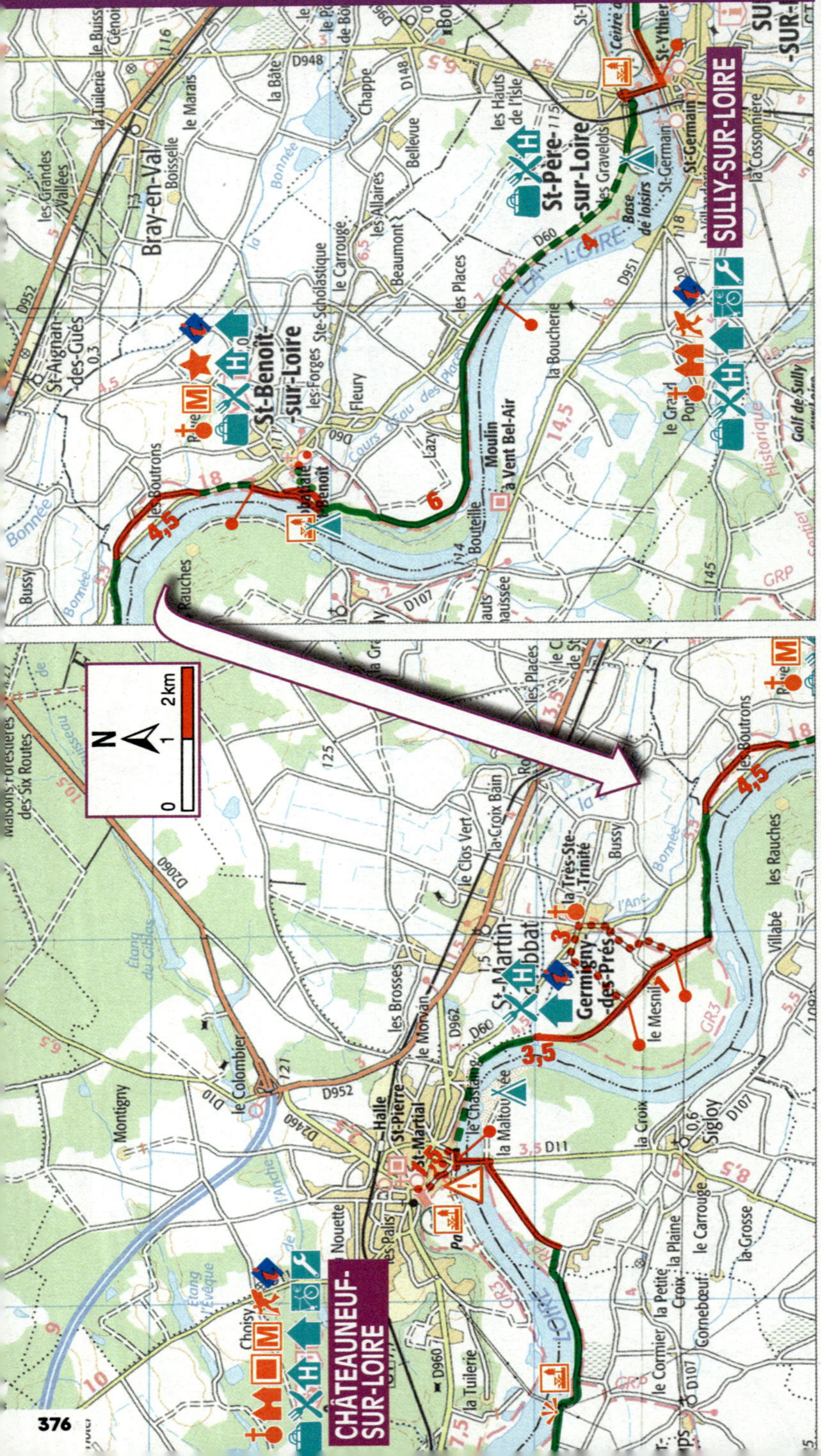

## N°11 Châteauneuf-sur-Loire → Jargeau

**10 km - 1 h 00**

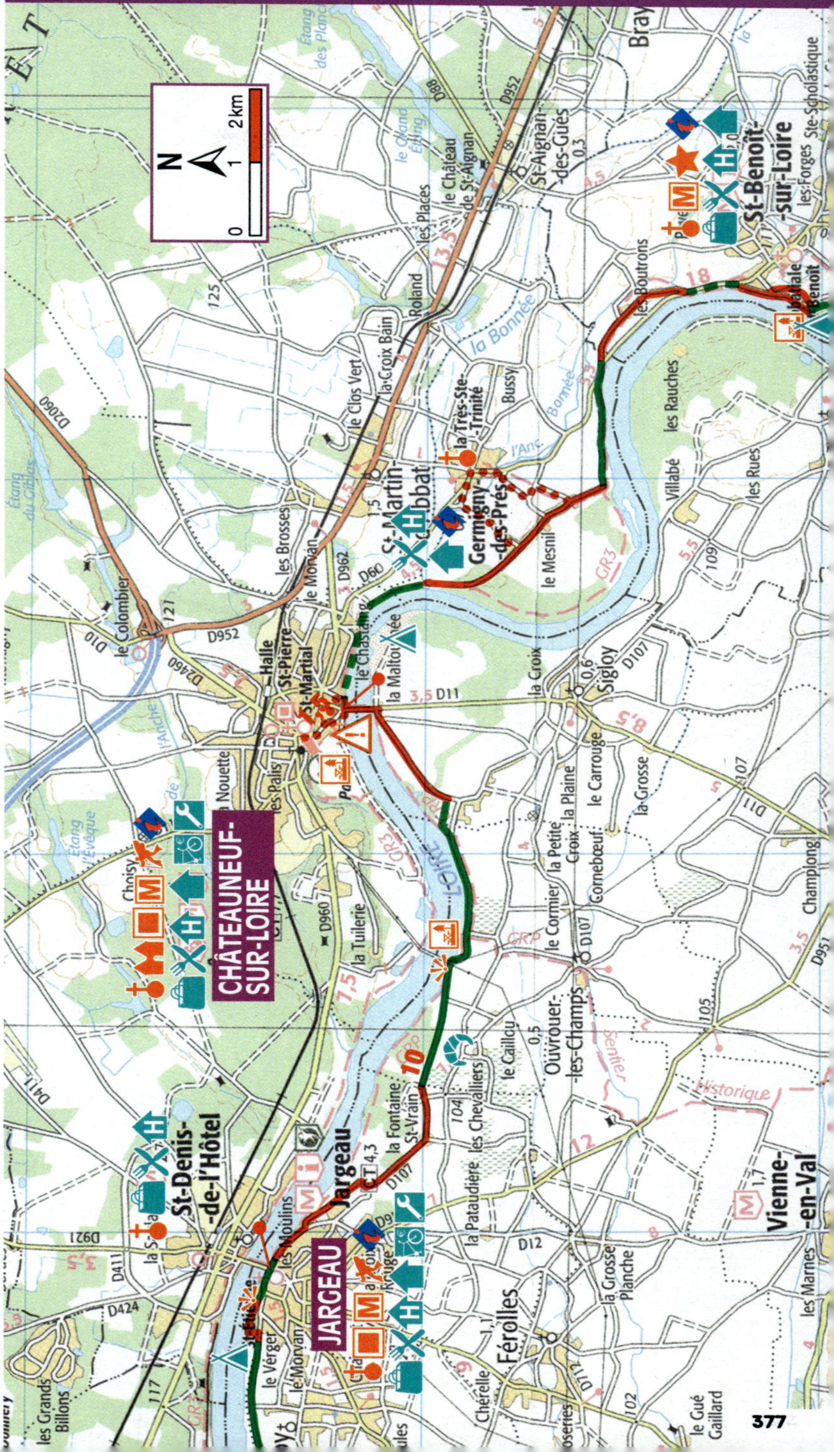
N
0
1
2km
CHÂTEAUNEUF-SUR-LOIRE
JARGEAU
St-Denis-de-l'Hôtel
St-Martin-d'Abbat
Germigny-des-Prés
St-Benoît-sur-Loire
St-Aignan-des-Gués
Bray
Sigloy
Ouvrouer-les-Champs
Férolles
Vienne-en-Val
Loire
la Bonnée
Halle St-Pierre St-Martial
la Très-Ste-Trinité
le Château de St-Aignan
les Rauches
Villabé
les Rues
le Mesnil
la Croix
le Carrouge
la Grosse
Champlong
la Tuilerie
le Colombier
Choisy
la Fontaine St-Vrain
les Chevalliers
le Caillou
la Pataudière
la Grosse Planche
les Marnes
le Gué Gaillard
Chèrelle
le Verger
le Morvan
les Grands Billons
D952
D960
D11
D107
D12
D921
D424
D411
D2060
D2460
D10
D62
D951
GR3
Sentier Historique

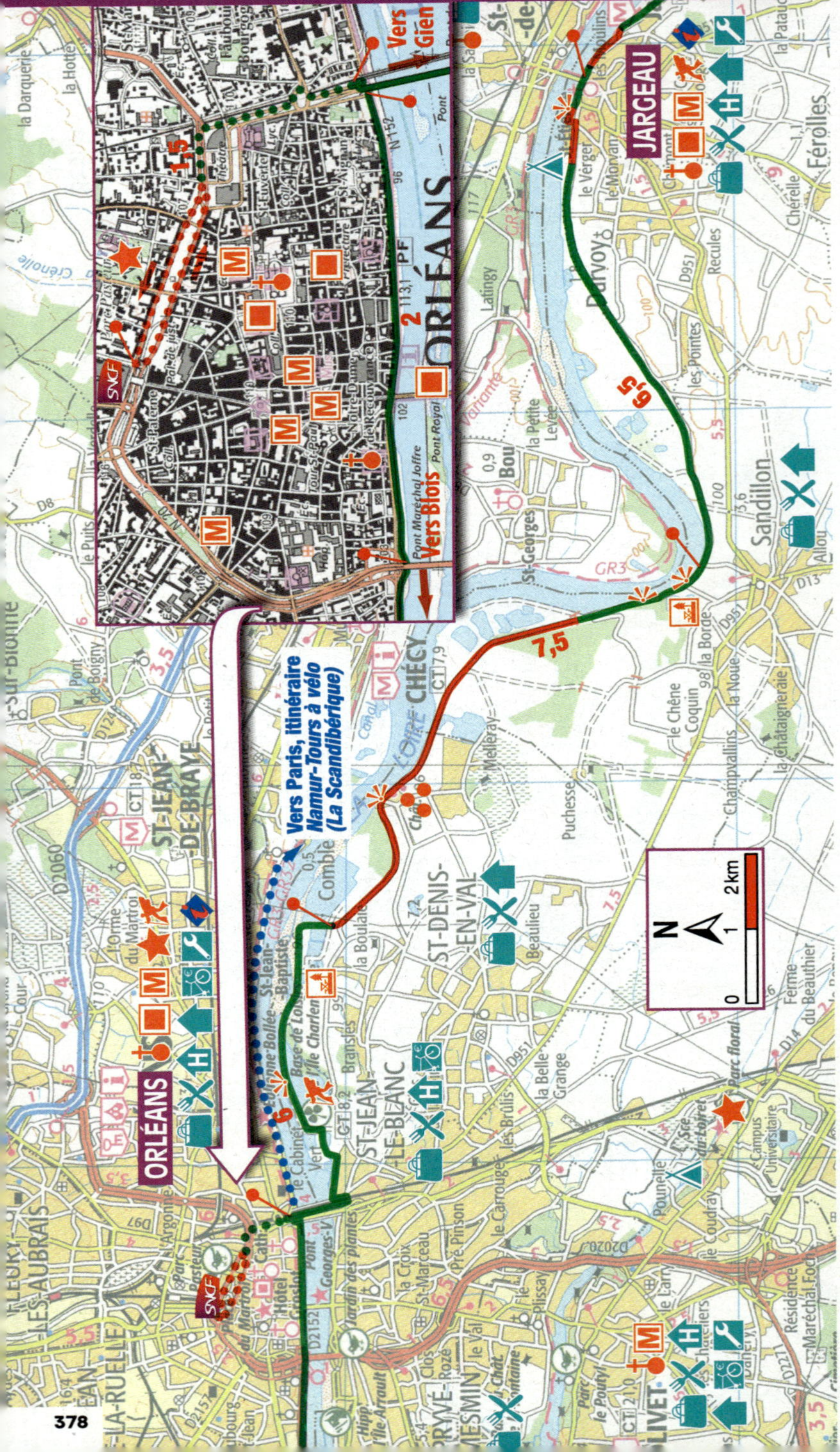
ORLÉANS
JARGEAU
CHÉCY
ST-DENIS-EN-VAL
ST-JEAN-LE-BLANC
ST-JEAN-DE-BRAYE
Sandillon
Darvoy
Férolles
Vers Paris, itinéraire Namur-Tours à vélo (La Scandibérique)
Vers Blois
Vers Gien
Pont Maréchal Joffre
Pont Royal
Pont George-V
Jardin des plantes
Parc floral
Combleux
Bou
St-Georges
Loire
7,5
6,5
6
1,5
2
0
1
2 km
N

# D'ORLÉANS À TOURS

7 étapes à découvrir en pages 39 à 45

La voie verte blésoise. -OS-

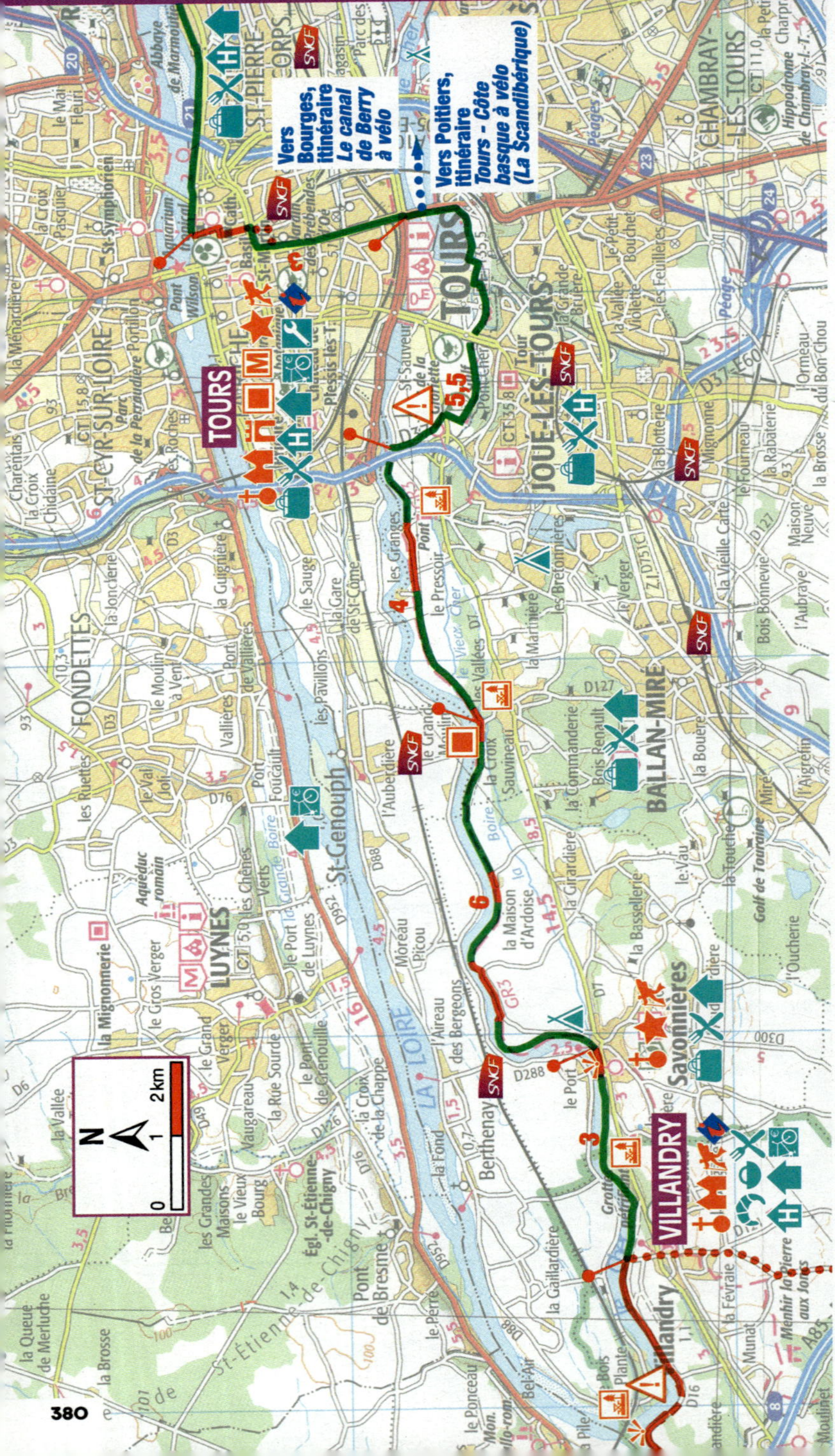
Vers Bourges, itinéraire Le canal de Berry à vélo
Vers Poitiers, itinéraire Tours - Côte basque à vélo (La Scandibérique)
TOURS
ST-CYR-SUR-LOIRE
FONDETTES
JOUÉ-LÈS-TOURS
CHAMBRAY-LÈS-TOURS
BALLAN-MIRÉ
LUYNES
St-Genouph
Savonnières
VILLANDRY
Berthenay
LA LOIRE
0 1 2km

## Villandry → Rigny-Ussé

20,5 km - 2 h 00
ou
29,5 km - 3 h 10

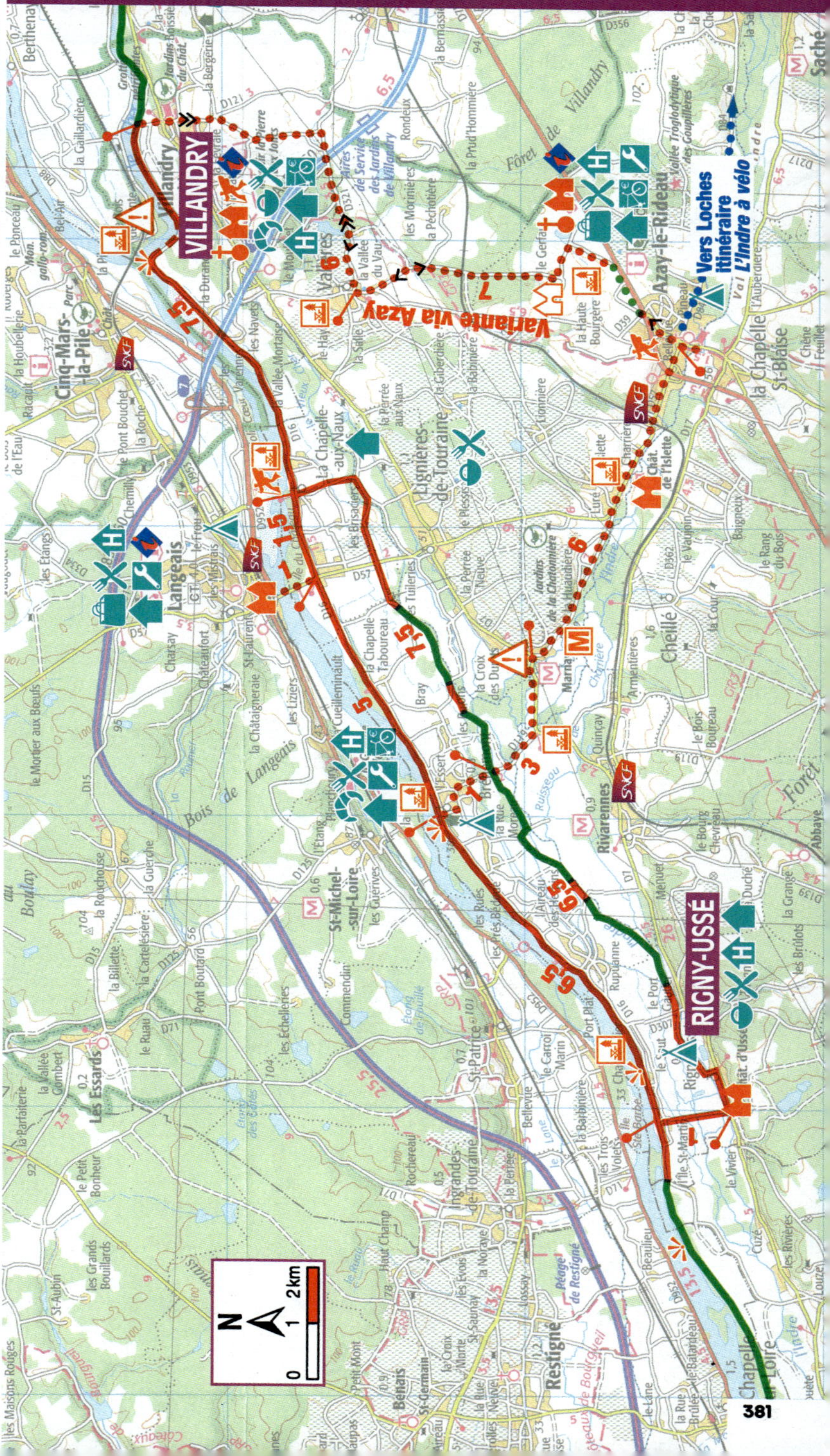
VILLANDRY
RIGNY-USSÉ
Variante via Azay
Vers Loches itinéraire L'Indre à vélo
Azay-le-Rideau
Langeais
Cinq-Mars-la-Pile
St-Michel-sur-Loire
Lignières-de-Touraine
La Chapelle-aux-Naux
Rivarennes
Cheillé
Bréhémont
Ingrandes-de-Touraine
Restigné
Chât. de l'Islette
Forêt de Villandry
Bois de Langeais
0 1 2km
N

# Rigny-Ussé → Candes-Saint-Martin

ou 23 km - 2 h 20
33 km - 3 h 30

N°22

# Candes-Saint-Martin → Saumur

**17,5 km - 2 h 00**

CANDES-SAINT-MARTIN
SAUMUR
Montsoreau
Turquant
Parnay
Souzay-Champigny
Dampierre-sur-Loire
Varennes-sur-Loire
Fontevraud-l'Abbaye
Villebernier
Allonnes
Varrains
St-Cyr-en-Bourg
Brézé
Distré
Artannes-sur-Thouet
Vers Niort, La Rochelle, itinéraire La VéloFrancette
Promenade bateau
Théâtre
0 1 2km
N

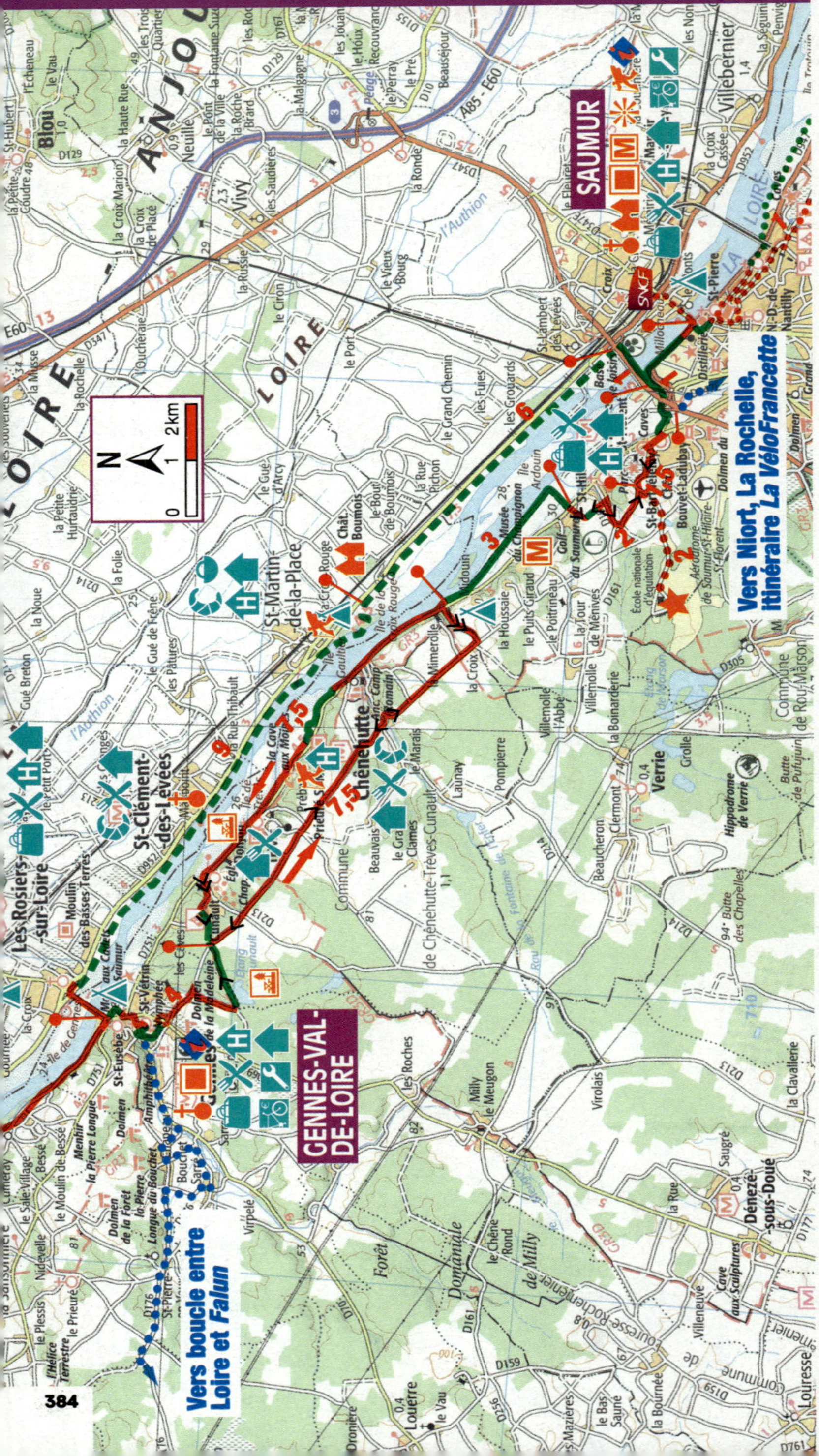
SAUMUR
GENNES-VAL-DE-LOIRE
Vers Niort, La Rochelle, itinéraire La VéloFrancette
Vers boucle entre Loire et Falun
St-Martin-de-la-Place
Chênehutte
Les Rosiers-sur-Loire
St-Clément-des-Levées
LOIRE
ANJOU
Verrie
Dénezé-sous-Doué
Forêt Domaniale de Milly
0
1
2 km
N

# N°25 Gennes-Val-de-Loire → Loire-Authion (La Daguenière) 22 km - 2 h 10

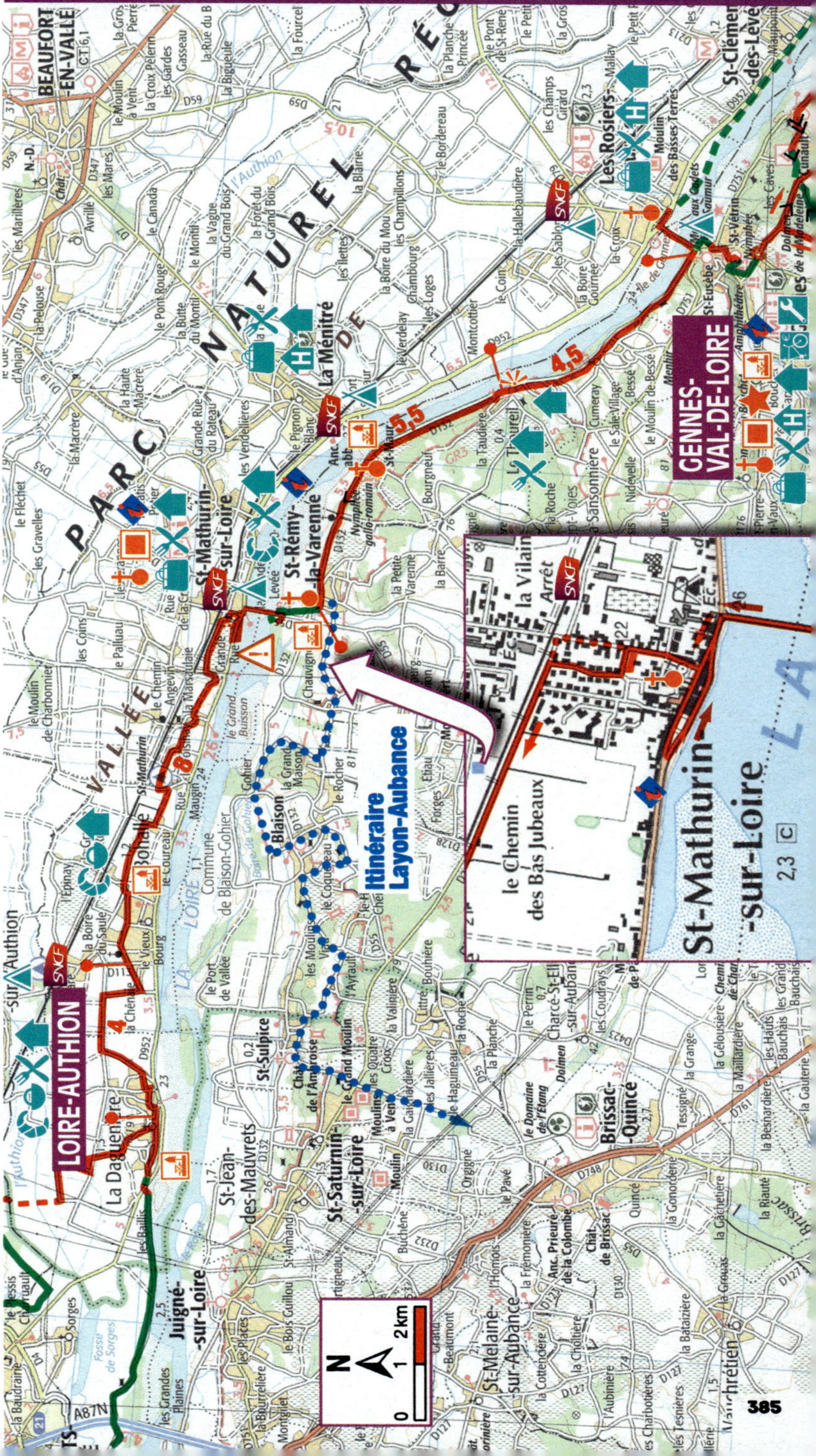

# Loire-Authion (La Daguenière) → Bouchemaine

## 15 km - 1 h 30 ou 24,5 km - 2 h 30

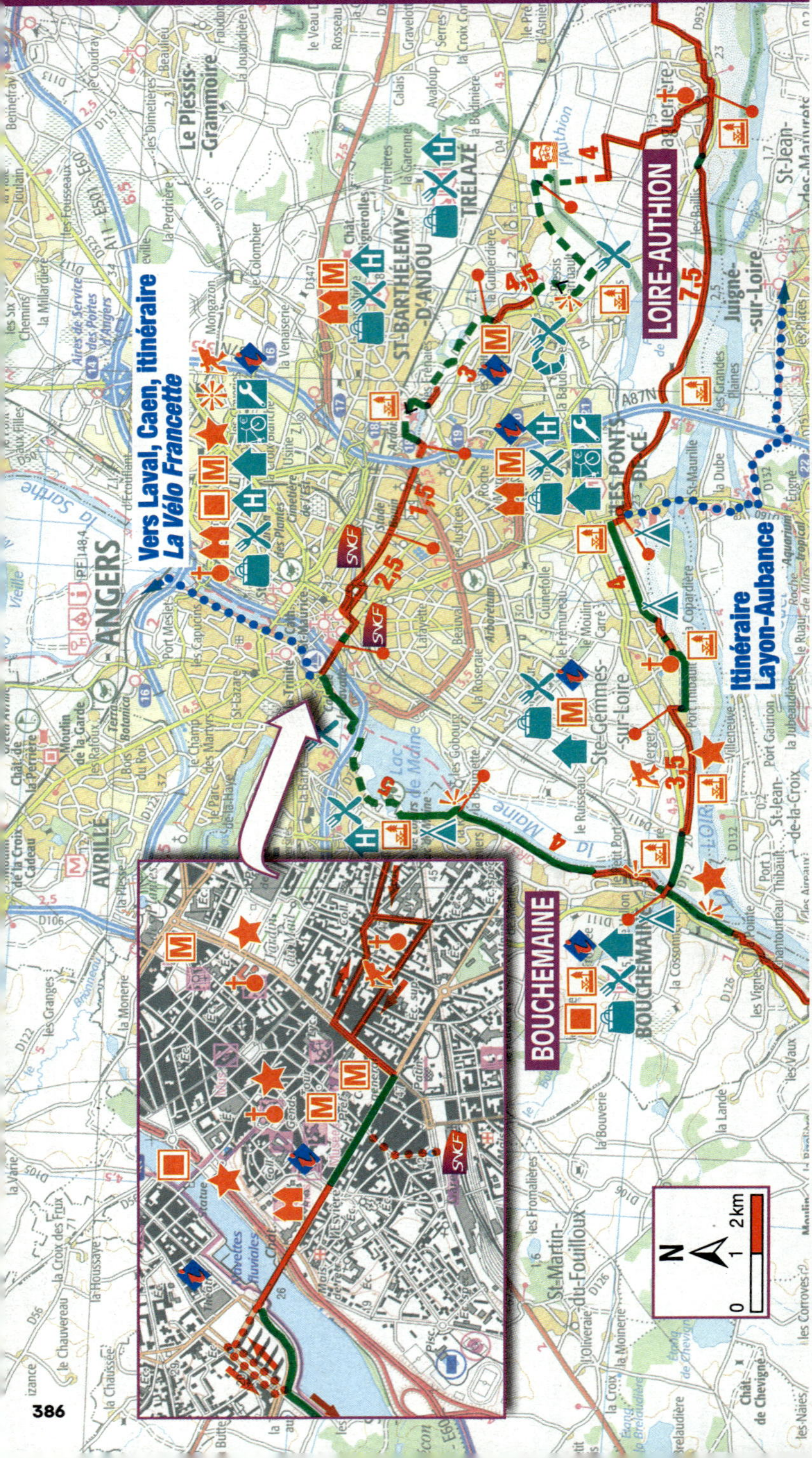

# N°27 Bouchemaine → Chalonnes-sur-Loire

19,5 km - 2 h 00

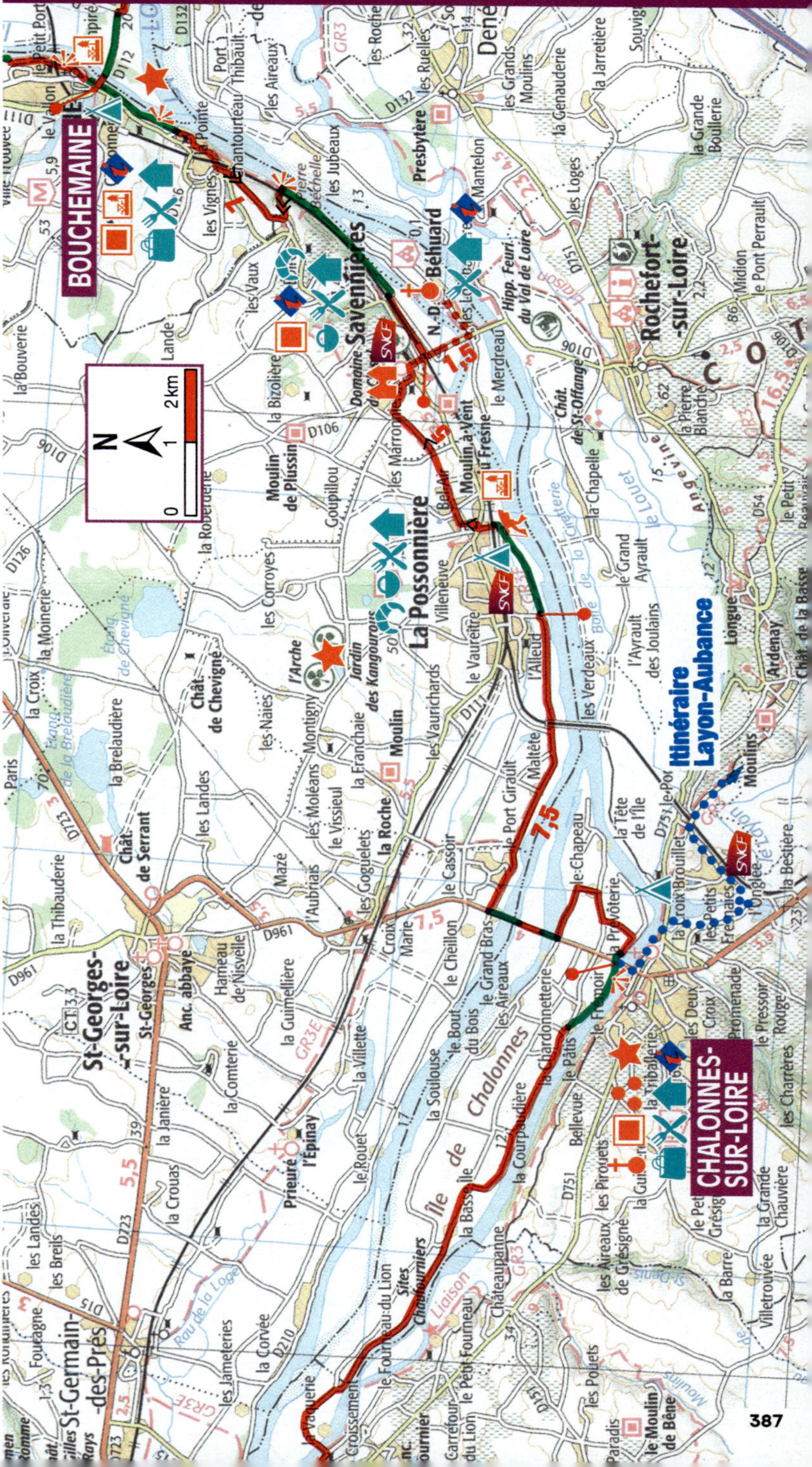
BOUCHEMAINE
Savennières
Béhuard
Rochefort-sur-Loire
La Possonnière
CHALONNES-SUR-LOIRE
St-Georges-sur-Loire
St-Germain-des-Prés
Itinéraire Layon-Aubance
Île de Chalonnes
Chât. de Serrant
Anc. abbaye
Moulin de Plussin
Jardin des Kangourous
Prieuré de l'Épinay
0
1
2km
N
7,5
Liaison

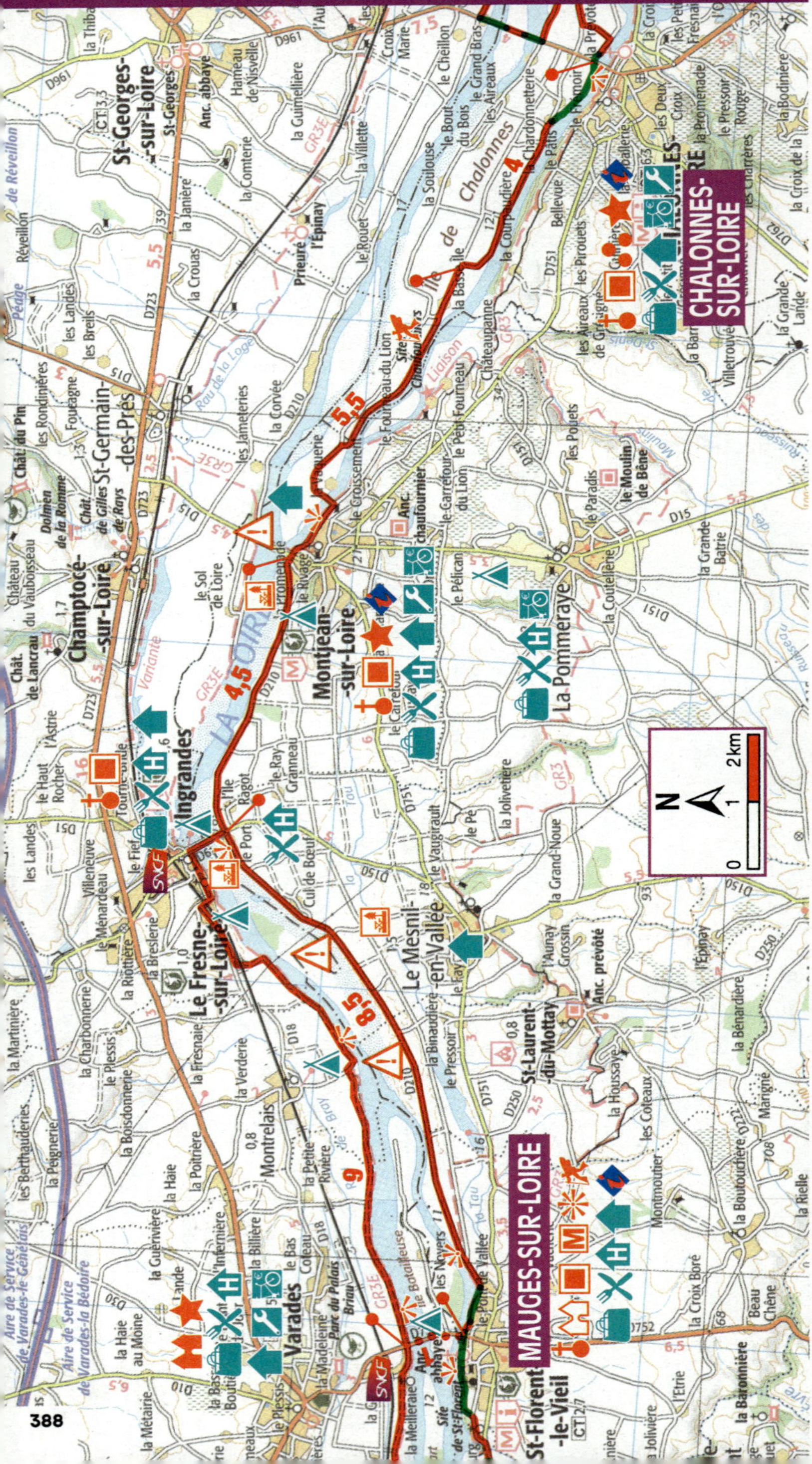
CHALONNES-SUR-LOIRE
MAUGES-SUR-LOIRE
Montjean-sur-Loire
Ingrandes
Le Fresne-sur-Loire
Varades
St-Florent-le-Vieil
La Pommeraye
Le Mesnil-en-Vallée
St-Laurent-du-Mottay
Champtocé-sur-Loire
St-Georges-sur-Loire
St-Germain-des-Prés
LA LOIRE
Île de Chalonnes
0 1 2km

# N°29 Mauges-sur-Loire (Saint-Florent) → Oudon

26,5 km - 2 h 40

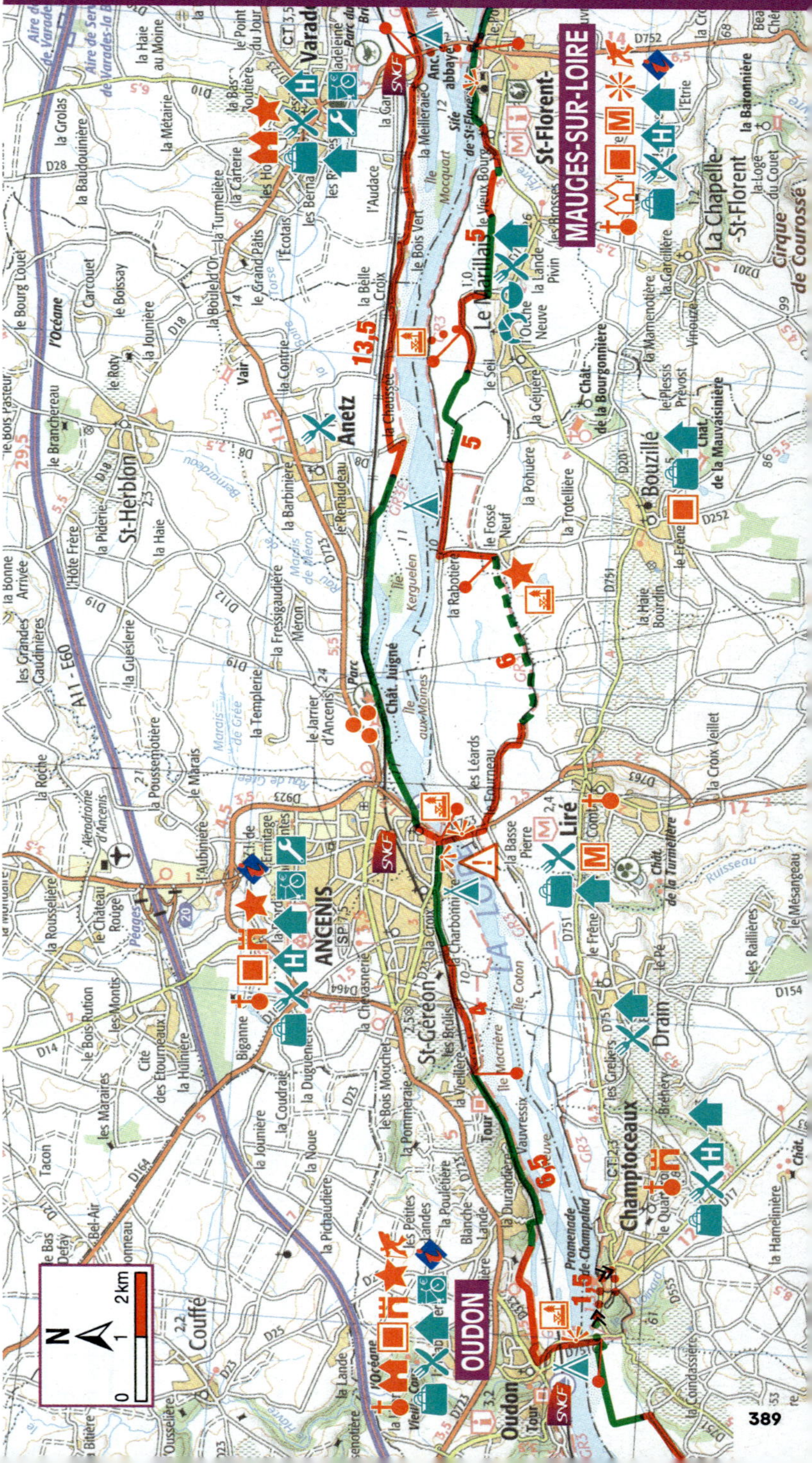

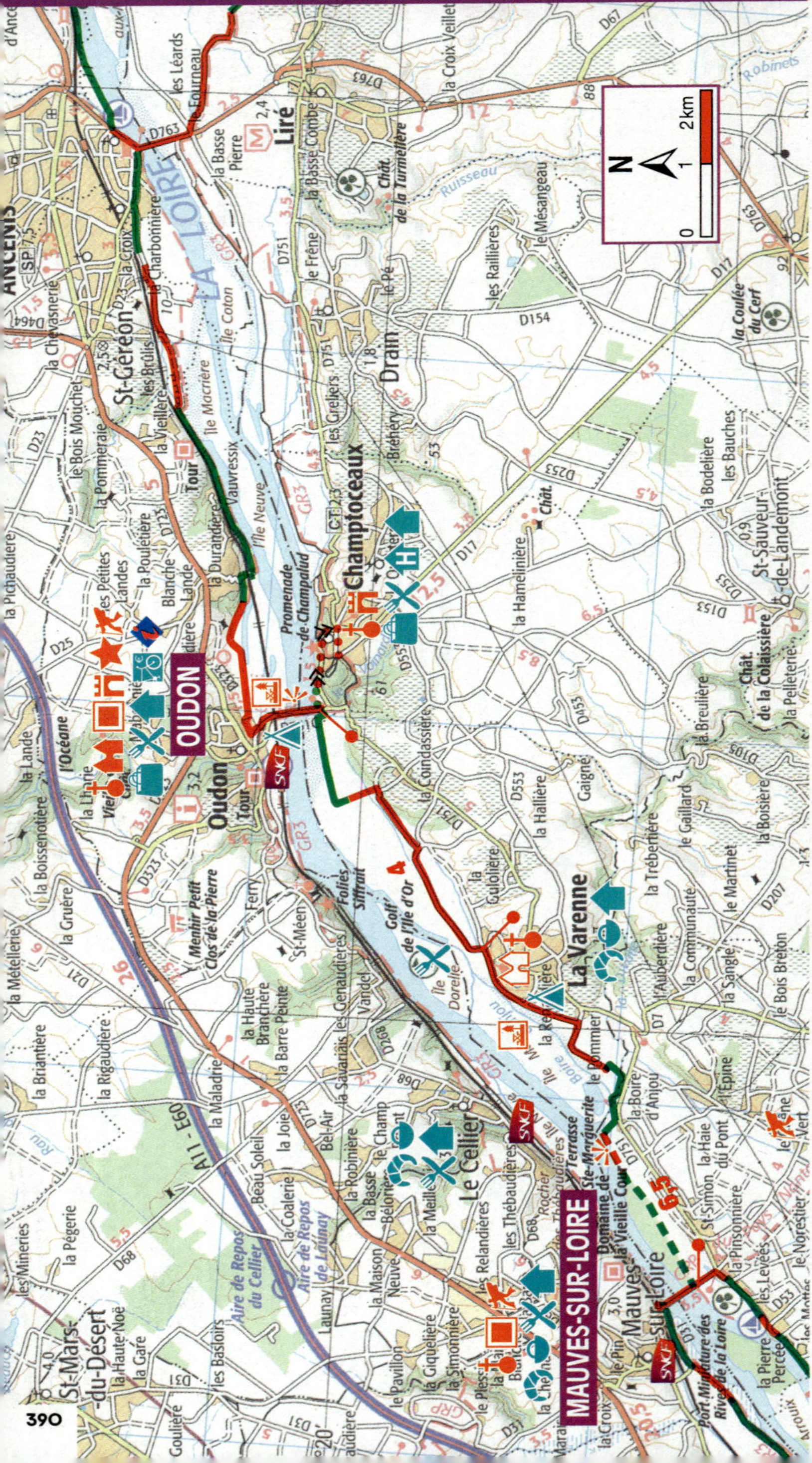

## Mauves-sur-Loire → Nantes

16 km - 1 h 35 ou 17,5 km - 1 h 45

ŒUVRES ESTUAIRE
1 Péage sauvage, Observatorium
2 Nymphéa, Ange Leccia
3 Portail 0°-90°, portail 8°-98°, François Morellet
4 De temps en temps, François Morellet
5 L'Absence, Atelier Van Lieshout
6 The zebra crossing regulations and general directions, Angela Bulloch
7 Air, Rolf Julius
8 Mètre à ruban, Lilian Bourgeat
9 La station Prouvé, Jean Prouvé
10 Les Anneaux, Buren/Bouchain
Vers Brest, Roscoff par EV1
NANTES
MAUVES-SUR-LOIRE
THOUARÉ-SUR-LOIRE
STE-LUCE-SUR-LOIRE
ST-JULIEN-DE-CONCELLES
BASSE-GOULAINE
LA LOIRE
Vers Brest, Roscoff itinéraire La Bretagne à vélo (La Vélodyssée)

# Nantes → Le Pellerin

18 km - 1 h 50 ou 24 km - 2 h 30

N°32

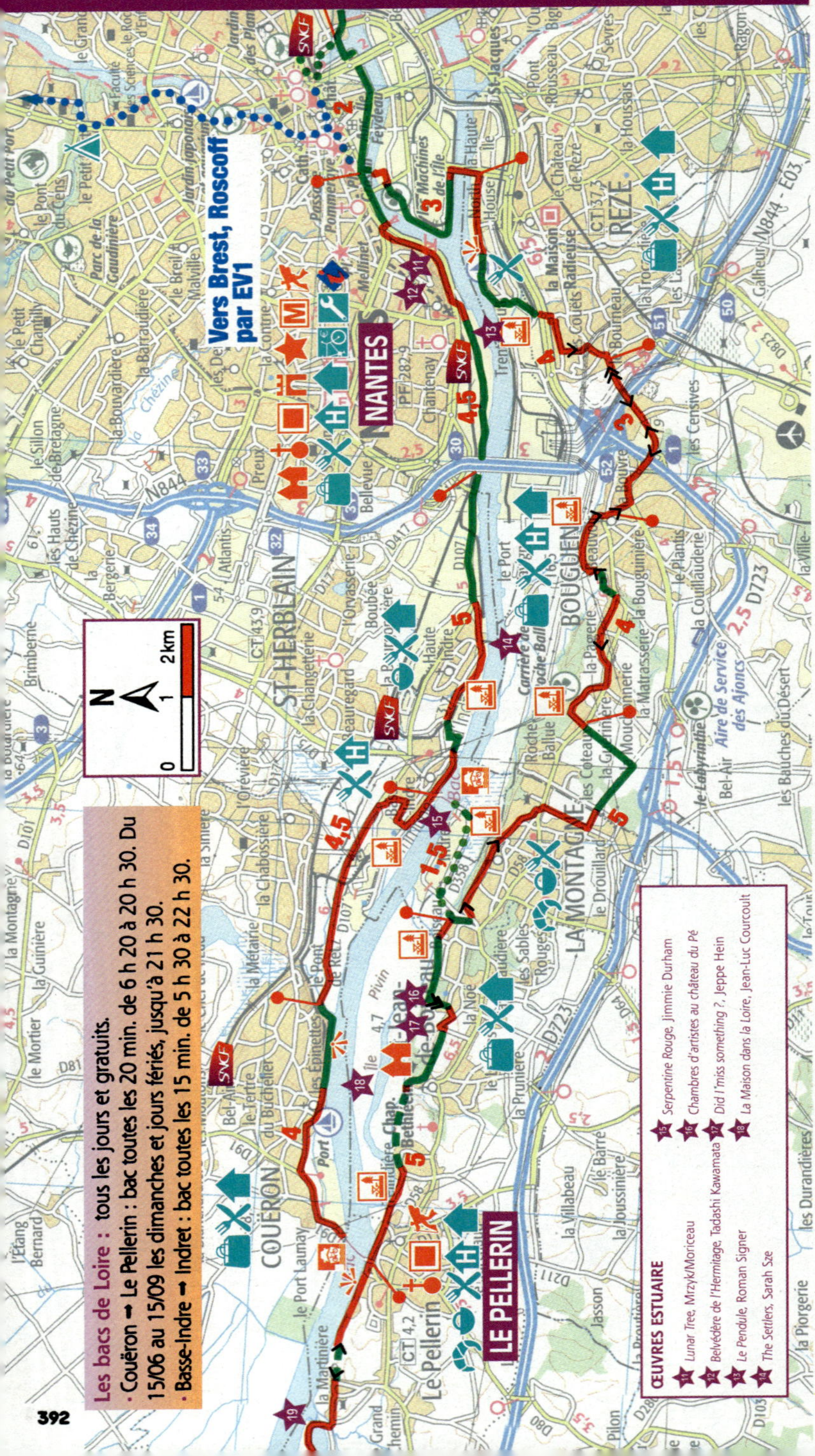
Les bacs de Loire : tous les jours et gratuits.
· Couëron → Le Pellerin : bac toutes les 20 min. de 6 h 20 à 20 h 30. Du 15/06 au 15/09 les dimanches et jours fériés, jusqu'à 21 h 30.
· Basse-Indre → Indret : bac toutes les 15 min. de 5 h 30 à 22 h 30.
ŒUVRES ESTUAIRE
11 Lunar Tree, Mrzyk/Moriceau
12 Belvédère de l'Hermitage, Tadashi Kawamata
13 Le Pendule, Roman Signer
14 The Settlers, Sarah Sze
15 Serpentine Rouge, Jimmie Durham
16 Chambres d'artistes au château du Pé
17 Did I miss something ?, Jeppe Hein
18 La Maison dans la Loire, Jean-Luc Courcoult
Vers Brest, Roscoff par EV1
NANTES
ST-HERBLAIN
REZÉ
BOUGUENAIS
LA MONTAGNE
COUËRON
LE PELLERIN
Le Pellerin
0 1 2km

# Le Pellerin → Paimbœuf

**25 km - 2 h 30**

ŒUVRES ESTUAIRE
19 Misconceivable, Erwin Wurm
20 Villa Cheminée, Tatzu Nishi
21 L'Observatoire, Tadashi Kawamata
22 Le Jardin étoilé, Kinya Maruyama
N
0 1 2km
LE PELLERIN
PAIMBŒUF
Paimbœuf
Cordemais
Frossay
St-Viaud
Vue
St-Père-en-Retz
ST-ETIENNE-DE-MONTLUC
Corsept
Prairie de Buzay
Hippodrome de la Loire
Centrale Thermique
Défi Nature
Chât. de la Rousselière
le Sentier des Daims
Canal Maritime
Belle Île du Migron
Île du Massereau
Île de la Maréchale
Île Pipy
Île de Lavau
Île Demangeat
Île des Masses
Île Sardine
Île Bernard
Canal de Ceinture
Marais
le Moulin de la Ramée
5,5
9
3
4,5

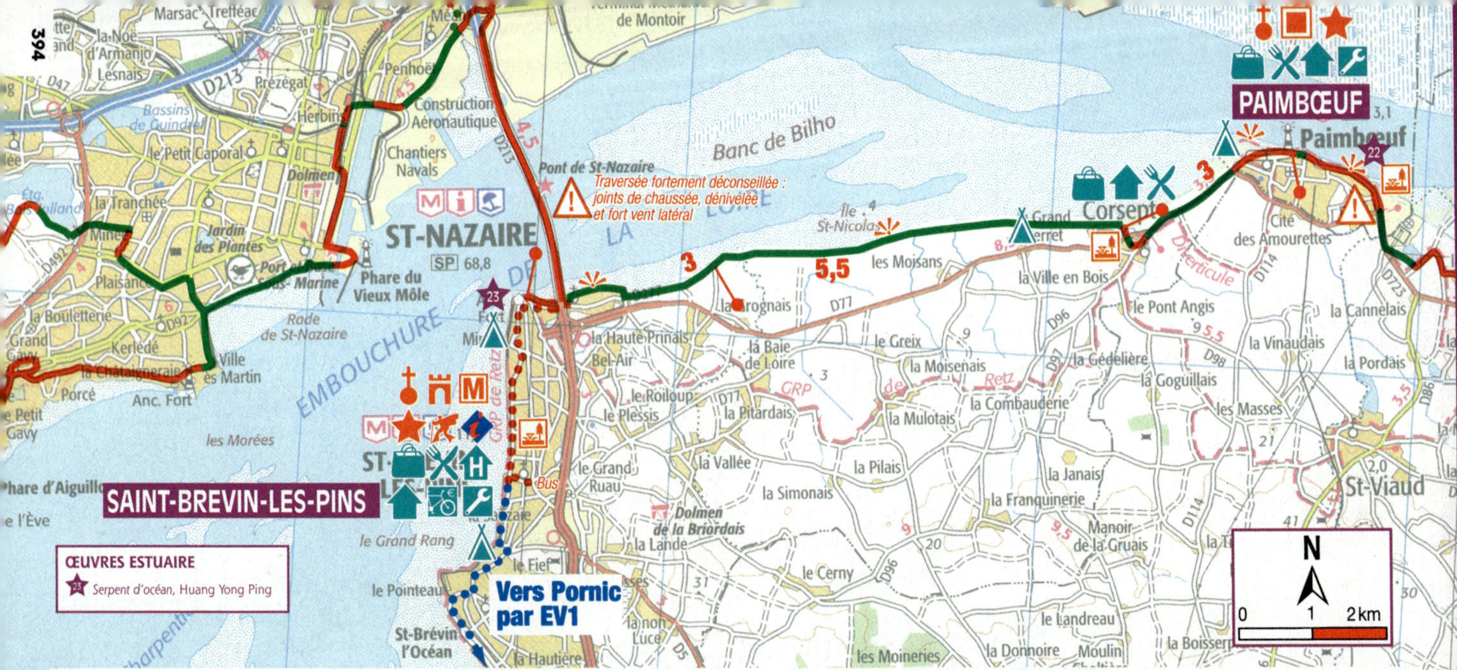


**Mise en garde :** la traversée du pont de St-Nazaire est fortement déconseillée car dangereuse (joints de chaussée, vent latéral, pente difficile, trafic routier). Depuis le pôle transports de St-Brevin centre (30 rue Albert Chassagne) et l'arrêt Bosquet (proche Mindin), **la ligne d'autobus Aléop n° 315 (Pornic-St-Nazaire) assure la liaison vers St-Nazaire gare SNCF** en prenant en charge les vélos. **Réservation obligatoire au minimum 24 h à l'avance au 02 40 21 50 87 (pour un transport samedi, dimanche ou lundi, réserver avant vendredi 12 h).** Horaires disponibles au 09 69 39 40 44 ou sur www.aleop.paysdelaloire.fr
La compagnie **St-Brevin Taxis** (02 40 27 23 07, www.saintbrevintaxis.fr) propose également le franchissement du pont avec les vélos.

# N°35 Saint-Brevin-les-Pins → La Baule

**30 km - 3 h 15**

SAINT-BREVIN-LES-PINS
ST-NAZAIRE
PORNICHET
LA BAULE-ESCOUBLAC
Vélocéan
Guérande par Vélocéan
Vers La Rochelle, Biarritz
itinéraire La Côte Atlantique à vélo
(La Vélodyssée)
ŒUVRES ESTUAIRE
24 Jardin du Tiers-paysage, Gilles Clément
25 Suite de triangles, Felice Varini
Pont de St-Nazaire
Phare du Vieux Môle
Rade de St-Nazaire
Phare d'Aiguillon
Fort de l'Ève
Sémaphore Militaire
Pointe de Chémoulin
Phare le Grand Charpentier
Rocher la Pierre Percée
Port de Plaisance de Pornichet-la Baule
Pointe de Penchâteau
Hippodrome de la Côte d'Amour
Aérodrome de la Baule-Escoublac
Tumulus de Dissignac
Jardin des Plantes
Port et Base Sous-Marine
Ste-Marguerite
St-Marc
les Évens
0 1 2km

# LA SCANDIBÉRIQUE TOURS - CÔTE BASQUE

876 km

## EN ROUTE VERS LES ÉTOILES

**Cette seconde partie du tronçon hexagonal de *la Scandibérique (EV 3)*, s'élance du « Jardin de la France », pour filer plein sud vers le Pays basque. Dans une diversité remarquable de paysages, de la Touraine à la Gascogne, via le Poitou ou la Guyenne, insensiblement le caractère méridional va s'imposer au cyclovoyageur. Les anciennes provinces livrent aux curieux tous leurs secrets et aux gastronomes de succulentes spécialités. Chemin faisant, les activités ludiques ne manquent pas, ainsi il est vivement conseillé de lire une bande dessinée à Angoulême, tenter l'œnotourisme à Bordeaux ou encore le surf à Biarritz. Devant un tel programme, on en oublierait presque la dimension spirituelle de cette véloroute qui se poursuit jusqu'à Saint-Jacques-de-Compostelle.**

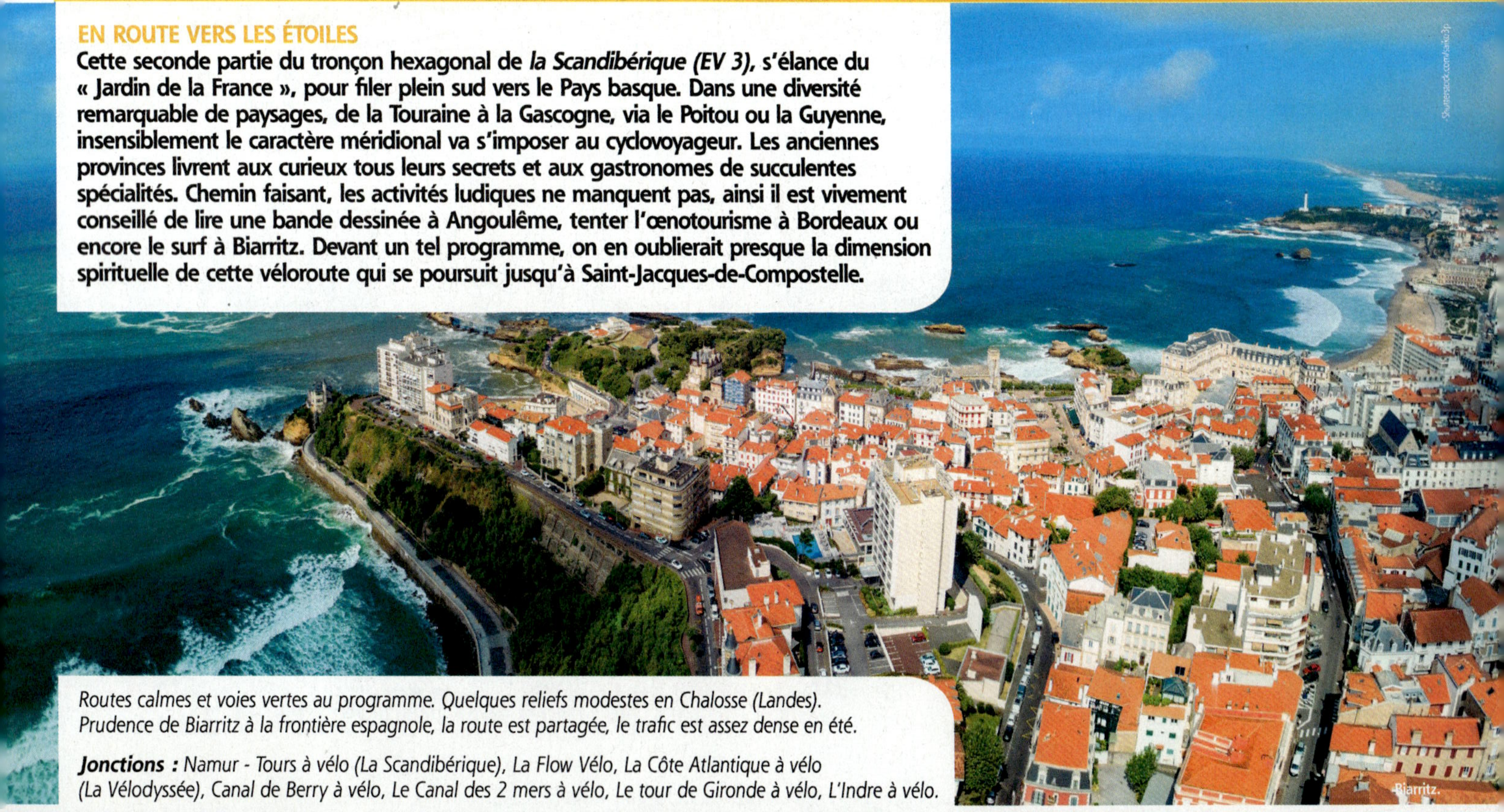

Biarritz.



*Routes calmes et voies vertes au programme. Quelques reliefs modestes en Chalosse (Landes). Prudence de Biarritz à la frontière espagnole, la route est partagée, le trafic est assez dense en été.*

***Jonctions :*** *Namur - Tours à vélo (La Scandibérique), La Flow Vélo, La Côte Atlantique à vélo (La Vélodyssée), Canal de Berry à vélo, Le Canal des 2 mers à vélo, Le tour de Gironde à vélo, L'Indre à vélo.*

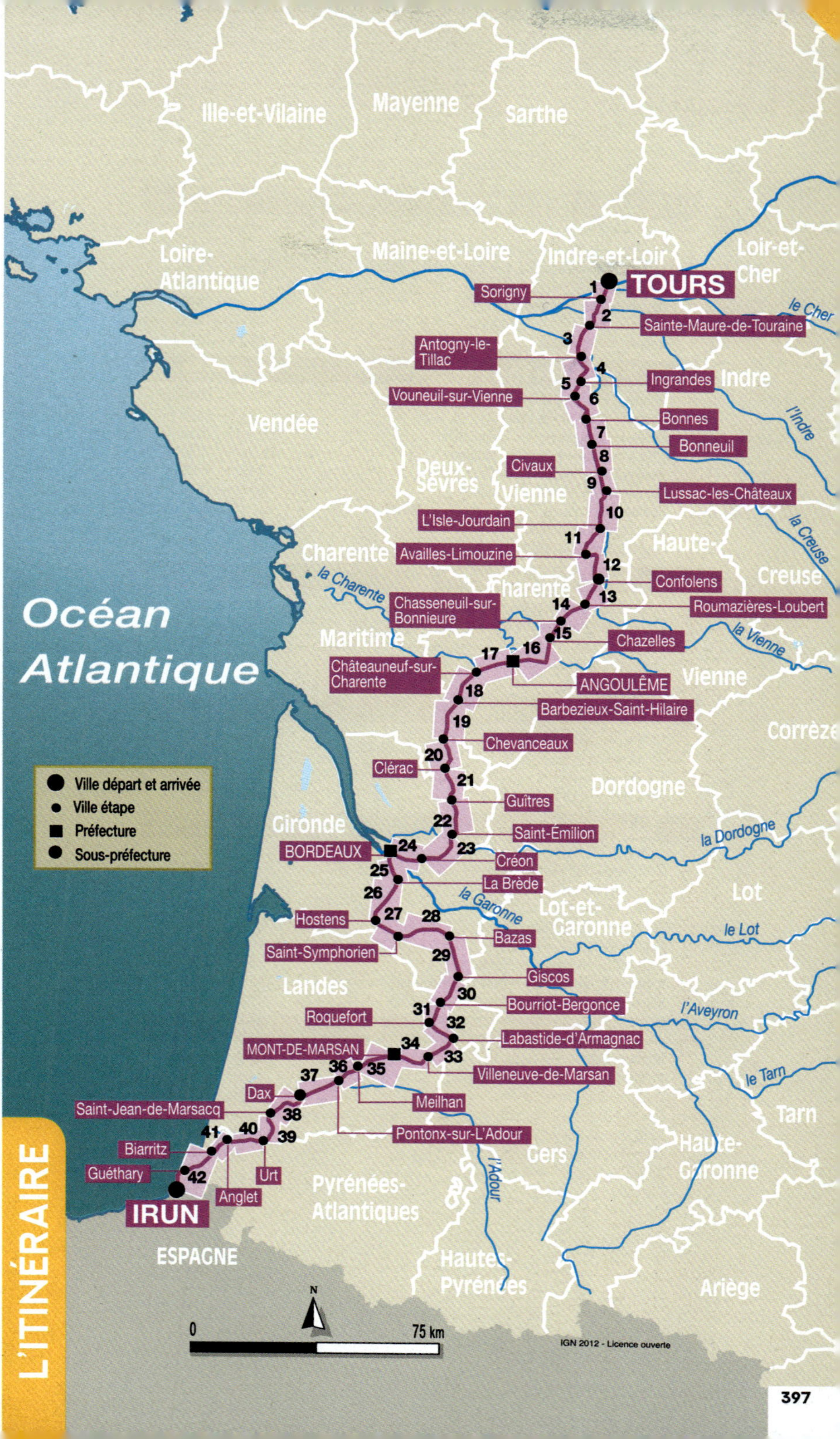
Ille-et-Vilaine
Mayenne
Sarthe
Loire-Atlantique
Maine-et-Loire
Indre-et-Loir
Loir-et-Cher
Vendée
Deux-Sèvres
Vienne
Indre
Haute-Vienne
Creuse
Charente
Charente-Maritime
Corrèze
Dordogne
Gironde
Lot
Lot-et-Garonne
Landes
Gers
Tarn
Haute-Garonne
Pyrénées-Atlantiques
Hautes-Pyrénées
Ariège
ESPAGNE
Océan Atlantique
le Cher
l'Indre
la Creuse
la Vienne
la Charente
la Dordogne
la Garonne
le Lot
l'Aveyron
le Tarn
l'Adour
TOURS
Sorigny
Sainte-Maure-de-Touraine
Antogny-le-Tillac
Ingrandes
Vouneuil-sur-Vienne
Bonnes
Bonneuil
Civaux
Lussac-les-Châteaux
L'Isle-Jourdain
Availles-Limouzine
Confolens
Roumazières-Loubert
Chasseneuil-sur-Bonnieure
Chazelles
Châteauneuf-sur-Charente
ANGOULÊME
Barbezieux-Saint-Hilaire
Chevanceaux
Clérac
Guîtres
Saint-Émilion
BORDEAUX
Créon
La Brède
Hostens
Bazas
Saint-Symphorien
Giscos
Bourriot-Bergonce
Roquefort
Labastide-d'Armagnac
MONT-DE-MARSAN
Villeneuve-de-Marsan
Meilhan
Dax
Saint-Jean-de-Marsacq
Pontonx-sur-L'Adour
Biarritz
Guéthary
Urt
Anglet
IRUN
1 2 3 4 5 6 7 8 9 10 11 12 13 14 15 16 17 18 19 20 21 22 23 24 25 26 27 28 29 30 31 32 33 34 35 36 37 38 39 40 41 42
Ville départ et arrivée
Ville étape
Préfecture
Sous-préfecture
N
0
75 km
IGN 2012 - Licence ouverte

# LES ÉTAPES

N° de la carte

| De la Loire à la Vienne | | 147,5 km |
|---|---|---|
| 1 | Tours → Sorigny | 24 km – 3h30 |
| 2 | Sorigny → Sainte-Maure-de-Touraine | 21 km – 2h10 |
| 3 | Sainte-Maure-de-Touraine → Antogny-le-Tillac | 20,5 km – 2h10 |
| 4 | Antogny-le-Tillac → Ingrandes | 30 km – 3h00 |
| 5 | Ingrandes → Vouneuil-sur-Vienne | 23,5 km – 3h10 |
| 6 | Vouneuil-sur-Vienne → Bonnes | 16 km – 1h35 |
| 7 | Bonnes → Bonneuil | 12,5 km – 1h15 |
| **De la Vienne à la Charente** | | **151 km** |
| 8 | Bonneuil → Civaux | 7,5 km – 0h40 |
| 9 | Civaux → Lussac-les-Châteaux | 7 km – 0h35 |
| 10 | Lussac-les-Châteaux → L'Isle-Jourdain | 22,5 km – 2h50 |
| 11 | L'Isle-Jourdain → Availles-Limouzine | 16,5 km – 1h50 |
| 12 | Availles-Limouzine → Confolens | 14 km – 2h00 |
| 13 | Confolens → Roumazières-Loubert | 19,5 km – 2h40 |
| 14 | Roumazières-Loubert → Chasseneuil-sur-Bonnieure | 17 km – 2h30 |
| 15 | Chasseneuil-sur-Bonnieure → Chazelles | 27 km – 3h10 |
| 16 | Chazelles → Angoulême | 20 km – 2h50 |
| **De la Charente au Bordelais** | | **104,5 km** |
| 17 | Angoulême → Châteauneuf-sur-Charente | 30 km – 3h30 |
| 18 | Châteauneuf-sur-Charente → Barbezieux-Saint-Hilaire | 18 km – 1h50 |
| 19 | Barbezieux-Saint-Hilaire → Chevanceaux | 23,5 km – 2h20 |
| 20 | Chevanceaux → Clérac | 15,5 km – 1h35 |
| 21 | Clérac → Guîtres | 17,5 km – 1h45 |
| **Bordeaux et ses vignobles** | | **108,5 km** |
| 22 | Guîtres → Saint-Émilion | 27 km – 3h00 |
| 23 | Saint-Émilion → Créon | 26,5 km – 2h40 |
| 24 | Créon → Bordeaux | 24 km – 2h20 |
| 25 | Bordeaux → La Brède | 31 km – 3h00 |
| **Les Landes de Gascogne** | | **175 km** |
| 26 | La Brède → Hostens | 28 km – 2h50 |
| 27 | Hostens → Saint-Symphorien | 15,5 km – 1h30 |
| 28 | Saint-Symphorien → Bazas | 26 km – 2h30 |
| 29 | Bazas → Giscos | 23 km – 2h20 |
| 30 | Giscos → Bourriot-Bergonce | 19,5 km – 2h00 |
| 31 | Bourriot-Bergonce → Roquefort | 16 km – 1h40 |
| 32 | Roquefort → Labastide-d'Armagnac | 15 km – 1h40 |
| 33 | Labastide-d'Armagnac → Villeneuve-de-Marsan | 15 km – 1h50 |
| 34 | Villeneuve-de-Marsan → Mont-de-Marsan | 17 km – 1h35 |
| **Des Landes à l'Espagne** | | **189,5 km** |
| 35 | Mont-de-Marsan → Meilhan | 21,5 km – 2h15 |
| 36 | Meilhan → Pontonx-sur-l'Adour | 24 km – 2h30 |
| 37 | Pontonx-sur-l'Adour → Dax | 22,5 km – 2h20 |
| 38 | Dax → St-Jean-de-Marsacq | 33 km – 3h10 |
| 39 | Saint-Jean-de-Marsacq → Urt | 24 km – 2h30 |
| 40 | Urt → Bayonne → Anglet | 23,5 km – 3h00 |
| 41 | Anglet → Biarritz → Guéthary | 17 km – 2h00 |
| 42 | Guéthary → Irun | 24 km – 3h00 |

**Total de Tours à Irun** — **876 km**

# N°1

## Tours → Sorigny

**24 km - 3 h 30**

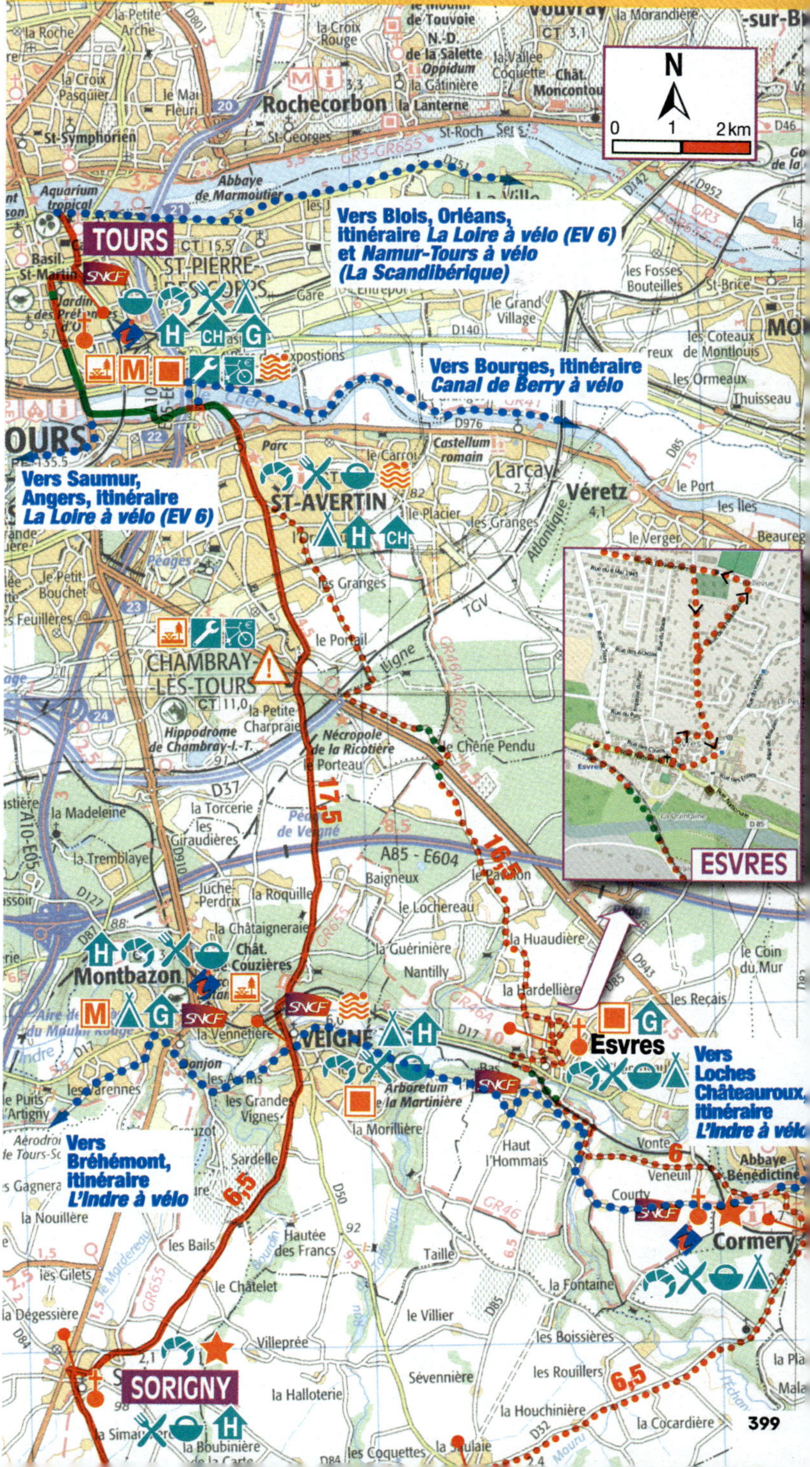
TOURS
Vers Blois, Orléans, itinéraire *La Loire à vélo (EV 6)* et *Namur-Tours à vélo (La Scandibérique)*
Vers Bourges, itinéraire *Canal de Berry à vélo*
Vers Saumur, Angers, itinéraire *La Loire à vélo (EV 6)*
ST-PIERRE-DES-CORPS
ST-AVERTIN
CHAMBRAY-LÈS-TOURS
Rochecorbon
Larçay
Véretz
Montbazon
VEIGNÉ
Esvres
Vers Loches Châteauroux, itinéraire *L'Indre à vélo*
Vers Bréhémont, itinéraire *L'Indre à vélo*
Cormery
SORIGNY
ESVRES
17,5
16,5
10
6
6,5
0 1 2 km
N

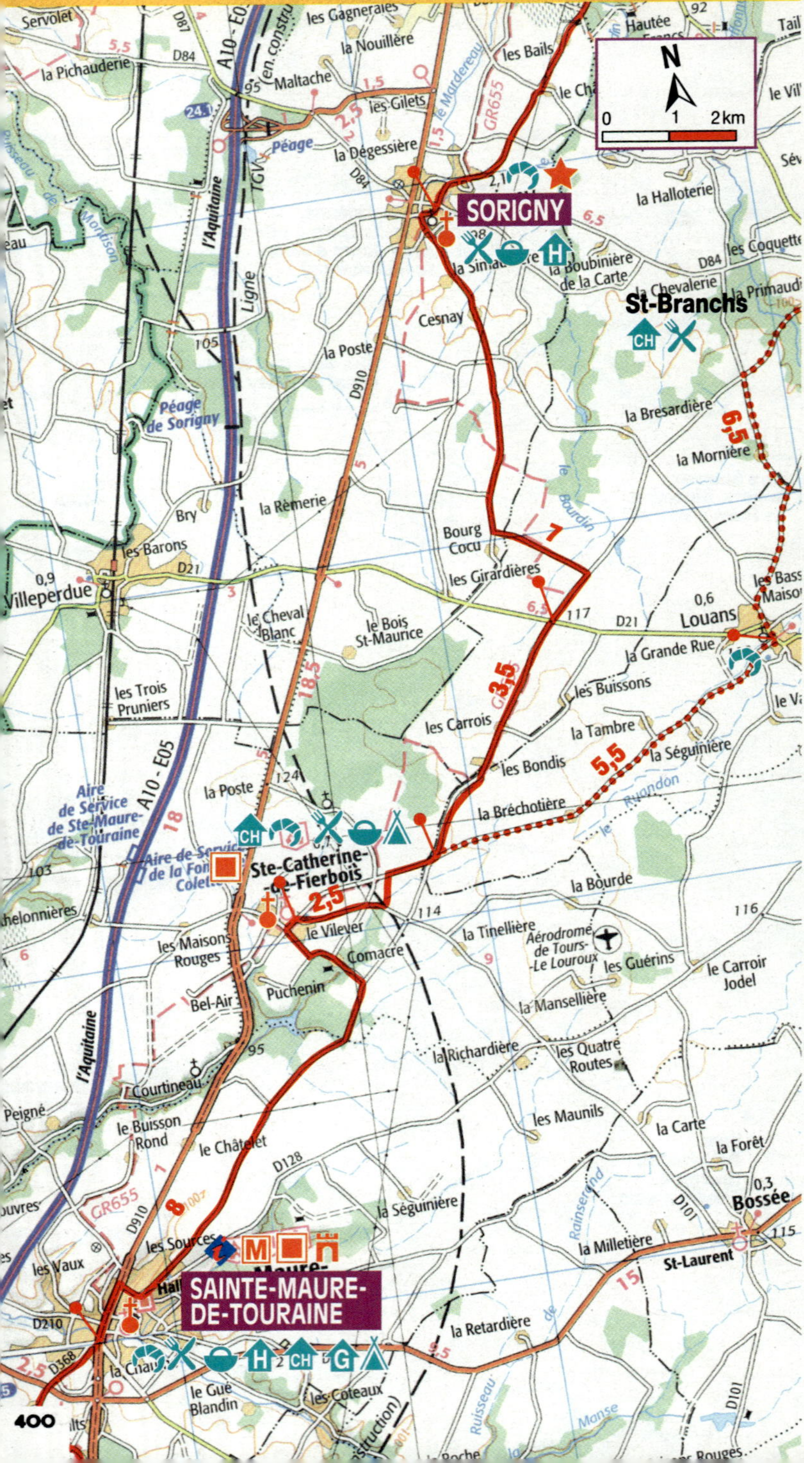
SORIGNY
St-Branchs
Louans
Villeperdue
Ste-Catherine-de-Fierbois
SAINTE-MAURE-DE-TOURAINE
Bossée
St-Laurent
Aire de Service de Ste-Maure-de-Touraine
Péage de Sorigny
Aérodrome de Tours-Le Louroux
la Dégessière
Cesnay
la Poste
la Remerie
Bourg Cocu
les Girardières
le Bois St-Maurice
les Carrois
les Bondis
la Bréchotière
le Vilever
Comacre
Puchenin
Bel-Air
Courtineau
le Buisson Rond
le Châtelet
les Sources
la Séguinière
la Retardière
la Milletière
les Maunils
les Quatre Routes
la Richardière
la Mansellière
la Tinellière
les Guérins
la Bourde
la Tambre
les Buissons
la Grande Rue
la Mornière
la Bresardière
la Chevalerie
la Boubinière de la Carte
la Halloterie
les Bails
les Gilets
Maltache
la Nouillère
les Gagneraies
la Pichauderie
Servolet
les Barons
Bry
le Cheval Blanc
les Trois Pruniers
les Maisons Rouges
Peigné
les Vaux
le Gué Blandin
les Coteaux
la Carte
la Forêt
le Carroir Jodel
0

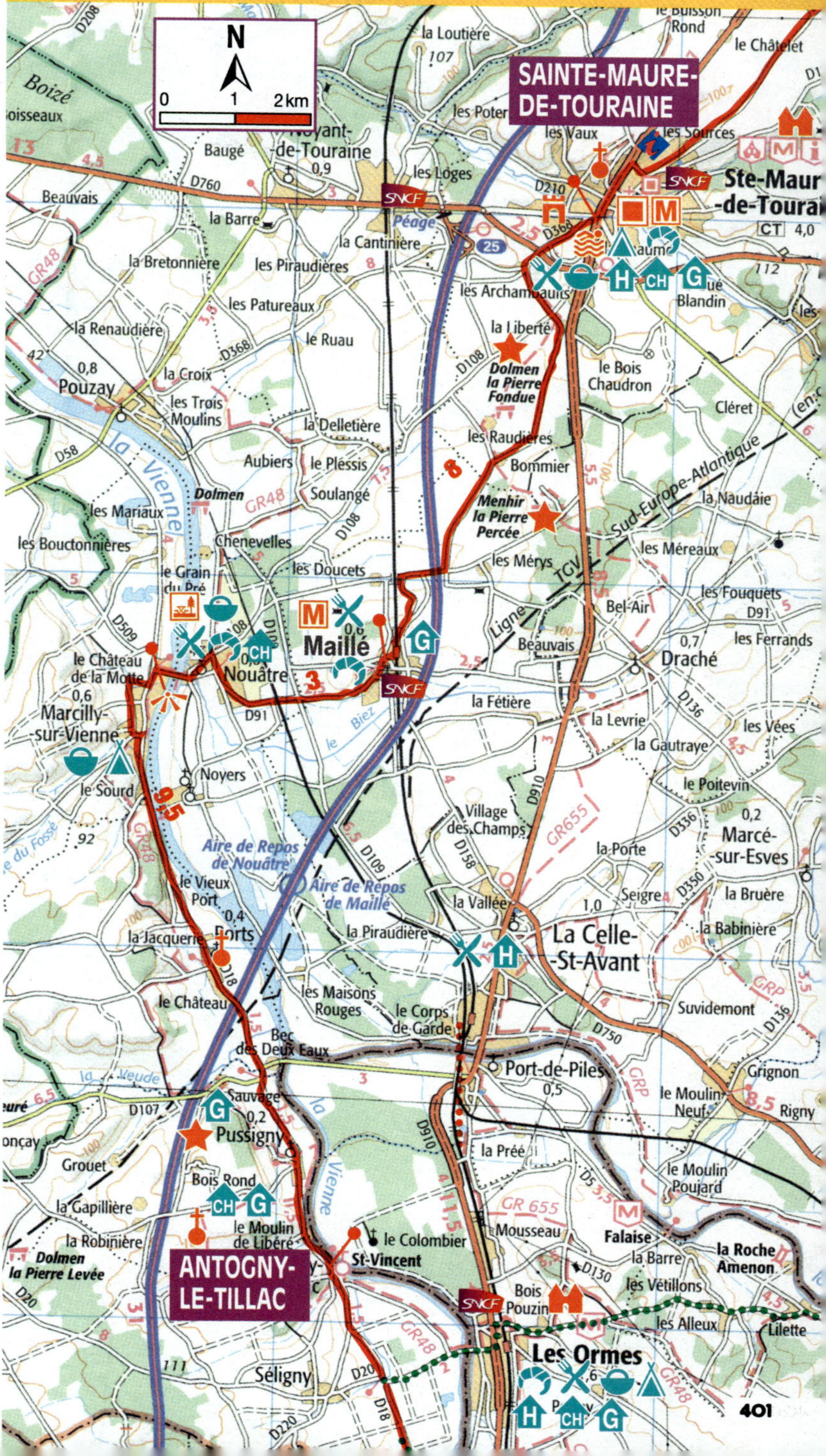
N
0
1
2 km
SAINTE-MAURE-DE-TOURAINE
ANTOGNY-LE-TILLAC
Ste-Maure-de-Toura
la Loutière
les Poter
les Vaux
les Sources
le Buisson Rond
le Châtelet
Noyant-de-Touraine
Baugé
Boizé
Beauvais
la Barre
les Loges
Péage
la Cantinière
la Bretonnière
les Piraudières
les Archambauts
Blandin
les Patureaux
la Liberté
la Renaudière
le Ruau
Dolmen la Pierre Fondue
le Bois Chaudron
Pouzay
la Croix
les Trois Moulins
Cléret
la Delletière
les Raudières
Aubiers
le Plessis
Bommier
Dolmen
Soulangé
Menhir la Pierre Percée
la Naudaie
les Mariaux
la Vienne
Chenevelles
Sud-Europe-Atlantique
les Bouctonnières
les Méreaux
les Doucets
les Mérys
le Grain du Pré
les Fouquets
Bel-Air
Maillé
Beauvais
Draché
les Ferrands
le Château de la Motte
Nouâtre
la Fétière
Marcilly-sur-Vienne
la Levrie
les Vées
la Gautraye
le Sourd
Noyers
le Biez
le Poitevin
Village des Champs
Marcé-sur-Esves
Aire de Repos de Nouâtre
la Porte
le Vieux Port
Aire de Repos de Maillé
Seigre
la Bruère
la Vallée
la Jacquerie
Ports
la Piraudière
la Babinière
La Celle-St-Avant
le Château
les Maisons Rouges
le Corps de Garde
Suvidemont
Bec des Deux Eaux
la Veude
Port-de-Piles
Grignon
Sauvage
le Moulin Neuf
Rigny
Pussigny
la Vienne
la Prée
Grouet
Bois Rond
le Moulin Poujard
la Capillière
le Moulin de Liberé
Mousseau
la Robinière
le Colombier
Falaise
la Barre
la Roche Amenon
Dolmen la Pierre Levée
St-Vincent
les Vétillons
Bois Pouzin
les Alleux
Lilette
Les Ormes
Séligny
Ligne TGV
SNCF
GR48
GR655
GRP

ANTOGNY-LE-TILLAC
Antogny
le Moulin de Libéré
le Colombier
St-Vincent
Les Ormes
Poizay
Mousseau
Falaise
la Barre
les Vétillons
les Alleux
la Roche Amenon
10,5
le Moulin Poujard
Balesmes
Abbatiale St-Pierre
la Creuse
Ruton
St-Jacques
Descartes
le Poteau Rouge
St-Rémy-sur-Creuse
Village troglodytique
les Bizarderies
Chât. de la Chaise
la Jouballerie
la Cenillère
Leugny
le Carroir Pinaud
Buxière
Bas Fleuret
la Ronde
Châtre
Dangé-St-Romain
St-Romain-sur-Vienne
la Grenouillère
St-Sulpice
le Point du Jour
le Maupas
Vaux-sur-Vienne
St-Denis
Port de Vaux
Grand Vau
la Rabellerie
laFayette
les Hardouins
14,5
Villiers
la Brosse
St-Ustre
Chât. de la Groie
le Grand Sougé
Batreau
St-Pierre et St-Paul
la Sous-Préfecture
la Gentillesse
les Volinières
les Moineries
Oyré
les Travalières
les Matois
les Martinière
Forêt de la Guerche
Bas Mont
INGRANDES
Terrain d'Exercices des Communaux
l'Espinasse
l'Orangerie
le Marais
Bellevue
Forêt
Antoigné
les Minimes
CHÂTELLERAULT
les Perrières
la Charonnerie
le Plantis Boutin
le peu
la Taudière
la Grand-Vau
St-Antoine
St-Sauveur
Champagne
Parc de Loisirs des Petites Minaudières
les Minaudières
Malagué
St-Jacques
Faubourg St-Jacques
le Charrault
la Cousinière
la Maillardière
le Coudray
la Justice
Targé
Ecotion
le Carroir Robin
la Vienne
N
0 1 2 km

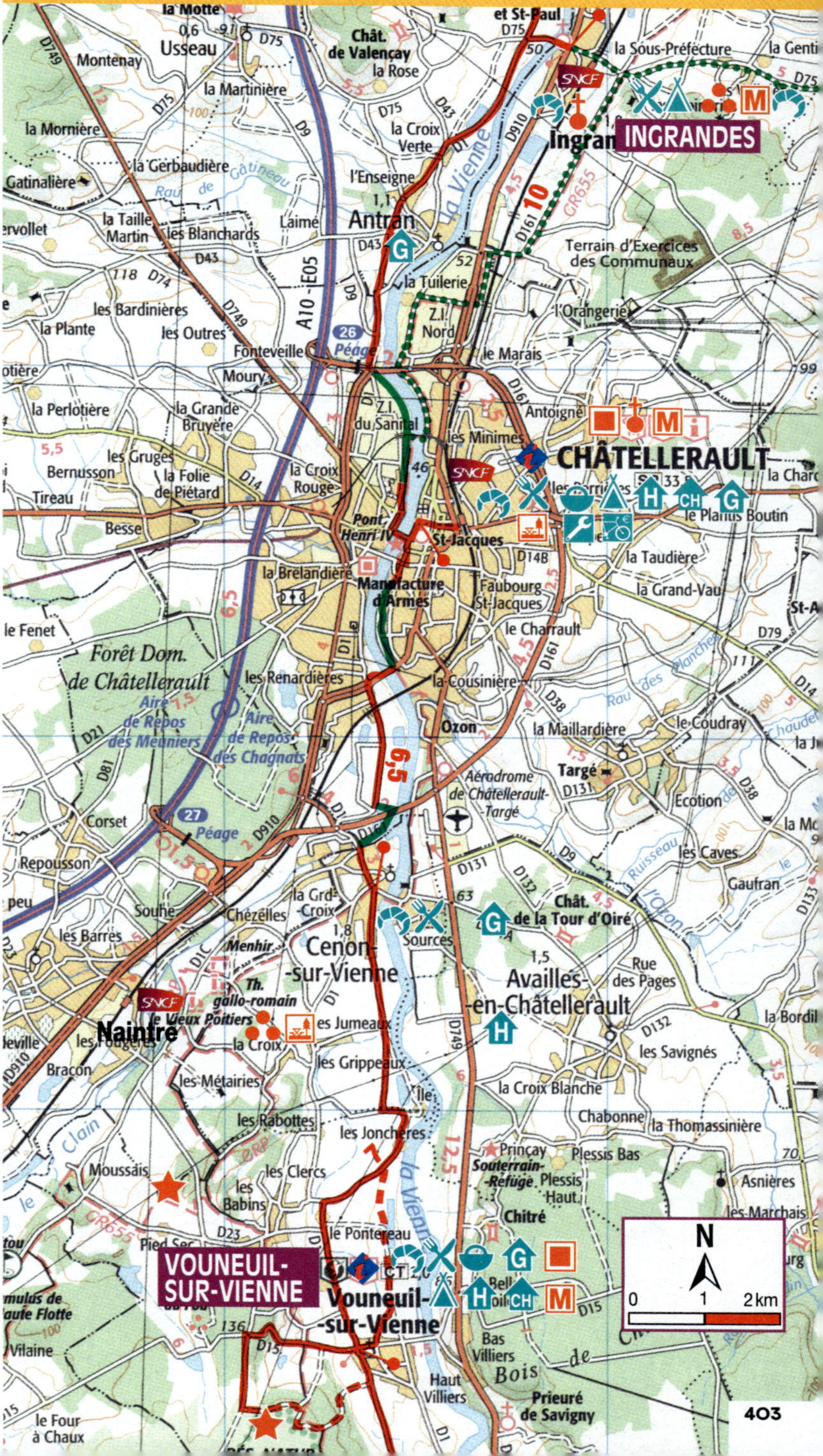
INGRANDES
Ingrandes
CHÂTELLERAULT
VOUNEUIL-SUR-VIENNE
Vouneuil-sur-Vienne
Usseau
Antran
Naintré
Cenon-sur-Vienne
Availles-en-Châtellerault
Forêt Dom. de Châtellerault
Manufacture d'Armes
Pont Henri IV
St-Jacques
Faubourg St-Jacques
Ozon
Targé
Aérodrome de Châtellerault-Targé
Chât. de la Tour d'Oiré
Chât. de Valençay
Terrain d'Exercices des Communaux
Aire de Repos des Meuniers
Aire de Repos des Chagnats
Péage
Th. gallo-romain
le Vieux Poitiers
Menhir
Souterrain-Refuge
Prieuré de Savigny
la Vienne
10
6,5
7
N
0
1
2 km

VOUNEUIL-SUR-VIENNE
Vouneuil-sur-Vienne
Moussais
les Clercs
les Babins
Pied Sec
le Pontereau
Souterrain-refuge
Plessis Haut
Chitré
Asnières
Golf du Haut Poitou
Tumulus de la Haute Flotte
Bas Villiers
Haut Villiers
Bois de Chitré
Prieuré de Savigny
le Four à Chaux
RÉS. NATUR. DU PINAIL
Chabonne
Ribes
les Piquetteries
les Bardonneries
la Champignolière
Bonneuil-Matours
Puy Chevrier
les Roches
St-Pierre
le Port
Parc Crémault
Logerie
Augeron
Forêt Domaniale de Moulière
Vers Poitiers
les Guilbaudières
St-Claude
La Chapelle-Moulière
la Roche
la Roserie
Bellefonds
la Torissière
la Pitière
la Chaise
les Maillets
la Cotterie
les Essarts
Chêne l'Abbé
les Moulières
les Tiffolières
les Vigealières
les Manceaux
les Terrières
le Pinier
Beaugé
Jardin Chât. de Touffou
les Bradières
la Loge
Champot
Liniers
Lorière
la Filardière
Gros Bout
la Voûte
Fosse Marion
BONNES
Base de Loisirs de la Plage
Ambertin
Lavoux Martin
l'Écluzioux
Lavoux
les Loges
Taupinet
la Chaumillière
Bourgeuil
Chât. du Bois Doussé
les Bordes
Coudavid
le Chilloux
le Breuil
Jeune Availle
Anzec
Jardres
Servouze
la Vallée
GR655
GR364
GRP
D1
D3
D6
D15
D20
D23
D82
D86
D749
N
0
1
2 km

## N°7 Bonnes → Bonneuil

**12,5 km - 1 h 15**

N
0
1
2 km
BONNES
BONNEUIL
CHAUVIGNY
Jardres
Pouillé
Tercé
St-Martin
Morthemer
Civaux
Châtⁱ de Touffou
Châtᵗ de Loubressay
Base de Loisirs de la Plage
Aérodrome de Chauvigny
la Vienne
Collégiale
Donjon de Gouzon
Cité des Aigles
Anc. voie romaine
Grotte de Gioux
les Églises
St-Martin-la-Rivière
St-Hilaire de Salles-en-Toulon
La Planète des Crocodiles
les Manceaux
le Pinier
les Terrières
Beaugé
la Loge
la Maisonnière
Lorière
la Filardière
Gros Bout
la Voûte
la Grange à Barreau
Butte du Teil
la Chaumillière
Bourgeuil
les Barbalières
le Chilloux
le Breuil
la Barre
Beauvais
Servouze
les Giraudières
Brétigny
Pressec
Peuron
les Salmondières
Asnières
la Caronnière
la Rivière au Chiray
le Courtioux
la Plaine
la Fébretière
la Loge
le Min Milon
la Brigère
Villeneuve
la Vergne
la Croix Blanche
la Pithière
la Christopherie
les Petites Brandes
la Baudenalière
la Prunerie
la Milonnière
Gaballe
les Sapins
le Courtioux
la Coulonnière
le Bois Brun
les Granges
les Roches
Chambon Bas
les Robinières
Jaunoux
St-Grué
la Roussalière
le Temple
Toulon
le Gaschard
Cuborg
l'Aubineau
Notre Dame
Bourpeuil
Salles
la Baudière
l'Aumônerie
la Tranchaye
la Poirière
Tiron
la Parthenière
Ribes
Ferroux
la Bussière
Chez Fourré
la Vézinière
la Dive
Nécropole
Vélo-Rail
Commune de Valdivienne
D749
D951
D951A
D2
D8
D153
D89
D18
D114
D114C
D148
D54
D17
D6
D20
D83

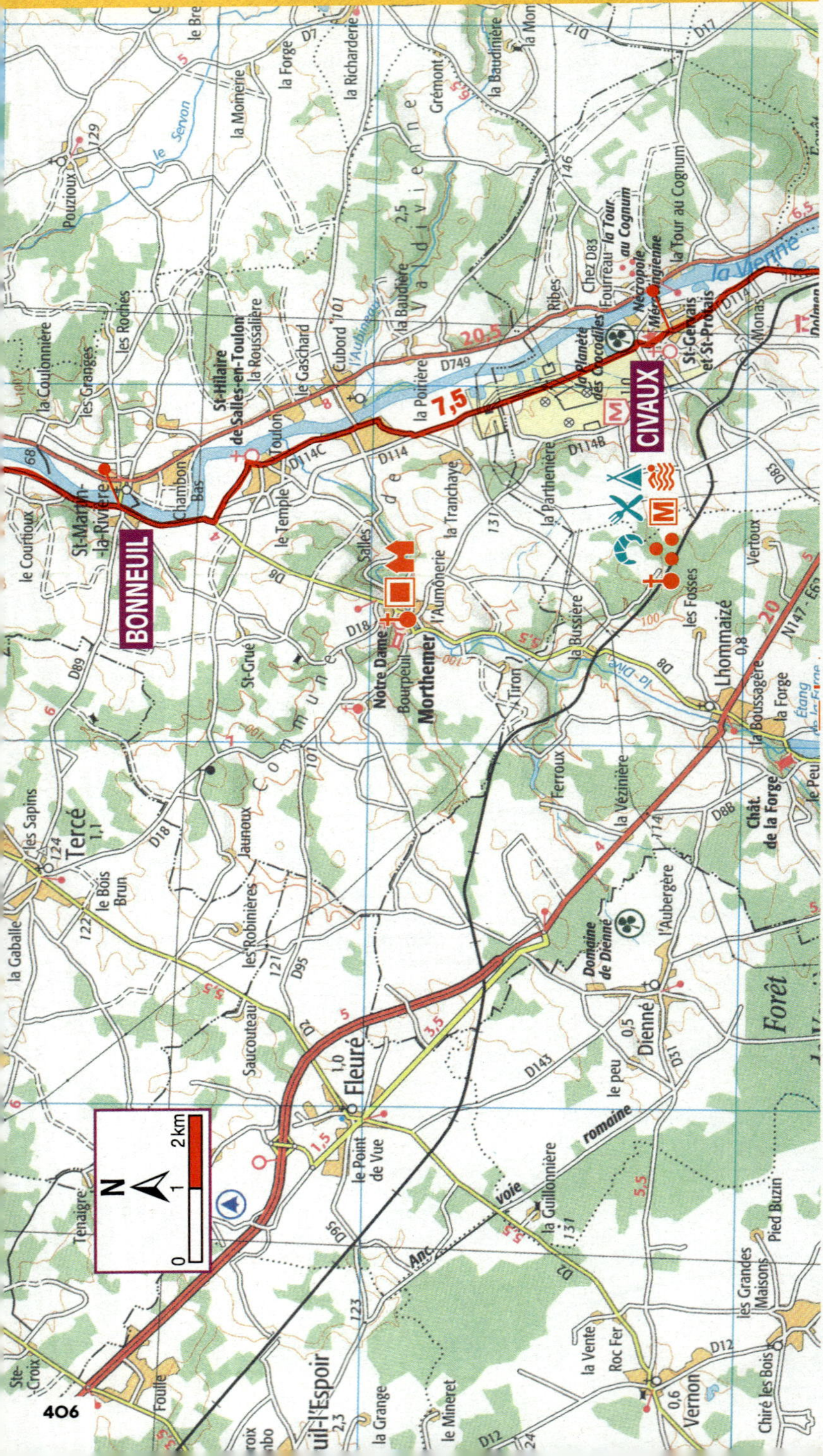
BONNEUIL
CIVAUX
St-Martin-la-Rivière
Chambon Bas
St-Hilaire de Salles-en-Toulon
Toulon
le Temple
Notre Dame
Bourpeuil
Morthemer
l'Aumônerie
la Tranchaye
Salles
la Poirière
Cubord
le Gaschard
la Roussalière
la Parthenière
la Planète des Crocodiles
Nécropole Mérovingienne
St-Gervais et St-Protais
La Tour au Cognum
Chez D83
Fourreau
Ribes
la Vienne
Val de Vienne
la Baudière
Grémont
la Baudinière
la Richarderie
la Forge
la Monnerie
le Servon
Pouzioux
les Roches
les Granges
la Coulonnière
le Courtioux
St-Grué
Tercé
les Sapins
le Bois Brun
la Gaballe
Jaunoux
les Robinières
Saulcouteau
Fleuré
le Point de Vue
Tenaigre
Ste-Croix
Foulle
la Grange
le Mineret
la Guillonnière
voie romaine
Domaine de Dienné
l'Aubergère
Dienné
le peu
la Vente
Roc Fer
Vernon
Chiré les Bois
les Grandes Maisons
Pied Buzin
Forêt
Châl. de la Forge
la Forge
la Boussagère
Lhommaizé
les Fosses
la Bussière
Tiron
Ferroux
la Vézinière
Vertoux
Monas
la Dive
Étang
N147-E62
D749
D114
D114B
D114C
D8
D18
D89
D95
D2
D143
D31
D12
D83
D88
7,5
20,5
0
1
2km
N

# N°9 Civaux → Lussac-les-Châteaux

**7 km - 0 h 35**

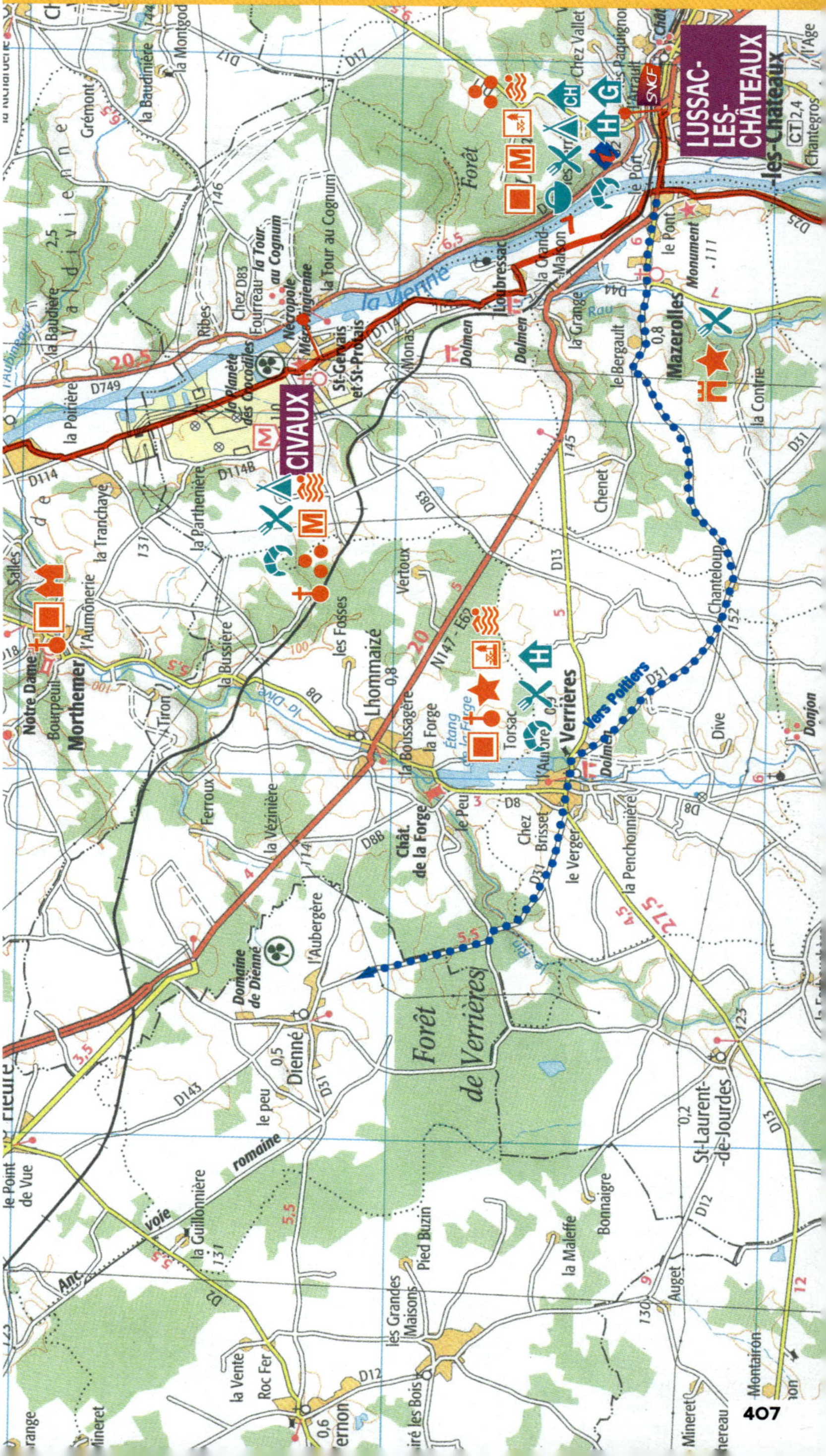
CIVAUX
LUSSAC-LES-CHÂTEAUX
Lussac-les-Châteaux
la Vienne
Forêt
Forêt de Verrières
Verrières
Vers Poitiers
Mazerolles
Monument
Morthemer
Notre Dame
Bourpeuil
Lhommaizé
Chât. de la Forge
Étang de la Forge
Domaine de Dienné
Dienné
St-Laurent-de-Jourdes
Nécropole Mérovingienne
la Tour au Cognum
la Planète des Crocodiles
St-Gervais et St-Protais
Dolmen
Donjon
Chanteloup
Chenet
le Pont
Lussac-les-Châteaux
la Grange
le Bergault
la Contrie
Dive
la Penchonnière
le Verger
Chez Brisset
Torsac
la Boussagère
la Forge
les Fosses
Vertoux
la Bussière
l'Aumônerie
la Tranchaye
la Parthenière
la Poirière
la Baudière
Ribes
Grémont
la Montgod
Ferroux
la Vézinière
l'Aubergère
le Peu
voie romaine
la Guillonnière
le Point de Vue
la Vente
Roc Fer
les Grandes Maisons
Pied Buzin
la Maleffe
Bonnaigre
Auget
Montairon
Minerets
Salles
SNCF
N147 - E62
D749
D114
D8
D31
D13
D12

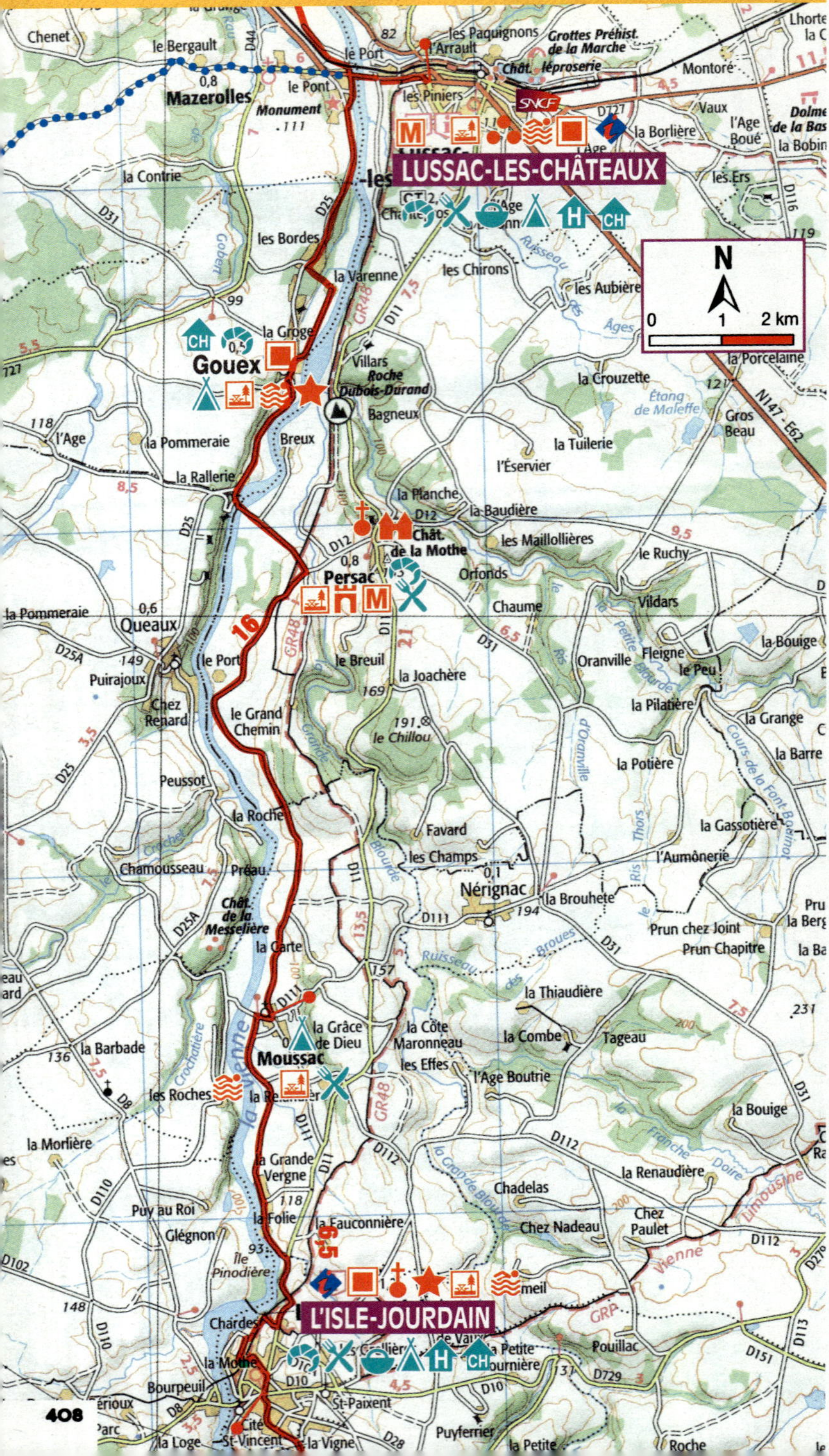
LUSSAC-LES-CHÂTEAUX
L'ISLE-JOURDAIN
N
0
1
2 km
Chenet
le Bergault
Mazerolles
le Pont
Monument
le Port
les Paquignons
Arrault
Grottes Préhist. de la Marche
Chât.
lépreserie
Montoré
les Piniers
SNCF
Vaux
la Borlière
l'Age Boué
Dolmen de la Bas
la Bobin
les Ers
la Contrie
les Bordes
la Varenne
les Chirons
les Aubières
Ruisseau des Âges
Âges
la Groge
Gouex
Villars
Roche Dubois-Durand
Bagneux
la Crouzette
Étang de Maleffe
la Porcelaine
Gros Beau
N147 - E62
l'Age
la Pommeraie
Breux
la Tuilerie
l'Éservier
la Rallerie
la Planche
la Baudière
Chât. de la Mothe
les Maillollières
le Ruchy
Persac
Orfonds
Chaume
Vildars
la Pommeraie
Queaux
Puirajoux
le Port
le Breuil
la Joachère
Oranville
Fleigne
le Peu
la Bouige
Chez Renard
le Grand Chemin
le Chillou
la Pilatière
la Grange
la Potière
la Barre
Peussot
la Roche
Favard
les Champs
la Gassotière
l'Aumônerie
Chamousseau
Préau
Nérignac
la Brouhete
Chât. de la Messelière
la Carte
Prun chez Joint
Prun Chapitre
Ruisseau des Broues
la Thiaudière
la Barbade
la Grâce de Dieu
la Côte Maronneau
les Effes
la Combe
Tageau
Moussac
les Roches
l'Age Boutrie
la Bouige
la Morlière
la Grande Vergne
Chadelas
la Renaudière
Puy au Roi
la Folie
la Fauconnière
Chez Nadeau
Chez Paulet
Glégnon
Île Pinodière
Chardes
Pouillac
la Mothe
Bourpeuil
St-Paixent
Puyferrier
Cité
St-Vincent
la Loge
la Vigne
la Vienne
GR48
GRP
16
6,5
21
13,5

## L'Isle-Jourdain → Availles-Limouzine

**16,5 km - 1 h 50**

N
0 1 2 km
L'ISLE-JOURDAIN
AVAILLES-LIMOUZINE
Glégnon
la Fauconnière
Chardes
la Mothe
Bourpeuil
Périoux
Chez Darat
le Parc
la Loge aux Violettes
Le Vigeant
Joeffrion
la Tuilerie
Cité St-Vincent
St-Paixent
la Vigne du Bois
le Peyrat
Puyferrier
la Roche
Asbre
Mondeneau
Bedoux
Ponton
Clavière
le Poirier
la Vienne
le Grand Bois d'Arson
Cité de la Rye
Villagras
Circuit du Val de Vienne
Port de Salles
les Vaux
Chalais
l'Age
Millac
0,5
St-Liguaire
la Ferrandière
l'Age du Faix
les Six
les Bordes
la Mondie
Chaume
le Barrage de Jousseau
Boisse
le Grand Étang
les Séraillères
Chansenigoult
Brégoux
Lhubert
10,5
6
16,5
le Pou
les Carrières
Chez Blet
Lésigny
l'Age Voulergne
les Verrières
les Vieilles Forges
Menhir de la Pierre Fade
St-Pierre
Chez Bouchet
Rives
Devalkart
Bord de Rivière
la Ribière
la Croix aux Loups
le Petit Sérail
Chardat
Grande Blanche
Chez Nadot
le Petit Boucarault
le Marnier
le Grand Sérail
le Sérail
les Galeries
la Devinière
la Maurie
le Cérier
Chez Benoist
Chanteloube
Serre
Abzac
Fayolle
le Queroy
Forêt de
la Lombardière
la Charentonnie
Boisbuchet
la Pelletière
Bel-Air
la Perche
Vernet
la Vacheresse
GR48
D10
D8
D110
D100
D34
D99

## Availles-Limouzine → Confolens

**14 km - 2 h 00**

**N°12**

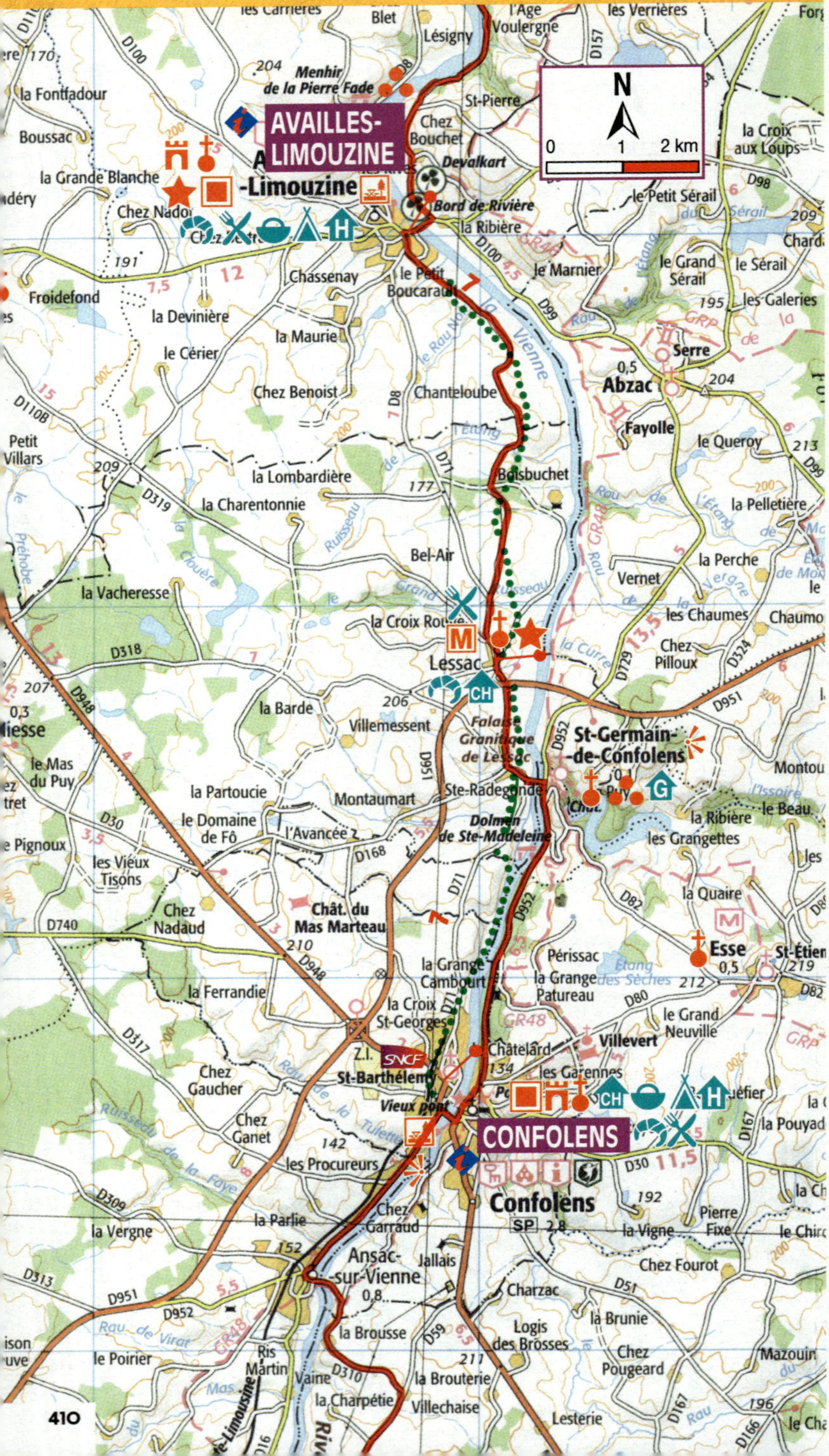
AVAILLES-LIMOUZINE
Availles-Limouzine
CONFOLENS
Confolens
N
0
1
2 km
Menhir de la Pierre Fade
Devalkart
Bord de Rivière
la Fontfadour
Boussac
la Grande Blanche
Chez Nadon
Froidefond
la Devinière
le Cérier
Chassenay
le Petit Boucarault
la Maurie
Chez Benoist
Chanteloube
Lésigny
St-Pierre
Chez Bouchet
la Ribière
le Marnier
Abzac
Serre
Fayolle
le Queroy
la Pelletière
la Perche
Vernet
les Chaumes
Chez Pilloux
le Petit Sérail
le Grand Sérail
le Sérail
les Galeries
la Croix aux Loups
les Verrières
Voulergne
Blet
Petit Villars
la Lombardière
la Charentonnie
Boisbuchet
Bel-Air
la Vacheresse
la Croix Rouge
Lessac
la Barde
Villemessent
Falaise Granitique de Lessac
St-Germain-de-Confolens
Ste-Radegonde
Dolmen de Ste-Madeleine
Montaumart
la Partoucie
le Domaine de Fô
l'Avancée
les Vieux Tisons
le Mas du Puy
Chez Nadaud
Chât. du Mas Marteau
la Ribière
les Grangettes
la Quaire
Esse
Périssac
la Grange Patureau
la Grange Cambourt
la Croix St-Georges
Châtelard
Villevert
le Grand Neuville
les Garennes
la Ferrandie
Chez Gaucher
Chez Ganet
Z.I.
St-Barthélemy
Vieux pont
les Procureurs
la Parlie
Chez Garraud
Ansac-sur-Vienne
Jallais
la Vergne
la Vigne
Pierre Fixe
Chez Fourot
Charzac
la Brunie
Logis des Brosses
Chez Pougeard
la Brousse
la Brouterie
Villechaise
la Charpétie
Lesterie
le Poirier
la Pouyad
Mazouin
la Vienne
GR48

N°13

# Confolens → Roumazières-Loubert

19,5 km - 2 h 40

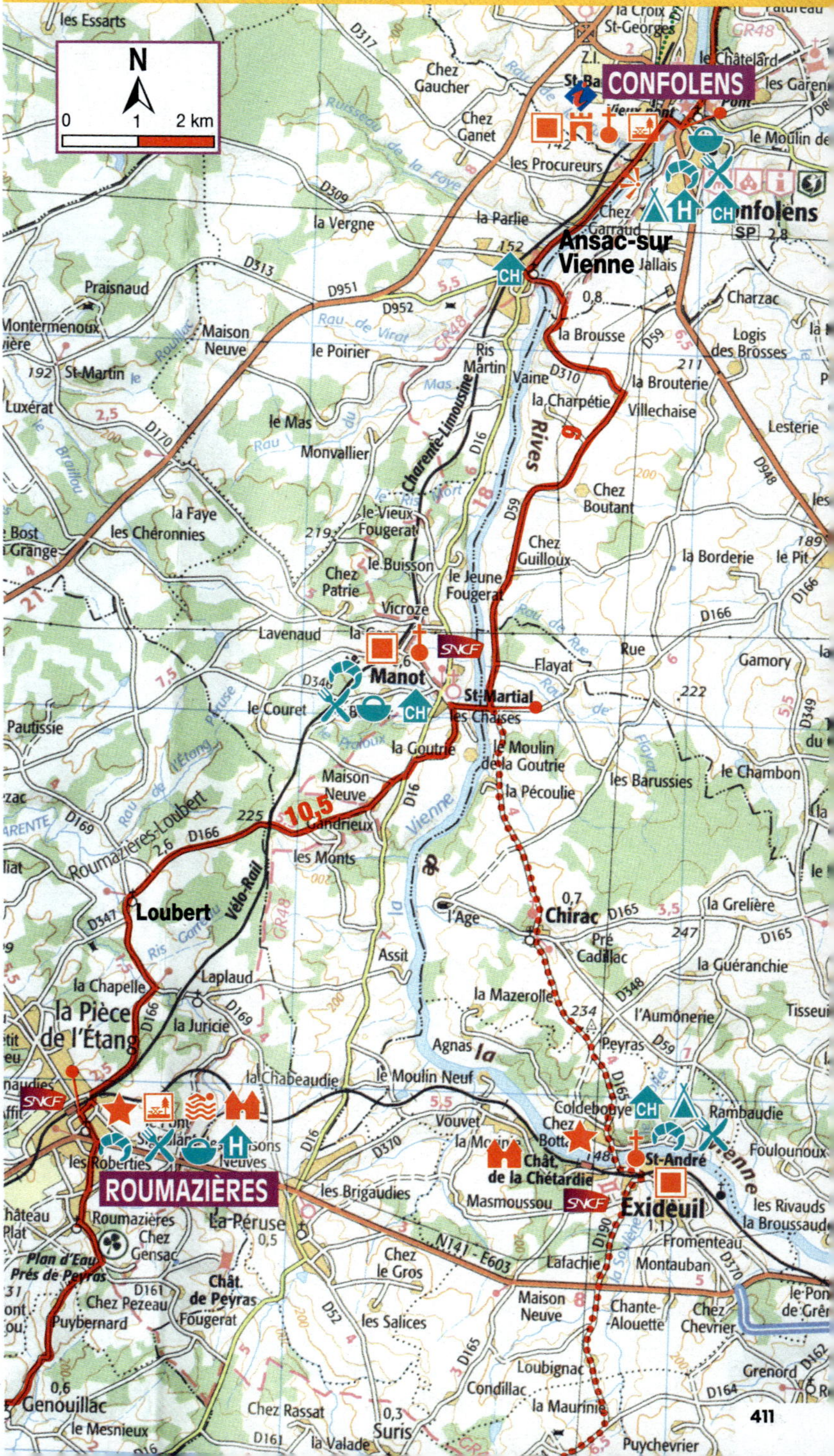




LA SCANDIBÉRIQUE TOURS - CÔTE BASQUE

DE LA VIENNE À LA CHARENTE

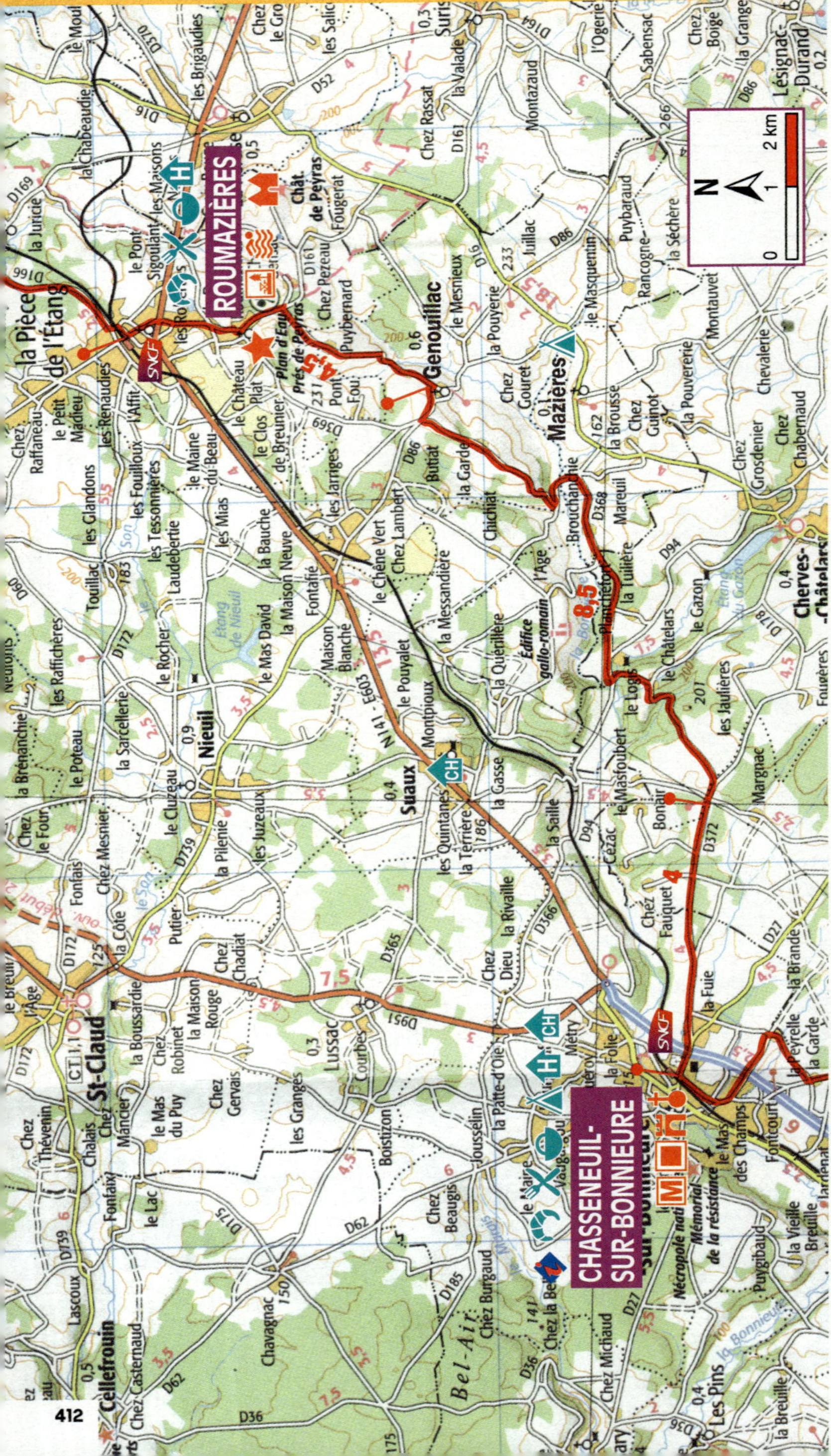
ROUMAZIÈRES
CHASSENEUIL-SUR-BONNIEURE
la Pièce de l'Étang
Genouillac
Mazières
Nieuil
Suaux
St-Claud
Lussac
Cellefrouin
Cherves-Châtelars
Chât. de Peyras
Plan d'Eau Prés de Peyras
Édifice gallo-romain
Nécropole nationale
Mémorial de la résistance
2 km

N
0 1 2 km
CHASSENEUIL-SUR-BONNIEURE
Mémorial de la résistance
St-Mary
Les Pins
Forêt de Quatre Vaux
Taponnat-Fleurignac
Rivières
St-Adjutory
Couvent des Carmes
La Rochefoucauld
Pont St-Cybard
St-Projet
Marillac-le-Franc
Yvrac
Commune d'Yvrac-et-Malleyrand
Rancogne
St-Sornin
Orgedeuil
Pranzac
Vilhonneur
Ensemble de gisements
Château de Chabrot
Vouthon
Montbron
CHAZELLES
Chazelles
12,5
8,5
6

## Chazelles → Angoulême

**20 km - 2 h 50**

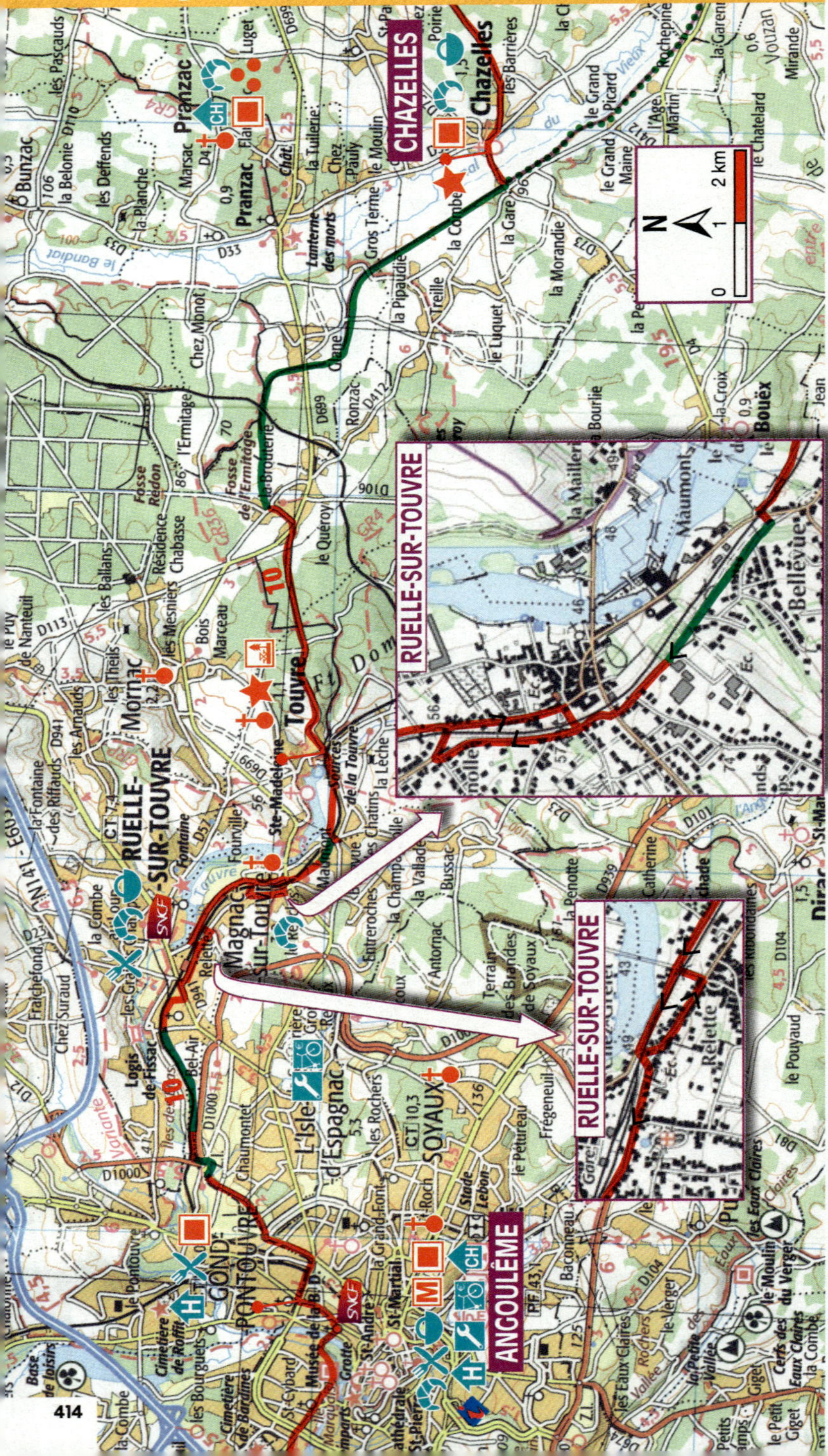
CHAZELLES
Chazelles
Pranzac
RUELLE-SUR-TOUVRE
RUELLE-SUR-TOUVRE
RUELLE-SUR-TOUVRE
Magnac-sur-Touvre
Touvre
L'Isle-d'Espagnac
SOYAUX
GOND-PONTOUVRE
ANGOULÊME
Mornac
0
1
2 km
N

N°17

## Angoulême → Châteauneuf-sur-Charente

30 km - 3 h 30





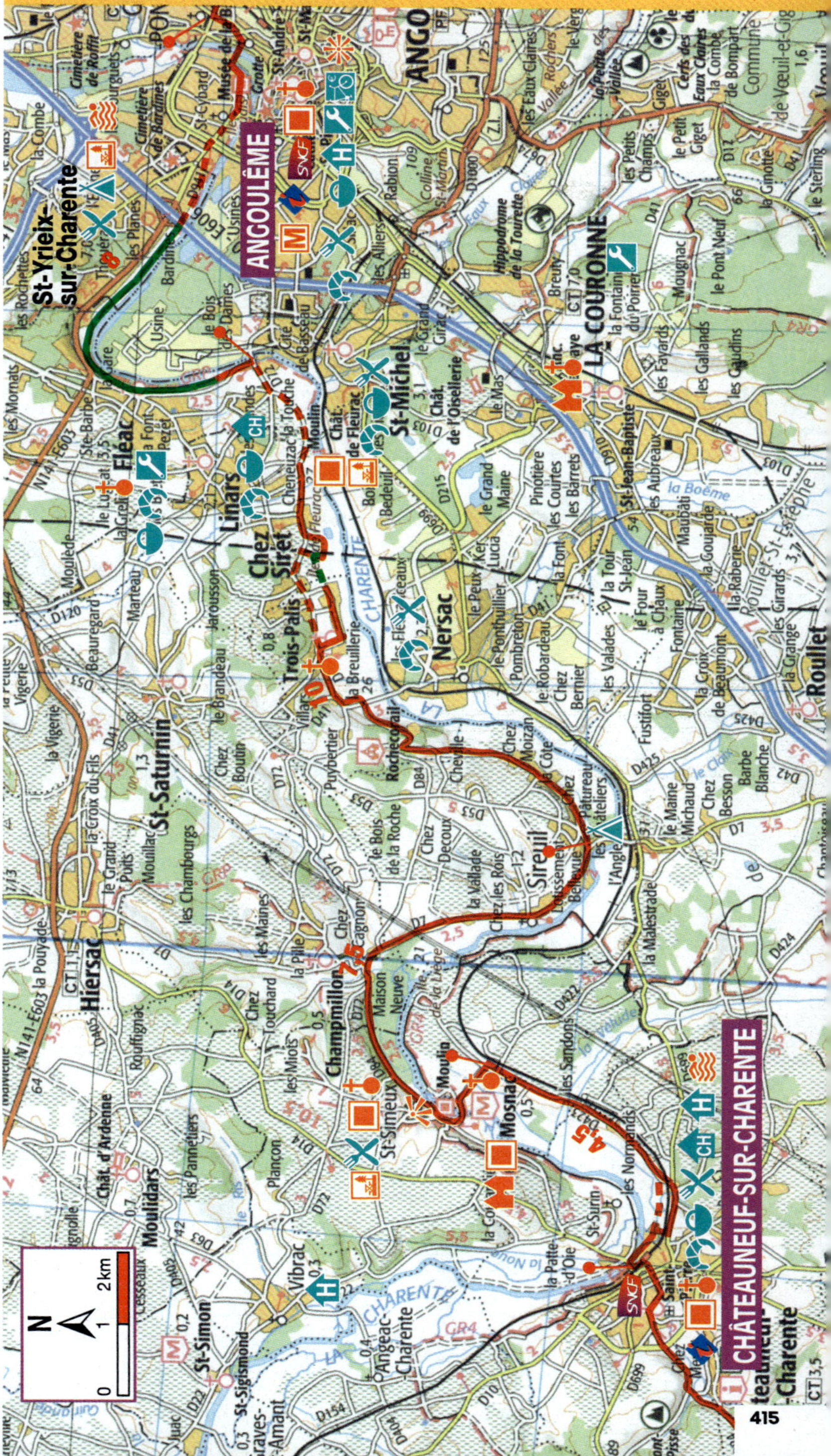

## Châteauneuf-sur-Charente → Barbezieux-St-Hilaire

## 18 km - 1 h 50

## Barbezieux-St-Hilaire → Chevanceaux

**23,5 km - 2 h 20**

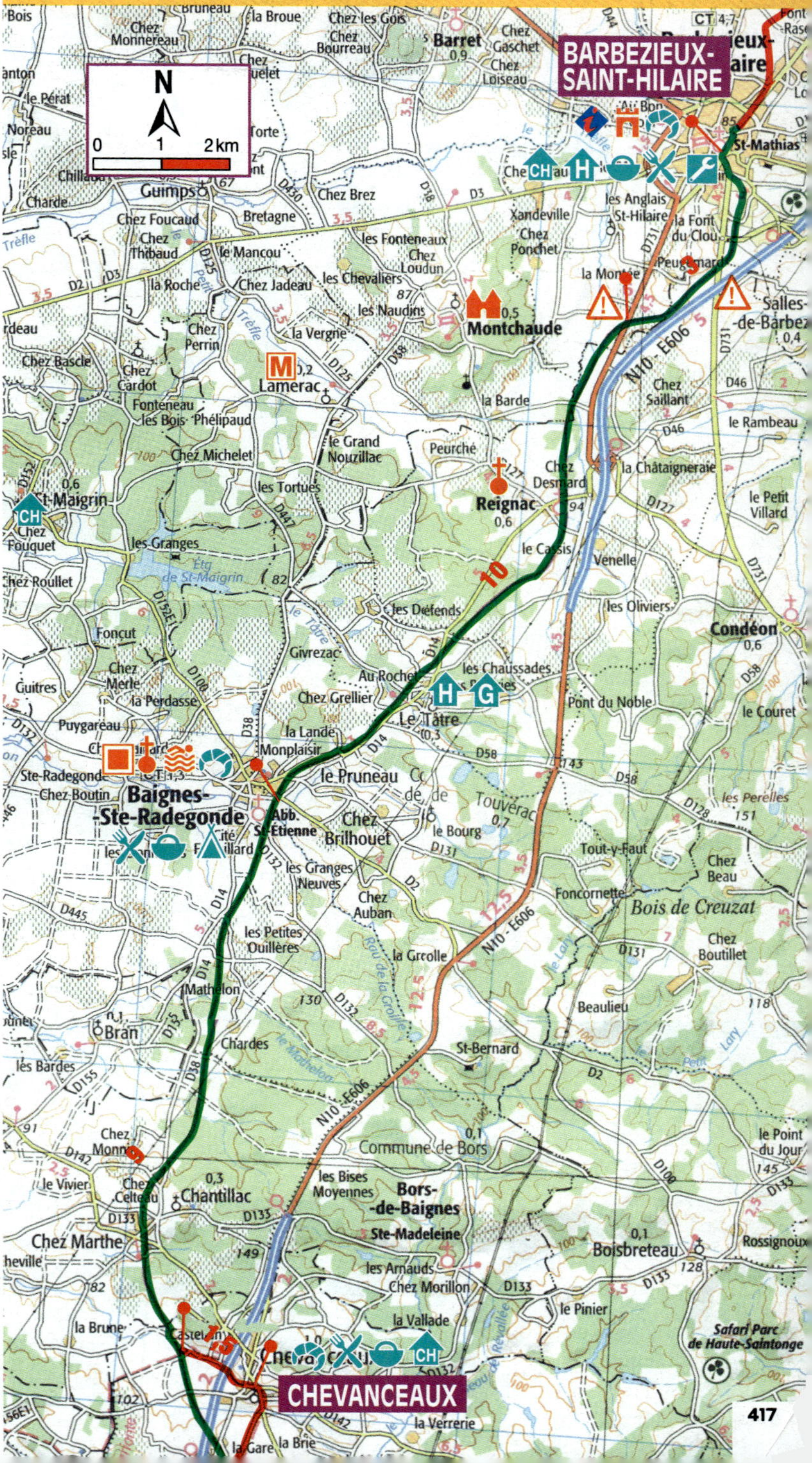

N
0
1
2 km
BARBEZIEUX-SAINT-HILAIRE
St-Mathias
CHEVANCEAUX
Baignes-Ste-Radegonde
Montchaude
Lamerac
Reignac
Condéon
Le Tâtre
Bors-de-Baignes
Ste-Madeleine
Chantillac
Boisbreteau
Barret
Gumps
St-Maigrin
Etg de St-Maigrin
Bois de Creuzat
Safari Parc de Haute-Saintonge
Salles-de-Barbezieux
N10 - E606
10
15
Monplaisir
le Pruneau
Chez Brilhouet
Touverac
Tout-y-Faut
Commune de Bors
St-Bernard
Beaulieu
Bran
Chardes
Mathelon
Chez Marthe
la Brune
la Vallade
la Verrerie
la Brie
la Gare
Chez Morillon
les Arnauds
le Pinier
Rossignoux
le Point du Jour
les Bises Moyennes
les Petites Ouillères
la Grolle
Chez Auban
les Granges Neuves
le Bourg
Foncornette
Chez Beau
Chez Boutillet
les Perelles
le Couret
Pont du Noble
les Chaussades
Au Rocher
Chez Grellier
Givrezac
les Défends
la Lande
Guitres
Puygaréau
Foncut
Chez Merle
la Perdasse
Ste-Radegonde
Chez Boutin
Abb. St-Etienne
les Granges
Chez Roullet
Chez Fouquet
les Tortues
le Grand Nouzillac
Peurché
Chez Michelet
Fonteneau
les Bois
Phélipaud
Chez Cardot
Chez Bascle
Chez Perrin
la Vergne
les Naudins
la Barde
Chez Desmard
le Cassis
Venelle
les Oliviers
la Châtaigneraie
le Petit Villard
le Rambeau
Chez Saillant
la Montée
Peugemard
la Font du Clou
les Anglais
St-Hilaire
Xandeville
Chez Ponchet
les Fonteneaux
Chez Loudun
les Chevaliers
Chez Jadeau
le Mancou
la Roche
Chez Thibaud
Chez Foucaud
Bretagne
Chez Brez
Chez Gaschet
Chez Loiseau
Chez les Gois
Chez Bourreau
la Broue
Chez Monnereau
le Pérat
Noreau
Chillac
Charde
Trèfle
les Bardes
le Vivier
Chez Monnet
Chez Celteau
Castelin

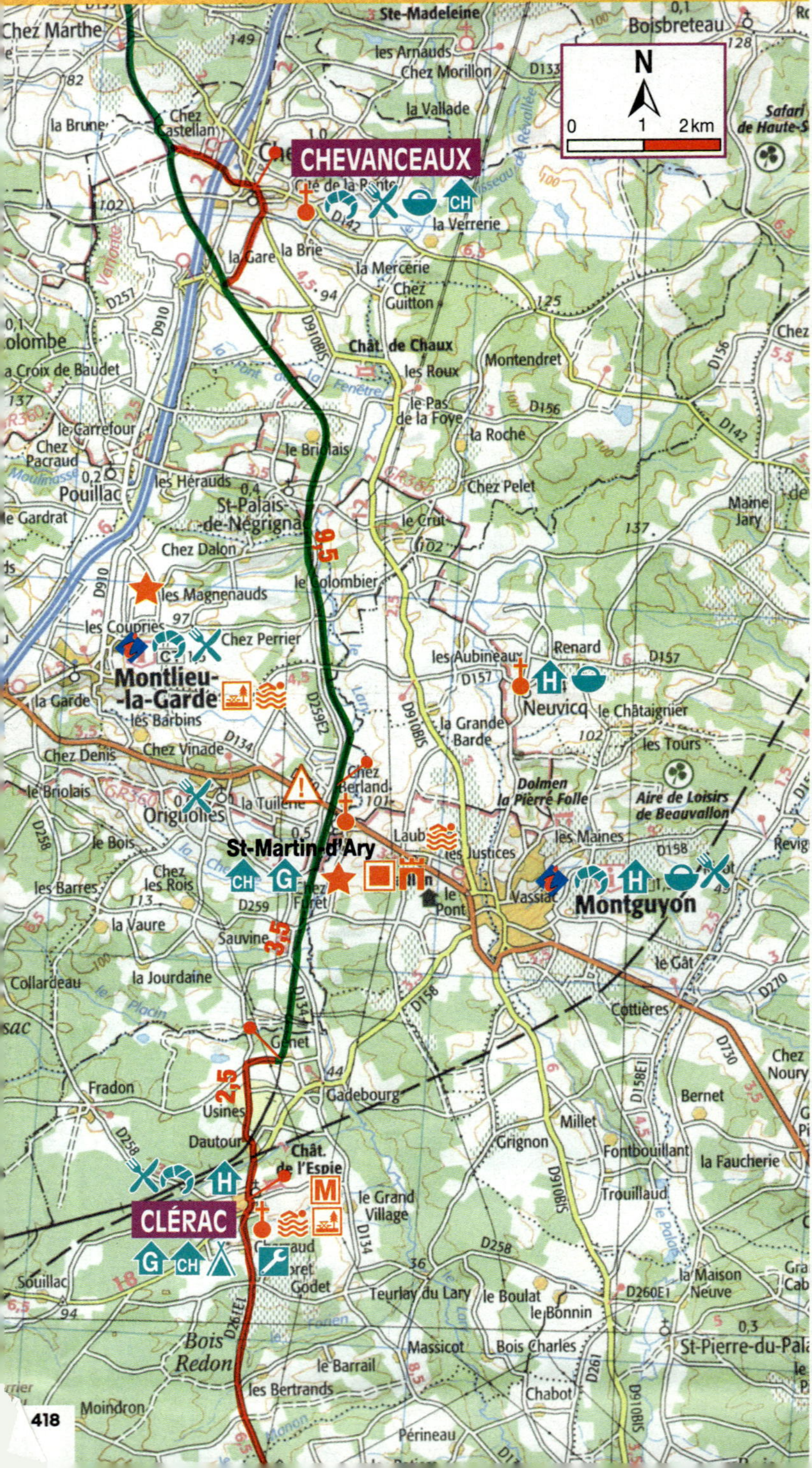
CHEVANCEAUX
Ste-Madeleine
Boisbreteau
les Arnauds
Chez Morillon
la Vallade
Chez Marthe
la Brune
Chez Castellan
Cité de la Ponte
la Verrerie
la Gare
la Brie
la Mercerie
Chez Guitton
Châl. de Chaux
les Roux
Montendret
le Pas de la Foye
la Roche
Chez Pelet
Safari de Haute-S
Maine Jary
la Croix de Baudet
le Carrefour
Chez Pacraud
Pouillac
le Gardrat
les Hérauds
St-Palais-de-Négrignac
le Brignais
le Crut
Chez Dalon
les Magnenauds
le Colombier
les Coupries
Chez Perrier
Montlieu-la-Garde
la Garde
les Barbins
les Aubineaux
Renard
Neuvicq
le Châtaignier
la Grande Barde
les Tours
Chez Denis
Chez Vinade
Chez Berland
le Briolais
Origniolles
la Tuilerie
Dolmen la Pierre Folle
Aire de Loisirs de Beauvallon
St-Martin-d'Ary
les Justices
les Maines
le Bois
les Barres
Chez les Rois
la Vaure
Sauvine
le Pont
Vassiac
Montguyon
le Gât
Collardeau
la Jourdaine
Cottières
Genet
Fradon
Usines
Dautour
Gadebourg
Chât. de l'Espie
Grignon
Millet
Bernet
Chez Noury
Fontbouillant
la Faucherie
Trouillaud
le Grand Village
CLÉRAC
Godet
Souillac
Teurlay du Lary
le Boulat
le Bonnin
la Maison Neuve
Bois Redon
Massicot
Bois Charles
St-Pierre-du-Pal
le Barrail
les Bertrands
Chabot
Moindron
Périneau
N
0
1
2 km

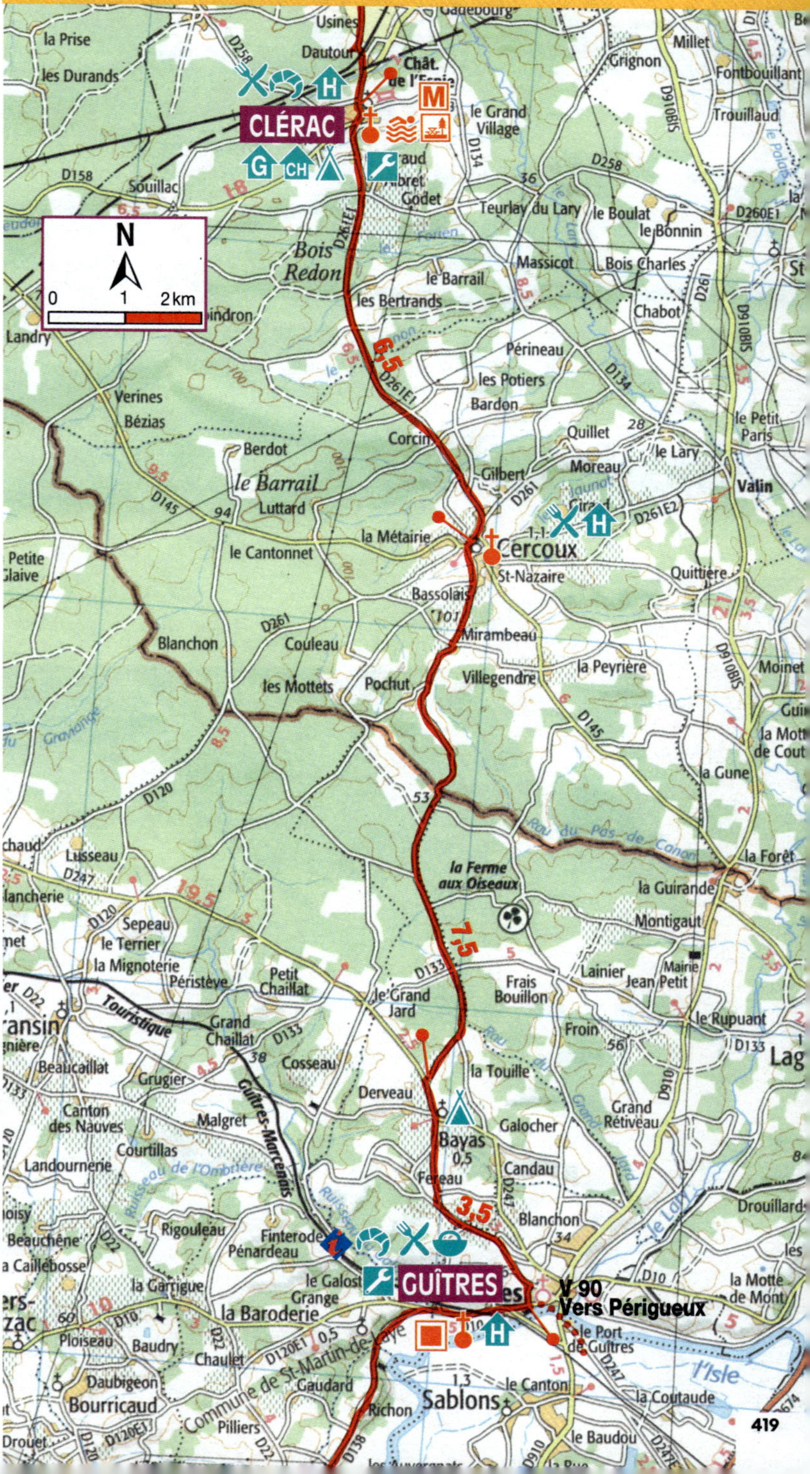
CLÉRAC
GUÎTRES
Cercoux
St-Nazaire
Bayas
Sablons
V 90
Vers Périgueux
la Ferme aux Oiseaux
Bois Redon
le Barrail
N
0
1
2 km
Usines
Dautou
Chât. de l'Ennia
la Prise
les Durands
Souillac
le Grand Village
Teurlay
du Lary
le Boulat
le Bonnin
Millet
Grignon
Fontbouillant
Trouillaud
Massicot
Bois Charles
Chabot
le Barrail
les Bertrands
Périneau
les Potiers
Bardon
Quillet
le Lary
le Petit Paris
Valin
Moreau
Gilbert
Corcin
Verines
Bézias
Berdot
Luttard
la Métairie
le Cantonnet
Petite Glaive
Landry
Quittière
Bassolais
Mirambeau
Villegendre
la Peyrière
Blanchon
Couleau
les Mottets
Pochut
Moinet
la Gune
la Forêt
la Guirande
Montigaut
Lusseau
Sepeau
le Terrier
la Mignoterie
Péristeye
Petit Chaillat
Grand Chaillat
le Grand Jard
Frais Bouillon
Lainier
Jean Petit
le Rupuant
Froin
la Touille
Derveau
Galocher
Grand Rétiveau
Cosseau
Grugier
Beaucaillat
Canton des Nauves
Malgret
Courtillas
Landournerie
Candau
Fereau
Blanchon
Drouillard
Rigouleau
Finterode
Pénardeau
Beauchêne
la Caillebosse
la Garrigue
le Galost
Grange
la Baroderie
le Port de Guîtres
Ploiseau
Baudry
Chaulet
Gaudard
Daubigeon
Bourricaud
Richon
le Canton
la Coutaude
la Motte de Mont
le Baudou
Pilliers
Drouet
Commune de St-Martin-de-Laye
l'Isle
Touristique
Guîtres-Marcenais
Ruisseau de l'Ombrière
Rau du Pas de Canon
D258
D158
D134
D261E1
D261
D145
D120
D247
D133
D22
D10
D910
D910BIS
D260E1
D261E2
D120E1
D138
6,5
7,5
3,5
8,5
9,5
19,5
4,5
0,5
1,5
1,3

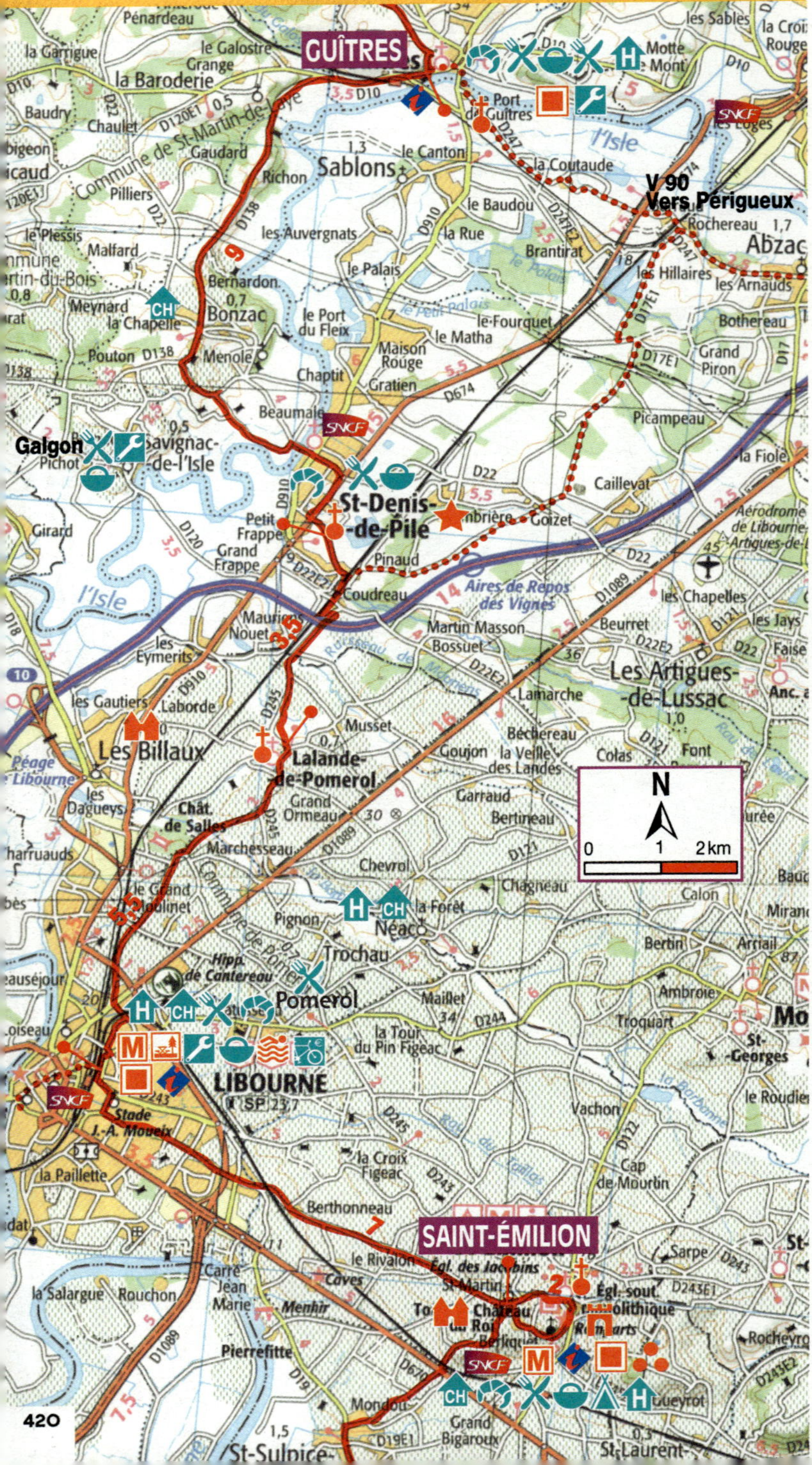
GUÎTRES
Port de Guîtres
l'Isle
Sablons
le Canton
la Coutaude
V 90
Vers Périgueux
Abzac
Rochereau
Brantirat
les Hillaires
les Arnauds
Bothereau
Grand Piron
Bonzac
Bernardon
Menole
Chaptit
Maison Rouge
Gratien
le Fourquet
le Matha
Beaumale
Galgon
Savignac-de-l'Isle
St-Denis-de-Pile
Caillevat
Picampeau
la Fiole
Aérodrome de Libourne-Artigues-de-Lussac
Aires de Repos des Vignes
Coudreau
Pinaud
Goizet
Martin Masson
Bossuet
Beurret
les Chapelles
Les Artigues-de-Lussac
Lamarche
Béchereau
Goujon
la Veille des Landes
Colas
Lalande-de-Pomerol
Musset
Grand Ormeau
Les Billaux
Laborde
les Gautiers
les Dagueys
Chât. de Salles
Marchesseau
Garraud
Bertineau
Chevrol
Chagneau
Néac
la Forêt
Pignon
Trochau
Hipp. de Cantereau
Pomerol
le Grand Moulinet
Maillet
la Tour du Pin Figeac
Troquart
St-Georges
Vachon
Cap de Mourlin
LIBOURNE
Stade J.-A. Moueix
la Paillette
la Croix Figeac
Berthonneau
SAINT-ÉMILION
le Rivalon
Égl. des Jacobins
St-Martin
Égl. sout. monolithique
Château du Roi
Remparts
Caves
Menhir
Carré
Jean Marie
Rouchon
la Salargue
Pierrefitte
Mondou
Grand Bigaroux
St-Laurent-
St-Sulpice-
Sarpe
Rocheyron
le Roudier
Calon
Bertin
Arnaud
Ambroie
N
0
1
2 km

# N°23 Saint-Émilion → Créon

**26,5 km - 2 h 40**

SAINT-ÉMILION
ST-ÉMILION
CRÉON
Vers Agen, Toulouse, itinéraire Le canal des 2 Mers et Le tour de Gironde à vélo
St-Sulpice-de-Faleyrens
Branne
Cabara
St-Quentin-de-Baron
Baron
St-Germain-du-Puch
Génissac
Moulon
Grézillac
Daignac
Espiet
Dardenac
Blésignac
0 1 2km

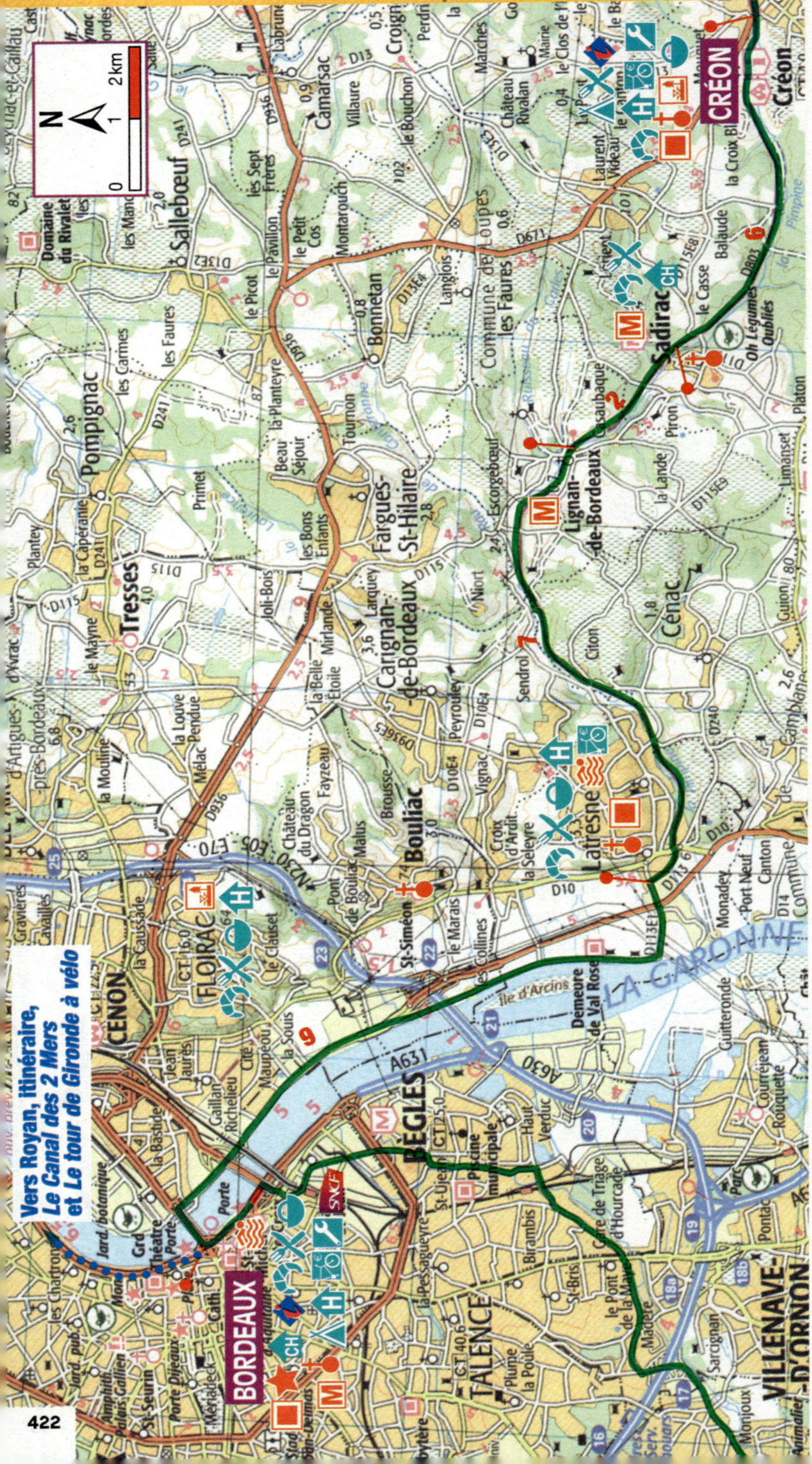
N
0 1 2km
Vers Royan, itinéraire, Le Canal des 2 Mers et Le tour de Gironde à vélo
CRÉON
Créon
Sadirac
Lignan-de-Bordeaux
Cénac
Latresne
Bouliac
Carignan-de-Bordeaux
Fargues-St-Hilaire
Bonnetan
Camarsac
Salleboeuf
Pompignac
Tresses
Floirac
Cenon
BORDEAUX
Bègles
Talence
Villenave-d'Ornon
LA GARONNE
Demeure de Val Rose
Ile d'Arcins
Oh Légumes Oubliés
Domaine du Rivalet
St-Siméon
Château du Dragon
Château Rivalan
Commune de Loupes
Artigues-près-Bordeaux
La Lande
Piron
Citon
Sendrol
Peyroutey
Vignac
Escorgeboeuf
Le Casse
Balaude
La Croix Bl.
Camblanes

# N°25 Bordeaux → La Brède

31 km - 3 h 00

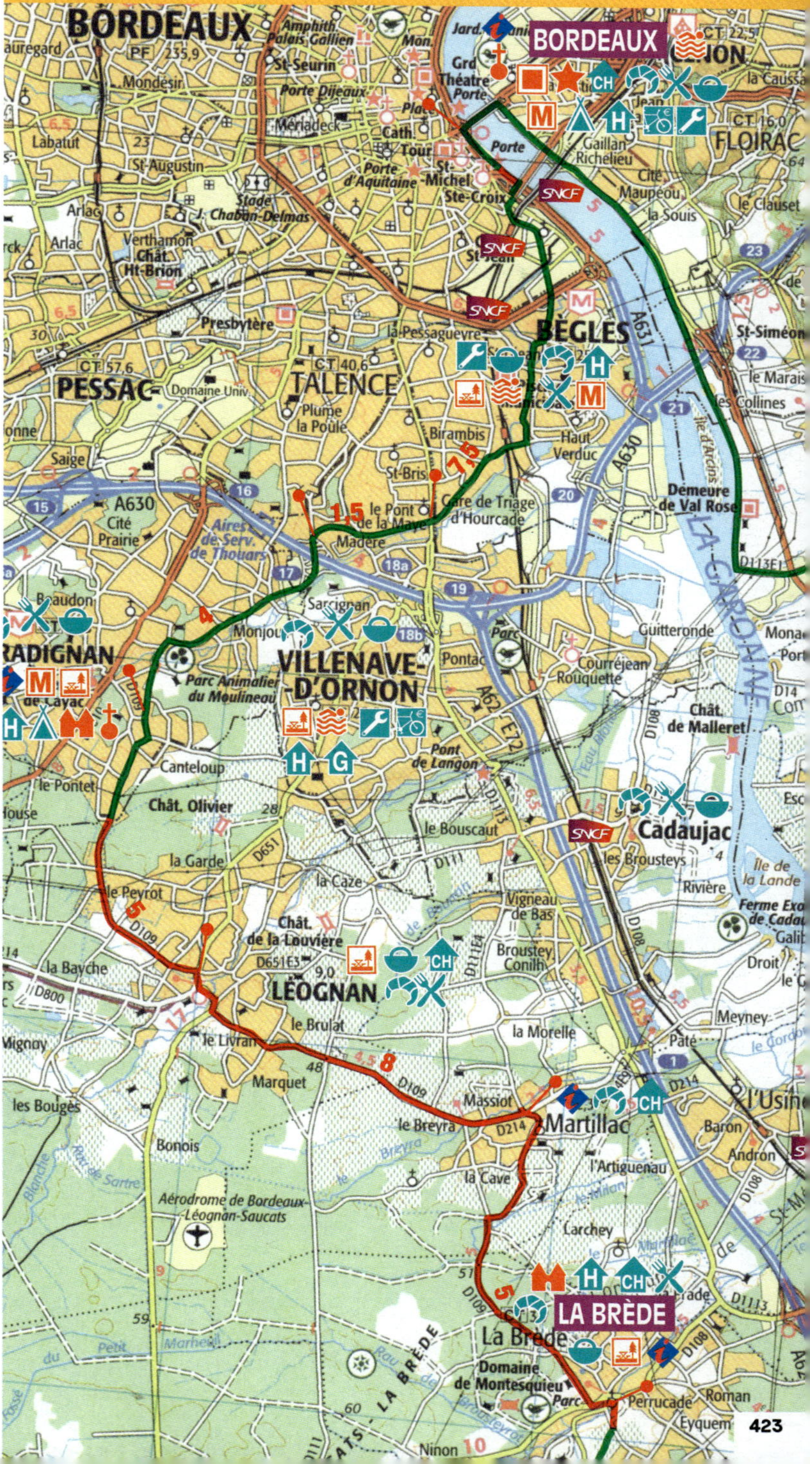
BORDEAUX
Amphith. Palais Gallien
St-Seurin
Porte Dijeaux
Mériadeck
Cath.
Tour
Porte d'Aquitaine
St-Michel
Ste-Croix
Grd Théâtre
Porte
Jard.
Mondésir
Labatut
St-Augustin
Stade J. Chaban-Delmas
Arlac
Verthamon
Chât. Ht-Brion
Presbytère
PESSAC
Domaine Univ.
TALENCE
Plume la Poule
la Pessaguevre
Birambis
St-Bris
le Pont de la Maye
Gare de Triage d'Hourcade
Madère
BÈGLES
Haut Verdun
Gaillan Richelieu
Cité Maupéou
la Souis
FLOIRAC
le Clauset
St-Siméon
le Marais
les Collines
Demeure de Val Rose
LA GARONNE
A630
A631
A62
E72
Cité Prairie
Aires de Serv. de Thouars
Sarcignan
Monjous
VILLENAVE-D'ORNON
Pontac
Parc Animalier du Moulineau
Courréjean
Rouquette
Guitteronde
Chât. de Malleret
Beaudon
GRADIGNAN
de Cayac
le Pontet
Canteloup
Chât. Olivier
la Garde
le Peyrot
la Caze
le Bouscaut
Pont de Langon
Cadaujac
les Brousteys
Rivière
Île de la Lande
Ferme Exp. de Cadau...
Vigneau de Bas
Broustey Conilh
Chât. de la Louvière
LÉOGNAN
la Bayche
le Brulat
le Livran
Marquet
la Morelle
Meyney
Massiot
le Breyra
Martillac
l'Artiguenau
Baron
Andron
la Cave
Larchey
les Bouges
Bonois
Aérodrome de Bordeaux-Léognan-Saucats
LA BRÈDE
La Brède
Domaine de Montesquieu
Parc
Perrucade
Roman
Eyquem
Ninon
CT 22,5
CT 16,0
CT 57,6
CT 40,6
SNCF

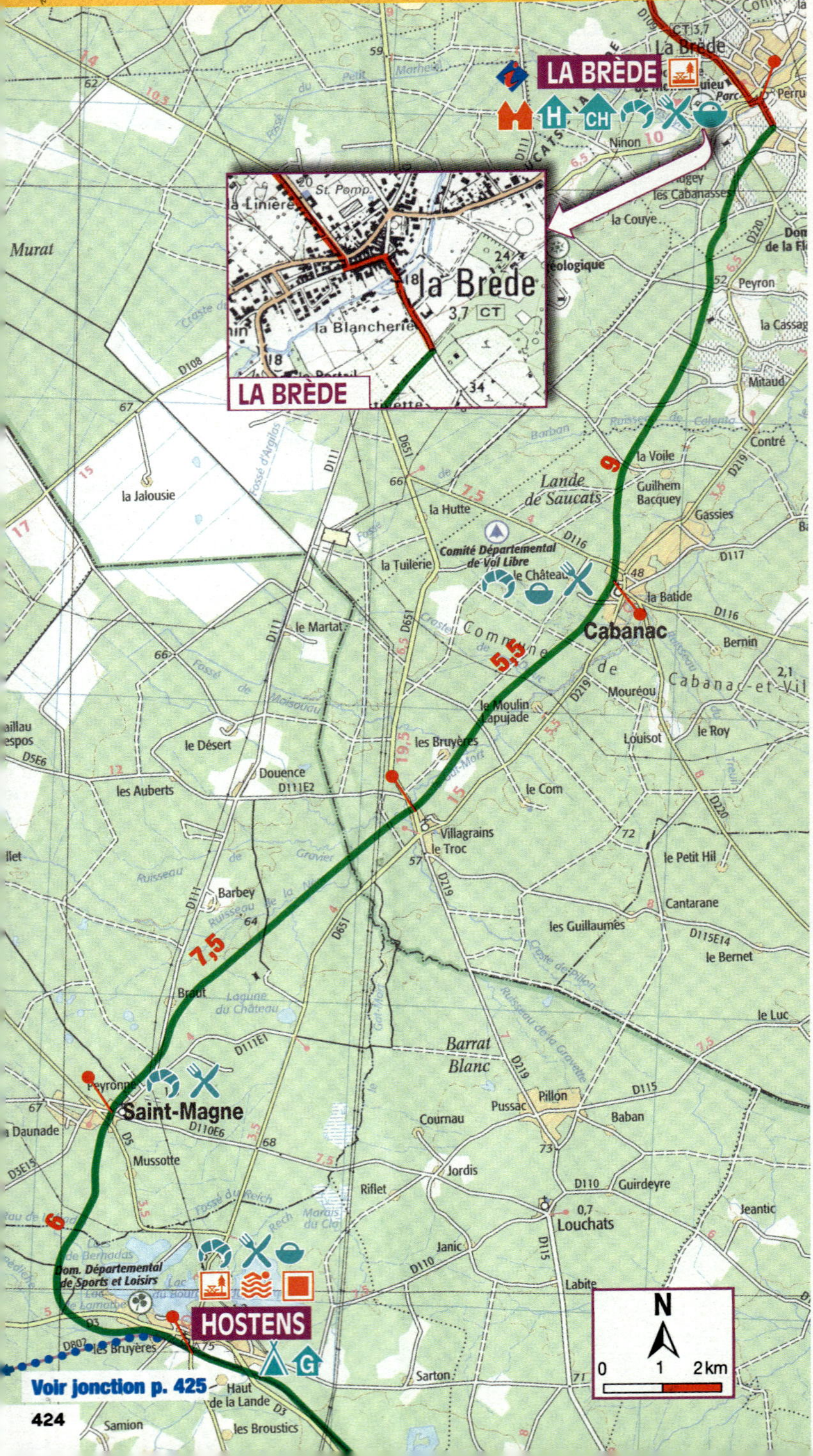
LA BRÈDE
la Brede
3,7 CT
la Blancherie
St. Pemp.
LA BRÈDE
Murat
la Jalousie
Lande de Saucats
la Hutte
la Tuilerie
Comité Départemental de Vol Libre
le Château
Cabanac
Commune de Cabanac-et-Vil
la Batide
Bernin
la Voile
Guilhem Bacquey
Gassies
Contré
Mitaud
Peyron
la Cassag
la Couye
les Cabanasses
Ninon
Perru
le Martat
le Désert
Douence
les Auberts
le Moulin Lapujade
les Bruyères
le Com
Villagrains
le Troc
Mouréou
Louisot
le Roy
le Petit Hil
Cantarane
les Guillaumes
le Bernet
le Luc
Barbey
Brout
Lagune du Château
Barrat Blanc
Pillon
Pussac
Baban
Cournau
Jordis
Riflet
Guirdeyre
Louchats
Jeantic
Janic
Labite
Peyronne
Saint-Magne
Daunade
Mussotte
Dom. Départemental de Sports et Loisirs
HOSTENS
les Bruyères
Haut de la Lande
les Broustics
Samion
Sarton
Voir jonction p. 425
N
0 1 2 km

# N°27

**Hostens → St-Symphorien** | **15,5 km - 1 h 30**

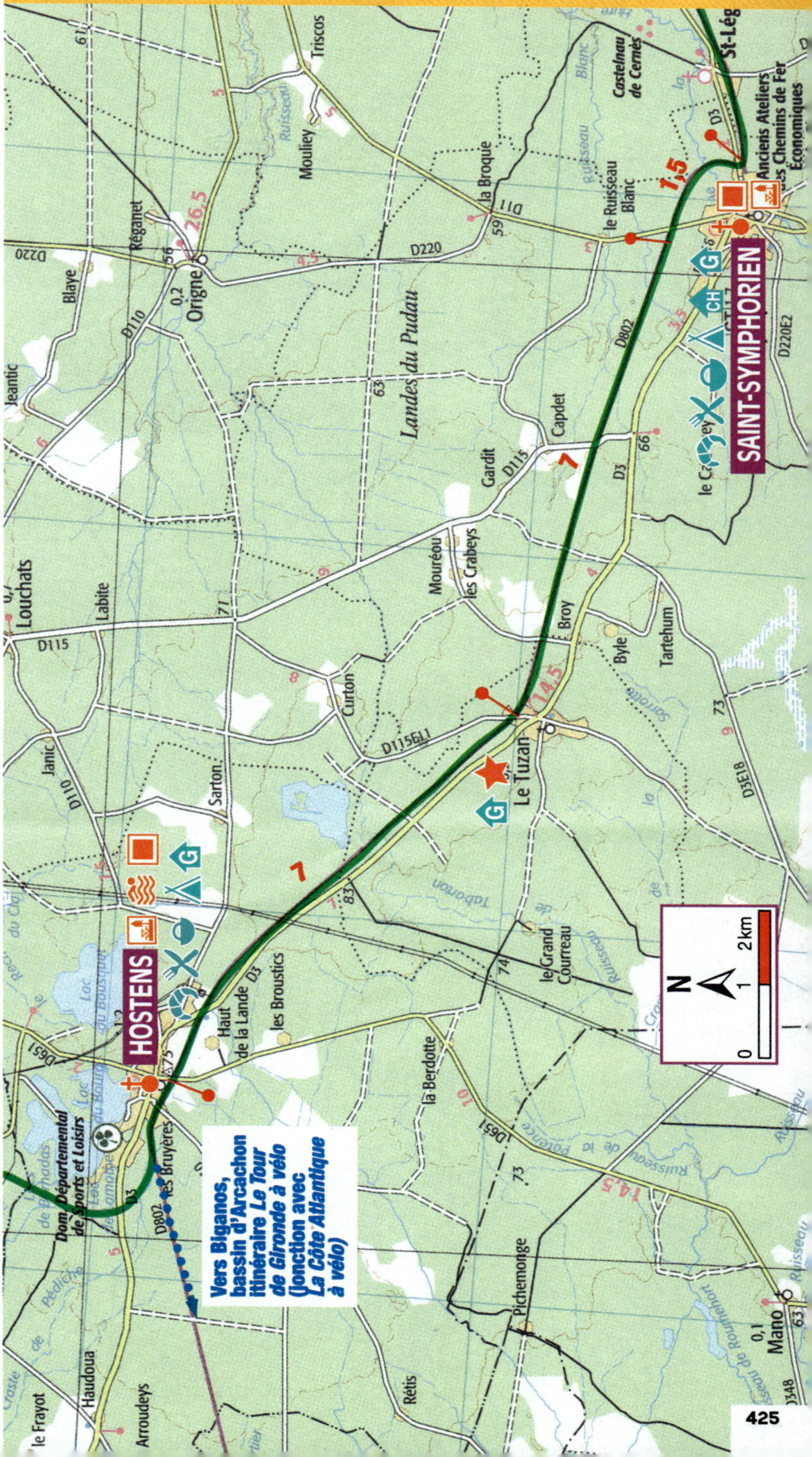
HOSTENS
SAINT-SYMPHORIEN
Le Tuzan
Landes du Pudau
Origne
Louchats
Vers Biganos, bassin d'Arcachon itinéraire *Le Tour de Gironde à vélo* (jonction avec *La Côte Atlantique à vélo*)
Dom. Départemental de Sports et Loisirs
Anciens Ateliers des Chemins de Fer Économiques
Castelnau de Cernès
St-Lég
le Ruisseau Blanc
la Broque
Mouliey
Triscos
Réganet
Blaye
Jeantic
Labite
Janic
Sarton
Curton
Mouréou
les Crabeys
Gardit
Capdet
Broy
Byle
Tartehum
Haut de la Lande
les Broustics
la Berdotte
le Grand Courreau
Pichemonge
Rétis
Arroudeys
Haudoua
le Frayot
les Bruyères
Mano
D220
D110
D115
D11
D3
D802
D651
D220E2
D3E18
D115E1
N
0
1
2km

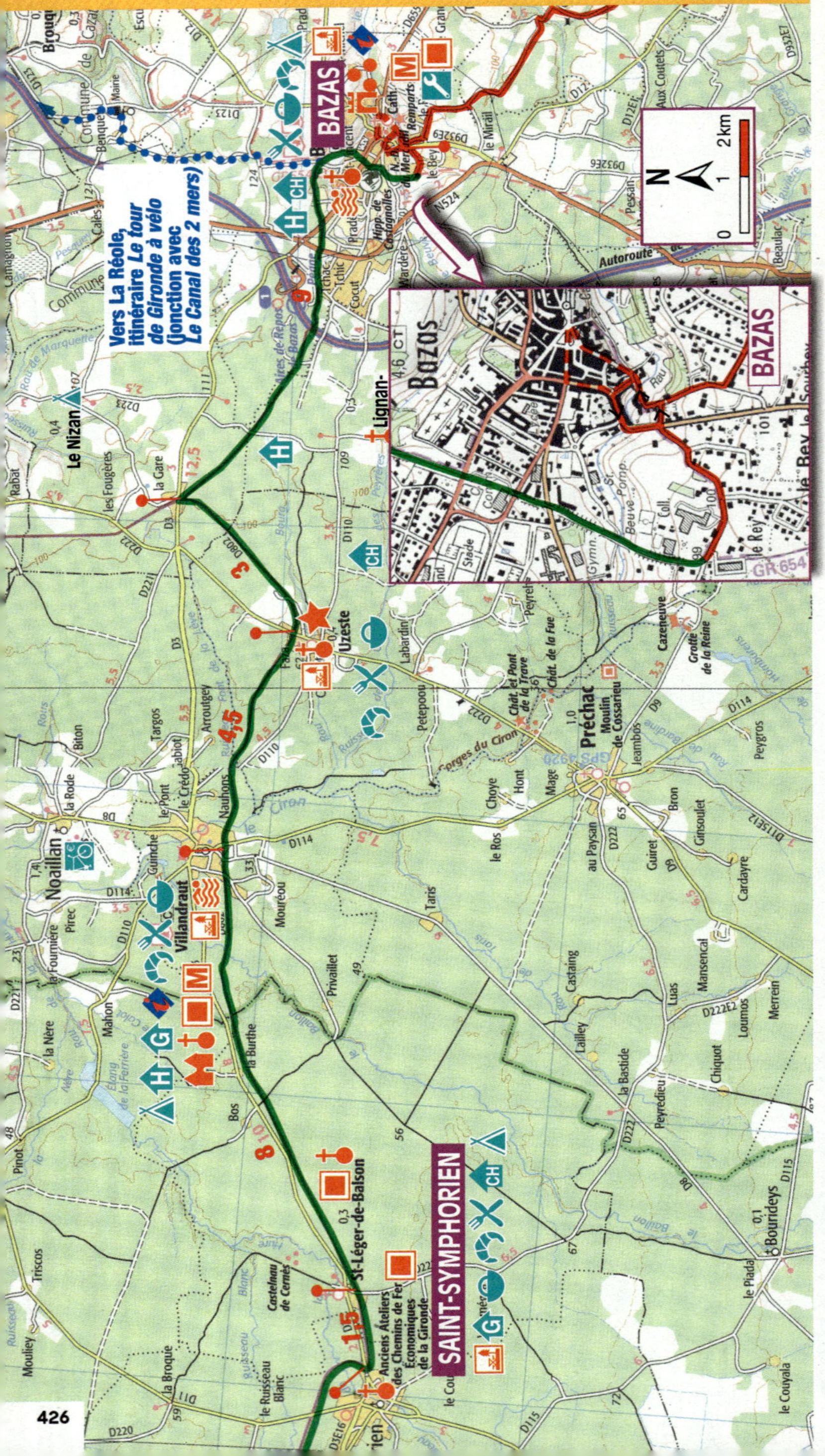
BAZAS
Vers La Réole, itinéraire Le tour de Gironde à vélo (jonction avec Le Canal des 2 mers)
Le Nizan
Lignan-
Bazas
Uzeste
Préchac
Villandraut
Noaillan
St-Léger-de-Balson
SAINT-SYMPHORIEN
Anciens Ateliers des Chemins de Fer Économiques de la Gironde
Autoroute
0 1 2km

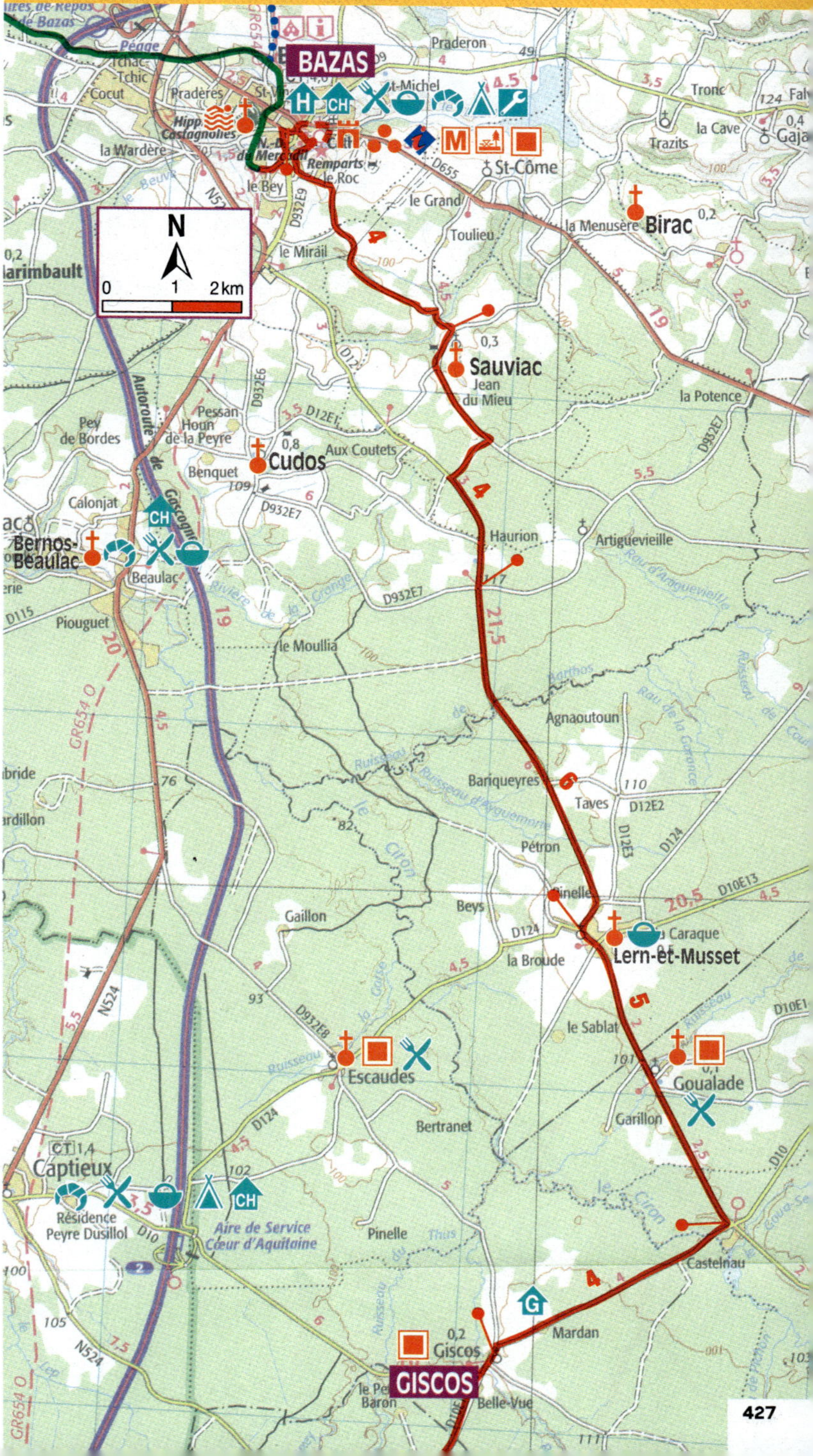
BAZAS
Praderon
Tronc
la Cave
Trazits
Gajac
St-Michel
St-Côme
Remparts
le Roc
le Bey
le Grand
Toulieu
la Menusère
Birac
le Mirail
Sauviac
Jean du Mieu
la Potence
Cocut
Pradères
Hipp. Castagnolies
la Wardère
Marimbault
Pessan
Houn de la Peyre
Pey de Bordes
Cudos
Aux Coutets
Benquet
Calonjat
Bernos-Beaulac
Beaulac
Piouguet
Autoroute de Gascogne
Haurion
Artiguevieille
le Moullia
Agnaoutoun
Bariqueyres
Taves
Pétron
Beys
Pinelle
Gaillon
Lern-et-Musset
Caraque
la Broude
le Sablat
Goualade
Garillon
Escaudes
Bertranet
Captieux
Résidence Peyre Dusillol
Aire de Service Cœur d'Aquitaine
Pinelle
Castelnau
Mardan
Giscos
GISCOS
le Pe Baron
Belle-Vue
N
0
1
2 km

## Giscos → Bourriot-Bergonce

19,5 km - 2 h 00

N°30

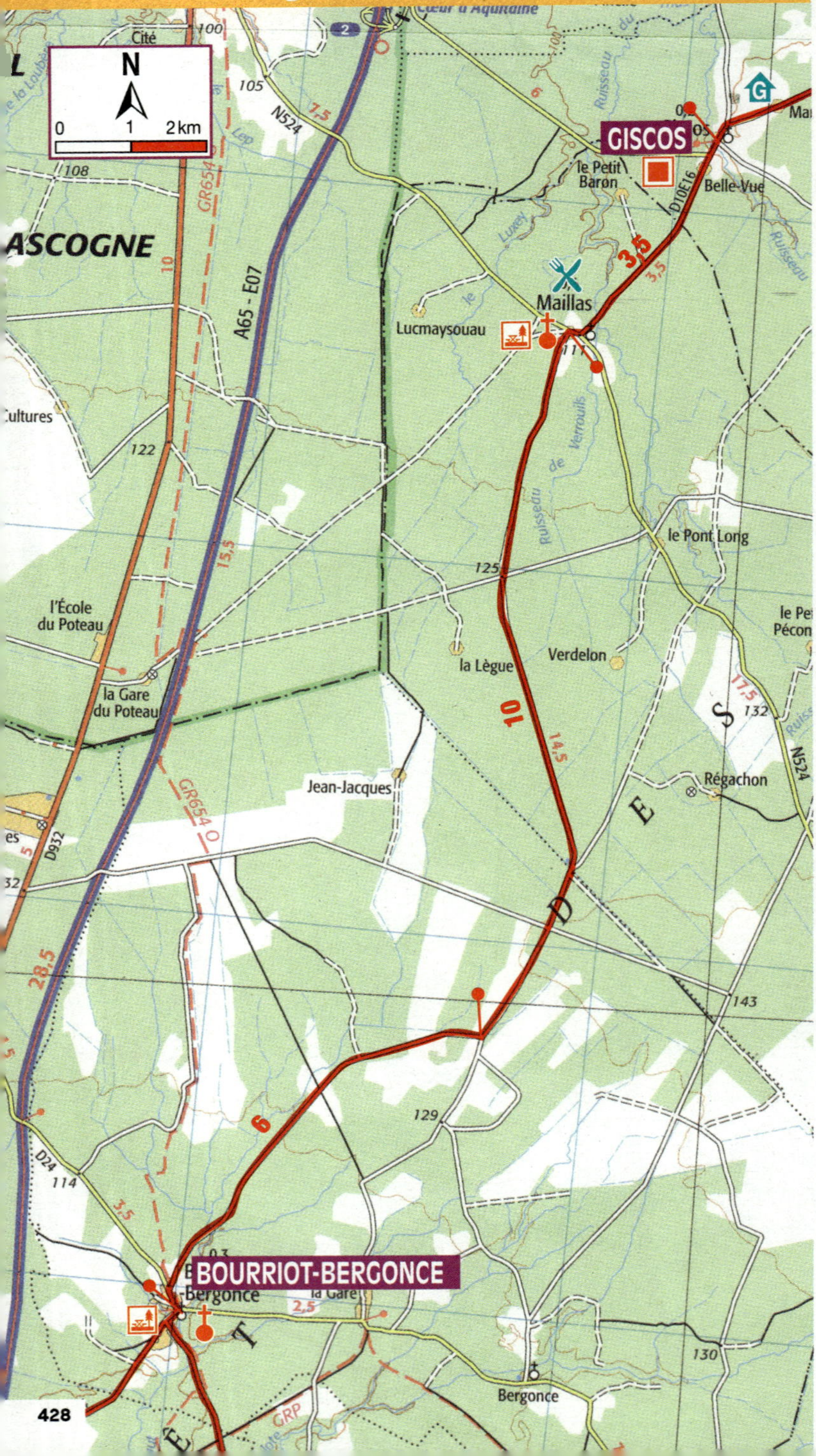
N
0
1
2 km
GISCOS
Belle-Vue
le Petit Baron
D10E16
Maillas
Lucmaysouau
Ruisseau de Verrouils
le Pont Long
la Lègue
Verdelon
Régachon
Jean-Jacques
l'École du Poteau
la Gare du Poteau
A65 - E07
N524
D932
D24
GR654
ASCOGNE
Cultures
Cité
BOURRIOT-BERGONCE
Bergonce
la Gare
3,5
10
6
14,5
15,5
17,5
28,5
2,5
7,5
105
108
122
125
111
132
143
129
114
130
100

## Bourriot-Bergonce → Roquefort

16 km - 1 h 40

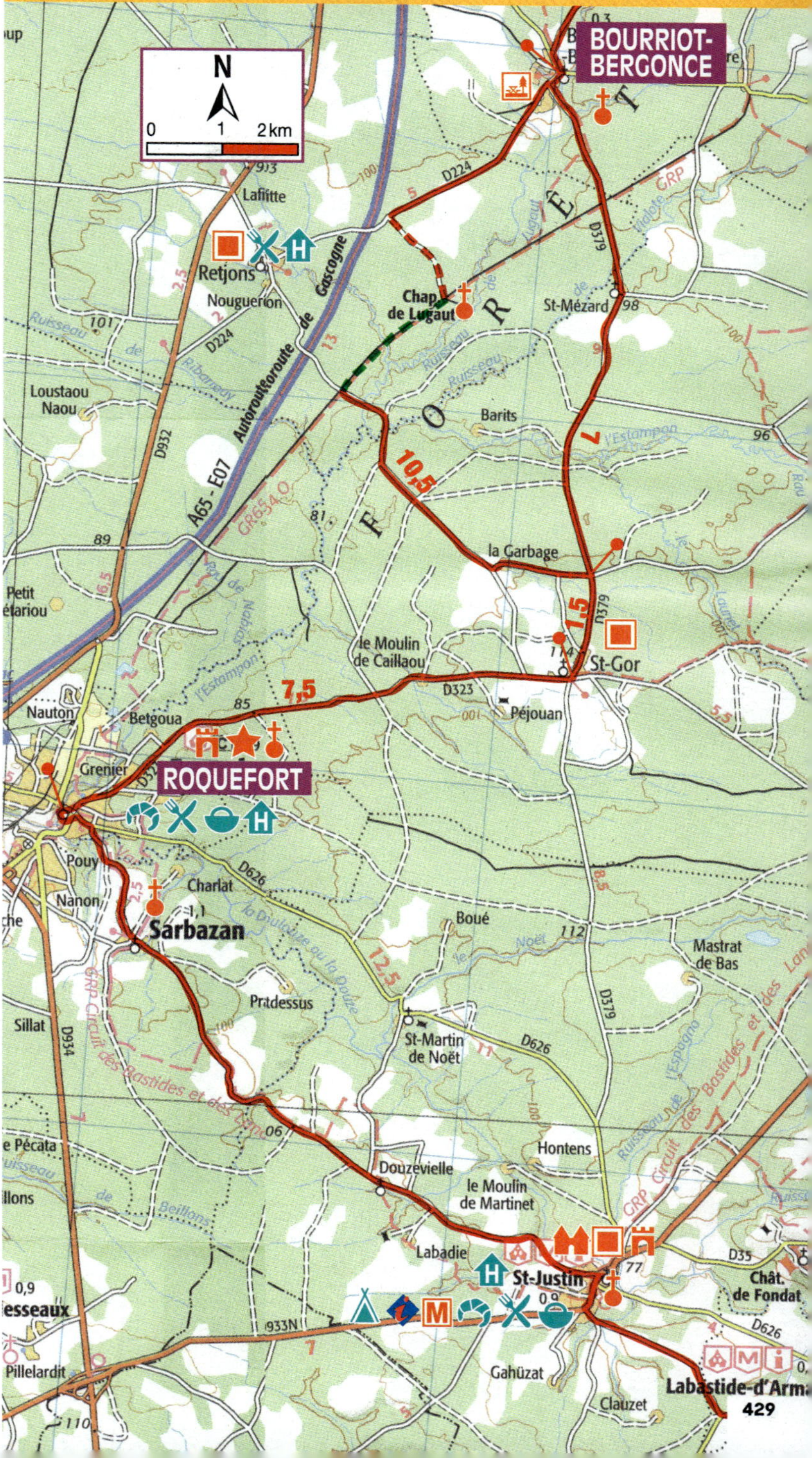
BOURRIOT-BERGONCE
ROQUEFORT
St-Justin
Labastide-d'Arma
Retjons
Lafitte
Nouguerion
Chap. de Lugaut
St-Mézard
Barits
la Garbage
St-Gor
le Moulin de Caillaou
Péjouan
Betgoua
Nauton
Grenier
Pouy
Nanon
Charlat
Sarbazan
Boué
Mastrat de Bas
Pradessus
St-Martin de Noët
Sillat
Hontens
Douzevielle
le Moulin de Martinet
Labadie
Gahûzat
Clauzet
Châl. de Fondat
Loustaou Naou
Petit étariou
Pillelardit
A65 - E07
Autoroute de Gascogne
GR654 O
GRP
D224
D379
D323
D626
D932
D934
D35
933N
10,5
7,5
1,5
7
2,5
0
1
2 km
N

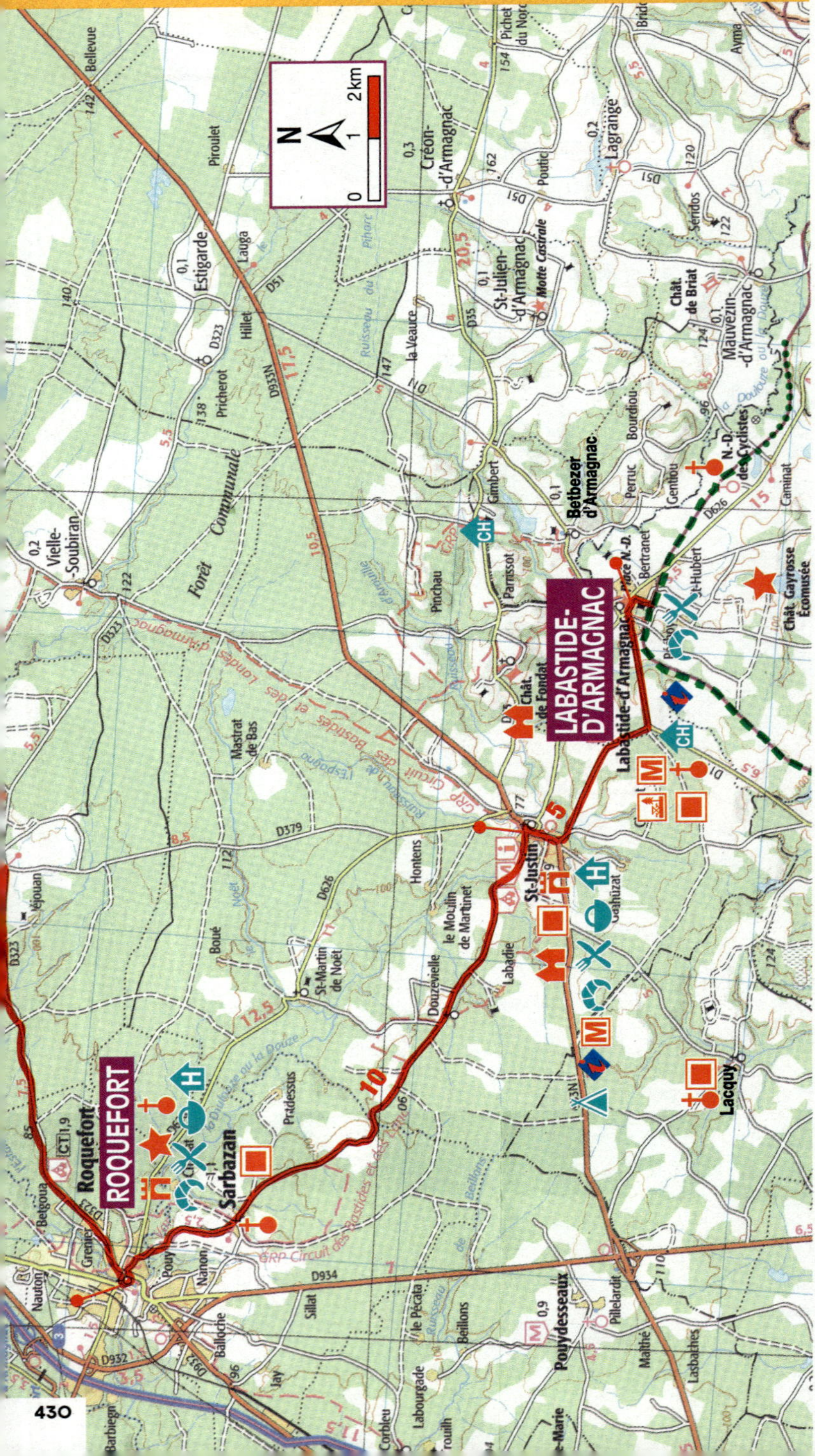
ROQUEFORT
LABASTIDE-D'ARMAGNAC
St-Justin
Sarbazan
Lacquy
Betbezer d'Armagnac
Créon-d'Armagnac
St-Julien-d'Armagnac
Mauvezin-d'Armagnac
Vielle-Soubiran
Estigarde
Lagrange
Pouydesseaux
St-Martin de Noët
Forêt Communale
GRP Circuit des Bastides et des Landes d'Armagnac
Chât. de Fondat
Chât. de Briat
Chât. Gayrosse Écomusée
N.-D. des Cyclistes
Motte Castrale
0 1 2km

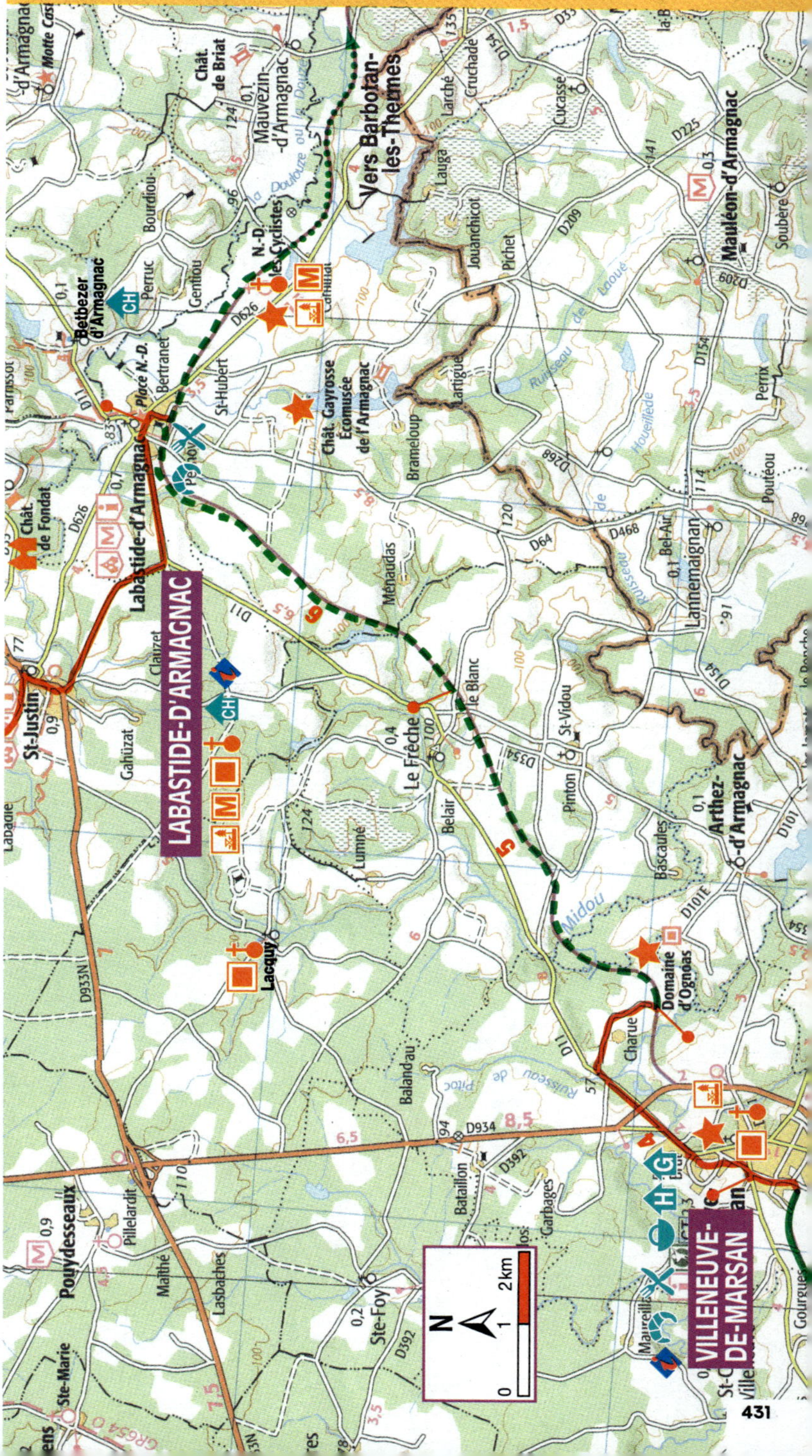
LABASTIDE-D'ARMAGNAC
VILLENEUVE-DE-MARSAN
Vers Barbotan-les-Thermes
Labastide-d'Armagnac
Betbezer d'Armagnac
Mauvezin-d'Armagnac
Chât. de Briat
N.-D. des Cyclistes
Chât. Gayrosse Écomusée de l'Armagnac
Chât. de Fondat
St-Justin
Lacquy
Le Frêche
Lannemaignan
Arthez-d'Armagnac
Mauléon-d'Armagnac
Domaine d'Ognoas
Pouydesseaux
Ste-Foy
Ste-Marie
Midou
2km

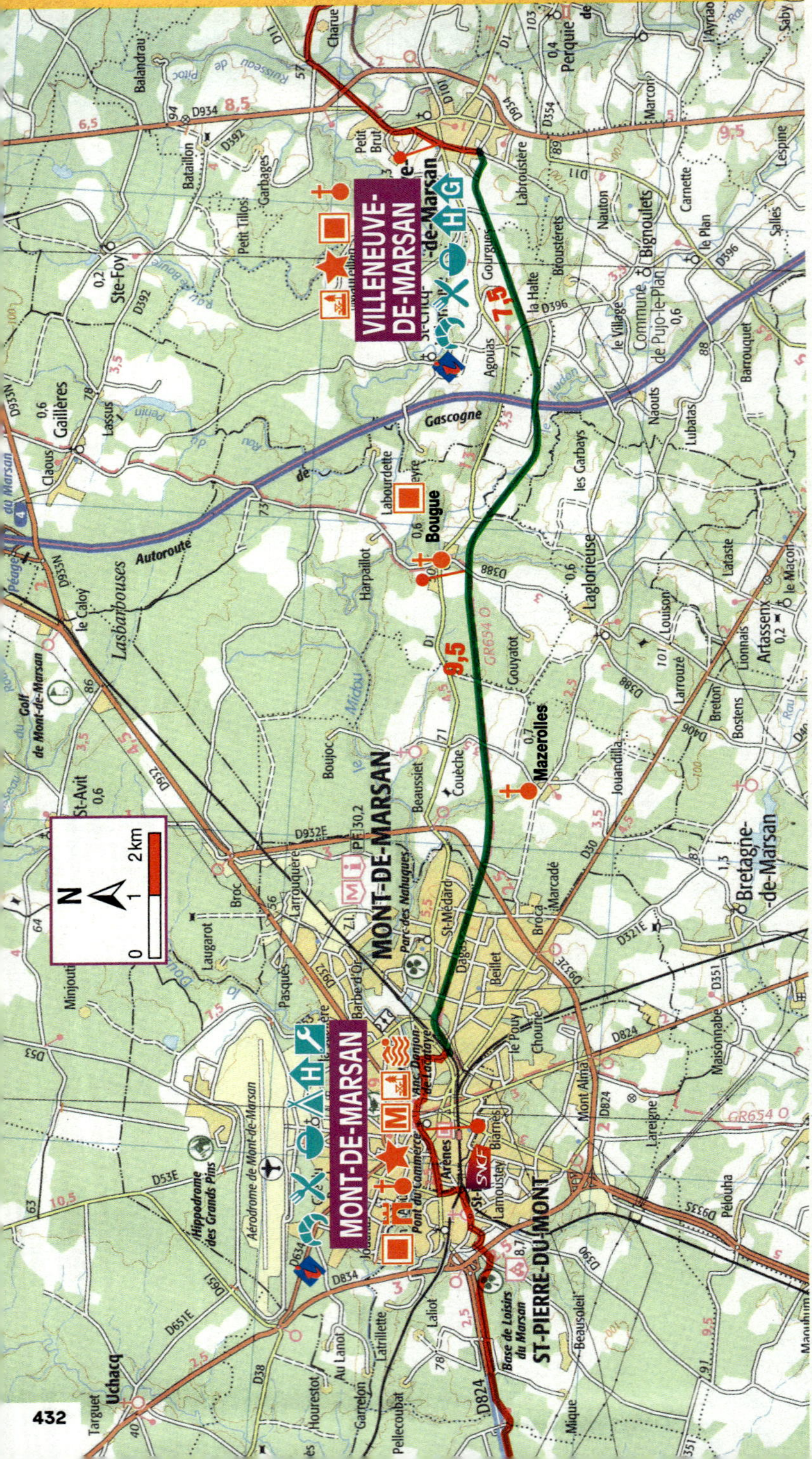
VILLENEUVE-DE-MARSAN
MONT-DE-MARSAN
Bougue
Mazerolles
ST-PIERRE-DU-MONT
Bretagne-de-Marsan
Autoroute de Gascogne
7,5
9,5
N
0 1 2km

# Mont-de-Marsan → Meilhan

**21,5 km - 2 h 15**

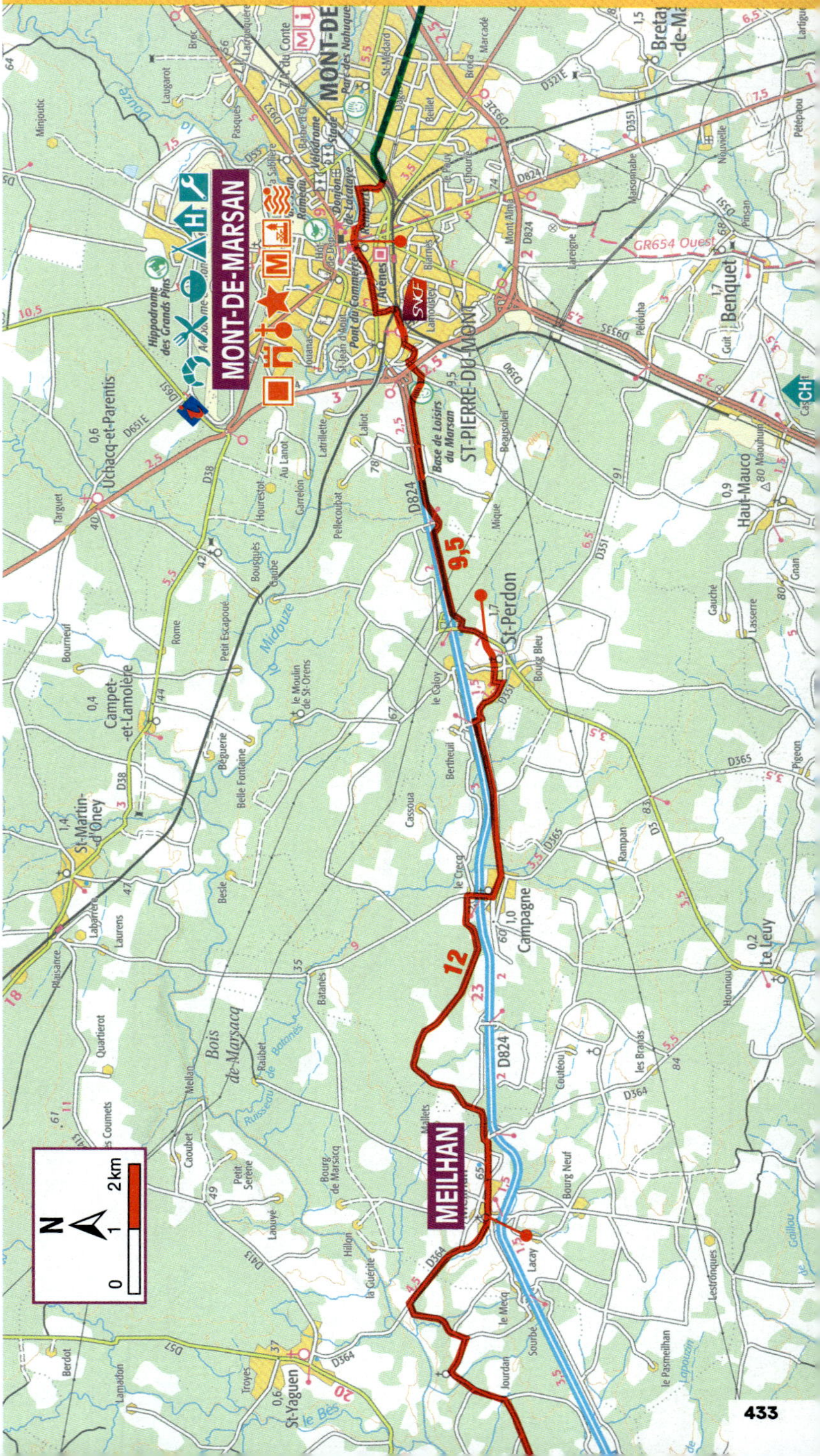
MONT-DE-MARSAN
MEILHAN
ST-PIERRE-DU-MONT
St-Perdon
Campagne
Uchacq-et-Parentis
Campet-et-Lamolère
St-Martin-d'Oney
St-Yaguen
Benquet
Haut-Mauco
Le Leuy
Base de Loisirs du Marsan
Hippodrome des Grands Pins
Bois de Marsacq
la Midouze
GR654 Ouest
9,5
12
0 1 2km
N

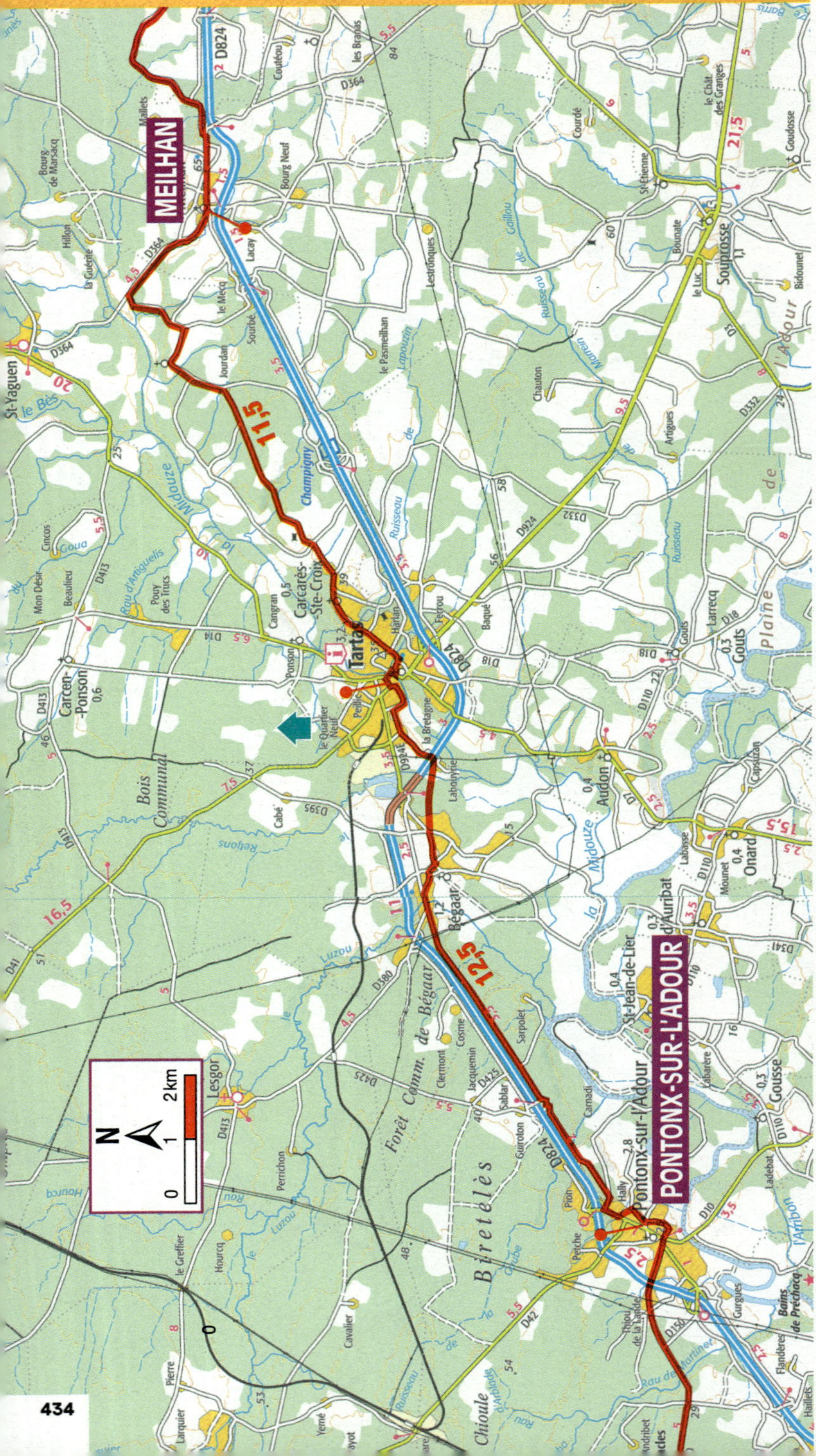
MEILHAN
Tartas
PONTONX-SUR-L'ADOUR
Pontonx-sur-l'Adour
11,5
12,5
Bégaar
Carcarès-Ste-Croix
Souprosse
Audon
Onard
Gouts
St-Jean-de-Lier
Gousse
Lesgor
Carcen-Ponson
St-Yaguen
Bois Communal
Forêt Comm. de Bégaar
Biretelès
0
1
2km
N

# N°37 Pontonx-sur-l'Adour → Dax

**22,5 km - 2 h 20**

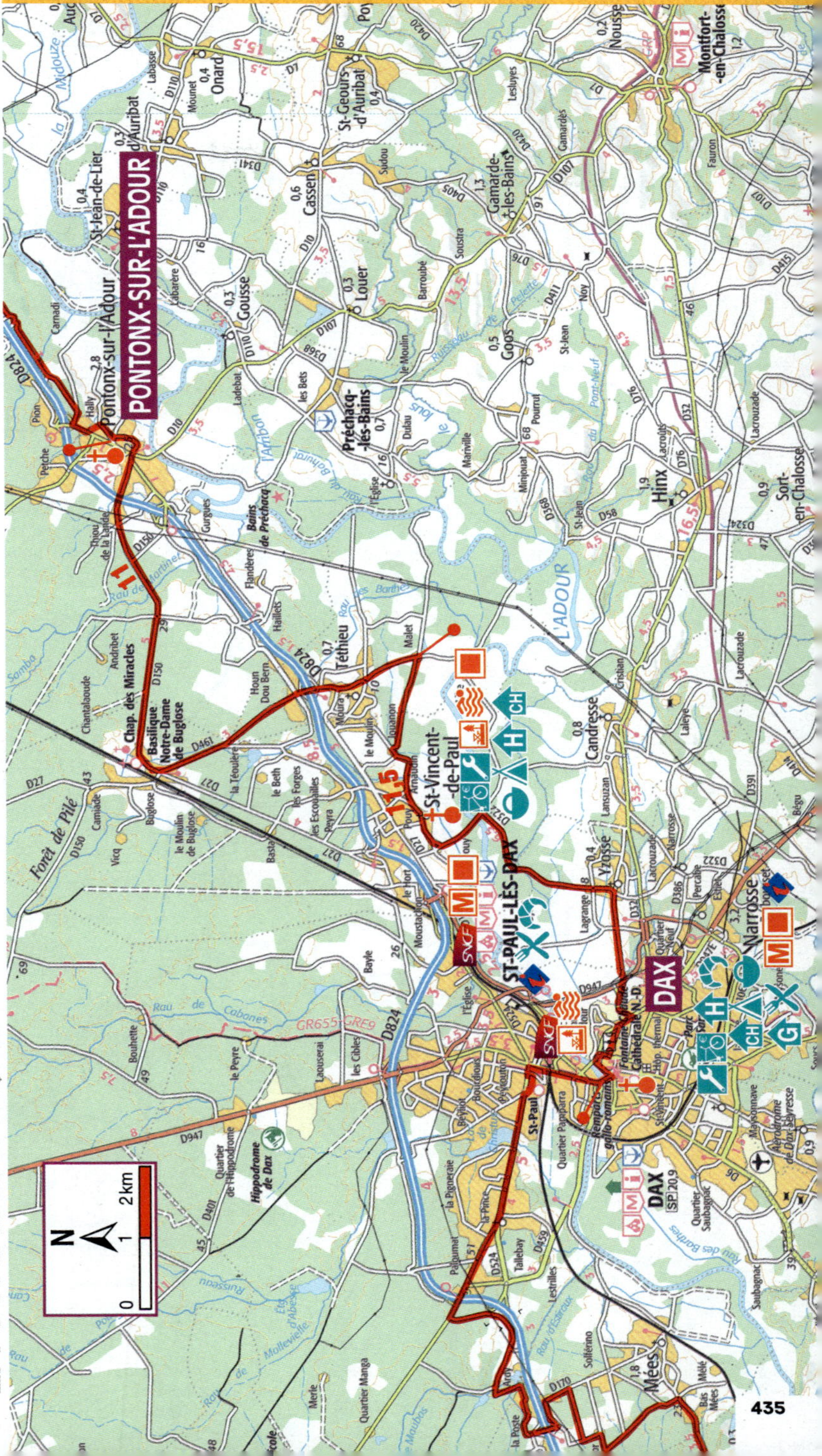
PONTONX-SUR-L'ADOUR
Pontonx-sur-l'Adour
St-Jean-de-Lier
Gousse
Louer
Cassen
St-Geours-d'Auribat
Onard
Gamarde-les-Bains
Préchacq-les-Bains
Goos
Hinx
Montfort-en-Chalosse
Sort-en-Chalosse
Téthieu
Chap. des Miracles
Basilique Notre-Dame de Buglose
Buglose
St-Vincent-de-Paul
Candresse
Yzosse
ST-PAUL-LÈS-DAX
DAX
Narrosse
Fontaine chaude
Cathédrale N.-D.
Remparts gallo-romains
Hippodrome de Dax
Aérodrome de Dax-Seyresse
Mées
Forêt de Pilé
L'ADOUR
0 1 2km
N

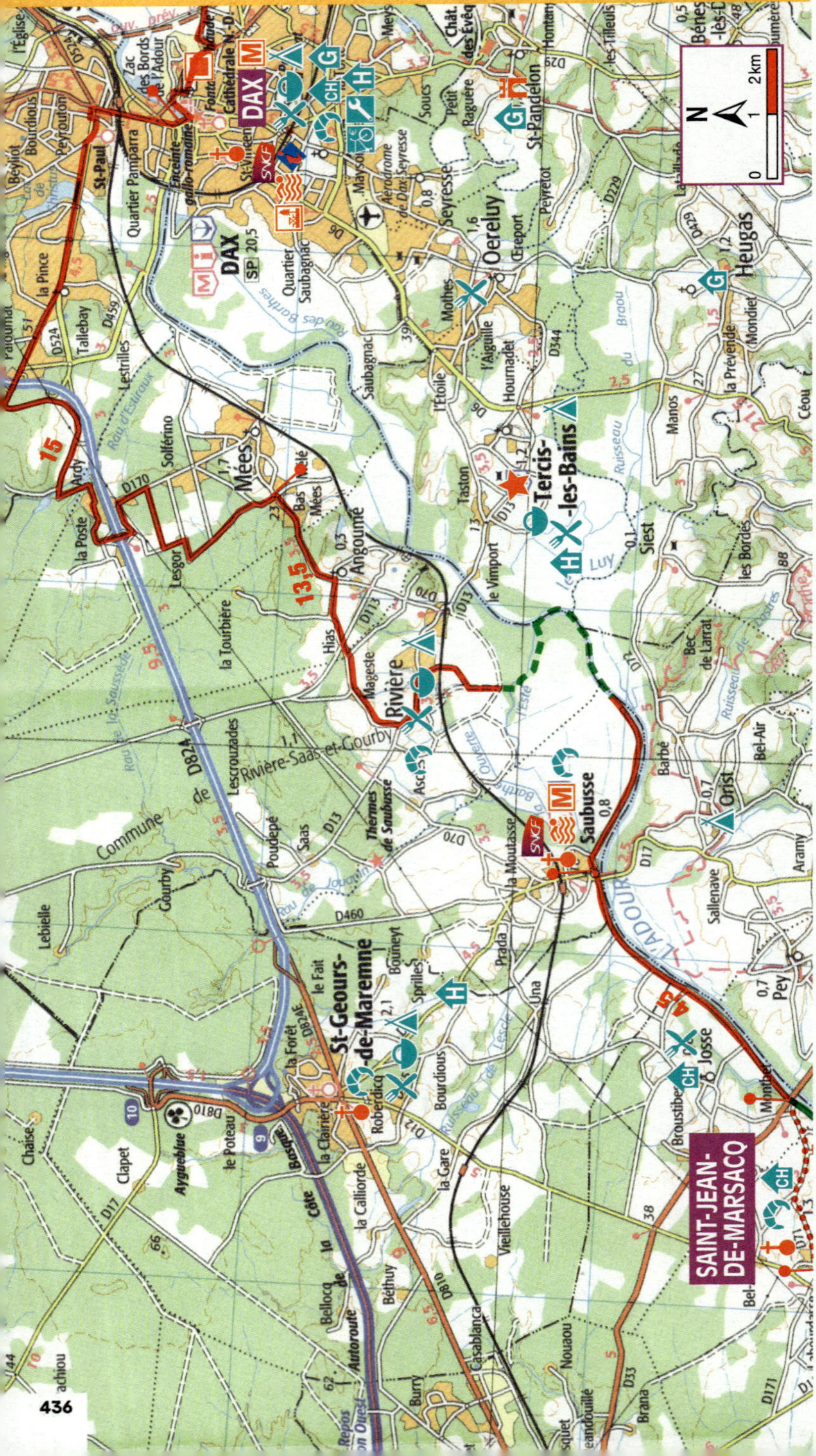
DAX
Mées
Angoumé
Rivière
Tercis-les-Bains
Saubusse
St-Geours-de-Maremme
SAINT-JEAN-DE-MARSACQ
Oeyreluy
Seyresse
St-Pandelon
Heugas
Siest
Orist
Josse
L'ADOUR

## St-Jean-de-Marsacq → Urt

**24 km - 2 h 30**

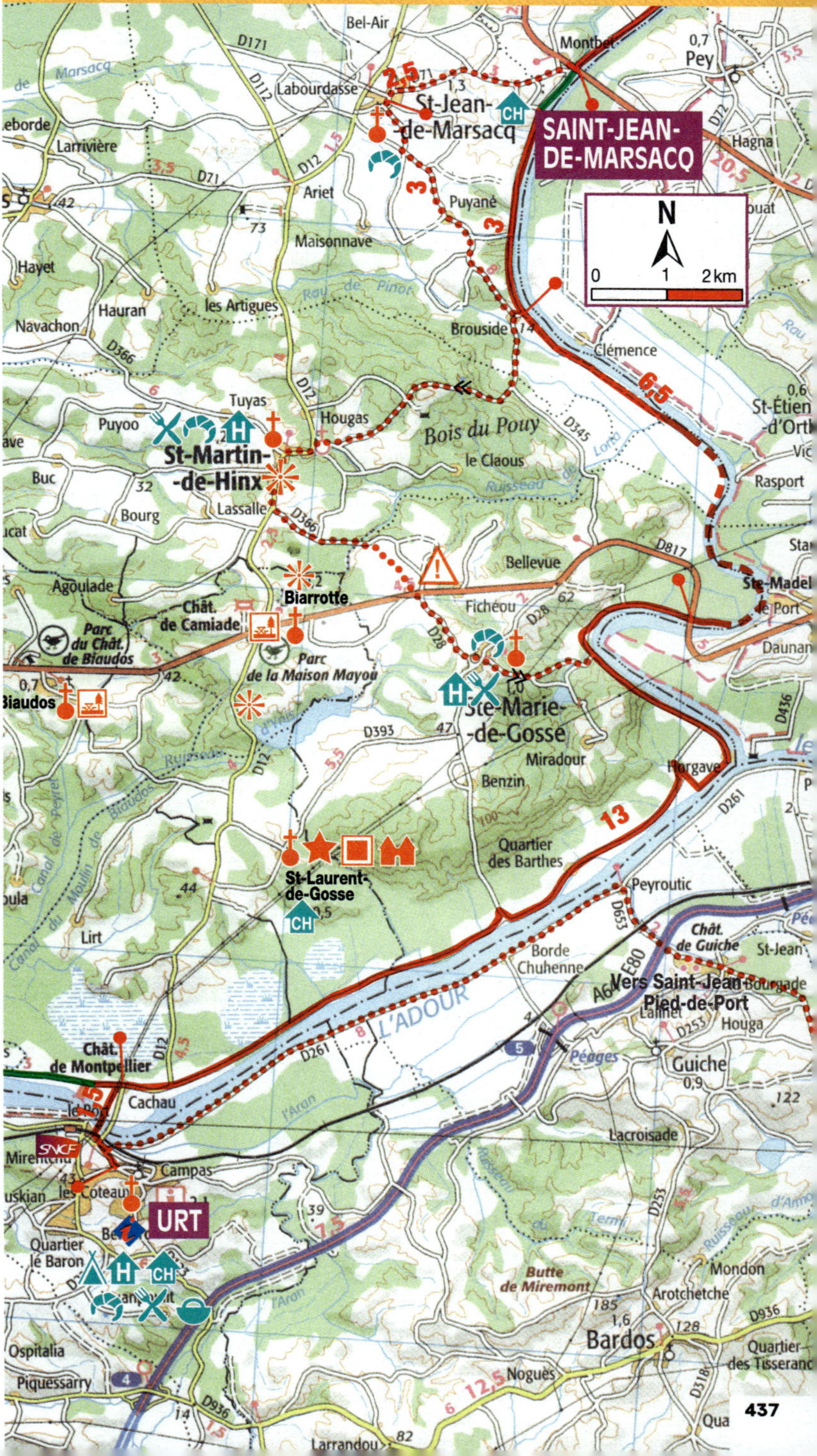
SAINT-JEAN-DE-MARSACQ
St-Jean-de-Marsacq
Labourdasse
Bel-Air
Montbel
Pey
Hagna
Ariet
Puyané
Maisonnave
Brouside
Clémence
Bois du Pouy
le Claous
Hougas
Tuyas
Puyoo
St-Martin-de-Hinx
Lassalle
Larrivière
Hayet
Hauran
les Artigues
Navachon
Buc
Bourg
Agoulade
Biarrotte
Bellevue
Fichéou
Châtt. de Camiade
Parc du Chât. de Biaudos
Parc de la Maison Mayou
Biaudos
Ste-Marie-de-Gosse
Miradour
Benzin
Horgave
Ste-Madel
Daunan
Rasport
St-Étien -d'Orth
St-Laurent-de-Gosse
Quartier des Barthes
Peyroutic
Borde Chuhenne
Châtt. de Guiche
Vers Saint-Jean Pied-de-Port
Houga
Guiche
Péages
L'ADOUR
Châtt. de Montpellier
Cachau
Campas
les Coteaux
URT
Quartier le Baron
Lacroisade
Butte de Miremont
Mondon
Arotchetche
Bardos
Quartier des Tisseranc
Ospitalia
Piquessarry
Nogues
Larrandou
N
0 1 2 km

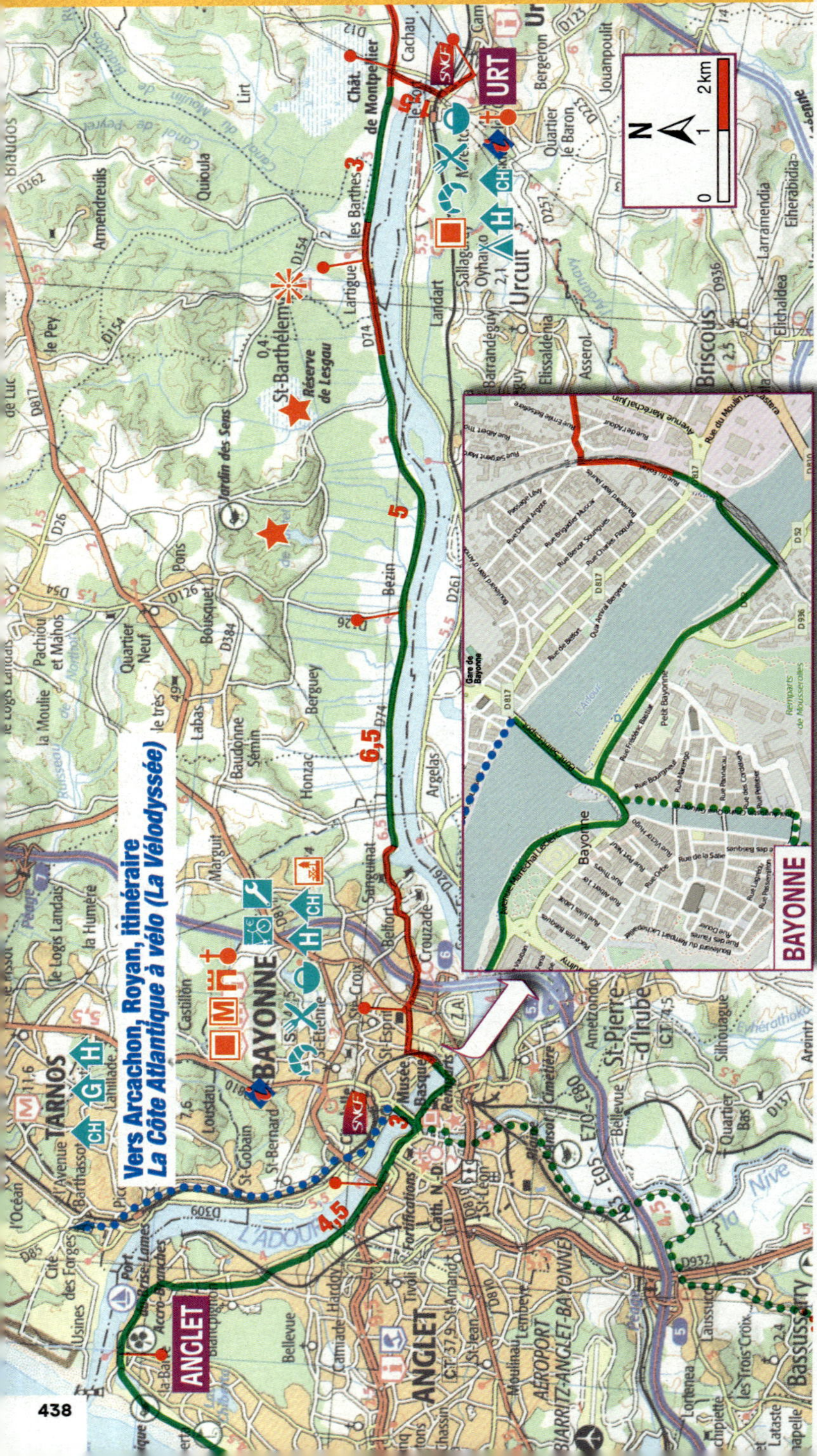
URT
BAYONNE
ANGLET
Vers Arcachon, Royan, itinéraire
La Côte Atlantique à vélo (La Vélodyssée)
St-Barthélemy
Réserve de Lesgau
Jardin des Sens
Urcuit
Briscous
Tarnos
L'Adour
Nive
Gare de Bayonne
Château de Montpellier
Aéroport Biarritz-Anglet-Bayonne
0
1
2km
N

Bayonne.

Shutterstock.com/saiko3p

## Anglet → Biarritz → Guéthary

17 km - 2 h 00

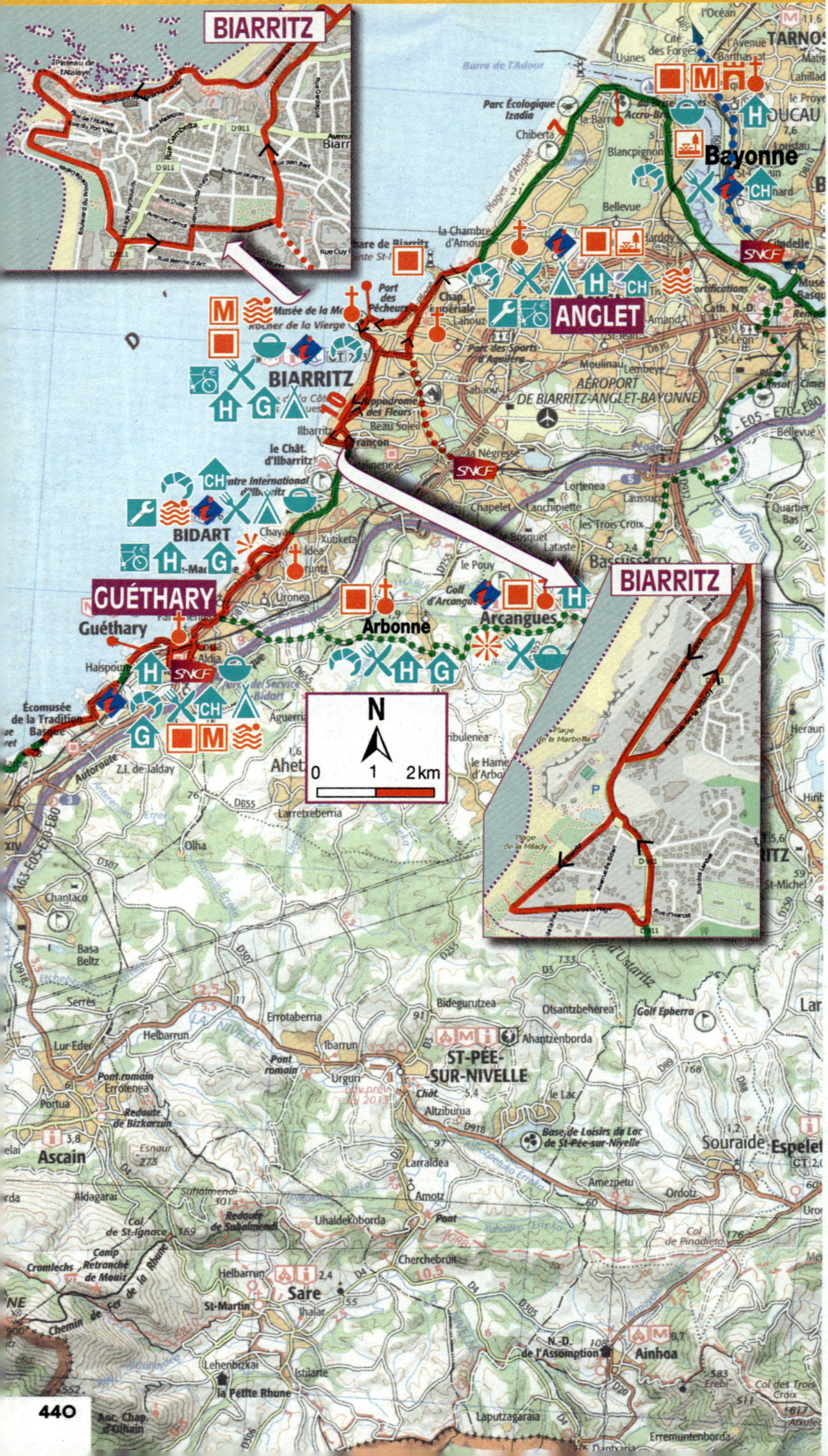
BIARRITZ
Bayonne
ANGLET
BIARRITZ
AEROPORT DE BIARRITZ-ANGLET-BAYONNE
BIDART
GUÉTHARY
Guéthary
Arbonne
Arcangues
BIARRITZ
ST-PÉE-SUR-NIVELLE
Ascain
Sare
Ainhoa
la Petite Rhune
N
0
1
2 km

## Guéthary → Irun

**24 km - 3 h 00**

GUÉTHARY
Guéthary
ST-JEAN-DE-LUZ
CIBOURE
URRUGNE
HENDAYE
IRUN
Biriatou
Ascain
Ahetze
Arbonne
ST-PÉE-SUR-NIVELLE
Socoa
Hendaye Plage
Cabo Higer (Cap du Figuier)
Baie du Figuier
Pointe Ste-Anne
Domaine d'Abbadia
Feu de Socoa
Pointe de Ste-Barbe
Jardin Botanique Littoral Paul Jovet
Écomusée de la Tradition Basque
Chât. d'Urtubie
Chap. Sokorri
Olhalia Parcours Aventure
Xoldokogaina
Ermitage de St-Martial (San Martzial)
Vers la vallée de la Bidassoa
LA BIDASSOA
LA NIVELLE
Autoroute de la Côte Basque
0 1 2km
N

# LA CÔTE ATLANTIQUE À VÉLO DE NANTES À HENDAYE | 882 km

## SUIVEZ LA VAGUE !

**Heureux qui comme Ulysse va faire un beau voyage… Non, plutôt un périple hors-normes au cours duquel, littéralement, le mythe vient à se confondre avec la réalité. Appartenant à la grande voie *EuroVelo 1*, ce second opus de *La Vélodyssée* s'étend de Nantes à Hendaye. En suivant le dernier fleuve sauvage d'Europe, avant de longer plus ou moins fidèlement plages et corniches du littoral atlantique, *La Vélodyssée* transite par des stations balnéaires confidentielles autant qu'archi-prisées d'où émane un agréable parfum de vacances… Alors, s'il vous prend l'envie d'en découdre avec l'impitoyable Poséidon ou de simplement répondre à l'appel du grand large, laissez-vous charmer par les sirènes de cet itinéraire aussi homérique qu'onirique.**

*Afin de respecter le sens de l'itinéraire officiel de La Vélodyssée, le départ se fait de Nantes mais grâce à un balisage assuré dans l'autre sens, il est envisageable de partir d'Hendaye. Se déroulant majoritairement en voies vertes et sur des routes à faible circulation, la Côte Atlantique à vélo s'adresse à tout public, exception faite de certaines portions dans les forêts dunaires ainsi que dans le Pays basque où les reliefs sont parfois bien marqués. Attention également à la forte affluence estivale à proximité des stations balnéaires pouvant entraver la fluidité de la progression.*

***Jonctions :** EV 1 (La Vélodyssée), EV 6 (La Loire à vélo), La Vélo Francette EV 3 (La Scandibérique), Le canal des 2 mers, Le Tour de Gironde à vélo.*

-De Poznyakov/Shutterstock.com-

-05-

# L'ITINERAIRE

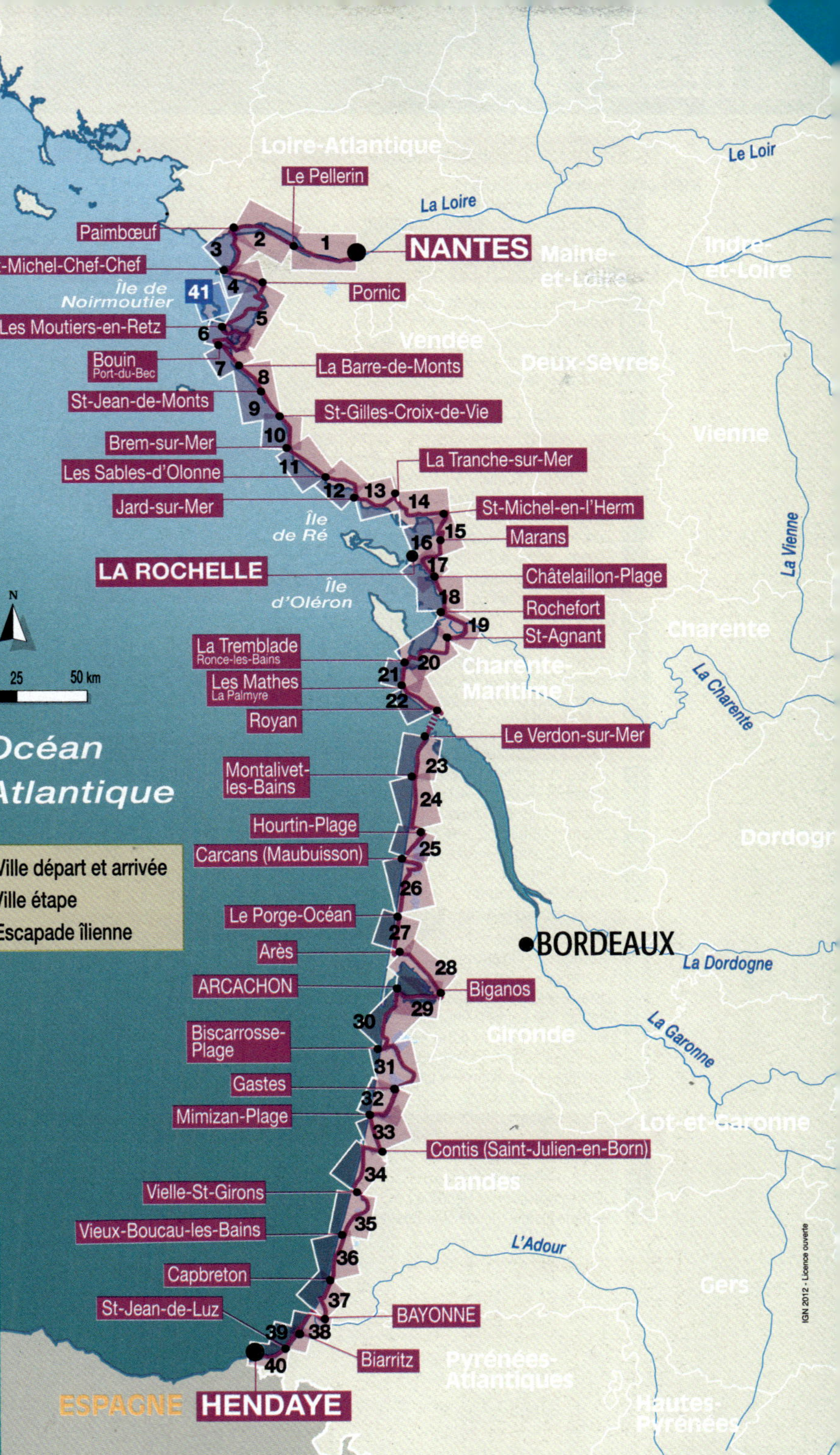
Loire-Atlantique
Le Pellerin
La Loire
Le Loir
NANTES
Maine-et-Loire
Indre-et-Loire
Paimbœuf
Saint-Michel-Chef-Chef
Île de Noirmoutier
41
Pornic
Les Moutiers-en-Retz
Vendée
Deux-Sèvres
Bouin
Port-du-Bec
La Barre-de-Monts
St-Jean-de-Monts
St-Gilles-Croix-de-Vie
Vienne
Brem-sur-Mer
La Tranche-sur-Mer
Les Sables-d'Olonne
Jard-sur-Mer
St-Michel-en-l'Herm
Île de Ré
Marans
La Vienne
LA ROCHELLE
Châtelaillon-Plage
Île d'Oléron
Rochefort
St-Agnant
Charente
La Tremblade
Ronce-les-Bains
Charente-Maritime
La Charente
Les Mathes
La Palmyre
Royan
Le Verdon-sur-Mer
Océan Atlantique
Montalivet-les-Bains
Hourtin-Plage
Carcans (Maubuisson)
Dordogne
Ville départ et arrivée
Ville étape
41 Escapade îlienne
Le Porge-Océan
Arès
BORDEAUX
La Dordogne
ARCACHON
Biganos
Biscarrosse-Plage
Gironde
La Garonne
Gastes
Mimizan-Plage
Lot-et-Garonne
Contis (Saint-Julien-en-Born)
Landes
Vielle-St-Girons
Vieux-Boucau-les-Bains
L'Adour
Capbreton
Gers
St-Jean-de-Luz
BAYONNE
Biarritz
Pyrénées-Atlantiques
Hautes-Pyrénées
ESPAGNE
HENDAYE
IGN 2012 - Licence ouverte
0 25 50 km
N

# LES ÉTAPES

N° de la carte

| De Nantes à Pornic | 99,5 km |
|---|---|
| 1 Nantes → Le Pellerin | 24 km – 3 h 15 |
| 2 Le Pellerin → Paimbœuf | 25 km – 2 h 30 |
| 3 Paimbœuf → Saint-Michel-Chef-Chef | 23,5 km – 2 h 30 |
| 4 Saint-Michel-Chef-Chef → Pornic | 27 km –3 h 00 |
| **De Pornic aux Sables-d'Olonne** | **133 km** |
| 5 Pornic → Les Moutiers-en-Retz | 16 km – 1 h 45 |
| 6 Les Moutiers-en-Retz → Bouin *(Port du Bec)* | 20 km – 2 h 15 |
| 7 Bouin *(Port du Bec)* → La Barre-de-Monts | 22,5 km – 2 h 30 |
| 8 La Barre-de-Monts → Saint-Jean-de-Monts | 21 km – 2 h 10 |
| 9 Saint-Jean-de-Monts → Saint-Gilles-Croix-de-Vie | 18,5 km – 1 h 50 |
| 10 Saint-Gilles-Croix-de-Vie → Brem-sur-Mer | 14,5 km – 1 h 30 |
| 11 Brem-sur-Mer → Les Sables-d'Olonne | 21 km – 2 h 10 |
| **Des Sables-d'Olonne à La Rochelle** | **113 km** |
| 12 Les Sables-d'Olonne → Jard-sur-Mer | 24 km – 2 h 30 |
| 13 Jard-sur-Mer → La Tranche-sur-Mer | 17,5 km – 1 h 45 |
| 14 La Tranche-sur-Mer → Saint-Michel-en-l'Herm | 24 km – 2 h 30 |
| 15 Saint-Michel-en-l'Herm → Marans | 22 km – 2 h 15 |
| 16 Marans → La Rochelle | 25,5 km – 2 h 40 |
| **De La Rochelle à Royan** | **123 km** |
| 17 La Rochelle → Châtellaillon-Plage | 14,5 km – 1 h 30 |
| 18 Châtellaillon-Plage → Rochefort | 25,5 km – 2 h 30 |
| 19 Rochefort → Saint-Agnant | 20 km – 2 h 00 |
| 20 Saint-Agnant → La Tremblade (Ronce-les-Bains) | 24 km – 2 h 30 |
| 21 La Tremblade (Ronce-les-Bains) → Les Mathes (La Palmyre) | 21 km – 2 h 15 |
| 22 Les Mathes (La Palmyre) → Royan | 18 km – 2 h 00 |
| **Du Verdon-sur-Mer à Arcachon** | **169,5 km** |
| 23 Le Verdon-sur-Mer → Montalivet-les-Bains | 29,5 km – 3 h 00 |
| 24 Montalivet-les-Bains → Hourtin-Plage | 21,5 km – 2 h 00 |
| 25 Hourtin-Plage → Carcans (Maubuisson) | 21 km – 2 h 30 |
| 26 Carcans (Maubuisson) → Le Porge-Océan | 26,5 km – 3 h 00 |
| 27 Le Porge-Océan → Arès | 23 km – 2 h 30 |
| 28 Arès → Biganos | 20,5 km – 2 h 10 |
| 29 Biganos → Arcachon | 28 km – 3 h 00 |
| **D'Arcachon à Bayonne** | **194 km** |
| 30 Arcachon → Biscarrosse-Plage | 31 km – 3 h 30 |
| 31 Biscarrosse → Gastes | 32 km – 3 h 45 |
| 32 Gastes → Mimizan-Plage | 23 km – 2 h 30 |
| 33 Mimizan → Contis (Saint-Julien-en-Born) | 16,5 km – 1 h 40 |
| 34 Contis (Saint-Julien-en-Born) → Vielle-Saint-Girons | 17,5 km – 1 h 45 |
| 35 Vielle-Saint-Girons → Vieux-Boucau-les-Bains | 27,5 km – 3 h 00 |
| 36 Vieux-Boucau-les-Bains → Capbreton | 21 km – 2 h 10 |
| 37 Capbreton → Bayonne | 25,5 km – 2 h 45 |
| **De Bayonne à Hendaye** | **50 km** |
| 38 Bayonne → Biarritz | 13,5 km – 1 h 40 |
| 39 Biarritz → Saint-Jean-de-Luz | 17 km – 2 h 30 |
| 40 Saint-Jean-de-Luz → Hendaye | 19,5 km – 2 h 45 |
| 41 Escapade îlienne : île de Noirmoutier | |
| **Total général de l'itinéraire** | **882 km** |

# N°1 Nantes → Le Pellerin

## 24 km - 3 h 15

**ŒUVRES ESTUAIRE**

- 2 *Nymphéa*, Ange Leccia
- 4 *De temps en temps*, François Morellet
- 5 *L'Absence*, Atelier Van Lieshout
- 6 *The zebra crossing regulations and general directions*, Angela Bulloch
- 7 *Air*, Rolf Julius
- 8 *Mètre à ruban*, Lilian Bourgeat
- 9 *La station Prouvé*, Jean Prouvé
- 10 *Les Anneaux*, Buren/Bouchain
- 11 *Lunar Tree*, Mrzyk/Moriceau
- 12 *Belvédère de l'Hermitage*, Tadashi Kawamata
- 13 *Le Pendule*, Roman Signer
- 14 *The Settlers*, Sarah Sze
- 15 *Serpentine Rouge*, Jimmie Durham
- 16 *Chambres d'artistes au château du Pé*
- 17 *Did I miss something ?*, Jeppe Hein
- 18 *La Maison dans la Loire*, Jean-Luc Courcoult
- 19 *Misconceivable*, Erwin Wurm

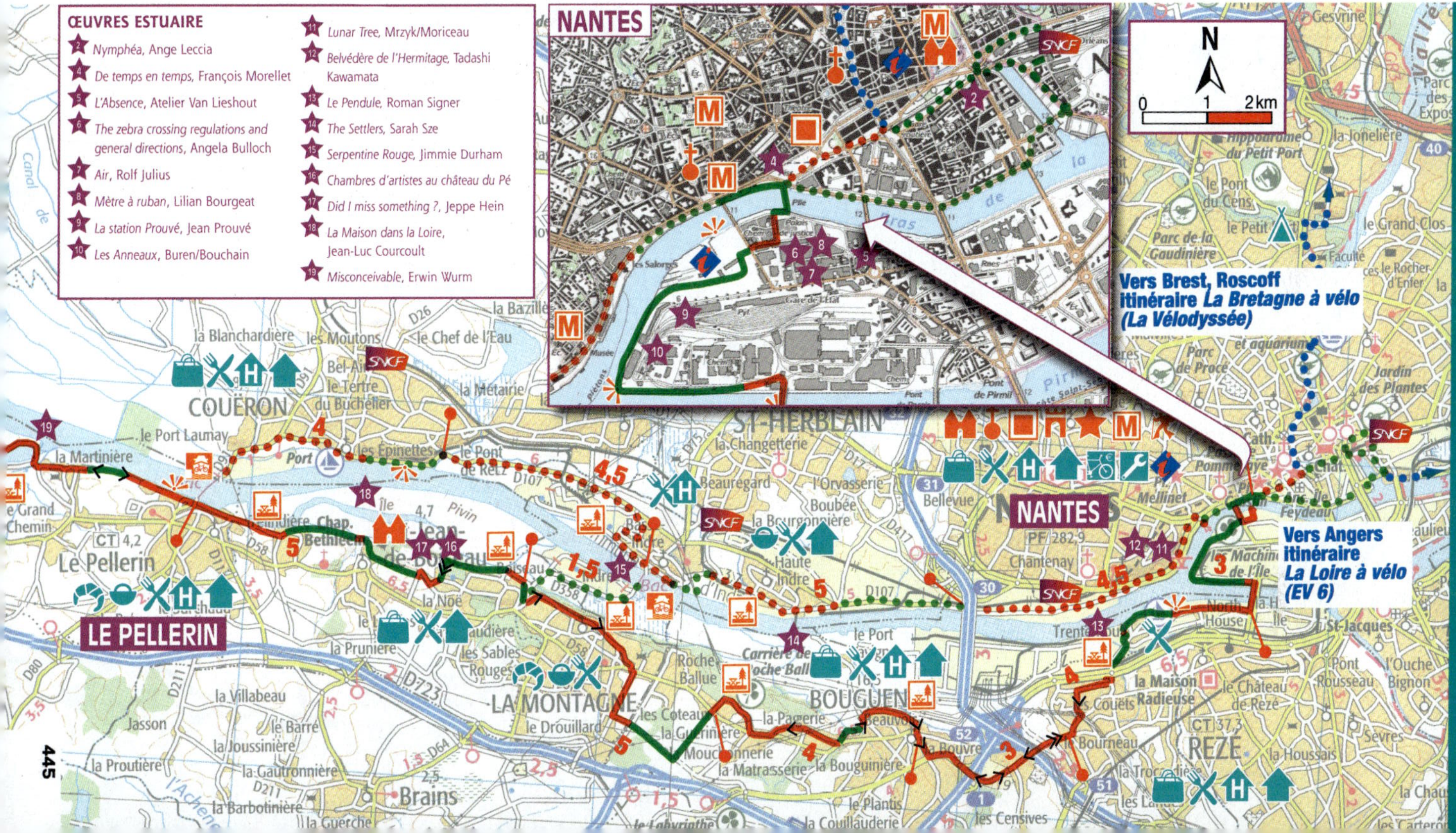

LE PELLERIN
PAIMBŒUF
Le Pellerin
Paimbœuf
Corsept
Frossay
St-Viaud
Vue
Cordemais
St-Père-en-Retz
Lavau-sur-Loire
ST-ETIENNE-DE-MONT
Prairie de Buzay
Canal de la Martinière
Le Moulin de la Ramée
Défi Nature
Le Sentier des Daims
Hippodrome de la Loire
Centrale Thermique
0 1 2km
N
ŒUVRES ESTUAIRE
19 Misconceivable, Erwin Wurm
20 Villa Cheminée, Tatzu Nishi
21 L'Observatoire, Tadashi Kawamata
22 Le Jardin étoilé, Kinya Maruyama

## N°3 Paimbœuf → Saint-Michel-Chef-Chef | 23,5 km - 2 h 30

L'impressionnant pont de Saint-Nazaire. -OS-

SAINT-MICHEL-CHEF-CHEF
St-Michel-Chef-Chef
Tharon Plage
La Plaine-sur-Mer
Préfailles
POINTE DE ST-GILDAS
Pointe de l'Apcheu
PORNIC
Dolmen de la Joselière
Côte de Jade
Banc de Kerouars
2km

# N°5 Pornic → Les Moutiers-en-Retz

**16 km - 1 h 45**

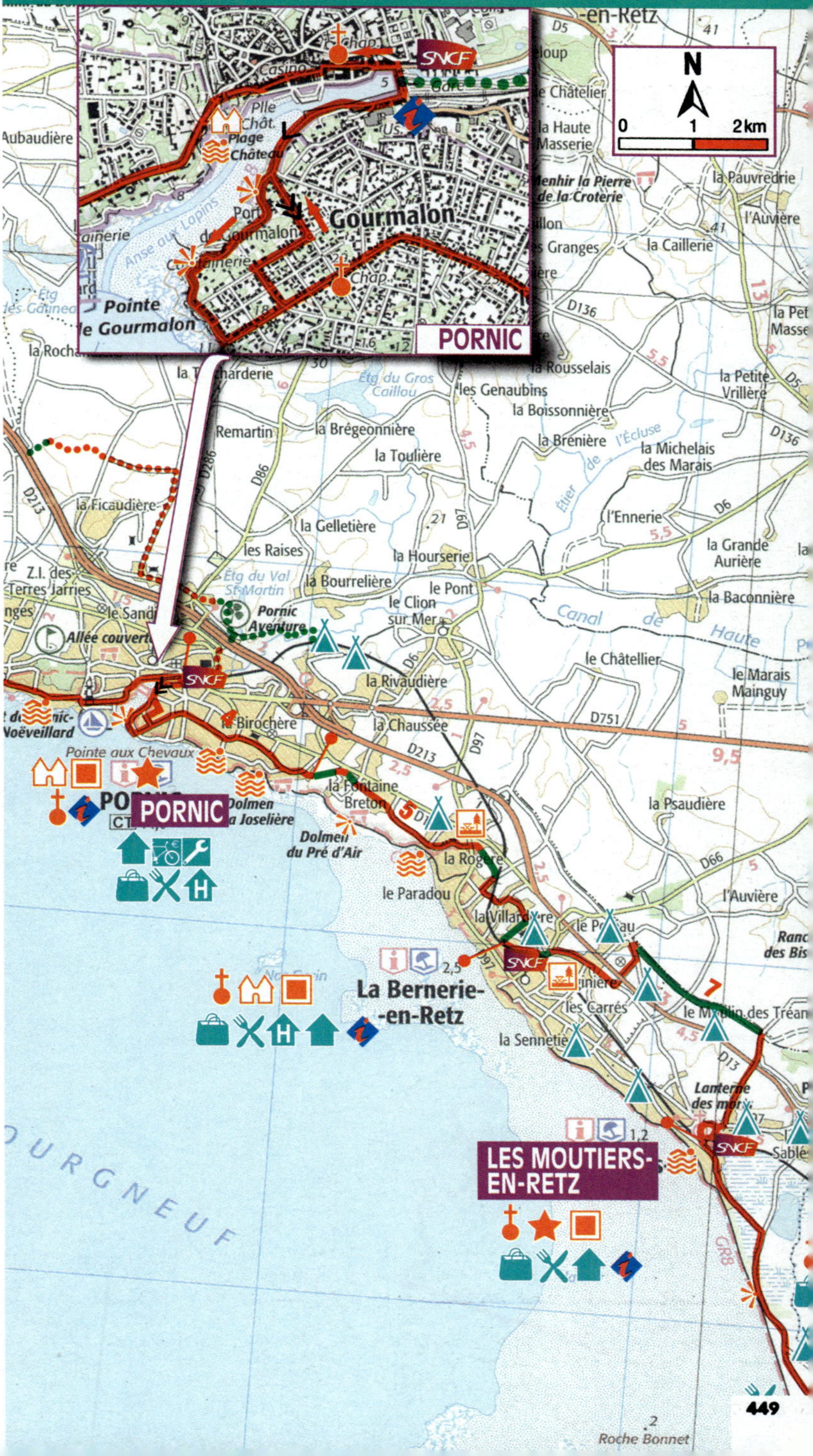
PORNIC
Gourmalon
Pointe de Gourmalon
Anse aux Lapins
Plage Château
Casino
Gare
SNCF
N
0
1
2 km
la Haute Masserie
Menhir la Pierre de la Croterie
la Pauvredrie
l'Auvière
la Caillerie
la Petite Vrillère
la Rousselais
les Genaubins
la Boissonnière
la Brenière
la Michelais des Marais
Étier de l'Écluse
la Brégeonnière
la Touliére
Remartin
la Ficaudière
la Gelletière
les Raises
la Hourserie
la Bourrelière
Étg du Val St-Martin
Pornic Aventure
le Pont
le Clion sur Mer
l'Ennerie
la Grande Aurière
la Baconnière
Canal de Haute
le Châtellier
le Marais Mainguy
Z.I. des Terres Jarries
le Sandi
Allée couverte
la Rivaudière
la Chaussée
Birochère
Noëveillard
Pointe aux Chevaux
PORNIC
Dolmen la Joselière
la Fontaine Breton
Dolmen du Pré d'Air
la Psaudière
la Rogère
le Paradou
la Villardière
le Prieau
l'Auvière
La Bernerie-en-Retz
les Carrés
la Sennetie
le Moulin des Tréans
Lanterne des morts
LES MOUTIERS-EN-RETZ
Roche Bonnet
OURGNEUF

LES MOUTIERS-EN-RETZ
Les Moutiers-en-Retz
N
0
1
2 km
Bourgneuf-en-Retz
Port du Collet
Pointe du Parracaud
Roche Bonnet
Pointe des Poloux
Polders de St-Cérans
Polder de la Coupelasse
les Brochets
l'Ermitage
Bouin
l'Ouche Mouchard
le Branchard
Port des Champs
la Gaultière
le Village Bas
le Pont Guérineau
le Petit Bossis
le Marais Salé
Port du Bec
BOUIN
(Port du Bec)
LE FAIN
Roches de Bouin
M A R A I S
la Petite Bouteille
la Croix Rouge
la Pacrée
le Pré Dorin
le Breuil
Beauvoir-sur-Mer
le Marais Mauvais
les Abbayes
la Cahouette
les Vallées
les Ornezières
le Baraud
St-Philibert
le Grand Pont
la Petite Maladrie
St-Gervais
le Bois Barranger
le Bois Sableau
Beauséjour
la Gravelle
Sablières
St-Urbain
les Hautes Rouches
le Coin
l'Ampan
la Petite Virée
les Seize-Vingt
l'Ouche
le Marais Moine
le Pâtis
la Caboche
le Cuton
les Gaillards
la Graffinière
le Rouleau
la Corbe
les Rousselles
le Pré Cheminée
la Croix Givrand
la Sablière
les Forges
le Courquillet
Moulin à Vent de Rairé
la Bourie
la Grande Forge
les Bouchauds
la Cartrée
la Ferme Equi'Libre
les Quatre Moulins
les Morandières
les Trois Cornières
la Lande
le Maupas
la Gilletière
la Bonnetière
la Martellerie
la Salle
la Joucaillère
la Hache
Fontordine
le Fief Buor
le Fief Retail
les Terres Noires
la Chapelle
la Foulonnière
la Croix Marie
le Fief Angibaud
la Crepelière
le Chatenay
la Chauvinerie
le Bois Libaud
l'Île Boisseau
le Grand Gandrillon
la Petite Borderie
le Frêne
le Pâtis
le Haut Bossis
le Jaunay
la Claie
le Petit Sud
Ker René
l'Étoile du Marais
les Quatorze Journaux
le Marais Moreau
le Puits Salé
le Talva
la Rive
la Guillemardière
la Groisardière
la Serrure
la Flonnière
la Pillenière
les Laiteries
la Neuve
la Grande Réjouie
Prigny
la Fradouillère
la Croix
les Sables
le Poteau
la Fondre
GR8
D758
D59
D948
D22
D51
D103
D120
D71
D28
LE FALLERON
SNCF
la Sennetière
Hélistation
St-Urbain
la Merlatière

## N° 7

**Bouin (Port du Bec) → La Barre-de-Monts**

**22,5 km - 2 h 30**

Pêcherie à La Barre. -OS-

# La Barre-de-Monts → Saint-Jean-de-Monts

**21 km - 2 h 10**

**N°8**

la Frandière
la Fosse
Moulin à Vent de la Fosse
Pointe de la Fosse
le Goulet
LA BARRE-DE-MONTS
la Croix Rouge
la Pacrée
le Marais Mauvais
les Abbayes
le Pré Dorin
Baraud
St-Philibert
le Grand Pont
Hélistation
l'Ampan
le Coin
la Petite Virée
les Seize-Vingt
l'Ouche
le Pâtis
du Vivier
le Vivier
la Grande Cheminée
la Taillée
la Caboche
le Coton
les Gaillards
la Graffinière
la Girardière
le Roulleau
la Corbe
les Rousselles
Forêt Dom
des Pays
de Monts
la Caillebotière
la Parée Mulette
l'Espérance
Pont du Pommier
le Pré Colas
la Parée Garnier
la Croix Givrand
Canal
la Parée Chalon
Notre-Dame-de-Monts
l'Enclose
la Grande Croix
le Pâtis Chartier
le Vieux Ce
les Grandes Rouchères
le Marche Guichard
le Pont Neuf
la Maladrie
la Francinière
la Lande
Hippodrome de l'Atlantique
le Pont d'Yeu
la Tonnelle
les Vignes
le Moulin Cassé
le Vredor
le Bois Joly
Golf de St-Jean-de-Monts
Jésus
le Devallon
la Borderie
SAINT-JEAN-DE-MONTS
Plage des Demoiselles
D38
D95
D22
D51
D948
D82
D103
D38B
GR8
3,5
4
4,5
3
4,5
1,5
18,5
N
0
1
2 km

## N°9 Saint-Jean-de-Monts → Saint-Gilles-Croix-de-Vie

**18,5 km - 1 h 50**

SAINT-GILLES-CROIX-DE-VIE
SNCF
Capitainerie
Criée
Stèle
Belvédère
St-Gilles
ST-HILAIRE-
-DE-RIEZ
la Chaussée
le Poudroux
la Chaignaie
le Plessis
la Bodelinière
la Clef
des Champs
Croix
de Vie
St-Gilles
Port la Vie
la Drie
la Barre
Z.I. de la
la Chênelière
les Touches
SAINT-GILLES-
CROIX-DE-VIE
le Citrouiller
les Aboires
St-Grégoire
la Léonière
les Martellières
les Métairies
Givrand
L'Aiguillon-
-sur-Vie
la Fillonnière
les Rochelle
la Grève
la Gatelière
Ste-Hélène
la Marguerite
la Boissonnière
Chât.
de Beaumarchais
les Lys
La Chaize-
-Giraud
les Fontaines
la Bourine
la Gâche
Roche
Biron
la Sauzaie
la Chalonnière
la Girardière
la Trévillère
les Bouchetières
les Morinières
les Roullières
le Peuble
le Prégneau
la Parée
la Grégoirière
la Primaudi
Bretignolles
-sur-Mer
le Marais Girard
la Mignotière
St-Nicolas
de Brem
Dolmen
la Pierre Levée
de Soubise
BREM-
SUR-MER
Dunes Domaniales
de Brétignolles
les Roussières
la Touche
la Chaboissière
la Gachère
les Clouzis
la Salaire
Forêt
Domaniale
d'Olonne
Menhir
la Conche Verte
la Grenouillère
Haute
Loubry
l'Allerie
les Barres
la Gobinière
les Biltière
Sauveterre
Chaltran
la Baudière
GR8
N
0
1
2 km

# N°11 Brem-sur-Mer → Les Sables-d'Olonne

**21 km - 2 h 10**

BREM-SUR-MER
St-Nicolas de Brem
Dolmen la Pierre Levée de Soubise
Dunes Domaniales de Brétignolles
les Roussières
la Gachère
la Touche
la Chaboissière
la Corde
la Frénière
Menhir la Pierre de la Combe
la Forterie
la Cartraie
Vairé
la Voie Lambert
la Blénière
le Courroux
L'AUZANCE
la Friconnière
le Petit Besson
les Clouzis
la Salaire
la Brardière
la Fée du Moulin
Forêt Domaniale d'Olonne
Menhir la Conche Verte
la Grenouillère
la Burelière
L'Île-d'Olonne
Observatoire la Fée
Bourgneuf
les Noues
l'Audouinière
OLONNE-SUR-MER
Champclou
les Biltières
Sauveterre
Chartran
Malagué
Gahou
Chât. de Pierre Levée
Menhir les Pierres Jumelles
le Moulin de la Salle
le Village du Bois
Champaillas
les Favrioux
la Forgerie
la Girvière
Baquigne
la Roulière
la Guérinière
les Hespérides
les Grands Guérets
la Tonnelle
la Garlière
Chaintrelongue
les Soulardières
LES SABLES-D'OLONNE
Port Olonna
la Gillerie
la Poitevinière
Phare des Barges
la Chaume
Anc. Couvent des Bénédictines de Ste-Croix
St-James
les Gilardières
CHÂTEAU-D'OLONNE
Pointe de l'Aiguille
Phare de l'Armandèche
Fort St-Nicolas
le Remblai
la Marcellière
la Rudelière
le Pas du Bois
Lac de Tanchet
Zoo
le Pontreau
la Pironnière
le Puits d'Enfer
le Village du Bois de St-Jean
SNCF
N
0
1
2 km

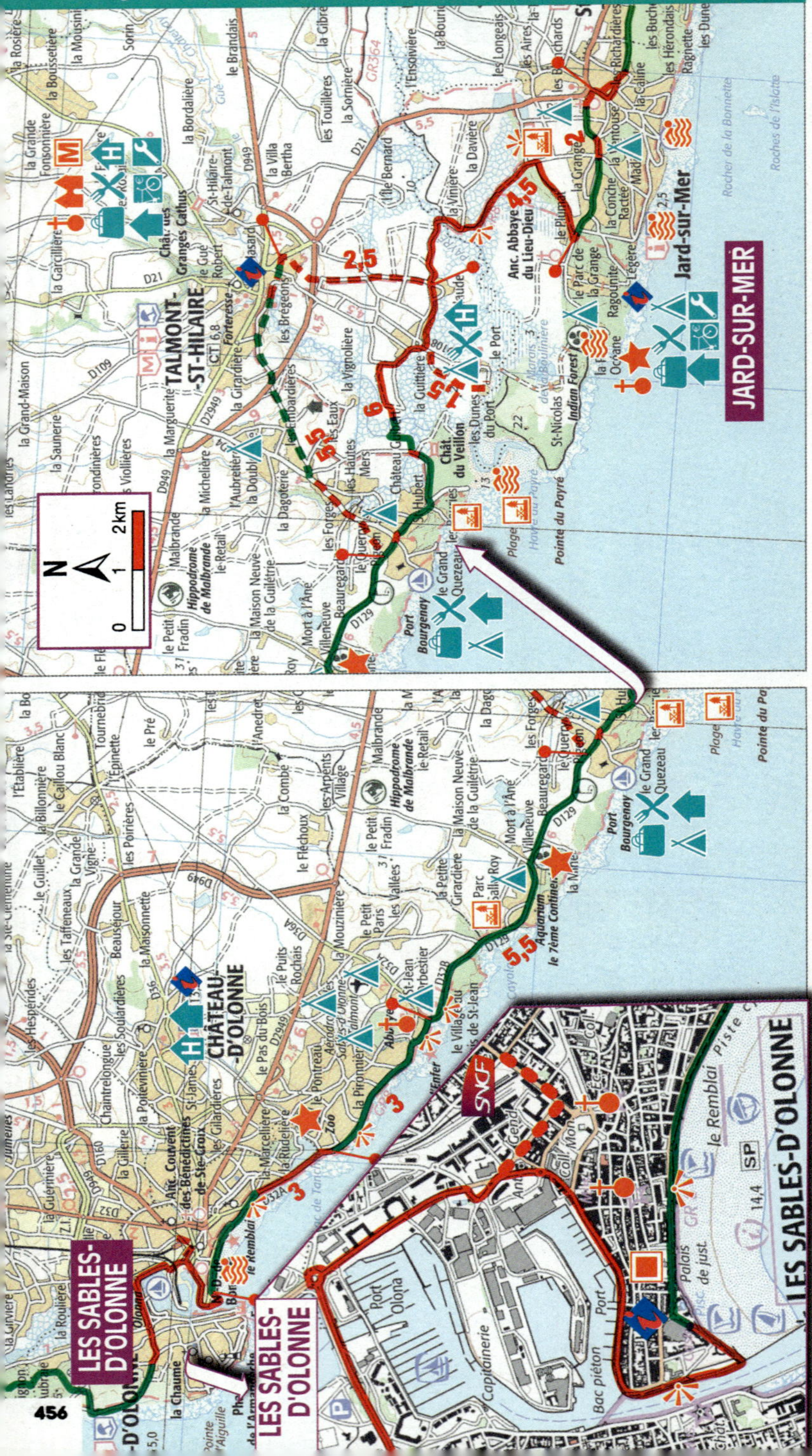
LES SABLES-D'OLONNE
CHÂTEAU-D'OLONNE
TALMONT-ST-HILAIRE
JARD-SUR-MER
Jard-sur-Mer
Anc. Abbaye du Lieu-Dieu
Port Bourgenay
Port Olona
Hippodrome de Malbrande
Pointe du Payré

# N°13 Jard-sur-Mer → La Tranche-sur-Mer

17,5 km - 1 h 45

JARD-SUR-MER
LA TRANCHE-SUR-MER
St-Vincent-sur-Jard
Longeville-sur-Mer
Angles
Maison de Campagne de Georges Clemenceau
Anc. Abbaye du Lieu-Dieu
Forêt Domaniale de Longeville
Canal de la Ceinture
Pointe du Payré
Phare du Grouin
Rocher des Vendeurs
Rocher de la Bonnette
Roches de l'Islatte
La Grière
2 km

## La Tranche-sur-Mer → Saint-Michel-en-l'Herm

24 km - 2 h 30

N°14

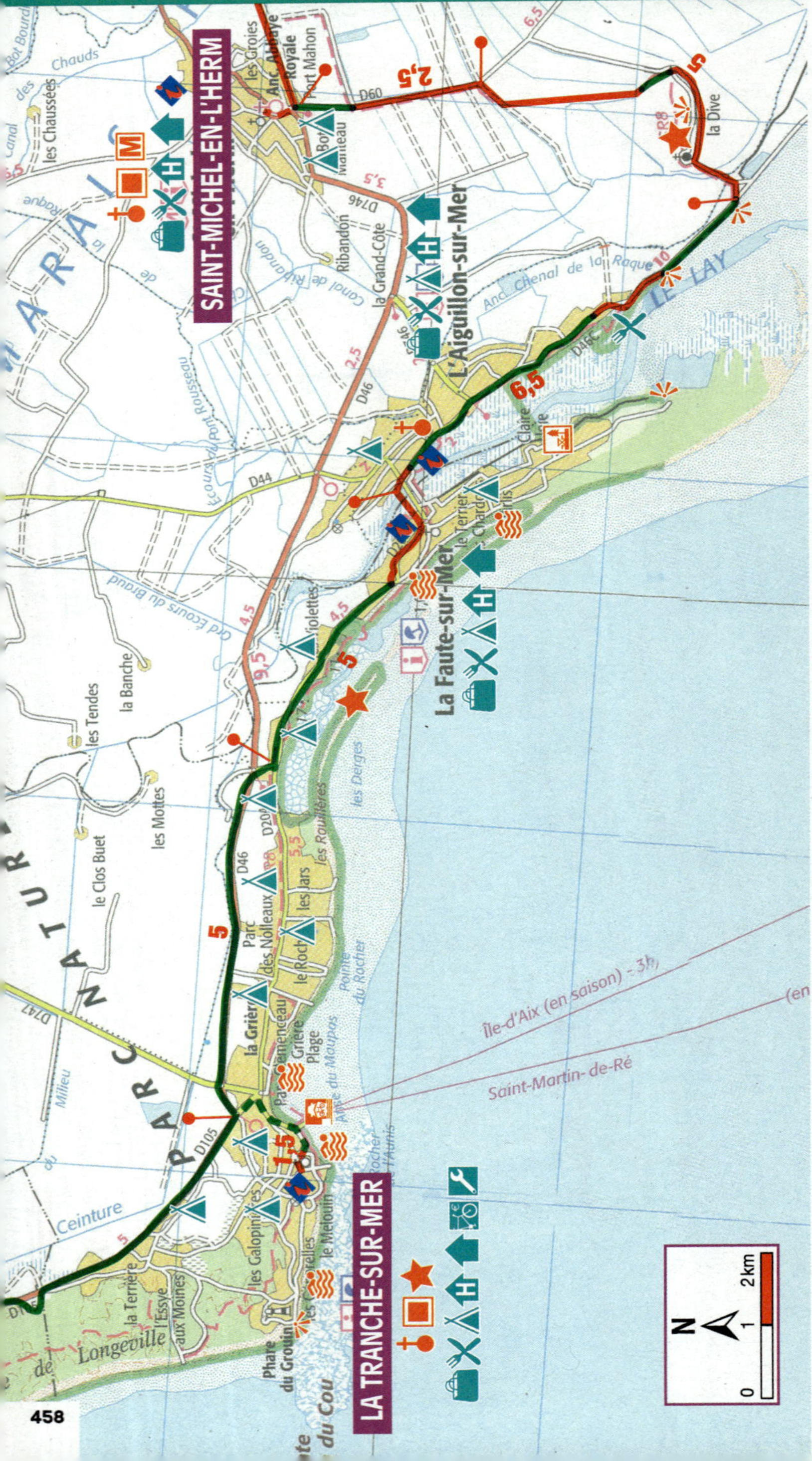

# N°15 Saint-Michel-en-l'Herm → Marans

22 km - 2 h 15

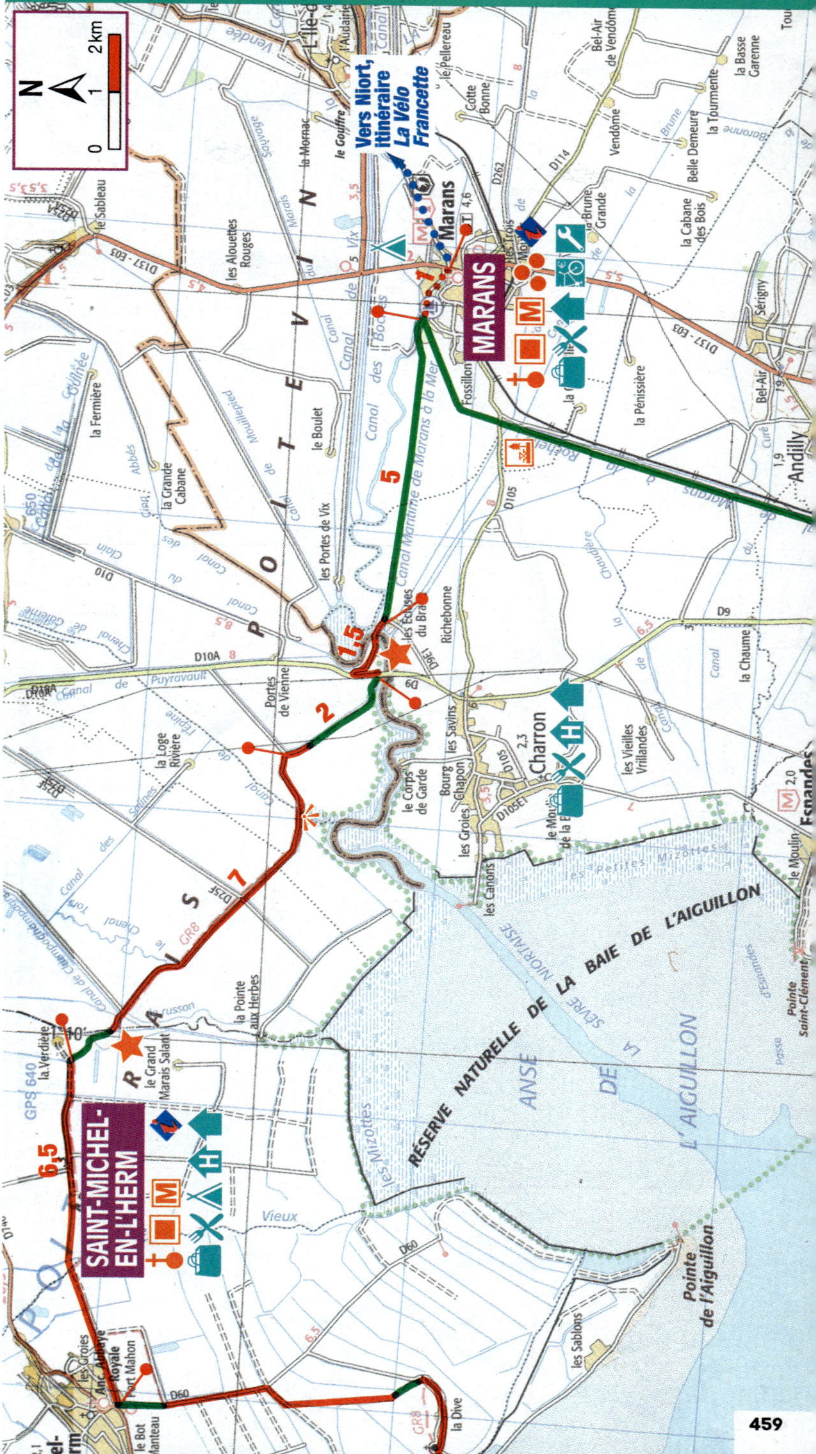
Vers Niort, itinéraire La Vélo Francette
MARANS
Marans
SAINT-MICHEL-EN-L'HERM
Charron
Andilly
Sérigny
Esnandes
la Verdière
le Grand Marais Salant
les Écluses du Brault
Portes de Vienne
la Loge Rivière
la Pointe aux Herbes
les Portes de Vix
la Grande Cabane
le Boulet
les Alouettes Rouges
le Sableau
la Fermière
Richebonne
le Corps de Garde
Bourg Chapon
les Savins
les Groies
les Canons
les Vieilles Villandes
la Chaume
la Pénissière
Fossillon
Pointe de l'Aiguillon
Pointe St-Clément
les Sablons
la Dive
le Bot Manteau
les Groies
Anc. Abbaye Royale
RÉSERVE NATURELLE DE LA BAIE DE L'AIGUILLON
ANSE DE L'AIGUILLON
SÈVRE NIORTAISE
Canal maritime de Marans à la Mer
Canal des Bourses
Canal de Vix
Canal de Puyravault
POITEVIN
MARAIS
D137 - E03
D10A
D10
D9
D105
D114
D262
D60
D25F
GR8
GPS 640
0 1 2km
N

Vers Niort, itinéraire
La Vélo Francette
Canal des Boches
Canal Maritime de Marans à la Mer
les Écluses du Brault
Richebonne
Fossillon
Marans
CT 4,6
MARANS
Clocher
Trois Moulins
D262
D114
D105
la Chaume
la Brune Grande
Vendôme
la Pénissière
la Cabane des Bois
Belle Demeure
Canal de la Chaudière
Canal de Marans à la Rochelle
Canal du Curé
D137 - E03
Bel-Air
Sérigny
Andilly
D9
D20
Villedoux
Marsilly
la Pelle
la Cave
Nantilly
D106
le Vignaud
Golf de la Prée
la Richardière
NIEUL-SUR-MER
la Casse
Trente Vents
la Sauzaie
les Grands Champs
Abbaye de Sermaize
l'Aubrecay
D107
St-Xandre
D202E3
Mouillepied
Anc. Domaine du Portail
le Moulin Ragot
le Bosquet
la Ribotelière
LAGORD
le Treuil Bâton
la Genillière
Grimeau
PUILBOREAU
l'Ardillère
la Fromagère
les Pet. Rivièr.
Grolleau
les Greffières
le Lignon
les Brandes
la Plouzière
Grammont
la Motte
N11 - E601
DOMPIERRE-SUR-MER
Fief de Fontoreux
N237
Baillac
Beaulieu
Z.A.C.
Aire de Puilboreau
Chagnolet
Belle Croix
la Gabardelière
l'Ermitage
Vendôme
Fétilly
Jardin
la Trompe
SNCF
LA ROCHELLE
Gonthières
Terre Nouvelle
l'Abbaye
Font du Pilori
Cathédrale
Temple
Parc Charruyer
Vieux port
St-Eloi
Rompsay
Z.I.
PÉRIGNY
Moque-
Chevillon
D108
D111
D203E4
Villeneuve des Salines
la Passe
Villeneuve
la Coie
N
0
1
2 km

# N°17 La Rochelle → Châtelaillon-Plage

**14,5 km - 1 h 30**

LA ROCHELLE
Lagord
Puilboreau
La Rochelle
Les Minimes
Port des Minimes
Tasdon
Bongraine
Aytré
Champ de Tir de la Pointe de Roux
Pointe de Roux
Anse de Godechaud
La Plage d'Aytré
la Barbette
Pointe du Chay
Angoulins
Plateau d'Angoulins
Fort St-Jean
Châtelaillon-Plage
Pointe de Châtelaillon
Vieux Châtelaillon
les Boucholeurs
Anse des Boucholeurs
Réserve naturelle du Marais d'Yves
La Jarne
Salles-sur-
St-Vivien
Yves
Île d'Aix
Fort Liédot
Ancien fort
Baie d'Yves
0 1 2 km
N

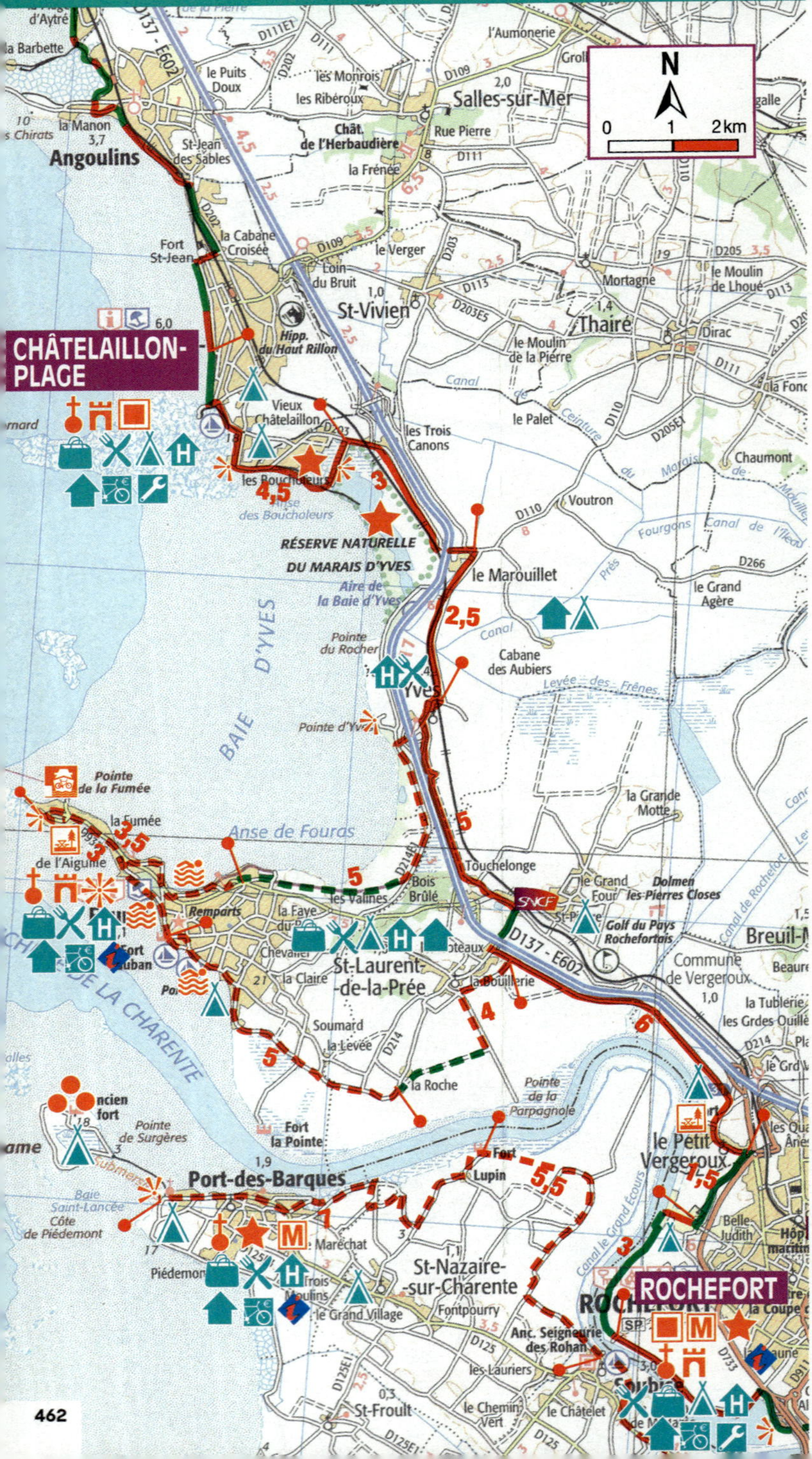
N
0
1
2 km
CHÂTELAILLON-PLAGE
ROCHEFORT
Angoulins
la Manon
la Barbette
le Puits Doux
les Monrois
les Ribéroux
Salles-sur-Mer
l'Aumonerie
Rue Pierre
Chât. de l'Herbaudière
la Frénée
St-Jean des Sables
Fort St-Jean
la Cabane Croisée
Loin du Bruit
le Verger
St-Vivien
Hipp. du Haut Rillon
Mortagne
Thairé
le Moulin de Lhoué
Dirac
le Moulin de la Pierre
le Palet
Canal de Ceinture du Marais
Vieux Châtelaillon
les Trois Canons
Chaumont
les Boucholeurs
Anse des Boucholeurs
Voutron
RÉSERVE NATURELLE DU MARAIS D'YVES
Aire de la Baie d'Yves
le Marouillet
le Grand Agère
Pointe du Rocher
Cabane des Aubiers
Levée des Frênes
Yves
Pointe d'Yves
BAIE D'YVES
la Grande Motte
Pointe de la Fumée
la Fumée
Anse de Fouras
Touchelonge
le Grand Four
Dolmen les Pierres Closes
Remparts
les Valines
Bois Brûlé
SNCF
Golf du Pays Rochefortais
Breuil-M
St-Laurent-de-la-Prée
la Bouillerie
Commune de Vergeroux
la Claire
Soumard
la Levée
la Roche
CHENAL DE LA CHARENTE
Pointe de la Parpagnole
le Petit Vergeroux
Fort la Pointe
Pointe de Surgères
Port-des-Barques
Fort Lupin
Baie Saint-Lancée
Côte de Piédemont
Maréchat
St-Nazaire-sur-Charente
Belle Judith
Canal le Grand Écours
Piédemont
Trois Moulins
le Grand Village
Fontpourry
Anc. Seigneurie des Rohan
les Lauriers
St-Froult
le Chemin Vert
le Châtelet
Soubise
D137 - E602
D111
D109
D110
D113
D266
D214
D125
D733
4,5
3
2,5
5
3,5
4
6
1,5
5,5

## N°19 Rochefort → Saint-Agnant

**20 km - 2 h 00**

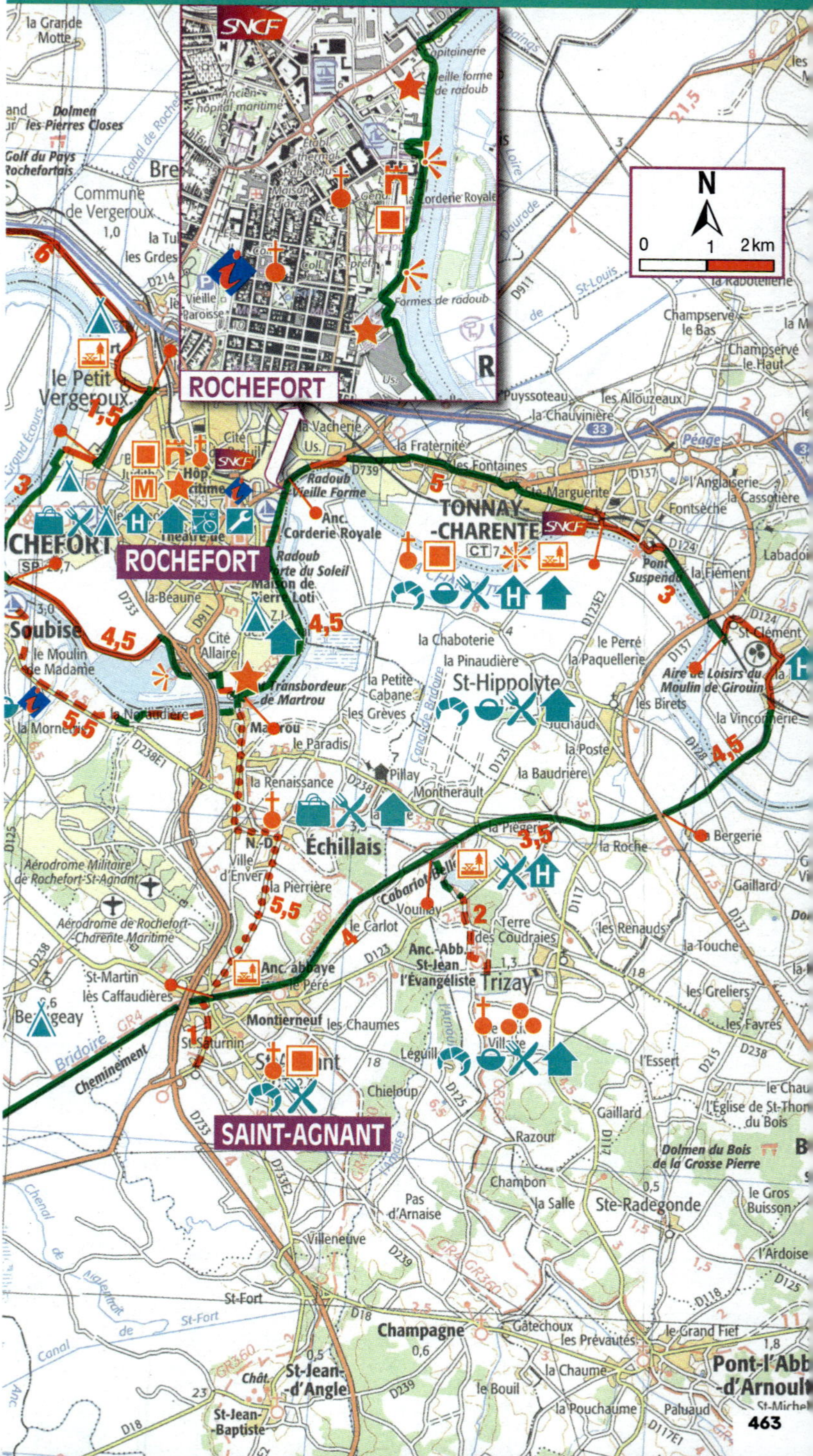
ROCHEFORT
SNCF
Ancien hôpital maritime
Vieille forme de radoub
Corderie Royale
Formes de radoub
Vieille Paroisse
N
0 1 2 km
TONNAY-CHARENTE
ROCHEFORT
Radoub Vieille Forme
Anc. Corderie Royale
Radoub Porte du Soleil
Maison de Pierre Loti
Transbordeur de Martrou
Soubise
le Moulin de Madame
le Petit Vergeroux
Commune de Vergeroux
Dolmen les Pierres Closes
Golf du Pays Rochefortais
Pont Suspendu
St-Clément
Aire de Loisirs du Moulin de Giroui
St-Hippolyte
Échillais
Aérodrome Militaire de Rochefort-St-Agnant
Aérodrome de Rochefort-Charente Maritime
Anc. abbaye
Anc.-Abb. St-Jean l'Évangéliste
Trizay
Montierneuf
St-Saturnin
SAINT-AGNANT
Dolmen du Bois de la Grosse Pierre
Ste-Radegonde
Champagne
St-Jean-d'Angle
Pont-l'Abbé-d'Arnoult

## Saint-Agnant → La Tremblade (Ronce-les-Bains)

## 24 km - 2 h 30

N°20



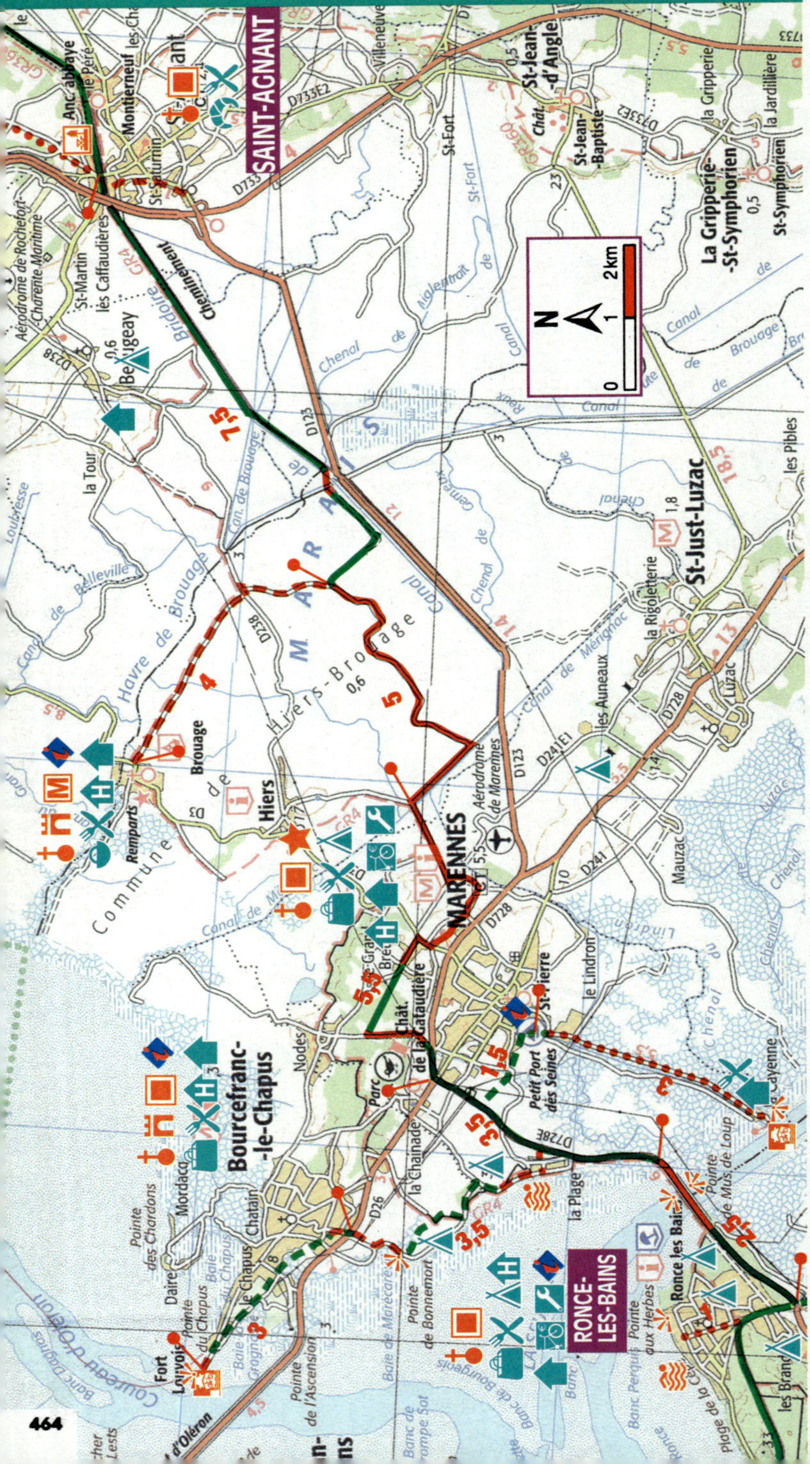

# N°21 La Tremblade (Ronce-les-Bains) → Les Mathes (La Palmyre) 21 km - 2 h 15

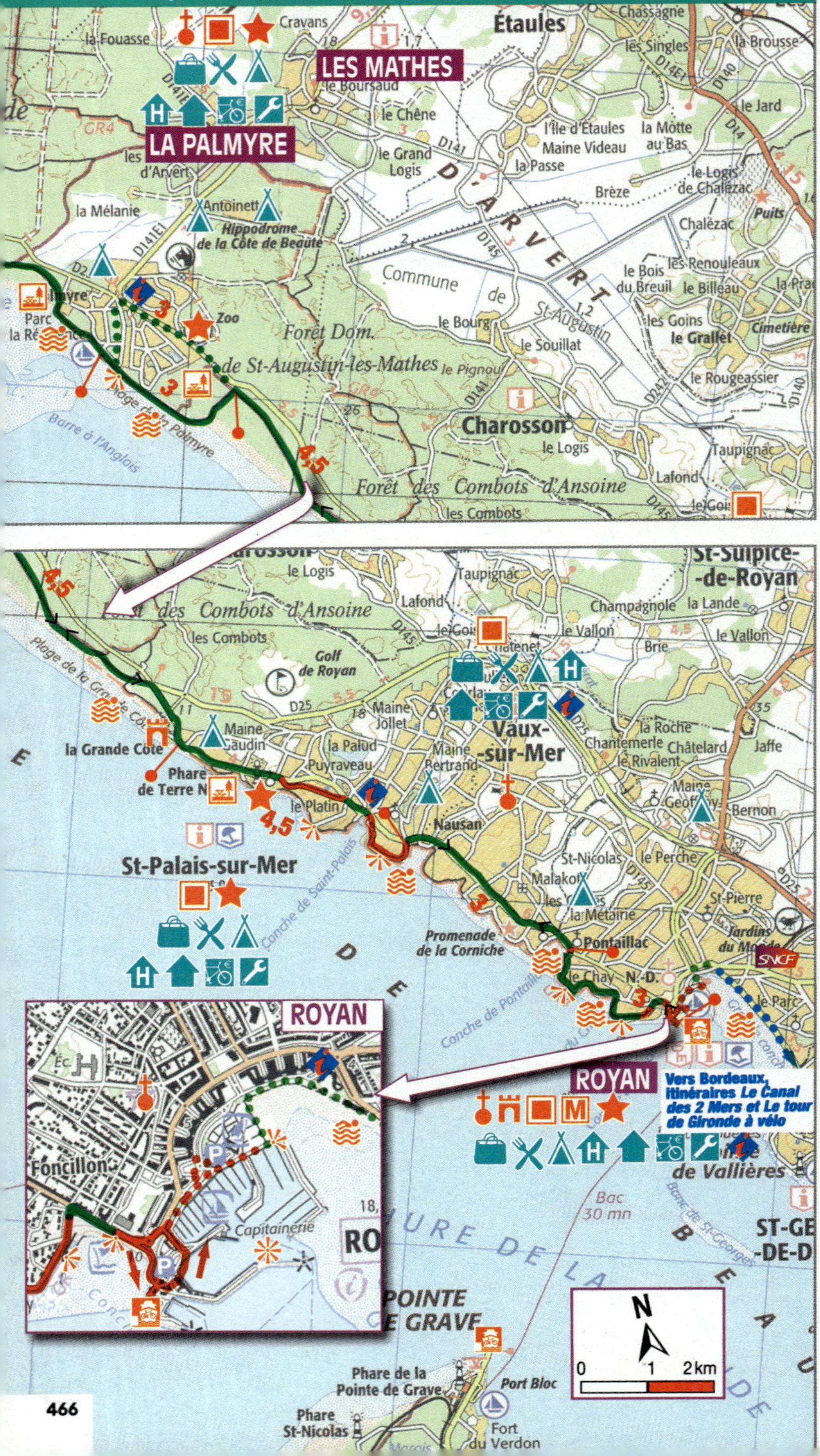
LES MATHES
LA PALMYRE
Cravans
la Fouasse
le Boursaud
le Chêne
le Grand Logis
les d'Arvert
la Mélanie
Antoinette
Hippodrome de la Côte de Beauté
Zoo
Forêt Dom. de St-Augustin-les-Mathes
Parc
Barre à l'Anglais
Plage de la Palmyre
Étaules
Chassagne
les Singles
la Brousse
le Jard
l'Île d'Étaules
Maine Videau
la Passe
la Motte au Bas
le Logis de Chalézac
Brèze
Chalézac
Puits
D'ARVERT
Commune de St-Augustin
le Bourg
le Souillat
le Pignou
le Bois du Breuil
le Billeau
les Renouleaux
les Goins
le Grallet
Cimetière
le Rougeassier
Charosson
le Logis
Taupignac
Lafond
le Goi
Forêt des Combots d'Ansoine
les Combots
St-Sulpice-de-Royan
Champagnole
la Lande
le Vallon
Brie
Golf de Royan
Plage de la Grande Côte
la Grande Côte
Phare de Terre Nègre
Maine Gaudin
la Palud
Puyraveau
Maine Jollet
Vaux-sur-Mer
Maine Bertrand
le Platin
Nausan
la Roche
Chantemerle
Châtelard
le Rivalent
Jaffe
Maine Geoffroy
Bernon
St-Palais-sur-Mer
Conche de Saint-Palais
St-Nicolas
le Perche
Malakoff
la Métairie
St-Pierre
Jardins du Monde
Promenade de la Corniche
Pontaillac
le Chay
N.-D.
le Parc
Conche de Pontaillac
ROYAN
Vers Bordeaux, itinéraires Le Canal des 2 Mers et Le tour de Gironde à vélo
de Vallières
Bac 30 mn
Banc de St-Georges
ST-GE -DE-D
Foncillon
Capitainerie
POINTE DE GRAVE
Phare de la Pointe de Grave
Port Bloc
Phare St-Nicolas
Fort du Verdon
0 1 2 km

# N°23 Le Verdon-sur-Mer → Montalivet-les-Bains

**29,5 km - 3 h 00**

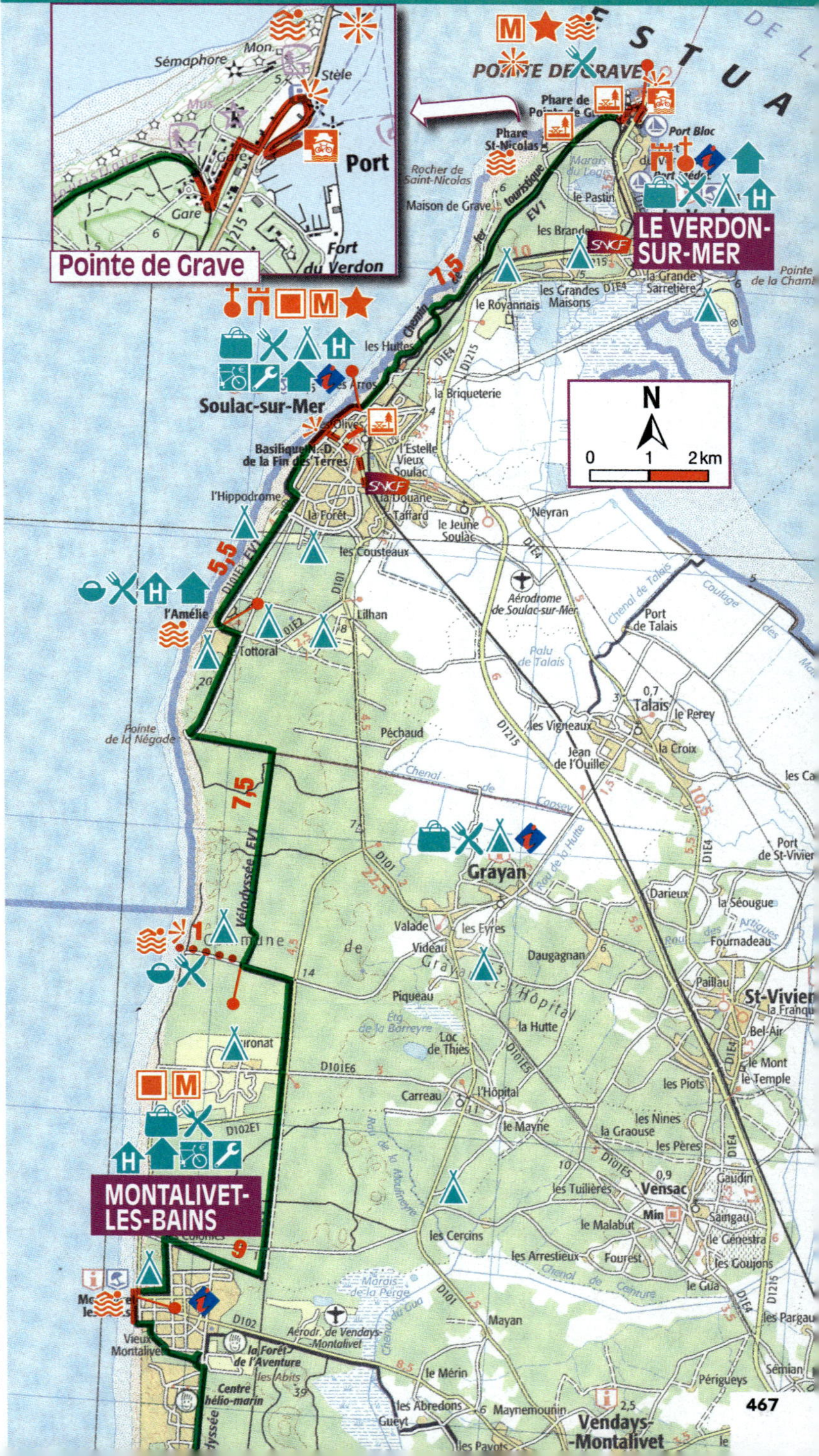

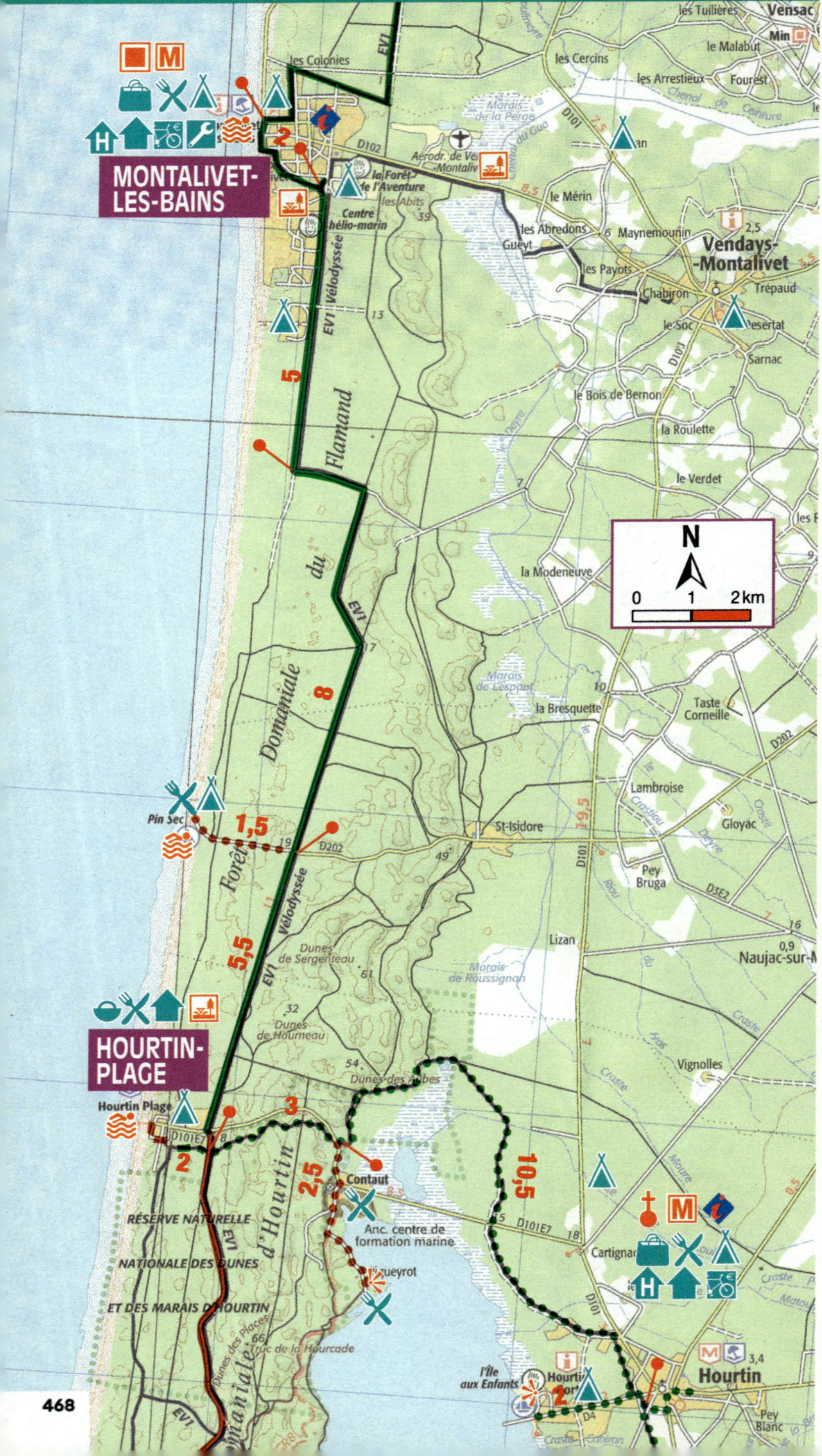
MONTALIVET-LES-BAINS
HOURTIN-PLAGE
Vendays-Montalivet
Forêt Domaniale du Flamand
Forêt Domaniale d'Hourtin
RÉSERVE NATURELLE NATIONALE DES DUNES ET DES MARAIS D'HOURTIN
Hourtin
Contaut
Pin Sec
St-Isidore
Hourtin Plage
Anc. centre de formation marine
Dunes de Sergenteau
Dunes de Hourneau
Dunes des Aubes
Marais de Roussignan
Marais de Lespaut
Marais de la Perge
Centre hélio-marin
la Forêt de l'Aventure
Aérodr. de Vendays-Montaliv
les Colonies
les Cercins
les Tuilières
Versac
le Malabut
les Arrestieux
Fourest
Chenal de Ceinture
le Mérin
les Abredons
Gueyt
les Payots
Maynemoutin
Chabiron
le Soc
Trépaud
Sarnac
le Bois de Bernon
la Roulette
le Verdet
la Modeneuve
la Bresquette
Taste Corneille
Lambroise
Gloyac
Pey Bruga
Lizan
Naujac-sur-M
Vignolles
Cartignac
Pey Blanc
l'Île aux Enfants
Truc de la Hourcade
EV1 Vélodyssée
N
0 1 2 km
2
5
8
1,5
5,5
3
2,5
10,5
2

# N°25 Hourtin-Plage → Carcans (Maubuisson)

**21 km - 2 h 30**

HOURTIN-PLAGE
CARCANS-MAUBUISSON
0 1 2 km
N
Dunes de Sergenteau
Dunes de Hourneau
Dunes des Arbes
Marais de Roussignan
Contaut
Anc. centre de formation marine
Piqueyrot
RÉSERVE NATURELLE
NATIONALE DES DUNES
ET DES MARAIS D'HOURTIN
Truc de la Hourcade
Dunes des Places
Forêt Domaniale d'Hourtin
Pointe de Gréchas
Pointe Blanche
LAC D'HOURTIN
Phare d'Hourtin
Vélodyssée
Forêt Dom. de Carcans
Pointe de Malignac
LAC DE
Pointe de Bombannes
Domaine Départemental de Sports et de Loisirs de Bombannes
Carcans Plage
Maubuisson
le Haut Maubuisson
le Pouch
Cap de Ville
le Mayne Pauvre
Carcans
Marais du Montaut
RÉSERVE NATURELLE DE L'ÉTANG
Dune de l'Esperon
Forêt Domaniale de Lacanau
Cartignac
Hourtin
Hourtin Port
l'Île aux Enfants
Lachanau
Ste-Hélène
le Garthieu
Vignolles
Naujac
Pey de Camin
D101E7
D101
D207
D3
D4
2
3
2,5
10,5
10
7,5
3,5
2
3
4,5
12

26,5 km - 3 h 00

CARCANS-MAUBUISSON
Carcans Plage
Pointe de Coben
CARCANS
Port miniature
Maubuisson
le Pouch
le Montaut
le Haut Maubuisson
RÉSERVE NATURELLE DE L'ÉTANG DE COUSSEAU
Forêt Domaniale de Lacanau
Lacanau Océan
Golf de la Méjanne
Golf International de Lacanau
la Forêt des Accromaniaques
le Huga
le Moutchic
Marina de Talaris
Talaris
Carreyre
Cantelaude
les Closeries
Lacanau
Vers Bordeaux
LAC DE LACANAU
la Grande Escoure
les Nerps
Longarisse
Forêt Domaniale de Lacanau
EV1 Vélodyssée
LE PORGE-OCÉAN
le Porge Océan
la Grigne
la Grêle
le Bourdiou
Lescarran
Le Porge
Plein Soleil
Vers Lège
Villeneuve
les Hailiers
0 1 2 km
N

# N°27

## Le Porge-Océan → Arès

23 km - 2 h 30

LE PORGE-OCÉAN
le Porge Océan
la Grigne
D107
Forêt Communale du Porge
Vélodyssée
EV1
4,5
7
1,5
6,5
2,5
Grand Crohot
D106E3
LÈGE-CAP-FERRET
la Chêneraie
Bredouille
le Barail
la Machinotte
Houdins
le Perrey
D3E17
D802E1
RÉS. NATUR. DES PRÉS SALÉS D'ARÈS ET DE LÈGE-CAP-FERRET
ARÈS
les Hauts d'Arès
les Écureuils
la Montagne
St-Brice
Substructions gallo-romaines
GRP Tour du Bassin d'Arcachon
Domaniale de Lège et Garonne
Dunes Boisées
Variante
Capéran
les Mimosas
Jane de Boy
Claouey
Lède des Oies
Parcs à huîtres
le Four
le Petit
les Jacquets
Vers Le Cap Ferret
Canal des Étangs
Craste de Goupilley
Craste des Grands Champs
Étg du Joncra
0
1
2 km
N

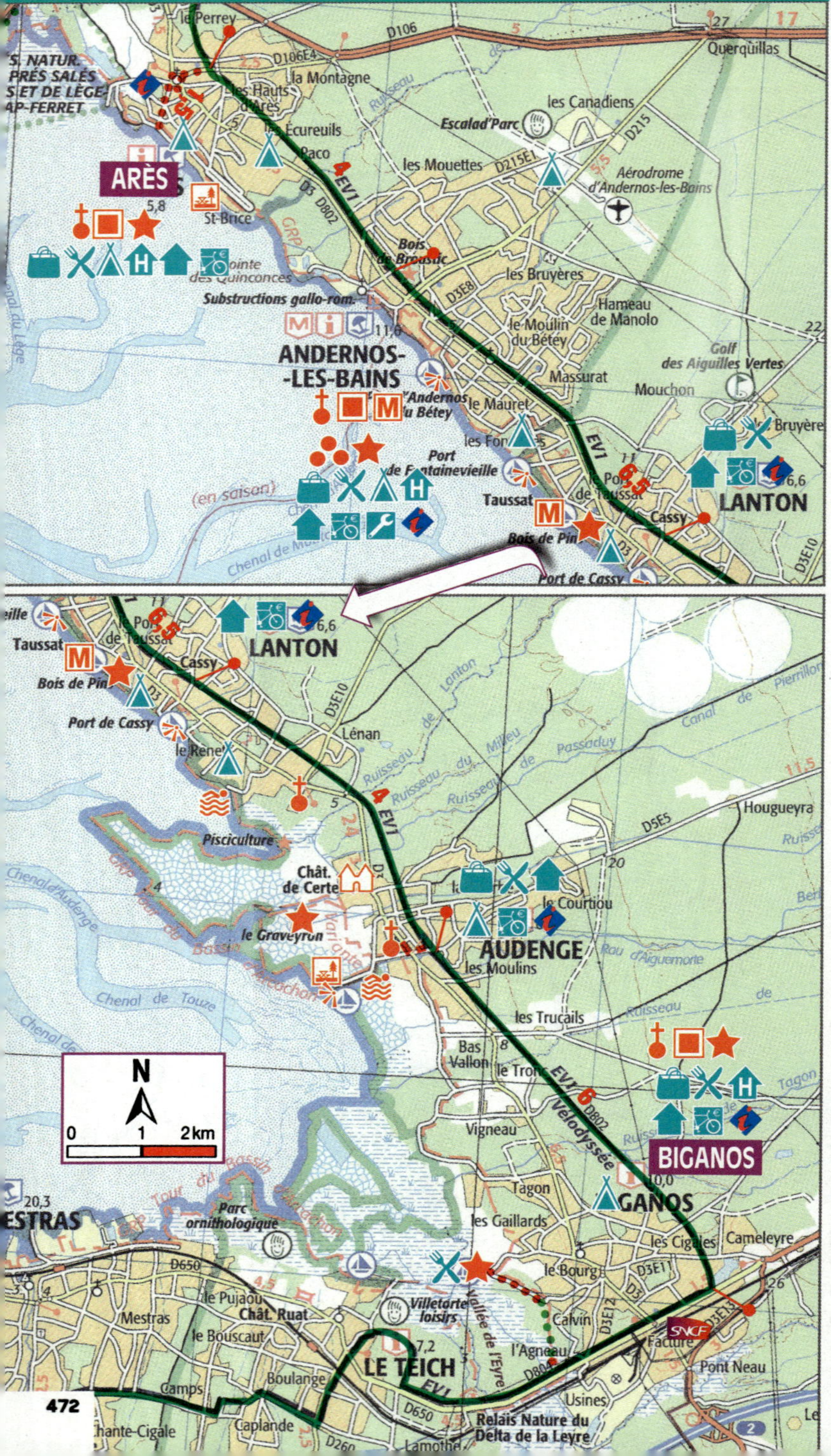
le Perrey
D106
D106E4
la Montagne
Querquillas
Les Hauts d'Arès
les Écureuils
Paco
Escalad'Parc
les Canadiens
les Mouettes
D215E1
D215
Aérodrome d'Andernos-les-Bains
RÉS. NATUR. PRÉS SALÉS ET DE LÈGE-CAP-FERRET
ARÈS
5,8
St-Brice
Pointe des Quinconces
Substructions gallo-rom.
Bois de Brousic
les Bruyères
Hameau de Manolo
le Moulin du Bétey
Massurat
Golf des Aiguilles Vertes
Mouchon
11,0
ANDERNOS-LES-BAINS
Port d'Andernos du Bétey
le Mauret
Bruyère
Port de Fontainevieille
(en saison)
Chenal de Mouchon
Taussat
Bois de Pin
Port de Cassy
Cassy
6,6
LANTON
EV1
D3E10
Lénan
le Renet
Pisciculture
Chât. de Certes
le Graveyron
Variante
Chenal d'Audenge
Chenal de Touze
D5E5
Hougueyra
Canal de Pierrillon
Ruisseau de Passaduy
Ruisseau du Milieu
Ruisseau de Lanton
le Courtiou
AUDENGE
les Moulins
les Trucails
Bas Vallon
le Tronc
Vigneau
Vélodyssée
D802
BIGANOS
Tagon
10,0
les Gaillards
les Cigales
Cameleyre
le Bourg
D3E11
Calvin
D3E12
l'Agneau
Facture
SNCF
D3E13
Pont Neau
Usines
Relais Nature du Delta de la Leyre
Vallée de l'Eyre
Villetorte loisirs
LE TEICH
7,2
Parc ornithologique
Tour du Bassin d'Arcachon
20,3
MESTRAS
D650
le Pujaou
Chât. Ruat
Mestras
le Bouscaut
Boulange
Camps
Caplande
Chante-Cigale
Lamothe
D260
N
0 1 2km

# N°29 Biganos → Arcachon

**28 km - 3 h 00**

BIGANOS
AUDENGE
LE TEICH
GUJAN-MESTRAS
LA TESTE-DE-BUCH
ARCACHON
BASSIN D'ARCACHON
Île aux Oiseaux
Parc ornithologique
Vallée de l'Eyre
Relais Nature du Delta de la Leyre
Chât. de Certes
Chât. Ruat
Piscicultures
Parcs à huîtres
Rade d'Eyrac
Pyla sur Mer
Le Pilat
Chenal du Teychan
Chenal de Gujan
Chenal de Comprian
Chenal d'Audenge
Chenal de Lanton
Chenal de Touze
Chenal de Courbey
Chenal de Cousse
Chenal de Graoussé
Variante
GRP Tour du Bassin d'Arcachon
EV1
A660
N250
D650
0 1 2km

N
0 1 2 km
ARCACHON
Rade d'Eyrac
Parc Pereire
Parc mauresque
les Abatilles
la Forêt
l'Ermitage
la Lisière du Golf
le Moulleau
Pyla sur Mer
Super Pyla
le Pilat
le Pilat Plage
la Chapelle Forestière
le Vieux Pilat
Dune du Pilat
les Gailloueys
Truc de la Truque
Ossuaire du Camp du Courneau
Maison Forestière de Gaillouneys
Les Arbousiers
Morava
les Bosquets
Bélisaire
(en saison) - 20mn
le Cap Ferret
Lavergne
la Pointe
CAP FERRET
RÉSERVE NATURELLE
DU BANC D'ARGUIN
LA TESTE-DE-BUCH
N.-D. des Monts
Grand Garge
Bordes
les Chênes Verts
Hippodrome du Béquet
Aérodrome d'Arcachon-La Teste-de-Buch
Zoo du Bassin d'Arcachon
CHAMP DE
Pointe d'Arcachon
Forêt Domaniale de la Teste
Dunes du Profond
les Hautes Rives
Port Maguide
ET DE SANGUINET
la Craste Neuve
Golf de Biscarrosse
Ispe
Parc
BISCARROSSE-PLAGE
Palais de justice
Gare
SNCF
4
4,5
1,5
7
4,5
5
4,5
1,5

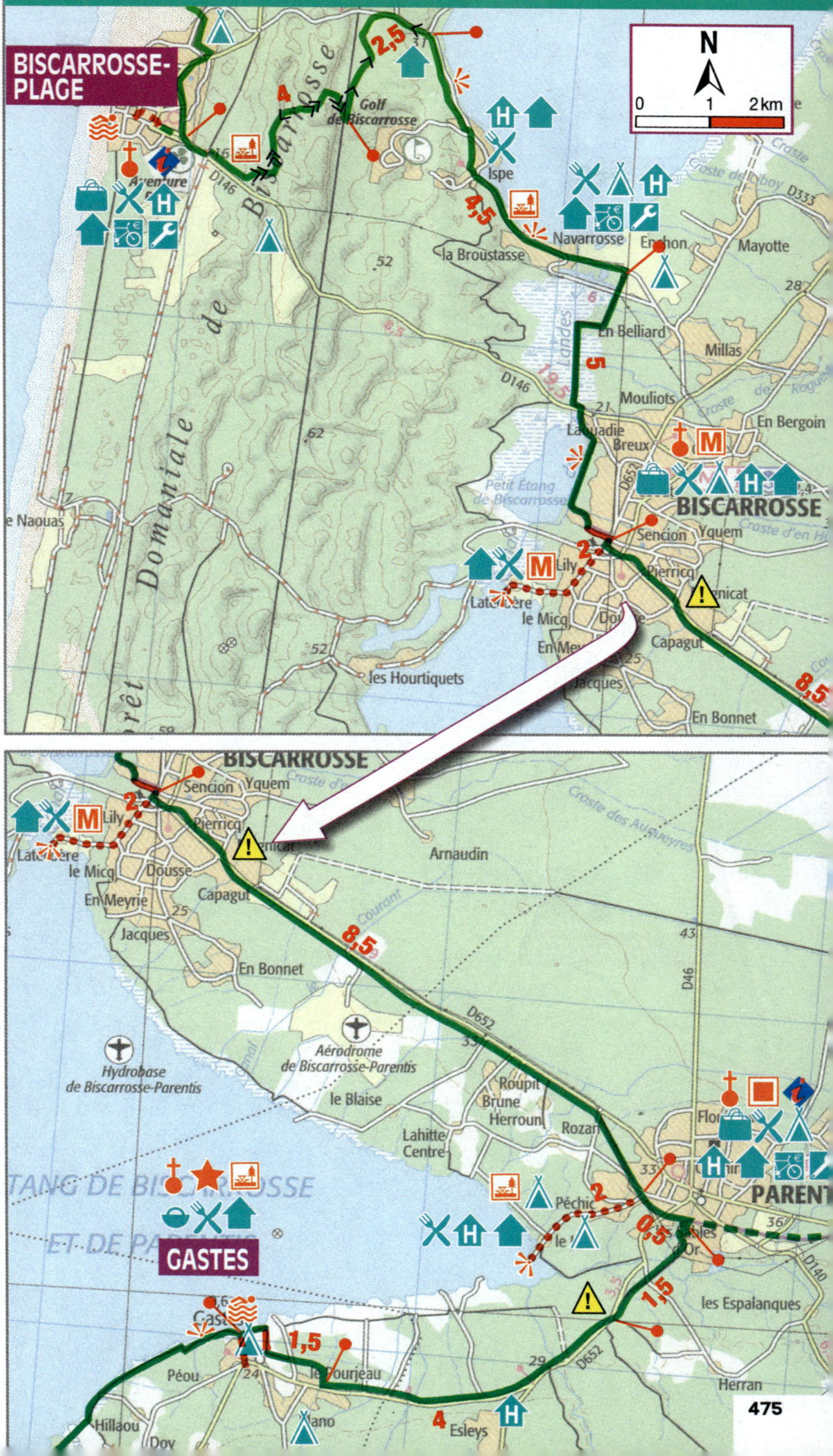
BISCARROSSE-PLAGE
N
0
1
2 km
Golf de Biscarrosse
Ispe
Navarrosse
la Broustasse
Mayotte
En Belliard
Millas
Mouliots
En Bergoin
Breux
BISCARROSSE
Sencion
Yquem
Pierricq
Capagut
Petit Étang de Biscarrosse
Lily
le Micq
les Hourtiquets
Jacques
En Bonnet
e Naouas
Domaniale
D146
D652
Arnaudin
Dousse
En Meyrie
Aérodrome de Biscarrosse-Parentis
Hydrobase de Biscarrosse-Parentis
le Blaise
Roupit
Brune
Herroun
Rozan
Lahitte Centre
Péchic
PARENT
GASTES
les Espalanques
Herran
Péou
Hillaou
Esleys
D46
D140
8,5
2,5
4,5
4
5
2
0,5
1,5

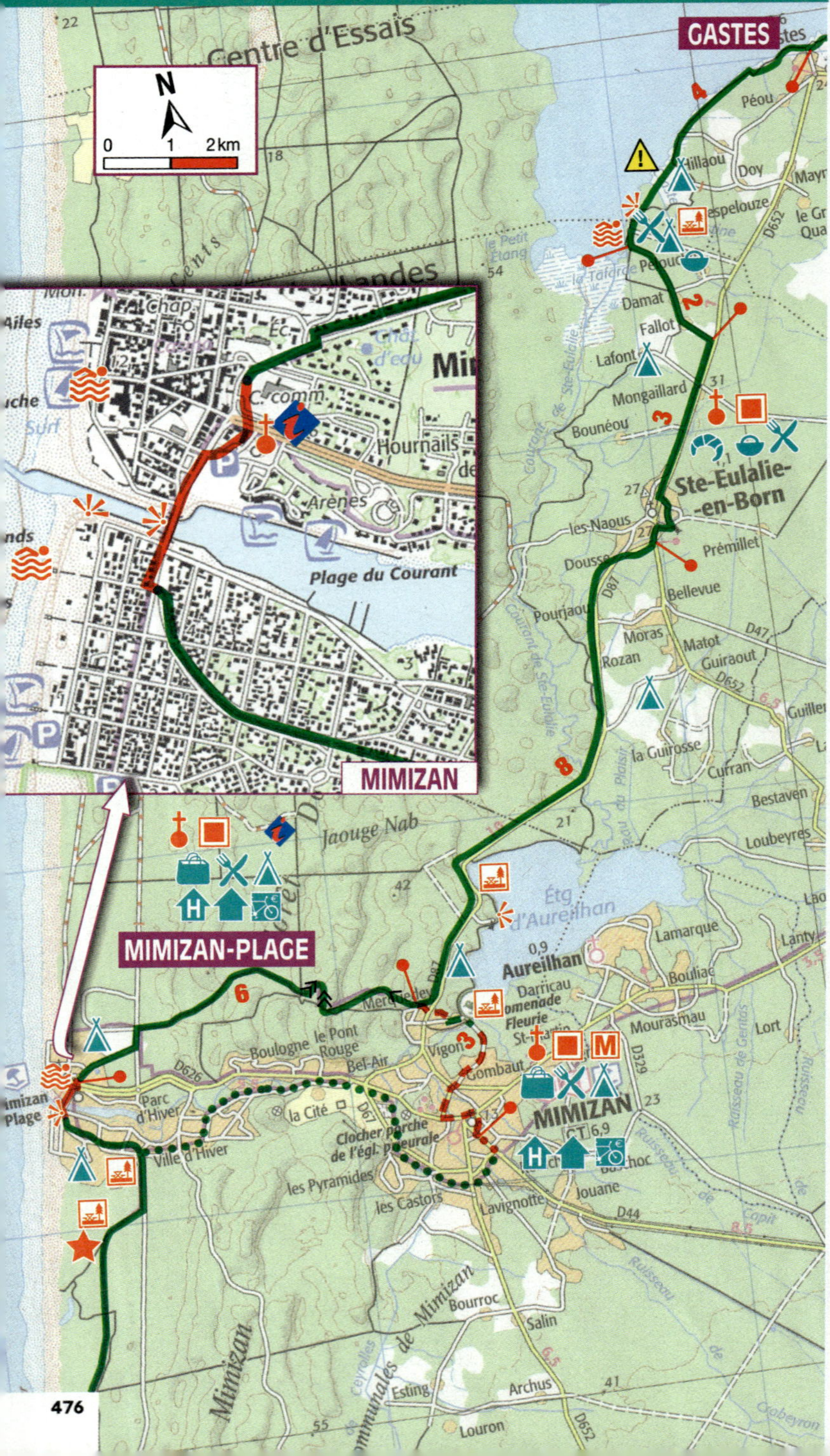
GASTES
Centre d'Essais
0 1 2 km
N
Péou
Doy
Ste-Eulalie-
-en-Born
Aureilhan
Étg d'Aureilhan
MIMIZAN
MIMIZAN-PLAGE
Plage du Courant
Hournails
Arènes
Lafont
Mongaillard
Bounéou
Prémillet
Bellevue
Pourjau
Moras
Rozan
Matot
Guiraout
la Guirosse
Curran
Bestaven
Loubeyres
Lamarque
Bouliac
Mourasmau
Lort
Jaouge Nab
Boulogne
le Pont Rouge
Bel-Air
Vigon
Gombaut
Parc d'Hiver
Ville d'Hiver
la Cité
Clocher porche de l'égl. prieurale
les Pyramides
les Castors
Lavignotte
Jouane
Bourroc
Salin
Archus
Esting
Louron
Promenade Fleurie
Darricau

N°33

## Mimizan-Plage → Contis (Saint-Julien-en-Born) | 16,5 km - 1 h 40

# Contis (Saint-Julien-en-Born) → Vielle-Saint-Girons

## 17,5 km - 1 h 45

N°34

## Vielle-Saint-Girons → Vieux-Boucau-les-Bains | 27,5 km - 3 h 00

## Vieux-Boucau-les-Bains → Capbreton

**21 km - 2 h 10**

**N°36**

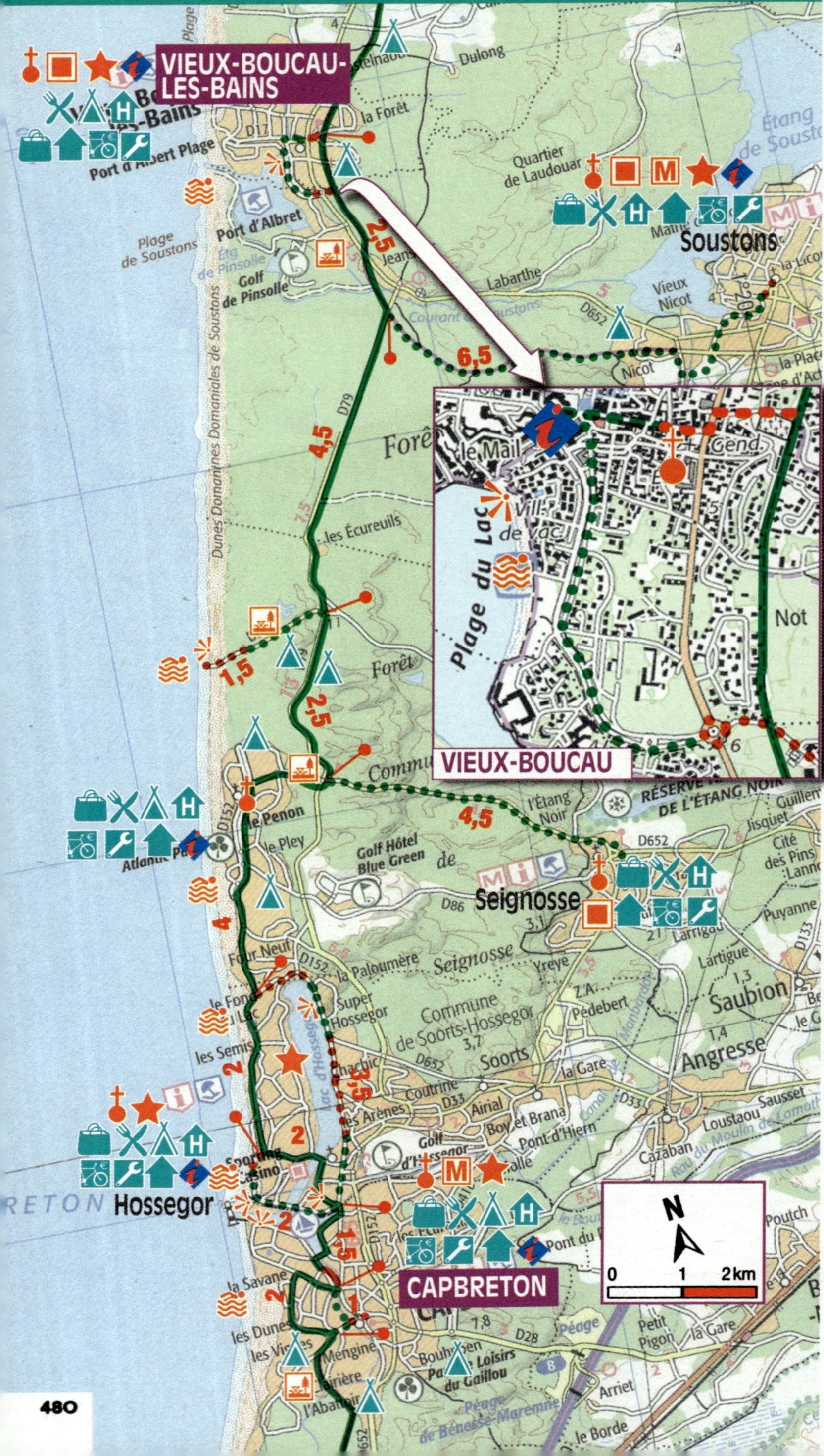
VIEUX-BOUCAU-LES-BAINS
Port d'Albert Plage
Port d'Albret
Plage de Soustons
Golf de Pinsolle
la Forêt
Dulong
Quartier de Laudouar
Soustons
Vieux Nicot
Labarthe
Courant de Soustons
Nicot
Étang de Soustons
D652
D79
2,5
6,5
4,5
1,5
2,5
4,5
4
2
3,5
2
2
1,5
1
2
Forêt
les Écureuils
Dunes Domaniales de Soustons
VIEUX-BOUCAU
le Mail
Plage du Lac
Ville de vac.
Gend.
Not
RÉSERVE DE L'ÉTANG NOIR
l'Étang Noir
Commune de Seignosse
Seignosse
le Penon
le Pley
Golf Hôtel Blue Green
D86
D152
Four Neuf
la Paloumère
Super Hossegor
le Fond du Lac
les Semis
Lac d'Hossegor
Commune de Soorts-Hossegor
Soorts
Saubion
Angresse
Lartigue
Yreye
Pédebert
la Gare
Puyanne
Cité des Pins
Jisquet
Guillem
Airial
Coutrine
les Arènes
D33
Boy et Brana
Pont d'Hiern
Loustaou
Sausset
Cazaban
Golf d'Hossegor
Sporting Casino
Hossegor
CAPBRETON
Pont du
la Savane
les Dunes
les Vignes
Mengine
Bouhaben
Parc Loisirs du Gaillou
l'Abattoir
D28
Péage
Péage de Bénesse-Maremne
Petit Pigon
la Gare
Arriet
le Borde
Poutch
N
0
1
2km

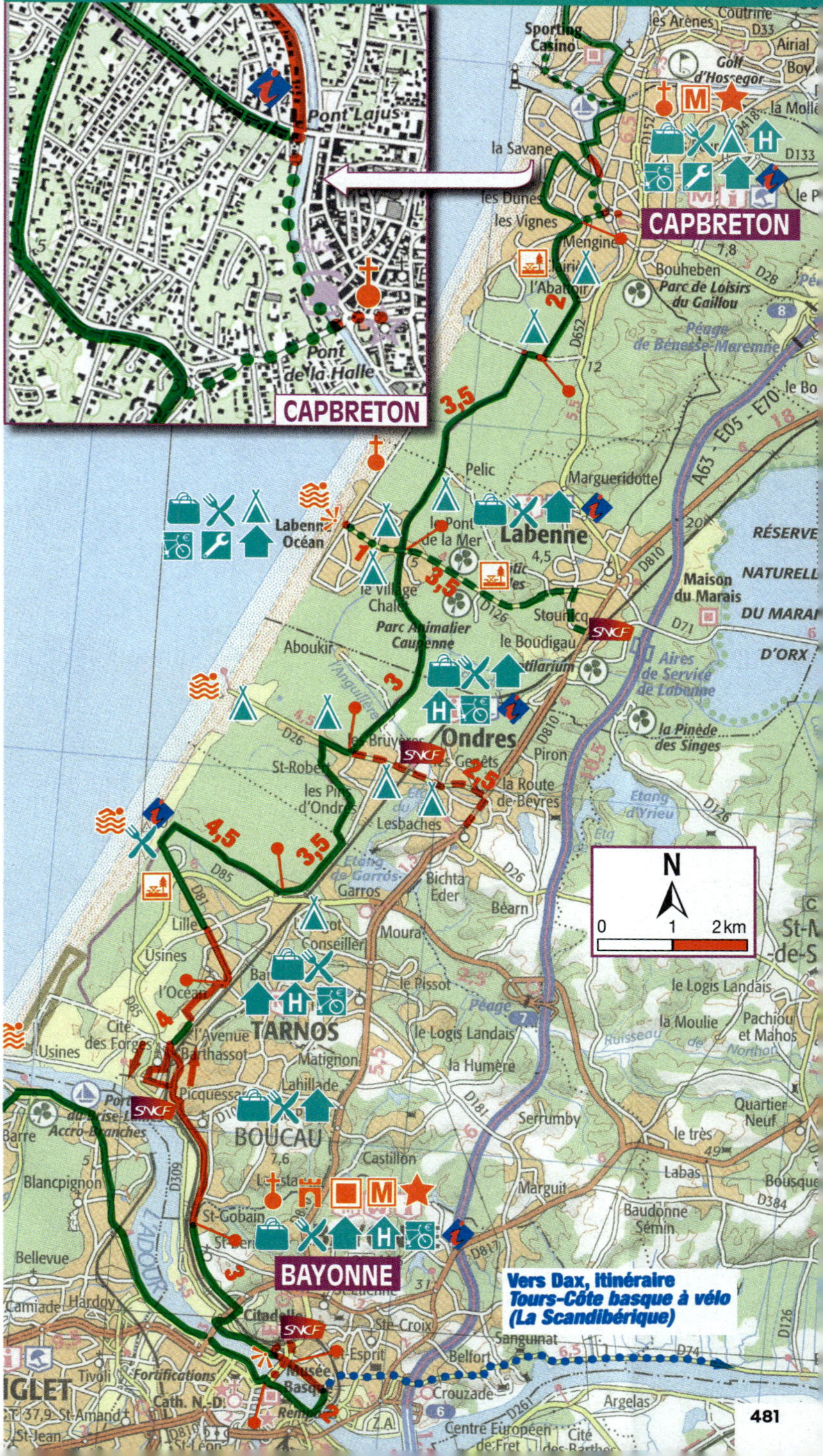
Pont Lajus
Pont de la Halle
CAPBRETON
Sporting Casino
les Arènes
Golf d'Hossegor
la Savane
les Dunes
les Vignes
Mengine
CAPBRETON
Bouheben
Parc de Loisirs du Gaillou
Péage de Bénesse-Maremne
Pelic
Margueridotte
Labenne Océan
le Pont de la Mer
Labenne
RÉSERVE NATURELLE DU MARAIS D'ORX
Maison du Marais
le village Chalet
Parc Animalier Caupenne
Stouticq
Aboukir
le Boudigau
Aires de Service de Labenne
la Pinède des Singes
Ondres
Piron
St-Robert
les Pins d'Ondres
Lesbaches
la Route de Beyres
Etang d'Yrieu
Garros
Bichta Eder
Béarn
Lille
Conseiller
Moura
Usines
l'Océan
le Pissot
le Logis Landais
la Moulie
Pachiou et Mahos
Cité des Forges
l'Avenue Barthassot
TARNOS
Matignon
le Logis Landais
la Humère
Usines
Picquessary
Lahillade
Quartier Neuf
BOUCAU
Serrumby
le très
Labas
Bousquet
Barre
Accro-Branches
Castillon
Blancpignon
Marguit
Baudonne Sémin
St-Gobain
Bellevue
BAYONNE
L'ADOUR
Vers Dax, itinéraire Tours-Côte basque à vélo (La Scandibérique)
Camiade
Hardoy
Citadelle
Ste-Croix
Sanguinat
St-Esprit
Belfort
Fortifications
Musée Basque
Crouzade
Argelas
ANGLET
Cath. N.-D.
St-Amand
St-Jean
St-Léon
Centre Européen de Fret
Cité des Barthes
SNCF
N
0 1 2 km

BAYONNE
BAYONNE
BOUCAU
TARNOS
ANGLET
BIARRITZ
BIDART
AÉROPORT DE BIARRITZ-ANGLET-B
Phare de Biarritz
Pointe St-Martin
Musée de la Mer
Rocher de la Vierge
Port des Pêcheurs
Parc Écologique Izadia
Barre de l'Adour
L'ADOUR
Fortifications
Citadelle
Cath. N.D
Chiberta
Bellevue
Blancpignon
Cinq Cantons
Parc des Sports d'Aguiléra
le Château d'Ilbarritz
Centre International d'Ilbarritz
Ste-Madeleine
Bassussarry
Lahonce
St-Esprit
0
1
2km
N

# N°39 Biarritz → Saint-Jean-de-Luz

**17 km - 2 h 30**

BIARRITZ
Plateau de l'Atalaye
Rocher de la Vierge
Musée de la Mer
Plage du Port Vieux
Grande Plage
le Palais
Port
Pile
Basta
Temple
Parc Mazon
Phare de Biarritz
Port des Pêcheurs
N
0 1 2 km
BIARRITZ
Plage de la Côte des Basques
Hippodrome des Fleurs
Beau Soleil
Ilbarritz
le Chât. d'Ilbarritz
Centre International d'Ilbarritz
BIDART
Ste-Madeleine
Xutiketa
Burruntz
Uronea
Arbonne
CÔTE
Guéthary
Parlementia
Costa Aldia
SNCF
SAINT-JEAN-DE-LUZ
ST-JEAN-DE-LUZ
Écomusée de la Tradition Basque
Z.I. de Jalday
Pointe de Ste-Barbe
St-Jean-Baptiste
Maison Louis XIV
Villa Leihorra
N.-D. de Bordagain
CIBOURE
Golf de la Nivelle
Chantaco
Ibiri
Péages
Villa Rosa
Basa Beltz
Bitxitola
Kampobaita
Xapatainbaita
Musugorria
Aranea
Serres
Helbarrun
Errotaberria
Ibarrun
Lur-Eder
Pont romain
Errotenea
Indartea
Portua
Redoute de Bizkarzun
Aprendiztegia
Olhette
Alainenea
Morzelai
Ascain
Esnaur
Urguri
Altzi
GUÉTHARY
École de surf
St. pomp.
Pile
Arrêt
Costa Aldia
LA NIVELLE
D307
D918
D655
D913
D704
D4
A63-E05-E70-E80

**19,5 km - 2 h 45**

SAINT-JEAN-DE-LUZ
SAINT-JEAN-DE-LUZ
HENDAYE
CIBOURE
URRUGNE
Biriatou
IRUN
Ahetze
Pointe Ste-Anne
Cabo Higer (Cap du Figuier)
Baie du Figuier
Écomusée de la Tradition Basque
Jardin Botanique Littoral Paul Jovet
Domaine d'Abbadia
Xoldokogaina
Mont du Calvaire
Ermitage de St-Martial (San Martzial)
Aire de Repos d'Urrugne
Chât. d'Urtubie
Chap. Sokorri
Port de Larraldenia
Gare routière
N
0
1
2km

# N°41 Île de Noirmoutier

## ACCÈS À L'ÎLE DE NOIRMOUTIER

**ÎLE DE NOIRMOUTIER / 49 km²**

Mise en garde : la traversée par la chaussée submersible du Gois est très fortement déconseillée (risque de glissade, forte circulation automobile et marées, horaires de passage voir OT). Traversée par le pont de la D38 recommandé (piste cyclable), attention toutefois au vent latéral et aux pentes. À noter : liaison maritime assurée depuis Pornic.

**www.evasion-pornic-noimoutier.fr**

**OT Île de Noirmoutier : 02 51 39 80 71, www.ile-noirmoutier.com**

# LA FLOW VÉLO® DU PÉRIGORD À L'ATLANTIQUE

283 km

## UN ITINÉRAIRE INSPIRANT

**La Flow Vélo est le dernier itinéraire mis en route dans le pays charentais. Il se veut complémentaire et une belle alternative à la Vélodyssée, le fer de lance du réseau cyclo-touristique.**

*La route sillonne sur près de 290 km, entre Thiviers et l'Île d'Aix, de la Dordogne à l'Atlantique. Il peut se prendre dans les deux sens. Nous avons privilégié d'aller d'est en ouest, pour partir de l'intérieur des terres et finir sur la côte.*

**Jonctions :** *il est possible de bifurquer vers la Vélodyssée (EV1), depuis Cabariot ; et la Scandibérique (EV3) depuis Angoulême ou Marthon.*

Cabanes de pêcheurs à Fouras. -PM-

# L'ITINÉRAIRE

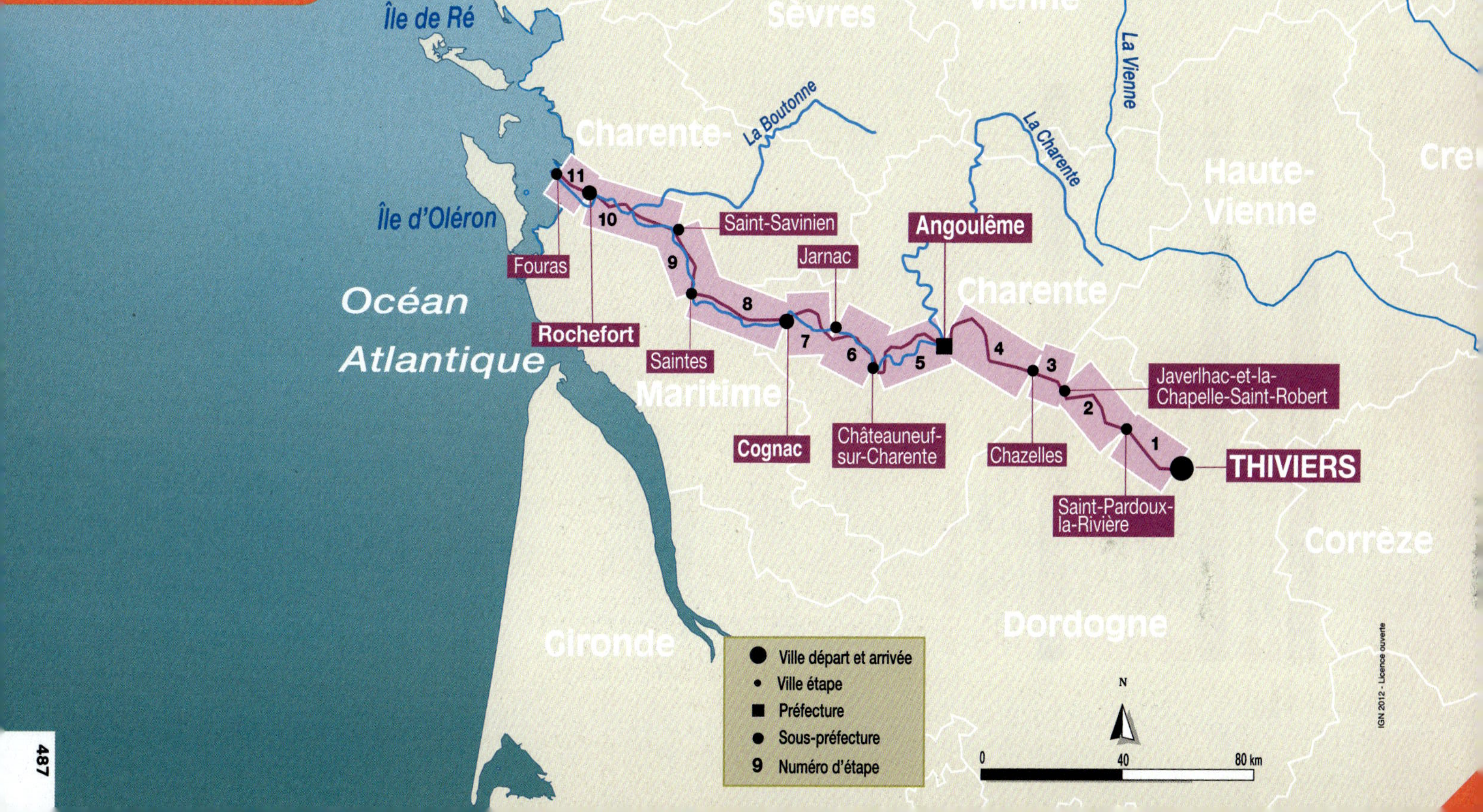

Île de Ré
Île d'Oléron
Océan Atlantique
Deux-Sèvres
Vienne
Charente-Maritime
Charente
Haute-Vienne
Cre
Ind
Corrèze
Dordogne
Gironde
La Vienne
La Charente
La Boutonne
Fouras
Rochefort
Saint-Savinien
Saintes
Cognac
Jarnac
Châteauneuf-sur-Charente
Angoulême
Chazelles
Javerlhac-et-la-Chapelle-Saint-Robert
Saint-Pardoux-la-Rivière
THIVIERS
1
2
3
4
5
6
7
8
9
10
11
Ville départ et arrivée
Ville étape
Préfecture
Sous-préfecture
9 Numéro d'étape
N
0
40
80 km
IGN 2012 - Licence ouverte

# LES ÉTAPES

| N° de la carte | | |
|---|---|---|
| | **La Dordogne et son Périgord Vert** | **44,1 km** |
| 1 | Thiviers → Saint-Pardoux-la-Rivière | 19,1 km – 1 h 40 |
| 2 | Saint-Pardoux-la-Rivière → Nontron → Javerlhac | 25 km – 2 h 30 |
| | **La Charente au fil de l'eau** | **143,7 km** |
| 3 | Javerlhac → Marthon → Chazelles | 22,4 km – 1 h 50 |
| 4 | Chazelles → Angoulême | 25,4 km – 2 h 10 |
| 5 | Angoulême → Châteauneuf-sur-Charente | 24,6 km – 2 h 05 |
| 6 | Châteauneuf-sur-Charente → Jarnac | 19,2 km – 1 h 40 |
| 7 | Jarnac → Cognac | 20,3 km – 1 h 35 |
| 8 | Cognac → Saintes | 31,8 km – 3 h 05 |
| | **En Charente-Maritime : en route vers la mer** | **102 km** |
| 9 | Saintes → Saint-Savinien | 25,6 km – 2 h 10 |
| 10 | Saint-Savinien → Rochefort | 38,7 km – 3 h 15 |
| 11 | Rochefort → Fouras | 30,7 km – 2 h 35 |
| | **Total de l'itinéraire** | **282,8 km** |

N°1

Thiviers → Saint-Pardoux-la-Rivière | 19,1 km - 1 h 40

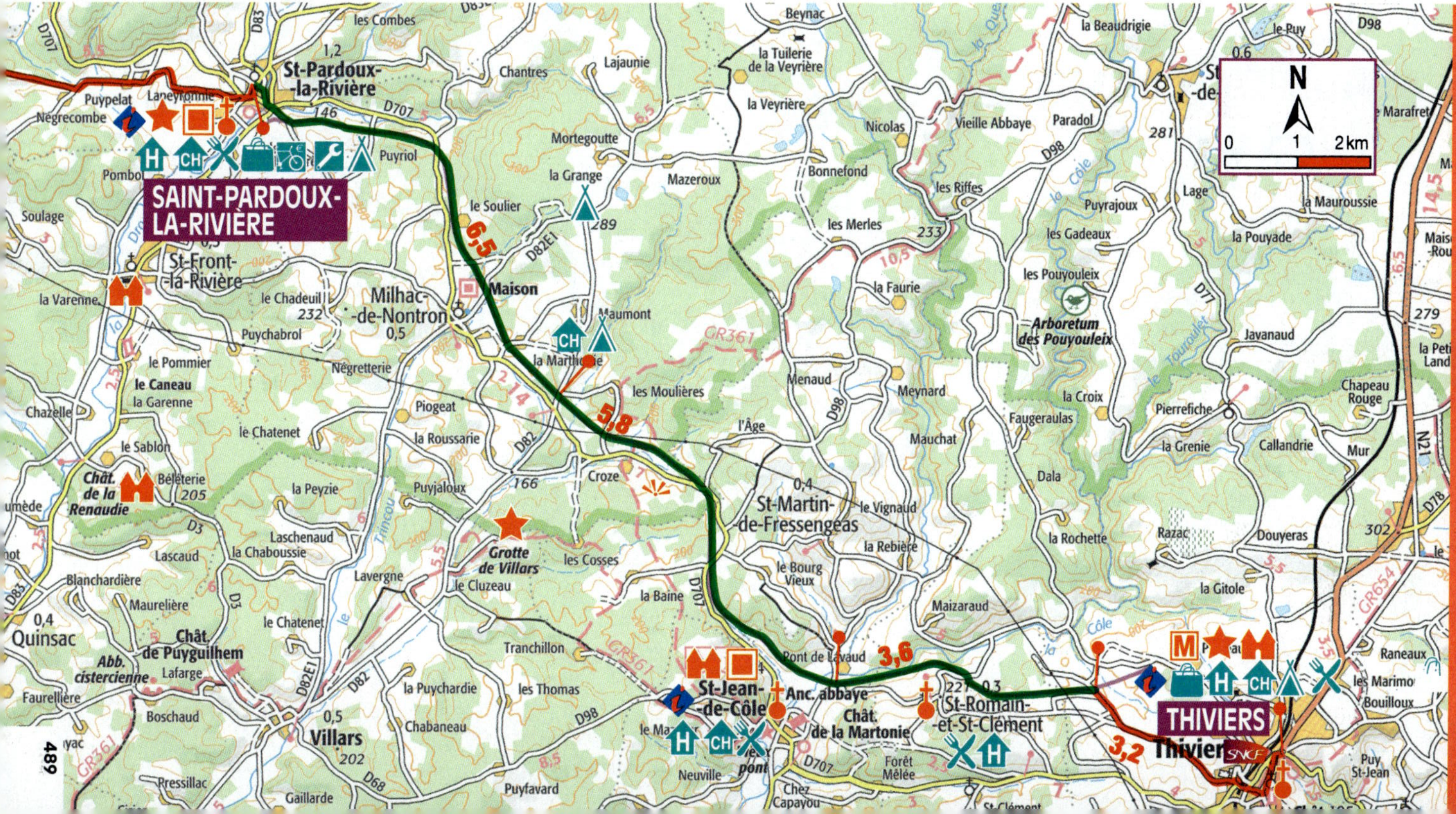
SAINT-PARDOUX-LA-RIVIÈRE
St-Pardoux-la-Rivière
St-Front-la-Rivière
Milhac-de-Nontron
Maison
6,5
5,8
3,6
3,2
la Martinie
Grotte de Villars
Chât. de la Renaudie
St-Martin-de-Fressengeas
St-Jean-de-Côle
Anc. abbaye
Chât. de la Martonie
St-Romain-et-St-Clément
Arboretum des Pouyouleix
Villars
Quinsac
Chât. de Puyguilhem
Abb. cistercienne
THIVIERS
Thiviers
N
0
1
2 km

## Saint-Pardoux-la-Rivière → Nontron → Javerlhac

## 25 km - 2 h 30





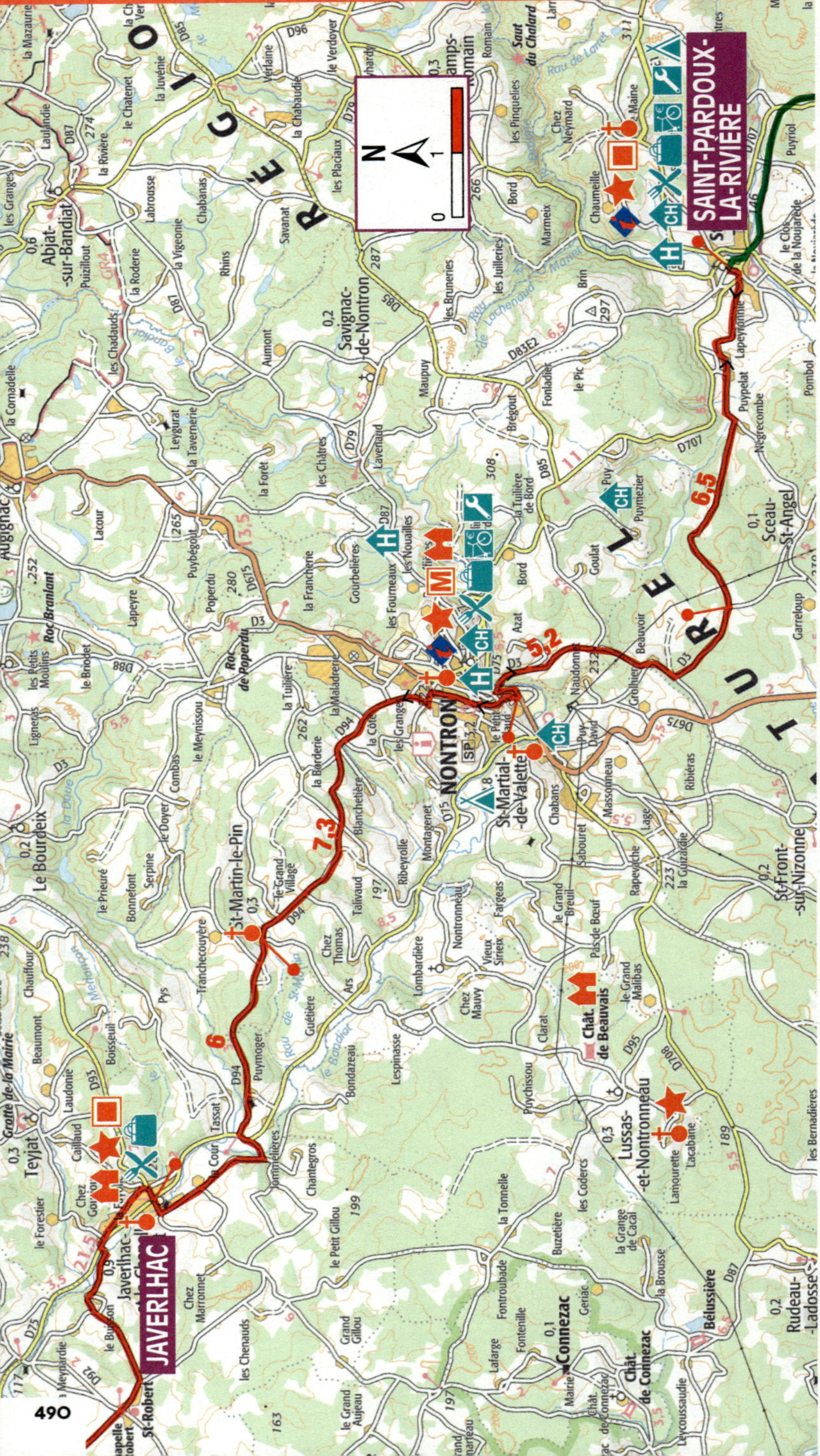

## Javerlhac → Marthon → Chazelles

**22,4 km - 1 h 50**

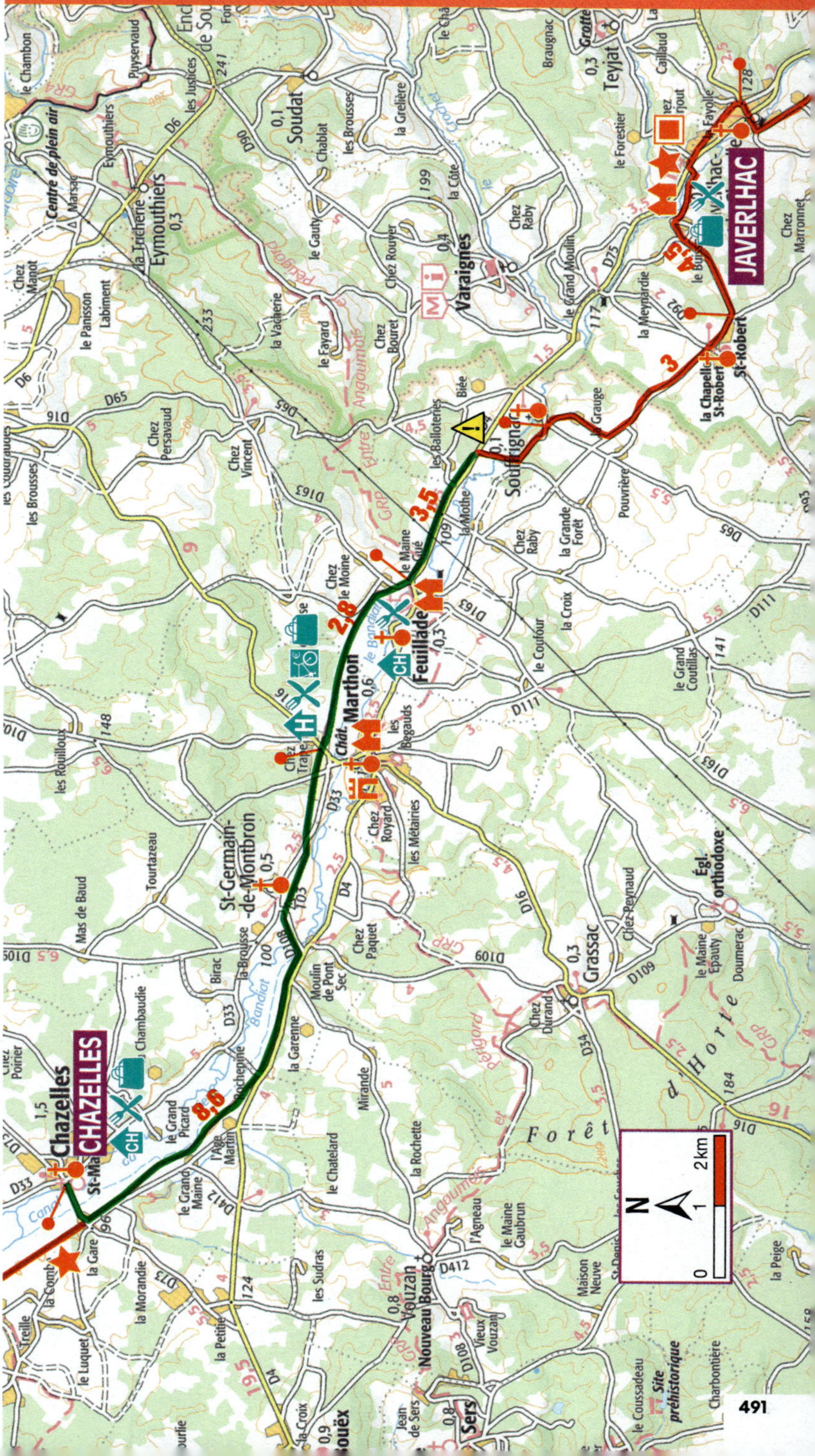
JAVERLHAC
CHAZELLES
Chazelles
Marthon
Feuillade
Souffrignac
Varaignes
St-Robert
la Chapelle-St-Robert
St-Germain-de-Montbron
Eymouthiers
Soudat
Teyjat
Grassac
Vouzan
Sers
Forêt d'Horte
Centre de plein air
Égl. orthodoxe
Site préhistorique
8,6
2,8
3,5
3
4,5
0
1
2km
N

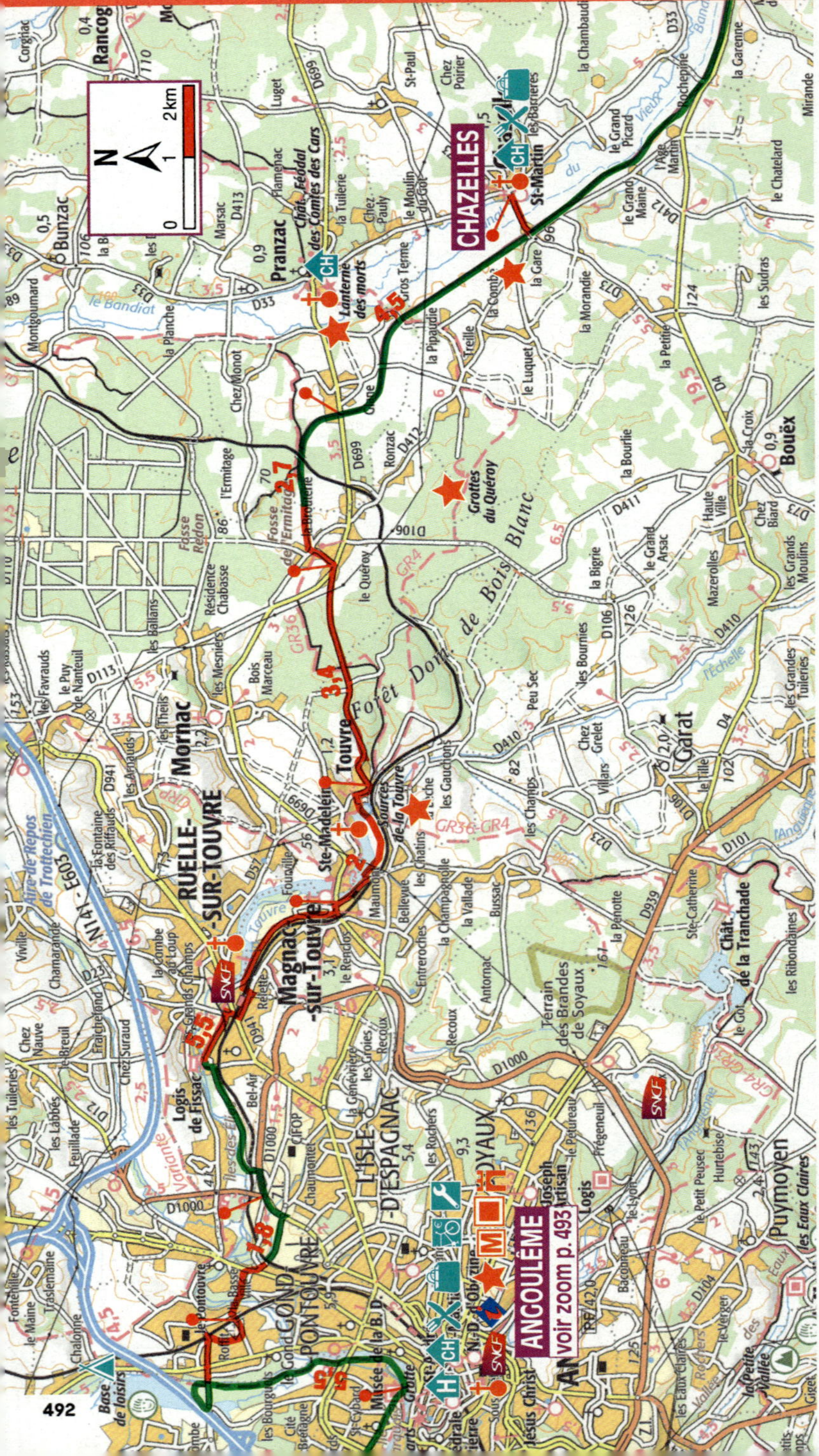
CHAZELLES
St-Martin
Pranzac
Chât. féodal des Comtes des Cars
Lanterne des morts
Grottes du Quéroy
Forêt Dom. de Bois Blanc
Touvre
Sources de la Touvre
Ste-Madeleine
RUELLE-SUR-TOUVRE
Mornac
Magnac-sur-Touvre
Logis de Fissac
L'ISLE-D'ESPAGNAC
GOND-PONTOUVRE
ANGOULÊME
voir zoom p. 493
Puymoyen
Garat
Bouëx
Chât. de la Tranchade
Terrain des Brandes de Soyaux
Base de loisirs
Aire de Repos de Trottechien
N141 - E603
GR36-GR4
N
0 1 2km

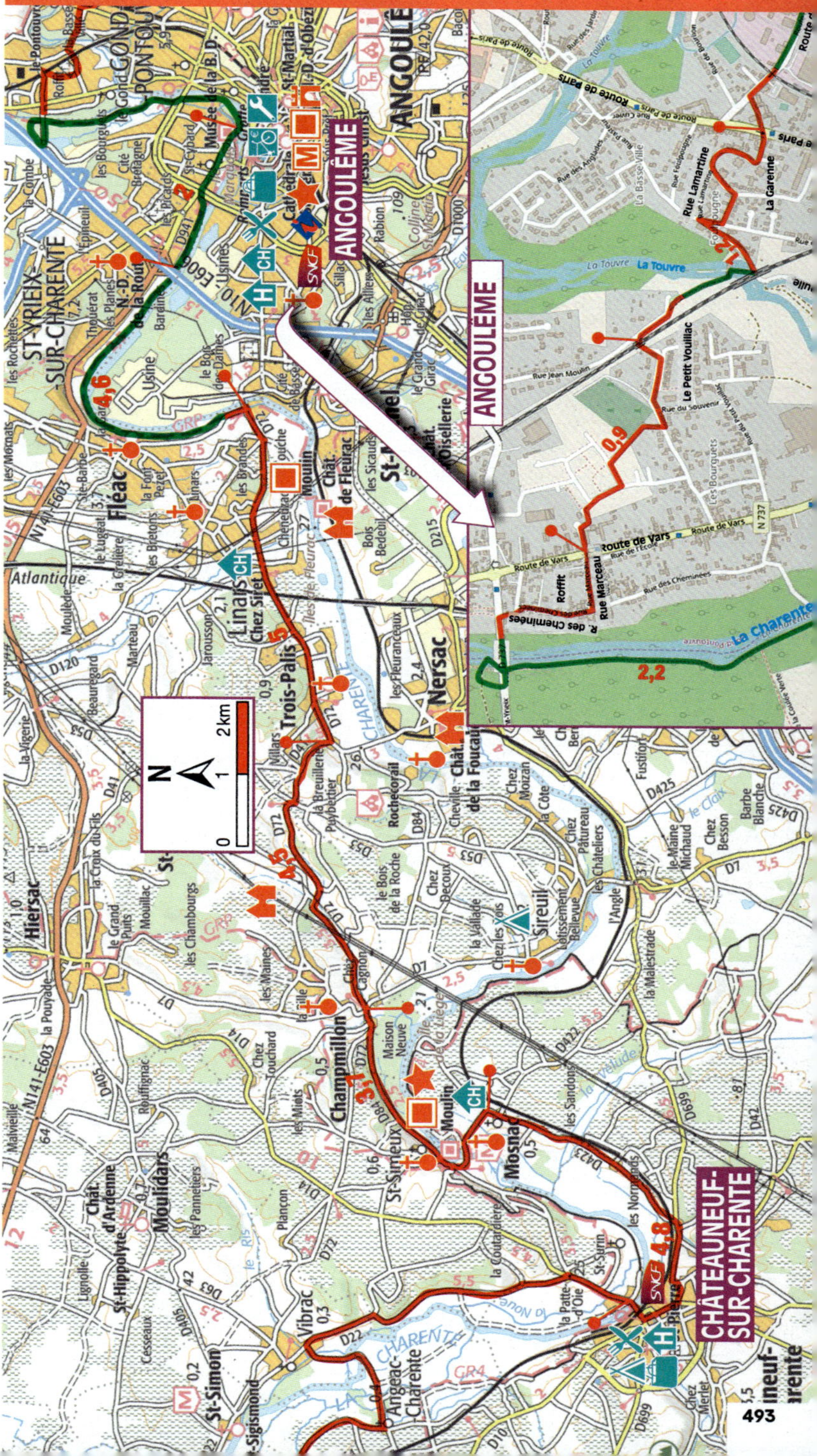
ANGOULÊME
ST-YRIEIX-SUR-CHARENTE
Fléac
Linars
Trois-Palis
Nersac
Hiersac
Champmillon
Sireuil
Mosnac
Moulidars
St-Simon
Vibrac
Angeac-Charente
CHÂTEAUNEUF-SUR-CHARENTE
Châtel de Fleurac
Chât. de la Foucaudie
Rochecorail
Route de Paris
La Touvre
Route de Vars
Rue Marceau
R. des Cheminées
La Charente
Le Petit Vouillac
Rue Lamartine
4,6
5
4,5
3,1
4,8
0,9
2,2
0 1 2km
N

## Châteauneuf-sur-Charente → Jarnac

**19,2 km - 1 h 40**

**N°6**

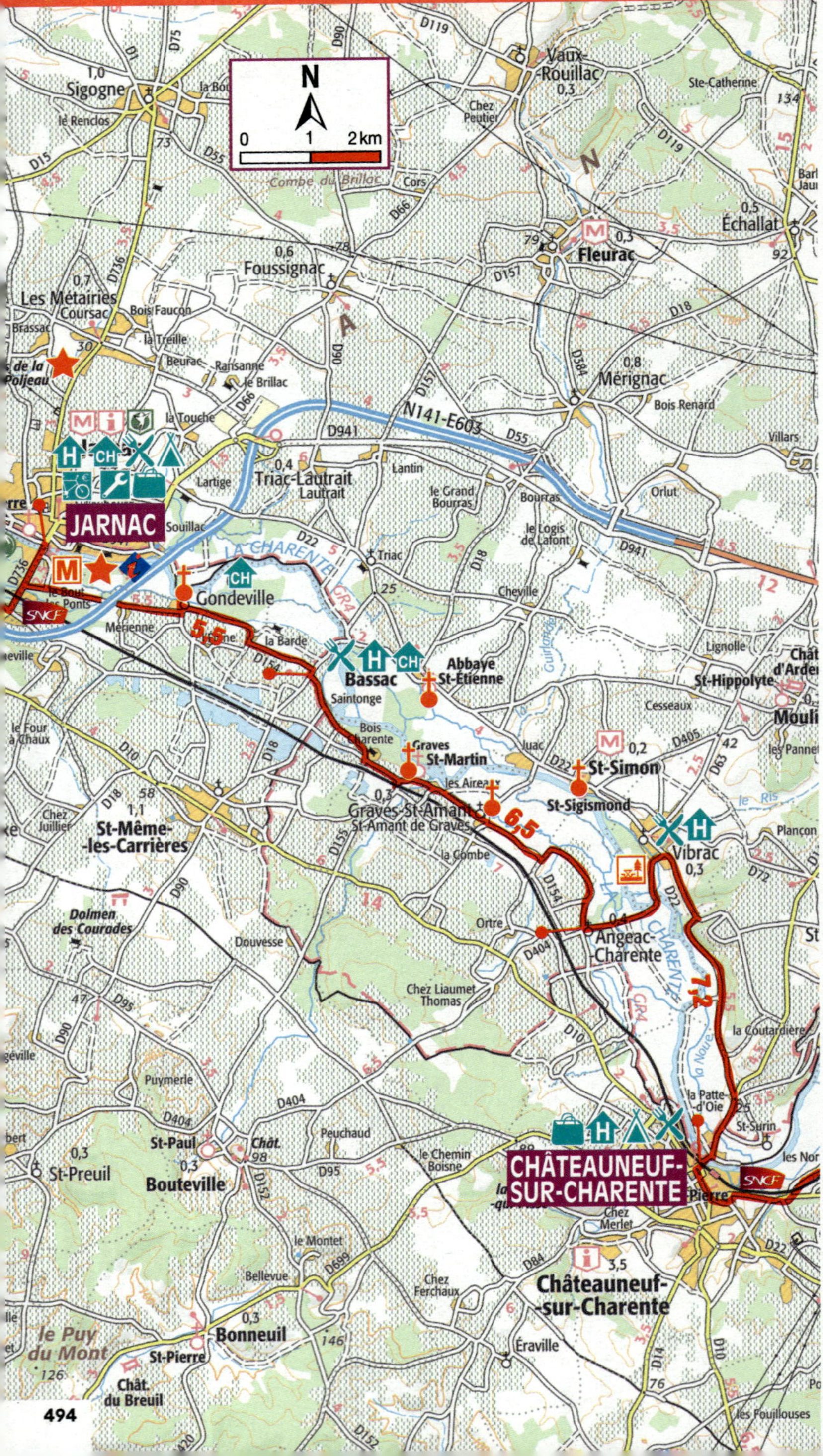

N
0
1
2 km
JARNAC
CHÂTEAUNEUF-SUR-CHARENTE
Sigogne
Vaux-Rouillac
Ste-Catherine
Échallat
Fleurac
Foussignac
Les Métairies
Coursac
Mérignac
Bois Renard
Triac-Lautrait
Lautrait
Lantin
le Grand Bourras
Bourras
le Logis de Lafont
Orlut
Gondeville
Bassac
Saintonge
Abbaye St-Étienne
Graves St-Martin
Graves-St-Amant
St-Amant de Graves
St-Simon
St-Sigismond
Vibrac
Angeac-Charente
St-Même-les-Carrières
Dolmen des Courades
Douvesse
Chez Liaumet Thomas
Puymerle
St-Paul
Bouteville
St-Preuil
Peuchaud
le Chemin Boisné
Chez Merlet
Châteauneuf-sur-Charente
Chez Ferchaux
Éraville
Bonneuil
St-Pierre
Chât. du Breuil
le Puy du Mont
la Patte-d'Oie
St-Surin
la Coutardière
Lignolle
St-Hippolyte
Cesseaux
Juac
Cheville
LA CHARENTE
N141-E603
5,5
6,5
7,2
SNCF

## N° 7 Jarnac → Cognac

**20,3 km - 1 h 35**

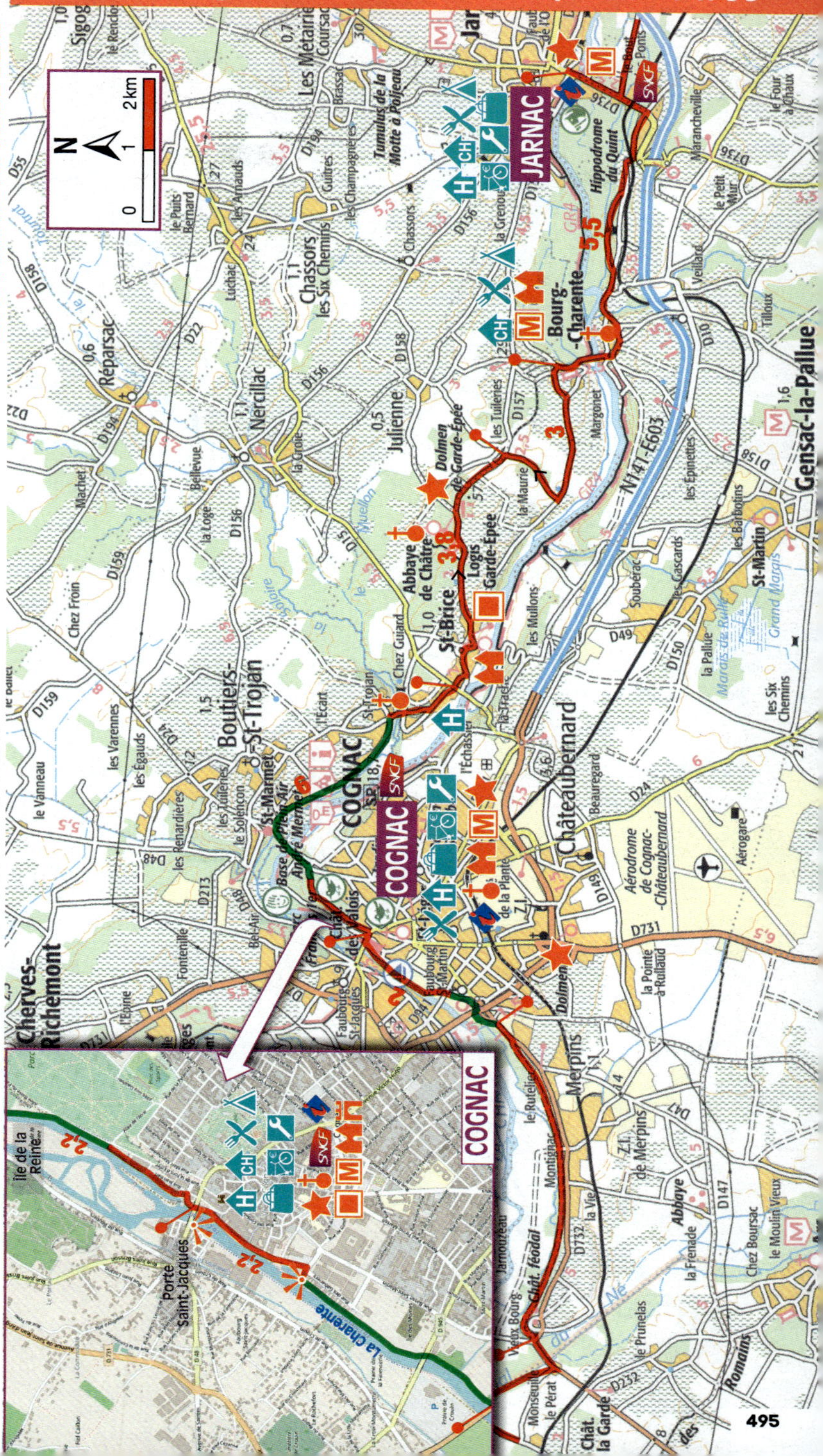
JARNAC
Bourg-Charente
St-Brice
COGNAC
Châteaubernard
Gensac-la-Pallue
Merpins
Nercillac
Julienne
Réparsac
Boutiers-St-Trojan
Cherves-Richemont
Dolmen de Garde-Épée
Abbaye de Châtre
Logis Garde-Épée
Hippodrome du Quint
Aérodrome de Cognac-Châteaubernard
Porte Saint-Jacques
Île de la Reine
La Charente
N141-E603
5,5
3
3,8
6
2,2

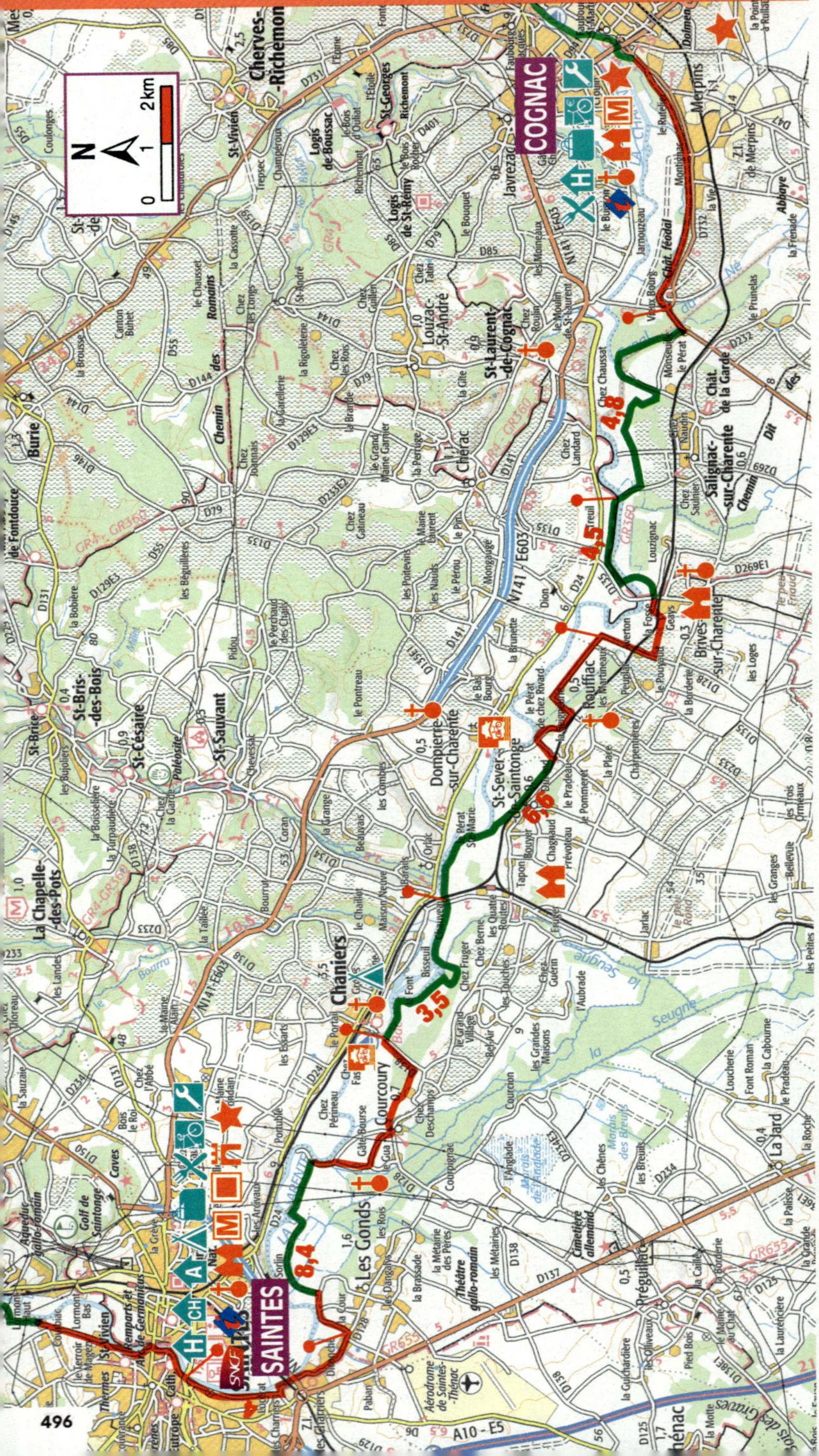
COGNAC
SAINTES
Chaniers
Courcoury
Les Gonds
St-Sever-de-Saintonge
Dompierre-sur-Charente
Rouffiac
Brives-sur-Charente
Salignac-sur-Charente
St-Laurent-de-Cognac
Louzac-St-André
Chérac
Merpins
Javrezac
St-Césaire
St-Sauvant
Burie
La Chapelle-des-Pots
Cherves-Richemon
Préguillac
Aérodrome de Saintes-Thénac
8,4
3,5
6,6
4,5
4,8
0 1 2km

# N°9 Saintes → Saint-Savinien

25,6 km - 2 h 10

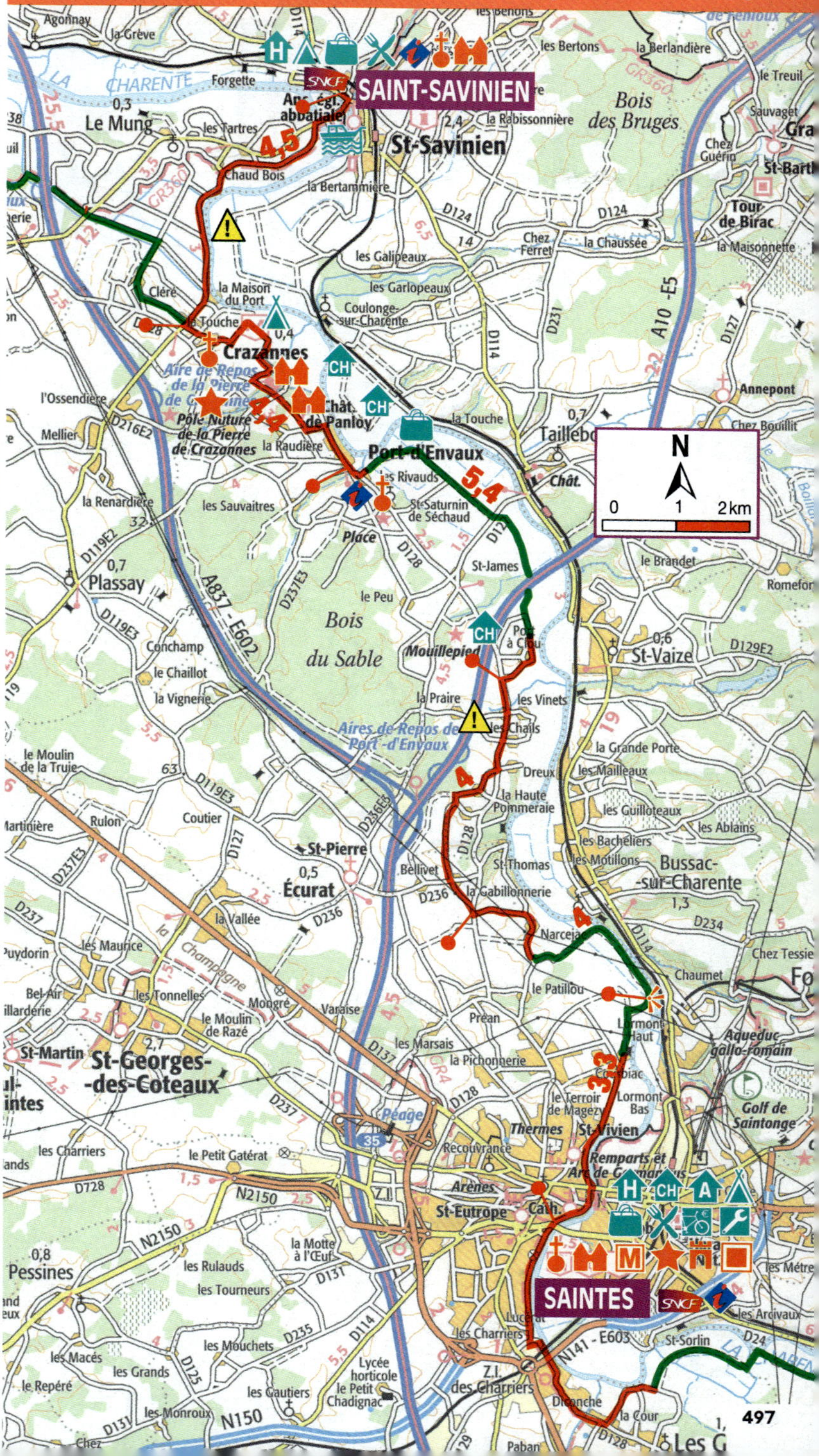
SAINT-SAVINIEN
St-Savinien
Anc. égl. abbatiale
Le Mung
Forgette
la Grève
Agonnay
les Tartres
Chaud Bois
la Bertammière
la Rabissonnière
Bois des Bruges
les Bertons
la Berlandière
le Treuil
Sauvaget
Chez Guérin
Tour de Birac
la Maisonnette
la Chaussée
Chez Ferret
les Galipeaux
les Garlopeaux
Coulonge-sur-Charente
la Maison du Port
la Touche
Cléré
Crazannes
Aire de Repos de la Pierre de Crazannes
Pôle Nature de la Pierre de Crazannes
Chât. de Panloy
l'Ossendière
Mellier
la Raudière
Port-d'Envaux
les Rivauds
St-Saturnin de Séchaud
Place
la Touche
Taillebourg
Chât.
Annepont
Chez Bouillit
la Renardière
les Sauvaitres
Plassay
St-James
le Brandet
Romefort
le Peu
Bois du Sable
Mouillepied
Port à Clou
St-Vaize
Conchamp
le Chaillot
la Vignerie
la Praire
les Vinets
Aires de Repos de Port-d'Envaux
les Chails
la Grande Porte
le Moulin de la Truie
Dreux
les Mailleaux
la Haute Pommeraie
les Guilloteaux
les Ablains
Rulon
Coutier
St-Pierre
Écurat
Bellivet
St-Thomas
les Bacheliers
les Motillons
Bussac-sur-Charente
la Gabillonnerie
Narceja
la Vallée
les Maurice
Puydorin
Chez Tessier
Chaumet
le Patilliou
Champagne
les Tonnelles
Mongré
Varaise
le Moulin de Razé
Préan
Lormont Haut
Aqueduc gallo-romain
St-Martin
St-Georges-des-Coteaux
les Marsais
la Pichonnerie
Golf de Saintonge
le Terroir de Magezy
Lormont Bas
Thermes
St-Vivien
Péage
Recouvrance
Remparts et Arc de Germanicus
les Charriers
le Petit Gatérat
Arènes
St-Eutrope
Cath.
la Motte à l'Œuf
Pessines
les Rulauds
les Tourneurs
SAINTES
les Arcivaux
St-Sorlin
les Charriers
les Macés
les Grands
les Mouchets
Lycée horticole
le Repéré
les Gautiers
le Petit Chadignac
Z.I. des Charriers
les Monroux
Diconche
la Cour
Paban
Les Gonds
LA CHARENTE
A10 - E5
A837 - E602
N150
N2150
N141 - E603
D728
D114
D124
D128
D236
D237
D119E2
D119E3
D129E2
D234
D235
D125
D131
D137
35
4,5
4,4
5,4
4
3,3
N
0
1
2 km

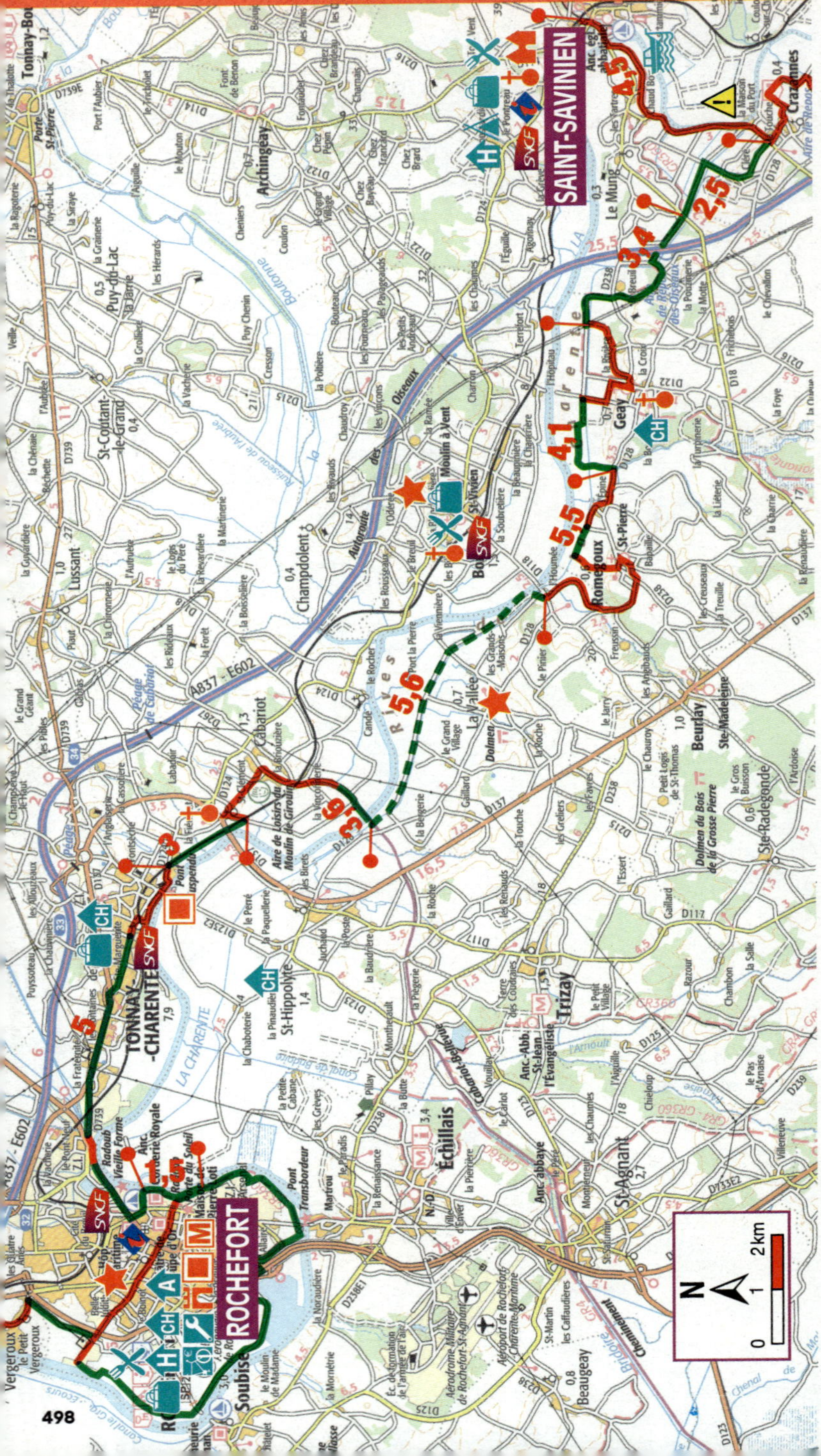
SAINT-SAVINIEN
ROCHEFORT
TONNAY-CHARENTE
Échillais
Trizay
St-Agnant
Beaugeay
Soubise
Champdolent
Archingeay
Geay
Romegoux
Cabariot
St-Hippolyte
Beurlay
Ste-Radegonde
2 km

## Rochefort → Fouras

30,7 km - 2 h 35

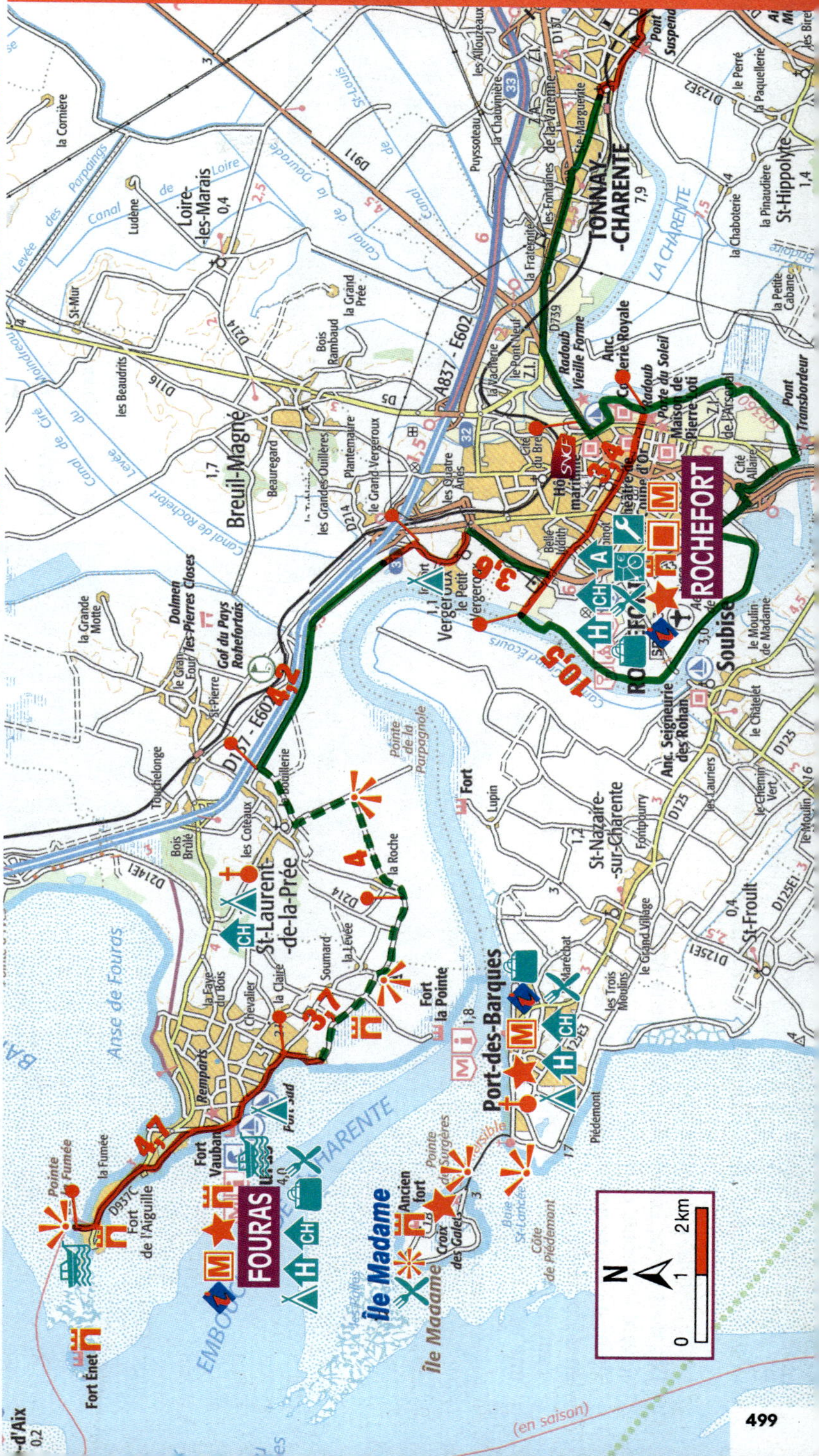
ROCHEFORT
FOURAS
Tonnay-Charente
Breuil-Magné
Loire-les-Marais
St-Laurent-de-la-Prée
Port-des-Barques
St-Nazaire-sur-Charente
Soubise
St-Froult
Île Madame
Fort Énet
Fort de l'Aiguille
Fort Vauban
Fort la Pointe
Pointe de la Fumée
Anse de Fouras
Embouchure de la Charente
La Charente
Canal de Rochefort
Pont Transbordeur
Pont Suspendu
Corderie Royale
A837 - E602
3,6
4,2
3,7
4
4,7
3,4
10,5
0 1 2 km
N
(en saison)

# LA VIARHÔNA DU LÉMAN À LA MÉDITERRANÉE | 824 km

### LA VÉLOROUTE DU SOLEIL

**Des rives du lac Léman aux plages de la Méditerranée, en suivant le Rhône, quel plus beau parcours ? Des panoramas alpins à la Provence méridionale, de découvertes patrimoniales en découvertes gastronomiques, de champs de lavande en champs d'oliviers, La ViaRhôna est un bouquet de parfums, une ode à la couleur et à l'art de vivre à la française.**

*L'itinéraire peut se faire dans les 2 sens, mais il est vivement recommandé de le faire dans le sens nord-sud, car ainsi vous aurez le mistral dans le dos et la Méditerranée comme but. Parcours alternant voies vertes sécurisées et voies partagées. Sur le territoire suisse, suivre le marquage de la « Route du Rhône ». En France, signalisations et jalonnements encore en cours de réalisation au sud de Pont-Saint-Esprit.*

***Difficultés :*** *relief assez prononcé entre Genève et Seyssel.*

*Enfin, prudence entre Pont-Saint-Esprit et Avignon, les portions sont des routes partagées assez fréquentées en été.*

***Jonctions :*** *La Voie Bleue, Le Canal des 2 mers (Royan-Sète).*

Avignon.

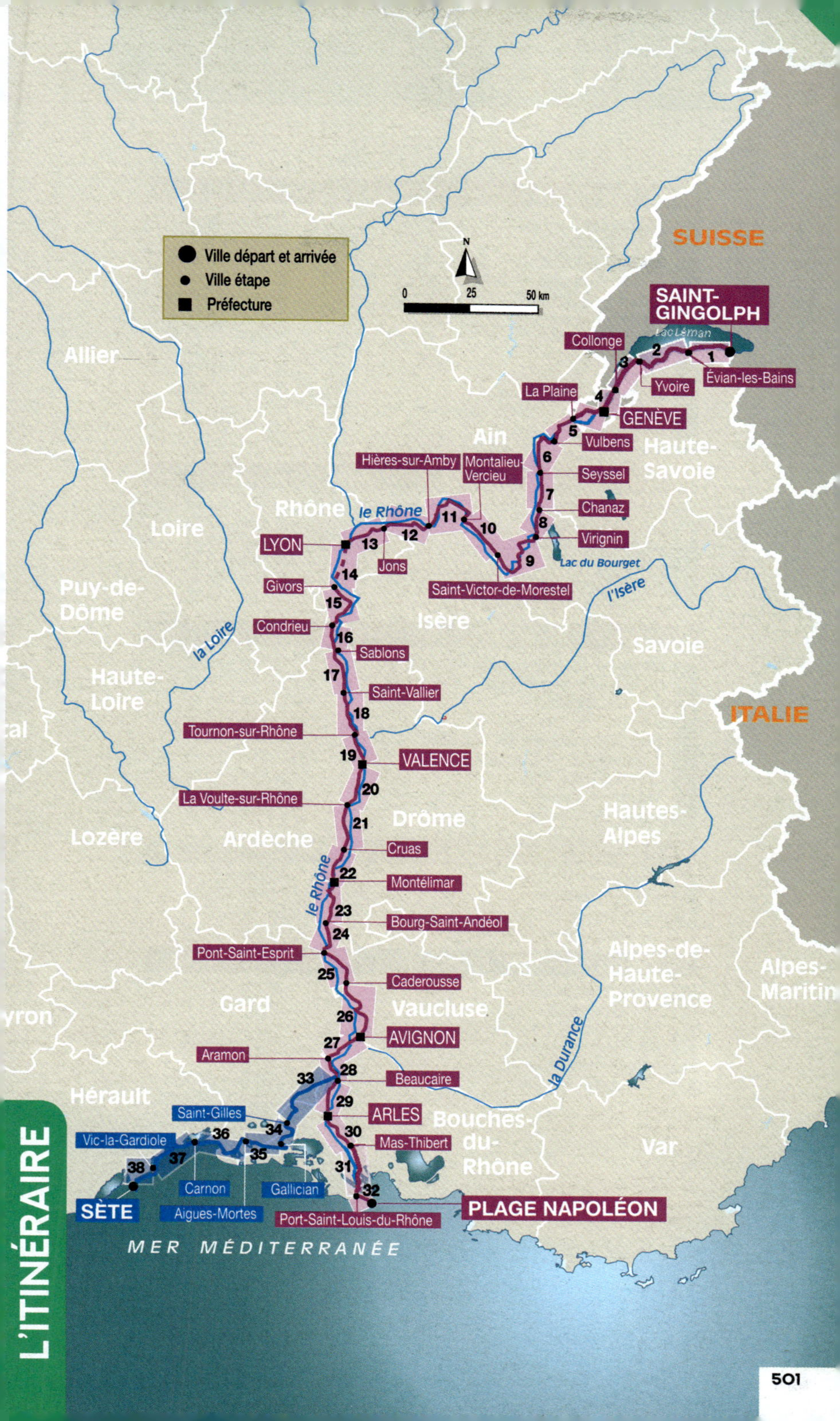
Ville départ et arrivée
Ville étape
Préfecture
N
0
25
50 km
SUISSE
ITALIE
SAINT-GINGOLPH
Lac Léman
Évian-les-Bains
Yvoire
Collonge
La Plaine
GENÈVE
Vulbens
Seyssel
Chanaz
Virignin
Lac du Bourget
Saint-Victor-de-Morestel
Montalieu-Vercieu
Hières-sur-Amby
le Rhône
Jons
LYON
Givors
Condrieu
Sablons
Saint-Vallier
Tournon-sur-Rhône
VALENCE
La Voulte-sur-Rhône
Cruas
Montélimar
Bourg-Saint-Andéol
Pont-Saint-Esprit
Caderousse
AVIGNON
Aramon
Beaucaire
ARLES
Saint-Gilles
Mas-Thibert
Vic-la-Gardiole
Carnon
Gallician
Aigues-Mortes
SÈTE
Port-Saint-Louis-du-Rhône
PLAGE NAPOLÉON
MER MÉDITERRANÉE
l'Isère
la Loire
la Durance
Allier
Ain
Haute-Savoie
Rhône
Loire
Puy-de-Dôme
Isère
Savoie
Haute-Loire
Lozère
Ardèche
Drôme
Hautes-Alpes
Gard
Vaucluse
Alpes-de-Haute-Provence
Alpes-Maritim
Hérault
Bouches-du-Rhône
Var
1 2 3 4 5 6 7 8 9 10 11 12 13 14 15 16 17 18 19 20 21 22 23 24 25 26 27 28 29 30 31 32 33 34 35 36 37 38

# LES ÉTAPES

## De Genève à Lyon *« Du Léman au Rhône sauvage »* 318,6 km

N° de la carte

| | | |
|---|---|---|
| 1 | Saint-Gingolph → Évian | 17,3 km – 1 h 30 |
| 2 | Évian → Yvoire | 29,2 km – 2 h 55 |
| 3 | Yvoire → Collonge | 19 km – 1 h 50 |
| 4 | Collonge → Genève → La Plaine | 26,3 km – 2 h 40 |
| 5 | La Plaine → Vulbens | 15,5 km – 1 h 35 |
| 6 | Vulbens → Seyssel | 25,8 km – 3 h 15 |
| 7 | Seyssel → Chanaz | 21,6 km – 2 h 05 |
| 8 | Chanaz → Virignin | 18,8 km – 1 h 35 |
| 9 | Virignin → Morestel | 38,3 km – 3 h 15 |
| 10 | Morestel → Montalieu-Vercieu | 24,6 km – 2 h 05 |
| 11 | Montalieu-Vercieu → Hières-sur-Amby | 27,3 km – 2 h 15 |
| 12 | Hières-sur-Amby → Jons | 27,6 km – 2 h 45 |
| 13 | Jons → Lyon | 27,2 km – 2 h 40 |

## De Lyon à Valence : *vers les portes de la Drôme* 105,3 km

| | | |
|---|---|---|
| 14 | Lyon → Givors | 21 km – Transit par le train |
| 15 | Givors → Condrieu | 25,8 km – 2 h 10 |
| 16 | Condrieu → Sablons | 19,4 km – 1 h 40 |
| 17 | Sablons → Saint-Vallier | 19,5 km – 1 h 40 |
| 18 | Saint-Vallier → Tournon-sur-Rhône | 17,8 km – 1 h 30 |
| 19 | Tournon-sur-Rhône → Valence | 22,8 km – 1 h 55 |

## De Valence à Beaucaire : *sur les terres provençales* 207,7 km

| | | |
|---|---|---|
| 20 | Valence → La Voulte-sur-Rhône | 24,5 km – 2 h 00 |
| 21 | La Voulte-sur-Rhône → Cruas | 21 km – 1 h 45 |
| 22 | Cruas → Montélimar | 21,6 km – 1 h 45 |
| 23 | Montélimar → Bourg-Saint-Andéol | 23,4 km – 2 h 00 |
| 24 | Bourg-Saint-Andéol → Pont-Saint-Esprit | 16,2 km – 1 h 25 |
| 25 | Pont-Saint-Esprit → Caderousse | 26,5 km – 2 h 40 |
| 26 | Caderousse → Avignon | 36,5 km – 4 h 00 |
| 27 | Avignon → Aramon | 15 km – 1 h 30 |
| 28 | Aramon → Beaucaire | 23 km – 2 h 20 |

## De Beaucaire à Port-Saint-Louis : *plage Napoléon* 70,2 km

| | | |
|---|---|---|
| 29 | Beaucaire → Arles | 20 km – 2 h 00 |
| 30 | Arles → Mas-Thibert | 18 km – 1 h 45 |
| 31 | Mas-Thibert → Port-Saint-Louis | 22,7 km – 2 h 15 |
| 32 | Port-Saint-Louis → la Plage Napoléon | 8,5 km – 0 h 50 |

## De Beaucaire à Sète : *au cœur de la Camargue* 123,5 km

| | | |
|---|---|---|
| 33 | Beaucaire → Saint-Gilles | 31,5 km – 3 h 10 |
| 34 | Saint-Gilles → Gallician (Vauvert) | 17,5 km – 1 h 45 |
| 35 | Gallician (Vauvert) → Aigues-Mortes | 13 km – 1 h 20 |
| 36 | Aigues-Mortes → Carnon | 20,5 km – 2 h 00 |
| 37 | Carnon → Vic-la-Cardiole | 21 km – 2 h 05 |
| 38 | Vic-la-Cardiole → Sète | 20 km – 2 h 00 |

**Total général de l'itinéraire 824,3 km**

## Saint-Gingolph → Évian-les-Bains

## 17,3 km - 1 h 30

LE LÉMAN
N
0 1 2 km
Vers Lausanne (Suisse)
Vers Vevey (Suisse)
ÉVIAN-LES-BAINS
SAINT-GINGOLPH
St-Gingolph
0,8
D1005
Locum
les Plantes
4
Bret
les Granges du Crêt
Bois des Grandes Falllasses
Meillerie
7,3
Troubois
la Raquaz
444
Rys
Lugrin
Base de loisirs
Tourronde
Torrent
6
Grande Rive
Port des Mouettes
Jardin Anglais
Funiculaire
Base de loisirs
Évian Resort Golf Club
Neuvecelle
Chez Granjux
470
3,0
Maxilly-sur-Léman
Chez Busset
Chez les Servoz
les Combes
le Hucel
le Maravant
Grand Roc
1014
Lajoux
le Chef-Lieu
le Nouy
Chez Cachat
les Effalés
Thollon-les-Mémises
Lavanchy
le Hucel
0,7
Pic des Mémises
1674
1598
1736
le Grand Mottay
Pic Boré
1974
Montagne
Col de Pertuis
1512
1548
Mont César
Pointe 1716 de l'Aiguille
1878 Pointe de Pétalouse
Pointe 1626 de l'Aiguille
0,1
Novel
1472 Pic de Blanchard
Col de Blanchard
1452
1426
D30
Neuva Dessous
1775
Col de Neuva
la Planche
la Morge
Lac de Lovenex
2019
Dent du Velan
Dent d'Oche
2222
2197
Ref. de la Dent d'Oche
Malpasset
le Chon
Charmet
Chez Buttay
Trossy
Langin
Bernex
1,2
993
D52
D152
les Faverges
le Vernay
Chez Masson
Chez les Racles
Bois de l'Envers
Mont Bénand
1284
Bénand
Creusaz
Roseires
Laprau
D252
les Bossons
Chez les Vesins
2,3
St-Paul-en-Chablais
Praubert
Champ Querbay
la Gottetaz
Chez Bouchex
Chez Thiollay
Lyonnet
Maravant
Chez Bochet
Cré Bouché
0,8
Vinzier
911
Chez Portay
D352
Chez les Laurents
la Foully
Vérossier Haut
Vérossier Bas
Chez Burquier
Coppy
Poëse
Forchex
Champé
la Verniaz
Chez Bordet
les Tours
Thony
D21
D24
D11
PUBLIER
6,8
Avulligoz
Chonnay
St-Thomas
le Bois du Feu
Chez Desbois
les Granges
Pugny
Champanges
0,9
St-Martin
Larringes
1,3
Chez Divoz
Curninges
D32
D121
le Maravant
Littoral
GRP
Vanante
Rau du Locum
Rau de Coppy
Balcon du Léman
L'Eau des Rasses

ÉVIAN-LES-BAINS
PUBLIER
THONON-LES-BAINS
Anthy-sur-Léman
SCIEZ
Excenevex
YVOIRE
LE LÉMAN
Golfe de Coudrée
Réserve naturelle du delta de la Dranse
Port de Ripaille
Chât. de Ripaille
Arboretum
Base de loisirs
Port Chantrell
Lausanne (Suisse)
(en saison)
Labyrinthe-Jardin des Cinq Sens
Thonon-les-Bains : TER pour Evian, Bellegarde, Lyon, Annemasse
Bateau : Thonon : liaisons quotidiennes par bateaux entre Thonon, Evian et Lausanne avec transport des vélos - www.cgn.ch

# Yvoire → Collonge

19 km - 1 h 50

Promenthoux
Prangins
NYON
Eysins
Crans-
-près-Céligny
Coppet
YVOIRE
Labyrinthe-Jardin des Cinq Sens
(en saison)
Nernier
la Motte
les Chenalets
le Chemin du Moulin
Lotissement de Rive
le Piralé
Vérêt
Essert
la Pointe
Couva Loup
Messery
l'Essert Martin
Chevilly
le Champ de la Grange
les Platires
Chens-sur-Léman
les Tattes
Vétry
les Grandes Conches
Bardenuche
Chât. de Beauregard
la Rassetaz
Tougues
les Petites Conches
Sous Etraz
St-Joseph du Lac
Véreitre
DOUVAINE
Massongy
Vers la Croix
Lagraie
Collongette
les Marais de Bachelard
les Rottes
Chens le Pont
Sous le Crêt
la Maison Blanche
les Mélèzes
Boisy
Hermance
Aubonne
l'Orphelinat
Chilly
Sénoche
Ballaison
Marais de Chilly
Loisin
la Marée
Marcorens
la Tuilière
Bois de la Chapelle
Ballavais
Pétolaz
les Cabrettes
le Bois de la Pierre Verte
Marais de Ballavais
les Chapons
Gevret
Crevy
Golf du Léman
les Mogets
le Biolet
Veigy-Foncenex
Anières
Marais des Mermes
Tholomaz
la Canne
les Mermes
les Verrières
le Bois Bérou
le Tuernant
Corsier
les Étoles
Foncenex
Coury
Tour de Lang
les Tattes
Machilly
Gy
Collonge
Meinier
COLLONGE
le Chambet
Moniaz
le Chamenard
Terret
Jussy
St-Cergues
Vésenaz
Bourjaillet
Corbeille
Choulex
Presinge
les Fossats
Vandœuvres
Juvigny
Crêt
Champ Bérou
Puplinge
Lévaud
VILLE-LA-GRAND
Armiaz
Martigny
Rosses
CHÊNE-
AMBILLY
N
0
1
2 km

COLLONGE
GENÈVE
voir ZOOMS 1,2,3
LA PLAINE
Lac Léman
Collonge
Vésenaz
Cologny
Vandœuvres
Choulex
Meinier
Puplinge
AMBILLY
CHÊNE-BOURG
CHÊNE-BOUGERIES
Thônex
GAILLARD
Etrembières
Veyrier
Troinex
CAROUGE
LANCY
ONEX
Plan-les-Ouates
Confignon
Bernex
Aire-la-Ville
Cartigny
Avully
Dardagny
Satigny
Bourdigny
Peney
VERNIER
Meyrin
Löex
AÉROPORT DE GENÈVE-COINTRIN
Conseil Européen Pour la Recherche Nucléaire
ST-GENIS-POUILLY
Chambésy
Pregny
Palais de l'O.N.U.
Jardin Botanique
LE GRAND-SACONNEX
Bellevue
MOENS
Chât. de Voltaire
LE RHÔNE
l'Arve
A1-E25-E62
0 1 2km
N

## ZOOM GENÈVE 1

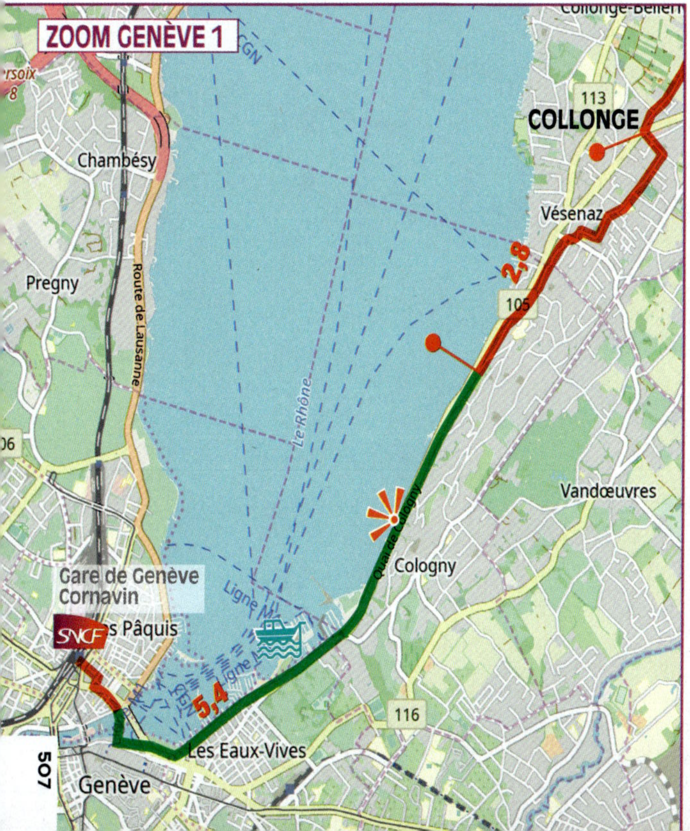


## ZOOM GENÈVE 2

Genève : 0041 22 909 70 00
www.geneve.com/fr

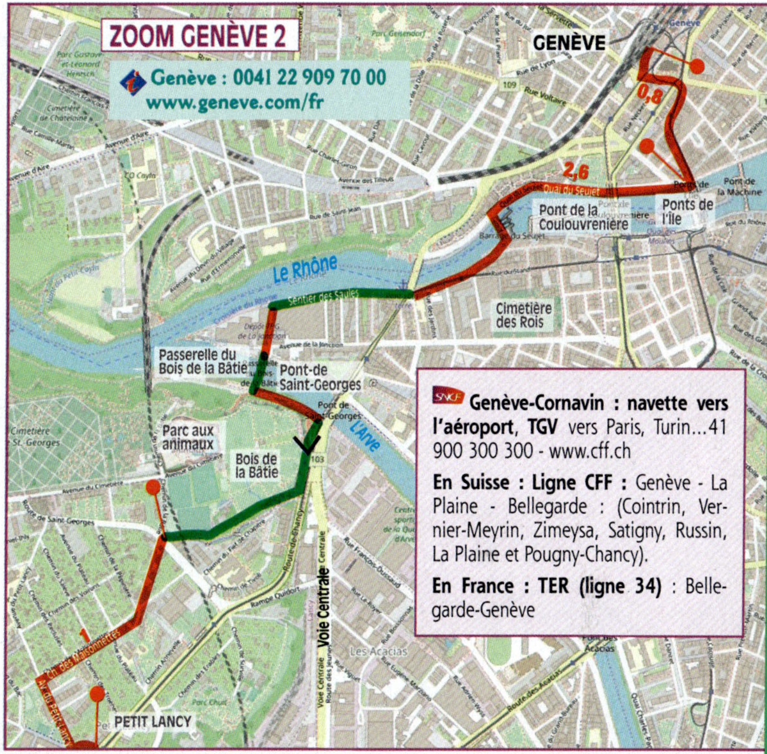


**Genève-Cornavin : navette vers l'aéroport, TGV** vers Paris, Turin...41 900 300 300 - www.cff.ch

**En Suisse : Ligne CFF :** Genève - La Plaine - Bellegarde : (Cointrin, Vernier-Meyrin, Zimeysa, Satigny, Russin, La Plaine et Pougny-Chancy).

**En France : TER (ligne 34)** : Bellegarde-Genève

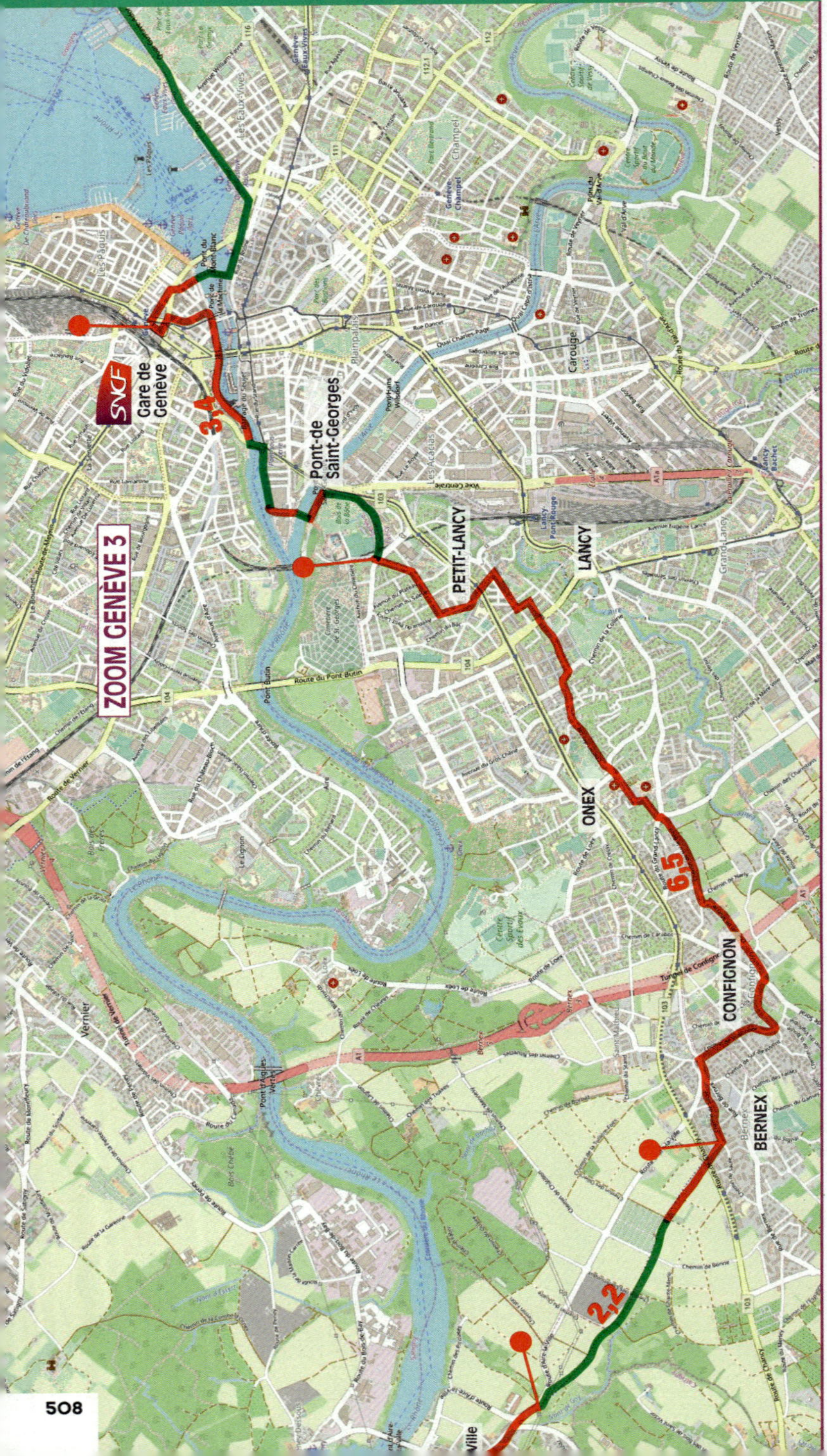

Gare de Genève
SNCF
3,4
Pont-de Saint-Georges
PETIT-LANCY
LANCY
ZOOM GENÈVE 3
ONEX
6,5
CONFIGNON
BERNEX
2,2
Carouge
Vernier
Route du Pont Butin
Voie Centrale

# La Plaine → Vulbens

15,5 km - 1 h 35

Forêt Domaniale de la Valserine
NATURELLE
St-Jean-de-Gonville
Fenières
le Breu
Conseil la Reche
Bourdign
Satigny
Réf. du Gralet
Feigères
Choudans
Greny
la Combe
Péron
Dardagny
LA PLAINE
Russin
Challex
La Plaine
Gaillardin
Mucelle
Logras
le Crêt
Ruthet
D884
Cartigny
Avully
Asserans
Jourdy
Pierre d'en haut
Pierre d'en bas
Avusy
Chancy
Sézegnin
Pougny Gare
le Crêt
Pougny
l'Étournel
LE RHÔNE
la Repentance
Malagny
la Tuilière
le Pontet
Humilly
Humilly d'Amont
Collonges
Villard
la Joux
Moissey
Mataillу
les Granges
Péage de Viry
le Biollay
le Longet
les Folliets
Défilé de l'Écluse
Chevrier
la Châtaigneraie
la Vosognette
Valleiry
la Praille
la Boutique
Essertet
Germagny
Faramaz
le Chêne
Chênex
Chez Vauthier
Bellossy
VULBENS
Raclaz
Raclaz d'en haut
A40 E21 E62
Aires de Service de Valleiry
Bloux
Jurens
Maison Neuve
Dingy-en-Vuache
Tunnels du Vuache
le Rocher Blanc
le Vuache
Arcine
Olliet
Murcier
Épagny
Jonzier-Épagny
Cortagy
Savigny
Chamoux
la Motte
Épanezey
N
0 1 2 km

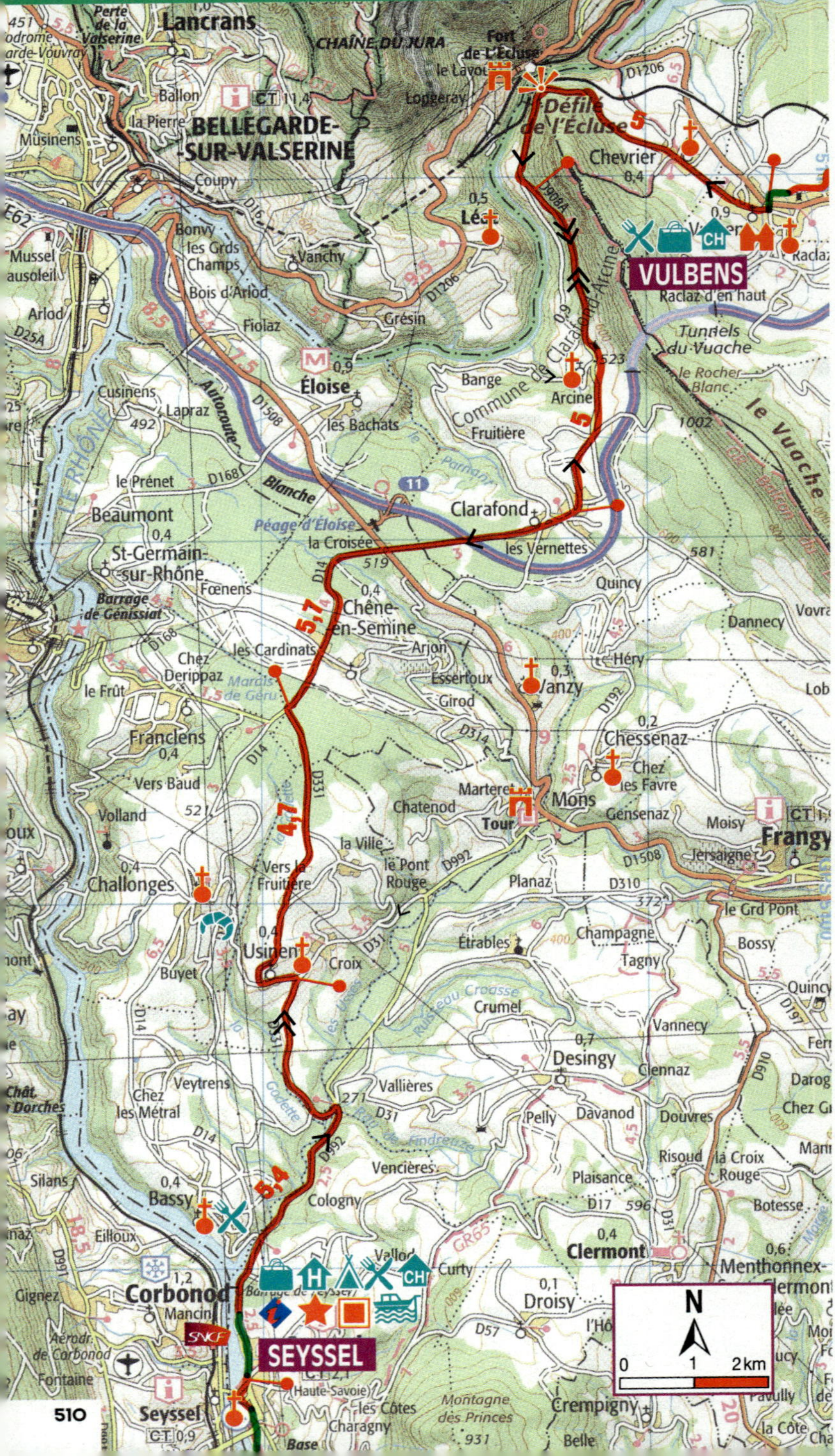
Lancrans
CHAÎNE DU JURA
Fort de l'Écluse
le Lavoud
Longeray
Défilé de l'Écluse
BELLEGARDE-SUR-VALSERINE
Ballon
la Pierre
Musinens
Coupy
Chevrier
Léaz
Vanchy
VULBENS
Raclaz d'en haut
Tunnels du Vuache
le Vuache
Bonvy
les Grds Champs
Bois d'Arlod
Fiolaz
Grésin
Arlod
Cusinens
Lapraz
Éloise
les Bachats
Bange
Arcine
Commune de Clarafond-Arcine
Fruitière
Autoroute Blanche
le Prénet
Beaumont
Péage d'Éloise
la Croisée
Clarafond
les Vernettes
St-Germain-sur-Rhône
Barrage de Génissiat
Fœnens
Chêne-en-Semine
Quincy
Dannecy
les Cardinats
Arjon
Essertoux
Girod
Vanzy
Héry
Chez Derippaz
Marais de Géru
le Frût
Franclens
Chessenaz
Chez les Favre
Vers Baud
Volland
Marterey
Mons
Tour
Chatenod
Gensenaz
Moisy
Frangy
la Ville
le Pont Rouge
Planaz
Jersaigne
Challonges
Vers la Fruitière
le Grd Pont
Bossy
Usinens
Croix
Étrables
Champagne
Tagny
Buyet
Crumel
Vannecy
Desingy
Clennaz
Veytrens
Chez les Métral
Vallières
Pelly
Davanod
Douvres
Vencières
Risoud
la Croix Rouge
Plaisance
Silans
Bassy
Cologny
Botesse
Eilloux
Clermont
Menthonnex-sous-Clermont
Corbonod
Mancin
Curty
Droisy
Aérodr. de Corbonod
SEYSSEL
Fontaine
Seyssel
Haute-Savoie
les Côtes
Charagny
Montagne des Princes
Crempigny
Belle
N
0
1
2 km
5
5,7
4,7
5,4

# Seyssel → Chanaz

**21,6 km - 2 h 05**

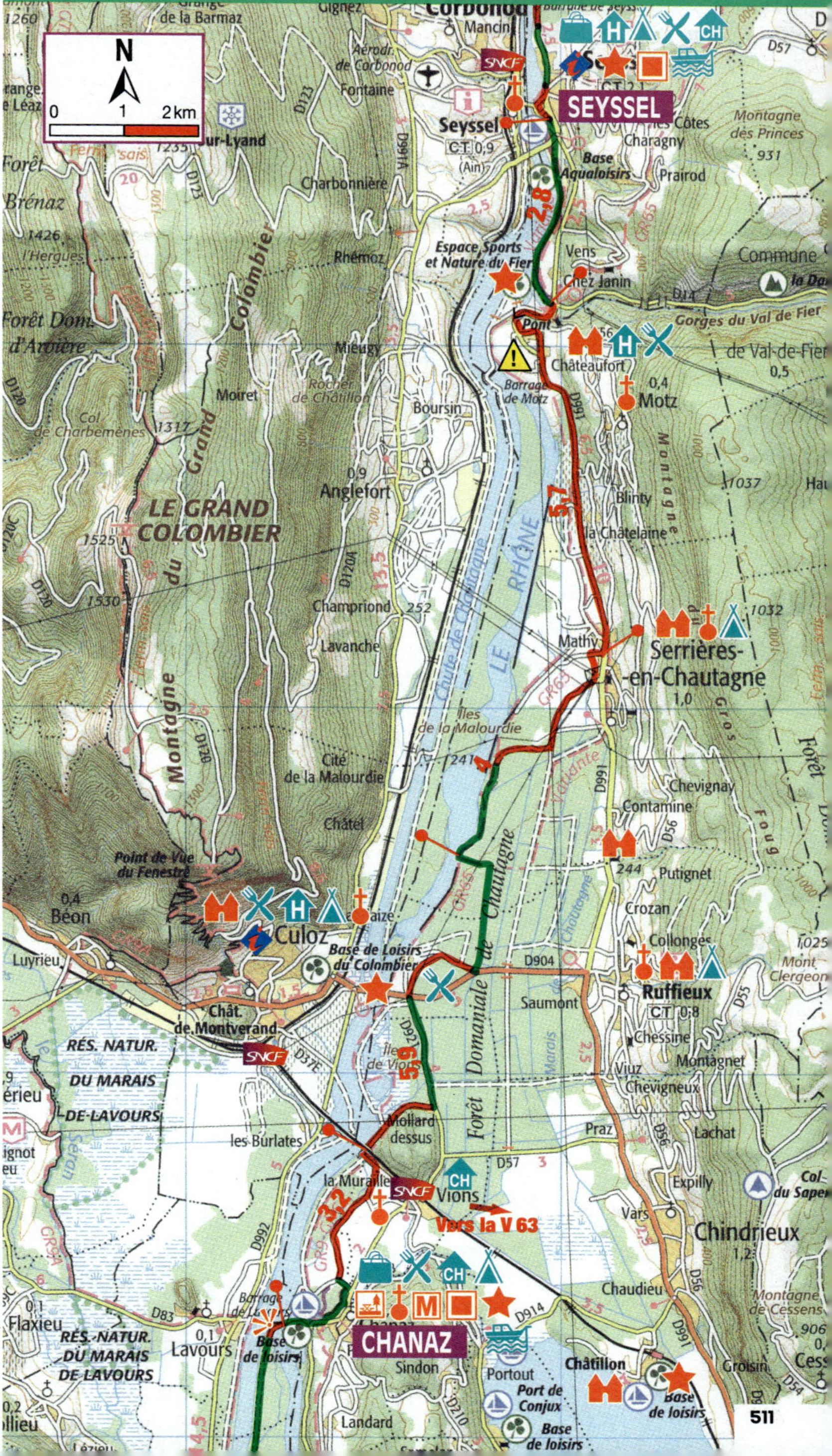
N
0
1
2 km
SEYSSEL
Seyssel
Corbonod
Mancin
Aérodr. de Corbonod
Fontaine
Charbonnière
Rhémoz
Mieugy
Moiret
Rocher de Châtillon
Boursin
Anglefort
Champriond
Lavanche
Cité de la Malourdie
Châtel
Base Aqualoisirs
Espace Sports et Nature du Fier
Vens
Chez Janin
Pont
Châteaufort
Barrage de Motz
Motz
Blinty
la Châtelaine
Mathy
Serrières-en-Chautagne
Gorges du Val de Fier
Montagne des Princes
Charagny
Prairod
Îles de la Malourdie
LE RHÔNE
Chute de Chautagne
LE GRAND COLOMBIER
Grand Colombier
Montagne du Grand Colombier
Col de Charbemènes
Forêt Dom. d'Arvière
Brénaz
Point de Vue du Fenestré
Béon
Culoz
Luyrieu
Base de Loisirs du Colombier
Chât. de Montverand
RÉS. NATUR. DU MARAIS DE LAVOURS
Forêt Domaniale de Chautagne
Saumont
Ruffieux
Chessine
Montagnet
Collonges
Crozan
Putignet
Contamine
Chevignay
Mont Clergeon
Viuz
Chevigneux
Praz
Lachat
Expilly
Vars
Chindrieux
Col du Sapenay
Chaudieu
Mollard dessus
les Burlates
la Muraille
Vions
Vers la V 63
CHANAZ
Sindon
Landard
Portout
Port de Conjux
Base de loisirs
Châtillon
Flaxieu
Lavours
Montagne de Cessens
Groisin
2,8
5,7
4
5,9
3,2

CHANAZ
VIRIGNIN
BELLEY
Yenne
Vongnes
Flaxieu
RÉS. NATUR. DU MARAIS DE LAVOURS
Lavours
Sindon
Semelaz
Cuzieu
Donalèche
Chavoley
Ste Fontaine
Poirin
Cressieu
Marignieu
Pollieu
Lézieu
Rochefort
Lac de Barterand
Chatonod
Base de loisirs
Billieu
Magnieu
Cressin-Rochefort
Parissieu
Rothonod
Chazey
St-Champ
Musin
les Mures
le Grand Ecrivieu
Base de loisirs
Montagnin
Crémon
les Puthod
Rives
Lucey
Coron
Massignieu-de-Rives
Montpellas
Parves
Sillin
Migieu
Nattages
Jongieux
Etain
Tournod
les Écassas
Petit Brens
Lassignieu
Lagneux
Combes
Gotras
Nant
Fort les Bancs
Défilé de-Pierre-Châtel
Chemillieu
St Didier
Bas Somont
les Soudans
Brens
La Balme
Furans
Champtel
la Charrière
Aérodrome de Belley-Peyrieu
Chantemerle
Chêne
Bovinel
les Champagnes
Chambuet
Ameysin
les Moiroux
les Molliets
Volontaz
les Terroux
Landrecin
Arcolière
St-Paul
le Mollard
Nanthuy
Peyrieu
Traize
Verlin
les Malods
les Rubattiers
Loisieux
La Chapelle-St-Martin
Meyrieux-Trouet
le Risolet
Trouet
Cremaire
LE RHÔNE
N
0 1 2 km

# N°9 Virignin → Morestel

## 38,3 km - 3 h 15

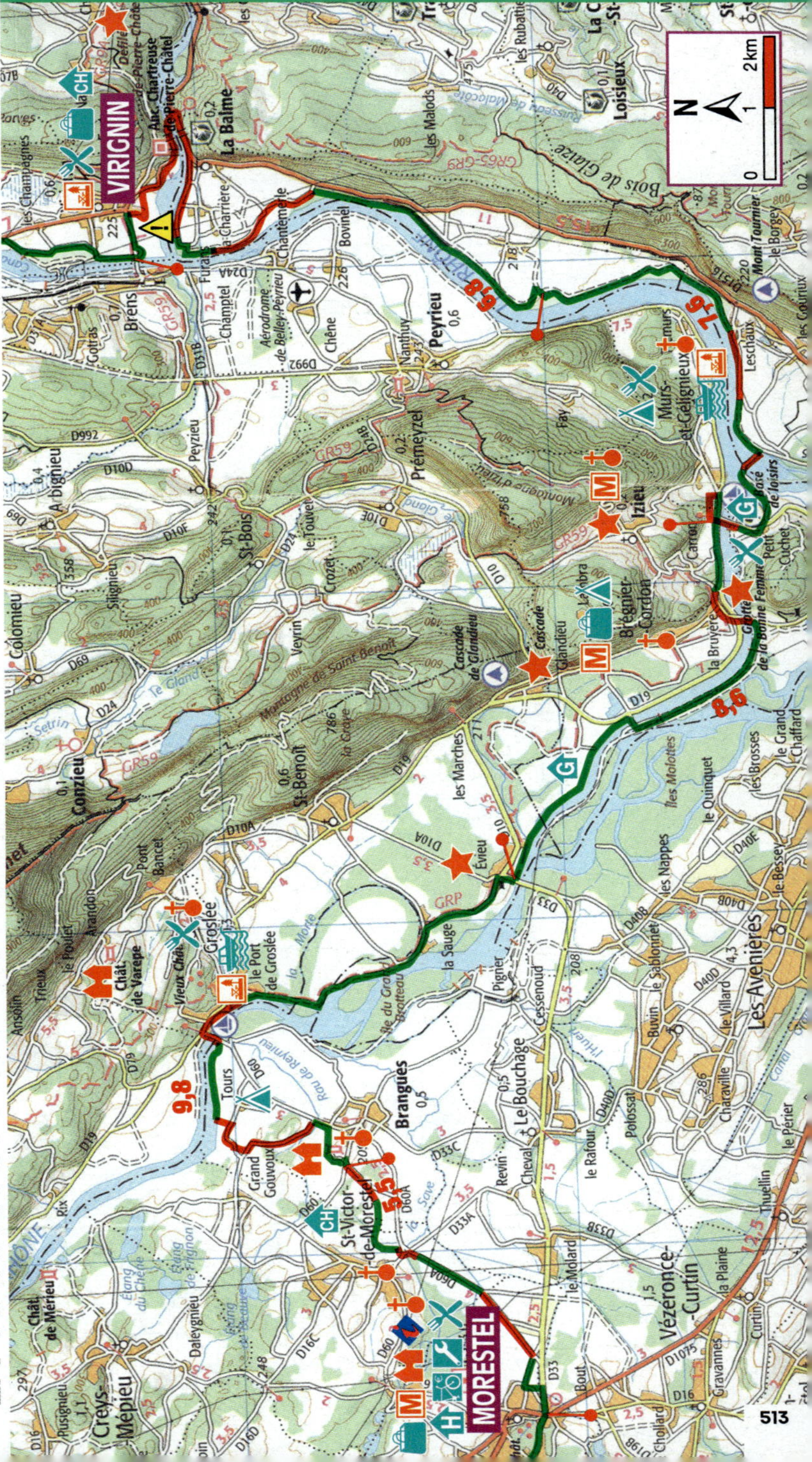
VIRIGNIN
MORESTEL
La Balme
Brens
Peyrieu
Prémeyzel
Murs-et-Gélignieux
Izieu
Brégnier-Cordon
Glandieu
Cascade de Glandieu
St-Benoît
St-Bois
Conzieu
Évieu
Groslée
le Port de Groslée
Brangues
St-Victor-de-Morestel
Le Bouchage
Les Avenières
Vézeronce-Curtin
Creys-Mépieu
Montagne de Saint Benoît
Bois de Glaize
6,8
7,6
8,6
9,8
5,5
0
1
2km
N

## Morestel → Montalieu-Vercieu

## 24,6 km - 2 h 05

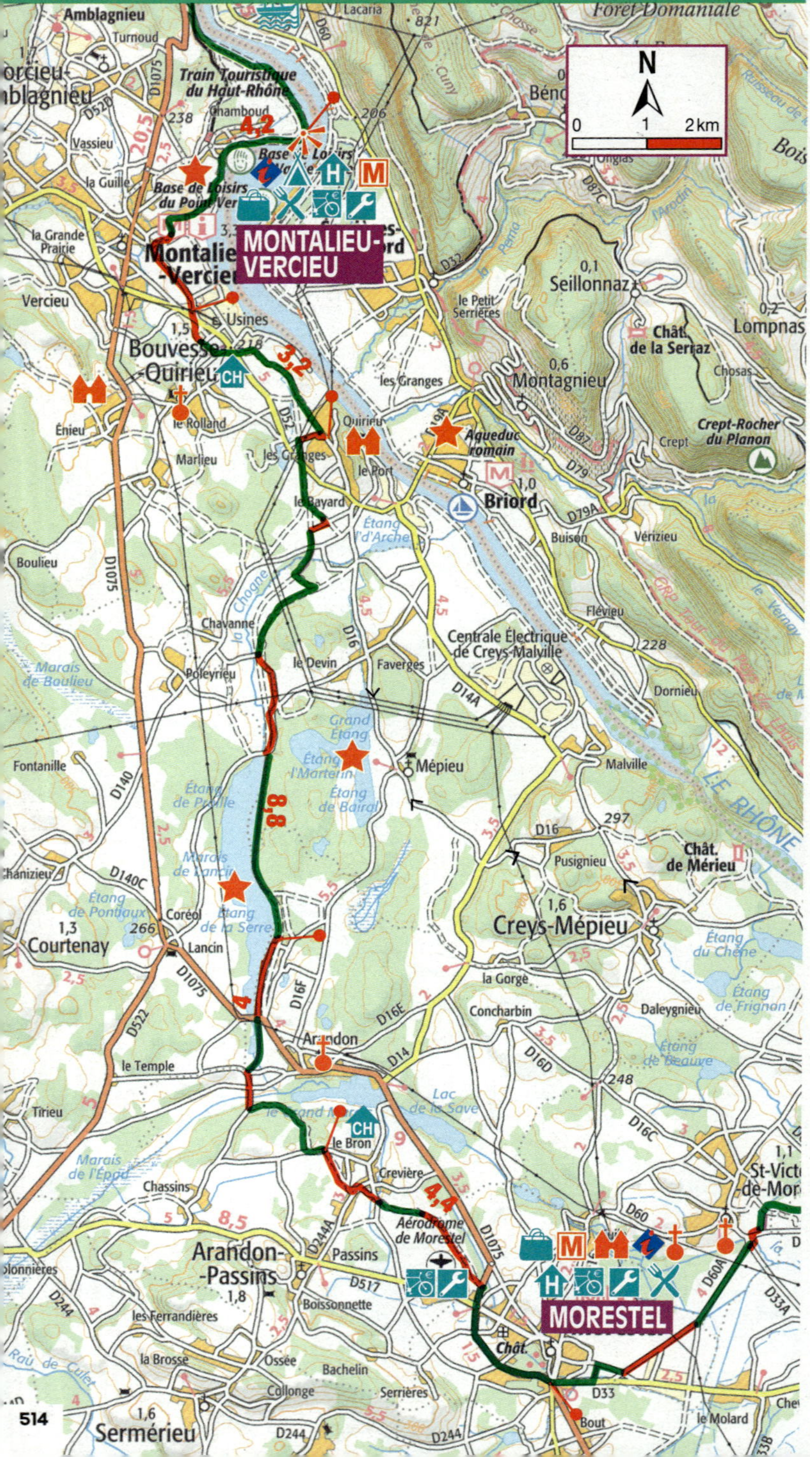
Amblagnieu
Turnoud
Train Touristique du Haut-Rhône
Chamboud
4,2
Base de Loisirs du Point Vert
MONTALIEU-VERCIEU
Montalieu-Vercieu
Vassieu
la Guille
la Grande Prairie
Vercieu
Usines
Bouvesse-Quirieu
3,2
le Rolland
Énieu
Marlieu
les Granges
le Bayard
Quirieu
le Port
Aqueduc romain
Briord
Seillonnaz
Lompnas
Chât. de la Serraz
Chosas
Montagnieu
le Petit Serrières
Crept
Crept-Rocher du Planon
Buison
Vérizieu
Flévieu
Centrale Électrique de Creys-Malville
Dornieu
Malville
Boulieu
Chavanne
Le Devin
Faverges
Poleyrieu
Marais de Boulieu
Fontanille
Grand Étang
Étang l'Martenin
Étang de Bairal
Étang de Prailie
Mépieu
8,8
Pusignieu
Chât. de Mérieu
LE RHÔNE
Chanizieu
Étang de Pontiaux
Coréal
Courtenay
Lancin
Étang de la Serre
Creys-Mépieu
Étang du Chêne
Étang du Frignan
la Gorge
Concharbin
Daleygnieu
Étang de Beauve
Arandon
le Temple
Tirieu
Lac de la Save
le Bron
Crevière
4,4
Marais de l'Épau
Chassins
8,5
Aérodrome de Morestel
Arandon-Passins
Passins
Boissonnette
les Ferrandières
la Brosse
Ossée
Bachelin
Collonge
Serrières
Sermérieu
MORESTEL
Chât.
Bout
le Molard
St-Victor-de-Morestel
Forêt Domaniale
N
0
1
2 km

## N°11 Montalieu-Vercieu → Hières-sur-Amby

**27,3 km - 2 h 15**

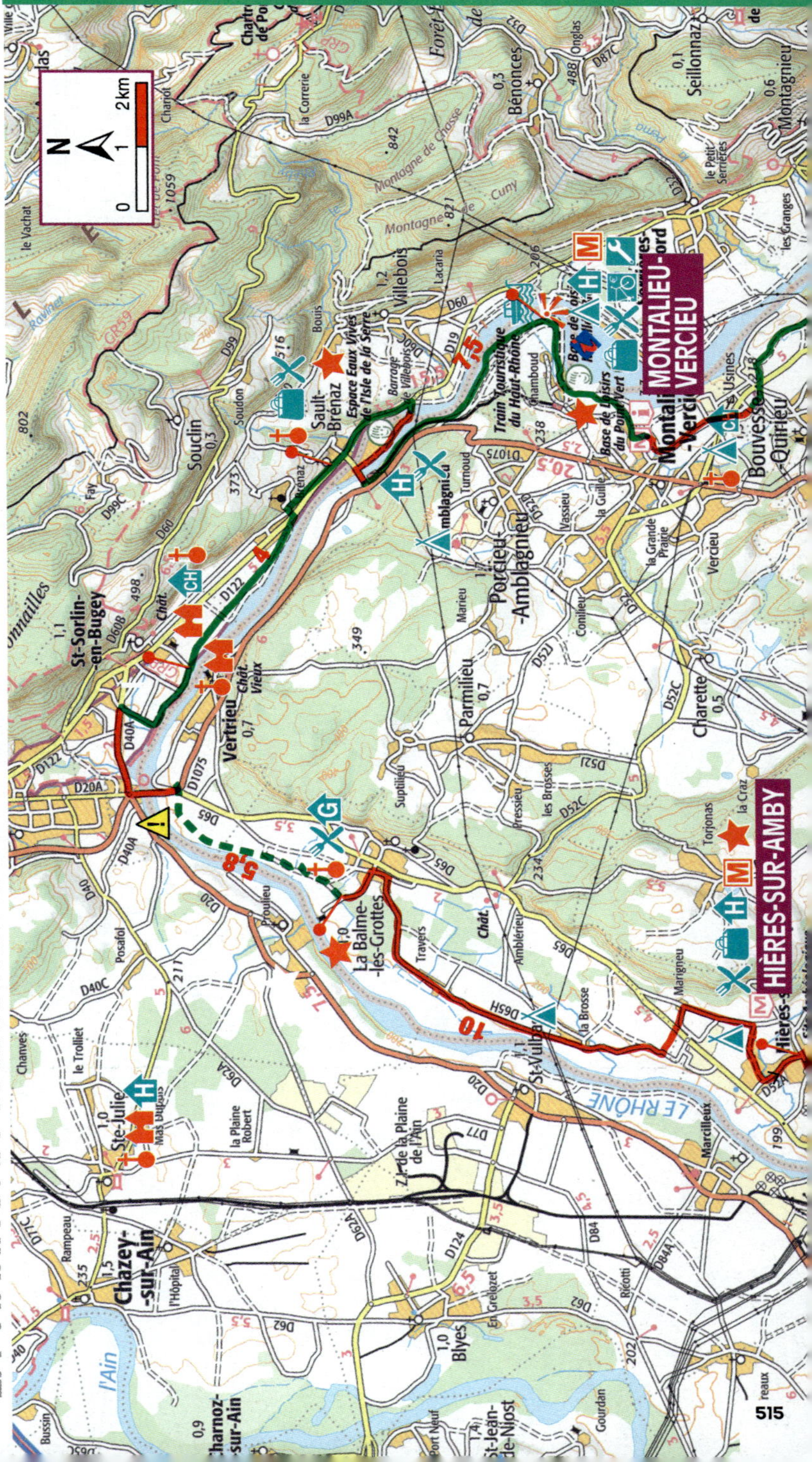

HIÈRES-SUR-AMBY
JONS
Loyettes
Anthon
Chavanoz
Villette-d'Anthon
St-Romain-de-Jalionas
St-Maurice-de-Gourdans
Pont-de-Chéruy
Janneyrias
Vernas
Marcilleux
St-Vulbas
Niost
Balan
Camp de la Valbonne
LE RHÔNE
l'Ain
Centrale Électrique du Bugey
Plateau de Larina
Site Archéologique de Larina
Chât. du Cingle
Chât. de Vernas
Prieuré
9,2
8,9
9,5
0 1 2km
N

# N°13 Jons → Lyon

**27,2 km - 2 h 20**

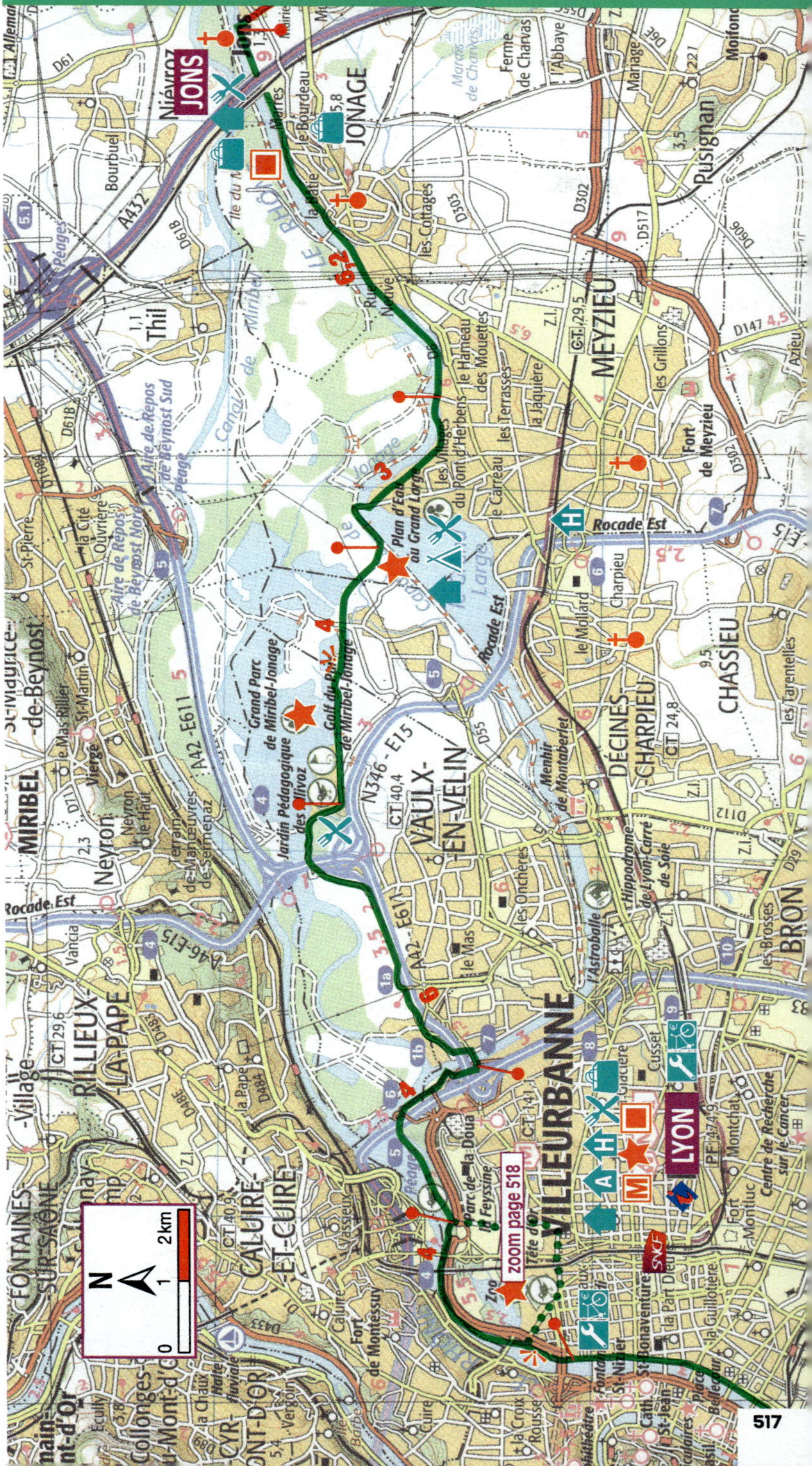
JONS
JONAGE
MEYZIEU
Pusignan
Thil
MIRIBEL
St-Maurice-de-Beynost
Neyron
RILLIEUX-LA-PAPE
CALUIRE-ET-CUIRE
FONTAINES-SUR-SAÔNE
VAULX-EN-VELIN
DÉCINES-CHARPIEU
CHASSIEU
VILLEURBANNE
LYON
BRON
Grand Parc de Miribel-Jonage
Plan d'Eau du Grand Large
Jardin Pédagogique des Allivoz
Golf du Parc de Miribel-Jonage
Canal de Miribel
Canal de Jonage
Parc de la Tête d'Or
Parc de la Feyssine
zoom page 518
Rocade Est
A42 - E611
A46 - E15
N346 - E15
Hippodrome de Lyon-Carré de Soie
Menhir de Montaberlet
Fort de Meyzieu
Fort de Montessuy
Centre de Recherche sur le Cancer
Aire de Repos de Beynost Nord
Aire de Repos de Beynost Sud
6,2
0
1
2 km
N

Passerelle Saint-Georges.

## L'ITINÉRAIRE

Vous trouverez un train (TER) toutes les heures au départ de Lyon (Perrache, Part-Dieu ou Jean Macé) pour rejoindre la commune de Givors. Ainsi, vous évitez les zones industrielles du sud de Lyon . Cette étape de transition se fait aisément sur une 1/2 journée.

# N°15 Givors → Vienne → Condrieu

25,8 km - 2 h 10

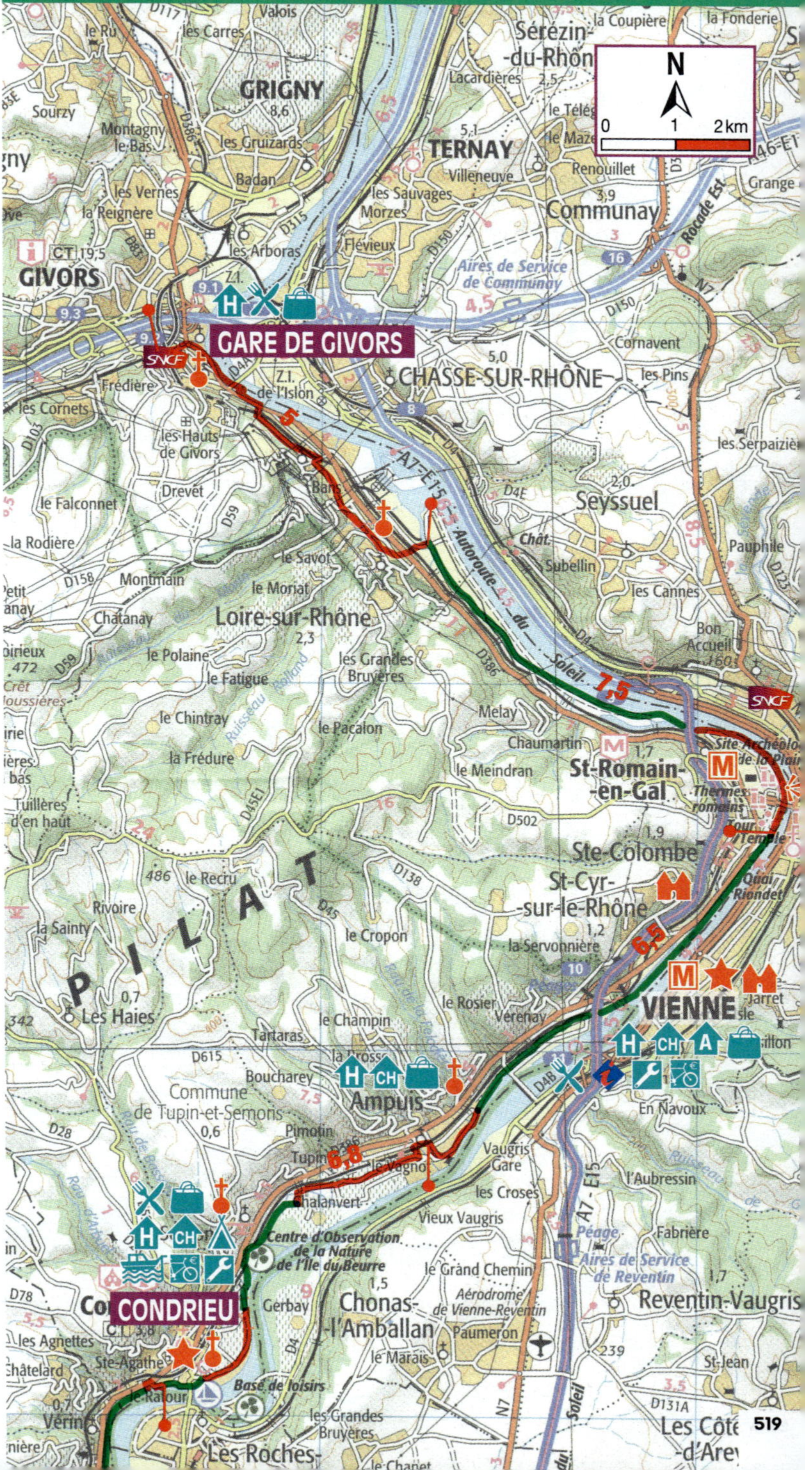

GARE DE GIVORS
GIVORS
GRIGNY
TERNAY
Communay
Sérézin-du-Rhône
CHASSE-SUR-RHÔNE
Seyssuel
Loire-sur-Rhône
St-Romain-en-Gal
Ste-Colombe
St-Cyr-sur-le-Rhône
VIENNE
Ampuis
CONDRIEU
Chonas-l'Amballan
Reventin-Vaugris
Les Roches-
PILAT
Autoroute du Soleil
Aires de Service de Communay
Aires de Service de Reventin
Centre d'Observation de la Nature de l'Ile du Beurre
Base de loisirs
Site Archéologique de la Plaine
Thermes romains
Temple
Quai Riondet
Aérodrome de Vienne-Reventin
Commune de Tupin-et-Semons
Rocade Est

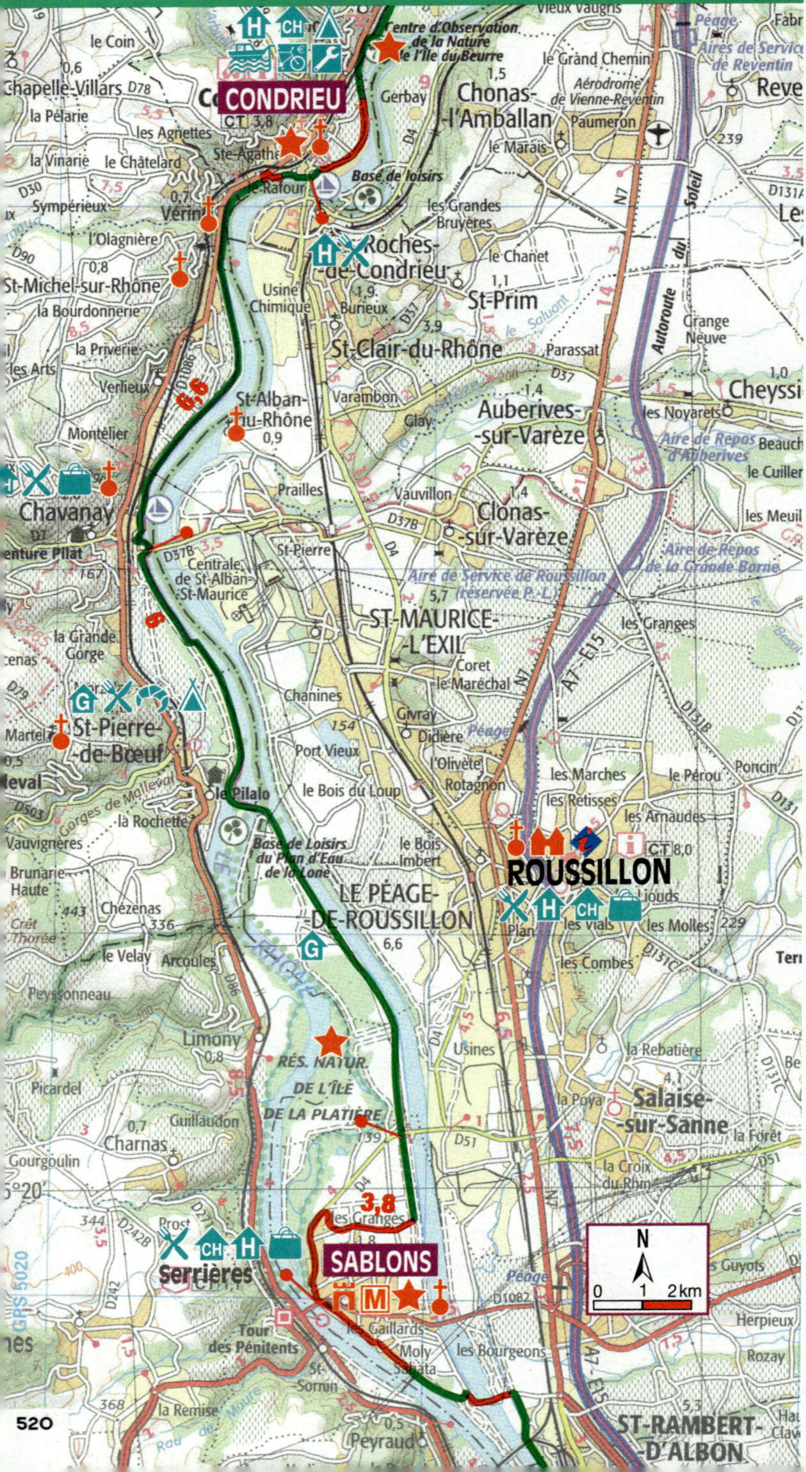
CONDRIEU
Centre d'Observation de la Nature de l'Île du Beurre
Chonas-l'Amballan
Aérodrome de Vienne-Reventin
Aires de Service de Reventin
Péage
Base de loisirs
Roches-de-Condrieu
Vérin
St-Michel-sur-Rhône
St-Clair-du-Rhône
St-Prim
St-Alban-du-Rhône
Auberives-sur-Varèze
Cheyssieu
Aire de Repos d'Auberives
Chavanay
Clonas-sur-Varèze
Aire de Repos de la Grande Borne
Centrale de St-Alban-St-Maurice
Aire de Service de Roussillon (réservée P.-L.)
ST-MAURICE-L'EXIL
St-Pierre-de-Bœuf
Gorges de Malleval
Base de Loisirs du Plan d'Eau de la Lône
LE PÉAGE-DE-ROUSSILLON
ROUSSILLON
RÉS. NATUR. DE L'ÎLE DE LA PLATIÈRE
Salaise-sur-Sanne
Limony
Charnas
SABLONS
Serrières
Tour des Pénitents
ST-RAMBERT-D'ALBON
Autoroute du Soleil
A7-E15
N7
0 1 2 km
6,6
6
3,8

SABLONS
Serrières
Tour des Pénitents
Chanas
St-Sornin
les Gaillards
Moly
les Bourgeons
Péage
T-RAMBERT-D'ALBON
Hautes Clavettes
SNCF
la Remise
Peyraud
Verlieux
le Pont de Peyraud
Fixe-Magne
Coinaud
Charbieux
Bogy
Château de Bayard
Port de Champagne
Aires de Service de St-Rambert-d'Albon
Colombier-le-Cardinal
Champagne
St-Pierre
les Champagnières
Rapon
Chatelet
Brunieux
Barlet
St-Désirat
le Creux de la Tine
les Colomberts
la Pinée
Ratisse
St-Étienne-de-Valoux
la Tour d'Albon
Aérodrome de St-Rambert-d'Albon
Andancette
les Trois Maisons
Marcoz
St-Romain d'Albon
Andance
Thorrenc
Croisieux
Halte Fluviale
Chardenaud
Golf d'Albon
Révélardon
Bancel
Bas Boresse
Boresse
Midon
Talencieux
Chamblain
Ruines romaines
Lac de Vert
Vert
Balais
Châț. du Molard
Beausemblant
Aire de Repos de Blacheronde
Laveyron
Cance
Ray
les Combes
la Croix des Mailles
la Plaine
Fanière
Corme
Silon
Tour d'Oriol
les Rioux
Sarras
SAINT-VALLIER
les Sablières
le Pont de St-Uze
les Bardons
la Patelle
Ozon
Ponsas
Eclassan
Défilé de St-Vallier
Cromlech de la Roche-Qui-Danse
RHÔNE
Autoroute
les Sables
Vallat
Arras-sur-Rhône
0 1 2 km

## Saint-Vallier → Tournon-sur-Rhône

## 17,8 km - 1 h 30

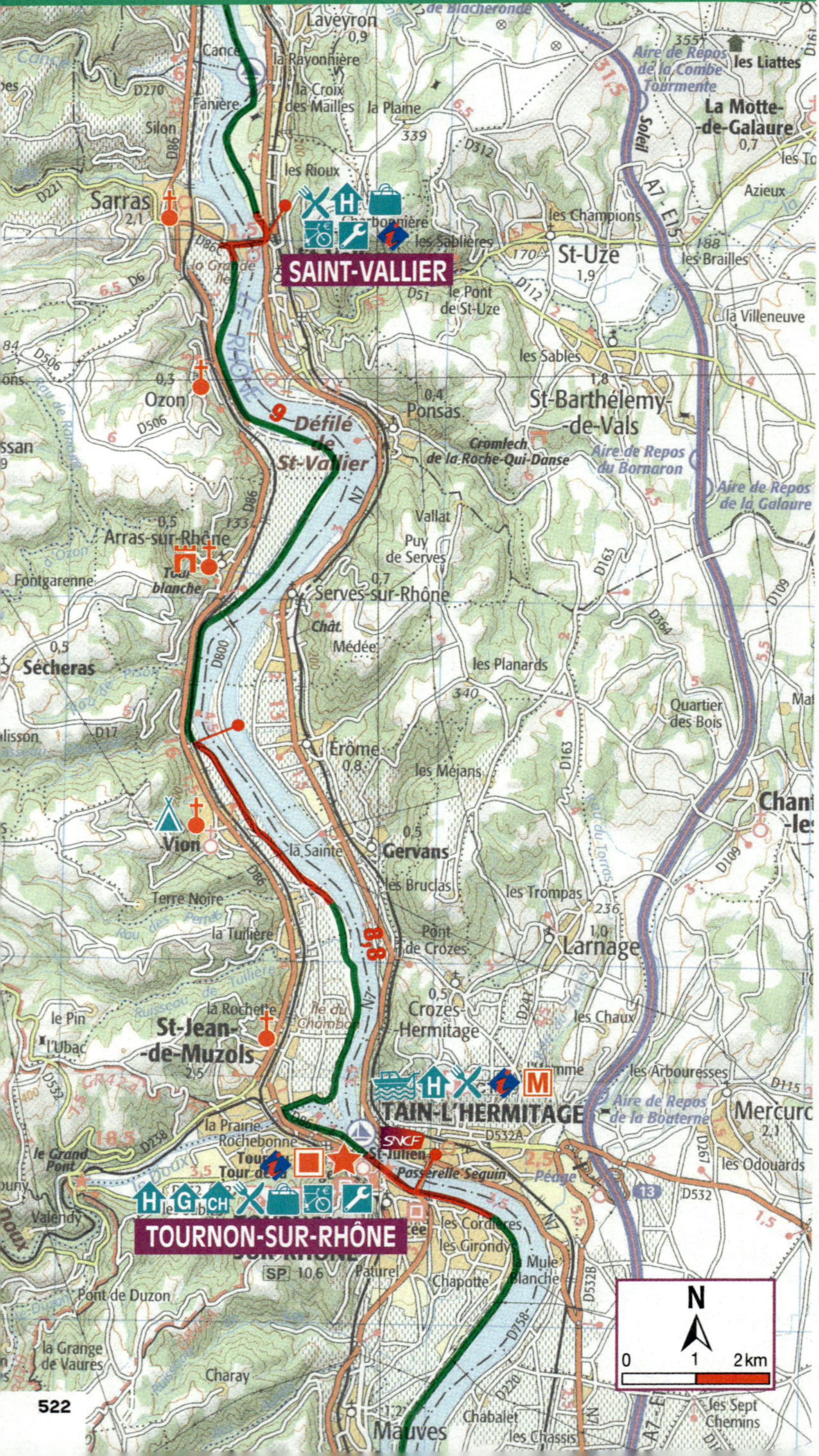
Laveyron
la Rayonnière
la Croix des Mailles
la Plaine
Fanière
Silon
Sarras
les Rioux
Charbonnière
les Sablières
SAINT-VALLIER
St-Uze
le Pont de St-Uze
les Champions
La Motte-de-Galaure
Aire de Repos de la Combe Tourmente
les Liattes
Azieux
les Brailles
la Villeneuve
les Sables
St-Barthélemy-de-Vals
Ponsas
Cromlech de la Roche-Qui-Danse
Aire de Repos du Bornaron
Aire de Repos de la Galaure
Ozon
Défilé de St-Vallier
Arras-sur-Rhône
Tour blanche
Fontgarenne
Vallat
Puy de Serves
Serves-sur-Rhône
Chât. Médée
Sécheras
les Planards
Quartier des Bois
Erôme
les Méjans
Vion
la Sainte
Gervans
les Bruclas
les Trompas
Terre Noire
la Tuilière
Pont de Crozes
Larnage
la Roche
Île de Chambe
Crozes-Hermitage
les Chaux
St-Jean-de-Muzols
l'Ubac
le Pin
les Arbouresses
TAIN-L'HERMITAGE
Aire de Repos de la Bouterne
Mercurol
la Praine
Rochebonne
St-Julien
Passerelle Seguin
Péage
les Odouards
le Grand Pont
Valendy
TOURNON-SUR-RHÔNE
les Cordières
les Gironds
la Mule Blanche
Chapotte
Pont de Duzon
la Grange de Vaures
Charay
Chabalet
les Chassis
Mauves
les Sept Chemins
N
0 1 2 km

## N°19 Tournon-sur-Rhône → Valence

**22,8 km - 1 h 55**

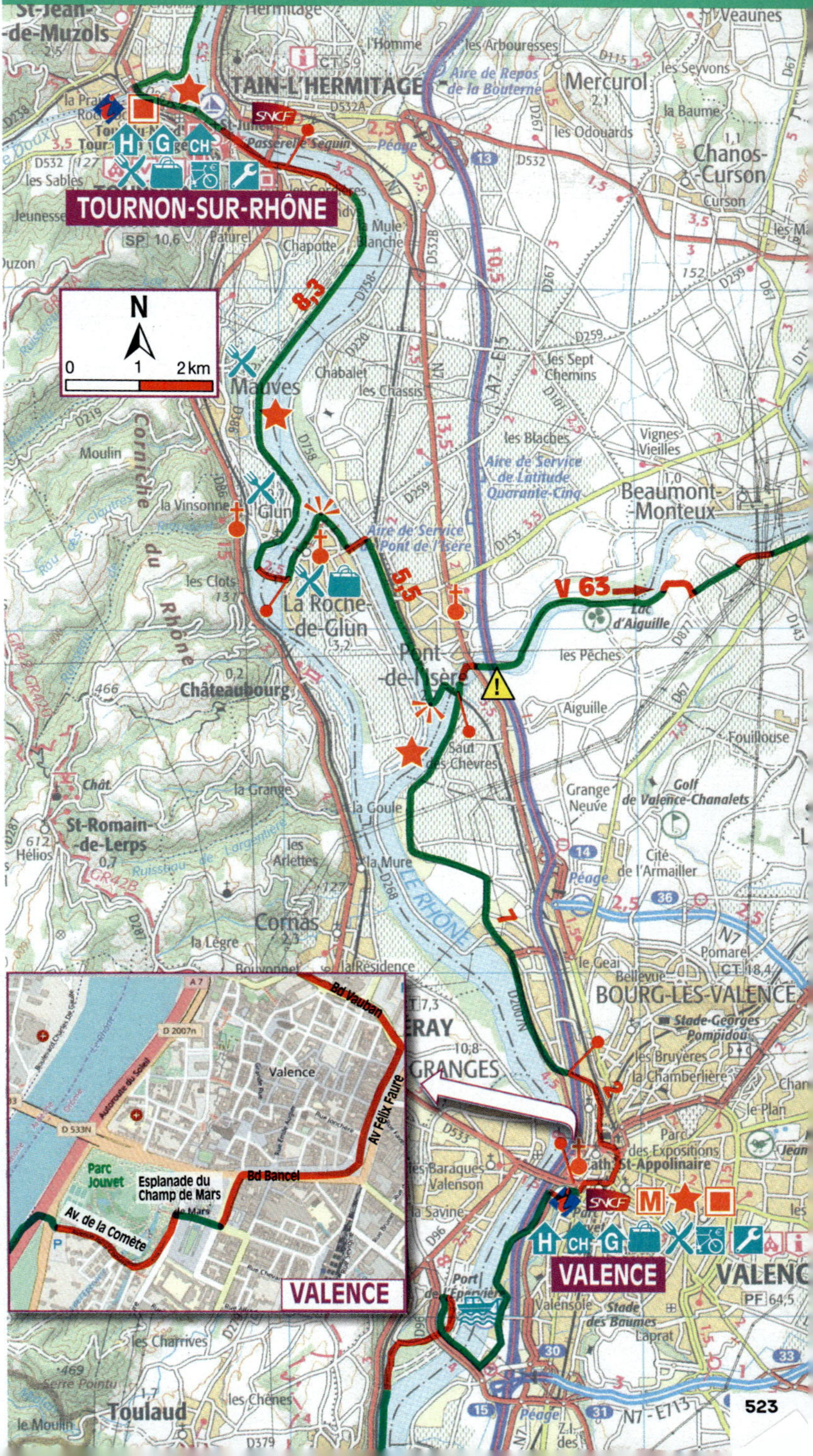
TOURNON-SUR-RHÔNE
TAIN-L'HERMITAGE
St-Jean-de-Muzols
Passerelle Seguin
Mercurol
Chanos-Curson
Mauves
Glun
La Roche-de-Glun
Pont-de-l'Isère
Aire de Service Pont de l'Isère
Aire de Service de Latitude Quarante-Cinq
Beaumont-Monteux
V 63
Lac d'Aiguille
Châteaubourg
St-Romain-de-Lerps
Cornas
Corniche du Rhône
LE RHÔNE
BOURG-LÈS-VALENCE
VALENCE
Port de l'Épervière
Toulaud
Valence
Bd Vauban
Av Félix Faure
Bd Bancel
Esplanade du Champ de Mars
Parc Jouvet
Av. de la Comète
0 1 2 km

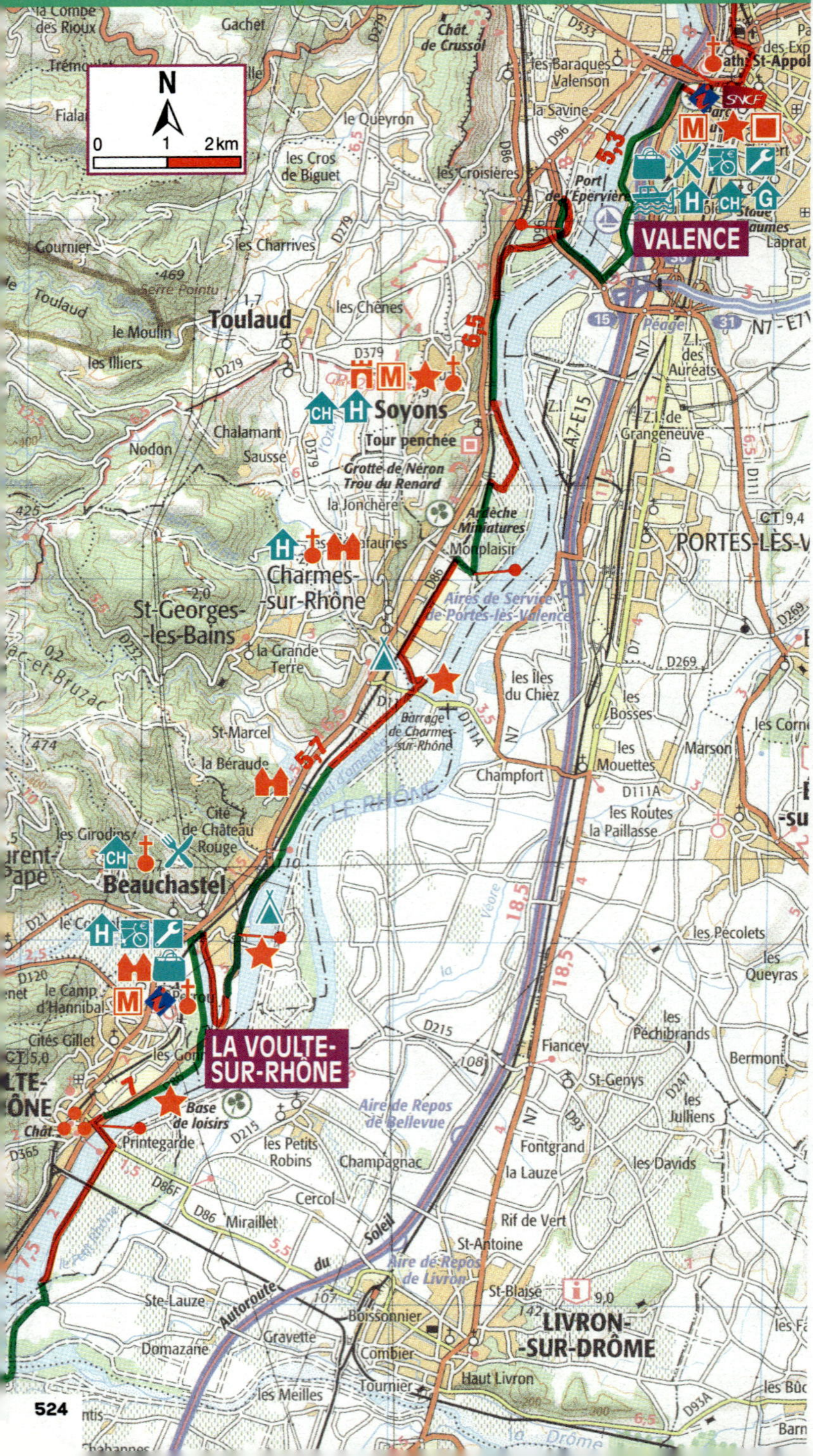
N
0
1
2 km
VALENCE
LA VOULTE-SUR-RHÔNE
Toulaud
Soyons
Tour penchée
Grotte de Néron
Trou du Renard
Ardèche Miniatures
Charmes-sur-Rhône
St-Georges-les-Bains
Beauchastel
Port de l'Épervière
Aires de Service de Portes-lès-Valence
Barrage de Charmes-sur-Rhône
Base de loisirs
Aire de Repos de Bellevue
Aire de Repos de Livron
LIVRON-SUR-DRÔME
PORTES-LÈS-V
Chât. de Crussol
les Baraques Valenson
le Queyron
les Cros de Biguet
les Croisières
les Charrives
les Chênes
Chalamant
Sausse
Nodon
le Moulin
les Illiers
Gournier
Toulaud
Serre Pointu
la Jonchère
Monplaisir
la Grande Terre
St-Marcel
la Bérauds
Cité de Château Rouge
les Girodins
les Îles du Chiez
Champfort
les Bosses
les Mouettes
Marson
les Routes
la Paillasse
Z.I. des Auréats
Z.I. de Grangeneuve
les Pecolets
les Queyras
les Péchibrands
Bermont
Fiancey
St-Genys
les Julliens
Fontgrand
la Lauze
les Davids
Rif de Vert
St-Antoine
St-Blaise
Printegarde
les Petits Robins
Champagnac
Cercol
Miraillet
Ste-Lauze
Domazane
Gravette
Boissonnier
Combier
Tournier
Haut Livron
les Meilles
Cités Gillet
le Camp d'Hannibal
Autoroute du Soleil
LE RHÔNE
la Drôme
Péage
Laprat
D533
D96
D86
D279
D379
D11A
D111A
D269
D215
D86F
D365
D120
D247
D93A
N7
A7-E15
N7-E71
5,3
6,5
5,7
7
18,5
SNCF

## La Voulte-sur-Rhône → Cruas

**21 km - 1 h 45**

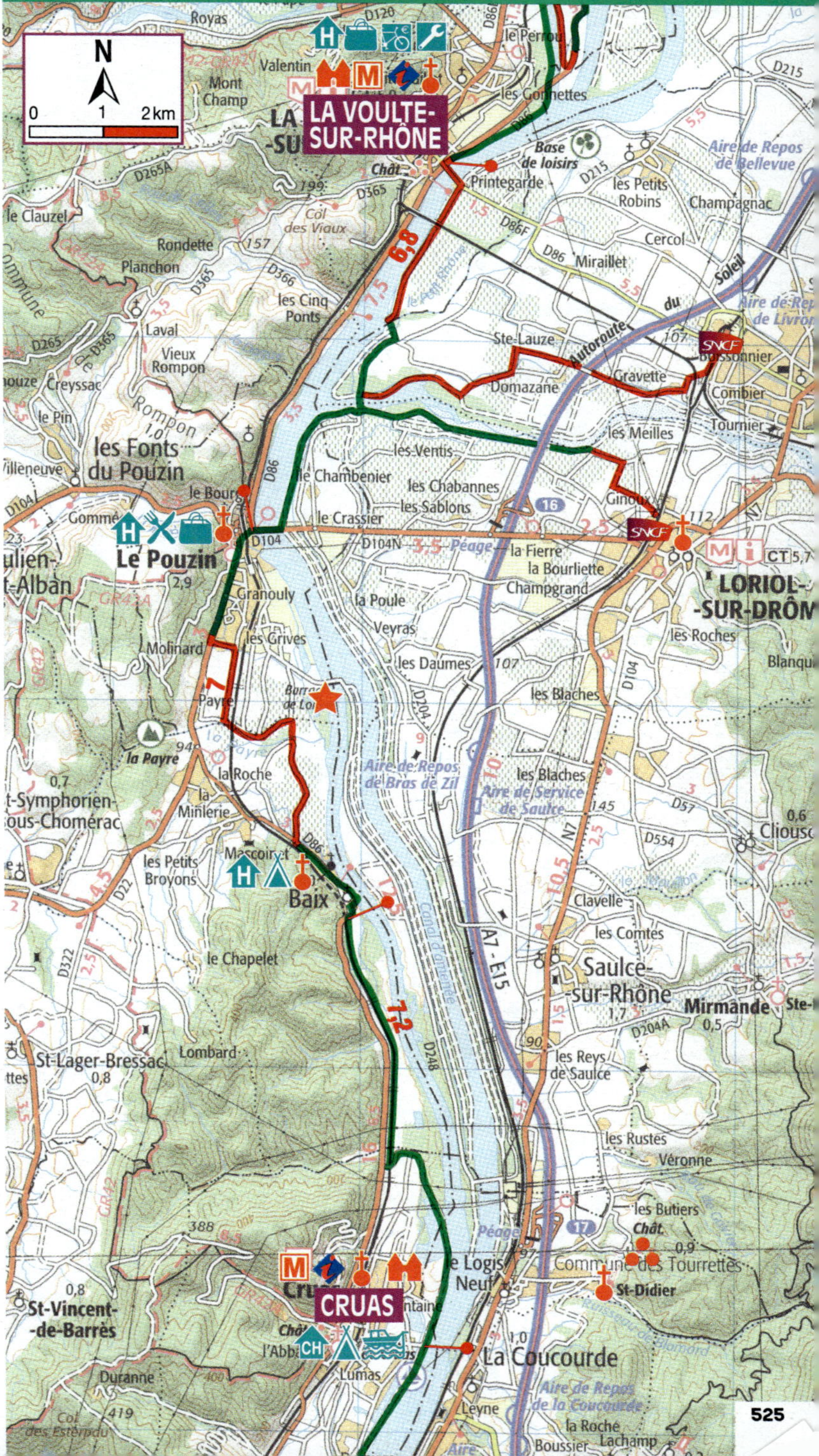
N
0
1
2 km
LA VOULTE-SUR-RHÔNE
Royas
Valentin
Mont Champ
Châ.
Col des Viaux
le Clauzel
Rondette
Planchon
les Cinq Ponts
Laval
Vieux Rompon
Creyssac
le Pin
Rompon
les Fonts du Pouzin
le Bourg
Gommé
Le Pouzin
Granouly
Molinard
les Grives
Payre
la Payre
la Roche
la Minlerie
les Petits Broyons
Mascoirat
Baix
le Chapelet
St-Lager-Bressac
Lombard
St-Vincent-de-Barrès
Duranne
Col des Estéroulu
CRUAS
l'Abbaye
Lumas
le Logis Neuf
La Coucourde
Leyne
la Roche
Boussier
Lachamp
le Perrou
les Gonnettes
Base de loisirs
Printegarde
les Petits Robins
Champagnac
Cercol
Miraillet
Aire de Repos de Bellevue
Aire de Repos de Livron
Autoroute du Soleil
Ste-Lauze
Domazane
Gravette
Boissonnier
Combier
Tournier
les Meilles
les Ventis
le Chambenier
les Chabannes
les Sablons
le Crassier
Ginoux
SNCF
Péage
la Fierre
la Bourliette
Champgrand
LORIOL-SUR-DRÔME
les Roches
la Poule
Veyras
les Daumes
les Blaches
Aire de Repos de Bras de Zil
Aire de Service de Saulce
Clavelle
les Comtes
Saulce-sur-Rhône
Mirmande
les Reys de Saulce
les Rustes
Véronne
les Butiers
Commune des Tourrettes
St-Didier
Aire de Repos de la Coucourde
Canal d'amenée
A7-E15
6,8
7
7,2
D86
D104
D104N
D204
D248
N7

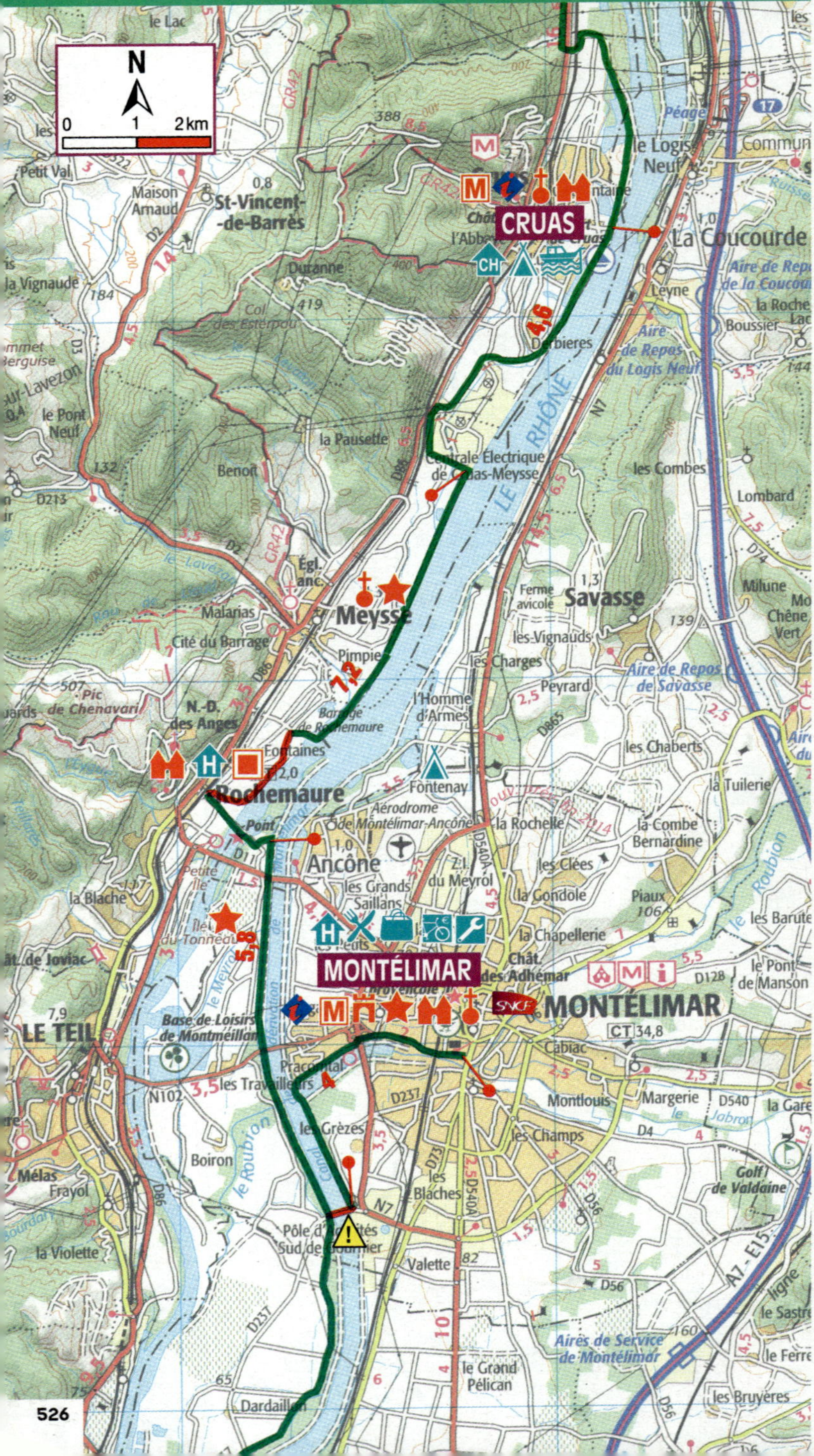
N
0 1 2 km
CRUAS
MONTÉLIMAR
St-Vincent-de-Barrès
Maison Arnaud
Petit Val
la Vignaude
Duranne
Col des Estrayols
la Pausette
Benoît
La Coucourde
le Logis Neuf
Péage
Aire de Repos du Logis Neuf
Leyne
Derbières
Boussier
LE RHÔNE
Centrale Électrique de Cruas-Meysse
les Combes
Lombard
Meysse
Malarias
Cité du Barrage
Égl. anc.
Savasse
Ferme avicole
les Vignauds
les Charges
Peyrard
Aire de Repos de Savasse
l'Homme d'Armes
Barrage de Rochemaure
Pic de Chenavari
N.-D. des Anges
Fontaines
Rochemaure
Fontenay
Aérodrome de Montélimar-Ancône
Ancône
les Grands Saillans
Z.I. du Meyrol
la Rochelle
les Chaberts
la Tuilerie
la Combe Bernardine
les Clées
la Gondole
Piaux
la Chapellerie
Château des Adhémar
le Pont de Manson
les Barutes
la Blache
Petite Île
Île du Tonneau
LE TEIL
Base de Loisirs de Montmeillan
les Travailleurs
Pracomtal
Cabiac
Montlouis
Margerie
la Gare
les Grèzes
les Champs
Boiron
les Blaches
Golf de Valdaine
Mélas
Frayol
la Violette
Pôle d'Activités Sud de Montélimar
Valette
Aires de Service de Montélimar
le Sastre
le Ferre
le Grand Pélican
les Bruyères
Dardaillon
le Roubion
le Jabron
SNCF

# N°23 Montélimar → Bourg-Saint-Andéol

**23,4 km - 2 h 00**

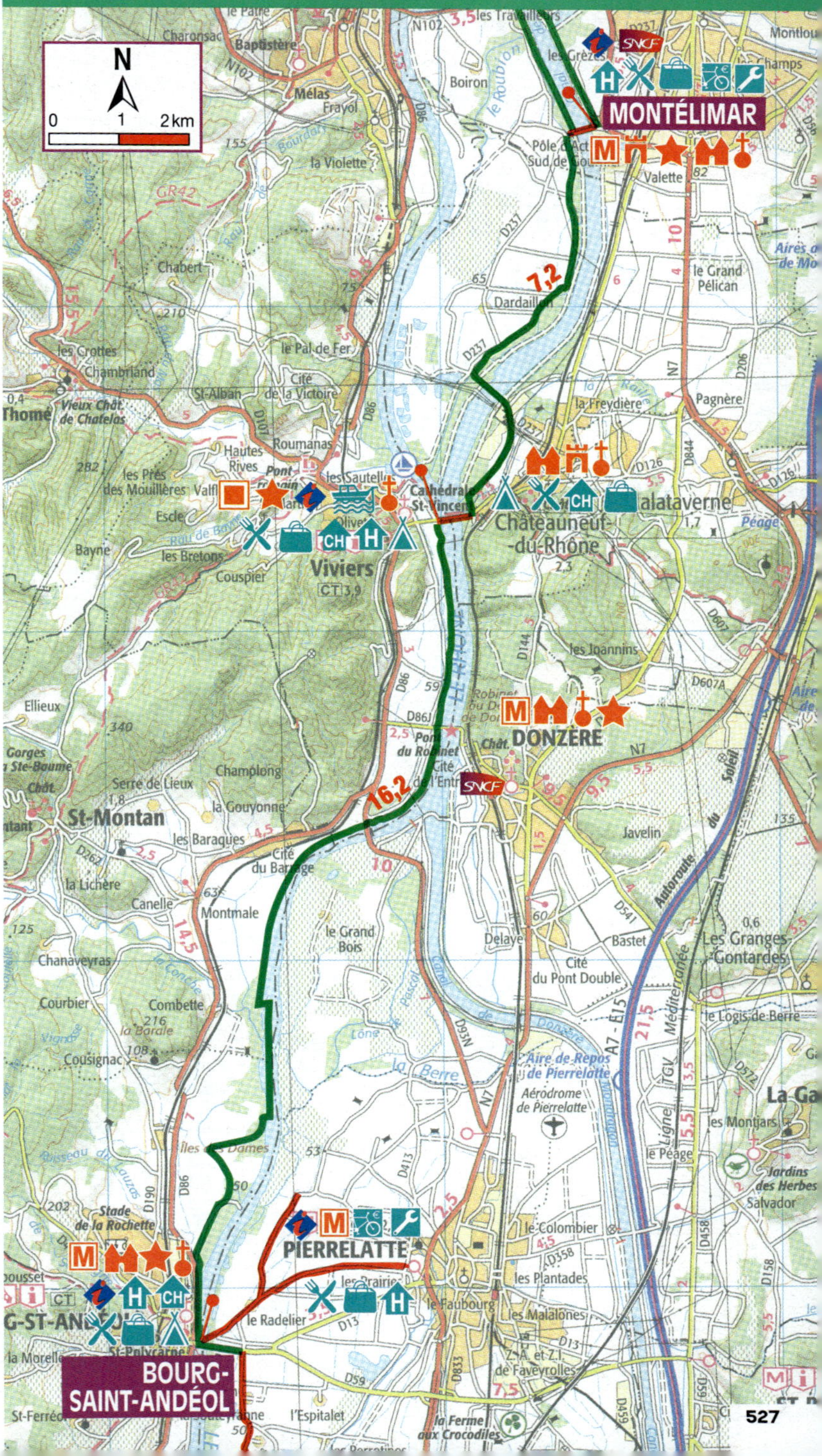
N
0 1 2 km
MONTÉLIMAR
SNCF
7,2
16,2
Châteauneuf-du-Rhône
Viviers
DONZÈRE
SNCF
PIERRELATTE
BOURG-SAINT-ANDÉOL
St-Montan
Cathédrale St-Vincent
Pôle d'Act. Sud de Go
Valette
Dardaillon
Chabert
les Crottes
Chambriand
St-Alban
Cité de la Victoire
le Pal de Fer
Roumanas
Hautes Rives
les Prés des Mouillères
Escle
Bayne
les Bretons
Couspier
Ellieux
Serre de Lieux
Champlong
la Gouyonne
les Baraques
Cité du Barrage
la Lichère
Canelle
Montmale
le Grand Bois
Chanaveyras
Courbier
Combette
Cousignac
Stade de la Rochette
le Radelier
les Prairies
le Faubourg
les Malaines
les Plantades
le Colombier
l'Espitalet
la Ferme aux Crocodiles
Z.A. et Z.I. de Faveyrolles
Aire de Repos de Pierrelatte
Aérodrome de Pierrelatte
Delaye
Cité du Pont Double
Bastet
Javelin
les Joannins
la Freydière
Pagnère
le Grand Pélican
Les Granges-Gontardes
le Logis-de-Berre
les Montjars
le Péage
Jardins des Herbes Salvador
Autoroute du Soleil
Ligne TGV Méditerranée
A7 - E15
N7
D86
la Violette
Mélas
Frayol
Baptistère
Charonsac
Boiron
les Grèzes
les Travailleurs
Vieux Chât. de Chatelas
St-Polycarpe
la Morelle
St-Ferréol
Malataverne
Montlouis
Champs

# Bourg-Saint-Andéol → Pont-Saint-Esprit

16,2 km - 1 h 25

N°24

Le Rhône à Pont-Saint-Esprit.

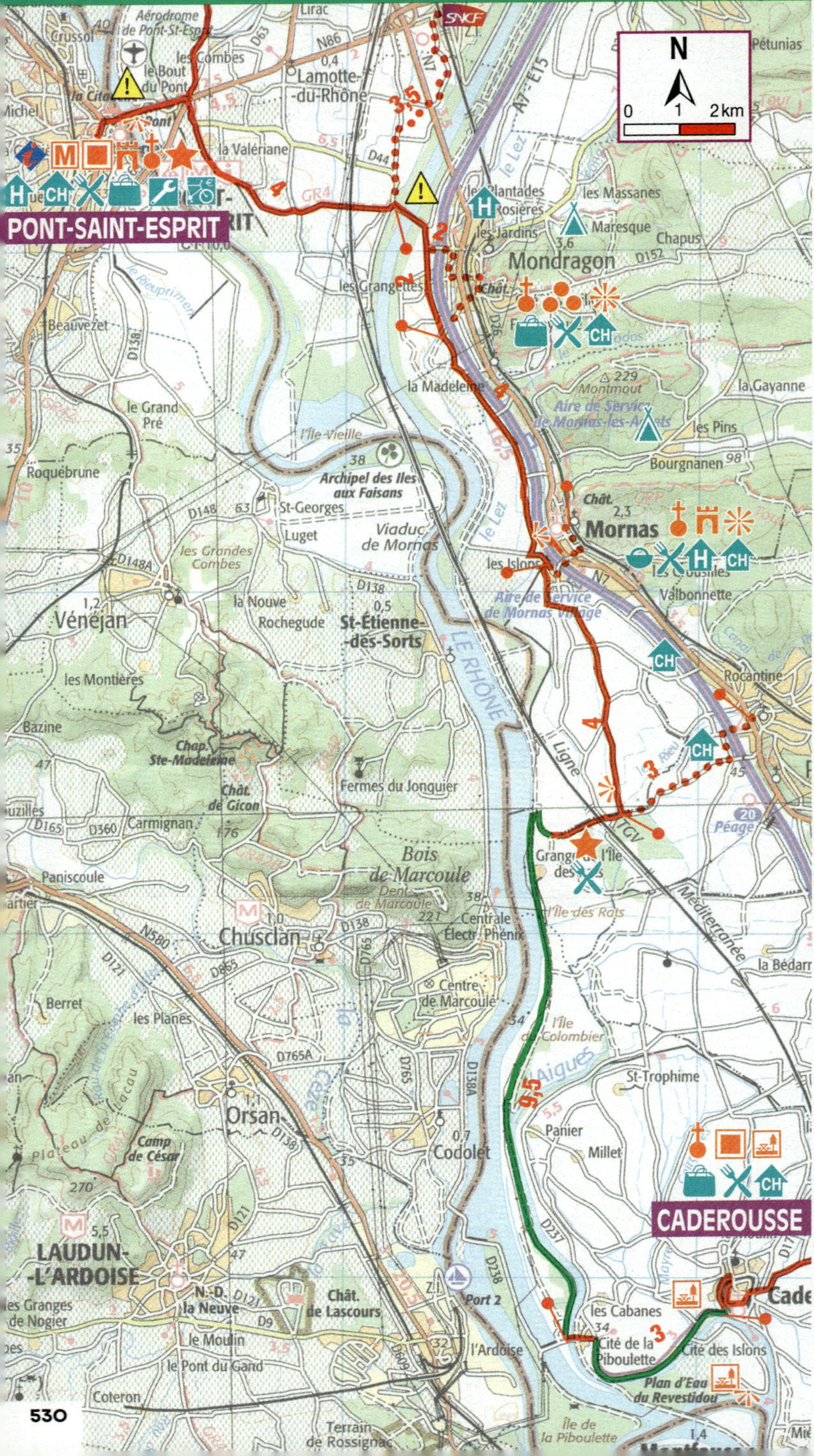

PONT-SAINT-ESPRIT
CADEROUSSE
Mondragon
Mornas
Lamotte-du-Rhône
Vénéjan
St-Étienne-des-Sorts
Chusclan
Orsan
Codolet
LAUDUN-L'ARDOISE
LE RHÔNE
Archipel des Iles aux Faisans
Viaduc de Mornas
Aire de Service de Mornas Village
Aire de Service de Mornas-les-Adrets
Bois de Marcoule
Centrale Électr. Phénix
Centre de Marcoule
Camp de César
Aérodrome de Pont-St-Esprit
la Madeleine
les Grangettes
Roquebrune
Beauvezet
Rochegude
la Nouve
Luget
St-Georges
Paniscoule
Carmignan
Berret
les Planes
St-Trophime
Panier
Millet
les Cabanes
Cité de la Piboulette
Cité des Islons
Plan d'Eau du Revestidou
Île de la Piboulette
Port 2
l'Ardoise
Valbonnette
Rocantine
Bourgnanen
la Gayanne
les Pins
les Massanes
Maresque
Chapus
Pétunias
Montmout
Ligne TGV Méditerranée
Péage
0 1 2 km
N

## Caderousse → Avignon

**36,5 km - 4 h 00**

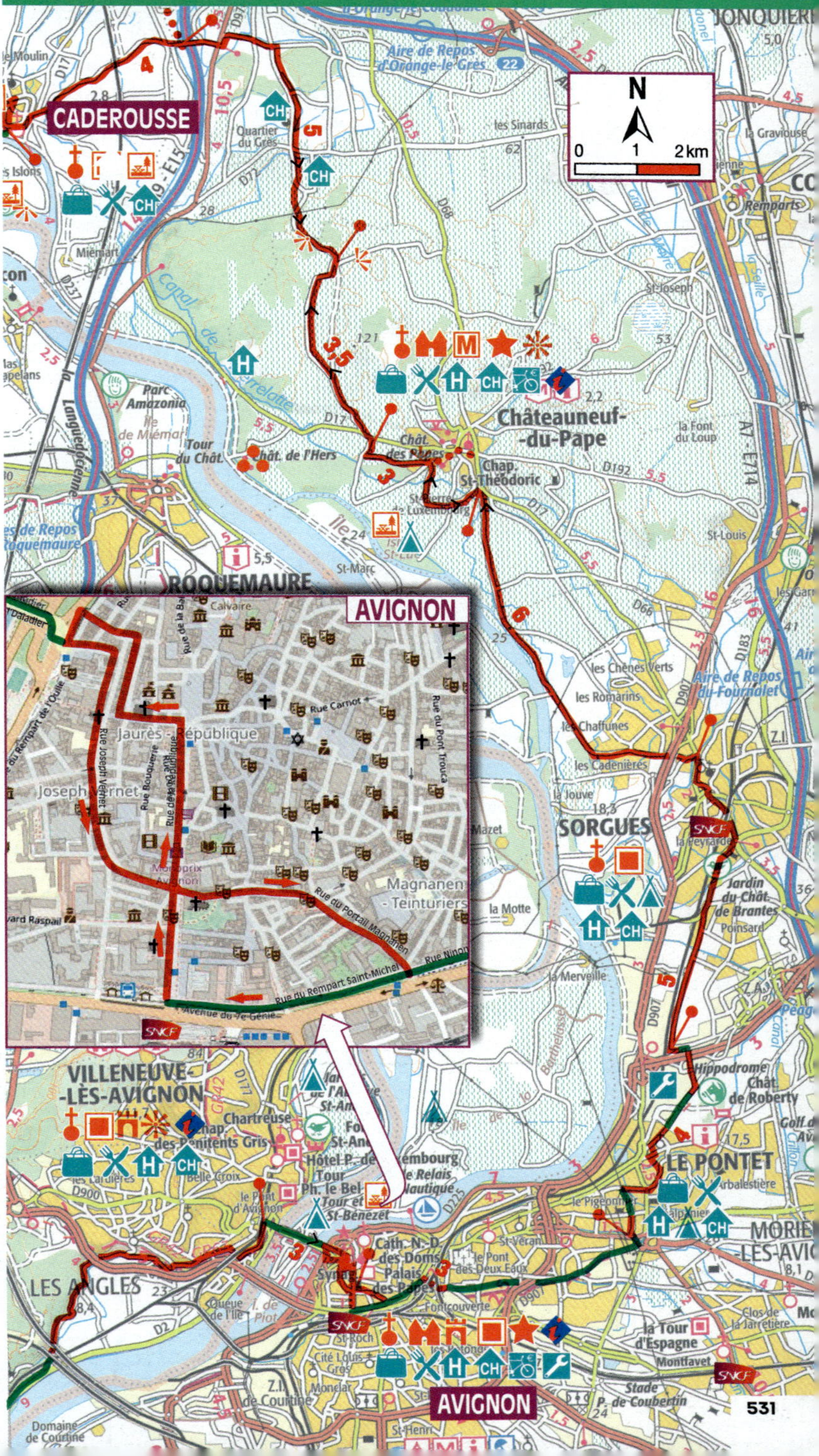
CADEROUSSE
Aire de Repos d'Orange-le-Grès
Quartier du Grès
Châteauneuf-du-Pape
Chât. des Papes
Chap. St-Théodoric
Châtt. de l'Hers
Tour du Chât.
Parc Amazonia
Canal de Donzère-Mondragon
ROQUEMAURE
AVIGNON
Jaurès - République
Joseph Vernet
Rue Joseph Vernet
Rue Carnot
Rue du Pont Trouca
Rue du Portail Magnanen
Rue du Rempart Saint-Michel
Magnanen - Teinturiers
Monoprix Avignon
SORGUES
Aire de Repos du Fournalet
les Chênes Verts
les Romarins
Jardin du Chât. de Brantes
la Motte
Hippodrome
Chât. de Roberty
LE PONTET
VILLENEUVE-LÈS-AVIGNON
Chartreuse
Chap. des Pénitents Gris
Fort St-André
Hôtel P. de Rembourg
Tour Ph. le Bel
Tour et St-Bénezet
Cath. N.-D. des Doms
Palais des Papes
LES ANGLES
AVIGNON
la Tour d'Espagne
Montfavet
P. de Coubertin
Domaine de Courtine
0 1 2 km
N

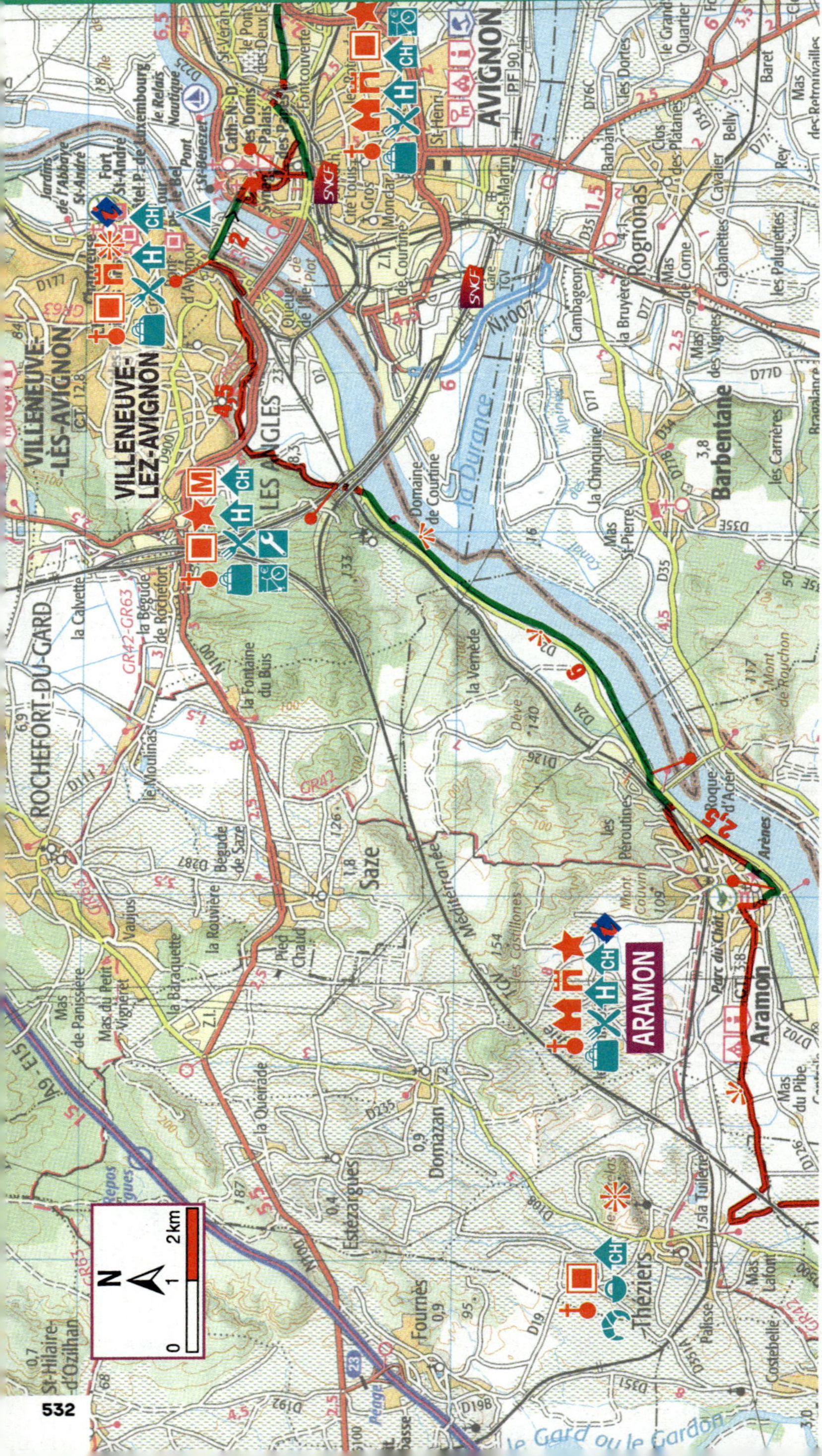
AVIGNON
VILLENEUVE-LÈS-AVIGNON
VILLENEUVE-LEZ-AVIGNON
LES ANGLES
ROCHEFORT-DU-GARD
Saze
ARAMON
Aramon
Barbentane
Rognonas
Domazan
Estézargues
Fournès
Théziers
la Durance
le Gard ou le Gardon
Domaine de Courtine
Roque d'Acier
Méditerranée
N 1007
D2
2km

Théziers
Palisse
Mas Lafont
la Tuilerie
ARAMON
Aramon
Parc du Chât.
CT 3,8
Arènes
les Cannebières
les Péroutines
Roque-d'Acier
Mas du Pibe
Centrale Électrique
Montfrin
Faubourg du Pont
Bégude Blanche
Comps
LE RHÔNE
St-Michel
le Moulin Brûlé
St-Pierre-de-Mézoargues
le Bousquillon
le Beau Mas
le Mas Boissière
les Grands Vallons et les Eysselettes
Vallabrègues
la Treille
St-Roman
Habitats troglodytiques
Abbaye
Chap. St-Laurent
Rocher de Triple Levée
Mas de Sicard
Mas de la Butte
Servan
le Pont de Rosa
la Coquillade
la Roustide
Enclos d'Argent
Gaudon
BEAUCAIRE
CT 15,5
Tour polygonale
Chât. Gaillard
Mas d'Astier
Mas Provençal
TARASCON
CT 13,3
les Moulins
l'Oratoire
Croix couverte
le Mas de Mailland
Mas de Gourgan
Mas Pelissier
St-Pierre
Z.I.
Mas de Tieuloy
Mas Richounette
le Petit Castelet
le Grand Castelet
Bonnafous
Mas des Sables
Mas de la Bastide
Lansac
le Grand Mas
le Grand Beaumont
Mas des Lecques
St-Roch
0
1
2 km

Beaucaire
→ Arles

20 km - 2 h 00

N°29

DE BEAUCAIRE À PORT-ST-LOUIS

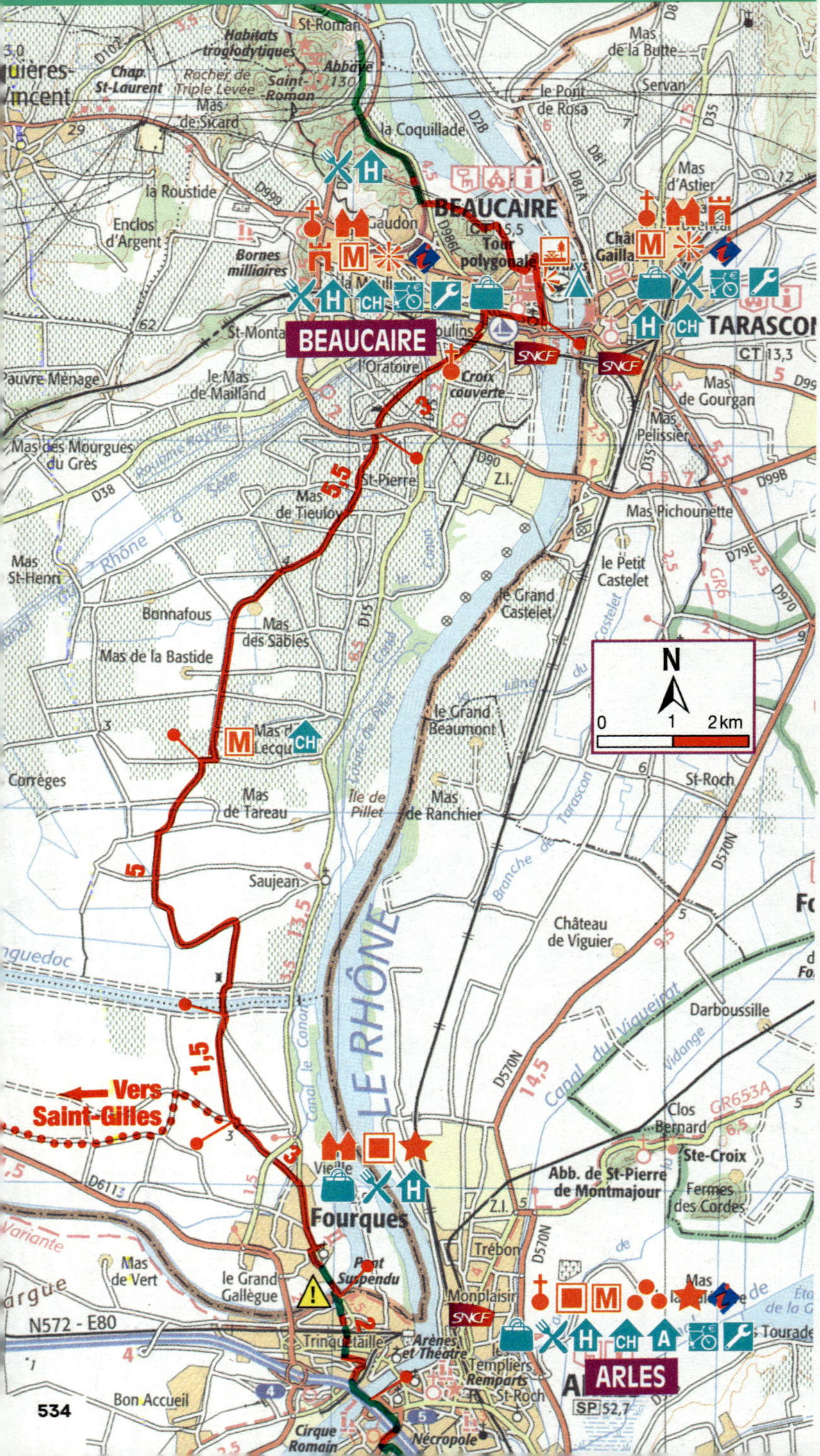

# N°30 Arles → Mas-Thibert

**19 km - 1 h 55**

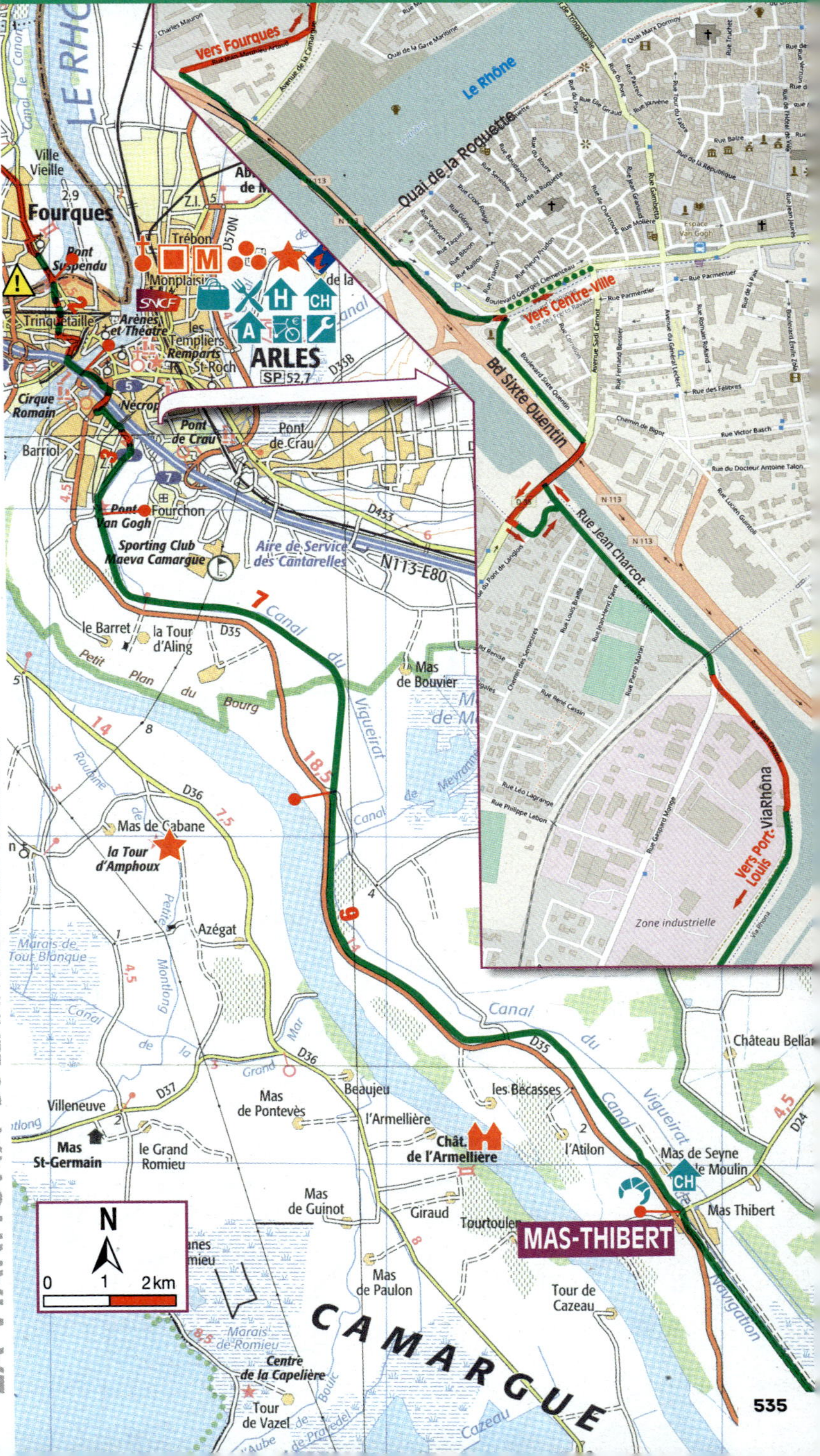
LE RHÔNE
Canal
Ville Vieille
Fourques
Pont Suspendu
Trinquetaille
Arènes et Théâtre
Cirque Romain
Barriol
Trébon
Monplaisir
SNCF
les Templiers
Remparts
St-Roch
ARLES
SP 52,7
D570N
D35B
Z.I.
Pont de Crau
Pont Van Gogh
Fourchon
Sporting Club Maeva Camargue
Aire de Service des Cantarelles
N113-E80
D453
Vers Fourques
Le Rhône
Quai de la Roquette
Vers Centre-Ville
Bd Sixte Quentin
Rue Jean Charcot
N 113
ViaRhôna
Vers Port-St-Louis
Zone industrielle
le Barret
la Tour d'Aling
D35
Canal du Vigueirat
Mas de Bouvier
Petit Plan du Bourg
D36
Mas de Cabane
la Tour d'Amphoux
Azégat
Marais de Tour Blanque
Canal de la Grand Mar
Villeneuve
D37
Mas St-Germain
le Grand Romieu
Mas de Pontevès
Beaujeu
l'Armellière
Chât. de l'Armellière
les Bécasses
l'Atilon
Château Bellar
Mas de Seyne
le Moulin
Mas Thibert
MAS-THIBERT
Giraud
Tourtoulen
Mas de Guinot
Mas de Paulon
Tour de Cazeau
Navigation
D24
Marais de Romieu
Centre de la Capelière
Tour de Vazel
CAMARGUE
N
0 1 2 km

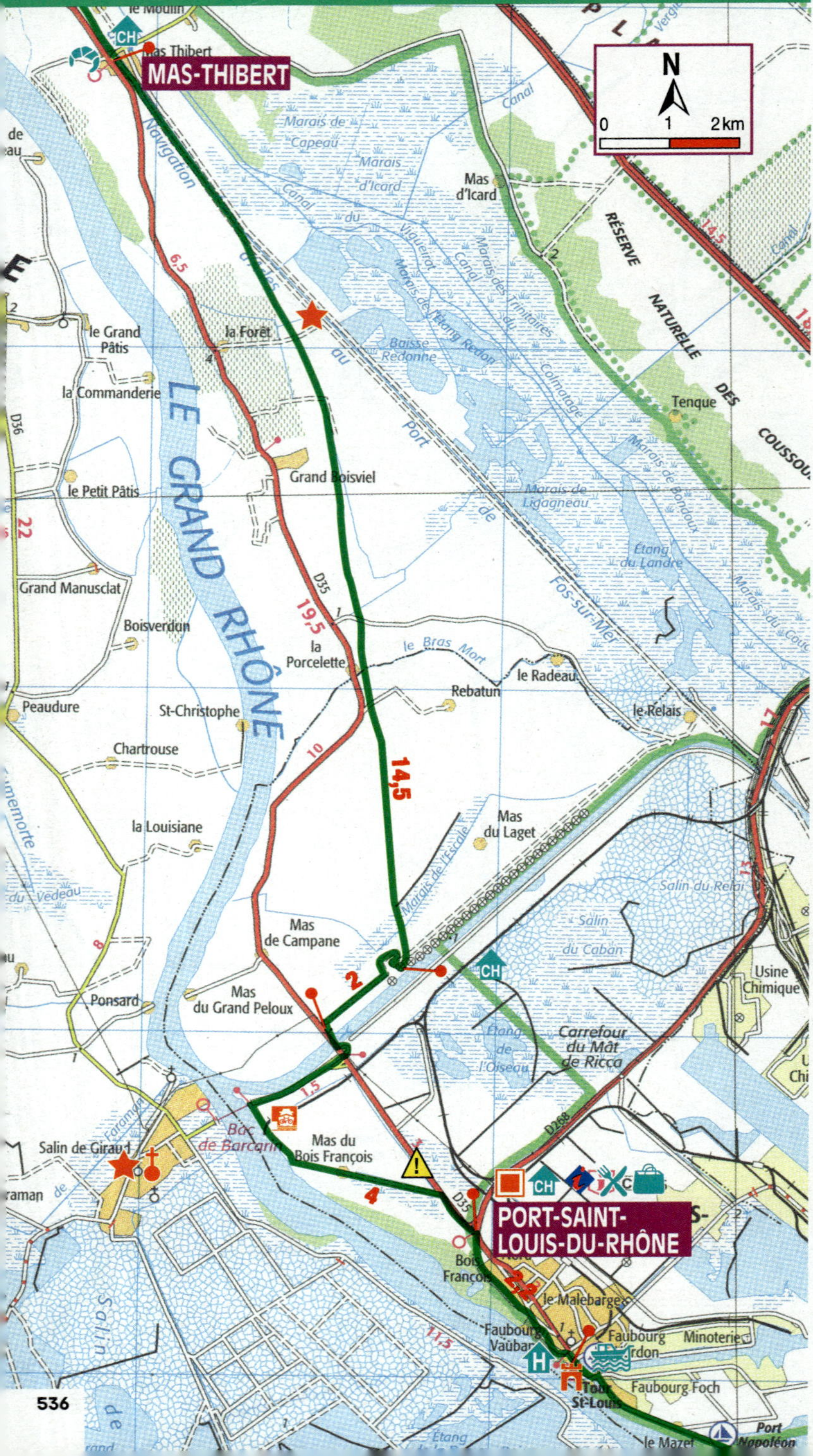
MAS-THIBERT
N
0
1
2 km
Marais de Capeau
Marais d'Icard
Mas d'Icard
RÉSERVE NATURELLE DES COUSSOUL
Canal du Vigueirat
Canal de Navigation
LE GRAND RHÔNE
la Forêt
le Grand Pâtis
la Commanderie
le Petit Pâtis
Grand Boisviel
Baisse Redonne
Tenque
Marais de Ligagneau
Étang du Landre
Grand Manusclat
Boisverdun
la Porcelette
le Bras Mort
le Radeau
Rebatun
le Relais
Peaudure
St-Christophe
Chartrouse
la Louisiane
Mas du Laget
Salin du Relai
Salin du Caban
Mas de Campane
Ponsard
Mas du Grand Peloux
Usine Chimique
Étang de l'Oiseau
Carrefour du Mât de Ricca
Bac de Barcarin
Salin de Giraud
Mas du Bois François
PORT-SAINT-LOUIS-DU-RHÔNE
Bois François
le Malebarge
Faubourg Vauban
Faubourg Hourdon
Minoterie
Tour St-Louis
Faubourg Foch
le Mazet
Port Napoléon
14,5
19,5
22
6,5
10
2
4
1,5
D35
D36
D268

# N°32 Port-Saint-Louis → Plage Napoléon

**8,5 km - 0 h 50**

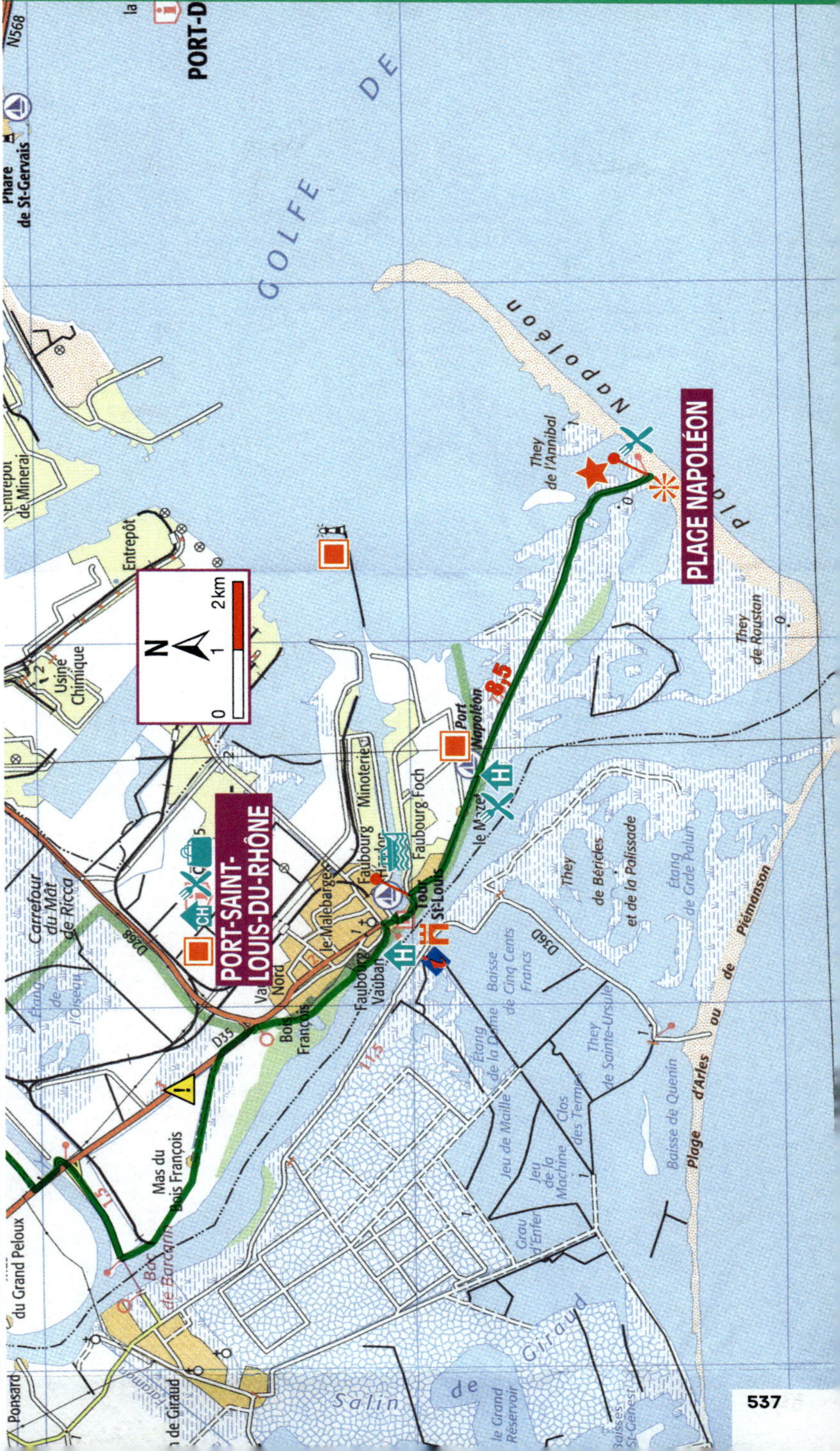
PORT-SAINT-LOUIS-DU-RHÔNE
PLAGE NAPOLÉON
GOLFE DE
Plage Napoléon
They de l'Annibal
They de Roustan
Port Napoléon
8,5
Faubourg Foch
Faubourg Hardon
Minoterie
Tour St-Louis
le Mazet
Faubourg Vauban
le Malebarge
Val Nord
Bois François
Mas du Bois François
Bac de Barcarin
Usine Chimique
Entrepôt
Entrepôt de Minerai
Phare de St-Gervais
PORT-D
N568
D268
D35
D36D
1,5
11,5
Carrefour du Mât de Ricca
Étang de l'Oiseau
du Grand Peloux
Ponsard
de Giraud
Salin de Giraud
le Grand Réservoir
Baisse de Cinq Cents Francs
Étang de la Dame
Jeu de Maille
Jeu de la Machine
Clos des Termes
Grau d'Enfer
They de Sainte-Ursule
Baisse de Quenin
They de Béricles et de la Palissade
Étang de Grde Palun
Plage d'Arles ou de Piémanson
Baisses St-Genest
2km

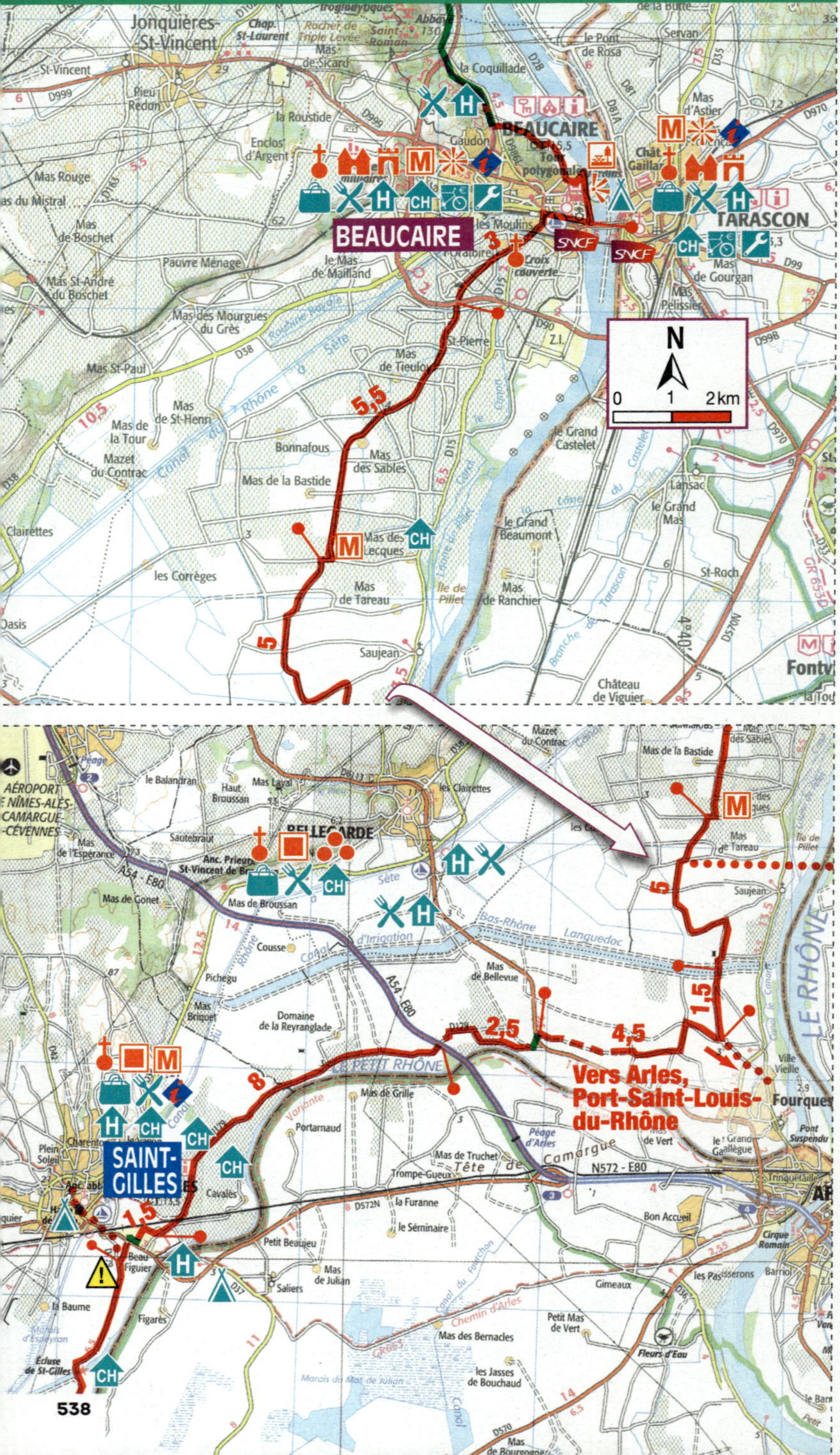
BEAUCAIRE
TARASCON
SAINT-GILLES
Vers Arles, Port-Saint-Louis-du-Rhône
LE RHÔNE
LE PETIT RHÔNE
BELLEGARDE
Jonquières-St-Vincent
Fourques
Saujean
Mas de Tareau
Mas de la Bastide
Bonnafous
Mas des Sables
Mas de Tieulon
St-Pierre
le Grand Castelet
le Grand Beaumont
Mas de Ranchier
Château de Viguier
Canal du Rhône à Sète
AÉROPORT NÎMES-ALÈS-CAMARGUE-CÉVENNES
Tête de Camargue
Cirque Romain
Fleurs d'Eau
Écluse de St-Gilles
N
0 1 2 km

# Saint-Gilles → Gallician (Vauvert)

**17,5 km - 1 h 45**

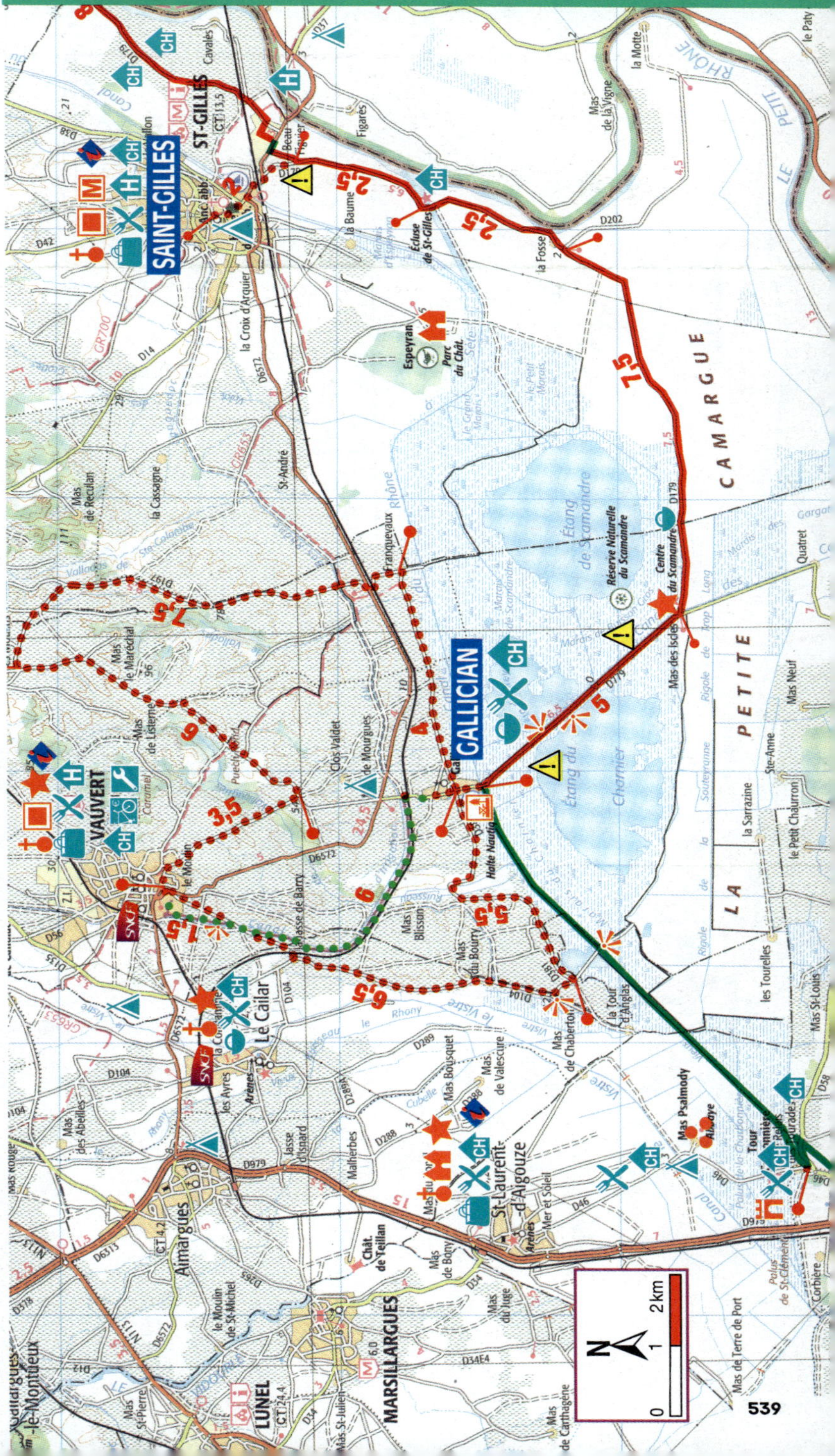

SAINT-GILLES
ST-GILLES
Écluse de St-Gilles
Espeyran
Parc du Chât.
CAMARGUE
Étang de Scamandre
Réserve Naturelle du Scamandre
Centre du Scamandre
Mas des Iscles
GALLICIAN
Étang du Charnier
Halte Nautique
LA PETITE CAMARGUE
VAUVERT
Le Cailar
Aimargues
St-Laurent-d'Aigouze
MARSILLARGUES
LUNEL
Franquevaux
Mas Psalmody
2km

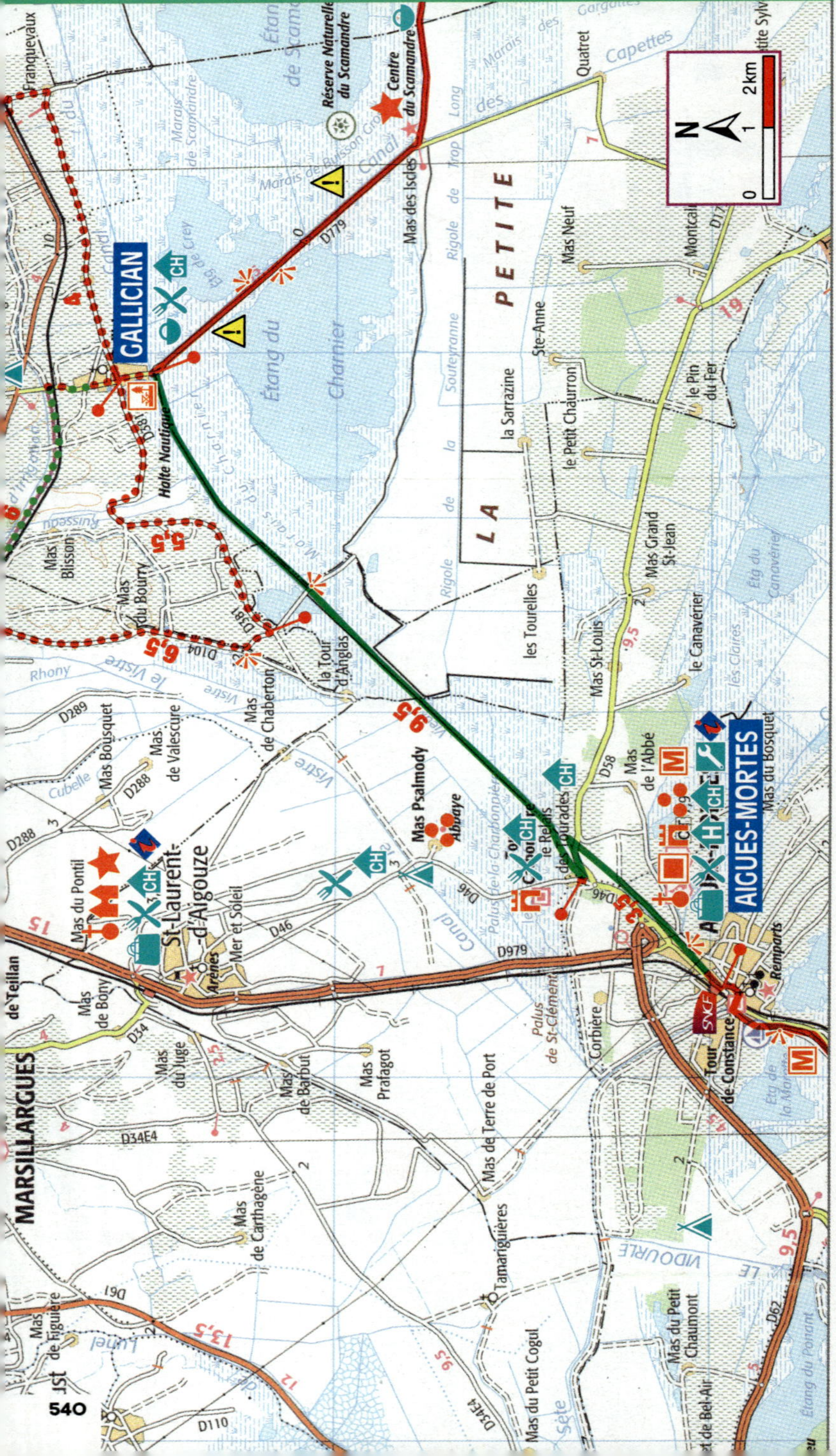
GALLICIAN
AIGUES-MORTES
St-Laurent-d'Aigouze
MARSILLARGUES
LA PETITE
Étang du Charnier
Étang de Scamandre
Réserve Naturelle du Scamandre
Centre du Scamandre
Marais de Scamandre
Mas des Isles
Mas Neuf
Mas Bisson
Mas du Bourry
la Tour d'Anglas
Mas de Chaberton
Mas Psalmody
Abbaye
Mas du Pontil
Mas Bousquet
Mas de Valescure
Mas de Bony
Mas du Juge
Mas de Barbut
Mas Prafagot
Mas de Terre de Port
Mas de Carthagène
Tamariguières
Mas du Petit Cogul
Mas du Petit Chaumont
Mas de l'Abbé
Mas du Bosquet
Mas Grand St-Jean
Mas St-Louis
le Canaverier
les Tourelles
la Sarrazine
Ste-Anne
le Petit Chaurron
le Pin du Fer
Montcalm
Quatret
Halte Nautique
Tour de Constance
Remparts
Corbière
Palus de St-Clément
Rigole de la Souteyranne
Canal des Capettes
Étang du Ponant
VIDOURLE
D979
D46
D58
D34
D34E4
D288
D289
D104
D381
D779
D62
D110
0
1
2km

AIGUES-MORTES
Tour de Constance
Salins du Midi
Étang du Roi
Le Grau-du-Roi
Zoom page suivante
Port Camargue
Phare de l'Espiguette
Pointe de l'Espiguette
Étang de Figuérasse
La Grande-Motte
Zoom page suivante
GOLFE D'AIGUES-MORTES
CARNON
Zoom page suivante
Vers Montpellier
PÉROLS
AÉROPORT DE MONTPELLIER-MÉDITERRANÉE
PALAVAS-LES-FLOTS
0
1
2km
N

CARNON
Rocade de l'Avranche
Rue des Epis
Av. Jean-Baptiste Solignac
D 62
Rue des Embruns
Rue des Alizés
Rue de la Plage
Carnon-Plage
Hérault
Montpellier
Mauguio
Carnon - Palavas
D 59
Rue du Levant
Rue du Mistral
Rue Auguste Meynier
Carnon
Rue du Grau
Pérols
LE GRAU-DU-ROI
Route du Môle
Quai Colbert
Bd du Dr Bastide
Rue de l'Égalité
Rue du Sémaphore
LA GRANDE-MOTTE
Avenue Maréchal Leclerc
Ponant Sud
Parking Saint-Louis
Tennis Club Municipal La Grande Motte
Point Zéro
Allée de la Plage
Le Village du Soleil
Avenue de l'Europe
Place Diana
Centre
Avenue Pierre Racine
Quai Charles de Gaulle
Parking Maurice Justin
La Grande Motte
Av. J. Bene
Quai Georges Pompidou
Port de la Grande Motte
Parking de la Mer
Quai Éric Tabarly
La Grande Pyramide
Rue des Voiliers
Esplanade Jean Baumel
Rose des Sables
Place de l'Homme
La Motte du Couchant
Couchant
Avenue Plein Soleil
Promenade des Dunes
Allée des Cyprès
Rue des Navigateurs
Allée des Peupliers

Le Grau-du-Roi.

CARNON
PÉROLS
PALAVAS-LES-FLOTS
VILLENEUVE-LES-MAGUELONE
VIC-LA-GARDIOLE
Mireval
Vers Montpellier
Les 4 Vents
Les 4 Canaux
D 986
Étang du Méjean
RÉSERVE NATUR. DE L'ESTAGNOL
Domaine de Tudès

VIC-LA-GARDIOLE
Mireval
Domaine de Tudès
Quartier du Grau
Port de Frontignan
Frontignan Plage
FRONTIGNAN
St-Paul
St-Martin
la Peyrade
la Vérune
Gare de Méditerranée
SÈTE
BALARUC-LES-BAINS
Basilique romaine
Bouzigues
Loupian
Villeveyrac
MÈZE
Mont St-Clair
Redoute du Castellas
Parc à Huîtres
Av. des Etangs
Avenue des Etangs
Av. des Vacances
Vers Frontignan plage
D612
Av. Victor Hugo
Route de Balaruc
Quai A
Quai B
Quai d'Alger
Rue Romain Rolland
Canal Maritime
Môle Saint-Louis
Grande Rue Haute

# LE CANAL DES 2 MERS DE L'ATLANTIQUE À LA MÉDITERRANÉE | 705 km

**Des plages de l'Atlantique à celles de Méditerranée, pédaler le long de l'estuaire de la Gironde, du canal latéral à la Garonne et du canal du Midi (inscrit au patrimoine mondial de l'Humanité), est certainement l'un des plus beaux voyages qui soit.**
**De Royan à Sète, via Toulouse, avec une variante jusqu'à Port-La Nouvelle, ce sont plus de 700 km au fil de l'eau.**
**Un itinéraire cyclable enchanteur aux accents du Midi, propice à mille et une pauses culturelles et gastronomiques.**

*Le parcours décrit dans le guide s'emprunte de Royan vers la Méditerranée, mais il est tout à fait possible de le faire dans l'autre sens.*

*Accessible à tous, tout au long de l'année. Toutefois, entre Talmont-sur-Gironde et Saint-Sorlin-de-Conac, les reliefs demandent une certaine condition physique. Enfin, le parcours de Port-Lauragais à Sète est un itinéraire technique (ornières, racines, étroitesse) qui s'adresse à des pratiquants bien équipés habitués aux randonnées sur tous chemins.*

***Jonctions :** La Côte Atlantique à vélo (La Vélodyssée), Le Tour de Gironde à vélo, Tours - Côte basque (La Scandibérique), La ViaRhôna.*

Sète.

# L'ITINÉRAIRE

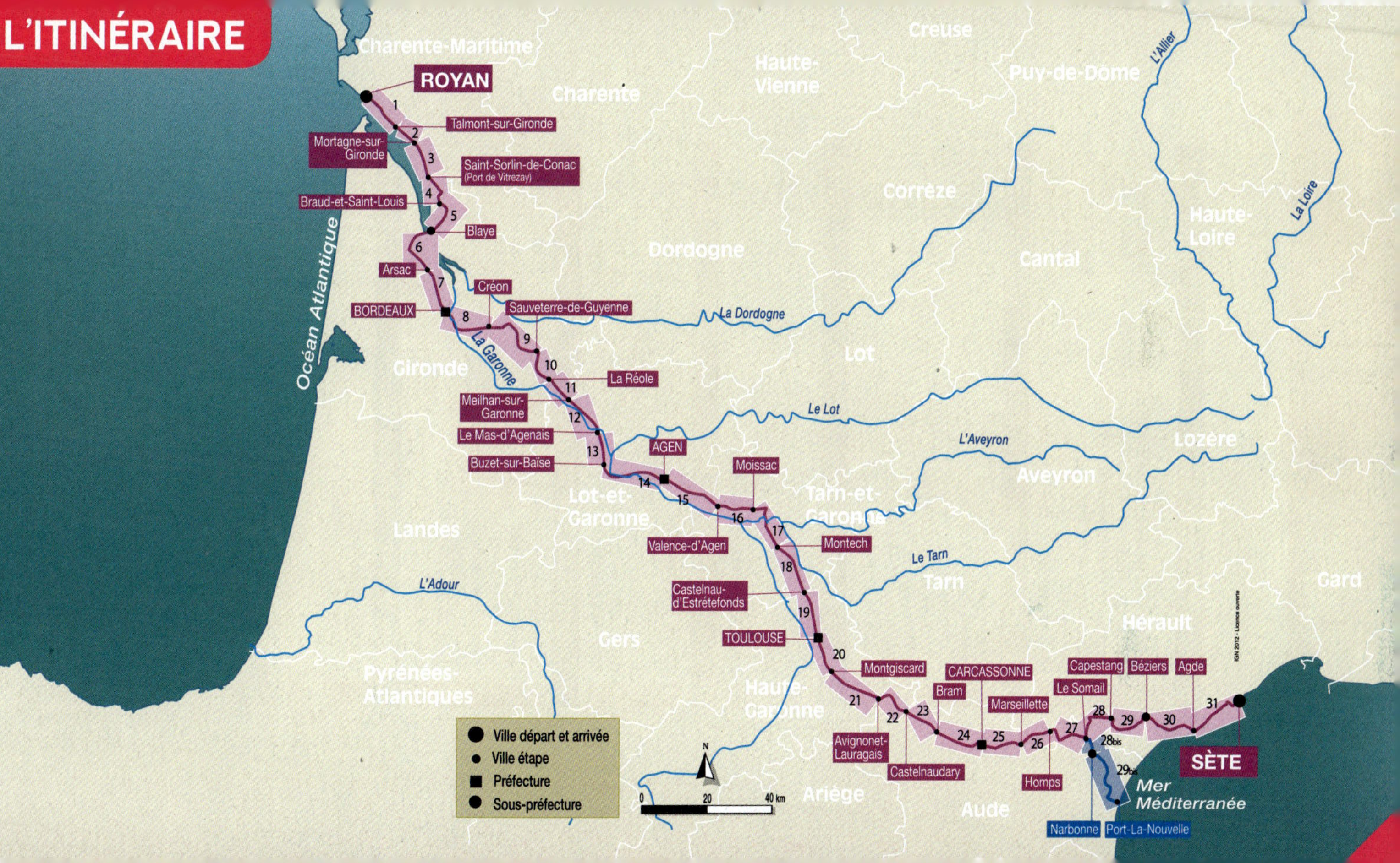

ROYAN
Talmont-sur-Gironde
Mortagne-sur-Gironde
Saint-Sorlin-de-Conac (Port de Vitrezay)
Braud-et-Saint-Louis
Blaye
Arsac
Créon
BORDEAUX
Sauveterre-de-Guyenne
La Réole
Meilhan-sur-Garonne
Le Mas-d'Agenais
Buzet-sur-Baïse
AGEN
Moissac
Valence-d'Agen
Montech
Castelnau-d'Estrétefonds
TOULOUSE
Montgiscard
Avignonet-Lauragais
Castelnaudary
Bram
CARCASSONNE
Marseillette
Homps
Le Somail
Capestang
Béziers
Agde
SÈTE
Narbonne
Port-La-Nouvelle
Charente-Maritime
Charente
Haute-Vienne
Creuse
Puy-de-Dôme
Corrèze
Haute-Loire
Dordogne
Cantal
Lot
Lozère
Gironde
Lot-et-Garonne
Tarn-et-Garonne
Aveyron
Landes
Tarn
Gard
Hérault
Gers
Pyrénées-Atlantiques
Haute-Garonne
Ariège
Aude
Océan Atlantique
Mer Méditerranée
La Dordogne
La Garonne
Le Lot
L'Aveyron
Le Tarn
L'Adour
L'Allier
La Loire
Ville départ et arrivée
Ville étape
Préfecture
Sous-préfecture
N
0
20
40 km
IGN 2012 - Licence ouverte

# LES ÉTAPES

N° de la carte

| De Royan à Bordeaux | | 147 km |
|---|---|---|
| 1 | Royan → Talmont-sur-Gironde | 18,5 km – 1 h 50 |
| 2 | Talmont-sur-Gironde → Mortagne-sur-Gironde | 17 km – 1 h 45 |
| 3 | Mortagne-sur-Gironde → Saint-Sorlin-de-Conac (port de Vitrezay) | 25 km – 2 h 45 |
| 4 | Saint-Sorlin-de-Conac (port de Vitrezay) → Braud-et-Saint-Louis | 19 km – 2 h 00 |
| 5 | Braud-et-Saint-Louis → Blaye | 20 km – 2 h 00 |
| 6 | Blaye → Arsac | 23 km – 2 h 30 |
| 7 | Arsac → Bordeaux | 24,5 km – 2 h 30 |

| De Bordeaux à Agen | | 148,5 km |
|---|---|---|
| 8 | Bordeaux → Créon | 23,5 km – 2 h 30 |
| 9 | Créon → Sauveterre-de-Guyenne | 31 km – 3 h 15 |
| 10 | Sauveterre-de-Guyenne → La Réole | 19 km – 2 h 15 |
| 11 | La Réole → Meilhan-sur-Garonne | 11 km – 1 h 10 |
| 12 | Meilhan-sur-Garonne → Le Mas-d'Agenais | 20 km – 2 h 00 |
| 13 | Le Mas-d'Agenais → Buzet-sur-Baïse | 20 km – 2 h 00 |
| 14 | Buzet-sur-Baïse → Agen | 24 km – 2 h 30 |

| D'Agen à Toulouse | | 112 km |
|---|---|---|
| 15 | Agen → Valence-d'Agen | 27 km – 2 h 45 |
| 16 | Valence-d'Agen → Moissac | 17 km – 1 h 45 |
| 17 | Moissac → Montech | 22,5 km – 2 h 15 |
| 18 | Montech → Castelnau-d'Estrétefonds | 24,5 km – 2 h 30 |
| 19 | Castelnau-d'Estrétefonds → Toulouse | 21 km – 2 h 10 |

| De Toulouse à Carcassonne | | 102 km |
|---|---|---|
| 20 | Toulouse → Montgiscard | 21,5 km – 2 h 10 |
| 21 | Montgiscard → Avignonet-Lauragais | 22,5 km – 2 h 15 |
| 22 | Avignonet-Lauragais → Castelnaudary | 17 km – 2 h 00 |
| 23 | Castelnaudary → Bram | 16,5 km – 1 h 50 |
| 24 | Bram → Carcassonne | 24,5 km – 3 h 00 |

| De Carcassonne à Sète | | 154 km |
|---|---|---|
| 25 | Carcassonne → Marseillette | 21 km – 2 h 20 |
| 26 | Marseillette → Homps | 19,5 km – 2 h 15 |
| 27 | Homps → Le Somail | 19,5 km – 2 h 15 |
| 28 | Le Somail → Capestang | 21,5 km – 2 h 35 |
| 29 | Capestang → Béziers | 20 km – 2 h 20 |
| 30 | Béziers → Agde | 26,5 km – 2 h 45 |
| 31 | Agde → Sète | 26 km – 2 h 30 |

| Itinéraire Du Somail à Port-La Nouvelle | | 42 km |
|---|---|---|
| 28bis | Le Somail → Narbonne | 19,5 km – 2 h 00 |
| 29bis | Narbonne → Port-La-Nouvelle | 22,5 km – 2 h 15 |

**Total général de l'itinéraire** **705,5 km**
**Royan - Sète** **663,5 km**
**Royan - Port-La Nouvelle** **611,5 km**

Vers La Rochelle, itinéraire La Côte Atlantique à vélo (La Vélodyssée)
St-Palais-sur-Mer
ROYAN
Départ
ST-GEORGES-DE-DIDONNE
Pointe de Vallières
Pointe de Suzac
MESCHERS-SUR-GIRONDE
Meschers-sur-Gironde
Vers Royan
Vers Talmont
Conche des Nonnes
Grotte Matata
Pointe de Meschers
TALMONT-SUR-GIRONDE
Site Gallo-Romain du Fâ
GIRONDE
Cozes
Arces
Corme-Écluse
3,5
5,5
3,5
2
0 1 2km

# Talmont-sur-Gironde → Mortagne-sur-Gironde

17 km - 1 h 45

# N°3 Mortagne-sur-Gironde → Saint-Sorlin-de-Conac (port de Vitrezay)

**25 km - 2 h 45**

# Saint-Sorlin-de-Conac (port de Vitrezay) → Braud-et-Saint-Louis

19 km - 2 h 00

N°4

# N°5 Braud-et-Saint-Louis → Blaye

**20 km - 2 h 00**

BRAUD-ET-SAINT-LOUIS
BLAYE
Citadelle
Anc. couvent
Fort Paté
Bacalan
Etauliers
Cartelègue
Anglade
St-Androny
Eyrans
Fours
St-Seurin-de-Cursac
St-Genès-de-Blaye
St-Martin-Lacaussade
Plassac
Vestiges romains
Mln à Vent de la Garde de Roland
Campugnan
Mazion
N
0
1
2 km
4,5
2
5
8,5

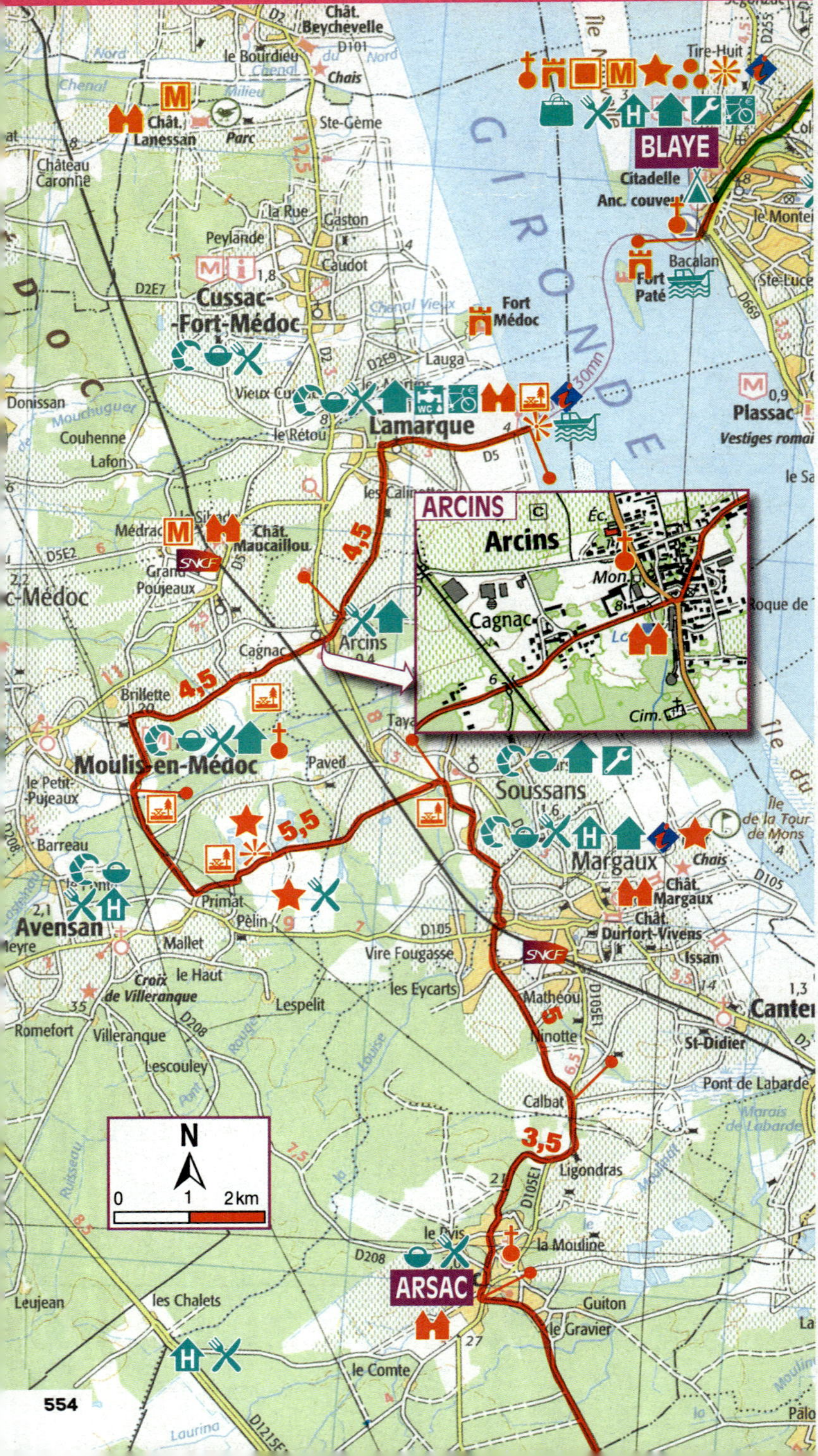
Chât. Beychevelle
le Bourdieu
Chais
Chât. Lanessan
Parc
Ste-Gème
Château Caronne
Tire-Huit
BLAYE
Citadelle
Anc. couvent
le Monteil
Bacalan
Fort Paté
Ste-Luce
GIRONDE
la Rue
Gaston
Peylande
Caudot
Cussac-Fort-Médoc
Fort Médoc
Lauga
30mn
Vieux Cussac
Lamarque
le Rétou
Donissan
Couhenne
Lafon
Plassac
Vestiges romains
Médrac
Chât. Maucaillou
Grand Poujeaux
4,5
ARCINS
Arcins
Cagnac
Cim.
Brillette
Moulis-en-Médoc
le Petit-Pujeaux
Paveil
Taya
Soussans
Margaux
Chais
Chât. Margaux
Chât. Durfort-Vivens
Issan
5,5
Barreau
Avensan
Primat
Pélin
Mallet
Vire Fougasse
les Eycarts
Croix de Villeranque
le Haut
Lespelit
Romefort
Villeranque
Lescouley
Mathéou
Ninotte
St-Didier
Cantenac
Pont de Labarde
Marais de Labarde
Calbat
3,5
Ligondras
N
0
1
2 km
la Mouline
le Puis
ARSAC
Leujean
les Chalets
Guiton
le Gravier
le Comte
Laurina
Palo
SNCF

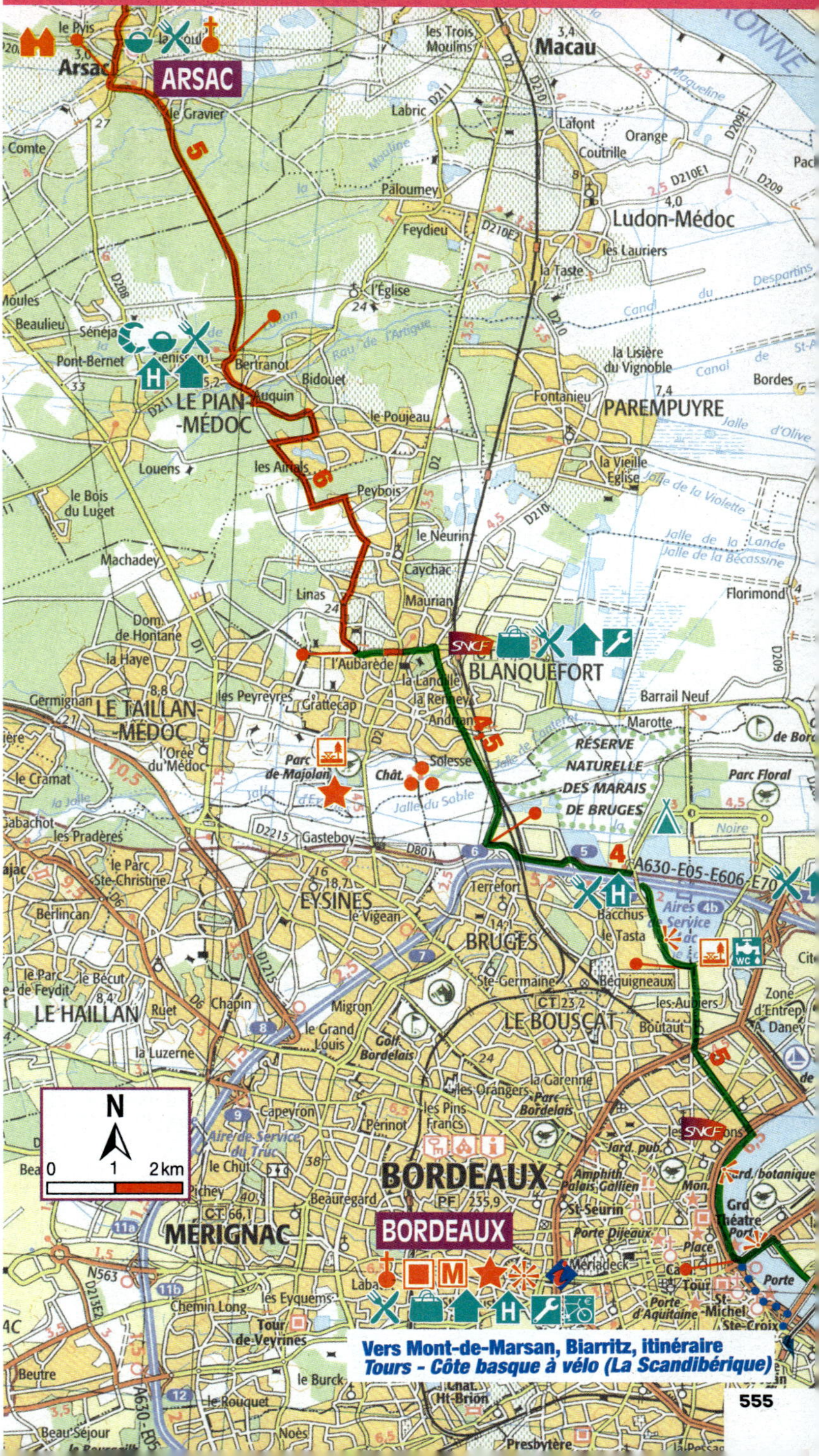
ARSAC
Arsac
Macau
Ludon-Médoc
LE PIAN-MÉDOC
PAREMPUYRE
BLANQUEFORT
LE TAILLAN-MÉDOC
RÉSERVE NATURELLE DES MARAIS DE BRUGES
EYSINES
BRUGES
LE HAILLAN
LE BOUSCAT
BORDEAUX
MÉRIGNAC
N
0 1 2 km
Vers Mont-de-Marsan, Biarritz, itinéraire
Tours - Côte basque à vélo (La Scandibérique)

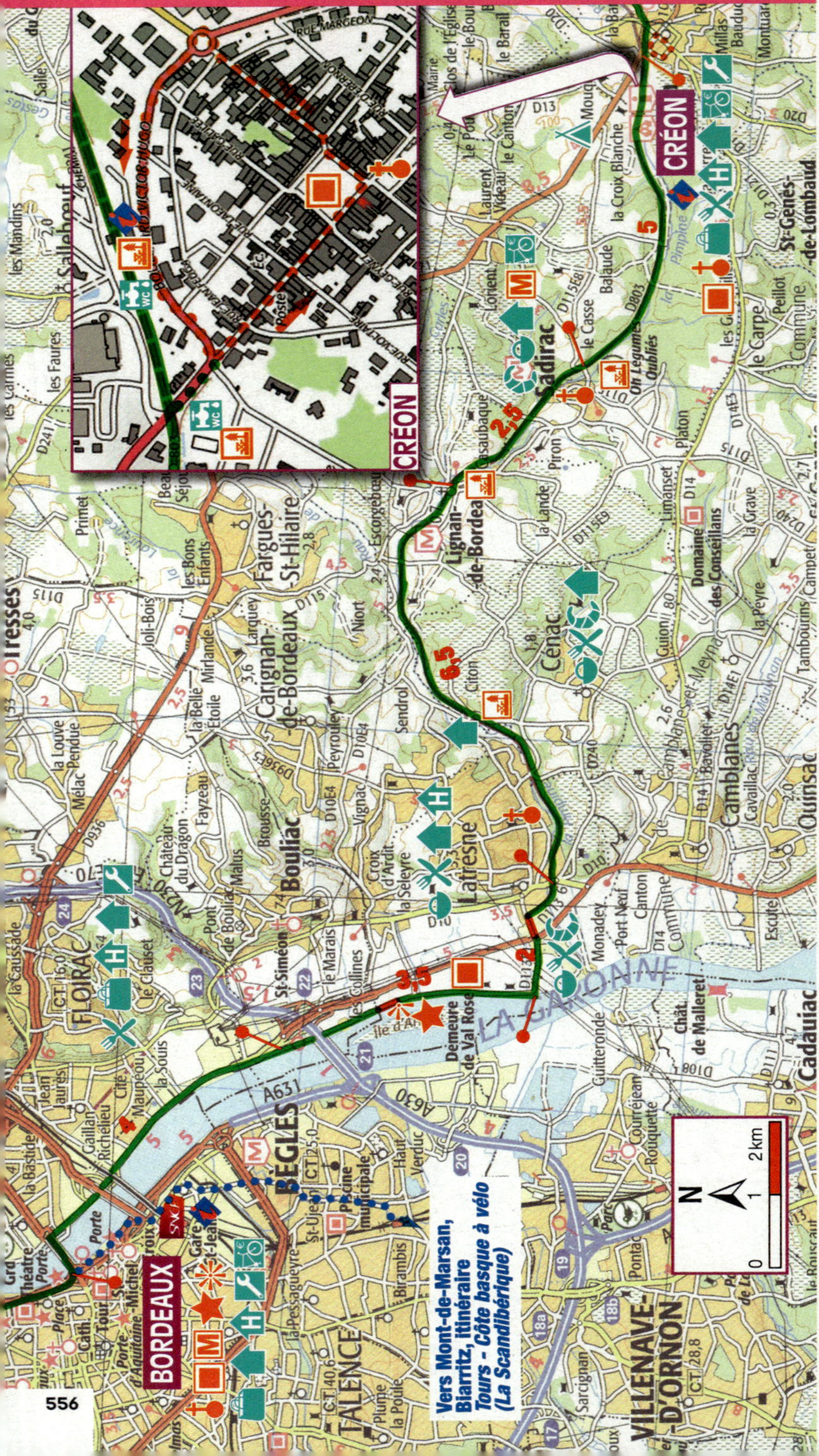
CRÉON
BORDEAUX
CRÉON
Sadirac
Lignan-de-Bordeaux
Cénac
Latresne
Fargues-St-Hilaire
Carignan-de-Bordeaux
Bouliac
FLOIRAC
BÈGLES
TALENCE
VILLENAVE-D'ORNON
Camblanes
Quinsac
Cadaujac
St-Genès-de-Lombaud
LA GARONNE
Demeure de Val Rose
Domaine des Conseillans
Chât. de Malleret
Vers Mont-de-Marsan, Biarritz, itinéraire Tours - Côte basque à vélo (La Scandibérique)
2km

## Créon → Sauveterre-de-Guyenne

**31 km - 3 h 15**

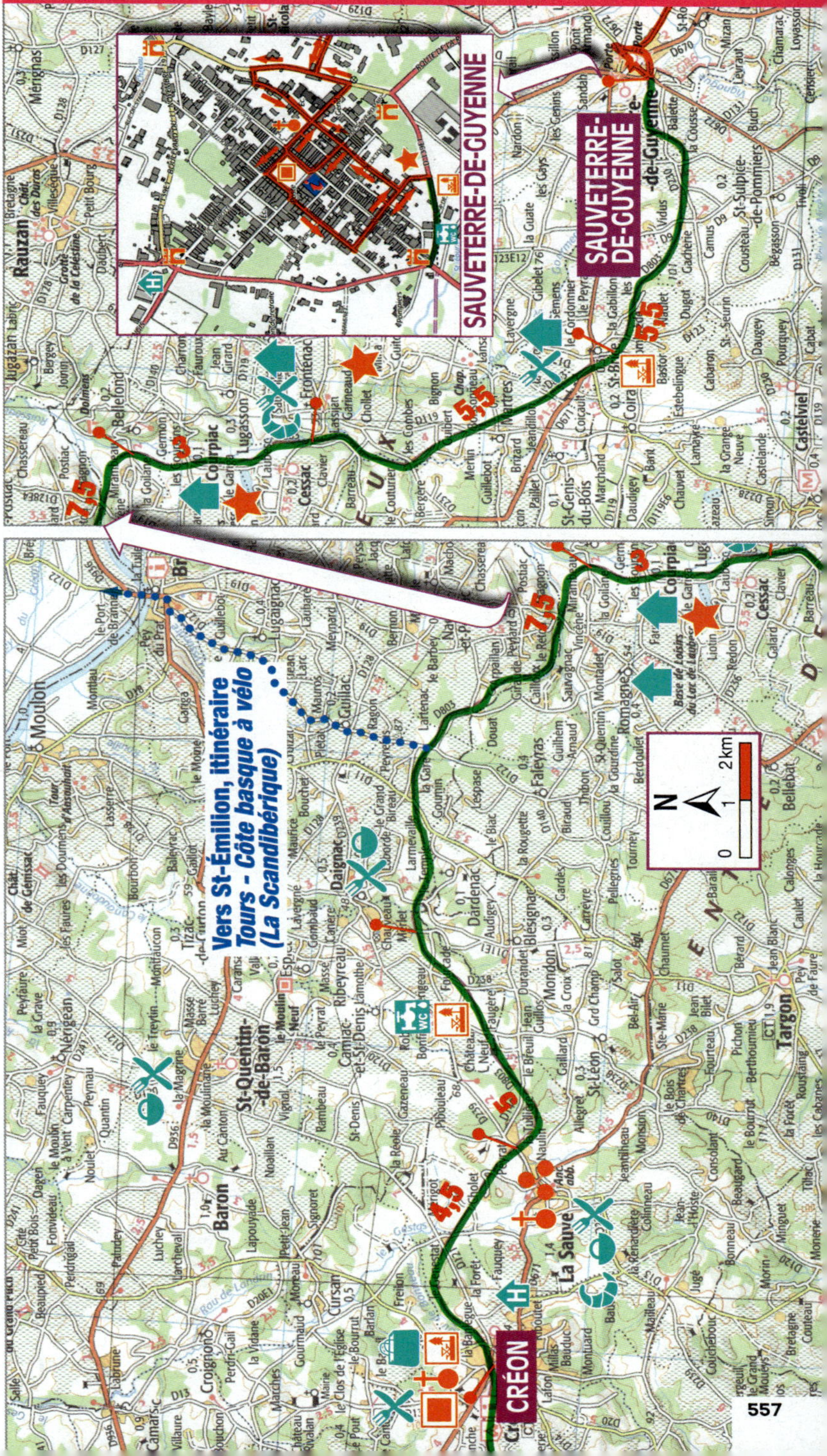
CRÉON
La Sauve
4,5
5
7,5
5,5
3
5,5
SAUVETERRE-DE-GUYENNE
Vers St-Émilion, itinéraire Tours - Côte basque à vélo (La Scandibérique)
St-Quentin-de-Baron
Baron
Targon
Frontenac
Rauzan
Blésignac
Daignac
Faleyras
Romagne
Castelviel
0 1 2km

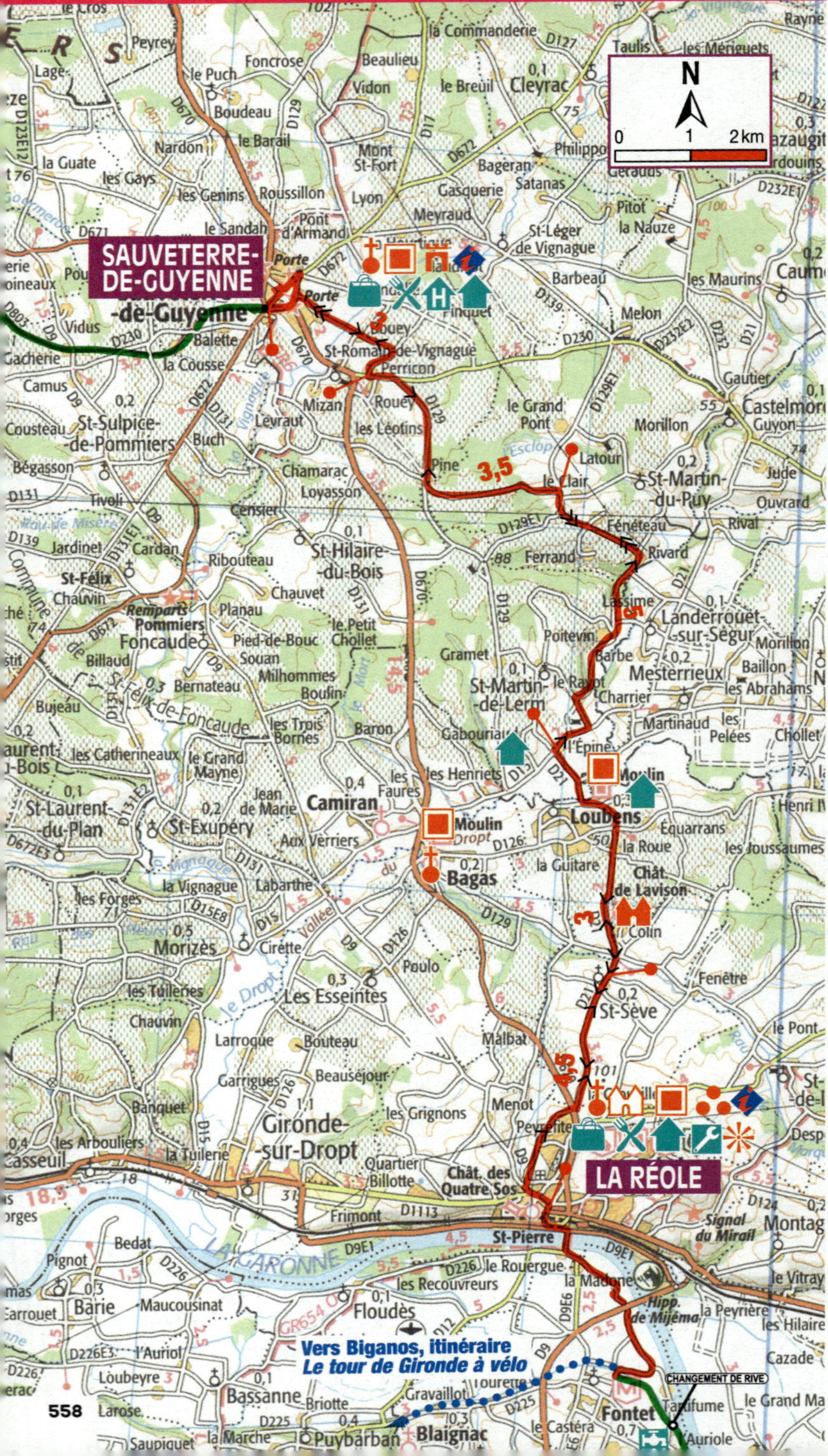
N
0
1
2 km
SAUVETERRE-
DE-GUYENNE
LA RÉOLE
Vers Biganos, itinéraire
Le tour de Gironde à vélo
CHANGEMENT DE RIVE
3,5
5
3
4,5
Sauveterre-de-Guyenne
St-Romain-de-Vignague
Perricon
Rouey
Pine
le Clair
Latour
Fénéteau
Rivard
Lassime
Landerrouet-sur-Ségur
Barbe
St-Martin-de-Lerm
l'Épine
Moulin
Loubens
Chât. de Lavison
Colin
St-Sève
Camiran
Bagas
Gironde-sur-Dropt
Chât. des Quatre Sos
St-Pierre
LA GARONNE
la Madone
Hipp. de Mijéma
Fontet
Blaignac
Floudès
St-Martin-du-Puy
St-Hilaire-du-Bois
St-Sulpice-de-Pommiers
Cleyrac
St-Léger-de-Vignague
Castelmoron
Mesterrieux
Signal du Mirail

# N°11 La Réole → Meilhan-sur-Garonne

**11 km - 1 h 10**

LA RÉOLE
MEILHAN-SUR-GARONNE
CHANGEMENT DE RIVE
Vers Biganos, itinéraire
Le tour de Gironde à vélo
Gironde-sur-Dropt
Castets-en-Dorthe
St-Martin-de-Sescas
Caudrot
Lamothe-Landerron
Mongauzy
Fontet
Blaignac
Pondaurat
Savignac
Bourdelles
LA GARONNE
Ste-Ba
Couthures-sur-Garonne
Autoroute des Deux Mers
Aires de Service du Bazadais
Aérodrome de La-Réole-Floudès
0
1
2km
N

## Meilhan-sur-Garonne → Le Mas-d'Agenais

20 km - 2 h 00

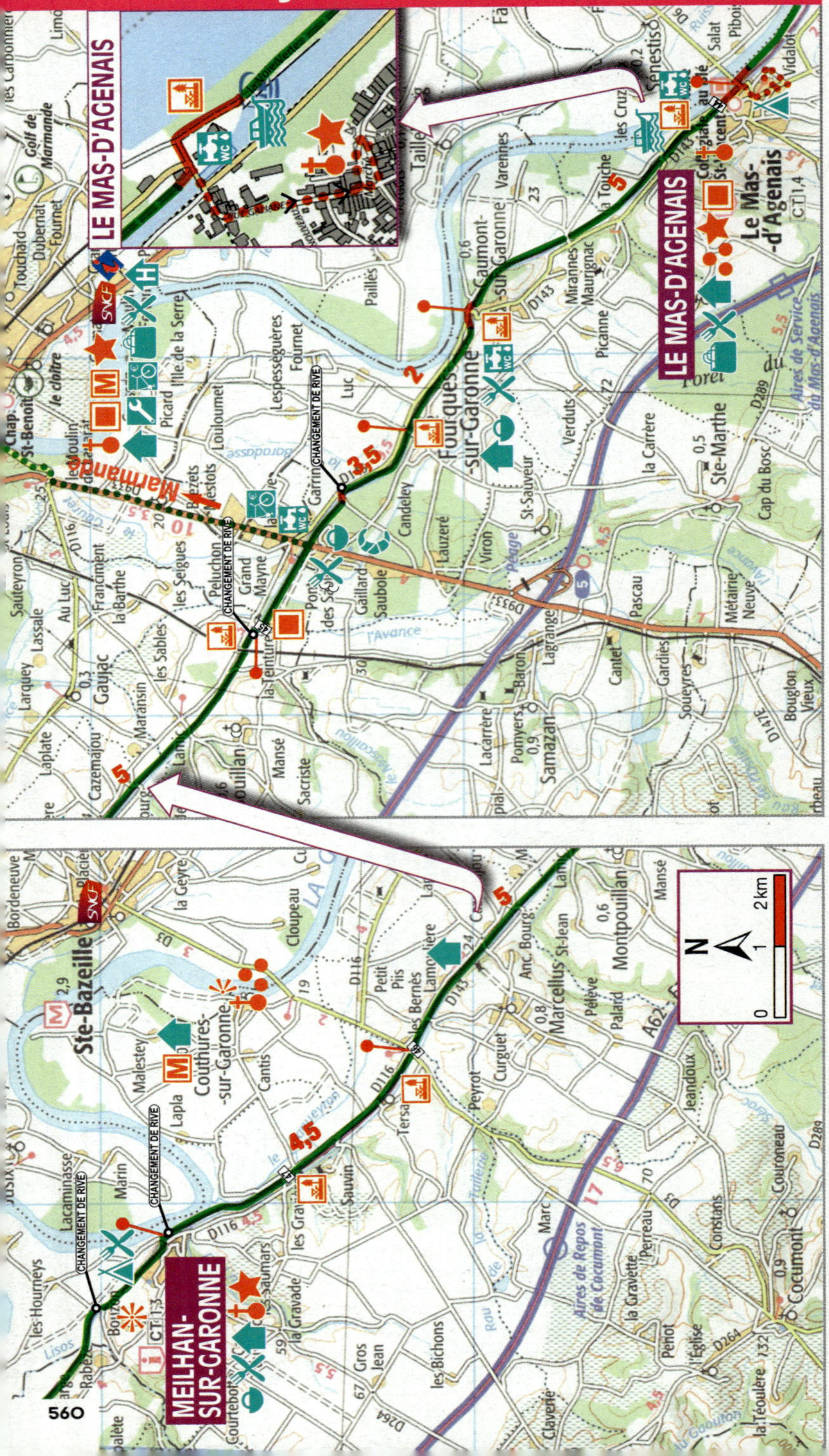
LE MAS-D'AGENAIS
MEILHAN-SUR-GARONNE
Ste-Bazeille
Couthures-sur-Garonne
Marmande
Fourques-sur-Garonne
Caumont-sur-Garonne
Le Mas-d'Agenais
Senestis
Ste-Marthe
Samazan
Montpouillan
Marcellus
Cocumont
CHANGEMENT DE RIVE
Aires de Repos de Cocumont
Aires de Service du Mas-d'Agenais
SNCF
0 1 2km

# N°13

## Le Mas-d'Agenais → Buzet-sur-Baïse

**20 km - 2 h 00**

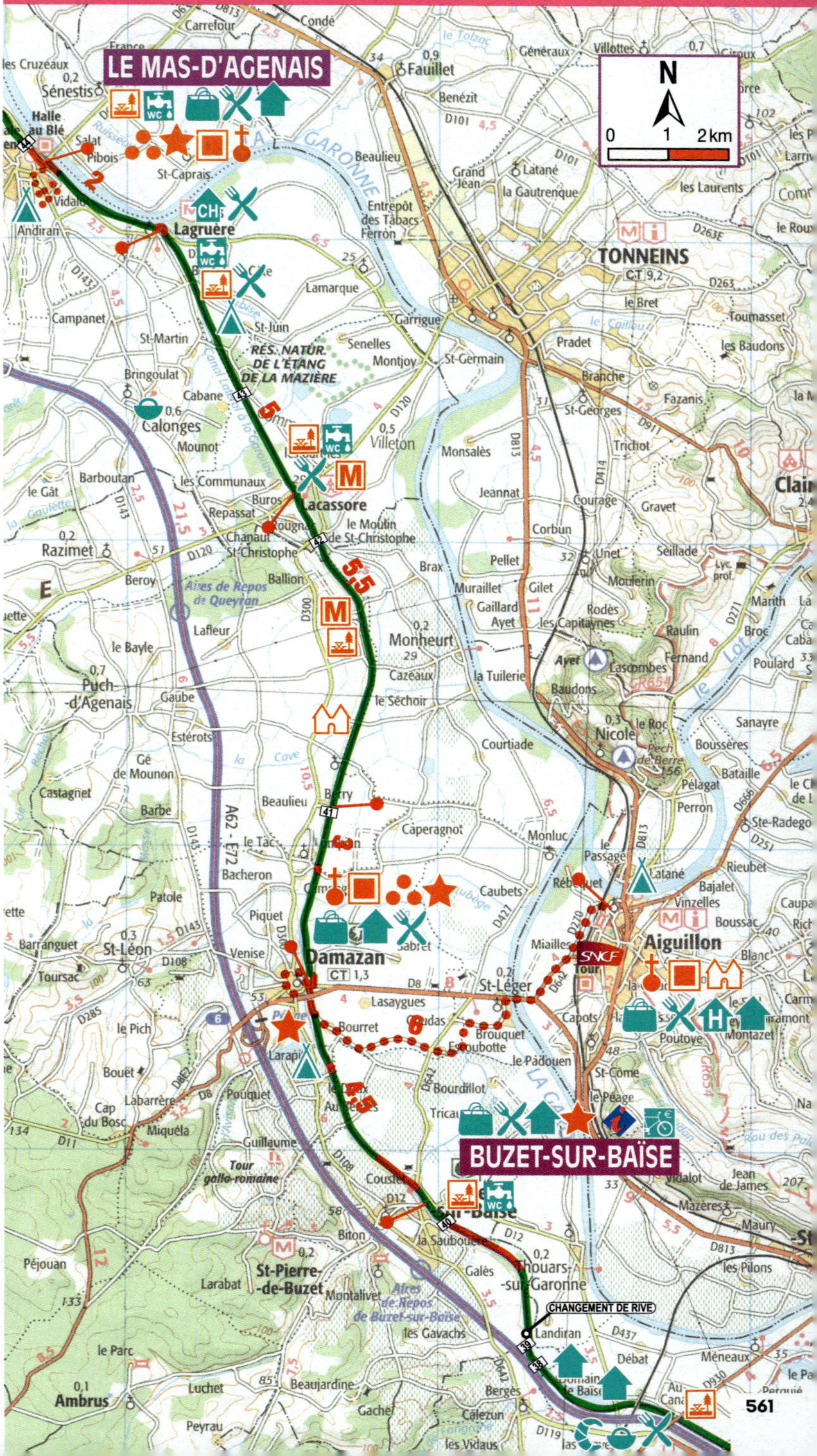




LE CANAL DES 2 MERS DE L'ATLANTIQUE À LA MÉDITERRANÉE

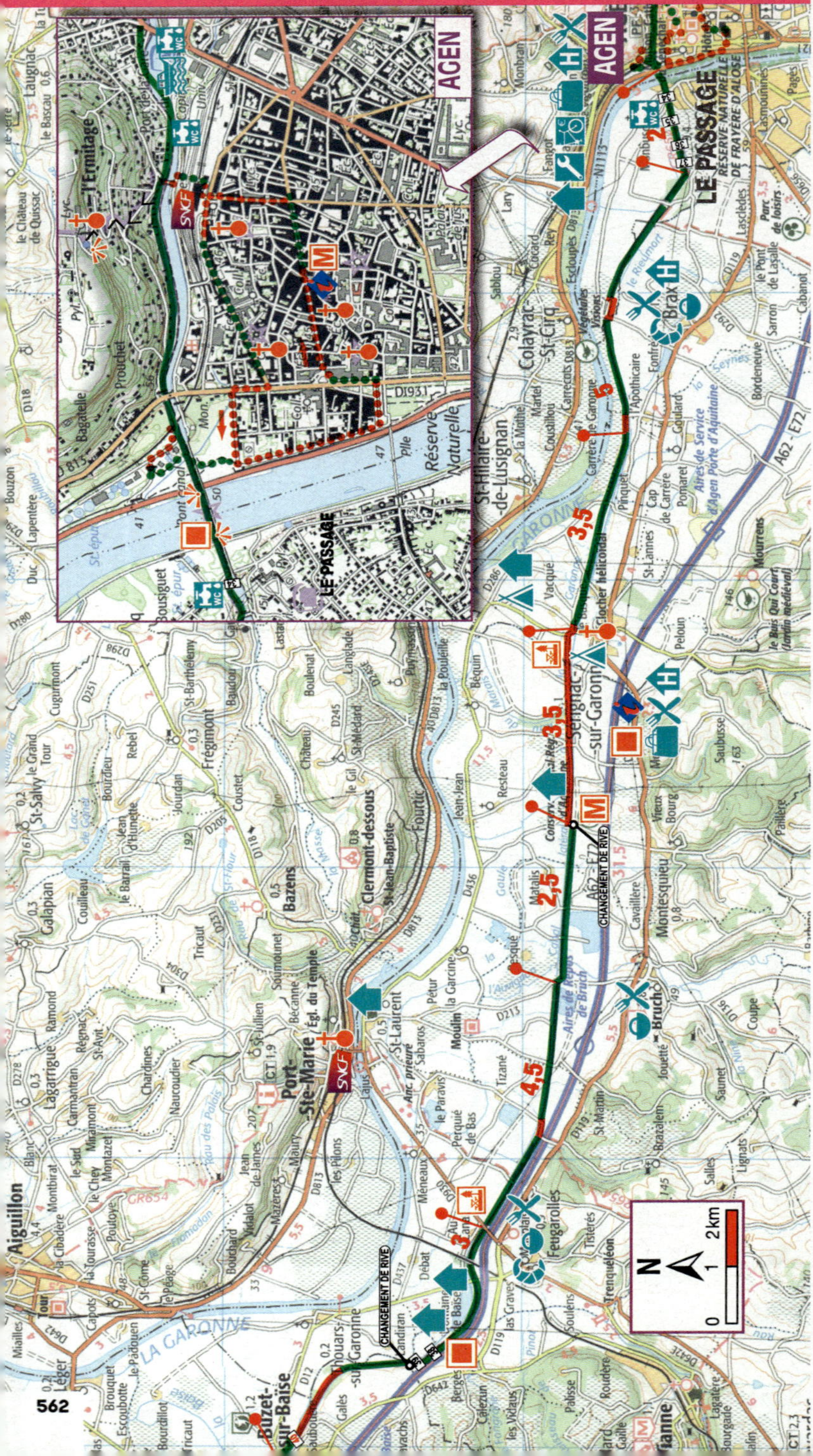
AGEN
LE PASSAGE
Réserve Naturelle
LE PASSAGE
RÉSERVE NATURELLE DE FRAYÈRE D'ALOSE
Colayrac-St-Cirq
St-Hilaire-de-Lusignan
Sérignac-sur-Garonne
Clermont-dessous
Port-Ste-Marie
Feugarolles
Montesquieu
Bruch
Brax
Aiguillon
Buzet-sur-Baïse
Thouars-sur-Garonne
LA GARONNE
GARONNE
CHANGEMENT DE RIVE
CHANGEMENT DE RIVE
Clocher hélicoïdal
Égl. du Temple
Aires de Service d'Agen Porte d'Aquitaine
Aires de repos de Bruch
A62 - E72
4,5
2,5
3,5
3,5
6
2
3
0
1
2km
N

# Agen → Valence-d'Agen

**27 km - 2 h 45**

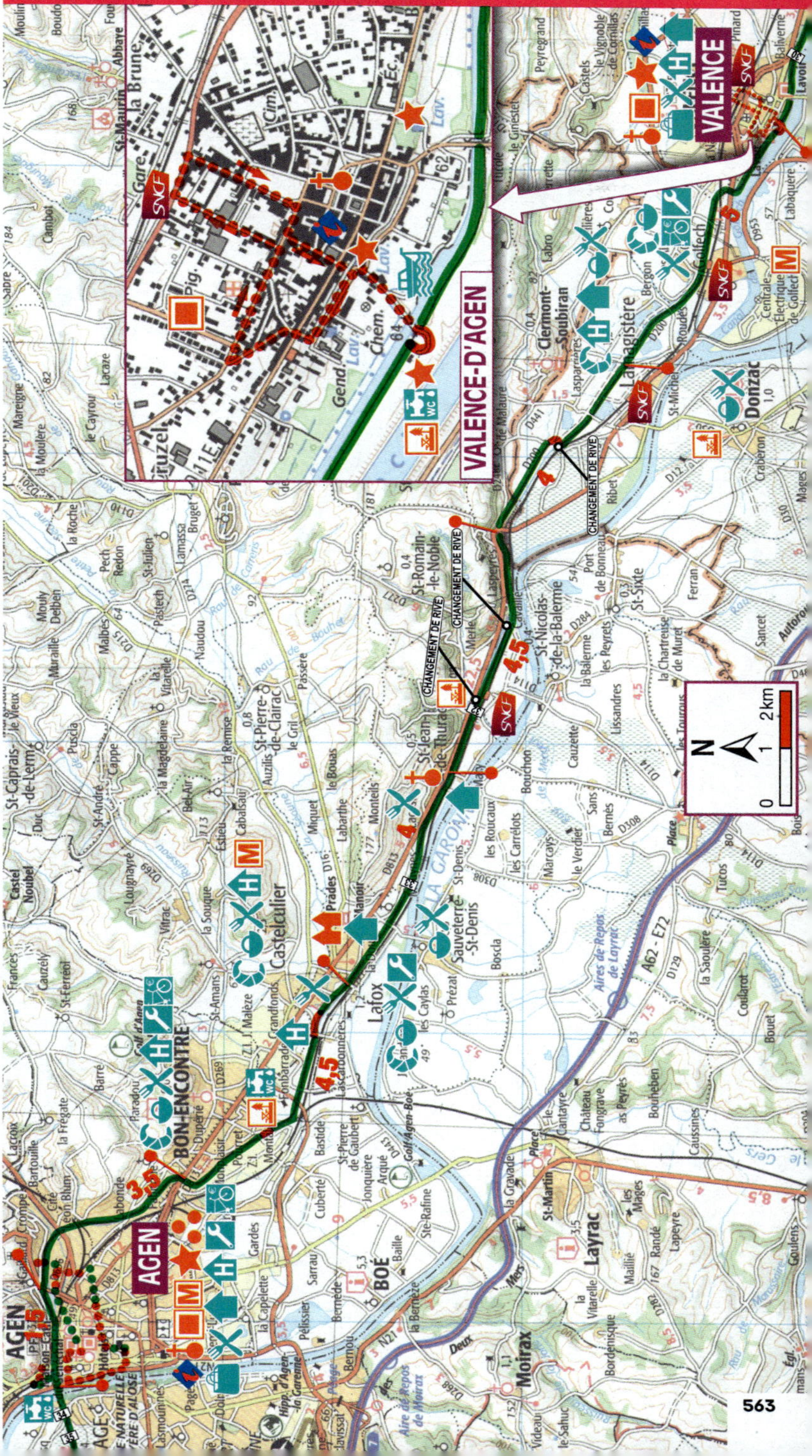

AGEN
BON-ENCONTRE
Castelculier
Lafox
Boé
Layrac
Moirax
St-Jean-de-Thurac
Sauveterre-St-Denis
St-Romain-le-Noble
St-Nicolas-de-la-Balerme
Clermont-Soubiran
Lamagistère
Donzac
VALENCE
VALENCE-D'AGEN
CHANGEMENT DE RIVE
LA GARONNE

## Valence-d'Agen → Moissac

**17 km - 1 h 45**

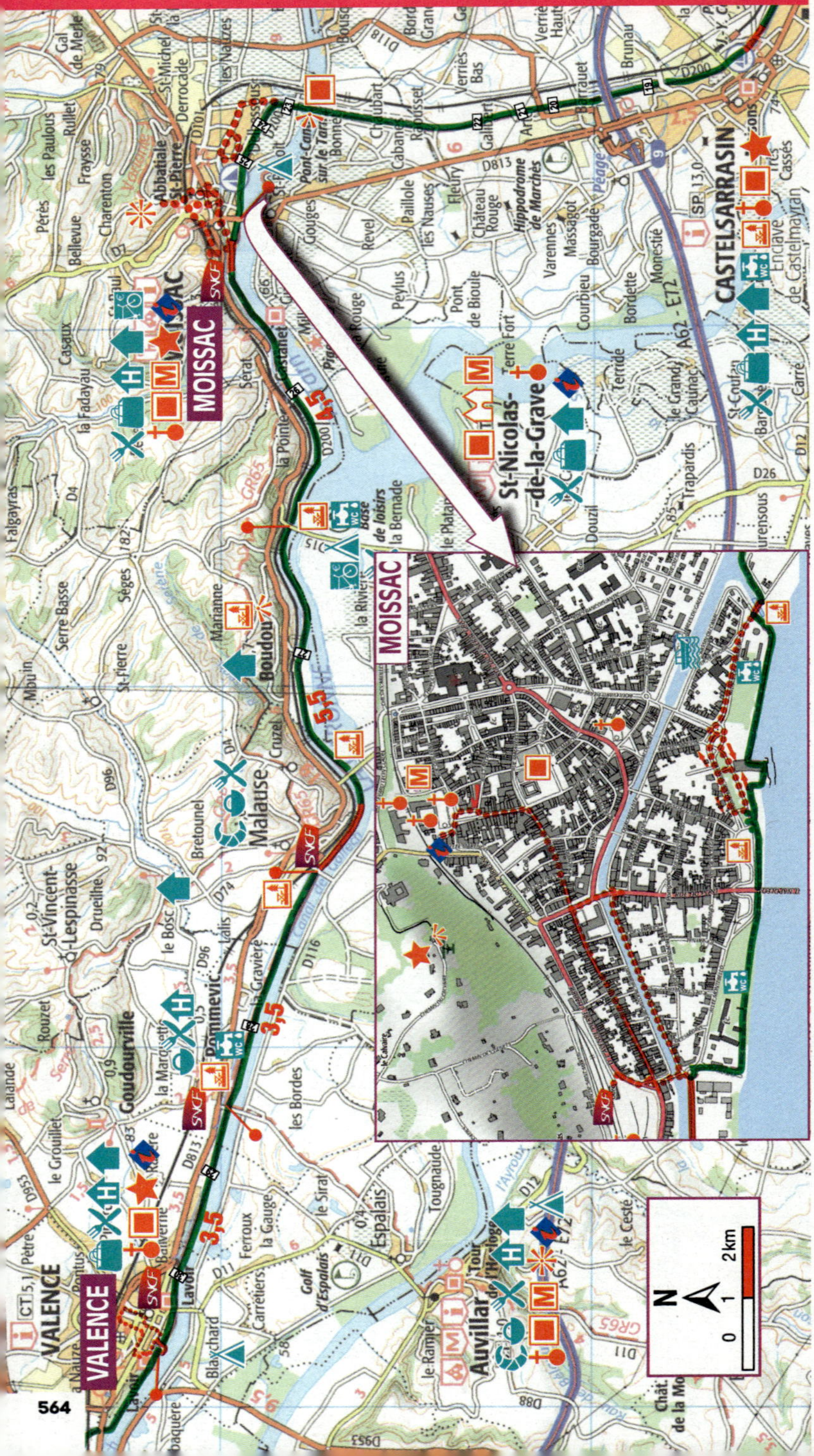
VALENCE
MOISSAC
Abbatiale St-Pierre
Pont-Canal sur le Tarn
St-Nicolas-de-la-Grave
CASTELSARRASIN
Auvillar
Pommevic
Malause
Goudourville
Boudou
Base de loisirs
Golf d'Espalais
Hippodrome de Marchès
Espalais
St-Vincent-Lespinasse
Lavoir
Bourgade
Caumont
Le Grand Cauhac
GR65
A62 - E72
D813
D200
2 km

N°17

# Moissac → Montech

22,5 km - 2 h 15

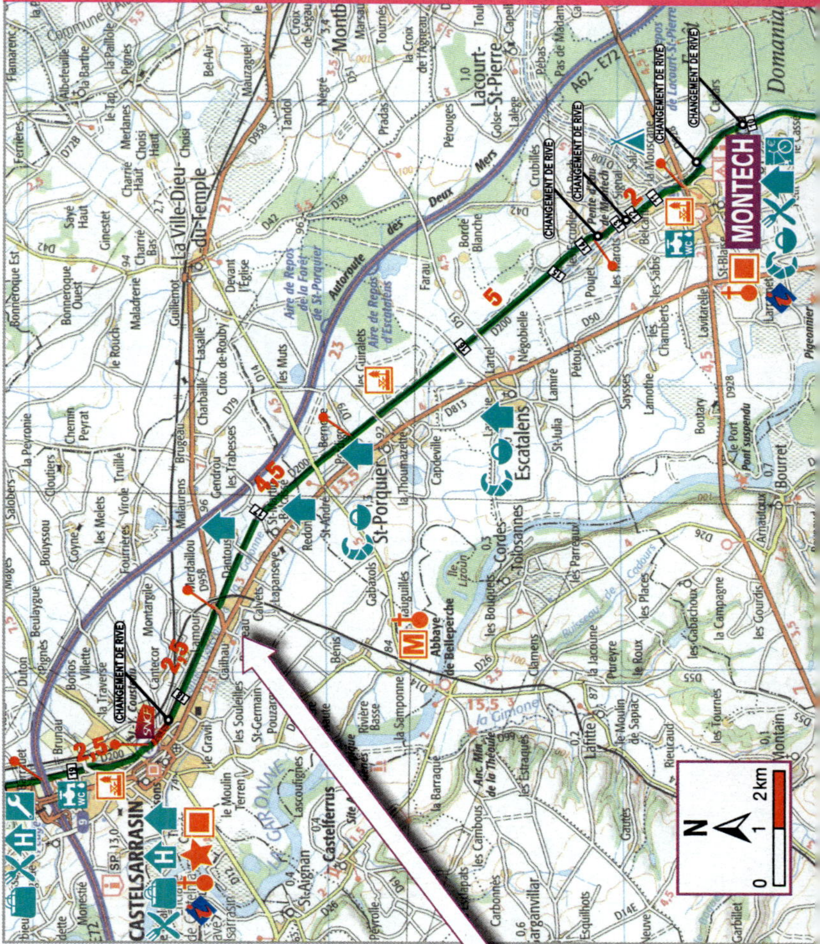

MONTECH
CASTELSARRASIN
St-Porquier
Escatalens
La Ville-Dieu-du-Temple
Lacourt-St-Pierre
Abbaye de Belleperche
Castelferrus
St-Aignan
CHANGEMENT DE RIVE
Autoroute des Deux Mers
la Gimone
La Garonne
2km

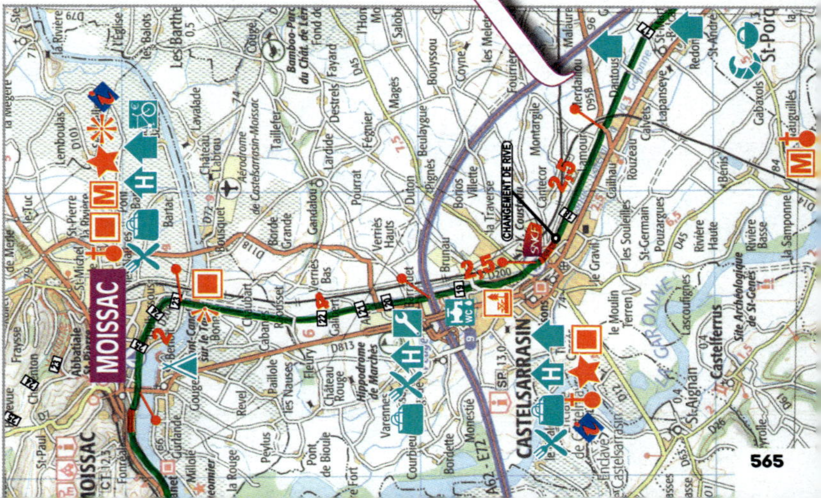

MOISSAC
CASTELSARRASIN
St-Porquier
Castelferrus
St-Aignan
CHANGEMENT DE RIVE
Hippodrome de Marchès
Aérodrome de Castelsarrasin-Moissac

## Montech → Castelnau-d'Estrétefonds | 24,5 km - 2 h 25

N°18

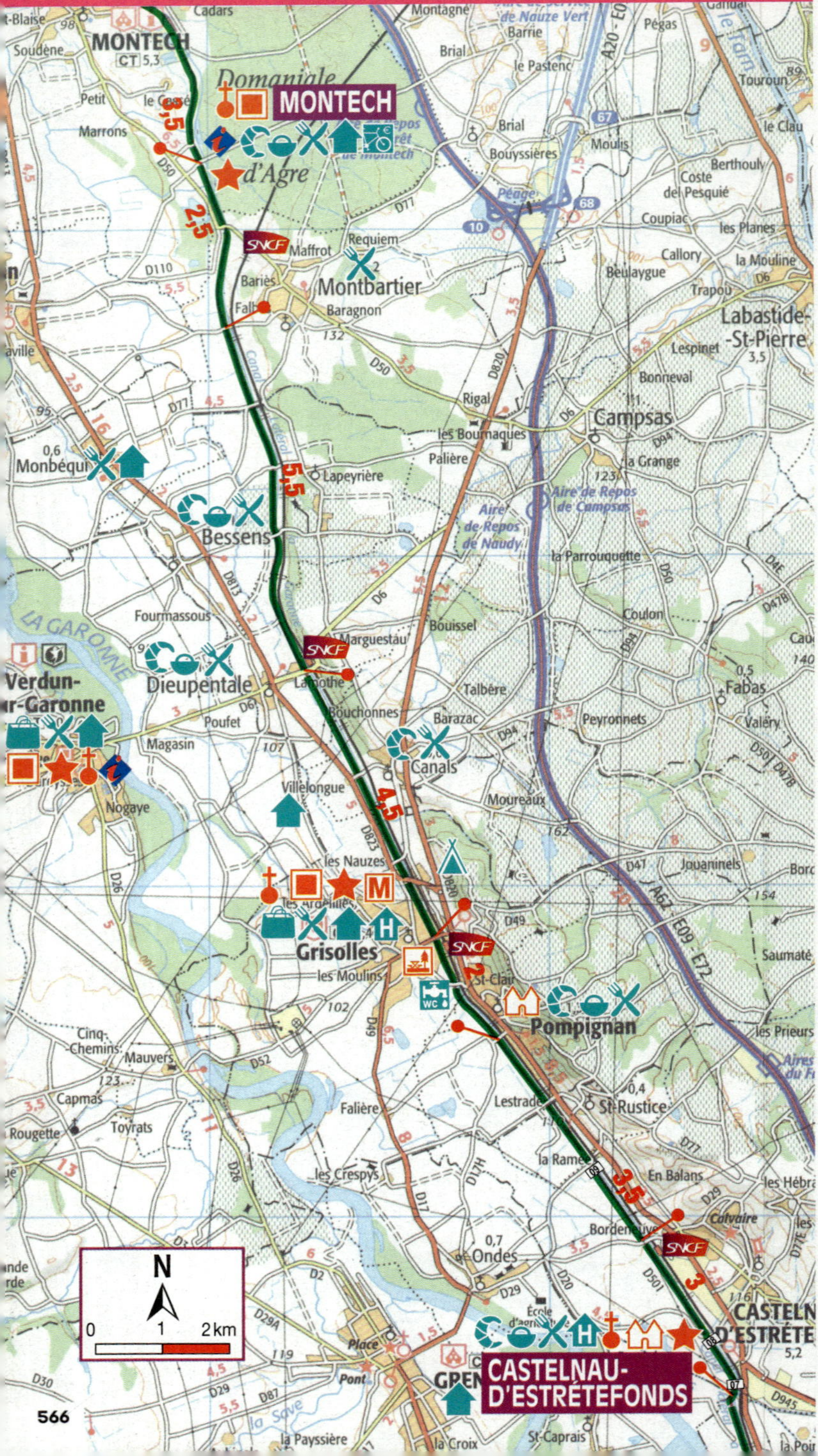

# Castelnau-d'Estrétefonds → Toulouse

**21 km - 2 h 10**

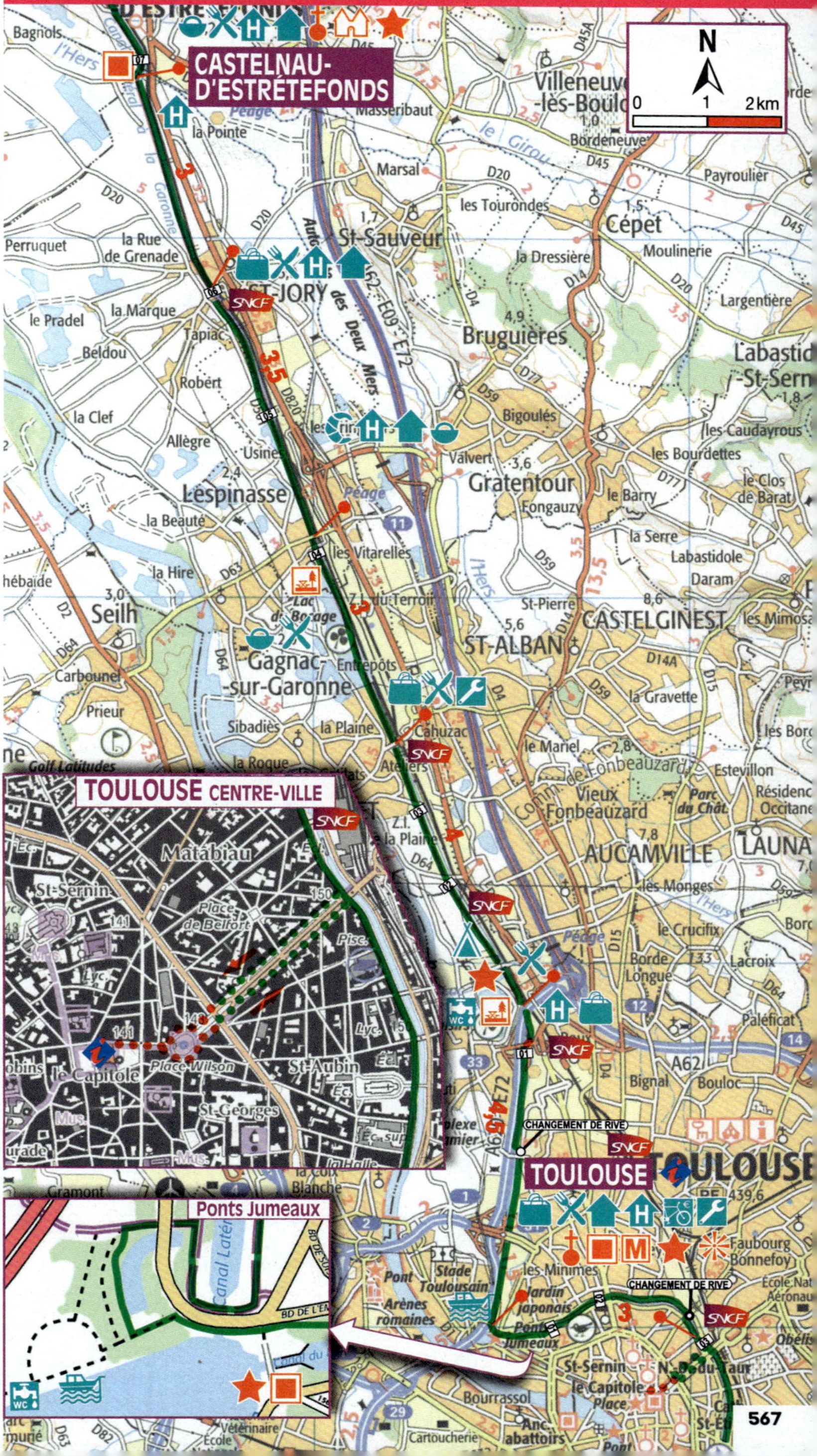
CASTELNAU-D'ESTRÉTEFONDS
N
0
1
2 km
Bagnols
la Pointe
Masseribaut
Villeneuve-lès-Bouloc
Marsal
les Tourondes
Payroulier
Cépet
Moulinerie
la Rue de Grenade
Perruquet
St-Sauveur
St-JORY
la Dressière
Largentière
le Pradel
la Marque
Beldou
Tapiac
Bruguières
Labastide-St-Sernin
Robert
Autoroute des Deux Mers
la Clef
Allègre
Bigoulès
les Caudayrous
Usine
Valvert
Gratentour
les Bourdettes
Lespinasse
Péage
Fongauzy
le Barry
le Clos de Barat
la Beauté
les Vitarelles
la Serre
Labastidole
la Hire
Daram
Seilh
Z.I. du Terroir
St-Pierre
CASTELGINEST
Lac de Bocage
ST-ALBAN
Gagnac-sur-Garonne
Entrepôts
Carbounet
Prieur
la Gravette
Sibadiès
la Plaine
Cahuzac
le Mariel
Golf Latitudes
la Roque
Ateliers
Vieux Fonbeauzard
Estevillon
Parc du Château
Résidence Occitane
TOULOUSE CENTRE-VILLE
Matabiau
St-Sernin
Place de Belfort
Place Wilson
le Capitole
St-Aubin
St-Georges
Z.I. de la Plaine
AUCAMVILLE
LAUNAGUET
les Monges
le Crucifix
Borde Longue
Lacroix
Paléficat
Bignal
Bouloc
CHANGEMENT DE RIVE
TOULOUSE
Faubourg Bonnefoy
les Minimes
Jardin japonais
Ponts Jumeaux
Stade Toulousain
Pont
Arènes romaines
Gramont
Ponts Jumeaux
Canal Latéral
BD DE L'EMBOUCHURE
St-Sernin
le Capitole
Bourrassol
Anc. abattoirs
Cartoucherie
Vétérinaire

# Toulouse → Montgiscard

21,5 km - 2 h 10

CHANGEMENT DE RIVE
TOULOUSE
Faubourg Bonnefoy
Périole
Centre d'Essais Aéronautiques
BALMA
Pin-Balma
Bordeneuve
le Busquet
Lacoste
Cayrol
Lagane
le Bénech
le Ciprié
St-Rémésy
Baisselié
Arbassan
Bourguignon
Moscou
Lagarde
Cath. St-Étienne
la Côte Pavée
Lasbordes
Mauressac
Roumo
Vignalis
Jardin des Plantes
le Mouy
les Arnis
Richard
les Clavels
Fonsegrives
St-Michel
Serres municipales
Aérodrome de Toulouse-Lasbordes
Cité de l'Espace
la Saune
Commune de Quint-Fonsegrives
Quint
Sauzelong
Aérodrome de Montaudran
Catala
la Vierge
Régis
la Faye
Cayras
Malepère
Complexe Scientifique de Rangueil
Complexe Aérospatial
Z.I.
Faculté de Rangueil
ST-ORENS-DE-GAMEVILLE
I.U.T.
la Bourdette
les Carmes
la Forge
Croix Monumentale
Lespinet
Labège Innopole
les Pyrénées
Nanbours
le Panoramique
la Bergerie
RAMONVILLE-ST-AGNE
le Tricou
Crouzet
En Calu
Complexe d'Enseignement Agricole
Midi
Canteloup
le Pech
Auzeville-Tolosane
Pechbusque
les Mimosas
Labège
Laran
la Place
ESCALQUENS
Combe d'Oly
Parc des Fontanelles
CASTANET-TOLOSAN
le Catilat
Vigoulet
Commune de Mervilla
Cayre
la Garrigue
la Bruyère
Sénaous
Savignol
l'Obit
la Ponte
le Falcou
Péchabou
les Soulettes
le Picadou
Clos du Soulelhat
Pompertuzat
Rebigue
l'Hers
St-Lau
les Violettes
Beauregard
Deyme
Aires de Service
Donneville
Layrolle
Corronsac
la Place
St-Pierre et St-Paul
Anc. Moulin à Vent
MONTGISCARD
Mont Ratier
le Miech
Latomy
Montbrun-Lauragais
Pinatel
0 1 2 km
N

# Montgiscard → Avignonet-Lauragais

**22,5 km - 2 h 15**

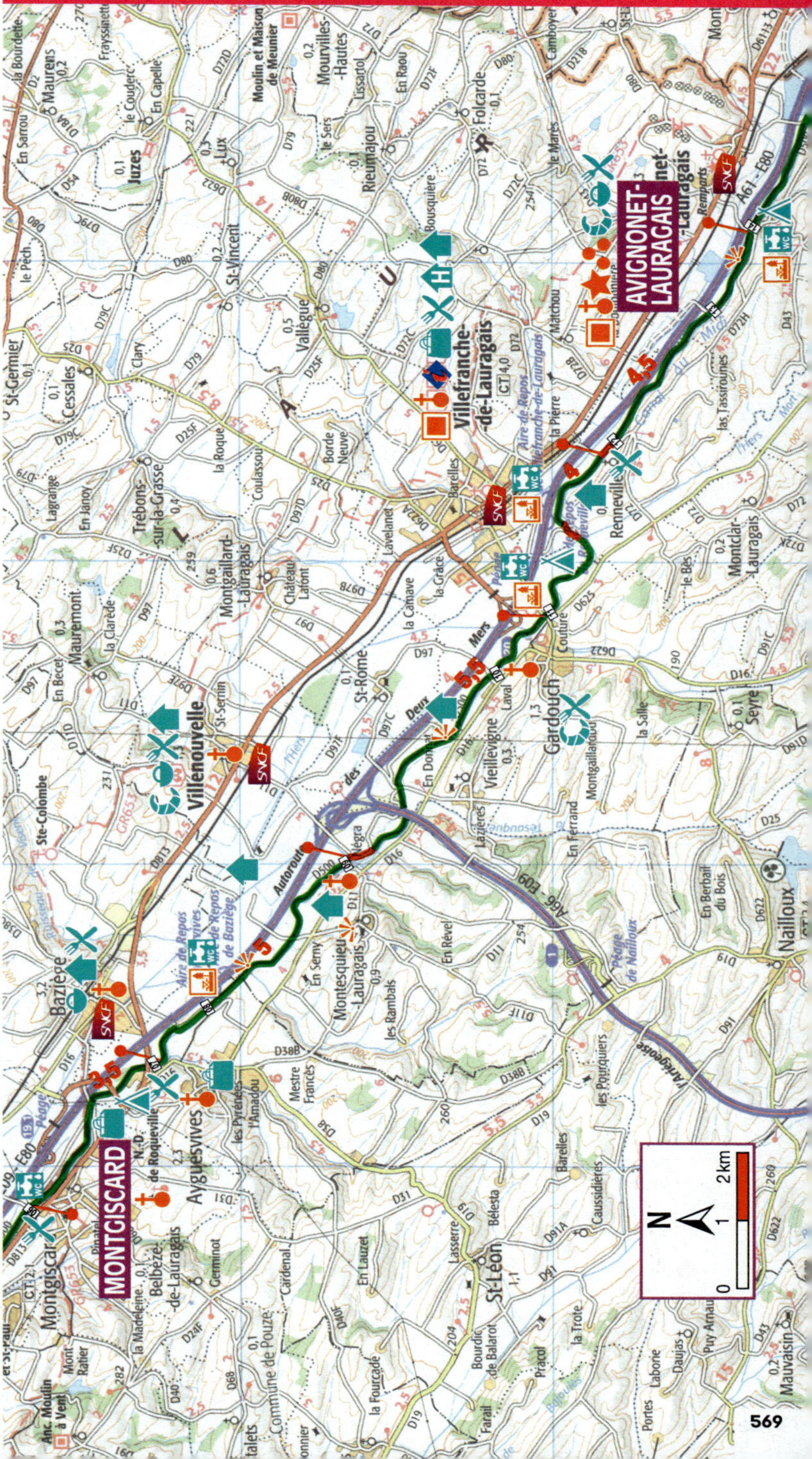
MONTGISCARD
AVIGNONET-LAURAGAIS
Villefranche-de-Lauragais
Villenouvelle
Baziège
Ayguesvives
Montesquieu-Lauragais
Gardouch
Renneville
Nailloux
Montgiscard
St-Léon
Montclar-Lauragais
Vieillevigne
St-Rome
Montgaillard-Lauragais
Trébons-sur-la-Grasse
Vallègue
Rieumajou
Folcarde
Mauremont
Cessales
Juzes
Lux
St-Vincent
Belbèze-de-Lauragais
Seyre
3,5
4
4,5
5
5,5
0 1 2km
N

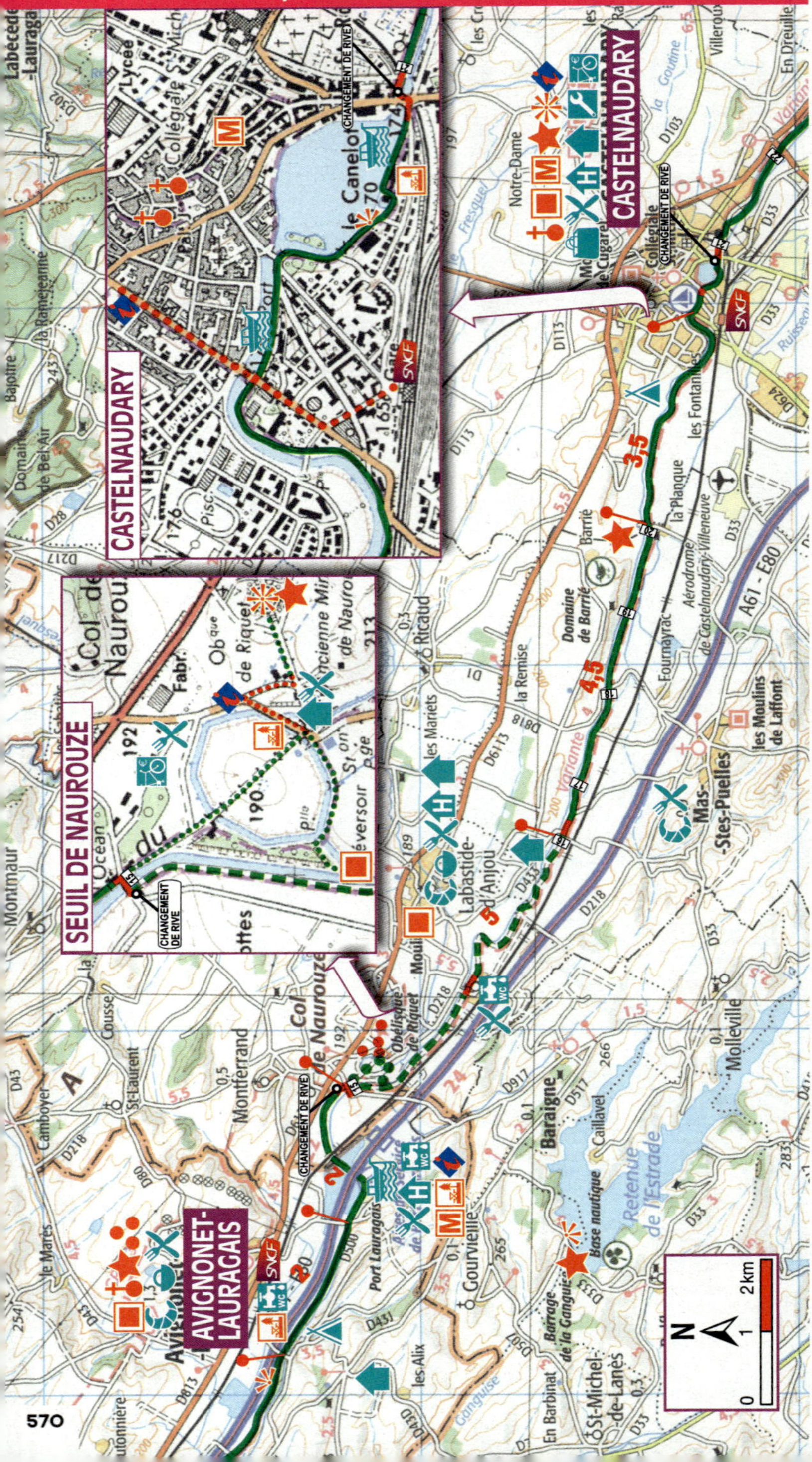
CASTELNAUDARY
SEUIL DE NAUROUZE
AVIGNONET-LAURAGAIS
CHANGEMENT DE RIVE
Col de Naurouze
Obélisque de Riquet
Port Lauragais
Labastide-d'Anjou
Domaine de Barrié
Mas-Stes-Puelles
Retenue de l'Estrade
Base nautique
Barrage de la Ganguise
Aérodrome de Castelnaudary-Villeneuve
Collégiale
Notre-Dame
Gare
Variante
A61 - E80
0
1
2km

# N°23 Castelnaudary → Bram

**16,5 km - 1 h 50**

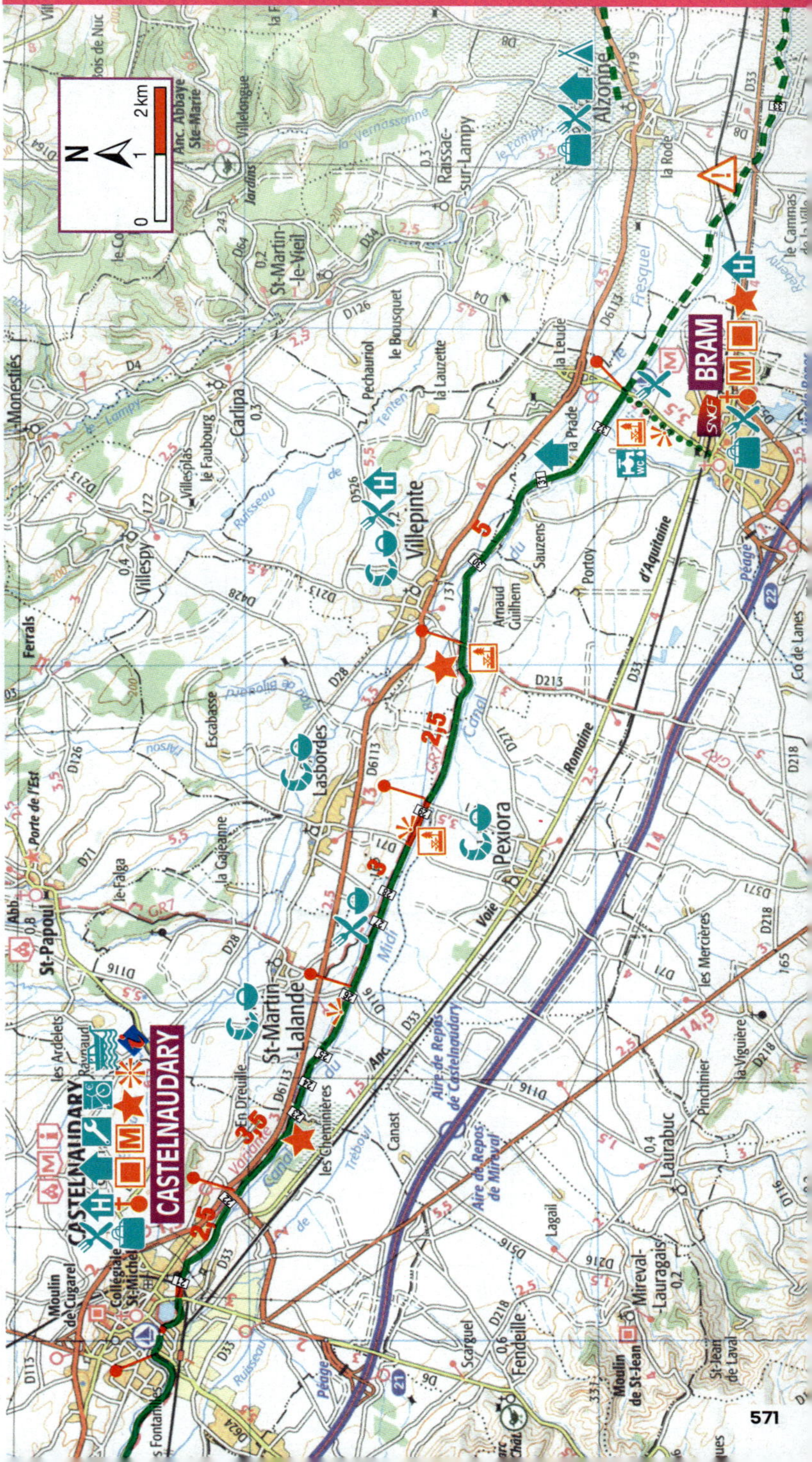
CASTELNAUDARY
BRAM
Villepinte
St-Martin-Lalande
Pexiora
Lasbordes
Alzonne
St-Papoul
Villespy
Carlipa
Raissac-sur-Lampy
St-Martin-le-Vieil
Mireval-Lauragais
Lauragais
Fendeille
Scarguel
Canal du Midi
Fresquel
Voie Romaine
Aire de Repos de Castelnaudary
Aire de Repos de Mireval
Péage
N
0
1
2 km

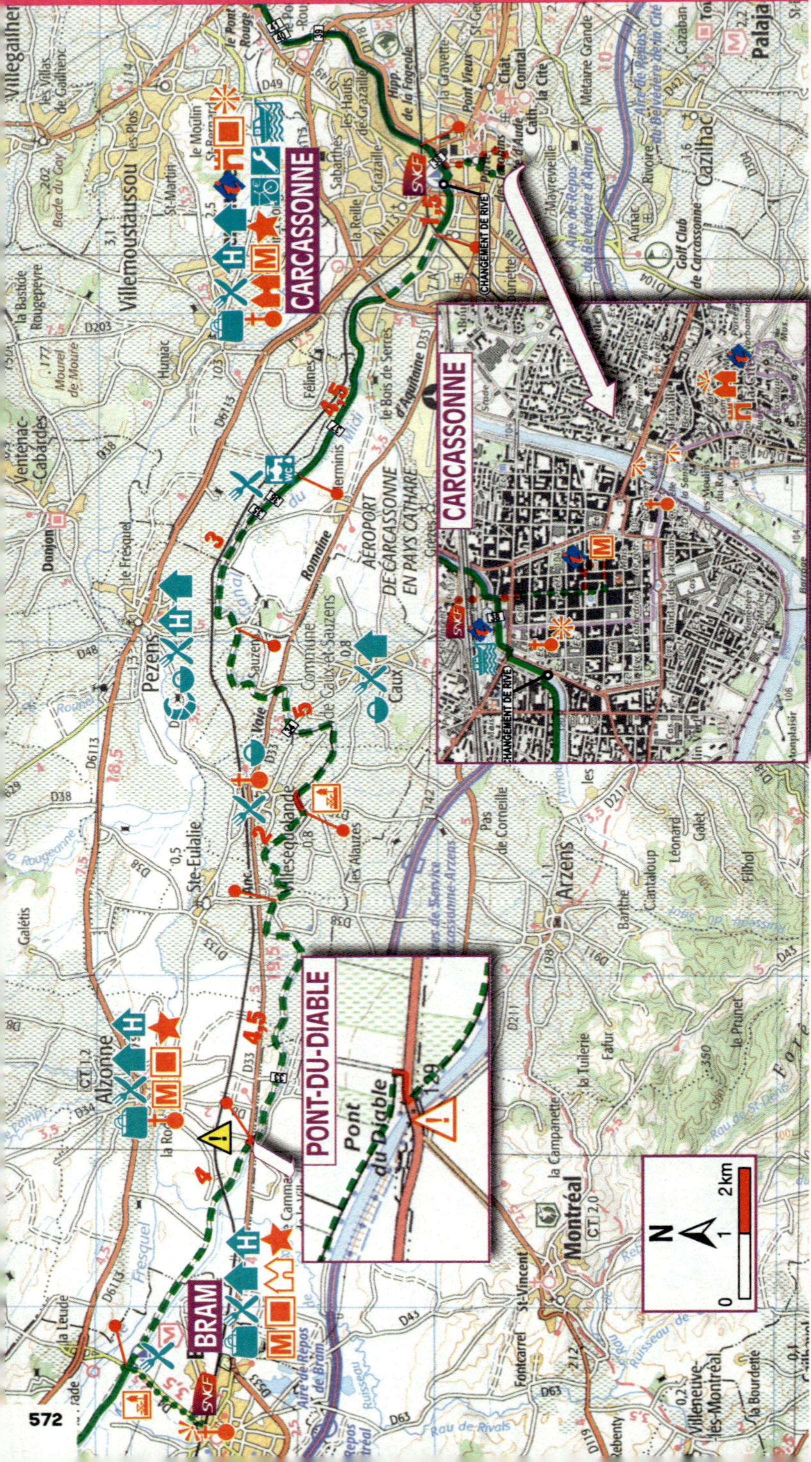
CARCASSONNE
PONT-DU-DIABLE
Pont du Diable
BRAM
CARCASSONNE
CHANGEMENT DE RIVE
AEROPORT DE CARCASSONNE EN PAYS CATHARE
Villesèquelande
Pezens
Alzonne
Montréal
Arzens
Villemoustaussou
Cazilhac
Palaja
Caux
Sauzens
Commune de Caux-et-Sauzens
Ste-Eulalie
Villeneuve-lès-Montréal
0
1
2km
N

# N°25 Carcassonne → Marseillette

**21 km - 2 h 20**

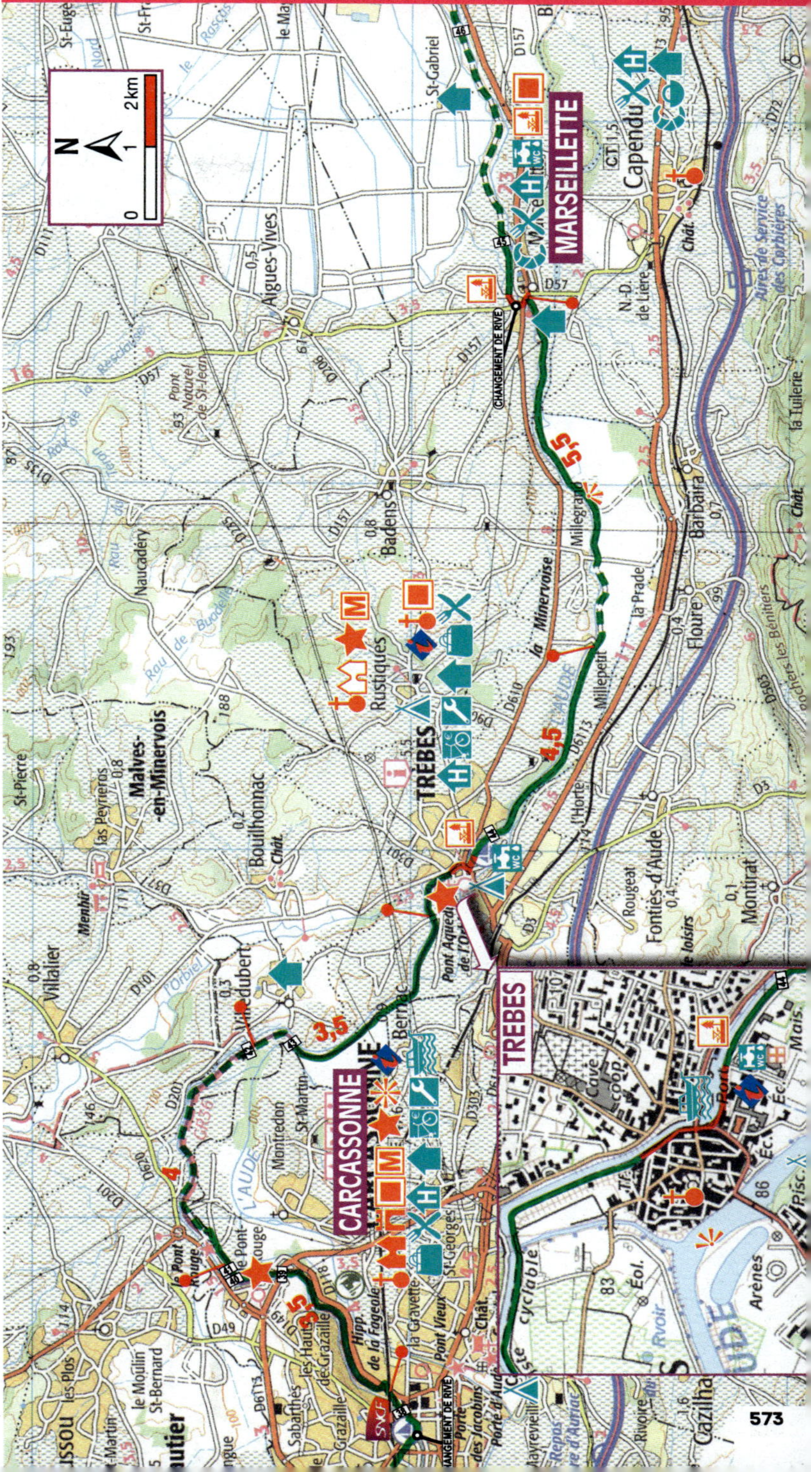
CARCASSONNE
TREBES
MARSEILLETTE
Capendu
Aigues-Vives
Malves-en-Minervois
Bouilhonnac
Villalier
Badens
Rustiques
Millegrand
Millepetit
Barbaira
Floure
Fontiès-d'Aude
Monturat
Pont Aqueduc de l'Orbiel
CHANGEMENT DE RIVE
Aires de Service des Corbières
0 1 2km
N

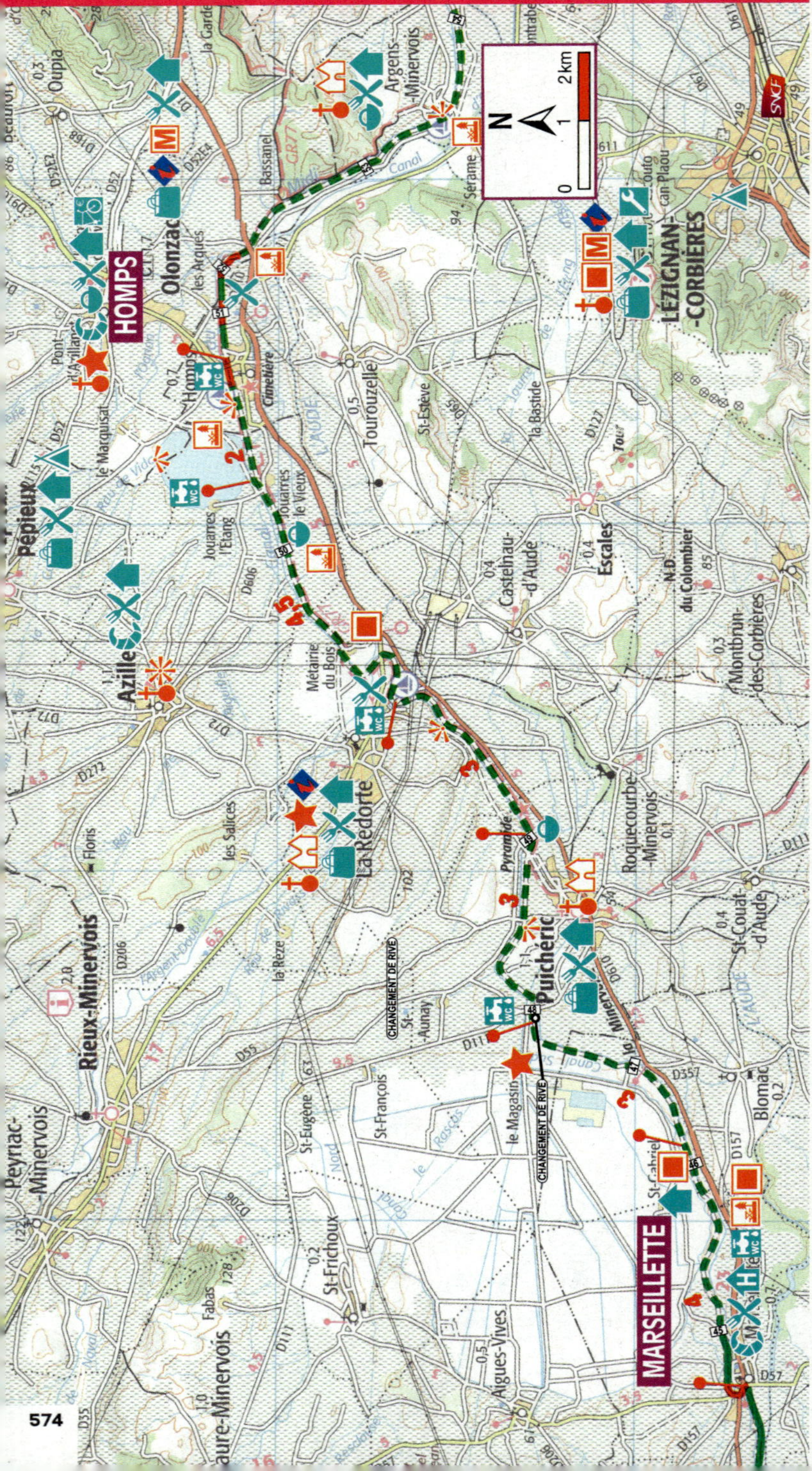
MARSEILLETTE
HOMPS
Puichéric
La Redorte
Azille
Pépieux
Olonzac
Argens-Minervois
Lézignan-Corbières
Escales
Castelnau-d'Aude
Tourouzelle
Roquecourbe-Minervois
St-Couat-d'Aude
Blomac
Rieux-Minervois
Peyriac-Minervois
St-Frichoux
Aigues-Vives
Montbrun-des-Corbières
Jouarres l'Étang
Métairie du Bois
CHANGEMENT DE RIVE
0 1 2km
N

# Homps → Le Somail

19,5 km - 2 h 15

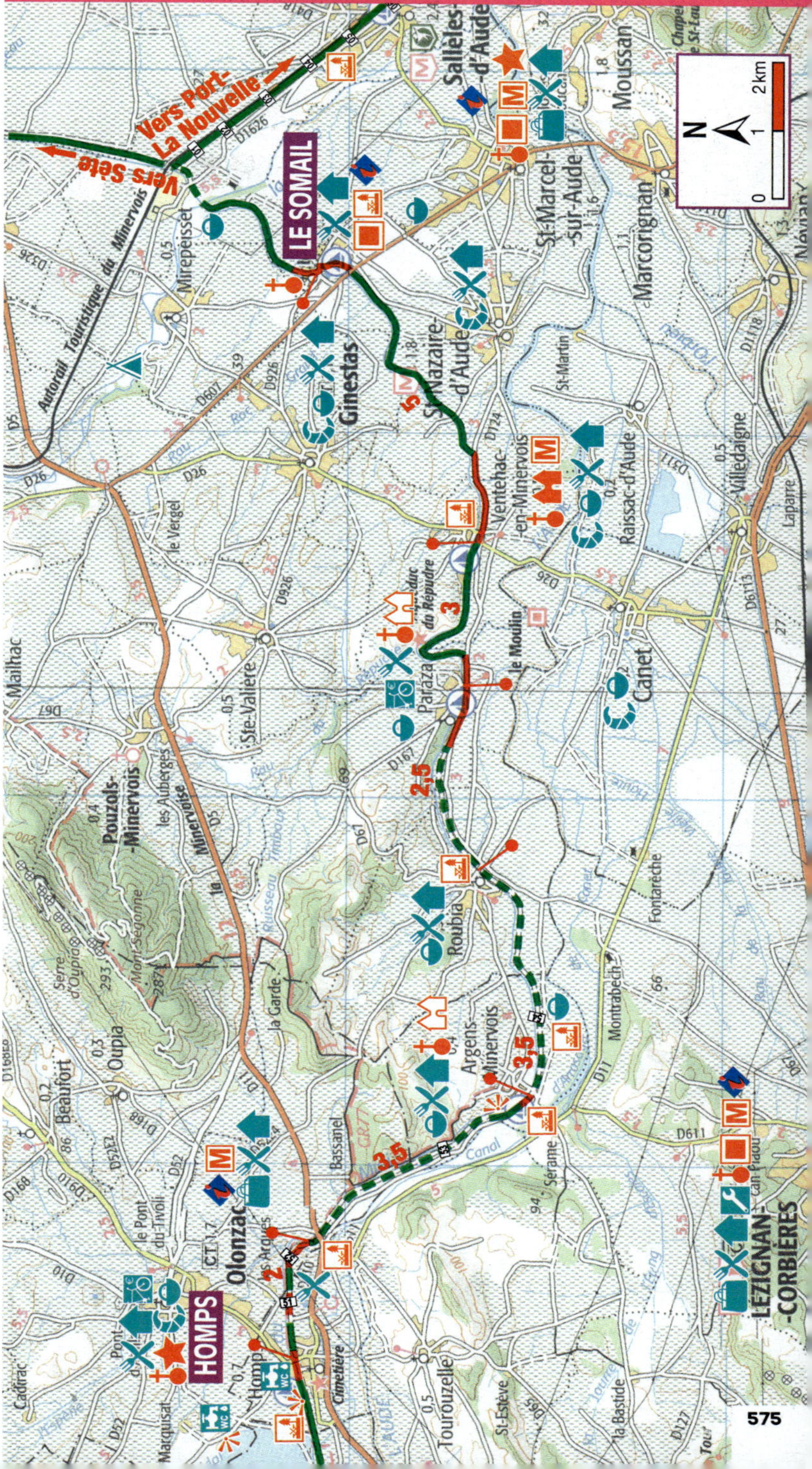
HOMPS
LE SOMAIL
Vers Port-La Nouvelle
Vers Sète
Olonzac
Argens-Minervois
Roubia
Paraza
Ventenac-en-Minervois
St-Nazaire-d'Aude
Ginestas
Mirepeisset
Sallèles-d'Aude
St-Marcel-sur-Aude
Marcorignan
Moussan
Canet
Raissac-d'Aude
Villedaigne
Lézignan-Corbières
Pouzols-Minervois
Ste-Valière
Mailhac
Oupia
Beaufort
Tourouzelle
Autorail Touristique du Minervois
2
3,5
3,5
2,5
3
5
2km

Le Somail
→ Capestang

21,5 km - 2 h 35

N°28

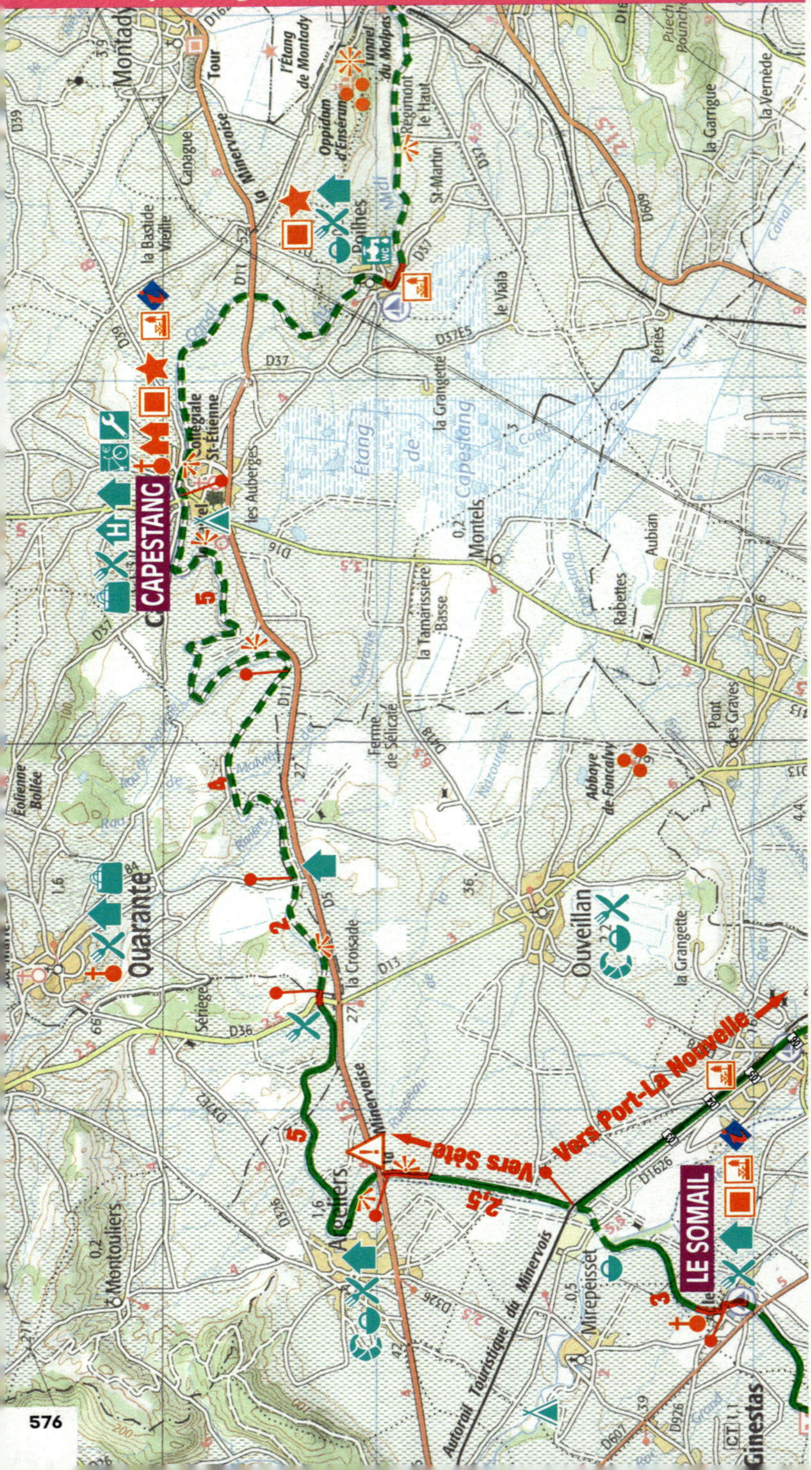

CAPESTANG
LE SOMAIL
Vers Sète
Vers Port-La Nouvelle
Montady
Poilhes
Quarante
Ouveillan
Argeliers
Mirepeisset
Ginestas
Montouliers
Montels
Étang de Capestang
Collégiale St-Étienne
les Auberges
Oppidum d'Ensérune
Tunnel du Malpas
l'Étang de Montady
Regimont le Haut
St-Martin
le Viala
la Grangette
Périès
la Bastide Vieille
Canague
la Minervoise
Tour
Ferme de Sélicate
la Tamarissière Basse
Abbaye de Fontcalvy
Pont des Graves
Aubian
Rabettes
la Croisade
Sériège
Éolienne Brûlée
la Garrigue
la Vernède
Autoroute Touristique du Minervois

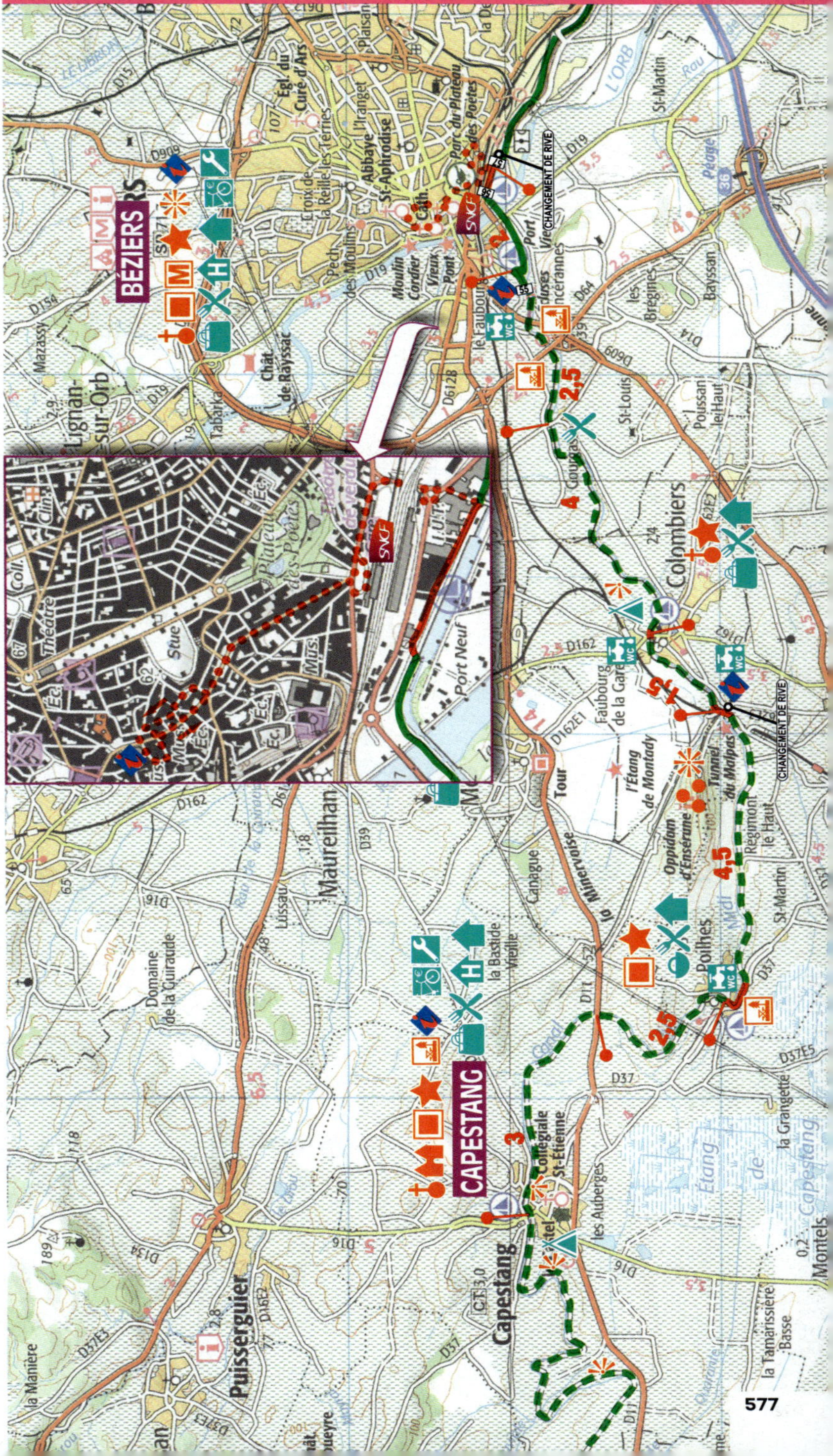
BÉZIERS
CAPESTANG
Capestang
Collégiale St-Étienne
Puisserguier
Maureilhan
Colombiers
Poilhes
Tunnel du Malpas
Oppidum d'Ensérune
l'Étang de Montady
Étang de Capestang
CHANGEMENT DE RIVE
CHANGEMENT DE RIVE
Plateau des Poètes
Port Neuf
SNCF
Lignan-sur-Orb
L'ORB
3
2,5
4,5
1,5
4
2,5

BÉZIERS
AGDE
VIAS
Portiragnes
Cers
Villeneuve-lès-Béziers
Sauvian
SÉRIGNAN
Bessan
Boujan-sur-Libron
AÉROPORT DE BÉZIERS CAP D'AGDE EN LANGUEDOC
RÉSERVE NATUR. DE ROQUE-HAUTE
RÉSERVE NATUR. DES ORPEILLIÈRES
Sérignan Plage
Portiragnes Plage
Farinette Plage
le Grau d'Agde
la Tamarissière
Port Cassafières
Ouvrage du Libron
Cactus Park
SNCF
5,5
4,5
4
4,5
5
3
11,5
N
0
1
2 km

N°31

Agde → Sète

26 km - 2 h 30

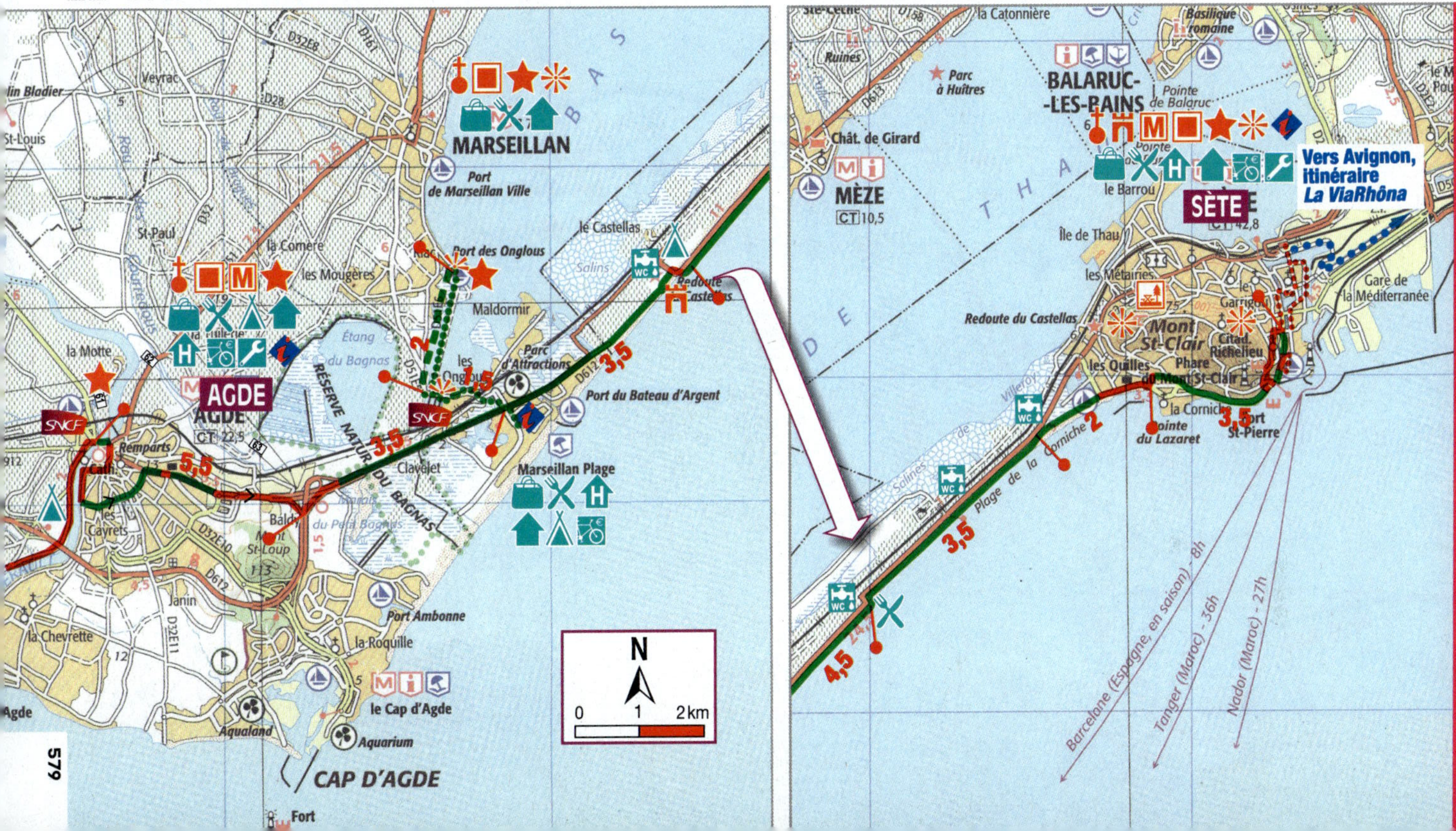
MARSEILLAN
Port de Marseillan Ville
Port des Onglous
le Castellas
Salins
Redoute du Castellas
Maldormir
Étang du Bagnas
RÉSERVE NATUR. DU BAGNAS
les Onglous
Parc d'Attractions
Port du Bateau d'Argent
Marseillan Plage
Clavelet
AGDE
CT 22,5
Remparts
la Motte
Veyrac
St-Louis
St-Paul
la Conière
les Mougères
Mont St-Loup
Janin
la Chevrette
Port Ambonne
la Roquille
le Cap d'Agde
Aqualand
Aquarium
CAP D'AGDE
Fort
N
0 1 2 km
BALARUC-LES-BAINS
Pointe de Balaruc
Basilique romaine
Parc à Huîtres
Chât. de Girard
MÈZE
CT 10,5
Ruines
la Catonnière
le Barrou
SÈTE
CT 42,8
Vers Avignon, itinéraire La ViaRhôna
Île de Thau
les Métairies
Redoute du Castellas
Mont St-Clair
Citad. Richelieu
Phare du Mont St-Clair
les Quilles
la Corniche
Pointe du Lazaret
Fort St-Pierre
Gare de la Méditerranée
Plage de la Corniche
Barcelone (Espagne, en saison) - 8h
Tanger (Maroc) - 36h
Nador (Maroc) - 27h

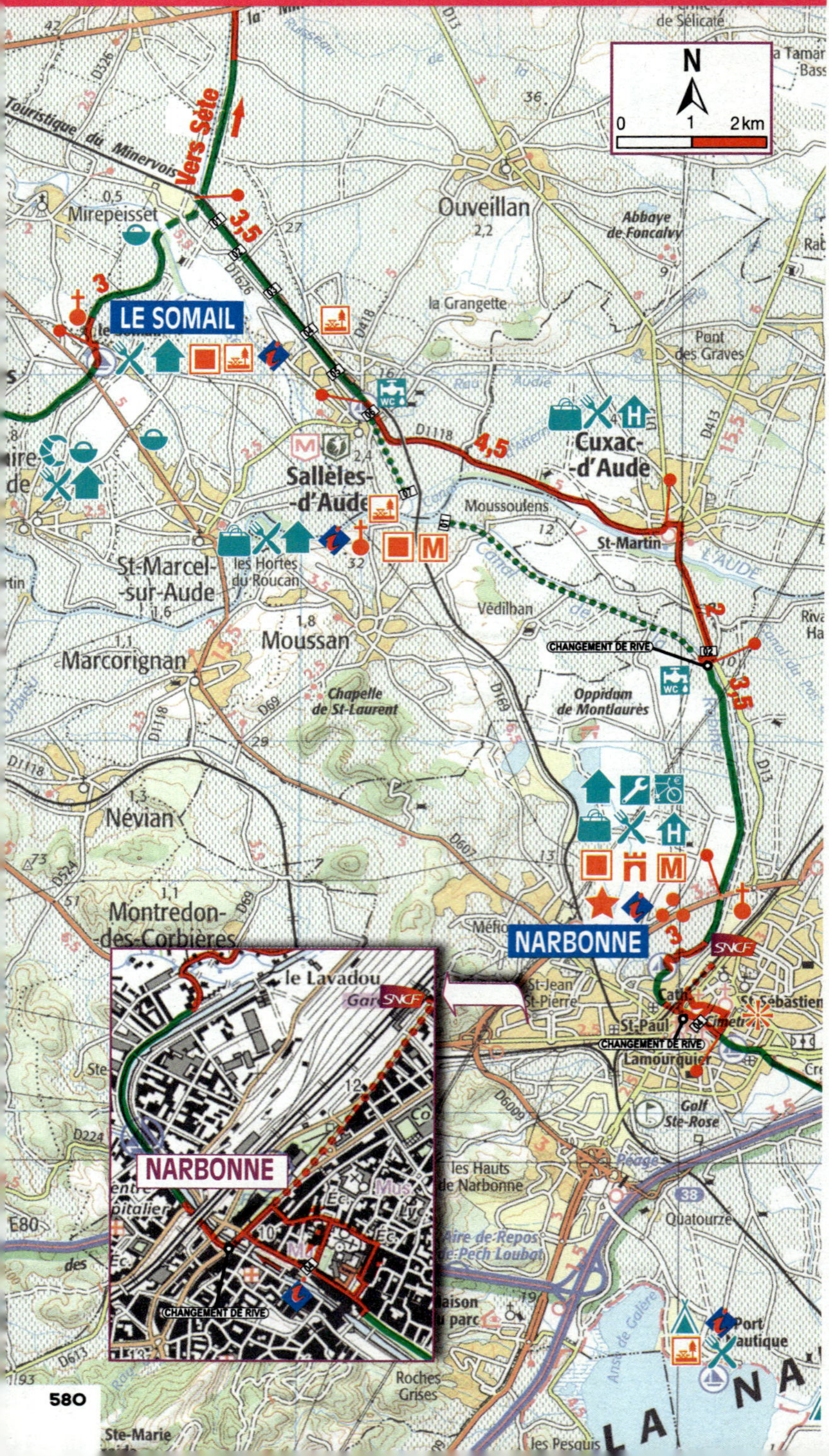
N
0 1 2 km
Vers Sète
Touristique du Minervois
Mirepeisset
LE SOMAIL
Ouveillan
Abbaye de Foncalvy
la Grangette
Pont des Graves
Cuxac-d'Aude
Sallèles-d'Aude
Moussoulens
St-Martin
St-Marcel-sur-Aude
les Hortes du Roucan
Védilhan
Moussan
Marcorignan
CHANGEMENT DE RIVE
Chapelle de St-Laurent
Oppidum de Montlaurès
Névian
Montredon-des-Corbières
NARBONNE
le Lavadou
Gare SNCF
St-Jean St-Pierre
Cath.
St-Paul
St-Sébastien
Lamourguier
Golf Ste-Rose
les Hauts de Narbonne
Quatourze
Aire de Repos de Pech Loubat
Roches Grises
Port nautique
Ste-Marie
les Pesquis
E80
3,5
4,5
3,5
2
3
3

## Narbonne → Port-La-Nouvelle

**22,5 km - 2 h 15**

DU SOMAIL À PORT-LA NOUVELLE

LE CANAL DES 2 MERS DE L'ATLANTIQUE À LA MÉDITERRANÉE

# LE TOUR DE GIRONDE À VÉLO

470 km

UNE AUTRE IDÉE DU BONHEUR

**Bordeaux, la capitale mondiale du vin, constitue le point de départ idéal d'une boucle enivrante qui, tout en rondeur, fait subtilement découvrir les plus beaux trésors girondins. Aux vignobles de l'Entre-deux-Mers succèdent les rives humides du canal de Garonne puis voici que s'annonce la forêt des Landes de Gascogne. Après avoir croisé le paisible bassin d'Arcachon, d'immenses plages de sable fin viennent compléter cette virée circulaire qui, entraînée par son enthousiasme débordant, se paye un crochet par la Charente-Maritime. Un millésime exceptionnel donc que ce Tour de Gironde à vélo qui, à l'inverse d'une bonne bouteille, se déguste sans la moindre modération.**

*Le Tour de Gironde à vélo est un itinéraire adapté à tous les niveaux. Ponctuellement dans le Blayais ainsi qu'entre Sauveterre-de-Guyenne et La Réole les reliefs demandent cependant une certaine condition physique. Il est faisable dans n'importe quel sens.*

***Jonctions :*** *EV 1 (La Vélodyssée), EV 3 (La Scandibérique), Le Canal des 2 Mers.*

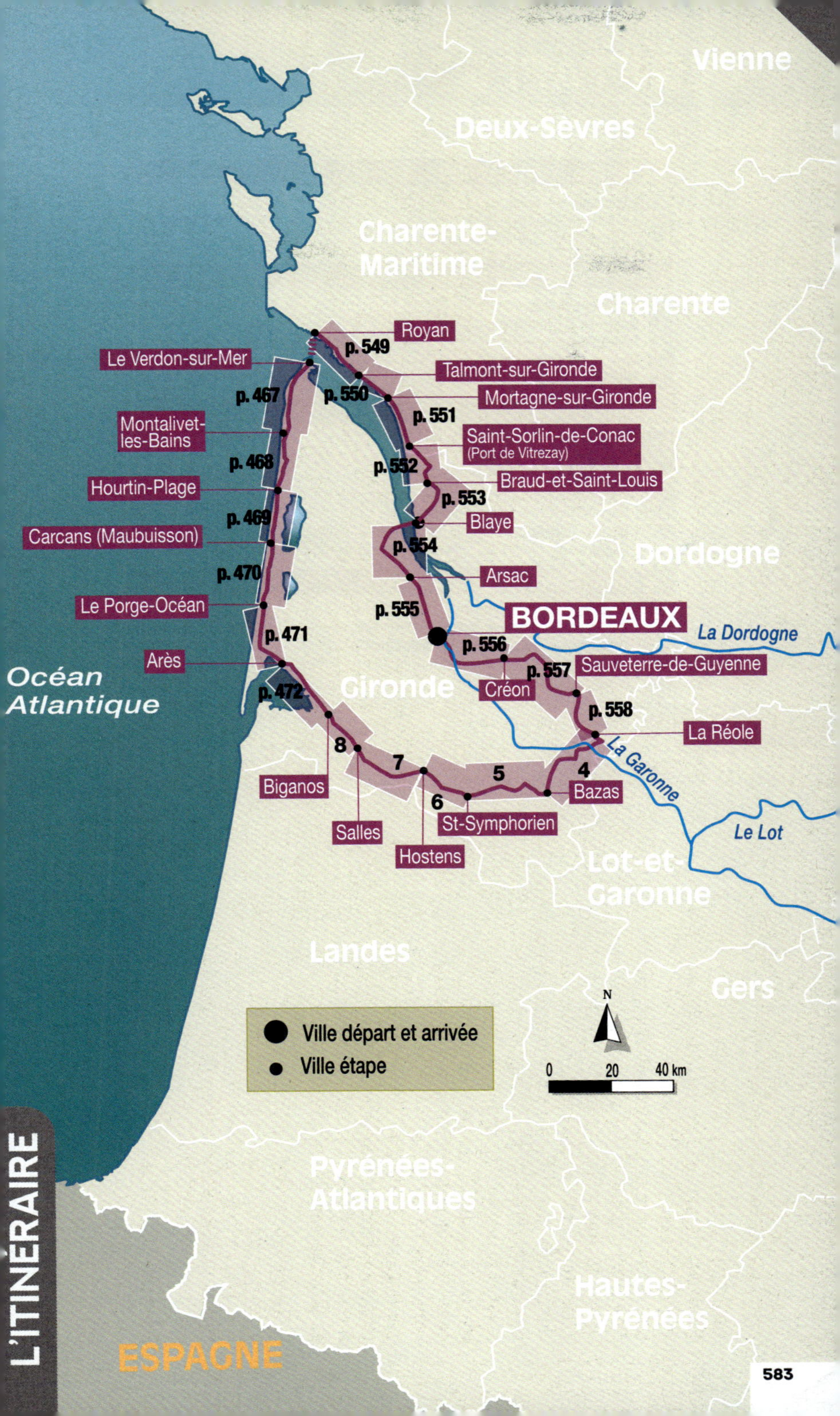

Vienne
Deux-Sèvres
Charente-Maritime
Charente
Dordogne
Gironde
Lot-et-Garonne
Landes
Gers
Pyrénées-Atlantiques
Hautes-Pyrénées
ESPAGNE
Océan Atlantique
Royan
p. 549
Le Verdon-sur-Mer
Talmont-sur-Gironde
p. 467
p. 550
Mortagne-sur-Gironde
p. 551
Montalivet-les-Bains
Saint-Sorlin-de-Conac (Port de Vitrezay)
p. 468
p. 552
Braud-et-Saint-Louis
Hourtin-Plage
p. 553
Blaye
p. 469
Carcans (Maubuisson)
p. 554
Arsac
p. 470
Le Porge-Océan
p. 555
BORDEAUX
La Dordogne
p. 471
p. 556
Arès
p. 557
Sauveterre-de-Guyenne
p. 472
Créon
p. 558
La Réole
8
7
La Garonne
5
4
6
Biganos
Bazas
St-Symphorien
Salles
Le Lot
Hostens
Ville départ et arrivée
Ville étape
N
0
20
40 km

L'ITINÉRAIRE

# LES ÉTAPES

N° de la carte →

| De Bordeaux à La Réole | | 73,5 km |
|---|---|---|
| p. 556 | Bordeaux → Créon | 23,5 km – 2 h 30 |
| p. 557 | Créon → Sauveterre-de-Guyenne | 31 km – 3 h 15 |
| p. 558 | Sauveterre-de-Guyenne → La Réole | 19 km – 2 h 15 |

| De La Réole à Biganos | | 108,5 km |
|---|---|---|
| 4 | La Réole → Bazas | 33 km – 3 h 30 |
| 5 | Bazas → St-Symphorien | 24,5 km – 2 h 30 |
| 6 | St-Symphorien → Hostens | 16,5 km – 1 h 45 |
| 7 | Hostens → Salles | 21 km – 2 h 10 |
| 8 | Salles → Biganos | 13,5 km – 1 h 25 |

| De Biganos à Royan | | 141,5 km |
|---|---|---|
| p. 472 | Biganos → Arès | 20,5 km – 2 h 10 |
| p. 471 | Arès → Le Porge-Océan | 23 km – 2 h 30 |
| p. 470 | Le Porge-Océan → Carcans (Maubuisson) | 26,5 km – 3 h 00 |
| p. 469 | Carcans (Maubuisson) → Hourtin-Plage | 21,5 km – 2 h 30 |
| p. 468 | Hourtin-Plage → Montalivet-les-Bains | 20,5 km – 2 h 00 |
| p. 467 | Montalivet-les-Bains → Le Verdon-sur-Mer | 29,5 km – 3 h 00 |
| | Liaison en bac-ferry Le Verdon-sur-Mer → Royan | 20 mn |

| De Royan à Bordeaux | | 147 km |
|---|---|---|
| p. 549 | Royan → Talmont-sur-Gironde | 18,5 km – 1 h 50 |
| p. 550 | Talmont-sur-Gironde → Mortagne-sur-Gironde | 17 km – 1 h 45 |
| p. 551 | Mortagne-sur-Gironde → St-Sorlin-de-Conac | 25 km – 2 h 45 |
| p. 552 | St-Sorlin-de-Conac → Braud-et-St-Louis | 19 km – 2 h 00 |
| p. 553 | Braud-et-St-Louis → Blaye | 20 km – 2 h 00 |
| p. 554 | Blaye → Arsac | 23 km – 2 h 30 |
| p. 555 | Arsac → Bordeaux | 24,5 km – 2 h 30 |

**Total de l'itinéraire** **470,5 km**

# DE BORDEAUX À LA RÉOLE

3 étapes à découvrir en pages 556 à 558

| | | |
|---|---|---|
| p. 556 | Bordeaux → Créon | 23,5 km - 2 h 30 |
| p. 557 | Créon → Sauveterre-de-G. | 31 km - 3 h 15 |
| p. 558 | Sauveterre-de-G. → La Réole | 19 km - 2 h 15 |

Shutterstock.com/kaiko3p

Bordeaux.

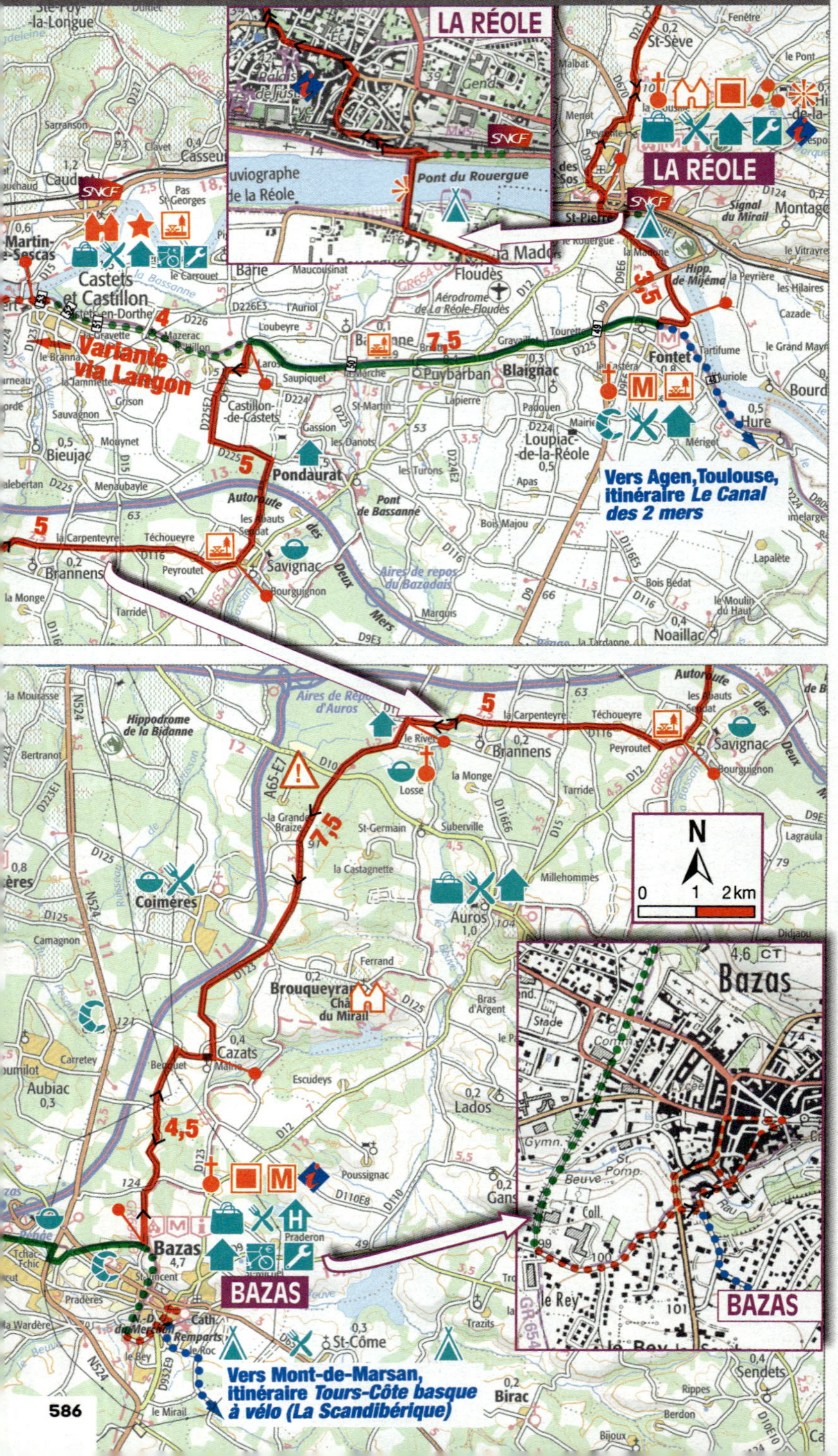
LA RÉOLE
Pont du Rougerue
Variante via Langon
Castets et Castillon
Fontet
Loupiac-de-la-Réole
Puybarban
Blaignac
Pondaurat
Savignac
Brannens
Vers Agen, Toulouse, itinéraire Le Canal des 2 mers
Autoroute des Deux Mers
7,5
3,5
5
4
4,5
Auros
Coimères
Brouqueyran
Cazats
Lados
Bazas
BAZAS
Vers Mont-de-Marsan, itinéraire Tours-Côte basque à vélo (La Scandibérique)
N
0 1 2 km

# Bazas → St-Symphorien

**24,5 km - 2 h 30**

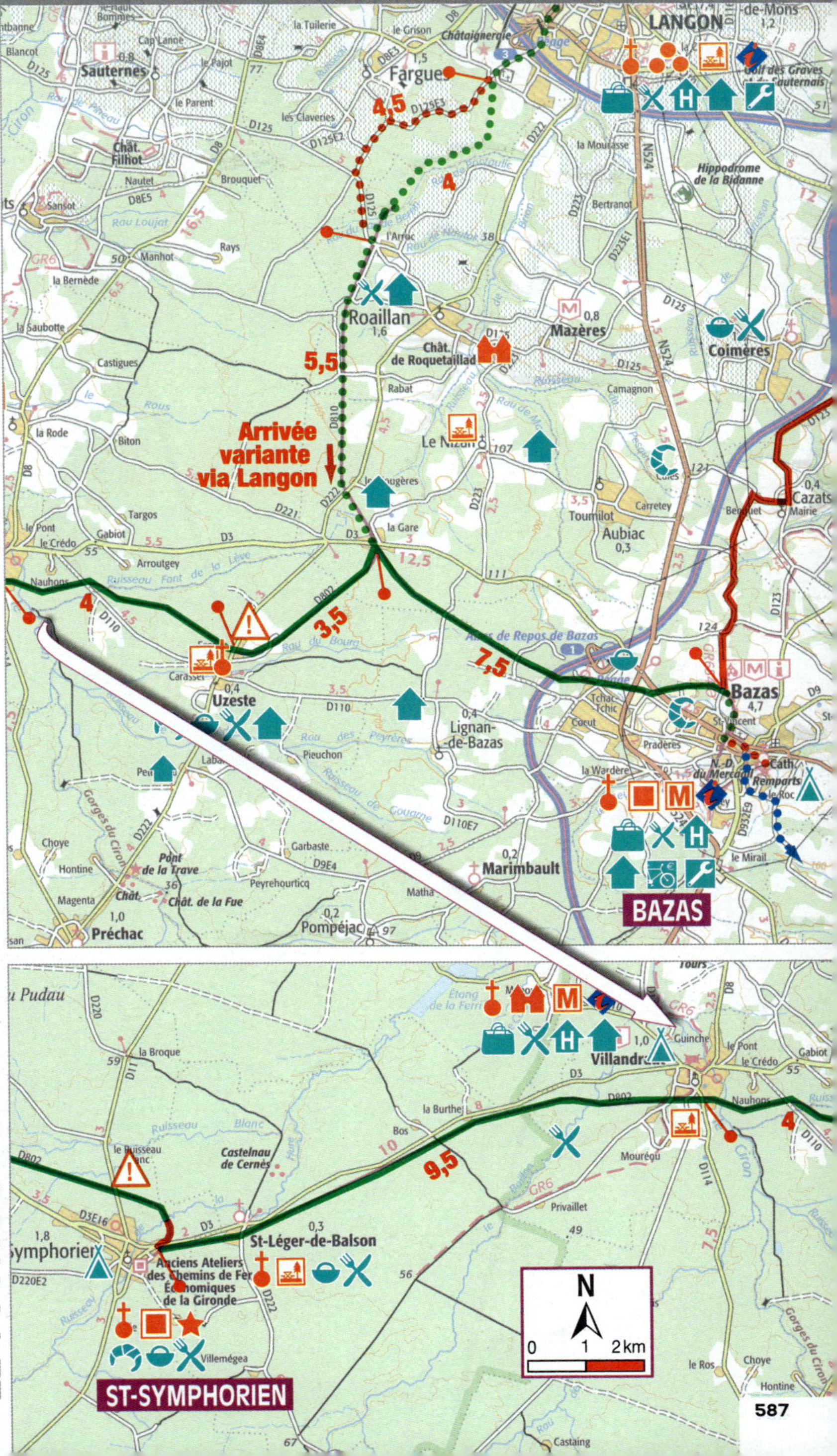
LANGON
Golf des Graves et du Sauternais
Sauternes
Fargues
Châtaigneraie
Hippodrome de la Bidanne
Château Filhot
Roaillan
Château de Roquetaillade
Mazères
Coimères
Arrivée variante via Langon
Le Nizan
Toumilot
Aubiac
Cazats
Uzeste
Lignan-de-Bazas
Aire de Repos de Bazas
Bazas
N.-D. du Mercadil
Cath.
Remparts
Marimbault
Préchac
Pont de la Trave
Château de la Fue
Gorges du Ciron
Pompéjac
BAZAS
Villandraut
Castelnau de Cernès
St-Léger-de-Balson
St-Symphorien
Anciens Ateliers des Chemins de Fer Économiques de la Gironde
ST-SYMPHORIEN
Villemégea
4,5
4
5,5
3,5
7,5
12,5
9,5
0
1
2 km

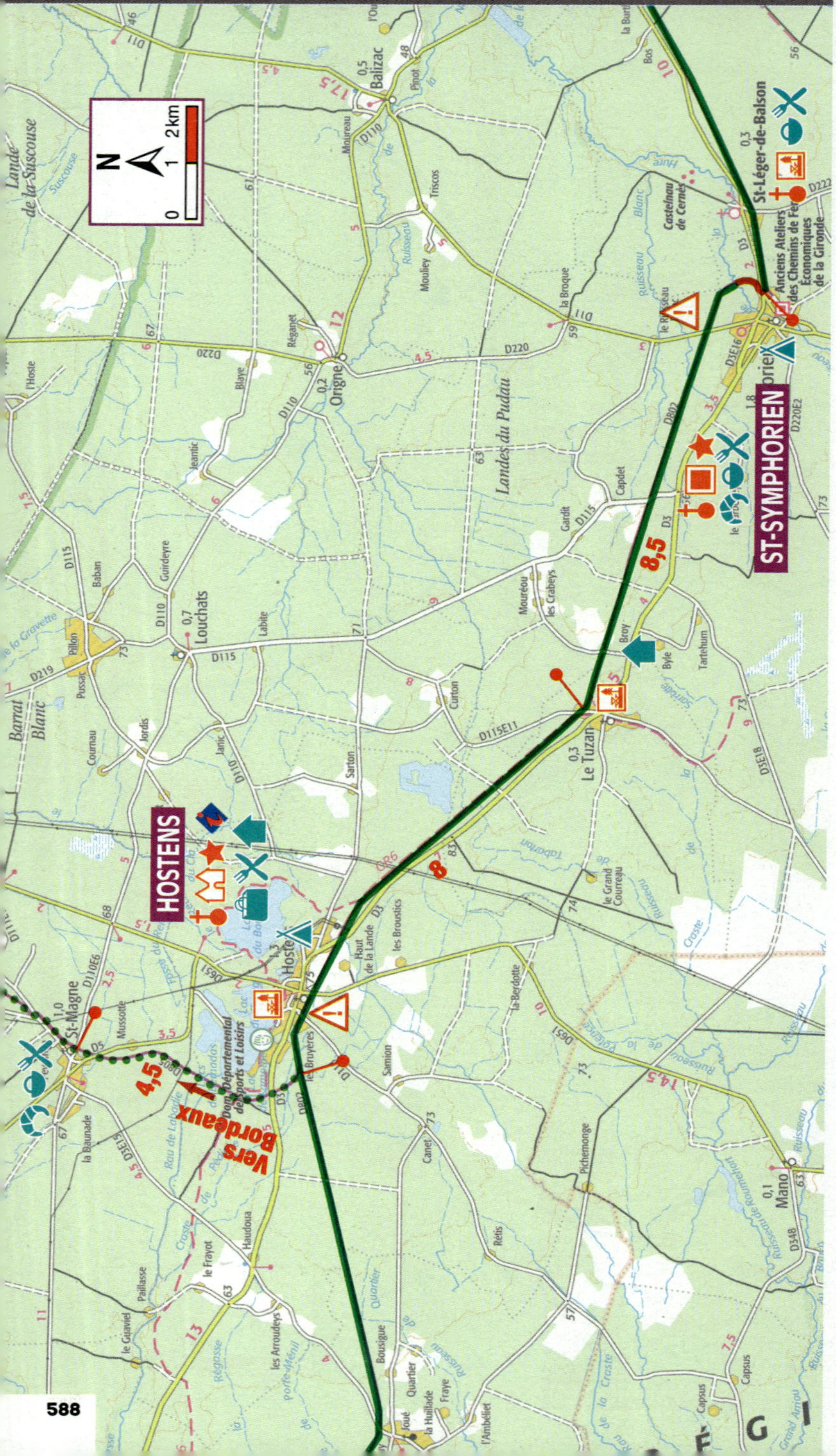
ST-SYMPHORIEN
HOSTENS
Vers Bordeaux
Le Tuzan
Louchats
Origne
Balizac
St-Léger-de-Balson
Anciens Ateliers des Chemins de Fer Économiques de la Gironde
St-Magne
Landes du Pudau
Lande de la Suscouse
Castelnau de Cernès
Mano
Dom. Départemental des Sports et Loisirs
8,5
4,5
8
0
1
2km
N

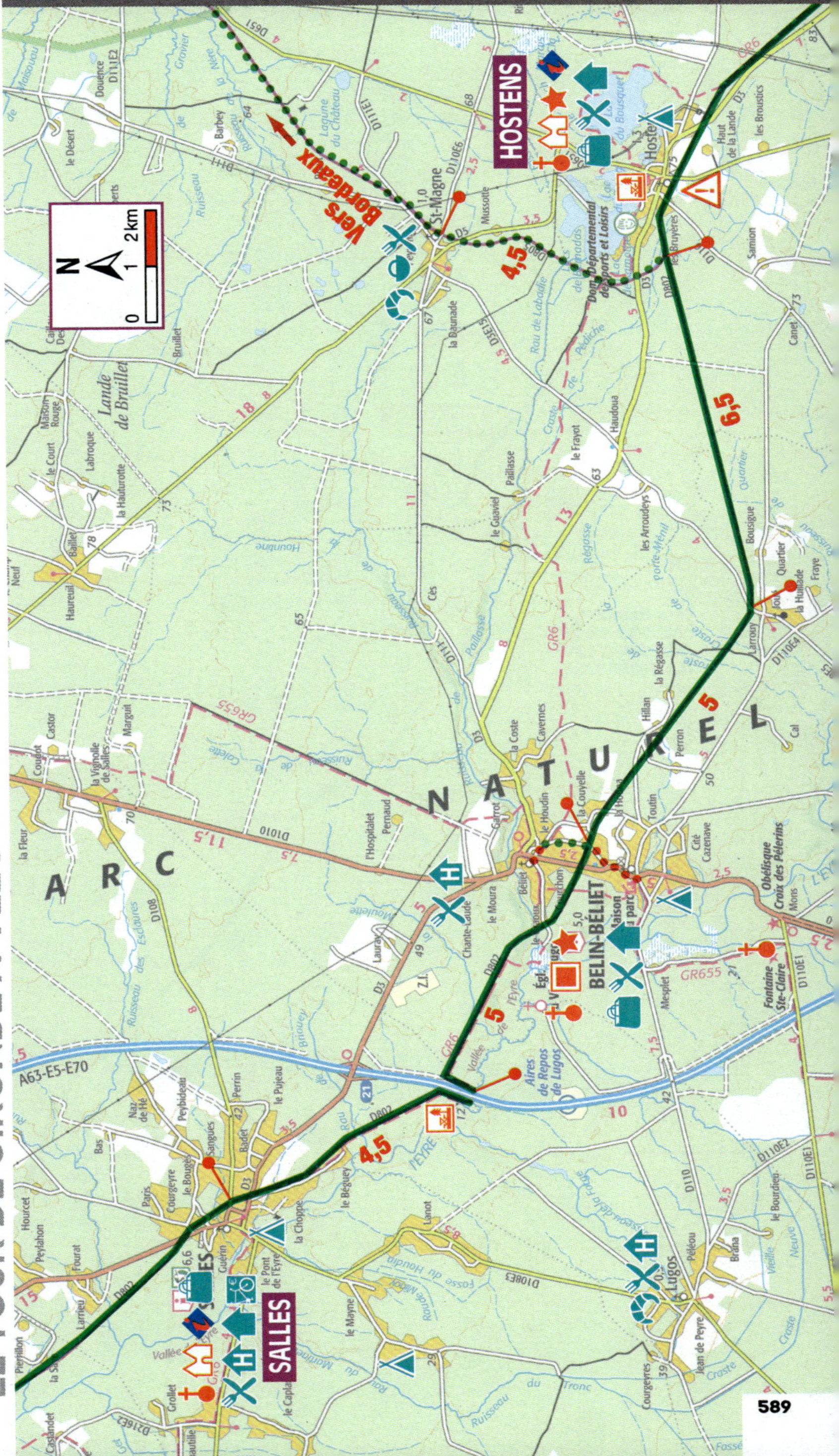
HOSTENS
Vers Bordeaux
St-Magne
BELIN-BÉLIET
SALLES
Lugos
A R C N A T U R E L
Lande de Bruillet
Aires de Repos de Lugos
Fontaine Ste-Claire
Obélisque Croix des Pèlerins
A63-E5-E70
GR6
GR655
4,5
6,5
5
5
4,5
0 1 2km

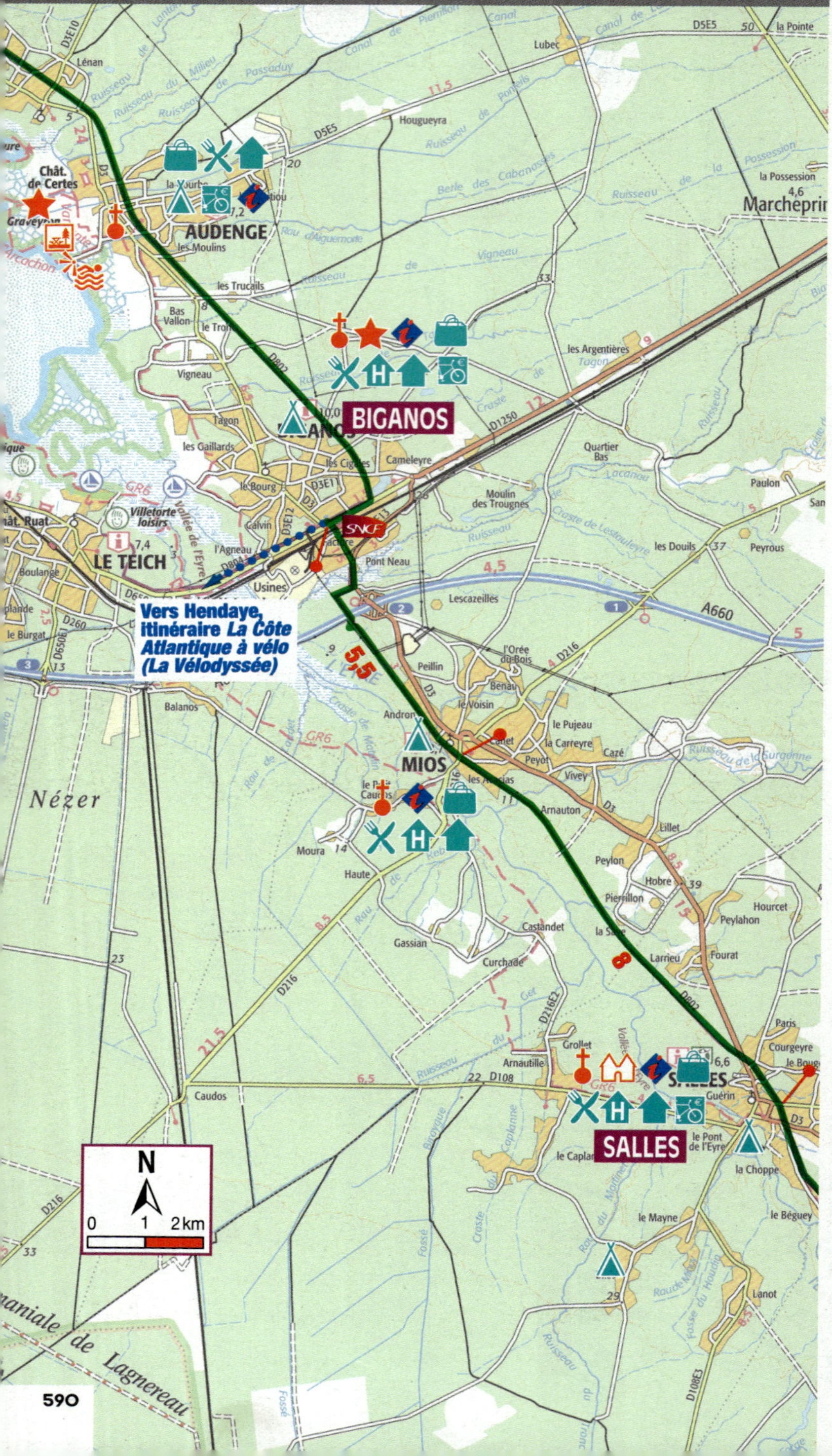
AUDENGE
BIGANOS
LE TEICH
MIOS
SALLES
Marcheprim
Nézer
Vers Hendaye, itinéraire La Côte Atlantique à vélo (La Vélodyssée)
A660
SNCF
N
0
1
2 km

# DE BIGANOS À ROYAN

6 étapes à découvrir en pages 427 à 432

| | | |
|---|---|---|
| p. 472 | Biganos → Arès | 20,5 km - 2 h 10 |
| p. 471 | Arès → Le Porge-Océan | 23 km - 2 h 30 |
| p. 470 | Le Porge-Océan → Carcans (Maubuisson) | 26,5 km - 3 h 00 |
| p. 469 | Carcans (Maubuisson) → Hourtin-Plage | 21,5 km - 2 h 30 |
| p. 468 | Hourtin-Plage → Montalivet-les-B. | 20,5 km - 2 h 00 |
| p. 467 | Montalivet-les-B. → Le Verdon-sur-Mer | 29,5 km - 3 h 00 |
| Liaison en bac-Ferry Le Verdon-sur-Mer → Royan | | 20 mn Se renseigner sur le site : www.transgironde.fr/fr/transports-maritimes/89 |

# DE ROYAN À BORDEAUX

7 étapes à découvrir en pages 549 à 555

| | | |
|---|---|---|
| p. 549 | Royan → Talmont-sur-G. | 18,5 km - 1 h 50 |
| p. 550 | Talmont-sur-G. → Mortagne-sur-G. | 17 km - 1 h 45 |
| p. 551 | Mortagne-sur-G. → St-Sorlin-de-Conac | 25 km - 2 h 45 |
| p. 552 | St-Sorlin-de-Conac → Braud-et-St-Louis | 19 km - 2 h 00 |
| p. 553 | Braud-et-St-Louis → Blaye | 20 km - 2 h 00 |
| p. 554 | Blaye → Arsac | 23 km - 2 h 30 |
| p. 555 | Arsac → Bordeaux | 24,5 km - 2 h 30 |

**Remerciements à nos experts vélotourisme :** Olivier Scagnetti, Laetitia et Paulo Moura, Didier Couval-Grima, Christian Jacob, Marc Lagrange, Noël Itier, l'association CycloTransEurope

# RÉALISATION

Ouvrage collectif réalisé par Chamina Édition sous la direction éditoriale de Hélène Tellier

**Conception graphique :** Vivien Therme
**Cartographie :** Vivien Therme, Marylin Galvaing, Olivier Scagnetti
**Mise en page :** Vivien Therme
**Textes :** Olivier Scagnetti, collectif Chamina Édition

**Photos repérées au fil des pages par les initiales de leurs auteurs :**
Noël Itier (NI)
Paulo Moura (PM)
Olivier Scagnetti (OS)

Photos de couverture : Didier San Martin/Adobe Stock
Illustration : Krylovochka/Shutterstock.com
Vignette de 4e de couverture : Thomas/Adobe Stock
Motif tramé 1re et 4e de couverture : fuad3.0 /Shutterstock.com

**© IGN :** les données ou cartes IGN de cet ouvrage sont issues des dernières éditions IGN – www.ign.fr

**Plans de villes :** réalisation Chamina Édition sous licence © OpenStreetMap
www.openstreetmap.org – Données disponibles sous licence Odbl –

**Nota kilométrage général :** 12 000 km = itinéraires principaux + variantes

**Marques déposées :** La Scandibérique, La Voie Bleue, La Vélo Francette, La Véloscénie, La Bretagne à vélo, L'Alsace à vélo, L'EuroVelo 4, L'EuroVelo 6, Le Tour de Bourgogne à vélo, La Loire à vélo, La Vélodyssée, L'Indre à vélo, La ViaRhôna, La Flow Vélo, Le Canal des 2 mers, La Somme à vélo et Le Tour de Gironde à vélo sont des marques déposées.

Chamina EDITION

2 rue du Colombier - ZA Les Vignettes - 63400 Chamalières
Tél. 04 73 92 81 44
www.chamina.com



Dépôt légal : mai 2023
Achevé d'imprimer : mai 2023
ISBN : 978-2-84466-643-7
Imprimé en France par L'Atelier Print (31)